내가 뽑은 원픽! 최신 출제경향에 맞춘 최고의 수험서

2026
생활스포츠 지도사 필기
7개년 기출문제집

스포츠지도연구소 편저

2급

시험 안내

■ **필기시험 주요 일정**

원서접수(4.3.~4.4.) → 서류 접수 → 수수료 납부 → 시험일(4.26.) → 합격자 발표(5.16.)

※ 2025년 필기시험 시행공고를 참고한 자료입니다. 시험 일정은 변경될 수 있으므로 해당 연도 시험공고를 반드시 확인해주세요.

■ **응시 자격**

- 각 응시자격 요건 중 어느 하나에 해당하는 경우 응시 가능
- 18세 이상 응시 가능
- 필기시험이 면제되는 '특별과정' 또는 '추가취득'의 경우 실기구술시험 접수 기간에 접수(필기시험 접수 불필요)

응시 자격		취득 절차
일반과정	① 18세 이상인 사람	• 필기 • 실기 / • 구술 • 연수(90)
특별과정	② 해당 자격종목의 유소년 또는 노인 스포츠지도사 자격을 가지고 동일한 종목의 자격을 취득하려는 사람	• 구술 • 연수(40)
	③ 2급 장애인스포츠지도사 자격을 가지고 보유한 자격 종목이 아닌 다른 종목(문화체육관광부 '체육지도자 자격종목 신설·변경·폐지 등에 관한 고시' 별표1 제3호의 비고에서 다른 종목으로 보는 경우를 포함)의 자격을 취득하려는 사람 ※ 장애인스포츠지도사가 생활, 유소년 또는 노인스포츠지도사 자격을 취득하려는 경우 보유한 자격 종목명과 취득하려는 자격종목명이 같은 경우 다른 종목으로 본다.	• 실기 / • 구술 • 연수(40)
	④ 유소년 또는 노인스포츠지도사 자격을 가지고 보유한 자격 종목이 아닌 다른 종목의 자격을 취득하려는 사람	• 실기 / • 구술 • 연수(40)
추가취득	⑤ 2급 생활스포츠지도사 자격을 가지고 보유한 자격 종목이 아닌 다른 종목의 자격을 취득하려는 사람 ※ 스포츠윤리교육 : 스포츠윤리센터의 체육지도자 연수과정(3시간)	• 실기 / • 구술 • 스포츠윤리교육

※ 동계종목(스키)의 경우 실기시험 및 구술시험 합격자만 필기시험에 응시할 수 있음

■ **필기시험과목**

선택과목(7과목)						
스포츠사회학	스포츠교육학	스포츠심리학	한국체육사	운동생리학	운동역학	스포츠윤리

- 전문/생활스포츠지도사 : 선택과목(5과목)
- 장애인스포츠지도사 : 필수과목(특수체육론)+선택과목(4과목)
- 유소년스포츠지도사 : 필수과목(유아체육론)+선택과목(4과목)
- 노인스포츠지도사 : 필수과목(노인체육론)+선택과목(4과목)

■ 합격기준

- 필기시험 : 과목마다 만점의 40% 이상 득점하고 전 과목 평균 60% 이상 득점
- 실기·구술시험 : 실기시험과 구술시험 각각 만점의 70% 이상 득점
- 연수 : 연수과정의 100분의 90 이상을 참여하고, 연수태도·체육 지도·현장실습에 대한 평가점수 각각 만점의 100분의 60 이상

■ 자격 종목

- 동계(설상) : 스키
- 하계·동계(빙상) : 검도, 게이트볼, 골프, 국학기공, 궁도, 농구, 당구, 댄스스포츠, 등산, 라켓볼, 럭비, 레슬링, 레크리에이션, 배구, 배드민턴, 보디빌딩, 복싱, 볼링, 빙상, 사격, 세팍타크로, 소프트볼, 소프트테니스, 수상스키, 수영, 스쿼시, 스킨스쿠버, 승마, 씨름, 아이스하키, 야구, 양궁, 에어로빅, 오리엔티어링, 요트, 우슈, 윈드서핑, 유도, 육상, 인라인스케이트, 자전거, 조정, 족구, 주짓수, 줄넘기, 철인3종경기, 체조, 축구, 치어리딩, 카누, 킥복싱, 탁구, 태권도, 택견, 테니스, 파크골프, 패러글라이딩, 펜싱, 풋살, 플로어볼, 하키, 합기도, 핸드볼, 행글라이딩, 힙합

※ 계절 영향이 없는 동계종목(빙상, 아이스하키 등)은 하계종목에 포함
※ 국민체육진흥법 시행령 별표1 제3호의 비고 : 장애인스포츠지도사가 생활스포츠지도사, 유소년스포츠지도사 또는 노인스포츠지도사 자격을 취득하려는 경우 보유한 자격 종목명과 취득하려는 자격 종목명이 같은 경우 다른 종목으로 본다.

■ 일반 사항

- 동일 자격등급에 한하여 연간 1인 1종목만 취득 가능(동·하계 중복 응시 불가)
  ※ (예시) 2급 생활 스키 실기구술시험 응시자의 경우, 같은 해 필기시험 시 스키만 선택 가능(스키 실기구술시험 탈락 시, 같은 해 타 종목 필기시험 응시 불가)
- 접수 시 선택한 종목은 변경 불가(2025년 신규 접수자부터 적용)
- 필기 및 실기구술시험 장소는 추후 체육지도자 홈페이지에 공지 예정
- 하계 필기시험 또는 동계 실기구술시험에 합격한 사람에 대해 다음 해에 실시되는 해당 자격검정 1회 면제
- 필기시험에 합격한 해의 12월 31일부터 3년 이내에 연수과정을 이수하여야 함. 단, 필기시험을 면제받거나 실기구술시험을 먼저 실시하는 경우에는 실기구술시험에 합격한 해의 12월 31일부터 3년 이내에 연수과정(연수면제자는 스포츠윤리교육)을 이수하여야 함.
  ※ 「병역법」에 따른 병역 복무를 위해 군에 입대한 경우 의무복무 기간은 불포함(연수 과정만 해당, 필기·실기 과정은 미해당)
- 나이 요건 충족 기준일은 각 자격요건별 취득절차상 첫 절차의 접수마감일 기준(2007년 출생자 중 해당 과정의 접수마감일 이전 출생)
  ※ (예시) 첫 취득절차가 필기인 경우 필기시험 접수마감일 기준, 첫 취득절차가 실기인 경우 실기시험 접수마감일 기준으로 나이요건(18세)을 충족해야 함.
- 졸업예정자의 경우 졸업증명서 최종제출일(다음 연도 2월 말) 이후 3월에 자격증 발급(사전 발급 불가)
  ※ 졸업예정자의 경우 다음 연도 2월 말까지 졸업(학위)증명서 반드시 제출(필기·실기구술 합격자 포함), 미제출 시 필기·실기구술·연수 합격취소 및 최종 불합격처리(응시수수료 및 연수비 환불 불가)
  ※ 체육지도자 자격응시와 관련하여 모든 지원 및 등록 절차는 체육지도자 홈페이지(sqms.kspo.or.kr)를 통하여 확인 가능하므로 수시로 홈페이지 확인 바랍니다.

시험 안내

■ 결격 사유

- **제11조의5(체육지도자의 결격사유)**

  다음 각 호의 어느 하나에 해당하는 사람은 체육지도자가 될 수 없다.
  1. 피성년후견인
  2. 금고 이상의 형을 선고받고 그 집행이 종료되거나 집행이 면제된 날부터 2년이 지나지 아니한 사람
  3. 금고 이상의 형의 집행유예를 선고받고 그 유예기간 중에 있는 사람
  4. 다음 각 목의 어느 하나에 해당하는 죄를 저지른 사람으로서 금고 이상의 형 또는 치료감호를 선고받고 그 집행이 종료되거나 집행이 유예·면제된 날부터 20년이 지나지 아니하거나 벌금형이 확정된 날부터 10년이 지나지 아니한 사람
      가. 「성폭력범죄의 처벌 등에 관한 특례법」 제2조에 따른 성폭력범죄
      나. 「아동·청소년의 성보호에 관한 법률」 제2조제2호에 따른 아동·청소년대상 성범죄
  5. 선수를 대상으로 「형법」 제2편제25장 상해와 폭행의 죄를 저지른 체육지도자(제12조제1항에 따라 자격이 취소된 사람을 포함한다)로서 금고 이상의 형을 선고받고 그 집행이 종료되거나 집행이 유예·면제된 날부터 10년이 지나지 아니한 사람
  6. 제12조제1항제1호부터 제4호까지에 따라 자격이 취소(이 조 제1호에 해당하여 자격이 취소된 경우는 제외한다)되거나 같은 조 제3항에 따라 자격검정이 중지 또는 무효로 된 후 3년이 경과되지 아니한 사람

- **제12조(체육지도자의 자격취소 등)**

  ① 문화체육관광부장관은 체육지도자가 다음 각 호의 어느 하나에 해당하면 그 자격을 취소하거나 5년의 범위에서 자격을 정지할 수 있다.
  다만, 제1호부터 제4호까지의 어느 하나에 해당하면 그 자격을 취소하여야 한다. 〈개정 2020. 2. 4.〉
  1. 거짓이나 그 밖의 부정한 방법으로 체육지도자의 자격을 취득한 경우
  2. 자격정지 기간 중에 업무를 수행한 경우
  3. 체육지도자 자격증을 타인에게 대여한 경우
  4. 제11조의5 각 호의 어느 하나에 해당하는 경우
  5. 선수의 신체에 폭행을 가하거나 상해를 입히는 행위를 한 경우
  6. 선수에게 성희롱 또는 성폭력에 해당하는 행위를 한 경우
  7. 그 밖에 직무수행 중 부정이나 비위 사실이 있는 경우

  ② 삭제 〈2020. 2. 4.〉
  ③ 자격검정을 받는 사람이 그 검정과정에서 부정행위를 한 때에는 현장에서 그 검정을 중지시키거나 무효로 한다.
  ④ 제1항에 따라 체육지도자 자격이 취소된 사람은 문화체육관광부령으로 정하는 바에 따라 체육지도자 자격증을 문화체육관광부장관에게 반납하여야 한다.
  ⑤ 제1항에 따른 행정처분의 세부적인 기준 및 절차는 그 사유와 위반 정도를 고려하여 문화체육관광부령으로 정한다.

도서의 구성과 특징

STEP 1 2025 기출 분석 및 과목별 고난도 문제 심화 분석·해설!

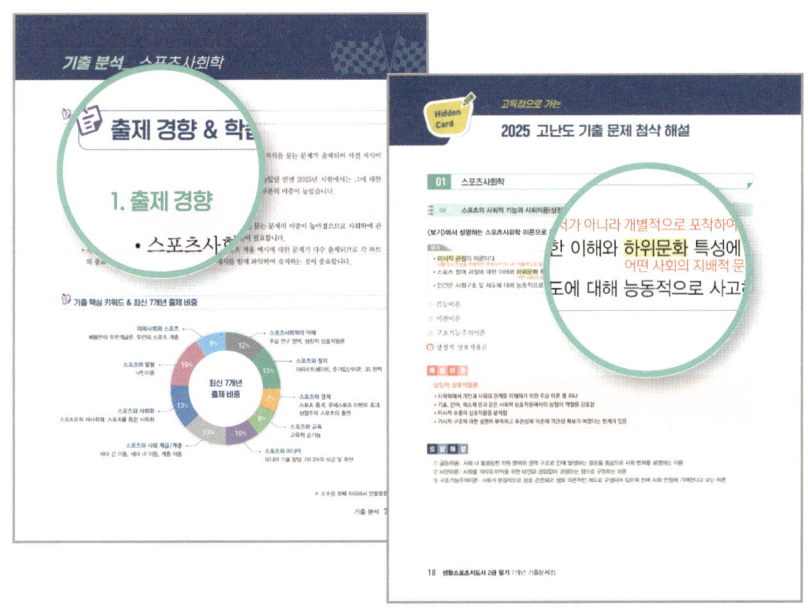

- 본격적인 학습에 앞서 2025년의 출제 경향과 핵심 키워드를 살펴봄으로써 최근 시험의 흐름을 파악할 수 있습니다.
- 과목별 학습 가이드를 통해 자신에게 적합한 과목은 무엇인지, 어느 부분에 중점을 두고 학습해야 하는지를 파악할 수 있습니다.
- 최신 시험에서 가장 어려웠던 문제를 선정하여 상세하게 분석·해설하였습니다. 관련 이론도 함께 수록하여 고난도 문제에 대비할 수 있도록 구성하였습니다.

STEP 2 2025~2019년 기출문제 완벽 수록!

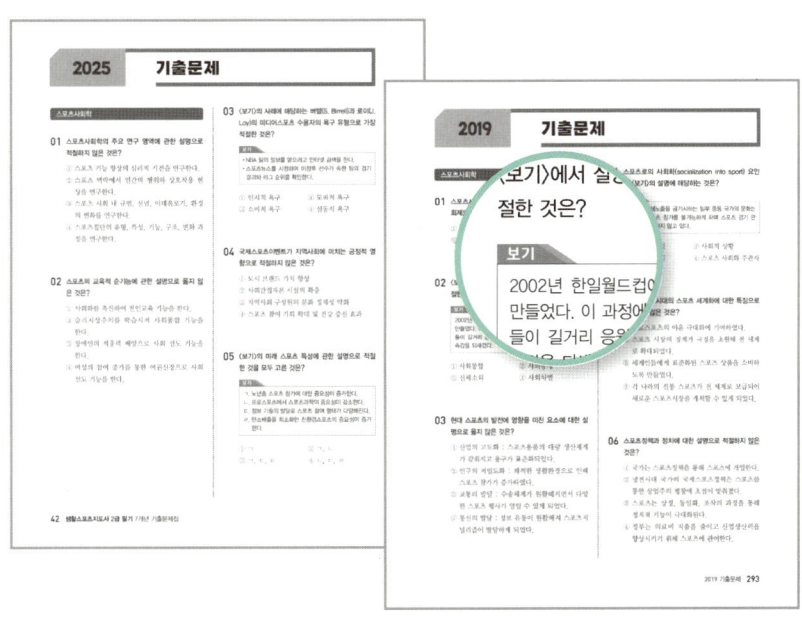

- 2025년 포함, 최신 7개년 기출문제를 과목별로 모두 수록하여 출제 유형을 파악할 수 있습니다.
- 법령 개정으로 더 이상 성립되지 않는 문제를 현행 법령에 맞게 수정하여 '기출변형'이라고 별도로 표시하였습니다.

도서의 구성과 특징

STEP 3 누구나 쉽고 빠르게 합격할 수 있는 완벽 해설!

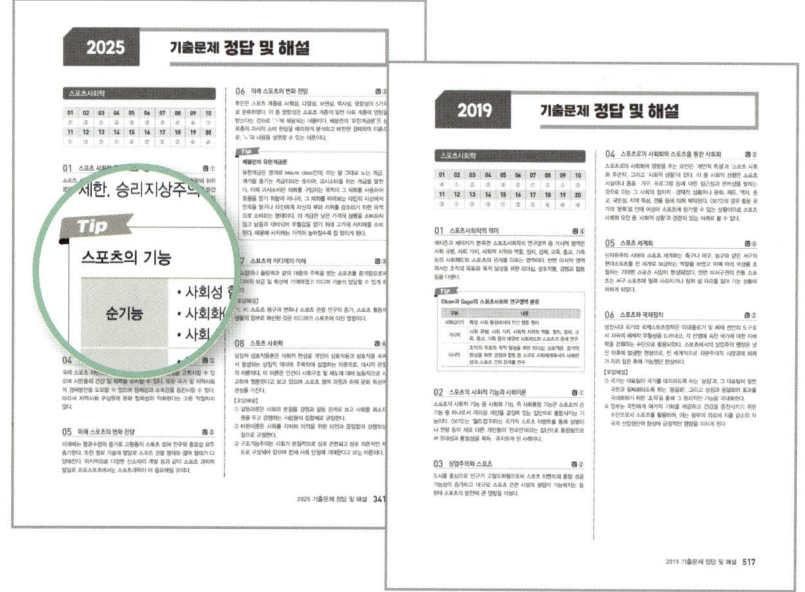

- 각 문항별로 해당 문항이 속한 세부 과목을 표시하여 부족한 부분은 빠르게 복습할 수 있습니다.
- 정답뿐만 아니라 오답에 대한 해설도 상세히 수록하였습니다.
- TIP 박스를 통해 이해와 암기를 동시에 할 수 있어 누구나 빠른 합격이 가능합니다.

STEP 4 한눈에 확인하는 빠른 정답표 + OMR 카드 제공!

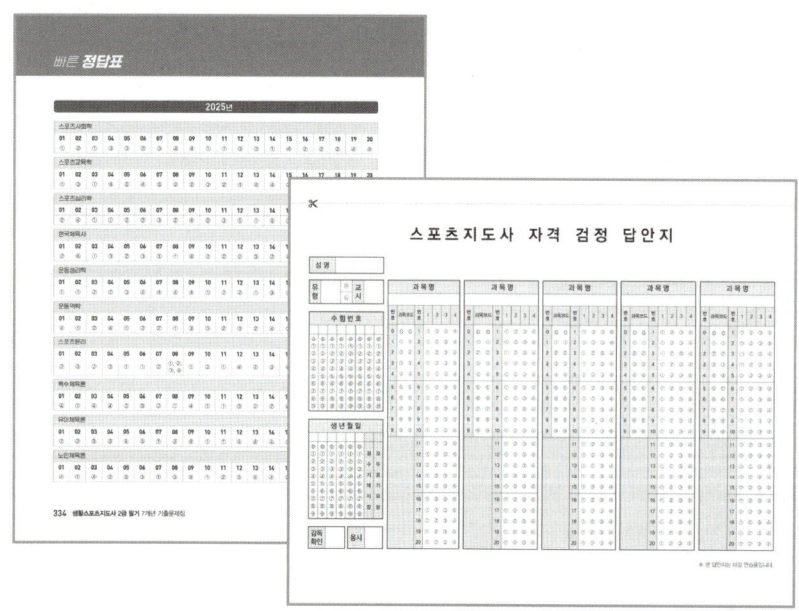

- 해설편 앞에 빠른 정답표를 수록하여 한눈에 확인할 수 있습니다.
- 도서의 말미에 OMR 카드도 무료로 제공하여 실전 감각을 최대화할 수 있습니다.

기출 분석_ 스포츠사회학

출제 경향 & 학습 가이드

1. 출제 경향
- 스포츠사회학은 사회학의 기본 이론부터 정치, 경제까지 실제적 지식을 묻는 문제가 출제되어 사전 지식이 풍부할수록 유리한 과목입니다.
- 작년 시험에서는 스포츠와 교육, 미래사회와 스포츠의 비중이 높았던 반면 2025년 시험에서는 그에 대한 비중이 줄고 스포츠사회학의 기본 이론인 스포츠사회학의 이해 부분의 비중이 높았습니다.

2. 학습 가이드
- 스포츠사회학의 주요 연구 영역을 묻는 문제 등 기본 이론을 묻는 문제의 비중이 높아졌으므로 사회학에 관한 기본 이론이나 용어의 개념 등을 정확하게 학습하는 것이 필요합니다.
- 직접적인 내용을 묻는 것이 아닌 실제 사례 또는 스포츠 적용 예시에 대한 문제가 다수 출제되므로 각 파트의 중요 이론과 함께 실제 사례, 스포츠에 적용 예시를 함께 파악하여 숙지하는 것이 중요합니다.

기출 핵심 키워드 & 최신 3개년 출제 비중

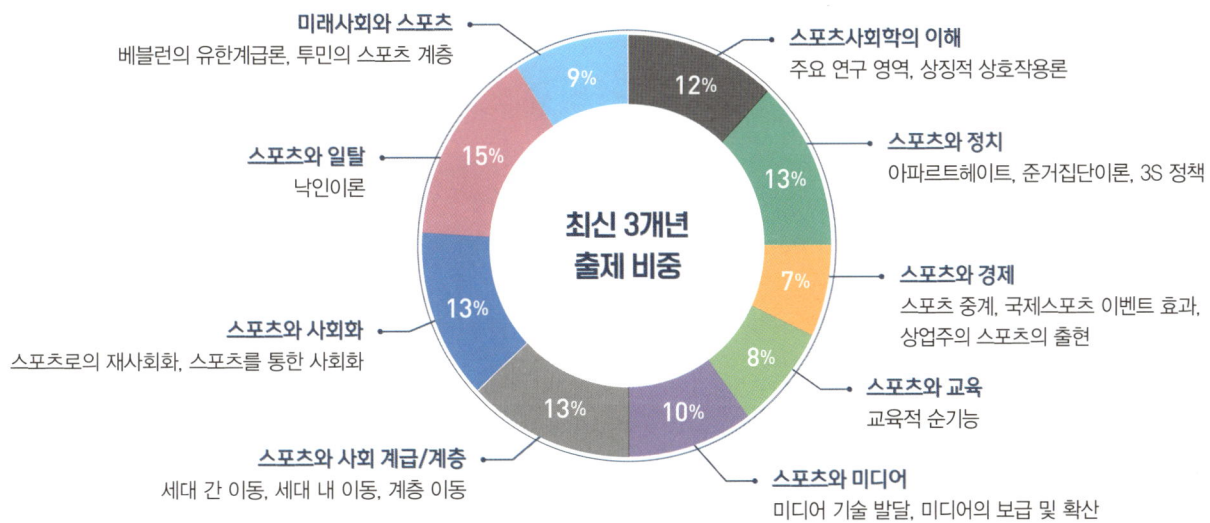

※ 소수점 첫째 자리에서 반올림함

기출 분석_ 스포츠교육학

📋 출제 경향 & 학습 가이드

1. 출제 경향
- 2025년 시험은 지난 시험에 비해 교육 프로그램의 내용 선정 원리 등 기본적인 교육학 이론을 묻는 문제와 그동안 자주 출제되었던 스포츠 지도 방법이나 교수법 등의 세부 내용을 묻는 문제가 출제되었습니다.
- 개념을 활용한 사례 또는 새로운 정책 및 제도와 관련된 문제가 꾸준하게 등장하고 있습니다. 또한 게임 수행 평가 도구, 이해 중심 게임 수업 모형 등 실제 교수 모형을 활용하는 문제 등이 출제되었습니다.

2. 학습 가이드
- 스포츠교육의 지도방법론의 수업모형, 지도전략 등은 실제 교수 현장에서 사용하는 방법에 관해 묻는 문제가 출제되므로 수업모형 등에 관한 이론뿐만 아니라 실제 적용 사례들까지 꼼꼼하게 학습해야 합니다.
- 교육법과 관련된 내용은 해마다 1~2문제씩 출제되고 있으므로 생활체육진흥법, 국민체육 진흥법 등 관련 법령 등의 내용을 숙지하는 것이 중요하고 최근 개정된 부분 또한 확인해봐야 할 것입니다.

📋 기출 핵심 키워드 & 최신 3개년 출제 비중

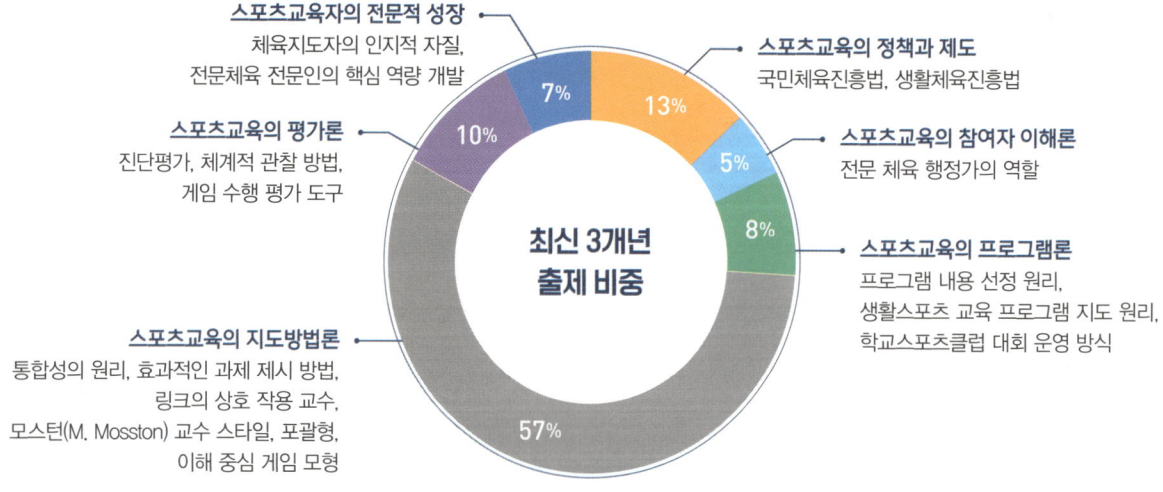

스포츠교육자의 전문적 성장 (7%)
체육지도자의 인지적 자질, 전문체육 전문인의 핵심 역량 개발

스포츠교육의 정책과 제도 (13%)
국민체육진흥법, 생활체육진흥법

스포츠교육의 참여자 이해론 (5%)
전문 체육 행정가의 역할

스포츠교육의 프로그램론 (8%)
프로그램 내용 선정 원리, 생활스포츠 교육 프로그램 지도 원리, 학교스포츠클럽 대회 운영 방식

스포츠교육의 평가론 (10%)
진단평가, 체계적 관찰 방법, 게임 수행 평가 도구

스포츠교육의 지도방법론 (57%)
통합성의 원리, 효과적인 과제 제시 방법, 링크의 상호 작용 교수, 모스턴(M. Mosston) 교수 스타일, 포괄형, 이해 중심 게임 모형

기출 분석_ 스포츠심리학

출제 경향 & 학습 가이드

1. 출제 경향
- 2025년 시험은 지난 시험처럼 다소 어렵게 출제되었습니다. 새로운 개념이 등장하는 문제가 다수 출제되었고 스포츠수행의 심리적 요인의 출제 비중이 높았습니다.
- 심상, 내적동기, 체계적 둔감화 등 스포츠수행의 심리적 요인과 사회적 태만 등의 스포츠수행의 사회 심리적 요인에서 문제가 다수 출제되었습니다. 이 두 영역에서 절반이 넘게 문제가 출제되었음을 확인할 수 있습니다.

2. 학습 가이드
- 최근 3년 동안 인간 운동행동의 이해와 스포츠수행의 심리적 요인 두 개 영역에서 약 80%의 문제가 출제되었으므로 이 부분에 대한 정확하고 꼼꼼한 학습이 필요합니다.
- 개념을 묻는 문제와 더불어 그림과 예시를 활용한 〈보기〉를 제시한 후 그와 관련된 개념을 묻는 문제가 점차 늘고 있으므로 각 개념을 정확히 숙지하고 그것을 응용할 수 있는 능력을 기르는 것이 중요합니다.

기출 핵심 키워드 & 최신 3개년 출제 비중

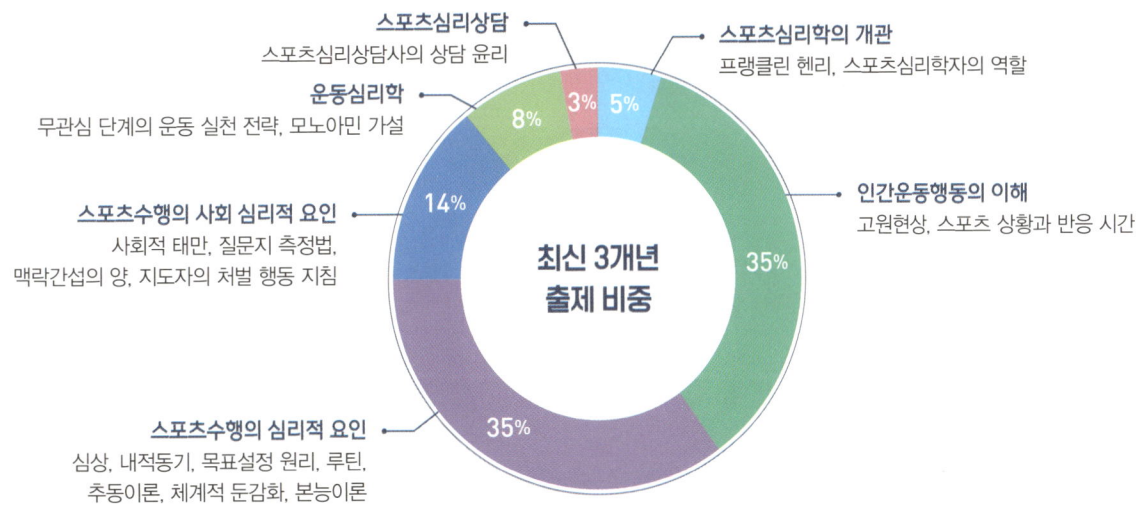

기출 분석_ 한국체육사

출제 경향 & 학습 가이드

1. 출제 경향
- 2025년 시험은 지난 시험과 유사한 난도로 출제되었으며 체육사의 의미, 삼국시대, 고려·조선시대, 근·현대별 각각 고르게 문제가 출제되는 양상을 띠었습니다.
- 시대별 체육활동과 그 특징에 대한 문제가 매년 꾸준하게 1~2문제씩 출제되고 있습니다.
- 근대스포츠의 도입 시기와 한국 근·현대의 체육단체 등의 포괄적인 이해를 요구하고 있으며, 국제스포츠대회와 관련된 문제가 다수 출제되었습니다.

2. 학습 가이드
- 시대별·시기별·정권별 체육사의 연도와 활동을 묻는 유형은 자주 출제되므로 꼼꼼하게 암기해야 합니다.
- 시대별 무예의 명칭과 특징을 묻는 문제는 매년 비슷하게 출제되고 있으므로 정확하게 구분할 수 있어야 합니다.
- 체육단체의 활동, 개화기 또는 일제 당시 체육, 스포츠의 도입은 꾸준하게 출제되고 있으므로 다소 양이 방대하더라도 연도와 연관지어 특징을 확실하게 학습하여야 합니다.
- 한국이 출전한 국제스포츠대회와 그 대회와 관련 있는 내용에 대해 확실하게 파악하고 있어야 합니다.

기출 핵심 키워드 & 최신 3개년 출제 비중

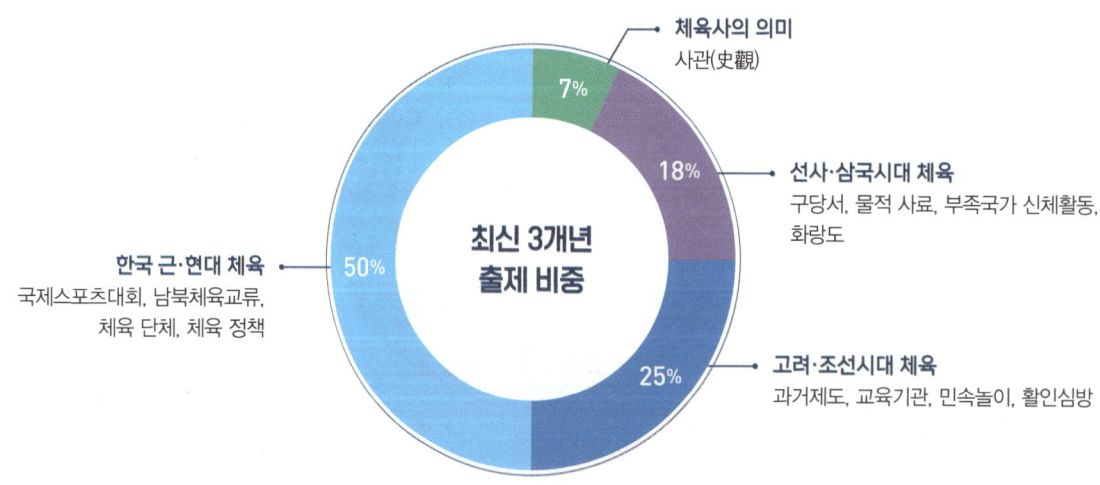

기출 분석_ 운동생리학

출제 경향 & 학습 가이드

1. 출제 경향
- 2025년 시험 또한 지난 시험과 비슷하게 다소 어려운 난이도로 출제되었습니다.
- 과목 특성상 고득점을 받기 어려우며, 단순 내용을 묻는 문제가 아닌 조건과 결과의 관계를 묻는 응용 문항이 증가하여 수험생들이 문제를 푸는 데 시간이 필요했을 것으로 예상됩니다.
- 이전까지 비중이 높았던 골격근과 운동, 호흡·순환계와 운동 부분과 더불어 내분비계와 운동 관련 내용이 비중 있게 다뤄졌고 여러 호르몬과 수용체 기타 세세한 내용을 묻는 문제로 인해 이런 내용이 낯선 수험생들은 혼란스러웠을 것이라 생각됩니다.

2. 학습 가이드
- 매년 골격근과 운동, 호흡·순환계와 운동 등의 출제 비중이 높기 때문에 개념을 정확히 이해하고, 다양한 유형의 문제에 적용할 수 있도록 학습해야 합니다. 또한 내분비계에 대한 출제 비중이 높아져 이름이 낯선 호르몬이 등장할 수 있으므로 이에 대한 확실한 대비가 필요합니다.
- 운동 관련하여 고온 환경, 장시간, 높은 강도 등의 학습한 조건이 나왔다고 하여도 '단'으로 이어지는 조건들이 결과를 바꾸는 경우가 있어 확실하게 확인하고 문제를 풀어야 합니다.

기출 핵심 키워드 & 최신 3개년 출제 비중

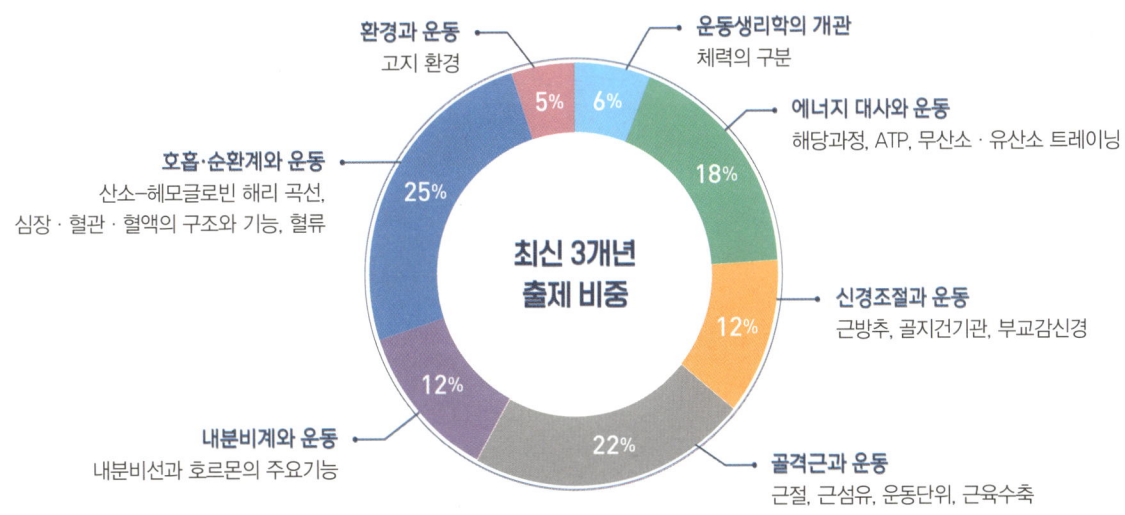

기출 분석_ 운동역학

📝 출제 경향 & 학습 가이드

1. 출제 경향
- 2025년 시험은 전반적으로 난이도가 상승했습니다. 기본 개념 문제는 여전히 출제되었으나, 단순 암기 수준을 넘어서 응용과 해석 능력을 요구하는 문제가 증가하였고 기존에 다루지 않았던 개념(역학적 부하, 운동역학 사슬 등)을 묻는 문제가 출제되었습니다.
- 2025년 시험은 운동역학이 7문제 출제되어 비중이 가장 컸으며, 운동학의 비중이 그 다음으로 높았습니다.
- 보행속도, 선속도, 각가속도 등 운동역학 파트에서 가장 많은 계산 문제가 출제되었으며, 계산 문제의 난이도가 높고 비중도 커졌습니다.

2. 학습 가이드
- 개념 암기뿐만 아니라 계산 문제 해결 능력을 강화해야 하며, 기출된 공식(토크, 운동량, 일률 등)을 반복적으로 풀이하는 것이 중요합니다. 또한 운동학과 운동역학 파트에서 많은 문제가 출제되므로 기본 개념을 정확히 구분하고, 응용 사례까지 연결 지어 학습해야 합니다.
- 2023년에는 마그누스 효과, 2024년에는 부력, 2025년에는 운동역학 사슬 등 변별력을 갖추기 위해 생소한 개념을 묻는 고난도 문제가 있어 이에 대한 대비가 필요합니다.

📝 기출 핵심 키워드 & 최신 3개년 출제 비중

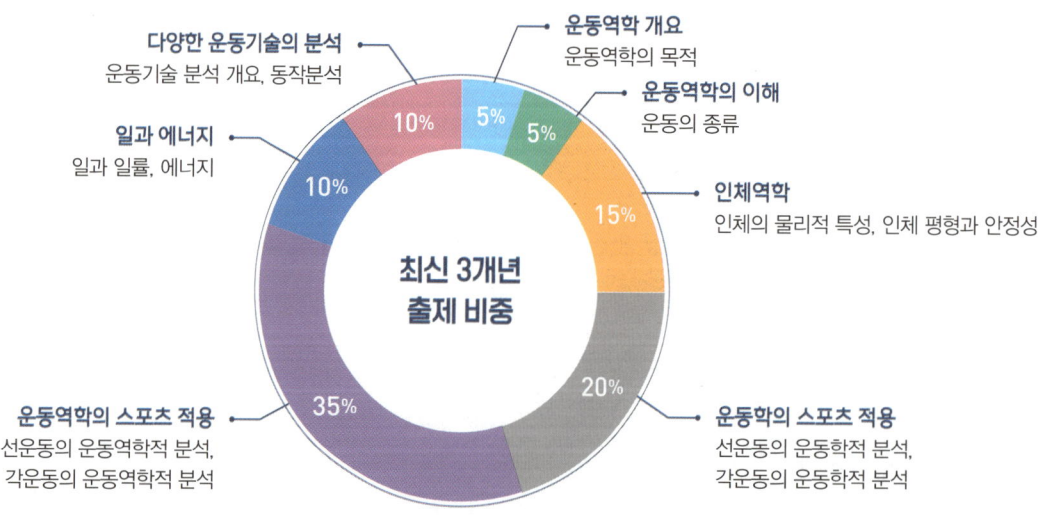

기출 분석_ 스포츠윤리

출제 경향 & 학습 가이드

1. 출제 경향
- 2025년 시험의 난이도는 전년도와 유사하며, 세부 영역에서 심화된 문제가 출제되었습니다.
- 칸트 의무론, 공리주의 등 기본 이론을 묻는 문제가 다수 출제되었으며 도핑, 차별, 인권 등 사회적 이슈와 연결된 사례형 문제가 출제되어, 기존 이론뿐만 아니라 실제 적용 능력을 평가하는 경향이 두드러졌습니다.
- 가치 판단과 사실 판단, 구성·규제 반칙 등의 유형을 사례와 연결하는 문제가 등장하며, 세부 개념 이해가 중요해졌습니다.

2. 학습 가이드
- 주요 윤리 이론(칸트, 공리주의 등)에 대한 학자별 사상 정리가 필요하며, '스포츠 상황에 어떻게 적용되는가'에 맞춰 학습하는 것이 중요합니다. 또한 빈출 학자 외에도 새로운 현대 철학자(아렌트, 레건, 뒤르켐 등)에 대한 문제가 출제되므로 학자와 주장을 연결하여 숙지할 필요가 있습니다.
- 스포츠윤리센터, 도핑 규정, 장애인 스포츠 조건, 인종차별 사례 등 제도적·사회적 영역을 강화하여, 이론과 사례를 함께 학습해야 합니다.
- 게발트(스포츠 폭력의 이중성), 희생양과 같은 개념도 빈출되므로 주의해야 합니다.

기출 핵심 키워드 & 최신 3개년 출제 비중

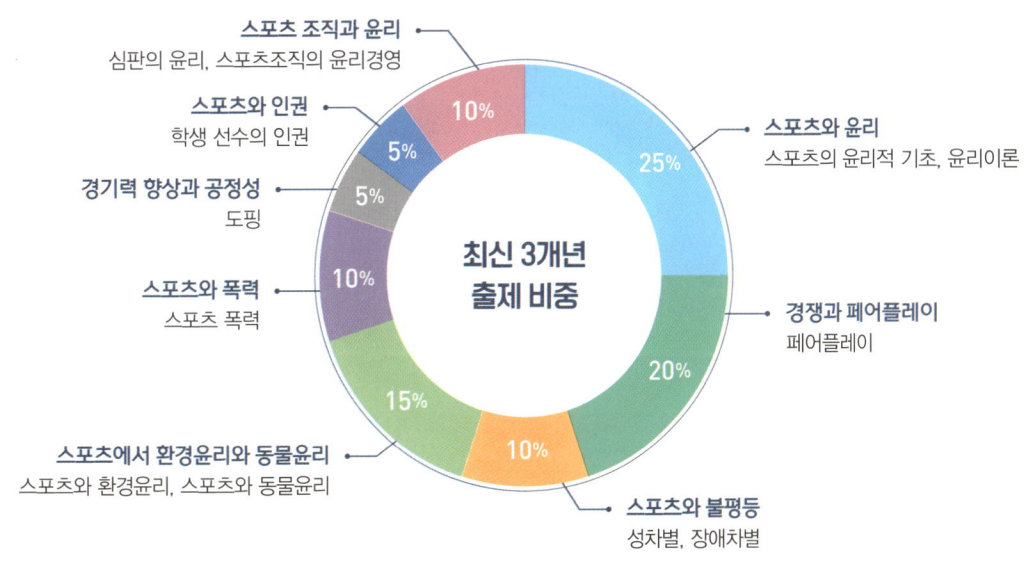

기출 분석_ 특수체육론

📋 출제 경향 & 학습 가이드

1. 출제 경향
- 2025년 기출문제에서는 갤로핑과 같이 유아체육론에서 주로 출제되던 내용을 묻는 문제와 새로운 개념과 세부적인 내용을 묻는 문제가 출제되어 수험생들이 어려움을 겪었을 것으로 예상됩니다.
- 2025년 기출문제에서는 특수체육 지도전략 문제가 7문제 정도 출제되어 비중이 높았습니다. 개념을 묻는 문제뿐만 아니라 실제 지도 전략을 파악하는 문제, 지도 순서를 묻는 문제 등 구체적으로 실제 상황에서 적용하는 문제가 많이 출제되었습니다.

2. 학습 가이드
- 특수체육의 사정과 측정도구의 경우 스포츠심리학이나 스포츠교육학 등에서 학습해야 하는 개념들이 포함되는 경우가 있어 함께 선택하는 것도 좋은 전략이 될 수 있습니다.
- 장애유형별 체육지도 전략은 크게 각 장애의 정의 혹은 분류와 유형별 특징 및 지도 전략으로 나눌 수 있는데, 특히 지도전략의 경우는 각 장애 유형에 맞게 설계되어 있으므로 상당히 구체적이고 체계적입니다. 따라서 각 장애유형별 특징을 먼저 확실하게 파악하고, 이러한 특징들이 지도 전략에 어떤 형태로 영향을 주는지를 연결시켜서 파악해야 합니다.

📋 기출 핵심 키워드 & 최신 3개년 출제 비중

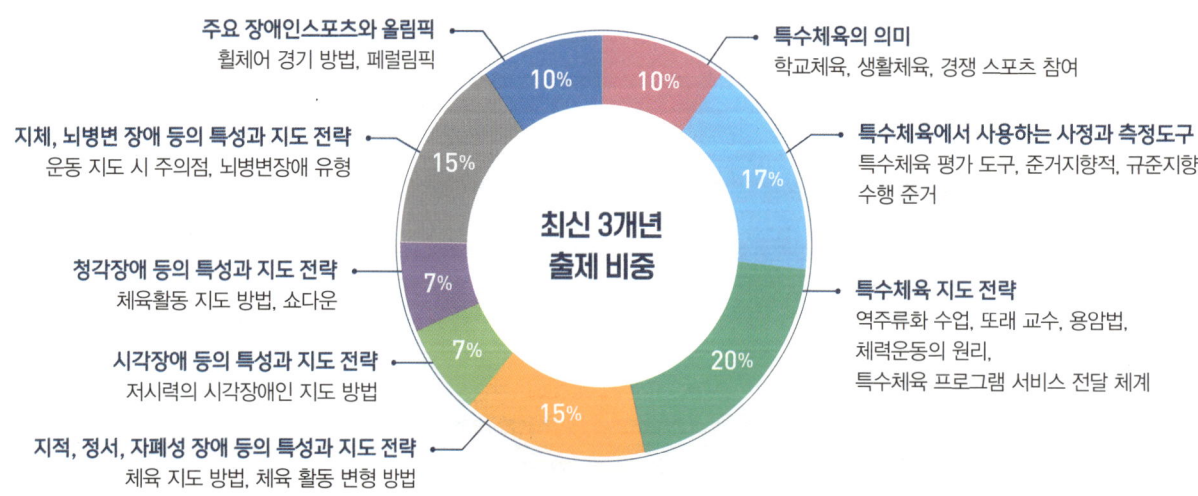

기출 분석_ 유아체육론

출제 경향 & 학습 가이드

1. 출제 경향
- 2025년 시험의 난이도는 지난 시험과 비슷한 수준이었으나 새롭게 추가된 개념과 세부적인 내용을 묻는 문제가 있어 수험생들이 어려움을 겪었을 것으로 예상됩니다.
- 유아기 운동발달 이론과 지도원리, 프로그램 구성 원리 등을 중심으로 문제가 출제되었고, 움직임 분류, 발달 검사 도구 등에 대한 내용이 등장하였습니다.
- 〈보기〉를 활용한 복합형 문제들이 등장하면서 이론의 개념뿐만 아니라 확실한 이해까지 변별력을 갖춘 문제가 출제되어 문제를 푸는 데 시간이 필요했을 것으로 예상됩니다.

2. 학습 가이드
- 운동발달 이론 중에서도 에릭슨, 피아제, 겔라휴의 이론 등은 매년 빠지지 않고 꾸준히 출제되고 있으므로 학자별 이론과 기본적인 특징을 반드시 학습해야 합니다.
- 프로그램 구성 요소와 기본움직임 발달단계, 운동기술 등의 상세한 요소를 묻는 문제가 출제되므로 개념을 정확히 이해하고, 다양한 문제의 유형에 적용할 수 있도록 학습해 두어야 합니다.
- 매년 새롭게 추가되는 유아체육 관련 법과 지침, 새로운 학자 등이 등장하고 있고, 또한 점점 비중이 높아짐에 따라 이에 대한 대비가 필요합니다.

기출 핵심 키워드 & 최신 3개년 출제 비중

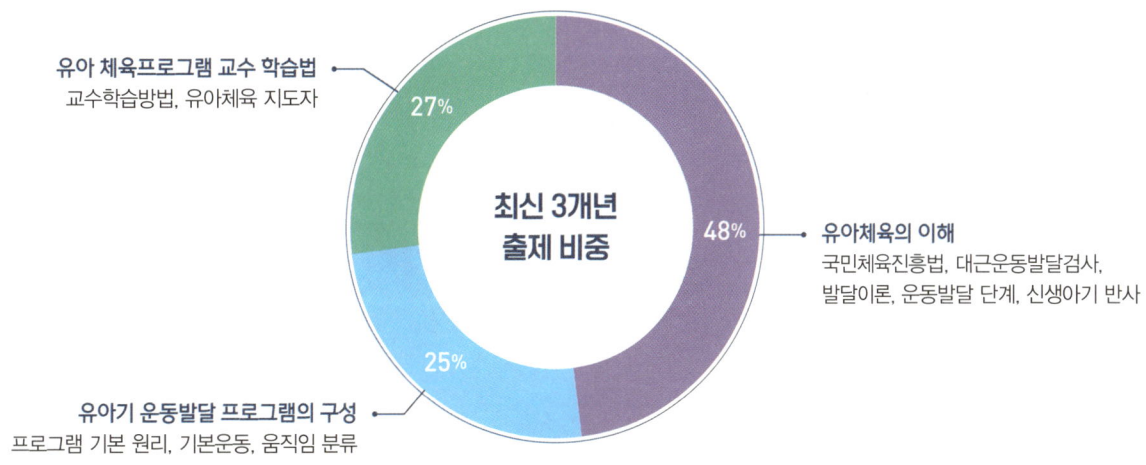

기출 분석_ 노인체육론

출제 경향 & 학습 가이드

1. 출제 경향
- 2025년 시험은 전반적으로 평이하였지만 노화 이론과 운동 프로그램 설계에서 어렵게 출제되었습니다.
- 노화 관련 이론(활동이론, 사용마모이론 등)이 빈출되고 있으며, 출제 비중 또한 다소 높아졌습니다.
- 운동 전후 안전관리, 응급상황 대응 등 위험관리 영역이 확대되었으며, 세부지침에 대한 이해가 중요해졌습니다.
- 근감소증, 당뇨병, 뇌졸중 등 노인성 질환에 대해 질문하는 문제가 많아졌으며, 질환별 프로그램 설계 또한 과년도와 비슷한 비중으로 출제되고 있습니다.

2. 학습 가이드
- 주요 노화 이론에 대한 개념 정리가 필요하며, 반복되는 개념이 많은 편이므로 빈출 개념 위주로 학습하는 것이 중요합니다.
- 운동 전후 준비운동·정리운동의 효과, 심혈관계 질환자의 응급대응 등 안전관리 지침을 강화하여 학습할 필요가 있으며 근감소증, 퇴행성관절염, 뇌졸중 등 질환별 특성과 운동 효과를 연결하여, 운동처방 원칙과 지도법을 사례 중심으로 숙지해야 합니다.

기출 핵심 키워드 & 최신 3개년 출제 비중

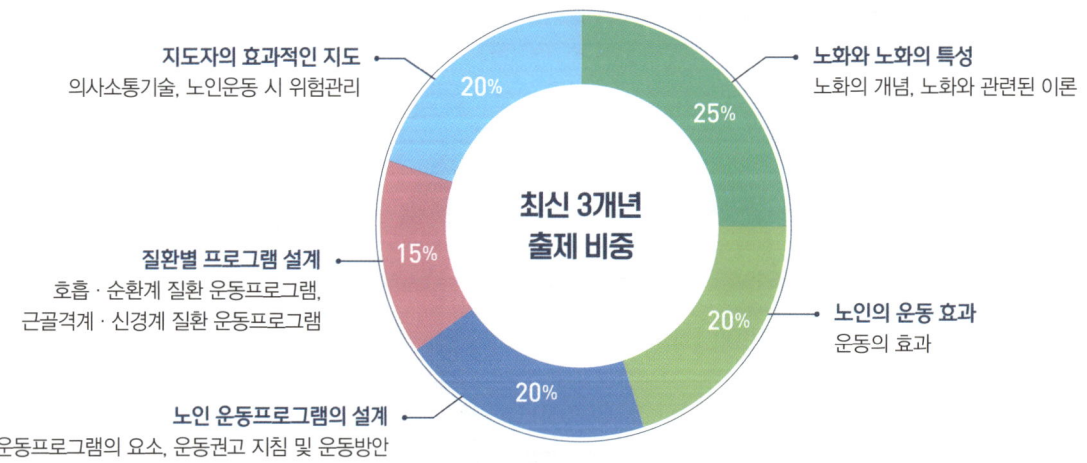

목차

| Hidden Card | 고득점으로 가는 2025 고난도 기출 문제 첨삭 해설 | 18 |

PART 01 문제편

- 2025년 기출문제 — 42
- 2024년 기출문제 — 85
- 2023년 기출문제 — 127
- 2022년 기출문제 — 168
- 2021년 기출문제 — 210
- 2020년 기출문제 — 250
- 2019년 기출문제 — 291

PART 02 해설편

- 2025년 기출문제 정답 및 해설 — 339
- 2024년 기출문제 정답 및 해설 — 365
- 2023년 기출문제 정답 및 해설 — 393
- 2022년 기출문제 정답 및 해설 — 425
- 2021년 기출문제 정답 및 해설 — 455
- 2020년 기출문제 정답 및 해설 — 483
- 2019년 기출문제 정답 및 해설 — 515

고득점으로 가는

2025 고난도 기출 문제 첨삭 해설

01 스포츠사회학

08 | 스포츠의 사회적 기능과 사회이론(상징적 상호작용론)

〈보기〉에서 설명하는 스포츠사회학 이론으로 적절한 것은?

보기
- **미시적 관점**의 이론이다.
  사물이나 현상을 전체적인 면에서가 아니라 개별적으로 포착하여 분석하는 것
- 스포츠 참여 과정에 대한 이해와 **하위문화** 특성에 관심을 가진다.
  어떤 사회의 지배적 문화와는 별도로 청소년이나 히피와 같은 특정 사회 집단에서 생겨나서 발전하는 독특한 문화
- 인간은 사회구조 및 제도에 대해 능동적으로 사고하며 행동하게 된다.

① 갈등이론
② 비판이론
③ 구조기능주의이론
④ **상징적 상호작용론**

핵심이론

상징적 상호작용론
- 사회학에서 개인과 사회의 관계를 이해하기 위한 주요 이론 중 하나
- 기호, 언어, 제스처 등과 같은 사회적 상호작용에서의 상징의 역할을 강조함
- 미시적 수준의 상호작용을 분석함
- 거시적 구조에 대한 설명이 부족하고 주관성에 의존해 객관성 확보가 어렵다는 한계가 있음

오답해설

① 갈등이론: 사회 내 불평등한 자원 분배와 권력 구조로 인해 발생하는 갈등을 중심으로 사회 변화를 설명하는 이론
② 비판이론: 사회를 각자의 이익을 위한 타인과 끊임없이 경쟁하는 장으로 규정하는 이론
③ 구조기능주의이론: 사회가 본질적으로 상호 관련되고 상호 의존적인 제도로 구성되어 있으며 전체 사회 안정에 기여한다고 보는 이론

14 스포츠사회학 연구 방법

〈보기〉는 스포츠사회학 수업에서 교수와 학생의 대화이다. ㉠, ㉡에 들어갈 내용으로 적절한 것은?

> **보기**
>
> 학생 1 : 최근 테니스와 마라톤이 인기를 끌고 있는데, 사람들이 왜 이런 스포츠에 열광하는지 다양한 사례를 심층적으로 알아 보려면 어떤 연구 방법이 좋은가요?
>
> 교　수 : 참여관찰, 심층면담 등으로 자료를 수집하고 해석적인 절차에 따라 원인을 파악하는 (㉠) 방법이 적합해요.
> *(사물을 자세히 풀어서 분석적으로 연구하는 것)*
> *(질적 연구에서 개인의 경험과 의미를 깊이 이해하기 위한 방법. 연구자는 참여자의 이야기를 경청하며 맥락적 의미를 탐색한다.)*
>
> 학생 2 : 그러면 스포츠 육성 모델에는 어떤 것이 있나요?
>
> 교　수 : 국가별로 다양한 스포츠육성정책을 시행하고 있는데, 그릭스*에 따르면, 스포츠 선진국은 엘리트 스포츠의 성과가 일반시민의 스포츠 참가를 촉진하고, 그렇게 형성된 자원 속에서 다시 우수한 엘리트 선수가 탄생하여 국가이미지 향상에 기여하는 (㉡)을 구축하고 있다고 해요.
> *(체제, 체계 따위의 기초를 닦아 세우다.)*
>
> *J. Grix(2016)

	㉠	㉡
①	질적 연구	선순환 모델
②	양적 연구	선순환 모델
③	질적 연구	피라미드 모델
④	양적 연구	피라미드 모델

핵심이론

질적연구와 양적연구의 차이

	양적연구	질적연구
개념	• 표준화된 조사도구와 분석절차를 통해 진행되는 연구 방법 • 특정한 이론적 논의나 그를 바탕으로 수립된 가설을 검증하는 것을 목적으로 함	• 사회적 현상, 인물, 문제 등과 같은 대상을 심층적으로 탐색하고 이해하고자 하는 연구방법 • 무슨 일들이 왜, 어떻게 일어나고 있으며 어떤 요인들이 그러한 현상과 관련되어 있는지 살펴보는 연구방법
특징	• 자료수집 후 분석이 이루어짐 • 통계수치를 활용한 객관적 서술 • 가설을 세우고 검증하는 연역적 방법을 선호	• 자료수집과 분석이 동시에 이루어짐 • 상황 속에서 의미를 발견하는 귀납적 분석 선호 • 연구참여자의 경험과 견해가 중요

오답해설

피라미드 모델

스포츠 참여기반이 확대되면 그 확대된 토양에서 기량이 좋은 선수들이 배양되고 꼭대기에서 세계적인 수준의 선수가 배출된다고 가정하는 이론으로 생활 체육의 중요성을 강조하는 이론

02 스포츠교육학

03 | 평가의 실천적 측면

다음 설문지를 활용하는 데 가장 적절한 평가 단계는?

영역	질문 내용	
준비	준비된 개인 장비는?	☐ 라켓 ☐ 운동화 ☐ 운동복
	테니스 강습 시 희망하는 강습 형태는?	☐ 개인강습 ☐ 그룹강습 ☐ 상관없음
	최근 3년 이내 테니스 강습을 받은 경험은?	☐ 있다 ☐ 없다
수준	**포핸드** 그립을 잡을 수 있는가? 테니스·탁구 따위에서, 팔을 뻗은 채로 공을 치는 정상적인 타구법	☐ 그렇다 ☐ 보통이다 ☐ 아니다
	백핸드 그립을 잡을 수 있는가? 탁구나 테니스 따위에서, 공을 치는 손의 손등이 상대편을 향하도록 하는 타구 방법	☐ 그렇다 ☐ 보통이다 ☐ 아니다
	스플릿 스텝을 할 수 있는가? 역도에서, 앞뒤로 두 발을 벌리고 인상(引上)을 하는 자세. 바벨을 지면에서 들어 올리는 거리를 짧게 하려는 자세로서 전후 개각형(開脚型)이라고도 한다.	☐ 그렇다 ☐ 보통이다 ☐ 아니다

① 진단평가
② 종합평가
③ 형성평가
④ 총괄평가

핵심이론

평가의 유형

진단평가 : 계획된 학습의 목표 달성을 위해 교육 프로그램 실시 이전에 학습자의 수준 및 상태를 파악하기 위한 평가이다. 교육 프로그램의 방향을 설정·수정하고 학습장애의 원인 및 정도의 파악에 도움을 줄 수 있다.
형성평가 : 교육 프로그램 운영 중 이루어지는 과정 중심의 평가로 지도자에게는 프로그램 및 지도 방법을 수정하기 위한 기초자료로 활용한다.
총괄평가 : 주어진 학습 과정을 끝마친 후 학습 목표의 달성도를 측정하기 위한 평가이다. 학습 결과를 토대로 개인별·집단별 평가를 진행, 성적을 작성한다.

06 협동 학습 모형의 교수 전략

〈보기〉에서 설명하는 협동 학습 모형의 전략은?
학생들이 소그룹으로 협력해 공동 목표를 달성하는 학습 방식으로 개인 책임과 집단 상호작용을 강조한다.

보기

- 1차 평가에서 모든 팀원의 점수를 합산하여 팀 점수로 발표한다.
- 지도자는 학생들과 토론하고 팀의 상호작용을 높일 수 있도록 조언한다.
  생물체 부분들의 기능 사이나, 생물체의 한 부분의 기능과 개체의 기능 사이에서 이루어지는 일정한 작용
- 모든 팀은 1차 평가와 동일한 과제를 반복해서 연습하고, 팀원 모두의 점수를 높이는 데 중점을 둔다.
- 2차 평가를 하여 1차 평가보다 향상된 정도에 따라 팀 점수를 부여한다.

① 직소(jigsaw)
② 팀 - 보조수업(team-assisted instruction)
③ 팀 게임 토너먼트(team games tournament)
   경기 대전 방식의 하나. 경기를 거듭할 때마다 진 편은 제외하면서 이긴 편끼리 겨루어 최후에 남은 두 편으로 우승을 가린다.
④ 학생 팀 - 성취 배분(student teams-achievement division)

핵심이론

학생 팀 - 성취 배분(Student Teams-Achievement Division)

- Slavin에 의해 처음 개발되었다.
- 비경쟁적인 팀으로 학생들을 나누고 모든 팀에게 동일한 학습 과제와 필요한 자원을 제공한다.
- 교사는 과제를 명료화하고 팀에게 필요한 다른 자원을 제공하며 1차 연습 시간을 제시하고 팀별로 연습하도록 한다. 각 팀의 모든 팀원들은 학습한 지식이나 기능에 대해 평가를 받고 모든 팀원들의 점수가 합쳐 팀 점수가 된다.
- 동일한 과제를 연습하는 2차 연습 시간을 갖는다. 이때 팀원들의 협동심을 강조하고 팀원들의 점수를 높이는 데 중점을 둔다.
- 두 번째 평가는 향상도를 평가하는 것이기 때문에 2차 연습이 주어질 때 1차 시험 때보다 높은 점수를 받아야 한다는 것을 알려준다.
- 두 번의 시험에서 향상도에 따라 팀 점수가 부여되고 성적이 우수한 팀에게는 보상이 주어진다.
- 개인별 점수는 발표되지 않고 팀 점수만 발표되므로 팀 협동을 유발한다.

15 | 체계적 관찰 방법

다음은 지도자의 교수 행동을 사건 기록법으로 관찰·기록한 표이다. 이 체계적 관찰 방법에 관한 설명으로 가장 적절한 것은?

행동	피드백 유형			
	긍정적	부정적	교정적	가치적
횟수	正正正正	正正	正正正	正
합계	20회	10회	15회	5회
비율	40%	20%	30%	10%

① 교수-학습에 관한 질적 정보를 얻기 위해 주로 활용한다.
② 지도자와 학생의 상호작용에 관한 기록을 간단히 측정할 수 있다.
③ 일정한 시간 간격을 기준으로 학생의 행동을 관찰하고 측정한다.
④ 교수-학습 시간 활용에 관한 구체적 정보가 필요할 때 사용한다.

핵심이론

체계적 관찰법

① 사건 기록법 : 행동이 발생할 때마다 횟수를 체크하는 방식으로 기록하는 것으로 행동의 발생 횟수를 가장 직접적으로 정확하게 기록하는 방법이나, 시간을 기록하지는 못한다.
② 지속시간 기록법 : 행동의 횟수가 아닌 행동의 시간을 기록하는 방법으로 얼마나 오래 또는 얼마나 짧게 그 행동이 발생했는가에 대해 기록하는 것이다.
③ 동간(간격) 기록법 : 동일한 크기로 시간 간격을 나누어 관찰하는 방법으로 부분간격기록법 및 전체간격기록법을 사용하여 사건을 기록한다. 이 방법은 행동 발생 횟수와 시간 모두를 기록할 수 있다.
④ 집단적 시간 표집법 : 최소의 학생들이 참가하여 그 행동 범주를 측정하는 것으로 일정 간격을 두고 주기적인 표집을 하는데 정해져 있는 기록 시간에 그 행동이 나타났을 경우를 기록하는 방법이다. 동간 기록법은 기록을 위해 모든 시간을 투자하였다면 집단 시간 표집법은 순간 기록 타임의 행동만을 기록하는 것이므로 동간 기록법에 비해 시간적 여유가 있다.
⑤ 자기기록법 : 관심 있는 행동을 스스로 기록하는 것으로 다른 사람의 도움 없이 기록이 가능하다. 자신의 교수 수행을 어느 정도 스스로 통제할 수 있는지를 평가하는 기능을 가진다.

03 스포츠심리학

03 동기

〈보기〉 중 **내적동기**를 향상하는 전략으로 옳은 것만을 모두 고른 것은?
<small>외부 보상이나 처벌이 아닌 개인의 흥미, 가치관, 자아 실현 욕구에서 비롯된 동기</small>

보기

ㄱ. 성공 경험을 갖게 한다.

ㄴ. 언어적, **비언어적** 칭찬을 자주 한다.
<small>시선 처리, 얼굴 표정, 손동작, 신체 언어 등과 같이 의사소통 중 직접적인 언어표현을 제외한 것들을 말한다.</small>

ㄷ. 팀의 의사결정에 선수를 참여시킨다.

ㄹ. 물질적 보상과 처벌을 주로 활용한다.

ㅁ. 최대한 높은 결과목표를 설정하여 도전하게 한다.

① ㄱ, ㄴ, ㄷ
② ㄱ, ㄴ, ㄹ
③ ㄴ, ㄷ, ㄹ
④ ㄷ, ㄹ, ㅁ

핵심이론

내적동기

① 중요성 : 내적동기가 부여된 학습자는 깊은 학습을 추구하며 학습하여 얻은 정보를 더 잘 기억하고 적용한다. 또한 학습 과정에서 발생하는 어려움을 극복하는 것에 능숙하며 학습에 대한 긍정적인 태도를 유지할 수 있다.

② 내적동기 유발 방법
  ㉠ 학습자의 흥미와 관심사 발굴 : 교육자는 학습자와의 대화, 관찰, 설문 조사 등을 통해 학습자의 관심사를 파악하고 그에 맞는 활동을 제공하는 것이 효과적이다.
  ㉡ 자율성과 선택권 제공 : 학습자 스스로 학습 목표를 설정하고 그 목표를 달성하기 위한 방법을 결정할 수 있도록 격려해야 한다.
  ㉢ 목표 설정과 진행 과정에서의 지원 : 구체적이고 도전적인 목표를 설정하도록 도와주고 그 목표 달성을 위한 단계별 계획을 세우도록 지원한다.
  ㉣ 긍정적인 피드백과 격려 : 학습 과정에서 학습자의 노력과 성취를 인정하고 칭찬한다. 긍정적인 피드백은 학습자의 자신감을 증진시키고 학습에 대한 긍정적인 태도를 강화한다.
  ㉤ 적절한 도전과 성취감 제공 : 학습 과정에서 적절한 수준의 도전을 제공한다. 너무 어려운 과제는 좌절감을 유발할 수 있으므로 학습자의 능력과 흥미를 고려하여 적절한 과제를 제공하여 성취감을 느낄 수 있도록 한다.

09 | 정서와 시합불안

〈보기〉가 설명하는 심리기술훈련은?

> **보기**
> - 1958년 월피(J. Wolpe)가 개발함
> - **불안**을 일으키는 상황을 중요도 순서에 따라 10단계 정도를 준비함
>   (마음이 편하지 아니하고 조마조마함)
> - 불안이 낮은 순서부터 **극도**의 불안을 일으키는 중요도가 높은 순서로 배열하고 훈련함
>   (마음이 편하지 아니하고 조마조마함)
> - 불안이나 **스트레스**를 유발하는 자극에 노출될 때 불안반응 대신 편안한 반응을 나타냄으로써 불안이나 스트레스를 감소하는 기법임
>   (마음이 편하지 아니하고 조마조마함)

① 자생훈련(**autogenic** training)
  (자가 생성의, 자율성)
② 점진적 이완(progressive relaxation)
③ 인지 재구성(cognitive restructuring)
❹ 체계적 둔감화(systematic desensitization)

핵심이론

체계적 둔감화(systematic desensitization)

① 행동 요법의 한 유형으로 공포에 점진적으로 익숙해지도록 하여 공포를 줄이는 것이다. 안전한 환경에서 공포에 단계적으로 노출하여 공포 반응을 이완 반응으로 대체하는 것으로 공포증 및 기타 불안 장애를 극복하는 데 효과적이다.
② 주요 단계
  ㉠ 이완 훈련(Relaxation Training) : 공포 반응을 약화시키기 위해 이완 반응을 학습하는 과정으로 이 단계에서 학습자는 불안할 때 신체적 긴장을 푸는 방법(복식호흡, 근육 이완 훈련, 명상 등)을 배운다.
  ㉡ 불안 위계 목록 만들기(Anxiety Hierarchy) : 공포를 느끼는 상황을 난이도 순으로 정리하여 단계적으로 노출할 목록을 만든다. 공포의 강도를 0점에서부터 100점까지로 평가하여 낮은 것부터 정리한다.
  ㉢ 단계적 노출과 둔감화(Gradual Exposure & Desensitization) : 불안 위계 목록을 활용하여 가장 낮은 불안 수준에서부터 공포 대상에 노출된다. 이때 이완 훈련을 함께 적용하여 공포 반응을 차단하는 훈련을 한다.

오답해설

① 자생훈련(autogenic training) : 신체 부위의 따뜻함과 무거움을 느끼게 해주는 일련의 동작으로 구성된 방법
② 점진적 이완(progressive relaxation) : 앉거나 누운 상태로 실시하고, 각 신체부분에 긴장과 이완을 반복하는 방법
③ 인지 재구성(cognitive restructuring) : 불안을 극복하고 긍정적으로 해석하는 방법

15 운동심리 이론

그림에서 무관심 단계의 운동 실천 전략으로 가장 적절한 것은?
관심이나 흥미가 없음

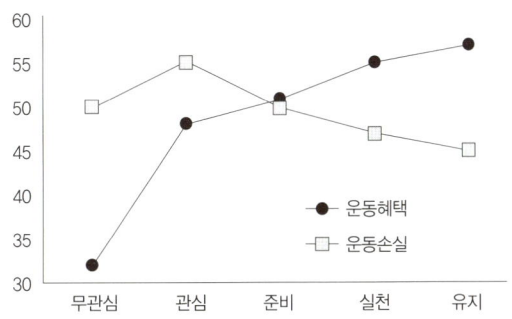

프로차스카(J. Prochaska) 운동변화단계이론

① 장시간 고강도 운동에 참여하도록 조언한다.
　　　　강도가 높음
② 다른 사람의 운동 멘토 역할을 하도록 한다.
　　　　　　　　　현명하고 동시에 신뢰할 수 있는 상담 상대, 지도자, 스승, 선생의 의미로 쓰이는 말
③ 운동의 긍정적 효과에 관한 정보를 제공한다.
④ 운동중독의 위험성에 관한 자료를 공유한다.
　　본인의 운동능력보다 과한 운동을 지속하려는 행동

핵심이론

프로차스카(Prochaska) 변화단계이론

프로차스카의 변화단계이론은 운동행동의 변화는 여러 단계를 거치면서 점진적으로 변화한다는 이론으로 개인의 수준에 맞는 차별화된 운동 실천 중재전략을 개발하고 적용할 수 있다는 장점이 있다.

① 변화단계
　㉠ 무관심 단계 : 변화 계획이 없는 단계로 현재 운동을 하고 있지 않으며 6개월 이내에도 운동을 시작할 의도가 없는 단계
　㉡ 관심 단계 : 문제를 인식하고 행위의 변화를 일으키겠다는 생각을 하는 단계로 현재 운동을 하고 있지 않으나 6개월 이내에 운동을 시작할 의도가 있는 단계
　㉢ 준비 단계 : 구체적인 행위 실행이 잡혀 있는 단계로 현재 운동을 하고는 있지만 운동 가이드라인을 충족하지는 못하는 수준의 단계
　㉣ 실천 단계 : 건강한 생활습관을 갖기 위해 노력하는 단계로 운동 가이드라인을 충족하는 수준의 운동을 하고 있으나 그 기간이 6개월 미만인 단계
　㉤ 유지 단계 : 새로운 생활습관이 6개월 이상 지속된 단계로 운동 가이드라인을 충족하는 수준의 운동을 6개월 이상 해 온 단계

② 단계별 운동 실천 전략
　㉠ 무관심기 : 운동의 이점과 중요성에 대한 교육 제공, 운동에 대한 두려움/오해 해소, 운동 성공 사례 제시
　㉡ 숙고기 : 장단점 분석 도와주기, 개인의 가치와 운동 연결짓기, 가족/친구의 지지 유도
　㉢ 준비기 : 구체적인 계획 세우기(언제, 어디서, 무엇을), 장애 요인 예측과 대비책 마련, 운동 파트너 구하기
　㉣ 실행기 : 운동일지 작성, 성취에 대한 보상 제공, 긍정적인 피드백 제공
　㉤ 유지기 : 운동 루틴의 다양화, 지루함/권태 극복 전략, 유혹 상황에서 대처 방법 강화

04 한국체육사

07 고려시대의 사회와 체육

〈보기〉에서 **방응(放鷹)**에 관한 설명을 모두 고른 것은?
매를 놓아 사냥하던 일

보기

ㄱ. 매를 조련하여 수렵에 활용하였다.
ㄴ. **응방도감(鷹坊都監)**에서 관장하였다.
　고려·조선 시대에 매의 사육과 사냥을 맡아보던 관아
ㄷ. 무예 훈련의 성격을 띠기도 하였다.
ㄹ. 삼국시대에도 전담하는 관청이 있었다.

① ㄱ, ㄴ, ㄷ
② ㄱ, ㄷ, ㄹ
③ ㄱ, ㄴ, ㄹ
④ ㄴ, ㄷ, ㄹ

핵심이론

방응(放鷹)

삼국시대	• 사나운 매를 길들여 꿩이나 새를 사냥하는 일종의 수렵으로 고대사회에서 공통적으로 나타나는 생존활동이자 놀이 • 방응은 삼국시대의 민속스포츠와 오락 중 하나지만, 이를 전담하는 관청이 었었다는 기록은 없다.
고려시대	• 매를 놓아 사냥을 하는 것으로 고려시대에 매우 성행하였다. • 귀족사회의 민속놀이와 오락 중 하나로 충렬왕의 응방, 응방도감 등 체계적 관리체제가 설치되었다. • 사냥과 연계되어 무예의 훈련, 체력 및 용맹성을 기르기 위한 수단이었다.
조선시대	• 매를 훈련시켜 꿩이나 토끼 종류의 사냥감을 잡는 것이다. • 귀족사회의 민속놀이와 오락 중 하나로 응방이 여전히 남아 있었다. • 조선왕조실록을 통해 태종, 성종, 연산군 등이 방응을 자주 했다는 기록을 찾아볼 수 있다.

19 | 현대 체육 · 스포츠

'국민생활체육진흥종합계획(호돌이 계획)'의 내용으로 옳은 것은?
1990년 노태우 정부 시기에 추진

① <mark>제24회 서울 올림픽경기대회</mark>를 대비하고자 추진되었다.
　　1988년 서울 올림픽 개최
② 「국민체육진흥법」을 제정하여 스포츠 클럽을 체계적으로 관리하였다.
❸ 국민생활체육협의회의 창설과 직장체육 프로그램의 보급이 이루어졌다.
④ 전문체육 육성을 위한 국가대표 연금과 우수선수 병역 혜택의 제도가 도입되었다.

핵심이론

국민생활체육진흥종합계획(호돌이 계획)

① 1986년 발표된 생활체육 활성화 정책으로, 1988년 서울올림픽을 앞두고 국민 체력 향상과 체육 참여 확대를 목표로 추진되었다.
② 1987년 국민생활체육협의회가 창설되었고, 직장체육 프로그램 보급 등 조직적인 생활체육 지원 체계를 마련하였다.
③ 걷기, 체조, 축구 등 다양한 생활체육 프로그램이 지역 단위로 확산되었으며, 지도자 양성과 공공 체육시설 확충도 함께 이루어졌다.
④ 엘리트 체육 중심에서 벗어나 국민 모두가 참여하는 생활체육 기반을 마련하는 전환점이 되었다.

오답해설

① 올림픽 대비는 전문체육 육성 정책 중심이고, 호돌이 계획은 생활체육 진흥을 위한 별도 계획이다.
② 「국민체육진흥법」은 1962년 제정되었으며, 호돌이 계획과는 시기가 다르다.
④ 국가대표 연금제도(경기력 향상 연금)와 병역 혜택은 엘리트 체육 중심 정책으로, 호돌이 계획의 주요 내용이 아니다.

05 운동생리학

07 | 골격근과 운동

〈보기〉의 골격근 수축 과정에 관한 설명 중 ㉠~㉢에 들어갈 용어로 옳은 것은?

보기

- 활동전위(action potential)는 가로세관(T-tubles)으로 이동하여 (㉠)에서 (㉡) 방출을 자극한다.
- (㉠)에서 방출된 (㉡)이 트로포닌(troponin)과 결합하게 되면 (㉢)의 위치를 이동시켜 마이오신 머리(myosin head)와 액틴 필라멘트(actin filament)가 강하게 결합하게 한다.

	㉠	㉡	㉢
①	원형질막	아세틸콜린 신경의 자극을 근육에 전달하는 화학물질	근절 횡문근에서 근원섬유가 반복되는 단위로 가장 작은 기능적 수축 단위
②	원형질막	칼슘이온	트로포마이오신
③	근형질세망	아세틸콜린	근절
④	근형질세망 칼슘(Ca²⁺)을 저장하고 근 수축 시 칼슘 방출 및 재흡수를 담당	칼슘이온	트로포마이오신

핵심이론

근육 수축의 단계

축삭 종말에서 아세틸콜린 방출 → 근육세포의 활동전위 발생 → 근형질세망에서 칼슘이온 분비 → ATP 분해에 따른 근세사 활주 시작

안정 단계	액틴과 마이오신이 약한 결속 상태이거나 결속되지 않는 안정된 단계
자극과 결합 단계	운동뉴런을 통해 신경흥분이 신경근 접합부에 도달해 근육 내의 안정 시 전압이 깨지고 근육 활동전압이 생성됨. 이후 신경종말의 소포에 저장되어 있던 아세틸콜린이 분비되면 근형질세망으로부터 칼슘이 나와 액틴과 마이오신의 결합을 만들어 냄
수축 단계	액틴과 결합된 마이오신 머리에서 ADP, Pi로 방출되며 액틴이 마이오신으로 미끄러져 들어가 근육이 짧아지며 근수축이 발생함
재충전 단계	마이오신 머리에 ATP가 재충전되면서 더 큰 수축을 위해 액틴과 마이오신의 결합이 풀리고, 둘의 재결합을 위한 에너지 및 수축 순환 가능
이완 단계	신경자극이 아예 중지되면 마이오신과 액틴과의 반응은 일어나지 않고 근섬유는 이완상태로 다시 돌아감

10 순환계의 구조와 기능

〈보기〉에서 동방결절(SA node)에 관한 특성으로 옳은 것만을 모두 고른 것은?

보기

ㄱ. 심장의 페이스메이커(pacemaker)로 불림
ㄴ. 전도체계 중 가장 빠른 내인성 박동률을 가짐
ㄷ. 심실이 혈액을 충만하게 모을 수 있도록 자극전도 시간을 지연시킴
ㄹ. 다른 심장 전도 시스템보다 약 6배 빠르게 전기적 자극을 심실 전체로 전달하여 심실의 거의 모든 부위가 동시에 수축할 수 있게 함

① ㄱ, ㄴ
② ㄱ, ㄴ, ㄷ
③ ㄱ, ㄷ, ㄹ
④ ㄴ, ㄷ, ㄹ

핵심이론

동방결절, 방실결절, 방실다발, 심실중격

동방결절	• 상대정맥 입구 쪽 가까운 우심방 벽에 특수화된 근육세포들로 구성 • 심장 수축을 일으키는 전기자극을 타 부위 세포보다 조금 빨리 생성함으로써 심장 전체의 전기적 신호를 주도하는 부분으로 페이스메이커라고 함
방실결절	• 우심방벽의 관상동맥동 개구 근처에 위치하여 방실 속으로 연결 • 동방결절에서 심방으로 정해진 흥분을 방실 속에서 좌우 다발갈래와 퍼킨제 섬유 등의 방실계를 거쳐 양측의 심실 전체로 전달
방실다발	• 방실결절에서 꼭지근 사이에 있는 부분 • 방실결절의 신호를 아래의 다발분지를 거쳐 퍼킨제섬유로 전달하는 중간 전기 신호 전도 체제
심실중격	• 좌심실과 우심실 사이에 존재하는 벽 • 좌·우심실 간 혈액의 혼합을 방지

오답해설

ㄷ. 방실결절지연에 대한 설명으로 자극 전달을 일시적으로 지연시켜, 심방이 먼저 수축하고 심실이 수축하기 전에 혈액이 충분히 채워지도록 한다.
ㄹ. Purkinje 섬유에 대한 설명이다. Purkinje 섬유는 심실 전체로 전기 자극을 매우 빠르게 전달하여 심실이 거의 동시에 수축하도록 도와준다.

06 운동역학

13 | 각운동의 운동역학적 분석

〈보기〉에서 설명한 내용 중 인체의 **관성모멘트(moment of inertia)**를 감소시킨 사례로 옳은 것만 모두 고른 것은?
외부의 회전력에 대해 물체의 운동 상태를 변화시키지 않으려는 저항 특성

보기

ㄱ. 피겨스케이팅에서 양팔을 벌리고 회전한다.
ㄴ. 달리기 시 체공기(swing phase)에 있는 다리를 굽힌다.
ㄷ. 다이빙에서 공중 앞돌기 시 터크(움크린) 자세를 만든다.
ㄹ. 골프 아이언 헤드의 질량 분포를 양 끝으로 넓게 하여 클럽 헤드의 관성을 조작한다.

① ㄱ, ㄴ   ② ㄴ, ㄷ
③ ㄱ, ㄴ, ㄷ   ④ ㄱ, ㄷ, ㄹ

핵심이론

① 회전력(토크, 힘의 모멘트)
  ㉠ 물체를 회전시켜 각운동량을 만드는 힘
  ㉡ 모멘트 : 힘이 어떤 물체의 회전중심선(회전축)에서 벗어나 작용하여 물체가 회전운동을 하게 되는 것
  ㉢ 회전력(토크) = 힘 × 모멘트 암 = 관성모멘트 × 각가속도
  ※ 모멘트 암 : 힘과 축 사이의 거리
② 관성모멘트(회전모멘트)
  ㉠ 외부의 회전력에 대해 물체의 운동 상태를 변화시키지 않으려는 저항 특성
  ㉡ 단위 : $kg \times m^2$
  ㉢ 결정 요인
    • 물체의 질량 : 물체의 질량이 클수록 회전에 대한 저항도 큼
    • 질량 분포 : 회전축으로부터 먼 곳에 질량이 더 많이 분포할수록 관성모멘트도 증가함
    • 관성모멘트 = 질량 × 회전 반경^2
  ㉣ 외력이 없는 경우 관성모멘트가 클수록 각속도는 작아짐
③ 스포츠에서의 관성모멘트 활용
  ㉠ 다이빙 선수의 공중회전 동작에서는 다이빙 플랫폼 이지(take-off) 직후에 다리와 팔을 회전축 가까이 위치시켜 관성모멘트를 감소시킴으로써 각속도를 증가시킨다.
  ㉡ 다이빙 동작에서 몸을 펴면 관성모멘트가 증가하여 회전을 멈추게 된다.
  ㉢ 피겨스케이트 트리플 악셀 점프에서 팔을 몸쪽으로 붙이면 관성모멘트가 감소하여 더 빠르게 회전한다.

오답해설

ㄱ. 팔을 벌리면 회전축으로부터 먼 곳에 질량이 분포하게 되어 관성모멘트는 증가하고, 회전 속도는 느려진다.
ㄹ. 질량을 회전축에서 멀리 배치하면 관성모멘트는 증가한다. 이는 클럽 임팩트 시 흔들리지 않도록 안정성을 높이기 위한 설계이다.

19 인체 평형과 안정성

인체의 안정성을 결정짓는 요인이 아닌 것은?
물체가 정적 또는 동적 자세의 균형을 잃지 않으려는 상태

① 기저면의 크기와 관련이 있으며 형태와는 관련이 없다.
   물체 또는 인체 등이 지면과 접촉하는 각 점들로 이루어진 전체 면적
② 무게중심선이 기저면 밖에 있으면 불안정한 상태가 된다.
   물체의 무게중심을 통과하는 수직선
③ 무게중심선이 기저면의 중심에 가까울수록 안정성은 높아진다.
④ 무게중심의 높이와 관련이 있으며 낮을수록 안정성은 높아진다.

핵심이론

① 무게중심
  ㉠ 물체의 무게를 균등하게 나누어 균형을 이루게 하는 점
  ㉡ 인체의 각 분절들이 갖는 중력의 회전력(토크) 합이 0으로 균형을 이루는 점
  ㉢ '균형점'이라고도 함
  ㉣ 인체의 내부 혹은 외부에 존재(높이뛰기에서 몸을 활처럼 휘는 자세를 취할 때는 무게중심이 외부에 존재)
② 인체 안정성의 결정 요인
  ㉠ 주요 요인

요인	안정적	불안정적
기저면	넓을수록	좁을수록
무게중심의 높이	낮을수록	높을수록
무게중심선과 기저면의 한계점	가까울수록	멀수록
질량과 마찰력	클수록	작을수록

  ㉡ 외부의 힘이 가해지는 경우 힘이 가해지는 방향으로 기저면을 넓히면 안정성이 증가
  ㉢ 기타 시각적·심리적 영향에 따라 안정성이 변화
③ 인체의 운동과 안정성
  ㉠ 안정성은 인체의 운동 수행 전반에 많은 영향을 행사
  ㉡ 일반적으로 안정성과 신속성은 반비례의 관계
  ㉢ 동작 수행의 목적에 따라 의도적으로 안정성을 조절
    • 레슬링, 유도, 씨름 등에서는 안정성을 높여 경기를 유리하게 진행
    • 크라우칭 스타트 등 신속한 방향 전환이 필요한 경기에서는 의도적으로 안정성을 낮춤

오답해설

① 안정성은 물체가 정적 또는 동적 자세의 균형을 잃지 않으려는 상태로 기저면이 넓고, 무게중심선이 기저면 중앙에 가까울수록 안정성이 향상된다. 또한, 기저면의 형태가 균형 있게 분포되어 있을 때 인체의 안정성은 더욱 높아진다. 따라서 기저면의 크기, 형태 모두 인체의 안정성에 중요한 영향을 미친다.

07 스포츠윤리

06 스포츠와 동물윤리

레건(T. Regan)의 **동물권리론**에 가장 부합하는 태도는?
_{동물 해방 윤리론적 입장}

① 모든 동물에게 자유를 보장하고 스포츠에 동물을 이용하지 않도록 한다.

② 세계시민주의적 사고에 따라 재활승마에서는 기수와 말의 친화를 강조한다.

③ 천연 거위털 셔틀콕의 성능이 인조 거위털 셔틀콕보다 더 좋으므로 생산을 장려한다.

④ 경마나 소싸움은 합법적으로 동물을 활용할 수 있는 종목이며 경제적으로도 유용하다.

핵심이론

① 종차별주의
  ㉠ 자신의 종을 위해 다른 종의 이익에 배타적 태도를 보이는 것
  ㉡ 스포츠에서 동물들이 도구화되고 있는 상황
  ㉢ 동물에게 폭력적 훈련 및 경기를 강제함
  ㉣ 동물을 인간의 유희 대상으로 생각
② 동물 해방 윤리론

피터싱어	• 공리주의 입장 • 이익 평등(동등) 고려의 원칙 • 고통을 느낄 수 있는(쾌고감수능력) 모든 존재의 이익 관심은 동등한 고려 가치가 있음을 주장 • 동물 학대의 가능성이 있는 스포츠 종목의 폐지 당위성을 제시
레건	• 의무론적 입장 • 살아있는 존재라면 누구나 자신만의 삶을 영위할 권리가 있으므로 동물의 권리 또한 인정되어야 함 • 동물도 도덕적 지위를 가지므로 동물을 인간을 위한 수단으로 취급하는 것은 옳지 않음

③ 생명 중심의 윤리설

슈바이처	• 생명 외경론으로 살아있는 모든 생명체를 진심으로 존중하고 조심스러워하며 사랑하자는 입장 • 생명을 유지, 촉진, 고양하는 행위는 선이고, 생명을 억압하고 파괴하는 행위를 악으로 정의함
테일러	• 생명중심주의로 모든 생명체는 자신의 성장, 발전, 생존, 번식이라는 목적과 가치 추구를 주장 • 자신의 고유한 가치를 지니는 생명체를 도덕적으로 존중하는 태도를 가져야 함

오답해설

②, ③, ④는 종차별주의적 입장에 해당한다. 보기는 모두 동물을 도구화시키거나 인간의 이익을 추구하기 위해 동물의 이익에는 배타적 태도를 보이고 있다.

14 | 윤리이론

공리주의 윤리 규범을 스포츠에 바르게 적용한 것이 <u>아닌</u> 것은?
공리성을 가치 판단의 기준으로 하는 결과론적 윤리체계의 대표적 사상

① 스포츠에서 결과에 따른 만족을 중시한다.
② 스포츠 규칙 제정은 공정과 평등의 원칙에 근거한다.
❸ 스포츠 상황에서 행위의 유용성보다 인성의 바름을 강조한다.
④ 스포츠에서 소수보다 다수의 이익을 우선하는 것이 정당화될 수 있다.

핵심이론

① 결과론적 윤리체계
　㉠ 결과론적 윤리체계의 특징과 한계

특징	주어진 상황에서 그 행동을 했을 때 어떤 결과를 가져오는지 예상해보고 더 좋은 결과를 가져오는 쪽으로 행동하는 것이 옳다고 주장
한계	• 결과의 유용성만 중시하여 목적이 수단을 정당화하는 문제가 나타남 • 결과로 행위를 평가하기 때문에 정의 문제가 소홀해질 수 있음 • 일반적인 사실로부터 도덕적인 당위를 추론하지 못할 수 있음

　㉡ 공리주의의 특징과 한계

특징	어떤 행위의 옳고 그름은 그 행위가 인간의 이익과 행복을 늘리는 데 얼마나 기여하는가 하는 유용성과 결과에 따라 결정됨
한계	전체의 행복이나 다수의 이익을 중시하여 소수나 개인의 인권을 침해할 수 있음

　㉢ 벤담과 밀의 공리주의

벤담의 양적 공리주의	• 다수에게 행복을 줄 수 있는 행위가 옳음 • '최대 다수의 최대 행복'을 가능하게 하는 것이 옳은 행위 • 모든 쾌락은 질적으로 동일
밀의 질적 공리주의	• "행위는 행복을 증진하는 경향에 비례해서 옳고, 불행을 산출하는 경향에 비례해서 그르다." • 쾌락(행복)을 질적으로 높은 '인간의 쾌락'과 질적으로 낮은 '동물의 쾌락'으로 구분

② 덕 윤리체계

특징	• 결과가 아닌 행위 그 자체가 도덕 규칙을 판단하기 위한 기준 • 행위의 시비를 결정하기 위해 도덕 법칙이 이용됨 • 결과와 무관하게 의도가 도덕적이라면 도덕적이라고 봄
한계	공동체의 이상을 중시하고 공동체를 행동으로 실천할 때 도덕적이라고 평가하므로 개인의 자유와 권리를 축소시킬 가능성이 있음

오답해설

③ 스포츠 상황에서 행위의 유용성보다 인성의 바름을 강조하는 건 덕 윤리체계에 해당한다.

01 특수체육론

02 지적장애 지도 전략

〈보기〉에 해당하는 장애 유형의 체육활동 지도 방법으로 옳지 않은 것은?

> **보기**
> - **지적** 기능과 적응행동이 제한된다.
>   (지식이나 지성에 관한 것)
> - 쉽게 좌절하거나 동기 **유발**이 부족하다.
>   (어떤 것이 다른 일을 일어나게 함)
> - 주의 집중 시간이 짧고 **단기 기억**에 어려움이 있다.
>   (정보를 일시적으로 저장하고 처리하는 기억 체계로 20~30초 동안 유지되며 용량은 제한적이다.)

① 복잡한 계획이 필요하고 과제가 자주 바뀌는 활동을 강조한다.
② 활동 초기에 학생의 개별적 특성을 파악하여 **친밀감**을 형성한다.
   (지내는 사이가 매우 친하고 가까운 느낌)
③ 학생이 흥미를 보이는 활동에서 시작하여 다양한 형태로 발전시킨다.
④ 과제 활동을 제한하는 행동을 파악하고 개별적인 행동관리 계획을 수립한다.

핵심이론

지적장애

① 정의 : 정신 발육이 항구적으로 지체되어 지적 능력의 발달이 불충분하거나 불완전하고 자신의 일을 처리하는 것과 사회 생활에 적응하는 것이 상당히 곤란한 사람
② 지적장애의 특성 및 지도 전략
  ㉠ 지적장애의 특성
    - 인지행동 : 낮은 인지 수준, 주의력 결핍 및 기억력 결핍(장기기억 및 단기 기억 결함)
    - 사회적·감정적 : 상황에 대한 부적절한 반응, 상호작용 미숙, 사회성 결여
    - 신체적 : 심동적 영역 차이, 운동발달상의 지체, 낮은 수준의 체력 및 운동수행능력
  ㉡ 지적장애 지도 전략
    - 현재수행능력의 세밀한 파악 후 지도할 것
    - 언어지도, 시범지도, 직접지도 등을 적절히 활용할 것
    - 간단한 단어 및 설명을 사용할 것
    - 활동을 단순화하고 단순한 규칙의 놀이를 제공할 것
    - 가능한 참여자 스스로가 자신의 활동을 결정할 수 있도록 할 것
    - 주의를 집중할 수 있도록 관련된 단서를 제공할 것
    - 직접지도 시 최소한의 신체접촉을 유지할 것
    - 쉬운 과제에서 어려운 과제 순으로, 익숙한 과제에서 새로운 과제 순으로 과제를 제시할 것

11 | 장애인 대상 평가 도구

표의 지침과 준거를 사용하는 검사 도구에 관한 설명으로 옳은 것은?

<small>사물의 정도나 성격 따위를 알기 위한 근거나 기준</small>

기술	지침	수행 준거	1차	2차	점수
두 손으로 정지된 공 치기	• 배팅 티 위에 아동의 허리 높이로 공을 올려놓는다. • 아동에게 공을 세게 치라고 지시한다.	잘 쓰는 손을 위쪽에, 잘 안 쓰는 손은 아래쪽에 가도록 하여 배트를 잡는다.			
		아동이 잘 쓰지 않는 어깨와 엉덩이가 앞쪽으로 가도록 바라본다.			
		스윙하는 동안 어깨와 엉덩이를 회전시킨다. <small>→ 골프나 야구, 크리켓, 탁구, 테니스, 배드민턴 처럼 도구를 휘둘러서 공을 맞추는 종목에서, 그 도구(골프채, 방망이, 라켓 등)를 휘두르는 행위</small>			
		잘 쓰지 않는 발을 공 쪽으로 내딛는다.			
		공을 쳐서 앞쪽으로 보낸다.			

<small>상대적 기준, 보통 평균을 바탕으로 상대적 위치를 평가하는 방식</small>

① 준거지향적 방식과 규준지향적 방식 모두 활용이 가능하다.
<small>미리 정해진 기준(준거)에 따라 개인의 성취 수준을 절대적으로 평가하는 방식</small>
② 5가지 이동 운동 기술과 6가지 공(ball) 조작 운동 기술을 측정한다.
③ 수행 준거를 어느 정도 성취했느냐에 따라 1점 또는 2점을 부여한다.
④ 발달장애 아동을 위한 검사 도구로 관찰과 면담을 통해 운동능력을 평가한다.

핵심이론

대근운동발달 검사(TGMD-3(Test of Gross Motor Development Ⅲ))

① 개요
  ㉠ 운동능력에 어려움이 있는 어린이를 식별하는 데 사용되는 표준 테스트
  ㉡ 장애 여부와 상관없이 3~11세 아동을 대상으로 하며 대근운동발달 정도에 대한 초기 진단 및 평가 목적으로 사용
  ㉢ 준거 및 규준지향검사로 사용될 수 있음
  ㉣ 각 검사항목의 수행 준거를 정확하게 수행하면 1점, 정확하게 수행하지 못하면 0점을 부여함
② 검사 종목

이동기술	• Run • Skip	• Gallop • Horizontal jump	• Hop • Slide
물체조작기술	• Two-hand strike • Catch • Underhand throw	• One-hand strike • Kick	• Dribble • Overhand throw

14 기초이동 운동능력

〈보기〉가 설명하는 이동 운동 기술은?

> **보기**
>
>
>
> - **정면**을 보고 서서 한 발을 다른 쪽 발 앞에 놓는다.
>   똑바로 마주 보이는 면
> - 뒤쪽 발을 앞발 쪽으로 미끄러지듯 옮긴다.
> - 그런 다음 앞쪽 발을 옮겨 놓는다.
> - 양팔을 아래위로 움직이거나 교대로 움직인다.

① 호핑(hopping)
❷ 갤로핑(galloping)
③ 리핑(leaping)
④ 슬라이딩(sliding)

핵심이론

8가지 이동기술

① 워킹 : Walking, 걷는 동작. 두 발이 땅에 닿아 있는 동작
② 러닝 : Running, 가볍게 달리는 동작. 워킹과는 다르게 한 발만 땅에 닿아 있는 동작
③ 점핑 : Jumping, 제자리에서 높이 뛰는 동작. 양 발을 바닥에 디딘 후 점프하는 자세
④ 호핑 : Hopping, 한 발로 뛰는 동작. 흔히 깽깽이라고 표현하는 동작. 한 발로 도약해서 같은 발로 착지하는 것으로 한 발로 신체 무게를 지탱하며 원하는 방향으로의 이동, 균형감각, 근력이 필요한 기술
⑤ 사이드 스텝 : Sidestep, 옆으로 걷는 동작. 한발을 옆으로 디딘 후 다른 발이 한 발을 따라오게 하는 동작. 중심과 근력, 근지구력이 모두 필요한 동작
⑥ 갤로핑 : Galloping, 발을 앞뒤로 두고 말이 달리는 것처럼 뛰는 동작. 한 발은 앞으로 걷고 다른 발을 빨리 앞발에 붙이는 동작. 일상에서는 잘 사용하지 않지만 춤 동작이나 농구, 핸드볼에서 수비수가 공격을 막을 때 주로 사용하는 동작
⑦ 스키핑 : Skipping, 스머프처럼 무릎을 들어 한 발로 거듭 뛰는 동작. 워킹과 호핑 동작을 연속으로 수행하는 동작이기 때문에 이동 기술 중 습득이 가장 어려운 동작임
⑧ 리핑 : Leaping, 물 웅덩이를 넘듯 발을 내딛으며 달리는 동작. 한 발로 몸을 지탱하며 다른 발을 쭉 내밀어 앞으로 이동하는 동작으로 육상의 허들넘기, 축구에서 슈팅을 하기 전 도움닫기 동작으로 사용

02 유아체육론

07 유아기 운동발달 이론

하비거스트(R. Havighurst)의 **발달 과제 이론**에서 ㉠~㉢에 들어갈 내용을 바르게 나열한 것은?
인간의 생애를 6단계로 나누고 시기별로 달성해야 할 발달 과업 제시

발달 단계	1단계(0~6세) 유아기	2단계(7~12세) 아동기	3단계(13~18세) 청소년기
성취 과업	• 걷기 학습	• 개인적 독립심 획득	• 자신의 체격 수용
	• 옳고 그름을 구별하는 학습의 발달	• 일상 놀이에 필요한 신체적 기술의 학습	• 성숙한 관계 형성 및 사회적 역할 획득
	• (㉠)	• (㉡)	• (㉢)

	㉠	㉡	㉢
①	사회적·물리적 실체 묘사를 위한 개념 습득	자신에 대한 건전한 태도 확립	행동을 이끄는 가치 체계 획득
②	자신에 대한 건전한 태도 확립	행동을 이끄는 가치 체계 획득	사회적·물리적 실체 묘사를 위한 개념 습득
③	일상생활에 필요한 개념 발달	자신에 대한 건전한 태도 확립	사회적·물리적 실체 묘사를 위한 개념 습득
④	사회적·물리적 실체 묘사를 위한 개념 습득	자신에 대한 건전한 태도 확립	일상생활에 필요한 개념 발달

핵심이론

하비거스트(Havighurst)의 발달 과업 이론

구분	연령	설명
1단계 유아기	0~6세	걷기, 말하기, 배변 훈련 등을 배우며 기본적인 신체 기능을 습득하고, 옳고 그름을 구별하며 사회적·물리적 실체를 인식하고 모방을 통한 학습을 시작한다.
2단계 아동기	7~12세	읽기, 쓰기, 셈하기 같은 학문적 기술을 배우며, 또래와의 관계 및 독립심을 키우고, 자신에 대한 긍정적 태도와 도덕적 가치체계를 형성한다.
3단계 청소년기	13~18세	자아정체감을 형성하고, 사회적 역할을 준비하며, 성숙한 인간관계를 맺고 가치체계를 확립한다. 이성에 대한 이해와 부모로부터의 심리적 독립도 이루어진다.
4단계 성인 초기	19~30세	직업 선택과 준비, 배우자 선택 및 가족 형성, 성인으로서 책임을 수용하며 독립된 생활을 구축한다.
5단계 성인 중기	30~60세	직업과 사회생활을 통해 생산성을 유지하고, 자녀 양육 및 시민으로서의 사회적 책임을 다하며 삶의 의미를 지속적으로 재정립한다.
6단계 성인 후기	60세 이후	은퇴와 감소된 수입에 적응하고, 노화로 인한 신체 변화에 대처하며, 죽음을 준비하고 인생을 돌아보며 자아통합을 이루는 시기이다.

16 | 유아기의 특징

갤러휴(D. Gallahue)의 움직임 기술 2차원 분류법에서 이동 기술의 움직임 양식에 속하지 않는 것은?
3가지 움직임 기술(안정성, 이동, 조작)을 운동발달 단계에 따라 분류함

① **잡기(catching)**
조작 움직임 기술(초보 움직임 단계)
② 걷기(walking)
이동 움직임 기술(초보 움직임 단계)
③ 달리기(running)
이동 움직임 기술(초보 움직임 단계)
④ 점프하기(jumping)
이동 움직임 기술(초보 움직임 단계)

핵심이론

갤러휴의 움직임 기술
- 안정성 운동 기술 : 정적·동적 움직임 상황에서 신체 균형을 강조한다.
- 이동 운동 기술 : 신체의 장소 이동을 강조한다.
- 조작 운동 기술 : 물체와 힘을 주고 받는 것을 강조한다.

갤러휴(D. Gallahue)의 2차원적 움직임 분류

운동발달 단계	움직임 기술		
	안정성	이동	조작
반사 움직임 단계	• 직립반사 • 목 자세반사 • 몸통 자세반사	• 기기반사 • 걷기반사 • 수영반사	• 손바닥 파악반사 • 발바닥 파악반사 • 당김반사
초보 움직임 단계	• 머리와 목 제어 • 지지 없이 앉기 • 서기	• 포복하기 • 기기 • 직립하여 걷기	• 내밀기 • 잡기 • 놓기
기본 움직임 단계	• 한 발로 균형 잡기 • 축성 움직임	• 걷기 • 달리기 • 깡충뛰기	• 던지고 잡기 • 차기 • 치기
전문화된 움직임 단계	• 체조의 평균대 연습하기 • 축구에서 골킥 막기	• 100m 달리기 혹은 육상의 허들 • 사람 많은 거리에서 걷기	• 축구에서 골킥하기 • 던진 공 치기

03 노인체육론

07 호흡·순환계 질환 운동프로그램

뇌졸중 노인을 위한 운동 지도 시 고려해야 할 사항은?
뇌출혈과 뇌경색으로 구분되며, 뇌출혈은 뇌졸중의 10% 정도를 차지

① 우측마비 노인의 경우 언어지시보다 행동적 시범을 보인다.

② 마비가 없는 쪽에 집중적으로 스트레칭 운동을 실시하도록 한다.

③ 낙상 위험이 있으므로 균형감각과 기동성 향상을 위한 운동을 실시하지 않는다.

④ 장애 정도가 심한 노인의 경우 똑바로 선 상태에서 스테핑 운동을 빠르게 하도록 한다.

핵심이론

① 정의 : 뇌기능에 부분적 또는 전체적으로 급속하게 발생한 장애가 상당 기간 이상 지속되는 것
② 증상 : 반신 마비, 감각 장애, 언어 장애, 시력 장애, 운동 실조, 의식 장애 등
③ 운동 시 주의사항
 • 마비된 쪽과 건강한 쪽을 함께 운동할 것
 • 상지는 어깨관절에서 손가락 방향 순으로, 하지는 허벅지에서 발끝 방향 순으로 운동
 • 우측 마비 노인의 경우 언어지시보다는 행동적 시범이 효과적임
④ 운동프로그램

구분		운동강도	운동시간	운동빈도	운동형태
질병 예방		중·고강도	30분 이상	주 3회 이상	유산소
재활	부축이동가능	저강도	30~60분	매일 2회	보행운동, 관절운동
	보조기구사용 또는 부분독립보행	저·중강도	60분	매일 2회	보행운동, 자전거 타기, 수중운동
	완전독립보행	중강도	60분	주 3회 이상	유산소 운동, 근력운동

10 | 노화의 개념

〈보기〉의 ㉠, ㉡에 들어갈 용어로 옳은 것은?

> **보기**
> - (㉠) 길이가 감소하면서 노화가 일어난다.
> - 노화로 인한 대표적 관절 질환은 (㉡)이다.

	㉠	㉡
①	텔로미어	퇴행성 관절염
②	글루코스	퇴행성 관절염
③	텔로미어	류마티스 관절염
④	글루코스	류마티스 관절염

글루코스: 포도당을 형성하는 당분의 일종이며, 탄수화물 대사의 중심 화합물로 산소가 없는 상태에서 에탄올 등으로 발효될 수 있음

핵심이론

① 관절염
  ㉠ 구분

퇴행성 관절염	관절을 오랫동안, 빈번하게 사용하여 관절 연골이 마모된 경우
류마티스 관절염	자가면역질환으로 인해 발생

  ㉡ 관절의 상해와 통증이 발생하지 않는 범위에서 운동을 실시하고 통증이 지속될 시 운동을 중단할 것(무릎관절에 충격이 큰 체중부하 운동 금지)
  ㉢ 운동 전 충분한 준비운동이 필요
  ㉣ 운동프로그램
   • 주 2~3회, 1회의 운동시간을 짧게 하여 저·중강도 운동을 실시
   • 관절에 휴식을 주며 운동하고 운동 전후 냉·온찜질을 실시
   • 운동강도는 통증의 정도를 고려하여 결정하고, 운동 시에도 통증 완화를 중시할 것

② 텔로미어
  ㉠ 정의 : 염색체 말단부에 위치하는 5-TTAGGG-3 염기의 반복으로 이루어진 DNA
  ㉡ 특징 : 염색체 말단의 유전정보를 복제하지 못하기 때문에 세포 분열에 따라 텔로미어 길이가 짧아지고, 일정 길이 이하로 짧아진 경우 더 이상 세포 분열이 일어나지 않는 상태로 유지되거나 세포가 죽는다. 즉, 선천적으로 짧은 텔로미어를 갖고 태어나면 조로증의 원인이 될 수 있다.

PART 01

문제편

| 2025 기출문제
| 2024 기출문제
| 2023 기출문제
| 2022 기출문제
| 2021 기출문제
| 2020 기출문제
| 2019 기출문제

2025 기출문제

스포츠사회학

01 스포츠사회학의 주요 연구 영역에 관한 설명으로 적절하지 않은 것은?

① 스포츠 기능 향상의 심리적 기전을 연구한다.
② 스포츠 맥락에서 인간의 행위와 상호작용 현상을 연구한다.
③ 스포츠 사회 내 규범, 신념, 이데올로기, 환경의 변화를 연구한다.
④ 스포츠집단의 유형, 특성, 기능, 구조, 변화 과정을 연구한다.

02 스포츠의 교육적 순기능에 관한 설명으로 옳지 않은 것은?

① 사회화를 촉진하여 전인교육 기능을 한다.
② 승리지상주의를 학습시켜 사회통합 기능을 한다.
③ 장애인의 적응력 배양으로 사회 선도 기능을 한다.
④ 여성의 참여 증가를 통한 여권신장으로 사회 선도 기능을 한다.

03 〈보기〉의 사례에 해당하는 버렐(S. Birrell)과 로이(J. Loy)의 미디어스포츠 수용자의 욕구 유형으로 가장 적절한 것은?

보기
- NBA 팀의 정보를 얻으려고 인터넷 검색을 한다.
- 스포츠뉴스를 시청하며 이정후 선수가 속한 팀의 경기 결과와 리그 순위를 확인한다.

① 인지적 욕구　② 도피적 욕구
③ 소비적 욕구　④ 심동적 욕구

04 국제스포츠이벤트가 지역사회에 미치는 긍정적 영향으로 적절하지 않은 것은?

① 도시 브랜드 가치 향상
② 사회간접자본 시설의 확충
③ 지역사회 구성원의 문화 정체성 약화
④ 스포츠 참여 기회 확대 및 건강 증진 효과

05 〈보기〉의 미래 스포츠 특성에 관한 설명으로 적절한 것을 모두 고른 것은?

보기
ㄱ. 노년층 스포츠 참가에 대한 중요성이 증가한다.
ㄴ. 프로스포츠에서 스포츠과학의 중요성이 감소한다.
ㄷ. 정보 기술의 발달로 스포츠 참여 형태가 다양해진다.
ㄹ. 탄소배출을 최소화한 친환경스포츠의 중요성이 증가한다.

① ㄱ
② ㄱ, ㄴ
③ ㄱ, ㄷ, ㄹ
④ ㄴ, ㄷ, ㄹ

06 ⟨보기⟩에서 ㄱ에 해당하는 투민(M. Tumin)의 계층 특성과 ㄴ에 해당하는 베블런(T. Veblen)의 이론은?

> **보기**
> ㄱ. 민철이는 취미로 골프를 시작하려 했지만, 골프 장비가 비싸서 포기했다. 결국 민철이는 초기 비용이 적게 드는 배드민턴을 하기로 했다. 반면, 부유한 집안에서 자란 준형이는 어렸을 때부터 부모님을 따라 자연스럽게 골프를 접할 수 있었고, 현재도 일주일에 한 번은 골프를 하고 있다.
> ㄴ. 선영이는 요트에 흥미가 없지만 주변 지인들에게 자신의 경제력을 자랑하려고 요트를 구매했다. 선영이는 지인들과 요트를 함께 즐기면서 자연스럽게 자신의 부를 드러낸다.

	ㄱ	ㄴ
①	영향성	자본론
②	영향성	유한계급론
③	역사성	자본론
④	역사성	유한계급론

07 ⟨보기⟩ 중 스포츠가 미디어에 미친 영향에 해당하는 것으로만 묶은 것은?

> **보기**
> ㄱ. 탁구공의 색이 흰색에서 주황색으로 변경되었다.
> ㄴ. 월드컵, 올림픽은 미디어 보급 및 확산에 기여하였다.
> ㄷ. 정지 화면, 느린 화면, 클로즈업 등의 방송 기법이 발달하였다.
> ㄹ. 스포츠 관람 인구가 증가하고, 스포츠 활동이 생활의 일부로 확산되었다.

① ㄱ, ㄴ ② ㄱ, ㄹ
③ ㄴ, ㄷ ④ ㄴ, ㄹ

08 ⟨보기⟩에서 설명하는 스포츠사회학 이론으로 적절한 것은?

> **보기**
> - 미시적 관점의 이론이다.
> - 스포츠 참여 과정에 대한 이해와 하위문화 특성에 관심을 가진다.
> - 인간은 사회구조 및 제도에 대해 능동적으로 사고하며 행동하게 된다.

① 갈등이론
② 비판이론
③ 구조기능주의이론
④ 상징적 상호작용론

09 국제스포츠 사례에 관한 설명으로 옳지 않은 것은?

① 1969년 온두라스와 엘살바도르의 월드컵 예선전은 양국의 정치적·사회적 갈등이 격화되는 계기가 되었으며, 이후 무력 충돌로 이어졌다.
② 2008년 베이징올림픽경기대회 개최를 앞두고 중국의 티베트 인권 탄압에 대한 국제사회의 비판이 제기되었다.
③ 1988년 서울올림픽경기대회에는 모스크바올림픽경기대회와 LA올림픽 경기대회의 보이콧 사례와 달리 미국과 소련 등 동서 진영 국가들이 참여하였다.
④ 1995년 남아프리카공화국 럭비월드컵경기대회에서는 아파르트헤이트(apartheid)에 대한 국제사회의 반발로 다수 국가의 보이콧이 발생했다.

10 〈보기〉의 ㄱ에 해당하는 로버트슨(R. Robertson)이 제시한 스포츠 세계화의 결과와 ㄴ에 해당하는 매기(J. Magee)와 서덴(J. Sugden)이 제시한 스포츠 노동 이주 유형으로 가장 적절한 것은?

> **보기**
> ㄱ. A 스포츠 업체는 글로벌 브랜드 정체성을 유지하면서 뉴질랜드 럭비 대표팀인 올 블랙스(All Blacks)의 경기 전 의식으로 잘 알려진 마오리족의 하카(haka) 댄스를 광고에 포함함으로써 지역 문화를 브랜드 메시지에 자연스럽게 녹여냈다.
> ㄴ. 축구 선수 B는 현재 베트남의 C팀에서 활동 중이다. 그의 관심은 오로지 더 높은 연봉을 제시하는 팀으로 이적하는 것이다. 베트남의 문화를 즐긴다거나 사람과의 관계를 맺는 것에는 관심이 없다. 그는 언제든 떠날 준비를 하고 있다. 이전에 활동했던 중국의 D팀, 사우디의 E팀이 위치한 지역에 오래 머무른 적도 없다.

	ㄱ	ㄴ
①	세방화 (glocalization)	용병형 (mercenaries)
②	세방화 (glocalization)	개척자형 (pioneers)
③	국제적 고립 (global isolation)	용병형 (mercenaries)
④	국제적 고립 (global isolation)	개척자형 (pioneers)

11 〈보기〉의 사례에 해당하는 머튼(R. Merton)의 일탈 행동 유형은?

> **보기**
> ㄱ. 승리지상주의에 염증을 느껴 선수 생활을 포기하는 경우
> ㄴ. 프로스포츠 선수가 경기력 향상을 목적으로 불법 약물을 복용한 경우
> ㄷ. 스포츠 경기 참가에 의의를 두지만, 경기 성적을 중시하지 않는 경우

	ㄱ	ㄴ	ㄷ
①	도피주의	혁신주의	의례주의
②	도피주의	동조주의	의례주의
③	반역주의	도피주의	혁신주의
④	반역주의	동조주의	혁신주의

12 〈보기〉의 스포츠 계층 이동 유형과 사례에 관한 설명으로 옳은 것을 모두 고른 것은?

> **보기**
> ㄱ. 프로야구 선수가 대회에서 부진한 모습을 보여 2군으로 강등된 것은 수직이동의 사례이다.
> ㄴ. 1980년대 프로스포츠 출범 후 운동선수의 지위가 전반적으로 높게 평가받게 된 것은 집단이동의 사례이다.
> ㄷ. 프로배구 선수가 되면서 일용직 노동자였던 부모님에 비해 많은 수입과 높은 명성을 얻게 된 것은 세대 내 이동의 사례이다.
> ㄹ. 고등학교 배구 선수가 전학 간 후에도 같은 포지션으로 활동한 것은 수평이동의 사례이다.

① ㄱ, ㄴ ② ㄷ, ㄹ
③ ㄱ, ㄴ, ㄹ ④ ㄴ, ㄷ, ㄹ

13 스포츠사회화 이론에 관한 설명으로 적절하지 않은 것은?

① 사회학습이론에서는 다른 구성원의 행동을 관찰학습하여 사회화가 이루어진다고 설명한다.
② 사회학습이론에서는 모방, 강화 등을 통해 새로운 행동을 학습하여 사회화가 이루어진다고 설명한다.
③ 준거집단이론에서는 구성원이 속한 집단의 규칙을 따르지 않아도 사회화가 이루어진다고 설명한다.
④ 역할이론에서는 개인을 무대 위의 특정 역할을 부여받은 배우로 간주하여 그 역할을 수행하며 사회화가 이루어진다고 설명한다.

14 〈보기〉는 스포츠사회학 수업에서 교수와 학생의 대화이다. ⊙, ⓒ에 들어갈 내용으로 적절한 것은?

> **보기**
>
> 학생 1 : 최근 테니스와 마라톤이 인기를 끌고 있는데, 사람들이 왜 이런 스포츠에 열광하는지 다양한 사례를 심층적으로 알아 보려면 어떤 연구 방법이 좋은가요?
> 교수 : 참여관찰, 심층면담 등으로 자료를 수집하고 해석적인 절차에 따라 원인을 파악하는 (⊙) 방법이 적합해요.
> 학생 2 : 그러면 스포츠 육성 모델에는 어떤 것이 있나요?
> 교수 : 국가별로 다양한 스포츠육성정책을 시행하고 있는데, 그릭스*에 따르면, 스포츠 선진국은 엘리트 스포츠의 성과가 일반시민의 스포츠 참가를 촉진하고, 그렇게 형성된 자원 속에서 다시 우수한 엘리트 선수가 탄생하여 국가이미지 향상에 기여하는 (ⓒ)을 구축하고 있다고 해요.
>
> *J. Grix(2016)

	⊙	ⓒ
①	질적 연구	선순환 모델
②	양적 연구	선순환 모델
③	질적 연구	피라미드 모델
④	양적 연구	피라미드 모델

15 〈보기〉의 내용에 해당하는 거트만(A. Guttmann)이 제시한 근대스포츠의 특징은?

> **보기**
>
> ㄱ. 인종·성별과 관계없이 누구나 스포츠에 참여할 기회를 동등하게 부여받는다.
> ㄴ. 현대 축구가 발전하면서 점차 수비수, 미드필더, 공격수 등의 포지션이 다양화되었다.
> ㄷ. 현대스포츠 참여자는 신에 대한 숭배가 아니라 기분 전환과 오락, 이익과 보상을 추구한다.
> ㄹ. 국제스포츠연맹은 규칙 제정, 기록 공인, 국제대회 운영 및 관리, 종목 진흥 등의 역할을 담당한다.

	ㄱ	ㄴ	ㄷ	ㄹ
①	합리화	평등성	세속화	관료화
②	합리화	수량화	전문화	세속화
③	평등성	관료화	세속화	전문화
④	평등성	전문화	세속화	관료화

16 〈보기〉의 사례에 해당하는 베커(H. Becker)의 스포츠 일탈 이론은?

> **보기**
>
> 생활체육 배드민턴 동호회에서 신입 회원이 실력이 부족하다는 이유로 민폐 회원이라는 별명을 듣게 되었다. 어떤 회원은 게임에서 그를 배제하거나 눈치를 주었고, 몇몇은 노골적으로 비난했다. 시간이 지날수록 신입 회원은 자신이 정말 방해가 된다고 느끼며 위축되었고, 결국 동호회를 그만두고 운동도 포기하였다.

① 중화 이론(neutralization theory)
② 낙인 이론(labeling theory)
③ 욕구위계 이론(hierarchy of needs theory)
④ 인지발달 이론(cognitive development theory)

17 코클리(J. Coakley)가 제시한 상업주의 스포츠 출현의 사회적·경제적 조건에 해당하지 <u>않는</u> 것은?

① 자본주의 시장경제 체제
② 스태그플레이션(stagflation)
③ 소비가 장려되는 문화 형성
④ 인구 밀도가 높은 대도시 형성

18 〈보기〉의 사례에 해당하는 정치가 스포츠를 이용하는 방법으로 가장 적절한 것은?

> **보기**
> 스포츠는 정치인에게 권력을 강화하는 수단이 되기도 한다. 12.12 군사쿠데타와 5.18 민주화운동을 거치며, 당시 사회는 극도의 불안감과 정권에 대한 불신이 극에 달했다. 정권은 언론을 통제하고 정치적 발언을 통제하려 했지만, 뜻대로 되지 않았다. 그래서 국민의 관심을 돌리고 정권을 유지하기 위해 프로스포츠를 장려했다.
> 출처 : M사, 시사교양(2005.6.)

① 상징　　　　② 조작
③ 동일화　　　④ 전문화

19 〈보기〉의 사례에 해당하는 스포츠사회화 과정이 바르게 연결된 것은?

> **보기**
> ㄱ. 소영이는 '골때리는 그녀'라는 TV 프로그램을 보고 축구에 매력을 느껴 축구클럽에 가입하게 되었다.
> ㄴ. 소영이는 축구에 흥미를 잃어 축구클럽을 탈퇴하였고, 6개월이 지났을 무렵, 친구의 권유로 테니스클럽에 가입하게 되었다.
> ㄷ. 소영이는 테니스 활동을 하며 테니스 규칙, 기술, 매너 등을 잘 숙지한 테니스 동호인이 되었다.
> ㄹ. 소영이는 무릎과 팔꿈치 부상이 잦아지면서 결국 좋아하는 테니스를 그만두게 되었다.

	ㄱ	ㄴ	ㄷ	ㄹ
①	스포츠로의 재사회화	스포츠로의 사회화	스포츠를 통한 사회화	스포츠 탈사회화
②	스포츠로의 재사회화	스포츠를 통한 사회화	스포츠로의 사회화	스포츠 탈사회화
③	스포츠로의 사회화	스포츠를 통한 사회화	스포츠로의 재사회화	스포츠 탈사회화
④	스포츠로의 사회화	스포츠로의 재사회화	스포츠를 통한 사회화	스포츠 탈사회화

20 〈보기〉의 사례에 해당하는 사회화 주관자는?

> **보기**
> ㄱ. 지영이는 배드민턴 동호회 활동을 하는 부모님의 권유로 배드민턴을 시작하게 되었다.
> ㄴ. 민수는 동네 주민센터에서 청소년 농구 프로그램 회원 모집 공고를 보고, 직접 센터를 방문하여 등록하였다.

	ㄱ	ㄴ
①	가족	학교
②	학교	동료
③	동료	지역사회
④	가족	지역사회

스포츠교육학

01 생활스포츠 교육 프로그램의 내용 선정 원리에 관한 설명으로 적절하지 않은 것은?

① 좋은 교육 내용이라면 실천 가능성과 관계없이 선정한다.
② 스포츠의 가치를 경험할 수 있도록 다양한 활동을 구성한다.
③ 생활스포츠의 교육목표를 성취하는 데 적합한 내용을 선정한다.
④ 참여자의 성별, 연령별 흥미와 요구를 반영하기 위한 조사를 실시한다.

02 학교스포츠클럽 지도 시 효과적인 과제 제시 방법으로 적절하지 않은 것은?

① 실제 상황처럼 정확하게 시범을 보인다.
② 동작 설명과 시각적 정보를 함께 활용한다.
③ 은유나 비유보다는 개념 자체를 그대로 전달한다.
④ 학생이 이해할 수 있는 적절한 속도로 분명하게 전달한다.

03 다음 설문지를 활용하는 데 가장 적절한 평가 단계는?

영역	질문 내용	응답('✓' 표기)
준비	준비된 개인 장비는?	□ 라켓 □ 운동화 □ 운동복
	테니스 강습 시 희망하는 강습 형태는?	□ 개인강습 □ 그룹강습 □ 상관없음
	최근 3년 이내 테니스 강습을 받은 경험은?	□ 있다 □ 없다
수준	포핸드 그립을 잡을 수 있는가?	□ 그렇다 □ 보통이다 □ 아니다
	백핸드 그립을 잡을 수 있는가?	□ 그렇다 □ 보통이다 □ 아니다
	스플릿 스텝을 할 수 있는가?	□ 그렇다 □ 보통이다 □ 아니다

① 진단평가
② 종합평가
③ 형성평가
④ 총괄평가

04 〈보기〉에서 설명하는 생활스포츠 교육 프로그램의 지도 원리로 가장 적절한 것은?

보기
- 프로그램의 다양화를 지향한다.
- 직접 참여 활동과 간접 학습 활동을 균형 있게 제공한다.
- 스포츠 활동을 총체적으로 체험시켜 스포츠 학습의 질을 높인다.

① 개별성
② 자발성
③ 적합성
④ 통합성

05 〈보기〉에서 설명하는 링크(J. Rink)의 내용 발달 과제는?

보기
- 과제 내 발달과 과제 간 발달이 있다.
- 단순한 과제에서 복잡한 과제로 전개한다.
- 쉬운 과제에서 어려운 과제 순으로 참여한다.

① 시작형 과제
② 확대형 과제
③ 세련형 과제
④ 응용형 과제

06 〈보기〉에서 설명하는 협동 학습 모형의 전략은?

> **보기**
> - 1차 평가에서 모든 팀원의 점수를 합산하여 팀 점수로 발표한다.
> - 지도자는 학생들과 토론하고 팀의 상호작용을 높일 수 있도록 조언한다.
> - 모든 팀은 1차 평가와 동일한 과제를 반복해서 연습하고, 팀원 모두의 점수를 높이는 데 중점을 둔다.
> - 2차 평가를 하여 1차 평가보다 향상된 정도에 따라 팀 점수를 부여한다.

① 직소(jigsaw)
② 팀 – 보조수업(team – assisted instruction)
③ 팀 게임 토너먼트(team games tournament)
④ 학생 팀 – 성취 배분 (student teams – achievement division)

07 「생활체육진흥법」(2024.02.09. 시행)의 내용에 해당하지 않는 것은?

① 모든 국민은 건강한 신체활동과 건전한 여가 선용을 위해 생활체육을 즐길 권리를 가진다.
② 국가 및 지방자치단체는 생활체육강좌의 설치·운영에 드는 경비를 지원할 수 있다.
③ 문화체육관광부장관은 생활체육의 진흥을 위한 기본계획을 10년마다 수립·시행해야 한다.
④ 지방자치단체는 그 지역주민의 생활체육 활동을 위하여 체육동호인조직의 육성에 필요한 시책을 마련할 수 있다.

08 〈보기〉에서 설명하는 링크(J. Rink)의 교수 전략은?

> **보기**
> - 상황에 따라 지시형 또는 연습형 스타일로 활용될 수 있다.
> - 지도자는 과제의 단서를 선정하고 명확하게 전달해야 한다.
> - 주로 집단 전체를 대상으로 하는 움직임 과제를 내용으로 선정한다.

① 동료 교수(peer teaching)
② 상호작용 교수(interactive teaching)
③ 스테이션 교수(station teaching)
④ 자기교수 전략(self – instruction strategies)

09 〈보기〉에서 모스턴(M. Mosston)의 교수 스타일에 관한 설명으로 옳은 것을 모두 고른 것은?

> **보기**
> ㄱ. 교수 스타일은 비대비 접근 방식에 근거를 둔다.
> ㄴ. 교수 스타일마다 의사결정의 주도권은 교사에게 있다.
> ㄷ. 교수 스타일의 A~E까지는 창조(production)가 중심이 된다.
> ㄹ. 교수 스타일은 과제 활동 전, 중, 후의 의사결정으로 구분된다.

① ㄱ, ㄴ
② ㄱ, ㄹ
③ ㄱ, ㄷ, ㄹ
④ ㄴ, ㄷ, ㄹ

10 그리핀(L. Griffin), 미첼(S. Mitchell), 오슬린(J. Oslin)의 게임 수행 평가 도구(GPAI)를 활용하여 학생의 게임 수행 능력을 측정한 표이다. 게임 수행 점수가 높은 학생 순으로 바르게 나열한 것은?

측정항목 이름	의사결정		기술실행		보조하기	
	적절	부적절	효율적	비효율적	적절	부적절
다은	3회	1회	3회	1회	3회	1회
세연	2회	2회	5회	0회	2회	2회
유나	2회	2회	2회	0회	2회	0회

① 유나 → 세연 → 다은
② 다은 → 세연 → 유나
③ 유나 → 다은 → 세연
④ 다은 → 유나 → 세연

11 〈보기〉의 내용에 해당하는 모스턴(M. Mosston)의 교수 스타일은?

> **보기**
> • 지도자는 난이도가 다른 과제를 선정하고 조직한다.
> • 학생은 자신에게 맞는 난이도의 과제를 선택하고 참여한다.
> • 높이뛰기의 경우, 학생들은 바(bar)의 높이가 다른 연습 과제를 선택할 수 있다.

① 연습형　　② 포괄형
③ 자기점검형　　④ 상호학습형

12 〈보기〉의 소프(R. Thorpe), 벙커(D. Bunker), 알몬드(L. Almond)의 이해 중심 게임 수업 모형의 단계 중 ㉠, ㉡에 들어갈 용어는?

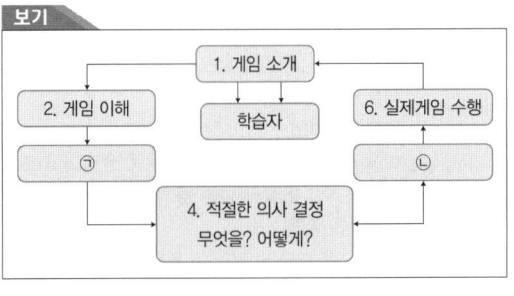

	㉠	㉡
①	전술 이해	기술 연습
②	과제 제시	기술 연습
③	기술 연습	전술 이해
④	전술 이해	게임 설계

13 학교스포츠클럽 대회 운영 방식에 관한 설명으로 적절하지 않은 것은?

① 통합리그 유형은 조별리그 유형보다 경기 수가 많다.
② 스플릿(split) 리그는 통합리그의 성적을 바탕으로 그룹을 나누어 리그전을 진행하는 방식이다.
③ 더블 엘리미네이션(double elimination) 토너먼트는 모든 팀의 순위 산정이 가능한 방식이다.
④ 싱글 엘리미네이션(single elimination) 또는 녹아웃(knockout) 토너먼트의 패배 팀은 패자부활전으로 상위 라운드 진출이 가능하다.

14 〈보기〉에서 「국민체육진흥법」(2024.10.31. 시행) 제6조 '학교 체육의 진흥을 위한 조치'의 내용 중 학생 체력증진 및 체육활동 육성을 위한 학교의 역할을 모두 고른 것은?

보기
ㄱ. 운동회나 체육대회의 실시
ㄴ. 운동경기부와 선수의 육성·지원
ㄷ. 학생에 대한 한 종목 이상의 운동 권장과 지도
ㄹ. 체육동호인 조직의 결성 등 학생의 자발적 체육 활동의 육성·지원

① ㄱ, ㄷ
② ㄱ, ㄴ, ㄷ
③ ㄱ, ㄴ, ㄹ
④ ㄱ, ㄴ, ㄷ, ㄹ

15 다음은 지도자의 교수 행동을 사건 기록법으로 관찰·기록한 표이다. 이 체계적 관찰 방법에 관한 설명으로 가장 적절한 것은?

행동	피드백 유형			
	긍정적	부정적	교정적	가치적
횟수	正正正正	正正	正正正	正
합계	20회	10회	15회	5회
비율	40%	20%	30%	10%

① 교수-학습에 관한 질적 정보를 얻기 위해 주로 활용한다.
② 지도자와 학생의 상호작용에 관한 기록을 간단히 측정할 수 있다.
③ 일정한 시간 간격을 기준으로 학생의 행동을 관찰하고 측정한다.
④ 교수-학습 시간 활용에 관한 구체적 정보가 필요할 때 사용한다.

16 〈보기〉에서 인지적 영역이 학습 영역의 1순위인 학습자를 모두 고른 것은?

보기
ㄱ. 직접 교수 모형에서의 학습자
ㄴ. 개별화 지도 모형에서의 학습자
ㄷ. 전술 게임 모형에서의 학습자
ㄹ. 스포츠 교육 모형에서 코치의 역할을 부여받은 학습자
ㅁ. 동료 교수 모형에서 개인교사 역할을 부여받은 학습자

① ㄱ, ㄴ, ㅁ
② ㄴ, ㄷ, ㄹ
③ ㄷ, ㄹ, ㅁ
④ ㄴ, ㄷ, ㄹ, ㅁ

[17~18] 다음은 배구스포츠클럽을 지도하는 박 코치의 지도일지이다.

보기
오늘 수업 내용은 배구 서브였다. ㉠ 출석 점검 후, ㉡ A팀은 서브 연습을 하였고, B팀은 서브 정확성이 낮은 학생이 많아 ㉢ 내가 서브 시범을 보여 주었다. C팀은 장난하는 학생이 많아 그때그때 ⓐ 손가락으로 학생의 부정적 행동을 가리키며 제지했다. 배구공이 부족해서 ㉣ D팀은 경기장 밖에서 대기하게 했다. 연습을 마친 후에는 ㉤ 학생들이 배구공과 네트를 정리하도록 했다.

17 〈보기〉의 ㉠~㉤ 중 수업 운영 시간에 해당하는 것을 모두 고른 것은?

① ㉠, ㉣
② ㉡, ㉢
③ ㉠, ㉡, ㉢
④ ㉠, ㉣, ㉤

18 〈보기〉의 ⓐ에 해당하는 온스타인(A. Ornstein)과 레빈(D. Levine)이 제시한 부정적 행동 관리 전략은?

① 퇴장(time-out)
② 삭제 훈련(omission training)
③ 신호 간섭(signal interference)
④ 접근 통제(proximity control)

19 〈보기〉는 마튼스(R. Martens)의 전문체육 프로그램 개발 단계이다. ㉠, ㉡에 들어갈 용어는?

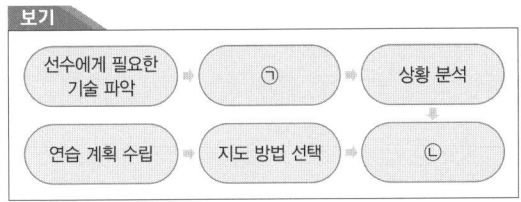

	㉠	㉡
①	선수 이해	우선순위 결정 및 목표 설정
②	선수 이해	전술 선택
③	종목 이해	우선순위 결정 및 목표 설정
④	종목 이해	전술 선택

20 〈보기〉는 사회인 야구팀을 지도하는 조 코치의 지도일지이다. ㉠에 해당하는 질문 유형과 ㉡에 해당하는 운동 기능 유형은?

보기
- 투수의 투구 시간이 너무 오래 걸려 지난 시간에 배운 '피치 클락'을 알고 있는지 확인하기 위해 ㉠ "투구 제한 시간이 몇 초이지?"라고 질문했지만 선수가 제대로 대답하지 못해 다시 한번 알려줌.
- 투수의 제구력이 불안정하여 ㉡ 포구 그물에 공을 정확하게 던져 넣는 연습을 반복하게 함.

	㉠	㉡
①	회상형(회고적) 질문	개방기능
②	회상형(회고적) 질문	폐쇄기능
③	수렴형(집중적) 질문	개방기능
④	수렴형(집중적) 질문	폐쇄기능

스포츠심리학

01 스포츠심리학자의 역할로 적절하지 않은 것은?
① 스포츠심리학 이론을 가르친다.
② 체력 향상을 위한 의약품을 판매한다.
③ 스포츠심리학 관련 연구를 수행하고 현장에 응용한다.
④ 심리기술훈련을 적용해 선수들의 경기력 향상을 돕는다.

02 심상에 관한 설명으로 옳지 않은 것은?
① 동기를 유발하고 강화한다.
② 감정을 조절하는 데 도움이 된다.
③ 스포츠 전략을 습득하고 연습할 수 있다.
④ 통증과 부상을 대처하는 데 도움이 되지 않는다.

03 〈보기〉 중 내적동기를 향상하는 전략으로 옳은 것만을 모두 고른 것은?

보기
ㄱ. 성공 경험을 갖게 한다.
ㄴ. 언어적, 비언어적 칭찬을 자주 한다.
ㄷ. 팀의 의사결정에 선수를 참여시킨다.
ㄹ. 물질적 보상과 처벌을 주로 활용한다.
ㅁ. 최대한 높은 결과목표를 설정하여 도전하게 한다.

① ㄱ, ㄴ, ㄷ ② ㄱ, ㄴ, ㄹ
③ ㄴ, ㄷ, ㄹ ④ ㄷ, ㄹ, ㅁ

04 목표설정 원리로 적절하지 않은 것은?

① 수행목표보다 결과목표를 강조한다.
② 구체적이고 객관적인 목표를 설정한다.
③ 부정적인 목표보다 긍정적인 목표를 강조한다.
④ 단기목표, 중기목표, 장기목표를 함께 설정한다.

05 〈보기〉가 설명하는 가설은?

> **보기**
> 운동은 세로토닌, 노르에피네프린, 도파민과 같은 신경전달물질 분비를 증가시켜 우울증을 개선한다.

① 열발생 가설
② 모노아민 가설
③ 사회심리적 가설
④ 생리적 강인함 가설

06 〈보기〉에 해당하는 학자는?

> **보기**
> • 주요 활동은 1921~1938년
> • 최초로 스포츠심리학 실험실 설립
> • 북미 스포츠심리학의 아버지라고 불림
> • 시카고 컵스 야구팀 스포츠 심리 상담사
> • 코칭심리학(Psychology of Coaching, 1926) 책 출판

① 프랭클린 헨리(Franklin Henry)
② 콜먼 그리피스(Coleman Griffith)
③ 레이너 마틴즈(Rainer Martens)
④ 노먼 트리플렛(Norman Triplett)

07 그림에서 ㉠의 고원현상에 관한 설명으로 옳지 않은 것은?

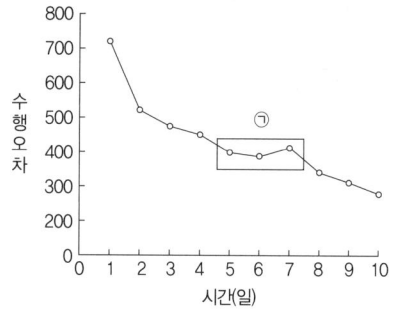

① 수행은 정체되지만, 학습은 진행된다.
② 연습 기간에 쌓인 피로나 동기 저하로 인해서 발생할 수 있다.
③ 협응 구조가 완성되어 더 이상의 질적인 변화가 없는 시기이다.
④ 하나의 동작 유형에서 다른 동작 유형으로 전환이 발생하는 시기이다.

08 루틴(routine)에 관한 설명으로 적절하지 않은 것은?

① 다음 수행을 준비할 때 도움이 된다.
② 경기 직전에 수정하면 경기력 향상에 도움이 된다.
③ 정신이 산만해질 때 운동과 무관한 것을 차단해 준다.
④ 최고의 경기력을 위해 필요한 자신만의 심리적·행동적 절차이다.

09 〈보기〉가 설명하는 심리기술훈련은?

> **보기**
> - 1958년 월피(J. Wolpe)가 개발함
> - 불안을 일으키는 상황을 중요도 순서에 따라 10단계 정도를 준비함
> - 불안이 낮은 순서부터 극도의 불안을 일으키는 중요도가 높은 순서로 배열하고 훈련함
> - 불안이나 스트레스를 유발하는 자극에 노출될 때 불안 반응 대신 편안한 반응을 나타냄으로써 불안이나 스트레스를 감소하는 기법임

① 자생훈련(autogenic training)
② 점진적 이완(progressive relaxation)
③ 인지 재구성(cognitive restructuring)
④ 체계적 둔감화(systematic desensitization)

10 〈보기〉의 스포츠 상황과 반응시간 유형이 바르게 연결된 것은?

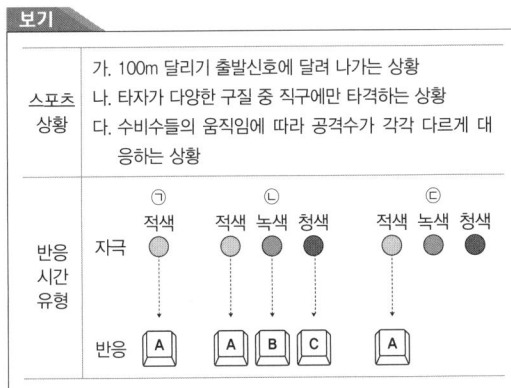

	가	나	다
①	㉠	㉡	㉢
②	㉠	㉢	㉡
③	㉡	㉢	㉠
④	㉢	㉠	㉡

11 스포츠심리상담사의 상담 윤리에 관한 설명으로 옳은 것은?

① 내담자와 상담실 밖에서 사적인 관계를 유지한다.
② 비언어적 메시지보다 언어적 메시지에만 집중한다.
③ 알고 지내는 사람과 전문적인 상담을 진행하지 않는다.
④ 상담 내용은 내담자의 동의가 없어도 타인과 공유할 수 있다.

12 추동이론(drive theory)에 관한 설명으로 옳은 것은?

① 각성수준과 운동수행은 비례한다.
② 각성을 어떻게 해석하느냐에 따라 각성과 정서의 관계가 달라진다.
③ 인지적 불안과 신체적 불안이 각성수준에 따라 수행에 다르게 영향을 미친다.
④ 적절한 각성수준에서는 최고의 수행을 보이고 각성수준이 낮거나 높으면 운동수행이 감소한다.

13 〈보기〉의 ㉠, ㉡에 해당하는 용어가 바르게 나열된 것은?

> **보기**
> 교사 : 줄다리기의 경우, 집단이 내는 힘의 총합은 개인의 힘을 모두 합친 것보다 작아지게 된다. 이것을 (㉠) 효과라고 해.
> 학생 : "나 하나쯤이야." 하는 생각 때문에 힘을 덜 쓰는 거 같아요.
> 교사 : 게으름을 피우는 사람으로 인해 집단 내에 동기의 손실이 생기는데 이것을 (㉡)이라고 해.

	㉠	㉡
①	링겔만	사회적 태만
②	링겔만	사회적 촉진
③	플라시보	사회적 태만
④	플라시보	사회적 촉진

14 질문지 측정법 도구가 아닌 것은?

① POMS(Profile of Mood States)
② MBTI(Myers-Briggs Type Indicator)
③ 16PF(16 Personality Factor Questionnaire)
④ 주제통각검사(Thematic Apperception Test)

15 그림에서 무관심 단계의 운동 실천 전략으로 가장 적절한 것은?

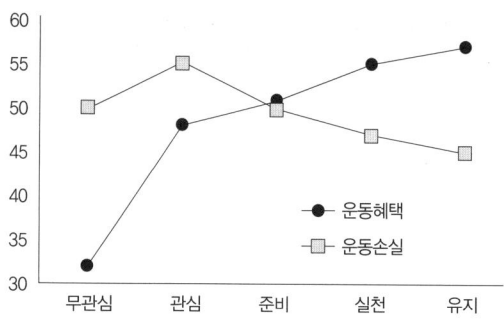

프로차스카(J. Prochaska) 운동변화단계이론

① 장시간 고강도 운동에 참여하도록 조언한다.
② 다른 사람의 운동 멘토 역할을 하도록 한다.
③ 운동의 긍정적 효과에 관한 정보를 제공한다.
④ 운동중독의 위험성에 관한 자료를 공유한다.

16 본능이론(instinct theory)에 관한 설명으로 옳은 것은?

① 인간은 목표 달성이 좌절되면 공격성을 표출한다.
② 인간은 사회적 행위와 관찰학습으로 공격성을 배우고 표출한다.
③ 인간의 내부에는 공격성을 유발하는 에너지가 있어 공격성을 표출한다.
④ 인간은 목표가 좌절되면 무조건 공격행동을 유발하지 않고, 공격행동이 적절하다는 단서가 있을 때 공격성을 표출한다.

17 〈보기〉의 ㄱ~ㄷ에 해당하는 베일리(R. Vealey)의 스포츠자신감 원천을 바르게 연결한 것은?

> **보기**
> ㄱ. 시합에서 좋은 성과를 낸다.
> ㄴ. 주변 사람들이 나를 믿어준다.
> ㄷ. 시합에 필요한 체력, 전략, 정신력을 갖춘다.

	ㄱ	ㄴ	ㄷ
①	성취 경험	자기조절	사회적 분위기
②	자기조절	사회적 분위기	성취 경험
③	성취 경험	사회적 분위기	자기조절
④	사회적 분위기	성취 경험	자기조절

18 주의집중을 높이는 방법으로 가장 적절한 것은?

① 테니스 선수가 경기 중 루틴을 변경해 서브를 시도한다.
② 야구 선수가 지난 이닝의 수비 실책을 생각하면서 수비한다.
③ 멀리뛰기 선수가 1등의 최고 기록을 직접 확인하고 도움닫기를 한다.
④ 골프 선수가 실제 시합과 유사한 상황을 만들어 놓고 모의훈련을 한다.

19 지도자의 처벌 행동 지침으로 옳은 것은?

① 처벌이 필요한 경우에는 처벌의 이유를 정확하게 말한다.
② 동일한 규칙을 위반하면 주장과 상급 학년 선수부터 처벌한다.
③ 규칙 위반에 대한 처벌 규정을 정할 때 선수의 의견은 반영하지 않는다.
④ 처벌이 필요할 때는 단호함을 보여주고 전체 선수 앞에서 본보기로 삼는다.

20 〈보기〉는 맥락간섭의 양에 따른 연습 형태이다. ㉠~㉢에 해당하는 코치를 바르게 나열한 것은?

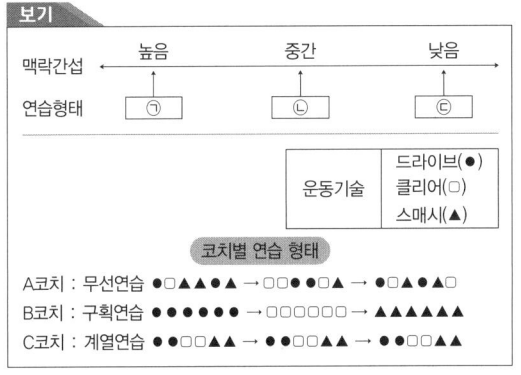

	㉠	㉡	㉢
①	A코치	B코치	C코치
②	B코치	C코치	A코치
③	C코치	A코치	B코치
④	A코치	C코치	B코치

한국체육사

01 고구려의 씨름에 관한 물적 사료는?

① 『경국대전(經國大典)』
② 각저총(角抵塚) 벽화
③ 무녕왕릉(武寧王陵) 벽화
④ 김홍도(金弘道)의 「씨름」 풍속화

02 <보기>에서 체육사관(體育史觀)에 관한 옳은 설명을 모두 고른 것은?

보기
ㄱ. 체육과 스포츠의 역사에 관한 견해, 관념 등을 의미한다.
ㄴ. 체육과 스포츠의 역사적 사실이나 사건 등을 기록한 것이다.
ㄷ. 진보사관, 순환사관 등에 따라 체육사적 해석이 다른 경우도 있다.
ㄹ. 체육과 스포츠의 역사 서술과 역사가의 견해 형성에 바탕이 되기도 한다.

① ㄱ, ㄴ
② ㄴ, ㄷ
③ ㄱ, ㄴ, ㄹ
④ ㄱ, ㄷ, ㄹ

03 부족국가 시대에 신체활동이 이루어진 행사가 아닌 것은?

① 대향사례(大鄕射禮)
② 성년의식(成年儀式)
③ 주술의식(呪術儀式)
④ 제천행사(祭天行事)

04 신라 화랑도의 체육활동과 사상에 관한 설명으로 옳지 않은 것은?

① 무예 활동을 통한 덕(德)의 함양
② 효(孝)와 신(信) 등의 윤리를 강조
③ 무과 별시(別試) 응시를 위한 무예 수련
④ 무사정신과 임전무퇴의 군사주의 체육 사상을 내포

05 <보기>의 ㉠~㉢에 들어갈 용어는?

보기
고구려에 관한 사료인 (㉠)에 따르면, "풍속에 독서를 즐긴다. 천민의 집까지 이르는 거리에 큰 집을 지어 이를 (㉡)이라고 한다. 여기서 미혼의 자제들이 밤새워 책을 읽으며 (㉢)을/를 익힌다."라고 하였다.

	㉠	㉡	㉢
①	『구당서(舊唐書)』	경당(扃堂)	각저(角抵)
②	『구당서(舊唐書)』	경당(扃堂)	궁술(弓術)
③	『삼국지(三國志)』	학당(學堂)	각저(角抵)
④	『삼국지(三國志)』	학당(學堂)	궁술(弓術)

06 고려의 민속놀이에 관한 설명으로 옳은 것은?

① 석전(石戰) : 공놀이
② 추천(鞦韆) : 널뛰기
③ 풍연(風鳶) : 연날리기
④ 축국(蹴鞠) : 그네뛰기

07 〈보기〉에서 방응(放鷹)에 관한 설명을 모두 고른 것은?

보기
ㄱ. 매를 조련하여 수렵에 활용하였다.
ㄴ. 응방도감(鷹坊都監)에서 관장하였다.
ㄷ. 무예 훈련의 성격을 띠기도 하였다.
ㄹ. 삼국시대에도 전담하는 관청이 있었다.

① ㄱ, ㄴ, ㄷ   ② ㄱ, ㄷ, ㄹ
③ ㄱ, ㄴ, ㄹ   ④ ㄴ, ㄷ, ㄹ

08 조선시대의 훈련원(訓鍊院)에 관한 설명으로 옳지 않은 것은?

① 국왕의 친위 부대였다.
② 군사의 시재(試才)를 담당하였다.
③ 무예 교육과 훈련을 담당하였다.
④ 『무경칠서(武經七書)』 등의 병서 습득을 장려하였다.

09 〈보기〉에서 『활인심방(活人心房)』에 관한 옳은 설명을 모두 고른 것은?

보기
ㄱ. 『활인심(活人心)』을 근거로 하였다.
ㄴ. 도인법(導引法)은 신체 단련 방법이다.
ㄷ. 조선시대에 간행된 보건 실용서이다.
ㄹ. 양생지법(養生之法)과 도인법 등을 다루고 있다.

① ㄱ, ㄴ   ② ㄷ, ㄹ
③ ㄱ, ㄴ, ㄷ   ④ ㄱ, ㄴ, ㄷ, ㄹ

10 조선시대의 식년무과(式年武科)에 관한 설명으로 옳은 것은?

① 소과(小科)와 대과(大科)로 구분하여 실시하였다.
② 초시(初試), 복시(覆試), 전시(殿試)의 단계로 실시하였다.
③ 초시(初試), 복시(覆試), 전시(殿試)에는 강서 시험을 포함하였다.
④ 전시(殿試)는 목전, 철전, 기사, 기창, 격구 등 무예 종목을 실시하였다.

11 〈보기〉의 설명에 해당하는 체조는?

보기
개화기 학교에서는 정규과목으로 체조가 편성되었으며 연령과 성별에 따라서 다양하게 실시되었다. 당시의 체조는 군사적 목적을 고려하여 규율에 반응하는 신체를 만드는 데 유효한 방법이었다.

① 유희체조   ② 병식체조
③ 리듬체조   ④ 기공체조

12 〈보기〉에 해당하는 시기는?

보기
황국신민체조와 함께 검도, 유도, 궁도 등을 여학생에게 실시하게 한 것은 일본의 군국주의를 드러낸 것이었다. 학교체육의 성격은 점차 교련에 가까워졌다.

① 무단통치기   ② 민족말살기
③ 문화통치기   ④ 체조교습기

13 〈보기〉에서 문곡(文谷) 서상천(徐相天)의 활동을 모두 고른 것은?

보기
ㄱ. 우리나라에 역도를 도입하였다.
ㄴ. 조선체력증진법연구회를 설립하였다.
ㄷ. 『현대체력증진법』, 『현대철봉운동법』 등을 발간하였다.
ㄹ. 조선체육회의 임원으로 병식체조를 개선한 교육체조를 가르쳤다.

① ㄱ, ㄴ
② ㄴ, ㄷ
③ ㄱ, ㄴ, ㄷ
④ ㄱ, ㄴ, ㄷ, ㄹ

14 〈보기〉의 설명에 해당하는 교육기관은?

보기
이 교육기관은 개항 이후에 일본인의 세력에 대응하고자 설립되었다. 무예반에는 병서와 사격 과목이 편성되었고, 무예반의 비중이 컸다는 점에서 무비자강(武備自强)을 지향했다고 할 수 있다.

① 무예학교
② 원산학사
③ 배재학당
④ 경신학당

15 1991년에 있었던 남북한 단일팀의 국제대회 참가에 관한 설명으로 옳지 않은 것은?

① 단일팀은 '코리아', 'KOREA'라는 명칭을 사용하였다.
② 제6회 포르투갈 세계청소년축구대회에서 8강에 진출하였다.
③ 제41회 지바 세계탁구선수권대회의 여자단체전에서 우승하였다.
④ 제24회 서울 올림픽경기대회 중에 열린 남북회담을 계기로 이루어졌다.

16 제5공화국의 스포츠 정책으로 옳지 않은 것은?

① 태릉선수촌이 건립되었다.
② 국군체육부대를 창설하였다.
③ 제10회 서울 아시아경기대회를 개최하였다.
④ 야구, 축구, 씨름의 프로리그가 시작되었다.

17 광복 이후 우리나라 선수단이 최초로 참가한 올림픽경기대회는?

① 제14회 런던 하계올림픽경기대회
② 제6회 오슬로 동계올림픽경기대회
③ 제15회 헬싱키 하계올림픽경기대회
④ 제5회 생모리츠 동계올림픽경기대회

18 광복 이후 제5공화국까지의 체육에서 나타난 사상적 특징으로 옳지 않은 것은?

① 우수선수의 육성을 우선하는 엘리트주의가 나타났다.
② 「국민체육진흥법」의 국위선양은 국가주의를 나타낸다.
③ 국가 주도의 강한 신체 훈련을 앞세우는 실존주의가 나타났다.
④ 건전하고 강인한 국민성의 함양을 강조하는 건민주의가 나타났다.

19 '국민생활체육진흥종합계획(호돌이 계획)'의 내용으로 옳은 것은?

① 제24회 서울 올림픽경기대회를 대비하고자 추진되었다.
② 「국민체육진흥법」을 제정하여 스포츠 클럽을 체계적으로 관리하였다.
③ 국민생활체육협의회의 창설과 직장체육 프로그램의 보급이 이루어졌다.
④ 전문체육 육성을 위한 국가대표 연금과 우수선수 병역 혜택의 제도가 도입되었다.

20 〈보기〉에서 광복 이후 1940년대 말까지 체육의 내용을 모두 고른 것은?

> 보기
> ㄱ. 미국 '신체육'의 영향을 받았다.
> ㄴ. 일제강점기에 해산되었던 조선체육회가 재건되었다.
> ㄷ. 조선체육동지회의 결성은 민족 체육 재건의 계기가 되었다.
> ㄹ. 학도호국단이 결성되었고, 많은 체육 교사들이 교관으로 활동하였다.

① ㄱ, ㄴ
② ㄴ, ㄷ
③ ㄱ, ㄴ, ㄷ
④ ㄱ, ㄴ, ㄷ, ㄹ

운동생리학

01 400m 트랙을 약 60초로 전력 질주 시 가장 많이 기여하는 에너지 공급 시스템에서 1분자의 글루코스(glucose) 분해로 얻을 수 있는 ATP 수는?

① 2
② 4
③ 16
④ 18

02 중-고강도 운동 시 필요한 ATP 합성에 사용되지 않는 기질(substrate)은?

① 혈중 알부민
② 혈중 포도당
③ 근육 글리코겐
④ 근육 중성지방

03 〈보기〉에서 장기간의 무산소 트레이닝에 따른 생리학적 적응으로 옳은 것만을 모두 고른 것은?

> 보기
> ㄱ. 산화 능력 증가
> ㄴ. 근육의 수축 속도 증가
> ㄷ. 미토콘드리아 밀도 증가
> ㄹ. PCr 또는 PFK 효소의 양 및 활성도 증가

① ㄱ, ㄴ
② ㄴ, ㄹ
③ ㄱ, ㄴ, ㄹ
④ ㄱ, ㄷ, ㄹ

04 〈보기〉에서 설명하는 에너지 대사 과정은?

보기
- 무산소성 에너지 시스템이다.
- 에너지 투자와 에너지 생산 단계로 구성된다.
- 대사 과정의 최종 산물로 피루브산염 또는 젖산염을 생성한다.

① 지방분해(lipolysis)
② 해당과정(glycolysis)
③ 동화작용(anabolism)
④ 산화적 인산화(oxidative phosphorylation) 과정

05 〈보기〉에서 설명하는 감각수용기는?

보기
- 주동근의 수축을 억제한다.
- 근육 손상을 예방하는 기능을 한다.
- 근육-건 복합체의 장력 변화를 감지한다.

① 근방추 ② 파치니소체
③ 골지건기관 ④ 마이스너소체

06 〈보기〉에서 장기간 유산소 트레이닝에 의한 생리적 적응 현상으로 옳은 것만을 모두 고른 것은?

보기
ㄱ. 좌심실 용적 증가
ㄴ. 마이오글로빈 함유량 증가
ㄷ. 1회 박출량(stroke volume) 증가
ㄹ. 골격근 내 모세혈관 밀도 증가

① ㄱ, ㄴ
② ㄱ, ㄷ, ㄹ
③ ㄴ, ㄷ, ㄹ
④ ㄱ, ㄴ, ㄷ, ㄹ

07 〈보기〉의 골격근 수축 과정에 관한 설명 중 ㉠~㉢에 들어갈 용어로 옳은 것은?

보기
- 활동전위(action potential)는 가로세관(T-tubles)으로 이동하여 (㉠)에서 (㉡) 방출을 자극한다.
- (㉠)에서 방출된 (㉡)이 트로포닌(troponin)과 결합하게 되면 (㉢)의 위치를 이동시켜 마이오신 머리(myosin head)와 액틴 필라멘트(actin filament)가 강하게 결합하게 한다.

	㉠	㉡	㉢
①	원형질막	아세틸콜린	근절
②	원형질막	칼슘이온	트로포마이오신
③	근형질세망	아세틸콜린	근절
④	근형질세망	칼슘이온	트로포마이오신

08 그림의 산소-헤모글로빈 해리 곡선을 참고하여 〈보기〉에서 옳은 것만을 모두 고른 것은?

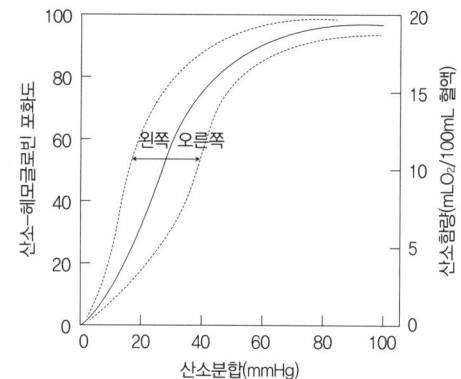

보기
ㄱ. 운동에 의한 체온상승(예 심부온도 상승)은 헤모글로빈의 산소 친화력(affinity)을 높인다.
ㄴ. 고강도 운동 시 동-정맥 산소 차이(arteriovenous oxygen difference)는 안정 시와 비교하여 감소한다.
ㄷ. 고강도 운동에 의한 혈중 젖산 농도 증가는 산소-헤모글로빈 해리 곡선을 오른쪽으로 이동시킨다.
ㄹ. 운동 중 증가한 혈중 이산화탄소는 헤모글로빈의 산소 해리(dissociation)를 높이는데, 이를 보어 효과(Bohr effect)라고 한다.

① ㄱ, ㄴ
② ㄱ, ㄷ
③ ㄴ, ㄹ
④ ㄷ, ㄹ

09 〈보기〉에서 건강관련체력 요인으로 옳은 것만을 모두 고른 것은?

보기
ㄱ. 근력　　　　　ㄴ. 유연성 ㄷ. 근지구력　　　ㄹ. 신체구성 ㅁ. 심폐지구력

① ㄱ, ㄴ, ㄹ　　② ㄱ, ㄷ, ㅁ
③ ㄴ, ㄷ, ㄹ, ㅁ　　④ ㄱ, ㄴ, ㄷ, ㄹ, ㅁ

10 〈보기〉에서 동방결절(SA node)에 관한 특성으로 옳은 것만을 모두 고른 것은?

보기
ㄱ. 심장의 페이스메이커(pacemaker)로 불림 ㄴ. 전도체계 중 가장 빠른 내인성 박동률을 가짐 ㄷ. 심실이 혈액을 충만하게 모을 수 있도록 자극전도 시간을 지연시킴 ㄹ. 다른 심장 전도 시스템보다 약 6배 빠르게 전기적 자극을 심실 전체로 전달하여 심실의 거의 모든 부위가 동시에 수축할 수 있게 함

① ㄱ, ㄴ　　② ㄱ, ㄴ, ㄷ
③ ㄱ, ㄷ, ㄹ　　④ ㄴ, ㄷ, ㄹ

11 안정 시와 운동 중 심장 주기에 따른 좌심실의 용적과 압력을 나타낸 곡선을 참고하여 〈보기〉에서 옳은 것만을 모두 고른 것은?

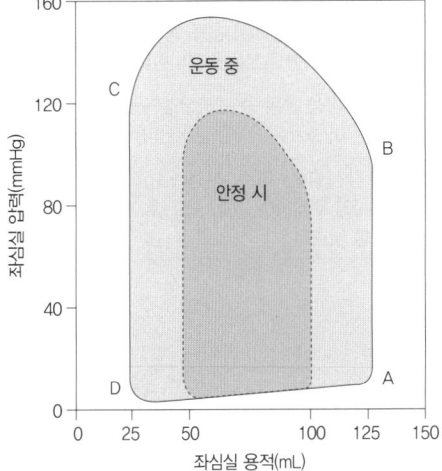

보기
ㄱ. A~B 구간은 이첨판(bicupid valve)과 대동맥 판막(aortic valve)이 모두 닫힌 상태이며, 이를 등용적 수축(isovolumic contraction)이라고 한다. ㄴ. 운동 중 좌심실 수축력의 증가는 C시점에서의 좌심실 용적 증가로 이어진다. ㄷ. 안정 시와 운동 중 좌심실 박출률(%ejection fraction)은 동일하다. ㄹ. D~A 구간의 증가는 1회 박출량 증가로 이어진다.

① ㄱ, ㄴ　　② ㄱ, ㄹ
③ ㄴ, ㄷ　　④ ㄷ, ㄹ

12 〈보기〉에서 고지대 환경에서 장기간 노출 시 나타나는 생리학적 적응으로 옳은 것만을 모두 고른 것은?

보기
ㄱ. 심박출량 증가　　ㄴ. 모세혈관 밀도 증가 ㄷ. 근육 단면적 증가　ㄹ. 산소운반능력 증가

① ㄱ, ㄷ　　② ㄴ, ㄹ
③ ㄱ, ㄷ, ㄹ　　④ ㄴ, ㄷ, ㄹ

13 운동 자극에 관한 신체 내 기관(organs)과 기능에 대한 설명이다. ㉠~㉢에 해당하는 것으로 옳은 것은?

기능 \ 기관	뇌하수체	부신	㉠
고온다습한 환경에서 운동 중 체액량 조절을 위한 호르몬을 분비한다.	㉡	○	×
중강도 이상 운동 중 교감신경의 영향을 받아 호르몬 (㉢)을 분비한다.	×	○	×
부교감신경인 미주 신경(vagus nerve)이 위치하며, 운동 종료 후 심박수를 낮춘다.	×	×	○

○ : 맞음, × : 틀림

	㉠	㉡	㉢
①	연수	○	에피네프린
②	뇌간	×	알도스테론
③	대뇌피질	○	에피네프린
④	대뇌피질	×	알도스테론

14 단축성 수축 시 그림의 골격근 초미세구조를 참고하여 〈보기〉에서 옳은 것만을 모두 고른 것은?

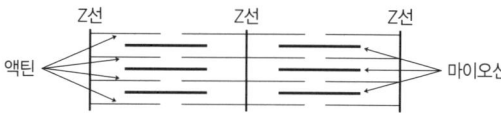

보기
ㄱ. I 밴드의 길이는 변하지 않는다.
ㄴ. A 밴드의 길이는 변하지 않는다.
ㄷ. 근절(sarcomere)의 길이는 짧아진다.
ㄹ. 액틴(actin)과 마이오신(myosin)의 길이는 짧아진다.

① ㄱ, ㄴ ② ㄱ, ㄹ
③ ㄴ, ㄷ ④ ㄷ, ㄹ

15 〈보기〉에서 속근섬유(type Ⅱ) 관한 특성으로 옳은 것만을 모두 고른 것은?

보기
ㄱ. 피로 저항이 높음
ㄴ. 수축 속도가 빠름
ㄷ. 산화 능력이 높음
ㄹ. 칼슘이온 방출 속도가 빠름

① ㄱ, ㄴ ② ㄱ, ㄷ
③ ㄴ, ㄹ ④ ㄷ, ㄹ

16 순환계의 구조와 기능에 관한 설명으로 옳지 <u>않은</u> 것은?

① 혈액의 역류를 막기 위해 하지동맥 내에 판막이 존재한다.
② 호르몬 수송 및 면역기능 조절은 순환계의 기능 중 하나이다.
③ 관상동맥(coronary artery)은 심장근에 혈액을 공급하는 혈관이다.
④ 폐순환의 주요 기능은 폐에서의 가스 교환(예) 이산화탄소 배출)이다.

17 〈보기〉에서 설명하는 호르몬은?

보기
• 간의 글리코겐을 분해한다.
• 췌장 알파세포에서 분비된다.
• 혈중 글루코스 농도를 높인다.

① 인슐린 ② 코티졸
③ 글루카곤 ④ 에피네프린

18 골격근의 운동단위(motor unit) 동원에 관한 설명으로 옳지 않은 것은?

① 동원된 운동단위의 증가는 근 수축력 증가로 이어진다.
② 운동단위는 운동신경과 그에 연결된 근섬유를 지칭한다.
③ 저강도 운동(예 VO$_{2max}$ 30% 이하) 시 Type IIx 근섬유가 가장 먼저 동원된다.
④ Type I 근섬유의 운동단위는 Type II 근섬유 운동단위보다 활성화 역치가 낮다.

19 〈보기〉의 ㉠, ㉡에 들어갈 용어는?

보기
- (㉠)은 근육조직에서 산소를 저장하고, 운반하는 데 중요한 역할을 한다.
- 적혈구용적률이 증가하면 혈액의 점성은 (㉡)한다.

	㉠	㉡
①	헤모글로빈	감소
②	헤모글로빈	증가
③	마이오글로빈	감소
④	마이오글로빈	증가

20 〈보기〉에서 운동 중 혈류 재분배(blood redistribution)에 관한 설명으로 옳은 것만을 모두 고른 것은?

보기
ㄱ. 운동 시 골격근의 산소 요구량을 충족하기 위해 비활동 조직으로의 혈류량은 감소한다.
ㄴ. 최대 운동 시 심박출량은 증가하지만 안정 시와 비교하여 기관별(예 신장, 내장, 골격근 등) 혈류 분배 비율은 동일하다.
ㄷ. 고강도 운동에 참여하는 골격근의 세동맥(arterioles) 혈관 저항은 안정 시와 비교하여 감소한다.

① ㄱ, ㄴ
② ㄱ, ㄷ
③ ㄴ, ㄷ
④ ㄱ, ㄴ, ㄷ

운동역학

01 운동역학의 내용과 목적이 아닌 것은?

① 운동 기술의 향상
② 운동수행 시 힘의 측정
③ 운동수행 안전성의 향상
④ 인체 내 에너지 대사의 측정

02 〈보기〉에서 설명하는 동작분석 방법으로 옳지 않은 것은?

보기
동작을 측정하거나 계산하지 않는 비수치적 방법으로 지도자의 시각적 관찰로 움직임의 오류를 찾아 운동 기술 향상을 도모한다.

① 정량적 자료로 분석한다.
② 현장에서 즉각적인 분석이 가능하다.
③ 지도자 성향에 따라 결과가 달라진다.
④ 분석의 결과는 객관성을 담보할 수 없다.

03 운동의 종류에 관한 설명으로 옳지 않은 것은?

① 직선운동은 병진운동의 한 종류이다.
② 곡선운동은 회전운동에 포함되는 운동이다.
③ 병진운동은 직선운동과 곡선운동 모두를 말한다.
④ 복합운동은 병진운동과 회전운동이 혼합된 운동이다.

04 운동역학 사슬(Kinetic Chain)에 관한 설명으로 옳지 않은 것은?

① 힘의 적용 대상이 연결된 일련의 사슬고리이다.
② 사슬에 있는 연결 동작은 힘 전달에 영향을 미친다.
③ 닫힌형 운동역학 사슬(CKC)은 기능적이며, 스포츠에 특화될 수 있다.
④ 열린형 운동역학 사슬(OKC)에는 스쿼트, 팔굽혀펴기와 같은 동작이 있다.

05 신체에 작용하는 역학적 부하(Load)에 관한 정의로 옳지 않은 것은?

① 전단응력(Shear) : 조직의 장축을 따라 대칭으로 가해지는 힘
② 인장응력(Tension) : 두 힘이 서로 떨어지게끔 반대 방향으로 가해지는 힘
③ 압축응력(Compression) : 반대쪽의 두 힘이 서로 향하는 방향으로 가해지는 힘
④ 휨(Bending) : 축에서 벗어나는 두 힘이 가해져 한쪽에서 인장응력, 다른 한쪽에서 압축응력이 발생하는 힘

06 〈보기〉에서 내력(internal force)에 관한 설명으로 옳은 것만 모두 고른 것은?

> **보기**
> ㄱ. 다이빙 동작에서 작용하는 중력
> ㄴ. 높이뛰기의 도약 동작에서 선수가 발휘한 힘
> ㄷ. 환경과의 상호작용으로 시스템에 작용하는 힘
> ㄹ. 내력만으로 인체 전체의 위치는 이동할 수 없음

① ㄱ, ㄴ
② ㄴ, ㄹ
③ ㄱ, ㄷ, ㄹ
④ ㄴ, ㄷ, ㄹ

07 〈보기〉에서 제시한 A 학생의 항속 구간 평균 보행속도는? (단, 반올림하여 소수점 둘째 자리까지 표기)

> **보기**
> A 학생이 총 30m의 직선 구간을 걸었을 때, 가속과 감속 구간 각 5m씩 총 10m를 제외한 항속 구간에서의 스텝 수는 25회였고, 16초가 소요되었다.

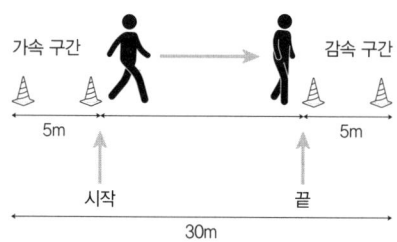

① 0.80m/s
② 1.25m/s
③ 1.56m/s
④ 1.88m/s

08 각가속도에 관한 설명으로 옳지 않은 것은?

① 회전하는 물체의 각가속도가 0이 되면 물체는 멈추게 된다.
② 각가속도는 각속도의 변화량을 시간의 변화량으로 나눈 값이다.
③ 처음 각속도가 $30°/s$에서 6초 후 $90°/s$로 변화했을 때 평균 각가속도는 $10°/s^2$이다.
④ 각속도가 양(+)의 방향으로 선형적인 증가를 할 때 각가속도는 일정한 양(+)의 값을 가진다.

09 그림에 관한 설명으로 옳지 않은 것은? (단, 착지전략을 제외한 모든 조건은 동일함)

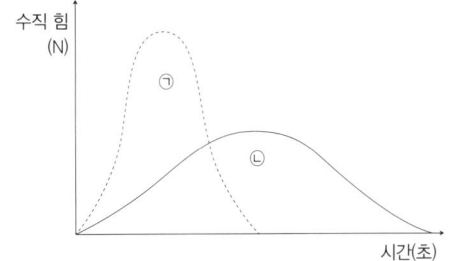

그림은 기계체조 선수가 경기 중 각 1회의 ㉠ 뻣뻣한 착지와 ㉡ 부드러운 착지를 수행하였을 때 착지구간에서 시간에 따른 수직 힘의 변화를 나타낸다.

① ㉠과 ㉡의 운동량의 변화량은 동일하다.
② ㉠의 경우 신체에 작용하는 수직 충격력이 더 크다.
③ ㉠의 경우 신체에 작용하는 수직 충격량이 더 크다.
④ 착지 직전의 무게중심의 속도는 ㉠과 ㉡ 모두 동일하다.

10 〈보기〉에서 임팩트 직후 골프공의 선속도는? (선운동량 보존의 법칙 적용)

> **보기**
> • 골프 클럽의 질량 : 600g, 골프공의 질량 : 40g
> • 스윙 시 클럽의 임팩트 직전 선속도 : 50m/s, 임팩트 직후 선속도 : 45m/s (외부에서 따로 작용하는 힘은 없으며, 운동량의 손실 없이 정확하게 전달됨을 가정함)

① 65m/s
② 70m/s
③ 75m/s
④ 80m/s

11 스포츠에 적용된 각속도(Angular velocity)에 관한 사례로 옳지 않은 것은?

① 숙련된 운동선수일수록 각속도를 잘 조절한다.
② 철봉의 대차돌기(휘돌기) 하강 국면에서 발의 무게중심점은 일정한 각속도를 유지한다.
③ 골프 클럽헤드의 각속도는 0에서 시작하여 최댓값으로 증가했다가 다시 0으로 돌아온다.
④ 야구에서 배트의 각속도가 일정하다면 회전반경이 클수록 임팩트된 공의 선속도는 증가한다.

12 인체의 움직임에서 토크(Torque)에 관한 개념이 적용된 사례로 옳지 않은 것은?

① 사지의 근육은 각 관절을 돌림시키는 토크를 생성한다.
② 덤벨 컬 시 덤벨의 무게는 팔꿈치를 폄하는 토크를 가진다.
③ 외적 토크보다 내적 토크가 크면 근육은 신장성 수축을 한다.
④ 동일한 힘을 낼 때 팔꿈치 각도 90°보다 굽히거나 폄에 따라 모멘트팔이 짧아져 내적 토크도 감소한다.

13 〈보기〉에서 설명한 내용 중 인체의 관성모멘트(moment of inertia)를 감소시킨 사례로 옳은 것만 모두 고른 것은?

> 보기
> ㄱ. 피겨스케이팅에서 양팔을 벌리고 회전한다.
> ㄴ. 달리기 시 체공기(swing phase)에 있는 다리를 굽힌다.
> ㄷ. 다이빙에서 공중 앞돌기 시 터크(움크린) 자세를 만든다.
> ㄹ. 골프 아이언 헤드의 질량 분포를 양 끝으로 넓게 하여 클럽 헤드의 관성을 조작한다.

① ㄱ, ㄴ ② ㄴ, ㄷ
③ ㄱ, ㄴ, ㄷ ④ ㄱ, ㄷ, ㄹ

14 그림에 관한 설명으로 옳지 <u>않은</u> 것은? (단, 공의 높이는 무게중심을 기준으로 함)

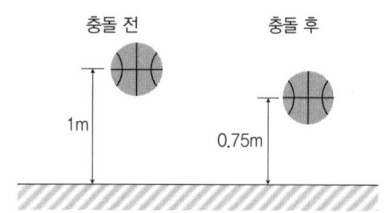

① 비탄성충돌이다.
② 충돌 전, 후 농구공의 속도는 다르다.
③ 운동에너지가 보존되지 않았다는 것을 의미한다.
④ 반발계수(복원계수, coefficient of restitution)는 0.75이다.

15 압력중심점(Center Of Pressure, COP)에 관한 설명으로 옳지 <u>않은</u> 것은?

① 압력중심점은 균형능력을 평가하기 위한 자료로 활용된다.
② 보행 시 한발 지지기(stance phase)에서 압력중심점은 변한다.
③ 허리를 앞으로 굽혔을 때, 압력중심점은 기저면 밖에 위치한다.
④ 압력중심점이란 지면에 접촉하는 부분 중 지면반력 전체가 작용된다고 가정되는 어느 한 점을 말한다.

16 일과 에너지에 관한 설명으로 옳지 <u>않은</u> 것은?

① 에너지는 일을 할 수 있는 능력이다.
② 위치에너지는 운동에너지로 변환될 수 있다.
③ 질량이 일정하면 속도 변화는 운동에너지의 변화를 의미한다.
④ 어떤 물체가 에너지를 갖기 위해서는 움직임이 있어야만 한다.

17 <보기>에서 설명한 A 선수의 이동 거리와 변위가 옳은 것은?

> **보기**
> 육상 장거리 종목의 선수 A는 트랙의 길이가 400m인 경기장을 총 25바퀴를 달렸고, 28분 30초의 기록으로 결승점을 통과했다.

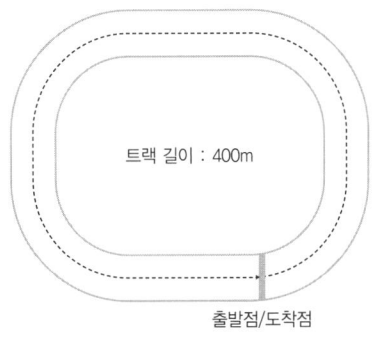

	이동거리(m)	변위(m)
①	0	400
②	0	10,000
③	10,000	10,000
④	10,000	0

18 <보기>에서 수행한 일과 일률이 바르게 나열된 것은?

> **보기**
> 물체에 2초 동안 2N의 힘을 가하여 2m를 움직였을 때 수행한 일은 (㉠)J이며 일률은 (㉡)J/s이다(단, 힘의 작용 방향과 물체의 이동방향은 일치함).

	㉠	㉡
①	2	1
②	2	2
③	4	2
④	4	4

19 인체의 안정성을 결정짓는 요인이 아닌 것은?

① 기저면의 크기와 관련이 있으며 형태와는 관련이 없다.
② 무게중심선이 기저면 밖에 있으면 불안정한 상태가 된다.
③ 무게중심선이 기저면의 중심에 가까울수록 안정성은 높아진다.
④ 무게중심의 높이와 관련이 있으며 낮을수록 안정성은 높아진다.

20 마찰력에 관한 설명으로 옳지 않은 것은?

① 최대정지마찰력은 운동마찰력보다 크다.
② 마찰력은 마찰계수와 물체 질량의 곱으로 구한다.
③ 마찰력은 물체 표면에 수직으로 작용하는 힘(수직항력, normal force)과 관계가 있다.
④ 마찰력은 접촉면과 평행하게 작용하며 물체의 운동 방향과 반대 방향으로 작용한다.

스포츠윤리

01 스포츠윤리센터의 주요 역할에 해당하지 않는 것은?

① 체육 관련 입시 비리에 관한 조사
② 스포츠 산업 종사자의 직업 안정성 확보와 처우 개선
③ 스포츠 비리 및 스포츠 인권 침해 방지를 위한 예방 교육
④ 승부 조작 또는 편파 판정 등 불공정에 관한 신고 접수와 조사

02 스포츠에 관한 가치 판단에 해당하지 않는 것은?

① 도핑을 이용한 실력 향상은 옳지 않다.
② 스포츠에서 희생과 헌신은 승리보다 가치가 있다.
③ 하얀색 복장 착용은 윔블던 테니스대회의 규정이다.
④ 스포츠에서 승리 추구는 규정 준수보다 더 중요하다.

03 〈보기〉의 스포츠 상황에 부합하는 개념과 해석은?

> 보기
> 태권도 겨루기에서 소극적인 자세로 경기에 임하는 선수는 제재를 받는다. 적극적이고 공격적인 태도의 요구는 투쟁심을 독려하는 것이지만, 그 폭력적인 성향이 지나치면 또 다른 제재의 대상이 되기도 한다. 이처럼 스포츠는 폭력적인 성향의 분출을 자극함과 동시에 그것을 감시하고 제어한다.

① 게발트(Gewalt) – 스포츠 폭력의 부당성
② 게발트(Gewalt) – 스포츠 폭력의 이중성
③ 희생양(Scapegoat) – 스포츠 폭력의 부당성
④ 희생양(Scapegoat) – 스포츠 폭력의 이중성

04 '타이틀 나인(Title IX)'에 따른 스포츠계의 변화로 가장 적절한 것은?

① 미국 프로야구리그의 도핑 실태에 관한 보고서 발간
② 남아프리카공화국에서 흑인에 대한 차별 정책의 시행
③ 학교 스포츠 프로그램에서 의도적인 성차별 발생 시 재정 지원의 제한
④ 공공 및 민간 스포츠 시설의 출입구 등에 휠체어 이동 통로의 설치 및 확충

05 세계도핑방지기구(World Anti-Doping Agency)가 정한 '금지 방법'의 분류 목록에 해당하지 않는 것은?

① 기술 도핑
② 화학적, 물리적 조작
③ 유전자 및 세포 도핑
④ 혈액 및 혈액 성분의 조작

06 레건(T. Regan)의 동물권리론에 가장 부합하는 태도는?

① 모든 동물에게 자유를 보장하고 스포츠에 동물을 이용하지 않도록 한다.
② 세계시민주의적 사고에 따라 재활승마에서는 기수와 말의 친화를 강조한다.
③ 천연 거위털 셔틀콕의 성능이 인조 거위털 셔틀콕보다 더 좋으므로 생산을 장려한다.
④ 경마나 소싸움은 합법적으로 동물을 활용할 수 있는 종목이며 경제적으로도 유용하다.

07 〈보기〉의 대화 내용에 해당하는 정의(justice)의 유형에 가장 가까운 것은?

> **보기**
> A : 오늘 테니스 경기 봤어? 한쪽 코트는 해가 정면에서 비치고 다른 쪽은 완전 그늘이더라.
> B : 응. 그런 조건이면 한쪽 선수가 불리할 것 같아.
> C : 그래서 테니스는 계속 코트를 바꾸면서 경기를 진행해.
> A : 그러면 시합을 시작할 때 코트나 서브권은 어떻게 정해?
> C : 동전 던지기로 정하는 경우가 많아.

① 평균적 정의
② 절차적 정의
③ 분배적 정의
④ 보상적 정의

08 롤랜드(S. Loland)가 분류한 규칙 위반의 유형에 연결한 사례로 옳지 않은 것은?

① 의도적 구성 규칙 위반 – 축구 경기에서 수비수가 실점을 당하지 않기 위해 손으로 공을 막았다.
② 의도적 규제 규칙 위반 – 육상 100m 경기에서 경쟁 선수를 방해하기 위해 레인을 침범했다.
③ 비의도적 구성 규칙 위반 – 골프 경기 중 페어웨이에서 흙이 묻은 볼을 무의식적으로 닦고 진행했다.
④ 비의도적 규제 규칙 위반 – 농구 경기 중 상대 수비를 피하는 과정에서 의도치 않게 3걸음을 걷고 슛을 쏘았다.

09 칸트(I. Kant)의 의무론에서 〈보기〉 속 A와 B의 태도에 부합하는 행위 유형은?

> **보기**
> 선생님 : 도핑을 하면 경기 결과가 달라질 수 있는데, 여러분은 왜 하지 않나요?
> A : 저는 도핑이 공정하지 못한 행위이기 때문에 하지 않아요. 제 실력으로 인정받고 싶어요.
> B : 저는 사실 도핑 검사에 걸리면 처벌을 받으니까 하고 싶어도 못 하고 있어요.

	A	B
①	의무에서 나온 (aus Pflicht) 행위	의무에 합치하는 (pflichtmäßig) 행위
②	의무에 합치하는 (pflichtmäßig) 행위	의무에 위배되는 (pragmatische) 행위
③	의무에 합치하는 (pflichtmäßig) 행위	의무에서 나온 (aus Pflicht) 행위
④	의무에 위배되는 (pragmatische) 행위	의무에서 나온 (aus Pflicht) 행위

10 부올레(P. Vuolle)가 분류한 스포츠 환경이 아닌 것은?

① 시설(Built) 환경 – 농구, 탁구
② 개발(Developed) 환경 – 골프, 스키
③ 가상(Virtual) 환경 – e스포츠, 버츄얼 태권도
④ 순수(Genuine) 환경 – 스쿠버다이빙, 트레일 러닝

11 뒤르켐(E. Durkheim)의 도덕교육론에 근거한 스포츠윤리 교육의 내용과 방법으로 옳지 않은 것은?

① 감독의 지도에 의존하는 도덕적 판단력을 길러준다.
② 스포츠를 통한 도덕적 습관과 행동의 변화에 초점을 맞춘다.
③ 스포츠윤리 교육을 스포츠 인성 교육의 유용한 틀로 활용한다.
④ 스포츠맨십을 경험하는 실천적 교육으로 도덕적 인격 형성을 유도한다.

12 스포츠조직의 윤리경영에 관한 설명으로 옳지 않은 것은?

① 스포츠조직을 투명하고 합리적으로 운영한다.
② 과대 선전 등으로 스포츠 소비자를 속이지 않는다.
③ 스포츠 시설 운영에서 공해, 소음 등으로 인한 사회적 비용을 고려한다.
④ 스포츠센터의 운영 수익을 더 늘이기 위해 지도자의 노동 강도를 높인다.

13 〈보기〉의 사례에서 ㉠에 해당하는 심판의 자질과 ㉡에 해당하는 맹자의 사단(四端)은?

> 보기
> 배구 경기의 주심인 ㉠ A심판은 최근 개정된 규정을 정확하게 숙지하지 못하여 오심을 범했다. 부심으로 경기를 관장하던 B심판은 오심임을 알았으나 A심판에 대한 징계가 걱정되어 침묵했다. 시합이 끝난 후 ㉡ B심판은 양심의 가책을 지우지 못하고 활동을 중단했다.

	㉠	㉡
①	심판의 청렴성	사양지심(辭讓之心)
②	심판의 전문성	수오지심(羞惡之心)
③	심판의 자율성	시비지심(是非之心)
④	심판의 공정성	측은지심(惻隱之心)

14 공리주의 윤리 규범을 스포츠에 바르게 적용한 것이 아닌 것은?

① 스포츠에서 결과에 따른 만족을 중시한다.
② 스포츠 규칙 제정은 공정과 평등의 원칙에 근거한다.
③ 스포츠 상황에서 행위의 유용성보다 인성의 바름을 강조한다.
④ 스포츠에서 소수보다 다수의 이익을 우선하는 것이 정당화될 수 있다.

15 〈보기〉에서 장애차별의 개선을 위한 스포츠 실천의 조건만을 고른 것은?

> 보기
> ㄱ. 참여 종목과 대회는 지도자의 결정에 맡겨야 한다.
> ㄴ. 비장애인과 분리하여 수업하는 것을 원칙으로 한다.
> ㄷ. 활동 장비와 기구에 대한 재정적인 지원을 확보해야 한다.
> ㄹ. 다양한 사람과의 관계를 통해 사회성 함양의 기회를 제공해야 한다.

① ㄱ, ㄴ   ② ㄴ, ㄷ
③ ㄴ, ㄹ   ④ ㄷ, ㄹ

16 〈보기〉의 내용에 부합하는 철학자와 개념의 연결이 옳은 것은?

> 보기
> • 지도자와 선배의 체벌과 폭력이 일상화되어 있다.
> • 악은 포악한 괴물이나 악마처럼 괴이하지 않고 합숙소 생활과 같은 일상에 함께 있다.
> • 폭력을 멈추게 할 방법은 행위의 내용과 책임을 묻고 반성하는 '사유' 또는 '이성'에 있다.

① 홉스(T. Hobbes) – 리바이어던
② 홉스(T. Hobbes) – 악의 평범성
③ 아렌트(H. Arendt) – 리바이어던
④ 아렌트(H. Arendt) – 악의 평범성

17 의무주의 윤리 규범에 근거할 경우, 〈보기〉의 괄호 안에 들어갈 내용으로 옳은 것은?

> **보기**
> 나는 반칙을 하지 않으려고 노력한다. 왜냐하면 (　　) 때문이다.

① 퇴장을 당하면 손해를 보기
② 반칙을 하는 것은 옳지 않기
③ 나의 플레이를 보는 사람들을 만족시켜야 하기
④ 사람들이 나를 훌륭한 선수라고 칭송할 것이기

18 〈보기〉는 트랜스젠더 여성의 여성 스포츠 참여에 관한 설명이다. 이를 지지하는 견해의 근거가 <u>아닌</u> 것은?

> **보기**
> 국제올림픽위원회(IOC)는 2016년 1월에 올림픽 대회를 비롯한 국제 경기대회에서 외과적인 수술을 받지 않은 성 전환자들도 선수로 출전할 수 있도록 허용해야 한다는 새로운 지침을 발표했다. 이에 따라 트랜스젠더 선수들은 꼭 성 전환 수술을 받지 않더라도 일정 요건만 충족하면 올림픽 등 국제 대회에 참가할 수 있게 되었다.

① 전통적인 젠더 이분법을 극복하고 양성 평등을 지향
② 트랜스젠더 여성의 스포츠 접근권은 공정성보다 우선
③ 트랜스젠더에 대한 차별과 배제가 아닌 관용과 포용의 정책
④ 트랜스젠더 여성 선수가 불공평한 이득을 가져 스포츠 본연의 의미 변화

19 함무라비 법전의 탈리오 법칙(Lex Talionis)이 정확하게 적용된 상황은?

① 농구 경기에서 한 경기에 5개의 파울을 한 선수를 퇴장시킨다.
② 축구 경기에서 부상 선수가 발생하면 선수의 안전을 위해 공을 밖으로 걷어낸다.
③ 야구 경기에서 빈볼을 맞게 되면, 상대팀에게도 동일하게 빈볼을 던져 보복을 한다.
④ 수영과 육상 경기의 결승전에서 준결승의 기록이 좋은 선수를 가운데 레인에 우선으로 배정한다.

20 인종 차별과 관련된 사례로 맞지 <u>않은</u> 것은?

① 1936년 베를린 올림픽경기대회에서 히틀러는 육상종목 4관왕 제시 오웬스에게 시상 거부
② 1948년 런던 올림픽경기대회에서 독일과 일본 선수의 참가를 불허
③ 1968년 멕시코 올림픽경기대회 시상식에서 미국의 토미 스미스와 존 카롤로스의 저항 표현
④ 2008년 미국여자프로골프협회(LPGA) 출전 선수의 영어 사용 의무화

특수체육론

01 특수체육에 관한 설명으로 옳지 않은 것은?

① 특별한 요구를 가진 사람들을 위해 프로그램을 변형한다.
② 장애인이 참여하는 체육으로 비장애인과 함께 하는 활동을 포함한다.
③ 신체활동 참여에서 장애인의 임파워먼트(empowerment)를 강조한다.
④ 학교체육 중심으로 생활체육이나 경쟁 스포츠 참여는 제한한다.

02 〈보기〉에 해당하는 장애 유형의 체육활동 지도 방법으로 옳지 않은 것은?

> **보기**
> • 지적 기능과 적응행동이 제한된다.
> • 쉽게 좌절하거나 동기 유발이 부족하다.
> • 주의 집중 시간이 짧고 단기 기억에 어려움이 있다.

① 복잡한 계획이 필요하고 과제가 자주 바뀌는 활동을 강조한다.
② 활동 초기에 학생의 개별적 특성을 파악하여 친밀감을 형성한다.
③ 학생이 흥미를 보이는 활동에서 시작하여 다양한 형태로 발전시킨다.
④ 과제 활동을 제한하는 행동을 파악하고 개별적인 행동관리 계획을 수립한다.

03 특수체육 수업 방식에 관한 설명으로 옳지 않은 것은?

① 또래 교수(peer tutoring) : 친구나 선배가 교사로 참여한다.
② 협동학습(cooperative learning) : 학생들이 팀이나 소집단으로 학습한다.
③ 스테이션 교수(station teaching) : 여러 곳에 과제를 배치하고 돌아가며 학습한다.
④ 역주류화 수업(reverse mainstreaming) : 교사와 학생이 역할을 바꿔가며 과제를 수행한다.

04 정서·행동장애 학생의 특성을 고려한 체육활동 지도 전략으로 적절하지 않은 것은?

① 주의를 분산시키는 자극을 최소화한다.
② 활동 규칙을 정하고 안전교육을 실시한다.
③ 환경을 구조화하고 예측이 가능한 과제를 제시한다.
④ 정서적 예민함을 고려하여 뉴스포츠와 경쟁 활동을 배제한다.

05 〈보기〉에서 설명하는 시각장애인 스포츠 종목은?

> **보기**
> • 시각 정보 없이 청각과 촉각을 활용하여 공의 위치와 방향을 파악한다.
> • 탁구대와 유사한 테이블 위에서 소리 나는 공을 배트로 쳐서 상대편 포켓에 넣는다.

① 골볼   ② 보체
③ 쇼다운   ④ 텐핀 볼링

06 지체장애인에게 운동을 지도할 때 주의할 사항으로 옳지 <u>않은</u> 것은?

① 절단장애인의 절주 부위를 마사지하여 예민함을 감소시킨다.
② 절단장애인의 절주 부위 땀과 체액 분비물을 주기적으로 닦아 준다.
③ 척수손상 장애인에게 기립성 저혈압이 발생하면 고강도 근력운동으로 전환한다.
④ 척수손상 장애인의 과도한 체온 상승 예방을 위해 휴식을 취하고 수분을 섭취하게 한다.

07 휠체어 스포츠의 경기 방법에 관한 설명으로 옳은 것은?

① 휠체어 농구 : 공을 잡고 4회까지 휠체어를 밀고 이동할 수 있다.
② 휠체어 럭비 : 한 팀은 남녀 구분 없이 4명이 경기에 출전할 수 있다.
③ 휠체어 컬링 : 팀원 중 한 사람이라도 투구하는 사람의 휠체어에 닿으면 안 된다.
④ 휠체어 테니스 : 투 바운드가 허용되나 두 번째 바운드가 코트를 벗어나면 실점한다.

08 〈보기〉에서 설명하는 체력운동의 원리는?

<u>보기</u>
달리기를 지루해하는 지적장애 학생을 위해 줄넘기와 달리기를 혼합하여 실시하고, 중간에 휴식을 적절히 제공하였다.

① 다양성의 원리   ② 특수성의 원리
③ 전면성의 원리   ④ 가역성의 원리

09 특수체육 평가 도구에 관한 설명으로 옳은 것은?

① PDMS-2(Peabody Developmental Motor Scale-2) : 2~7세까지 운동 기술을 종합적으로 검사한다.
② BOT-2(Bruininks-Oseretsky Test of Motor Proficiency-2) : 2~10세까지 감각 운동과 기본 운동 기술을 검사한다.
③ PAPS-D(Physical Activity Promotion System for Students with Disabilities) : 심폐 기능, 근 기능, 유연성, 민첩성, 장애 수용 정도를 검사한다.
④ BPFT(Brockport Physical Fitness Test) : 장애 유형에 따라 항목별 검사 방법이 구분되며 최소 건강 기준과 권장 기준을 제시한다.

10 그림의 순서대로 공 던지기를 지도하는 과정에 적용한 행동 관리 기법은?

던지기 자세를 설명하며 몸통과 팔꿈치를 잡고 교정함
↓
던지기 자세를 설명하고 시범으로 보여주며 연습하게 함
↓
언어 지시로만 던지기를 수행하게 함

① 용암법(fading)
② 과다 교정(overcorrection)
③ 행동 계약(behavior contract)
④ 프리맥 원리(Premack principle)

11 표의 지침과 준거를 사용하는 검사 도구에 관한 설명으로 옳은 것은?

기술	지침	수행 준거	1차	2차	점수
두 손으로 정지된 공 치기	• 배팅 티 위에 아동의 허리 높이로 공을 올려놓는다. • 아동에게 공을 세게 치라고 지시한다.	잘 쓰는 손을 위쪽에, 잘 안 쓰는 손은 아래쪽에 가도록 하여 배트를 잡는다.			
		아동이 잘 쓰지 않는 어깨와 엉덩이가 앞쪽으로 가도록 바라본다.			
		스윙하는 동안 어깨와 엉덩이를 회전시킨다.			
		잘 쓰지 않는 발을 공 쪽으로 내딛는다.			
		공을 쳐서 앞쪽으로 보낸다.			

① 준거지향적 방식과 규준지향적 방식 모두 활용이 가능하다.
② 5가지 이동 운동 기술과 6가지 공(ball) 조작 운동 기술을 측정한다.
③ 수행 준거를 어느 정도 성취했느냐에 따라 1점 또는 2점을 부여한다.
④ 발달장애 아동을 위한 검사 도구로 관찰과 면담을 통해 운동능력을 평가한다.

12 〈보기〉의 장애 유형에 관한 설명으로 옳은 것은?

> **보기**
> 중추신경계 손상에 의한 근육마비, 협응성 장애, 근육약화, 기타 운동기능 장애를 보이는 비진행성 신경장애이다.

① 발작이 발생하면 움직임을 제한하고 곧바로 물을 마시게 한다.
② 단마비(monoplegia)는 양팔이나 양다리에 마비가 있는 경우이다.
③ 비정상적 반사 발달과 신체 협응의 어려움, 가위 보행을 보이는 경우가 많다.
④ 운동실조증(ataxia)은 대뇌 기저핵의 손상으로 불수의적 움직임과 머리 조절에 어려움을 보인다.

13 그림은 특수체육 프로그램 서비스 전달 체계이다. ㉠~㉢에 들어갈 용어를 바르게 나열한 것은?

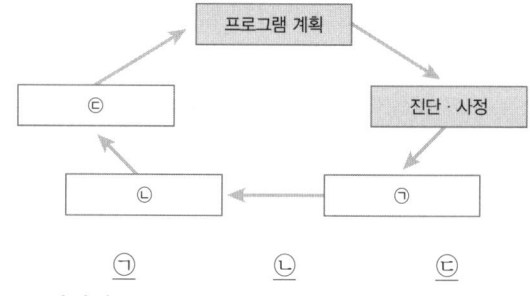

	㉠	㉡	㉢
①	개별화교육계획	평가	지도·상담
②	개별화교육계획	지도·상담	평가
③	지도·상담	평가	개별화교육계획
④	지도·상담	개별화교육계획	평가

14. ⟨보기⟩가 설명하는 이동 운동 기술은?

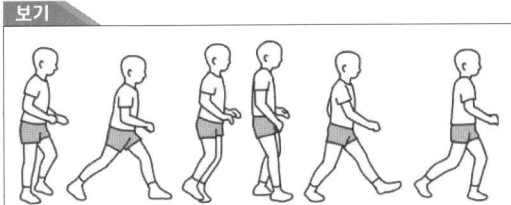

보기
- 정면을 보고 서서 한 발을 다른 쪽 발 앞에 놓는다.
- 뒤쪽 발을 앞발 쪽으로 미끄러지듯 옮긴다.
- 그런 다음 앞쪽 발을 옮겨 놓는다.
- 양팔을 아래위로 움직이거나 교대로 움직인다.

① 호핑(hopping)
② 갤로핑(galloping)
③ 리핑(leaping)
④ 슬라이딩(sliding)

15. ⟨보기⟩에서 청각장애인에게 체육활동을 지도할 때 고려할 사항으로 옳은 것만을 모두 고른 것은?

보기
ㄱ. 체육관이나 운동장의 소음을 최소화한다.
ㄴ. 대화 중에 입을 가리거나 껌을 씹지 않는다.
ㄷ. 시범과 시각적 지도 단서를 활용하여 설명한다.
ㄹ. 공을 패스하기 전에 서로 눈을 맞추고 패스한다.

① ㄱ, ㄴ
② ㄱ, ㄴ, ㄷ
③ ㄱ, ㄴ, ㄹ
④ ㄱ, ㄴ, ㄷ, ㄹ

16. 지적장애인을 위한 체육활동의 변형 방법으로 옳지 않은 것은?

① 배구 : 네트 높이를 낮춘다.
② 수영 : 레인의 폭을 축소한다.
③ 소프트볼 : 티 위에 공을 올려놓고 친다.
④ 줄넘기 : 양손에 각각 짧은 줄을 잡고 돌리며 점프한다.

17. 장애학생 체육활동 지도를 위한 개별화교육프로그램(IEP)의 목표 진술 3요소가 아닌 것은?

① 행동(action)
② 기준(criterion)
③ 언어(language)
④ 조건(condition)

18. 그림의 로고를 사용하는 국제장애인경기대회에 관한 설명으로 옳지 않은 것은?

① 창시자는 구트만(L. Guttmann)이다.
② 제1회 하계대회는 1960년 로마에서 개최되었다.
③ 주관 단체는 ISOD(International Sports Organization for the Disabled)이다.
④ 참가 대상은 척수손상, 절단 및 기타 장애, 뇌성마비, 시각장애, 지적장애이다.

19. 장애인을 위한 체육활동 변형 방법에 관한 설명으로 적절하지 않은 것은?

① 참여를 유도하는 방향으로 변형한다.
② 활동의 본질을 변형하여 새로운 활동으로 구성한다.
③ 장애로 인한 참여 제한이 발생하지 않도록 변형한다.
④ 변형된 활동이 효과적이지 못하면 다시 수정하거나 보완한다.

20 저시력을 가진 시각장애인에게 체육활동을 지도할 때 고려할 사항으로 적절하지 <u>않은</u> 것은?

① 안전을 고려하여 모든 수행을 직접적으로 보조한다.
② 단순하고 명확하게 디자인된 시각 자료를 사용한다.
③ 활동 경계선을 쉽게 알 수 있도록 바닥에 테이프를 붙여 준다.
④ 운동 장비에 음향 신호를 추가하여 위치 파악이 쉽도록 돕는다.

유아체육론

01 기본운동기술 범주에서 안정성 기술에 속하는 움직임 양식(movement pattern)이 <u>아닌</u> 것은?

① 굽히기(bending)
② 스키핑(skipping)
③ 늘리기(stretching)
④ 직립 균형(upright balance)

02 다음 '움직임 분류' 일차원 모델에서 ㉠~㉣에 들어갈 용어가 바르게 나열된 것은?

움직임의 (㉠)	움직임의 (㉡)	움직임의 (㉢)	움직임의 (㉣)
대근 운동 기술	불연속 운동 기술	개방형 운동 기술	안정 과제
소근 운동 기술	연속 운동 기술	폐쇄형 운동 기술	이동 과제
	지속 운동		기술조작 과제

	㉠	㉡	㉢	㉣
①	근육	환경	맥락	기능
②	근육	시간적 연속성	환경	기능
③	의도	시간적 연속성	맥락	환경
④	기능	의도	시간적 연속성	근육

03 〈보기〉에서 건강 및 수행 관련 체력 요소에 관한 설명으로 옳은 것만을 모두 고른 것은?

> **보기**
> ㄱ. 평형성-신체의 자세를 유지하는 능력
> ㄴ. 유연성-신체 내외의 자극에 대응하는 운동 능력
> ㄷ. 민첩성-자극에 반응하여 속도·방향을 신속하게 전환하는 능력
> ㄹ. 협응성-각각의 운동 체계와 다양한 감각 양식을 효율적인 운동 패턴으로 통합하는 능력

① ㄱ, ㄴ, ㄷ
② ㄱ, ㄴ, ㄹ
③ ㄱ, ㄷ, ㄹ
④ ㄴ, ㄷ, ㄹ

04 <보기>에서 설명하는 원시반사 유형에 관한 내용으로 옳지 않은 것은?

보기
- 출생 후 몸을 보호하는 데 필요한 반사 유형이다.
- 신경적인 변이나 손상 예측에 사용되는 대표적인 반사이다.
- 이 반사 유형이 비대칭적으로 나타날 경우 신경적인 변이나 손상을 추측할 수 있다.

① 시기 : 출생부터 4~7개월까지 나타난다.
② 반응 : 특정한 자극에 팔과 다리가 신전되며 팔을 벌리고 손가락을 편다.
③ 유발자극 : 놀라거나 아래로 떨어지는 자극에는 발생하지 않는다.
④ 기타 : 소멸 시기 이후에도 지속되면 감각운동 장애의 발생을 추측할 수 있다.

05 <보기>가 설명하는 운동발달 프로그램의 구성원리는?

보기
- 유소년의 연령, 성별, 신체 특성의 변화와 순서를 고려해야 함
- 유소년의 발달 단계를 고려하여 운동 프로그램을 계획하는 것이 중요함
- 간단한 동작에서 복잡한 동작으로, 쉬운 활동에서 어려운 활동으로 지도해야 함

① 다양성의 원리　② 안전성의 원리
③ 특이성의 원리　④ 연계성의 원리

06 <보기>에서 설명하는 에릭슨(E. Erikson)의 심리사회발달 단계는?

보기
- 기초적인 인지 기술과 사회적 기술의 습득이 중요함
- 소속된 사회, 문화를 습득하여 실수나 실패를 접하는 것이 중요함
- 타인과 자신을 비교하여 긍정적, 부정적 경험을 할 수 있음

① 2단계(자율성 또는 수치심 발달)
② 3단계(주도성 또는 죄의식 발달)
③ 4단계(근면성 또는 열등감 발달)
④ 5단계(정체감 또는 역할혼미 발달)

07 하비거스트(R. Havighurst)의 발달 과제 이론에서 ㉠~㉢에 들어갈 내용을 바르게 나열한 것은?

발달단계	1단계(0~6세)	2단계(7~12세)	3단계(13~18세)
성취과업	걷기 학습	개인적 독립심 획득	자신의 체격 수용
	옳고 그름을 구별하는 학습의 발달	일상 놀이에 필요한 신체적 기술의 학습	성숙한 관계 형성 및 사회적 역할 획득
	(㉠)	(㉡)	(㉢)

	㉠	㉡	㉢
①	사회적·물리적 실체 묘사를 위한 개념 습득	자신에 대한 건전한 태도 확립	행동을 이끄는 가치 체계 획득
②	자신에 대한 건전한 태도 확립	행동을 이끄는 가치 체계 획득	사회적·물리적 실체 묘사를 위한 개념 습득
③	일상생활에 필요한 개념 발달	자신에 대한 건전한 태도 확립	사회적·물리적 실체 묘사를 위한 개념 습득
④	사회적·물리적 실체 묘사를 위한 개념 습득	자신에 대한 건전한 태도 확립	일상생활에 필요한 개념 발달

08 그림에 제시된 동작의 시작 단계 특징으로 옳지 않은 것은?

〈치기 동작의 시작 단계〉

① 양발은 고정한다.
② 몸통 회전이 없다.
③ 엉덩이를 회전시킨다.
④ 팔꿈치를 완전히 굽힌다.

09 초보 움직임 시기의 '반사 억제 단계(reflexive inhibition stage)'에 관한 설명으로 옳지 않은 것은?

① 운동 피질의 발달과 특정 환경적 억제 요인의 감소 현상이 일어난다.
② 반사 억제 수준에서 수의적 움직임의 분화와 통합은 낮은 수준을 보인다.
③ 이 단계에 발생하는 수의적인 움직임들은 대부분 제어가 힘들고 정교함이 떨어진다.
④ 뇌하부 중추가 운동 피질보다 이전 단계에 비해 상대적으로 더 많이 발달하며 이 시기의 움직임 제어에 필수적으로 작용한다.

10 유소년기 발달에 관한 검사 도구와 목적의 연결이 옳지 않은 것은?

	검사	TGMD-3(Test of Gross Motor Development-3)
①	도구목적	신체, 언어, 인지, 적응 행동의 기능발달 검사
②	검사	BOTMP-2(Bruininks-Oseretsky Test of Motor Proficiency-2)
	도구목적	다양한 발달 문제의 진단 및 선별, 대근·소근운동 발달 검사
③	검사	PDMS-2(Peabody Developmental Motor Scale-2)
	도구목적	유아기 기본 운동기술의 훈련 또는 개선 검사
④	검사	K-DST(Korean Denver Development Screening)
	도구목적	발달에 문제가 있는 영유아를 선별하기 위한 부모 보고식 검사

11 〈보기〉에서 설명하는 모스턴과 애쉬워드(M. Mosston&S. Ashworth)의 교수-학습 전략(strategies)은?

> **보기**
> • 수업 시 공간과 장비의 제약을 보완해 줄 수 있다.
> • 학습자들이 서로 다른 과제들을 동시에 익히도록 하는 데 효과적이다.
> • 학습자들이 이미 배운 적이 있는 기술을 실행하거나 자신을 평가할 때 효과적이다.

① 스테이션 교수(station teaching)
② 동료 교수(peer teaching)
③ 협동 학습(cooperative learning)
④ 전술 게임(tactical games)

12 계획적인 유아체육 프로그램을 구성할 때 고려해야 할 사항으로 옳지 <u>않은</u> 것은?

① 유아의 참여가 어려운 게임은 되도록 배제한다.
② 프로그램 사전 계획 시 대상자 연령, 인원, 장소, 도구 등을 미리 파악한다.
③ 다양한 교보재와 활동 지시문을 활용해 유아가 스스로 순환하면서 활동하도록 유도한다.
④ 설치하는 기구는 유아 개개인의 다양한 발달 수준을 고려하지 않고 획일적으로 활용한다.

13 그림은 얼릭(D. Ulrich)이 제시한 대근운동발달의 시기와 단계이다. ㉠, ㉡에 들어갈 내용을 바르게 나열한 것은?

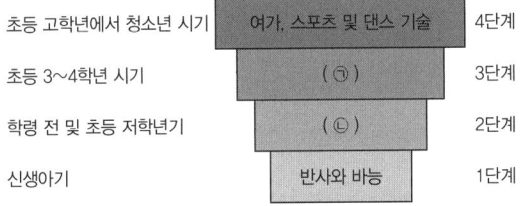

① 기본 대근운동 기술과 양식(patterns) / 리드 – 업(lead – up) 게임과 기술
② 자세조절 기술 / 운동감각 지각(kinesthetic perception)
③ 운동감각 지각(kinesthetic perception) / 자세조절 기술
④ 리드 – 업(lead – up) 게임과 기술 / 기본 대근운동 기술과 양식(patterns)

14 〈보기〉는 「국민체육진흥법」(2024.10.31. 시행) 제2조의9 '유소년 스포츠지도사' 정의에 관한 내용이다. ㉠, ㉡에 들어갈 용어로 옳은 것은?

보기
'유소년 스포츠지도사'란 유소년의 (㉠), (㉡) 등에 대한 지식을 갖추고 제9조의6에 따른 자격 종목에 대하여 유소년을 대상으로 체육을 지도하는 사람을 말한다.

	㉠	㉡
①	행동양식	인지발달
②	방관적 행동	신체발달
③	방관적 행동	인지발달
④	행동양식	신체발달

15 ㉠, ㉡에 해당하는 교수-학습 방법을 바르게 나열한 것은?

㉠
• 지도자가 다양한 동작 과제나 질문을 학습자에게 제시함
• 지도자는 학습자가 제안한 해결 방법이 무엇이든 인정하고 받아들임
• 학습의 결과가 아니라 학습 과정 그 자체에 우선적인 초점을 둠

㉡
• 학습자의 구체적인 동작 경험을 위해 지도자나 또래의 활동을 관찰할 수 있는 기회를 제공함
• 학습자가 여러 가지 방법을 사용할 수 있는 충분한 시간을 제공해야 함
• 지도자는 계속해서 더 구체적인 질문을 하여 원하는 반응이 나오도록 유도함

	㉠	㉡
①	안내-발견적 (guide-discovery) 방법	탐색적 (exploratory) 방법
②	탐색적 (exploratory) 방법	학습자 설계 (child-designed)
③	탐색적 (exploratory) 방법	안내-발견적 (guide-discovery) 방법
④	학습자 설계 (child-designed)	안내-발견적 (guide-discovery) 방법

16 갤러휴(D. Gallahue)의 움직임 기술 2차원 분류법에서 이동 기술의 움직임 양식에 속하지 않는 것은?

① 잡기(catching)
② 걷기(walking)
③ 달리기(running)
④ 점프하기(jumping)

17 유소년스포츠에서 활용될 수 있는 게임수업 방법과 설명의 연결이 옳지 않은 것은?

① 기능중심 게임수업(technical model) : 교사가 제시한 '왜(why)' 중심의 문제해결 수업을 진행한다.
② 기능중심 게임수업(technical model) : 행동주의에 근거하며, 기술을 자동화하기 위한 기능 숙달이 중심이다.
③ 이해중심 게임수업(teaching games for understanding) : '무엇을 할 것인가(what to do)'를 고민하며 인지적 학습이 선행된다.
④ 이해중심 게임수업(teaching games for understanding) : 구성주의 인식론에 근거하며, 게임에 대한 '이해'를 중심으로 문제해결 능력을 기른다.

18 유아기 걷기 동작의 기술 단계 분류에서 시작 단계의 특징은?

① 보폭이 커지고 안정된다.
② 발바닥 전체로 바닥과 접촉한다.
③ 팔 흔들기가 반사적으로 이루어진다.
④ 발끝이 바깥쪽으로 향하는 현상이 줄어든다.

19 피아제(J. Piaget)가 제시한 인지발달 단계와 특징의 연결이 옳지 않은 것은?

	단계	특징
①	감각운동기	학습자는 감각경험과 움직임의 상호작용을 통하여 학습하게 된다.
②	전조작기	활동적인 놀이를 통한 지적 실험으로 가역성을 갖게 된다.
③	구체적 조작기	보존개념이 형성되고 분류, 서열화 등의 수학적 조작능력이 나타난다.
④	형식적 조작기	인지적 과정을 통하여 추상적, 논리적, 체계적 사고를 할 수 있다.

20 〈보기〉에서 설명하는 발달 이론은?

> **보기**
> • 직접 행동이 아니어도 사회적 상황에서 타인의 행동을 관찰하며 학습이 가능하다.
> • 유아 주변의 인물, 특히 부모의 언어 형태, 성역할, 사회적 행동을 모방한다.

① 비고츠키(L. Vygotsky)의 상호작용 이론
② 반두라(A. Bandura)의 사회학습 이론
③ 매슬로(A. Maslow)의 욕구위계 이론
④ 프로이드(S. Freud)의 정신분석 이론

노인체육론

01 활동이론을 옳게 설명한 것은?

① 활성산소의 증가가 노화를 촉진한다.
② 노화와 관련한 대표적 생물학적 이론이다.
③ 사회에서 점진적 역할 배제가 노화의 핵심이다.
④ 노인의 사회활동 참여 정도가 높을수록 생활 만족도가 높아진다.

02 근감소증(sarcopenia)에 관한 설명 중 옳지 <u>않은</u> 것은?

① 호흡근의 마비를 유발할 수 있다.
② 노화와 관련한 대표적인 증상 또는 질환이다.
③ 근위축(muscle atrophy)으로도 알려져 있다.
④ 유산소 능력, 골밀도, 인슐린 민감성 및 신진대사율 감소를 유발할 수 있다.

03 〈보기〉에서 생물학적 노화의 특성으로 옳은 것만 모두 고른 것은?

보기
ㄱ. 노화는 치료가 가능하다.
ㄴ. 모든 사람에게 보편적으로 일어난다.
ㄷ. 시간의 흐름에 따라 점진적으로 일어난다.
ㄹ. 환경적 요인을 배제한 내재적 요인에 의해 발생한다.

① ㄱ, ㄹ
② ㄴ, ㄷ
③ ㄱ, ㄴ, ㄷ
④ ㄴ, ㄷ, ㄹ

04 〈보기〉에서 체중부하운동으로 옳은 것만 모두 고른 것은?

보기
ㄱ. 등산
ㄴ. 스케이팅
ㄷ. 테니스
ㄹ. 고정식 자전거 타기
ㅁ. 암 에르고미터(arm ergometer)
ㅂ. 수영

① ㄱ, ㄴ, ㅁ
② ㄱ, ㄴ, ㄷ
③ ㄷ, ㅁ, ㅂ
④ ㄷ, ㄹ, ㅂ

05 노인의 운동 빈도에 관한 설명으로 옳지 <u>않은</u> 것은?

① 운동 빈도는 규칙적이어야 한다.
② 신체적으로 무리가 없는 경우 주 5일 이상도 권장된다.
③ 운동 의욕이 높은 노인의 경우 매일 강도 높은 운동이 권장된다.
④ 운동 효과와 피로도를 고려했을 때 주 3회 정도가 가장 적절하다.

06 만성질환 노인의 운동 효과로 옳지 <u>않은</u> 것은?

① 비만 노인의 체지방량이 감소하고 근육량은 유지되거나 증가된다.
② 골다공증 노인의 골밀도 감소가 개선되고 낙상과 골절이 예방된다.
③ 당뇨 노인의 혈당량이 감소하고 근육의 인슐린 민감성이 감소된다.
④ 퇴행성관절염 노인의 유연성이 향상되고 관절의 가동 범위가 증가된다.

07 뇌졸중 노인을 위한 운동 지도 시 고려해야 할 사항은?

① 우측마비 노인의 경우 언어지시보다 행동적 시범을 보인다.
② 마비가 없는 쪽에 집중적으로 스트레칭 운동을 실시하도록 한다.
③ 낙상 위험이 있으므로 균형감각과 기동성 향상을 위한 운동을 실시하지 않는다.
④ 장애 정도가 심한 노인의 경우 똑바로 선 상태에서 스테핑 운동을 빠르게 하도록 한다.

08 〈보기〉에서 관절염 노인을 위한 운동 관련 설명으로 옳은 것만 모두 고른 것은?

> **보기**
> ㄱ. 체중부하운동을 실시한다.
> ㄴ. 운동 시 느끼는 통증은 고려하지 않는다.
> ㄷ. 운동 전후에 냉찜질 또는 온찜질을 한다.
> ㄹ. 수중운동 시 물의 온도는 29~32℃를 유지한다.
> ㅁ. 특정 관절의 과사용을 피하기 위해 크로스트레이닝을 실시한다.

① ㄱ, ㄴ, ㄷ
② ㄴ, ㄹ, ㅁ
③ ㄷ, ㄹ, ㅁ
④ ㄱ, ㄷ, ㄹ

09 〈보기〉에서 설명하는 노화 이론은?

> **보기**
> 통계에 따르면 전문체육인이 일반인에 비해 퇴행성관절염 발병률이 더 높다고 보고되고 있다. 그뿐만 아니라 전문체육 종목 중에서도 상대적으로 몸을 더 많이 사용하는 축구나 미식축구 선수들의 은퇴 시기가 골프, 야구 선수에 비해 빠른 것으로 나타났다.

① 면역반응이론
② 교차결합이론
③ 세포노화이론
④ 사용마모이론

10 〈보기〉의 ㉠, ㉡에 들어갈 용어로 옳은 것은?

> **보기**
> • (㉠) 길이가 감소하면서 노화가 일어난다.
> • 노화로 인한 대표적 관절 질환은 (㉡)이다.

	㉠	㉡
①	텔로미어	퇴행성 관절염
②	글루코스	퇴행성 관절염
③	텔로미어	류마티스 관절염
④	글루코스	류마티스 관절염

11 노인 운동 시 준비운동과 정리운동의 이점에 관한 다음 표에서 ㉠, ㉡에 들어갈 용어로 옳은 것은?

준비운동	정리운동
• 손상 위험 감소 • 움직이는 동작 범위 향상 • 사용되는 근육으로의 혈액 순환 (㉠)	• 체내 온도 감소 • 젖산 농도 감소 • 혈액의 카테콜아민 수치 (㉡)

	㉠	㉡
①	증가	증가
②	증가	감소
③	감소	증가
④	감소	감소

12 〈보기〉의 노인 운동 지도 시 손상 방지 및 응급상황에 관한 안전관리 예방 지침 중 옳은 것만 모두 고른 것은?

> **보기**
> ㄱ. 운동 중에 적정한 실내 온도가 유지되는지 확인한다.
> ㄴ. 운동 시작 전에 모든 참여자에게 사전 검사를 하여 현재 상태를 파악한다.
> ㄷ. 실외 운동 시작 전에 모든 참여자에게 선글라스와 모자 등을 착용하도록 안내한다.
> ㄹ. 심장질환자의 경우 운동 전후 혈당을 확인하고, 저혈당에 대비해서 당 섭취가 가능한 간식을 준비한다.
> ㅁ. 운동 중 가슴 통증, 불규칙한 심박수, 호흡곤란, 현기증 등이 나타나면 곧바로 운동을 중단하고 병원으로 이동한다.

① ㄱ, ㄷ, ㄹ
② ㄴ, ㄹ, ㅁ
③ ㄱ, ㄴ, ㄷ, ㅁ
④ ㄱ, ㄴ, ㄷ, ㄹ, ㅁ

13 〈보기〉에서 설명하는 노화를 보는 관점은?

> **보기**
> 발테스(P.Baltes et al.)와 그 동료들은 노화를 손실(loss)과 이득(gain)이 함께 일어나는 과정이라고 하였다. 노화로 인해 신체적 기능 손실이 있는 반면에 경험으로 얻은 환경에 대한 적응력, 지혜와 같은 이득도 있다. 그들은 인간 발달을 두 단계로 나누었는데 첫 단계는 초기 발달단계로 급속한 신체적 발달이 나타나고 이후의 단계에서는 신체적 발달은 더디나 환경에 적응하는 능력은 지속적으로 발달한다.

① 1차적 노화(primary aging)
② 2차적 노화(secondary aging)
③ 생태학적 발달(ecological development)
④ 전 생애적 발달(life-span development)

14 〈보기〉에서 청각적 문제가 있는 박 할아버지가 안전한 환경에서 효과적인 운동을 지도받기 위한 안전관리 지침 중 옳은 것만 모두 고른 것은?

> **보기**
> ㄱ. 운동 장소는 소음이 적은 조용한 곳을 선정한다.
> ㄴ. 운동 장소는 눈이 부실 정도로 조명을 밝게 한다.
> ㄷ. 운동 지도 시 잘 들리는 귀 쪽으로 가서 설명한다.
> ㄹ. 운동 지도 시 입술 모양이나 표정을 활용해 지도한다.
> ㅁ. 복잡한 운동 방법이나 기술을 설명할 때는 시범이나 사진과 같은 보조물을 활용한다.

① ㄱ, ㄴ, ㄷ
② ㄴ, ㄹ, ㅁ
③ ㄴ, ㄷ, ㄹ, ㅁ
④ ㄱ, ㄷ, ㄹ, ㅁ

15 노인의 평형성 향상 운동으로 옳지 않은 것은?

①
자기 체중을 이용한 한 발 들기

②
앉아서 허리 앞으로 구부리기

③
일렬로 걷기

④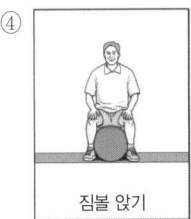
짐볼 앉기

16 저항성 운동이 노인에게 미치는 효과로 옳지 않은 것은?

① 근육량 증가
② 혈중지질 증가
③ 인슐린 감수성 증가
④ 젖산에 대한 내성 증가

17 운동의 사회적 관계 형성에서 노인 운동 참여로 얻을 수 있는 사회적 효과로 옳지 않은 것은?

① 새로운 운동 기술을 습득한다.
② 새로운 친구를 만나 교류를 촉진한다.
③ 역할 유지 및 새로운 역할 부여에 도움이 된다.
④ 세대 간 연결 기회를 제공하여 교류를 확대한다.

18 노인의 지속적인 운동 참여를 위한 효과적인 목표의 특징과 실제 목표설정이 옳지 않은 것은?

	특징	실제 목표설정
①	측정 가능한	"나는 1년 동안 주 3회 1시간씩 걷기를 할 것이다."
②	구체적	"나는 월, 수, 금요일 오전 10시 수영 수업에 참여할 것이다."
③	현실적	"나는 운동 참여를 통해 치매를 고칠 것이다."
④	행동적	"나는 주 3회 걷기와 주 2회 밴드 운동을 할 것이다."

19 노인을 대상으로 한 운동 시 주의 사항으로 옳지 않은 것은?

① 평형성 운동 시 모든 균형의 이동은 천천히 그리고 신중하게 수행할 수 있도록 한다.
② 유산소 운동 시 과부하를 증가시키기 전에 최소 2주의 적응 기간을 준다.
③ 유연성 운동 시 정적 스트레칭은 효과를 위해 최대의 통증이 있을 때까지 신장할 수 있도록 실시한다.
④ 저항성 운동 시 부하를 사용하는 경우가 있기 때문에 운동 중의 노인들은 세심하게 감독하고 관찰한다.

20 효과적인 노인 운동 지도를 위한 노인스포츠지도사의 마음가짐으로 옳지 않은 것은?

① 친근함을 위해 반말을 사용해도 된다고 생각한다.
② 과제 해결을 위한 문제 의식과 사명감을 가지고 임해야 한다.
③ 노인 운동 참여자의 운동 몰입 및 지속을 끌어내는 마음가짐이 필요하다.
④ 기능 제한이 있는 노인에게는 처한 상황을 극복할 수 있게 조력자가 되어야 한다.

2024 기출문제

스포츠사회학

01 〈보기〉에서 훌리한(B.Houlihan)이 제시한 '정부(정치)의 스포츠 개입 목적'에 관한 사례인 것을 모두 고른 것은?

보기
ㄱ. 시민들의 건강 및 체력유지를 위해 체육단체에 재원을 지원한다.
ㄴ. 체육을 포함한 교육 현장의 양성 평등을 위해 Title IX을 제정했다.
ㄷ. 공공질서를 보호하기 위해 공원에서 스케이트보드 금지, 헬멧 착용 등의 도시 조례가 제정되었다.

① ㄱ
② ㄱ, ㄷ
③ ㄴ, ㄷ
④ ㄱ, ㄴ, ㄷ

02 스포츠클럽법(시행 2022.6.16.)의 내용으로 옳지 않은 것은?

① 지정스포츠클럽은 전문선수 육성 프로그램을 운영할 수 없다.
② 스포츠클럽의 지원과 진흥에 필요한 사항을 규정하고 있다.
③ 국민체육진흥과 스포츠 복지 향상 및 지역사회 체육발전에 기여함을 목적으로 한다.
④ 국가 및 지방자치 단체는 스포츠클럽의 지원 및 진흥에 필요한 시책을 수립·시행하여야 한다.

03 〈보기〉에서 스티븐슨(C. Stevenson)과 닉슨(J. Nixon)이 구조기능주의 관점으로 설명한 스포츠의 사회적 기능 중 옳은 것만을 모두 고른 것은?

보기
ㄱ. 사회·정서적 기능   ㄴ. 사회갈등 유발 기능
ㄷ. 사회 통합 기능   ㄹ. 사회계층 이동 기능

① ㄱ, ㄴ
② ㄱ, ㄷ
③ ㄴ, ㄹ
④ ㄱ, ㄷ, ㄹ

04 〈보기〉의 ㉠~㉢에 해당하는 스포츠 육성 정책 모형이 바르게 제시된 것은?

보기
㉠ 학생들의 스포츠 참여 저변이 확대되면, 이를 기반으로 기량이 좋은 학생선수가 배출된다.
㉡ 우수한 학생 선수들을 육성하면 그들의 영향으로 학생들의 스포츠 참여가 확대된다.
㉢ 스포츠 선수들의 우수한 성과는 청소년의 스포츠 참여를 촉진하고, 이를 통해 형성된 스포츠 참여 저변 위에서 우수한 스포츠 선수들이 성장한다.

	㉠	㉡	㉢
①	선순환 모형	낙수효과 모형	피라미드 모형
②	피라미드 모형	선순환 모형	낙수효과 모형
③	피라미드 모형	낙수효과 모형	선순환 모형
④	낙수효과 모형	피라미드 모형	선순환 모형

05 〈보기〉에서 스포츠 세계화의 동인으로 옳은 것만을 모두 고른 것은?

> **보기**
> ㄱ. 민족주의
> ㄴ. 제국주의 확대
> ㄷ. 종교 전파
> ㄹ. 과학 기술의 발전
> ㅁ. 인종 차별의 심화

① ㄱ, ㄴ, ㄷ ② ㄴ, ㄷ, ㅁ
③ ㄱ, ㄴ, ㄷ, ㄹ ④ ㄱ, ㄷ, ㄹ, ㅁ

06 투민 (M. Tumin)이 제시한 사회계층의 특성을 스포츠에 적용한 설명으로 옳은 것은?

① 보편성 : 대부분의 스포츠 현상에는 계층 불평등이 나타난다.
② 역사성 : 현대 스포츠에서 계층은 종목 내, 종목 간에서 나타난다.
③ 영향성 : 스포츠에서 계층 불평등은 역사 발전 과정을 거치며 변천해 왔다.
④ 다양성 : 스포츠 참여에서 나타나는 사회적 불평등은 일상 생활에도 유사하게 나타난다.

07 스포츠에서 나타나는 사회계층 이동에 대한 설명으로 옳지 않은 것은?

① 스포츠는 계층 이동을 위한 수단으로 활용된다.
② 사회계층의 이동은 사회적 상황과 개인적 상황을 반영한다.
③ 사회 지위나 보상 체계에 차이가 뚜렷하게 발생하는 계층 이동은 '수직 이동'이다.
④ 사회계층의 이동 유형은 이동 방향에 따라 '세대 내 이동', '세대 간 이동'으로 구분한다.

08 〈보기〉에서 설명하는 스포츠 일탈과 관련된 이론은?

> **보기**
> • 스포츠 일탈을 상호작용론 관점으로 설명한다.
> • 일탈 규범을 내면화하는 사회화 과정이 존재한다.
> • 다른 사람과 상호작용을 통해 스포츠 일탈 행동을 학습한다.

① 문화규범 이론
② 차별교제 이론
③ 개인차 이론
④ 아노미 이론

09 스미스(M. Smith)가 제시한 경기장 내 신체 폭력 유형 중 〈보기〉의 설명에 해당하는 것은?

> **보기**
> • 경기의 규칙을 위반하는 행위지만, 대부분의 선수나 지도자들이 용인하는 폭력 행위 유형이다.
> • 이 폭력 유형은 경기 전략의 하나로 활용되며, 상대방의 보복 행위를 유발할 수 있다.

① 경계 폭력
② 범죄 폭력
③ 유사 범죄 폭력
④ 격렬한 신체 접촉

10 코클리(J. Coakley)가 제시한 상업주의와 관련된 스포츠 규칙 변화에 따른 결과로 옳지 않은 것은?

① 극적인 요소가 늘어났다.
② 득점이 감소하게 되었다.
③ 상업 광고 시간이 늘어났다.
④ 경기의 진행 속도가 빨라졌다.

11 파슨즈(T. Parsons)의 AGIL이론에 관한 설명으로 옳지 않은 것은?

① 상징적 상호작용론 관점의 이론이다.
② 스포츠는 체제 유지 및 긴장 처리 기능을 한다.
③ 스포츠는 사회구성원을 통합시키는 기능을 한다.
④ 스포츠는 사회구성원이 사회체제에 적응하게 하는 기능을 한다.

12 에티즌(D. Eitzen)과 세이지(G. Sage)가 제시한 스포츠의 정치적 속성 중 〈보기〉의 설명에 해당하는 것은?

> 보기
> • 국가대표 선수는 스포츠를 통해 국위를 선양하고 국가는 선수에게 혜택을 준다.
> • 국가대표 선수가 올림픽에 출전하여 메달을 획득하면 군복무 면제의 혜택을 준다.

① 보수성
② 대표성
③ 상호의존성
④ 권력투쟁

13 〈보기〉의 ㉠~㉣에 들어갈 스트랭크(A. Strenk)의 '국제정치 관계에서 스포츠 기능'을 바르게 제시한 것은?

> 보기
> • (㉠) : 1936년 베를린 올림픽
> • (㉡) : 1971년 미국 탁구팀의 중화인민공화국 방문
> • (㉢) : 1972년 뮌헨올림픽에서의 검은구월단 사건
> • (㉣) : 남아프리카공화국의 아파르트헤이트에 대한 국제사회의 대응

	㉠	㉡	㉢	㉣
①	외교적 도구	외교적 항의	정치이념 선전	갈등 및 적대감의 표출
②	정치이념 선전	외교적 도구	갈등 및 적대감의 표출	외교적 항의
③	갈등 및 적대감의 표출	정치이념 선전	외교적 항의	외교적 도구
④	외교적 항의	갈등 및 적대감의 표출	외교적 도구	정치이념 선전

14 베일(J. Bale)이 제시한 스포츠 세계화의 특징에 관한 설명으로 옳지 않은 것은?

① IOC, FIFA 등 국제스포츠 기구가 성장하였다.
② 다국적 기업의 국제적 스폰서십 및 마케팅이 증가하였다.
③ 글로벌 미디어 기업의 스포츠에 관한 개입이 증가하였다.
④ 외국인 선수 증가로 팀, 스폰서보다 국가의 정체성이 강화되었다.

15 스포츠의 교육적 역기능에 해당하는 것은?

① 정서 순화
② 사회 선도
③ 사회화 촉진
④ 승리지상주의

16 스포츠 미디어가 생산하는 성차별 이데올로기에 관한 설명으로 옳지 않은 것은?

① 경기의 내용보다는 성(性)적인 측면을 강조한다.
② 여성 선수를 불안하고 취약한 존재로 묘사한다.
③ 여성들이 참여하는 경기를 '여성 경기'로 부른다.
④ 여성성보다 그들의 성과에 더 많은 관심을 보인다.

17 〈보기〉의 사례에 관한 스포츠 일탈 유형과 휴즈(R. Hughes)와 코클리(J. Coakley)가 제시한 윤리 규범이 바르게 연결된 것은?

> **보기**
> • 2002년 한일월드컵 당시 황선홍 선수, 김태영 선수의 부상 투혼
> • 2022년 카타르 월드컵에서 손흥민 선수의 마스크 투혼

	스포츠 일탈 유형	스포츠 윤리 규범
①	과소동조	한계를 이겨내고 끊임없이 도전해야 한다.
②	과소동조	경기에 헌신해야 한다.
③	과잉동조	위험을 감수하고 고통을 인내해야 한다.
④	과잉동조	탁월성을 구해야 한다.

18 레오나르드(W. Leonard)의 사회학습이론에서 〈보기〉의 설명과 관련된 사회화 기제는?

> **보기**
> • 새로운 운동 기능과 반응이 학습된다.
> • 학습자에게 동기를 부여할 수 있게 된다.
> • 지도자가 적합하다고 생각하는 새로운 지식을 알게 된다.

① 강화
② 코칭
③ 보상
④ 관찰학습

19 스포츠로부터의 탈사회화에 관한 설명으로 옳은 것은?

① 부상, 방출 등의 자발적 은퇴로 탈사회화를 경험한다.
② 스포츠 참여를 통한 행동의 변화를 스포츠로부터의 탈사회화라고 한다.
③ 개인의 심리상태, 태도에 의해 참여가 제한되는 것을 내재적 제약이라고 한다.
④ 재정, 시간, 환경적 상황에 의해 참여가 제한되는 것을 대인적 제약이라고 한다.

20 과학기술의 발전에 따른 스포츠의 변화에 관한 설명으로 옳지 않은 것은?

① IoT, 웨어러블 디바이스 발전으로 경기력 측정의 혁신을 가져왔다.
② 프로야구 경기에서 VAR 시스템 적용은 인간 심판의 역할을 강화시켰다.
③ 4차 산업 혁명에 따른 초지능, 초연결은 스포츠 빅데이터의 활용을 확대시켰다.
④ VR, XR 디바이스의 발전으로 가상현실 공간을 활용한 트레이닝이 가능해졌다.

스포츠교육학

01 슐만(L. Shulman)의 '교사 지식 유형' 중 가르칠 교과목 내용에 관한 지식에 해당하는 것은?

① 내용 지식(content knowledge)
② 내용교수법 지식(pedagogical content knowledge)
③ 교육환경 지식(knowledge of educational contexts)
④ 학습자와 학습자 특성 지식(knowledge of learners and their characteristics)

02 동료 평가(peer assessment)에 관한 설명으로 적절하지 않은 것은?

① 학생들의 비평 능력이 향상될 수 있다.
② 교사는 학생에게 평가의 정확한 방법을 숙지시킨다.
③ 학생은 교사에게 받은 점검표를 통해 서로 평가한다.
④ 교사와 학생 간 대화를 통해 심층적인 정보를 수집한다.

03 〈보기〉에서 설명하는 박 코치의 '스포츠 지도 활동'에 해당하는 용어는?

〈보기〉
박 코치는 관리 시간을 줄이기 위해서 다음과 같이 지도 활동을 반복한다. 출석 점검은 수업 전에 회원들이 스스로 출석부에 표시하게 한다. 이후 건강에 이상이 있는 회원들을 파악한다. 수업 중에는 대기 시간을 최소화하기 위해 모둠별로 학습 활동 구역을 미리 지정한다. 수업 후에는 일지를 회수한다.

① 성찰적 활동
② 적극적 활동
③ 상규적 활동
④ 잠재적 활동

04 글로버(D. Glover)와 앤더슨(L. Anderson)이 인성을 강조한 수업 모형 중 〈보기〉의 ㉠, ㉡에 해당하는 것을 바르게 제시한 것은?

〈보기〉
㉠ '서로를 위해 서로 함께 배우기'를 통해 팀원 간 긍정적 상호의존, 개인의 책임감 수준 증가, 인간관계 기술 및 팀 반성 등을 강조한 수업
㉡ '통합, 전이, 권한 위임, 교사와 학생의 관계'를 통해 타인의 권리와 감정 존중, 자기 목표 설정 가능, 훌륭한 역할 본보기 되기 등을 강조한 수업

	㉠	㉡
①	스포츠교육 모형	협동학습 모형
②	협동학습 모형	개인적·사회적 책임감 지도 모형
③	협동학습 모형	스포츠교육 모형
④	개인적·사회적 책임감 지도 모형	협동학습 모형

05 〈보기〉의 ㉠~㉢에 들어갈 교사 행동에 관한 용어가 바르게 제시된 것은?

〈보기〉
• (㉠)은 안전한 학습 환경, 피드백 제공
• (㉡)은 학습 지도 중에 소방 연습과 전달 방송 실시
• (㉢)은 학생의 부상, 용변과 물 마시는 활동의 관리

	㉠	㉡	㉢
①	직접기여 행동	간접기여 행동	비기여 행동
②	직접기여 행동	비기여 행동	간접기여 행동
③	비기여 행동	직접기여 행동	간접기여 행동
④	간접기여 행동	비기여 행동	직접기여 행동

06 〈보기〉의 ㉠~㉢에 들어갈 기본 움직임 기술을 바르게 제시한 것은?

보기	
기본 움직임	예시
(㉠)	걷기, 달리기, 뛰기, 피하기 등
(㉡)	서기, 앉기, 구부리기, 비틀기 등
(㉢)	치기, 잡기, 배팅하기 등

	㉠	㉡	㉢
①	이동 움직임	비이동 움직임	표현 움직임
②	전략적 움직임	이동 움직임	표현 움직임
③	전략적 움직임	이동 움직임	조작 움직임
④	이동 움직임	비이동 움직임	조작 움직임

07 학교체육진흥법(시행 2024.3.24.) 제10조 '학교 스포츠클럽 운영'의 내용에 해당하지 않는 것은?

① 학교 스포츠클럽을 운영하는 경우 전담교사를 지정해야 한다.
② 전담교사에게 학교 예산의 범위에서 소정의 지도수당을 지급한다.
③ 활동 내용은 학교생활 기록부에 기록하지만, 상급학교 진학 자료로 활용할 수 없다.
④ 학교의 장은 학교스포츠클럽을 운영하여 학생들의 체육활동 참여 기회를 확대해야 한다.

08 다음 중 모스턴(M. Moston) '상호학습형 교수 스타일'에 관한 설명으로 적절하지 않은 것은?

① 학습자는 교과내용을 선정한다.
② 학습자는 수행자나 관찰자의 역할을 수행한다.
③ 관찰자는 지도자가 제시한 수행 기준에 따라 피드백을 제공한다.
④ 지도자는 관찰자의 질문에 답하고, 관찰자에게 피드백을 제공한다.

09 〈보기〉에서 '학교체육 전문인 자질'로 ㉠~㉢에 들어갈 용어를 바르게 제시한 것은?

보기		
(㉠)	(㉡)	(㉢)
학습자 이해 교과지식	교육 과정 운영 및 개발 수업 계획 및 운영 학습 모니터 및 평가 협력 관계 구축	교직 인성 사명감 전문성 개발

	㉠	㉡	㉢
①	교수	기능	태도
②	지식	수행	태도
③	지식	기능	학습
④	교수	수행	학습

10 〈보기〉에서 설명하는 모스턴(M. Moston)의 교수 스타일의 '인지(사고) 과정' 단계는?

> 보기
> • 학습자가 해답을 찾고자 하는 욕구가 있는 단계이다.
> • 학습자에 대한 자극(질문)이 흥미, 욕구, 지식 수준과 적합할 때 이 단계가 발생한다.
> • 학습자에게 알고자 하는 욕구를 실행에 옮기도록 동기화시키는 단계이다.

① 자극(stimulus)
② 반응 (response)
③ 사색 (mediation)
④ 인지적 불일치(dissonance)

11 〈보기〉에서 국민체육진흥법(시행 2024.3.15.) 제11조의 '스포츠윤리 교육 과정'에 관한 내용으로 옳은 것만을 모두 고른 것은?

보기
ㄱ. 도핑 방지 교육
ㄴ. 성폭력 등 폭력 예방 교육
ㄷ. 교육부장관령으로 정하는 교육
ㄹ. 스포츠 비리 및 체육계 인권 침해 방지를 위한 예방 교육

① ㄱ, ㄴ
② ㄴ, ㄷ, ㄹ
③ ㄱ, ㄴ, ㄹ
④ ㄱ, ㄴ, ㄷ, ㄹ

12 〈보기〉의 '수업 주도성 프로파일'에 해당하는 체육 수업 모형은?

보기
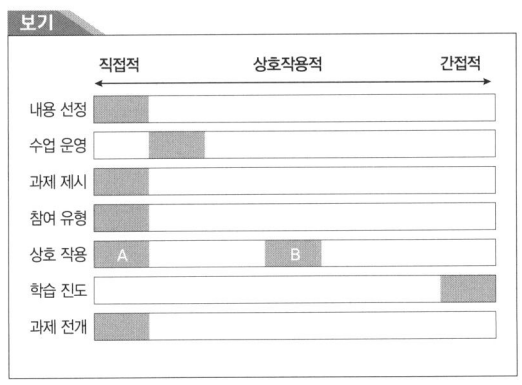

① 동료교수 모형
② 직접교수 모형
③ 개별화지도 모형
④ 협동학습 모형

13 〈보기〉에서 설명하는 시덴탑(D. Siedentop)의 교수(teaching) 기능 연습법에 해당하는 용어는?

보기
김 교사는 교수 기능의 향상을 위해 다음과 같은 절차로 연습을 했다.
• 학생 6~8명의 소집단을 대상으로 학습 목표와 평가 방법을 설명한 후, 수업을 진행한다.
• 수업에 참여한 학생들의 질문지 자료를 토대로 김 교사와 학생, 다른 관찰자들이 모여 김 교사의 교수법에 대해 '토의'를 한다.
• 객관적인 자료를 근거로 교수 기능 효과를 살핀다.

① 동료 교수
② 축소 수업
③ 실제 교수
④ 반성적 교수

14 스포츠강사의 자격 조건에 관한 설명으로 옳은 것은?

① 「초·중등교육법」 제2조제2호에 따른 초등학교에 스포츠강사를 배치할 수 없다.
② 「국민체육진흥법」 제2조제6호에 따른 체육지도자 중에서 스포츠강사를 임용할 수 있다.
③ 「학교체육진흥법」 제2조제6항 학교에 소속되어 학교 운동부를 지도·감독하는 사람을 말한다.
④ 「학교체육진흥법」 제4조 재임용 여부는 강사로서의 자질, 복무 태도, 학생의 만족도, 경기 결과에 따라 결정하여야 한다.

15 메츨러(M. Metzler)가 제시한 '체육학습 활동' 중 정식 게임을 단순화하고 몇 가지 기능에 초점을 두며 진행하는 것은?

① 역할 수행(role-playing)
② 스크리미지(scrimmage)
③ 리드-업 게임(lead-up game)
④ 학습 센터(learning centers)

16 〈보기〉는 시덴탑(D. Siedentop)이 제시한 '스포츠교육 모형'의 특징을 설명한 것이다. ㉠~㉢에 들어갈 용어가 바르게 제시된 것은?

> 보기
> • 이 모형의 주제 중에 (㉠)은 스포츠를 참여하는 태도와 관련된 정의적 영역이다.
> • 시즌 중 심판으로서 역할을 할 때 학습영역 중 우선하는 것은 (㉡) 영역이다.
> • 학습자 수준에 적합하게 경기 방식을 (㉢)해서 참여를 유도한다.

	㉠	㉡	㉢
①	박식	정의적	고정
②	열정	인지적	변형
③	열정	정의적	변형
④	박식	인지적	고정

17 〈보기〉에서 설명하는 체육수업 연구 방법으로 적절한 것은?

> 보기
> • 연구의 특징은 집단적(협동적), 역동적, 연속적으로 이루어짐
> • 연구의 절차는 문제 파악-개선계획-실행-관찰-반성 등으로 순환하는 과정임
> • 연구의 주체는 지도자가 동료나 연구자의 도움을 받아 자신의 수업을 탐구함

① 문헌(literature) 연구
② 실험(experiment) 연구
③ 현장 개선(action) 연구
④ 근거이론(grounded theory) 연구

18 학습자 비과제 행동을 예방하고 과제 지향적인 수업을 유지하기 위한 교수 기능 중 쿠닌(J. Kounin)이 제시한 '동시처리(overlapping)'에 해당하는 것은?

① 수업의 흐름을 유지하면서 수업 이탈 행동 학생을 제지하는 것이다.
② 학생들의 행동을 항상 인지하고 있다는 것을 알리는 것이다.
③ 학생의 학습 활동을 중단시키고 잠시 퇴장시키는 것이다.
④ 모든 학생에게 과제에 몰입하도록 경각심을 주는 것이다.

19 〈그림〉은 '국민체력 100'의 운영 체계이다. 체력 인증센터가 이용자에게 제공하는 서비스가 아닌 것은?

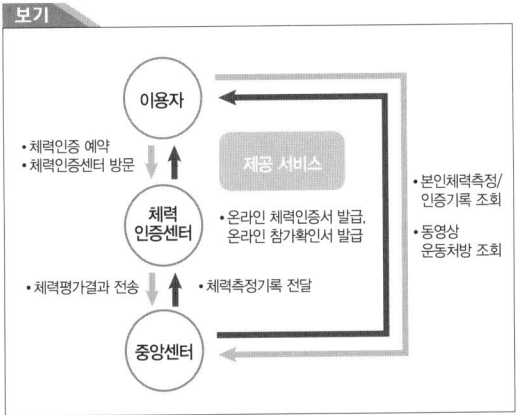

① 체력측정 서비스
② 맞춤형 운동처방
③ 국민 체력 인증서 발급
④ 스포츠클럽 등록 및 운영지원

20 〈보기〉에서 해당하는 평가기법으로 적절한 것은?

보기
• 운동 수행을 평가하는 데 자주 사용하는 평가 방법이다.
• 운동 수행의 질적인 면을 파악하여 수준이나 숫자를 부여하는 평가 방법이다.

① 평정척도
② 사건기록법
③ 학생저널
④ 체크리스트

스포츠심리학

01 〈보기〉가 설명하는 성격 이론은?

보기
자기가 좋아하는 국가대표선수가 무더위에서 진행된 올림픽 마라톤 경기에서 불굴의 정신력으로 완주하는 모습을 보고, 자기도 포기하지 않는 정신력으로 10km 마라톤을 완주하였다.

① 특성이론
② 사회학습이론
③ 욕구위계이론
④ 정신역동이론

02 개방운동기술(open motor skills)에 해당하지 않는 것은?

① 농구 경기에서 자유투하기
② 야구 경기에서 투수가 던진 공을 타격하기
③ 자동차 경주에서 드라이버가 경쟁하면서 운전하기
④ 미식축구 경기에서 쿼터백이 같은 팀 선수에게 패스하기

03 〈보기〉의 ⊙~ⓒ에 들어갈 개념을 바르게 나열한 것은?

보기
• (⊙) : 노력의 방향과 강도로 설명된다.
• (ⓒ) : 스포츠 자체가 좋아서 참여한다.
• (ⓒ) : 보상을 받거나 처벌을 피하고자 스포츠에 참여한다.

	⊙	ⓒ	ⓒ
①	동기	외적 동기	내적 동기
②	동기	내적 동기	외적 동기
③	귀인	내적 동기	외적 동기
④	귀인	외적 동기	내적 동기

04 〈보기〉의 ㉠, ㉡에 들어갈 정보처리 단계를 바르게 나열한 것은?

> 보기
> - (㉠) : 테니스 선수가 상대 코트에서 넘어오는 공의 궤적, 방향, 속도에 관한 환경정보를 탐지한다.
> - (㉡) : 환경정보를 토대로 어떤 종류의 기술로 어떻게 받아쳐야 할지 결정한다.

	㉠	㉡
①	반응 선택	자극 확인
②	자극 확인	반응 선택
③	반응/운동 프로그래밍	반응 선택
④	반응/운동 프로그래밍	자극 확인

05 〈보기〉에서 설명하는 심리기술훈련 기법은?

> 보기
> - 멀리뛰기의 도움닫기에서 파울을 할 것 같은 부정적인 생각이 든다.
> - 부정적인 생각은 그만하고 연습한 대로 구름판을 강하게 밟자고 생각한다.
> - 스스로 통제할 수 있는 것에 집중하자고 다짐한다.

① 명상
② 자생 훈련
③ 인지 재구성
④ 인지적 왜곡

06 운동발달의 단계가 순서대로 바르게 제시된 것은?

① 반사단계 → 기초단계 → 기본움직임단계 → 성장과 세련단계 → 스포츠기술단계 → 최고수행단계 → 퇴보단계
② 기초단계 → 기본움직임단계 → 반사단계 → 스포츠기술단계 → 성장과 세련단계 → 최고수행단계 → 퇴보단계
③ 반사단계 → 기초단계 → 기본움직임단계 → 스포츠기술단계 → 성장과 세련단계 → 최고수행단계 → 퇴보단계
④ 기초단계 → 기본움직임단계 → 반사단계 → 성장과 세련단계 → 스포츠기술단계 → 최고수행단계 → 퇴보단계

07 반두라(A. Bandura)가 제시한 4가지 정보원에서 자기효능감에 가장 큰 영향력을 미치는 것은?

① 대리 경험
② 성취 경험
③ 언어적 설득
④ 정서적/신체적 상태

08 〈보기〉에서 연습방법에 관한 설명으로 옳은 것만을 모두 고른 것은?

> 보기
> ㄱ. 집중연습은 연습구간 사이의 휴식시간이 연습시간보다 짧게 이루어진 연습방법이다.
> ㄴ. 무선연습은 선택된 연습과제들을 순서에 상관없이 무작위로 연습하는 방법이다.
> ㄷ. 분산연습은 특정 운동기술과제를 여러 개의 하위 단위로 나누어 연습하는 방법이다.
> ㄹ. 전습법은 한 가지 운동 기술과제를 구분 동작 없이 전체적으로 연습하는 방법이다.

① ㄱ, ㄴ
② ㄷ, ㄹ
③ ㄱ, ㄴ, ㄹ
④ ㄱ, ㄷ, ㄹ

09 미국 응용스포츠심리학회(AAASP)의 스포츠심리상담 윤리 규정이 아닌 것은?

① 스포츠에 참여하는 모든 사람과 전문적인 상담을 진행한다.
② 직무수행상 자신의 한계를 인식하고 한계를 넘는 주장과 행동은 하지 않는다.
③ 회원 스스로 윤리적인 행동을 실천하고 남에게 윤리적 행동을 하도록 적극적으로 권장한다.
④ 다른 전문가에 의한 서비스 수행 촉진, 책무성 확보, 기관이나 법적 의무 완수 등의 목적을 위해 상담이나 연구 결과를 기록으로 남긴다.

10 〈보기〉가 설명하는 기억의 유형은?

> 보기
> • 학창 시절 자전거를 타고 학교에 등교 했던 A는 오랜 기간 자전거를 타지 않았음에도 불구하고 여전히 자전거를 탈 수 있다.
> • 어린 시절 축구선수로 활동했던 B는 축구의 슛 기술을 어떻게 수행하는지 시범 보일 수 있다.

① 감각 기억(sensory memory)
② 일화적 기억(episodic memory)
③ 의미적 기억(semantic memory)
④ 절차적 기억(procedural memory)

11 〈보기〉는 피들러(F. Fiedler)의 상황부합 리더십 모형이다. 〈보기〉의 ㉠, ㉡에 들어갈 내용을 바르게 나열한 것은?

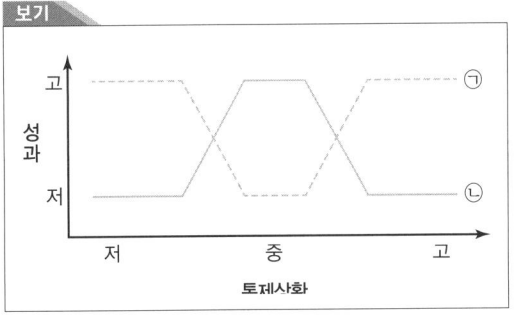

	㉠	㉡
①	관계지향리더	과제지향리더
②	과제지향리더	관계지향리더
③	관계지향리더	민주주의리더
④	과제지향리더	권위주의리더

12 운동학습에 의한 인지역량의 변화에 관한 설명으로 옳지 않은 것은?

① 정보를 처리하는 속도가 빨라진다.
② 주의집중 역량을 활용하는 주의 체계의 역량이 좋아진다.
③ 운동과제 수행의 수준과 환경의 요구에 대한 근골격계의 기능이 효율적으로 좋아진다.
④ 새로운 정보와 기존의 정보를 연결하여 정보를 쉽게 보유할 수 있는 기억체계 역량이 좋아진다.

13 〈보기〉는 아이젠(I. Aizen)의 계획행동이론이다. 〈보기〉의 ㉠~㉣에 들어갈 개념을 바르게 나열한 것은?

> **보기**
> (㉠)은/는 행동을 수행하는 것에 대한 개인의 정서적이고 평가적인 요소를 반영한다. (㉡)은/는 어떤 행동을 할 것인지 또는 안 할 것인지에 대해 개인이 느끼는 사회적 압력을 말한다. 어떠한 행동은 개인의 (㉢)에 따라 그 행동 여부가 결정된다. (㉣)은/는 어떤 행동을 하기가 쉽거나 어려운 정도에 대한 인식 정도를 의미한다.

	㉠	㉡	㉢	㉣
①	태도	의도	주관적 규범	행동통제 인식
②	의도	주관적 규범	행동통제 인식	태도
③	태도	주관적 규범	의도	행동통제 인식
④	의도	태도	행동통제 인식	주관적 규범

14 〈보기〉에서 정보처리 이론에 관한 설명으로 옳은 것만을 모두 고른 것은?

> **보기**
> ㄱ. 정보처리이론은 인간을 능동적인 정보처리자로 설명한다.
> ㄴ. 도식이론은 기억흔적과 지각흔적의 작용으로 움직임을 생성하고 제어한다고 설명한다.
> ㄷ. 개방회로이론은 대뇌피질에 저장된 운동프로그램을 통해 움직임을 생성하고 제어한다고 설명한다.
> ㄹ. 폐쇄회로이론은 정확한 동작에 관한 기억을 수행 중인 움직임과 비교한 피드백 정보를 활용하여 움직임을 생성하고 제어한다고 설명한다.

① ㄱ, ㄴ
② ㄷ, ㄹ
③ ㄱ, ㄴ, ㄹ
④ ㄱ, ㄷ, ㄹ

15 〈보기〉의 ㉠~㉢에 들어갈 개념을 바르게 나열한 것은?

> **보기**
> • (㉠) : 타인의 존재가 과제수행에 미치는 영향을 말한다.
> • (㉡) : 타인의 존재만으로도 각성과 욕구가 생긴다.
> • (㉢) : 타인의 존재가 운동과제에 대한 집중을 방해하기도 하지만, 수행자의 욕구 수준을 증가시키기도 한다.

	㉠	㉡	㉢
①	사회적 촉진	단순존재가설	주의 분산/갈등 가설
②	사회적 촉진	단순존재가설	평가우려가설
③	단순존재가설	관중효과	주의 분산/갈등 가설
④	단순존재가설	관중효과	평가우려가설

16 힉스(W. Hick)의 법칙에 관한 설명으로 옳은 것은?

① 자극-반응 대안의 수가 증가할수록 반응시간은 길어진다.
② 근수축을 통해 생성한 힘의 양에 따라 움직임의 정확성이 달라진다.
③ 두 개의 목표물 간의 거리와 목표물의 크기에 따라 움직임 시간이 달라진다.
④ 움직임의 속력이 증가하면 정확도가 떨어지는 속력-정확성 상쇄(speed-accuracy trade-off) 현상이 나타난다.

17 〈보기〉의 ⊙에 들어갈 용어는?

보기
- 복싱선수가 상대의 펀치를 맞고 실점하는 장면이 계속해서 떠오른다.
- 이 선수는 (⊙)을/를 높이는 훈련이 필요하다.

① 내적 심상
② 외적 심상
③ 심상 조절력
④ 심상 선명도

18 〈보기〉의 ⊙, ⓒ에 들어갈 운동 수행에 관한 개념이 바르게 제시된 것은?

보기
- 운동 기술 과제가 너무 쉬울 때 (⊙)가 나타난다.
- 운동 기술 과제가 너무 어려울 때 (ⓒ)가 나타난다.

	⊙	ⓒ
①	학습 고원 (learning plateau)	슬럼프 (slump)
②	천장 효과 (ceiling effect)	바닥 효과 (floor effect)
③	웜업 감소 (warm-up decrement)	수행 감소 (performance decrement)
④	맥락 간섭 효과 (contextual-interference effect)	부적 전이 (negative transfer)

19 〈보기〉에서 운동 실천을 위한 환경적 영향 요인을 모두 고른 것은?

보기
ㄱ. 지도자
ㄴ. 교육수준
ㄷ. 운동집단
ㄹ. 사회적 지지

① ㄱ, ㄴ
② ㄷ, ㄹ
③ ㄱ, ㄴ, ㄹ
④ ㄱ, ㄷ, ㄹ

20 〈보기〉가 설명하는 개념은?

보기
농구 경기에서 수비수가 공격수의 첫 번째 페이크 슛 동작에 반응하면서, 바로 이어지는 두 번째 실제 슛 동작에 제대로 반응하지 못하는 현상이 발생한다.

① 스트룹 효과(Stroop effect)
② 무주의 맹시(inattention blindness)
③ 지각 협소화(perceptual narrowing)
④ 심리적 불응기(psychological-refractory period)

한국체육사

01 ⟨보기⟩에서 한국체육사에 관한 설명으로 옳은 것만을 모두 고른 것은?

> **보기**
> ㄱ. 한국 체육과 스포츠의 시대별 양상을 연구한다.
> ㄴ. 한국 체육과 스포츠를 역사학적 방법으로 연구한다.
> ㄷ. 한국 체육과 스포츠에 관한 역사 기술은 사실 확인보다 가치 평가가 우선한다.
> ㄹ. 한국 체육과 스포츠의 과거를 살펴보고, 이를 통해 현재를 직시하고 미래를 조망한다.

① ㄱ, ㄴ, ㄷ ② ㄱ, ㄴ, ㄹ
③ ㄱ, ㄷ, ㄹ ④ ㄴ, ㄷ, ㄹ

02 ⟨보기⟩에서 신체활동이 행해진 제천의식과 부족국가가 바르게 연결된 것만을 모두 고른 것은?

> **보기**
> ㄱ. 무천-신라
> ㄴ. 가배-동예
> ㄷ. 영고-부여
> ㄹ. 동맹-고구려

① ㄱ, ㄴ ② ㄷ, ㄹ
③ ㄱ, ㄴ, ㄹ ④ ㄴ, ㄷ, ㄹ

03 ⟨보기⟩에 해당하는 부족국가시대 신체활동의 목적은?

> **보기**
> 중국 역사 자료인 『위지·동이전(魏志·東夷傳)』에 따르면, "나이 어리고 씩씩한 청년들의 등가죽을 뚫고 굵은 줄로 그곳을 꿰었다. 그리고 한 장(一丈) 남짓의 나무를 그곳에 매달고 온종일 소리를 지르며 일을 하는데도 아프다고 하지 않고, 착실하게 일을 한다. 이를 큰 사람이라 부른다."

① 주술의식 ② 농경의식
③ 성년의식 ④ 제천의식

04 ⟨보기⟩에서 삼국시대의 무예에 관한 설명으로 옳은 것만을 모두 고른 것은?

> **보기**
> ㄱ. 신라 : 궁전법(弓箭法)을 통해 인재를 등용하였다.
> ㄴ. 고구려 : 경당(扃堂)에서 활쏘기 교육이 이루어졌다.
> ㄷ. 백제 : 훈련원(訓鍊院)에서 무예 시험과 훈련이 행해졌다.

① ㄱ, ㄴ ② ㄱ, ㄷ
③ ㄴ, ㄷ ④ ㄱ, ㄴ, ㄷ

05 고려시대 최고 교육기관과 무학(武學) 교육이 바르게 연결된 것은?

① 성균관(成均館)-대빙재(待聘齋)
② 성균관(成均館)-강예재(講藝齋)
③ 국자감(國子監)-대빙재(待聘齋)
④ 국자감(國子監)-강예재(講藝齋)

06 고려시대의 신체활동에 관한 설명으로 옳지 <u>않은</u> 것은?

① 기격구(騎擊毬) : 서민층이 유희로 즐겼다.
② 궁술(弓術) : 국난을 대비하여 장려되었다.
③ 마술(馬術) : 무인의 덕목 중 하나로 장려되었다.
④ 수박(手搏) : 무관이나 무예 인재의 선발에 활용되었다.

07 석전(石戰)의 성격에 관한 설명으로 옳지 <u>않은</u> 것은?

① 관료 선발에 활용되었다.
② 명절에 종종 행해지던 민속놀이였다.
③ 전쟁에 대비한 군사훈련에 활용되었다.
④ 실전 부대인 석투군(石投軍)과 관련이 있었다.

08 조선시대 서민층이 주로 행했던 민속놀이와 설명으로 옳지 <u>않은</u> 것은?

① 추천(鞦韆) : 단오절이나 한가위에 즐겼다.
② 각저(角觝), 각력(脚力) : 마을 간의 겨룸이 있었는데, 풍년 기원의 의미도 있었다.
③ 종정도(從政圖), 승경도(陞卿圖) : 관직 체계의 이해와 출세 동기 부여의 뜻이 담겨 있었다.
④ 삭전(索戰), 갈전(葛戰) : 농경사회의 대표적인 민속놀이로서 농사의 풍흉(豊凶)을 점치는 의미도 있었다.

09 조선시대의 무예서에 관한 설명으로 옳지 <u>않은</u> 것은?

① 『무예도보통지(武藝圖譜通志)』: 정조의 명에 따라 24기의 무예가 수록, 간행되었다.
② 『무예신보(武藝新譜)』: 사도세자의 주도하에 18기의 무예가 수록, 간행되었다.
③ 『권보(拳譜)』: 광해군의 명에 따라 『무예제보』에 수록되지 않은 4기의 무예가 수록, 간행되었다.
④ 『무예제보(武藝諸譜)』 선조의 명에 따라 전란 중에 긴급하게 필요했던 단병기 6기가 수록, 간행되었다.

10 <보기>에서 조선시대의 궁술에 관한 설명으로 옳은 것만을 모두 고른 것은?

> **보기**
> ㄱ. 군사 훈련의 수단이었다.
> ㄴ. 무과(武科) 시험의 필수 과목이었다.
> ㄷ. 심신 수련을 위한 학사사상(學射思想)이 강조되었다.
> ㄹ. 불국토사상(佛國土思想)을 토대로 훈련이 이루어졌다.

① ㄱ, ㄴ
② ㄷ, ㄹ
③ ㄱ, ㄴ, ㄷ
④ ㄴ, ㄷ, ㄹ

11 고종(高宗)의 교육입국조서(教育立國詔書)에서 삼양(三養)이 표기된 순서는?

① 덕양(德養), 체양(體養), 지양(智養)
② 덕양(德養), 지양(智養), 체양(體養)
③ 체양(體養), 지양(智養), 덕양(德養)
④ 체양(體養), 덕양(德養), 지양(智養)

12 〈보기〉에서 설명하는 개화기의 기독교계 학교는?

> **보기**
> - 헐벗(H.B. Hulbert)이 도수체조를 지도하였다.
> - 1885년 아펜젤러(H.G. Appenzeller)가 설립하였다.
> - 과외활동으로 야구, 축구, 농구 등의 스포츠를 실시하였다.

① 경신학당
② 이화학당
③ 숭실학교
④ 배재학당

13 개화기 학교 운동회에 관한 설명으로 옳지 않은 것은?

① 민족의식을 고취하는 역할을 하였다.
② 초기에는 구기 종목이 주로 이루어졌다.
③ 사회체육 발달의 촉진제 역할을 하였다.
④ 근대스포츠의 도입과 확산에 기여하였다.

14 다음 중 개화기에 설립된 체육단체가 아닌 것은?

① 대한체육구락부
② 조선체육진흥회
③ 대동체육구락부
④ 황성기독교청년회운동부

15 〈보기〉의 활동을 주도한 체육사상가는?

> **보기**
> - 체조 강습회 개최
> - 체육 활동의 저변 확대를 위해 대한국민체육회 창립
> - 체육 활동을 통한 애국심 고취를 위해 광무학당 설립

① 서재필
② 문일평
③ 김종상
④ 노백린

16 일제강점기의 체육사적 사실에 관한 설명으로 옳지 않은 것은?

① 원산학사가 설립되었다.
② 체조교수서가 편찬되었다.
③ 학교에서 체조가 필수 과목이 되었다.
④ 황국신민체조가 학교체육에 포함되었다.

17 〈보기〉에서 일제강점기의 조선체육회에 관한 설명으로 옳은 것만을 모두 고른 것은?

> **보기**
> ㄱ. '전조선축구대회'를 창설하였다.
> ㄴ. 조선체육협회에 강제로 흡수되었다.
> ㄷ. 국내 운동가, 일본 유학 출신자 등이 설립하였다.
> ㄹ. 종합체육대회 성격의 전조선종합경기대회를 개최하였다.

① ㄱ, ㄴ
② ㄷ, ㄹ
③ ㄴ, ㄷ, ㄹ
④ ㄱ, ㄴ, ㄷ, ㄹ

18 〈보기〉의 괄호 안에 들어갈 일제강점기의 체육사상가는?

> 보기
> ( )은/는 '체육 조선의 건설'이라는 글에서 사회를 강하게 하는 것은 구성원의 힘을 강하게 하는 것이며, 그 방법은 교육이며, 여러 교육의 기초는 체육이라고 강조하였다.

① 박은식 ② 조원희
③ 여운형 ④ 이기

19 대한민국 정부의 체육정책 담당 부처의 변천 순서가 옳은 것은?

① 체육부 → 문화체육관광부 → 문화체육부
② 체육부 → 문화체육부 → 문화체육관광부
③ 문화체육부 → 체육부 → 문화체육관광부
④ 문화체육부 → 문화체육관광부 → 체육부

20 〈보기〉는 국제대회에서 한국 여자 대표팀이 거둔 성과를 나타낸 것이다. 〈보기〉의 ㉠~㉢에 들어갈 종목이 바르게 제시된 것은?

> 보기
> • (㉠) : 1973년 사라예보 세계선수권 대회에서 단체전 우승 달성
> • (㉡) : 1976년 몬트리올 올림픽대회에서 구기 종목 사상 최초의 동메달 획득
> • (㉢) : 1988년 서울 올림픽 대회에서 당시 최강국을 이기고 금메달 획득

	㉠	㉡	㉢
①	배구	핸드볼	농구
②	배구	농구	핸드볼
③	탁구	핸드볼	배구
④	탁구	배구	핸드볼

운동생리학

01 지구성 훈련에 의한 지근섬유(Type I)의 생리적 변화로 옳지 않은 것은?

① 모세혈관 밀도 증가
② 마이오글로빈 함유량 감소
③ 미토콘드리아의 수와 크기 증가
④ 절대 운동강도에서의 젖산 농도 감소

02 유산소성 트레이닝을 통한 근육 내 미토콘드리아 변화와 관련된 설명으로 옳지 않은 것은?

① 근원섬유 사이의 미토콘드리아 밀도 증가
② 근육 내 젖산과 수소 이온(H^+) 생성 감소
③ 손상된 미토콘드리아 분해 및 제거율 감소
④ 근육 내 크레아틴인산(phosphocreatine) 소모량 감소

03 운동 중 지방분해를 촉진하는 요인으로 옳지 않은 것은?

① 인슐린 증가
② 글루카곤 증가
③ 에피네프린 증가
④ 순환성(cyclic) AMP 증가

04 운동에 대한 심혈관 반응에 관한 설명으로 옳은 것은?

① 점증 부하 운동 시 심근산소소비량 감소
② 고강도 운동 시 내장 기관으로의 혈류 분배 비율 증가
③ 일정한 부하의 장시간 운동 시 시간 경과에 따른 심박수 감소
④ 고강도 운동 시 활동 근의 세동맥(arterioles) 확장을 통한 혈류량 증가

05 〈보기〉의 ㉠, ㉡에 들어갈 용어가 바르게 나열된 것은?

> **보기**
> • 심장의 부담을 나타내는 심근산소소비량은 심박수와 (㉠)을 곱하여 산출한다.
> • 산소섭취량이 동일한 운동 시 다리 운동이 팔 운동에 비해 심근산소비량이 더 (㉡) 나타난다.

	㉠	㉡
①	1회 박출량	높게
②	1회 박출량	낮게
③	수축기 혈압	높게
④	수축기 혈압	낮게

06 골격근의 수축 특성을 결정하는 요인에 대한 설명 중 〈보기〉의 ㉠, ㉡에 들어갈 용어가 바르게 연결된 것은?

> **보기**
> • 특이장력=근력/(㉠)
> • 근파워=힘×(㉡)

	㉠	㉡
①	근횡단면적	수축속도
②	근횡단면적	수축시간
③	근파워	수축속도
④	근파워	수축시간

07 〈보기〉의 ㉠~㉢에 들어갈 용어가 바르게 나열된 것은?

> **보기**
>
> | 수용기 | 역할 |
> | --- | --- |
> | 근방추 | (㉠) 정보 전달 |
> | 골지건기관 | (㉡) 정보 전달 |
> | 근육의 화학수용기 | (㉢) 정보 전달 |

	㉠	㉡	㉢
①	근육의 길이	근육 대사량	힘 생성량
②	근육 대사량	힘 생성량	근육의 길이
③	근육 대사량	근육의 길이	힘 생성량
④	근육의 길이	힘 생성량	근육 대사량

08 〈그림〉은 도피반사(withdrawal reflex)와 교차신전반사(crossed-extensor reflex)를 나타낸 것이다. 이에 관한 설명으로 옳지 않은 것은?

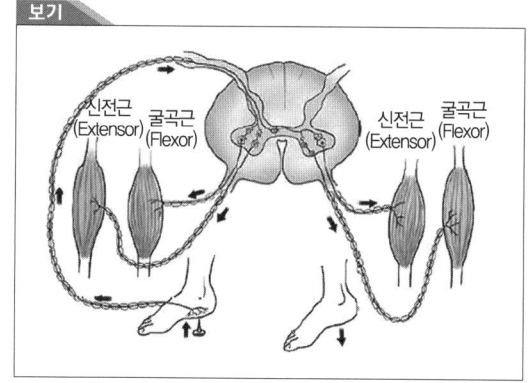

① 반사궁 경로를 통해 통증 자극에 대한 빠른 반사가 일어난다.
② 통증 수용기로부터 활동전위가 발생하여 척수로 전달된다.
③ 신체 균형을 유지하기 위해 반대편 대퇴의 굴곡근 수축이 억제된다.
④ 통증을 회피하기 위해 통증 부위 대퇴의 굴곡근과 신전근이 동시에 수축된다.

09 〈보기〉에서 고온 환경의 장시간 최대하 운동 시 운동수행능력을 저하시키는 요인으로 옳은 것만을 모두 고른 것은? (단, 심각한 탈수 현상은 발생하지 않는 환경)

보기
ㄱ. 글리코겐 고갈 가속
ㄴ. 근혈류량 감소
ㄷ. 1회 박출량 감소
ㄹ. 운동단위 활성 감소

① ㄱ, ㄷ
② ㄱ, ㄴ, ㄹ
③ ㄴ, ㄷ, ㄹ
④ ㄱ, ㄴ, ㄷ, ㄹ

10 〈보기〉의 조건으로 트레드밀 운동 시 운동량은?

보기
• 체중=50kg
• 트레드밀 속도=12km/h
• 운동시간=10분
• 트레드밀 경사도=5%
(단, 운동량(일)=힘×거리)

① 300kpm
② 500kpm
③ 5,000kpm
④ 30,000kpm

11 에너지 대사 과정과 속도조절효소의 연결이 옳지 않은 것은?

	에너지 대사 과정	속도조절효소
①	ATP-PC 시스템	크레아틴 키나아제(creatine kinase)
②	해당작용	젖산 탈수소효소(lactate dehydrogenase)
③	크렙스회로	이소시트르산탈수소효소(isocitrate dehydrogenase)
④	전자전달체계	사이토크롬산화효소(cytochrome oxidase)

12 〈보기〉에서 근육의 힘, 파워, 속도의 관계에 대한 설명 중 옳은 것만을 모두 고른 것은?

보기
ㄱ. 단축성(concentric) 수축 시 수축 속도가 빨라짐에 따라 힘(장력) 생성은 감소한다.
ㄴ. 신장성(eccentric) 수축 시 신장 속도가 빨라짐에 따라 힘(장력) 생성은 증가한다.
ㄷ. 근육이 발현할 수 있는 최대 근파워는 등척성(isometric) 수축 시에 나타난다.
ㄹ. 단축성 수축 속도가 동일할 때 속근섬유가 많을수록 큰 힘을 발휘한다

① ㄱ, ㄴ, ㄷ
② ㄱ, ㄴ, ㄹ
③ ㄱ, ㄷ, ㄹ
④ ㄴ, ㄷ, ㄹ

13 카테콜라민에 대한 설명으로 옳지 않은 것은?

① 부신피질에서 분비
② 교감신경의 말단에서 분비
③ $\alpha 1$ 수용체 결합 시 기관지 수축
④ $\beta 1$ 수용체 결합 시 심박수 증가

14 〈보기〉의 에너지 대사 과정에 관한 설명 중 옳은 것만을 모두 고른 것은?

보기
ㄱ. 해당과정 중 NADH는 생성되지 않는다.
ㄴ. 크렙스 회로와 베타산화는 미토콘드리아에서 관찰되는 에너지 대사 과정이다.
ㄷ. 포도당 한 분자의 해당 과정의 최종산물은 ATP 2분자와 피루브산염 2분자(또는 젖산염 2분자)이다.
ㄹ. 낮은 운동강도(예 VO_2max 40%)로 30분 이상 운동 시 점진적으로 호흡교환율이 감소하고 지방 대사 비중은 높아진다.

① ㄱ, ㄴ
② ㄱ, ㄹ
③ ㄴ, ㄷ
④ ㄴ, ㄷ, ㄹ

15 운동 중 혈중 포도당 농도를 유지하기 위한 호르몬에 대한 설명으로 옳지 않은 것은?

① 성장호르몬 – 간에서 포도당신생합성 증가
② 코티솔 – 중성지방으로부터 유리지방산으로 분해 촉진
③ 노르에피네프린 – 골격근 조직 내 유리지방산 산화 억제
④ 에피네프린 – 간에서 글리코겐 분해 촉진 및 조직의 혈중 포도당 사용 억제

16 운동 중 수분과 전해질 균형에 관한 설명으로 옳은 것만을 모두 고른 것은?

> 보기
> ㄱ. 장시간의 중강도 운동 시 혈장량과 알도스테론 분비는 감소한다.
> ㄴ. 땀 분비로 인한 혈장량 감소는 뇌하수체 후엽의 항이뇨호르몬 분비를 유도한다.
> ㄷ. 충분한 수분 섭취 없이 장시간 운동 시 체내 수분 재흡수를 위해 레닌-안지오텐신 II 호르몬이 분비된다.
> ㄹ. 운동에 의한 땀 분비는 수분 상실을 초래하며 혈중 삼투질 농도를 감소시킨다.

① ㄱ, ㄷ   ② ㄱ, ㄹ
③ ㄴ, ㄷ   ④ ㄴ, ㄹ

17 〈표〉는 참가자의 폐환기 검사 결과이다. 〈보기〉에서 옳은 것만을 모두 고른 것은?

참가자	1회 호흡량 (mL)	호흡률 (회/min)	분당 환기량 (mL/min)	사강량 (mL)	폐포 환기량 (mL/min)
주은	375	20	( )	150	( )
민재	500	15	( )	150	( )
다영	750	10	( )	150	( )

> 보기
> ㄱ. 세 참가자의 분당환기량은 동일하다.
> ㄴ. 다영의 폐포환기량은 분당 6L/min이다.
> ㄷ. 주은의 폐포환기량이 가장 크다.

① ㄱ, ㄴ   ② ㄱ, ㄷ
③ ㄴ, ㄷ   ④ ㄱ, ㄴ, ㄷ

18 1회 박출량(stroke volume) 증가 요인으로 옳지 않은 것은?

① 심박수 증가
② 심실 수축력 증가
③ 평균 동맥혈압(MAP) 감소
④ 심실 이완기말 혈액량(EDV) 증가

19 골격근 섬유에 관한 설명으로 옳은 것은?

① 근수축에 필요한 칼슘(Ca^{2+})은 근형질세망에 저장되어 있다.
② 운동단위(motor unit)는 감각뉴런과 그것이 지배하는 근섬유의 결합이다.
③ 신경근 접합부(neuromuscular junction)에서 분비되는 근수축 신경전달물질은 에피네프린이다.
④ 지연성 근통증은 골격근의 신장성(eccentric) 수축보다 단축(concentric) 수축 시 더 쉽게 발생한다.

20 지근섬유(Type I)와 비교되는 속근섬유(Type II)의 특성으로 옳은 것은?

① 높은 피로 저항력
② 근형질세망의 발달
③ 마이오신 ATPase의 느린 활성
④ 운동신경세포(뉴런)의 작은 직경

운동역학

01 뉴턴(I. Newton)의 3가지 법칙과 관련이 없는 것은?

① 외력이 가해지지 않으면, 정지하고 있는 물체는 계속 정지하려 한다.
② 가속도는 물체에 가해진 힘에 비례한다.
③ 수직 점프를 할 때, 지면을 강하게 눌러야 높게 올라갈 수 있다.
④ 외력이 가해지지 않으면, 물체가 가진 각운동량은 변하지 않는다.

02 〈보기〉에서 힘(force)에 관한 설명으로 옳은 것을 모두 고른 것은?

> **보기**
> ㄱ. 움직임을 일으키는 원인으로 에너지이다.
> ㄴ. 질량과 가속도의 곱으로 결정된다.
> ㄷ. 단위는 N(Newton)이다.
> ㄹ. 크기를 갖는 스칼라(scalar)이다.

① ㄱ, ㄴ
② ㄱ, ㄹ
③ ㄴ, ㄷ
④ ㄷ, ㄹ

03 쇼트트랙 경기에서 원운동을 할 때 원심력과 구심력에 관한 설명으로 옳은 것은?

① 원심력과 구심력은 크기가 같고, 방향이 반대이다.
② 원심력은 원운동을 하는 선수의 질량과 관계가 없다.
③ 원심력을 극복하는 방법으로 반지름을 작게 하여 원운동을 한다.
④ 신체를 원운동 중심의 방향으로 기울이는 것은 접선속도를 크게 만들기 위함이다.

04 선운동량 또는 충격량에 관한 설명으로 옳은 것은?

① 선운동량은 질량과 속도를 더하여 결정되는 물리량이다.
② 충격량은 충격력과 충돌이 가해진 시간의 곱으로 결정되는 물리량이다.
③ 시간에 따른 힘 그래프에서 접선의 기울기는 충격량을 의미한다.
④ 충격량이 선운동량으로 전환되기 위해서는 먼저 충격량이 토크로 전환되어야 한다.

05 운동학적(kinematic) 분석과 운동역학적(kinetic) 분석에 관한 설명으로 옳지 <u>않은</u> 것은?

① 일률, 속도, 힘은 운동역학적 분석 요인이다.
② 운동학적 분석은 움직임을 공간적·시간적으로 분석한다.
③ 근전도 분석, 지면반력 분석은 운동역학적 분석방법이다.
④ 신체중심점의 위치변화, 관절각의 변화는 운동학적 분석요인이다.

06 〈보기〉에서 물리량에 대한 설명으로 옳은 것만 고른 것은?

> **보기**
> ㄱ. 압력은 단위면적당 가해지는 힘이며 벡터이다.
> ㄴ. 일은 단위시간당 에너지의 변화율이며 벡터이다.
> ㄷ. 마찰력은 두 물체의 마찰로 발생하는 힘이며 스칼라이다.
> ㄹ. 토크는 회전을 일으키는 효과이며 벡터이다.

① ㄱ, ㄴ
② ㄱ, ㄹ
③ ㄴ, ㄷ
④ ㄷ, ㄹ

07 〈보기〉에서 항력과 관련된 설명으로 옳은 것만 고른 것은?

> **보기**
> ㄱ. 육상의 원반 투사 시, 최적의 공격 각(attack angle)은 항력/양력 이 최대일 때의 각도이다.
> ㄴ. 야구에서 투구 시 공에 회전을 넣어 커브 구질을 만든다.
> ㄷ. 파도와 같이 물과 공기의 접촉면에서 형성된 난류에 의하여 발생하기도 한다.
> ㄹ. 날아가는 골프공의 단면적(유체의 흐름 방향에 수직인 물체의 면적)에 비례한다.

① ㄱ, ㄴ
② ㄱ, ㄹ
③ ㄴ, ㄷ
④ ㄷ, ㄹ

08 2차원 영상분석에서 배율법(multiplier method)에 관한 설명으로 옳지 <u>않은</u> 것은?

① 동작이 수행되는 평면에 직교하게 카메라를 설치한다.
② 분석대상이 운동 평면에서 벗어나면 투시오차(perspective error)가 발생할 수 있다.
③ 체조의 공중회전(somersault)과 트위스트(twist)와 같은 운동 동작을 분석하는 데 주로 활용된다.
④ 기준자(reference ruler)는 영상평면에서의 분석대상 크기를 실제 운동평면에서의 크기로 조정하기 위해 사용된다.

09 〈보기〉에서 각운동에 관한 설명으로 옳은 것만 고른 것은?

보기
ㄱ. 각속력은 벡터이고, 각속도(angular velocity)는 스칼라이다.
ㄴ. 각속력(angular speed)은 시간당 각거리(angular distance)이다.
ㄷ. 각가속도(angular acceleration)는 시간당 각속도의 변화량이다.
ㄹ. 각거리는 물체의 처음과 마지막 각 위치의 변화량이다.

① ㄱ, ㄴ ② ㄱ, ㄹ
③ ㄴ, ㄷ ④ ㄷ, ㄹ

10 〈보기〉의 ㉠~㉣에 들어갈 내용이 바르게 제시된 것은?

보기
• (㉠)가 커질수록 부력도 커진다.
• (㉡)가 올라갈수록 부력은 작아진다.
• (㉢)는 수중에서의 자세 변화에 따라 달라진다.
• (㉣)은 물에 잠긴 신체의 부피에 비례하여 수직으로 밀어 올리는 힘이다.

	㉠	㉡	㉢	㉣
①	신체의 밀도	신체의 온도	무게중심의 위치	부력
②	유체의 밀도	신체의 온도	무게중심의 위치	항력
③	신체의 밀도	물의 온도	부력중심의 위치	항력
④	유체의 밀도	물의 온도	부력중심의 위치	부력

11 〈보기〉와 같이 조건을 (A)에서 (B)로 변경하였을 때, ㉠~㉢에 들어갈 내용으로 바르게 나열한 것은? (단, 각운동량 그리고 줄과 공의 질량은 변화가 없는 것으로 가정)

보기
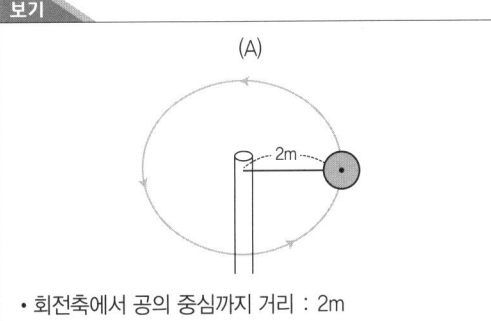
(A)
• 회전축에서 공의 중심까지 거리 : 2m
• 회전속도 : 1회전/sec

(B)
회전축에서 공까지의 거리를 1m로 줄이면, 회전반경이 (㉠)로 줄어들고 관성모멘트가 (㉡)로 감소하기 때문에 공의 회전속도는 (㉢)로 증가한다.

	㉠	㉡	㉢
①	$\frac{1}{2}$	$\frac{1}{2}$	2회전/sec
②	$\frac{1}{2}$	$\frac{1}{4}$	2회전/sec
③	$\frac{1}{4}$	$\frac{1}{2}$	4회전/sec
④	$\frac{1}{2}$	$\frac{1}{4}$	4회전/sec

12 인체에 적용되는 지레(levers)의 원리에 관한 설명으로 옳지 않은 것은?

① 1종 지레에서 축(받침점)은 힘점과 저항점(작용점) 사이에 위치하고 역학적 이점이 1보다 크거나 작을 수 있다.
② 2종 지레는 저항점이 힘점과 축 사이에 위치하고 역학적 이점이 1보다 크다.
③ 3종 지레에서 힘점은 축과 저항점 사이에 위치하고 역학적 이점이 1보다 크다.
④ 지면에서 수직 방향으로 발뒤꿈치를 들고 서는 동작(calf raise)은 2종 지레이다.

13 〈그림〉의 수직점프(vertical jump) 동작에 관한 운동역학적 특성을 바르게 설명한 것은? (단, 외력과 공기 저항은 작용하지 않는 것으로 가정)

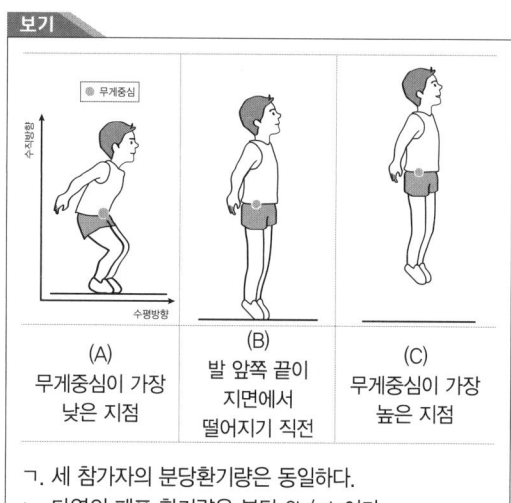

| (A) 무게중심이 가장 낮은 지점 | (B) 발 앞쪽 끝이 지면에서 떨어지기 직전 | (C) 무게중심이 가장 높은 지점 |

ㄱ. 세 참가자의 분당환기량은 동일하다.
ㄴ. 다영의 폐포 환기량은 분당 6L/min이다.
ㄷ. 주은의 폐포 환기량이 가장 크다.

① (A)부터 (B)까지 한 일(work)은 위치에너지의 변화량과 같다.
② (A)부터 (B)까지 넙다리네갈레근(대퇴사두근, quadriceps)은 신장성수축(eccentric contraction)을 한다.
③ (B)부터 (C)까지 무게중심의 수직가속도는 증가한다.
④ (C) 지점에서 인체 무게중심의 수직속도는 0m/sec이다.

14 회전운동에 관한 설명으로 옳지 않은 것은?

① 회전하는 물체의 접선속도는 각속도와 반지름의 곱으로 구한다.
② 회전하는 물체의 각속도는 호의 길이를 소요 시간으로 나누어 구한다.
③ 인체의 관성모멘트(moment of inertia)는 회전축의 방향에 따라 변한다.
④ 토크는 힘의 연장선 이 물체의 중심에서 벗어난 지점에 작용할 때 발생한다.

15 인체의 무게중심에 관한 설명으로 옳지 않은 것은?

① 무게중심은 인체 외부에 위치할 수 있다.
② 무게중심의 위치는 안정성에 영향을 준다.
③ 무게중심은 토크의 합이 '0'인 지점이다.
④ 무게중심의 위치는 동작의 변화와 관계없이 일정하다.

16 중력가속도의 개념에 관한 설명으로 옳지 않은 것은?

① 중력가속도의 크기는 $9.8m/sec^2$이다.
② 중력가속도는 지구 중심방향으로 작용한다.
③ 인체의 무게는 질량과 중력가속도의 곱으로 산출한다.
④ 토스한 배구공이 상승하는 과정에서는 중력가속도의 영향을 받지 않는다.

17 인체의 근골격계에 관한 설명으로 옳은 것은?

① 골격근의 수축은 관절에서 회전운동을 일으키지 못한다.
② 인대(ligament)는 골격근을 뼈에 부착시키는 역할을 한다.
③ 작용근(주동근, agonist)은 의도한 운동을 발생시키는 근육이다.
④ 팔꿈치관절에서 굽힘근(굴근, flexor)의 수축은 관절의 각도를 커지게 한다.

18 기저면의 변화를 통해 안정성을 증가시킨 동작으로 옳지 않은 것은?

① 산에서 내려오며 산악용 스틱을 사용하여 지면을 지지하기
② 씨름에서 상대방이 옆으로 당기자 다리를 좌우로 벌리기
③ 평균대 외발서기 동작에서 양팔을 좌우로 벌리기
④ 스키점프 착지 동작에서 다리를 앞뒤로 교차하여 벌리기

19 역학적 일(work)과 일률(power)의 개념을 바르게 설명한 것은?

① 일의 단위는 watt 또는 joule/sec이다.
② 일률은 힘과 속도의 곱으로 산출한다.
③ 일률은 이동한 거리를 고려하지 않는다.
④ 일은 가해진 힘의 크기에 반비례한다.

20 운동역학을 스포츠 현장에 적용한 사례로 적절하지 않은 것은?

① 멀리뛰기에서 도약력 측정을 위한 지면반력 분석
② 다이빙에서 각운동량 산출을 위한 3차원 영상 분석
③ 축구에서 운동량 측정을 위한 웨어러블 센서(wearable sensor)의 활용
④ 경기장 적응을 위해 가상현실을 활용한 양궁 심상훈련 지원

스포츠윤리

01 〈보기〉에서 설명하는 법령은?

> **보기**
>
> 이 법은 국민 모두가 스포츠 및 신체활동에 자유롭고 평등하게 참여하여 건강하고 행복한 삶을 영위할 수 있도록 스포츠의 가치가 교육, 문화, 환경, 인권, 복지, 정치, 경제, 여가 등 우리 사회 영역 전반에 확산될 수 있게 국가와 지방자치 단체가 그 역할을 다하며, 개인 이 스포츠 활동에서 차별받지 아니하고, 스포츠의 다양성, 자율성과 민주성의 원리가 조화롭게 실현되도록 하는 것을 기본 이념으로 한다.

① 스포츠클럽법   ② 스포츠기본법
③ 국민체육진흥법 ④ 학교체육진흥법

02 〈보기〉에서 스포츠에서 발생하는 폭력의 유형과 특징으로 옳은 것만을 모두 고른 것은?

> **보기**
>
> ㄱ. 직접적 폭력은 가시적, 파괴적이다.
> ㄴ. 직접적 폭력은 상해를 입히려는 의도가 있는 행위이다.
> ㄷ. 구조적 폭력은 비가시적이며 장기간 이루어진다.
> ㄹ. 구조적 폭력은 의도가 노골적이지 않지만 관습처럼 반복된다.
> ㅁ. 문화적 폭력은 언어, 행동양식 등의 상징적 행위를 통해 가해진다.
> ㅂ. 문화적 폭력은 위해를 '옳은 것'이라 정당화하여 '문제가 되지 않게' 만들기도 한다.

① ㄱ, ㄷ, ㅁ
② ㄱ, ㄷ, ㄹ, ㅂ
③ ㄱ, ㄴ, ㄷ, ㄹ, ㅁ
④ ㄱ, ㄴ, ㄷ, ㄹ, ㅁ, ㅂ

03 스포츠에서 여성에 대한 차별이 발생하거나 심화되는 원인으로 볼 수 없는 것은?

① 생물학적 환원주의
② 남녀의 운동 능력 차이
③ 남성 문화에 기반한 근대스포츠
④ 여성 참정권

04 <보기>에서 (가)의 문제를 해결하기 위해 생명중심주의 입장에서 (나)를 제시한 학자는?

> 보기
>
> (가)
> 스포츠에서 환경문제가 발생하는 근본 원인은 스포츠의 사회 문화적 가치와 환경 혹은 자연의 보전 가치 사이의 충돌이다.
>
> (나)
> • 불침해의 의무 : 다른 생명체에 해를 끼쳐서는 안 된다.
> • 불간섭의 의무 : 생태계에 간섭해서는 안 된다.
> • 신뢰의 의무 : 낚시나 덫처럼 동물을 기만하는 행위를 해서는 안 된다.
> • 보상적 정의의 의무 : 부득이하게 해를 끼친 경우 피해를 보상해야 한다.

① 테일러(P. Taylor)
② 베르크(A. Berque)
③ 콜버그(L. Kohlberg)
④ 패스모어(J. Passmore)

05 <보기>의 ㉠~㉢에 들어갈 용어로 바르게 묶인 것은?

> 보기
>
> • (㉠) : 생물학적, 형태학적 특징에 따라 분류된 인간 집단
> • (㉡) : 특정 종목에 유리하거나 불리한 인종이 실제로 존재한다는 사고방식
> • (㉢) : 선수의 능력 차이를 특정 인종의 우월이나 열등으로 과장하여 차등을 조장하는 것

	㉠	㉡	㉢
①	인종	인종주의	인종 차별
②	인종	인종 차별	젠더화 과정
③	젠더	인종주의	인종 차별
④	젠더	인종 차별	젠더화 과정

06 <보기>의 축구 경기 비디오 판독(VAR)에서 심판 B의 판정 견해를 지지하는 윤리 이론에 가장 부합하는 것은?

> 보기
>
> 심판 A : 상대 선수가 부상을 입었지만 퇴장은 가혹하다.
> 심판 B : 그 선수가 충돌을 피할 수 있는 시간은 충분했다. 그러나 그는 피하려 하지 않았다. 따라서 퇴장의 처벌은 당연하다.

① 최대다수의 최대행복
② 의무주의
③ 쾌락주의
④ 좋음은 옳음의 근거

07 〈보기〉에 담긴 윤리적 규범과 관련이 없는 것은?

보기
나는 운동선수로서 경기의 규칙을 숙지하고 준수하여 공정하게 시합을 한다.

① 페어플레이(fair play)
② 스포츠딜레마(sport dilemma)
③ 스포츠에토스(sport ethos)
④ 스포츠퍼슨십(sportpersonship)

08 〈보기〉의 사례로 나타나는 품성으로 스포츠인에게 권장하지 않는 것은?

보기
- 경기 규칙의 위반은 옳지 않음을 알면서도 불공정한 파울을 행하기도 한다.
- 도핑이 그릇된 일이라는 점을 알고 있지만, 기록갱신과 승리를 위해 도핑을 강행한다.

① 테크네(techne)
② 아크라시아(akrasia)
③ 에피스테메(episteme)
④ 프로네시스(phronesis)

09 〈보기〉의 내용과 가장 밀접한 것은?

보기
- 정정당당하게 경기에 임하라.
- 어떠한 경우에도 최선을 다해라.
- 운동선수는 페어플레이를 해야 한다.

① 모방욕구
② 가언명령
③ 정언명령
④ 배려윤리

10 〈보기〉의 내용에 해당하는 윤리적 태도는?

보기
나는 경기에 참여할 때마다, 나의 행동 하나하나가 가능한 많은 사람이 만족하는 데 기여할 수 있도록 노력한다.

① 행위 공리주의
② 규칙 공리주의
③ 제도적 공리주의
④ 직관적 공리주의

11 〈보기〉의 설명에 해당하는 스포츠에서의 정의(justice)는?

보기
정의는 공정과 준법을 요구한다. 모든 선수에게 동등한 기회를 보장해야 한다는 공정의 원칙은 지켜지지 않을 때가 있다. 스포츠에서는 완전한 통제가 어려운 불평등을 줄이기 위해 공수 교대, 전후반 진영 교체, 홈·원정 경기, 출발 위치 제비뽑기 등을 한다.

① 자연적 정의
② 평균적 정의
③ 분배적 정의
④ 절차적 정의

12 〈보기〉의 ㉠~㉢에 해당하는 용어가 바르게 제시된 것은?

보기
공자의 사상은 (㉠)(으)로 설명할 수 있다. (㉡)은/는 마음이 중심을 잡아 한쪽으로 치우치지 않는 상태를 의미하고, (㉢)은/는 나와 타인의 마음이 서로 다르지 않다는 뜻으로 배려와 관용을 나타낸다. 공자는 (㉢)에 대해 "내가 원하지 않는 일을 남에게 하지 말라(己所不欲 勿施於人)"는 정언명령으로 규정한다. 이는 스포츠맨십과 상통한다.

	㉠	㉡	㉢
①	충효(忠孝)	충(忠)	효(孝)
②	정의(正義)	정(正)	의(義)
③	정명(正名)	정(正)	명(名)
④	충서(忠恕)	충(忠)	서(恕)

13 〈보기〉의 주장과 가장 밀접한 관련이 있는 것은?

> 보기
> 스포츠 경기에서 승자의 만족도는 '1'이고, 패자의 만족도는 '0'이라고 말하는 사람이 있다. 그러나 스포츠 경기에서 양자의 만족도 합은 '0'에 가까울 수 있고, '2'에 가까울 수도 있다. 승자와 패자의 만족도가 각각 '1'에 가까울 수 있기 때문이다.

① 칸트 ② 정언명령
③ 공정시합 ④ 공리주의

14 〈보기〉의 설명에 해당하는 반칙의 유형은?

> 보기
> • 동기, 목표가 뚜렷하다.
> • 스포츠의 본질적인 성격을 부정하는 의미로 해석할 수 있다.
> • 실격, 몰수패, 출전 정지, 영구 제명 등의 처벌이 따른다.

① 의도적 구성 반칙
② 비의도적 구성 반칙
③ 의도적 규제 반칙
④ 비의도적 규제 반칙

15 〈보기〉의 대화에서 '윤성'의 윤리적 관점은?

> 보기
> 진서 : 나 어젯밤에 투우 중계방송 봤는데, 스페인에서 엄청 인기더라구! 그런데 동물을 인간 오락의 대상으로 삼는 것은 윤리적으로 허용될 수 없는 거 아니야?
> 윤성 : 난 다르게 생각해! 스포츠 활동은 인간의 이상을 추구하기 위한 것이고, 그 이상의 실현을 위해 동물은 수단으로 활용될 수 있는 거 아닐까? 승마의 경우 인간과 말이 훈련을 통해 기량을 향상시키고 결국 사람 간의 경쟁에 동물을 도구로 활용한다고 볼 수 있잖아.

① 동물해방론 ② 동물 권리론
③ 종차별주의 ④ 종평등주의

16 〈보기〉의 사례에서 나타나는 윤리적 태도와 가장 밀접한 관련이 있는 것은?

> 보기
> 선수는 윤리적 갈등을 겪을 때면, 우리 사회에서 오랫동안 본보기가 되어온 위인들을 떠올린다. 그리고 그 위인들처럼 행동하려고 노력한다.

① 맥킨 타이어(A. MacIntyre)
② 의무주의(deontology)
③ 쾌락주의(hedonism)
④ 메타윤리(metaethics)

17 스포츠윤리의 특징으로 적절하지 <u>않은</u> 것은?

① 스포츠 경쟁의 윤리적 기준이다.
② 올바른 스포츠 경기의 방향이 된다.
③ 보편적 윤리로는 다룰 수 없는 독자성이 있다.
④ 스포츠인의 행위, 실천의 기준이다.

18 〈보기〉에서 학생운동선수의 학습권 보호와 관련된 것으로 옳은 것만 모두 고른 것은?

> 보기
> ㄱ. 최저 학력 제도
> ㄴ. 리그 승강 제도
> ㄷ. 주말 리그 제도
> ㄹ. 학사 관리 지원 제도

① ㄱ, ㄴ, ㄷ ② ㄱ, ㄴ, ㄹ
③ ㄱ, ㄷ, ㄹ ④ ㄴ, ㄷ, ㄹ

19 〈보기〉의 주장에 나타난 윤리적 관점은?

> **보기**
> 스포츠 행위의 도덕적 가치는 사회에 따라, 또는 사람에 따라 다를 수 있다. 물론 도덕적 준거가 없는 것은 아니다.

① 윤리적 절대주의 ② 윤리적 회의주의
③ 윤리적 상대주의 ④ 윤리적 객관주의

20 〈보기〉의 대화에서 논란이 되고 있는 도핑의 종류는?

> **보기**
> 지원: 스포츠 뉴스 봤어? 케냐의 마라톤 선수 킵초게가 1시간 59분 40초의 기록을 세웠대!
> 사영: 우와! 2시간의 벽이 드디어 깨졌네요! 인간의 한계는 끝이 없나요?
> 성현: 그런데 이번 기록은 특수 제작된 신발을 신고 달렸으니 킵초게 선수의 능력만으로 달성했다고 볼 수 없는 거 아니야? 스포츠에 과학기술의 도입은 필요하지만, 이러다가 스포츠에서 탁월성의 근거가 인간에서 기술로 넘어가는 거 아니야?
> 혜름: 맞아! 수영의 전신 수영복, 야구의 압축 배트가 금지된 사례도 있잖아!

① 약물도핑(drug doping)
② 기술도핑(technology doping)
③ 브레인도핑(brain doping)
④ 유전자도핑(gene doping)

특수체육론

01 장애인복지법(1989)에 근거하여 최초로 설립된 장애인 체육 행정 조직은?

① 대한장애인체육회
② 대한민국상이군경회
③ 한국장애인복지체육회
④ 한국소아마비아동특수보육협회

02 장애인스포츠지도사의 역할로 옳지 않은 것은?

① 장애인의 독특한 요구(unique needs)를 확인한다.
② 장애인의 기능 회복을 위한 치료 서비스를 제공한다.
③ 장애인에게 적합한 지도환경과 지도내용을 결정한다.
④ 스포츠와 관련된 과제, 환경 등을 장애인의 요구에 맞게 변형한다.

03 〈보기〉의 ㉠~㉣에 들어갈 용어를 옳게 나열한 것은?

> **보기**
> - (㉠): 개인의 행동특성을 다양한 형태의 증거를 근거로 종합적으로 판단(예 배치)하는 과정
> - (㉡): 수집된 자료에 근거하여 가치 판단을 내리는 과정
> - (㉢): 행동특성을 수량화하는 과정
> - (㉣): 운동기술과 지식 등을 측정하기 위한 도구

	㉠	㉡	㉢	㉣
①	사정	평가	검사	측정
②	평가	사정	측정	검사
③	사정	평가	측정	검사
④	평가	사정	검사	측정

04 TGMD-3(Test of Gross Motor Development-3)에 대한 설명으로 옳은 것은?

① 3~6세 아동만을 대상으로 한다.
② 규준참조평가도구로 사용할 수 없다.
③ 6가지의 이동기술 검사항목과 5가지의 공(ball) 기술 항목을 검사한다.
④ 각 검사항목의 수행 준거를 정확하게 수행하면 1점, 정확하게 수행하지 못하면 0점을 부여한다.

05 미국 장애인교육법(IDEA, 1997)에서 요구하고 있는 개별화교육프로그램(IEP)의 필수 구성 요소가 아닌 것은?

① 부모의 동의
② 학생의 현재 수행 수준
③ 학생에게 정기적으로 통지하는 방법
④ 측정할 수 있고 구체적인 연간계획과 장기목표

06 〈보기〉에서 설명하는 원시반사(primitive reflex)는?

> 보기
> • 누운 자세에서 머리를 좌우로 돌렸을 때 나타나는 반응이다.
> • 뒤통수 쪽의 팔과 다리는 굽혀지고, 얼굴 쪽의 팔과 다리는 펴진다.
> • 뇌성마비장애인은 반사가 사라지지 않고 남아 있다.

① 비대칭 긴장성 목반사
② 모로반사
③ 긴장성 미로 반사
④ 대칭성 긴장성 목반사

07 〈보기〉에서 설명하는 특수체육 수업방식은?

> 보기
> 지도자는 효과적인 농구 수업을 위해 체육관의 각기 다른 구역에 여러 가지의 과제를 준비했다. 한 가지 과제에서 시작하여 주어진 활동을 마치거나 지도자가 신호하면 학습자들은 다음 과제의 수행장소로 이동한다. 지도자는 각각의 과제를 수행하는 곳을 돌며 도움이 필요한 학습자를 지도한다.

① 스테이션 수업
② 대그룹 수업
③ 협력학습 수업
④ 또래교수 수업

08 〈보기〉는 D. Ulrich(1985)이 제시한 대근운동발달 단계이다. ㉠에 들어갈 내용으로 옳은 것은?

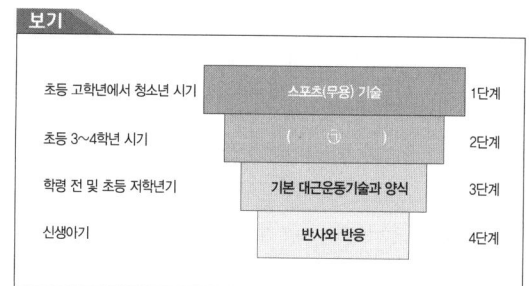

① 자세조절기술
② 물체 조작기술
③ 감각지각운동기술
④ 리드-업 게임과 기술

09 운동발달의 관점에서 조작성 운동양식에 관한 설명으로 옳지 <u>않은</u> 것은?

① 3세에는 몸으로 끌어안으며 공을 받는다.
② 2~3세에는 다리를 펴고 제자리에 서서 공을 찬다.
③ 2~3세에는 앞을 보고 상하 방향으로 공을 친다.
④ 4~5세에는 던지는 팔과 반대쪽 발을 앞으로 내밀며 공을 던진다.

10 T6(흉추 6번) 이상의 손상이 있는 선수의 체력운동 시 고려사항으로 옳지 <u>않은</u> 것은?

① 근육량이 적은 선수는 유산소 운동보다는 무산소 운동이 적절하다.
② 유산소 운동 중 젖산이 급격히 생성되므로 긴 휴식시간과 에너지원 보충이 필요하다.
③ 땀을 흘리는 피부 면적이 좁아 더위에서 운동하면 체온이 급격히 올라가는 것을 고려해야 한다.
④ 교감 신경에 손상이 있는 경우, 심박수를 운동과정과 회복과정 그리고 운동처방에 사용한다.

11 〈표〉의 ㉠~㉢에 해당하는 행동관리 기법을 바르게 나열한 것은?

성별(나이)	남자(14세)	장소	수영장
장애유형	지적장애	프로그램	수영하기
문제행동	멈춰 서서 친구 방해하기		
상황	지도자 A : 한국(가명)이는 수영할 때 반복적으로 멈춰 서서 친구들을 방해해요. 그때마다 잘못된 행동이라고 지적을 해도 계속하네요. 지도자 B : 우선 ㉠ 문제행동이 발생하면 바로 일정 시간동안 물 밖에 있도록 하세요. 물과 좀 멀리요. 지도자 A : 알겠습니다. 한국이는 수중 활동을 좋아하고 물에 있으면 행복해하거든요. 지도자 B : 다른 기법도 있어요. ㉡ 문제행동을 했을 때 한국이에게 이미 주어진 정적강화물을 상실하게 하는 방법도 있어요. ㉠과 ㉡ 기법으로 문제행동의 빈도가 감소한다면, 큰 틀에서 (㉢)이 됩니다.		

	㉠	㉡	㉢
①	타임아웃	반응대가	부적 벌
②	타임아웃	용암	정적 벌
③	소거	반응대가	정적 벌
④	소거	용암	부적 벌

12 미국지적장애및발달장애협회(AAIDD, 2021)의 지적장애 정의에 근거하여 〈보기〉의 ㉠~㉢에 들어갈 내용이 바르게 나열된 것은?

> **보기**
> - 표준화 검사를 통해 산출된 지능지수 점수가 (㉠) 표준편차 이하이다.
> - 적응행동의 (㉡) 기술은 식사, 옷 입기, 작업 기술, 건강과 안전, 일과 계획, 전화사용 등이 포함된다.
> - (㉢) 이전에 발생한다.

	㉠	㉡	㉢
①	-2	실제적	20세
②	-2	개념적	20세
③	-2	실제적	22세
④	-2	개념적	22세

13 〈보기〉가 설명하는 장애유형에 관한 설명으로 옳지 않은 것은?

> **보기**
> - 21번 염색체가 삼염색체(trisomy 21)이다.
> - 의학적 문제(선천성 심장질환, 근시 등)가 있을 수 있다.
> - 인종, 국적, 종교, 사회적 지위 등과 관계없이 발생하는 보편성을 지니고 있다.

① 염색체 중 상염색체(autosome chromosome)에 문제가 있다.
② 대부분 포만 중추의 문제로 저체중 발생 빈도가 매우 높다.
③ 근육의 저긴장성 때문에 지도자의 관리하에 근력 운동이 필요하다.
④ 경추 정렬(atlantoaxial instability)의 문제 때문에 운동 참여시 척수손상에 대해 특히 주의한다.

14 〈보기〉가 설명하는 스페셜올림픽의 종목은?

> **보기**
> - 경기장은 3.66m×18.29m 크기의 직사각형이다.
> - 공식 경기는 단식 경기, 복식 경기, 팀 경기 등이 있다.
> - 한 팀당 4개의 공을 소유하고, 표적구에 가까이 던진 팀이 점수를 획득하는 경기이다.

① 보체(bocce)
② 플로어볼(floorball)
③ 보치아(boccia)
④ 넷볼(netball)

15 〈표〉는 운동기능에 따른 뇌성마비의 분류체계이다. 〈표〉의 ㉠~㉢에 들어갈 내용을 바르게 나열한 것은?

구분	경직형 (spastic)	운동실조형 (ataxia)	무정위운동형 (athetoid)
손상 부위	운동피질	(㉠)	(㉡)
근 긴장도	과긴장성	저긴장성	근 긴장의 급격한 변화
운동 특성	관절 가동 범위의 제한 가위 보행	평형성 부족 협응력 부족	(㉢) 움직임 머리 조절의 어려움

	㉠	㉡	㉢
①	소뇌	기저핵	불수의적
②	기저핵	중뇌	수의적
③	소뇌	연수	불수의적
④	기저핵	소뇌	수의적

16 〈보기〉에 근거하여 밑줄 친 ㉠에 대한 지도전략으로 옳지 않은 것은?

> **보기**
> - 틀에 박힌 일이나 의례적인 행동에 집착한다.
> - 발달 수준에 맞게 친구 관계를 형성하지 못한다.
> - 지도자가 "공을 던져라"라고 지시하면, "공을 던져라"라는 말을 반복한다.
> - ㉠ 정해진 경로로 이동하지 않거나 시간이나 장소의 갑작스러운 변화에 저항한다.

① 체육활동에 대한 시각적 일과표를 제공한다.
② 체육활동을 일정한 규칙과 순서로 진행한다.
③ 지도할 때 그림 카드, 의사소통 보드 등을 활용한다.
④ 참여자의 선호도보다는 지도자의 의도대로 진행한다.

17 척수손상 장애인의 특성에 관한 지도자의 대처로 옳지 않은 것은?

① 욕창이 생기지 않도록 자세를 자주 바꾸게 한다.
② 기립성 저혈압의 경우 압박 스타킹을 착용하도록 한다.
③ 자율신경 반사이상(autonomic dysreflexia)이 발생할 때 고강도 순환운동으로 전환한다.
④ 운동 중에 과도하게 체온이 상승하는 것을 예방하기 위해 물을 분무해 주면서 휴식을 취하도록 한다.

18 시각장애인의 지도전략으로 옳지 않은 것은?

① 스포츠 참여는 안전을 위해 개인 종목만 지도한다.
② 시범은 잔존시력 범위에서 보이면서 언어적 설명을 병행하는 것이 효과적이다.
③ 지도자는 지도할 때 시각장애인에게 신체 접촉의 형태, 방법, 이유 등을 구체적으로 안내한다.
④ 전맹의 경우 스포츠 동작에 대한 이해도를 높이기 위해 관절이 굽어지는 인체 모형을 사용할 수 있다.

19 진행성 근이영양증(Muscular Dystrophy ; MD)에 관한 설명으로 옳지 않은 것은?

① 디스트로핀(dystrophin) 단백질 결손과 관련된 유전질환이다.
② 근위축은 규칙적인 근력 및 근지구력 운동으로 예방할 수 있다.
③ 듀센형(Duchenne MD) 장애인은 대부분 평균 이상의 지적 능력을 보인다.
④ 듀센형 장애인은 종아리 근육에 가성비대(pseudohypertrophy)가 나타난다.

20 제시어와 〈보기〉의 수어 ㉠~㉢을 바르게 나열한 것은?

보기

㉠	㉡	㉢
두 주먹을 어깨 앞에서 위, 아래로 움직인다.	검지와 중지를 교대로 움직이며 손등 방향으로 움직인다.	검지와 중지를 펴서 화살표와 같이 교대로 내민다.

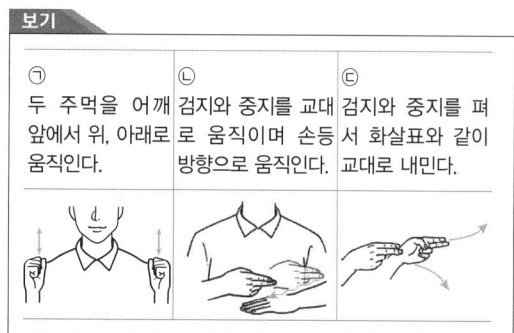

	수영	운동	스케이트
①	㉠	㉡	㉢
②	㉠	㉢	㉡
③	㉡	㉠	㉢
④	㉢	㉠	㉡

유아체육론

01 효과적 학습경험 설계를 위한 유아체육 지도자의 교수전략으로 옳지 않은 것은?

① 각 유아에게 적합한 수준에서 연습할 수 있도록 개별화된 학습경험을 제공해야 한다.
② 유아의 실제학습시간(ALT)을 증가시킬 수 있는 환경을 조성해야 한다.
③ 유아의 능력 수준을 고려한 학습과제를 제공하고, 연습 시간을 최대한 확보해준다.
④ 새로운 기능 학습 시에는 수업 초반에 제시한 과제 수준을 일관 되게 유지한다.

02 유아의 운동기술 연습 시 지도자의 적합한 시범으로 옳지 않은 것은?

① 시범에서 언어적 표현을 보다 많이 활용할 때 더 효과적이다.
② 시범은 추가적 학습단서(learning cue)와 함께 제공될 때 더 효과적이다.
③ 다양한 각도에서 이루어진 시범을 통해 정확한 정보를 제공한다.
④ 자주 실수하는 동작에 대해 반복적인 시범을 보여준다.

03 유아 신체활동의 내적 참여동기를 증진시키는 효과적 교수전략으로 옳지 <u>않은</u> 것은?

① 유아의 능력과 과제 난이도를 고려한 프로그램 제공을 통해 몰입을 돕는다.
② 학습과제 범위 내에서 유아에게 자율적 선택권을 부여한다.
③ 활동적으로 참여하는 유아를 격려하고 칭찬한다.
④ 프로그램 내 과제 수준을 동일하게 제공한다.

04 유아의 지각-운동 발달에 관한 설명으로 옳지 <u>않은</u> 것은?

① 유아기는 지각-운동 발달의 최적기이다.
② 지각이란 감각수용세포가 자극으로 들어온 정보를 뇌로 전달하는 것을 뜻한다.
③ 지각-운동 발달은 아동의 운동능력을 나타내는 중요 요소 중 하나이다.
④ 유아기의 지각-운동 학습경험이 많을수록 다양한 운동상황에 반응하는 적응력이 발달된다.

05 〈보기〉가 설명하는 것은?

보기
• 체온이 40℃ 이상으로 오른다.
• 땀을 전혀 흘리지 않거나 과도하게 많이 흘린다.
• 신체 내 열을 외부로 발산하지 못해 고체온 발생 및 중추신경계의 이상을 보인다.
• 신속한 체온감소 조치와 병원 후송이 필요하다.

① 일사병　　　　② 열사병
③ 고체온증　　　④ 열경련

06 〈보기〉의 ㉠~㉢에 해당하는 설명과 유아체육 프로그램의 구성원리가 올바르게 제시된 것은?

보기
㉠ 차기(kicking)의 개념 학습 후, 정지된 공에서 빠르게 움직이는 공의 순으로 수업을 설계한다.
㉡ 대근육 운동에서 소근육 운동으로 확장된 움직임 수업을 설계한다.
㉢ 발달 단계에 따른 민감기를 고려한 움직임 수업을 설계한다.

	㉠	㉡	㉢
①	연계성	전면성	특이성
②	다양성	방향성	적합성
③	연계성	방향성	적합성
④	다양성	적합성	개별성

07 〈보기〉의 ㉠~㉢에 들어갈 용어가 바르게 제시된 것은?

보기
㉠
• 일정 시기가 되면 자연히 발생되는 양적인 변화과정이다.
• 신장, 체중, 신경조직, 세포 증식의 확대에 의한 증가를 뜻한다.

㉡
• 신체, 운동, 심리적 측면에서 전 생애에 걸쳐 일어나는 체계적이고 연속적인 변화를 뜻한다.
• 변화하는 속도에는 개인차가 있으며, 상승적 변화뿐 아니라 하강적 변화도 포함한다.

㉢
• 기능을 더 높은 수준으로 발전할 수 있도록 하는 질적변화를 뜻한다.
• 신체적, 생리적 변화뿐 아니라 행동 변화까지 포함한다.

	㉠	㉡	㉢
①	성숙	발달	성장
②	발달	성숙	성장
③	성장	발달	성숙
④	발달	성장	성숙

08 <보기>는 대근운동발달검사-Ⅱ(Test of Gross Motor Development-Ⅱ : TGMD-Ⅱ)의 영역별 검사항목이다. ㉠, ㉡에 들어갈 항목이 바르게 연결된 것은?

구분	영역	세부 검사항목
대근운동 기술	이동 기술	달리기, 제자리멀리뛰기, 외발뛰기(hop), (㉡), 립(leap), 슬라이드(slide)
	(㉠) 기술	공 던지기(over-hand throw), 공 받기, 공치기(striking), 공 차기, 공 굴리기, 공 튕기기(dribble)

	㉠	㉡
①	안정성	갤롭(gallop)
②	물체 조작	피하기(dodging)
③	안정성	피하기(dodging)
④	물체 조작	갤롭(gallop)

09 <보기>는 인지발달 관점에 따른 주요 이론의 내용이다. ㉠~㉣에 들어갈 용어가 바르게 제시된 것은?

이론	발달단계	주요 개념	인지발달의 방향
인지발달 단계 이론	감각운동기 전조작기 구체적 조작기 (㉡)	(㉢) 동화 조절	내부 → 외부
(㉠)	연속적 발달단계	내면화 (㉣) 비계설정	외부 → 내부

	㉠	㉡	㉢	㉣
①	정보처리 이론	형식적 조작기	부호화	기억기술
②	사회문화적 이론	형식적 조작기	평형화	근접발달 영역
③	정보처리 이론	성숙적 조작기	부호화	근접발달 영역
④	사회문화적 이론	성숙적 조작기	평형화	기억기술

10 반사 움직임 시기의 '정보 부호화 단계(information encoding stage)'에 대한 설명으로 옳지 않은 것은?

① 피질의 발달과 특정 환경적 억제 요인의 감소 현상이 일어난다.
② 태아기를 거쳐 생후 약 4개월까지 관찰될 수 있는 불수의적 움직임의 특징을 보인다.
③ 뇌 중추는 다양한 강도와 지속 시간을 가진 여러 자극에 대해 불수의적 반응을 유발할 수 있다.
④ 뇌하부 중추는 운동 피질보다 더 많이 발달하며 태아와 신생아의 움직임을 제어하는 데 필수적이다.

11 체육과 교육과정(2022)에서 추구하는 핵심적인 신체활동 역량의 내용이 아닌 것은?

① 움직임 수행 역량 : 운동, 스포츠, 표현 활동 과정에서 동작에 필요한 지식, 기능, 태도를 다양한 상황에 적용하며 발달한다.
② 건강 관리 역량 : 체육과 내용 영역에서 학습한 신체활동을 일상생활에서 실천하며 함양한다.
③ 신체활동 문화 향유 역량 : 각 신체활동 형식의 특성을 이해하고 인류가 축적한 문화적 소양을 내면화하여 공동체 속에서 실천하면서 길러진다.
④ 자기 주도성 역량 : 신체적으로 활동적인 삶을 사는 데 필요한 움직임을 다양한 환경에서 수행하고 적용함으로써 길러진다.

12 〈보기〉의 지도자별 교수 방법이 바르게 연결된 것은?

보기

- A 지도자 : 콘을 지그재그로 통과하면서 드리블하는 시범을 보이고 따라 하게 유도한다. 실수하거나 느린 아이들은 지적하면서 동작을 수정해준다.
- B 지도자 : 아이들이 개별적으로 볼을 가지고 놀면서 자유롭게 드리블을 하게 한다. 모든 공간을 쓸 수 있게 허용한다. 어떠한 신체 부위를 사용하든지 관여하지 않는다.
- C 지도자 : 인사이드 드리블, 아웃사이드 드리블 등 다양한 유형의 기술을 시범 보인다. 이후에 아이들이 자신이 좋아하거나 잘하는 기술 위주로 자유롭게 선택하여 연습할 수 있도록 유도한다.
- D 지도자 : 활동 전 아이들에게 어떻게 하면 콘을 건드리지 않고 드리블해 나갈 수 있을지를 질문한 후 실제 활동을 하게 한다. 이후 다양한 수준을 가진 아이들의 수행을 관찰하게 한다.

① A 지도자 : 탐색적(exploratory) 방법
② B 지도자 : 과제 중심 접근(task-oriented) 방법
③ C 지도자 : 지시적 교수법(command style teaching)
④ D 지도자 : 안내-발견적(guide-discovery) 방법

13 〈보기〉는 퍼셀(M. Purcell)이 제시한 동작교육과정에 관한 내용이다. ㉠~㉢에 해당하는 용어가 바르게 연결된 것은?

보기

- (㉠) : 전신의 움직임, 신체 부분의 움직임
- (㉡) : 수준, 방향
- (㉢) : 시간, 힘
- (관계) : 파트너/그룹, 기구·교수 자료

	㉠	㉡	㉢
①	공간 인식	노력	신체 인식
②	신체 인식	공간 인식	노력
③	노력	신체 인식	공간 인식
④	신체 인식	노력	공간 인식

14 〈보기〉는 인간행동의 '역학적 요인'이다. ㉠~㉢에 들어갈 용어가 바르게 연결된 것은?

보기

- 안정성 요인 : 중력 중심, 중력 선, (㉠)
- 힘을 가하는 요인 : 관성, (㉡), 작용/반작용
- 힘을 받는 요인 : 표면적, (㉢)

	㉠	㉡	㉢
①	지지면	가속도	거리
②	가속도	거리	지지면
③	지지면	거리	가속도
④	거리	가속도	지지면

15 〈표〉는 미국 스포츠 의학회(ACSM, 2022)의 '어린이와 청소년을 위한 FITT(빈도, 강도, 시간, 형태) 권고사항'이다. ㉠~㉢에 들어갈 용어가 바르게 연결된 것은?

구분	유산소 운동	저항 운동	뼈 강화 운동
형태	여러 가지 스포츠를 포함한 즐겁고 (㉠)에 적절한 활동	신체활동은 (㉡)되지 않은 활동이나 (㉡)되고 적절하게 감독할 수 있는 활동으로 구성	달리기, 줄넘기, 농구, 테니스 등과 같은 활동
시간	하루 (㉢) 이상의 운동 시간이 포함되도록 함		

	㉠	㉡	㉢
①	기술 향상	분절화	60분
②	성장 발달	분절화	40분
③	성장 발달	구조화	60분
④	기술 향상	구조화	40분

16 기본 움직임 과제들의 '기술 내 발달 순서(intraskill sequences)'에 관한 설명으로 옳지 <u>않은</u> 것은?

① 기본 움직임 패턴에서 신체 부위들의 발달 속도는 서로 다를 수 있다.
② 기본 움직임 기술의 습득 및 성숙은 과제·개인·환경 요인 들에 영향을 받는다.
③ 움직임 기술의 발달 단계 구분은 움직임 패턴의 특수성이나 관찰자의 정교함에 영향을 받지 않는다.
④ 갤러휴(D. Gallahue)와 클렐랜드(F. Cleland)는 운동기술의 발달 순서에 대해 시작, 초보, 성숙으로 분류하였다.

17 '국민체력100'에서 제시하는 유아기 체력측정에 관한 설명으로 옳은 것만을 모두 고른 것은?

> 보기
> ㄱ. 체력측정은 건강체력과 운동체력 항목으로 나뉜다.
> ㄴ. 건강체력 측정의 세부항목으로는 10m 왕복 오래달리기, 상대악력, 윗몸말아올리기, 앉아윗몸앞으로굽히기 등이 있다.
> ㄷ. 운동체력 측정의 세부항목으로는 5m×4 왕복 달리기, 제자리멀리뛰기, 3×3 버튼누르기 등이 있다.

① ㄱ, ㄴ   ② ㄱ, ㄷ
③ ㄴ, ㄷ   ④ ㄱ, ㄴ, ㄷ

18 유소년 운동프로그램 구성의 기본원리에 대한 설명으로 옳은 것만을 모두 고른 것은?

> 보기
> ㄱ. 가역성의 원리 : 운동을 중단하면 운동의 효과가 없어지므로 꾸준히 지속하는 것이 중요하다.
> ㄴ. 전면성의 원리 : 운동을 부상 없이 효과적으로 수행하기 위해서는 운동 강도 및 운동량을 점차적으로 증가시켜야 한다.
> ㄷ. 점진성의 원리 : 신체의 특정 부위에 치중하지 않고, 전신 운동을 통해 신체를 균형 있게 발달시킨다.
> ㄹ. 과부하의 원리 : 운동 강도가 일상적인 활동보다 높아야 체력이 증진된다.

① ㄱ, ㄹ   ② ㄴ, ㄷ
③ ㄱ, ㄷ, ㄹ ④ ㄴ, ㄷ, ㄹ

19 〈표〉는 갤러휴(D. Gallahue)의 운동에 대한 2차원 모델이다. ㉠~㉢에 들어갈 내용이 바르게 연결된 것은?

운동발달 단계	움직인 과제의 의도된 기능		
	안정성	이동	조작
반사 움직임 단계	· 직립 반사	· 걷기 반사	(㉢)
초보 움직임 단계	(㉠)	· 포복하기	· 잡기
기본 움직임 단계	· 한발로 균형 잡기	· 걷기	· 던지기
전문화 움직임 단계	· 축구 페널티 킥 막기	(㉡)	· 야구 공치기

	㉠	㉡	㉢
①	포복하기	축구 골킥하기	손바닥 파악반사
②	머리와 목 제어	육상 허들 넘기	손바닥 파악반사
③	포복하기	육상 허들 넘기	목 가누기 반사
④	머리와 목 제어	축구 골킥하기	목 가누기 반사

20 〈보기〉의 동작에서 성숙단계로 발달하도록 지도하는 방법으로 적절하지 않은 것은?

보기

시작 단계의 드리블 동작

① 두 발을 벌리고, 내민 발의 반대편 손을 앞으로 내밀어 드리블하도록 지도한다.
② 허리 높이에서 몸통을 약간 앞으로 기울여 드리블하도록 지도한다.
③ 공을 튀길 때 손목 스냅을 이용하여 공을 바닥쪽으로 밀어내도록 지도한다.
④ 공을 튀길 때 손바닥으로 공을 때리도록 지도한다.

노인체육론

01 노화에 따른 생리적 변화로 옳은 것은?

① 1회 박출량 증가
② 동·정맥산소차 감소
③ 근육의 산화능력 증가
④ 심장근육의 수축시간 감소

02 〈보기〉가 설명하는 노화이론은?

보기

항체의 이물질에 대한 식별능력이 저하되어 이물질이 계속 체내에 있으면서 부작용을 일으켜 노화 촉진

① 유전적노화이론
② 교차연결이론
③ 사용마모이론
④ 면역반응이론

03 〈보기〉가 설명하는 노화의 특징은?

보기

· 노화는 신체기능에 부정적 영향을 미쳐 사망을 초래한다.
· 나이가 들면서 신체기능이 더 좋아지면 노화가 아니다.

① 보편성
② 내인성
③ 점진성
④ 쇠퇴성

04 〈보기〉에서 설명하는 노인의 행동 변화 이론은?

> **보기**
> - 인간의 행동 변화는 환경의 영향, 개인의 내적 요인, 행동 요인에 영향을 받는다.
> - 자아효능감은 행동 변화와 밀접한 관련이 있다.
> - 운동지도자의 격려를 통해 지속적으로 운동프로그램에 참여한다.

① 지속성이론(continuity theory)
② 건강신념모형(health belief theory)
③ 사회인지이론(social cognitive theory)
④ 계획행동이론(planned behavior theory)

05 노인 폐질환에 관한 설명으로 옳지 않은 것은?

① 천식의 증상은 운동으로 악화되지 않는다.
② 만성폐쇄성폐질환자의 기도저항은 호흡근 약화를 초래한다.
③ 만성폐쇄성폐질환의 주요 증상은 호흡곤란, 가래, 만성적인 기침이다.
④ 천식 환자의 운동유발성기관지 수축은 추운 환경, 대기오염, 스트레스에 의해 촉발된다.

06 한국형 노인체력검사(국민체력 100)의 측정항목과 측정방법의 연결이 옳지 않은 것은?

	측정 항목	측정방법
①	협응력	8자 보행
②	심폐지구력	6분 걷기
③	상지 근 기능	덤벨 들기
④	유연성	앉아 윗몸 앞으로 굽히기

07 노인의 생활 기능 분류에서 도구적 일상생활 활동(Instrumental Activities of Daily Living ; IADLs)에 해당하는 것은?

① 요리
② 목욕
③ 옷 입기
④ 화장실 사용

08 미국스포츠의학회(ACSM, 2022)가 제시한 노인의 운동지침으로 옳지 않은 것은?

① 유연성 운동 : 약간의 불편감이 느껴질 정도로 30~60초 동안의 정적 스트레칭
② 유산소 운동 : 중강도로 주 5일 이상 또는 고강도로 주 3일 이상의 대근육 운동
③ 파워 운동 : 빠른 속도로 1RM의 60% 이상의 고강도 근력운동을 10~14회 반복
④ 저항 운동 : 8~10종의 대근육군 운동, 초보자는 1RM의 40~50% 강도의 체중 부하운동

09 노인의 신체기능검사에 관한 설명으로 옳지 않은 것은?

① 6분 걷기 검사는 6분 동안 걸을 수 있는 최대 거리(m)로 심폐지구력을 평가하고, 장거리 보행이나 계단 오르기 등의 일상생활 동작과 관련이 있다.
② 기능적 팔 뻗기 검사(FRT)는 균형을 잃지 않고 팔이 닿을 수 있는 최대거리를 측정하여 동적 평형성을 평가하고, 노인의 낙상 위험도 범주 분류에 사용된다.
③ 노인체력검사(SFT)의 어깨 유연성을 평가하는 '등 뒤에서 손 잡기' 검사는 머리 위로 옷을 벗거나, 자동차에서 안전벨트를 매는 동작과 관련된 항목이다.
④ 단기신체기능검사(SPPB)는 보행 속도, 균형 능력 및 의자 앉았다 일어나기 시간의 점수를 합산하여 평가하고 점수가 높을수록 더 낮은 기능을 의미한다.

10 〈보기〉에서 〈표〉의 특성을 가진 노인의 운동처방에 관한 설명으로 옳은 것만을 모두 고른 것은? (단, ACSM, 2022 기준)

표
- 나이 : 68세
- 성별 : 남
- 흡연
- 신장 : 170cm
- 체중 : 65kg
- BMI : 22.5kg/m²
- 혈압 : SBP 129mmHg, DBP 88mmHg
- LDL-C : 123mg/dL, HDL-C : 41mg/dL
- 공복 시 혈당 : 98mg/dL
- 근력운동의 경험 없음
- 지난 3개월 동안 주 2회, 20분 정도의 천천히 걷기 운동
- 걷기 운동 시 별다른 신체적 증상 없으나 가끔 종아리 통증이 느껴짐

보기
ㄱ. 심혈관질환 위험요인의 양성 위험요인은 1개이다.
ㄴ. 선별알고리즘에 따라 중강도 운동 시 의료적 허가가 권장되지 않는다.
ㄷ. 운동자각도(10점 척도) 5~6의 빠르게 걷는 유산소 운동을 한다.
ㄹ. 1RM의 40~50%의 강도로 대근육군을 활용한 근력 강화운동을 한다.
ㅁ. 과체중이므로 체중감량을 위한 운동처방을 해야 한다.

① ㄱ, ㄴ, ㄷ
② ㄱ, ㄹ, ㅁ
③ ㄴ, ㄷ, ㄹ
④ ㄷ, ㄹ, ㅁ

11 페르브뤼헌과 예터(L. Verbrugge&A. Jette, 1994)의 장애과정 모델에서 장애에 이르는 과정을 옳게 나열한 것은?

① 손상 → 기능적 제한 → 병 → 장애
② 병 → 손상 → 기능적 제한 → 장애
③ 손상 → 병 → 기능적 제한 → 장애
④ 병 → 기능적 제한 → 손상 → 장애

12 에릭슨(Erikson, 1986)의 심리사회적 단계가 옳게 나열된 것은?

연령 증가 →

① 생산적 대 정체 → 자아 주체성 대 절망 → 친분 대 고독
② 친분 대 고독 → 생산적 대 정체 → 자아 주체성 대 절망
③ 자아 주체성 대 절망 → 생산적 대 정체 → 친분 대 고독
④ 생산적 대 정체 → 친분 대 고독 → 자아 주체성 대 절망

13 〈보기〉에서 설명하는 것은?

보기
- 죽상동맥경화 병변이 특징인 질환이다.
- 위험요인은 연령, 흡연, 고혈압, 당뇨병, 이상지질혈증이다.
- 주요 증상은 체중부하 움직임 시 하지의 간헐적 파행이다.

① 뇌졸중(stroke)
② 근감소증(sarcopenia)
③ 신장질환(kidney disease)
④ 말초동맥질환(peripheral arterial disease)

14 노화에 따른 호흡계 변화로 옳은 것은?

① 잔기량의 감소
② 흉곽의 경직성 감소
③ 생리학적 사강의 감소
④ 호흡기 중추신경 활동에 대한 민감성 감소

15 〈보기〉에서 노인 당뇨병 환자의 운동 효과로 옳은 것만을 모두 고른 것은?

> **보기**
> ㄱ. 인슐린 저항성 증가
> ㄴ. 체지방 감소
> ㄷ. 죽상동맥경화 합병증 위험 감소
> ㄹ. 인슐린 민감성 감소
> ㅁ. 골격근의 포도당 수송 능력 감소
> ㅂ. 당뇨병 전단계에서 제2형 당뇨병으로의 진행 예방

① ㄱ, ㄴ, ㅂ
② ㄴ, ㄷ, ㄹ
③ ㄴ, ㄷ, ㅂ
④ ㄹ, ㅁ, ㅂ

16 세계보건기구(World Health Organization)가 제시한 노인의 신체활동에 대한 심리적 단기 효과는?

① 이완(relaxation)
② 기술 획득(skill acquisition)
③ 인지 향상(cognitive improvement)
④ 운동제어와 수행(motor control and performance)

17 노화에 따른 인지기능 변화로 옳지 않은 것은?

① 유동성 지능의 감소
② 결정성 지능의 감소
③ 단기 기억력의 감소
④ 인지 처리 속도의 지연

18 노인의 근·골격계 질환에 관한 권장 운동으로 옳지 않은 것은?

① 골다공증 : 골밀도 증가를 위한 수영
② 관절염 : 관절 부담을 적게 주는 자전거 운동
③ 척추질환 : 단축된 결합조직을 이완시키는 유연성 운동
④ 근감소증 : 넘어짐을 예방하기 위한 체중부하 근력 운동

19 〈보기〉에서 치매 노인에게 적합한 운동 형태로 옳은 것만을 모두 고른 것은?

> **보기**
> ㄱ. 계단 오르내리기
> ㄴ. 밴드를 이용한 저항 운동
> ㄷ. 물건 들고 안전하게 보행하기
> ㄹ. 대근육군을 사용하는 자전거 타기

① ㄱ, ㄴ, ㄷ, ㄹ
② ㄴ, ㄷ, ㄹ
③ ㄷ, ㄹ
④ ㄹ

20 노인 운동 시 위험관리에 관한 지침으로 옳은 것만을 모두 고른 것은?

> **보기**
> ㄱ. 신체활동 프로그램 시작 전에 신체적 기능에 따라 참여자들을 선별한다.
> ㄴ. 심정지 노인의 심폐소생술 시행 중에는 자동 심장충격기를 사용하지 않는다.
> ㄷ. 시각적 문제가 있는 경우 적절한 조명과 거울로 된 벽, 방향 표시를 한다.
> ㄹ. 청각적 문제가 있는 경우 잘 들리지 않는 귀 쪽으로 큰 소리로 이야기하며 지도한다.
> ㅁ. 심장질환의 징후인 가슴통증, 호흡곤란, 불규칙한 심박수가 나타나면 운동을 바로 중단한다.

① ㄱ, ㄴ, ㄹ
② ㄱ, ㄷ, ㅁ
③ ㄴ, ㄷ, ㅁ
④ ㄷ, ㄹ, ㅁ

스포츠사회학

01 〈보기〉에서 스포츠의 교육적 순기능으로만 묶인 것은?

보기
㉠ 학교와 지역사회의 통합
㉡ 평생체육의 연계
㉢ 스포츠의 상업화
㉣ 학업활동의 격려
㉤ 참여기회의 제한
㉥ 승리지상주의

① ㉠, ㉡, ㉣
② ㉠, ㉢, ㉤
③ ㉡, ㉢, ㉣
④ ㉡, ㉤, ㉥

02 〈보기〉에서 코클리(J. Coakley)의 상업주의에 따른 스포츠의 변화에 관한 설명으로 옳은 것을 모두 고른 것은?

보기
㉠ 스포츠 조직의 변화 : 스포츠 조직은 경품 추첨, 연예인의 시구와 같은 의전행사에 관심을 갖게 되었다.
㉡ 스포츠 구조의 변화 : 스포츠의 심미적 가치보다 영웅적 가치를 중시하게 되었다.
㉢ 스포츠 목적의 변화 : 아마추어리즘보다 흥행에 입각한 프로페셔널리즘을 추구하게 되었다.
㉣ 스포츠 내용의 변화 : 프로 농구의 경우, 전·후반제에서 쿼터제로 변경되었다.

① ㉠, ㉡
② ㉠, ㉢
③ ㉡, ㉢, ㉣
④ ㉠, ㉢, ㉣

03 〈보기〉에서 설명하는 스포츠 세계화의 원인은?

보기
'코먼웰스 게임(commonwealth games)'은 영연방국가들이 참가하는 스포츠 메가 이벤트로, 영연방국가의 통합에 기여하는 측면이 있다. 영국의 스포츠로 알려진 크리켓과 럭비는 대부분 영국의 식민지였던 영연방국가에서 인기가 있다.

① 제국주의
② 민족주의
③ 다문화주의
④ 문화적 상대주의

04 〈보기〉에 해당하는 케년(G. Kenyon)의 스포츠 참가 유형은?

보기
• 특정 선수의 사인볼 수집
• 특정 스포츠 관련 SNS 활동
• 특정 스포츠 물품에 대한 애착

① 일탈적 참가
② 행동적 참가
③ 정의적 참가
④ 인지적 참가

05 〈보기〉의 ⊙, ⓒ에 해당하는 거트만(A. Guttmann)의 근대스포츠 특징은?

> **보기**
> - (⊙) : 국제스포츠조직은 규칙의 제정, 대회의 운영, 종목 진흥 등의 역할을 담당한다.
> - (ⓒ) : 투수라는 같은 포지션 내에서도 선발, 중간, 마무리 등으로 구분된다.

	⊙	ⓒ
①	관료화	평등성
②	합리화	평등성
③	관료화	전문화
④	합리화	전문화

06 스나이더(E. Snyder)가 제시한 스포츠 사회화의 전이 조건이 아닌 것은?

① 참가의 가치
② 참가의 정도
③ 참가의 자발성 여부
④ 사회화 주관자의 위신과 위력

07 〈보기〉는 버렐(S. Birrell)과 로이(J. Loy)의 스포츠 미디어를 통해 충족할 수 있는 욕구에 관한 설명이다. ⊙~ⓒ에 해당하는 용어가 바르게 연결된 것은?

> **보기**
> - (⊙) 욕구 : 스포츠 경기의 결과, 선수와 팀에 대한 통계적 지식을 제공해 준다.
> - (ⓒ) 욕구 : 스포츠에 대한 흥미와 흥분을 제공해 준다.
> - (ⓒ) 욕구 : 다른 사회집단과 경험을 공유하게 하며 공동체 의식을 갖게 한다.

	⊙	ⓒ	ⓒ
①	정의적	인지적	통합적
②	인지적	통합적	정의적
③	정의적	통합적	인지적
④	인지적	정의적	통합적

08 〈보기〉의 ⊙, ⓒ에 해당하는 용어가 바르게 연결된 것은?

> **보기**
> - (⊙) : 국민의 관심이 높은 스포츠 경기를 무료 혹은 저렴한 비용으로 시청할 수 있는 권리를 말한다.
> - (ⓒ) : 선수 개인의 사생활을 중심으로 대중을 자극하고 호기심에 호소하는 흥미 위주의 스포츠 관련 보도를 지칭한다.

	⊙	ⓒ
①	독점 중계권	뉴 저널리즘 (new journalism)
②	보편적 접근권	옐로 저널리즘 (yellow journalism)
③	독점 중계권	옐로 저널리즘 (yellow journalism)
④	보편적 접근권	뉴 저널리즘 (new journalism)

09 〈보기〉에서 설명하는 프로스포츠의 제도는?

> **보기**
> - 프로스포츠 구단이 소속 선수와의 계약을 해지하고 다른 구단에게 해당 선수를 양도받을 의향이 있는지 공개적으로 묻는 제도이다.
> - 기량이 떨어지거나 심각한 부상을 당한 선수를 방출하는 수단으로 이용하고 있다.

① 보류 조항(reserve clause)
② 웨이버 조항(waiver rule)
③ 선수대리인(agent)
④ 자유계약(free agent)

10 스포츠 일탈의 순기능에 관한 사례로 적절하지 않은 것은?

① 승부조작 사례를 보고 많은 선수들이 경각심을 갖는다.
② 아이스하키 경기에서 허용된 주먹다짐은 잠재된 공격성을 해소시켜 준다.
③ 스포츠에서 선수들의 약물복용이 지속되면 경기의 공정성이 훼손된다.
④ 높이뛰기에서 배면뛰기 기술의 창안은 기록경신에 기여하고 있다.

11 〈보기〉는 스트렌크(A. Strenk)가 제시한 국제정치에서 스포츠의 기능에 관한 설명이다. ㉠~㉢에 해당하는 내용이 바르게 연결된 것은?

보기
- (㉠) : 2002년 한일월드컵 4강 진출로 대한민국이 축구 강국으로 인식
- (㉡) : 1980년 모스크바올림픽에서 서방 국가들의 보이콧 선언
- (㉢) : 1936년 베를린올림픽에서 나치즘의 정당성과 우월성 과시

	㉠	㉡	㉢
①	외교적 도구	정치이념 선전	국위선양
②	국위선양	외교적 항의	정치이념 선전
③	국위선양	외교적 도구	외교적 항의
④	외교적 도구	외교적 항의	정치이념 선전

12 〈보기〉에서 설명하는 부르디외(P. Bourdieu)의 문화자본 유형은?

보기
- 테니스의 경기 기술뿐만 아니라 경기 매너도 습득하게 된다.
- 스포츠 활동처럼 몸으로 체득하게 되는 성향을 의미한다.
- 획득하는 데 시간이 오래 걸리고, 타인에게 양도나 전이, 교환이 어렵다.

① 체화된(embodied) 문화자본
② 객체화된(objectified) 문화자본
③ 제도화된(institutionalized) 문화자본
④ 주체화된(subjectified) 문화자본

13 〈보기〉에서 투민(M. Tumin)이 제시한 스포츠계층의 특성 중 보편성(편재성)에 해당하는 것으로만 묶인 것은?

보기
㉠ 스포츠는 인기종목과 비인기종목으로 구분된다.
㉡ 과거에 비해 운동선수들의 지위가 향상되고 있다.
㉢ 종합격투기는 체급에 따라 대전료와 중계권료 등에 차등이 있다.
㉣ 계층에 따라 스포츠 참여 빈도, 유형, 종목이 달라지며, 이러한 차이는 개인의 삶에 영향을 미친다.

① ㉠, ㉡
② ㉠, ㉢
③ ㉡, ㉣
④ ㉢, ㉣

14 〈보기〉의 밑줄 친 ㉠, ㉡을 설명하는 집합행동 이론이 바르게 연결된 것은?

> **보기**
> 이 코치 : 어제 축구 봤어? 경기 도중 관중폭력이 발생했잖아.
> 김 코치 : ㉠ 나는 그 경기를 경기장에서 직접 봤는데 관중들의 야유 소리가 점점 커지면서 관중폭력이 일어났어.
> 이 코치 : ㉡ 맞아! 그 경기 이전에 이미 관중의 인종차별 사건이 있었잖아. 만약 인종차별이 먼저 발생하지 않았다면, 어제 경기에서 그런 관중폭력은 없었을 거야.

	㉠	㉡
①	전염이론	규범생성이론
②	수렴이론	부가가치이론
③	전염이론	부가가치이론
④	수렴이론	규범생성이론

15 메기(J. Magee)와 서덴(J. Sugden)이 제시한 스포츠 노동이주의 유형에 관한 설명 중 적절하지 않은 것은?

① 개척자형 : 스포츠 보급을 통해 금전적 보상을 추구하는 유형
② 정착민형 : 영구적으로 정착할 수 있는 곳을 찾는 유형
③ 귀향민형 : 해외에서의 스포츠 경험을 바탕으로 자국으로 복귀하는 유형
④ 유목민형 : 개인의 취향대로 흥미로운 장소를 돌아다니면서 스포츠에 참여하는 유형

16 〈보기〉는 코클리(J. Coakley)가 제시한 스포츠 일탈에 관한 설명이다. ㉠, ㉡에 해당하는 용어가 바르게 연결된 것은?

> **보기**
> • (㉠)에 따르면 스포츠 일탈이 용인되는 범위는 사회적으로 타협하는 과정을 통해 구성된다.
> • (㉡)는 과훈련(over-training), 부상 투혼 등을 거부감 없이 무비판적으로 수용하는 것이다.

	㉠	㉡
①	상대론적 접근	과소동조
②	절대론적 접근	과잉동조
③	절대론적 접근	과소동조
④	상대론적 접근	과잉동조

17 스포츠사회화를 이해하기 위한 사회학습이론의 관점으로 적절하지 않은 것은?

① 상과 벌을 통해 행동이 변화한다.
② 다른 사람의 행동을 관찰하여 모방이 일어난다.
③ 사회화 주관자의 가르침을 통해 행동이 변화한다.
④ 개인은 자신이 처해있는 상황을 스스로 학습하고 변화한다.

18 〈보기〉에서 설명하는 스포츠의 정치적 속성은?

> **보기**
> 에티즌(D. Eitzen)과 세이지(G. Sage)에 의하면 다양한 팀, 리그, 선수단체 및 행정기구는 각각의 특성에 따라 불평등하게 배분된 자원과 권한을 갖게 되고, 더 많은 권한을 갖기 위해 대립적 갈등을 겪게 된다.

① 보수성　　　② 긴장관계
③ 권력투쟁　　④ 상호의존성

19. 〈보기〉에서 설명하는 맥퍼슨(B. McPherson)의 스포츠 미디어 이론은?

　보기
- 대중매체를 통한 개인의 스포츠 소비 형태는 중요타자의 가치와 소비행동에 의해 영향을 받는다.
- 스포츠 수용자 역할로의 사회화는 스포츠에 참여하는 가족 구성원으로부터 받은 스포츠 소비에 대한 승인 정도가 중요하게 작용한다.

① 개인차 이론　　② 사회범주 이론
③ 문화규범 이론　④ 사회관계 이론

20. 〈보기〉에서 설명하는 스포츠사회학 이론은?

　보기
- 일상에서 특정 물건을 소비하는 것은 자신의 계급 위치를 상징화하는 행위이다.
- 자원과 시간의 소비가 요구되는 스포츠에 참여하는 것은 계급 표식 행위이다.
- 고가의 스포츠용품, 골프 회원권 등의 과시적 소비 양상이 나타난다.

① 갈등이론　　　② 구조기능이론
③ 비판이론　　　④ 상징적 상호작용론

스포츠교육학

01. 〈보기〉에서 설명하는 스포츠 교육 평가의 신뢰도 검사 방법은?

　보기
- 동일한 검사에 대해 시간 차이를 두고 2회 측정해서 측정값을 비교해 차이가 작으면 신뢰도가 높고, 크면 신뢰도가 낮은 것으로 판단한다.
- 첫 번째와 두 번째 측정 사이의 시간 차이가 너무 길거나 짧으면 신뢰도가 낮게 나올 수 있다.

① 검사-재검사　　② 동형 검사
③ 반분 신뢰도 검사　④ 내적 일관성 검사

02. 〈보기〉의 수업 장면에서 활용한 모스턴(M. Mosston)의 교수 스타일에 관한 설명으로 적절하지 않은 것은?

　보기

신체활동	축구
학습목표	인프런트킥으로 상대방 수비수를 넘겨 동료에게 패스할 수 있다.

수업 장면
지도자 : 네 앞에 상대방 수비수가 있을 때, 수비수를 넘겨 동료에게 패스하려면 어떻게 공을 차야 할까? 학습자 : 상대방 수비수를 넘길 수 있을 정도의 높이로 공을 띄워야 해요. 지도자 : 그럼, 발의 어느 부분으로 공의 밑 부분을 차면 수비수를 넘길 수 있을까? 학습자 : 발등과 발 안쪽의 중간 지점이요(손가락으로 엄지발가락을 가리킨다). 지도자 : 좋은 대답이야. 그럼, 우리 한 번 상대방 수비수를 넘기는 킥을 연습해볼까?

① 지도자는 논리적이며 계열적인 질문을 설계해야 한다.
② 지도자는 질문에 대한 학습자의 해답을 검토하고 확인한다.
③ 지도자는 학습자에게 예정된 해답을 즉시 알려준다.
④ 지도자는 학습자와 지속적으로 상호작용하며 의사결정을 한다.

03 로젠샤인(B. Rosenshine)과 퍼스트(N. Furst)가 제시한 학습성취와 관련된 지도자 변인에 해당하지 않는 것은?

① 지도자의 경력
② 명확한 과제제시
③ 지도자의 열의
④ 프로그램의 다양화

04 링크(J. Rink)가 제시한 교수 전략(teaching strategy) 중 한 명의 지도자가 수업에서 공간을 나누어 두 가지 이상의 과제를 동시에 진행하는 것은?

① 자기 교수(self teaching)
② 팀 티칭(team teaching)
③ 상호 교수(interactive teaching)
④ 스테이션 교수(station teaching)

05 〈보기〉는 국민체육진흥법(시행 2024. 3. 15.) 제18조의3 '스포츠윤리센터의 설립'에 관한 내용이다. ㉠, ㉡에 들어갈 용어가 바르게 연결된 것은?

> **보기**
> • 체육의 (㉠) 확보와 체육인의 (㉡)를 위하여 스포츠윤리센터를 설립한다.

	㉠	㉡
①	정당성	권리 강화
②	정당성	인권 보호
③	공정성	권리 강화
④	공정성	인권 보호

06 스포츠 교육 프로그램의 지도 원리에 관한 설명이 적절하지 않은 것은?

① 개별성의 원리 : 개인차를 고려한 다양한 수준별 지도
② 효율성의 원리 : 학습자 스스로 내용을 파악하고 문제해결
③ 적합성의 원리 : 지도자의 창의적인 지도 활동의 선정과 활용
④ 통합성의 원리 : 교수·학습 내용의 다양화와 신체활동의 총체적 체험

07 직접교수모형에 관한 설명으로 적절하지 않은 것은?

① 학습 영역의 우선순위는 심동적 영역이다.
② 스키너(B. Skinner)의 조작적 조건화 이론에 근거한다.
③ 지도자 중심으로 의사결정이 이루어져 학습자의 과제참여 비율이 감소한다.
④ 수업의 단계는 전시과제 복습, 새 과제 제시, 초기과제 연습, 피드백과 교정, 독자적 연습, 본시 복습의 순으로 진행된다.

08 스포츠기본법(시행 2022. 6. 16.) 제7조 '스포츠 정책 수립·시행의 기본원칙' 중 국가와 지방자치단체의 스포츠 정책에 관한 고려사항에 해당하지 않는 것은?

① 스포츠 활동을 존중하고 사회 전반에 확산되도록 할 것
② 스포츠 대회 참가 목적을 국위선양에 두어 지원할 것
③ 스포츠 활동 참여와 스포츠 교육의 기회가 확대되도록 할 것
④ 스포츠의 가치를 존중하고 스포츠의 역동성을 높일 수 있을 것

09 모스턴(M. Mosston)의 포괄형(inclusion) 교수 스타일에 관한 설명으로 적절하지 않은 것은?

① 지도자는 발견 역치(discovery threshold)를 넘어 창조의 단계로 학습자를 유도한다.
② 지도자는 기술 수준이 다양한 학습자들의 개인차를 수용한다.
③ 학습자가 성취 가능한 과제를 선택하고 자신의 수행을 점검한다.
④ 과제 활동 전, 중, 후 의사결정의 주체는 각각 지도자, 학습자, 학습자 순서이다.

10 〈보기〉에서 설명하는 링크(J. Rink)의 학습 과제 연습 방법은?

> 보기
> • 복잡한 운동 기술의 경우, 기술의 주요 동작이나 마지막 동작을 초기 동작보다 먼저 연습하게 한다.
> • 테니스 서브 과제에서 공을 토스하는 동작을 연습하기 전에 공을 라켓에 맞추는 동작을 먼저 연습한다.

① 규칙 변형
② 역순 연쇄
③ 반응 확대
④ 운동수행의 목적 전환

11 〈보기〉에 해당하는 쿠닌(J. Kounin)의 교수 기능은?

> 보기
> • 지도자가 자신의 머리 뒤에도 눈이 있다는 듯이 학습자들의 행동을 파악하는 것
> • 지도자가 학습자들 간에 발생하는 사건을 인지하는 것

① 접근통제(proximity control)
② 긴장 완화(tension release)
③ 상황이해(with-it-ness)
④ 타임아웃(time-out)

12 〈보기〉에서 활용된 스포츠 지도 행동의 관찰기법은?

> 보기
> • 지도자 : 강 감독
> • 수업내용 : 농구 수비전략
> • 관찰자 : 김 코치
> • 시간 : 19:00~19:50

	피드백의 유형	표기(빈도)	비율
대상	전체	∨∨∨∨ (5회)	50%
	소집단	∨∨∨ (3회)	30%
	개인	∨∨ (2회)	20%
성격	긍정	∨∨∨∨∨∨∨∨ (8회)	80%
	부정	∨∨ (2회)	20%
구체성	일반적	∨∨∨ (3회)	30%
	구체적	∨∨∨∨∨∨∨ (7회)	70%

① 사건 기록법(event recording)
② 평정 척도법(rating scale)
③ 일화 기록법(anecdotal recording)
④ 지속시간 기록법(duration recording)

13 배구 수업에서 운동기능이 낮은 학습자의 참여 증진을 위한 스포츠 지도 방법으로 적절하지 않은 것은?

① 네트 높이를 낮춘다.
② 소프트한 배구공을 사용한다.
③ 서비스 라인을 네트와 가깝게 위치시킨다.
④ 정식 게임(full-sided game)으로 운영한다.

14 메이거(R. Mager)가 제시한 학습 목표 설정의 요소가 아닌 것은?

① 설정된 운동수행 기준
② 운동수행에 필요한 상황과 조건
③ 학습자에게 기대되는 성취행위
④ 목표 달성이 불가능할 경우의 대처방안

15 〈보기〉에서 메츨러(M. Metzler)의 탐구수업모형에 관한 설명으로 옳은 것을 모두 고른 것은?

> **보기**
> ㉠ 모형의 주제는 '문제해결자로서의 학습자'이다.
> ㉡ 학습 영역의 우선순위는 심동적, 인지적, 정의적 순이다.
> ㉢ 지도자는 학습자가 '생각하고 움직이기'를 할 수 있도록 과제를 제시한다.
> ㉣ 지도자의 질문에 학습자가 바로 대답하지 못하는 경우 즉시 답을 알려준다.

① ㉠, ㉢
② ㉡, ㉢
③ ㉠, ㉡, ㉢
④ ㉠, ㉡, ㉣

16 스포츠 참여자 평가에서 심동적(psychomotor) 영역에 해당하는 것은?

① 몰입
② 심폐지구력
③ 협동심
④ 경기 규칙 이해

17 〈보기〉에 해당하는 운동기능의 학습 전이(transfer) 유형은?

> **보기**
> 야구에서 배운 오버핸드 공 던지기가 핸드볼에서 오버핸드 공 던지기 기능으로 전이되는 경우이다.

① 대칭적 전이
② 과제 내 전이
③ 과제 간 전이
④ 일상으로의 전이

18 스포츠 교육 프로그램의 구성요소에 관한 설명으로 적절하지 않은 것은?

① 평가 : 프로그램을 개선하는 데 도움을 준다.
② 내용 : 스포츠 지도의 철학, 이념 또는 비전이다.
③ 지도법 : 프로그램을 체계적으로 전달하는 방법이다.
④ 목적 및 목표 : 일반적인 목표와 구체적인 목표로 구분할 수 있다.

19 메츨러(M. Metzler)의 개별화지도모형의 주제로 적절한 것은?

① 지도자가 수업 리더 역할을 한다.
② 나는 너를, 너는 나를 가르친다.
③ 유능하고, 박식하며, 열정적인 스포츠인으로 성장한다.
④ 학습자가 가능한 한 빨리, 필요한 만큼 천천히 학습 속도를 조절한다.

20 학교체육진흥법 시행령(2024. 9. 15.) 제3조 '학교운동부지도자의 자격기준 등'에서 제시한 학교운동부지도자 재임용의 평가 내용이 아닌 것은?

① 복무 태도
② 학교운동부 운영 성과
③ 인권교육 연 1회 이상 이수 여부
④ 학생선수의 학습권 및 인권 침해 여부

스포츠심리학

01 스포츠심리학의 주된 연구의 동향과 영역에 포함되지 않는 것은?

① 인지적 접근과 현장 연구
② 경험주의에 기초한 성격 연구
③ 생리학적 항상성에 관한 연구
④ 사회적 촉진 및 각성과 운동수행의 관계 연구

02 데시(E. Deci)와 라이언(R. Ryan)이 제시한 자기결정이론(self-determination theory)에서 외적동기 유형으로 분류되지 않는 것은?

① 무동기(amotivation)
② 확인규제(identified regulation)
③ 통합규제(integrated regulation)
④ 의무감규제(introjected regulation)

03 〈보기〉에서 설명하는 개념은?

> 보기
> 체육관에서 관중의 함성과 응원 소리에도 불구하고, 작전타임에서 코치와 선수는 서로 의사소통이 가능하다.

① 스트룹 효과(Stroop effect)
② 지각협소화(perceptual narrowing)
③ 무주의 맹시(inattention blindness)
④ 칵테일파티 효과(cocktail party effect)

04 〈표〉는 젠타일(A. Gentile)의 이차원적 운동기술분류이다. 야구 유격수가 타구된 공을 잡아서 1루로 송구하는 움직임이 해당하는 곳은?

		동작의 요구(기능)			
		신체 이동 없음 (신체의 안정성)		신체 이동 있음 (신체의 불안정성)	
구분		물체 조작 없음	물체 조작 있음	물체 조작 없음	물체 조작 있음
환경적 맥락	안정적인 조절 조건 / 동작 시도 간 환경 변이성 없음				
	안정적인 조절 조건 / 동작 시도 간 환경 변이성				
	비안정적 조절 조건 / 동작 시도 간 환경 변이성 없음	①		③	
	비안정적 조절 조건 / 동작 시도 간 환경 변이성		②		④

05 뉴웰(K. Newell)이 제시한 움직임 제한(constraints) 요소의 유형이 다른 것은?

① 운동능력이 움직임을 제한한다.
② 인지, 동기, 정서상태가 움직임을 제한한다.
③ 신장, 몸무게, 근육형태가 움직임을 제한한다.
④ 과제목표와 특성, 규칙, 장비가 움직임을 제한한다.

06 〈보기〉에서 설명하는 게셀(A. Gesell)과 에임스(L. Ames)의 운동발달의 원리가 아닌 것은?

> 보기
> - 머리에서 발 방향으로 발달한다.
> - 운동발달은 일련의 방향성을 갖는다.
> - 운동협응의 발달순서가 있다.
>   – 양측 : 상지 혹은 하지의 양측을 동시에 움직이는 형태를 보인다.
>   – 동측 : 상하지를 동시에 움직이는 형태를 보인다.
>   – 교차 : 상하지를 동시에 움직이는 형태를 보인다.
> - 운동기술의 습득 과정에서 몸통이나 어깨 근육을 조절하는 능력을 먼저 갖추고, 이후에 팔, 손목, 손, 그리고 손가락 근육을 조절하는 능력을 갖춘다.

① 머리-꼬리 원리(cephalocaudal principle)
② 중앙-말초 원리(proximodistal principle)
③ 개체발생적 발달 원리(ontogenetic development principle)
④ 양측-동측-교차 운동협응의 원리(bilateral-unilateral(ipsilateral)-crosslateral principle)

07 스포츠를 통한 인성 발달 전략에 대한 설명으로 옳지 않은 것은?

① 상황에 맞는 바람직한 행동을 설명한다.
② 도덕적으로 적절한 행동에 대하여 설명한다.
③ 바람직한 행동을 강화하고, 적대적 공격행동은 처벌한다.
④ 격한 상황에서 자신의 감정을 공격적으로 표출하도록 격려한다.

08 〈보기〉에서 설명하는 목표의 유형은?

> 보기
> - 운동기술을 잘 수행하기 위해서 필요한 핵심 행동에 중점을 둔다.
> - 자기효능감과 자신감을 높이고 인지 불안을 낮추는 데 도움이 된다.
> - 자신의 운동수행에 대한 목표를 달성하는 데 중점을 두는 목표로 달성의 기준점이 자신의 과거 기록이 된다.

① 과정목표와 결과목표
② 수행목표와 과정목표
③ 수행목표와 객관적목표
④ 객관적목표와 주관적목표

09 스미스(R. Smith)와 스몰(F. Smol)이 개발한 유소년 지도자 훈련 프로그램인 CET(Coach Effectiveness Training)의 핵심 원칙이 아닌 것은?

① 자기관찰   ② 운동도식
③ 상호지원   ④ 발달모델

10 균형유지와 사지협응 및 자세제어에 주된 역할을 하는 뇌 구조(영역)는?

① 소뇌(cerebellum)
② 중심고랑(central sulcus)
③ 대뇌피질의 후두엽(occipital lobe of cerebrum)
④ 대뇌피질의 측두엽(temporal lobe of cerebrum)

11 골프 퍼팅 과제를 100회 연습한 뒤, 24시간 후에 동일 과제에 대해 수행하는 검사는?

① 속도검사(speed test)
② 파지검사(retention test)
③ 전이검사(transfer test)
④ 지능검사(intelligence test)

12 〈보기〉에서 설명하는 일반화된 운동프로그램(generalized motor program)의 불변 특성(invariant feature) 개념은?

보기

- A 움직임 시간은 500ms, B 움직임 시간은 900ms로 서로 다르다.
- 4개의 하위 움직임 구간의 시간적 구조 비율은 변하지 않는다.
- 단, A와 B 움직임은 모두 동일인이 수행한 동작이며, 하위 움직임 구성도 4개로 동일함

① 어트랙터(attractor)
② 동작유도성(affordance)
③ 상대적 타이밍(relative timing)
④ 절대적 타이밍(absolute timing)

13 〈보기〉에서 구스리(E. Guthrie)가 제시한 '운동기술 학습으로 인한 변화'에 관한 설명으로 옳은 것을 모두 고른 것은?

보기

㉠ 최대의 확실성(maximum certainty)으로 운동과제를 수행할 수 있다.
㉡ 최소의 인지적 노력(minimum cognitive effect)으로 운동과제를 수행할 수 있다.
㉢ 최소의 움직임 시간(minimum movement time)으로 운동과제를 수행할 수 있다.
㉣ 최소의 에너지 소비(minimum energy expenditure)로 운동과제를 수행할 수 있다.

① ㉠, ㉡, ㉢
② ㉠, ㉢, ㉣
③ ㉡, ㉢, ㉣
④ ㉠, ㉡, ㉢, ㉣

14 〈보기〉에 제시된 공격성에 관한 설명과 이론(가설)이 바르게 연결된 것은?

보기

- (㉠) 환경에서 관찰과 강화로 공격행위를 학습한다.
- (㉡) 인간의 내부에는 공격성을 유발하는 에너지가 존재한다.
- (㉢) 좌절(예: 목표를 추구하는 행위가 방해받는 경험)이 공격 행동을 유발한다.
- (㉣) 좌절이 무조건 공격행동을 유발하지 않고, 공격 행동이 적절하다는 외부적 단서가 있을 때 나타난다.

	㉠	㉡	㉢	㉣
①	사회학습이론	본능이론	좌절-공격 가설	수정된 좌절-공격 가설
②	사회학습이론	본능이론	수정된 좌절-공격 가설	좌절-공격 가설
③	본능이론	사회학습이론	좌절-공격 가설	수정된 좌절-공격 가설
④	본능이론	사회학습이론	수정된 좌절-공격 가설	좌절-공격 가설

15 〈보기〉에서 하터(S. Harter)의 유능성 동기이론 모형에 관한 설명으로 옳은 것을 고른 것은?

> 보기
> ㉠ 심리적 요인과 관련된 단일차원의 구성개념이다.
> ㉡ 실패 경험은 부정적 정서를 갖게 하여 유능성 동기를 낮추고, 결국에는 운동을 중도 포기하게 한다.
> ㉢ 성공 경험은 자기효능감과 긍정적 정서를 갖게 하여 유능성 동기를 높이고, 숙달(mastery)을 경험하게 한다.
> ㉣ 스포츠 상황에서 성공하기 위한 능력이 있다는 확신의 정도나 신념으로 특성 스포츠 자신감과 상태 스포츠 자신감으로 구분한다.

① ㉠, ㉡ ② ㉠, ㉣
③ ㉡, ㉢ ④ ㉡, ㉣

16 〈보기〉에서 설명하는 용어는?

> 보기
> 번스타인(N. Bernstein)은 움직임의 효율적 제어를 위해 중추신경계가 자유도를 개별적으로 제어하지 않고, 의미 있는 단위로 묶어서 조절한다고 설명하였다.

① 공동작용(synergy)
② 상변이(phase transition)
③ 임계요동(critical fluctuation)
④ 속도-정확성 상쇄 현상(speed-accuracy trade-off)

17 〈보기〉에서 연구 결과를 통해 확인할 수 있는 목표 설정에 관한 설명으로 옳은 것을 고른 것은?

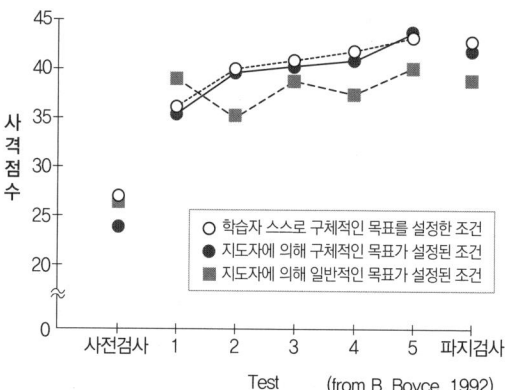

(from B. Boyce, 1992)

> 보기
> ㉠ 목표설정이 운동의 수행과 학습에 효과적이다.
> ㉡ 학습자에게 어려운 목표를 설정하도록 조언해야 한다.
> ㉢ 구체적인 목표를 설정했던 집단에서 더 높은 학습 효과가 나타났다.
> ㉣ 구체적이고 도전적인 목표를 향해 전념하도록 격려하는 것은 운동의 수행과 학습의 효과를 감소시킨다.

① ㉠, ㉡ ② ㉠, ㉢
③ ㉡, ㉢ ④ ㉡, ㉣

18 〈보기〉에서 설명하는 피드백 유형은?

> 보기
> 높이뛰기 도약 스텝 기술을 연습하게 한 후에 지도자는 학습자의 정확한 도약 기술 습득을 위해 각 발의 스텝번호(지점)을 바닥에 표시해주었다.

① 내적 피드백(intrinsic feedback)
② 부적 피드백(negative feedback)
③ 보강 피드백(augmented feedback)
④ 부적합 피드백(incongruent feedback)

19.〈보기〉는 칙센트미하이(M. Csikszentmihalyi)가 주장한 몰입의 개념이다. ㉠~㉣에 들어갈 개념이 바르게 연결된 것은?

보기
- (㉠)과 (㉡)이 균형을 이루는 상황에서 운동 수행에 완벽히 집중하는 것을 몰입(flow)이라 한다.
- (㉡)이 높고, (㉠)이 낮으면 (㉢)을 느낀다.
- (㉡)이 낮고, (㉠)이 높으면 (㉣)을 느낀다.

	㉠	㉡	㉢	㉣
①	기술	도전	불안	이완
②	도전	기술	각성	무관심
③	기술	도전	각성	불안
④	도전	기술	이완	지루함

20. 학습된 무기력(learned helplessness) 상태에 있는 학습자에게 귀인 재훈련(attribution retraining)을 위한 적절한 전략은?

① 실패의 원인을 외적 요인에서 찾게 한다.
② 능력의 부족을 긍정적으로 받아들이게 한다.
③ 운이 따라 준다면 다음에 성공할 수 있다고 지도한다.
④ 실패의 원인을 노력 부족이나 전략의 미흡으로 받아들이게 한다.

한국체육사

01. 체육사 연구에서 사관(史觀)에 관한 설명으로 적절하지 않은 것은?

① 유물사관, 관념사관, 진보사관, 순환사관 등이 있다.
② 체육 역사에 대한 견해, 해석, 관념, 사상 등을 의미한다.
③ 체육 역사가의 관점으로 다양한 과거의 역사적 사실을 해석한다.
④ 과거 체육과 관련된 사실을 담고 있는 역사 자료를 의미한다.

02. 〈보기〉의 ㉠~㉢에 들어갈 용어가 바르게 연결된 것은? (단, 시대구분은 나현성의 방식을 따름)

보기
- (㉠) 이전은 무예를 중심으로 한 무사 체육 등의 (㉡) 체육을 강조하였다.
- (㉠) 이후는 「교육입국조서(敎育立國詔書)」를 통한 학교 교육에 기반을 둔 (㉢) 체육을 강조하였다.

	㉠	㉡	㉢
①	갑오경장(1894)	전통	근대
②	갑오경장(1894)	근대	전통
③	을사늑약(1905)	전통	근대
④	을사늑약(1905)	근대	전통

03 ⟨보기⟩에서 설명하는 민속놀이는?

> **보기**
> - 사희(柶戲)라고도 불리었다.
> - 부여의 사출도(四出道)라는 관직명에서 유래되었다.
> - 남녀노소 누구나 즐길 수 있으며, 장소에 크게 구애받지 않은 놀이였다.

① 바둑 ② 장기
③ 윷놀이 ④ 주사위

04 화랑도에 관한 설명으로 옳지 않은 것은?

① 진흥왕 때에 조직이 체계화되었다.
② 세속오계는 도의교육(道義敎育)의 핵심이었다.
③ 신체미 숭배 사상, 국가주의 사상, 불국토 사상이 중시되었다.
④ 서민층만을 대상으로 한 청소년단체로서 문무겸전(文武兼全)을 추구하였다.

05 ⟨보기⟩에서 설명하는 신체활동은?

> **보기**
> - 가죽 주머니로 공을 만들어 발로 차는 놀이였다.
> - 한 명, 두 명, 열 명 등 다양한 형식으로 실시되었다.
> - ⟨삼국사기(三國史記)⟩와 ⟨삼국유사(三國遺事)⟩에 따르면 김유신과 김춘추가 이 신체활동을 하였다.

① 석전(石戰) ② 축국(蹴鞠)
③ 각저(角抵) ④ 도판희(跳板戲)

06 ⟨보기⟩에서 민속놀이와 주요 활동 계층이 바르게 연결된 것으로만 묶인 것은?

> **보기**
> ㉠ 풍연(風鳶) – 귀족
> ㉡ 격구(擊毬) – 서민
> ㉢ 방응(放鷹) – 귀족
> ㉣ 추천(鞦韆) – 서민

① ㉠, ㉡ ② ㉢, ㉣
③ ㉠, ㉣ ④ ㉡, ㉢

07 고려시대 수박(手搏)에 관한 설명으로 옳지 않은 것은?

① 관람형 무예 경기로 성행되었다.
② 응방도감(鷹坊都監)에서 관장하였다.
③ 무인 선발의 기준과 수단이 되었다.
④ 무예 수련과 군사훈련 등의 목적으로 활용되었다.

08 ⟨보기⟩에서 조선시대의 훈련원에 관한 설명으로 옳은 것을 모두 고른 것은?

> **보기**
> ㉠ 성리학 교육을 담당하였다.
> ㉡ 활쏘기, 마상무예 등의 훈련을 실시하였다.
> ㉢ 무인 양성과 관련된 공식적인 교육기관이었다.
> ㉣ ⟨무경칠서(武經七書)⟩, ⟨병장설(兵將說)⟩ 등의 병서 습득을 장려하였다

① ㉠, ㉡ ② ㉢, ㉣
③ ㉡, ㉢, ㉣ ④ ㉠, ㉡, ㉢, ㉣

09 조선시대 궁술(弓術)에 관한 설명으로 옳지 <u>않은</u> 것은?

① 육예(六藝) 중 어(御)에 해당하였다.
② 무관 선발을 위한 무과 시험의 한 과목이었다.
③ 대사례(大射禮), 향사례(鄕射禮) 등으로 행해졌다.
④ 왕, 무관, 유학자 등 다양한 계층에서 실시하였다.

10 〈보기〉에서 설명하는 조선시대의 무예서는?

> 보기
> • 24종류의 무예가 기록되어 있다.
> • 정조의 명령하에 국가사업으로 간행되었다.
> • 한국, 중국, 일본의 관련 문헌 145권이 참조되었다.

① 무예제보(武藝諸譜)
② 무예신보(武藝新譜)
③ 무예도보통지(武藝圖譜通志)
④ 예제보번역속집(武藝諸譜翻譯續集)

11 〈보기〉에서 설명하는 개화기 민족사립학교는?

> 보기
> • 1907년에 이승훈이 설립하였다.
> • 대운동회를 매년 1회 실시하였다.
> • 체육은 주로 군사훈련의 성격을 띠었다.

① 오산학교
② 대성학교
③ 원산학사
④ 숭실학교

12 개화기의 체육사적 사실에 관한 설명으로 옳은 것은?

① 동래무예학교는 문예반 50명, 무예반 200명을 선발하였다.
② 개화기 최초의 운동회는 일본인 학교에서 주관한 화류회(花柳會)였다.
③ 양반들이 주도하여 배재학당, 이화학당, 경신학당 등 미션스쿨을 설립하였다.
④ 고종은 「교육입국조서(敎育立國詔書)」를 반포하고, 덕양, 체양, 지양을 강조하였다.

13 개화기의 체육단체에 관한 설명으로 옳은 것은?

① 청강체육부 : 탁지부 관리들이 친목 도모를 위해 1902년에 조직하였고, 최초로 연식정구를 도입하였다.
② 회동구락부 : 최성희, 신완식 등이 1910년에 조직하였고, 정례적으로 축구 시합을 하였다.
③ 무도기계체육부 : 우리나라 최초 기계체조 단체로서 이희두와 윤치오가 1908년에 조직하였다.
④ 대동체육구락부 : 체조 교사인 조원희, 김성집, 이기동 등이 주축이 되어 보성중학교에서 1909년에 조직하였고, 병식체조를 강조하였다.

14 일제강점기 체육에 관한 사실로 옳지 <u>않은</u> 것은?

① 박승필은 1912년에 유각권구락부를 설립해 권투를 지도하였다.
② 조선체육협회는 1920년에 동아일보사 후원으로 설립되었다.
③ 서상천은 1926년에 일본체육회 체조학교를 졸업하고, 역도를 소개하였다.
④ 손기정은 1936년에 베를린올림픽경기대회 마라톤 종목에서 우승하였다.

15 〈보기〉에서 설명하는 단체는?

> **보기**
> - 외국인 선교사가 근대스포츠인 야구, 농구, 배구를 도입하였다.
> - 1916년에 실내체육관을 준공하여, 다양한 실내스포츠를 활성화하였다.

① 황성기독교청년회
② 대한체육구락부
③ 조선체육회
④ 조선체육협회

16 〈보기〉에서 박정희 정부 때 실시한 체력장 제도에 관한 설명으로 옳은 것을 모두 고른 것은?

> **보기**
> ㉠ 1971년부터 실시되었다.
> ㉡ 1973년부터는 대학입시에 체력장 평가가 포함되었다.
> ㉢ 국제체력검사표준화위원회에서 정한 기준과 종목을 대상으로 하였다.
> ㉣ 시행 종목에는 100m 달리기, 제자리멀리뛰기, 팔굽혀매달리기(여자), 턱걸이(남자), 윗몸일으키기, 던지기가 있었다.

① ㉠, ㉡
② ㉢, ㉣
③ ㉠, ㉡, ㉢
④ ㉠, ㉡, ㉢, ㉣

17 〈보기〉에서 설명하는 스포츠 경기 종목은?

> **보기**
> - 1988년 제24회 서울올림픽경기대회에서 시범 종목으로 채택되었다.
> - 2000년 제27회 시드니올림픽경기대회에서 정식 종목으로 채택되었다.
> - 2007년에 정부는 이 종목을 진흥하기 위한 법률을 제정하였다.

① 유도
② 복싱
③ 태권도
④ 레슬링

18 1948년 제5회 동계올림픽경기대회에 관한 설명으로 옳지 않은 것은?

① 개최지는 스위스 생모리츠였다.
② 제2차세계대전을 일으킨 독일과 일본도 출전하였다.
③ 광복 이후 최초로 태극기를 단 선수단이 파견되었다.
④ 이효창, 문동성, 이종국 선수는 스피드스케이팅 종목에 출전하였다.

19 대한민국에서 개최된 하계아시아경기대회가 아닌 것은?

① 1986년 제10회 서울아시아경기대회
② 2002년 제14회 부산아시아경기대회
③ 2014년 제17회 인천아시아경기대회
④ 2018년 제18회 평창아시아경기대회

20 1991년에 남한과 북한이 단일팀으로 탁구 종목에 참가한 국제경기 대회는?

① 제41회 지바세계선수권대회
② 제27회 시드니올림픽경기대회
③ 제28회 아테네올림픽경기대회
④ 제6회 포르투갈세계청소년선수권대회

운동생리학

01 ATP를 합성하는 데 사용되는 에너지원이 아닌 것은?

① 근중성지방 ② 비타민C
③ 글루코스 ④ 젖산

02 근수축에 필수적인 Ca^{2+} 이온을 저장, 분비하는 근육 세포 내 소기관은?

① 근형질세망(sarcoplasmic reticulum)
② 위성세포(satellite cell)
③ 미토콘드리아(mitochondria)
④ 근핵(myonuclear)

03 운동 후 초과산소섭취량(EPOC)에 영향을 미치는 요인으로 적절하지 않은 것은?

① 운동 중 증가한 체온
② 운동 중 증가한 젖산
③ 운동 중 증가한 호르몬(에피네프린, 노르에피네프린)
④ 운동 중 증가한 크레아틴인산(phosphocreatine, PC)

04 수중 운동 시 체온유지를 위한 요인으로 옳지 않은 것은?

① 폐활량 ② 체지방량
③ 운동 강도 ④ 물의 온도

05 운동강도 증가에 따라 동원되는 근섬유 순서로 옳은 것은?

① TypeⅡa섬유 → TypeⅡx 섬유 → TypeⅠ섬유
② TypeⅡx섬유 → TypeⅡa 섬유 → TypeⅠ섬유
③ TypeⅠ섬유 → TypeⅡa 섬유 → TypeⅡx섬유
④ TypeⅠ섬유 → TypeⅡx 섬유 → TypeⅡa섬유

06 장기간 규칙적 유산소 훈련의 결과로 최대 운동 시 나타나는 심폐기능의 적응으로 옳은 것을 모두 고른 것은?

> **보기**
> ㉠ 최대산소섭취량 증가
> ㉡ 심장용적과 심근수축력 증가
> ㉢ 심박출량 증가

① ㉠, ㉡ ② ㉠, ㉢
③ ㉡, ㉢ ④ ㉠, ㉡, ㉢

07 항상성 유지를 위한 신체 조절 중 부적 피드백(negative feedback)이 아닌 것은?

① 세포외액의 CO_2 조절
② 체온 상승에 따른 땀 분비 증가
③ 혈당 유지를 위한 호르몬 조절
④ 출산 시 자궁 수축 활성화 증가

08 운동 중 1회 박출량(stroke volume) 증가 원인으로 옳지 않은 것은?

① 대동맥압 증가에 따른 후부하(after load) 증가
② 호흡펌프작용에 의한 정맥회귀(venous return) 증가
③ 골격근 수축에 의한 근육펌프작용 증가
④ 교감신경 자극에 의한 심근 수축력 증가

09 <보기>의 ㉠, ㉡에 들어갈 내용이 바르게 연결된 것은?

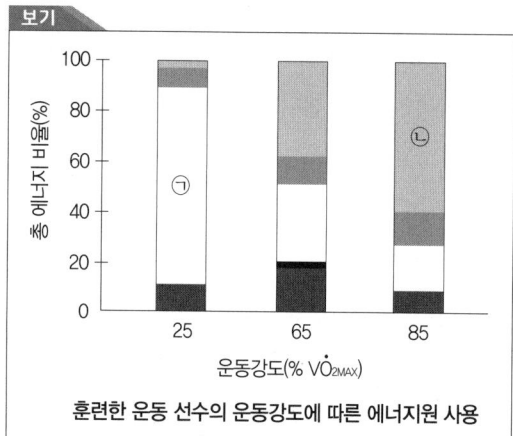

훈련한 운동 선수의 운동강도에 따른 에너지원 사용

	㉠	㉡
①	혈중 포도당	근중성지방
②	혈중 유리지방산	근글리코겐
③	근글리코겐	혈중 포도당
④	근중성지방	혈중유리지방산

10 운동 중 소뇌의 기능에 대한 설명으로 옳은 것을 모두 고른 것은?

보기
㉠ 골격근 운동 조절의 최종 단계 역할
㉡ 빠른 동작의 정확한 수행을 위한 통합 조절
㉢ 고유수용기로부터 유입되는 정보를 활용하여 동작 수정

① ㉠, ㉡   ② ㉠, ㉢
③ ㉡, ㉢   ④ ㉠, ㉡, ㉢

11 운동에 따른 환기량의 변화로 옳은 것을 모두 고른 것은?

보기
㉠ 운동 시작 직전에는 운동 수행에 대한 기대감으로 환기량이 증가할 수 있다.
㉡ 운동 초기 환기량 변화의 주된 요인은 경동맥에 위치한 화학수용기 반응이다.
㉢ 운동 강도가 증가하면 1회 호흡량은 감소하고 호흡수는 현저히 증가한다.
㉣ 회복기 환기량은 운동 중 생성된 체내 수소이온 및 이산화탄소 농도와 관련 있다.

① ㉠, ㉡   ② ㉠, ㉢
③ ㉠, ㉣   ④ ㉡, ㉢, ㉣

12 <보기>의 ㉠, ㉡에 들어갈 내용이 바르게 연결된 것은?

보기

1개의 포도당 분해에 따른 유산소성 ATP 생성		
대사적 과정	고에너지 생산	ATP 누계
해당작용	2ATP	2
	2NADH	7
피루브산에서 아세틸조효소 A까지	2NADH	12
㉠	2ATP	14
	6NADH	29
	2FADH₂	㉡
합계		㉡ ATP

	㉠	㉡
①	크랩스회로	32
②	β 산화	32
③	크랩스회로	35
④	β 산화	35

13 체중이 80kg인 사람이 10METs로 10분간 달리기 했을 때 소비 칼로리는? (단, 1MET=3.5ml · kg^{-1} · min^{-1}, O$_2$ 1L당 5Kcal 생성)

① 130Kcal
② 140Kcal
③ 150Kcal
④ 160Kcal

14 〈보기〉는 신경 세포의 안정 시 막전위에 영향을 주는 Na$^+$과 K$^+$에 대한 그림이다. ㉠~㉣에 들어갈 내용이 바르게 연결된 것은?

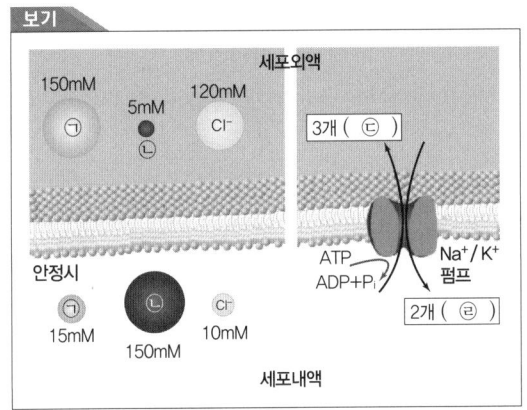

	㉠	㉡	㉢	㉣
①	K$^+$	Na$^+$	Na$^+$	K$^+$
②	Na$^+$	K$^+$	Na$^+$	K$^+$
③	K$^+$	Na$^+$	K$^+$	Na$^+$
④	Na$^+$	K$^+$	K$^+$	Na$^+$

15 〈보기〉의 최대산소섭취량 공식에서 장기간 지구성 훈련에 의해 증가되는 요소를 모두 고른 것은?

보기
최대산소섭취량=㉠ 최대1회박출량×㉡ 최대심박수×㉢ 최대동정맥산소차

① ㉠
② ㉠, ㉡
③ ㉠, ㉢
④ ㉡, ㉢

16 〈보기〉의 내용이 모두 증가되었을 때 향상되는 건강체력 요소는?

보기
- 모세혈관의 밀도
- 미토콘드리아의 수와 크기
- 동정맥 산소차(arterial−venous oxygen difference)

① 유연성
② 순발력
③ 심폐지구력
④ 근력

17 1시간 이내의 중강도 운동 시 시간 경과에 따라 혈중 농도가 점차 감소하는 호르몬은?

① 에피네프린(epinephrine)
② 인슐린(insulin)
③ 성장호르몬(growth hormone)
④ 코르티솔(cortisol)

18 〈보기〉에서 설명하는 고유수용기는?

보기
- 감각 및 운동신경의 말단이 연결되어 있다.
- 감마운동뉴런을 통해 조절된다.
- 근육의 길이 정보를 중추신경계로 보낸다.

① 근방추(muscle spindle)
② 골지건기관(Golgi tendon organ)
③ 자유신경종말(free nerve ending)
④ 파치니안 소체(Pacinian corpuscle)

19 근력 결정요인으로 옳지 않은 것은?

① 근육 횡단면적
② 근절의 적정 길이
③ 근섬유 구성비
④ 근섬유막 두께

20 상완이두근의 움직임에 대한 근육 수축 형태로 옳지 <u>않은</u> 것은?

① 자세를 유지할 때 – 등척성 수축
② 턱걸이 올라갈 때 – 단축성 수축
③ 턱걸이 내려갈 때 – 신장성 수축
④ 공을 던질 때 – 등속성 수축

운동역학

01 운동역학(sports biomechanics)의 내용으로 적절한 것은?

① 스포츠 현상을 사회학적 연구 이론과 방법으로 설명하는 학문이다.
② 운동에 의한 생리적·기능적 변화를 기술하고 설명하는 학문이다.
③ 스포츠 수행에 영향을 주는 심리적 요인을 설명하는 학문이다.
④ 스포츠 상황에서 인체에 발생하는 힘과 그 효과를 설명하는 학문이다.

02 근육의 신장(원심)성 수축(eccentric contraction)이 <u>아닌</u> 것은?

① 스쿼트의 다리를 굽히는 동작에서 큰볼기근(대둔근, gluteus maximus)의 수축
② 팔굽혀펴기의 팔을 펴는 동작에서 위팔세갈래근(상완삼두근, triceps brachii)의 수축
③ 턱걸이의 팔을 펴는 동작에서 넓은등근(광배근, latissimus dorsi)의 수축
④ 윗몸일으키기의 뒤로 몸통을 펴는 동작에서 배곧은근(복직근, rectus abdominis)의 수축

03 단위 시간당 이동한 변위(displacement)를 나타내는 벡터량은?

① 속도(velocity)
② 거리(distance)
③ 가속도(acceleration)
④ 각속도(angular velocity)

04 지면반력기(force plate)를 통해 얻을 수 있는 변인이 아닌 것은?

① 걷기 동작에서 디딤발에 가해지는 힘의 방향
② 외발서기 동작에서 디딤발 압력중심(center of pressure)의 이동거리
③ 서전트 점프 동작에서 발로 지면에 힘을 가한 시간
④ 달리기 동작의 체공기(non-supporting phase)에서 발에 작용하는 힘의 크기

05 인체의 시상(전후)면(sagittal plane)에서 수행되는 움직임이 아닌 것은?

① 인체의 수직축(종축)을 중심으로 회전하는 피겨스케이팅 선수의 몸통분절 움직임
② 페달링하는 사이클 선수의 무릎관절 굴곡/신전 움직임
③ 100m 달리기를 하는 육상 선수의 발목관절 저측/배측굴곡 움직임
④ 앞구르기를 하는 체조 선수의 몸통분절 움직임

06 ⟨보기⟩에서 복합운동(general motion)에 해당하는 것을 모두 고른 것은?

보기
㉠ 커브볼로 던져진 야구공의 움직임
㉡ 페달링하면서 직선구간을 질주하는 사이클 선수의 대퇴(넙다리) 분절 움직임
㉢ 공중회전하면서 낙하하는 다이빙 선수의 몸통 움직임

① ㉠
② ㉠, ㉢
③ ㉡, ㉢
④ ㉠, ㉡, ㉢

07 인체 무게중심에 대한 설명으로 옳은 것은? (단, 공기저항은 무시함)

① 무게중심은 항상 신체 내부에 위치한다.
② 체조 선수는 공중회전하는 동안 무게중심을 지나는 축을 중심으로 회전하게 된다.
③ 지면에 선 상태로 팔을 위로 올리면 무게중심은 아래로 이동한다.
④ 서전트 점프 이지(take-off) 후, 공중에서 팔을 위로 올리면 무게중심은 위로 이동한다.

08 농구 자유투에서 투사된 농구공의 운동에 대한 설명으로 옳은 것은? (단, 공기저항은 무시함)

① 농구공 질량중심의 수직속도는 일정하다.
② 최고점에서 농구공 질량중심의 수평속도는 0m/s가 된다.
③ 최고점에서 농구공 질량중심은 수평방향으로 등속도 운동을 한다.
④ 최고점에서 농구공 질량중심은 수직방향으로 등속도 운동을 한다.

09 〈그림〉과 같이 공이 지면(수평 고정면)에 충돌하는 상황에 관한 설명으로 옳은 것은? (단, 공의 충돌 전 수평속도 및 수직속도는 같음)

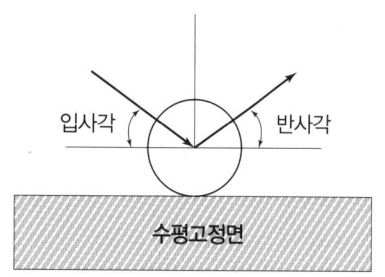

① 충돌 후, 무회전에 비해 백스핀된 공의 수평속도가 크다.
② 충돌 후, 무회전에 비해 톱스핀된 공의 수직속도가 크다.
③ 충돌 후, 무회전에 비해 톱스핀된 공의 반사각이 크다.
④ 충돌 후, 무회전된 공과 백스핀된 공의 리바운드 높이는 같다.

10 〈그림〉에서 달리기 선수의 질량은 60kg이며 오른발 착지 시 무게중심의 수평속도는 2m/s이다. A와 B의 면적이 각각 80N·s와 20N·s일 때, 오른발 이지(take-off) 순간 무게중심의 수평속도는?

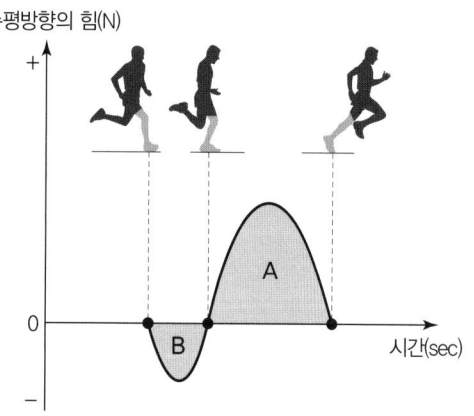

① 3m/s   ② 4m/s
③ 5m/s   ④ 6m/s

11 〈보기〉의 ㉠, ㉡에 들어갈 용어가 바르게 연결한 것은?

> **보기**
> 농구선수는 양손 체스트패스 캐치 동작에서 공을 몸쪽으로 당겨 받는다. 그 과정에서 공을 받는 (㉠)은 늘리고 (㉡)은 줄일 수 있다.

	㉠	㉡
①	시간	충격력(impact force)
②	충격력	시간
③	충격량(impulse)	시간
④	충격력	충격량

12 역학적 일(work)을 하지 않은 것은?

① 역도 선수가 바닥에 있던 100kg의 바벨을 1m 높이로 들어 올렸다.
② 레슬링 선수가 상대방을 굴려서 1m 옆으로 이동시켰다.
③ 체조 선수가 철봉에 매달려 10초 동안 정지해 있었다.
④ 육상 선수가 달려서 100m를 이동했다.

13 마그누스 효과(Magnus effect)에 관한 내용이 아닌 것은?

① 레인에서 회전하는 볼링공의 경로가 휘어지는 현상
② 커브볼로 투구된 야구공의 경로가 휘어지는 현상
③ 사이드스핀이 가해진 탁구공의 경로가 휘어지는 현상
④ 회전(탑스핀)이 걸린 테니스공이 아래로 빠르게 떨어지는 현상

14 스키점프 동작의 역학적 에너지에 대한 설명으로 옳지 않은 것은? (단, 공기저항은 무시함)

① 운동에너지는 지면 착지 직전에 가장 크다.
② 위치에너지는 수직 최고점에서 가장 크다.
③ 운동에너지는 스키점프대 이륙 직후부터 지면 착지 직전까지 동일하다.
④ 역학적 에너지는 스키점프대 이륙 직후부터 지면 착지 직전까지 보존된다.

15 〈보기〉의 그림에 제시된 덤벨 컬(dumbbell curl) 운동에서 팔꿈치관절 각도(θ)와 팔꿈치관절에 발생되는 회전력(torque)의 관계를 옳게 나타낸 그래프는? (단, 덤벨 컬 운동은 등각속도 운동임)

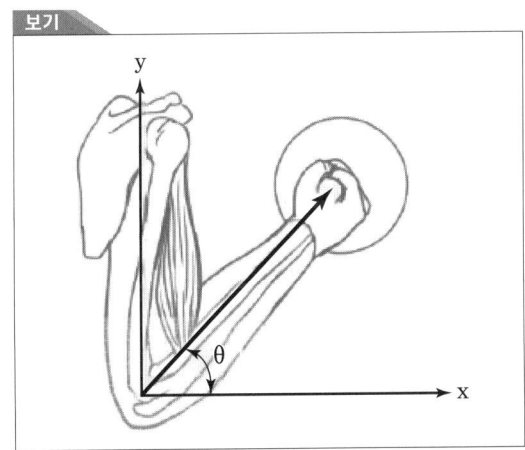

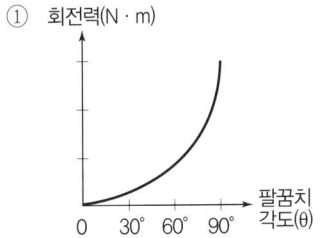

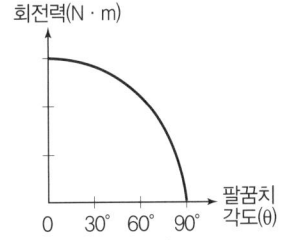

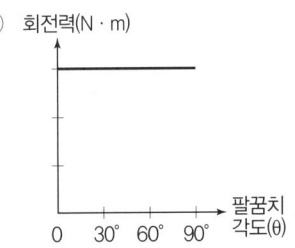

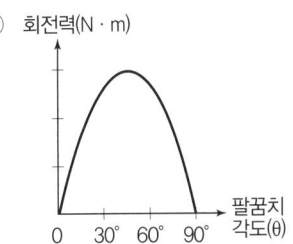

16 인체 지레에 대한 설명 중 옳은 것은?

① 지레에서 저항팔이 힘팔보다 긴 경우에는 힘에 있어서 이득이 있다.
② 1종지레는 저항점이 받침점과 힘점 사이에 있는 형태로, 팔굽혀펴기 동작이 이에 속한다.
③ 2종지레는 받침점이 힘점과 저항점 사이에 있는 형태로, 힘에 있어서 이득이 있다.
④ 3종지레는 힘점이 받침점과 저항점 사이에 있는 형태로, 운동의 범위와 속도에 있어서 이득이 있다.

17 〈보기〉의 ㉠~㉣에 들어갈 내용을 바르게 연결한 것은?

> **보기**
> 다이빙 선수의 공중회전 동작에서는 다이빙 플랫폼 이지(take-off) 직후에 다리와 팔을 회전축 가까이 위치시켜 관성모멘트를 (㉠)시킴으로써 각속도를 (㉡)시켜야 한다. 입수 동작에서는 팔과 다리를 최대한 펴서 관성모멘트를 (㉢)시킴으로써 각속도를 (㉣)시켜야 한다.

	㉠	㉡	㉢	㉣
①	증가	감소	증가	감소
②	감소	증가	증가	감소
③	감소	감소	증가	증가
④	증가	증가	감소	감소

18 30m/s의 수평투사속도로 야구공을 던질 때, 야구공의 체공시간이 2초라면 투사거리는? (단, 공기저항은 무시함)

① 15m ② 30m
③ 60m ④ 90m

19 일률(power)의 단위가 <u>아닌</u> 것은?

① N · m/s   ② kg · m/s²
③ Joule/s   ④ Watt

20 〈보기〉의 ㉠~㉢에 들어갈 내용을 바르게 연결한 것은?

> **보기**
> 신체의 정적 안정성을 높이기 위해서는 기저면(base of support)을 (㉠), 무게중심을 (㉡), 수직 무게중심선을 기저면의 중앙과 (㉢) 위치시키는 것이 효과적이다.

	㉠	㉡	㉢
①	좁히고	높이고	가깝게
②	좁히고	높이고	멀게
③	넓히고	낮추고	가깝게
④	넓히고	낮추고	멀게

스포츠윤리

01 스포츠맨십(sportsmanship) 행위가 아닌 것은?

① 패자에게 승리의 우월성 과시
② 악의없는 순수한 경쟁
③ 패배에 대한 겸허한 수용
④ 승자에 대한 아낌없는 박수

02 〈보기〉에서 스포츠에 관한 결과론적 윤리관에 해당하는 것으로만 고른 것은?

보기
㉠ 경기에서 지더라도 경기규칙은 반드시 준수해야 한다.
㉡ 개인의 최우수선수상 수상보다 팀의 우승이 더 중요하다.
㉢ 운동선수는 훈련과정보다 경기에서 승리하는 것이 더 중요하다.
㉣ 스포츠 경기는 페어플레이를 중시하기 때문에 승리를 위한 불공정한 행위를 해서는 안 된다.

① ㉠, ㉢   ② ㉠, ㉣
③ ㉡, ㉢   ④ ㉢, ㉣

03 스포츠에서 나타나는 인종차별에 관한 설명으로 적절하지 않은 것은?

① 경기실적 향상을 위해 우수한 외국 선수를 귀화시키기도 한다.
② 개인의 운동기량을 인종 전체로 일반화시켜 편견과 차별이 심화되기도 한다.
③ 스포츠미디어는 인종에 대한 편견과 차별을 재생산하기도 한다.
④ 일부 관중들은 노골적으로 특정 인종을 비하하는 모욕 행위를 표출하기도 한다.

04 스포츠윤리 이론 중 덕윤리의 특징으로 적절하지 않은 것은?

① 스포츠 상황에서의 행위의 정당성보다 개인의 인성을 강조한다.
② 비윤리적 행위는 궁극적으로 스포츠인의 올바르지 못한 품성에서 비롯된다.
③ '어떠한 행위를 하는 선수가 되어야 하는가'보다 '무엇이 올바른 행위인지'를 판단하는 데 더 주목한다.
④ 스포츠인의 미덕을 드러내는 행동은 옳은 것이며, 악덕을 드러내는 행동은 그릇된 것으로 간주한다.

05 〈보기〉에서 스포츠윤리의 역할로 적절한 것으로만 고른 것은?

보기
㉠ 스포츠 상황에서 행동의 옳고 그름을 판단할 수 있는 원리 탐구
㉡ 스포츠 현상을 사실적으로 기술하는 방법 탐구
㉢ 스포츠 현상의 미학적 탐구
㉣ 윤리적 원리와 도덕적 덕목에 기초하여 스포츠인에게 요구되는 행위 탐구

① ㉠, ㉡   ② ㉠, ㉣
③ ㉡, ㉢   ④ ㉡, ㉣

06 〈보기〉의 괄호 안에 공통으로 들어갈 용어는?

보기
• 칸트(I. Kant)에게 도덕성의 기준은 (　　　)이다.
• 칸트에 의하면, 페어플레이도 (　　　)이/가 없으면 도덕적이라 볼 수 없다.
• (　　　)은/는 도덕적인 선수가 갖추어야 할 내적인 태도이자 도덕적 행위의 필요충분조건이다.

① 행복   ② 선의지
③ 가언명령   ④ 실천

07 〈보기〉에서 스포츠 선수의 유전자 도핑을 반대해야 하는 이유로 적절한 것을 모두 고른 것은?

> **보기**
> ㉠ 선수의 신체를 실험 대상화하여 기계나 물질로 이해하도록 만들기 때문
> ㉡ 유전자조작 인간과 자연적 인간 사이에 갈등을 초래하기 때문
> ㉢ 생명체로서 인간의 본질을 훼손하고 존엄성을 부정하기 때문
> ㉣ 선수를 우생학적 개량의 대상으로 만들기 때문

① ㉠, ㉢
② ㉡, ㉢
③ ㉠, ㉡, ㉣
④ ㉠, ㉡, ㉢, ㉣

08 〈보기〉의 괄호 안에 들어갈 정의(justice)의 유형은?

> **보기**
> 운동선수의 신체는 훈련으로 만들어지기도 하지만 유전적 요인으로 결정되는 경우가 많다. 농구와 배구선수의 키는 타고난 우연성에 해당한다. 일반적으로 스포츠 경기에서는 이러한 불평등 문제에 (   ) 정의를 적용하지 않는다. 왜냐하면 스포츠는 전적으로 개인의 자발적인 선택의 문제이기 때문이다.

① 자연적
② 절차적
③ 분배적
④ 평균적

09 〈보기〉에서 A선수의 판단 근거가 되는 윤리이론의 난점에 관한 설명으로 적절한 것은?

> **보기**
> 농구경기 4쿼터 종료 3분 전, 감독에게 의도적 파울을 지시받은 A선수는 의도적 파울이 팀 승리에 기여할 수 있지만, 상대 선수에게 위협을 가하거나 자칫 부상을 입힐 수 있기 때문에 도덕적으로 옳지 않다고 판단했다.

① 사회 전체의 이익을 고려하지 않는 경우가 발생한다.
② 상식적이고 보편적인 도덕직관과 충돌하는 판단을 내릴 수 있다.
③ 행위의 결과를 즉각 산출하기 어려울 경우에 명료한 지침을 제시하지 못할 수 있다.
④ 도덕을 수단적으로 인식한다는 점에서 근본적인 도덕개념들과 양립하기 어렵다.

10 〈보기〉의 괄호 안에 공통으로 들어갈 용어는?

> **보기**
> 예진 : 스포츠에는 규칙으로 통제된 (   )이 존재해. 대표적으로 복싱과 태권도와 같은 투기 종목은 최소한의 안전장치가 마련되고, 그 속에서 힘의 우열이 가려지는 것이지. 따라서 스포츠 내에서 폭력은 용인된 폭력과 그렇지 않은 폭력으로 구분할 수 있어!
> 승현 : 아니, 내 생각은 달라! 스포츠 내에서의 폭력과 일상 생활에서의 폭력은 본질적으로 동일하지. 그래서 (   )은 존재할 수 없어.

① 합법적 폭력
② 부당한 폭력
③ 비목적적 폭력
④ 반사회적 폭력

11 〈보기〉에서 국제수영연맹(FINA)이 기술도핑을 금지한 이유는?

> **보기**
> 2008년 베이징올림픽 수영종목에서는 25개의 세계신기록이 쏟아져 나왔다. 주목할만한 것이 23개의 세계신기록이 소위 최첨단 수영복이라 불리는 엘지알 레이서(LZR Racer)를 착용한 선수들에 의해 수립되었다는 것이다. 그러나 이 같은 수영복을 하나의 기술도핑으로 간주한 국제수영연맹은 2010년부터 최첨단 수영복의 착용을 금지하였다.

① 효율성 추구　　② 유희성 추구
③ 공정성 추구　　④ 도전성 추구

12 〈보기〉에서 나타난 현준과 수연의 공정시합에 관한 관점이 바르게 연결된 것은?

> **보기**
> 현준 : 승부조작은 경쟁적 스포츠의 본래적 가치를 훼손시키는 행위지만, 경기규칙을 위반하지 않았다면 윤리적으로 문제없는 것이 아닌가?
> 수연 : 나는 경기규칙을 위반하지 않았다 하더라도, 스포츠의 역사적·사회적 보편성과 정당성 속에서 형성되고 공유된 에토스(shared ethos)에 충실해야 한다고 생각해! 그래서 스포츠의 가치를 근본적으로 훼손시키는 승부조작은 추구해서도, 용인되어서도 절대 안돼!

	현준	수연
①	물질만능주의	인간중심주의
②	형식주의	비형식주의
③	비형식주의	형식주의
④	인간중심주의	물질만능주의

13 〈보기〉의 ⊙, ⓒ과 관련된 맹자(孟子)의 사상이 바르게 연결된 것은?

> **보기**
> ⊙ 농구 경기에서 자신과 부딪쳐서 부상을 당해 병원으로 이송되는 상대 선수를 걱정해 주는 마음
> ⓒ 배구 경기에서 자신의 손에 맞고 터치 아웃된 공을 심판이 보지 못해서 자기 팀이 득점을 했을 때 스스로 부끄러워하는 마음

	⊙	ⓒ
①	수오지심(羞惡之心)	측은지심(惻隱之心)
②	측은지심(惻隱之心)	수오지심(羞惡之心)
③	사양지심(辭讓之心)	시비지심(是非之心)
④	측은지심(惻隱之心)	사양지심(辭讓之心)

14 장애인의 스포츠 참여를 지원하는 방법으로 적절하지 않은 것은?

① 장애인이 접근 가능한 장소의 확보
② 활동에 필요한 장비 및 기구의 안정적 지원
③ 비장애인과의 통합수업보다 분리수업 지향
④ 일회성 체험이 아닌 지속적인 클럽활동 보장

15 스포츠의 지속 가능한 발전에 관한 설명으로 적절하지 않은 것은?

① 새로운 스포츠 시설의 개발 금지
② 스포츠 시설의 개발과 자연환경의 공존
③ 건강한 인간과 건강한 자연환경의 공존
④ 스포츠만의 환경 운동이 아닌 국가적, 국제적 협력과 공조

16 〈그림〉은 스포츠윤리규범의 구조이다. ㉠~㉢에 해당하는 용어가 바르게 연결된 것은?

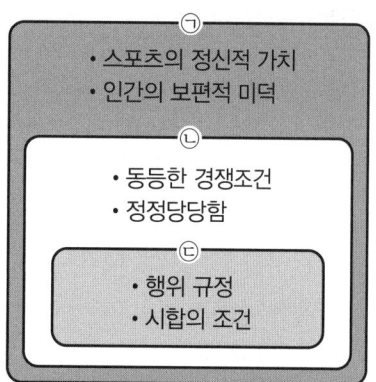

	㉠	㉡	㉢
①	규칙준수	스포츠맨십	페어플레이
②	스포츠맨십	페어플레이	규칙준수
③	페어플레이	규칙준수	스포츠맨십
④	스포츠맨십	규칙준수	페어플레이

17 국민체육진흥법(시행 2024. 3. 15.) 제18조의3 '스포츠윤리센터의 설립'에 관한 사항으로 옳지 않은 것은?

① 스포츠윤리센터는 문화체육관광부 장관이 감독한다.
② 스포츠윤리센터의 정관에 기재할 사항은 국무총리령으로 정한다.
③ 스포츠윤리센터가 아닌 자는 스포츠윤리센터 또는 이와 비슷한 명칭을 사용하지 못한다.
④ 스포츠윤리센터의 장은 문화체육관광부 장관의 승인을 받아 관계 행정 기관 소속 임직원의 파견 또는 지원을 요청할 수 있다.

18 〈보기〉에서 국제육상경기연맹(IFFA)이 출전금지를 판단한 이유는?

> **보기**
> 2011년 대구세계육상선수권대회에서 남아프리카공화국의 의족 스프린터 피스토리우스(O. Pistorius)는 비장애인 육상경기에 참가 신청을 했으나, 국제육상경기연맹은 경기에 사용되는 의족의 탄성이 피스토리우스에게 유리하다는 이유로 출전을 허용하지 않았다고 한다.

① 인종적 불공정
② 성(性)적 불공정
③ 기술적 불공정
④ 계급적 불공정

19 스포츠에서 나타나는 성차별의 원인이 아닌 것은?

① 사회적 성 역할의 고착화
② 차이를 차별로 정당화하는 논리
③ 신체구조와 운동능력에 대한 편견
④ 여성성을 해치는 스포츠에의 여성 참가 옹호

20 스포츠에서 심판윤리에 관한 설명으로 옳지 않은 것은?

① 심판의 사회윤리는 협회나 종목단체의 도덕성과 밀접한 관련이 있다.
② 심판은 공정하고 엄격한 도덕적 원칙을 적용해야 한다.
③ 심판의 개인윤리는 청렴성, 투명성 등의 인격적 도덕성을 의미한다.
④ 심판은 '이익동등 고려의 원칙'에 따라 전력이 약한 팀에게 유리한 판정을 할 수 있다.

특수체육론

01 국제 기능·장애·건강 분류(International Classification Functioning, Disability and Health ; ICF)에 제시된 장애에 대한 개념적 특징이 아닌 것은?

① 환경적 요인에 의하여 누구나가 장애인이 될 수 있음을 강조한다.
② 유형과 정도가 같은 장애인들이 동일한 활동에 참여하도록 한다.
③ 기능과 장애는 건강 상태와 개인적·환경적 요인들의 상호작용이다.
④ 장애는 개인, 주변의 태도, 환경적 장벽 사이 상호작용의 결과이다.

02 〈보기〉에서 미국 관보(Federal Register, 1977)가 체육을 정의한 내용에 해당하는 것을 모두 고른 것은?

보기
㉠ 건강과 운동 체력의 발달
㉡ 특수체육, 적응체육, 움직임교육, 운동발달을 포함
㉢ 수중활동, 무용, 개인과 집단의 게임과 스포츠에서의 기술 발달
㉣ 기본 운동기술과 양식(fundamental motor skills and patterns)의 발달

① ㉠, ㉡
② ㉡, ㉢
③ ㉠, ㉢, ㉣
④ ㉠, ㉡, ㉢, ㉣

03 블룸(B. Bloom)이 분류한 교육 목표 영역에 따라 장기목표를 제시하고자 한다. 〈보기〉의 요인과 교육 목표 영역이 바르게 연결된 것은?

보기
㉠ 긍정적 자아, 사회적 능력, 즐거움과 긴장 이완
㉡ 운동의 기술과 양식, 체력, 여가활동에 필요한 기술
㉢ 놀이와 게임 행동, 창조적 표현, 인지-운동기능과 감각통합

	㉠	㉡	㉢
①	인지적 영역	정의적 영역	심동적 영역
②	인지적 영역	심동적 영역	정의적 영역
③	정의적 영역	심동적 영역	인지적 영역
④	정의적 영역	인지적 영역	심동적 영역

04 개별화전환계획(Individualized Tansition Plan ; ITP)에 관한 설명으로 적절하지 않은 것은?

① 장애학생과의 인터뷰를 통해 신체활동 선호도를 알아본다.
② 지역사회 체육시설을 활용하여 사회적응기술을 가르친다.
③ 장애학생을 위한 신체활동 프로그램이 지역사회에도 있는지를 확인한다.
④ 장애학생의 현재 및 미래의 기대치를 논하기보다는 과거의 활동에 주안점을 둔다.

05 〈보기〉에서 설명하는 장애학생건강체력평가(Physical Activity Promotion System for Student with Disabilities ; PAPS-D)에 해당하는 것은?

> **보기**
> 장애학생건강체력평가는 개인의 건강 체력이 동일 장애 조건을 가진 사람들 중 어느 정도인지에 대한 정보를 제공한다.

① 비형식적 검사 ② 비표준화 검사
③ 규준 참조 검사 ④ 준거 참조 검사

06 〈보기〉는 피바디 운동 발달 검사-2(Peabody Development Motor Scales-2 ; PDMS-2)의 평가 영역이다. ㉠에 해당하는 것은?

> **보기**
> ㉠ (   )
> ㉡ 움켜쥐기
> ㉢ 시각-운동 통합
> ㉣ 비이동 운동
> ㉤ 이동 운동
> ㉥ 물체적 조작

① 반사 ② 손-발 협응
③ 달리기 ④ 블록 쌓기

07 갤러휴(D. Gallahue)와 오즈먼(J. Ozmun)이 제시한 운동 발달의 단계가 아닌 것은?

① 지각 운동 ② 기본 운동
③ 기초 운동 ④ 전문화된 운동

08 쉐릴(C. Sherrill)이 제시한 특수체육 서비스 전달체계의 실천요소에 대한 설명이 아닌 것은?

① 계획 : 개인의 요구는 물론 학교와 지역사회의 철학에 따라 적절한 체육의 목적을 설정하는 것을 의미한다.
② 사정 : 개인과 환경에 대한 검사, 측정, 평가로 구성되는 과정이다.
③ 교수/상담/지도 : 최적의 운동 수행을 도모하기 위해 심리·운동적 요소들을 변화시키는 과정이다.
④ 평가 : 장애인의 학습 정도와 프로그램의 효과를 확인하는 비연속적인 과정이다.

09 개별화교육계획(Individualized Education Program ; IEP)의 기능 중 〈보기〉의 설명에 해당하는 것은?

> **보기**
> 계획된 목표와 학생의 진보가 어느 정도 일치하고 있는가를 확인하기 위한 기능

① 의사소통 기능 ② 통합 기능
③ 평가 기능 ④ 관리 기능

10 〈보기〉의 ㉠~㉣을 블룸(B. Bloom)의 교육 목표 영역과 바르게 연결한 것은?

> **보기**
> ㉠ 지각(perception)
> ㉡ 가치화(valuing)
> ㉢ 반사적 운동(reflex movement)
> ㉣ 적용(application)

① 정의적 영역 : ㉡, ㉣
② 심동적 영역 : ㉠, ㉢
③ 인지적 영역 : ㉠, ㉡
④ 정의적 영역 : ㉢, ㉣

11 〈보기〉에서 설명하는 장애 유형은?

> 보기
> ㉠ 또래 친구와 인사를 하거나 함께 놀지 않는다.
> ㉡ 출석을 불러도 반응하지 않거나 눈을 맞추지 않는다.
> ㉢ 비닐과 같은 특정 물건을 반복적으로 만지거나 냄새를 맡는 행동을 한다.
> ㉣ '공을 차'라고 지시했지만, 지시를 이해하지 못하고 '공을 차'라는 말만 반복한다.

① 청각장애
② 지적장애
③ 뇌병변장애
④ 자폐성장애

12 〈표〉에서 제시된 수업목표가 추구하는 지각운동 영역은?

프로그램	골볼 교실	장애 유형	시각 장애	장애 정도	1급
내용	참여를 위한 사전 교육					
목표	• 자신의 포지션을 찾아갈 수 있다. • 팀 벤치 에어리어를 찾아갈 수 있다. • 상대 팀 골라인의 위치를 찾을 수 있다.					

① 신체상(body image)
② 방향정위(orientation)
③ 신체 정렬(physical alignment)
④ 동측협응(ipsilateral coordination)

13 〈보기〉에서 설명하는 청각장애의 유형은?

> 보기
> ㉠ 청력 손실이 60~70dB을 넘지 않는다.
> ㉡ 소리를 외이에서 내이로 전달하는 과정에서 문제가 생긴다.
> ㉢ 중이염, 고막 손상, 외이도 염증 등에 의해서 발생하기도 한다.
> ㉣ 후천적인 원인에 의해 발생하는 경우가 많으며, 보청기 착용의 효과가 좋다.

① 혼합성 난청(mixed hearing loss)
② 감소성 난청(reductive hearing loss)
③ 전음성 난청(conductive hearing loss)
④ 감각신경성 난청(sensorineural hearing loss)

14 〈표〉는 피아제(J. Piaget)가 제시한 인지발달단계에 따른 지도 목표를 기술한 것이다. 지도 목표가 적절한 것을 모두 고른 것은?

프로그램	축구 교실	장애 유형	지적 장애	장애 정도	1~3급
목적	슛과 패스 기술 익히기				
인지발달단계	지도 목표				
감각운동기	㉠ 다양한 종류의 공을 다루면서 공에 대한 도식이 형성되도록 한다.				
전 조작기	㉡ 공을 세워놓고 차기 기술을 지도한다.				
구체적 조작기	㉢ 공 차기를 슛과 패스로 구분하여 지도한다.				
형식적 조작기	㉣ 전략과 전술을 지도한다.				

① ㉠
② ㉠, ㉡
③ ㉠, ㉡, ㉢
④ ㉠, ㉡, ㉢, ㉣

15. <표>는 동호회 야구선수를 관찰한 기록이다. 관찰 내용에서 나타나는 장애 유형의 설명으로 옳지 <u>않은</u> 것은?

이름	홍길동	나이	만 42세	성별	남
날짜	2023년 4월 29일(토)	장소	잠실야구장		
관찰 내용	손과 발을 가만히 두지 못하고 여기저기 돌아다닌다.				
	대기타석에서 안절부절못하며 뛰어다닌다.				
	옆 선수에게 끊임없이 말을 한다.				
	코치의 질문이 끝나기도 전에 불쑥 말을 한다.				
	자신의 타격순서를 기다리지 못한다.				
	다른 선수의 연습 스윙을 방해하거나 참견한다.				

① 장애인복지법에서는 지적장애로 분류된다.
② 다양한 상황에서도 동일한 문제행동이 나타난다.
③ 주의력 결핍, 과잉행동 또는 충동성이 7세 이전에 나타난다.
④ 주의력 결핍, 과잉행동 또는 충동성의 평가항목 중에서 6개 이상의 항목이 최소 6개월 이상 지속된다.

16. <보기>에서 설명하는 시각장애 발생의 원인은?

> 보기
> ㉠ 두통, 눈의 통증, 구토 등의 증상이 나타날 수 있다.
> ㉡ 시야가 좁아져서 주변 상황에 대한 정보 습득이 어렵다.
> ㉢ 안압이 높아지면서 시신경이 눌리거나, 혈액 공급이 원활하지 않아서 발생할 수 있다.

① 백내장 ② 녹내장
③ 황내장 ④ 황반변성

17. 제시어와 <보기>의 수어 ㉠~㉢을 바르게 연결한 것은?

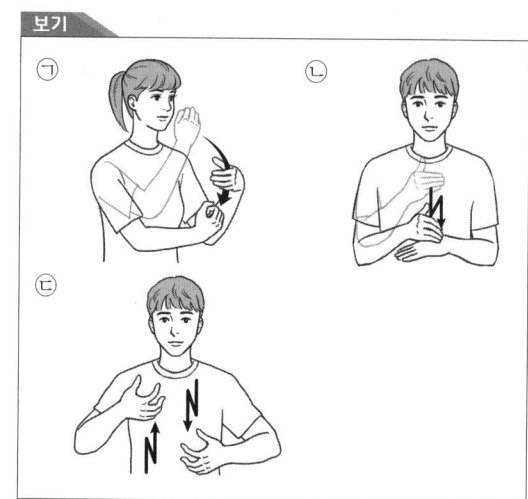

	반갑습니다	농구	고맙습니다
①	㉡	㉠	㉢
②	㉡	㉢	㉠
③	㉢	㉠	㉡
④	㉠	㉢	㉡

18 〈표〉의 FITT 구분에 따른 운동 계획 중에서 틀린 것은?

프로그램	건강관리 교실	장애 유형	지체장애	장애 정도	3급
운동 참여 경험	최근 3개월 동안 주 3회, 회당 30분씩 운동했다.				
의료적 문제	최근 종합검진에서 심혈관질환을 비롯한 의료적 문제가 없다고 진단받았다.				

	FITT 구분	운동 계획
①	빈도 (Frequency)	운동을 주 3회(월, 수, 금) 실시한다.
②	강도 (Intensity)	최대산소섭취량의 50% 수준으로 달리기한다.
③	시간(Time)	준비운동 10분, 본운동 20분, 정리운동 5분으로 구성한다.
④	시도(Trial)	본운동을 5회 반복한다.

19 〈표〉는 척수손상 위치에 따라 휠체어농구 교실 참여가 가능한지를 결정한 내용이다. ㉠~㉣ 중에서 참여 가능 여부의 결정이 옳지 않은 것은?

프로그램	장애 유형	장애 정도
휠체어농구 교실	척수장애	1~3급
손상 위치	잠재적 능력을 고려한 참여 가능 여부	
	가능	불가능
㉠ 흉추 1번~2번 사이		○
㉡ 흉추 2번~3번 사이	○	
㉢ 흉추 11번~12번 사이	○	
㉣ 흉추 12번~13번 사이	○	

① ㉠ ② ㉡
③ ㉢ ④ ㉣

20 〈보기〉에서 보치아 경기규칙으로 옳은 것만을 모두 고른 것은?

> 보기
> ㉠ 보치아의 세부 경기종목으로는 개인전, 2인조(페어), 단체전이 있다.
> ㉡ 공 1세트는 적색 구 6개, 청색 구 6개, 흰색 표적구 1개로 구성된다.
> ㉢ 경기에 참여하기 위해서는 반드시 휠체어를 사용해야 한다.
> ㉣ 보조자의 도움을 받아서 투구할 수 있다.

① ㉠ ② ㉠, ㉡
③ ㉠, ㉡, ㉢ ④ ㉠, ㉡, ㉢, ㉣

유아체육론

01 영유아기 뇌 발달에 대한 설명으로 옳지 않은 것은?

① 대뇌피질은 출생 이후에도 발달한다.
② 3세의 뇌 무게는 성인의 75% 정도이다.
③ 6세경 뇌 무게는 성인의 90% 정도에 도달한다.
④ 뇌는 영유아기까지 완만하게 발달하다 이후에는 급격히 발달한다.

02 영유아의 시지각(visual perception)에서 '형태(form)지각'에 대한 설명으로 옳지 않은 것은?

① 신생아는 형태를 지각할 수 있으며, 직선보다 곡선을 더 선호하는 것으로 알려졌다.
② 모양을 구별하고 여러 가지 양식들을 분간할 수 있는 능력이다.
③ 자신으로부터 대상이 떨어져 있는 거리를 판단하는 능력이다.
④ 생후 6개월경에 급속히 발달한 후에 정교해진다.

03 기본움직임기술(fundamental movement skills : FMS)과 움직임 양식과의 연결이 옳지 않은 것은?

① 조작 운동 : 굽히기(bending), 늘리기(stretching), 직립균형(upright balance)
② 조작 운동 : 때리기(striking), 튀기기(bouncing), 되받아치기(volleying)
③ 이동 운동 : 걷기(walking), 호핑(hopping), 스키핑(skipping)
④ 이동 운동 : 점핑(jumping), 갤로핑(galloping), 슬라이딩(sliding)

04 유아체육 지도환경 조성 원칙에 따른 내용이 옳지 않은 것은?

	원칙	내용
①	흥미성	호기심, 모험심 등을 표현할 수 있는 지도환경 조성
②	안전성	부드러운 마감재나 바닥 재질, 공간의 벽 등을 고려한 지도환경 조성
③	필요성	음향시설, 냉난방시설, 활동공간의 크기 등을 고려한 지도환경 조성
④	경제성	설비나 용구로 인한 건강 저해나 활동의 위험성이 없도록 지도환경 조성

05 전문화된(specialized) 움직임 시기의 '적용(application) 단계'에 대한 설명으로 옳지 않은 것은?

① 특정 활동을 찾거나 기피하기 시작한다.
② 움직임 수행의 정확성과 더불어 양적 측면이 강조된다.
③ 다양한 과제, 개인, 환경 요인 등을 토대로 어떤 활동에 참여할 것인지를 결정한다.
④ 인지능력이 저하되고 경험 토대가 축소되면서 많은 것을 학습하기가 어려워진다.

06 〈보기〉에서 유소년 신체활동을 통한 자기개념(self-concept) 발달에 대한 설명으로 옳은 것을 모두 고른 것은?

보기
- ㉠ 움직임은 긍정적인 자기개념을 촉진시킬 수 있는 최상의 방법이다.
- ㉡ 유소년에게 용기를 북돋아 주고, 생활에 모험활동이 포함되도록 한다.
- ㉢ 자신들의 한계 내에서 합리적인 수행목표를 세울 수 있도록 도와준다.
- ㉣ 실패의 가능성을 높이고, 실패와 실패지향적 경험들을 많이 제공한다.

① ㉠
② ㉠, ㉣
③ ㉡, ㉢
④ ㉡, ㉢, ㉣

07 〈보기〉의 ㉠~㉢에 들어갈 용어를 옳게 나열한 것은?

보기
- 피카(R. Pica)는 동작요소를 (㉠), 형태, (㉡), 힘, 흐름, 리듬으로 구성된다고 하였다.
- 퍼셀(M. Purcell)은 (㉠) 인식, 신체 인식, 노력, (㉢) 같은 동작요소에 대한 이해를 바탕으로 이를 응용영역에 적용시킬 수 있어야 한다고 하였다.

	㉠	㉡	㉢
①	공간	시간	관계
②	저항	속도	무게
③	공간	관계	시간
④	무게	속도	저항

08 〈표〉의 ㉠, ㉡에 들어갈 기본움직임기술의 발달 단계를 바르게 제시한 것은?

단계	(㉠)	(㉡)
움직임 기술	물구나무서기	공 차기
설명	• 삼각지지를 통한 물구나무서기 가능 • 일정하지 않은 균형점을 보이고, 간헐적으로 자세를 오랫동안 유지함 • 감각적으로 사지의 위치를 살피려고 노력함	• 차기동작 동안 양팔 흔들기가 나타남 • 팔로우 스로우가 이루어지는 동안 몸통이 허리까지 굽혀짐 • 다리 스윙이 길어지고, 달리거나 껑충 뛰어서 공에 다가감

	㉠	㉡
①	시작	시작
②	시작	성숙
③	초보	초보
④	초보	성숙

09 에릭슨(E. Erikson)이 제시한 심리사회발달 단계에 대한 내용의 연결이 적절하지 않은 것은?

	단계	내용
①	신뢰감 대 불신감	정체감을 확립하지 못한 경우 자신감을 가지지 못함
②	자율성 대 수치·회의	근육 발달을 조절할 수 있으며 자기 주위를 탐색함
③	주도성 대 죄의식	목표나 계획을 세워 성공하고자 노력함
④	근면성 대 열등감	기초적인 인지 기술과 사회적 기술을 습득함

10. 〈보기〉에서 동일한 유형의 반사(reflex)나 반응(reaction)인 것을 고른 것은?

보기
- ㉠ 모로(Moro)
- ㉡ 당김(pull-up)
- ㉢ 목가누기(neck righting)
- ㉣ 바빈스키(Babinski)
- ㉤ 비대칭목경직(asymmetrical tonix neck)
- ㉥ 낙하산(parachute)

① ㉠, ㉡, ㉥ ② ㉠, ㉣, ㉤
③ ㉡, ㉢, ㉣ ④ ㉡, ㉢, ㉤

11. 〈보기〉에서 '영유아 기도폐쇄' 응급처치에 관한 설명으로 옳은 것을 모두 고른 것은?

보기
- ㉠ 1세 미만의 경우 등 두드리기 및 흉부압박이 권장된다.
- ㉡ 의식이 없는 경우 혀에 의한 기도폐쇄가 있는지 확인한다.
- ㉢ 등 두드리기를 할 때 머리를 가슴보다 낮게 하고, 안은 팔을 허벅지에 고정시킨다.
- ㉣ 흉부를 압박할 때 등을 받치고 머리를 가슴보다 낮게 하여, 안은 팔을 무릎 위에 놓는다.

① ㉠, ㉡ ② ㉠, ㉢
③ ㉡, ㉢, ㉣ ④ ㉠, ㉡, ㉢, ㉣

12. 〈표〉에서 체력의 구분 및 요소, 검사방법의 연결이 옳은 것을 고른 것은?

	구분	체력요소	검사방법
㉠	건강체력	순발력	모둠 발로 멀리뛰기
㉡	건강체력	심폐지구력	셔틀런(페이서, PACER)
㉢	운동체력	평형성	평균대 위에서 한발로 서기
㉣	건강체력	유연성	1분간 앉았다 일어나기

① ㉠, ㉢ ② ㉠, ㉣
③ ㉡, ㉢ ④ ㉡, ㉣

13. 초등체육 교육과정의 3~4학년군 성취기준에 대한 내용으로 옳지 않은 것은?

① 체력운동이나 스포츠활동보다 신체를 인식하고 움직이는 기초적인 이동운동을 한다.
② 기본 체력운동의 방법과 절차를 익히며 자신의 수준에 맞는 운동을 시도한다.
③ 기본 움직임 기술의 의미와 종류를 이해하고 스포츠와의 관계를 파악한다.
④ 움직임의 심미적 표현에 대한 호기심과 감수성을 나타낸다.

14. 스포츠 기술에 반영된 조작 운동과 지각운동 구성요소의 연결이 옳은 것은?

	스포츠 기술	조작운동	지각운동 구성요소
①	골프공 때리기, 축구공 차기	추진	안정
②	농구 패스 잡기, 핸드볼 패스 잡기	추진	공간
③	티볼 펀팅, 탁구공 되받아치기	흡수	시간
④	축구 패스공 멈추기, 야구 공중볼 받기	흡수	공간

15. 〈보기〉의 대화에서 ㉠, ㉡에 들어갈 유아체육 프로그램 기본원리와 교수방법은?

> **보기**
> A 지도자 : 저는 수업에서 유아 간에 체력이나 소질 같은 개인차가 발생하는 부분이 늘 고민이었어요. 운동프로그램 구성을 위한 원리 같은 것이 있을까요?
> B 지도자 : (㉠)의 원리 같은 경우가 적용될 수 있을 것 같아요. 이 원리는 일반화된 특성뿐만 아니라 유전과 환경요인 같은 개인차를 고려하는 것을 말해요.
> A 지도자 : 그렇다면 유아가 창의성 있게 자발적으로 참여하게 하는 지도방법은 어떤 것이 있을까요?
> B 지도자 : (㉡) 방법이 효과적일 것 같아요. 이 방법은 유아 스스로의 실험과 문제해결, 자기 발견을 통해 학습이 일어나는 과정을 강조하는 방법이에요.

	㉠	㉡
①	특이성	탐색적(exploratory)
②	특이성	과제 중심 접근(task-oriented)
③	연계성	탐색적(exploratory)
④	연계성	과제 중심 접근(task-oriented)

16. 기본 움직임 기술에 대한 대근운동발달검사(TGMD)에서 검사항목과 수행기준이 적절하지 <u>않은</u> 것은?

	기본움직임기술	검사항목	수행기준
①	이동운동	달리기 (15m)	팔꿈치를 구부리고 팔과 다리는 엇갈려 움직인다.
②	이동운동	제자리멀리뛰기	던지는 팔의 반대쪽 발을 내딛으며 무게를 이동시킨다.
③	조작 운동	던지기 (over-hand throw)	엉덩이와 어깨를 목표지점을 향하여 회전시킨다.
④	조작 운동	공 차기	디딤발로 외발 뛰기를 하면서 차는 발을 길게 뻗는다.

17. 미국 질병통제예방센터(CDC)가 제시한 연령별 신체활동 가이드라인으로 옳지 <u>않은</u> 것은?

① 미취학 아동에게 성장과 발달을 위해 일정 시간 이상의 신체활동이 권장된다.
② 미취학 아동의 보호자는 제한적인 활동유형의 소근육 위주 놀이를 장려해야 한다.
③ 어린이와 청소년에게 매일 60분 이상의 중강도 신체활동을 장려해야 한다.
④ 어린이와 청소년들에게 연령에 적합하며, 즐겁고 다양한 신체활동에 참여할 수 있는 기회와 격려의 제공이 권장된다.

18. 유치원 체육수업에서 실제학습시간(ALT)을 증가시킬 수 있는 공간 구성 전략으로 옳지 <u>않은</u> 것은?

① 유아의 호기심 및 모험심 등을 표현할 수 있는 환경 조성을 추구한다.
② 유아의 주의 집중을 위해 체육시설이나 기구를 효율적으로 배치한다.
③ 운동이 익숙해지는 시기에는 순환식보다 병렬식 위주로 기구를 배치한다.
④ 수업 중인 신체활동과 관련 없는 놀잇감 배치를 지양한다.

19 <표>는 미국스포츠의학회(ACSM)의 '어린이와 청소년을 위한 FITT(빈도, 강도, 시간, 형태) 권고사항'이다. ㉠~㉢에 들어갈 용어를 바르게 연결한 것은?

구분	(㉠) 운동	(㉡) 운동	(㉢) 운동
빈도	고강도 운동을 최소 주 3일 이상 포함되도록 함	주 3일 이상	주 3일 이상
강도	중강도에서 고강도	체중 또는 8~15회 반복 가능한 무게	충격이나 기계적 부하와 같이 부하를 주는 신체활동이나 운동자극

	㉠	㉡	㉢
①	무산소	심폐체력	평형성
②	유산소	저항	평형성
③	유산소	저항	뼈 강화
④	유산소	뼈 강화	저항

20 유소년 체육활동에서 체온조절과 관련된 내용으로 지도자가 고려해야 할 사항으로 옳지 않은 것은?

① 적당한 온도 및 습도가 유지된 환경을 조성해야 한다.
② 체온조절을 위해 가능한 더운 공간에서의 활동을 장려한다.
③ 더운 여름철의 체육 활동에는 적절한 수분 보충을 장려한다.
④ 유소년은 체육활동 시 성인에 비해 열을 빨리 획득하게 된다는 것을 인지한다.

노인체육론

01 기대수명(life expectancy)에 대한 설명으로 옳지 않은 것은?

① 나이가 증가함에 따라 변화한다.
② 기대수명과 평균수명은 동일한 개념이다.
③ 대부분의 나라에서 꾸준히 증가하고 있다.
④ 평균적으로 여성의 기대수명이 남성의 기대수명보다 높다.

02 무릎골관절염 노인의 운동을 지도할 때 고려사항으로 옳지 않은 것은?

① 저항성 운동할 때 통증을 유발하는 운동은 등척성 운동으로 대체할 수 있다.
② 불편함을 느끼기 시작하는 강도보다 낮은 강도로 운동을 시작한다.
③ 수중운동의 경우 물의 온도는 약 29~32℃를 권장한다.
④ 무릎관절에 충격이 큰 체중부하 운동을 권장한다.

03 <보기>에서 설명하는 운동 원리는?

> **보기**
> 노인스포츠지도사는 일상적인 환경에서의 움직임과 연관된 동작을 포함하는 운동프로그램을 설계하고 실행해야 한다.

① 기능 관련성 원리
② 난이도 원리
③ 점진성 원리
④ 과부하 원리

04 〈보기〉에서 설명하는 것은?

> **보기**
> - 노화와 관련한 대표적인 증상 또는 질환이다.
> - 근육 위축(muscle atrophy)으로도 알려져 있다.
> - 유산소 능력, 골밀도, 인슐린 민감성 및 신진대사율 감소를 유발할 수 있다.

① 근감소증(sarcopenia)
② 근이영양증(muscular dystrophy)
③ 루게릭병(amyotrophic lateral sclerosis)
④ 근육저긴장증(muscle hypotonia)

05 〈보기〉에서 체중부하운동을 모두 고른 것은?

> **보기**
> ㉠ 걷기　　　　　㉡ 등산
> ㉢ 고정식 자전거　㉣ 스케이트
> ㉤ 수영

① ㉠, ㉢
② ㉠, ㉡, ㉣
③ ㉡, ㉢, ㉣
④ ㉡, ㉢, ㉣, ㉤

06 '국민체력 100'에서 제시한 노인 체력에 대한 측정 방법과 운동 방법의 연결이 옳지 않은 것은?

	체력	측정 방법	운동 방법
①	동적 평형성	의자에 앉아 3m 표적 돌아오기	베개 등 다양한 지지면 위에서 균형 걷기
②	유연성	앉아 윗몸 앞으로 굽히기	스트레칭
③	하지 근기능	30초간 의자에 앉았다가 일어서기	밴드 잡고 앉아서 다리 밀기
④	심폐지구력	8자 보행	고정식 자전거 타기

07 노인이 규칙적인 유산소운동을 통해 얻을 수 있는 효과로 옳지 않은 것은?

① 최대산소섭취량과 1회 박출량 증가
② 분당 환기량 증가와 안정 시 호흡수 감소
③ 말초혈관의 저항 감소와 혈관 탄력성 증가
④ 복부지방 감소와 안정 시 인슐린 분비의 증가

08 〈보기〉는 만성질환 노인의 운동 효과이다. ㉠~㉢에 들어갈 용어를 바르게 연결한 것은?

> **보기**
> - 비만 노인의 체지방량이 (㉠)하고, 근육량은 유지 및 증가된다.
> - 당뇨 노인의 혈당량이 감소하고, 근육의 인슐린 민감성이 (㉡)된다.
> - 골다공증 노인의 골밀도 (㉢)가 개선되고, 낙상과 골절이 예방된다.

	㉠	㉡	㉢
①	감소	증가	감소
②	증가	증가	감소
③	감소	증가	증가
④	증가	감소	증가

09 운동프로그램의 원리 중 '특수성의 원리(specificity principle)'에 대한 설명으로 옳은 것은?

① 훈련 자극 및 강도를 지속적으로 증가시켜야 한다.
② 신체의 기능 향상을 위해서는 더 강한 부하를 주어야 한다.
③ 운동의 효과는 운동 중 사용한 특정 근육 및 부위에서 나타난다.
④ 노인의 개인 특성과 운동능력 및 체력 수준을 고려하여 운동 형태를 결정해야 한다.

10 건강한 노인의 걷기운동을 지도할 때 주의사항으로 옳지 않은 것은?

① 팔은 자연스럽게 앞뒤 교대로 흔들면서 걷게 한다.
② 안전한 보행을 위하여 앞꿈치, 발바닥, 뒤꿈치 지지순서로 걷게 한다.
③ 기립 안정성을 위해 배를 내밀지 않은 상태에서 허리를 바로 세우고 걷게 한다.
④ 발바닥 전체로 내딛거나 보폭을 너무 크게 하면 피로가 빨리 오고 발바닥에 통증이 발생하므로 주의시킨다.

11 〈보기〉에서 설명하는 노화와 관련된 유전인자는?

> 보기
> • 세포의 분열수명을 제어
> • 조로증(progeria)의 원인

① 마이오카인 ② 사이토카인
③ 글루코오스 ④ 텔로미어

12 〈보기〉에서 설명하는 이론은?

> 보기
> 85세의 마이클 조던은 노화로 인한 신체기능 저하로 더 이상 예전의 농구 기량을 보여줄 수 없게 되었다. 농구를 계속하고 싶었던 마이클 조던은 다음과 같은 전략을 수립했다.
> • 농구를 계속하기로 함
> • 풀코트 대신 하프코트, 40분 정규시간 대신 20분만 뛰기로 함
> • 동일한 연령대의 그룹과 경기하기로 함

① 반두라(A. Bandura)의 자기효능감 이론
② 로우(J. Rowe)와 칸(R. Kahn)의 성공적 노화 이론
③ 펙(R. Peck)의 발달과업 이론
④ 발테스와 발테스(M. Baltes & P. Baltes)의 보상이 수반된 선택적 적정화 이론

13 〈보기〉의 ㉠, ㉡에 들어갈 내용을 바르게 연결한 것은?

> 보기
> • 폐경으로 인한 (㉠) 감소로 골다공증 위험 증가
> • 대사작용의 산물인 (㉡)의 증가가 여러 노화 관련 질환 유발

	㉠	㉡
①	테스토스테론	활성산소
②	테스토스테론	젖산
③	에스트로겐	활성산소
④	에스트로겐	젖산

14 〈보기〉에서 설명하는 행동 변화 이론 또는 모형은?

> 보기
> • 자신의 신념(belief)과 행동(behavior)을 연결하는 이론
> • 구성 요인은 태도, 주관적 규범, 지각된 행동 통제, 의도, 행동통제인식

① 학습이론(learning theory)
② 건강신념모형(health belief model)
③ 계획행동이론(theory of planned behavior)
④ 행동변화단계모형(behavior change model)

15 〈보기〉에서 노인과의 원활한 의사소통 방법으로 옳은 것을 모두 고른 것은?

> 보기
> ㉠ 참여자의 정면에 선다.
> ㉡ 시선을 한곳에 고정한다.
> ㉢ 적절한 눈맞춤을 한다.
> ㉣ 참여자를 향해 몸을 약간 기울인다.
> ㉤ 손은 계속 움직이며 손가락으로 지적한다.

① ㉠, ㉡ ② ㉡, ㉤
③ ㉠, ㉢, ㉣ ④ ㉠, ㉢, ㉣, ㉤

16 대사당량(METs)에 대한 설명으로 옳지 않은 것은?

① 안정 시 MET값은 연령에 따라 다르다.
② 중강도의 신체활동 기준은 3.0~6.0METs이다.
③ 노인의 유산소 운동 시 안전한 운동강도 설정 지표로 활용된다.
④ 1MET는 휴식상태에서 체중 1kg당 1분 동안 사용하는 산소량이다.

17 〈표〉는 노인이 운동할 때 응급상황에 대한 응급처치 방법과 목적을 제시한 것이다. ㉠~㉢에 들어갈 용어를 바르게 연결한 것은?

방법	목적
(㉠)	추가적 손상 방지
Rest(휴식)	심리적 안정
Ice(냉찜질)	(㉡)
Compression(압박)	부종 감소
Elevation(거상)	부종 감소
Stabilization(고정)	(㉢)

	㉠	㉡	㉢
①	Posture (자세)	근 경련 감소	마비 예방
②	Posture (자세)	통증, 부종, 염증 감소	마비 예방
③	Protection (보호)	통증, 부종, 염증 감소	근 경련 감소
④	Protection (보호)	마비 예방	근 경련 감소

18 노화로 인한 낙상의 원인으로 옳은 것은?

① 보행속도의 증가
② 자세 동요의 감소
③ 발목의 발등굽힘 증가
④ 보폭이 좁은 오리걸음 패턴

19 노화로 인한 체력 저하에 대한 설명으로 옳지 않은 것은?

① 근력은 20대에 최대치를 이루고 그 후 점차적으로 저하된다.
② 순발력은 10대에 최대치를 이루고 근력에 비해 빠르게 저하된다.
③ 평형성은 20대에 최대치를 이루고 그 후 급속히 저하된다.
④ 지구력은 근력, 순발력에 비해 느리게 저하된다.

20 생물학적 노화의 특징으로 옳지 않은 것은?

① 노화로 인한 변화는 점진적이다.
② 모든 사람에게 보편적으로 나타난다.
③ 발달과 쇠퇴를 모두 포함하는 변화이다.
④ 환경적 요인을 배제한 내재적 요인에 의해 발생한다.

2022 기출문제

스포츠사회학

01 〈보기〉에서 스포츠의 사회적 기능을 설명한 파슨즈(T. Parsons) AGIL 모형의 구성요소는?

> 보기
> - 스포츠는 사회구성원에게 현실에 적합한 사고, 감정, 행동양식 등을 학습할 수 있는 장을 마련해준다.
> - 스포츠는 개인의 체력 및 건강증진을 도모하여 효율적으로 사회활동에 참여할 수 있게 한다.

① 적응 ② 목표성취
③ 사회통합 ④ 체제유지 및 관리

02 에티즌(D. Eitzen)과 세이지(G. Sage)가 제시한 스포츠의 정치적 속성이 아닌 것은?

① 보수성 ② 대표성
③ 권력투쟁 ④ 상호배타성

03 〈보기〉에서 설명하는 사회학습이론의 구성요소는?

> 보기
> 상과 벌은 행동의 학습과 수행에 긍정적·부정적 영향을 미친다. 스포츠 현장에서 스포츠에 내재된 가치, 태도, 규범에 그릇된 행위는 벌을 통해 중단되거나 회피된다.

① 강화 ② 코칭
③ 관찰학습 ④ 역할학습

04 〈보기〉에 해당하는 스포츠사회화 과정이 바르게 연결된 것은?

> 보기
> - (㉠) : 손목수술 후유증으로 인해 골프선수를 그만두게 되었다.
> - (㉡) : 골프의 매력에 빠져 골프선수가 되어 사회성, 체력, 준법정신이 함양되었다.
> - (㉢) : 아빠와 함께 골프연습장에 자주 가면서 골프를 배우게 되었다.
> - (㉣) : 골프선수 은퇴 후 골프아카데미 원장으로 부임하면서 골프꿈나무를 양성하게 되었다.

	㉠	㉡	㉢	㉣
①	스포츠로의 재사회화	스포츠를 통한 사회화	스포츠로의 사회화	스포츠 탈사회화
②	스포츠로의 재사회화	스포츠로의 사회화	스포츠를 통한 사회화	스포츠 탈사회화
③	스포츠 탈사회화	스포츠를 통한 사회화	스포츠로의 사회화	스포츠로의 재사회화
④	스포츠 탈사회화	스포츠로의 사회화	스포츠를 통한 사회화	스포츠로의 재사회화

05 학원엘리트스포츠를 지지하는 입장이 아닌 것은?

① 애교심을 강화시킬 수 있다.
② 학교의 자원 및 교육시설을 독점할 수 있다.
③ 지위 창출의 수단, 사회이동의 기제로 작용할 수 있다.
④ 사회에서 요구되는 책임감, 성취감, 적응력 등을 배양시킬 수 있다.

06 〈보기〉의 내용과 관련이 깊은 사회학 이론은?

보기
- 미시적 관점의 이론이다.
- 인간은 사회제도나 규칙에 대해 능동적으로 사고하고 의미를 부여하며 행동한다.
- 스포츠 팀의 주장은 리더십이 필요하기 때문에 점차 그 역할에 맞는 리더십을 발휘한다.

① 갈등이론 ② 교환이론
③ 상징적 상호작용론 ④ 기능주의이론

07 정치의 스포츠 이용 방법에 관한 설명 중 옳은 것은?

① 태권도를 보면 대한민국 국기(國技)라는 동일화가 일어난다.
② 정부의 3S(sports, screen, sex) 정책은 스포츠를 이용하는 상징의 대표적인 방법이다.
③ 스포츠 이벤트에서 국가 연주, 선수 복장, 국기에 대한 의례 등은 상징의식에 해당한다.
④ 올림픽에서 금메달 수상 장면을 보면서 내가 획득한 것처럼 눈물을 흘리는 것은 상징화에 해당한다.

08 〈보기〉에서 설명하는 투민(M. Tumin)의 스포츠계층 형성 과정은?

보기
- 스포츠 종목에서 요구되는 우수한 운동수행능력을 갖추어야 한다.
- 뛰어난 경기력뿐만 아니라 탁월한 개인적 특성을 갖추어야 한다.
- 스포츠 팀 구성원으로 자신의 능력이 팀 승리에 미치는 영향력이 커야 한다.

① 평가 ② 지위의 분화
③ 보수부여 ④ 지위의 서열화

09 〈보기〉의 내용과 관련 있는 용어는?

보기
- 로버트슨(R. Roberston)이 제시한 용어이다.
- LA 다저스팀이 박찬호 선수를 영입하여 좋은 경기력을 펼치면서 메이저리그 경기가 한국에서 인기가 높아졌다.
- 맨체스터 유나이티드팀이 박지성 선수를 영입하면서 프리미어리그 경기가 한국에서 인기가 높아졌다.

① 세방화(Glocalization)
② 스포츠화(Sportization)
③ 미국화(Americanization)
④ 세계표준화(Global Standardization)

10 국제사회에서 발생한 스포츠 사건에 관한 설명으로 옳은 것은?

① 남아프리카 공화국은 아파르트헤이트(apartheid)로 인해 국제대회 참여가 거부되었다.
② 구소련의 아프가니스탄 침공을 이유로 1984년 LA올림픽경기대회에 많은 자유 진영 국가가 불참하였다.
③ 2018년 평창동계올림픽경기대회에서 메달 획득을 위해 여자 아이스하키 남북 단일팀이 결성되었다.
④ 1936년 베를린올림픽경기대회에서 검은구월단 무장단체가 선수촌에 침입하여 이스라엘 선수를 살해하였다.

11 〈보기〉의 설명은 머튼(R. Merton)의 아노미(anomie) 이론에 대한 것이다. ㉠~㉢에 해당하는 적응 유형이 바르게 연결된 것은?

> **보기**
> - 도피주의-스포츠에 내재된 비인간성, 승리지상주의, 상업주의, 학업 결손 등에 염증을 느껴 스포츠 참가 포기
> - (㉠)-승패에 집착하지 않고 참가에 의의를 두는 것, 결과보다는 경기 내용 중시
> - (㉡)-불법 스카우트, 금지 약물 복용, 경기장 폭력, 승부 조작 등
> - (㉢)-전략적 시간 끌기 작전, 경기 규칙이 허용하는 범위 내에서의 파울 행위 등

	㉠	㉡	㉢
①	혁신주의	동조주의	의례주의
②	의례주의	혁신주의	동조주의
③	의례주의	동조주의	혁신주의
④	혁신주의	의례주의	동조주의

12 〈보기〉의 내용을 기든스(A. Giddens)의 사회계층 이동 준거와 유형으로 바르게 묶은 것은?

> **보기**
> - K는 가난한 가정에서 태어나 끊임없는 훈련을 통해 축구 월드스타가 되었다.
> - 월드스타가 되고 난 후, 축구장학재단을 만들어 개발도상국에 축구학교를 설립하여 후진양성에 큰 역할을 하고 있다.

	이동 주체	이동 방향	시간적 거리
①	개인	수직이동	세대 내 이동
②	개인	수평이동	세대 간 이동
③	집단	수직이동	세대 간 이동
④	집단	수평이동	세대 내 이동

13 〈보기〉에서 설명하는 스포츠 미디어 이론은?

> **보기**
> 대중들은 능동적 수용자로서 특수한 심리적 욕구를 만족시키기 위해 매스미디어를 적극적으로 이용한다. 이에 미디어 수용자는 인지적, 정의적, 도피적, 통합적 욕구를 충족시키기 위해 스포츠를 주제로 다루는 매스미디어를 이용한다.

① 사회범주이론
② 개인차이론
③ 사회관계이론
④ 문화규범이론

14 〈보기〉에서 코클리(J. Coakley)가 제시한 상업주의와 관련된 스포츠 규칙 변화의 충족 조건으로 옳은 것만을 모두 고른 것은?

> **보기**
> ㉠ 경기의 속도감 향상
> ㉡ 관중의 흥미 극대화
> ㉢ 득점 방법의 단일화
> ㉣ 상업적인 광고 시간 할애

① ㉠, ㉡
② ㉢, ㉣
③ ㉠, ㉡, ㉢
④ ㉠, ㉡, ㉣

15 〈보기〉에서 설명하는 프로스포츠의 제도는?

> **보기**
> - 프로스포츠 리그의 신인선수 선발 방식 중 하나이다.
> - 신인선수 쟁탈에 따른 폐단을 막기 위해 도입되었다.
> - 계약금 인상 경쟁을 막기 위한 방법으로 고안되었다.

① FA(free agent)
② 샐러리 캡(salary cap)
③ 드래프트(draft)
④ 최저연봉(minimum salary)

16 〈보기〉에서 대중매체가 스포츠에 미치는 영향에 해당되는 것만을 모두 고른 것은?

> **보기**
> ㉠ 대중매체의 기술이 발전한다.
> ㉡ 스포츠 인구가 증가한다.
> ㉢ 새로운 스포츠 종목이 창출된다.
> ㉣ 미디어 콘텐츠를 제공한다.
> ㉤ 경기 규칙과 경기 일정이 변경된다.
> ㉥ 스포츠 용구가 변화한다.

① ㉠, ㉡, ㉢
② ㉠, ㉢, ㉣
③ ㉡, ㉢, ㉣, ㉤
④ ㉡, ㉢, ㉤, ㉥

17 스포츠의 교육적 순기능 중 사회선도 기능이 아닌 것은?

① 여권신장
② 학교 내 통합
③ 평생체육과의 연계
④ 장애인의 삶의 질 향상

18 다음 ㉠~㉣에서 코클리(J. Coakley)가 제시한 일탈적 과잉동조를 유발하는 스포츠 윤리규범의 유형과 특징으로 옳은 것만을 모두 고른 것은?

	유형	특징
㉠	구분짓기 규범	다른 선수와 구별되기 위해 탁월성을 추구해야 한다.
㉡	인내규범	위험을 받아들이고 고통 속에서도 경기에 참여해야 한다.
㉢	몰입규범	경기에 헌신해야 하며 이를 그들의 삶에서 우선순위에 두어야 한다.
㉣	도전규범	스포츠에서 성공을 위해 장애를 극복하고 역경을 헤쳐 나가야 한다.

① ㉠, ㉡
② ㉡, ㉢
③ ㉠, ㉢, ㉣
④ ㉠, ㉡, ㉢, ㉣

19 맥루한(M. McLuhan)의 매체이론에 관한 설명으로 옳지 않은 것은?

① 핫(hot) 미디어 스포츠는 관람자의 감각 참여성이 낮다.
② 쿨(cool) 미디어 스포츠는 관람자의 감각 몰입성이 높다.
③ 핫(hot) 미디어 스포츠는 경기 진행 속도가 빠르다.
④ 쿨(cool) 미디어 스포츠는 메시지의 정의성이 낮다.

20 스포츠 세계화의 특징으로 옳지 않은 것은?

① 스포츠 시장의 경계가 국경을 초월해 전 세계로 확대되었다.
② 모든 나라의 전통스포츠(folk sports)가 세계적으로 확대되었다.
③ 세계인이 표준화된 스포츠 상품과 스포츠 문화를 소비하게 되었다.
④ 프로스포츠 시장의 이윤 극대화로 빈익빈 부익부 현상이 심화되었다.

스포츠교육학

01 스포츠기본법(시행 2022. 6. 16.)의 용어 정의에 관한 설명으로 옳지 <u>않은</u> 것은?

① '학교스포츠'란 건강과 체력 증진을 위하여 행하는 자발적이고 일상적인 스포츠 활동을 말한다.
② '스포츠산업'이란 스포츠와 관련된 재화와 서비스를 통하여 부가가치를 창출하는 산업을 말한다.
③ '장애인스포츠'란 장애인이 참여하는 스포츠 활동(생활스포츠와 전문스포츠를 포함한다)을 말한다.
④ '전문스포츠'란 「국민체육진흥법」 제2조제4호에 따른 선수가 행하는 스포츠 활동을 말한다.

02 〈보기〉의 ㉠, ㉡에 해당하는 취약계층 생활스포츠 지원사업이 바르게 연결된 것은?

> **보기**
> ㉠ 스포츠복지 사회 구현의 일환으로 저소득층 유·청소년(만 5세~18세)과 장애인(만 12세~23세)에게 스포츠강좌 혜택을 받을 수 있는 일정 금액의 이용권을 제공하는 사업이다.
> ㉡ 소외계층 청소년을 대상으로 다양한 체육활동 참여기회를 제공함으로써 참여 형평성을 높이고 사회 적응력을 배양하는 것을 목적으로 시행되는 사업이다.

	㉠	㉡
①	여성체육활동 지원	국민체력100
②	국민체력100	스포츠강좌이용권 지원
③	스포츠강좌이용권 지원	행복나눔스포츠교실 운영
④	행복나눔스포츠교실 운영	여성체육활동 지원

03 〈보기〉의 발달특성을 가진 대상을 위한 스포츠 프로그램 구성 시 고려사항으로 적절하지 <u>않은</u> 것은?

> **보기**
> • 신체적·정서적·사회적 발달이 뚜렷하다.
> • 개인의 요구와 흥미가 뚜렷하게 나타난다.
> • 2차 성징이 나타난다.

① 생활패턴 고려
② 개인의 요구와 흥미 고려
③ 정적 운동 위주의 프로그램 구성
④ 스포츠 프로그램의 지속적 참여 고려

04 〈보기〉에서 생활스포츠 프로그램의 교육목표 진술에 관한 설명으로 옳은 것만을 모두 고른 것은?

> **보기**
> ㉠ 프로그램의 목표는 추상적으로 진술한다.
> ㉡ 학습 내용과 기대되는 행동을 동시에 진술한다.
> ㉢ 스포츠 참여자에게 기대하는 행동의 변화에 따라 동사를 다르게 진술한다.
> ㉣ 해당 스포츠 활동이 끝났을 때 참여자에게 나타난 최종 행동 변화 용어로 진술한다.

① ㉠, ㉡
② ㉢, ㉣
③ ㉠, ㉡, ㉢
④ ㉡, ㉢, ㉣

05 〈보기〉의 교수 전략을 포함하는 체육수업모형은?

> **보기**
> • 모든 팀원은 자신의 팀에 할당된 과제를 익힌 후, 교사가 되어 다른 팀에게 자신이 학습한 내용을 지도한다.
> • 각 팀원들이 서로 다른 내용을 배운 다음, 동일한 내용을 배운 사람끼리 모여 전문가 집단을 구성한다. 이들은 자신이 배운 내용을 공유하며, 원래 자신의 집단으로 돌아가 배운 것을 다른 팀원들에게 지도한다.

① 직접 교수 모형
② 개별화 지도 모형
③ 협동학습 모형
④ 전술게임 모형

06 메츨러(M. Metzler)의 교수·학습 과정안(수업계획안) 작성 시 고려해야 할 구성요소 중 〈보기〉의 설명과 관련 있는 것은?

> **보기**
> - 학생의 흥미를 유발시킬 수 있는 수업 도입
> - 과제 제시에 적합한 모형과 단서 사용
> - 학생에게 방향을 제시할 과제 구조 설명
> - 다양한 과제의 계열성과 진도(차시별)

① 학습 목표
② 수업 맥락의 간단한 기술
③ 시간과 공간의 배정
④ 과제 제시와 과제 구조

07 〈보기〉에서 안전한 학습환경 유지에 관한 설명으로 옳은 것만을 모두 고른 것은?

> **보기**
> ㉠ 위험한 상황이 예측되더라도 시작한 과제는 끝까지 수행한다.
> ㉡ 안전한 수업운영에 필요한 절차를 분명히 전달하고 상기시켜야 한다.
> ㉢ 사전에 안전 문제를 예측하고 교구·공간·학생 등을 학습에 도움이 되는 방향으로 배열 또는 배치한다.
> ㉣ 새로운 연습과제나 게임을 시작할 때 지도자는 학생들의 활동을 주시하고 적극적으로 감독한다.

① ㉠, ㉡
② ㉡, ㉢
③ ㉠, ㉢, ㉣
④ ㉡, ㉢, ㉣

08 헬리슨(D. Hellison)이 제시한 개인적·사회적 책임감 수준과 사례가 적절하지 <u>않은</u> 것은?

	수준	사례
①	타인의 권리와 감정 존중	타인에 대해 상호 협력적이고 다른 학생들을 돕고자 한다.
②	참여와 노력	새로운 과제에 도전하며 노력하면 성공할 수 있다고 여긴다.
③	자기 방향 설정	지도자가 없는 상황에서도 자신이 수립한 목표를 달성한다.
④	일상생활로의 전이	체육 수업을 통해 학습한 배려를 일상생활에 실천한다.

09 〈보기〉의 ㉠, ㉡에 해당하는 평가 방법을 바르게 연결한 것은?

> **보기**
> ㉠ 수업 전 학습목표에 따른 참여자 수준을 결정하고, 학습과정에서 참여자가 계속적인 오류 상황을 발생시킬 때 적절한 의사결정을 하도록 한다.
> ㉡ 학생들에게 자신의 높이뛰기 목표와 운동계획을 수립하게 한 다음 육상 단원이 끝나는 시점에서 종합적 목표 달성여부 확인을 위해 평가를 실시한다.

	㉠	㉡
①	진단평가	형성평가
②	진단평가	총괄평가
③	형성평가	총괄평가
④	총괄평가	형성평가

10 다음에 해당하는 평가기법에 대한 설명으로 옳지 않은 것은?

테니스 포핸드 스트로크 과정	운동 수행
• 두 발이 멈춘 상태에서 스트로크를 시도하는가?	Y/N
• 몸통 회전을 충분히 활용하는가?	Y/N
• 임팩트까지 시선을 공에 고정하는가?	Y/N
• 팔로우스로우를 끝까지 유지하는가?	Y/N

① 쉽게 제작이 가능하며 사용이 편리하다.
② 운동수행과정의 질적 평가가 불가하다.
③ 어떤 사건이나 행동의 발생 여부를 신속히 확인할 때 주로 사용한다.
④ 관찰행동을 구체적으로 정의하고 그 행동의 발생 시점을 확인할 수 있다.

11 학교체육진흥법(시행 2024. 3. 24.)의 제10조에서 규정하고 있는 학교장의 역할에 관한 내용으로 옳지 않은 것은?

① 학생들이 신체활동 프로그램에 참여할 수 있도록 학교스포츠클럽을 운영하여 학생들의 체육활동 참여기회를 확대하여야 한다.
② 학교스포츠클럽을 운영하는 경우 전문코치를 지정하여야 한다.
③ 학교스포츠클럽 활동 내용을 학교생활기록부에 기록하여 상급학교 진학자료로 활용할 수 있도록 하여야 한다.
④ 교육부령으로 정하는 바에 따라 일정 비율 이상의 학교스포츠클럽을 해당 학교의 여학생들이 선호하는 종목으로 운영하여야 한다.

12 다음 ㉠~㉤에서 체육시설법 시행규칙(시행 2024. 8. 28.) 제22조 '체육지도자 배치기준'에 부합되는 것을 모두 고른 것은?

체육시설업의 종류	규모	배치인원
㉠ 스키장업	- 슬로프 10면 이하 - 슬로프 10면 초과	1명 이상 2명 이상
㉡ 승마장업	- 말 20마리 이하 - 말 20마리 초과	1명 이상 2명 이상
㉢ 수영장업	- 수영조 바닥면적이 400m² 이하인 실내 수영장 - 수영조 바닥면적이 400m²를 초과하는 실내 수영장	1명 이상 2명 이상
㉣ 골프연습장업	- 20타석 이상 50타석 이하 - 50타석 초과	1명 이상 2명 이상
㉤ 체력단련장업	- 운동전용면적 200m² 이하 - 운동전용면적 200m² 초과	1명 이상 2명 이상

① ㉠, ㉡, ㉢, ㉣
② ㉠, ㉡, ㉣, ㉤
③ ㉠, ㉢, ㉣, ㉤
④ ㉡, ㉢, ㉣, ㉤

13 국민체육진흥법(시행 2024. 3. 15.)에서 규정하는 생활스포츠지도사의 자격으로 옳지 않은 것은?

① 체육지도자의 자격은 19세 이상인 사람에게 부여한다.
② 생활스포츠지도사는 1급, 2급으로 구분한다.
③ 2급 생활스포츠지도사는 2급 생활스포츠지도사 자격검정에 합격하고, 연수과정을 이수한 사람으로 한다.
④ 1급 생활스포츠지도사는 자격 종목의 2급 생활스포츠지도사 자격을 취득한 후 3년 이상 해당 자격 종목의 지도경력이 있는 사람으로 한다.

14 〈보기〉의 ㉠, ㉡에 해당하는 단계가 바르게 연결된 것은?

> **보기**
> 마튼스(R. Martens)가 제시한 전문체육 프로그램 개발 6단계는 ㉠_____, 선수 이해, 상황 분석, 우선순위 결정 및 목표 설정, ㉡_____, 연습계획 수립이다.

	㉠	㉡
①	스포츠에 대한 이해	공간적 맥락 고려
②	선수 발달 단계에 대한 이해	전술 선택
③	선수단(훈련) 규모 설정	체력상태의 이해
④	선수에게 필요한 기술 파악	지도 방법 선택

15 ㉠, ㉡에 해당하는 용어가 바르게 연결된 것은?

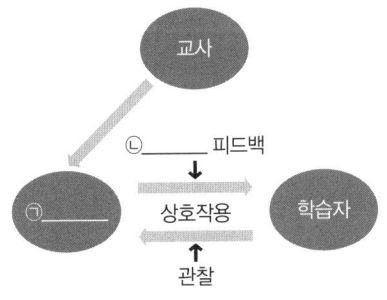

동료교수모형의 수업방식

	㉠	㉡
①	관찰자	교정적
②	개인교사	중립적
③	개인교사	교정적
④	교사	가치적

16 그리핀(L. Griffin), 미첼(S. Mitchell), 오슬린(J. Oslin)의 이해중심게임모형에서 변형게임 구성 시 반영해야 할 2가지 핵심 개념은?

① 전술과 난이도
② 연계성과 위계성
③ 공간의 특성과 학습자
④ 대표성과 과장성

17 〈보기〉의 ㉠, ㉡에 해당하는 젠틸(A. Gentile)의 스포츠 기술이 바르게 연결된 것은?

> **보기**
> ㉠_____은 환경의 변화나 상태에 의해 변화되는 기술을 말한다. ㉡_____은 상대적으로 환경적 조건이 안정적이며 외부 조건이 대부분 변하지 않는 속성이 있다.

	㉠	㉡
①	개별기술	복합기술
②	개방기술	폐쇄기술
③	시작형 기술	세련형 기술
④	부분기술	전체기술

18 〈보기〉와 같이 종목을 구분하는 근거로 적합한 것은?

> **보기**
> • 영역형 : 농구, 축구, 하키, 풋볼
> • 네트형 : 배드민턴, 배구, 탁구
> • 필드형 : 야구, 소프트볼, 킥볼
> • 표적형 : 당구, 볼링, 골프

① 포지션의 수
② 게임전술의 전이 가능성
③ 기술(skill)의 특성
④ 선수의 수

19 〈보기〉의 설명에 해당하는 피드백 유형은?

> **보기**
> - 모스턴(M. Mosston)이 제시한 피드백 유형이며, 사실적으로 행동을 기술한다.
> - 판단이나 수정 지시를 하지 않으나, 피드백 진술의 의미를 변경할 수 있다.
> - 다른 피드백 형태로 옮겨가는 특징을 가지고 있다.

① 교정적 피드백(corrective statements)
② 가치적 피드백(value statements)
③ 중립적 피드백(neutral statements)
④ 불분명한 피드백(ambiguous statements)

20 링크(J. Rink)의 내용발달 단계가 순서대로 연결된 것은?

① 시작과제 – 확대과제 – 세련과제 – 적용과제
② 적용과제 – 시작과제 – 확대과제 – 세련과제
③ 세련과제 – 적용과제 – 시작과제 – 확대과제
④ 확대과제 – 세련과제 – 적용과제 – 시작과제

스포츠심리학

01 〈보기〉는 레빈(K. Lewin, 1935)이 주장한 내용이다. ㉠, ㉡에 들어갈 개념으로 바르게 묶인 것은?

> **보기**
> - 인간의 행동은 (㉠)과 (㉡)에 의해 결정된다.
> - (㉠)과 (㉡)의 상호작용으로 행동은 변화한다.

	㉠	㉡
①	개인(person)	환경(environment)
②	인지(cognition)	감정(affect)
③	감정(affect)	환경(environment)
④	개인(person)	인지(cognition)

02 아동의 운동 발달을 평가할 때 심리적 안정을 도모하기 위한 평가 방법으로 옳은 것은?

① 평가장소에 도착하면 환경에 대한 탐색 시간을 주지 말고 평가를 바로 진행한다.
② 아동의 평가 민감성을 높이기 위해 평가라는 단어를 강조한다.
③ 운동 도구를 사용하여 평가할 때 탐색할 기회를 제공한다.
④ 아동과 공감대를 형성하지 않는다.

03 〈보기〉에 제시된 일반화된 운동프로그램(GMP ; Generalized Motor Program)에 관한 설명으로 바르게 묶인 것은?

> **보기**
> ㉠ 인간의 운동은 자기조직(self-organization)과 비선형성(nonlinear)의 원리에 의해 생성되고 변화한다.
> ㉡ 불변매개변수(invariant parameter)에는 요소의 순서(order of element), 시상(phasing), 상대적인 힘(relative force)이 포함된다.
> ㉢ 가변매개변수(variant parameter)에는 전체 동작지속시간(overall duration), 힘의 총량(overall force), 선택된 근육군(selected muscles)이 포함된다.
> ㉣ 환경정보에 대한 지각 그리고 동작의 관계(perception-action coupling)를 강조한다.

① ㉠, ㉡
② ㉠, ㉢
③ ㉡, ㉢
④ ㉢, ㉣

04 〈보기〉에서 설명하는 개념은?

> **보기**
> • 자극반응 대안 수가 증가할수록 선택반응시간도 증가한다.
> • 투수가 직구와 슬라이더 구종에 커브 구종을 추가하여 무작위로 섞어 던졌을 때 타자의 반응시간이 길어졌다.

① 피츠의 법칙(Fitts' law)
② 파워 법칙(power law)
③ 임펄스 가변성 이론(impulse variability theory)
④ 힉스의 법칙(Hick's law)

05 〈보기〉에 제시된 번스타인(N. Bernstein)의 운동학습 단계에 대한 설명으로 바르게 묶인 것은?

> **보기**
> ㉠ 스케이트를 탈 때 고관절, 슬관절, 발목관절을 활용하여 추진력을 갖게 한다.
> ㉡ 체중 이동을 통해 추진력을 확보하며 숙련된 동작을 실행하게 한다.
> ㉢ 스케이트를 신고 고관절, 슬관절, 발목관절을 하나의 단위체로 걷게 한다.

	㉠	㉡	㉢
①	자유도 풀림	반작용 활용	자유도 고정
②	반작용 활용	자유도 풀림	자유도 고정
③	자유도 풀림	자유도 고정	반작용 활용
④	반작용 활용	자유도 고정	자유도 풀림

06 레이데크와 스미스(T. Raedeke & A. Smith, 2001)의 운동선수 탈진 질문지(ABQ ; Athlete Burnout Questionnaire)의 세 가지 측정 요인이 아닌 것은?

① 성취감 저하(reduced sense of accomplishment)
② 스포츠 평가절하(sport devaluation)
③ 경쟁상태불안(competitive state anxiety)
④ 신체적/정서적 고갈(physical, emotional exhaustion)

07 웨이스와 아모로스(M. Weiss & A. Amorose, 2008)가 제시한 스포츠 재미(sport enjoyment)의 영향 요인으로 옳지 않은 것은?

① 인지능력
② 사회적 소속
③ 동작 자체의 감각 체험
④ 숙달과 성취

08 〈보기〉에 제시된 도식이론(schema theory)에 관하여 옳은 설명으로 묶인 것은?

> **보기**
> ㉠ 빠른 움직임과 느린 움직임을 구분하여 설명한다.
> ㉡ 재인도식은 피드백 정보가 없는 빠른 운동을 조절하는 역할을 한다.
> ㉢ 회상도식은 과거의 실제결과, 감각귀결, 초기조건의 관계를 바탕으로 형성된다.
> ㉣ 200ms 이상의 시간이 필요한 느린 운동 과제의 제어에는 회상도식과 재인도식이 모두 동원된다.

① ㉠, ㉡
② ㉡, ㉢
③ ㉠, ㉣
④ ㉢, ㉣

09 〈보기〉에 제시된 심리적 불응기(PRP ; Psychological Refractory Period)에 관하여 옳은 설명으로 묶인 것은?

> **보기**
> ㉠ 1차 자극에 대한 반응을 수행하고 있을 때 2차 자극을 제시할 경우, 2차 자극에 대해 반응시간이 느려지는 현상이다.
> ㉡ 1차 자극과 2차 자극 간의 시간차가 10ms 이하로 매우 짧을 때 나타난다.
> ㉢ 페이크(fake) 동작의 사용 빈도를 높일 때 효과적이다.
> ㉣ 1차와 2차 자극을 하나의 자극으로 간주하는 현상을 집단화라고 한다.

① ㉠, ㉡
② ㉡, ㉢
③ ㉢, ㉣
④ ㉠, ㉣

10 인간 발달의 특징에 관한 설명으로 옳지 않은 것은?

① 개인적 측면은 발달에 영향을 미치는 요인이 개인마다 달라서 나타나는 현상이다.
② 다차원적 측면은 개인의 신체적·정서적 특성과 같은 내적 요인 그리고 사회 환경과 같은 외적 요인으로 나눌 수 있다.
③ 계열적 측면은 기기와 서기의 단계를 거친 후에야 자신의 힘으로 스스로 걸을 수 있게 되는 것이다.
④ 질적 측면은 현재 나타나고 있는 움직임 양식이 과거 움직임의 경험이 축적되어 나타나는 것이다.

11 시각탐색에 사용되는 안구 움직임의 형태로 옳지 않은 것은?

① 지각의 협소화(perceptual narrowing)
② 부드러운 추적 움직임(smooth pursuit movement)
③ 전정안구반사(vestibulo-ocular reflex)
④ 빠른 움직임(saccadic movement)

12 〈보기〉에 제시된 불안과 운동수행의 관계를 설명하는 이론은?

> **보기**
> • 선수가 불안을 어떻게 '해석'하느냐에 따라 운동수행이 달라질 수 있다.
> • 선수는 각성이 높은 상태를 기분 좋은 흥분상태로 해석할 수도 있지만 불쾌한 불안으로 해석할 수도 있다.

① 역U가설(inverted-U hypothesis)
② 전환이론(reversal theory)
③ 격변이론(catastrophe theory)
④ 적정기능지역이론(zone of optimal functioning theory)

13 〈보기〉의 ⊙과 ⓒ에 들어갈 알맞은 용어는?

보기

- (⊙)은 불안을 감소시키기 위해 자기최면을 사용하여 무거움과 따뜻함을 실제처럼 느끼도록 유도하는 방법이다.
- (ⓒ)은/는 불안을 유발하는 자극의 목록을 작성한 후, 하나씩 차례로 적용하여 유발 감각 자극에 대한 민감도를 줄여 불안 수준을 감소시키는 방법이다.

	⊙	ⓒ
①	바이오피드백 (biofeedback)	체계적 둔감화 (systematic desensitization)
②	자생훈련 (autogenic training)	바이오피드백 (biofeedback)
③	점진적 이완 (progressive relexation)	바이오피드백 (biofeedback)
④	자생훈련 (autogenic training)	체계적 둔감화 (systematic desensitization)

14 와이너(B. Weiner)의 경기 승패에 대한 귀인이론에 관한 설명으로 옳지 않은 것은?

① 노력은 내적이고 불안정하며 통제 가능한 요인이다.
② 능력은 내적이고 안정적이며 통제 불가능한 요인이다.
③ 운은 외적이고 불안정하며 통제 불가능한 요인이다.
④ 과제난이도는 외적이고 불안정하며 통제할 수 있는 요인이다.

15 〈보기〉에 제시된 심상에 대한 이론과 설명이 바르게 묶인 것은?

보기

⊙ 심리신경근이론에 따르면 심상을 하는 동안에 실제 동작에서 발생하는 근육의 전기 반응과 유사한 전기 반응이 근육에서 발생한다.
ⓒ 상징학습이론에 따르면 심상은 인지 과제(바둑)보다 운동 과제(역도)에서 더 효과적이다.
ⓒ 생물정보이론에 따르면 심상은 상상해야 할 상황 조건인 자극 전제와 심상의 결과로 일어나는 반응 전제로 구성된다.
㉣ 상징학습이론에 따르면 생리적 반응과 심리 반응을 함께하면 심상의 효과는 낮아진다.

① ⊙, ⓒ   ② ⊙, ⓒ
③ ⓒ, ⓒ   ④ ⓒ, ㉣

16 〈보기〉에 제시된 첼라드라이(P. Chelladerai)의 다차원 리더십 모델에 관한 설명으로 옳게 묶인 것은?

보기

⊙ 리더의 특성은 리더의 실제 행동에 영향을 준다.
ⓒ 규정 행동은 선수에게 규정된 행동을 말한다.
ⓒ 선호 행동은 리더가 선호하거나 바라는 선수의 행동을 말한다.
㉣ 리더의 실제 행동과 선수의 선호 행동이 다르면 선수의 만족도가 낮아진다.

① ⊙, ⓒ   ② ⊙, ㉣
③ ⓒ, ⓒ   ④ ⓒ, ㉣

17 〈보기〉에서 설명하는 운동심리 이론(모형)은?

> **보기**
> - 지역사회가 여성 전용 스포츠 센터를 확충한다.
> - 정부가 운동 참여에 대한 인센티브 정책을 수립한다.
> - 가정과 학교에서 운동 참여를 지지해주는 분위기를 만든다.

① 사회생태모형(social ecological model)
② 합리적행동이론(theory of reasoned action)
③ 자기효능감이론(self-efficacy theory)
④ 자결성이론(self-determination theory)

18 프로차스카(J. O. Prochaska)의 운동변화단계 모형(Transtheoretical Model)에 관한 설명으로 옳은 것은?

① 변화 단계와 자기효능감과의 관계는 U자 형태다.
② 인지적·행동적 변화과정을 통해 운동 단계가 변화한다.
③ 변화 단계가 높아짐에 따라 운동에 대해 기대할 수 있는 혜택은 점진적으로 감소한다.
④ 무관심 단계는 현재 운동에 참여하지 않지만, 6개월 이내에 운동을 시작할 의도가 있다.

19 한국스포츠심리학회가 제시한 스포츠 심리상담사 상담윤리에 대한 설명으로 옳지 않은 것은?

① 스포츠심리상담사는 자신의 전문영역과 한계영역을 명확하게 인식해야 한다.
② 스포츠심리상담사는 상담 과정에서 얻은 정보를 이용할 때 고객과 미리 상의해야 한다.
③ 스포츠심리상담사는 상담 효과를 알리기 위해 상담에 참여한 사람으로부터 좋은 평가나 소감을 요구해야 한다.
④ 스포츠심리상담사는 타인에게 역할을 위임할 때는 전문성이 있는 사람에게만 위임하여야 하며 그 타인의 전문성을 확인해야 한다.

20 〈보기〉에 제시된 폭스(K. Fox)의 위계적 신체적 자기개념 가설(hypothesized hierarchical organization of physical self-perception)에 관한 설명으로 바르게 묶인 것은?

> **보기**
> ㉠ 신체적 컨디션은 매력적 신체를 유지하는 능력이다.
> ㉡ 신체적 자기가치는 전반적 자기존중감의 상위영역에 속한다.
> ㉢ 신체 매력과 신체적 컨디션은 신체적 자기가치의 하위영역에 속한다.
> ㉣ 스포츠 유능감은 스포츠 능력과 스포츠 기술 학습 능력에 대한 자신감이다.

① ㉠, ㉡
② ㉠, ㉢
③ ㉡, ㉣
④ ㉢, ㉣

한국체육사

01 체육사에 관한 설명으로 옳지 않은 것은?

① 연구대상은 시간, 인간, 공간 등이 고려된다.
② 체육과 스포츠를 역사적 방법으로 연구하는 학문이다.
③ 연구내용은 스포츠문화사, 전통스포츠사 등을 포함한다.
④ 체육과 스포츠의 도덕적 가치판단에 대한 근거를 탐구한다.

02 〈보기〉에서 체육사 연구의 사료(史料)에 관한 설명으로 옳은 것만을 모두 고른 것은?

보기
㉠ 기록 사료는 문헌 사료와 구전 사료가 있다.
㉡ 물적 사료는 물질적 유산인 유물과 유적이 있다.
㉢ 기록 사료 중 민요, 전설, 시가, 회고담 등은 문헌 사료이다.
㉣ 전통적인 분류 방식에 따르면, 물적 사료와 기록 사료로 구분된다.

① ㉠, ㉡
② ㉡, ㉢
③ ㉠, ㉡, ㉣
④ ㉡, ㉢, ㉣

03 부족국가와 삼국시대의 신체활동이 포함된 제천의식에 관한 설명으로 옳지 않은 것은?

① 신라 – 가배
② 부여 – 동맹
③ 동예 – 무천
④ 마한 – 10월제

04 〈보기〉에서 화랑도에 관한 설명으로 옳은 것만을 모두 고른 것은?

보기
㉠ 법흥왕 때에 종래 화랑도 제도를 개편하여 체계화되었다.
㉡ 한국의 전통사상과 세속오계(世俗五戒)를 근간으로 두었다.
㉢ 국선도(國仙徒), 풍류도(風流徒), 원화도(源花徒)라고도 불리었다.
㉣ 편력(遍歷), 입산수행(入山修行), 주행천하(周行天下) 등의 활동을 했다.

① ㉠, ㉡
② ㉡, ㉢
③ ㉠, ㉡, ㉣
④ ㉡, ㉢, ㉣

05 〈보기〉의 ㉠에 해당하는 용어는?

보기
『구당서(舊唐書)』에 따르면, "고구려의 풍속은 책 읽기를 좋아하며, 허름한 서민의 집에 이르기까지 거리에 큰 집을 지어 이를 (㉠)(이)라고 하고, 미혼의 자제들이 여기에서 밤낮으로 독서하고 활쏘기를 익힌다."라고 되어 있다.

① 태학
② 경당
③ 향교
④ 학당

06 고려시대의 무학(武學) 전문 강좌인 강예재(講藝齋)가 개설된 교육기관은?

① 국자감(國子監)
② 성균관(成均館)
③ 응방도감(鷹坊都監)
④ 오부학당(五部學堂)

07 〈보기〉에서 고려시대 무예의 특징으로 옳은 것만을 모두 고른 것은?

보기
㉠ 격구(擊毬)는 군사훈련의 수단이었다.
㉡ 수박희(手搏戲)는 무인 인재 선발의 중요한 방법이었다.
㉢ 마술(馬術)은 육예(六藝) 중 어(御)에 속하며, 군자의 중요한 덕목 중 하나였다.
㉣ 궁술(弓術)은 문인과 무인의 심신 수양과 인격도야의 방법으로 중시되었다.

① ㉠
② ㉡, ㉢
③ ㉡, ㉢, ㉣
④ ㉠, ㉡, ㉢, ㉣

08 조선시대 무과제도에 관한 설명으로 옳지 않은 것은?

① 초시, 복시, 전시 3단계로 실시되었다.
② 무과는 강서와 무예 시험으로 구성되었다.
③ 증광시, 별시, 정시는 비정규적으로 실시되었다.
④ 선발 정원은 제한이 없었으며, 누구나 응시할 수 있었다.

09 〈보기〉에 해당하는 신체활동은?

보기
• 군사훈련의 성격을 지니고 실시된 무예 활동
• 조선시대 왕이나 양반 또는 대중에게 볼거리 제공
• 나라의 풍속으로 단오절이나 명절에 행해졌던 활동
• 승부를 결정 짓는 놀이로서 신체적 탁월성을 추구하는 경쟁적 활동

① 투호(投壺)
② 저포(樗蒲)
③ 석전(石戰)
④ 위기(圍碁)

10 〈보기〉에서 조선시대 체육사상에 관한 설명으로 옳은 것만을 모두 고른 것은?

보기
㉠ 유교의 영향으로 숭문천무(崇文賤武) 사상이 만연했다.
㉡ 심신 수련으로 활쏘기가 중시되었고, 학사사상(學射思想)이 강조되었다.
㉢ 활쏘기를 통해서 문무겸전(文武兼全) 혹은 문무겸일(文武兼一)에 도달하고자 했다.
㉣ 국토 순례를 통해 조선에 대한 애국심을 가지게 하는 불국토사상(佛國土思想)이 중시되었다.

① ㉠, ㉡
② ㉡, ㉢
③ ㉠, ㉡, ㉢
④ ㉡, ㉢, ㉣

11 일제강점기에 설립된 체육 단체가 아닌 것은?

① 대한국민체육회(大韓國民體育會)
② 관서체육회(關西體育會)
③ 조선체육협회(朝鮮體育協會)
④ 조선체육회(朝鮮體育會)

12 〈보기〉의 ㉠, ㉡에 해당하는 여성 스포츠인이 바르게 연결된 것은?

보기
• 박봉식은 1948년 런던올림픽경기대회에 출전한 첫 여성 원반 던지기 선수
• (㉠)은/는 1967년 세계여자농구선수권대회에 출전해 최우수 선수로 선정
• (㉡)은/는 2010년 밴쿠버동계올림픽경기대회에 출전해 피겨 스케이팅 금메달 획득

	㉠	㉡
①	박신자	김연아
②	김옥자	김연아
③	박신자	김옥자
④	김옥자	박신자

13 〈보기〉의 ㉠, ㉡에 해당하는 개최지가 바르게 연결된 것은?

> 보기
> 우리나라는 1986년 서울아시아경기대회, 2002년 (㉠) 아시아경기대회, 2014년 (㉡)아시아경기대회를 성공적으로 개최했다.

	㉠	㉡
①	인천	부산
②	부산	인천
③	평창	충북
④	충북	평창

14 〈보기〉에 해당하는 인물은?

> 보기
> • 제6회, 제7회 아시아경기대회에서 수영 종목 400M, 1,500M 2관왕 2연패
> • 2008년 독도 33바퀴 회영(回泳)
> • 2020년 스포츠영웅으로 선정되어 2021년 국립묘지에 안장

① 조오련   ② 민관식
③ 김일   ④ 김성집

15 개화기에 도입된 근대스포츠 종목으로 옳지 않은 것은?

① 농구   ② 역도
③ 야구   ④ 육상

16 광복 이전 조선체육회에 관한 설명으로 옳지 않은 것은?

① 조선체육협회보다 먼저 창립되었다.
② 조선의 체육을 지도, 장려하는 것이 목적이었다.
③ 첫 사업인 제1회 전조선야구대회는 전국체육대회의 효시이다.
④ 고려구락부를 모태로 하였고, 조선체육협회에 강제 통합되었다.

17 〈보기〉에서 설명하는 올림픽경기대회는?

> 보기
> • 우리 민족이 일장기를 달고 출전한 대회
> • 마라톤의 손기정이 금메달, 남승룡이 동메달을 획득한 대회

① 1924년 제8회 파리올림픽경기대회
② 1928년 제9회 암스테르담올림픽경기대회
③ 1932년 제10회 로스앤젤레스올림픽경기대회
④ 1936년 제11회 베를린올림픽경기대회

18 〈보기〉의 ⊙, ⓒ에 들어갈 알맞은 용어로 바르게 연결된 것은?

보기
- (⊙)경기대회는 우리나라 여성이 최초로 금메달을 획득한 대회로, 서향순이 양궁 개인전에서 금메달을 획득했다.
- (ⓒ)경기대회는 우리나라가 광복 후 최초로 마라톤에서 금메달을 획득한 대회로, 황영조가 마라톤에서 금메달을 획득했다.

	⊙	ⓒ
①	1984년 로스앤젤레스 올림픽	1988년 서울올림픽
②	1984년 로스앤젤레스 올림픽	1992년 바르셀로나 올림픽
③	1988년 서울올림픽	1988년 서울올림픽
④	1988년 서울올림픽	1992년 바르셀로나 올림픽

19 〈보기〉의 설명과 관련 있는 정권은?

보기
- 호돌이 계획 시행
- 국민생활체육회(구 국민생활체육협의회) 창설
- 1988년 서울올림픽경기대회의 성공적 개최
- 제41회 지바 세계탁구선수권대회 남북단일팀 출전

① 박정희 정권　　② 전두환 정권
③ 노태우 정권　　④ 김영삼 정권

20 2002년 제17회 월드컵축구대회에 관한 설명으로 옳지 않은 것은?

① 한국은 4강에 진출했다.
② 한국과 일본이 공동으로 개최했다.
③ 한국과 북한이 단일팀을 구성하여 출전했다.
④ 한국의 길거리 응원은 국민 문화축제의 장이었다.

운동생리학

01 〈보기〉에서 설명하는 트레이닝의 원리는?

보기
- 트레이닝의 효과는 운동에 동원된 근육에서만 발생한다.
- 근력 향상을 위해서는 저항성 트레이닝이 적합하다.

① 특이성의 원리
② 가역성의 원리
③ 과부하의 원리
④ 다양성의 원리

02 체온 저하 시 생리적 반응으로 적절한 것은?

① 심박수 증가
② 피부혈관 확장
③ 땀샘의 땀 분비 증가
④ 골격근 떨림(shivering) 증가

03 지구성 트레이닝 후 최대 동-정맥 산소차(maximal arterial-venousoxygen difference) 증가에 기여하는 요인으로 적절하지 않은 것은?

① 미토콘드리아 크기 증가
② 미토콘드리아 수 증가
③ 모세혈관 밀도 감소
④ 총 혈액량 증가

04 〈보기〉에서 운동유발성 근육경직(exercise-associated muscle cramps)을 방지하기 위한 방법으로 적절한 것을 모두 고른 것은?

보기
㉠ 발생하기 쉬운 근육을 규칙적으로 스트레칭한다.
㉡ 필요시 운동 강도와 지속 시간을 감소시킨다.
㉢ 수분과 전해질의 균형을 유지한다.
㉣ 탄수화물 저장량을 낮춘다.

① ㉠
② ㉠, ㉡
③ ㉠, ㉡, ㉢
④ ㉠, ㉡, ㉢, ㉣

05 1회 박출량(stroke volume)에 관한 설명으로 적절하지 않은 것은?

① 심실 수축력이 증가하면 1회 박출량은 증가한다.
② 평균 동맥혈압이 감소하면 1회 박출량은 증가한다.
③ 심장으로 돌아오는 정맥혈 회귀(venous return)가 감소하면 1회 박출량은 감소한다.
④ 수축기말 용적(end-systolic volume)에서 확장기말 용적(end-diastolic volume)을 뺀 값이다.

06 〈보기〉에서 설명하는 중추신경계 기관은?

보기
• 시상과 시상하부로 구성된다.
• 시상은 감각을 통합·조절한다.
• 시상하부는 심박수와 심장 수축, 호흡, 소화, 체온, 식욕 및 음식 섭취를 조절한다.

① 간뇌(diencephalon)
② 대뇌(cerebrum)
③ 소뇌(cerebellum)
④ 척수(spinal cord)

07 직립 상태에서 폐-혈액 간 산소확산 능력은 안정 시와 비교하여 운동 시 증가한다. 이에 기여하는 요인으로 적절한 것은?

① 폐포와 모세혈관 사이의 호흡막(respiratory membrane) 두께 증가
② 증가한 혈압으로 인한 폐 윗부분(상층부)으로의 혈류량 증가
③ 폐정맥 혈액 내 높은 산소분압
④ 폐동맥 혈액 내 높은 산소분압

08 건강체력 요소 측정으로만 나열되지 않은 것은?

① 오래달리기 측정, 생체전기저항분석(bioelectric impedance analysis)
② 앉아윗몸앞으로굽히기 측정, 윗몸일으키기 측정
③ 배근력 측정, 제자리높이뛰기 측정
④ 팔굽혀펴기 측정, 악력 측정

09 운동하는 근육으로의 혈류량을 증가시키는 국소적 내인성(intrinsic) 자율조절 요소로 적절하지 않은 것은?

① 수소이온, 이산화탄소, 젖산 등 대사 부산물
② 부신수질로부터 분비된 카테콜아민(catecholamine)
③ 혈관 벽에 작용하는 압력에 따른 근원성(myogenic) 반응
④ 혈관내피세포(endothelial cell)에서 생성된 산화질소, 프로스타글란딘(prostaglandin), 과분극인자(hyperpolarizing factor)

10 〈보기〉의 ㉠~㉢에 들어갈 용어가 바르게 나열된 것은?

> 보기
> 【근육수축 과정】
> • 골격근막의 활동전위는 가로세관(T-tubule)을 타고 이동하여 근형질세망(sarcoplasmic reticulum)으로부터 (㉠) 유리를 자극한다.
> • 유리된 (㉠)은 액틴(actin) 세사의 (㉡)에 결합하고, (㉡)은 (㉢)을 이동시켜 마이오신(myosin) 머리가 액틴과 결합할 수 있도록 한다.

	㉠	㉡	㉢
①	칼륨	트로포닌	트로포마이오신
②	칼슘	트로포마이오신	트로포닌
③	칼륨	트로포마이오신	트로포닌
④	칼슘	트로포닌	트로포마이오신

11 〈그림〉은 폐활량계를 활용하여 측정한 폐용적(량)을 나타낸 것이다. ㉠~㉣에서 안정 시와 비교하여 운동 시 변화에 대한 설명으로 적절한 것은?

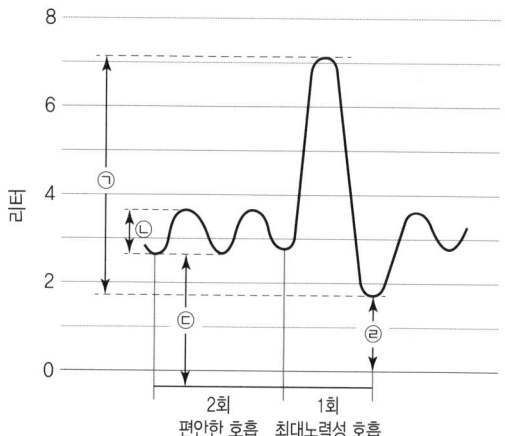

① ㉠ : 증가
② ㉡ : 감소
③ ㉢ : 감소
④ ㉣ : 증가

12 〈보기〉 중 저항성 트레이닝 후 생리적 적응으로 적절한 것을 모두 고른 것은?

> 보기
> ㉠ 골 무기질 함량 증가
> ㉡ 액틴(actin) 단백질 양 증가
> ㉢ 시냅스(synapse) 소포 수 감소
> ㉣ 신경근접합부(neuromuscular junction) 크기 감소

① ㉠
② ㉠, ㉡
③ ㉠, ㉡, ㉢
④ ㉠, ㉡, ㉢, ㉣

13 〈보기〉 중 지구성 트레이닝 후 1회 박출량(stroke volume) 증가에 기여하는 요인으로 적절한 것만 나열된 것은?

> 보기
> ㉠ 동일한 절대 강도 운동 시 확장기말 용적(end-diastolic volume) 감소
> ㉡ 동일한 절대 강도 운동 시 수축기말 용적(end-systolic volume) 증가
> ㉢ 동일한 절대 강도 운동 시 확장기(diastolic) 혈액 충만 시간 증가
> ㉣ 동일한 절대 강도 운동 시 심박수 감소

① ㉠, ㉡
② ㉠, ㉢
③ ㉡, ㉢
④ ㉢, ㉣

14 〈보기〉의 ㉠, ㉡에 들어갈 내용이 바르게 나열된 것은?

> 보기
> • 골격근의 신장성 수축은 수축 속도가 (㉠) 더 큰 힘이 생성된다.
> • 동일 골격근에서 단축성 수축은 신장성 수축에 비해 같은 속도에서 더 (㉡) 힘이 생성된다.

	㉠	㉡
①	빠를수록	작은
②	느릴수록	작은
③	느릴수록	큰
④	빠를수록	큰

15 혈액순환 시 혈압의 감소가 가장 크게 발생하는 혈관은?

① 모세혈관(capillary)
② 세동맥(arteriole)
③ 세정맥(venule)
④ 대동맥(aorta)

16 스프린트 트레이닝 후 나타나는 생리적 적응이 바르게 나열된 것은?

① 속근 섬유 비대 – 해당과정을 통한 ATP 생산 능력 향상
② 지근 섬유 비대 – 해당과정을 통한 ATP 생산 능력 향상
③ 속근 섬유 비대 – 해당과정을 통한 ATP 생산 능력 저하
④ 지근 섬유 비대 – 해당과정을 통한 ATP 생산 능력 저하

17 〈보기〉의 ㉠, ㉡에 들어갈 용어가 바르게 나열된 것은?

보기
지방의 베타(β) 산화는 중성지방으로부터 분리된 (㉠)이 미토콘드리아 내에서 여러 단계를 거쳐 (㉡)(으)로 전환되는 과정을 뜻한다.

	㉠	㉡
①	유리지방산(free fatty acid)	아세틸 조효소-A (Acetyl CoA)
②	유리지방산(free fatty acid)	젖산(lactic acid)
③	글리세롤(glycerol)	아세틸 조효소-A (Acetyl CoA)
④	글리세롤(glycerol)	젖산(lactic acid)

18 〈보기〉의 ㉠, ㉡에 들어갈 용어가 바르게 나열된 것은?

보기
운동 시 교감신경계가 활성화되면, 골격근으로의 혈류량은 (㉠)하고 내장기관으로의 혈류량은 (㉡)한다.

	㉠	㉡
①	감소	증가
②	감소	감소
③	증가	감소
④	증가	증가

19 〈보기〉 중 적절한 것으로만 나열된 것은?

보기
㉠ 인슐린(insulin)은 혈당을 증가시킨다. ㉡ 성장호르몬(growth hormone)은 단백질 합성을 감소시킨다. ㉢ 에리스로포이에틴(erythropoietin)은 적혈구 생산을 촉진시킨다. ㉣ 항이뇨호르몬(antidiuretic hormone)은 수분손실을 감소시킨다.

① ㉠, ㉡
② ㉠, ㉢
③ ㉡, ㉣
④ ㉢, ㉣

20 〈그림〉은 막전위의 변화를 나타낸 것이다. ㉠~㉣ 중 탈분극(depolarization)에 해당하는 시점은?

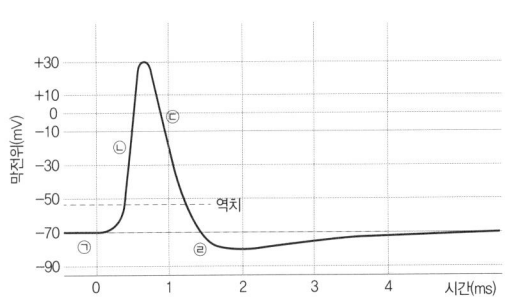

① ㉠
② ㉡
③ ㉢
④ ㉣

운동역학

01 운동역학(Sports Biomechanics) 연구의 목적과 내용이 아닌 것은?

① 동작분석
② 운동장비 개발
③ 부상 기전 규명
④ 운동 유전자 검사

02 인체의 움직임을 표현하는 용어로 옳지 않은 것은?

① 굽힘(굴곡, flexion)은 관절을 형성하는 뼈들이 이루는 각이 작아지는 움직임이다.
② 폄(신전, extension)은 관절을 형성하는 뼈들이 이루는 각이 커지는 움직임이다.
③ 벌림(외전, abduction)은 뼈의 세로축이 신체의 중심선으로 가까워지는 움직임이다.
④ 발등굽힘(배측굴곡, dorsi flexion)은 발등이 정강이뼈(경골, tibia) 앞쪽으로 향하는 움직임이다.

03 인체의 무게중심에 관한 설명으로 옳지 않은 것은?

① 무게중심의 높이는 안정성에 영향을 준다.
② 무게중심은 인체를 벗어나 위치할 수 없다.
③ 무게중심은 토크(torque)의 합이 '0'인 지점이다.
④ 무게중심의 위치는 자세의 변화에 따라 달라진다.

04 〈그림〉에서 인체 지레의 구성으로 바르게 묶인 것은?

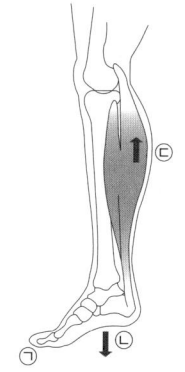

	㉠	㉡	㉢
①	받침점	힘점	저항점
②	저항점	받침점	힘점
③	받침점	저항점	힘점
④	힘점	저항점	받침점

05 운동학적(kinematic) 및 운동역학적(kinetic) 변인에 대한 설명으로 옳지 않은 것은?

① 질량(mass)은 크기만을 갖는 물리량이다.
② 시간(time)은 크기만을 갖는 물리량이다.
③ 힘(force)은 크기만을 갖는 물리량이다.
④ 거리(distance)는 시작점에서 끝점까지 이동한 궤적의 총합으로 크기만을 갖는 물리량이다.

06 각운동에 대한 설명으로 옳지 않은 것은?

① 각속도(angular velocity)는 각변위를 소요시간으로 나눈 값이다.
② 각가속도(angular acceleration)는 각속도의 변화를 소요시간으로 나눈 값이다.
③ 1라디안(radian)은 원(circle)에서 반지름과 호의 길이가 같을 때의 각으로 57.3°이다.
④ 시계 방향으로 회전된 각변위(angular displacement)는 양(+)의 값으로 나타내고, 반시계 방향으로 회전된 각변위는 음(-)의 값으로 나타낸다.

07 투사체 운동에 대한 설명으로 옳은 것은? (단, 공기 저항은 고려하지 않음)

① 투사체에 작용하는 외력은 존재하지 않는다.
② 투사체의 수평속도는 초기속도의 수평성분과 크기가 같다.
③ 투사체의 수직속도는 9.8m/s로 일정하다.
④ 투사높이와 착지높이가 같을 경우, 38.5°의 투사각도로 던질 때 최대의 수평거리를 얻을 수 있다.

08 골프 스윙 동작에서 임팩트 시 클럽헤드의 선속도를 증가시키는 방법으로 옳지 않은 것은?

① 스윙 탑에서부터 어깨관절을 축으로 회전반지름을 최대한 크게 해서 빠른 몸통회전을 유도한다.
② 임팩트 전까지 손목 코킹(cocking)을 최대한 유지하여 빠른 몸통회전을 유도한다.
③ 임팩트 시점에는 팔꿈치를 펴서 회전반지름을 증가시킨다.
④ 임팩트 시점에는 언코킹(uncocking)을 통해 회전반지름을 증가시킨다.

09 힘(force)의 개념에 대한 설명으로 옳지 않은 것은?

① 힘의 단위는 N(Newton)이다.
② 힘은 합성과 분해가 가능하다.
③ 힘이 작용한 반대 방향으로 가속도가 발생한다.
④ 힘의 크기가 증가하면 그 힘을 받는 물체의 가속도가 증가한다.

10 압력과 충격량에 관한 설명 중 옳지 않은 것은?

① 유도에서 낙법은 신체가 지면에 닿는 면적을 넓혀 압력을 증가시키는 기술이다.
② 권투에서 상대방의 주먹을 비켜 맞도록 동작을 취하여 신체가 받는 압력을 감소시킨다.
③ 높은 곳에서 뛰어내릴 때 무릎관절 굽힘을 통해 충격받는 시간을 늘리면 신체에 가해지는 충격력의 크기는 감소된다.
④ 골프 클럽헤드와 볼의 접촉구간에서 충격력을 유지하면서 접촉시간을 증가시키면 충격량은 증가하게 된다.

11 마찰력(Ff)에 대한 설명으로 옳은 것은?

① 아스팔트 도로에서 마찰계수는 구름 운동보다 미끄럼 운동일 때 더 작다.
② 마찰력은 물체 표면에 수직으로 작용하는 힘과 관계가 있다.
③ 최대정지마찰력은 운동마찰력보다 작다.
④ 마찰력은 물체의 이동 방향과 같은 방향으로 작용한다.

12 양력에 대한 설명으로 옳지 않은 것은?

① 양력은 물체가 이동하는 방향의 반대 방향으로 작용한다.
② 양력은 베르누이 원리(Bernoulli principle)로 설명된다.
③ 양력은 형태의 비대칭성, 회전(spin) 등에 의해 발생한다.
④ 양력은 물체의 중심선과 진행하는 방향이 이루는 공격각(angle of attack)에 의해 발생한다.

13 충돌에 관한 설명으로 옳지 않은 것은?

① 탄성(elasticity)은 충돌하는 물체의 재질, 온도, 충돌 강도 등에 따라 그 정도가 달라진다.
② 탄성은 어떠한 물체에 힘이 가해졌을 때, 그 물체가 변형되었다가 원래 상태로 되돌아가려는 성질을 말한다.
③ 복원계수(반발계수)는 단위가 없고 0에서 1 사이의 값을 갖는다.
④ 농구공을 1m 높이에서 떨어뜨려 지면으로부터 64cm 높이까지 튀어 올랐을 때의 복원계수는 0.64이다.

14 다이빙 공중회전 동작을 수행할 때 신체 좌우축(mediolateral axis)을 기준으로 회전속도를 가장 크게 만드는 동작으로 적절한 것은? (단, 해부학적 자세를 기준으로 함)

① 두 팔을 머리 위로 올리고, 머리를 뒤로 최대한 젖힌다.
② 신체를 최대한 좌우축에 가깝게 모으는 자세를 취한다.
③ 상체와 두 다리를 최대한 폄 시킨다.
④ 두 팔을 머리 위로 올리고, 두 다리는 최대한 곧게 뻗는 자세를 취한다.

15 일률(파워, power)에 대한 설명으로 옳은 것은?

① 단위는 J(Joule)이다.
② 힘과 속도의 곱으로 구한다.
③ 이동거리는 고려하지 않는다.
④ 소요시간을 길게 하면 증가한다.

16 〈그림〉의 장대높이뛰기에서 역학적 에너지의 변화 과정을 순서대로 나열한 것은?

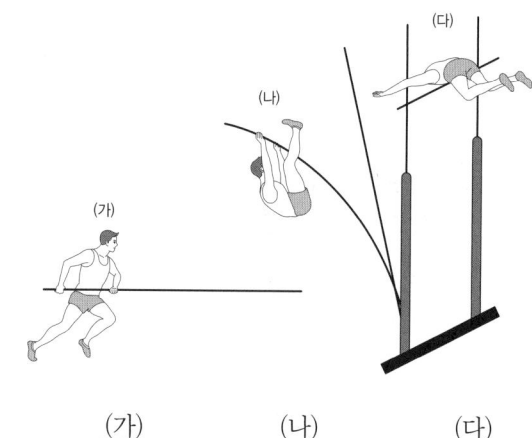

	(가)	(나)	(다)
①	탄성에너지	→ 운동에너지	→ 위치에너지
②	탄성에너지	→ 위치에너지	→ 운동에너지
③	위치에너지	→ 운동에너지	→ 탄성에너지
④	운동에너지	→ 탄성에너지	→ 위치에너지

17 〈보기〉의 ㉠, ㉡ 안에 들어갈 내용이 바르게 묶인 것은?

> 보기
> (㉠)은 다양한 장비를 활용하여 동작 및 힘 정보를 수치화하고 분석하는 방법이다. (㉡)을 통해 객관적이고 정확한 정보를 획득할 수 있으며, 주관적인 판단을 배제할 수 있다.

	㉠	㉡
①	정성적 분석	정량적 분석
②	정량적 분석	정성적 분석
③	정성적 분석	정성적 분석
④	정량적 분석	정량적 분석

18 달리기 출발구간 분석에서 〈표〉의 ㉠, ㉡, ㉢에 들어갈 측정장비가 바르게 나열된 것은?

측정장비	분석 변인
㉠	넙다리곧은근(대퇴직근, rectus femoris)의 활성도
㉡	압력중심의 위치
㉢	무릎 관절 각속도

	㉠	㉡	㉢
①	동작분석기	GPS 시스템	지면반력기
②	동작분석기	지면반력기	지면반력기
③	근전도분석기	GPS 시스템	동작분석기
④	근전도분석기	지면반력기	동작분석기

19 지면반력의 측정과 활용에 관한 설명으로 옳은 것은?

① 지면반력기는 수직 방향으로 작용하는 힘만 측정할 수 있다.
② 지면반력기에서 산출된 힘은 인체의 근력으로 지면에 가하는 작용력이다.
③ 높이뛰기 도약 동작분석 시 지면반력기에 작용한 힘의 소요시간을 측정할 수 있다.
④ 보행 분석에서 발이 지면에 착지하면서 앞으로 미는 힘은 추진력, 발 앞꿈치가 지면으로부터 떨어지기 전에 뒤로 미는 힘은 제동력을 의미한다.

20 〈그림〉과 같이 팔꿈치 관절을 축으로 쇠공을 들고 정적(static) 동작을 유지하기 위해서 위팔두갈래근(상완이두근, biceps brachii)이 발생시켜야 할 힘(F_B)의 크기는?

> 조건
> • 손, 아래팔(전완), 쇠공을 합한 무게는 50N이다.
> • 팔꿈치 관절점(E_J)에서 위팔두갈래근의 부착점까지의 거리는 2cm이다.
> • 팔꿈치 관절점에서 손, 아래팔, 쇠공을 합한 무게중심(C_G)까지의 거리는 20cm이다.
> • 위팔두갈래근은 아래팔에 90°로 부착되었다고 가정한다.

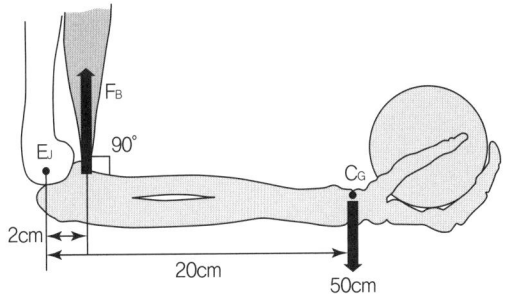

① 100N ② 400N
③ 500N ④ 1,000N

스포츠윤리

01 '도덕적 선(善)'의 의미를 내포한 것은?

① 축구 경기에서 득점과 연결되는 '좋은' 패스
② 피겨스케이팅 경기에서 고난도의 '좋은' 연기
③ 농구 경기에서 상대 속공을 차단하는 수비수의 '좋은' 반칙
④ 경기에 패배했음에도 불구하고 상대팀에게 박수를 보내는 '좋은' 매너

02 〈보기〉에서 ㉠, ㉡에 들어갈 용어가 바르게 연결된 것은?

보기
롤스(J. Rawls)는 (㉠)이 인간 발전의 조건이며, 모든 이의 관점에서 선이 된다고 하였다. 스포츠는 신체적 (㉡)을 훈련과 노력으로 극복하며, 기회의 균등이 정의로 작용하고 있음을 보여준다. 즉 인간이 갖는 신체적 능력의 (㉡)은 오히려 (㉠)을 개발할 기회를 마련해주며, 이를 통해 스포츠 전체의 선(善)이 강화된다.

	㉠	㉡
①	탁월성	평등
②	규범성	조건
③	탁월성	불평등
④	규범성	불평등

03 〈보기〉에서 가치판단에 해당하는 것만을 모두 고른 것은?

보기
㉠ 체조경기에서 선수들의 연기는 아름답다. ㉡ 건강을 위해서는 고지방 음식을 피해야 한다. ㉢ 시합이 끝난 후 상대방에게 인사를 하는 것은 옳은 행위이다. ㉣ 이상화는 2010년 밴쿠버동계올림픽경기대회에서 금메달을 획득하였다.

① ㉠, ㉢
② ㉡, ㉢
③ ㉠, ㉡, ㉢
④ ㉠, ㉡, ㉢, ㉣

04 〈보기〉에서 설명하는 윤리 이론으로 적절한 것은?

보기
• 모든 스포츠인의 권리는 동등하게 보장되어야 한다. • 스포츠 규칙 제정은 공평성과 평등의 원칙에 근거해야 한다. • 선수의 행동이 좋은 결과를 얻었다면 도덕적으로 옳은 것이다.

① 공리주의
② 의무주의
③ 덕윤리
④ 배려윤리

05 아곤(agon)과 아레테(arete)에 관한 설명으로 옳지 않은 것은?

① 아곤은 경쟁과 승리를 추구한다.
② 아곤은 타인과의 비교를 전제하지 않는다.
③ 아레테는 아곤보다 더 포괄적인 개념이다.
④ 아레테는 신체적·도덕적 탁월성을 추구한다.

06 스포츠 경기에 적용되는 과학기술에 관한 설명으로 옳지 않은 것은?

① 유전자 치료를 통한 스포츠 수행력의 향상은 일종의 도핑에 해당한다.
② 야구의 압축배트, 최첨단 전신수영복 등은 경기의 공정성 확보에 기여한다.
③ 도핑 시스템은 선수의 불공정한 행위를 감시하고 적발하는 데 도움이 된다.
④ 태권도의 전자호구, 축구의 비디오 보조 심판(VAR ; Video Assistant Referees)은 기록의 객관성과 신뢰성을 높인다.

07 〈보기〉에서 ㉠, ㉡에 들어갈 용어가 바르게 연결된 것은?

> 보기
> 독일의 철학자 (㉠)는 인간의 행위에 대한 탐구를 통해 성공적인 삶을 실현하는 사회적 조건으로 (㉡)을 들고 있다. 인간은 누구나 타인에게 (㉡)을 받고 싶은 욕구가 있다. 스포츠에서 승리에 대한 욕구는 가장 원초적인 (㉡) 투쟁이라고 할 수 있다.

	㉠	㉡
①	호네트(A. Honneth)	인정
②	호네트(A. Honneth)	보상
③	아렌트(H. Arendt)	인정
④	아렌트(H. Arendt)	보상

08 〈보기〉에서 의무론적 도덕 추론에 해당하는 것만을 모두 고른 것은?

> 보기
> ㉠ 의무론적 도덕 추론은 가언적 도덕 추론이라고도 한다.
> ㉡ 스포츠지도자, 선수 등의 행위 주체에 초점을 맞추고 있다.
> ㉢ 행위의 결과에 상관없이 절대적인 도덕규칙에 따라 판단을 내린다.
> ㉣ 선의지는 도덕적인 선수가 갖추어야 할 내적인 태도이자 도덕적 행위의 필요충분조건이다.
> ㉤ 정정당당하게 경기에 임하려는 선수의 착한 의지는 경기결과에 상관없이 그 자체로 선한 것이다.

① ㉠, ㉡, ㉢
② ㉠, ㉢, ㉣
③ ㉡, ㉣, ㉤
④ ㉢, ㉣, ㉤

09 〈보기〉의 ㉠~㉢에 해당하는 정의의 유형이 바르게 연결된 것은?

> 보기
> ㉠ 유소년 축구 생활체육지도자 A는 남녀학생 구분없이 경기에 참여하도록 했다. 또한 장애 학생에게도 비장애 학생과 동일한 참여 시간을 보장했다.
> ㉡ 테니스 경기에서는 공정한 경기를 위해 코트를 바꿔가며 게임을 하도록 규칙을 적용한다.
> ㉢ B지역 체육회는 당해 연도에 소속 선수의 경기실적에 따라 연봉을 차등 지급하기로 결정했다.

	㉠	㉡	㉢
①	평균적	절차적	분배적
②	평균적	분배적	절차적
③	절차적	평균적	분배적
④	분배적	절차적	평균적

10 셸러(M. Scheler)의 가치 서열 기준과 이를 스포츠에 적용한 사례로 연결이 적절하지 않은 것은?

① 지속성 – 도핑으로 메달을 획득하는 것보다 지속적으로 훈련을 하여 경기에 참여하는 것이 가치가 더 높다.
② 만족의 깊이 – 자신의 실수를 인정하여 패배하는 것이 속임수를 쓰고 승리하여 메달을 획득하는 것보다 가치가 더 높다.
③ 근거성 – 올림픽 경기에서 메달 획득으로 병역 혜택을 받는 것보다 올림픽 정신을 토대로 세계적인 선수들과 정정당당하게 겨루는 것이 가치가 더 높다.
④ 분할 향유 가능성 – 상위 팀이 상금(몫)을 독점하는 것보다는 적더라도 보다 많은 팀이 상금(몫)을 받도록 하는 것이 가치가 더 높다.

11 〈보기〉의 ㉠에 해당하는 레스트(J. Rest)의 도덕성 구성요소는?

> 보기
> (㉠)은/는 스포츠 현장에서 발생하는 특정 상황 속에 내포된 도덕적 이슈들을 감지하고 그 상황에서 어떠한 행동을 할 수 있으며 그 행동들이 관련된 사람들에게 어떤 영향을 미칠 수 있는가를 상상하는 것을 말한다.

① 도덕적 감수성(moral sensitivity)
② 도덕적 판단력(moral judgement)
③ 도덕적 동기화(moral motivation)
④ 도덕적 품성화(moral character)

12 〈보기〉의 설명과 관계있는 자연중심주의 사상가는?

> 보기
> • 생태윤리에 대한 규칙 : 불침해, 불간섭, 신뢰, 보상적 정의
> • 스포츠에 의한 환경오염 발생 시 스포츠 폐지 권고
> • 인간의 욕구를 위해 동물의 생존권을 유린하는 스포츠 금지

① 베르크(A. Berque)
② 테일러(P. Taylor)
③ 슈바이처(A. Schweitzer)
④ 하이젠베르크(W. Heisenberg)

13 〈보기〉에서 설명하는 사건과 거리가 먼 것은?

> 보기
> • 1964년 리마에서 개최된 페루·아르헨티나의 축구 경기에서 경기장 내 폭력으로 300여 명 사망
> • 1969년 온두라스와 엘살바도르의 축구 전쟁
> • 1985년 벨기에 헤이젤 경기장에서 열린 리버풀과 유벤투스의 경기에서 응원단이 충돌하여 39명 사망

① 경기 중 관중의 폭력
② 아파르트헤이트(Apartheid)
③ 위협적 응원문화
④ 훌리거니즘(hooliganism)

14 폭력을 설명한 학자의 개념과 그에 대한 설명이 바르게 연결된 것은?

① 푸코(M. Foucault)의 '분노' – 스포츠 현장에서 인간 내면의 분노로 시작된 폭력은 전용되고 악순환을 반복하는 경향이 있다.
② 아리스토텔레스(Aristotle)의 '규율과 권력' – 스포츠계에서 위계적 권력 관계는 폭력으로 변질되어 표출된다.
③ 홉스(T. Hobbes)의 '악의 평범성' – 폭력이 관행화된 스포츠계에서는 폭력에 대한 죄책감이 없어진다.
④ 지라르(R. Girard)의 '모방적 경쟁' – 자신이 닮고자 하는 운동선수를 모방하게 되듯이 인간 폭력의 원인을 공격 본능이 아닌 모방적 경쟁관계에서 찾는다.

15 〈보기〉의 ㉠~㉢에 해당하는 용어로 바르게 연결된 것은?

> **보기**
> 스포츠 조직에서 (㉠)은/는 기업의 가치경영을 넘어 정성적 규범기준까지 확장된 스포츠 사회·윤리적 가치체계를 의미한다. 이러한 체계가 실효성 있게 작동되기 위해서는 경영자의 윤리적 (㉡)와 경영의 (㉢) 확보가 선행되어야 한다.

	㉠	㉡	㉢
①	기업윤리	공동체	투명성
②	윤리경영	실천의지	투명성
③	기업윤리	실천의지	공정성
④	윤리경영	공동체	공정성

16 체육의 공정성 확보와 체육인의 인권보호를 위해 설립된 스포츠윤리센터의 역할로 적절하지 않은 것은?

① 스포츠비리 및 체육계 인권침해에 대한 실태 조사
② 스포츠비리 및 체육계 인권침해 방지를 위한 예방교육
③ 신고자 및 가해자에 대한 치료와 상담, 법률 지원, 임시보호 연계
④ 체육계 인권침해 및 스포츠비리 등에 대한 신고 접수와 조사

17 〈보기〉의 내용과 관련 있는 용어는?

> **보기**
> • 상대 존중, 최선, 공정성 등을 포함
> • 경쟁이 갖는 잠재적 부도덕성의 제어
> • 스포츠 참가자가 마땅히 따라야 할 준칙과 태도
> • 스포츠의 긍정적 가치를 유지하려는 도덕적 기제

① 테크네(techne)
② 젠틀맨십(gentlemanship)
③ 스포츠맨십(sportsmanship)
④ 리더십(leadership)

18 〈보기〉의 대화에서 나타나는 스포츠 차별은?

> **보기**
> 영은 : 저 백인 선수는 성공하기 위해서 얼마나 많은 노력과 땀을 흘렸을까.
> 상현 : 자기를 희생하면서도 끝없는 자기관리와 투지의 결과일 거야.
> 영은 : 그에 비해 저 흑인 선수가 구사하는 기술은 누구도 가르칠 수 없는 묘기이지.
> 상현 : 아마도 타고나지 않으면 할 수 없는 거지. 천부적인 재능이야.

① 성차별
② 스포츠 종목 차별
③ 인종차별
④ 장애차별

19 〈보기〉의 설명과 관련 있는 제도는?

> **보기**
> 학생선수가 일정 수준의 학력기준에 도달하지 못한 경우에는 별도의 기초학력보장 프로그램을 운영한다. 학교의 장은 필요한 경우 학생선수의 경기대회 출전을 제한할 수 있다.

① 최저학력제
② 체육특기자 제도
③ 운동부의 인권보장제
④ 학생선수의 생활권 보장제도

20 〈보기〉에서 스포츠 인권에 대한 내용을 모두 고른 것은?

> **보기**
> ㉠ 모든 사람은 평등하게 스포츠와 신체활동에 참여할 권리를 가진다.
> ㉡ 국가 차원에서 체계적인 스포츠 인권 정책을 마련해야 한다.
> ㉢ 스포츠의 종목이나 대상에 따라 권리가 상대적으로 보장되어야 한다.
> ㉣ 국가는 장애인이 스포츠 활동 참여의 권리를 동등하게 보장받도록 노력해야 한다.

① ㉠, ㉢
② ㉠, ㉣
③ ㉠, ㉡, ㉢
④ ㉠, ㉡, ㉣

특수체육론

01 축구 경기에서 발목을 삔 지적장애인에게 응급처치하였다. RICE 절차와 내용의 연결이 옳지 <u>않은</u> 것은?

① 휴식(rest) – 즉각적으로 부상 부위를 움직이지 않게 한다.
② 냉찜질(ice) – 얼음으로 부상 부위를 차게 해 준다.
③ 압박(compression) – 붕대로 부상 부위를 감아서 혈액응고 및 부종을 예방한다.
④ 올림(elevation) – 부상 부위를 잡아당겨서 고정한다.

02 절단장애인의 환상통증(phantom pain)에 대한 설명이 <u>아닌</u> 것은?

① 궤양과 같은 고통스러운 통증을 느낄 수 있다.
② 절단 후 남아 있는 부위에서는 근육 경련이 일어나지 않는다.
③ 절단된 부위가 아직 남아 있는 것처럼 생각하고 그 부위에서 통증을 느낀다.
④ 인공 의지(prosthesis)나 보조기를 착용해도 통증을 느낄 수 있다.

03 척수장애인의 운동지도 지침이 아닌 것은?

① 자율신경 반사 이상의 위험을 줄이기 위해 운동 전에 장과 방광을 비우게 한다.
② 유산소성 운동 후 체온을 낮추어 주기 위해 시원한 압박붕대를 사용한다.
③ T6 이상에 손상을 입은 경우, 유산소성 훈련 효과를 극대화하기 위해 최대심박수를 150회/분까지 증가시킨다.
④ 심장으로 들어가는 혈액량의 감소로 인한 저혈압의 위험을 줄이기 위해, 충분한 준비운동을 하게 하고 운동부하를 점진적으로 증가시킨다.

04 〈보기〉에서 설명하는 장애 유형은?

> 보기
> - 의사소통 : 유창한 말하기와 풍부한 어휘 능력을 가지고 있다.
> - 사회적 상호작용 : 대화 중에 눈을 마주치거나 고개를 끄덕이는 행동을 어려워한다.
> - 관심사와 특이행동 : 특정한 사물에 강한 관심을 나타내는 경향이 있다.
> - 관계 형성 : 가족과의 애착이 형성될 수는 있으나 또래와의 관계 형성은 어려울 수 있다.

① 아스퍼거증후군
② 뇌병변장애
③ 지체장애
④ 시각장애

05 〈보기〉에서 ㉠~㉢에 들어갈 장애인스포츠 프로그램 서비스 전달 단계가 바르게 묶인 것은?

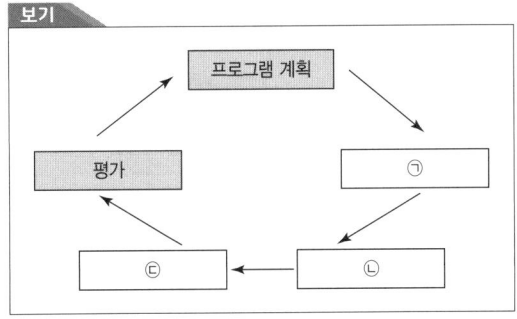

	㉠	㉡	㉢
①	사정	개별화교육계획	교수·코칭·상담
②	개별화교육계획	교수·코칭·상담	사정
③	개별화교육계획	사정	교수·코칭·상담
④	교수·코칭·상담	개별화교육계획	사정

06 〈보기〉에서 설명하는 장애인스키 장비는?

> 보기
> - 절단 등의 장애 때문에 균형 유지가 어려운 장애인이 사용한다.
> - 스키 폴(pole) 하단에 짧은 플레이트를 붙여서 만든 보조장치이다.

① 아웃리거(outriggers)
② 듀얼리거(dualriggers)
③ 바이리거(biriggers)
④ 인리거(inriggers)

07 장애인스포츠와 관련된 긍정적인 변화를 위한 사회적 노력으로 잔스마와 프렌치(P. Jansma와 R. French, 1994)가 제시한 "4L"의 방법이 아닌 것은?

① 장애인스포츠와 관련된 지식의 창출과 보급(Literature)
② 장애인스포츠 관련 단체 등의 목표를 성취하기 위한 집단행동(Leverage)
③ 장애인스포츠에 대한 법률관계 확정을 위한 소송(Litigation)
④ 장애인스포츠에 대한 장애인의 학습(Learning)

08 위닉스(J. Winnick, 1987)의 장애인 스포츠 통합 연속체에서 〈보기〉의 내용에 해당하는 단계는?

> 보기
> - 시각장애 볼링선수가 가이드 레일(guide rail)의 도움을 받아 비장애선수와 함께 경쟁하였다.
> - 희귀성 다리순환장애 골프선수가 카트를 타고 비장애선수와 함께 경쟁하였다.

① 일반스포츠(regular sport)
② 편의를 제공한 일반스포츠(regular sport with accommodation)
③ 일반스포츠와 장애인스포츠(regular sport & adapted sport)
④ 분리된 장애인스포츠(adapted sport se-gregated)

09 미국스포츠의학회(ACSM)의 '운동 참여 전 건강검진 알고리즘'을 적용할 때, 〈보기〉에서 의료적 허가가 필요하지 않은 시각장애인은?

> 보기
> 대한장애인체육회에서는 생활체육 골볼교실에 참가하는 시각장애인에게 운동참여 전 건강 문진을 통해서 다음의 결과를 얻었다.
>
> | 시각장애인
문항 | ㉠ | ㉡ | ㉢ | ㉣ |
> |---|---|---|---|---|
> | 현재 규칙적으로 운동에 참여하는가? | 예 | 예 | 아니오 | 예 |
> | 심혈관 질환, 대사 질환, 또는 신장 질환이 있는가? | 예 | 아니오 | 예 | 아니오 |
> | 질병을 암시하는 징후도는 증상이 있는가? | 아니오 | 예 | 아니오 | 아니오 |
> | 원하는 운동강도가 있는가? | 고강도 | 중강도 | 고강도 | 고강도 |

① ㉠ ② ㉡
③ ㉢ ④ ㉣

10 미국 장애인교육법(Individuals with Disabilities Education Act ; IDEA, 2004)에서 명시한 통합교육과 관련된 용어는?

① 통합(inclusion)
② 정상화(nomalization)
③ 주류화(mainstreaming)
④ 최소한으로 제한된 환경(least restrictive environment)

11 <보기>에서 설명하는 모스톤과 애쉬워스(M. Mosston & S. Ashworth, 2002)의 교수 스타일은?

> **보기**
> • 장애인스포츠지도자가 수업 운영과 관련된 모든 사항을 결정한다.
> • 지도자는 장애인에게 운동과제에 대한 설명과 시범을 보이고, 연습하게 하고 피드백을 제공한다.
> • 수업에서 장애인의 안전을 확보하는 데 효과적인 교수 스타일이다.

① 지시형 스타일(command style)
② 연습형 스타일(practice style)
③ 상호학습형 스타일(reciprocal style)
④ 유도발견형 스타일(guided discovery style)

12 <보기>의 수어가 나타내는 스포츠 종목은?

> **보기**
>
>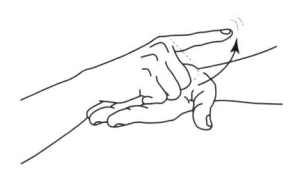
>
> 왼 손바닥을 위로 향하게 펴고, 오른 주먹의 손등이 위로 향하게 하여 왼 손바닥 위에 올려놓고, 오른손의 검지를 튕기며 편다.

① 휠체어농구   ② 권투
③ 탁구   ④ 축구

13 국제뇌성마비스포츠레크리에이션협회(Cerebral Palsy-International Sports and Recreation Association ; CPISRA)의 등급 분류 체계에 관한 설명이 아닌 것은?

① 5등급은 다시 5-A와 5-B로 세분화된다.
② 뇌성마비뿐만 아니라 뇌병변 장애인을 포함하고 있다.
③ 1~4등급은 보행이 가능한 등급이며, 5~8등급은 휠체어로 이동하는 등급이다.
④ 경기의 승패가 손상이 아니라 노력의 정도에 의해 결정되도록 하는 것을 목적으로 한다.

14 미국 지적 및 발달장애협회(AAIDD, 2021)의 지적장애 정의에 대한 설명 중 옳지 않은 것은? *기출 변형*

① 만 18세 이전에 시작된다.
② 적응행동에서의 명백한 제한이 나타난다.
③ 지능 지수가 평균에서 -2 표준편차 이하이다.
④ 적응행동은 개념적, 사회적, 실제적 적응기술에서 명백한 제한이 나타난다.

15 데이비스와 버튼(W. Davis & A. Burton, 1991)이 제시한 생태학적 과제분석의 실행과정을 순서대로 나열한 것은?

① 변인 선택-관련 변인 조작-과제 목표-지도
② 과제 목표-관련 변인 조작-변인 선택-지도
③ 변인 선택-과제 목표-관련 변인 조작-지도
④ 과제 목표-변인 선택-관련 변인 조작-지도

16 〈보기〉의 ㉠~㉣에 들어갈 개념이 바르게 묶인 것은?

보기

		절차의 형태	
		후속자극 (consequence) 제시	후속자극 (consequence) 제거
목표	바람직한 행동의 증가	㉠	㉡
	바람직하지 않은 행동의 감소	㉢	㉣

	㉠	㉡	㉢	㉣
①	정적강화	부적강화	정적처벌	부적처벌
②	부적강화	정적강화	부적처벌	정적처벌
③	정적강화	정적처벌	부적강화	부적처벌
④	부적강화	부적처벌	정적처벌	정적강화

17 척수장애의 장애정도가 가장 심한 것은?

① 목뼈(경추, cervical vertebrae) 1번과 2번 사이 손상
② 목뼈(경추, cervical vertebrae) 6번과 7번 사이 손상
③ 등뼈(흉추, thoracic vertebrae) 1번과 2번 사이 손상
④ 등뼈(흉추, thoracic vertebrae) 11번과 12번 사이 손상

18 개별화교육프로그램(IEP)의 목표 진술 3요소가 아닌 것은?

① 조건(condition)
② 기준(criterion)
③ 행동(action)
④ 비용(cost)

19 〈보기〉에서 국민체육진흥법 시행령의 '장애인스포츠지도사 2급 연수과정'이 아닌 것으로 묶인 것은?

보기

㉠ 스포츠 윤리
㉡ 선수 관리
㉢ 지도역량
㉣ 스포츠 매니지먼트
㉤ 장애특성 이해
㉥ 코칭 실무

① ㉠, ㉤
② ㉢, ㉣
③ ㉡, ㉥
④ ㉤, ㉥

20 스포츠를 처음 배우는 중도(重度) 지적장애인을 위한 지도전략으로 옳지 않은 것은?

① 배구에서 배구공을 가볍고 큰 공으로 변형한다.
② 기본운동기술을 높은 수준의 스포츠 기술로 변형한다.
③ 골프에서 골프공을 가볍고 큰 공으로 변형한다.
④ 평균대 위 걷기에서 안전바(safety bar)를 잡고 걷게 한다.

유아체육론

01 영·유아기의 발달에 대한 설명으로 적절하지 않은 것은?

① 말초신경이 먼저 발달한 다음 중추신경이 발달한다.
② 특정 능력이나 행동의 발달에 최적인 시기가 존재한다.
③ 발달은 일정한 순서로 이루어지지만, 발달속도에는 개인차가 있다.
④ 소근육 운동의 발달은 눈과 손이 협응하여 손 기술을 정확하게 구사하는 능력으로, 중추신경 계통의 성숙을 의미한다.

02 유아기의 운동프로그램 구성을 위해 고려해야 할 사항으로 적절하지 않은 것은?

① 다양한 기본움직임 경험보다 복합적이고 정교한 동작수행에 중점을 두어 구성한다.
② 협응성 운동 시, 속도나 민첩성의 요소가 연계되지 않도록 한다.
③ 운동수행의 성공 빈도를 높일 수 있도록 프로그램을 구성한다.
④ 간단한 움직임에서 복잡한 움직임으로 진행되도록 구성한다.

03 발달단계에 따른 유소년체육 프로그램 구성 시, 고려해야 할 사항으로 적절하지 않은 것은?

① 대근육에서 소근육으로의 발달단계를 고려하여 구성한다.
② 기본움직임 단계에서는 다양한 안정성, 이동 및 조작 움직임을 습득하도록 구성한다.
③ 기본움직임 단계는 협응력이 발달되는 중요한 시기이므로, 다양한 움직임 경험을 갖도록 구성한다.
④ 기본움직임에서 전문화된 움직임으로의 전환(transition) 단계에서는 움직임 수행의 형태, 기술, 정확성과 더불어 양적 측면을 강조하여 구성한다.

04 〈보기〉에 들어갈 인지발달 이론의 요소가 바르게 나열된 것은?

보기
- (㉠) : 새로운 경험과 자극이 유입되었을 때, 기존에 가지고 있는 도식을 사용하여 해석한다.
- (㉡) : 기존의 도식으로는 새로운 사물이나 사건을 이해할 수 없을 때, 새로운 사물이나 대상에 맞도록 기존의 도식을 변경한다.
- (㉢) : 현재의 조직들이 서로 상호작용하며 효율적인 체계로 결합하여 더 복잡한 수준의 지적 구조를 이루는 과정이다.

	㉠	㉡	㉢
①	조절(accommodation)	동화(assimilation)	적응(adaptation)
②	적응(adaptation)	조절(accommodation)	조직화(organization)
③	동화(assimilation)	조절(accommodation)	조직화(organization)
④	동화(assimilation)	조직화(organization)	적응(adaptation)

05 〈보기〉에서 유소년의 전문화된 운동기술 연습 시, 인지단계(cognitivestage)의 지도전략에 해당하는 것으로 가장 적절한 것은?

> **보기**
> ㉠ 스스로 자신의 운동수행을 평가할 기회를 제공한다.
> ㉡ 복잡한 운동기술은 여러 단계로 구분하여 지도한다.
> ㉢ 운동의 목적과 요구되는 기술을 명확히 설명해준다.
> ㉣ 다양한 기술과 연계지어 동작의 형태를 바꾸는 전략을 찾게 한다.

① ㉡, ㉢　　② ㉠, ㉣
③ ㉡, ㉣　　④ ㉠, ㉢

06 〈보기〉에 들어갈 유아의 기본움직임 발달단계가 바르게 나열된 것은?

> **보기**
> • (㉠) : 기본적인 움직임을 보이지만, 협응이 원활하지 않아 움직임이 매끄럽지 못하다.
> • (㉡) : 기본 움직임에 대한 제어와 협응이 향상되지만, 신체사용이 비효율적이다.
> • (㉢) : 움직임의 수행이 역학적으로 효율성을 갖게 되어 협응과 제어가 향상된다.

	㉠	㉡	㉢
①	시작 단계	전환 단계	전문화 단계
②	초보 단계	성숙 단계	전문화 단계
③	시작 단계	초보 단계	성숙 단계
④	초보 단계	적용 단계	성숙 단계

07 안정성(stability) 운동기술 중 축성(axial) 움직임만으로 나열된 것은?

① 구르기(rolling), 늘리기(stretching), 흔들기(swinging)
② 늘리기(stretching), 비틀기(twisting), 흔들기(swinging)
③ 구르기(rolling), 비틀기(twisting), 거꾸로 균형(inversed balance)
④ 비틀기(twisting), 흔들기(swinging), 거꾸로 균형(inversed balance)

08 운동발달에 대한 검사와 평가에 관한 설명으로 적절하지 않은 것은?

① 운동발달 검사는 전반적인 운동발달 상황을 확인할 수 있는 유용하고 객관적인 지표를 제공한다.
② 평가는 내용에 따라 규준지향 평가와 준거지향 평가로 나뉘고, 기준에 따라 결과지향 평가와 과정지향 평가로 나뉜다.
③ 평가 결과는 특정 기술수행에서 결여된 부분을 확인하고 그 원인을 파악해 프로그램의 구체적인 목표를 설정할 수 있게 한다.
④ 대근운동발달검사(Test of Gross Motor Development)는 만 3~10세 아동을 대상으로 한 이동 및 조작 운동기술에 대한 검사도구이다.

09 국립중앙의료원(2010)이 제시한 어린이·청소년 신체활동 권장사항이 <u>아닌</u> 것은?

① 인터넷, TV, 게임 등을 위해 앉아서 보내는 시간은 하루 2시간 이내로 한다.
② 일주일에 3일 이상 유산소운동, 근육강화운동, 뼈 강화운동을 한다.
③ 운동강도 조절을 위해 놀이공간의 안전성은 고려하지 않는다.
④ 매일 1시간 이상 운동을 한다.

10 유아 운동프로그램의 지도 원리로 적절하지 <u>않은</u> 것은?

① 추상적인 것에서 시작하여 구체적인 것으로 운동을 지도한다.
② 유아 간 연령별 체력의 차이, 운동소질 및 적성의 차이를 고려하여 지도한다.
③ 기초체력, 기본운동기술과 지각운동의 발달이 통합적으로 이루어지도록 지도한다.
④ 다양한 감각을 통해 구체적 경험이 형성되도록 프로그램을 구성하여 지도한다.

11 유아운동 지도 시 교구배치 방법과 그 효과에 대한 설명으로 적절하지 <u>않은</u> 것은?

① 공간 활용성을 높인 교구배치로 안전사고를 예방한다.
② 시각적 효과를 높인 교구배치로 학습자의 시선을 분산한다.
③ 순환식 교구배치로 대기시간을 줄여 실제학습 시간을 늘려준다.
④ 병렬식 교구배치로 교구 사용을 반복하여 자신감을 갖도록 유도한다.

12 〈보기〉에 해당하는 발달이론이 바르게 나열된 것은?

보기

	발달이론
㉠	• 인간의 발달은 환경에 따른 훈련으로 이루어진다. • 학습에 의한 긍정적 행동의 촉진을 강조한다.
㉡	• 유아의 다양한 경험을 토대로 동화, 조절, 평형화의 과정을 통해 도식이 발달된다. • 조직화와 적응을 강조한다.
㉢	• 타인을 관찰하는 것만으로 새로운 행동을 획득할 수 있다. • 모방학습의 중요성을 강조한다.

	㉠	㉡	㉢
①	스키너 (B. Skinner)의 행동주의 이론	게셀 (A. Gesell)의 성숙주의 이론	에릭슨 (E. Erickson)의 심리사회발달 이론
②	반두라 (A. Bandura)의 사회학습 이론	피아제 (J. Piaget)의 인지발달 이론	비고스키 (L. Vygotsky)의 상호작용 이론
③	에릭슨 (E. Erickson)의 심리사회발달 이론	게셀 (A. Gesell)의 성숙주의 이론	반두라 (A. Bandura)의 사회학습 이론
④	스키너 (B. Skinner)의 행동주의 이론	피아제 (J. Piaget)의 인지발달 이론	반두라 (A. Bandura)의 사회학습 이론

13 성인체육과 비교 시 유아체육의 특징으로 적절하지 않은 것은?

① 집중력 저하를 고려한 놀이 중심의 신체활동과 지적 활동을 병행한다.
② 신체활동에 의한 성장과 발달을 통해 전인적 인간 육성을 지향한다.
③ 스포츠 활동에 필요한 전문화된 기술 습득을 강조한다.
④ 발육과 발달에 중점을 둔다.

14 〈보기〉의 ㉠, ㉡에 들어갈 가장 적절한 용어로만 나열된 것은?

> **보기**
> • 유아교육 교사 : 유아는 다양한 기본움직임 기술이나 기초체력 향상에 관한 활동을 스스로 익히기 어렵습니다. 유아가 이와 같은 요소들을 자연스럽게 익히려면 어떻게 해야 할까요?
> • 스포츠지도사 : 네. 유아는 징검다리 걷기, 네발로 걷기 등의 놀이 중심 신체활동 프로그램을 통해 기본움직임기술과 기초체력 요소를 향상시킬 수 있어요.
>
> | 구분 | 징검다리 걷기 | 네발로 걷기 |
> |---|---|---|
> | 기본움직임기술 요소 | (㉠)운동 | 이동 운동 |
> | 기초체력 요소 | 평형성 | (㉡) |

	㉠	㉡
①	안정성	민첩성
②	안정성	근력/근지구력
③	조작	근력/근지구력
④	조작	민첩성

15 〈보기〉에서 국민체육진흥법(시행 2024. 3. 15.)의 유소년스포츠지도사 자격제도에 관한 설명으로 옳은 것을 모두 고른 것은?

> **보기**
> ㉠ 유소년은 만 3세부터 중학교 취학 전까지를 말한다.
> ㉡ '유소년스포츠지도사'란 유소년을 대상으로 체육을 지도하는 사람을 말한다.
> ㉢ 유소년스포츠지도사는 유소년의 행동양식, 신체 발달 등에 대한 지식을 갖춘다.

① ㉠, ㉡
② ㉠, ㉢
③ ㉡, ㉢
④ ㉠, ㉡, ㉢

16 영아의 반사에 관한 설명으로 적절하지 않은 것은?

① 비대칭목경직반사(Asymmetric Tonic Neck Reflex) 검사로 눈·손의 협응과 좌·우측 인식의 발달 수준을 추측할 수 있다.
② 신경적 장애 진단을 위한 반사의 출현과 소멸 간의 관계 검사는 전문가의 도움이 필요하다.
③ 걷기반사(Stepping Reflex) 검사로 불수의적 운동행동의 발달을 추측할 수 있다.
④ 모로반사(Moro Reflex) 검사로 신경적인 변이나 손상을 추측할 수 있다.

17 〈그림〉의 동작에서 성숙 단계로 발달하도록 지도하는 방법이 적절하지 않은 것은?

시작단계의 구르기(rolling) 동작

① 이마가 지면에 닿게 지도한다.
② 머리가 동작을 리드할 수 있도록 지도한다.
③ 구르는 힘을 생성할 수 있도록 양팔의 움직임을 지도한다.
④ 몸이 구르는 내내 압축된 C자 모양을 유지할 수 있도록 지도한다.

18 유아체육 지도 방법 중 '탐구적 방법'에 해당되는 내용으로 적절한 것은?

① 도입, 동작 습득, 창의적 표현, 평가의 단계별 활동 전개하기
② 학습환경에 자유와 융통성을 도입하여 더 많은 책임 부여하기
③ 시범 보이기, 연습해보기, 언급해주기, 보충 설명하기, 시범 다시 보이기
④ 동작 과제나 질문을 제시하고 유아들이 제안한 다양한 해결방법을 인정하고 받아들이기

19 고강도 운동 시 성인과 비교하여 유소년에게 나타나는 생리적 반응으로 적절하지 않은 것은?

① 1회 박출량 : (성인에 비하여) 낮음
② 호흡 수 : (성인에 비하여) 높음
③ 수축기 혈압 : (성인에 비하여) 낮음
④ 심박수 : (성인에 비하여) 낮음

20 〈보기〉의 ㉠, ㉡에 들어갈 용어가 바르게 나열된 것은?

보기
• 특정 능력이나 행동의 발달에 최적인 시기를 (㉠)라고 한다.
• 각 시기에 따른 유아의 발달은 특정 시기에 도달해야 할 (㉡)을 갖기 때문에 시기를 놓쳐버리면 올바른 성장이 저해될 수 있다.

	㉠	㉡
①	민감기	통합성
②	민감기	발달과업
③	감각운동기	발달과업
④	전조작기	병변현상

노인체육론

01 〈보기〉에서 설명하는 연령지표는?

> **보기**
> - 연령적 노화라고 일컬어지는 출생 이후의 햇수인 역연령과 대비되는 개념이다.
> - 연령과 성을 기준으로 한 기능적 체력과 관련이 있다.
> - 신체 연령이라고도 말한다.

① 기능적(functional) 연령
② 주관적(subjective) 연령
③ 심리적(psychological) 연령
④ 연대기적(chronological) 연령

02 건강수명에 대한 설명으로 적절하지 <u>않은</u> 것은?

① 건강과 일상생활의 기능을 유지하는 기간을 뜻한다.
② 질병이나 신체장애 없이 생존한 삶의 기간을 뜻한다.
③ 성별·연령별로 몇 년을 더 살아갈 것인지 통계적으로 추정한 기대치로 생존 연수를 뜻한다.
④ 신체적·정서적·인지적 활력 또는 기능적 웰빙을 유지할 것으로 예상되는 삶의 기간을 뜻한다.

03 〈보기〉의 ㉠, ㉡에 해당하는 노화와 관련된 심리학적 이론이 바르게 나열된 것은?

> **보기**
>
> | | |
> |---|---|
> | ㉠ | • 자부심과 만족을 느끼면서 자신의 삶을 되돌아볼 수 있으며 죽음을 위엄있게 받아들인다.
• 삶에서 달성해야 하는 것들을 달성하지 못했다고 느끼며, 삶의 종말이 다가오는 것에 대해 좌절감을 느낀다. |
> | ㉡ | • 성공적 노화는 신체적·정신적·사회적 손실에 적응하는 노인의 능력과 관련이 있다.
• 기능적 능력을 향상함으로써 노화로 인한 손실을 보완하도록 도움을 준다. |

	㉠	㉡
①	하비거스트(R. Havighust)의 발달과업이론	로우(J. Rowe)와 칸(R. Kahn)의 성공적노화이론
②	하비거스트(R. Havighust)의 발달과업이론	펙(R. Peck)의 발달과업이론
③	에릭슨(E. Erikson)의 심리사회발달단계이론	로우(J. Rowe)와 칸(R. Kahn)의 성공적노화이론
④	에릭슨(E. Erikson)의 심리사회발달단계이론	발테스와 발테스(M. Baltes & P. Baltes)의 보상이 수반된 선택적적정화이론

04 〈보기〉에서 설명하는 노화와 관련된 사회학적 이론은?

> **보기**
> - 노화와 관련된 사회학적 이론에서 가장 널리 인정되는 이론이다.
> - 노인의 사회활동 참여 정도가 높을수록 생활만족도가 높아진다.
> - 지속적인 활동이 성공적 노화의 핵심이다.

① 분리이론
② 활동이론
③ 현대화이론
④ 하위문화이론

05 〈보기〉의 ㉠, ㉡에 들어갈 용어가 바르게 나열된 것은?

> 보기
> - 노인은 사회적 역할의 상실 등으로 인하여 자신감을 잃기 쉬우며, 점점 고립되어 고독감을 느끼게 되기 때문에, 다른 사람이나 사회로부터의 보살핌, 존중, 도움을 받는 (㉠)이/가 필요하다.
> - 노인은 일정 수준의 목표를 성취할 수 있다는 자신의 역량에 대한 믿음을 뜻하는 (㉡)을 가져야 한다.

	㉠	㉡
①	사회적 지지	자기효능감
②	사회적 설득	자기효능감
③	사회적 설득	자부심
④	사회적 지지	자부심

06 〈보기〉에서 운동이 노인에게 미치는 심리적 효과로 옳은 것만을 모두 고른 것은?

> 보기
> ㉠ 운동 기술 습득　　㉡ 우울증 감소
> ㉢ 심리적 웰빙 향상　　㉣ 사회적 연결망 확장

① ㉠, ㉡　　② ㉠, ㉢
③ ㉡, ㉢　　④ ㉢, ㉣

07 노화와 관련된 신체적 변화로 옳지 <u>않은</u> 것은?

① 근 질량 감소
② 관절 유연성 감소
③ 폐 탄력성과 흉곽 경직성 증가
④ 수축기혈압과 이완기혈압 증가

08 〈보기〉에서 운동이 노인에게 미치는 생리적 효과로 옳은 것만을 모두 고른 것은?

> 보기
> ㉠ 인슐린 내성 증가
> ㉡ 체지방 감소
> ㉢ 인슐린 감수성 증가
> ㉣ 안정 시 심박수 감소
> ㉤ 주어진 절대 강도에서 심박수 증가
> ㉥ 고밀도지단백콜레스테롤(HDL-C) 감소

① ㉠, ㉡, ㉥　　② ㉡, ㉢, ㉣
③ ㉡, ㉢, ㉥　　④ ㉣, ㉤, ㉥

09 체력요인에 따른 노인의 운동 방법과 효과가 바르게 연결되지 <u>않은</u> 것은?

	체력요인	운동 방법	효과
①	심폐지구력	고정식 자전거 타기	심혈관계 질환의 위험률 감소
②	근력	덤벨 들고 앉았다 일어서기	근육 및 뼈 강화로 인한 일상생활 수행능력 향상
③	유연성	앉아서 윗몸 앞으로 굽히기	신체활동 시 기능적 제한 예방
④	평형성	의자 잡고 옆으로 한발 들기	신체 각 부위가 조화를 이루면서 원활히 움직일 수 있는 능력 향상

10 〈보기〉의 ㉠, ㉡에 들어갈 목표심박수 범위가 바르게 나열된 것은?

> 보기
> • 나이 : 70세 / 성별 : 남성 / 최대심박수 : 150회/분
> • 의사는 심폐지구력 운동 시 목표심박수 40~50% 강도를 권고
> • 카보넨(Karvonen) 공식을 활용한 목표심박수의 범위는 (㉠)%HRR에서 (㉡)%HRR임

	㉠	㉡		㉠	㉡
①	108	115	②	115	122
③	122	129	④	129	136

11 노인운동 시의 위험 관리 항목과 방법이 바르게 연결된 것은?

① 환경과 장소 안전 : 참가자 중 당뇨 환자가 있을 경우, 사탕이나 초콜릿을 준비해 둔다.
② 시설 안전 : 운동장비의 사용 방법과 사용 시 주의사항을 적절한 장소에 게시해야 한다.
③ 환경과 장소 안전 : 운동 동선을 파악하여 시설과 장비를 배치한다.
④ 시설 안전 : 무덥고 다습한 곳은 피해야 한다.

12 〈보기〉에서 고혈압 질환이 있는 노인의 운동 지도 시 고려해야 할 사항으로 적절한 것만을 모두 고른 것은?

> 보기
> ㉠ 등척성 운동을 권장한다.
> ㉡ 나트륨 섭취 제한, 체중조절, 유산소 운동을 권장한다.
> ㉢ 저항성 운동 시 발살바 매뉴버에 의한 혈압 상승에 주의한다.
> ㉣ 이뇨제, 칼슘채널차단제, 혈관확장제 등의 약물에 의한 운동 후 혈압 상승에 주의한다.

① ㉠, ㉡
② ㉠, ㉢
③ ㉡, ㉢
④ ㉢, ㉣

13 노인체력검사(Senior Fitness Test) 항목에서 2.4m 왕복 걷기와 관련된 활동으로 옳은 것은?

① 자동차나 목욕탕에 들어가고 나오기
② 손자 안기, 식료품 가방 들기
③ 장거리 보행, 계단 오르기
④ 버스 빠르게 타고 내리기

14 〈보기〉에서 노화로 인한 평형성과 기동성(balance and mobility) 변화에 영향을 미치는 요인을 모두 고른 것은?

> 보기
> ㉠ 체성감각계   ㉡ 시각계
> ㉢ 전정계   ㉣ 운동계

① ㉠, ㉡, ㉢, ㉣
② ㉡, ㉢, ㉣
③ ㉢, ㉣
④ ㉣

15 〈보기〉에서 근골격계 질환이 있는 노인에게 적합한 운동만을 모두 고른 것은?

> 보기
> ㉠ 등산   ㉡ 수영
> ㉢ 테니스   ㉣ 수중 운동
> ㉤ 스케이팅   ㉥ 고정식 자전거 타기

① ㉠, ㉡, ㉢
② ㉡, ㉣, ㉥
③ ㉢, ㉣, ㉤
④ ㉣, ㉤, ㉥

16 건강신념모형에서 건강신념행동을 구성하는 요소로 옳지 <u>않은</u> 것은?

① 지각된 장애   ② 지각된 이익
③ 지각된 심각성   ④ 지각된 자기 인식

17 〈보기〉의 ㉠, ㉡에 해당하는 노인운동 교육의 원리와 설명이 바르게 나열된 것은?

> **보기**
> - (㉠) - 지적 능력, 학력, 흥미, 성격, 경험, 건강상태 등 개개인의 학습 욕구를 충족시켜줄 수 있는 방법을 모색한다.
> - (㉡) - 지도자와 학습자 간의 동등한 관계에서 출발하여 교육활동 전반에서 상호 간의 합의를 이루도록 한다.

	㉠	㉡
①	다양화의 원리	사회화의 원리
②	개별화의 원리	사제동행의 원리
③	개별화의 원리	사회화의 원리
④	다양화의 원리	사제동행의 원리

18 〈보기〉에서 미국스포츠의학회(ACSM, 2018)의 노인을 위한 유산소운동 지침으로 옳은 것만을 모두 고른 것은?

> **보기**
>
> | ㉠ | 운동 빈도(F) | • 중강도 시 5일/주
• 고강도 시 3일/주 |
> |---|---|---|
> | ㉡ | 운동 강도(I) | • 중강도 시 5~6(RPE 10점 만점 도구 기준)
• 고강도 시 7~8(RPE 10점 만점 도구 기준) |
> | ㉢ | 운동 시간(T) | • 중강도 시 150분~300분/주
• 고강도 시 75분~100분/주 |
> | ㉣ | 운동 형태(T) | 앉았다 일어서기(스쿼트), 스트레칭 |

① ㉠, ㉡, ㉢
② ㉠, ㉡, ㉣
③ ㉠, ㉢, ㉣
④ ㉡, ㉢, ㉣

19 〈보기〉에 해당하는 대상자의 운동참여 동기유발을 위한 노인스포츠지도사의 상담 내용으로 적절하지 않은 것은?

> **보기**
> - 68세 어르신은 체중조절과 건강관리를 위한 운동에 관심이 있다.
> - 운동 참여 경험은 없지만, 지속적으로 운동에 참여하고 싶다.

① 가족, 친구들과 함께 운동하며, 사회적 교류 기회가 확대됨을 설명한다.
② 스트레스 해소와 활력감 증진에 도움이 됨을 설명한다.
③ 건강 및 체중 관리에 도움이 됨을 설명한다.
④ 질병치료에 대한 기대감을 갖도록 설명한다.

20 노인운동 지도 시 의사소통에 관한 설명으로 옳은 것은?

① 어린아이를 다루듯 말한다.
② 스킨십은 사용하지 않는다.
③ 소리를 질러가며 말하지 않는다.
④ 대상자를 정면에서 쳐다보는 언어적 기술을 사용한다

스포츠사회학

01 스포츠사회학에 관한 설명으로 옳지 <u>않은</u> 것은?

① 스포츠 현장의 사회구조와 사회과정을 설명하는 학문이다.
② 운동참여자의 운동수행능력과 관련된 직접적인 원인을 설명한다.
③ 사회학의 하위분야로 스포츠현장의 인간행동을 예측하고 이해한다.
④ 스포츠는 사회영역과 밀접한 관계를 맺고 있어 통찰과 분석이 필요하다.

02 〈보기〉에서 설명하는 스포츠의 국제 정치적 사건은?

> **보기**
> • 온두라스와 엘살바도르 간의 갈등 심화
> • 1969년 중남미 월드컵 지역 예선 경기에서 발생

① 축구전쟁
② 헤이젤 참사
③ 검은 구월단
④ 핑퐁외교

03 파슨즈(T. Parsons)의 AGIL 모형에 근거한 스포츠의 사회적 기능으로 적절하지 <u>않은</u> 것은?

① 적응
② 통합
③ 목표성취
④ 상업주의

04 훌리한(B. Houlihan)이 제시한 정부(정치)가 스포츠에 개입한 목적에 해당하지 <u>않는</u> 것은?

① 시민들의 건강 및 체력유지를 위해 반도핑 기구에 재원을 지원한다.
② 스포츠 현장에서 인종차별을 해소하기 위해 Title IX 법안을 제정했다.
③ 게르만족의 우월성을 강조하기 위해 1936년 베를린 올림픽을 개최하였다.
④ 공공질서를 보호하기 위해 공원에서 스케이트보드 금지, 헬멧 착용 등의 도시 조례가 제정되었다.

05 〈보기〉에서 프로스포츠의 순기능을 모두 고른 것은?

> **보기**
> ㉠ 스포츠의 대중화
> ㉡ 생활의 활력소 역할
> ㉢ 지역사회 연대감 증대
> ㉣ 아마추어 스포츠의 활성화

① ㉠
② ㉠, ㉡
③ ㉠, ㉡, ㉢
④ ㉠, ㉡, ㉢, ㉣

06 〈보기〉에서 스포츠 상업화에 따른 변화를 모두 고른 것은?

> 보기
> ㉠ 프로페셔널리즘 추구
> ㉡ 심미적 가치의 경시
> ㉢ 직업선수의 등장
> ㉣ 아마추어리즘의 강조
> ㉤ 스포츠조직의 세계화
> ㉥ 농구 쿼터제 도입

① ㉠, ㉡, ㉢, ㉥
② ㉠, ㉢, ㉤, ㉥
③ ㉡, ㉢, ㉣, ㉤
④ ㉡, ㉣, ㉤, ㉥

07 〈보기〉에서 투민(M. Tumin)의 스포츠계층 형성과정의 서열화에 관한 설명 중 옳은 것을 모두 고른 것은?

> 보기
> ㉠ 특정 선수를 선망의 대상으로 생각하거나 팬으로서 특정 선수를 좋아한다.
> ㉡ 스포츠 팀 구성원으로 자신의 능력이 팀의 승리에 미치는 영향력이 커야 한다.
> ㉢ 뛰어난 운동신경과 능력뿐만 아니라 탁월한 개인적 특성을 갖고 있어야 한다.
> ㉣ 특정 스포츠 영역에서 요구되는 운동기술이 특출한 기량을 발휘해야 한다.

① ㉠, ㉡
② ㉠, ㉢
③ ㉠, ㉡, ㉢
④ ㉡, ㉢, ㉣

08 로이(J. Loy)와 레오나르드(G. Leonard)가 제시한 사회이동 기제로서 스포츠 역할의 근거로 적절하지 않은 것은?

① 프로스포츠 선수들은 다양한 형태의 후원 및 광고출연의 기회가 있다.
② 조직적인 스포츠 참가는 직·간접적으로 교육적 성취도를 향상시킨다.
③ 스포츠의 참가 기회 및 결과는 공정하기 때문에 상승이동에 기여한다.
④ 사회생활을 하는 데 가치 있다고 여겨지는 태도 및 행동 양식을 학습시킨다.

09 스포츠 미디어 이론에 관한 설명이 옳지 않은 것은?

① 문화규범이론 – 문화적 차이에 의해 핫 미디어와 쿨 미디어로 나누어진다.
② 사회범주이론 – 미디어의 영향력은 성, 연령, 계층 등에 따라 다르게 반영된다.
③ 개인차 이론 – 대중들은 능동적 수용자로서 심리적 욕구를 만족하기 위해 매스미디어를 활용한다.
④ 사회관계이론 – 미디어를 통한 개인의 스포츠 소비 형태는 중요타자의 가치와 소비행동에 의해 영향을 받는다.

10 〈보기〉의 ㉠~㉣에 해당하는 머튼(R. Merton)의 아노미이론에서 제시한 일탈행동 유형이 바르게 연결된 것은?

> **보기**
> ㉠ 벤 존슨은 불법약물복용으로 올림픽 금메달을 박탈당했다.
> ㉡ 승리에 대한 집념보다는 규칙을 지키며 최선을 다해 경기에 참여한다.
> ㉢ 스스로 실력의 한계를 느끼고 운동부에서 탈퇴한다.
> ㉣ 학생선수의 학습권을 보장하기 위해 최저학력제를 도입하였다.

	㉠	㉡	㉢	㉣
①	혁신주의	반역주의	도피주의	의례주의
②	반역주의	혁신주의	의례주의	도피주의
③	혁신주의	의례주의	도피주의	반역주의
④	의례주의	반역주의	혁신주의	도피주의

11 〈보기〉의 ㉠~㉣에 해당하는 집합행동 이론이 바르게 연결된 것은?

> **보기**
> ㉠ 군중은 피암시성, 순환적 반작용에 의해 폭력적 집단행동이 나타난다.
> ㉡ 군중들의 반사회적 성향이 익명성, 몰개성화에 의해 집합행동으로 나타난다.
> ㉢ 특정 사회적 상황에서의 공유의식은 구성원의 감정과 정숙 정도, 수용성 등에 영향을 준다.
> ㉣ 선행적 사회구조적·문화적 요인으로 인한 단계적 절차는 집합행동을 생성, 발전 및 소멸시킨다.

	㉠	㉡	㉢	㉣
①	전염이론	수렴이론	규범생성이론	부가가치이론
②	수렴이론	전염이론	부가가치이론	규범생성이론
③	규범생성이론	부가가치이론	수렴이론	전염이론
④	부가가치이론	규범생성이론	전염이론	수렴이론

12 〈보기〉는 코클리(J. Coakley)가 제시한 일탈적 과잉동조를 유발하는 스포츠 윤리규범의 유형과 특징에 관한 설명이다. ㉠~㉢에 들어갈 내용이 바르게 연결된 것은?

> **보기**
> • (㉠) : 운동선수는 위험을 받아들이고 고통 속에서도 경기에 참여해야 한다.
> • (㉡) : 운동선수는 장애물을 극복하고 역경을 헤쳐 나가는 노력을 해야 한다.
> • (㉢) : 운동선수는 경기에 헌신해야 하며 이를 그들의 삶에서 우선순위에 두어야 한다.
> • 구분짓기규범 : 다른 선수와의 차별성을 강조하며, 운동선수는 경기에서 탁월함을 추구해야 한다.

	㉠	㉡	㉢
①	몰입규범	도전규범	인내규범
②	몰입규범	인내규범	도전규범
③	인내규범	도전규범	몰입규범
④	인내규범	몰입규범	도전규범

13 〈보기〉에서 매기(J. Magee)와 서덴(J. Sugden)이 제시한 스포츠의 노동이주 유형은?

> **보기**
> • 종목의 특성으로 인해 국가 간 이동이 발생한다.
> • 개인의 취향에 의해 선택하는 경우도 발생한다.
> • 흥미로운 장소를 돌면서 스포츠를 즐기는 유형이다.

① 유목민형 ② 정착민형
③ 개척자형 ④ 귀향민형

14 〈보기〉에서 설명하는 스포츠일탈이론의 관점은?

> **보기**
> - 동일한 행위도 상황에 따라 일탈로 규정되거나 그렇지 않을 수 있다.
> - 경기장에도 다양한 일탈 행동으로 낙인 찍힌 선수들이 있다.

① 갈등론적 관점
② 구조기능주의 관점
③ 상징적 상호작용론적 관점
④ 비판론적 관점

15 〈보기〉의 ㉠~㉢에 해당하는 스포츠사회화 과정이 바르게 연결된 것은?

> **보기**
> (㉠) : 테니스 지도자가 되어 초등학교에서 테니스를 가르치게 되었다.
> (㉡) : 부모님의 권유로 테니스를 배우게 되었다.
> (㉢) : 테니스 참여를 통해 사회성, 준법정신이 강한 선수가 되었다.
> 스포츠 탈 사회화 : 무릎인대 손상으로 테니스 선수생활을 그만두었다.

	㉠	㉡	㉢
①	스포츠 재사회화	스포츠를 통한 사회화	스포츠로의 사회화
②	스포츠로의 사회화	스포츠 재사회화	스포츠를 통한 사회화
③	스포츠를 통한 사회화	스포츠로의 사회화	스포츠 재사회화
④	스포츠 재사회화	스포츠로의 사회화	스포츠를 통한 사회화

16 〈보기〉에서 신자유주의 시대 스포츠 세계화의 특징에 해당하는 것으로만 묶인 것은?

> **보기**
> ㉠ 스포츠 시장의 경계가 국경을 초월해 전 세계로 확대되었다.
> ㉡ 프로스포츠의 이윤 극대화로 인해 빈익빈 부익부 현상이 해소되었다.
> ㉢ 세계인들에게 표준화된 스포츠 상품과 스포츠 문화를 소비하게 만들었다.
> ㉣ 각 나라의 전통스포츠가 전 세계로 보급되어 새로운 스포츠 시장을 개척할 수 있게 되었다.

① ㉠, ㉡
② ㉠, ㉢
③ ㉡, ㉢
④ ㉡, ㉣

17 〈보기〉의 ㉠, ㉡에 해당하는 용어가 바르게 연결된 것은?

> **보기**
> - 미디어는 스포츠 중계를 통해 시청자들의 상품 소비를 촉진시키는 (㉠) 이데올로기를 생산한다.
> - 미디어는 남성스포츠 경기를 역사적 중요성을 갖고 있는 것처럼 묘사하며, 여성 스포츠를 실력보다 외모를 부각시키는 (㉡) 이데올로기를 생산한다.

	㉠	㉡
①	합리주의	젠더
②	자본주의	젠더
③	합리주의	성공
④	자본주의	성공

18. 교육현장에서 스포츠의 역기능에 관한 설명으로 옳지 <u>않은</u> 것은?

① 비과학적 훈련 방법은 학생선수를 혹사시킨다.
② 승리지상주의 심화로 인해 교육목표를 결핍시킨다.
③ 참여 기회의 제한으로 장애인의 적응력을 배양시킨다.
④ 학교와 팀의 성공을 위해 학생선수의 의도적 유급, 성적 위조 등을 조장한다.

19. 〈보기〉에서 설명하는 스포츠사회화 이론은?

> 보기
> • 상과 벌을 통해 행동의 변화가 일어난다.
> • 사회화 주관자의 가르침을 통해 행동이 변화한다.
> • 다른 사람의 행동을 관찰하여 모방이 일어난다.

① 사회학습이론 ② 역할이론
③ 준거집단이론 ④ 문화규범이론

20. 미래 스포츠의 변화와 전망에 관한 설명으로 옳지 <u>않은</u> 것은?

① 정보통신기술의 발달로 스포츠 관람형태가 다양해진다.
② '기술도핑(technical doping)'은 스포츠의 공정성을 훼손한다.
③ 다양한 신소재의 개발은 스포츠의 용품 및 장비 개발에 활용된다.
④ 통신 및 전자매체의 발달로 스포츠에서 미디어의 영향력이 감소된다.

스포츠교육학

01. 시덴탑(D. Siedentop)이 제시한 스포츠교육 모형의 6가지 핵심적인 특성에 해당하지 <u>않는</u> 것은?

① 축제화(festivity)
② 팀 소속(affiliation)
③ 유도연습(guided practice)
④ 공식경기(formal competition)

02. 〈보기〉의 방과 후 학교 체육활동 프로그램 개발 시 고려사항에 관한 설명 중 옳은 것으로만 묶인 것은?

> 보기
> ㉠ 학습자의 적성과 흥미를 고려한다.
> ㉡ 구체적인 목표와 미래 지향적 방향을 설정한다.
> ㉢ 교육과정과의 연계보다 프로그램의 특성을 고려한다.
> ㉣ 학교체육시설, 지도 인력, 예산 등은 제약 없이 사용이 가능하므로 이를 반영한다.

① ㉠, ㉡ ② ㉠, ㉢
③ ㉡, ㉢ ④ ㉡, ㉣

03. 〈보기〉의 ㉠, ㉡에 해당하는 용어가 바르게 연결된 것은?

> 보기
> 1960년대 중반 미국을 중심으로 전개된 (㉠)은 스포츠교육학이 체육학의 하위학문 분야로 성장하는 데 촉매제 역할을 하였다. 결국 신체 활동을 지도할 때 학문을 기반으로 한 (㉡) 지식을 스포츠 참여자에게 가르쳐야 한다는 주장이 본격적으로 제기되기 시작했다.

	㉠	㉡
①	체육 학문화 운동	이론적
②	체육 학문화 운동	경험적
③	체육 과학화 운동	이론적
④	체육 과학화 운동	경험적

04 체육활동에서 안전한 학습환경 유지에 관한 설명으로 적절하지 않은 것은?

① 활동 전에 안전 문제를 예측하고 교구를 배치한다.
② 위험한 상황이 예측되더라도 시작한 과제는 끝까지 수행한다.
③ 안전한 수업운영에 필요한 절차를 학습자들에게 명확히 전달한다.
④ 새로운 연습과제나 게임을 시작할 때 지도자는 지속적으로 학습자를 감독한다.

05 〈보기〉의 성장단계별 스포츠 프로그램의 목적 중 옳은 것을 모두 고른 것은?

보기
- (㉠) 유소년스포츠 : 유아와 아동의 신체적·인지적 발달 도모, 기본적인 사회관계 형성
- (㉡) 청소년스포츠 : 운동기능 습득, 삶의 즐거움과 활력 찾기, 또래친구와의 여가활동 참여
- (㉢) 성인스포츠 : 신체적 건강 유지, 사교, 흥미 확대, 사회적 안정 추구

① ㉠
② ㉠, ㉡
③ ㉡, ㉢
④ ㉠, ㉡, ㉢

06 〈보기〉에서 설명하는 스포츠지도자가 고려해야 할 학습자 특성은?

보기
학습자의 성별, 연령, 환경적 요인 등 학습자의 개인차를 고려해서 학습 단계를 결정하는 것이 중요하다.

① 감정 조절
② 발달 수준
③ 공감 능력
④ 동기유발 상태

07 스포츠지도자의 자질과 지도방법에 관한 내용으로 옳지 않은 것은?

① 지도자는 높은 성품 수준을 유지하며 모범을 보여야 한다.
② 선수가 수단과 방법을 가리지 않고 승리할 수 있도록 지도한다.
③ 지도자는 재능의 차원과 인성적 차원의 자질을 고루 갖추어야 한다.
④ 선수가 올바른 도덕적 의식을 가지고 자율적으로 실천하도록 지도한다.

08 〈보기〉에서 설명하는 수업 주도성 프로파일의 특성을 나타내는 체육수업 모형은?

보기
- 학습자는 각 과제의 수행 기준에 도달할 책임이 있다.
- 학습자는 많은 피드백과 높은 수준의 언어적 상호작용의 기회를 갖는다.
- 지도자는 내용선정과 과제제시를 주도하고, 학습자는 수업 진도를 결정한다.

① 전술게임 모형
② 협동학습 모형
③ 개별화지도 모형
④ 개인적·사회적책임감 지도 모형

09 〈보기〉에서 스포츠 활동 참여자의 행동 수정 전략을 잘못 이해하고 있는 지도자들로만 묶인 것은?

> **보기**
> 송 코치 : 저는 지도자가 일관성 있게 지도하는 것이 중요하다고 생각해요.
> 이 코치 : 학습자의 행동 수정에도 그 단계를 설정할 필요가 있는 것 같아요.
> 김 코치 : 과거의 행동 수준부터 한 번에 많은 변화가 있도록 지도해야 해요.
> 박 코치 : 목표행동은 간단히 진술하고 그에 따른 결과는 고려하지 않아도 돼요.

① 송 코치, 이 코치 ② 이 코치, 김 코치
③ 박 코치, 송 코치 ④ 김 코치, 박 코치

10 〈보기〉는 박 코치의 수업 일지 내용이다. ㉠, ㉡에 해당하는 용어가 바르게 연결된 것은?

> **보기**
> 골프 수업에 참여한 학습자들이 골프 규칙을 비롯해, 골프와 유사한 스포츠의 개념적 특징을 비교·분석할 수 있도록 (㉠) 목표를 제시하였다. … (중략) … 또한 각 팀의 1등은 다른 팀의 1등끼리, 2등은 다른 팀의 2등끼리 점수를 비교하여 같은 등수에서 높은 점수를 얻은 학습자에게 정해진 상점을 부여했다. 이와 같이 협동학습 모형의 과제구조 중 (㉡) 전략을 사용하였다.

	㉠	㉡
①	정의적	직소(Jigsaw)
②	정의적	보조 수업(Team-Assisted Instruction)
③	인지적	팀 게임 토너먼트(Team Games Tournament)
④	인지적	성취 배분(Student Teams-Achievement Division)

11 학교체육 진흥법(시행 2024. 3. 24.)의 제12조에서 규정하고 있는 내용으로 옳지 않은 것은?

① 교육감은 학교운동부지도자의 자질 향상 및 전문성 강화를 위하여 연수교육 계획을 수립하고, 이를 실시하여야 한다.
② 학교의 장은 학교운동부지도자가 학생선수의 학습권을 박탈하거나 폭력, 금품·향응 수수 등의 부적절한 행위를 하였을 경우 학교운영위원회의 심의를 거쳐 계약을 해지할 수 있다.
③ 국가 및 지방자치단체는 학교운동부지도자의 급여에 필요한 경비를 지원하도록 노력해야 한다.
④ 학교운동부지도자의 자격기준, 임용, 급여, 신분, 직무 등에 필요한 사항은 대통령령으로 정한다.

12 〈보기〉의 국민체육진흥법(시행 2024. 3. 15.) 제12조의3의 내용 중 ㉠, ㉡에 해당하는 용어가 바르게 연결된 것은?

> **보기**
> 문화체육관광부장관은 체육지도자 및 체육단체의 책임이 있는 자가 체육계 인권침해 및 (㉠)와/과 관련하여 (㉡)이/가 확정되는 경우에는 운영위원회의 심의·의결을 거쳐 그 인적사항 및 비위 사실 등을 공개할 수 있다.

	㉠	㉡
①	폭행	자격정지
②	스포츠비리	유죄판결
③	폭행	행정처분
④	스포츠비리	자격취소

13 〈보기〉의 ㉠~㉥ 중 모스턴(M. Mosston)의 '자기점검형(self-check style)' 교수 스타일에 해당하는 특징으로만 묶인 것은?

> **보기**
> ㉠ 지도자는 감환과정의 준거를 제시한다.
> ㉡ 지도자는 학습자의 능력과 독립성을 존중한다.
> ㉢ 지도자는 학습자가 활용할 평가 기준을 마련한다.
> ㉣ 학습자는 과제활동 전 결정군에서 내용을 정한다.
> ㉤ 학습자는 스스로 자신의 과제를 확인하고 교정한다.
> ㉥ 학습자는 동료와 피드백을 주고받으며 연습하는 데 중점을 둔다.

① ㉠, ㉢, ㉥
② ㉡, ㉢, ㉤
③ ㉠, ㉣, ㉤
④ ㉡, ㉤, ㉥

14 〈보기〉에서 설명하는 알몬드(L. Almond)의 게임 유형은?

> **보기**
> • 야구, 티볼, 크리켓, 소프트볼 등 팀 구성원 모두가 공격과 수비에 번갈아 참여한다.
> • 개인의 역할 수행이 경기에 중요한 영향을 미치므로, 자신의 역할에 대한 이해와 책임감이 강조된다.

① 영역(침범)형
② 네트형
③ 필드형
④ 표적형

15 체육 수행평가에 관한 설명으로 옳은 것은?

① 학습의 과정보다 결과를 중시한다.
② 일시적이며 단편적인 관찰에 의존한다.
③ 개인보다 집단에 대한 평가를 강조한다.
④ 아는 것과 실제 적용 능력을 모두 강조한다.

16 메츨러(M. Metzler)의 스포츠 지도를 위한 교수·학습 과정안(지도계획안) 작성요소와 방법이 바르게 연결된 것은?

	작성요소	작성 방법
①	학습목표	학습목표는 추상적으로 작성
②	수업정리	과제의 내용을 구조화하고, 제시 방법을 기술
③	학습평가	평가 시기, 평가의 관리 및 절차상의 고려사항을 제시
④	수업맥락 기술	과제의 중요도에 따라 학습활동 목록을 작성

17 〈보기〉에서 세 명의 축구 지도자가 활용한 질문 유형이 바르게 연결된 것은?

> **보기**
> 이 코치: 지난 회의에서 설명했던 오프사이드 규칙 기억나니?
> 윤 코치: (작전 판에 그림을 그리면서) 상대 팀 선수가 중앙으로 드리블해서 돌파하고자 할 때, 수비하는 방법들은 무엇이 있을까?
> 정 코치: 상대 선수가 너에게 반칙을 하지 않았는데 심판이 상대 선수에게 반칙 판정을 했어. 너는 이런 상황에서 어떻게 하겠니?

	이 코치	윤 코치	정 코치
①	회상형 (회고형)	확산형 (분산형)	가치형
②	회상형 (회고형)	수렴형 (집중형)	가치형
③	가치형	수렴형 (집중형)	회상형 (회고형)
④	가치형	확산형 (분산형)	회상형 (회고형)

18 〈보기〉에 해당하는 링크(J. Rink)의 내용 발달 과제는?

> 보기
> - 과제의 난이도와 복잡성에 따른 점진적 발달에 관심을 갖는다.
> - 복잡한 기술을 가르치기 전에 기능을 세분화한다.

① 세련과제 ② 정보(시작)과제
③ 적용(평가)과제 ④ 확대(확장)과제

19 〈보기〉에서 설명하는 슐만(L. Shulman)의 교사 지식은?

> 보기
> - 노인의 신체적·정신적 변화 등에 관한 지식
> - 장애 유형에 따른 운동방법 등에 관한 지식
> - 유소년의 행동양식, 신체발달 등에 관한 지식

① 교육과정(curriculum) 지식
② 교육환경(educational context) 지식
③ 지도방법(general pedagogical) 지식
④ 학습자와 학습자 특성(learners and their characteristics) 지식

20 〈보기〉에서 두 명의 수영 지도자가 활용한 평가 유형이 바르게 연결된 것은?

> 보기
> 박 코치 : 우리 반은 초급이라서 25m 완주를 목표한다고 공지했어요. 완주한 회원들에게는 수영모를 드렸어요.
> 김 코치 : 저는 우리 클럽의 특성을 고려해서 모든 회원의 50m 평영 기록을 측정했습니다. 그리고 상위 15%에 해당하는 회원들께 '박태환' 스티커를 드렸습니다.

	박 코치	김 코치
①	절대평가	상대평가
②	상대평가	절대평가
③	동료평가	자기평가
④	자기평가	동료평가

스포츠심리학

01 스포츠와 운동의 참여가 개인의 심리적 발달에 미치는 영향에 관한 연구주제로 적절하지 않은 것은?

① 달리기는 우울증을 조절하는가?
② 스포츠클럽 활동은 사회성과 집중력을 높이는가?
③ 태권도 수련은 아동의 인성 발달에 도움이 되는가?
④ 수영에 대한 자신감이 수영 학습에 어떤 영향을 주는가?

02 보강적 피드백(augmented feedback)의 유형에 해당하는 것은?

① 시각(visual)
② 촉각(tactile)
③ 청각(auditory)
④ 결과지식(knowledge of result)

03 나이데퍼(R. Nideffer)의 주의초점모형을 근거로, 〈보기〉의 내용에 해당하는 주의의 폭과 방향은?

> 보기
> 배구 선수가 서브를 준비하면서 상대 진영을 살핀 후, 빈 곳을 확인하여 그곳으로 공을 서브하였다.

① 광의 외적에서 협의 외적으로
② 광의 내적에서 광의 외적으로
③ 협의 내적에서 광의 외적으로
④ 협의 외적에서 협의 외적으로

04 아이젠(I. Ajen)의 계획된 행동이론(theory of planned behavior)의 구성요인으로만 묶인 것은?

① 태도(attitude), 의도(intention), 주관적 규범(subjective norm), 동기(motivation)
② 태도(attitude), 의도(intention), 주관적 규범(subjective norm), 행동통제인식(perceived behavioral control)
③ 주관적 규범(subjective norm), 자신감(confidence), 의도(intention), 태도(attitude)
④ 행동통제인식(perceived behavioral control), 자신감(confidence), 태도(attitude), 동기(motivation)

05 스포츠심리기술 훈련에 관한 설명으로 옳지 않은 것은?

① 경기력 향상에 즉각적 효과를 줄 수 있다.
② 평소 연습과 통합되어 지속적으로 진행되어야 한다.
③ 심상, 루틴, 사고조절 등의 심리기법이 활용된다.
④ 연령, 성별, 경기수준과 관계없이 모든 선수들에게 적용될 수 있다.

06 캐런(A.V. Carron)의 팀 응집력 모형에서 응집력의 결정요인으로만 묶인 것은?

① 리더십 요인(leadership factor), 발달 요인(development factor), 환경 요인(environment factor), 팀 요인(team factor)
② 리더십 요인(leadership factor), 팀 요인(team factor), 개인 요인(personal factor), 발달 요인(development factor)
③ 팀 요인(team factor), 리더십 요인(leadership factor), 환경 요인(environment factor), 개인 요인(personal factor)
④ 팀 요인(team factor), 발달 요인(development factor), 환경 요인(environment factor), 개인 요인(personal factor)

07 인지평가이론(cognitive evaluation theory)에서 내적 동기를 높일 수 있는 방법으로 옳지 않은 것은?

① 타인과의 관계성을 높여준다.
② 자신의 능력에 대해 유능감을 높여준다.
③ 행동을 결정하는데 있어 자율성을 갖게 한다.
④ 행동결과에 대한 보상의 연관성을 강조한다.

08 〈보기〉의 정보처리 과정과 반응시간의 관계에서 ㉠~㉢에 들어갈 단계가 바르게 연결된 것은?

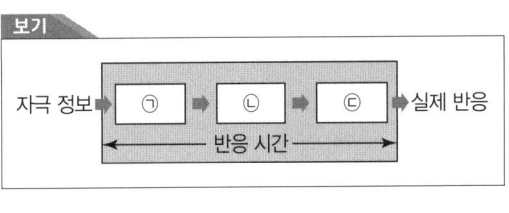

	㉠	㉡	㉢
①	의사결정 단계	반응선택 단계	반응실행 단계
②	의사결정 단계	반응실행 단계	반응선택 단계
③	감각, 지각 단계	반응선택 단계	반응실행 단계
④	감각, 지각 단계	반응실행 단계	반응선택 단계

09 운동실천을 위한 행동수정 중재전략으로 적절하지 않은 것은?

① 운동화를 눈에 잘 띄는 곳에 둔다.
② 구체적이고 실현 가능한 목표를 설정한다.
③ 지각이나 결석이 없는 회원에게 보상을 제공한다.
④ 출석상황과 운동수행 정도를 공공장소에 게시한다.

10 〈보기〉의 사례와 관련있는 데시(E. L. Deci)와 라이언(R. M. Ryan)의 자결성이론(self-determination theory)의 구성요인이 바르게 연결된 것은?

> 보기
> ㉠ 현우는 뛰는 것을 그다지 좋아하지는 않지만, 체중조절과 건강증진을 위해서 매일 1시간씩 조깅을 한다.
> ㉡ 승아는 필라테스를 그다지 좋아하지는 않지만, 개인 강습비를 지원해준 부모님에 대한 죄책감 때문에 학원에 다닌다.

	㉠	㉡
①	확인규제 (identified regulation)	의무감규제 (introjected regulation)
②	외적규제 (external regulation)	의무감규제 (introjected regulation)
③	내적규제 (internal regulation)	확인규제 (identified regulation)
④	의무감규제 (introjected regulation)	확인규제 (identified regulation)

11 〈보기〉는 성취목표성향 이론에서 자기목표성향(ego-goal orientation)과 과제목표성향(task-goal orientation)에 관한 예시이다. 이에 대한 해석이 옳은 것은?

> 보기
> 인호와 영찬이는 수업에서 테니스를 배운다. 이 둘은 실력이 비슷하다. 하지만 수업에서 인호는 테니스 기술을 배우는 것보다 다른 친구와 테니스 게임을 하여 이기는 것을 좋아한다. 반면에 영찬이는 테니스 기술에 중점을 두며 테니스 기술을 연마할 때마다 뿌듯해 한다.

① 영찬이는 실현 불가능한 과제를 자주 선택할 것이다.
② 인호는 자신의 기술향상을 위하여 개인 노력을 중시한다.
③ 인호는 영찬이를 이겼을 때 자신이 잘해서 승리하였다고 생각한다.
④ 인호는 학습의 증진과 연관된 자기-참고적(self-reference)인 목표를 가진 학생이다.

12 〈보기〉의 운동기능 연습법 내용과 관련 있는 것은?

> 보기
> 각 부분을 따로 연습한 후 전체 기술을 종합적으로 연습하는 순수 분습법(pure-part practice)과 전체 운동 기술 중에 첫 번째와 두 번째 요소를 각각 연습한 후 그 두 요소를 결합하고 이후 다음 요소를 다시 연습하는 과정을 거쳐 전체 기술을 습득해가는 점진적 분습법(progressive-part practice)으로 구분된다.

① 분절화　　② 부분화
③ 분산연습　④ 집중연습

13 특성불안을 측정하는 검사지는?

① SCQ(Sport Cohesion Questionnaire)
② SCAT(Sport Competitive Anxiety Test)
③ CSAI-2(Competitive State Anxiety Inventory-2)
④ 16PF(Cattell's Sixteen Personality Factor Questionnaire)

14 〈보기〉의 ㉠~㉢에 들어갈 운동발달의 단계를 바르게 나열한 것은?

보기
반사운동단계 → (㉠) → (㉡) → 스포츠기술단계 → (㉢) → 최고수행단계 → 퇴보단계

	㉠	㉡	㉢
①	초기움직임 단계	성장과 세련 단계	기본움직임 단계
②	초기움직임 단계	기본움직임 단계	성장과 세련 단계
③	기본움직임 단계	성장과 세련 단계	초기움직임 단계
④	기본움직임 단계	초기움직임 단계	성장과 세련 단계

15 와인버그(R.S. Weinberg)와 굴드(D. Gould)의 바람직한 처벌 행동 지침에 관한 내용으로 옳지 않은 것은?

① 사람이 아니라 행동을 처벌한다.
② 동일한 규칙위반에 대해서는 동일하게 처벌한다.
③ 연습 중에 실수한 것에 대해서는 가볍게 처벌한다.
④ 규칙위반에 관한 처벌규정을 만들 때 선수의 의견을 반영한다.

16 스포츠심리상담에서 상담자가 활용할 수 있는 기법에 관한 설명으로 옳지 않은 것은?

① 적극적 경청 : 내담자의 말에 적절하게 행동으로 반응한다.
② 관심집중 : 내담자의 말이 끝날 때까지 내담자를 계속 관찰한다.
③ 신뢰형성 : 내담자 개인의 정신적 고민이나 감정적 호소에 귀 기울인다.
④ 공감적 이해 : 내담자에게는 생각할 시간을 충분히 주고, 상담자는 반응을 짧게 한다.

17 운동발달에 관한 설명으로 옳지 않은 것은?

① 운동발달에는 개인차가 존재한다.
② 운동발달 과정에는 민감기(sensitive period)가 있다.
③ 운동발달은 운동행동이 연속적으로 변화하는 과정이다.
④ 운동발달 상황에서 공통적으로 나타나는 행동을 개체발생적 운동행동이라고 한다.

18 신체활동은 일련의 단계를 거쳐 변화한다는 것을 기본적인 전제로 하는 운동행동이론은?

① 계획행동이론(theory of planned behavior)
② 건강신념모형(health belief model)
③ 변화단계이론(transtheoretical model)
④ 합리적 행동이론(theory of reasoned action)

19 〈보기〉의 내용과 관련 있는 불안이론은?

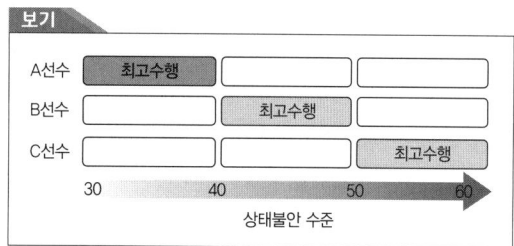

① 적정수준이론(optimal level theory)
② 전환이론(reversal theory)
③ 다차원불안이론(multidimensional anxiety model)
④ 최적수행지역이론(zone of optimal functioning theory)

20 사회적 태만(social loafing) 현상을 극복하기 위한 지도전략으로 옳지 않은 것은?

① 사회적 태만 허용상황을 미리 설정하지 않게 한다.
② 대집단보다는 소집단(포지션별)을 구성하여 훈련한다.
③ 지도자는 선수 개개인의 노력을 확인하고 이를 인정한다.
④ 선수들이 자신의 포지션뿐만 아니라 다른 역할도 경험하게 한다.

한국체육사

01 한국체육사의 시대구분에 관한 내용으로 적절하지 않은 것은?

① 고대체육은 부족국가 및 삼국시대로 구분할 수 있다.
② 광복을 전후로 고대체육과 전통체육으로 구분할 수 있다.
③ 갑오경장을 전후로 전통체육과 근대체육으로 구분할 수 있다.
④ 고대체육, 중세체육, 근대체육, 전통체육으로 구분할 수 있다.

02 체육 관련 사료 중 문헌사료가 아닌 것은?

① 고구려 무용총 수렵도(狩獵圖)
② 무예도보통지(武藝圖譜通志)
③ 조선체육계(朝鮮體育界)
④ 손기정 회고록(回顧錄)

03 부족국가시대의 저포(樗蒲)에 관한 설명으로 옳은 것은?

① 위기(圍棋)라는 용어로 불리기도 하였다.
② 제천의식과 관련된 대표적인 민속놀이였다.
③ 두 사람이 서로 맞잡고 힘을 겨루는 경기였다.
④ 달리는 말 위에서 여러 가지 동작을 행하는 경기였다.

04 화랑도의 교육방법에 관한 설명으로 옳지 않은 것은?

① 입산수행은 화랑도 교육활동의 하나였다.
② 심신일체론적 사상을 바탕으로 전인 교육을 지향하였다.
③ 편력(遍歷)은 명산대천을 돌아다니며 수련하는 야외활동이었다.
④ 삼강오륜(三綱五倫)의 붕우유신(朋友有信)을 바탕으로 도의 교육을 실시하였다.

05 삼국시대 민속놀이의 명칭이 바르게 연결된 것은?

① 석전(石戰) – 제기차기
② 마상재(馬上才) – 널뛰기
③ 방응(放鷹) – 매사냥
④ 수박(手搏) – 장기

06 〈보기〉의 ( ) 안에 들어갈 용어는?

> 보기
> 고려시대 최고의 교육기관인 국자감에는 7재(七齋)를 두었는데, 그중 무학을 공부하는 (   )가 있었다. 이를 통해 고려의 관학에서는 무예교육이 중시되었음을 알 수 있다.

① 강예재(講藝齋)
② 대빙재(待聘齋)
③ 경덕재(經德齋)
④ 양정재(養正齋)

07 〈보기〉의 고려시대 격구(擊毬)에 관한 설명 중 옳은 것으로만 묶인 것은?

> 보기
> ㉠ 왕, 귀족, 무인들의 오락이나 스포츠로 발달했다.
> ㉡ 가죽주머니로 만든 공을 발로 차는 형식의 무예이다.
> ㉢ 말타기 능력의 향상 및 군사훈련을 위한 수단으로 활용되었다.
> ㉣ 서민들의 오락적 신체 활동으로 급속히 확산되었다.

① ㉠, ㉡
② ㉠, ㉢
③ ㉡, ㉣
④ ㉢, ㉣

08 〈보기〉의 ㉠, ㉡에 해당하는 고려시대 무예의 명칭이 바르게 연결된 것은?

> 보기
> • (㉠)은/는 고려시대 무인들에게 적극 권장되었으며, 명종(明宗, 1170~1197) 때에는 이 무예를 겨루게 하여 승자에게 벼슬을 주었다.
> • (㉡)은/는 유교를 치국의 도(道)로 삼았던 고려시대에도 6예의 어(御)에 속하는 것으로 군자의 중요한 덕목 중 하나였다.

	㉠	㉡
①	격구(擊毬)	수박(手搏)
②	수박(手搏)	마술(馬術)
③	마술(馬術)	궁술(弓術)
④	궁술(弓術)	방응(放鷹)

09 조선시대 사정(射亭)에 관한 설명으로 옳지 않은 것은?

① 전국에 사정(射亭)을 설치하고 습사(習射)를 장려하였다.
② 관설사정(官設射亭)과 민간사정(民間射亭)이 있었다.
③ 병서(兵書) 강습과 마상(馬上) 무예 훈련을 주로 하였다.
④ 민간사정(民間射亭)으로 오운정(五雲亭), 등룡정(登龍亭) 등이 있었다.

10 조선시대 줄다리기에 관한 설명으로 옳은 것은?

① 동채싸움으로도 불리며, 동네별로 승부를 겨루는 경기였다.
② 상박(相搏)으로도 불리며, 궁정과 귀족사회의 유희 중 하나였다.
③ 추천(鞦韆)으로도 불리며, 단오절에 많이 행해진 서민들의 민속놀이였다.
④ 삭전(索戰), 갈전(葛戰)으로도 불리며, 촌락공동체의 의례적 연중행사로 성행했다.

11 개화기 이화학당에 관한 설명으로 옳은 것은?

① 스크랜턴(M. Scranton)이 설립한 학교로 체조를 교과목으로 편성했다.
② 아펜젤러(H. Appenzeller)가 설립한 학교로 각종 서구 스포츠를 도입했다.
③ 이승훈이 설립한 학교로 민족정신의 고취와 체력단련을 위해 체육을 강조했다.
④ 개화파 관리들이 중심이 되어 설립한 학교로 무사양성을 위한 무예반을 설치했다.

12 〈보기〉의 ㉠, ㉡에 들어갈 용어가 바르게 연결된 것은?

> 보기
> (㉠)은/는 1903년 10월 18일에 발족되었으며, 1906년 운동부를 개설하여 개화기에 가장 활발하게 체육활동을 전개한 체육단체 중 하나였다. 이 단체의 총무였던 (㉡)은/는 야구, 농구 등의 다양한 근대스포츠 문화를 우리나라에 소개하고 확산시키는 노력을 하였다.

	㉠	㉡
①	회동구락부	언더우드(H. Underwood)
②	대동체육부	노백린
③	무도기계체육부	윤치호
④	황성기독교청년회	질레트(P. Gillett)

13 개화기에 설립된 체육단체가 아닌 것은?

① 조선체육협회
② 대한체육구락부
③ 대한국민체육회
④ 대한흥학회운동부

14 〈보기〉에서 설명하는 인물은?

> 보기
> • 조선체력증진법연구회를 설립하고, 전국의 역도 보급에 앞장섰다.
> • 1926년 휘문고등학교 체육교사로 부임해 역도부를 조직하고 지도했다.
> • 대한체조협회 회장, 대한씨름협회 회장을 역임하며 한국 스포츠 발전에 공헌을 했다.

① 서상천
② 백용기
③ 이원용
④ 유억겸

15 일제강점기에 발생한 체육사적 사실이 아닌 것은?

① 경성운동장이 설립되어 각종 스포츠대회가 개최되었다.
② 덴마크의 닐스 북(Neils Bukh)이 체조강습회를 개최했다.
③ 남승룡이 베를린 올림픽경기대회에서 동메달을 획득했다.
④ 영어학교에서 한국 최초의 운동회인 화류회가 개최되었다.

16 〈보기〉에 해당하는 체육단체에 관한 설명으로 옳지 않은 것은?

> **보기**
> • 고려구락부를 모체로 설립된 단체이다.
> • 1920년 7월 동아일보사의 후원으로 일본유학생과 국내체육인들이 조선인의 체육을 장려할 목적으로 설립하였다.

① 1920년 전조선야구대회를 개최했다.
② 스포츠 보급의 일환으로 운동구점을 설치하고 운영하였다.
③ 1925년 경성운동장 개장을 기념하기 위해 조선신궁경기대회를 개최했다.
④ 육상경기의 연구를 위한 육상경기위원회 조직과 육상경기규칙을 편찬했다.

17 〈보기〉의 ⊙, ⓒ에 해당하는 국제대회가 바르게 연결된 것은?

> **보기**
> 1990년 남북체육장관회담의 결과, 1991년 사상 첫 남북 스포츠 단일팀이 구성되었다. (⊙)에 남북단일팀으로 참가한 코리아 팀은 여자단체전에서 세계를 제패했으며, (ⓒ)에도 청소년대표팀이 남북단일팀으로 참가하여 8강 진출이라는 위업을 달성했다.

	⊙	ⓒ
①	41회 지바세계 탁구선수권 대회	제4회 멕시코세계 청소년축구대회
②	32회 사라예보 세계탁구선수권	제6회 포르투갈세계 청소년축구대회
③	32회 사라예보 세계탁구선수권	제4회 멕시코세계 청소년축구대회
④	41회 지바세계 탁구선수권 대회	제6회 포르투갈세계 청소년축구대회

18 〈보기〉의 ⊙~㉢을 연대순으로 바르게 연결한 것은?

> **보기**
> ⊙ 한국은 동계올림픽경기대회에 최초로 태극기를 단 선수단을 파견하였다.
> ⓒ 한국은 최초로 하계올림픽경기대회를 개최하였고 종합 4위의 성적을 거두었다.
> ⓒ 남한과 북한의 선수가 최초로 하계올림픽경기대회에서 동시 입장을 하였다.
> ㉢ 한국은 광복 후 하계올림픽경기대회에서 최초로 금메달을 획득하였다.

① ⊙-ⓒ-ⓒ-㉢
② ⊙-ⓒ-㉢-ⓒ
③ ⊙-㉢-ⓒ-ⓒ
④ ㉢-⊙-ⓒ-ⓒ

19 〈보기〉에서 설명하는 올림픽경기대회는?

> **보기**
> - 1936년에 개최된 하계올림픽경기대회였다.
> - 마라톤경기에서 손기정 선수가 금메달을 획득했다.
> - 일장기 말소사건은 국권회복과 민족의식을 일깨워주는 계기가 되었다.

① 제9회 암스테르담 올림픽경기대회
② 제11회 베를린 올림픽경기대회
③ 제14회 런던 올림픽경기대회
④ 제17회 로마 올림픽경기대회

20 〈보기〉의 내용을 실시한 정권의 스포츠 정책이 아닌 것은?

> **보기**
> 1982년 중앙정부행정조직에 체육부를 신설하고, 아시안게임과 올림픽 경기대회의 준비, 우수선수육성 및 지도자의 양성 등 스포츠 진흥운동을 전개했다.

① 프로축구의 출범
② 프로야구의 출범
③ 태릉선수촌의 건립
④ 국군체육부대의 창설

운동생리학

01 〈보기〉의 ㉠~㉣에 해당하는 용어를 바르게 나열한 것은?

> **보기**
> - 골격근은 (㉠)신경계의 조절에 의해 (㉡)으로 수축한다.
> - 걷기와 같은 저강도 운동 중에는 (㉢) 섬유가 주로 동원되고 전력 질주와 같은 고강도 운동 중에는 (㉣) 섬유가 주로 동원된다.

	㉠	㉡	㉢	㉣
①	자율	수의적	type I	type II
②	체성	불수의적	type II	type I
③	자율	불수의적	type II	type I
④	체성	수의적	type I	type II

02 안정 시와 운동 중 에너지 소비량 측정 및 추정에 관한 설명으로 옳지 않은 것은?

① 직접 열량 측정법은 열 생산을 측정함으로써 에너지 소비량을 측정한다.
② 간접 열량 측정법은 산소 소비량과 이산화탄소 배출량을 이용하여 에너지 소비량을 추정한다.
③ 호흡교환율은 질소 배출량과 산소 소비량의 비율을 의미하며, 체내 지방과 단백질의 대사 이용 비율을 추정한다.
④ 이중표식수(doubly labeled water) 검사법은 동위원소 기법을 사용해 에너지 소비량을 추정한다.

03 운동 중 심근(myocardium)으로 혈액을 공급하는 동맥은?

① 관상동맥
② 폐동맥
③ 하대동맥
④ 상대동맥

04 해수면과 비교하여 고지 환경에서 운동 시 생리적 반응으로 옳지 <u>않은</u> 것은?

① 최대하 운동 시 폐환기량이 증가한다.
② 최대하 운동 시 심박수와 심박출량은 감소한다.
③ 최대하 운동 시 동맥혈 산화헤모글로빈 포화도는 감소한다.
④ 무산소 운동능력보다 유산소 운동능력이 더 감소한다.

05 유산소 트레이닝에 의한 골격근의 적응 현상으로 옳지 <u>않은</u> 것은?

① 모세혈관의 밀도 증가
② TypeⅡ 섬유의 현저한 크기 증가
③ 마이오글로빈의 함유량 증가
④ 미토콘드리아의 수와 크기 증가

06 〈보기〉에서 운동 중 호흡계 전도영역의 기능으로만 묶인 것은?

보기
㉠ 호흡하는 공기에 습기를 제공한다.
㉡ 폐포의 표면장력을 감소시키는 표면활성제(surfactant)를 제공한다.
㉢ 공기를 여과하는 역할을 한다.
㉣ 호흡가스 확산을 증가시킨다.

① ㉠, ㉡
② ㉠, ㉢
③ ㉡, ㉢
④ ㉢, ㉣

07 〈보기〉의 내용 중 옳은 것으로만 묶인 것은?

보기
㉠ 유산소 시스템 : 장시간의 운동 시 글루코스 외에도 유리지방산을 이용하여 ATP 합성
㉡ 유산소 시스템 : 세포질에서 크렙스회로와 전자전달계를 통해 ATP 합성
㉢ 무산소 해당 시스템 : 혈액 혹은 글리코겐으로부터 얻어진 포도당을 피루브산으로 분해
㉣ 무산소 해당 시스템 : 산화적 인산화를 통해 피루브산을 젖산으로 분해
㉤ ATP-PCr 시스템 : 세포 내 ADP 또는 Pi의 농도가 증가할 때 포스포프록토키나아제(PFK)를 활성화시켜 ATP 합성
㉥ ATP-PCr 시스템 : 단시간의 폭발적인 힘을 발휘하는 운동 시 PCr이 분해되며 발생한 에너지를 이용하여 ATP 합성

① ㉠, ㉢, ㉥
② ㉠, ㉣, ㉤
③ ㉡, ㉢, ㉥
④ ㉡, ㉣, ㉤

08 〈보기〉의 ㉠, ㉡에 들어갈 호르몬이 바르게 연결된 것은?

보기
규칙적인 신체활동을 통해 골형성을 자극하거나 활동부족으로 골손실을 자극하는 칼슘(Ca^{2+}) 조절 호르몬의 역할에 대한 설명이다.
• (㉠)은 혈중 칼슘 농도가 증가하면 뼈의 칼슘 방출을 감소시킨다.
• (㉡)은 혈중 칼슘 농도가 감소하면 뼈의 칼슘 방출을 증가시킨다.

	㉠	㉡
①	인슐린	부갑상선호르몬
②	안드로겐	티록신
③	칼시토닌	부갑상선호르몬
④	글루카곤	티록신

09 근섬유(muscle fiber) 및 근원섬유(myofibril)에 관한 설명으로 옳은 것은?

① 근섬유는 여러 개의 핵을 가진 다른 세포들과 다르게 단핵세포로 구성된다.
② 근섬유는 결합조직인 근내막(endomysium)으로 싸여 있다.
③ 근원섬유는 근세포라 불리며, 가는 세사와 굵은 세사로 구성된다.
④ 근원섬유의 막 주위에는 위성세포(satellite cells)가 존재한다.

10 골격근의 수축형태와 기능에 관한 설명으로 옳은 것은?

① 단축성 수축은 동적 수축이며 속도가 빠를수록 더 큰 힘이 생성된다.
② 단축성 수축은 근절의 길이가 짧아지는 수축이며 근절의 길이가 최소일 때 최대 힘이 생성된다.
③ 신장성 수축은 정적 수축이며 속도가 0일 때 최대 힘이 생성된다.
④ 동일 근육에서의 신장성 수축은 단축성 수축에 비해 같은 속도에서 더 큰 힘이 생성된다.

11 〈보기〉의 심전도(ECG)에 관한 설명 중 옳은 것으로만 묶인 것은?

> **보기**
> ㉠ 심방을 통한 전도속도가 감소하면 P파는 넓어진다.
> ㉡ PR간격은 심방의 탈분극부터 심실의 탈분극 전까지 걸리는 시간이다.
> ㉢ QRS복합파를 이용해서 심박수를 측정할 수 없다.
> ㉣ QRS복합파는 심실에서의 탈분극을 일컫는다.
> ㉤ ST분절은 심실 재분극에 소요되는 총 시간이다.

① ㉠, ㉡, ㉣ ② ㉠, ㉡, ㉤
③ ㉡, ㉢, ㉣ ④ ㉢, ㉣, ㉤

12 운동 시 호르몬이 분비되는 내분비선과 주요기능에 관한 설명으로 옳지 않은 것은?

	호르몬	내분비선	주요기능
①	알도스테론	부신피질	나트륨(Na^+) 흡수, 수분 손실 억제
②	코티졸	부신피질	유리지방산 동원 증가
③	에피네프린	부신수질	근육과 간 글리코겐 분해, 유리지방산 동원 증가
④	성장호르몬	뇌하수체 후엽	단백질 합성 증가, 유리지방산 동원 증가

13 유산소 운동 중 호흡계의 환기량 증가 요인에 관한 설명으로 옳지 않은 것은?

① 중추 화학적 수용체인 경동맥체와 대동맥체 동맥의 산소 분압 증가에 따라 환기량 증가를 자극한다.
② 근육 내 화학적 수용체는 칼륨(K^+)과 수소(H^+)의 농도 증가에 따라 환기량 증가를 자극한다.
③ 근방추나 골지힘줄기관의 구심성 신경자극 증가는 환기량 증가를 자극한다.
④ 사용된 근육의 운동단위 증가는 환기량 증가를 자극한다.

14 〈보기〉에서 설명하는 신경세포 활동전위의 단계는?

> 보기
> - 칼륨(K^+) 채널이 열려있고, 칼륨이 세포 외로 이동하면서 세포 내는 음전하를 띠게 되는 단계
> - 이 단계 이후 칼륨 채널이 닫히고, 칼륨의 세포 외 유출이 적어짐에 따라 안정막 전위로 복귀

① 과분극 ② 탈분극
③ 재분극 ④ 불응기

15 〈보기〉에서 설명하는 용어는?

> 보기
> - 운동뉴런의 말단과 근섬유가 접합되어 있는 기능적 연결부위
> - 신경전달물질이 분비되는 공간
> - 시냅스 전 축삭말단, 시냅스 간극, 근섬유 원형질막의 운동종판으로 구성

① 시냅스(synapse, 연접)
② 운동단위(motor unit)
③ 랑비에르 결절(node of Ranvier)
④ 신경근 접합부(neuromuscular junction)

16 〈보기〉에서 설명하는 열손실 기전은?

> 보기
> - 피부의 땀이나 호흡을 통하여 체열을 손실시킨다.
> - 실내 트레드밀 달리기 중 열손실의 가장 주된 기전이다.
> - 대기조건(습도, 온도)과 노출된 피부 표면적의 영향을 받는다.

① 복사 ② 대류
③ 증발 ④ 전도

17 〈보기〉에서 설명하는 것은?

> 보기
> - 고온환경의 운동 중 극도의 피로, 혼란, 혼미, 현기증, 구토
> - 심한 탈수 현상으로 심혈관계가 인체의 요구에 적절히 대처하지 못함
> - 심부체온 40℃ 미만

① 열사병 ② 열탈진
③ 열순응 ④ 저나트륨혈증

18 〈보기〉에 제시된 감각-운동 신경계의 인체 운동 반응 조절 과정을 단계별로 바르게 나열한 것은?

> 보기
> ㉠ 자극이 감각 뉴런을 통해 중추신경계로 전달된다.
> ㉡ 운동 자극이 중추신경계에서 운동 뉴런으로 전달된다.
> ㉢ 운동 자극이 근섬유에 전달되면 운동 반응이 일어난다.
> ㉣ 중추신경계가 정보를 해석하고 운동 반응을 결정한다.
> ㉤ 감각 수용기가 감각 자극을 받아들인다.

① ㉠ → ㉤ → ㉡ → ㉢ → ㉣
② ㉠ → ㉤ → ㉣ → ㉢ → ㉡
③ ㉤ → ㉠ → ㉡ → ㉢ → ㉣
④ ㉤ → ㉠ → ㉣ → ㉡ → ㉢

19 저항성 트레이닝에 의한 근력 향상의 요인으로 적절하지 <u>않은</u> 것은?

① TypeⅠ 섬유 수의 증가
② TypeⅡ 섬유 크기의 증가
③ 동원되는 운동단위 수의 증가
④ 동원되는 십자형교(cross-bridge) 수의 증가

20 고강도 운동 시 심박출량 증가 요인으로 옳지 <u>않은</u> 것은?

① 혈중 에피네프린 증가에 따른 심박수 증가
② 활동근의 근육펌프 작용에 따른 정맥회귀량 증가
③ 교감신경계의 활성에 따른 심실수축력 증가
④ 부교감신경계의 활성에 따른 심박수 증가

운동역학

01 운동역학의 연구목적으로 적절하지 <u>않은</u> 것은?

① 운동기술 향상
② 운동불안 완화
③ 운동장비 개발
④ 스포츠 손상 예방

02 해부학적 자세에서 몸의 중심을 기준으로 한 방향 용어의 사용이 옳지 <u>않은</u> 것은?

① 복장뼈(흉골 : sternum)는 어깨의 가쪽(외측 : lateral)에 있다.
② 손목관절은 팔꿈치관절보다 먼쪽(원위 : distal)에 있다.
③ 엉덩이는 무릎보다 몸쪽(근위 : proximal)에 있다.
④ 머리는 발보다 위(상 : superior)에 있다.

03 운동의 종류에 관한 설명으로 옳은 것은?

① 병진운동에는 직선운동만 있다.
② 곡선운동은 회전운동에 포함되는 운동이다.
③ 복합운동은 병진운동과 회전운동이 혼합된 운동이다.
④ 병진운동은 한 개의 고정된 축을 중심으로 물체가 회전하는 운동이다.

04 인체의 물리량과 물리적 특성에 관한 설명으로 옳은 것은?

① kg은 무게의 단위이다.
② 질량은 스칼라(scalar)이고, 무게는 벡터(vector)이다.
③ 무게중심의 위치는 자세와 상관없이 항상 인체 내부에 있다.
④ 질량은 인체가 가지고 있는 관성의 척도로 장소에 따라 크기가 변한다.

05 인체의 안정성에 관한 설명으로 옳지 않은 것은?

① 기저면의 크기는 안정성에 영향을 미친다.
② 기저면의 형태는 안정성에 영향을 미친다.
③ 무게중심의 높이는 안정성에 영향을 미치지 않는다.
④ 무게중심을 통과하는 수직선(중심선)이 기저면의 중앙에 가까울수록 안정성은 높아진다.

06 인체 지레에 관한 설명으로 옳은 것은?

① 1종 지레는 힘점이 받침점과 작용점 사이에 있다.
② 2종 지레는 작용점이 힘점과 받침점 사이에 있다.
③ 3종 지레는 받침점이 힘점과 작용점 사이에 있다.
④ 인체 지레의 대부분은 2종 지레에 해당되어 힘에서 이득을 본다.

07 〈그림〉의 야구 투구에서 공의 회전방향과 마그누스 힘(Magunus force)의 방향이 바르게 연결된 것은?

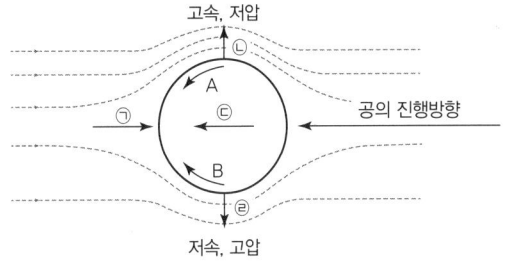

	공의 회전방향	마그누스 힘의 방향
①	A	㉠
②	B	㉡
③	A	㉢
④	B	㉣

08 〈보기〉는 200m 달리기 경기에서 경과시간에 따른 평균속도 변화이다. 이에 관한 설명으로 옳지 않은 것은?

보기

경과시간(초)	0	1	3	5	7	9	11	13	15	17	19	21	23
평균속도(m/s)	0	2.4	8.4	10	10	9.6	9.5	8.9	8.7	8.6	8.5	8.4	8.3

① 평균가속도가 0인 구간이 존재한다.
② 처음 1초 동안 2.4m를 이동하였다.
③ 후반부의 평균속도는 감속되고 있다.
④ 최대 평균가속도는 5초와 7초 사이에 나타난다.

09 길이 50m 수영장에서 자유형 100m 경기기록이 100초였을 때 평균속력과 평균속도는? (단, 출발과 도착 지점이 동일하다고 가정)

① 평균속력 : 1m/s, 평균속도 : 1m/s
② 평균속력 : 0m/s, 평균속도 : 0m/s
③ 평균속력 : 1m/s, 평균속도 : 0m/s
④ 평균속력 : 0m/s, 평균속도 : 1m/s

10 〈보기〉의 ㉠~㉢에 들어갈 용어가 바르게 연결된 것은?

보기
(㉠)에서는 주동근에 의해 발휘되는 (㉡)가 (㉢)보다 커서 근육의 길이가 짧아진다.

	㉠	㉡	㉢
①	단축성 수축 (concentric contraction)	저항 모멘트	힘 모멘트
②	단축성 수축 (concentric contraction)	힘 모멘트	저항 모멘트
③	신장성 수축 (eccentric contraction)	저항 모멘트	힘 모멘트
④	신장성 수축 (eccentric contraction)	힘 모멘트	저항 모멘트

11 마찰력에 관한 설명으로 옳지 않은 것은?

① 마찰력은 추진력으로 작용될 수 없다.
② 최대정지마찰력은 운동마찰력보다 크다.
③ 마찰계수는 접촉면의 형태에 영향을 받는다.
④ 마찰력은 마찰계수와 접촉면에 수직으로 작용한 힘의 곱으로 구한다.

12 〈보기〉에서 설명하는 운동법칙은?

보기
물체에 작용하는 힘의 크기가 일정할 때, 물체의 질량이 증가하면 가속도는 감소하게 된다.

① 뉴턴의 제1법칙 ② 뉴턴의 제2법칙
③ 뉴턴의 제3법칙 ④ 질량 보존의 법칙

13 〈그림〉은 A 선수와 B 선수가 제자리에서 수직점프 후 착지할 때 착지구간에서 시간에 따른 수직 힘의 변화를 나타내는 그래프이다. 이에 관한 설명으로 옳은 것은? (단, 가와 나의 면적은 동일)

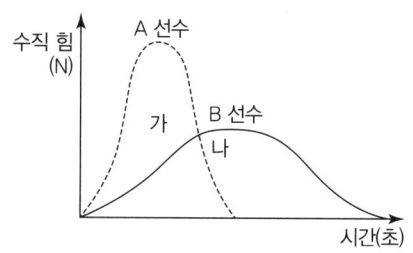

① A 선수와 B 선수의 수직 충격량은 동일하다.
② A 선수와 B 선수에서 수직 운동량의 변화량은 다르다.
③ A 선수와 B 선수의 수직 충격력이 다르기 때문에 수직 충격량이 다르다.
④ A 선수와 B 선수의 수직 힘의 작용시간이 다르기 때문에 수직 충격량이 다르다.

14 다이빙선수의 공중동작에서 발생할 수 있는 회전운동에 관한 설명으로 옳은 것은?

① 질량분포가 회전축에서 멀수록 관성모멘트는 작아진다.
② 관성모멘트는 각운동량에 비례하고 각속도에 반비례한다.
③ 회전반경의 길이는 관성모멘트의 크기에 영향을 주지 않는다.
④ 공중자세에서 관성모멘트가 달라져도 각속도는 변하지 않는다.

15 1N의 힘으로 1m 거리를 움직였을 때 수행한 일(work)은? (단, 힘의 작용방향과 이동방향은 일치함)

① 1J(Joule)
② 1N(Newton)
③ 1m³(Cubic meter)
④ 1J/s(Joule/sec)

16 어떤 물체에 200N의 힘을 가해 물체를 10초 동안 5m 이동시켰을 때 일률(power)은? (단, 힘의 작용방향과 이동방향은 일치함)

① 100Watt
② 400Watt
③ 1,000Watt
④ 10,000Watt

17 에너지에 관한 설명으로 옳지 않은 것은?

① 에너지의 단위는 Joule이다.
② 일을 수행할 수 있는 능력이다.
③ 운동에너지는 물체의 속도뿐만 아니라 질량과도 관계가 있다.
④ 위치에너지는 물체의 질량과는 관계가 있으나 높이와는 관계가 없다.

18 가장 큰 역학적 에너지는?

① 7m/s로 평지를 달리고 있는 질량 90kg인 럭비선수의 운동에너지
② 8m/s로 평지를 달리고 있는 질량 100kg인 럭비선수의 운동에너지
③ 5m 높이에 서 있는 질량 50kg인 다이빙선수의 위치에너지
④ 4m 높이에 서 있는 질량 60kg인 다이빙선수의 위치에너지

19 〈보기〉에서 운동학적(kinematics) 분석방법으로만 묶인 것은?

> **보기**
> ㉠ 영상분석
> ㉡ 고니오미터(goniometer) 각도 분석
> ㉢ 스트레인 게이지 힘 분석
> ㉣ 지면반력 분석

① ㉠, ㉡
② ㉠, ㉢
③ ㉡, ㉣
④ ㉢, ㉣

20 근전도(electromyogram, EMG) 분석을 통하여 얻을 수 있는 정보로 옳지 않은 것은?

① 제자리멀리뛰기에서 장딴지근(비복근)의 최대 수축 시점
② 스쿼트에서 넙다리곧은근(대퇴직근)의 근피로도
③ 제자리높이뛰기에서 무게중심의 3차원 위치 좌표
④ 팔굽혀펴기에서 위팔세갈래근(상완삼두근)의 근활성도

스포츠윤리

01 스포츠윤리의 목적으로 적절하지 않은 것은?

① 스포츠 행위의 공정한 조건을 제시한다.
② 의도적 반칙에 대한 정당화의 근거를 제시한다.
③ 스포츠를 통한 도덕적 자질과 인격 함양을 추구한다.
④ 스포츠맨십, 페어플레이 등 스포츠윤리 규범을 통한 바람직한 공동체의 모습을 제시한다.

02 〈보기〉에서 ㉠, ㉡에 들어갈 용어가 바르게 연결된 것은?

보기
스포츠에서 일어나는 사건이나 현상에 대한 사유작용을 판단이라고 한다. 판단은 크게 사실판단과 가치판단으로 구분된다. 사실판단은 실제 스포츠에서 일어난 사건과 현상에 대한 진술을 말한다. 따라서 (㉠)을/를 가릴 수 있다. 이에 비해 가치판단은 옳고 그름 혹은 바람직하거나 그렇지 못한 것 등 가치에 대한 진술로 이루어진다. 가치판단은 주로 (㉡)에 근거한다.

	㉠	㉡
①	진위	당위
②	진위	허위
③	진리	상상
④	진리	선택

03 〈보기〉에서 설명하는 스포츠윤리 규범은?

보기
스포츠의 규범은 근대스포츠의 탄생과 밀접한 연관을 갖는다. 규칙의 준수가 근대 시민 계급의 도덕성 함양에 기여할 수 있다고 여겨지면서 하나의 윤리 규범으로 정착하였다. 특히 진실과 성실의 정신(spirit of truth and honesty)을 바탕으로 경기에 임하는 도덕적 태도와 같은 의미로 쓰이면서 오늘날 스포츠의 보편적인 윤리 규범이 되었다.

① 유틸리티(utility)
② 테크네(techne)
③ 젠틀맨십(gentlemanship)
④ 페어플레이(fairplay)

04 〈보기〉에서 ( ) 안에 들어갈 용어로 적절한 것은?

보기
운동선수로서 아무리 뛰어난 능력을 갖추었더라도 인간의 본질인 도덕성(덕)이 부족하면 훌륭한 선수가 될 수 없다. 이런 까닭에 운동선수에게는 두 가지 ( )이/가 동시에 요구된다. 즉 신체적 탁월성과 도덕적 탁월성을 겸비하였을 때 비로소 훌륭한 선수가 되는 것이다.

① 아곤(agon)
② 퓌시스(physis)
③ 로고스(logos)
④ 아레테(arete)

05 〈보기〉의 ( ) 안에 들어갈 용어와 대표적인 사상가가 바르게 연결된 것은?

> **보기**
> 스포츠에서 도덕법칙은 "승리를 원한다면 열심히 훈련하라.", "위대한 선수가 되기 위해서는 스포츠맨십에 충실하라." 등과 같이 가언적으로 주어지지 않고, 어떠한 경우에도 선수의 의무로서 반드시 행하라는 ( ) 명령의 형태로 존재한다.

① 공리적 – 칸트(I. Kant)
② 공리적 – 벤담(J. Bentham)
③ 정언적 – 칸트(I. Kant)
④ 정언적 – 벤담(J. Bentham)

06 〈보기〉에서 설명하는 윤리 이론은?

> **보기**
> - 윤리적 가치의 근거를 페미니즘에서 찾음
> - 이성의 윤리가 아닌 감성의 윤리
> - 경기에 처음 출전하는 후배를 격려하는 선배의 친절
> - 근육 경련을 일으킨 상대 선수를 걱정하고 보살피는 행위
> - 타자의 요구와 정서에 공감하고 대응하는 것이 도덕의 출발임

① 공리주의　　② 의무주의
③ 배려윤리　　④ 대지윤리

07 〈보기〉의 ㉠, ㉡에 해당하는 정의의 유형은?

> **보기**
> 라우 : 스포츠는 ㉠ 동등한 조건의 참가와 동일한 규칙의 적용이 이루어져야 해. 그렇지 않으면 정의의 원칙에 어긋나게 되거든.
> 형린 : 그런데 모든 것이 동등하지는 않아. 피겨스케이팅과 다이빙에서 ㉡ 높은 난이도의 연기를 펼친 선수는 그렇지 않은 선수보다 더 높은 점수를 받아야 해. 이것도 정의의 원칙이라고 할 수 있어.

	㉠	㉡
①	분배적	절차적
②	평균적	분배적
③	평균적	절차적
④	분배적	평균적

08 스포츠에서 발생하는 인종차별에 해당하는 것은?

① 생물학적 환원주의
② 지속 가능한 발전
③ 게발트(Gewalt)
④ 아파르트헤이트(Apartheid)

09 〈보기〉의 폭력에 관한 설명과 관계 깊은 사상가는?

> **보기**
> - 학교 스포츠에서 선수에게 폭력을 가하는 감독도 한 가정의 평범한 가장이다.
> - 운동 중 체벌을 가하는 것은 좋은 성적을 거두어야 하는 감독의 직업적 행동이다.
> - 후배들에게 체벌을 가한 것은 감독의 지시에 따른 행동으로 나의 책임이 아니다.
> - 폭력은 괴물이나 악마처럼 괴이한 존재가 아니라 평범한 일상 속에 함께 있다.
> - 악(폭력)을 멈추게 할 유일한 방법은 생각과 반성이다.

① 뒤르켐(E. Durkheim)
② 홉스(T. Hobbes)
③ 지라르(R. Girard)
④ 아렌트(H. Arendt)

10 ⟨보기⟩의 내용에 해당하는 반칙은?

> **보기**
> A팀과 B팀의 농구 경기는 종료까지 12초가 남았다. A팀은 4점 차로 지고 있고 팀 파울에 걸렸다. B팀이 공을 잡자 A팀의 한 선수가 B팀 선수에게 반칙을 해서 자유투를 유도한 후, 공격권을 가져오려고 한다.

① 의도적 구성 반칙
② 비의도적 구성 반칙
③ 의도적 규제 반칙
④ 비의도적 규제 반칙

11 ⟨보기⟩의 ㉠, ㉡에 해당하는 유교 사상이 바르게 묶인 것은?

> **보기**
> ㉠ 공자는 "내가 원하지 않는 일을 남에게 하지 말라(己所不欲 勿施於人)"는 원리를 인간관계의 기본적인 행위 준칙으로 보았다. 내가 원하지 않는 것은 타인도 원하지 않을 것이라는 동등고려(equal consideration)의 원리는 스포츠맨십의 바탕이기도 하다. 스포츠맨십은 하지 말아야 할 행위를 하지 않는 것이 아니라 스스로 원하지 않는 것을 상대 선수에게 행하지 않는 원리를 실천하는 것이다.
>
> ㉡ 사회구성원의 모든 행위가 그 이름(역할)에 적합하도록 행해야 한다는 도덕적 요구를 말한다. "임금은 임금답고 신하는 신하다우며, 아버지는 아버지답고 자식은 자식다워야 한다(君君臣臣 父父子子)"는 주문으로 각자에게 주어진 이름과 역할에 걸맞게 행동하라는 도덕적 명령이다. 스포츠인을 스포츠인답게 만드는 것이 곧 스포츠맨십이다.

	㉠	㉡
①	충(忠)	예시예종(禮始禮終)
②	서(恕)	정명(正名)
③	충(忠)	절차탁마(切磋琢磨)
④	서(恕)	극기복례(克己復禮)

12 국민체육진흥법 제18조의3(시행 2024. 3. 15.)에 의거하여 체육의 공정성 확보와 체육인의 인권보호를 위해 설립된 단체는?

① 스포츠윤리센터
② 클린스포츠센터
③ 스포츠인권센터
④ 선수고충처리센터

13 ⟨보기⟩의 ㉠에 해당하는 레스트(J. Rest)의 도덕성 구성요소는?

> **보기**
> 상빈 : 직업 선수에게 가장 중요한 것은 무엇이라고 생각해?
> 미라 : 연봉이지! 직업 선수의 연봉이 그 선수의 능력을 나타내는 것이라고 생각해. 나는 작년 성적이 좋아서 올해 연봉이 200% 인상되었어.
> 은숙 : 연봉은 매우 중요하지. 하지만 ㉠ 나는 연봉, 명예 등의 가치보다 스포츠인으로서 스포츠맨십과 페어플레이가 가장 중요한 가치라고 생각해.

① 도덕적 감수성(moral sensitivity)
② 도덕적 판단력(moral judgement)
③ 도덕적 동기화(moral motivation)
④ 도덕적 품성화(moral character)

14 사상가와 스포츠를 통한 도덕교육 방법이 바르게 연결되지 않은 것은?

① 루소(J. Rousseau) – 어린 시절부터 다양한 신체활동을 통해 성평등, 동료애, 공동체에서의 협력과 책임을 지는 습관을 길러준다.
② 베넷(W. Benneitt) – 스포츠 상황에서 발생하는 다양한 사건에 대한 논리적 추론과 가치명료화 등을 통해 도덕적 판단 능력을 길러준다.
③ 위인(E. Wynne) – 스포츠 경기의 전통을 이해하고, 규칙 준수 등의 바람직한 행동을 습관화 할 수 있도록 가르친다.
④ 콜버그(L. Kohlberg) – 스포츠에서 발생하는 도덕적 딜레마에 대한 토론을 통해 도덕적 갈등상황을 이해하고, 자율적으로 대처할 수 있도록 가르친다.

15 〈보기〉의 (   ) 안에 들어갈 사상가는?

> 보기
> (   )은/는 "도덕적 가치들은 중요한 타자들(significant others)이 어떻게 행동하고 있는가를 관찰하는 것에 의하여 학습된다."고 하였다. 스포츠 도덕교육에서 스포츠지도자는 중요한 타자에 해당된다. 스포츠의 도덕적 가치는 스포츠지도자의 도덕적 모범에 의해 학습되어지며, 참여자는 스포츠지도자를 통해 관찰학습과 사회적 모델링을 하게 된다.

① 맥페일(P. McPhail)
② 피아제(J. Piajet)
③ 피터스(R. Peters)
④ 콜버그(L. Kohlberg)

16 장애차별 없는 스포츠의 조건에 해당하지 않는 것은?

① 장애인이 원하는 장소와 시간을 확보해야 한다.
② 대회의 참여와 종목의 선택은 감독에게 맡긴다.
③ 활동에 필요한 장비 및 기구의 재정적인 지원이 확보되어야 한다.
④ 다양한 사람과의 관계를 통해 사회성 함양의 기회를 주어야 한다.

17 〈보기〉의 ㉠, ㉡에 해당하는 도덕 원리의 검토 방법이 바르게 묶인 것은?

> 보기
> ㉠ '나 혼자 의도적 파울을 하는 것은 괜찮겠지'라는 판단은 '모든 선수가 의도적 파울을 한다면'이라는 원리에 비추어 검토한다.
> ㉡ '부상당한 선수를 무시하고 경기를 진행하라'는 주장의 지시에 '자신이 부상당한 경우를 가정하여 판단해 보라'고 이야기한다.

	㉠	㉡
①	포섭검토	결과의 검토
②	반증 사례의 검토	포섭검토
③	역할 교환의 검토	반증 사례의 검토
④	보편화 결과의 검토	역할 교환의 검토

18 스포츠에서 공격이 윤리적이어야 하는 이유의 근거로 적절하지 않은 것은?

① 타인의 탁월성 발휘를 침해하지 않아야 하기 때문이다.
② 파괴적인 것이 아니라 합리적인 방법과 전술의 개발 등 생산적이어야 하기 때문이다.
③ 공격 당사자의 본능, 감정, 의지를 폭력적인 수단에 의해 관철해야 하기 때문이다.
④ 규칙의 범위 내에서 공격과 방어의 교환이라는 소통의 구조를 가져야 하기 때문이다.

19 스포츠에 도입된 과학기술의 긍정적인 효과로 적절하지 <u>않은</u> 것은?

① 운동선수의 인격 형성에 기여한다.
② 기록의 객관성과 신뢰성을 높인다.
③ 운동선수의 안전과 부상 방지에 도움을 준다.
④ 오심과 편파판정을 최소화하여 경기의 공정성을 향상시킨다.

20 스포츠 규칙의 원리로 적절하지 <u>않은</u> 것은?

① 편파성 ② 임의성(가변성)
③ 제도화 ④ 공평성

특수체육론

01 특수체육(adapted physical activity)에 관한 설명 중 옳지 <u>않은</u> 것은?

① 참여촉진의 수단으로 변형을 활용한다.
② 학교체육 및 평생체육을 포함한다.
③ 개인의 장애를 치료하는 데 주목적이 있다.
④ 정상화를 실현하기 위해 통합체육을 강조한다.

02 〈보기〉는 국제 기능·장애·건강분류(International Classification of Functioning, Disability, and Health ; ICF)에서 어떤 영역에 해당하는가?

> **보기**
> A는 스포츠에 독립적으로 참여하는 데 어려움이 있으나 적절한 지원을 받을 경우 문제없이 참여할 수 있다.

① 신체기능과 구조 ② 참여
③ 활동 ④ 장애

03 지적장애인을 위한 체육활동의 변형 방법으로 적절한 것은?

① 축구 : 경기장의 크기를 확대한다.
② 배구 : 비치볼(beach ball)을 사용한다.
③ 농구 : 골대의 높이를 올린다.
④ 수영 : 레인의 폭을 축소한다.

04 용어의 시대적 변화를 순서대로 연결한 것은?

> **보기**
> ㉠ 특수체육(adapted physical activity)
> ㉡ 교정체육(corrective physical education)
> ㉢ 의료체조(medical gymnastics)
> ㉣ 특수체육(adapted physical education)

① ㉢-㉡-㉣-㉠
② ㉢-㉣-㉠-㉡
③ ㉣-㉢-㉠-㉡
④ ㉣-㉢-㉡-㉠

05 생태학적 과제분석(ecological task analysis)의 3대 구성요소가 아닌 것은?

① 수행자
② 수행환경
③ 수행평가자
④ 수행과제

06 〈보기〉에서 기술하는 것과 장애유형이 바르게 연결된 것은?

> **보기**
> • (㉠) 운동기능에 손상이 있으나 손상이 진행적이지 않다.
> • (㉡) 호흡기 근육군의 퇴화가 올 수 있다.

	㉠	㉡
①	뇌성마비	근이영양증
②	근이영양증	다발성경화증
③	다발성경화증	뇌성마비
④	뇌성마비	다발성경화증

07 〈보기〉에서 설명하는 양호도는?

> **보기**
> 새롭게 개발된 대근 운동발달 수준 측정 도구의 타당도를 확보하기 위해 TGMD-2와 비교 검증하였다.

① 준거타당도(criterion-referenced validity)
② 구성타당도(construct validity)
③ 내용타당도(content validity)
④ 안면타당도(face validity)

08 평가도구와 목적을 바르게 연결한 것은?

① PDMS-2 : 성인기 대근 및 소근 운동 기능 평가
② TGMD-2 : 신체, 언어, 인지 기능 평가
③ BPFT : 운동수행력과 적응행동 평가
④ PAPS-D : 장애유형을 고려한 장애학생 체력 평가

09 〈보기〉에서 설명하는 것은?

> **보기**
> • 과학적으로 반복 검증된 프로그램을 사용한다.
> • 프로그램 효과에 대한 예측을 가능하게 한다.
> • 프로그램 표준화에 대한 기초자료가 된다.

① 근거기반 프로그램(evidence-based program)
② 사례기반 프로그램(case-based program)
③ 과제지향 프로그램(task-oriented program)
④ 위기관리 프로그램(risk-management program)

10 참여자에게 종목선택권을 부여하고 의사결정 참여 기회의 폭을 넓혀주는 것은?

① 몰입(flow)
② 임파워먼트(empowerment)
③ 강화(reinforcement)
④ 사회적 참여(social engagement)

11 〈보기〉는 미국장애인교육법에서 명시한 정의이다. 밑줄 친 '독특한 요구'를 충족시켜 주기 위한 지도 방법으로 옳지 <u>않은</u> 것은?

> 보기
> 특수체육은 장애인의 '<u>독특한 요구</u>(unique needs)'를 충족시키기 위해 고안된 체력과 운동체력 ; 기본운동기술과 양식 ; 수중, 무용, 개인 및 집단 게임, 스포츠에서의 기술의 발달을 위한 개별화된 프로그램이다.

① 개인별 목표 성취를 위해 신체활동의 방법을 변형한다.
② 휠체어 사용자를 위해 체육시설의 접근성을 높인다.
③ 동선상의 위험요인을 제거한다.
④ 변형을 위해 활동의 본질을 바꾼다.

12 척수손상 장애인의 자율신경 반사 이상(autonomic dysreflexia)에 관한 내용으로 옳지 <u>않은</u> 것은?

① 자율신경 반사 이상은 예방할 수 없다.
② 운동 전 방광과 장을 비움으로써 예방할 수 있다.
③ 자율신경 이상이 증가하면 운동을 중단한다.
④ 경추 6번 및 윗 부위의 손상 장애인에게서 발생 가능성이 높다.

13 〈보기〉에서 시각장애인을 지도할 때 고려사항이 바르게 묶인 것은?

> 보기
> ㉠ 경기장을 미리 돌아보게 한다.
> ㉡ 장비의 모양, 크기, 재질 등을 알 수 있도록 한다.
> ㉢ 방향정위를 위해 목소리, 나무 방울 혹은 자동 방향 감지기 등을 사용한다.
> ㉣ 높이뛰기, 멀리뛰기와 같은 도약 경기에 참가하는 선수에게는 걸음걸이를 미리 세어보도록 한다.

① ㉢, ㉣
② ㉠, ㉡, ㉢
③ ㉠, ㉡, ㉣
④ ㉠, ㉡, ㉢, ㉣

14 장애인스포츠지도사의 지원강도에 관한 설명으로 옳지 <u>않은</u> 것은?

① 간헐적(intermittent) 지원 – 일시적이고 단기간에 걸쳐 요구할 때 지원
② 제한적(limited) 지원 – 제한된 시간 동안 신체활동에서 지원
③ 확장적(extensive) 지원 – 지도자의 판단에 따른 일시적 지원
④ 전반적(pervasive) 지원 – 지속적이고 신체활동 내내 지원

15 〈보기〉에서 설명하는 행동수정기법은?

> 보기
> 체육 기구를 계속 던지면서 수업을 방해할 때마다 제자리에 돌려 놓도록 강제적이고 반복적으로 시켰다.

① 프리맥 원리
② 과잉교정
③ 토큰강화
④ 타임아웃

16 자폐성 장애인의 특성을 고려한 지도전략으로 적절한 것은?

① 자연스러운 단서보다 언어적 단서를 주로 사용한다.
② 그림카드를 활용하여 시각적 단서를 제공한다.
③ 환경의 비구조화를 통해 다양한 신체활동을 제공한다.
④ 신체활동 순서와 절차를 바꾸면서 흥미를 준다.

17 시각장애인의 신체활동 지도를 위해 사전에 알아야 할 정보가 아닌 것은?

① 시력 상실의 원인
② 시력 상실의 시기
③ 잔존시력 정도
④ 주거환경

18 청각장애인에 관한 설명으로 옳지 않은 것은?

① 지필 대화를 할 수 있다.
② 부정확한 발음은 즉시 교정해 준다.
③ 눈을 마주 보고 대화를 한다.
④ 수어통역사가 있더라도 가능하면 직접 대화한다.

19 발작(seizure)에 대한 지도자의 대처방법으로 옳지 않은 것은?

① 발작 동안 주변 사물과 충돌하지 않도록 조치한다.
② 발작 이후 즉시 심폐소생술을 실시한다.
③ 발작이 10분 이상 지속할 경우 응급상황으로 판단한다.
④ 발작 이후 호흡 상태 관찰과 필요시 회복자세를 취하도록 한다.

20 뇌성마비의 유형별 특징으로 옳지 않은 것은?

① 경직성은 대뇌피질의 손상으로 근육의 저긴장 상태를 보인다.
② 운동실조성은 소뇌의 손상으로 균형과 협응에 어려움을 보인다.
③ 무정위운동성은 기저핵의 손상으로 불수의적인 움직임을 보인다.
④ 혼합형은 경직성과 무정위운동성이 혼재하며, 경직성 유형이 좀 더 두드러진다.

유아체육론

01 피아제(J. Piaget)의 도식(schema) 형성과정이 아닌 것은?

① 동화과정(assimilation)
② 조절과정(accommodation)
③ 평형과정(equilibrium)
④ 가역과정(reversibility)

02 〈보기〉에서 영유아의 신체 및 운동발달 특징 중 옳은 것으로만 묶인 것은?

> **보기**
> ㉠ 머리에서 다리 방향으로 발달한다.
> ㉡ 반사 및 반응 행동은 운동발달에 필수적인 단계이다.
> ㉢ 근육량의 증가로 안정 시 분당 심박수는 점차 증가한다.
> ㉣ 연령 증가에 따라 상체와 하체의 비율은 변화하지 않는다.

① ㉠, ㉡
② ㉠, ㉢
③ ㉡, ㉢
④ ㉢, ㉣

03 비대칭목경직반사(Asymmetric Tonic Neck Reflexes ; ATNR)에 관한 설명으로 옳지 않은 것은?

① 생후 6개월에 나타난다.
② 원시반사의 한 유형이다.
③ 눈과 손의 협응력 발달에 중요하다.
④ 머리를 오른쪽으로 돌리면 오른쪽 팔과 다리가 펴진다.

04 〈보기〉에서 설명하는 발달 이론은?

> **보기**
> • 환경을 변화시켜 바람직한 행동을 형성한다.
> • 피드백을 통해 유아의 바람직한 행동을 촉진한다.

① 게셀(A. Gesell)의 성숙주의 이론
② 피아제(J. Piaget)의 인지발달 이론
③ 스키너(B. Skinner)의 행동주의 이론
④ 프로이드(S. Freud)의 정신분석 이론

05 성숙단계 드리블 동작(dribbling)의 특징으로 옳은 것은?

① 가슴 높이에서 공을 드리블한다.
② 한 발을 앞으로 내밀고 반대편 손으로 드리블한다.
③ 바운드되는 공의 높이가 일정하지 않게 드리블한다.
④ 손목 스냅을 이용하지 않고 손바닥으로 공을 때리면서 드리블한다.

06 안정성 운동기술에 관한 설명으로 옳지 않은 것은?

① 정적, 동적, 축성 안정성으로 구분한다.
② 구르기(rolling)는 동적 안정성과 관련이 있다.
③ 재빨리 피하기(dodging)는 동적 안정성과 관련이 있다.
④ 몸통 앞으로 굽히기(bending)는 정적 안정성과 관련이 있다.

07 에릭슨(E. Erikson)의 심리사회발달 단계 중 주도성 대 죄책감에 관한 설명으로 옳지 않은 것은?

① 자기개념 형성이 시작되는 시기이다.
② 놀이를 스스로 시도할 수 있는 시기이다.
③ 취학 전 연령기(만 3세~6세)에 해당된다.
④ 놀이를 통한 성공경험은 주도성 형성에 도움이 된다.

08 〈보기〉의 ㉠~㉢에 해당하는 지각운동의 요소로 바르게 연결된 것은?

보기

요소	활동
㉠	몸을 구부려 훌라후프 통과하기
㉡	박수 소리에 맞추어 리듬감 있게 점프하기
㉢	신호에 따라 오른쪽으로 회전하기

	㉠	㉡	㉢
①	공간	시간	방향
②	관계	시간	신체
③	관계	방향	공간
④	공간	방향	관계

09 유아의 체력 요인과 검사 방법으로 적절한 것은?

① 순발력 : 모둠발로 멀리 뛴 거리의 측정
② 근지구력 : 왕복달리기(2m) 시간의 측정
③ 평형성 : 1분간 앉았다 일어나기 동작 횟수의 측정
④ 민첩성 : 평균대 위에서 한 발로 서있는 시간의 측정

10 〈그림〉의 동작이 성숙단계로 발달하도록 지도하는 방법으로 적절하지 않은 것은?

수직점프(vertical jump)의 초보단계

① 도약과 착지 지점이 멀리 떨어지도록 지도한다.
② 두 팔을 동시에 위로 올리는 협응동작을 지도한다.
③ 두 발로 동시에 도약하고 착지할 수 있도록 지도한다.
④ 도약 후 공중에서 몸 전체를 뻗을 수 있도록 지도한다.

11 〈보기〉의 ㉠, ㉡에 들어갈 유아체육 프로그램의 구성원리로 바르게 묶인 것은?

보기

- (㉠) : 자신의 운동능력을 과대평가하는 경우 안전에 주의하도록 한다.
- (㉡) : 동일 연령의 유아라도 발육발달의 개인차를 프로그램에 반영한다.

	㉠	㉡
①	안전성	다양성
②	안전성	적합성
③	적합성	다양성
④	적합성	주도성

12 〈보기〉에서 설명하는 유아의 기본운동기술 유형은?

> **보기**
> • 물체를 다루는 능력이다.
> • 추진운동 기술과 흡수운동 기술로 구분한다.
> • 예로는 치기(striking)와 받기(catching)가 있다.

① 안정성(stability)
② 지각성(perception)
③ 이동성(locomotion)
④ 조작성(manipulation)

13 유아 운동프로그램의 구성방법으로 적절하지 않은 것은?

① 체력을 고려한 신체활동으로 구성한다.
② 연령과 운동발달 수준을 고려한 신체활동으로 구성한다.
③ 눈과 손의 협응력 향상에 필요한 다양한 활동을 포함한다.
④ 남아와 여아의 흥미가 다르기 때문에 분리활동이 필요하다.

14 세계보건기구(WHO, 2020)가 권장한 유아·청소년기 신체활동 지침으로 옳은 것은?

① 만 1세 이전 : 신체활동을 권장하지 않는다.
② 만 1~2세 : 하루 180분 이상의 저·중강도 신체활동을 권장한다.
③ 만 3~4세 : 최소 60분 이상의 중·고강도 신체활동을 포함한 하루 180분 이상의 신체활동을 권장한다.
④ 만 5~17세 : 최소 주 5회 이상의 고강도 근력운동을 포함한 하루 60분 이상의 중·고강도 신체활동을 권장한다.

15 체육수업 중 유아의 신체활동 참여시간을 증가시키는 방법으로 적절하지 않은 것은?

① 활동적 참여에 대해 정적 강화를 한다.
② 과제와 동작을 최대한 자세히 설명한다.
③ 수업 전에 교구를 배치하여 대기시간을 줄인다.
④ 일부 유아들이 어려워하는 활동이나 게임은 피한다.

16 유아의 신체적 자기개념(self-concept)에 관한 설명으로 적절한 것은?

① 신체적 자기개념은 단일 개념이다.
② 신체적 자기개념은 자기효능감과는 관련이 없다.
③ 스포츠 참여를 통한 성공경험과 스포츠유능감 간의 관련성은 없다.
④ 스포츠 참여는 신체적 능력에 대한 개념을 형성하는 데 도움을 준다.

17 유아의 신체활동 참여 동기를 증진시키는 방법으로 적절하지 않은 것은?

① 수행력 향상을 위해 역할모델을 활용한다.
② 쉬운 과제를 성취한 경우라도 칭찬해 준다.
③ 과제성취를 운에 의한 것으로 생각하도록 지도한다.
④ 성취경험의 빈도를 높이기 위해 과제 난이도를 조절한다.

18 유아대상의 운동 지도방법으로 적절하지 않은 것은?

① 자세한 설명보다는 시범을 자주 보여준다.
② 게임 파트너를 교대하며 다양한 변화를 준다.
③ 미디어를 활용하여 운동참여에 대한 관심을 유도한다.
④ 어렵고 위험한 과제에도 신체적 가이던스(physical guidance)를 자제한다.

19 유아체육수업의 환경 조성에 관한 설명으로 적절하지 않은 것은?

① 유아가 선호하는 하나의 교구만을 배치한다.
② 다양한 감각 자극을 제공할 수 있는 환경을 조성한다.
③ 유아가 자유롭게 몸을 움직일 수 있도록 충분한 공간을 확보한다.
④ 적절한 교구 배치를 통해 효과적 지도가 가능한 환경을 조성한다.

20 누리과정(2019)에서 '신체운동·건강 영역'의 내용 범주가 아닌 것은?

① 신체활동 즐기기
② 건강하게 생활하기
③ 안전하게 생활하기
④ 창의적으로 표현하기

노인체육론

01 노화로 인한 생리적 변화가 아닌 것은?

① 최대산소섭취량의 감소
② 폐의 탄력성과 호흡기 근력의 저하
③ 수축기 및 이완기 혈압수치의 감소
④ 동정맥산소차의 감소

02 〈보기〉의 ㉠~㉢에 해당하는 노화의 생물학적 이론이 바르게 연결된 것은?

보기
- (㉠): 유전적 요인이 노화의 속도를 결정한다.
- (㉡): 세포손상의 누적이 세포의 기능장애에 결정요소로 작용한다.
- (㉢): 인체기관이 다른 속도로 노화하면서 신경내분비계에 불균형을 초래한다.

	㉠	㉡	㉢
①	유전적 이론	손상 이론	점진적 불균형 이론
②	성공적 노화이론	손상 이론	점진적 불균형 이론
③	손상 이론	점진적 불균형 이론	유전적 이론
④	지속성 이론	점진적 불균형 이론	손상 이론

03 에릭슨(E. Erikson)의 심리사회발달 단계에 관한 내용이 옳은 것은?

	연령	단계	긍정적 결과
①	13~18세	역량 대 열등감	어떻게 살기 원하는지에 대한 생각을 발달시킨다.
②	젊은 성인	독자성 대 역할혼동	타인과 밀접한 관계를 형성한다.
③	중년 성인	친분 대 고독	가족의 부양 또는 어떤 형태의 일을 통해 생산적인 생활을 할 수 있다.
④	노년기	자아주체성 대 절망	자부심과 만족을 느끼면서 삶을 되돌아볼 수 있다.

04 〈보기〉에서 설명하는 노화에 관한 심리학적 관점은?

> **보기**
> · 성공적 노화는 신체적, 정신적, 사회적 손실에 대한 적응력과 관련이 있다.
> · 기능적 능력의 향상을 통해 노화로 인한 손실을 보완하도록 도움을 준다.

① 성공적 노화 모델
② 분리이론
③ 자아통합 이론
④ 보상이 수반된 선택적 적정화 모델

05 노인체육 관련 용어의 의미가 옳지 않은 것은?

① 신체활동(physical activity) : 골격근에 의해 에너지 소비가 이루어지는 신체의 움직임
② 운동(exercise) : 관찰 가능한 외현적인 움직임
③ 체력(physical fitness) : 신체활동을 수행할 수 있는 기능적 특성
④ 건강(health) : 질병이 없거나 허약하지 않을 뿐만 아니라 신체적, 심리적, 사회적으로 안녕한 상태

06 〈보기〉의 대화에서 노인에게 나타날 수 있는 증상이 아닌 것은?

> **보기**
> A : 코로나19로 경로당 운영이 중단돼서 운동도 못하고, 친구들도 못 만나니 너무 두렵고 슬퍼. 예전에 친구들과 함께 운동하던 때가 그립구만……
> B : 나도 그래. 최근 옆집에 혼자 사는 최 씨가 안보여 찾아가보니 술로 잠을 자려고 하던데 정말 걱정이야. 밖으로 나가 운동도 하고 친구도 만나야 하는데……. 저러다 치매에 걸릴까 겁이 나네.

① 수면 장애
② 불안감 고조
③ 고립감 약화
④ 사고력 약화

07 노인의 운동참여에서 불안과 두려움을 극복하기 위한 반두라(A. Bandura)의 자기효능감 이론의 변인과 증진전략으로 옳지 않은 것은?

	변인	증진전략
①	성공수행 경험	운동참여에 대한 불안과 두려움을 극복하는 경험을 갖도록 지도한다.
②	간접경험	운동에 함께 참여하는 동료 노인을 통해 간접경험을 갖게 한다.
③	언어적 설득	운동과 관련된 의사결정을 스스로 내리도록 한다.
④	정서적 상태	불안과 두려움을 조절할 수 있도록 인지적 훈련을 시킨다.

08 노인과의 올바른 의사소통 방법이 아닌 것은?

① 노인이 원하는 존칭을 사용한다.
② 어린아이를 다루듯 말한다.
③ 분명하고 천천히 말한다.
④ 따뜻한 표정으로 비언어적 의사소통을 사용한다.

09 행동주의적 지도방법이 아닌 것은?

① 개별상담을 통해 운동의 중요성을 인식하게 한다.
② 체육관 복도에 출석률을 게시한다.
③ 성공적인 운동참여에 대해 긍정적 강화를 제공한다.
④ 런닝머신 걷기를 할 때만 좋아하는 연속극을 시청하게 한다.

10 〈보기〉의 ㉠, ㉡에 해당하는 노인체력검사(SFT) 항목이 바르게 연결된 것은?

> **보기**
> • (㉠) : 식료품 나르기와 손자 안아주기가 어렵다.
> • (㉡) : 버스에서 신속하게 내리기가 어렵다.

	㉠	㉡
①	30초 아령 들기	등 뒤에서 양손 마주잡기
②	30초 아령 들기	2.4m 왕복 걷기
③	등 뒤에서 양손 마주잡기	2분 제자리 걷기
④	2.4m 왕복 걷기	2분 제자리 걷기

11 운동경험이 없는 노인이 장기간 저항성 운동을 했을 때 예상되는 변화는?

① 골밀도와 낙상 위험의 감소
② 20대의 근비대 수준으로 근력 회복
③ 근력과 제지방량의 증가
④ 혈관 경직도 증가

12 미국스포츠의학회(ACSM)가 제시한 노인을 대상으로 한 운동부하검사의 고려사항으로 옳지 않은 것은?

① 시력 손상, 보행 실조, 발의 문제가 있는 경우 자전거 에르고미터 검사를 실시한다.
② 트레드밀 부하는 경사도보다는 속도를 증가시킨다.
③ 균형감과 근력이 낮고, 신경근 협응력이 저조하여 검사의 두려움이 있다면 트레드밀의 양측 손잡이를 잡고 검사를 실시한다.
④ 낮은 체력을 가진 노인은 초기 부하가 낮고(3METs 이하), 부하 증가량도 작은(0.5~1.0 METs) 노턴(Naughton) 트레드밀 프로토콜을 이용한다.

13 노인을 위한 수중운동 지도방법으로 옳지 않은 것은?

① 안전을 위해 처음 몇 회는 물속에서 자세를 취하는 방법을 가르친다.
② 물에 저항하여 움직이도록 지도하여 에너지 소비를 증가시킨다.
③ 관절염을 앓고 있는 노인은 아픈 관절이 물에 잠기게 한다.
④ 물이 몸통 근육의 역할을 하도록 직립자세로 서서 운동하게 한다.

14 요통을 예방하는 방법으로 옳은 것은?

① 등을 굽히고 선다.
② 등을 굽히고 걷는다.
③ 장시간 계속 서 있는 것을 피한다.
④ 등을 굽히고 앉는다.

15 〈보기〉의 특성을 보인 노인에게 미국스포츠의학회(ACSM)가 제시한 관상동맥 질환의 위험인자를 모두 제시한 것은?

> **보기**
> • 연령 : 71세, 성별 : 여자, 신장 : 158cm, 체중 : 54kg
> • 가족력 : 어머니는 54세에 심혈관 질환으로 돌아가셨다.
> • 허리둘레 : 79cm
> • 총콜레스테롤 : 200mg/dL
> • 고밀도지단백질 콜레스테롤 : 30mg/dL
> • 공복혈당 : 135mg/dL
> • 안정 시 혈압 : 190mmHg / 90mmHg
> • 10대 때 흡연(하루에 20개비 이상)
> • 평생 전업주부로 생활하고 현재 특별한 신체활동은 하지 않았다.

① 연령, 가족력, 허리둘레, 혈압, 흡연
② 비만, 공복혈당, 혈압, 흡연, 신체활동
③ 가족력, 총콜레스테롤, 고밀도지단백질 콜레스테롤, 혈압, 신체활동
④ 허리둘레, 총콜레스테롤, 고밀도지단백질 콜레스테롤, 공복혈당, 혈압

16 미국스포츠의학회(ACSM)가 제시한 노인 신체활동 프로그램으로 옳지 않은 것은?

① 고강도로 주 3일 이상 또는 중강도로 주 5일 이상의 유산소운동
② 체중부하 유연체조와 계단 오르기를 제외한 근력강화 운동
③ 근육의 긴장과 약간의 불편감이 느껴질 정도의 유연성 운동
④ 저·중강도로 주 2회 이상의 대근육군을 이용한 저항운동

17 노인을 위한 준비 및 정리운동의 생리적 효과에 관한 설명으로 옳지 않은 것은?

① 준비운동은 혈중산소포화도를 증가시켜 근육의 산소 이용률을 증가시킨다.
② 준비운동은 폐 혈류의 저항을 증가시켜 폐의 혈액 순환을 향상시킨다.
③ 정리운동은 호흡, 체온, 심박수를 활동 전 수준으로 되돌리는 데 도움을 준다.
④ 정리운동은 혈중젖산농도를 낮추는 데 도움을 준다.

18 노인의 걷기 특성으로 옳지 않은 것은?

① 분당 보폭수(cadence)의 증가
② 보행주기 중 양발 지지기(double support time) 비율의 증가
③ 안정된 걷기를 위한 의식적 관여의 증가
④ 보폭(step length)의 증가와 활보장(stride length)의 감소

19 노인의 단기기억 문제를 고려한 지도방법으로 옳지 않은 것은?

① 각자의 페이스로 동작을 수행하도록 한다.
② 동작을 단순화하여 반복적으로 시범을 보여 준다.
③ 동작의 속도와 방향을 다양하게 한다.
④ 심상훈련을 활용한다.

20 노인의 균형감에 관한 설명으로 옳은 것은?

① 의식적인 노력은 균형감 향상과 무관하다.
② 시력 약화는 균형감을 향상시킨다.
③ 전정계 기능의 저하는 균형감을 향상시킨다.
④ 체성감각 기능의 저하는 균형감을 떨어뜨린다.

2020 기출문제

스포츠사회학

01 스포츠의 사회적 순기능으로 적절하지 않은 것은?

① 사회화 기능 ② 사회통제 기능
③ 사회통합 기능 ④ 사회정서적 기능

02 〈보기〉에서 설명하는 이론은?

> 보기
> • 지배계급은 피지배계급을 억압하고 착취한다.
> • 재화의 불평등한 분배는 사회의 본질적 속성이다.
> • 스포츠는 일부 지배계급에 의해 그들의 이익을 증대시키는 데 이용된다.

① 갈등 이론 ② 비판 이론
③ 상징적 상호작용론 ④ 구조기능주의 이론

03 〈보기〉에서 정치가 스포츠를 이용하는 방식을 바르게 연결한 것은?

> 보기
> ㉠ 경기에 앞서 국가연주, 국기에 대한 경례 등의 의식을 갖는다.
> ㉡ 대중은 선수나 팀을 자신과 일치시키는 태도를 형성한다.
> ㉢ 정치인의 비리, 부정 등을 은폐하기 위해 스포츠를 이용한다.

	㉠	㉡	㉢
①	상징	조작	동일화
②	동일화	상징	조작
③	상징	동일화	조작
④	조작	동일화	상징

04 스포츠와 미디어의 상호관계에서 미디어가 스포츠에 미치는 영향에 해당하는 것은?

① 영국 프리미어리그 경기는 방송사에 수준 높은 콘텐츠를 제공하고 있다.
② 방송사의 편익을 위해 배구의 랠리포인트제, 농구의 쿼터제 등 경기규칙을 변경하였다.
③ 손흥민, 류현진 선수 등의 활약으로 스포츠 관련 방송시장이 확대되었다.
④ 시청자의 욕구를 충족시켜 주기 위해 슬로우 영상, 반복영상 등을 제공하고 있다.

05 상업주의 심화에 따른 스포츠의 변화에 대한 설명으로 적절하지 않은 것은?

① 경기 내적인 요소보다 외적인 요소를 중요시한다.
② 심미적 가치보다 영웅적 가치를 중요시한다.
③ 아마추어리즘보다 프로페셔널리즘을 추구한다.
④ 경기의 공정성을 강화하기 위해 경기 규칙을 개정한다.

06 〈보기〉의 A 선수에 해당하는 사회계층 이동의 유형을 바르게 연결한 것은?

보기

A 선수는 2002년부터 2019년까지 프로축구리그 S 팀의 주전선수로 활동하면서 MVP 3회 수상 등 축구 선수로서 명성을 얻었다. 은퇴 후, 2020년부터 프로축구 A 팀의 수석코치로 활동하게 되었다.

	이동의 방향	시간적 거리	이동의 주체
①	수평이동	세대 간 이동	집단이동
②	수평이동	세대 내 이동	개인이동
③	수직이동	세대 간 이동	집단이동
④	수직이동	세대 내 이동	개인이동

07 버렐(S. Birrell)과 로이(J. Loy)가 제시한 스포츠미디어를 통해 충족할 수 있는 욕구유형에 대한 설명으로 옳은 것은?

① 통합적 욕구 : 스포츠에 대한 규칙 정보를 제공한다.
② 인지적 욕구 : 스포츠에 대한 흥미와 즐거움을 제공한다.
③ 정의적 욕구 : 스포츠에 대한 지식, 경기결과 및 통계적 지식을 제공한다.
④ 도피적 욕구 : 불안, 초조, 욕구불만, 좌절 등의 감정을 해소하도록 돕는다.

08 〈보기〉에서 설명하는 에티즌(D. Eitzen)과 세이지(G. Sage)가 제시한 스포츠의 정치적 속성은?

보기

- 스포츠 경기에 수반되는 의식과 행동은 선수의 충성심을 상징적으로 재확인하는 것에 목적이 있다.
- 스포츠 조직은 구호, 응원가, 유니폼, 마스코트 등의 상징을 통해 조직에 대한 선수의 충성심을 지속시키거나 강화한다.

① 보수성 ② 대표성
③ 상호의존성 ④ 권력투쟁

09 스포츠 일탈의 유형과 원인을 규정하기 어려운 이유로 적절하지 않은 것은?

① 스포츠 현장에서 발생하는 일탈 사례가 부족하기 때문이다.
② 스포츠 일탈은 규범에 대한 거부와 함께 무비판적 수용도 포함한다.
③ 스포츠에서 허용되는 행동이 사회의 다른 영역에서는 일탈이 될 수 있다.
④ 과학기술의 급속한 발전과 새로운 스포츠 규범 사이에 시간적 차이가 발생한다.

10 맥루한(M. McLuhan)의 미디어 이론에 따른 구분 및 특성을 바르게 제시한 것은?

	특성 구분	정의성	감각 참여성	감각 몰입성	경기진행 속도
①	핫 미디어 스포츠	높음	낮음	높음	빠름
②	쿨 미디어 스포츠	낮음	낮음	낮음	느림
③	핫 미디어 스포츠	높음	높음	낮음	느림
④	쿨 미디어 스포츠	낮음	높음	높음	빠름

11 〈보기〉를 투민(M. Tumin)의 스포츠계층 형성과정 순서에 따라 바르게 배열한 것은?

> **보기**
> ㉠ 세계적인 테니스 선수는 기업으로부터 많은 후원금을 받고 있다.
> ㉡ 세계랭킹에 따라 참가할 수 있는 테니스 대회가 나누어져 있다.
> ㉢ 테니스는 선수, 코치, 감독, 트레이너 등으로 역할이 구분되어 있다.
> ㉣ 국제 테니스 대회에서 우승하면 사회적 명성이 높아진다.

① ㉡ - ㉢ - ㉠ - ㉣
② ㉡ - ㉢ - ㉣ - ㉠
③ ㉢ - ㉡ - ㉣ - ㉠
④ ㉢ - ㉡ - ㉠ - ㉣

12 스포츠 세계화의 원인이 아닌 것은?

① 종교 전파
② 제국주의 확장
③ 인종차별 심화
④ 과학기술 발전

13 〈보기〉의 ㉠이 설명하는 집합행동의 유형과 관련된 이론은?

> **보기**
> A : 어제 축구 봤어? 경기 도중 관중 폭력이 발생했잖아.
> B : 나도 방송에서 봤는데 관중 폭력의 원인이 인종차별 때문이래.
> A : ㉠ 인종차별과 같은 사회구조적·문화적 선행요건이 없었다면, 두 팀 관중들 간에 폭력은 없었을 거야.

① 전염이론
② 수렴이론
③ 규범생성이론
④ 부가가치이론

14 스포츠 일탈에 관한 설명으로 적절하지 않은 것은?

① 부정적 일탈 사례로는 금지약물복용, 구타 및 폭력 등이 있다.
② 부정적 일탈은 스포츠 규범체계에 대한 과잉동조 성향을 의미한다.
③ 긍정적 일탈 사례로는 오버 트레이닝(over-training), 운동중독 등이 있다.
④ 긍정적 일탈은 정상적으로 받아들여지는 행동에 대한 무비판적 수용을 의미한다.

15 스포츠 일탈을 설명하는 이론과 그 특징이 바르게 연결된 것은?

① 갈등 이론 - 선수의 금지약물복용 등과 같은 일탈적 행위는 개인의 윤리적 문제이다.
② 아노미 이론 - 선수의 승리에 대한 목표와 수단의 괴리로 인해 일탈이 발생한다.
③ 차별교체 이론 - 팀 내 우수선수가 금지약물을 복용해도 동료들은 복용하지 않는다.
④ 낙인 이론 - 선수에게 부여된 악동, 풍운아 같은 이미지는 선수 생활에 영향을 미치지 않는다.

16 〈보기〉에서 설명하는 사건은?

> **보기**
> • 1972년 제20회 뮌헨올림픽에서 발생
> • 팔레스타인 테러조직에 의한 이스라엘 선수단 인질사건
> • 국가 간 갈등이 올림픽을 통해 표출된 테러 사건

① 검은 구월단 사건
② 축구전쟁(100시간 전쟁) 사건
③ 보스턴 마라톤 폭탄 테러 사건
④ IRA 연쇄 폭탄 테러 사건

17 상류계급의 스포츠 참가 특징에 대한 설명으로 적절하지 않은 것은?

① 과시적 소비성향의 스포츠를 선호한다.
② 요트, 승마와 같은 자연친화적 개인 스포츠를 선호한다.
③ 직접 참여보다는 TV 시청을 통한 관람 스포츠를 소비하는 경향이 높다.
④ 사생활이 보호되는 장소에서 소수 인원이 즐기는 스포츠 참여를 선호한다.

18 〈보기〉에서 설명하는 스포츠사회화 과정은?

> 보기
> • 이용대 선수의 경기 보도 증가는 대중들의 배드민턴 참여를 촉진한다.
> • 부모의 스포츠에 대한 긍정적인 태도는 자녀의 스포츠 참여 가능성을 높인다.
> • 학생들은 교내에서 체육교과와 다양한 프로그램을 통해 스포츠에 참여하고 있다.

① 스포츠로의 사회화
② 스포츠로의 재사회화
③ 스포츠를 통한 사회화
④ 스포츠로부터의 탈사회화

19 〈보기〉에서 설명하는 스포츠의 교육적 순기능은?

> 보기
> • 스포츠 참여를 통해 생애주기에 적합한 스포츠를 즐길 수 있는 습관을 형성할 수 있다.
> • 학교에서 스포츠 경험은 개인이 전 생애에 걸쳐 스포츠를 즐길 수 있는 토대를 마련해 준다.

① 학업활동 촉진
② 학교 내 통합
③ 평생체육과의 연계
④ 정서 순화

20 〈보기〉에서 설명하는 케년(G. Kenyon)의 스포츠 참가유형은?

> 보기
> • 스포츠 상황 내에서 다양한 지위와 규범을 이행함으로써 스포츠에 실질적으로 참가하는 형태
> • 생활체육 동호인, 선수, 감독, 심판, 해설자로 활동

① 행동적 참가
② 인지적 참가
③ 정의적 참가
④ 조직적 참가

스포츠교육학

01 모스턴(M. Mosston)의 수업 스타일 중 학습자가 인지 작용을 통해 문제에 대한 다양한 해답을 찾는 유형은?

① 연습형 ② 수렴발견형
③ 상호학습형 ④ 확산발견형

02 헬리슨(D. Hellison)의 개인적·사회적 책임감 모형 중 전이 단계(transfer level)에 해당하는 것은?

① 다른 사람을 방해하지 않고 체육 프로그램에 참여하기
② 체육 프로그램에서 타인의 요구와 감정을 인정하고 경청하기
③ 체육 프로그램에서 학습한 배려를 일상생활에서 실천하기
④ 자기 목표를 설정하고 지도자의 통제 없이 체육 프로그램 과제를 완수하기

03 멕티게(J. McTighe)가 제시한 개념으로 학습자가 배운 내용을 경기상황에서 구현하는 정도를 평가하는 방법은?

① 실제평가(authentic assessment)
② 총괄평가(summative assessment)
③ 규준지향평가(norm-referenced assess-ment)
④ 준거지향평가(criterion-referenced assess-ment)

04 체육 프로그램의 목표로 정의적 영역(affective domain)에 해당하는 것은?

① 축구에서 인사이드 패스를 실행할 수 있다.
② 야구에서 스윙 동작을 분석하고 평가할 수 있다.
③ 배구에서 동료와 협력할 수 있다.
④ 농구에서 지역방어전략을 사용할 수 있다.

05 모스턴(M. Mosston)의 수업 스타일 중 연습형의 특징으로 적절하지 않은 것은?

① 학습자가 스스로 과제를 평가하게 한다.
② 지도자는 학습자에게 개별적으로 피드백을 제공한다.
③ 학습자가 모방 과제를 스스로 연습할 수 있도록 지도한다.
④ 학습자는 숙련된 운동 수행이 과제의 반복 연습과 관련 있음을 이해한다.

06 〈보기〉에서 블룸(B. Bloom)의 인지적 영역 수준에 해당하는 것은?

> **보기**
> 배드민턴 경기에서 상대 선수의 서비스를 받을 때, 낮고 짧은 서비스와 높고 긴 서비스의 대처 방법이 어떻게 달라져야 하는지를 알 수 있다.

① 분석 ② 기억
③ 이해 ④ 평가

07 〈보기〉에서 설명하는 알버노(P. Alberno)와 트라웃맨(A. Troutman)의 행동수정기법에 해당하는 것은?

> **보기**
> 학습자가 적절한 행동을 할 때마다 지도자가 점수, 스티커, 쿠폰 등을 제공하는 기법이다.

① 타임아웃(time out)
② 토큰 수집(token economies)
③ 좋은 행동 게임(good behavior game)
④ 지도자-학습자 사이의 계약(behavior contracting)

08 〈보기〉에서 정 코치의 질문에 대한 각 지도자의 답변으로 적절하지 않은 것은?

> **보기**
> 정 코치 : 메츨러(M. Metzler)의 절차적 지식에 대해 간단히 설명해 주시기 바랍니다.
> 박 코치 : 지도자가 학습자에게 움직임 패턴을 연습할 수 있게 하고 이를 경기에 적용할 수 있는 지식입니다.
> 김 코치 : 학습자가 과제를 연습하는 동안 이를 관찰하고 정확한 피드백을 제공할 수 있는 지식입니다.
> 한 코치 : 지도자가 실제로 체육 프로그램 전, 중, 후에 적용할 수 있는 지식입니다.
> 이 코치 : 지도자가 개념을 설명할 수 있는 지식입니다.

① 박 코치
② 김 코치
③ 한 코치
④ 이 코치

09 학교체육진흥법(시행 2024. 3. 24.)의 제11조, 제12조에서 규정하고 있는 학교운동부 운영 및 학교운동부지도자에 대한 내용으로 적절하지 않은 것은?

기출 변형

① 학교의 장은 학습권 보장을 위한 상시 합숙 훈련 금지 원칙으로 원거리에서 통학하는 학생선수를 위하여 기숙사를 운영할 수 없다.
② 최저학력의 기준 및 실시 시기에 필요한 사항과 기초학력보장 프로그램의 운영 등에 필요한 사항은 교육부령으로 정한다.
③ 학교의 장은 학교운동부지도자가 학생선수의 학습권을 박탈하거나 폭력, 금품·향응 수수 등의 부적절한 행위를 하였을 경우 학교운영위원회의 심의를 거쳐 계약을 해지할 수 있다.
④ 그 밖에 학교운동부지도자의 자격 기준, 임용, 급여, 신분, 직무 등에 필요한 사항은 대통령령으로 정한다.

10 〈보기〉 중 각 지도자의 행동 유형과 개념이 바르게 연결되지 않은 것은?

> **보기**
> 박 코치 : 지도하는 데 갑자기 학습자의 보호자가 찾아오셔서 대화하느라 지도 시간이 부족했어요.
> 김 코치 : 말도 마세요! 저는 지도하다가 학습자들끼리 부딪혔는데 한 학습자가 쓰러져 일어나지 못했어요! 정말 놀라서 급하게 119에 신고했던 기억이 나네요.
> 한 코치 : 지도 중에 좁은 공간에서 기구를 잘못 사용하는 학습자를 보면 곧바로 운동을 중지하고, 안전의 중요성을 강조하면서 공간과 기구를 정리하라고 말했어요.
> 이 코치 : 저는 학습자의 참여를 높이기 위해 신호에 따른 즉각적인 과제 수행을 강조했어요. 그 결과, 개별적인 피드백을 제공할 수 있게 되었고, 학습자의 성취도가 점점 향상되는 것 같았어요.

① 박 코치 - 비기여 행동
② 김 코치 - 비기여 행동
③ 한 코치 - 직접기여 행동
④ 이 코치 - 직접기여 행동

11 학습자의 이탈 행동을 예방하고 과제참여 유지를 위한 교수 기능 중 올스테인(A. Ornstein)과 레빈(D. Levine)이 제시한 '신호 간섭'에 해당하는 것은?

① 긴장완화를 위해 유머를 활용하는 것이다.
② 시선, 손짓 등 지도자의 행동으로 학습자의 운동 참여 방해 행동을 제지하는 것이다.
③ 프로그램 진행을 방해하는 학습자에게 가까이 접근하거나 접촉하여 제지하는 것이다.
④ 프로그램에 참여하는 학습자에게 일상적 수업, 루틴 등과 같은 활동을 하는 것이다.

12 〈보기〉의 국민체육진흥법(시행 2024. 3. 15.)의 제12조에 명시된 내용 중 체육지도자의 자격 취소 사유를 모두 고른 것은? 기출 변형

보기
㉠ 자격정지 기간에 업무를 수행한 경우
㉡ 체육지도자 자격증을 타인에게 대여한 경우
㉢ 선수의 신체에 폭행을 가하거나 상해를 입히는 행위를 한 경우
㉣ 거짓이나 그 밖의 부정한 방법으로 체육지도자의 자격을 취득한 경우

① ㉠, ㉢
② ㉡, ㉢
③ ㉡, ㉢, ㉣
④ ㉠, ㉡, ㉢, ㉣

13 〈보기〉에서 설명하는 로젠샤인(B. Rosenshine)의 직접 교수 모형 단계로 적절한 것은?

보기
• 이 단계는 학습자에게 초기 학습과제와 함께 순차적으로 과제연습이 이루어지는 과정이다.
• 지도자는 학습자에게 다음 과제를 제시하기 위해 핵심 단서(cue)를 다시 가르치거나 이전 학습과제를 되풀이할 수 있다.

① 피드백 및 교정
② 비공식적 평가
③ 새로운 과제제시
④ 독자적인 연습

14 〈보기〉의 배드민턴 지도사례에서 IT매체의 효과로 바르게 연결되지 않은 것은?

보기
㉠ 학습자의 흥미 유발을 위해 스마트폰과 스피커를 활용하여 최신 음악에 맞춰 준비운동을 시켰다.
㉡ 배드민턴 스매시 동작을 기록하기 위해 영상분석 애플리케이션(application)을 사용하였다.
㉢ 학습자이 동작 완료 10초 후 지도자는 녹화된 영상을 보고 학습자의 자세를 교정해 주었다.
㉣ 지도자가 녹화한 영상을 학습자의 단체 소셜네트워크 서비스(SNS)에 올린 후 동작 분석에 대해 서로 토의했다.

① ㉠ - 학습자의 동기 유발
② ㉡ - 과제에 대한 체계적 관찰의 효율성 증가
③ ㉢ - 학습자의 운동 참여 시간 증가
④ ㉣ - 학습자와 지도자의 의사소통 향상

15 〈보기〉에서 설명한 시든탑(D. Siedentop)의 교수(teaching)기능 연습법에 해당하는 용어로 적절한 것은?

보기
• 박 코치는 소수의 실제 학습자들 앞에서 지도 연습을 했다.
• 자신의 지도 행동을 관찰하기 위해 비디오 촬영을 병행했다.

① 1인 연습(self practice)
② 동료 교수(peer teaching)
③ 축소 수업(micro teaching)
④ 반성적 교수(reflective teaching)

16 지도자가 의사전달을 위해 학습자의 신체를 올바른 자세로 직접 고쳐주는 지도 정보 단서로 적절한 것은?

① 언어 단서(verbal cue)
② 조작 단서(manipulative cue)
③ 과제 단서(task cue)
④ 시청각 단서(audiovisual cue)

17 〈보기〉에서 예방적(proactive) 수업 운영 행동에 해당하는 것을 바르게 고른 것은?

> **보기**
> ㉠ 이번 주에 배울 내용을 게시판에 공지한다.
> ㉡ 수업 시작과 종료를 정확하게 지킨다.
> ㉢ 학습자에게 농구의 체스트 패스에 대한 시범을 보인다.
> ㉣ 2인 1조로 체스트 패스 연습을 한다.
> ㉤ 호루라기를 사용하여 학습자의 주의를 집중시킨다.

① ㉠, ㉡, ㉢
② ㉠, ㉡, ㉤
③ ㉡, ㉢, ㉣
④ ㉢, ㉣, ㉤

18 〈보기〉의 설명과 관련된 용어는?

> **보기**
> • 정규 농구 골대의 높이를 낮춘다.
> • 반(half)코트 경기를 운영한다.
> • 배구공 대신 소프트 배구공을 사용한다.

① 역학수행
② 학습센터
③ 변형게임
④ 협동과제

19 체육 프로그램을 지도할 때 실제학습시간(Academic Learning Time)을 바르게 설명한 것은?

① 체육활동에 할당된 시간
② 학습자가 운동에 참여한 시간
③ 학습자가 다른 학습자에게 피드백을 제공하는 시간
④ 학습자가 학습 목표와 부합한 과제의 성공을 경험하며 참여한 시간

20 체육 프로그램을 지도할 때 학습자 평가의 목적으로 가장 거리가 먼 것은?

① 교수-학습의 효과성 판단
② 학습자의 체육 프로그램 참여 및 향상 동기 촉진
③ 교육목표에 따른 학습 진행 상태 점검과 지도 활동 조정
④ 학습 과정을 배제하고 결과 중심으로 순위를 결정하기 위해 활용

스포츠심리학

01 다이나믹 시스템 관점에서 협응구조 형성에 대한 설명으로 옳지 <u>않은</u> 것은?

① 협응구조는 하나의 기능적 단위로 자기조직의 원리에 따라 형성된다.
② 제어변수는 질서변수를 변화시키는 원인이 되는 것으로, 동작을 변화시키는 속도나 무게 등이 있다.
③ 상변이는 협응구조의 형태가 변화하는 현상이며 선형의 원리를 따른다.
④ 협응구조의 안정성은 상대적 위상의 표준편차로 측정할 수 있다.

02 목표설정에서 수행목표로 적합하지 <u>않은</u> 것은?

① 농구 대회에서 우승한다.
② 골프 스윙에서 공을 끝까지 본다.
③ 테니스 포핸드 발리에서 손목을 고정한다.
④ 야구 타격에서 무게중심을 뒤에서 앞으로 이동한다.

03 〈보기〉의 ㉠, ㉡에 해당하는 것은?

> 보기
> • (㉠) : 학습자가 새로운 기술을 연습한 후, 특정한 시간이 지난 후 연습한 기술의 수행력을 평가하는 검사
> • (㉡) : 연습한 기술이 다른 수행상황에서도 발휘될 수 있는지를 평가하는 검사

	㉠	㉡
①	전이검사	파지검사
②	파지검사	전이검사
③	망각검사	파지검사
④	파지검사	망각검사

04 주의집중 방법으로 적절하지 <u>않은</u> 것은?

① 테니스 서브를 루틴에 따라 실행한다.
② 축구 경기에서 관중의 방해를 의식하지 않는다.
③ 골프 경기에서 마지막 홀에 있는 해저드에 대해 생각한다.
④ 야구 경기에서 지난 이닝의 수비 실책은 잊고 현재 수행에 몰입한다.

05 〈보기〉에서 제시된 심상(imagery)의 요소로 바르게 나타낸 것은?

> 보기
> ㉠ 선수 : 시합에서 느꼈던 자신감, 흥분, 행복감을 실제처럼 시각화한다.
> ㉡ 선수 : 부정적인 수행 장면을 성공적인 수행 이미지로 바꾼다.

	㉠	㉡
①	주의연합 (attentional association)	주의분리 (attentional dissociation)
②	외적 심상 (external imagery)	집중력 (concentration)
③	통계적 처리 (controlled processing)	자동적 처리 (automatic processing)
④	선명도 (vividness)	조절력 (controllability)

06 〈보기〉에서 지도자가 제공하는 보강적 피드백의 유형으로 적절한 것은?

> **보기**
> 지도자 : 창하야! 다운스윙 전에 백스윙이 제대로 이루어지지 않았어.

① 내적 피드백(intrinsic feedback)
② 감각 피드백(sensory feedback)
③ 결과지식(Knowledge of Result : KR)
④ 수행지식(Knowledge of Performance : KP)

07 〈보기〉의 ㉠, ㉡에 해당하는 것은?

> **보기**
> 줄다리기에 집단이 내는 힘의 총합이 개인의 힘을 모두 합친 것보다 적게 나타나는 현상은 (㉠)이며, 집단의 인원수가 증가할 때 발생하는 개인의 수행 감소는 (㉡) 때문이다.

	㉠	㉡
①	링겔만 효과 (Ringelman effect)	유능감 손실
②	관중 효과 (audience effect)	동기 손실
③	링겔만 효과 (Ringelman effect)	동기 손실
④	관중 효과 (audience effect)	유능감 손실

08 〈보기〉에서 피츠(P. Fitts)와 포스너(M. Posner)의 운동학습 단계와 설명이 바르게 제시된 것은?

> **보기**
> ㉠ 테니스 포핸드 스트로크 자세를 안정적이고 일관성 있게 수행할 수 있다.
> ㉡ 학습자는 오류를 수정하기 위해서 연습하고, 스스로 오류를 탐지하여 그 오류의 일부를 수정할 수 있다.
> ㉢ 학습자는 테니스 포핸드 스크로크의 개념을 이해한다.

	자동화 단계	인지 단계	연합 단계
①	㉠	㉡	㉢
②	㉠	㉢	㉡
③	㉡	㉢	㉠
④	㉡	㉠	㉢

09 〈보기〉의 참가자를 위한 와이너(B. Weiner)의 귀인이론에 기반한 지도 방법으로 옳은 것은?

> **보기**
> 수영 교실에 참가하는 A씨는 다른 참가자들보다 수영에 재능이 없고 기술 습득이 늦다고 생각한다. 이로 인해 결석이 잦고 운동 중단이 예상된다.

① 외적이며 안정적이고 통제 불가능한 개인의 노력에 귀인할 수 있도록 지도한다.
② 내적이며 불안정적이고 통제 가능한 개인의 노력에 귀인할 수 있도록 지도한다.
③ 외적이며 안정적이고 통제 불가능한 개인의 능력에 귀인할 수 있도록 지도한다.
④ 내적이며 안정적이고 통제 가능한 개인의 능력에 귀인할 수 있도록 지도한다.

10 〈보기〉에서 설명하는 개념은?

> **보기**
> 수현이는 오랫동안 배드민턴을 즐기다가 새롭게 테니스 교실에 등록했다. 테니스 코치는 포핸드 스트로크를 지도할 때, 수현이가 손목 스냅을 습관적으로 사용하는 것을 보고 손목을 고정하도록 지도하였다.

① 과제 내 전이(intratask transfer)
② 양측 전이(bilateral transfer)
③ 정적 전이(positive transfer)
④ 부적 전이(negative transfer)

11 〈보기〉의 ㉠, ㉡, ㉢에 해당하는 것은?

> **보기**
>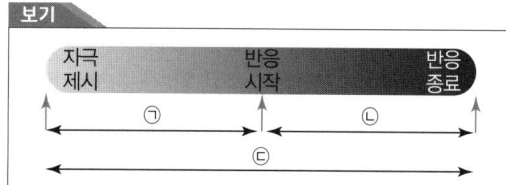
> • ㉠은 자극 제시와 반응 시각 간의 시간 간격을 의미한다.
> • ㉡은 반응 시작과 반응 종료 간의 시간 간격을 의미한다.
> • ㉢은 자극 제시와 반응 종료 간의 시간 간격을 의미한다.

	㉠	㉡	㉢
①	반응시간 (reaction time)	움직임 시간 (movement time)	전체 반응시간 (response time)
②	반응시간 (reaction time)	전체 반응시간 (response time)	움직임 시간 (movement time)
③	움직임 시간 (movement time)	반응시간 (reaction time)	전체 반응시간 (response time)
④	단순 반응시간 (simple reaction time)	움직임 시간 (movement time)	전체 반응시간 (response time)

12 〈보기〉에서 설명하는 개념은?

> **보기**
> 양궁 선수 A는 첫 엔드에서 6점을 한 발 기록했다. 그러나 A는 바람 부는 상황으로 인해 총 36발의 슈팅 중에서 6점은 한 번 정도 나올 수 있는 점수이며, 첫 엔드에 나온 것이 다행이라 긍정적으로 생각했다.

① 사고 정지(thought stopping)
② 자생 훈련(autogenic training)
③ 점진적 이완(progressive relaxation)
④ 인지 재구성(cognitive restructuring)

13 〈보기〉에서 설명하는 개념은?

> **보기**
> 철수는 처음으로 깊은 바닷속으로 다이빙하면서 각성 수준이 높아졌다. 높은 각성 수준으로 인해 깊은 바닷속에서 시야가 평소보다 훨씬 좁아졌다.

① 스트룹 효과(Stroop effect)
② 지각 협소화(perceptual narrowing)
③ 칵테일 파티 효과(cocktail party effect)
④ 맥락간섭 효과(contextual-interference effect)

14 스포츠 지도자의 리더십 행동으로 적절하지 <u>않은</u> 것은?

① 선수에게 개별 시간을 할애하는 행동
② 선수가 목표를 수립하도록 도와주는 행동
③ 선수에게 과도한 자신감을 부여하는 행동
④ 선수의 주의산만 요인을 파악하고 지도하는 행동

15 〈보기〉에서 ㉠, ㉡, ㉢에 해당하는 기억의 유형이 바르게 연결된 것은?

보기

유형	㉠	㉡	㉢
기억 용량	제한	극히 제한	무제한
특징	반복하거나 시연하지 않으면 사라진다.	새로운 정보가 유입되면 쉽게 손실된다.	반복과 시연을 통해 강화된다.
지도 방법	한 번에 너무 많은 정보를 제공하지 않고, 정보를 처리할 수 있는 시간을 제공한다.	불필요한 외부 정보를 줄이고 집중할 수 있도록 지도한다.	연습을 통해 기억을 강화한다.

	㉠	㉡	㉢
①	감각기억	단기기억	장기기억
②	감각기억	장기기억	단기기억
③	단기기억	장기기억	감각기억
④	단기기억	감각기억	장기기억

16 프로차스카(J. Prochaska)의 운동변화단계 이론(transtheoretical model)에 대한 설명으로 옳지 <u>않은</u> 것은?

① 준비단계는 현재 운동에 참여하지 않지만, 6개월 이내에 운동을 시작할 의도가 있는 것을 의미한다.
② 의사결정 균형이란 운동을 할 때 기대할 수 있는 혜택과 손실을 평가하는 것을 의미한다.
③ 인지 과정과 행동 과정과 같은 변화과정을 통해 이전 단계에서 다음 단계로 이동하게 된다.
④ 자기효능감은 관심단계보다 유지단계에서 더 높다.

17 〈보기〉에서 설명하는 개념은?

보기

피겨 스케이팅 경기에서 영희는 앞 선수가 완벽에 가까운 연기를 펼치자, 불안해지고 긴장되었다.

① 상태불안 ② 분리불안
③ 특성불안 ④ 부적강화

18 〈보기〉의 ㉠, ㉡에 배구 기술을 지도하기 위한 연습 구조가 적절하게 제시된 것은?

보기

	1차 시	2차 시	3차 시
㉠	서브 서브 서브	세팅(토스) 세팅(토스) 세팅(토스)	언더핸드 언더핸드 언더핸드
㉡	서브 세팅(토스) 언더핸드	세팅(토스) 언더핸드 서버	언더핸드 서브 세팅(토스)

※ 두 가지 연습 구조에서 연습 시간과 횟수는 동일

	㉠	㉡
①	집중연습(massed practice)	분산연습(distributed practice)
②	가변연습(variable practice)	무선연습(random practice)
③	구획연습(blocked practice)	무선연습(random practice)
④	가변연습(variable practice)	일정연습(constant practice)

19 스포츠 심리상담사에 관한 설명으로 적절하지 않은 것은?

① 내담자와 공감하며 경청한다.
② 내담자와 라포(rapport)를 형성한다.
③ 내담자와 일상생활에서 개인적 관계를 맺는다.
④ 내담자의 비언어적 메시지에도 관심을 가진다.

20 정보처리 3단계의 관점에서 100m 달리기 스타트의 반응시간이 배구 서브 리시브 상황에서의 반응시간보다 짧은 이유로 옳은 것은?

① 100m 스타트에서는 자극확인(stimulus identification) 단계의 소요 시간이 상대적으로 짧기 때문이다.
② 100m 스타트에서는 운동 프로그래밍(motor programming) 단계의 소요 시간이 상대적으로 길기 때문이다.
③ 배구 서브 리시브 상황에서 자극확인(stimulus identification) 단계의 소요 시간이 상대적으로 짧기 때문이다.
④ 배구 서브 리시브 상황에서 반응선택(response selection) 단계의 소요 시간이 상대적으로 짧기 때문이다.

한국체육사

01 〈보기〉에서 설명하는 의례는?

보기
- 부족의 신화를 계승하는 춤을 익혔다.
- 식량 확보를 위한 수렵과 채집 활동을 하였다.
- 『삼국지』의 「위지동이전」에 '큰사람'으로 부른 기록이 있다.

① 영고(迎鼓)   ② 무천(舞天)
③ 동맹(東盟)   ④ 성년의식(成年儀式)

02 〈보기〉에서 설명하는 화랑도의 정신은?

보기
- 사군이충(事君以忠) : 충성심으로 임금을 섬김
- 사친이효(事親以孝) : 효심으로 부모를 섬김
- 교우이신(交友以信) : 신의를 바탕으로 벗을 사귐
- 살생유택(殺生有擇) : 생명체를 함부로 죽이지 않음
- 임전무퇴(臨戰無退) : 전쟁에 임할 때는 후퇴를 삼가함

① 삼강오륜(三綱五倫)
② 세속오계(世俗五戒)
③ 문무겸비(文武兼備)
④ 사단칠정(四端七情)

03 고려시대의 무예에 대한 설명으로 적절하지 않은 것은?

① 무학교육기관으로 강예재(講藝齋)가 있었다.
② 수박희(手搏戲)는 인재 선발을 위한 기준이 되었다.
③ 격구(擊毬)는 군사훈련 및 여가활동으로 성행하였다.
④ 종합무예서인 『무예도보통지』가 편찬되었다.

04 <보기>에서 설명하는 민속놀이는?

> 보기
> - 귀족들이 즐겼던 놀이이다.
> - 매를 길들여 꿩이나 기타 조류를 사냥하였다.

① 각저(角抵) ② 방응(放鷹)
③ 격구(擊毬) ④ 추천(鞦韆)

05 <보기>에서 설명하는 고려시대의 사건은?

> 보기
> 1170년 의종이 문신들과 보현원에 행차하였다. …(중략)… 대장군 이소응이 젊은 병사와 오병수박희(五兵手搏戲)를 겨루었고 패하였다. 그러자 젊은 문신 한뢰가 이소응의 뺨을 때리며 비웃었다. 이 광경을 보던 정중부와 이의방 등이 선동하여 반란을 일으켰다.

① 무신정변 ② 묘청의 난
③ 이자겸의 난 ④ 삼별초의 난

06 <보기>에서 설명하는 개화기 사립학교는?

> 보기
> - 무비자강(武備自强)을 강조하였다.
> - 문예반 50명, 무예반 200명을 선발하였다.
> - 1883년에 설립된 최초의 근대식 학교이다.

① 대성학교(大成學校)
② 오산학교(五山學校)
③ 원산학사(元山學舍)
④ 동래무예학교(東萊武藝學校)

07 <보기>의 ⊙, ⓒ에 들어갈 용어는?

> 보기
> - 나현성의 『한국체육사』에 따른 시대구분이다.
> - 갑오경장(甲午更張) 이전은 무예를 중심으로 하는 (⊙) 체육을 강조하였다.
> - 갑오경장 이후는 「교육입국조서(教育立國詔書)」를 중심으로 하는 (ⓒ) 체육을 강조하였다.

	⊙	ⓒ
①	현대	전통
②	근대	전통
③	전통	근대
④	전통	현대

08 조선시대 무과제도에 관한 설명으로 적절한 것은?

① 정기적으로만 실시하였다.
② 예조와 음양과에서 주관하였다.
③ 시험은 무예 실기만 시행되었다.
④ 초시, 복시, 전시의 3단계로 진행되었다.

09 개화기 운동회에 대한 설명으로 적절한 것은?

① 일본인을 위한 축제의 성격이었다.
② 최초 시행 종목은 야구와 농구였다.
③ 우리나라 최초의 운동회는 화류회(花柳會)이다.
④ 학교 정규교과목으로 학생에게 장려된 활동이었다.

10 ⟨보기⟩에서 설명하는 조선시대의 기관은?

> **보기**
> • 무예의 수련을 담당하였다.
> • 병서의 습독을 장려하였다.
> • 군사의 시재(試才)를 담당하였다.

① 사정(射亭) ② 성균관(成均館)
③ 사역원(司譯院) ④ 훈련원(訓鍊院)

11 『활인심방(活人心方)』에 대한 설명으로 적절하지 않은 것은?

① 이이(李珥)가 『활인심방』이라는 책을 펴냈다.
② 도인법(導引法)은 목 돌리기, 마찰, 다리의 굴신 등의 보건체조이다.
③ 사계양생가(四季養生歌)는 춘하추동으로 나누어 호흡하는 방법이다.
④ 활인심서(活人心序)는 기를 조절하고, 식욕을 줄이며, 욕망을 절제하는 방법이다.

12 ⟨보기⟩에서 대한체육회에 대한 옳은 설명을 모두 고른 것은?

> **보기**
> ㉠ 1920년 – 조선체육회가 창립되었다.
> ㉡ 1948년 – 대한체육회로 개칭되었다.
> ㉢ 1966년 – 태릉선수촌을 건립하였다.
> ㉣ 2016년 – 국민생활체육회와 통합되었다.

① ㉡, ㉢ ② ㉡, ㉣
③ ㉠, ㉡, ㉢ ④ ㉠, ㉡, ㉢, ㉣

13 개화기에 도입된 스포츠에 대한 설명으로 옳지 않은 것은?

① 조원희는 교육체조를 보급하였다.
② 우치다(內田)는 검도를 보급하였다.
③ 질레트(P. Gillet)는 야구와 농구를 보급하였다.
④ 푸트(L. Foote)는 연식정구(척구)를 보급하였다.

14 일제강점기 스포츠 종목의 도입에 대한 설명으로 옳지 않은 것은?

① 권투 – 1914년 경성구락부에서 소개하였다.
② 경식정구 – 1919년 조선철도국에서 소개하였다.
③ 스키 – 1921년 나카무라(中村)가 소개하였다.
④ 역도 – 1926년 서상천이 소개하였다.

15 ⟨보기⟩에서 설명하는 최초의 체육진흥계획은?

> **보기**
> • 국민생활체육협의회가 설립되었다.
> • 서울올림픽기념 생활관이 건립되었다.
> • '호돌이 계획'으로 생활체육 진흥을 도모하는 계기가 되었다.

① 국민생활체육진흥 종합계획
② 제1차 국민체육진흥 5개년 계획
③ 제2차 국민체육진흥 5개년 계획
④ 참여정부 국민체육진흥 5개년 계획

16 일제강점기 황국신민체조에 대한 설명으로 적절하지 않은 것은?

① 군국주의 함양을 위한 것이다.
② 무사도 정신을 고취하기 위한 것이다.
③ 식민지 통치체제의 일환으로 실시되었다.
④ 유희 중심의 체조 지도원리에 따라 교육되었다.

17 1936년 제11회 베를린올림픽경기대회 마라톤에서 손기정과 함께 입상한 선수는?

① 권태하   ② 남승룡
③ 서윤복   ④ 함길용

18 <보기>에서 설명하는 일제강점기의 체육시설은?

<보기>
- 축구장, 야구장, 정구장, 수영장 등이 있었다.
- 전국 규모의 대회와 올림픽경기대회 예선전 등이 열렸다.
- 1925년에 건립되었고, 1984년에 동대문운동장으로 개칭되었다.

① 경성운동장   ② 효창운동장
③ 목동운동장   ④ 잠실종합운동장

19 <보기>의 설명과 관련 있는 정부는?

<보기>
- 서울아시아경기대회를 개최하였다.
- 정부 행정조직에서 체육부가 신설되었다.
- 프로야구, 프로축구, 프로씨름 등이 출범하였다.

① 박정희 정부   ② 전두환 정부
③ 노태우 정부   ④ 김영삼 정부

20 <보기>의 ㉠, ㉡에 들어갈 알맞은 국제대회의 명칭은?

<보기>
- 1988년 개최된 (㉠)의 마스코트는 '호돌이'이다.
- 2018년 개최된 (㉡)의 마스코트는 '수호랑'과 '반다비'이다.

	㉠	㉡
①	서울올림픽경기대회	서울아시아경기대회
②	서울아시아경기대회	부산아시아경기대회
③	서울올림픽경기대회	평창올림픽경기대회
④	부산아시아경기대회	평창올림픽경기대회

운동생리학

01 유산소 시스템의 특징으로 적절하지 않은 것은?

① 장시간의 저강도 운동 시 사용된다.
② 무산소 시스템에 비해 ATP 합성률이 빠르다.
③ 산소를 이용하여 에너지 기질(substrate)을 분해한다.
④ 에너지 기질로 탄수화물과 지방을 모두 이용할 수 있다.

02 근육 내에서 산소를 운반하는 물질은?

① 알부민(allbumin)
② 신경전달물질(neurotransmitter)
③ 마이오글로빈(myoglobin)
④ 아세틸콜린(acetylcholine)

03 고강도 운동 시 ATP 합성에 사용되는 주요 기질(substrate)로 적절한 것은?

① 젖산   ② 지방
③ 근육 단백질   ④ 근육 글리코겐

04 <보기>가 설명하는 호르몬은?

<보기>
- 부신수질로부터 분비된다.
- 운동의 강도와 시간이 증가함에 따라 분비가 증가하며, 지방조직과 근육 내 지방의 분해를 촉진하는 역할을 한다.

① 인슐린(insulin)
② 글루카곤(glucagon)
③ 에피네프린(epinephrine)
④ 알도스테론(aldosterone)

05 장기간의 저항성 트레이닝에 따른 골격근의 적응으로 적절하지 않은 것은?

① 근형질(sarcoplasm)의 양이 증가한다.
② 근원섬유(myofibrill)의 수가 증가한다.
③ 속근섬유(type Ⅱ fiber)의 단면적이 증가한다.
④ 미토콘드리아(mitochondria)의 밀도가 증가한다.

06 <보기>의 ㉠과 ㉡에 들어갈 용어를 바르게 나열한 것은?

보기
지구성 트레이닝에 대한 적응으로 최대 동-정맥산소차는 (㉠)하고, 최대 1회 박출량(stroke volume)은 (㉡)한다.

	㉠	㉡
①	증가	증가
②	증가	감소
③	감소	감소
④	감소	증가

07 <보기>의 신경세포 구조 및 전기적 활동에 관한 적절한 설명을 고른 것은?

보기
㉠ 안정 시 신경세포 막의 안쪽은 Na⁺의 농도가 높고, 바깥쪽은 K⁺의 농도가 높다.
㉡ 역치(threshold)는 신경세포 막의 차등성전위(graded potential)가 안정막전위(resting membrane potential)로 바뀌는 시점을 말한다.
㉢ 활동전위(action potential)는 신경세포 막의 탈분극(depolarization)을 유도한다.
㉣ 신경세포는 신경-근접합부(neuromuscular junction)를 통해 근섬유와 상호신호전달을 한다.

① ㉠, ㉡ ② ㉠, ㉣
③ ㉡, ㉢ ④ ㉢, ㉣

08 적혈구용적률(hematocrit)에 관한 설명으로 적절한 것은?

① 높은 적혈구용적률(60% 이상)은 혈액의 흐름을 수월하게 한다.
② 일반적으로 성인 여성이 성인 남성보다 높은 적혈구용적률을 보인다.
③ 전체 혈액량 대비 혈장(plasma)량의 비율이 높을수록 적혈구용적률은 낮다.
④ 지구성 트레이닝에 대한 적응으로 혈장량이 감소하여 적혈구용적률은 증가한다.

09 근세사 활주설(sliding filament theory)에 관한 설명으로 적절하지 않은 것은?

① 액틴(actin)은 근절(sarcomere)의 중앙부위로 (myosin)을 잡아당긴다.
② 마이오신 머리(myosin head)에 있는 인산기(Pi)가 방출되면서 파워 스트로크(power stroke)가 일어난다.
③ 활동전위는 근형질세망(sarcoplasmic reticulum)으로부터 나온 Ca^{2+}을 근형질(sarcoplasm) 내로 유입하게 한다.
④ Ca^{2+}은 액틴 세사의 트로포닌(troponin)과 결합하고 트로포닌은 트로포마이오신(tropomyosin)을 이동시켜 마이오신 머리가 액틴과 결합할 수 있도록 한다.

10 〈보기〉는 산소-헤모글로빈 해리 곡선의 운동 시 변화에 관한 설명이다. ㉠, ㉡, ㉢, ㉣에 들어갈 용어를 바르게 나열한 것은?

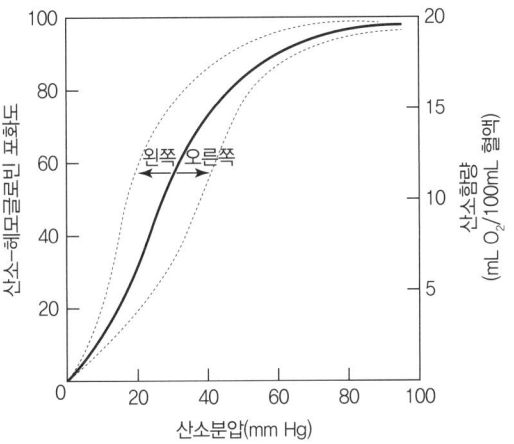

보기

- 심부체온이 증가하여 산소-헤모글로빈 해리 곡선은 (㉠)으로 이동하며, 헤모글로빈의 산소 친화력을 (㉡)시킨다.
- 신체의 pH가 감소하여 산소-헤모글로빈 해리 곡선은 (㉢)으로 이동하며, 헤모글로빈의 산소 친화력을 (㉣)시킨다.

	㉠	㉡	㉢	㉣
①	오른쪽	감소	오른쪽	감소
②	오른쪽	증가	왼쪽	감소
③	왼쪽	증가	왼쪽	증가
④	왼쪽	감소	오른쪽	증가

11 〈보기〉의 근수축 유형에 따른 힘-속도-파워 간의 관계에 관한 설명으로 적절한 것만 고른 것은?

보기

㉠ 신장성 수축은 수축 속도가 빠를수록 힘이 더 증가한다.
㉡ 단축성 수축은 수축 속도가 빠를수록 최대 파워가 더 증가한다.
㉢ 동일 근육에서의 느린 단축성 수축은 빠른 신장성 수축에 비해 더 큰 힘이 생성된다.
㉣ 동일 근육에서의 신장성 수축은 단축성 수축에 비해 같은 속도에서 더 큰 힘이 생성된다.

① ㉠, ㉢　　② ㉠, ㉢, ㉣
③ ㉠, ㉣　　④ ㉡, ㉢

12 장시간의 운동 시 발생하는 탈수현상이 심혈관계에 미치는 영향으로 적절한 것은?

① 혈액량이 점차 증가한다.
② 심박수가 점차 증가한다.
③ 심실의 확장기말 용량(end-diastolic volume)이 점차 증가한다.
④ 우심방으로 돌아오는 정맥환류(venous return)의 양이 점차 증가한다.

13 운동단위(motor unit)에 관한 설명으로 적절한 것은?

① 하나의 근섬유와 연결되는 여러 개의 알파운동 뉴런을 말한다.
② TypeⅠ 운동단위는 TypeⅡ 운동단위보다 단위 당 근섬유 수가 많다.
③ TypeⅠ 운동단위는 TypeⅡ 운동단위보다 일반적으로 먼저 동원된다.
④ TypeⅠ 운동단위는 TypeⅡ 운동단위보다 알파운동뉴런의 크기가 크다.

14 <보기>가 설명하는 호르몬은?

> **보기**
> - 운동 시 뇌하수체 전엽에서 분비된다.
> - 트라이아이오드타이로닌(T_3)과 티록신(T_4) 호르몬의 분비를 조절한다.

① 갑상선자극호르몬(thyroid-stimulating hormone)
② 노르에피네프린(norepinephrine)
③ 성장호르몬(growth hormone)
④ 인슐린(insulin)

15 <보기>에서 ⊙과 ⓒ의 근섬유 유형별 특성으로 적절한 것은?

> **보기**
> 훈련되지 않은 사람과 비교하여 단거리 선수의 장딴지 근육은 주로 (⊙)의 비율이 높고, 장거리 수영선수의 팔 근육은 (ⓒ)의 비율이 높은 경향이 있다.

① ⊙은 ⓒ에 비하여 수축 속도가 느리다.
② ⊙은 ⓒ에 비하여 피로에 대한 저항성이 낮다.
③ ⓒ은 ⊙에 비하여 미토콘드리아 밀도가 낮다.
④ ⓒ은 ⊙에 비하여 해당 능력(glycolytic capacity)이 높다.

16 <보기>가 설명하는 것은?

> **보기**
> - 우심방 벽에 위치한다.
> - 심장수축을 위한 전기적 자극이 시작되므로 페이스메이커(pacemaker)라고 한다.

① 동방결절(SA node)
② 퍼킨제섬유(purkinje fibers)
③ 방실다발(AV bundle)
④ 삼첨판막(tricuspid valve)

17 저강도(1RM의 30~40%)의 고반복(세트당 20~25회) 저항성 트레이닝에 따른 골격근의 주요 변화로 적절한 것은?

① 근비대(muscle hypertrophy)
② 근력(muscle strength) 향상
③ 근파워(muscle power) 향상
④ 근지구력(muscle endurance) 향상

18 <보기>에서 인체 내 가스교환에 관한 설명 중 ⊙과 ⓒ에 들어갈 용어를 바르게 나열한 것은?

> **보기**
> - 운동 시 폐포로 유입된 (⊙)는 폐 모세혈관으로 확산된다.
> - 운동 시 근육에서 생성된 (ⓒ)는 모세혈관으로 확산된다.

	⊙	ⓒ
①	산소	산소
②	산소	이산화탄소
③	이산화탄소	이산화탄소
④	이산화탄소	산소

19 운동 시 교감신경계의 활성화에 따른 반응으로 적절하지 <u>않은</u> 것은?

① 심박수가 증가한다.
② 소화기계 활동이 증가한다.
③ 골격근의 혈류량이 증가한다.
④ 호흡수 및 가스교환율이 증가한다.

20 장기간의 유산소 트레이닝에 따른 심혈관계의 적응으로 적절하지 않은 것은?

① 안정시 심박수 감소
② 최대산소섭취량(VO₂max) 증가
③ 최대 심박출량(cardiac output) 증가
④ 안정시 1회 박출량(stroke volume) 감소

운동역학

01 수영 동작의 운동학(kinematics)적 분석이 아닌 것은?

① 저항력(drag force) 분석
② 턴 거리(turn distance) 분석
③ 스트로크 길이(stroke length) 분석
④ 추진 속도(propelling velocity) 분석

02 힘(force)에 관한 설명으로 옳지 않은 것은?

① 단위는 m/s이다.
② 벡터(vector)이다.
③ 중력(gravitational force)은 힘이다.
④ 내력(internal force)과 외력(external force)으로 구분할 수 있다.

03 보행 동작에서 지면으로부터 보행자의 발에 가해지는 힘은?

① 근력(muscle force)
② 부력(buoyant force)
③ 중력(gravitational force)
④ 지면반력(ground reaction force)

04 〈보기〉에서 근수축 형태와 기계적 일(mechanical work)과의 관계를 설명한 것 중 옳은 것만을 모두 고른 것은?

> **보기**
> ㉠ 위팔두갈래근(상완이두근, biceps brachii)의 신장성 수축(eccentric contraction)은 팔꿉관절(elbow joint)에 대해 양(positive)의 일을 한다.
> ㉡ 위팔두갈래근의 단축성 수축(concentric contraction)은 팔꿉관절에 대해 음(negative)의 일을 한다.
> ㉢ 위팔두갈래근의 등척성 수축(isometric contraction)이 팔꿉관절에 대해 한 일은 0이다.

① ㉠, ㉡, ㉢   ② ㉠, ㉢
③ ㉡, ㉢   ④ ㉢

05 충격량(impulse)에 관한 설명으로 옳지 않은 것은?

① 스칼라(scalar)이다.
② 단위는 kg · m/s이다.
③ 운동량(momentum) 변화의 원인이 된다.
④ 시간에 대한 힘의 곡선을 적분한 값이다.

06 신체 관절의 움직임 자유도(degree of freedom)에 관한 설명으로 옳은 것은?

① 절구관절(ball and socket joint)의 움직임 자유도는 3이다.
② 타원관절(ellipsoid joint)의 움직임 자유도는 3이다.
③ 경첩관절(hinge joint)의 움직임 자유도는 2이다.
④ 중쇠관절(pivot joint)의 움직임 자유도는 2이다.

07 3종 지레에 관한 설명으로 옳지 않은 것은?

① 팔꿈치 굽힘(굴곡, flexion) 동작은 3종 지레의 특성으로 이해할 수 있다.
② 받침점(회전중심)을 기준으로 저항점 위치가 힘점의 위치보다 더 멀다.
③ 관절의 평형상태를 유지하기 위해 저항력보다 더 큰 근력이 요구된다.
④ 기계적 확대율(mechanical advantage)은 1보다 크다.

08 근전도(electromygraphy, EMG) 신호에 관한 설명으로 옳은 것은?

① 양과 음의 값을 모두 가지고 있다.
② 신호의 분석을 통해 관절 각도를 측정할 수 있다.
③ 측정 시간을 곱한 값을 선형 포락선(linear envelop)이라고 한다.
④ 진폭(amplitude)과 근력과의 관계는 근육의 수축 형태와 상관이 없다.

09 <보기>의 그래프에 대한 설명으로 옳은 것은?

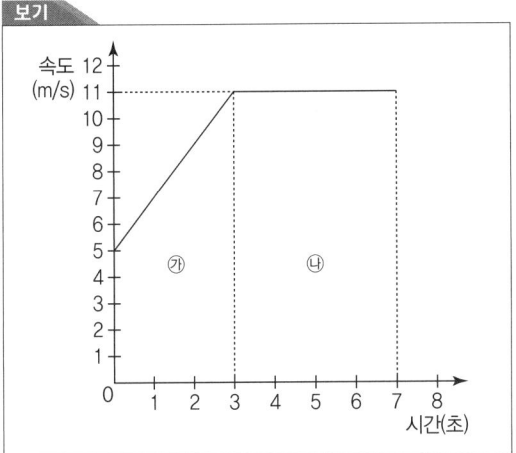

보기

① ㉮구간의 가속도는 증가한다.
② ㉯구간의 가속도는 1m/s²이다.
③ ㉮구간의 가속도가 ㉯구간의 가속도보다 크다.
④ ㉯구간은 정지한 상태이다.

10 각운동에 관한 내용으로 옳은 것은?

① "접선속도(선속도) = 반지름 × 각속도"에서 각속도의 단위는 도(degree)이다.
② 반지름(회전반경)의 크기가 커지면 1라디안(radian)의 크기는 커진다.
③ 라디안은 반지름과 호의 길이의 비율로 계산한다.
④ 360도는 2라디안이다.

11 해머던지기에서 구심력과 원심력에 관한 설명으로 옳지 않은 것은?

① 7kg의 해머와 비교하여 14kg의 해머를 동일한 각속도로 회전시키려면 선수는 구심력을 두 배로 증가시켜야 한다.
② 직선으로 운동하려는 해머의 관성을 이겨내고 원형경로를 유지하려면 안쪽으로 당기는 힘이 요구된다.
③ 해머의 각속도를 두 배로 증가시키려면, 선수는 두 배의 힘으로 해머를 안쪽으로 당겨야 한다.
④ 선수가 해머를 안쪽으로 당기는 힘을 증가시키면 해머도 선수를 당기는 힘을 증가시킨다.

12 반발계수(coefficient of restitution)에 관한 설명으로 적절하지 않은 것은?

① 0부터 1 사이의 값이다.
② 두 물체 간의 충돌 전후의 상대속도의 비율로 측정한다.
③ 완전탄성충돌(perfectily elastic collision)의 반발계수는 1이다.
④ 공을 떨어뜨린(drop) 높이와 공이 지면에서 튀어 오른(bounce) 높이의 차이 값이다.

13 골프에 관한 운동학(kinematics)적 또는 운동역학(kinetics)적 개념에 관한 설명으로 옳은 것은? (단, 샤프트(shaft)는 휘어지지 않는다고 가정함)

① 드라이버 스윙 시 헤드(head)와 샤프트의 각속도는 다르다.
② 골프공의 반발계수를 작게 하면 더 멀리 보낼 수 있다.
③ 샤프트의 길이가 길어지면 샤프트의 관성모멘트는 작아진다.
④ 7번 아이언 헤드의 선속도는 헤드의 각속도와 샤프트의 길이에 비례한다.

14 각운동량의 보존과 전이에 관한 운동 동작의 예시로 적절하지 않은 것은?

① 배구에서 공중 스파이크를 하기 전에 팔과 다리를 함께 뒤로 굽히는 동작
② 높이뛰기에서 발 구름을 할 때 지지하는 다리를 최대한 구부리는 동작
③ 멀리뛰기에서 착지하기 전에 팔과 다리를 함께 앞으로 당기는 동작
④ 다이빙에서 공중회전을 할 때 팔을 몸통 쪽으로 모으는 동작

15 영상분석에 관한 설명으로 옳지 않은 것은?

① 2차원 영상분석은 평면상에서 관찰되는 운동을 분석하는 것이다.
② 3차원 영상분석은 2대 이상의 카메라를 사용한다.
③ 운동역학(kinetics)적 변인을 직접 측정할 수 있다.
④ 동작의 정량적 분석이 가능하다.

16 100m 달리기경기에서 80kg인 선수가 출발 3초 후 12m/s의 속도가 되었다면 달리는 방향으로 발휘한 평균 힘의 크기는?

① 240N ② 320N
③ 800N ④ 960N

17 <보기>에서 무게중심(center of gravity)이 신체 내부에 위치하는 자세를 모두 고른 것은?

① ㉠, ㉡, ㉢, ㉣   ② ㉠, ㉢
③ ㉡, ㉢, ㉣   ④ ㉢

18 <보기>의 다이빙 선수가 가지는 에너지의 변화에 관한 설명에서 ㉠, ㉡, ㉢에 들어갈 용어로 적절한 것은?

> 보기
> 플랫폼에서 정지하고 있는 선수의 (㉠)에너지는 0이고, 낙하할수록 (㉡)에너지는 감소하고, (㉢)에너지는 증가하게 된다.

	㉠	㉡	㉢
①	운동	운동	역학적
②	운동	위치	운동
③	역학적	위치	운동
④	운동	위치	역학적

19 운동의 형태에 관한 설명으로 옳은 것은?

① 병진운동은 회전축 주위를 일정한 각도로 이동하는 운동이다.
② 복합운동은 선운동과 병진운동이 결합되어 나타나는 운동이다.
③ 곡선운동은 회전운동이 아닌 병진운동에서 일어나는 운동이다.
④ 회전운동은 신체의 각 부위가 동일한 거리를 이동하는 운동이다.

20 야구공이 야구배트의 회전축에서부터 0.5m 지점에서 타격되었다. 야구공이 타격되는 순간 배트의 각속도가 50rad/s이면 타격지점에서 배트의 선속도는?

① 12.5m/s   ② 12.5rad/s
③ 25m/s   ④ 25rad/s

스포츠윤리

01 스포츠윤리의 역할로 적절하지 <u>않은</u> 것은?

① 스포츠 현상에 대한 사실만을 기술한다.
② 스포츠인의 행위에서 요구되는 도덕적 원리와 덕목을 고찰한다.
③ 도덕적 의미의 용어를 스포츠 환경에 적용할 때 그 기준과 방법에 대해 탐색한다.
④ 스포츠 상황에서 행동과 목적의 옳고 그름을 결정할 수 있는 근본원리를 탐색한다.

02 가치판단의 사례로 적절하지 <u>않은</u> 것은?

① 2020년 제32회 도쿄올림픽이 1년 연기되었다.
② 선수들에게 폭력을 행사하면 안 된다.
③ 피겨스케이팅 선수들의 연기는 매우 아름답다.
④ 스포츠 선수들의 기부는 사회적으로 긍정적인 영향을 준다.

03 〈보기〉의 ㉠, ㉡에 들어갈 용어로 바른 것은?

> **보기**
>
> 스포츠에는 (㉠)적 요소와 (㉡)적 요소가 모두 내재되어 있다. (㉠)적 요소는 경기에 긴장과 흥미를 불러일으킨다. 선수들은 승리하려는 강렬한 욕망으로 인해 경기에 몰입하고, 스포츠팬들 역시 승부로 인해 응원의 동기를 갖게 된다. 그러나 경쟁심이 과열되고 승리가 절대화될 경우 제도화된 규칙이 무시될 우려가 있으며, 스포츠는 폭력의 투쟁으로 변질될 수 있다. 이것이 스포츠에서 (㉠)적 요소보다 (㉡)적 요소를 더욱 중시하는 이유이다.

	㉠	㉡
①	도덕(morality)	윤리(ethics)
②	미미크리(mimicry)	일링크스(ilinx)
③	아곤(agon)	아레테(aretē)
④	사실판단(factual judgement)	가치판단(value judgement)

04 에토스(ethos)의 실천으로 적절하지 <u>않은</u> 것은?

① 축구에서 상대 선수가 부상으로 쓰러져 걱정되는 마음에 공을 경기장 밖으로 걷어냈다.
② 배구에서 블로킹할 때 훈련한 대로 네트에 손이 닿지 않도록 주의를 기울였다.
③ 야구에서 투수가 던진 공에 상대팀 타자가 맞아 투수는 모자를 벗어 타자에게 미안함을 표현했다.
④ 농구에서 경기 종료 1분을 남기고, 우리 팀이 큰 점수 차로 이기고 있는 상황에서 감독은 상대를 배려하는 마음에 작전타임을 부르지 않았다.

05 〈보기〉의 괄호에 들어갈 용어로 적절한 것은?

> **보기**
> 스포츠윤리 교육의 목적은 스포츠인의 도덕적 (   ) 함양이라고 할 수 있다. 도덕적 (   )이란 "도덕적 문제에 대한 비판적, 독립적인 사고를 바탕으로 스포츠 상황에 적용하는 능력"을 의미한다.

① 민감성　　　② 존엄성
③ 자율성　　　④ 우월성

06 도핑검사에서 선수의 역할 및 책임으로 적절하지 <u>않은</u> 것은?

① 시료채취가 언제든 가능하도록 해야 한다.
② 의료진에게 운동선수임을 고지해야 한다.
③ 도핑방지규정위반을 조사하는 도핑방지기구에 협력해야 한다.
④ 치료목적으로 처방되어 사용(복용)한 물질에 대해서는 책임지지 않는다.

07 〈보기〉에서 국제축구연맹(FIFA)의 판단과정에 영향을 준 윤리 이론은?

> **보기**
> 국제축구연맹은 선수 부상 위험과 종교적인 갈등을 불러일으킬 수 있다는 이유로 경기 중 히잡(hijab) 착용을 금지했었다. 그러나 국제축구연맹 부회장인 알리빈 알 후세인은 이러한 조치가 오히려 종교적인 역차별이라는 주장을 내세우며 제도 개선을 요구하였다. 오늘날 국제축구연맹은 히잡을 쓴 이슬람권 여성 선수의 참가를 허용하고 있다.

① 윤리적 의무주의
② 윤리적 절대주의
③ 윤리적 상대주의
④ 윤리적 환원주의

08 〈보기〉에서 의무론적 도덕 추론에 해당하는 것을 바르게 고른 것은?

> **보기**
> ㉠ 행위의 결과에 상관없이 절대적인 도덕규칙에 따라 판단을 내린다.
> ㉡ 행위를 함에 있어 유용성의 원리, 공평성의 원리 등이 적용된다.
> ㉢ 행위의 옳고 그름은 그 행위로 인해 발생하는 결과에 따라 결정된다.
> ㉣ 의무론적 도덕 추론은 정언적 도덕 추론이라고도 한다.
> ㉤ 행위에 있어 선의지가 중요하며, 목적은 수단을 정당화할 수 없다.

① ㉠, ㉡, ㉣　　　② ㉠, ㉣, ㉤
③ ㉡, ㉢, ㉤　　　④ ㉢, ㉣, ㉤

09 폭력을 설명한 학자의 개념과 그에 대한 설명으로 바르게 연결되지 않은 것은?

① 푸코(M. Foucault)의 규율과 권력 – 스포츠계에서 위계적 권력 관계는 폭력으로 변질되어 작동된다.
② 아렌트(H. Arendt)의 악의 평범성 – 스포츠계에서 폭력과 같은 잘못된 관행에 복조하는 데 익숙해진 나머지 이를 지속시키는 데 기여한다.
③ 아리스토텔레스(Aristotle)의 분노 – 스포츠현장에서 인간 내면의 분노 감정에서 시작된 폭력은 전용되고 악순환을 반복하는 경향이 있다.
④ 홉스(T. Hobbes)의 폭력론 – 자기가 좋아하는 운동선수의 폭력을 따라 하게 되듯이 인간 폭력의 원인을 공격본능이나 자연 상태가 아닌 모방적 경쟁 관계라 주장한다.

10 〈보기〉의 내용과 연관된 학자의 이론으로 적절하지 않은 것은?

보기
자연중심주의 환경윤리는 환경에 있어서 도덕적 고려의 대상을 자연의 생명체를 포함한 생태계 전체로 확대할 것을 주문한다. 이런 점에서 보면 동물 스포츠라 불리는 스페인의 투우, 한국의 전통 민속놀이인 소싸움 등은 동물을 인간의 오락 대상으로 삼았다는 점에서 윤리적으로 허용되기 어렵다.

① 베르크(A. Berque)의 환경윤리
② 레오폴드(A. Leopold)의 대지윤리
③ 네스(A. Naess)의 심층적 생태주의
④ 슈바이처(A. Schweitzer)의 생명중심주의

11 〈보기〉의 (가)에서 A팀의 행동을 지지하는 이론의 제한점을 (나)에서 모두 고른 것은?

보기	
(가)	A팀과 B팀의 축구 경기가 진행 중이다. 경기 종료 20분을 남기고 A팀이 1대 0으로 이기고 있으나 A팀 선수들의 체력은 이미 고갈되었고, B팀은 무섭게 공격을 이어가고 있다. 이때 A팀 감독은 이대로 경기가 진행될 경우 역전당할 위험이 있다는 판단하에 선수들에게 시간을 끌 것을 지시하였다. A팀 선수들은 부상당한 척 시간을 지연시키는 이른바 침대축구를 하였고, 결과적으로 A팀이 승리하게 되었다.
(나)	㉠ 결과로 행위를 평가하기 때문에 정의의 문제가 소홀해질 수 있다. ㉡ 도덕규칙 간의 충돌 문제가 발생했을 때 실질적인 도움을 주지 못할 수 있다. ㉢ 일반적인 사실로부터 도덕적인 당위를 추론하지 못할 수 있다. ㉣ 사회 전체의 이익을 제대로 고려하지 못하는 경우가 있다. ㉤ 개인의 이익과 공공의 이익이 충돌할 때 사익(私益)의 희생을 당연시한다.

① ㉠, ㉡, ㉤
② ㉠, ㉢, ㉤
③ ㉡, ㉢, ㉣
④ ㉡, ㉣, ㉤

12 〈보기〉의 스포츠 현장에서 말하는 도핑(약물복용)의 원인을 모두 고른 것은?

보기
㉠ 선수 또는 동물의 수행능력 향상을 위한 것이다. ㉡ 상대와의 경쟁에서 승리하기 위한 것이다. ㉢ 경기에 참가하고 싶은 지나친 욕구 때문이다. ㉣ 물질적 보상이 동기가 되기 때문이다.

① ㉠, ㉢
② ㉡, ㉢, ㉣
③ ㉠, ㉡, ㉣
④ ㉠, ㉡, ㉢, ㉣

13 〈보기〉의 ㉠, ㉡과 스포츠에서의 정의(justice)에 대한 개념이 바르게 묶인 것은?

> 보기
> ㉠ 핸드볼 – 양 팀에 동일한 골대의 규격을 적용
> ㉡ 테니스 – 시합 전 동전 던지기로 선공/후공을 결정

	㉠	㉡
①	평균적 정의	분배적 정의
②	평균적 정의	절차적 정의
③	분배적 정의	평균적 정의
④	분배적 정의	절차적 정의

14 〈보기〉에서 밑줄 친 A 선수의 입장과 관련된 맹자(孟子)의 사상으로 적절한 것은?

> 보기
> 태권도 국가대표선발 결승전, 먼저 득점하면 경기가 종료되는 서든데스(sudden death) 상황에서 A 선수가 실수로 경기장 한계선을 넘었다. A 선수가 패배해야 할 상황이었지만 심판은 감점을 선언하지 않았다. 상대 팀 감독과 선수는 강력히 항의했으나 판정은 번복되지 않았고 경기는 계속 진행됐다. 결국 A 선수는 승리했지만, 부끄러운 마음에 팀 동료들과 승리의 기쁨을 나누지 않고 조용히 집으로 돌아갔다.

① 수오지심(羞惡之心)
② 측은지심(惻隱之心)
③ 사양지심(辭讓之心)
④ 시비지심(是非之心)

15 〈보기〉의 대화 내용과 성차별적 인식이 다른 것은?

> 보기
> 보연 : 내 친구 수현이는 얼마 전부터 권투를 시작했어. 남자들이나 하는 거친 운동을 여자가 겁도 없이 한다기에 내가 못 하게 적극적으로 말렸어.
> 지웅 : 잘했어. 여자에게 어울리는 스포츠도 많잖아. 요가나 필라테스처럼 여자에게 어울리는 종목을 추천해줘.

① 남자라면 거칠고 투쟁적인 스포츠를 즐겨야 한다.
② 남성다움, 여성다움을 강조하는 스포츠 참여를 권장한다.
③ 권투에 참여하는 여성은 여성성을 잃게 되어 매력적이지 않다.
④ 여자보다 남자의 근력이 강하기 때문에 권투와 같은 종목은 여자에게 적합하지 않다.

16 심판에게 요구되는 개인윤리적 덕목에 대한 설명으로 적절하지 않은 것은?

① 외부의 지시나 간섭을 단호히 뿌리쳐야 한다.
② 판정의 신뢰성을 높이는 제도를 도입해야 한다.
③ 어느 한쪽으로 치우침과 사사로움이 없어야 한다.
④ 성품이 고결하여 탐욕이 없고, 심판으로서 품위를 지켜야 한다.

17 〈보기〉의 (가)에서 환경단체의 입장과 관련이 있는 주장을 (나)에서 모두 고른 것은?

보기	
(가)	평창올림픽 활강경기장 건립을 둘러싸고 환경단체로부터 반대의 의견이 나오게 되었다. 가리왕산은 활강경기의 특성상 최적의 장소이지만 이곳은 산림자원 보호구역으로 지정된 곳이었기 때문이다. 올림픽으로 얻어지는 경제적 효과를 강조하는 측과 산림의 가치를 경제적으로 환산할 수 없다는 환경단체의 입장이 팽팽히 맞서고 있다.
(나)	㉠ 효율성의 극대화를 목표로 하는 경제학을 추구한다. ㉡ 인간의 사용 가치에 비례하여 자연의 가치를 평가한다. ㉢ 인간을 소중히 여기는 마음으로 자연환경도 소중히 대한다. ㉣ 인간도 생태계 구성원으로 보는 생태공동체 의식을 기른다.

① ㉠, ㉡ ② ㉠, ㉢
③ ㉡, ㉣ ④ ㉢, ㉣

18 성폭력 예방 또는 대처에 대한 설명으로 적절하지 않은 것은?

① 선수는 피해 사실을 기록하도록 한다.
② 선수는 가능한 한 피해 상황에서 즉시 벗어나도록 한다.
③ 성폭력 사실을 고발한 선수가 피해받지 않는 분위기를 조성한다.
④ 여성 선수와 남성 지도자 위주로 성폭력 예방 교육이 이루어져야 한다.

19 장애인 선수들의 인권 향상을 위한 방안으로 적절하지 않은 것은?

① 장애인 선수들에게 비장애인과 동일한 훈련량과 지도방법을 적용해야 한다.
② 인권에 대한 문제는 예방이 중요하므로 지속적인 예방 교육과 더불어 홍보가 필요하다.
③ 장애인 국가대표 선수단 역시 훈련에 필요한 안정적인 지원이 확보되어야 한다.
④ 장애인 선수들의 접근과 이용이 불편하지 않도록 시설 확충과 설계가 이루어져야 한다.

20 〈보기〉의 괄호에 들어갈 용어로 적절한 것은?

보기
1968년 제19회 멕시코올림픽의 육상 200m 경기에서 1위와 3위로 입상한 미국의 토미 스미스와 존 카를로스는 시상식에서 검은 장갑, 검은 양말 등으로 (　　　)에 대해 저항을 표현했다.

① 성차별 ② 장애차별
③ 인종차별 ④ 계급차별

특수체육론

01 특수체육(Adapted Physical Activity)의 개념에 관한 설명 중 옳지 <u>않은</u> 것은?

① 법률에 기초하여 신체활동 서비스를 제공한다.
② 신체활동 참여에서 임파워먼트(empowerment)를 강조한다.
③ 심동적 문제의 발견과 해결을 목적으로 하는 다학문적 지식체계이다.
④ 개인적 요구를 충족시켜 주기 위해 분리된 환경에서의 서비스 제공을 기본으로 한다.

02 휠체어농구 기술수행 검사의 타당성과 관련한 내용으로 옳은 것은?

① 최소의 시간과 비용으로 측정할 수 있는가?
② 여러 사람이 측정하여도 그 결과가 같은가?
③ 검사를 두 번 반복하였을 때에도 그 결과가 일치하는가?
④ 휠체어 조작 기술과 농구 기술을 정확하게 측정할 수 있는가?

03 〈보기〉의 세부내용을 설명하는 용어는?

보기			
프로그램	휠체어 테니스 교실	대상	지체장애인
내용	백 핸드 스트로크		
세부내용	1. 수행이 이루어지는 동안 계속해서 공을 본다. 2. 풋워크를 통해 재빨리 공에 접근한다. 3. 라켓을 몸 중심에서 뒤로 가져간다(백스윙). 4. 엉덩이와 어깨를 네트와 수직으로 위치시킨다. 5. 공을 칠 때 엉덩이와 어깨를 회전시키면서 무게중심을 앞발로 옮긴다. 6. 공이 엉덩이 앞쪽에 올 때 공을 친다. 7. 공을 칠 때 손목을 고정시킨다. 8. 반대쪽 팔은 중심을 잡기 위해 몸 바깥쪽으로 뻗는다. 9. 팔로우 스루를 어깨높이나 그 이상에서 계속해서 유지한다.		

① 준거참조평가
② 과제분석
③ 근거기반실무
④ 과제중심평가

04 〈보기〉와 같은 평가 방법은?

보기

환경	잠실실내수영장	과제	비어있는 사물함 찾기
세부환경	탈의실	수행자	지적장애인

관찰 내용	반응 평가 ○	반응 평가 ×
1. 탈의실 출입문을 찾아서 들어간다.	✔	
2. 문이 열려 있는 사물함을 찾는다.		✔
3. 다른 사람이 찾는 것을 보고 문이 열려 있는 사물함을 찾는다.	✔	
4. 문이 열린 사물함으로 다가간다.	✔	
5. 사물함이 비어있는 것을 확인한다.		✔

평가결과 :
1. 탈의실 출입문을 찾을 수 있다.
2. 문이 열려 있는 사물함을 찾아야 한다는 과제를 이해하지 못하고 있다.
3. 타인의 행동과 주변 환경에 대한 관찰을 통해서 문이 열려 있는 사물함을 찾을 수 있다.
4. 문이 열린 사물함으로 다가갈 수 있다.
5. 사물함이 비어있는지 확인해야 한다는 것을 이해하지 못하고 있다.

① 루브릭
② 포트폴리오
③ 생태학적평가
④ 규준참조평가

05 장애인에게 적합한 신체활동 변형에 관한 설명으로 옳지 않은 것은?

① 활동의 본질적인 특성을 변형한다.
② 참여를 촉진하는 방향으로 변형한다.
③ 최적의 수행능력을 발휘하도록 변형한다.
④ 장애로 인해서 제한이 발생하지 않도록 변형한다.

06 시각장애인을 위한 신체활동 지도법으로 옳지 않은 것은?

① 과제의 전체 동작과 부분 동작을 순서대로 시범 보인다.
② 신체적 가이던스(Physical guidance)의 강도를 점진적으로 줄인다.
③ 독립성을 기르기 위해 청각 및 촉각을 활용하지 않도록 습관화하여야 한다.
④ 동작의 확인을 돕기 위해 '만져서 자세를 확인하는 방법(brailing)'을 사용한다.

07 〈보기〉에서 설명하는 수업 스타일은?

보기

프로그램	생활체육 통합농구교실		
목표	2점 슛을 성공할 수 있다.	내용	자유투 라인에서 슛을 한다.
대상	발달장애인	장소	실내체육관

수업 스타일
- 경험 많은 참여자가 보조지도자로서 신규 참여자를 지도한다.
- 지도자에 대한 참여자의 비율을 줄이는 효과가 있다.

① 팀 교수(team teaching)
② 또래 교수(peer tutoring)
③ 협동 학습(cooperative learning)
④ 역주류화 수업(reverse mainstreaming)

08 〈보기〉에서 세계보건기구(WHO)의 '기능, 장애, 건강에 대한 국제 분류(International Classification of Functioning, Disability, and Health ; ICF)'에 대한 설명 중 괄호 안에 들어갈 가장 적절한 말은?

> **보기**
> 장애는 (　　　)의 세 가지 영역 모두 또는 어느 한 가지 영역에서 겪게 되는 어려움으로 발생하며, 개인적·환경적 요인들에 의해서도 영향을 받는다.

① 지능, 신체 기능과 구조, 참여
② 활동, 대인관계 능력, 신체 기능
③ 신체 기능과 구조, 활동, 참여
④ 지능, 대인관계 능력, 신체 구조

09 〈보기〉의 ㉠, ㉡에 들어갈 장애의 정의로 알맞은 것은?

[기출 변형]

> **보기**
> • -2 표준편차 이하의 지적 기능을 나타낸다.
> • (㉠) 영역에서 적응 행동의 제한이 명백히 나타난다.
> • (㉡) 이전에 시작된다.
> 　　　　　- 미국지적장애및발달장애협회(AAIDD, 2021) -

　　　　　㉠　　　　　　　　㉡
① 발달적, 사회적, 실제적　　22세
② 개념적, 실제적, 사회적　　18세
③ 실제적, 사회적, 개념적　　22세
④ 교육적, 행동적, 사회적　　18세

10 자폐성장애인의 문제점과 해결할 수 있는 전략이 바르게 묶인 것은?

	문제점	해결 전략
①	부정적인 신체적 자아개념	불필요한 자극을 줄인다.
②	상동행동	지도 환경을 구조화하고 지도 방식의 일관성을 유지한다.
③	의사소통의 어려움	언어적 단서를 줄이고 수업환경에서 자연스러운 단서를 활용한다.
④	감각자극에 대한 비정상적인 반응	개인 활동에서 시작하여 단체 활동으로 발전시킨다.

11 뇌성마비의 분류기준과 예시를 바르게 연결한 것은?

① 형태적 분류 - 대뇌피질성, 기저핵성, 소뇌성
② 스포츠등급 분류 - 단마비, 편마비, 양측마비
③ 운동기능적 분류 - 경직성, 무정위 운동성, 운동 실조성
④ 신경해부학적 분류 - CP1, CP2, CP3, CP4, CP5, CP6, CP7, CP8

12 〈보기〉의 ㉠, ㉡, ㉢에 들어갈 용어로 바르게 묶인 것은?

> **보기**
> - (㉠)은 바이러스 감염에 의한 마비로서 척수의 운동세포에 영향을 미쳐 뼈의 변형이나 보행에 문제를 일으킨다.
> - (㉡)은 중추신경계 질환으로 몸의 여러 곳에 염증이 발생하여 근육이 굳어지며 전반적인 무력감을 일으킨다.
> - (㉢)은 근육 퇴화를 유발하는 유전 질환으로 호흡장애와 심장질환 등의 합병증을 유발한다.

	㉠	㉡	㉢
①	회백수염 (poliomyelitis)	근이영양증 (muscular dystrophy)	다발성경화증 (multiple sclerosis)
②	다발성경화증 (multiple sclerosis)	회백수염 (poliomyelitis)	근이영양증 (muscular dystrophy)
③	다발성경화증 (multiple sclerosis)	근이영양증 (muscular dystrophy)	회백수염 (poliomyelitis)
④	회백수염 (poliomyelitis)	다발성경화증 (multiple sclerosis)	근이영양증 (muscular dystrophy)

13 절단 장애인에게 신체활동을 지도할 때 고려사항으로 적절하지 <u>않은</u> 것은?

① 염증이나 감염을 방지하기 위해 절단 부위를 관리한다.
② 신체활동 강도에 따라 휴식 시간을 조절하여 피로 발생을 완화한다.
③ 운동역학적 효율성을 고려하여 무게중심의 변화에 적응하도록 한다.
④ 자율신경계 반사 부전증을 일으키는 요인을 인식하여 문제 발생을 예방한다.

14 뇌성마비 장애인의 체력프로그램에서 고려할 사항이 <u>아닌</u> 것은?

① 근육의 긴장이 높은 경우에는 운동 시간을 길게 설정한다.
② 원시 반사의 영향과 적절한 운동신경의 조절 능력을 확인한다.
③ 스포츠 기술의 수행능력 향상을 위해서 스피드 훈련을 실시한다.
④ 매우 낮은 운동강도에서도 에너지 소비가 높기 때문에 강도 조절에 유의한다.

15 〈보기〉에서 괄호 안에 해당하는 문제행동 관리의 절차는?

> **보기**
> 1. 문제행동이 무엇인지 파악한다.
> 2. ( )
> 3. 적절한 행동 관리법을 선정한다.
> 4. 효과적인 강화물을 조사하고 선정한다.

① 행동 관리를 시작한다.
② 행동 변화를 파악한다.
③ 행동 관리의 효과를 파악한다.
④ 문제행동이 발생하는 빈도, 기간, 유형 등을 파악한다.

16 장애 유형별로 실시한 체력프로그램으로 적절하지 <u>않은</u> 것은?

① 척수장애인에게 최대근력을 고려한 근력운동을 지도했다.
② 다운증후군 지적장애인에게 과신전 유연성 운동을 지도했다.
③ 과잉행동 주의력 결핍 장애인(ADHD)에게 유산소성 운동을 지도했다.
④ 청각장애인에게 비장애인과 똑같은 빈도로 심폐지구력 운동을 지도했다.

17 지적장애인을 위한 신체활동 지도전략으로 적절하지 않은 것은?

① 활동을 단순화시키고 강화를 제공한다.
② 참여자의 활동을 지도자가 결정해준다.
③ 학습 동기가 감소할 경우 활동내용에 변화를 준다.
④ 운동기술의 습득과 전이가 이루어지고 있는지 수시로 점검한다.

18 시각장애와 관련된 설명으로 옳은 것은?

① 시각(vision)은 눈을 통해 빛의 자극을 받아들이는 과정이다.
② 시력(visual acuity)은 시각을 사용하여 과제를 수행하는 능력이다.
③ 약시(amblyopia)는 터널 속에서 터널 입구를 바라보는 모양으로 시야가 제한된 상태이다.
④ 법적맹(legally blind)은 교정시력이 20/20ft 이하이거나 시야가 20° 이하인 상태이다.

19 청각장애인에게 신체활동을 지도할 때의 유의점으로 적절하지 않은 것은?

① 신체활동 지도에 필요한 수어를 사용할 수 있도록 준비한다.
② 인공와우 수술을 받은 청각장애인은 축구와 레슬링 같은 활동을 피하게 한다.
③ 과장된 표정과 입술 모양은 부담을 줄 수 있으므로 구화보다는 수어 사용에 중점을 둔다.
④ 인공와우 수술을 받은 청각장애인은 정전기를 유발할 수 있는 기구를 사용하지 않게 한다.

20 척수장애인에게 신체활동을 지도할 때의 고려할 사항으로 적절한 것은?

① 손상 부위에 따라 적합한 운동기구를 활용하는지 점검한다.
② 손상 부위가 같으면 체력 수준도 유사하므로 같은 프로그램을 제공한다.
③ 체온 조절 능력이 상실되었으므로 온도와 습도를 고려하지 않는다.
④ 잔존 운동기능의 정도와 상관없이 재활과 치료 중심의 활동에 참여하게 한다.

유아체육론

01 유아의 발달적 특성을 고려한 신체활동 지도 방법으로 적절하지 않은 것은?

① 지도 내용과 방법에 변화를 준다.
② 목표 설정이 없는 동일한 활동을 반복한다.
③ 개인차를 고려하여 적절한 자극을 부여한다.
④ 놀이 상대를 바꾸어 주어 흥미를 유지한다.

02 미국스포츠·체육교육협회(NASPE)의 유아기 신체활동 촉진을 위한 지도지침으로 적절하지 않은 것은?

① 근육과 뼈를 강화시키는 신체활동은 피하도록 한다.
② 매일 최소 60분의 계획된 신체활동에 참여해야 한다.
③ 안전한 실내와 실외에서 대근육 활동을 해야 한다.
④ 수면시간을 제외하고 60분 이상 눕거나 앉아 있지 않도록 한다.

03 유아발달에 적합한 실내·외 지도 환경에 대한 설명으로 적절하지 않은 것은?

① 공간의 구성은 놀이 형태와 지속시간에 영향을 준다.
② 놀이 공간과 놀이 교구는 유아의 놀이에 영향을 미친다.
③ 활동성을 고려해 좁은 공간을 확보하는 것이 바람직하다.
④ 발달과 학습을 유도할 수 있는 환경을 의도적으로 구성해야 한다.

04 유아의 체력 요소 검사 방법으로 적절하지 않은 것은?

① 순발력 - 모둠발로 멀리 뛴 거리를 측정한다.
② 균형성 - 평균대 위에서 외발로 서 있는 시간을 측정한다.
③ 근지구력 - 스키핑 동작으로 뛴 높이를 측정한다.
④ 민첩성 - 7m 거리를 왕복하여 달린 시간을 측정한다.

05 영아기 반사의 기능이 아닌 것은?

① 생존을 돕는다.
② 운동 행동을 진단한다.
③ 미래의 움직임을 예측한다.
④ 미래에 발현하는 불수의적인 움직임을 자의적으로 연습하게 한다.

06 신체활동 프로그램에서 실제학습시간(Academic Learning Time : ALT)을 증가시키는 전략으로 적절하지 않은 것은?

① 설명은 간결하고 명확하게 한다.
② 주의집중을 위해 상호 간에 약속된 신호를 만든다.
③ 수업 시작 전 교구를 효율적으로 배치한다.
④ 동작에 대한 시범을 위해 오랜 시간을 할애한다.

07 영유아보육법 제1장 제2조에서 정의한 영유아에 관한 내용으로 옳은 것은? 기출 변형

① 생후 4주부터 1년까지의 아동을 말한다.
② 만 7세 이하의 취학 전 아동을 말한다.
③ 만 3세부터 초등학교 2학년까지의 아동을 말한다.
④ 만 6세부터 초등학교 6학년까지의 아동을 말한다.

08 〈보기〉에서 운동 발달과 관련성이 높은 감각체계들을 바르게 고른 것은?

〈보기〉
㉠ 시각(visual) 체계
㉡ 운동감각(kinesthetic) 체계
㉢ 미각(gustatory) 체계
㉣ 후각(olfactory) 체계

① ㉠, ㉡   ② ㉠, ㉣
③ ㉠, ㉢   ④ ㉡, ㉢

09 〈보기〉의 훗트(C. Hutt)가 제시한 놀이 관련 행동에 대한 설명에서 ㉠, ㉡에 들어갈 용어는?

〈보기〉

구분	(㉠)	(㉡)
맥락	새로운 물체	익숙한 물체
목적	정보 획득	자극 생성
행동	정형화됨	다양함
기분	심각함	행복함
심장박동 변화	낮은 변화성	높은 변화성

	㉠	㉡
①	모방	놀이
②	모방	과제 관련 행동
③	탐색	놀이
④	탐색	과제 관련 행동

10 〈보기〉에 해당하는 에릭슨(E. Erikson)의 심리사회 발달단계는?

〈보기〉
• 목표나 계획을 세워 성공하고자 노력하는 시기이다.
• 이동성이 커지면서 성인과 다를 바 없다는 사실을 자각한다.
• 아동은 의미 있는 놀잇감을 조작하면서 만족스러운 성취감을 경험한다.

① 1단계 – 신뢰감(trust) 대 불신감(mistrust)
② 2단계 – 자율성(autonomy) 대 수치심(shame)
③ 3단계 – 주도성(initiative) 대 죄책감(guilt)
④ 4단계 – 친밀성(intimacy) 대 고립감(isolation)

11 〈보기〉에 해당하는 이동운동 기술은?

〈보기〉
• 체중을 한 발에서 다른 발로 이동시키는 기술이다.
• 달리기보다 더 높이, 더 멀리 뛰면서 바닥을 접촉하지 않는 상태를 유지한다.
• 한 발로 멀리 건너뛰기를 하거나 보폭을 크게 하여 달리는 모습과 비슷하다.

① 갤로핑(galloping)
② 슬라이딩(sliding)
③ 호핑(hopping)
④ 리핑(leaping)

12 유아기 발달에 관한 이론의 설명으로 적절하지 않은 것은?

① 성숙주의이론(A. Gesell) : 인간의 발달은 유전적 요인에 기인한다고 주장하였다.
② 인지발달이론(J. Piajet) : 인간의 본성은 태어날 때부터 환경에 따른 훈련에 의해 만들어진다고 주장하였다.
③ 사회적놀이이론(M. Parten) : 파튼은 사회적 놀이를 사회적 참여도에 따라 여섯 가지 형태로 분류하였다.
④ 도덕성발달이론(L. Kohlberg) : 인간의 존엄성과 양심에 따라 자율적이고 독립적인 판단이 가능하다고 주장하였다.

13 〈보기〉의 ㉠, ㉡에 들어갈 유아체육 프로그램의 구성 원리는?

보기	
(㉠)	• 연령에 따른 민감기를 고려하여 적절한 운동이 적용되면 운동발달에 효과적이다. • 신체활동의 경험, 기술 및 발달 수준, 체력을 고려한 프로그램 구성이 필요하다.
(㉡)	• 운동발달 프로그램을 구성할 때 개개인의 유전과 환경요인이 반영된 개인차를 고려하여 구성한다.

	㉠	㉡
①	연계성 원리	특이성 원리
②	연계성 원리	적합성 원리
③	적합성 원리	특이성 원리
④	적합성 원리	연계성 원리

14 유아체육 지도 방법과 해당 설명의 연결이 올바르지 않은 것은?

① 지시적 방법 – 시범 보이기, 연습해보기, 일반적인 언급해주기, 보충설명과 시범 다시 보이기
② 과제제시 방법 – 동작을 위해 지도자나 또래의 활동을 관찰함으로써 과제수행 방법을 이해시키기
③ 안내·발견적 방법 – 올바른 동작 방법을 제시하고 자유롭고 창의적으로 표현하게 하기
④ 탐구적 방법 – 동작 과제나 질문을 제시하고 유아들이 제안한 다양한 해결방법을 인정하고 받아들이기

15 파튼(M. Parten)의 사회적 놀이 발달이론에 대한 설명으로 적절하지 않은 것은?

① 혼자(단독)놀이 : 다른 친구의 놀이를 지켜보며 가끔씩 구경하는 친구에게 말을 걸기도 한다.
② 병행놀이 : 주변의 친구들과 동일한 놀이를 하지만 함께 놀이를 하지는 않는다.
③ 연합놀이 : 다른 유아와 활동을 공유하며 놀이에 대해 이야기를 주고받거나 놀잇감을 빌려주기도 하지만 놀이 내용이 조직적으로 전개되지는 않는다.
④ 협동놀이 : 역할의 분담과 목적의 공유가 이루어지는 단계로서 병원 놀이 같은 것이 있다.

16 〈표〉의 ㉠, ㉡, ㉢에 들어갈 던지기(overarm throw) 동작의 발달단계를 바르게 짝지은 것은?

발달단계	특징	동작
㉠	• 체중은 명확하게 앞쪽으로 이동됨 • 던지는 팔과 같은 쪽의 다리를 앞으로 내딛	
㉡	• 준비 움직임 동안 체중을 뒷발에 실음 • 체중이 이동하면서 반대 발이 앞으로 나아감	
㉢	• 양발은 고정된 상태를 유지함 • 던지기를 준비하는 동안 양발을 이동하는 경우가 자주 있으나 특별한 목적은 없음	

	㉠	㉡	㉢
①	초보	성숙	시작
②	성숙	시작	초보
③	시작	성숙	초보
④	초보	시작	성숙

17 〈보기〉의 ㉠, ㉡에 들어갈 기본 운동발달의 요소는?

보기

(㉠)	• 배트로 치기 연습하기(striking) • 날아오는 공을 발로 잡기(trapping)
(㉡)	• 철봉 잡고 앞뒤로 흔들기(swinging) • 몸통을 굽히거나 접기(bending)

	㉠	㉡
①	이동운동	조작운동
②	조작운동	안정성운동
③	안정성운동	조작운동
④	조작운동	이동운동

18 〈보기〉의 밑줄친 ㉠과 관련 깊은 지각운동의 유형은?

보기

지도사 : 오늘은 잡기 놀이를 해볼까요? 술래 친구가 정해지면 술래를 피해 달아나 보세요. 술래를 잘 피하려면 어떻게 해야 할까요?
유 아 : 술래에게 안 잡히려고 빨리 도망가야 해요!
지도사 : 네! 맞았어요. ㉠술래가 움직이는 걸 보고 술래의 앞쪽이나 뒤쪽, 술래의 왼쪽이나 오른쪽으로 가면 잡히지 않고 도망갈 수 있어요. 그럼 우리 모두 한번 해 볼까요?
유 아 : 네!

① 시간지각 ② 관계지각
③ 신체지각 ④ 방향지각

19 2019 개정 누리과정에서 '신체운동·건강' 영역의 세부내용에 대한 설명으로 적절하지 <u>않은</u> 것은?

① 신체 움직임을 조절한다.
② 신체를 인식하고 움직인다.
③ 경쟁 활동을 통해 스포츠 기술을 습득하고 건강을 증진한다.
④ 기초적인 이동운동, 제자리 운동, 도구를 이용한 운동을 한다.

20 〈보기〉가 설명하는 질환은?

보기

• 주로 생후 6개월~5세 사이의 영유아에게서 발생한다.
• 갑자기 올라간 고열과 함께 경련을 일으킨다.
• 주된 원인으로 고열, 뇌 손상, 유전적인 요인 등이 거론된다.

① 독감   ② 근육경련
③ 2도 화상 ④ 열성경련

노인체육론

01 우리나라 인구 변화에 관한 설명으로 적절하지 않은 것은?

① 저출산으로 고령화가 감소하고 있다.
② 현재 노인 인구의 비율이 14% 이상인 고령사회이다.
③ 노인 인구 증가로 인해 국가의 의료비 부담이 증가하고 있다.
④ 노인 인구 증가로 인해 생산가능 인구의 노인에 대한 부양비가 증가하고 있다.

02 〈보기〉의 ㉠, ㉡, ㉢, ㉣에 들어갈 용어로 알맞은 것은?

> 보기
> 노인은 연령이 높아질수록 근육량은 (㉠)하고, 최대심박수는 (㉡)하고, 혈관 경직도는 (㉢)하고, 최대산소섭취량은 (㉣)한다.

	㉠	㉡	㉢	㉣
①	증가	증가	감소	증가
②	감소	감소	증가	감소
③	감소	증가	감소	감소
④	증가	감소	증가	증가

03 노인에게 낙상의 위험성이 높은 원인으로 적절한 것은?

① 보폭의 증가
② 자세 동요의 감소
③ 발목 가동성의 감소
④ 보행 속도의 증가

04 중강도의 규칙적인 운동이 노인의 건강에 미치는 영향으로 적절한 것은?

① 근력의 감소
② 수면의 질 감소
③ 뇌 혈류량의 감소
④ 인슐린 저항성의 감소

05 노인의 지속적인 운동참여를 위한 동기유발 방법으로 적절하지 않은 것은?

① 모험적인 목표를 세워 동기를 유발한다.
② 운동 시설에 대한 접근성을 높인다.
③ 동료의 성공적인 경험을 공유하게 한다.
④ 체력 수준에 맞게 운동 목표를 구체적으로 설정한다.

06 하비거스트(R. Havighurst)의 발달과업이론에서 노년기의 과업으로 적절하지 않은 것은?

① 배우자의 죽음에 대한 적응
② 은퇴와 수입 감소에 대한 적응
③ 선호하는 사회적 모임에 대한 적응
④ 근력 감소와 건강 약화에 대한 적응

07 〈보기〉에서 설명하는 행동 변화 이론으로 가장 적절한 것은?

> 보기
> 65세인 조 할머니는 요즘 계속 살이 찌고 움직이는 것도 점점 힘들어졌다. 가족과 친구들이 운동을 권유하였으나 완강하게 거부하며 운동을 하지 않았다. 그러나 최근 병원에서 당뇨병 판정을 받고 의사의 운동 권유로 운동에 대한 믿음과 의지가 생겨서 구체적인 운동 목표를 세우고 헬스센터장에서 운동을 시작하였다.

① 지속성 이론
② 사회생태 이론
③ 자기효능감 이론
④ 계획된 행동 이론

08 〈보기〉의 ㉠과 ㉡에 들어갈 심박수(회/분)는?

보기

70세 남성 노인이 달리기 운동을 할 때, Karvonen(여유심박수, %HRR) 공식을 활용한 목표심박수의 범위는 (㉠)에서부터 (㉡)까지이다.
[분당 안정시심박수 70회, 여유심박수 60~70% 강도]

	㉠	㉡
①	90	105
②	112	119
③	118	126
④	124	138

09 〈보기〉에서 김 할아버지의 죽상경화증 심혈관질환의 위험요인을 바르게 제시한 것은?

보기

건강증진 운동프로그램에 참여하고자 하는
김 할아버지의 정보

- 연령 : 67세, 성별 : 남성, 신장 : 170cm, 체중 : 87kg
- 총콜레스테롤 : 190mg/dL
- 안정 시 혈압 : 130mmHg/85mmHg
- 공복혈당 : 135mg/dL
- 흡연 : 30대부터 하루에 10~20개비
  ※ 미국스포츠의학회(ACSM, 2018)를 참고한 기준 적용

① 연령, 과체중, 혈압, 흡연
② 비만, 총콜레스테롤, 혈압, 흡연
③ 연령, 비만, 당뇨병, 흡연
④ 과체중, 총콜레스테롤, 혈압, 당뇨병

10 〈보기〉에 적용되는 트레이닝 원리는?

보기

올해 70세인 박 할머니는 지난 6개월 동안 집 근처 헬스장에서 하루 1시간씩, 주 5회 이상 노인스포츠지도사와 운동을 하여 체력이 향상되었으나 최근 코로나19(COVID-19) 때문에 운동을 3개월 동안 하지 못하여 지금은 계단을 오르기조차 힘들어졌다.

① 개별성의 원리   ② 특이성의 원리
③ 과부하의 원리   ④ 가역성의 원리

11 〈보기〉에서 ㉠, ㉡에 들어갈 용어를 바르게 나열한 것은?

보기

리클리와 존스(Rikli & Jones)의 노인체력검사(Senior Fitness Test : SFT)		
검사항목	㉠	㉡
일상생활 능력	• 욕실에서 머리 감기 • 상의를 입고 벗기 • 차에서 안전벨트 매기	• 걷기 • 계단 오르기 • 자동차 타고 내리기

	㉠	㉡
①	등 뒤에서 양손 마주 잡기	의자에 앉아 윗몸 앞으로 굽히기
②	등 뒤에서 양손 마주 잡기	의자에 앉았다가 일어서기
③	아령 들기	의자에 앉았다가 일어서기
④	아령 들기	의자에 앉아 윗몸 앞으로 굽히기

12 미국스포츠의학회(ACSM, 2018)에서 제시한 노인을 위한 운동 권장 사항으로 적절한 것은?

① 저항운동은 체력수준을 고려하지 않고 실시한다.
② 저항운동을 처음 시작할 경우 1RM의 40~50%로 실시한다.
③ 유연성 향상을 위해 정적스트레칭을 60~90초 동안 유지한다.
④ 중강도 유산소운동을 처음 시작할 경우 주당 총 300~450분을 실시한다.

13 노인을 위한 스트레칭에 관한 설명으로 적절한 것은?

① 탄성 스트레칭을 우선적으로 권장한다.
② 스트레칭은 관절의 가동범위와 관련이 없다.
③ 정적 스트레칭은 동적 스트레칭에 비해 상해 위험이 적다.
④ 고유수용성 신경근 촉진법은 효과가 없어 사용하지 않는다.

14 이상지질혈증이 있는 노인을 위한 운동 방법으로 적절하지 않은 것은?

① 하루 30~60분의 운동이 적당하다.
② 유연성 운동, 저항운동 및 유산소 운동을 실시한다.
③ 대근육을 이용한 지속적이고 리드미컬한 형태의 운동을 한다.
④ 에너지 소비를 최대로 증가시키기 위해 고강도 운동을 한다.

15 〈보기〉에 해당하는 프로차스카(J. Prochaska)의 범이론적 모형 단계와 지도 내용을 바르게 나열한 것은?

> **보기**
> 운동을 하지 않았던 김 할아버지는 당뇨병 진단을 받은 후 지난 한 해 동안 매일 만보계를 가지고 중강도의 걷기 운동을 하고 있다.

	단계(stage)	지도 내용
①	무의식 (precontemplation)	운동이 당뇨에 미치는 효과를 지도
②	의식 (contemplation)	운동 방법 및 만보계 사용법을 지도
③	행동 (action)	운동강도 조절에 관하여 지도
④	유지 (maintenance)	즐길 수 있는 스포츠를 경험하도록 지도

16 골다공증이 있는 노인의 운동에 관한 설명으로 적절하지 않은 것은?

① 심각한 골다공증이 있는 노인에게는 최대근력검사를 권장하지 않는다.
② 통증을 유발하지 않는 중강도 운동을 권장한다.
③ 체중 지지 운동은 권장하지 않는다.
④ 평형성 향상을 위한 운동을 권장한다.

17 〈보기〉에서 바람직하지 않은 노인스포츠지도사는?

> **보기**
> 김 지도사 : 어르신의 이해를 돕기 위해 시각 정보 없이 언어 정보만을 제공한다.
> 박 지도사 : 어르신들의 신체활동에 대한 개인차를 고려하여 수준별로 운동을 지도한다.
> 최 지도사 : 어르신의 특성을 고려해서 한 번에 한두 가지의 동작에 대한 시범을 보여준다.
> 이 지도사 : 운동을 지도할 때, 어르신들이 이해할 수 있는 언어와 그림을 함께 사용한다.

① 김 지도사　② 이 지도사
③ 박 지도사　④ 최 지도사

18 미국스포츠의학회(ACSM, 2018)에서 제시한 노인의 중강도 신체활동으로 적절하지 않은 것은?

① 3.0mi/h(4.83km/h)의 속도로 걷기
② 축구, 농구, 배구와 같은 경쟁 스포츠
③ 청소, 창 닦기, 세차, 페인팅 등의 가사 활동
④ 보그 스케일(Borg Scale)의 운동자각도(RPE)에서 12~13 수준의 신체활동

19 노인에게 운동을 지도할 때, 주의사항으로 적절하지 않은 것은?

① 운동강도를 높일수록 단열성이 높은 의복을 착용하게 한다.
② 탈수증상을 대비하여 수분을 미리 보충하게 한다.
③ 낙상의 위험을 최소화하기 위해 적절한 신발을 착용하게 한다.
④ 추운 환경에서는 준비운동을 평소보다 오랜 시간 진행하도록 한다.

20 운동 중 노인의 심정지 상황에 대한 응급처치로 적절하지 않은 것은?

① 자동제세동기를 이용할 수 있는 경우 사용한다.
② 의식의 확인과 119 신고 후 심폐소생술을 실시한다.
③ 의식이 없으면 묵시적 동의라고 간주하고 심폐소생술을 실시한다.
④ 심폐소생술 실시 중 의식이 돌아오지 않으면 가슴압박을 중단한다.

2019 기출문제

스포츠사회학

01 스포츠사회학의 연구영역과 주제 중 거시영역의 사회제도와 관련된 연구내용이 아닌 것은?

① 정치
② 경제
③ 교육
④ 조직

02 〈보기〉에서 설명하는 스포츠의 사회적 기능으로 적절한 것은?

> 보기
> 2002년 한일월드컵에서 한국축구대표팀은 4강 신화를 만들었다. 이 과정에서 성별, 연령에 관계없이 많은 국민들이 길거리 응원에 참가하며 국가에 대한 애착심과 소속감을 되새겼다.

① 사회통합
② 사회통제
③ 신체소외
④ 사회차별

03 현대 스포츠의 발전에 영향을 미친 요소에 대한 설명으로 옳지 않은 것은?

① 산업의 고도화 : 스포츠용품의 대량 생산체계가 갖춰지고 용구가 표준화되었다.
② 인구의 저밀도화 : 쾌적한 생활환경으로 인해 스포츠 참가가 증가하였다.
③ 교통의 발달 : 수송체계가 원활해지면서 다양한 스포츠 행사가 열릴 수 있게 되었다.
④ 통신의 발달 : 정보 유통이 원활해져 스포츠저널리즘이 발달하게 되었다.

04 스포츠로의 사회화(socialization into sport) 요인 중 〈보기〉의 설명에 해당하는 것은?

> 보기
> 여성의 신체노출을 금기시하는 일부 중동 국가의 문화는 여성의 스포츠 참가를 불가능하게 하며 스포츠 경기 관람조차 허용하지 않고 있다.

① 개인적 특성
② 사회적 상황
③ 스포츠 개입
④ 스포츠 사회화 주관자

05 신자유주의 시대의 스포츠 세계화에 대한 특징으로 적절하지 않은 것은?

① 프로스포츠의 이윤 극대화에 기여하였다.
② 스포츠 시장의 경계가 국경을 초월해 전 세계로 확대되었다.
③ 세계인들에게 표준화된 스포츠 상품을 소비하도록 만들었다.
④ 각 나라의 전통 스포츠가 전 세계로 보급되어 새로운 스포츠시장을 개척할 수 있게 되었다.

06 스포츠정책과 정치에 대한 설명으로 적절하지 않은 것은?

① 국가는 스포츠정책을 통해 스포츠에 개입한다.
② 냉전시대 국가의 국제스포츠정책은 스포츠를 통한 상업주의 팽창에 초점이 맞춰졌다.
③ 스포츠는 상징, 동일화, 조작의 과정을 통해 정치적 기능이 극대화된다.
④ 정부는 의료비 지출을 줄이고 산업생산력을 향상시키기 위해 스포츠에 관여한다.

07 〈보기〉에서 설명하는 스포츠일탈에 관한 스포츠사회학 이론은?

> **보기**
> 일탈은 현존하는 사회질서의 유지에 기여한다는 점에서 정상적인 것으로 간주된다. 예를 들어, 도핑은 그 자체로는 일탈행위에 해당되지만, 이를 통해 사람들은 그런 행동을 경멸하게 되고 이에 대한 경각심을 갖게 된다.

① 구조기능이론 ② 갈등이론
③ 차별교제이론 ④ 낙인이론

08 스포츠의 상업화에 따른 변화 중 〈보기〉의 사례에 해당하는 것은?

> **보기**
> 2013년 미국프로야구 LA 다저스와 신시내티 레즈의 경기에서 한국의 류현진 선수와 추신수 선수 간의 맞대결이 펼쳐지자 미국프로야구 사무국은 이 날을 코리안 데이로 지정하고 한국의 걸그룹 소녀시대를 초청하여 애국가를 제창하게 하였다. 이 외에도 미국프로야구 사무국은 각종 의전행사 및 경품행사를 개최하여 언론의 반응에 촉각을 곤두세웠다.

① 스포츠 기술의 변화
② 스포츠 규칙의 변화
③ 스포츠 조직의 변화
④ 선수, 코치의 경기 성향 변화

09 프로스포츠에서 시행되는 제도와 특징이 바르게 연결된 것은?

① 보류조항(reserve clause) – 일정 기간 선수들의 자유로운 계약과 이적을 막아 선수단 운영비를 줄이기 위한 목적으로 도입되었다.
② 최저연봉제(minimum salary) – 신인선수의 연봉협상력을 줄여 선수단 운영경비를 줄이기 위한 목적으로 도입되었다.
③ 샐러리 캡(salary cap) – 선수 개인에게 지불할 수 있는 최대 연봉 상한선으로, 선수 간 연봉 격차를 줄이기 위한 목적으로 도입되었다.
④ 트레이드(trade) – 선수가 새로운 팀으로 이적하기 위해 구단에 요구할 수 있는 권리로, 구단은 특별한 사유가 없는 한 선수의 요구에 응해야 한다.

10 〈보기〉에서 설명하는 디 플로어(M. De Fleur)의 미디어 이론은?

> **보기**
> • 미디어의 영향력과 스포츠의 소비 형태는 연령, 성, 사회계층, 교육수준, 결혼 여부 등에 따라 달라질 수 있다.
> • 미디어의 영향력이 서로 다른 하위집단의 구성원에게 획일적으로 미치지 않을 수 있다.

① 개인차 이론(Individual differences theory)
② 사회범주 이론(Social categories theory)
③ 사회관계 이론(Social relationships theory)
④ 문화규범 이론(Cultural norms theory)

11 스포츠와 계급·계층에 대한 설명으로 옳지 <u>않은</u> 것은?

① 부르디외(P. Bourdieu)의 계급론에 따르면, 골프는 상류계급의 스포츠로 분류된다.
② 베블렌(T. Veblen)의 계급론에 따르면, 상류계급이 스포츠에 참가하는 이유는 자신의 지위를 과시하기 위해서이다.
③ 마르크스(C. Marx)의 계급론에 따르면, 운동선수는 생산수단을 소유한 지배계급에 속한다.
④ 베버(M. Weber)의 계층론에 따르면, 프로스포츠에서 감독과 선수의 사회계층 수준은 연봉액수만으로 평가되지 않는다.

12 정치가 스포츠를 이용하는 방법 중 〈보기〉의 사례에 해당하는 것은?

> **보기**
> 스포츠에 참여하는 선수나 팀이 스포츠 경기 자체를 뛰어넘어 특정 집단을 대리 또는 대표하는 것으로 의미가 확장되는 과정을 일컫는다.

① 상징화 ② 동일화
③ 조작화 ④ 우민화

13 코클리(J. Coakley)가 제시한 일탈적 과잉동조를 유발하는 스포츠 윤리규범의 유형과 특징이 바르게 연결되지 <u>않은</u> 것은?

① 몰입규범 – 운동선수는 경기에 헌신해야 하며 이를 그들의 삶에서 우선순위에 두어야 한다.
② 구분짓기규범 – 운동선수는 다른 선수와 구별되기 위해 자신만의 경기 스타일을 만들어야 한다.
③ 인내규범 – 운동선수는 위험을 받아들이고 고통 속에서도 경기에 참여해야 한다.
④ 도전규범 – 운동선수는 스포츠에서 성공을 위해 장애물을 극복하고 역경을 헤쳐 나가는 노력을 해야 한다.

14 크로젯(T. Crosset)의 여성에 대한 남성 선수의 폭력과 남성 스포츠문화와의 관련성에 대한 연구내용에 해당하는 것은?

① 지역사회는 남성 선수의 폭력에 대해 경외감을 갖지 못하도록 철저히 처벌한다.
② 여성 선수를 존중의 대상으로 삼고 함께 공동체성을 나누어야 할 대상으로 간주한다.
③ 폭력이 남성다움을 확립하고 여성을 통제하는 데 효과적인 전략이라는 믿음이 존재한다.
④ 폭력이 남성의 사회적 유대를 강화하고 자만심에 사로잡히지 않도록 분위기를 조성한다.

15 〈보기〉에서 설명하고 있는 레오나르드(W. Leonard II)의 스포츠 사회화 이론은?

> **보기**
> - A고교 농구 감독은 팀 훈련 과정에서 학생선수들의 운동수행 능력을 향상시키기 위하여 상과 벌을 활용한다.
> - B선수는 다른 팀 선수가 독특한 타격 자세로 최다안타상을 획득하자 그 선수의 타격자세를 관찰하여 자신만의 것으로 발전시켰다.

① 사회학습이론 ② 역할이론
③ 준거집단이론 ④ 근거이론

16 우리나라 학원스포츠의 문화적 특성 중 〈보기〉의 설명에 해당하는 것은?

> **보기**
> 학생선수들은 교실공간과 분리되어 합숙소와 운동장에서 주로 생활하며 그들만의 공동체 문화를 만들어 간다. 또한 그들만의 동질감을 바탕으로 끈끈한 인간관계를 맺지만, 일반학생들과는 이질화되고 있다.

① 승리지상주의 문화
② 군사주의 문화
③ 섬 문화
④ 신체소외 문화

17 스포츠의 상업화에 따른 스포츠와 미디어의 관계에 대한 설명으로 적절하지 않은 것은?

① 스포츠는 미디어의 주요 콘텐츠로 자리 잡을 때 경제적 가치를 인정받을 수 있다.
② 뉴미디어의 등장으로 스포츠 콘텐츠의 생산자와 수용자의 경계가 모호해지고 있다.
③ 스포츠가 미디어에 의존할수록 미디어의 스포츠에 대한 통제력은 감소한다.
④ 미디어는 상업적 가치를 증가시키기 위해 스포츠 규칙의 변화를 요구한다.

18 스포츠 세계화와 민족주의의 관계에 대한 설명으로 적절한 것은?

① 냉전 시대에 스포츠 세계화는 민족주의를 약화시켰다.
② 민족주의는 국가 간 갈등의 원인이 되어 스포츠 세계화의 걸림돌로 작용해 왔다.
③ 제국주의 시대에 스포츠 세계화는 식민국가의 민족주의를 약화시키는 결과를 초래하였다.
④ 스포츠에 내재된 민족주의적 속성은 다국적 기업의 세계화 전략에 중요한 자원으로 활용되고 있다.

19 스포츠사회학의 정의에 대한 설명으로 적절하지 않은 것은?

① 스포츠의 맥락에서 인간의 사회행동 법칙을 규명한다.
② 스포츠 현상을 일반 사회구조의 측면에서 설명한다.
③ 사회학의 하위분야로 스포츠 현상에 사회학적 개념을 적용한다.
④ 선수 개인의 행동과 관련된 인간 내면의 특성 및 과정을 설명한다.

20 스포츠와 계층이동 유형에 대한 설명으로 적절한 것은?

① 수직이동은 한 팀의 선수가 다른 팀으로 같은 대우를 받고 이적하는 경우를 말한다.
② 개인이동은 소속 집단이 특정 계기를 통하여 집합적으로 이동하는 것을 말한다.
③ 수평이동은 팀의 2군에 소속되어 있던 선수가 1군으로 승격하여 이동하는 경우를 말한다.
④ 세대 간 수직이동은 운동선수가 부모보다 더 많은 수입과 명예를 얻게 되는 경우를 말한다.

스포츠교육학

01 스포츠교육이 지향하고 있는 내용으로 적절하지 않은 것은?

① 활동 목표와 내용, 방법에 있어 통합화와 다양화를 추진하고 있다.
② 훈련 과정에서 지도자 자신의 직관에만 근거하여 지도한다.
③ 유아, 청소년, 성인, 노인, 장애인 등 다양한 학습자를 대상으로 한다.
④ 학교체육 – 생활체육 – 전문체육을 연계적으로 발전시키고자 한다.

02 움직임 기능에 적합한 학습과제가 바르게 연결된 것은?

① 이동 운동 기능 – 한 발로 뛰어 목표 지점까지 도달하기
② 비이동 운동 기능 – 훌라후프 던지고 받기
③ 물체 조작 기능 – 음악을 듣고 움직임 표현하기
④ 도구 조작 기능 – 평균대 위에서 균형 잡기

03 〈보기〉에서 국민체육진흥법(시행 2024. 3. 15.)에 명시된 내용에 해당하는 것으로만 묶인 것은? `기출 변형`

보기
㉠ 국가와 지방자치단체는 스포츠 강사와 체육지도자를 배치하여야 한다.
㉡ 지방자치단체는 직장인 체육대회를 연 1회 이상 개최하여야 한다.
㉢ 국가와 지방자치단체는 우수선수와 체육지도자 육성을 위해 필요한 표창제도를 마련하여야 한다.
㉣ 체육동호인조직이란 같은 생활체육 활동에 지속적으로 참여하는 자의 모임을 말한다.

① ㉠, ㉡, ㉢
② ㉠, ㉡, ㉣
③ ㉠, ㉢, ㉣
④ ㉡, ㉢, ㉣

04 교수·학습 지도안을 작성할 때 고려해야 할 사항으로 가장 거리가 먼 것은?

① 진행할 학습 과제, 각 과제에 배정한 시간 등을 포함한다.
② 과제 전달 방법 및 과제 수행 조건, 교수 단서 등을 포함한다.
③ 학습 목표는 학습자 특성보다 지도자 중심으로 작성한다.
④ 예상치 못한 상황이 발생했을 때를 대비하여 대안적 계획을 수립한다.

05 〈보기〉의 대화에서 평가의 개념과 목적을 잘못 이해하고 있는 지도자는?

보기
박 코치 : 평가의 유사개념에는 측정, 사정, 검사 등이 있는 것으로 알고 있습니다.
정 코치 : 네, 측정이나 검사는 가치 지향적이고 평가는 가치 중립적인 활동입니다.
김 코치 : 평가는 학습자의 학습 상태와 지도에 관한 정보를 제공할 수 있습니다.
유 코치 : 그래서 평가는 지도 활동에 대한 피드백이 될 수 있습니다.

① 박 코치
② 정 코치
③ 김 코치
④ 유 코치

06 국민체육진흥법과 동 시행령(시행 2024. 3. 15.) 제2조에서 규정한 체육지도자의 명칭과 역할에 대한 설명이 적절하지 <u>않은</u> 것은? 기출 변형

① 스포츠지도사 : 초·중등학교 정규수업 보조 및 학교스포츠클럽을 지도하는 체육전문강사를 말한다.
② 노인스포츠지도사 : 노인의 신체적·정신적 변화 등에 대한 지식을 갖추고 … (중략) … 노인을 대상으로 생활체육을 지도하는 사람을 말한다.
③ 유소년스포츠지도사 : 유소년의 행동양식, 신체발달 등에 대한 지식을 갖추고 … (중략) … 유소년을 대상으로 체육을 지도하는 사람을 말한다.
④ 장애인스포츠지도사 : 장애 유형에 따른 운동방법 등에 대한 지식을 갖추고 … (중략) … 장애인을 대상으로 전문체육이나 생활체육을 지도하는 사람을 말한다.

07 〈보기〉는 지역 스포츠클럽 강사 K의 코칭 일지의 일부이다. ㉠에 해당하는 스포츠교육의 학습 영역과 ㉡에 해당하는 체육학습 활동이 바르게 묶인 것은?

> **보기**
>
> **코칭 일지**
>
> 나는 스포츠클럽에서 배구의 기술뿐만 아니라 ㉠ <u>역사, 전략, 규칙과 같은 개념과 원리를 참여자들에게 가르쳤다.</u> 배구 게임을 제대로 이해하기 위해서 전술 연습을 진행했다. ㉡ <u>게임을 진행하는 도중에 '티칭 모멘트'가 발생할 경우, 게임을 멈추고 전략과 전술을 지도하는 수업활동</u>을 적용했다.

① 정의적 영역, 스크리미지(scrimmage)
② 정의적 영역, 리드-업 게임(lead-up games)
③ 인지적 영역, 스크리미지(scrimmage)
④ 인지적 영역, 리드-업 게임(lead-up games)

08 〈보기〉는 이 코치의 수업을 관찰한 일지의 일부이다. ㉠, ㉡에 알맞은 용어로 바르게 묶인 것은?

> **보기**
>
> **관찰일지**
>
> 2019년 5월 7일
>
> 이 코치는 학습자들에게 농구 드리블의 개념과 핵심단서를 가르쳐주고, 시범을 보였다. 설명과 시범이 끝나고 "낮은 자세로 드리블을 5분 동안 연습하세요."라는 과제를 제시하였다. … (중략) … 이 코치는 (㉠)을 활용했고, 과제 참여 시간의 비율이 높은 수업을 운영했다. 수업의 마지막에는 질문식 수업을 활용했다. "키가 큰 상대팀 선수에게 가로막혔을 경우 어떻게 해야 합니까"라는 (㉡) 질문을 통해 학습자가 다양한 대안을 찾을 수 있도록 했다.

	㉠	㉡
①	적극적 수업	확산형
②	과제식 수업	가치형
③	동료 수업	확산형
④	협동 수업	가치형

09 〈보기〉는 정 코치의 반성 일지이다. ㉠, ㉡, ㉢에 해당하는 피드백이 바르게 나열된 것은?

> **보기**
>
> **반성 일지**
>
> 2019년 5월 7일
>
> 오늘은 초등학교 방과 후 테니스 수업에서 지난 시간에 이어서 모둠별로 포핸드 드라이브 연습을 수행했다. '테니스의 왕자'라고 자부하는 시안이는 포핸드를 정확하게 수행한 후 자랑스러운 듯 나를 바라보았다. ㉠ <u>나는 고개를 끄덕이며 엄지손가락을 세워 보였다.</u> … (중략) … 한편, 경민이는 여전히 공을 맞히는 데 힘들어 보였다. 나는 ㉡ <u>"정민아 지금처럼 공을 끝까지 보지 않으면 안 돼!"</u> ㉢ <u>"왼손으로 공을 가리키고 시선을 고정하면 정확하게 공을 맞힐 수 있어."</u>라고 피드백을 주었다.

	㉠	㉡	㉢
①	가치적 피드백	구체적 피드백	중립적 피드백
②	가치적 피드백	중립적 피드백	교정적 피드백
③	비언어적 피드백	부정적 피드백	일반적 피드백
④	비언어적 피드백	부정적 피드백	교정적 피드백

10 효율적인 지도의 특징으로 적절하지 않은 것은?

① 운영 시간에 배당된 시간의 비율이 낮다.
② 학습자가 과제에 참여하는 시간의 비율이 높다.
③ 학습 과제의 난이도가 적절하다.
④ 학습자가 대기하는 시간의 비율이 높다.

11 모스턴(M. Mosston)의 교수(teaching) 스타일에 대한 설명으로 옳지 않은 것은?

① 교수 스타일 A~E까지는 모방(reproduction)이 중심이 된다.
② 교수 스타일의 구조는 과제 활동 전, 중, 후 결정군으로 구성된다.
③ 교수는 지도자와 학습자의 연속되는 의사 결정 과정을 전제로 한다.
④ 교수 스타일은 '대비접근' 방식에 근거를 둔다.

12 〈보기〉에서 설명하는 현장(개선)연구의 특징으로 적절하지 않은 것은?

> **보기**
> 현장(개선)연구는 체육 지도자가 동료나 연구자의 도움을 받아 자신의 강좌를 반성적으로 탐구하여 개선하는 데 목적이 있다.

① 집단적 협동과정이다.
② 자기 성찰을 중시한다.
③ 연속되는 순환 과정이다.
④ 효율성과 결과를 중시한다.

13 스포츠지도사가 생활체육 프로그램 설계 시 고려해야 하는 구성요소에 대한 설명으로 적절하지 않은 것은?

① 프로그램 설계 시 목적 및 목표, 내용, 장소, 예산, 홍보 등이 포함된다.
② 홍보는 시대에 적합하게 다양한 방법으로 실행한다.
③ 장소는 접근성보다 최신식 시설을 우선으로 고려한다.
④ 예산은 시설대여비, 용품구입비, 인건비, 홍보비 등의 경비를 예측해야 한다.

14 〈보기〉의 대화에서 각 지도자들이 활용하고 있는(활용하고자 하는) 평가 유형이 바르게 나열된 것은?

> **보기**
> 이 감독 : 오리엔테이션 때 학생들에게 최종 목표를 분명하게 얘기했어요. 그 목표의 달성 여부를 종합적으로 확인하기 위해 시즌 마지막에 평가를 실시할 계획이에요.
> 윤 감독 : 이번에 입학한 학생들은 기본기가 많이 부족했어요. 시즌 전에 학생들의 기본기 수준을 평가했어요.
> 김 감독 : 학교스포츠클럽에서 배구를 가르칠 때 수시로 학생들의 기본기능을 확인하고 있어요.

	이 감독	윤 감독	김 감독
①	총괄평가	형성평가	진단평가
②	총괄평가	진단평가	형성평가
③	진단평가	형성평가	총괄평가
④	진단평가	총괄평가	형성평가

15 〈보기〉에서 설명하는 스포츠 지도 활동에 해당하는 용어로 적절한 것은?

> **보기**
> 이 활동은 스포츠 지도시간에 반복적으로 일어나는 활동이다. 예를 들어 출석점검, 수업준비 상태 확인, 화장실 출입 등이다. 이러한 과정을 효율적으로 관리하면 학습자들의 과제참여 시간을 증가시키는 데 도움이 된다.

① 상규적 활동　② 개인적 활동
③ 사회적 활동　④ 전략적 활동

16 현행 학교스포츠클럽에 대한 설명으로 적절하지 않은 것은?

① 학교스포츠클럽은 방과 후, 점심시간, 토요일 등에 실시한다.
② 학교스포츠클럽 대회의 리그 유형에는 통합리그, 조별리그, 스플릿 리그 등이 있다.
③ 학교스포츠클럽의 활성화를 위해 단위학교는 학교스포츠클럽 리그를 운영한다.
④ 학교스포츠클럽은 국가수준 교육과정 편성·운영 지침에 근거하여 운영된다.

17 학교체육진흥법과 동 시행령(2024. 9. 15.)에서 규정하고 있는 '스포츠강사'의 재임용 평가사항이 아닌 것은? [기출 변형]

① 전국대회 입상 실적
② 복무 태도
③ 학생의 만족도
④ 강사로서의 자질

18 〈보기〉의 ㉠, ㉡에 해당하는 평가기법으로 적절한 것은?

> **보기**
> **배드민턴 평가 계획**
> ㉠ 하이클리어 기능 평가 도구
>
> | 항목 | 예 | 아니오 |
> |---|---|---|
> | 포핸드 스트로크를 할 때 타점이 정확한가? | | |
> | 시선을 고정하고 있는가? | | |
> | 팔꿈치를 펴서 스트로크를 하는가? | | |
>
> ㉡ 배드민턴에 대한 태도 평가
> • 수강생의 배드민턴에 대한 열정과 의지를 물어봄
> • 반구조화된 내용으로 질의응답을 함

	㉠	㉡
①	평정척도	면접법
②	평정척도	관찰법
③	체크리스트	면접법
④	체크리스트	관찰법

19 링크(J. Rink.)의 내용 발달(content development)에 대한 설명으로 적절하지 않은 것은?

① 응용 과제는 실제 게임에 적용할 수 있는 기회를 제공한다.
② 확대 과제는 쉬운 과제에서 어렵고 복잡한 과제로 발전시킨다.
③ 세련 과제는 학습자에게 가능한 한 많은 동작을 알려주는 형태로 개발한다.
④ 시작(제시, 전달) 과제는 기초적인 수준에서 학습하도록 소개하고 안내한다.

20 〈보기〉의 효과적인 과제 제시 방법에 대한 설명이 적절한 것으로 묶인 것은?

> **보기**
> ㉠ 시각 정보보다는 언어 정보에 중점을 둔다.
> ㉡ 모든 학습자가 쉽게 보고 들을 수 있는 대형을 갖춘다.
> ㉢ 학습자가 이해할 수 있는 어휘를 사용한다.
> ㉣ 학습자에게 한 번에 최대한 많은 양의 정보를 제공한다.

① ㉠, ㉡　　② ㉡, ㉢
③ ㉢, ㉣　　④ ㉠, ㉣

스포츠심리학

01 〈보기〉에서 ㉠에 해당하는 스포츠심리학의 하위 분야는?

> **보기**
> • 야구에서 공을 잡은 외야수는 2루 주자의 주력과 경기 상황을 고려하여 홈으로 송구하기로 결정한다. 그리고 홈까지의 거리와 위치를 확인하고 공을 던진다.
> • (㉠) 분야에서는 외야수가 경기상황에서의 여러 정보를 종합·판단하여 어떻게 동작을 생성하고 조절하는지와 관련된 원리와 법칙을 밝히는 데 관심을 가진다.

① 운동제어　　② 운동발달
③ 운동심리학　　④ 건강심리학

02 운동기술(motor skill)의 일차원적 분류체계가 아닌 것은?

① 과제의 난이도에 따른 분류
② 환경의 안정성에 따른 분류
③ 움직임의 연속성에 따른 분류
④ 움직임에 동원되는 근육의 크기에 따른 분류

03 스포츠 상황에서 루틴(routine)에 대한 설명으로 적절하지 않은 것은?

① 시합 당일에 수정한다.
② 불안을 감소시키고 집중력을 증대시킨다.
③ 심상과 혼잣말이 포함될 수 있다.
④ 상황이 달라져도 편안함을 유지시킨다.

04 응용스포츠심리학회(Association for the Advancement of Applied Sport Psychology : AAASP)가 제시하는 스포츠심리상담의 윤리규정이 아닌 것은?

① 평소 알고 지내는 사람(가족, 친구 등)과의 상담과정은 전문적으로 진행한다.
② 나이, 성별, 국적, 종교, 장애, 사회경제적 지위 등의 개인차를 존중한다.
③ 교육, 연수, 수련 경험 등을 통해 인정받은 전문 지식과 기법을 제공한다.
④ 내담자의 이익을 최우선에 두고 상담을 진행하며 필요한 경우 다른 전문가에게 의뢰한다.

05 정보처리단계 중 '반응실행 단계'에 해당하는 내용으로 적절한 것은?

① 실제 움직임을 생성하기 위하여 움직임을 조직화한다.
② 받아들인 정보의 내용을 분석하여 의미를 부여한다.
③ 자극을 확인한 후, 환경특성에 맞는 반응을 선택한다.
④ 환경정보 자극에 대한 확인과 자극의 유형에 대해 인식한다.

06 반두라(A. Bandura)의 자기효능감(self-efficacy) 이론에 대한 설명으로 적절하지 않은 것은?

① 자기효능감이 높은 선수는 역경 상황에 잘 대처한다.
② 타인의 수행에 대한 관찰은 자기효능감에 영향을 주지 않는다.
③ 자기효능감은 농구 드리블과 같은 구체적인 기술을 수행할 수 있다는 믿음이다.
④ 경쟁상황에서 각성상태에 대해 부정적으로 인식할 때 자기효능감은 떨어질 수 있다.

07 〈보기〉에 해당하는 와이너(B. Weiner)의 귀인 범주를 바르게 나열한 것은?

> **보기**
> 탁구 선수 A는 경기에서 패배한 것을 상대 선수의 능력이 자신보다 더 우수하였기 때문이라고 생각했다.

	안정성	인과성	통제성
①	안정적 요인	외적 요인	통제가능요인
②	안정적 요인	외적 요인	통제불가능요인
③	불안정적 요인	외적 요인	통제가능요인
④	불안정적 요인	내적 요인	통제불가능요인

08 〈보기〉에서 설명하는 이론은?

> **보기**
> • 각성 수준에 대한 개인의 인지적 해석에 따라 정서 경험이 다를 수 있다.
> • 각성 수준이 높은 상태를 기분 좋은 흥분상태나 불쾌한 정서로 해석할 수 있다.
> • 결정적 순간에 발생하는 심판의 오심은 선수의 정서 상태를 순간적으로 변화시킬 수 있다.

① 반전 이론(reversal theory)
② 카타스트로피 이론(catastrophe theory)
③ 다차원불안 이론(multidimensional anxiety theory)
④ 최적수행지역 이론(zone of optimal functioning theory)

09 〈보기〉의 야구 투구와 타격 상황에 대한 해석으로 적절하지 <u>않은</u> 것은?

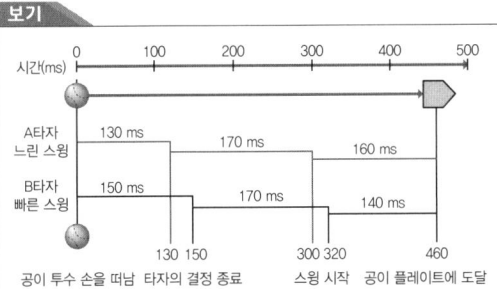

> - 투수가 시속 145km의 속도로 던진 공이 홈플레이트에 도달하는 시간은 460ms이다.
> - 두 명의 타자 중 A 타자의 스윙 시간은 160ms이며, B 타자의 스윙 시간은 140ms이다.
> - 두 타자의 신체 조건, 사용하는 배트, 기술 수준, 공이 맞는 지점은 모두 같다고 가정한다.

① B 타자는 A 타자보다 구질을 파악하는 데 더 많은 시간을 활용할 수 있다.
② B 타자는 A 타자보다 타격의 충격력이 커서 더 멀리 공을 쳐 낼 수 있다.
③ B 타자는 A 타자보다 공에 대한 정보를 파악하는 데 유리하다.
④ B 타자는 A 타자보다 스윙 시작이 빨라야 한다.

10 자기목표성향(ego-goal orientation)보다 과제목표성향(task-goal orientation)이 높은 선수의 특성으로 가장 적절한 것은?

① 달성하기 어려운 목표를 설정한다.
② 평가상황에서는 평소보다 수행이 더 저조할 수 있다.
③ 상대 선수의 실수로 인해 승리하였다고 생각한다.
④ 자신의 노력 부족으로 인해 패배하였다고 생각한다.

11 〈보기〉가 설명하는 자기결정이론(self-determination theory)의 동기 유형으로 가장 적절한 것은?

> 동수는 배드민턴에 흥미를 느끼고 스포츠클럽 활동을 시작했다. 시간이 지날수록 재미가 없어져서 클럽을 그만두고 싶었지만, 지도자와 동료들로부터 부정적인 평가를 받기 싫어서 클럽 활동을 유지하고 있다.

① 무동기(amotivation)
② 행동규제(behavior regulation)
③ 확인규제(identified regulation)
④ 의무감규제(introjected regulation)

12 〈보기〉에서 설명하는 자기존중감(self-esteem) 향상과 관련된 가설로 가장 적절한 것은?

> - 정기적으로 운동하여 체지방의 감량과 체형의 변화를 확인하였다.
> - 피트니스센터에 가면 정서적 안정감을 느낀다.
> - 스포츠지도사로부터 칭찬을 자주 받는다.
> - 가족들로부터 운동참여에 대한 지지를 받고 있다.

① 신체상(body-image) 향상설
② 자기도식(self-schema) 향상설
③ 자기효능감(self-efficacy) 향상설
④ 자기결정성(self-determination) 향상설

13 운동학습의 정의 및 특성에 대한 설명으로 옳지 않은 것은?

① 학습 과정 그 자체를 직접 관찰할 수 있다.
② 신경가소성(neural plasticity)의 특성을 나타낸다.
③ 비교적 영구적인 운동 수행의 향상으로 나타나는 일련의 내적 과정이다.
④ 연습과 경험에 의해서 나타나는 현상이며, 성숙이나 동기 또는 훈련 등에 의해 일시적으로 변화하는 것은 포함하지 않는다.

14 〈보기〉에서 설명하는 심리기술훈련은?

보기
테니스 선수 A는 평소 연습과는 달리 시합만 하면 생리적 각성상태가 높아져서 서비스 실수가 자주 발생한다. 스포츠지도사 B는 A 선수의 어깨 부분에 근육의 긴장도를 측정하는 센서와 가슴에 심박수를 측정하는 센서를 부착하였다. 불안감이 높아질 때 어깨 근육의 긴장도가 함께 증가하는 것을 시각적으로 보여 주면서 각성 조절 능력을 높이도록 하였다.

① 심상훈련(imagery training)
② 자생훈련(autogenic training)
③ 바이오피드백훈련(biofeedback training)
④ 점진적이완훈련(progressive relaxation training)

15 운동 애착(exercise adherence)을 촉진하는 스포츠지도사의 전략으로 적절하지 않은 것은?

① 개인적인 피드백을 제공한다.
② 참여자를 위해 운동을 선택해준다.
③ 운동을 자극하는 표어나 포스터를 활용한다.
④ 친구 또는 가족과 함께 운동하는 것을 장려한다.

16 〈보기〉에서 대한야구협회가 활용한 행동수정 전략은?

보기
- 공고문 -
본 협회는 선수들의 경기장 폭력을 감소시키기 위해 폭력 정도에 따라 출전시간을 제한하는 제도를 시행합니다. 2019. 5. 11. 대한야구협회

① 정적강화 ② 부적강화
③ 정적처벌 ④ 부적처벌

17 〈보기〉의 ㉠과 ㉡에 들어갈 용어가 바르게 묶인 것은?

보기
• (㉠)은/는 다른 근육군을 사용하여 같은 움직임을 수행할 수 있는 능력을 말한다. • (㉡)은/는 근육의 활동이 동일해도 조건에 따라 운동 결과가 달라질 수 있다는 것이다.

① ㉠ 운동 등가(motor equivalence)
  ㉡ 맥락 조건 가변성(context-conditioned variability)

② ㉠ 운동 등가(motor equivalence)
  ㉡ 자유도(degree of freedom)

③ ㉠ 맥락 조건 가변성(context-conditioned variability)
  ㉡ 자유도(degree of freedom)

④ ㉠ 맥락 조건 가변성(context-conditioned variability)
  ㉡ 운동 등가(motor equivalence)

18 캐론(A. V. Carron)의 응집력 모형에서 응집력과 관련이 있는 팀 요소가 아닌 것은?

① 팀의 능력
② 팀의 규모
③ 팀의 목표
④ 팀의 승부욕

19 수영장에서 연습한 수영기술이 바다에서도 잘 발휘할 수 있는지를 확인하는 검사로 적절한 것은?

① 전이 검사(transfer test)
② 파지 검사(retention test)
③ 효율성 검사(efficiency test)
④ 수행 검사(performance test)

20 반응시간(reaction time)의 유형이 아닌 것은?

① 변별반응시간(discrimination reaction time)
② 단순반응시간(simple reaction time)
③ 자유반응시간(free reaction time)
④ 선택반응시간(choice reaction time)

한국체육사

01 체육사 연구에서 사료(史料)에 대한 설명으로 옳지 않은 것은?

① 유물, 유적 등의 유산은 물적 사료이다.
② 공문서, 사문서, 출판물 등은 문헌 사료이다.
③ 과거의 기억에 대한 증언 등은 구술 사료이다.
④ 각종 트로피, 우승기, 메달, 경기 복장 등은 구전 사료이다.

02 〈보기〉의 ㉠, ㉡에 들어갈 알맞은 용어는?

> 보기
>
> 선사시대에는 애니미즘(animism, 만유정령설)에 대한 믿음을 바탕으로 놀이와 신체활동이 포함된 제천의식을 시행하였다. 부족국가와 삼국시대의 제천의식으로는 부여의 영고, 동예의 무천, 고구려의 (㉠), 신라의 (㉡)이/가 있었다.

	㉠	㉡
①	가배	동맹
②	동맹	10월제
③	동맹	가배
④	가배	10월제

03 삼국시대 민속놀이에 대한 설명으로 옳은 것은?

① 윷놀이는 두 사람이 맞잡고 힘을 겨루는 경기이다.
② 장기는 나무 막대로 만든 주사위를 던져서 승부를 겨루는 놀이이다.
③ 마상재는 화살 같은 막대기를 일정한 거리에서 항아리나 병 안에 넣는 놀이이다.
④ 방응은 사나운 매를 길러 꿩이나 새를 사냥하는 일종의 수렵활동이다.

04 〈보기〉에서 설명하는 고려시대의 민속놀이는?

> **보기**
> - 단오절 행사에 여성들의 놀이로 인기가 있었다.
> - 두 줄을 붙잡고 온몸을 흔들고 발의 탄력을 이용해 온몸을 마음껏 날려 보내는 놀이이다.

① 저포(樗蒲)
② 축국(蹴鞠)
③ 추천(鞦韆)
④ 풍연(風鳶)

05 〈보기〉에서 설명하는 조선 시대의 무예는?

> **보기**
> - 무과 시험 과목의 하나였다.
> - 각 사정을 대표하는 궁수 5인 이상이 편을 나누어 활을 쏘는 단체경기였다.

① 편사(便射)
② 기창(騎槍)
③ 기사(騎射)
④ 본국검(本國劍)

06 〈보기〉에서 설명하는 고려 시대의 무예는?

> **보기**
> - 무인집권시대에 인재 선발의 중요한 수단이었다.
> - 맨손으로 치기, 주먹지르기 등의 기술을 사용하는 일종의 격투기였다.

① 궁술(弓術)
② 각저(角觝)
③ 수박(手搏)
④ 격구(擊毬)

07 〈보기〉의 괄호 안에 들어갈 알맞은 용어는?

> **보기**
> 정조(正祖, 1752~1800)는 문무겸비를 강조한 왕으로서 문과 무를 양립시키는 것이 국가를 부강하게 하는 계책이라고 여겼다. 그는 규장각의 이덕무, 박제가와 장용영의 백동수를 통해 (　　　　)를 편찬케 하였다. 이 책은 조선시대를 대표하는 병서이자 무예교범서였다.

① 《무예도보통지(武藝圖譜通志)》
② 《무예신보(武藝新譜)》
③ 《무예제보(武藝諸譜)》
④ 《임원경제지(林園經濟誌)》

08 〈보기〉에서 설명하는 단체의 활동으로 옳은 것은?

> **보기**
> - 1903년 '황성기독교청년회'라는 이름으로 창설된 단체이다.
> - 외국인 선교사를 주축으로 근대스포츠를 도입, 보급하여 한국 근대스포츠 발전에 많은 영향을 미쳤다.
> - 1910년 한일병합 이후에도 스포츠 보급 활동에 기여하였다.

① 첫 사업으로 제1회 전조선야구대회를 개최했다.
② 1916년 우리나라 최초의 체육관을 개관하여 스포츠 활동의 활기를 도모했다.
③ 조선에서 최초의 종합경기대회라고 할 수 있는 조선신궁경기대회를 개최했다.
④ 우리나라 근대체육의 선구자였던 노백린이 병식체조 중심의 체육을 비판하며 설립한 단체였다.

09 개화기 교육입국조서(敎育立國詔書)가 반포된 이후의 체육사적 사실이 아닌 것은?

① 한국 YMCA가 설립되어 서구 스포츠가 본격적으로 도입되었다.
② 한국 최초의 운동회가 화류회(花柳會)라는 이름으로 개최되었다.
③ 우리나라 최초의 근대적인 체육 단체인 대한체육구락부가 결성되었다.
④ 언더우드(H. G. Underwood)학당이 설립되어 체조가 정식교과목에 편성되었다.

10 개화기에 발생한 체육사적 사실이 아닌 것은?

① 관서체육회(關西體育會)가 결성되어 전조선빙상대회가 개최되었다.
② 최초의 근대 학교인 원산학사에서는 무사 양성을 위한 무예반을 개설했다.
③ 선교사들이 미션 스쿨을 설립하고, 서구의 체조 및 근대 스포츠를 도입하였다.
④ 한국 최초의 여성교육기관인 이화학당이 설립되고, 정규수업에 체조 수업을 실시하였다.

11 〈보기〉의 ㉠~㉣을 연대순으로 바르게 연결한 것은?

> 보기
> ㉠ 태권도가 하계올림픽경기대회에서 정식 종목으로 채택되었다.
> ㉡ 손기정은 하계올림픽경기대회 마라톤 종목에서 금메달을 획득했다.
> ㉢ 한국은 하계올림픽경기대회에 'KOREA'라는 정식 국호를 달고 최초로 참가했다.
> ㉣ 양정모는 하계올림픽경기대회 레슬링 종목에서 한국선수 최초로 금메달을 획득했다.

① ㉣ - ㉠ - ㉡ - ㉢
② ㉡ - ㉢ - ㉠ - ㉣
③ ㉡ - ㉢ - ㉣ - ㉠
④ ㉢ - ㉡ - ㉠ - ㉣

12 개화기 배재학당에 대한 설명으로 옳은 것은?

① 스크랜턴(M.F. Scranton)에 의해 설립된 학교로 정기적으로 체조수업을 실시했다.
② 알렌(H. N. Allen)에 의해 설립된 학교로 건강 및 보건을 위한 활동을 실시했다.
③ 아펜젤러(H. G. Appenzeller)가 설립한 학교로 서구 스포츠가 과외활동을 통해 보급되었다.
④ 조선 정부가 영어교육을 위해서 세운 학교로 다양한 서구 근대 스포츠 문화를 소개했다.

13 조선체육회에 대한 설명으로 옳지 않은 것은?

① 경성일보사의 적극적인 후원으로 설립되었다.
② 조선의 체육을 지도, 장려하는 것을 목적으로 설립된 단체였다.
③ 민족주의 사상을 토대로 일본체육단체에 대응하기 위해 창립되었다.
④ 운동경기에 관한 연구 활동뿐만 아니라 스포츠 보급의 일환으로 운동구점을 설치하고 운영했다.

14 〈보기〉에서 설명하는 정부가 시행한 체육 정책에 해당하지 않는 것은?

> 보기
> 이 정부는 '체력은 국력'이란 슬로건을 채택했으며, '국민재건체조'를 제정하고 대한체육회의 예산을 정부가 지원하기로 결정했다. 그 외 국민체육진흥법공포(1961), 체육진흥법 시행령 공포(1963), 체육의 날 제정(1962), 매월 마지막 주의 '체육주간' 제정 등과 같은 조치가 이루어졌다.

① 태릉선수촌의 건립
② 국군체육부대의 창설
③ 우수선수 병역면제 시행
④ 메달리스트 체육연금제도 도입

15 〈보기〉에서 설명하는 체육 단체는?

> 보기
> - 제24회 서울올림픽경기대회를 기념하여 1989년 공익법인으로 설립되었다.
> - 체육지도자 국가자격시험을 전담하고 있다.
> - 경정, 경륜, 스포츠토토 등의 기금조성사업을 하고 있다.

① 대한체육회　　② 문화체육관광부
③ 대한장애인체육회　④ 국민체육진흥공단

16 〈보기〉에서 설명하는 인물은?

> 보기
> - 1903년 황성기독교청년회 초대 총무를 역임하였다.
> - 우리나라 최초로 야구와 농구를 소개하였다.
> - 개화기 YMCA를 통해서 우리나라 근대스포츠의 발달에 큰 역할을 담당했다.

① 푸트(L. M. Foote)
② 반하트(B. P. Barnhart)
③ 허치슨(W. D. Hutchinson)
④ 질레트(P. L. Gillett)

17 조선시대에 남성들이 양편으로 나누어 서로 마주 보고 돌을 던지던 민속놀이는?

① 사희(柶戲)　　② 석전(石戰)
③ 추천(鞦韆)　　④ 삭전(索戰)

18 우리나라가 대한민국 국호를 걸고 최초로 참가한 동계올림픽 경기대회는?

① 1948년 제5회 생모리츠올림픽경기대회
② 1992년 제16회 알베르빌올림픽경기대회
③ 2002년 제19회 솔트레이크시티올림픽경기대회
④ 2018년 제23회 평창올림픽경기대회

19 〈보기〉에서 설명하는 올림픽 경기대회는?

> 보기
> - 분단 후 남한과 북한의 선수가 최초로 동시에 입장한 대회였다.
> - 남한과 북한의 대표선수단은 KOREA라는 표지판과 한반도기를 앞세우고 함께 입장하여 세계인의 박수를 받았다.
> - 태권도가 올림픽 정식 종목으로 시행되었다.

① 1996년 제26회 애틀란타올림픽경기대회
② 2000년 제27회 시드니올림픽경기대회
③ 2004년 제28회 아테네올림픽경기대회
④ 2008년 제29회 베이징올림픽경기대회

20 〈보기〉에서 설명하는 장소는?

> 보기
> - 대한체육회가 1966년 우수선수의 육성을 위해 건립했다.
> - 스포츠를 통한 국위선양 및 국민통합 실현의 목적이 있다.
> - 국가대표선수들을 과학적으로 육성하는 기반이 되었다.

① 장충체육관　　② 태릉선수촌
③ 동대문운동장　④ 효창운동장

운동생리학

01 〈보기〉에서 설명하는 운동훈련의 원리는?

> 보기
> - 운동훈련에 의한 효과는 운동량이 일상생활 수준보다 높을 때 일어난다.
> - 운동량은 운동의 빈도, 강도 또는 지속시간을 증가시킴으로써 늘릴 수 있다.

① 가역성의 원리 ② 개별성의 원리
③ 과부하의 원리 ④ 특이성의 원리

02 근섬유의 형태에 따른 특성으로 적절하지 않은 것은?

① 지근은 속근에 비해 모세혈관의 밀도가 높다.
② 지근은 속근에 비해 미토콘드리아 수가 많다.
③ 속근은 지근에 비해 ATPase의 활성도가 높다.
④ 속근은 지근에 비해 피로에 대한 저항성이 높다.

03 혈액 내 산소운반 물질은?

① 글루코스(glucose)
② 헤모글로빈(hemoglobin)
③ 마이오글로빈(myoglobin)
④ 유리지방산(free fatty acid)

04 고강도 운동 중 젖산역치(LT)가 발생하는 원인으로 적절하지 않은 것은?

① 근육 내 산소량 감소
② 속근섬유 사용률 증가
③ 코리사이클(cori cycle) 증가
④ 무산소성 해당과정 의존율 증가

05 〈보기〉는 췌장에서 분비되는 혈당조절 호르몬에 대한 설명이다. ㉠, ㉡에 들어갈 용어를 바르게 나열한 것은?

> 보기
> - (㉠)은 혈당 저하 시 글리코겐과 중성지방의 분해를 증가시켜, 혈당을 높여주는 역할을 한다.
> - (㉡)은 혈당 증가 시 세포 안으로 포도당 흡수를 촉진하여, 혈당을 낮추는 역할을 한다.

	㉠	㉡
①	인슐린	글루카곤
②	인슐린	알도스테론
③	글루카곤	알도스테론
④	글루카곤	인슐린

06 건강체력 요소가 아닌 것은?

① 순발력 ② 유연성
③ 신체구성 ④ 심폐지구력

07 고지대에서 장기간 노출 시 나타나는 생리적 적응 현상으로 적절하지 않은 것은?

① 적혈구 수 증가
② 혈액의 산소운반능력 향상
③ 근육의 모세혈관 밀도 감소
④ 주어진 절대강도 운동 시 폐환기량 증가

08 〈보기〉의 ㉠, ㉡에 들어갈 용어를 바르게 나열한 것은?

> **보기**
> - 신경계는 중추신경계(CNS)와 말초신경계(PNS)로 구분된다.
> - 말초신경계 중, 자율신경계(autonomic nervous system)는 '흥분성'의 (㉠)과 '억제성'의 (㉡)으로 구분된다.

	㉠	㉡
①	교감신경	부교감신경
②	부교감신경	교감신경
③	원심성신경	구심성신경
④	구심성신경	원심성신경

09 운동 시 폐포와 폐모세혈관 사이에서의 산소교환율을 증가시키는 직접적인 원인은?

① 폐동맥의 낮은 산소량
② 폐동맥의 높은 산소량
③ 폐정맥의 낮은 산소량
④ 폐정맥의 높은 산소량

10 〈보기〉에 제시된 근수축 과정을 단계별로 바르게 나열한 것은?

> **보기**
> ㉠ 근육세포의 활동전위(action potential) 발생
> ㉡ 근형질세망(SR)에서 칼슘이온(Ca^{2+}) 분비
> ㉢ 축삭 종말에서 아세틸콜린(ACh) 방출
> ㉣ ATP 분해에 따른 근세사 활주 시작

① ㉠ - ㉢ - ㉣ - ㉡
② ㉡ - ㉢ - ㉠ - ㉣
③ ㉢ - ㉠ - ㉡ - ㉣
④ ㉣ - ㉢ - ㉡ - ㉠

11 운동 시 비훈련자의 심혈관계 변화로 적절하지 <u>않</u>은 것은?

① 최대강도까지 운동강도에 비례하여 심박수 증가
② 최대강도까지 운동강도에 비례하여 심박출량 증가
③ 최대강도까지 운동강도에 비례하여 1회박출량 증가
④ 최대강도까지 운동강도에 비례하여 동정맥산소차 증가

12 〈보기〉에 제시된 운동단위(motor unit)에 대한 설명 중 옳은 것을 있는 대로 고른 것은?

> **보기**
> ㉠ 하나의 운동신경과 그 신경에 의해 지배되는 근육섬유들로 정의된다.
> ㉡ 운동신경에 연결된 근섬유 수가 많을수록 큰 힘을 내는 데 유리하다.
> ㉢ 자극비율(innervation ratio)이 낮은 근육은 정교한 움직임에 적합하다.

① ㉠
② ㉠, ㉡
③ ㉡, ㉢
④ ㉠, ㉡, ㉢

13 호흡교환율(RER ; Respiratory Exchange Ratio)이 〈보기〉와 같을 때의 생리적 현상에 대한 설명으로 가장 적절한 것은?

> **보기**
> 호흡교환율(RER)=0.8

① 이산화탄소 생성량이 산소 소비량보다 많다.
② 에너지 대사의 주 연료로 지방을 사용하고 있다.
③ VO_{2max} 80% 이상의 고강도 운동을 수행하고 있다.
④ 에너지 대사의 연료로 탄수화물은 전혀 사용되지 않고 있다.

14 장기간의 규칙적인 유산소 훈련에 따른 생리적 적응 현상으로 적절하지 않은 것은?

① 근섬유의 항산화능력 향상
② 지근섬유의 속근섬유로의 전환
③ 근섬유의 미토콘드리아 밀도 증가
④ 최대하운동 중 지방대사능력의 향상

15 〈보기〉에서 설명하는 호르몬은?

> 보기
> • 운동 시 부신수질로부터 분비가 증가된다.
> • 간과 근육의 글리코겐 분해를 촉진시킨다.
> • 심박수와 심근의 수축력을 증가시킨다.

① 에스트로겐(estrogen)
② 에피네프린(epinephrine)
③ 성장호르몬(growth hormone)
④ 갑상선자극호르몬(thyroid stimulating hormone)

16 〈보기〉의 지방(fat)에 대한 설명 중 옳은 것으로만 묶인 것은?

> 보기
> ㉠ 지방은 유리지방산의 형태로 지방조직과 골격근 등에 저장된다.
> ㉡ 중성지방은 탄수화물이 고갈되더라도 에너지원으로 사용되지 않는다.
> ㉢ 중성지방은 리파아제(lipase)에 의해 지방산과 글리세롤(glycerol)로 분해된다.
> ㉣ 운동강도가 증가함에 따라 에너지 생산을 위한 주 연료는 지방에서 탄수화물로 전환된다.

① ㉠, ㉡
② ㉠, ㉣
③ ㉡, ㉢
④ ㉢, ㉣

17 〈보기〉에서 설명하는 근육 기관은?

> 보기
> • 골격근에서 발견된다.
> • 근육의 길이를 감지한다.
> • 근육의 급격한 신전 시 반사적 근육활동을 촉발시킨다.

① 근방추
② 동방결절
③ 모세혈관
④ 근형질세망

18 운동 후 초과산소섭취량(Excess Post-exercise Oxygen Consumption : EPOC)이 발생하는 원인으로 적절하지 않은 것은?

① 운동 중 증가한 혈압 감소
② 운동 중 증가한 젖산 제거
③ 운동 중 증가한 체온 저하
④ 운동 중 증가한 산소 제거

19 〈보기〉에서 설명하는 용어는?

> 보기
> • 심실이 수축할 때 배출되는 혈액의 양
> • 확장기말 혈액량(EDV)과 수축기말 혈액량(ESV)의 차이

① 심박수
② 1회 박출량
③ 분당 환기량
④ 최대산소섭취량

20 ⟨보기⟩에서 설명하는 에너지 시스템은?

> **보기**
> - 순간적인 고강도 운동을 위한 주요 에너지 시스템
> - 운동 시작 시기에 가장 빠르게 에너지를 생산하는 방법
> - 역도, 높이뛰기, 20m 달리기 등에 사용되는 주요 에너지 시스템

① ATP-PC 시스템
② 무산소성 해당과정(glycolysis)
③ 젖산 시스템(lactic acid system)
④ 산화적 인산화(oxidative phosphorylation)

운동역학

01 운동역학 연구의 주된 목적이 아닌 것은?

① 운동기술의 향상
② 운동 용기구의 개발 및 평가
③ 멘탈 및 인지 강화 프로그램의 구성
④ 운동수행 안전성의 향상 및 손상의 예방

02 골프 수행에 관한 변인 중 벡터(vector)에 해당하는 것은?

① 골프공의 속력(speed)
② 골프공의 비거리(distance)
③ 골프클럽의 가속도(acceleration)
④ 골프공의 위치에너지(potential energy)

03 해부학적 방향을 나타내는 용어와 의미가 바르게 묶이지 않은 것은?

① 앞쪽(anterior, 전) - 인체의 정면 쪽
② 아래쪽(inferior, 하) - 머리로부터 먼 쪽
③ 안쪽(medial, 내측) - 인체의 중심 쪽
④ 얕은(superficial, 표층) - 인체의 안쪽

04 트램펄린 위에서 점프 동작을 할 때 신체의 위치에너지에 대한 설명으로 옳은 것은? (단, 공기 저항은 무시함)

① 위치에너지는 신체의 점프 높이에 상관없이 일정하다.
② 위치에너지는 신체가 트램펄린에 닿을 때 최대가 된다.
③ 위치에너지는 신체가 트램펄린에 근접할 때 최대가 된다.
④ 위치에너지는 신체가 수직으로 가장 높이 올라갔을 때 최대가 된다.

05 인체의 좌우축을 중심으로 전후면(시상면)에서 발생하는 관절운동이 아닌 것은?

① 굽힘(flexion, 굴곡)
② 폄(extension, 신전)
③ 벌림(abduction, 외전)
④ 발바닥굽힘(plantar flexion, 저측굴곡)

06 〈그림〉에서 카누선수가 보트 위에서 오른손으로 패들의 끝을 잡고, 왼손으로 패들을 잡고 당기는 순간에 적용되는 지레는?

A : 오른손 받침점
F : 왼손 힘
R : 물의 저항력

① 1종 지레
② 2종 지레
③ 3종 지레
④ 1종과 2종 지레의 혼합

07 정역학(statics)의 범주에 해당하지 않는 것은?

① 물체에 작용하는 모든 힘이 평형을 이루고 있고 회전이 발생하지 않을 때
② 물체가 일정한 속도로 움직일 때
③ 물체가 정지하고 있을 때
④ 물체가 가속할 때

08 운동의 종류에 대한 설명으로 옳지 않은 것은?

① 철봉 대차돌기는 복합운동 형태이다.
② 각운동은 중심선(점) 주위를 회전하는 운동이다.
③ 선운동(병진운동)에는 직선운동과 곡선운동이 있다.
④ 대부분의 인간 움직임은 각운동과 선운동 요소가 결합되어 나타난다.

09 '마찰'에 대한 설명으로 옳지 않은 것은?

① 마찰력은 저항력 또는 추진력으로 작용할 수 있다.
② 마찰계수는 접촉면의 형태와 성분에 따라 달라진다.
③ 마찰력의 크기는 접촉면에 가한 수직 힘의 크기에 비례한다.
④ 마찰력은 접촉면과 평행하게 작용하며 물체의 운동 방향으로 작용한다.

10 물체에 힘을 가할 때 충격량(impulse)의 크기가 다른 것은?

① 한 사람이 2초 동안 30N의 일정한 힘을 발생시켰을 때
② 한 사람이 3초 동안 20N의 일정한 힘을 발생시켰을 때
③ 한 사람이 4초 동안 15N의 일정한 힘을 발생시켰을 때
④ 한 사람이 2초 동안 40N의 일정한 힘을 발생시켰을 때

11 인체의 무게중심에 대한 설명으로 옳지 않은 것은?

① 무게중심의 위치는 안정성에 영향을 줄 수 있다.
② 무게중심은 회전력의 합이 '0'인 지점이다.
③ 무게중심은 인체 외부에 위치할 수 있다.
④ 무게중심의 위치는 변하지 않는다.

12 다이빙 공중 동작을 할 때 신체의 좌우축에 대한 회전속도(각속도)의 크기가 가장 큰 동작으로 적절한 것은? (단, 각운동량(angular momentum)은 같음)

① 두 팔과 두 다리 모두 편 자세를 취할 때
② 두 팔과 두 다리를 동시에 몸통 쪽으로 모으는 자세를 취할 때
③ 두 다리는 편 상태에서 두 팔만 몸통 쪽으로 모으는 자세를 취할 때
④ 두 팔은 편 상태에서 두 다리만 몸통 쪽으로 모으는 자세를 취할 때

13 걷기 동작에서 측정되는 지면반력(ground reaction force)에 대한 설명으로 옳지 않은 것은?

① 지면반력기로 측정할 수 있다.
② 발이 지면에 가하는 근력을 측정한 값이다.
③ 지면이 신체에 가하는 반력을 측정한 값이다.
④ 뉴턴의 작용-반작용 법칙으로 설명할 수 있다.

14 근전도(electromyography : EMG) 검사와 평가에 대한 설명으로 옳지 않은 것은?

① 근수축과 관련된 전기적 신호를 측정하는 것이다.
② 근전도 검사를 통해 신체 분절의 위치를 측정할 수 있다.
③ 근전도 검사에 사용되는 전극은 표면전극과 삽입전극으로 구분된다.
④ 근전도 신호의 분석을 통해 근 피로에 대한 정보를 일부 추정할 수 있다.

15 〈보기〉의 ㉠, ㉡에 알맞은 내용으로 바르게 나열된 것은?

> **보기**
> 신장성 수축(eccentric contraction)은 근육군에 의해 발휘되는 힘 모멘트가 외력에 의한 저항 모멘트보다 (㉠), 근육이 (㉡) 발생하는 수축형태이다.

	㉠	㉡
①	작아서	길어지며
②	작아서	짧아지며
③	커서	길어지며
④	커서	짧아지며

16 달리기 동작의 2차원 영상분석에 대한 설명으로 옳은 것은?

① 지면반력기를 사용한다.
② 반드시 2대의 카메라가 필요하다.
③ 2차원상의 평면 운동을 분석하는 것이다.
④ 움직임의 원인이 되는 힘을 직접 측정하는 방법이다.

17 파워(power)에 대한 설명으로 옳지 않은 것은?

① 단위 시간당 수행한 일(work)의 양이다.
② 일의 빠르기를 나타내는 물리량이다.
③ 단위는 watt 혹은 Joule/s이다.
④ 단위는 에너지의 단위와 같다.

18 공의 포물선 운동에 대한 설명으로 옳지 않은 것은? (단, 공기저항은 무시함)

① 공의 속력은 항상 일정하다.
② 공의 수평가속도는 0m/s²이다.
③ 공의 수직가속도는 중력가속도와 같다.
④ 공의 투사각도는 투사거리에 영향을 미친다.

19 800N 바벨을 정지 상태에서 위로 올린 후 다시 정지시키는 벤치프레스 동작에서 바벨에 가한 시간-수직 힘크기 그래프로 가장 옳은 것은?

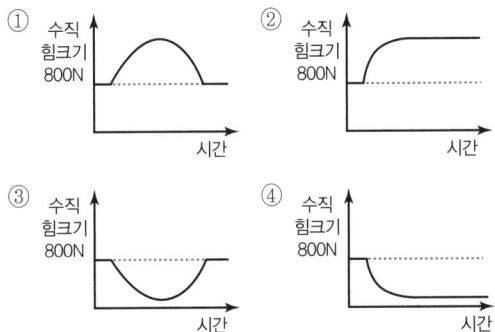

20 400m 트랙 한 바퀴를 50초에 달린 육상선수의 평균속력과 평균속도로 적절한 것은? (단, 출발점과 도착점의 위치가 같음)

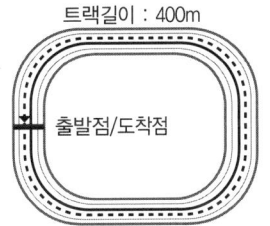

	평균속력(m/s)	평균속도(m/s)
①	0	8
②	0	0
③	8	0
④	8	8

스포츠윤리

01 스포츠윤리의 개념에 대한 설명으로 적절하지 않은 것은?

① 윤리는 실천의 자율성을 중시한다.
② 도덕은 양심, 자율성 등 개인의 내면성 문제를 주로 다룬다.
③ 절묘한 기술로서 '좋은 패스'는 도덕적 선(善)으로 해석된다.
④ 스포츠맨십은 합규칙성을 넘는 적극적인 도덕적 마음가짐이다.

02 〈보기〉의 법 또는 헌장이 지향하고 있는 개념으로 가장 적절한 것은?

> **보기**
> - 모든 국민은 인간으로서 존엄과 가치를 가지며, 행복을 추구할 권리를 가진다(헌법 제10조).
> - 어느 국가 또는 개인에 대해서도 인종·종교 또는 정치상의 이유로 차별대우해서는 안 된다(올림픽 헌장 6조).
> - 학교의 장은 학생선수가 일정 수준의 학력기준에 도달하지 못한 경우에는 별도의 기초학력보장 프로그램을 운영하여 최저학력이 보장될 수 있도록 노력하여야 하며, 필요할 경우 경기대회 출전을 제한할 수 있다(학교체육진흥법 제11조).

① 스포츠와 평등   ② 스포츠와 인권
③ 스포츠와 환경   ④ 스포츠와 교육

03 세계반도핑규약(WADC)에서 규정하고 있는 도핑 금지방법에 해당하지 않는 것은?

① 물리적 조작   ② 화학적 조작
③ 침술의 활용   ④ 유전자 도핑

04 〈보기〉에서 지영이의 윤리적 입장에 대한 설명으로 적절하지 않은 것은?

> **보기**
> 상화 : 스포츠윤리는 선수들이 규칙과 도덕적 원리만 따르면 확립될 수 있다고 생각해.
> 지영 : 아니야. 나는 스포츠윤리에서 중요한 것은 도덕적 원리가 아니라 행위자의 내면적 품성과 도덕적 행위의 실천이라고 생각해.

① 행위의 주체보다는 행위 자체에 초점을 맞추고 있다.
② 인간에게 내재되어 있는 감정을 도덕적 동기로 인정한다.
③ '무엇을 해야 하는가'보다 '어떻게 살아야 하는가'가 중요하다.
④ 인간 내면에 있는 도덕성의 근원과 개인의 인성을 중요시한다.

05 〈보기〉의 ㉠, ㉡에 해당하는 심판의 덕목으로 바르게 묶인 것은?

> **보기**
> ㉠ 심판은 선수의 이익을 동등하게 대우하는 엄격한 중립성을 가져야 하며, 개인적 감정을 배제해야 한다.
> ㉡ 심판은 한 번 내린 판정을 번복하기가 힘들기 때문에, 정확한 판정을 내릴 수 있는 오랜 경험과 훈련이 필요하다.

	㉠	㉡
①	공정성	자율성
②	공정성	전문성
③	전문성	자율성
④	개방성	전문성

06 〈보기〉에서 (가)의 상황과 동일한 윤리적 입장으로 볼 수 있는 내용을 (나)에서 찾아 바르게 묶은 것은?

> **보기**
>
> (가) 블루팀과 레드팀의 농구경기는 종료까지 2분 남았다. 블루팀은 1점 차이로 뒤지고 있고, 팀 파울에 걸려 있다. 그때부터 블루팀은 의도적인 반칙을 통해, 시간 단축과 더불어 공격기회를 한 번이라도 더 얻기 위해 노력하였다.
>
> (나)
> ㉠ 팀 승리 및 사기 진작을 위해서는 스포츠에서 용인될 수 있는 행동이다.
> ㉡ 상대에게 고의적으로 반칙을 하는 행동은 목적 자체가 그릇된 행동이다.
> ㉢ 팀원뿐 아니라 팀을 위해 응원하는 관중에게 보답하고자 하는 행동이다.
> ㉣ 형식주의 관점에서 규칙을 위반했기 때문에 정당화될 수 없는 행동이다.

① ㉠, ㉢
② ㉠, ㉣
③ ㉡, ㉢
④ ㉡, ㉣

07 〈보기〉에서 설명하는 롤스(J. Rawls)의 '정의의 원칙'으로 가장 적절한 것은?

> **보기**
>
> 상대적으로 사회적 약자인 저소득층 자녀들에게 지역의 사설 스포츠 센터 무료 이용권, 건강운동 강좌 수강이 가능한 스포츠 바우처(voucher)를 제공하여 누구나 경제적 형편에 상관없이 공평하게 스포츠를 누릴 수 있도록 정책을 마련한다.

① 자유의 원칙
② 차등의 원칙
③ 기회균등의 원칙
④ 원초적 원칙

08 〈보기〉의 상황과 관련된 학자와 이론이 바르게 연결된 것은?

> **보기**
>
> 학생선수 A는 양심적으로 교칙을 준수하고, 다친 친구 대신 가방을 들어주는 등 도덕적 성품을 지니고 있다. 하지만 축구 경기에서는 상대 선수를 심판 모르게 공격하는 등 반칙을 하거나 상대 선수를 배려하지 않고 팀의 이익을 위해 행동하는 팀 분위기에 동화되고 있다.

① 베버(M. Weber) - 책임윤리
② 요나스(H. Jonas) - 책임윤리
③ 니부어(R. Niebuhr) - 사회윤리
④ 나딩스(N. Noddings) - 배려윤리

09 〈보기〉에서 설명하는 스포츠에 대한 입장으로 적절한 사상가는?

> **보기**
>
> 승리지상주의가 팽배하는 현대 스포츠 현장에서 승리의 추구보다 스포츠 자체를 즐길 수 있도록 자기 자신을 낮추고 겸양과 배려로 상대를 대할 때, 진정한 의미의 스포츠윤리가 발현될 수 있다. 이를 위해서는 스포츠에서 인위적 제도나 구속이 최소화되도록 해야 하며, 윤리적 행위가 스포츠 자체를 통해 자연스럽게 발현되도록 해야 한다.

① 공자(孔子)
② 맹자(孟子)
③ 순자(荀子)
④ 노자(老子)

10 〈보기〉의 (가)에 해당하는 윤리적 관점에서 제기할 수 있는 (나) 상황의 문제점으로 가장 적절한 것은?

> **보기**
>
> (가) 만약 한 존재가 고통이나 행복이나 즐거움을 느낄 수 없다면, 고려해야 할 것은 아무것도 없다. 이러한 것이 타자의 이익을 고려할 때, '쾌고감수능력'이라는 기준이 유일하게 옹호되는 이유이다.
>
> (나) 경마(競馬)는 일정 거리를 말을 타고 달려 그 빠르기를 겨루는 경기이다. 이를 위해 말들은 자신의 의지와 무관하게 고통스러운 훈련을 받고 비좁은 축사에 갇혀 살아가게 된다.

① 동물도 이익에 맞는 동등한 대우를 받아야 한다.
② 모든 생명이 지니고 있는 고유한 가치를 존중해야 한다.
③ 인간의 생존을 위해 동물을 더욱 효율적으로 사육해야 한다.
④ 생태계 전체의 이익을 고려하여 그들의 정체성을 존중해야 한다.

11 〈보기〉는 레스트(J. Rest)의 도덕성 4구성요소 모형을 스포츠윤리 교육에 적용한 내용이다. ㉠, ㉡에 해당하는 것으로 바르게 연결된 것은?

> **보기**
>
> 1. 도덕적 민감성(moral sensitivity) : 스포츠 상황에서 도덕적 딜레마를 지각하게 하는 것
> 2. 도덕적 판단력(moral judgement) : 스포츠 상황에서 옳고 그름을 판단하게 하는 것
> 3. (㉠) : (㉡)
> 4. 도덕적 품성화(moral character) : 스포츠 상황에서 장애요인을 극복하여 실천할 수 있는 강한 의지, 용기, 인내 등의 품성을 갖게 하는 것

	㉠	㉡
①	도덕적 추론화 (moral reasoning)	상대 선수와 팀을 존중하게 하는 것
②	도덕적 동기화 (moral motivation)	상대 선수의 의도적 반칙에 반응하게 하는 것
③	도덕적 추론화 (moral reasoning)	감독의 부당한 지시를 도덕적 문제 상황으로 감지하게 하는 것
④	도덕적 동기화 (moral motivation)	다른 가치보다 정정당당하게 경기하는 것에 가치를 두게 하는 것

12 〈보기〉에서 A선수가 취한 윤리적 입장의 난점으로 가장 적절한 것은?

> **보기**
> A선수는 마라톤 대회에 참가하여 2등으로 달리고 있던 중, 결승선 바로 앞에서 탈진하여 쓰러진 1등 선수를 발견하였다. A선수는 그 선수를 무시하고 1등을 차지할 수 있었지만, 쓰러진 선수를 돕는 것이 스포츠선수로서의 마땅한 행위라고 생각했다. 그래서 넘어진 선수를 부축하여 결승선까지 함께 도착하였으나 최종 성적은 순위권 밖으로 밀려났다.

① 인간 그 자체를 항상 목적으로 대해야 한다.
② 자연적인 경향성을 극복하고 의무를 따라야 한다.
③ 보편적 입법의 원리가 될 수 있도록 행동해야 한다.
④ 행위가 가져올 사회의 이익과 손해를 고려하여 행동해야 한다.

13 스포츠에서 규제적 규칙(regulative rules)을 위반한 행위가 아닌 것은?

① 야구에서 배트에 철심을 넣어 보다 강력한 타격이 나오게 만드는 행위
② 태권도에서 전자호구를 조작하여 타격이 없더라도 점수를 높이는 행위
③ 수영에서 화상자국을 은폐하기 위해 전신수영복을 입고 출전하는 행위
④ 사이클에서 산소운반능력을 높이기 위하여 도핑을 하고 출전하는 행위

14 페어플레이에 대한 설명으로 적절하지 않은 것은?

① 선수 개인의 의도나 목적에 따라 변화하는 도덕적 행위이다.
② 규칙 준수, 상대 존중 등 근대적 시민의 도덕 규범과 일치한다.
③ 규칙의 준수로서 페어플레이는 행위에 대한 요구와 제재를 의미한다.
④ 패자 앞에서 과도한 승리 세리머니를 하는 것은 규범으로서의 페어플레이를 위반한 것이다.

15 〈보기〉의 대화 내용에서 나타나는 스포츠에서의 차별에 대한 설명으로 적절한 것은?

> **보기**
> 아나운서 : A선수의 파워와 스피드, 그리고 순발력 앞에서 아무도 버틸 수 없을 것 같네요.
> 해설위원 : 맞습니다. A선수는 흑인 특유의 탄력과 유연성뿐만 아니라 파워까지 겸비하고 있기에 지금까지 승승장구해 왔다고 할 수 있지요.
> 아나운서 : 위원님, 그렇다면 이번 대결에서 B선수는 어떤 방법으로 대처하는 것이 좋을까요?
> 해설위원 : 아무래도 B선수는 백인들의 장점이라 할 수 있는 냉철한 판단력을 바탕으로 A선수의 허점을 공략하는 것이 가장 좋을 것 같습니다. A선수는 신체능력이 우수한 반면에 심리적으로 약할 가능성이 큽니다.
> 아나운서 : 저도 그렇게 생각합니다. 신체능력을 극복하는 판단력과 의지, 그것이 백인의 우수성 아니겠습니까?

① 단일 민족에게는 해당되지 않는 문제이다.
② 여성 스포츠에서 성의 상품화는 문제가 될 수 있다.
③ 여성의 스포츠 참여 제한은 차별에 해당하지 않는다.
④ 피부색에 따른 정신적·신체적 능력의 차이는 절대적이지 않다.

16 〈보기〉의 대화에서 스포츠와 환경윤리에 대한 견해가 다른 사람은?

보기
우준 : 우리 집 근처에 스키장이 생겼으면 좋겠어. 나는 스키가 좋은데, 스키장이 너무 멀어서 불편해.
경태 : 스키장 건설은 환경을 파괴하는 행위야. 그래서 나는 환경파괴가 없는 서핑이 좋더라.
관훈 : 서핑은 환경파괴가 없는 거야? 나는 잘 모르겠어. 그냥 나는 그런 것보다 동물과 함께하는 것이 좋아. 그래서 주말에 승마를 하러 가.
지영 : 나는 쾌적한 환경에서 운동하는 게 좋더라. 그래서 집 앞 센터에서 요가를 하고 있어. 나는 실내운동이 좋아.

① 우준
② 경태
③ 관훈
④ 지영

17 〈보기〉의 대화에서 ㉠, ㉡에 들어갈 학교체육진흥법과 관련된 용어가 바르게 나열된 것은?

보기
A : (㉠)가 도입되면서부터 운동할 시간이 줄어들었어.
B : 그것은 지금까지 우리가 (㉡)을 보장 받지 못했기 때문이야.
A : 그래도 갑작스러운 (㉠) 도입은 형평성에 문제가 있어. 일반학생들은 공부하기 싫으면 안 해도 되지만, 우리는 시합 출전을 위해 어쩔 수 없이 해야 되는 제도잖아.
B : 그것도 틀린 말이 아니지만, (㉡)은 우리가 정당하게 누려야 하는 권리이면서 의무이기도 해. 그것을 보장받기 위해 이런 제도가 도입된 거야.

	㉠	㉡
①	최저학력제	학습권
②	기초학력제	학습권
③	최저학력제	경기출전권
④	기초학력제	경기출전권

18 관중폭력에 대한 설명으로 적절하지 않은 것은?

① 선수나 심판에 대한 욕설이나 비방도 넓은 의미에서 관중폭력에 해당한다.
② 신체적 폭행이 아닌 경기 시설물을 파괴하는 행위도 관중폭력에 해당한다.
③ 군중으로 있을 때보다 선수와 단둘이 있을 때, 상대적으로 발생하기 쉽다.
④ 축구팬의 훌리거니즘(hooliganism)은 관중폭력의 실제 사례 중 하나이다.

[19~20] 〈보기〉는 고대 동양 사상가들의 윤리적 입장이다. 물음에 답하시오.

보기
㉠ 인(仁), 의(義), 효(孝), 우(友), 충(忠), 신(信), 관(寬), 서(恕), 공(恭), 경(敬)을 포함한 10가지 덕을 터득하여, 그 상황에서의 인식, 판단, 도덕적 행위를 선택할 수 있는 능력을 배양해야 한다.
㉡ 인(仁), 의(義), 예(禮), 지(智)가 도덕적 성향의 토대가 되면, 윤리적 사고가 필요한 상황에서 자연스럽게 실천적 행위가 가능하다.
㉢ 무릇 도(道)는 실재한다는 확실한 믿음이 있지만, 인위적인 행함이 없고, 그 형체도 없다. 마음으로 전할 수는 있으나, 형체가 있는 것처럼 주고받을 수는 없다.

19 ㉠과 ㉡의 입장에 대한 설명으로 적절하지 않은 것은?

① ㉠ : 정도(正道)를 지키기 위해 정정당당하게 승부한다.
② ㉡ : 상선약수(上善若水)를 중심으로 한 스포츠맨십을 중요시한다.
③ ㉠ : 선수 개인의 윤리와 함께 스포츠에서 제도의 중요성을 강조한다.
④ ㉡ : 부상당한 선수를 도와주는 것은 본능적인 행동이기에 권장한다.

20 ⓒ의 입장에서 ⓒ에 대해 제기할 수 있는 반론으로 가장 적절한 것은?

① 지속적인 교육을 통해 넘어진 선수를 도와줄 수 있도록 만들어야 한다.
② 넘어진 선수를 도와줄 수 있도록 제도나 규정을 강화하여야 할 것이다.
③ 넘어진 선수를 부축하는 것은 순자(荀子)의 주장에 위배되는 행동이다.
④ 남의 눈치 때문에 다른 사람을 부축하기보다 내면의 윤리성이 중요하다.

특수체육론

01 스포츠 등급분류에서 1급에 해당하는 뇌성마비 장애인에게 적합한 운동은?

① 보치아　　② 사이클
③ 7인제 축구　　④ 마라톤

02 스페셜올림픽(Special Olympics)에 대한 설명으로 옳은 것은?

① 참가자격은 15세 이상의 지적장애인이다.
② 모든 경기는 성별의 구분 없이 혼성경기로 진행된다.
③ '10% 법칙'이 적용되지만, 일부 경기에는 적용되지 않을 수 있다.
④ 모든 경기에서 1등부터 3등까지 상을 수여한다.

03 시각장애인을 위해 고안된 종목이 아닌 것은?

① 쇼다운(showdown)
② 골볼(goalball)
③ 탠덤 사이클(tandem cycling)
④ 보체(bocce)

04 휠체어 이용 척수장애인이 활용할 수 있는 심폐지구력 운동 장비로 적절하지 않은 것은?

① 핸드 사이클(handcycle)
② 벤치 프레스(bench press)
③ 암 에르고미터(arm ergometer)
④ 휠체어 트레드밀(wheelchair treadmill)

05 하지절단 장애인의 운동 중 균형유지를 위한 방법으로 적절하지 <u>않은</u> 것은?

① 축구에서 클러치(clutch)를 사용하여 체중을 안정적으로 지탱한다.
② 스키에서 아웃리거(outriggers)를 사용한다.
③ 수영에서 의족을 착용한다.
④ 탁구에서 탁구대에 몸을 지지한다.

06 장애유형별 스포츠지도 전략으로 적절하지 <u>않은</u> 것은?

① 척수장애인은 신경손상으로 인한 이상 반응에 대비해야 한다.
② 저시력 장애인이 잔존시력을 효과적으로 활용하도록 밝은 곳에서 지도한다.
③ 보청기를 착용한 청각장애인은 수영할 때에도 계속 착용하도록 지도한다.
④ 지적장애인에게는 단순한 과제에서 복잡한 과제의 순서로 제시한다.

07 뇌병변장애인에 대한 설명으로 옳지 <u>않은</u> 것은?

① 외상성뇌손상 장애인은 몸의 균형 및 협응에 문제를 보인다.
② 뇌성마비 장애인은 원시반사로 인해 효율적인 움직임이 어렵다.
③ 뇌병변장애인은 보행의 어려움과 과도한 근긴장 때문에 수중운동을 피한다.
④ 뇌졸중 장애인은 감각 및 운동기능 손상, 시야 결손, 의사소통의 어려움이 있다.

08 시각장애인을 위한 스포츠지도 전략으로 적절하지 <u>않은</u> 것은?

① 저시력일 경우에는 청각과 촉각에만 의존하여 학습하도록 한다.
② 지도자와 성별이 다른 경우에는 신체 접촉에 대한 주의를 기울여야 한다.
③ 시각장애인이 놀라지 않도록 신체적 가이던스(physical guidance)를 제공하기 전에 미리 알려준다.
④ 전맹일 경우에는 시범을 보이는 지도자의 자세를 자신의 손으로 확인하도록 한다.

09 개별화교육계획(IEP)을 작성하는 방법으로 적절하지 <u>않은</u> 것은?

① 현재 운동수행 수준을 정확히 파악하기 위해서는 실제 상황에서의 평가가 유용하다.
② 목표 진술에는 조건(condition), 기준(criterion), 행동(action)이 포함된다.
③ 지도에 필요한 용기구, 변형 방법, 관련 서비스, 보조인력의 활용 등을 명시한다.
④ 학기말 평가에서는 표준화 검사를 이용하여 규준(norm)과 비교한다.

10 〈보기〉의 ㉠, ㉡, ㉢에 해당하는 수어의 의미를 바르게 나열한 것은?

보기

㉠ ◀ 두 주먹을 양어깨 앞에서 위로 올렸다 내리는 동작

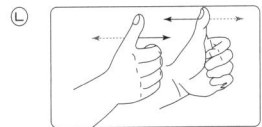
㉡ ◀ 두 주먹의 엄지를 펴서 그 끝이 위를 향하게 하여 약 5cm의 간격을 두고 서로 어긋나게 전후로 움직이는 동작

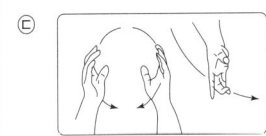
㉢ ◀ 두 손으로 공 모양을 만든 다음, 오른손으로 잡고 밀어 던지는 동작

	㉠	㉡	㉢
①	체육(운동)	달리기	볼링
②	역도	복싱(권투)	배구
③	역도	복싱(권투)	볼링
④	체육(운동)	달리기	배구

11 〈보기〉의 (가)는 장애학생 건강체력평가(Physical Activity Promotion System for Students with Disabilities ; PAPS-D) 중 휠체어 오래달리기의 검사결과이다. (나)의 최소건강기준표와 비교하여 알 수 있는 정보는?

보기

(가) 검사결과
- 학년 및 성별 : 중학교 3학년 남학생
- 장애유형 : 척수장애
- 검사종목 : 휠체어 오래달리기
- 검사결과 : 1,120초 / 1,000m

(나) 휠체어 오래달리기 최소건강기준표

학년	남자	여자
중3	1,000초	1,000초

① 근기능 수준이 최소건강기준에 미치지 못한다.
② 심폐기능 수준이 최소건강기준에 미치지 못한다.
③ 유연성 수준이 최소건강기준에 미치지 못한다.
④ 순발력 수준이 최소건강기준에 미치지 못한다.

12 〈보기〉의 ㉠, ㉡, ㉢에 해당하는 특수체육의 교육목표 영역이 바르게 나열된 것은?

보기

- (㉠) 영역 : 새로운 것을 시도하고 적절한 게임 전략을 고안한다.
- (㉡) 영역 : 게임, 스포츠, 댄스, 수영에 필요한 운동기술을 숙달한다.
- (㉢) 영역 : 건강하고 사회적으로 받아들여지는 방법으로 긴장을 이완시키는 것을 배운다.

	㉠	㉡	㉢
①	심동적	정의적	인지적
②	심동적	인지적	정의적
③	인지적	정의적	심동적
④	인지적	심동적	정의적

13 다음 〈표〉에서 적용된 과제분석 유형은?

단계	적용 내용
대상	오른팔에 절단이 있는 중학교 3학년 남학생
과제	• 폭이 6m인 수영장에서 독립적으로 수영을 한다. • 발차기, 횡영(sidestroke), 돌핀킥(dolphin kick)을 한다.
준거	• 질적 준거 : 스트로크의 효율성과 정확성 • 양적 준거 : 속도, 이동 거리, 공간 정확성, 시간 정확성
변형	• 과제변인 : 부유기구 사용, 이동 거리, 이동 시간 • 환경변인 : 물의 깊이, 레인의 폭, 동료의 수
지도	개별적인 촉진(prompt)이나 강화, 필요한 경우 교정 피드백 등을 활용한 직접 교수(direct instruction)

① 생체역학적 과제분석(biomechanical task analysis)
② 생태학적 과제분석(ecological task analysis)
③ 발달적 과제분석(developmental task analysis)
④ 전통적 과제분석(task analysis)

14 시각장애인에게 축구를 지도할 때 적용할 수 있는 변형의 사례로 적절한 것은?

① 경기력 향상을 위하여 매일 비장애인팀과 게임을 하였다.
② 참여를 촉진하기 위해 일반 축구의 규칙 변형을 최소화하였다.
③ 경기 중 부상의 위험을 줄이기 위해 경기장 규격을 확대하였다.
④ 구슬이 들어간 공과 소리가 나는 골대를 설치하고 주변 소음을 차단하였다.

15 지적장애인의 스포츠 지도에서 성공적인 과제수행을 돕기 위한 전략으로 적절하지 <u>않은</u> 것은?

① 강화제를 즉시 주기 어려울 때는 토큰을 주고 나중에 원하는 강화제와 교환하도록 한다.
② 문제행동의 예방을 위해 주의집중에 방해가 되는 장애물을 미리 제거한다.
③ 자해행동을 할 때는 신체 구속(physical restraint)을 통해 즉시 동작을 중단시킨다.
④ 중도(重度) 지적장애인에게는 구두 설명을 상세히 하고 전체 동작 시범을 보인다.

16 '장애인차별금지 및 권리구제 등에 관한 법률 제25조(체육활동의 차별금지)'의 제한·배제·분리·거부에 해당하는 사례로 적절하지 <u>않은</u> 것은?

① 스포츠센터장은 시각장애인의 수영 강습 등록을 거부하였다.
② 학교장은 지체장애학생의 생존수영수업 참여를 제한하였다.
③ 스포츠센터장은 중증장애인을 위한 가족탈의실을 분리하여 설치하였다.
④ 스포츠센터장은 농구리그에 청각장애인팀의 참가를 배제하였다.

17 순발력이 운동수행의 주요 요인이 <u>아닌</u> 스포츠 종목은?

① 휠체어농구 ② 휠체어마라톤
③ 휠체어럭비 ④ 휠체어테니스

18 <보기>는 위닉(J. Winnick)의 5단계 스포츠 통합 연속체계이다. ㉠, ㉡에 들어갈 용어로 바르게 묶인 것은?

보기

구분		제한 정도에 따른 단계
약함	1	(㉠)
제한 강도	2	편의를 제공한 일반 스포츠 (Regular Sport with Accommodation)
	3	일반 스포츠와 장애인 스포츠 (Regular Sport & Adapted Sport)
	4	(㉡)
강함	5	분리 환경의 장애인 스포츠 (Adapted Sport Segregated)

	㉠	㉡
①	일반 스포츠 (Regular Sport)	통합 환경의 장애인 스포츠 (Adapted Sport Integrated)
②	일반 스포츠 (Regular Sport)	장애인 스포츠 (Adapted Sport)
③	통합스포츠 (Unified Sport)	통합 환경의 장애인 스포츠 (Adapted Sport Integrated)
④	통합스포츠 (Unified Sport)	장애인 스포츠 (Adapted Sport)

19 '국민체육진흥법과 동 시행령'에서 규정하고 있는 '장애인스포츠지도사'에 대한 내용으로 옳지 않은 것은? 기출 변형

① 만 18세 이상 누구나 지원 가능하며, 장애인의 문화, 예술, 여가, 체육활동 등을 지도하는 사람을 말한다.
② 장애유형에 따른 운동방법 등에 대한 지식을 갖추고 자격 종목에 대하여 장애인을 대상으로 전문체육이나 생활체육을 지도하는 사람을 말한다.
③ 2급 장애인스포츠지도사는 자격검정에 합격하고 연수과정을 이수한 사람으로 한다.
④ 2급 연수과정은 인지, 정서 장애인, 지체장애인, 시·청각장애인의 특성에 따른 스포츠지도를 포함하고 있다.

20 제8회 서울패럴림픽대회 이후의 변화가 아닌 것은?

① 대한장애인체육회 설립
② 이천훈련원 건립
③ 평창 동계패럴림픽대회 개최
④ 전국장애인체육대회 개최 시작

유아체육론

01 누리과정에서 제시한 유아체육의 목표에 해당하지 않는 것은?

① 원시반사에 의존하여 자극에 반응하게 한다.
② 신체 각 부분의 명칭을 알고 움직임에 관심을 가지게 한다.
③ 신체 각 부분의 움직임을 조절해보며, 눈과 손을 협응하여 소근육을 조절한다.
④ 자신과 다른 사람의 운동능력의 차이를 이해하며 친구와 함께 신체활동에 참여한다.

02 〈보기〉에서 유아기의 운동 효과에 해당하는 내용으로만 묶인 것은?

보기
㉠ 운동기능 발달	㉡ 사회성 촉진
㉢ 원시반사 촉진	㉣ 성조숙증 촉진
㉤ 정서 발달	㉥ 체력 발달

① ㉠, ㉢, ㉤
② ㉠, ㉣, ㉤
③ ㉡, ㉣, ㉥
④ ㉡, ㉤, ㉥

03 유아기 건강체력 발달에 대한 특징으로 적절하지 않은 것은?

① 최대 심박수는 성인기에 비해 높다.
② 유아기 1회 박출량은 성인기에 비해 높다.
③ 유아기 안정 시 호흡수는 성인기에 비해 높다.
④ 성장함에 따라 근력이 증가하고 근섬유도 굵어진다.

04 〈보기〉에서 설명하는 갤라휴(D. Gallahue)의 운동 발달 단계는?

보기
- 초보 움직임의 습득으로 전문화된 움직임을 위한 준비 기간이다.
- 걷기, 달리기, 던지기 등의 기본동작을 적절하게 발달시켜야 한다.
- 육체·정신적으로 발달이 왕성한 시기이므로 놀이 위주의 신체활동이 필요하다.

① 기본 움직임 단계
② 전문화된 움직임 단계
③ 초보 움직임 단계
④ 반사 움직임 단계

05 유아체육 지도자의 역할로 적절하지 않은 것은?

① 호기심을 자극하고, 반응에 관심을 보이며 지도한다.
② 이기는 것이 제일 중요하다는 것을 강조하며 지도한다.
③ 주제와 장소를 고려하여 적절한 장비를 선택하며 지도한다.
④ "해보자!", "해보지 않겠니?" 등의 권유형 언어를 사용하여 지도한다.

06 〈보기〉에서 운동기술체력 요소와 운동능력이 적절한 것으로 바르게 묶인 것은?

보기
㉠ 협응력 – 상대방에게 공을 던지고 받는 능력
㉡ 유연성 – 무릎을 펴고 몸을 앞으로 굽히는 능력
㉢ 순발력 – 제자리에서 모둠발로 점프하여 멀리 뛰는 능력
㉣ 민첩성 – 오래달리기를 하며 속도를 오랫동안 유지하는 능력

① ㉠, ㉡
② ㉡, ㉣
③ ㉠, ㉢
④ ㉢, ㉣

07 〈보기〉의 괄호 안에 들어갈 알맞은 용어는?

보기
( )은 날아오거나 굴러오는 물체에 힘을 가해서 정지시키거나 속도를 줄이는 운동으로 잡기, 받기, 볼 멈추기 운동 등이 포함된다.

① 정적(static) 안정성 운동
② 추진(propulsive) 조작 운동
③ 흡수(absorptive) 조작 운동
④ 동적(dynamic) 안정성 운동

08 〈보기〉에서 설명하는 유아기 발달이론은?

보기
다양한 속도로 날아오는 공을 때리는(striking) 경험은 도식(schema)의 변화를 유도하여 때리기 동작을 점차 발달시킨다.

① 피아제(J. Piaget)의 인지발달이론
② 프로이드(S. Freud)의 정신분석이론
③ 에릭슨(E. Erickson)의 심리사회발달이론
④ 하비거스트(R. J. Havighurst)의 환경이론

09 〈보기〉에서 설명하는 유아체육 프로그램의 기본원리는?

보기
- 신체조정능력과 판단력이 완전히 발달되지 않은 유아에게 우선적으로 고려해야 할 원리이다.
- 자신의 능력을 과대평가하는 아동의 성향을 고려한 운동환경을 마련한다.
- 우발적 사고에 대한 부모나 지도자의 올바른 인식이 중요하다.

① 연계성의 원리   ② 방향성의 원리
③ 안전성의 원리   ④ 주도성의 원리

10 아래의 ㉠, ㉡에 들어갈 유아기 발달 이론이 바르게 묶인 것은?

보기

발달이론	내용
(㉠)	• 발달단계에 이르게 되는 결정적인 힘은 개체가 가진 유전적 요인에 전적으로 의존한다는 관점이다. • 유아가 발달 준비가 되었을 때, 성인의 개입을 최소화하고 자신의 발달수준에 적합한 활동을 스스로 선택하도록 한다.
(㉡)	• 최근 대두되는 관점으로, 인간이 생물로서 다양한 환경에 적응하는 것을 발달적 관점에서 연구하는 이론이다. • 유아의 행동을 미시체계, 메소체계, 엑소체계, 거시체계의 개념으로 나누어 연구한다.

	㉠	㉡
①	성숙주의 (A. Gesell)	심리사회발달 이론 (E. Erikson)
②	성숙주의 (A. Gesell)	생태학적 이론 (U. Bronfenbrenner)
③	인지주의 (J. Piaget)	생태학적 이론 (U. Bronfenbrenner)
④	인지주의 (J. Piaget)	심리사회발달 이론 (E. Erikson)

11 〈보기〉에서 설명하는 유아체육의 지도 원리는?

보기
- 대근육 운동능력 중 안정과 이동의 기초운동기술, 협응과 균형의 운동능력, 공간과 방향의 지각-운동능력 발달이 이루어지도록 한다.
- 과거 경험, 현재 흥미의 고려는 물론 다양한 문화적 경험을 할 수 있도록 한다.

① 통합의 원리   ② 개별화의 원리
③ 반복학습의 원리   ④ 탐구학습의 원리

12 ⟨보기⟩에서 설명하는 기초이동 운동능력은?

> **보기**
> - 모든 구간에서 체중 이동이 자연스러움
> - 체중 이동이 이루어지는 동안 팔의 움직임이 줄어듦
> - 호핑 구간 동안 지지하는 다리의 발이 지면 가까이 있음

① 리핑(leaping)
② 겔로핑(galloping)
③ 슬라이딩(sliding)
④ 스키핑(skipping)

13 아래의 ㉠, ㉡에 들어갈 갤라휴(D. Gallahue)의 운동발달 단계로 바르게 묶인 것은?

단계	내용
(㉠)	• 움직임은 일상생활, 기본 스포츠 기술, 레크리에이션 분야 등에 응용되고, 세련된 활동이 가능하다. • 기술 발달의 시작과 정도는 다양한 과제요인, 개인요인, 환경요인에 의해 좌우된다.
(㉡)	• 수행이 역학적 효율성을 가지며, 5~6세 유아의 움직임 기술에 해당된다. • 움직이는 물체를 추적하는 정교한 시각운동과 신체의 움직임 등은 완전히 발달하지 않는다.

	㉠	㉡
①	전문화된 움직임	초보 움직임
②	전문화된 움직임	기본 움직임
③	기본 움직임	초보 움직임
④	기본 움직임	전문화된 움직임

14 유아의 지각운동발달 요소와 설명이 적절하지 <u>않은</u> 것은?

① 공간지각 - 높이가 다른 뜀틀 넘기를 한다.
② 시간지각 - 음악에 맞추어 율동 동작을 한다
③ 시간지각 - 다양한 속도로 날아오는 야구공을 받는다.
④ 공간지각 - 신체 각 부분의 명칭과 근육의 긴장과 이완을 이해한다.

15 ⟨보기⟩에서 설명하는 반사의 종류는?

> **보기**
> - 신생아에게 나타날 수 있는 자세반사로서 중력반사라고도 한다.
> - 자세 유지를 위해 나타나며, 생후 10개월 이후에도 나타난다.
> - 아기를 뒤에서 안아 상체를 아래로 내리면 손을 앞으로 뻗고 손바닥을 펴 자신을 보호하려 한다.
> - 추락에 대한 보호반응이다

① 모로반사(Moro reflex)
② 당김반사(Pull-up reaction)
③ 낙하산반사(Parachute reaction)
④ 바빈스키반사(Babinski reflex)

16 ⟨보기⟩의 대화에서 지도자가 활용한 유아체육 교수방법은?

> **보기**
> 지도자 : 제자리에서 공을 앞으로 멀리 던져볼까?
> 아동 : 어떻게 하면 공을 멀리 보낼 수 있어요?
> 지도자 : 공을 던지는 팔은 뒤로 하고 반대쪽 발은 앞으로 나가야 해.
> 아동 : 그럼 몸통도 같이 돌아가요. 손을 뒤로 많이 하니까 공이 더 멀리 가요.
> 지도자 : 멋진 걸 발견했구나!

① 결과 중심 교수방법
② 교사 주도적 교수방법
③ 유아 주도적 교수방법
④ 유아-교사 상호 주도적·통합적 교수방법

17 3~4세 유아의 체육활동에서 진행 통제가 어려운 경우 지도자의 역할로 적절하지 않은 것은?

① 경쟁과 결과를 강조하는 진행자 역할
② 서로 다투는 유아를 위한 중재자 역할
③ 뜀틀을 무서워하는 유아의 수행을 위한 보조자 역할
④ 언어적 지시를 이해하지 못하는 유아에게 시범을 보여주는 안내자 역할

18 유아기의 심리적 특성을 고려한 지도방법으로 적절하지 않은 것은?

① 차례를 오래 기다리지 않도록 한다.
② 복잡한 운동을 지속적으로 반복한다.
③ 규칙과 약속을 잘 지킬 수 있도록 한다.
④ 활동이 정적 위주로 진행되지 않도록 한다.

19 유아가 외상으로 머리를 다쳤을 때, 일반적으로 나타나는 증상으로 적절하지 않은 것은?

① 먹은 것을 내뿜듯이 토한다.
② 평소보다 잠의 양이 눈에 띄게 늘어난다.
③ 식욕이 왕성해지고 신체활동량이 증가한다.
④ 평소와 달리 아이가 늘어지거나 칭얼거리며 보챈다.

20 유아기 운동발달의 방향성에 대한 특징으로 적절하지 않은 것은?

① 중심에서 말초로 발달한다.
② 전면에서 후면으로 발달한다.
③ 대근육에서 소근육으로 발달한다.
④ 머리(위)에서 발가락(아래)으로 발달한다.

노인체육론

01 노화의 특성으로 적절하지 않은 것은?

① 노화는 생물학적 노화, 심리적 노화, 사회적 노화의 과정을 포함한다.
② 생물학적 노화는 모든 사람에게 보편적으로 일어나는 것이다.
③ 노화의 속도와 기능 저하의 정도는 개인차가 존재한다.
④ 신체적, 심리적, 사회적인 발달과정이 종료된다.

02 노화로 인한 근골격계 변화로 적절하지 않은 것은?

① 근육량의 변화로 근력과 근파워는 증가한다.
② 골대사의 변화로 뼈의 밀도와 질량이 감소한다.
③ 관절 움직임의 제한으로 낙상 위험이 증가한다.
④ 관절가동범위의 감소는 평형성과 안정성 상실을 초래한다.

03 노인의 운동참여 시 목표설정 방법으로 적절하지 않은 것은?

① 구체적인 목표를 설정한다.
② 측정 가능한 목표를 설정한다.
③ 도전성이 높은 목표를 설정한다.
④ 성취 가능성을 고려해서 목표를 설정한다.

04 관절염 노인의 운동에 대한 설명으로 가장 적절한 것은?

① 운동강도는 통증 정도를 고려하여 설정한다.
② 수중운동은 운동형태로 적합하지 않다.
③ 염증 부위의 운동강도를 증가시킨다.
④ 고강도 유산소성 운동을 권장한다.

05 노인이 운동참여로 얻을 수 있는 신체적 이점으로 적절하지 <u>않은</u> 것은?

① 안정 시 호흡빈도 감소와 폐활량 증가
② 혈관 확장과 말초혈관의 저항성 증가
③ 반응시간의 단축과 협응력 향상
④ 근육량과 뼈의 강도 증가

06 〈보기〉에서 체력요소별 정의로 바르게 묶인 것은?

> 보기
> ㉠ 순발력 – 짧은 시간 동안 신체의 방향을 빠르게 전환하는 능력
> ㉡ 민첩성 – 최대한 빠르고 멀리 신체를 이동시키는 능력
> ㉢ 근지구력 – 동일한 근수축 운동을 반복적으로 수행할 수 있는 능력
> ㉣ 심폐지구력 – 긴 시간 동안 지속적으로 전신활동을 수행할 수 있는 능력

① ㉠, ㉡
② ㉠, ㉢
③ ㉡, ㉣
④ ㉢, ㉣

07 지도자가 노인의 운동을 중지시켜야 할 조건으로 적절하지 <u>않은</u> 것은?

① 급격하게 혈압이 상승할 때
② 참여자가 운동 중단을 요구할 때
③ 호흡곤란 및 하지경련이 발생할 때
④ 운동강도에 따라 심박수가 증가할 때

08 〈보기〉의 기능을 평가하기 위한 리클리와 존스(Rikli & Jones)의 노인체력검사(Senior Fitness Test : SFT)의 검사항목은?

> 보기
> • 버스 타고 내리기
> • 빨리 일어나서 전화 받기
> • 욕조에 들어가고 나오기
> • 자동차나 다른 물체로부터 신속하게 몸 피하기

① 덤벨 들기
② 2분 제자리 걷기
③ 2.44m 왕복 걷기
④ 의자 앉아 앞으로 굽히기

09 비만 노인의 운동방법에 대한 일반적인 설명으로 적절하지 <u>않은</u> 것은?

① 심폐지구력과 함께 근력운동을 권장한다.
② 규칙적 유산소운동으로 체지방율을 감소시킨다.
③ 비체중부하운동보다는 체중부하운동을 권장한다.
④ 운동강도 설정 방법으로 최대심박수(HRmax)보다는 운동자각도(RPE)를 권장한다.

10 〈보기〉는 생물학적 노화이론에 대한 설명이다. ㉠, ㉡에 들어갈 용어를 바르게 나열한 것은?

> **보기**
> - (㉠) : 분자들이 서로 엉켜서 조직이 탄력성을 잃고 세포 내·외부로의 영양소와 화학적 전달물질 교환을 방해하는 현상
> - (㉡) : 신체기관도 기계처럼 오래 사용하면 기능이 약화되고 정지되는 것처럼 점진적으로 퇴화되는 현상

	㉠	㉡
①	신체적변이이론 (somatic mutation theory)	면역반응이론 (immune reaction theory)
②	교차결합이론 (cross-linkage theory)	사용마모이론 (wear and tear theory)
③	신체적변이이론 (somatic mutation theory)	사용마모이론 (wear and tear theory)
④	교차결합이론 (cross-linkage theory)	면역반응이론 (immune reaction theory)

11 〈보기〉는 노인의 유연성 운동형태에 대한 설명이다. ㉠, ㉡에 들어갈 용어를 바르게 나열한 것은?

> **보기**
> - (㉠) : 해당 근육군(muscle group)과 건(tendon)에 등척성 수축을 일으킨 후, 같은 근육군을 정적으로 스트레칭하는 방법
> - (㉡) : 하나의 신체 부위에서 다른 신체 부위로 자세를 반복적으로 바꾸어 관절가동범위를 점진적으로 증가시키는 방법

① ㉠ 탄성 스트레칭(bouncing stretching)
  ㉡ 동적 스트레칭(dynamic stretching)

② ㉠ 고유수용성 신경근촉진(proprioceptive neuromuscular facilitation)
  ㉡ 정적 스트레칭(static stretching)

③ ㉠ 탄성 스트레칭(bouncing stretching)
  ㉡ 정적 스트레칭(static stretching)

④ ㉠ 고유수용성 신경근촉진(proprioceptive neuromuscular facilitation)
  ㉡ 동적 스트레칭(dynamic stretching)

12 낙상 위험 노인을 위한 일반적인 운동지침으로 적절하지 않은 것은?

① 사회적 지원, 자기효능감과 같은 행동전략을 활용한다.
② 발끝서기와 같은 자세유지 근육운동을 권장한다.
③ 고강도 운동에서 저강도 운동으로 진행한다.
④ 신경근운동과 함께 평형성 운동도 권장한다.

13 치매 노인의 신체활동 효과 및 운동지침으로 가장 적절한 것은?

① 중증 치매 노인의 경우, 그룹운동이 개별운동보다 더 효과적이다.
② 단순하고 반복적인 운동보다는 복잡하고 새로운 운동을 권장한다.
③ 뇌에 산소공급량을 감소시키고 신경세포 활성에 도움을 준다.
④ 지도자나 보호자를 동반하여 운동을 실시한다.

14 노인의 운동 중 발생한 손상에 대한 지도자의 응급처치로 가장 적절한 것은?

① 의식이 있는 경우, 환자의 동의를 구해야 한다.
② 척추 손상 시에는 즉시 척추를 바로잡아 이동시킨다.
③ 손상 부위를 심장보다 낮게 하여 피를 말단 쪽으로 쏠리게 한다.
④ 타박상으로 부종이 생긴 경우, 온찜질을 냉찜질보다 먼저 실시한다.

15 〈보기〉에서 노인 운동의 심리적 효과에 해당하는 내용으로 묶인 것은?

> 보기
> ㉠ 스트레스 및 불안 감소　㉡ 사회적 통합
> ㉢ 긍정적인 기분전환　　　㉣ 우울증 감소
> ㉤ 신체기능 향상

① ㉠, ㉡, ㉢　　② ㉠, ㉢, ㉣
③ ㉡, ㉢, ㉣　　④ ㉢, ㉣, ㉤

16 노인의 체력요소와 이를 향상시키는 운동방법이 바르게 연결된 것은?

① 심폐지구력 – 고정식 자전거 타기
② 유연성 – 덤벨 들고 앉았다 일어서기
③ 협응성 – 의자 잡고 옆으로 한발 들기
④ 평형성 – 의자에 앉아서 등 굽혔다 펴기

17 ACSM(American College of Sports Medicine)에서 제시한 노인의 신체활동 권고지침으로 가장 적절한 것은?

① 운동자각도 7~8수준(10점 척도 기준)의 중강도 유산소운동을 한다.
② 근육의 긴장감이 느껴지는 정도의 정적 스트레칭을 한다.
③ 한 번에 최소 30분 이상의 중강도 유산소운동을 한다.
④ 빠른 움직임의 동적 스트레칭을 한다.

18 운동프로그램의 원리 중 '개별성의 원리(individualization principle)'에 대한 설명으로 적절한 것은?

① 훈련자극 및 강도를 지속적으로 증가시켜야 한다.
② 건강정도 및 체력수준을 고려하여 운동형태를 결정해야 한다.
③ 운동의 효과는 운동 중 사용한 특정 근육 및 부위에만 적용된다.
④ 신체의 기능 향상을 위해서는 특정운동 유형에 더 강한 부하를 주어야 한다.

19 노인의 만성질환에 따른 운동의 효과에 대한 설명으로 적절하지 않은 것은?

① 비만 노인은 체지방량이 감소되고 제지방량이 증가된다.
② 당뇨 노인은 혈당량이 감소되고 인슐린 감수성이 향상된다.
③ 골다공증 노인은 골밀도 감소가 개선되고 낙상이 예방된다.
④ 치매 노인은 기억력이 감소되고 인지력 저하가 개선된다.

20 〈보기〉에서 노인의 의사소통 방법이 적절한 것으로 묶인 것은?

> 보기
> ㉠ 공감하며 경청한다.
> ㉡ 분명하고 명확하게 말한다.
> ㉢ 한 번에 많은 정보를 전달한다.
> ㉣ 신체접촉을 사용하지 않는다.
> ㉤ 시각적 도구는 쉽게 읽을 수 있게 만든다.

① ㉠, ㉡, ㉤　　② ㉠, ㉡, ㉢
③ ㉡, ㉢, ㉣　　④ ㉡, ㉣, ㉤

PART 02

해설편

| 2025 기출문제 정답 및 해설
| 2024 기출문제 정답 및 해설
| 2023 기출문제 정답 및 해설
| 2022 기출문제 정답 및 해설
| 2021 기출문제 정답 및 해설
| 2020 기출문제 정답 및 해설
| 2019 기출문제 정답 및 해설

빠른 정답표

2025년

스포츠사회학

01	02	03	04	05	06	07	08	09	10	11	12	13	14	15	16	17	18	19	20
①	②	①	③	③	②	③	④	④	①	①	③	③	①	④	②	②	②	④	④

스포츠교육학

01	02	03	04	05	06	07	08	09	10	11	12	13	14	15	16	17	18	19	20
①	③	①	④	②	④	③	②	②	③	②	①	④	④	②	③	④	③	①	②

스포츠심리학

01	02	03	04	05	06	07	08	09	10	11	12	13	14	15	16	17	18	19	20
②	④	①	①	②	②	②	④	②	③	①	①	④	③	③	③	③	④	①	④

한국체육사

01	02	03	04	05	06	07	08	09	10	11	12	13	14	15	16	17	18	19	20
②	④	①	③	②	①	①	④	②	②	②	②	③	②	④	①	④	③	③	④

운동생리학

01	02	03	04	05	06	07	08	09	10	11	12	13	14	15	16	17	18	19	20
①	①	②	②	③	④	④	④	④	①	②	②	①	③	③	①	③	③	④	②

운동역학

01	02	03	04	05	06	07	08	09	10	11	12	13	14	15	16	17	18	19	20
④	①	②	④	①	②	②	①	③	③	②	③	②	④	③	④	④	③	①	②

스포츠윤리

01	02	03	04	05	06	07	08	09	10	11	12	13	14	15	16	17	18	19	20
②	③	②	③	①	①	②	①,②,③,④	①	③	①	④	②	④	④	②	④	②	③	②

특수체육론

01	02	03	04	05	06	07	08	09	10	11	12	13	14	15	16	17	18	19	20
④	①	④	④	③	③	④	①	④	①	①	③	②	②	④	②	④	③	②	①

유아체육론

01	02	03	04	05	06	07	08	09	10	11	12	13	14	15	16	17	18	19	20
②	②	③	③	④	③	①	③	④	①	①	④	④	④	③	①	①	②	②	②

노인체육론

01	02	03	04	05	06	07	08	09	10	11	12	13	14	15	16	17	18	19	20
④	①	④	②	③	③	①	③	④	①	②	③	④	④	②	②	①	③	③	①

2024년

스포츠사회학

01	02	03	04	05	06	07	08	09	10	11	12	13	14	15	16	17	18	19	20
④	①	④	③	③	①	④	②	①	②	①	③	②	④	④	④	③	②	①,③	②

스포츠교육학

01	02	03	04	05	06	07	08	09	10	11	12	13	14	15	16	17	18	19	20
①	④	③	②	②	④	③	①	②	④	③	①	④	②	③	②	①	①	④	①

스포츠심리학

01	02	03	04	05	06	07	08	09	10	11	12	13	14	15	16	17	18	19	20
②	①	②	③	③	③	①	③	①	④	②	③	③	④	①	①	③	②	④	④

한국체육사

01	02	03	04	05	06	07	08	09	10	11	12	13	14	15	16	17	18	19	20
②	②	③	①	④	①	①	③	③	③	①	④	②	④	④	①	④	③	②	④

운동생리학

01	02	03	04	05	06	07	08	09	10	11	12	13	14	15	16	17	18	19	20
②	③	①	④	④	①	④	④	②	③	②	②	①,③	④	③	③	①	①	①	②

운동역학

01	02	03	04	05	06	07	08	09	10	11	12	13	14	15	16	17	18	19	20
①,②,③,④	③	①	②	①	②	④	③	③	④	④	③	④	②,③	④	④	③	③	②	④

스포츠윤리

01	02	03	04	05	06	07	08	09	10	11	12	13	14	15	16	17	18	19	20
②	④	④	①	①	②	②	③	①	④	④	④	①,②,③,④	①	③	①	③	③	③	②

특수체육론

01	02	03	04	05	06	07	08	09	10	11	12	13	14	15	16	17	18	19	20
③	②	③	④	③	①	①	①,②,③,④	④	①,④	①	③	②	①	①	①,②,③,④	③	①	②,③	③

유아체육론

01	02	03	04	05	06	07	08	09	10	11	12	13	14	15	16	17	18	19	20
④	①	④	②	③	③	④	②	①	④	④	②	①	③	③	④	①	②	④	

노인체육론

01	02	03	04	05	06	07	08	09	10	11	12	13	14	15	16	17	18	19	20
②	④	④	③	①	③	①	③	④	③	②	②	④	④	③	①	②	①	①,②,③,④	②

빠른 정답표

2023년

스포츠사회학

01	02	03	04	05	06	07	08	09	10	11	12	13	14	15	16	17	18	19	20
①	②	①	②,③,④	③	①	④	②	②	③	②	①	②	③	①	④	④	③	④	①,②,③,④

스포츠교육학

01	02	03	04	05	06	07	08	09	10	11	12	13	14	15	16	17	18	19	20
①	③	①	④	④	②	③	②	①	②	③	①	④	④	①	②	③	②	④	③

스포츠심리학

01	02	03	04	05	06	07	08	09	10	11	12	13	14	15	16	17	18	19	20
③	①	④	④	④	③	②	④	②	①	②	③	②	①	①	①	②	③	①	④

한국체육사

01	02	03	04	05	06	07	08	09	10	11	12	13	14	15	16	17	18	19	20
④	①	③	④	②	②	②	③	①	①	④	③	③	②,③	①	④	③	②,④	④	①

운동생리학

01	02	03	04	05	06	07	08	09	10	11	12	13	14	15	16	17	18	19	20
②	①	④	①	③	④	④	①	②	③	③	①	②	②	②	②	②	①	④	④

운동역학

01	02	03	04	05	06	07	08	09	10	11	12	13	14	15	16	17	18	19	20
④	②	①	④	①	④	②	③	④	①	①	③	①	③	②	④	②	③	②	③

스포츠윤리

01	02	03	04	05	06	07	08	09	10	11	12	13	14	15	16	17	18	19	20
①	③	①	③	②	②	④	④	①	①	③	②	②	③	①	②	②	③	④	④

특수체육론

01	02	03	04	05	06	07	08	09	10	11	12	13	14	15	16	17	18	19	20
①,②	④	③	④	③	①	①	④	②	①	④	②	③	④	①,③	②	③	④	①	②

유아체육론

01	02	03	04	05	06	07	08	09	10	11	12	13	14	15	16	17	18	19	20
④	③	①	④	③	①	④	①	②	④	③	①	④	①	②	②	②	③	③	②

노인체육론

01	02	03	04	05	06	07	08	09	10	11	12	13	14	15	16	17	18	19	20
②	④	③	①	②	④	④	①	③	④	④	③	③	③	③	①	③	④	③	③

2022년

스포츠사회학

01	02	03	04	05	06	07	08	09	10	11	12	13	14	15	16	17	18	19	20
①	④	①	③	②	③	③	④	①	①	②	①	②	④	③	④	②	④	③	②

스포츠교육학

01	02	03	04	05	06	07	08	09	10	11	12	13	14	15	16	17	18	19	20
①	③	③	④	③	④	④	①	②	②	②	①	①,④	④	③	④	②	②	③	①

스포츠심리학

01	02	03	04	05	06	07	08	09	10	11	12	13	14	15	16	17	18	19	20
①	③	③	④	①	③	①	③	④	④	①	②	④	④	②	②	①	②	③	④

한국체육사

01	02	03	04	05	06	07	08	09	10	11	12	13	14	15	16	17	18	19	20
④	③	②	④	②	①	④	④	③	③	①	①	②	①	①	①	④	②	③	③

운동생리학

01	02	03	04	05	06	07	08	09	10	11	12	13	14	15	16	17	18	19	20
①	④	③	③	①	②	③	②	④	③	②	②	④	①	②	①	①	③	④	②

운동역학

01	02	03	04	05	06	07	08	09	10	11	12	13	14	15	16	17	18	19	20
④	③	②	③	③	④	②	①	③	①	②	①	④	②	②	④	④	④	③	③

스포츠윤리

01	02	03	04	05	06	07	08	09	10	11	12	13	14	15	16	17	18	19	20
④	③	①,②,③	①	②	①	②	③,④	①	④	①	②	②	④	②	③	③	③	①	④

특수체육론

01	02	03	04	05	06	07	08	09	10	11	12	13	14	15	16	17	18	19	20
④	②	③	①	①	①	④	②	④	④	①	④	③	①	④	①	①	④	③	②

유아체육론

01	02	03	04	05	06	07	08	09	10	11	12	13	14	15	16	17	18	19	20
①	①	④	③	①	②	②	③	①	②	④	③	②	④	③	④	①	④	④	②

노인체육론

01	02	03	04	05	06	07	08	09	10	11	12	13	14	15	16	17	18	19	20
①	③	④	②	①	③	③	②	④	①	②	③	④	①	②	④	②	①	④	③

빠른 정답표

2021년

스포츠사회학

01	02	03	04	05	06	07	08	09	10	11	12	13	14	15	16	17	18	19	20
②	①	④	②	④	②	④	③	①	③	①	③	①	③	④	②	②	③	①	④

스포츠교육학

01	02	03	04	05	06	07	08	09	10	11	12	13	14	15	16	17	18	19	20
③	①	①	②	④	②	②	③	④	③	①	②	②	③	④	③	①	④	④	①

스포츠심리학

01	02	03	04	05	06	07	08	09	10	11	12	13	14	15	16	17	18	19	20
④	④	①	②	①	③	④	③	②	③	③	①	②	②	③	②	④	③	④	①

한국체육사

01	02	03	04	05	06	07	08	09	10	11	12	13	14	15	16	17	18	19	20
②	①	②	④	③	①	②	②	②	④	①	④	④	①	①	④	③	①	②	③

운동생리학

01	02	03	04	05	06	07	08	09	10	11	12	13	14	15	16	17	18	19	20
④	③	①	②	②	②	①	③	②	①	①	④	①	①	④	③	②	④	①	④

운동역학

01	02	03	04	05	06	07	08	09	10	11	12	13	14	15	16	17	18	19	20
②	①	③	②	③	②	②	④	③	②	①	②	①	②	①	①	④	②	①	③

스포츠윤리

01	02	03	04	05	06	07	08	09	10	11	12	13	14	15	16	17	18	19	20
②	①	④	④	③	③	②	④	④	③	②	①	③	②	①	②	④	③	①	①

특수체육론

01	02	03	04	05	06	07	08	09	10	11	12	13	14	15	16	17	18	19	20
③	②	②	①	③	①	①	④	①	②	④	①	④	③	②	②	④	②	②	①

유아체육론

01	02	03	04	05	06	07	08	09	10	11	12	13	14	15	16	17	18	19	20
④	①	①	③	②	④	①	①	①	②	④	④	③	②	④	③	④	①	④

노인체육론

01	02	03	04	05	06	07	08	09	10	11	12	13	14	15	16	17	18	19	20
③	①	④	④	②	③	③	②	①	②	③	②	①,②,③,④	③	③	②	④	④	③	④

2020년

스포츠사회학

01	02	03	04	05	06	07	08	09	10	11	12	13	14	15	16	17	18	19	20
②	①	③	②	④	④	④	②	①	④	③	③	④	②	②	①	③	①	③	①

스포츠교육학

01	02	03	04	05	06	07	08	09	10	11	12	13	14	15	16	17	18	19	20
④	③	①	③	①	①	②	④	①	②	②	④	①	③	③	②	②	③	④	④

스포츠심리학

01	02	03	04	05	06	07	08	09	10	11	12	13	14	15	16	17	18	19	20
③	①	②	③	④	④	③	②	②	④	①	④	②	③	④	①	①	④	③	①

한국체육사

01	02	03	04	05	06	07	08	09	10	11	12	13	14	15	16	17	18	19	20
④	②	④	②	①	③	③	④	③	④	①	④	②	①	①	④	②	①	②	③

운동생리학

01	02	03	04	05	06	07	08	09	10	11	12	13	14	15	16	17	18	19	20
②	③	④	③	①	④	③	①	①	③	①	②	③	①	②	①	④	②	②	④

운동역학

01	02	03	04	05	06	07	08	09	10	11	12	13	14	15	16	17	18	19	20
①	①	④	④	①	①	④	①	③	③	③	④	④	②	③	②	④	②	③	③

스포츠윤리

01	02	03	04	05	06	07	08	09	10	11	12	13	14	15	16	17	18	19	20
①	①	③	②	③	④	③	②	④	①	②	④	②	①	④	②	④	④	①	③

특수체육론

01	02	03	04	05	06	07	08	09	10	11	12	13	14	15	16	17	18	19	20
④	④	②	③	①	③	②	③	③	③	③	④	④	①,③,④	④	②	②	①	③	①

유아체육론

01	02	03	04	05	06	07	08	09	10	11	12	13	14	15	16	17	18	19	20
②	①	③	③	④	④	②	①	③	③	④	②	③	②	①	①	②	④	③	④

노인체육론

01	02	03	04	05	06	07	08	09	10	11	12	13	14	15	16	17	18	19	20
①	②	③	④	①	③	④	③	③	④	②	②	③	④	④	④	①	②	①	④

2019년

스포츠사회학

01	02	03	04	05	06	07	08	09	10	11	12	13	14	15	16	17	18	19	20
④	①	②	②	④	②	①	③	①	②	③	①	②	③	①	③	③	④	④	④

스포츠교육학

01	02	03	04	05	06	07	08	09	10	11	12	13	14	15	16	17	18	19	20
②	①	④	③	②	①	③	①	④	④	④	④	③	②	①	④	①	③	③	②

스포츠심리학

01	02	03	04	05	06	07	08	09	10	11	12	13	14	15	16	17	18	19	20
①	①	①	①	①	②	②	①	④	④	④	③	①	③	②	④	①	②	①	③

한국체육사

01	02	03	04	05	06	07	08	09	10	11	12	13	14	15	16	17	18	19	20
④	③	④	③	①	③	①	②	④	①	③	③	③	①	②	④	②	②	①	②

운동생리학

01	02	03	04	05	06	07	08	09	10	11	12	13	14	15	16	17	18	19	20
③	④	②	③	④	③	①	①	②	③	④	②	②	④	①	④	④	②	②	①

운동역학

01	02	03	04	05	06	07	08	09	10	11	12	13	14	15	16	17	18	19	20
③	③	④	④	③	③	④	①	④	④	④	②	②	②	①	④	④	①	①	③

스포츠윤리

01	02	03	04	05	06	07	08	09	10	11	12	13	14	15	16	17	18	19	20
③	②	③	①	②	①	②	③	④	①	④	④	①	④	④	①	③	④	②	④

특수체육론

01	02	03	04	05	06	07	08	09	10	11	12	13	14	15	16	17	18	19	20
①	③	④	②	③	③	③	①	④	①	②	④	②	④	④	③	②	①	①	④

유아체육론

01	02	03	04	05	06	07	08	09	10	11	12	13	14	15	16	17	18	19	20
①	④	②	①	②	③	①	③	②	①	④	②	④	④	③	④	①	②	③	②

노인체육론

01	02	03	04	05	06	07	08	09	10	11	12	13	14	15	16	17	18	19	20
④	①	③	①	②	④	③	③	②	④	③	④	①	②	①	②	①	②	④	①

2025 기출문제 정답 및 해설

스포츠사회학

01	02	03	04	05	06	07	08	09	10
①	②	①	③	③	②	③	④	④	①
11	12	13	14	15	16	17	18	19	20
①	③	③	①	④	②	②	②	④	④

01 스포츠 사회학 주요 연구 영역   답 ①

스포츠 사회학은 스포츠와 사회의 관련성에 초점을 둔 사회학의 하위 분야로 인간의 행위 및 상호작용 등을 연구하여 사회적 법칙 등을 발견한다. 따라서 스포츠 기능 향상의 심리적 기전을 연구한다는 것은 옳지 않다.

02 스포츠의 교육적 기능   답 ②

스포츠는 사회활동을 격려하고, 사회화를 촉진하며 장애인의 적응력을 배양하고 여권신장을 통한 사회 선도 등의 순기능이 있다. 승리지상주의는 스포츠 교육의 역기능에 해당한다.

03 미디어스포츠 수용자의 욕구 유형   답 ①

게임의 과정 및 결과에 대한 지식이나 정보를 검색하고 선수 및 팀에 관한 통계적 지식 등을 확인하는 욕구는 인지적 욕구에 해당한다.

【오답해설】
② 도피적 욕구 : 불안, 초조, 욕구불만, 좌절 등의 감정을 정화하려는 욕구

04 지역사회와 스포츠   답 ③

국제 스포츠 이벤트를 통해 지역사회나 국가의 명성을 고취시킬 수 있으며 시민들의 건강 및 체력을 유지할 수 있다. 또한 국가 및 지역사회의 경제발전을 도모할 수 있으며 정체성과 소속감을 증진시킬 수 있다. 따라서 지역사회 구성원의 문화 정체성이 약화된다는 ③은 적절하지 않다.

05 미래 스포츠의 변화 전망   답 ③

미래에는 평균수명의 증가로 고령층의 스포츠 참여 인구와 중요성 모두 증가한다. 또한 정보 기술의 발달로 스포츠 관람 형태와 참여 형태가 다양해진다. 마지막으로 다양한 신소재의 개발 등과 같이 스포츠 과학의 발달로 프로스포츠에서는 스포츠과학이 더 중요해질 것이다.

06 미래 스포츠의 변화 전망   답 ②

투민은 스포츠 계층을 사회성, 다양성, 보편성, 역사성, 영향성의 5가지로 분류하였다. 이 중 영향성은 스포츠 계층이 일반 사회 계층에 영향을 받는다는 것으로 'ㄱ'에 해당되는 내용이다. 베블런의 '유한계급론'은 상류층의 과시적 소비 현상을 예리하게 분석하고 비판한 경제학의 이론으로, 'ㄴ'의 내용을 설명할 수 있는 이론이다.

> **Tip**
> **베블런의 유한계급론**
> 유한계급은 영어로 leisure class인데, 이는 말 그대로 노는 계급, 여가를 즐기는 계급이라는 뜻이며, 과시소비를 하는 계급을 말한다. 이때 과시소비란 재화를 구입하는 목적이 그 재화를 사용하여 효용을 얻기 위함이 아니라, 그 재화를 바라보는 타인의 시선에서 만족을 얻거나 타인에게 자신의 부와 지위를 강조하기 위한 목적으로 소비하는 형태이다. 이 계급은 낮은 가격의 상품을 소비하지 않고 남들과 대비되어 우월감을 얻기 위해 고가의 사치재를 소비한다. 때문에 사치재는 가격이 높아질수록 잘 팔리게 된다.

07 스포츠와 미디어의 이해   답 ③

월드컵이나 올림픽과 같이 대중의 주목을 받는 스포츠를 중계함으로써 미디어의 보급 및 확산에 기여하였고 미디어 기술이 발달할 수 있게 하였다.

【오답해설】
ㄱ, ㄹ. 스포츠 용구의 변화나 스포츠 관람 인구의 증가, 스포츠 활동이 생활의 일부로 확산된 것은 미디어가 스포츠에 미친 영향이다.

08 스포츠 사회학   답 ④

상징적 상호작용론은 사회적 현상을 개인의 상호작용과 상호작용 속에서 형성되는 상징적 의미에 주목하여 설명하는 이론으로, 미시적 관점의 이론이다. 이 이론은 인간이 사회구조 및 제도에 대해 능동적으로 사고하며 행동한다고 보고 있으며 스포츠 참여 과정과 하위 문화 특성에 관심을 가진다.

【오답해설】
① 갈등이론은 사회의 본질을 경쟁과 갈등 관계로 보고 사회를 희소자원을 두고 경쟁하는 사람들의 집합체로 규정한다.
② 비판이론은 사회를 각자의 이익을 위한 타인과 끊임없이 경쟁하는 장으로 규정한다.
③ 구조기능주의는 사회가 본질적으로 상호 관련되고 상호 의존적인 제도로 구성되어 있으며 전체 사회 안정에 기여한다고 보는 이론이다.

09 스포츠와 국제정치 답 ④

1995년에 열린 럭비월드컵경기대회는 개최국 남아프리카공화국에겐 첫 월드컵으로 남아공의 인종차별과 인종 간 갈등 해소라는 중요한 가치를 갖고 있는 대회이다. 따라서 아파르트헤이트(apartheid)에 대한 국제사회의 반발로 다수 국가의 보이콧이 발생했다는 설명은 옳지 않다.

> **Tip**
> **아파르트헤이트(Apartheid)**
> 남아프리카 공화국의 비(非)백인에 대한 분리와 차별정책을 말한다.

10 스포츠 노동이주의 유형 답 ①

세방화(glocalization)는 세계화(世界化)를 의미하는 글로벌라이제이션(globalization)과 지방화(地方化)를 의미하는 로컬라이제이션(localization)의 합성어로서 세계화와 지방화의 장점을 서로 인정하고 발전시켜 나가는 일을 말한다. 'ㄱ'에서 A 스포츠 업체는 자신의 브랜드 정체성을 유지하면서 지역 문화를 이용한 광고를 제시하였으므로 세방화의 적절한 예이다. 'ㄴ'은 경제적 보상이 최고의 이주 결정 요인이며 경제적 보상을 위해 다시 이주할 수도 있는 용병형의 예이다.

> **Tip**
> **스포츠의 세계화 사례**
>
> | 세방화 (Glocalization) | 세계화와 지방화를 합친 말로 세계화와 지방화의 장점을 서로 인정하고 발전시켜 새로운 질서 체계로 나아가는 일 |
> |---|---|
> | 스포츠화 (Sportization) | 민속놀이가 현대 스포츠로 변모하는 현상 |
> | 미국화 (Americanization) | 여러 스포츠 및 문화가 미국으로 들어와 미국 국가에 동화됨으로써 문화, 가치관, 신념, 관습이 변화·공유되어가는 현상 |
> | 세계표준화 (Global Standardization) | 문화 및 국가에 따라 여러 가지로 분리된 것들을 공통된 기준을 정하여 이에 따라 표준화하려는 현상 |

11 스포츠 일탈 이론 답 ①

도피주의는 문화적 목표와 제도적 수단 모두를 포기하는 유형으로 'ㄱ'에 해당한다. 혁신주의는 금지된 수단으로 문화적 목표를 달성하려는 유형으로 'ㄴ'에 해당한다. 의례주의는 경기의 승패보다 규칙을 지키는 것이 중요하다고 판단하는 유형으로 'ㄷ'에 해당한다.

12 스포츠와 계층 이동 답 ③

'ㄷ'에서 프로배구 선수가 그의 부모님과는 다른 수입과 명성을 얻게 된 것은 세대 간의 이동으로 볼 수 있다. 세대 내 이동은 개인의 일생에서 생겨나는 사회·경제적인 지위의 변화로 경력이동이라고도 한다.

> **Tip**
> **사회이동의 유형**
> (1) 이동 방향 기준
>   ① 수직이동 : 종전의 계층적 지위에 대한 상하의 변화
>   ② 수평이동 : 계층적 지위의 변화가 일어나지 않으며 동일하게 평가되는 지위로 자리를 바꿈(A팀 주전에서 비슷한 실력의 B팀으로 비슷한 대우를 받고 옮기기)
> (2) 시간 간격 기준
>   ① 세대 간 이동 : 한 세대에서 다음 세대로 넘어가는 과정에 생겨나는 사회경제적 지위의 변화. 같은 가족 내에서 발생(부모보다 많은 수입, 높은 명예와 교육수준: 세대 간 상승이동)
>   ② 세대 내 이동 : 개인의 일생에서 생겨나는 사회·경제적 지위의 변화. 경력이동이라고도 함(후보로 입단 → 주전선수 → 은퇴 후 코치나 감독: 세대 내 상승이동)
> (3) 이동 주체 기준
>   ① 개인이동 : 개인의 능력과 노력에 입각해 사회적으로 상승 기회 실현 스포츠를 통한 사회이동의 대부분이 개인이동에 포함됨
>   ② 집단이동 : 유사한 조건을 갖추고 있는 집단이 특정한 계기를 통하여 단체로 이동하는 것(비교적 낮은 위치의 사회계층적 지위로 평가되던 운동선수가 프로스포츠 출범으로 부와 명성을 쌓고 지위가 높게 평가되는 것)

13 스포츠와 사회이론 답 ③

준거집단이론에서는 개인이 스스로가 동일화하는 특정한 집단의 규범에 따라 행동하고 판단한다고 보는 이론으로 집단의 규칙을 따르며 사회화가 이루어진다고 본다. 따라서 규칙을 따르지 않아도 사회화가 이루어진다고 설명한 것은 적절하지 않다.

14 스포츠사회학 연구 방법 답 ①

질적연구는 대상의 질적 측면에 주목하는 연구로 참여관찰, 심층면담, 민속 방법론, 대화 분석 등의 조사방법을 가리키는 개념이다. 따라서 ㉠에 들어갈 말로 적절하다. ㉡에 들어갈 말은 '선순환 모델'로 이 모델 이론은 엘리트 스포츠의 성과가 일반 시민의 스포츠 참가 촉진으로 이어지고 그렇게 형성된 자원 속에서 다시 일류 선수가 만들어진다는 것이다.

【오답해설】
④ 피라미드 모델: 스포츠 참여기반이 확대되면 그 확대된 토양에서 기량이 좋은 선수들이 배양되고 꼭대기에서 세계적인 수준의 선수가 배출된다고 가정하는 이론으로 생활 체육의 중요성을 강조하는 이론이다.

15 스포츠사회학의 의미　　답 ④

평등성은 스포츠 참여의 기회가 평등하게 주어지는 것을 말하며 'ㄱ'에 해당한다. 전문화는 포지션의 분화와 리그의 세분화 등 경기상 안팎으로 다양한 종류의 전문화된 역할이 존재하는 것으로 'ㄴ'에 해당한다. 세속화는 스포츠가 종교 및 종교적 믿음으로부터 분리되어 즐거움, 건강, 물질적 보상 등의 세속적 가치에 목적을 두는 것으로 'ㄷ'에 해당한다. 관료화는 관료에 의해 스포츠 규칙이 제정되고 경기가 조직적으로 운영되는 것으로 'ㄹ'에 해당한다.

16 스포츠 일탈 이론　　답 ②

〈보기〉의 사례에 해당하는 이론은 '낙인 이론'으로 이 이론은 특정인의 우연적이고 일시적인 미약한 일탈(일차적 일탈)이 다른 요인과 결합함으로써 타인이 해당 개인을 일탈자로 낙인찍고, 이렇게 낙인찍힌 개인은 일탈자로서의 자아를 형성, 점차 습관화되고 지속적인 일탈(이차적 일탈)을 저지르게 되는 것을 말한다.

17 상업주의와 스포츠　　답 ②

스태그플레이션(Stagflation)은 침체(stagnation)와 폭등(inflation)의 합성어로 경제 침체와 물가 상승이 동반되는 현상을 말하는 것으로 상업주의 스포츠 출현의 사회적·경제적 조건에 해당하지 않는다.

18 스포츠와 정치의 결합　　답 ②

〈보기〉의 내용은 전두환 정권 때 펼쳤던 3S 정책의 하나로, 스포츠를 이용하여 국민을 통치하기 용이한 방향으로 이끌어 현 체제의 유지·강화를 도모하는 '조작'의 방법에 속한다.

19 스포츠사회화 과정　　답 ④

스포츠로의 사회화는 스포츠에 참가하는 활동 자체를 의미하는 것이다. 이러한 경험에 영향을 받아 스포츠에 대한 개입 수준을 증가하거나 감소시키는 것으로 'ㄱ'에 해당한다. 스포츠로의 재사회화는 스포츠 참가를 중단했던 개인이 어떤 계기로 다시 복귀하여 재참가하는 것으로 'ㄴ'에 해당한다. 스포츠를 통한 사회화는 스포츠 참가와 활동을 통하여 가치나 역할, 태도를 학습해 가는 과정으로 'ㄷ'에 해당한다. 스포츠 탈사회화는 지속적으로 스포츠 활동을 하던 사람이 중간에 포기하거나 아예 그만둠으로써 지속적인 스포츠 참여에서 이탈하는 것으로 'ㄹ'에 해당한다.

20 스포츠로의 사회화　　답 ④

ㄱ에서 지영이는 부모님의 권유로 배드민턴을 시작하게 되었으므로 '가족'이 사회화 주관자이다. ㄴ에서 민수는 동네 주민센터에서 운영하는 농구 프로그램을 보고 등록하여 스포츠를 시작하게 되었으므로 이때의 사회화 주관자는 '지역사회'이다.

스포츠교육학

01	02	03	04	05	06	07	08	09	10
①	③	①	④	②	④	③	②	②	③
11	12	13	14	15	16	17	18	19	20
②	①	④	④	②	③	④	③	①	②

01 교육 프로그램 내용 선정 원리　　답 ①

좋은 교육 내용이더라고 실천 가능성이 없으면 선정하지 않는 것이 좋다. 교육 프로그램을 선정할 때에는 실천 가능성이나, 안정성, 효율성 등을 고려하여야 한다.

Tip
교육프로그램 내용 선정 원리
① 타당성의 원리 : 교육내용은 교육의 일반 목표 달성에 도움을 주는 것이어야 한다.
② 획일성의 원리 : 교육내용은 원칙적으로 참이어야 한다.
③ 중요성의 원리 : 학문을 토대로 교육내용을 선정할 때 학문을 구성하는 가장 본질적인 것을 교육내용으로 삼아야 한다.
④ 사회적 유용성의 원리 : 교육내용은 사회의 유지와 변혁에 도움을 주는 것이어야 한다.
⑤ 인간다운 발달의 원리 : 교육내용은 학생의 성장과 자아실현에 도움을 주는 것이어야 한다.
⑥ 흥미의 원리 : 교육내용은 학생들이 흥미를 가질 수 있는 내용이어야 한다.
⑦ 학습 가능성의 원리 : 학생들이 학습할 수 있는 내용을 선정해야 한다.

02 효과적인 과제 제시 방법　　답 ③

개념 자체를 그대로 전달하면 학생들을 쉽게 이해시킬 수 없다. 개념을 다른 것에 빗대어 설명하면 쉽게 이해할 수 있으므로 개념 자체를 그대로 전달하기보다는 은유나 비유를 사용하여 과제를 제시하는 것이 효과적이다.

Tip
효과적인 과제제시 방법
① 명확한 설명 : 과제의 목표, 방법, 규칙 등을 명확하게 설명해야 한다.
② 시범 제시 : 교사가 직접 시범을 보여 학생들의 이해를 돕는다.
③ 시각 자료 활용 : 그림, 사진, 동영상 등 시각자료를 활용한다.
④ 개별화 지도 : 학생의 수준에 맞게 난이도를 조절하여 과제를 제시하고 개인별 피드백을 제공한다.

03 평가의 실천적 측면 ①

문제에서 제시된 질문은 계획된 학습의 목표를 달성하기 위해 교육 프로그램 실시 이전에 학습자의 수준 및 상태를 파악하기 위한 것으로 진단평가에 해당한다. 진단평가는 교육 프로그램의 방향을 설정·수정하고 학습장애의 원인 및 정도의 파악에 도움이 된다.

Tip

진단평가	• 계획된 학습의 목표 달성을 위해 교육 프로그램 실시 이전에 학습자의 수준 및 상태를 파악하기 위한 평가 • 교육 프로그램의 방향을 설정·수정하고 학습장애의 원인 및 정도의 파악에 도움
형성평가	• 교육 프로그램 운영 중 이루어지는 과정 중심의 평가 • 학습자의 학습 동기를 유발 • 지도자에게는 프로그램 및 지도 방법을 수정하기 위한 기초자료로 활용
총괄평가	• 주어진 학습과정을 끝마친 후 학습목표의 달성도를 측정하기 위한 평가 • 학습 결과를 토대로 개인별·집단별 평가를 진행, 성적을 작성
임의평가	• 객관적 기준에 의한 측정이 아닌 교사의 주관적인 판단에 의한 해석·평가 • 객관적이고 체계적인 평가가 불가능
수행평가	• 학습자가 자신의 지식과 기능을 활용하여 과제를 수행하고 이를 평가하는 것 • 다양한 맥락에서 지식·기능을 보여주므로 다양한 과제와 상황을 제공하는 평가 유형 • 지도자의 평가뿐만이 아닌 상호평가, 자기평가 등의 평가 방법 활용이 가능
상대평가	• 집단 내의 상대적인 서열을 중심으로 이루어지는 평가 • 선발·분류·배치 등의 상황에서 유용하게 사용 • 규준지향평가
절대평가	• 사전에 설정된 학습목표를 준거로 하여 목표의 달성도를 평가 • 준거지향평가, 목표지향평가
개인내차평가	• 한 개인의 성취 정도를 종단적으로 추적·조사하여 평가 • 개인의 발전 상태를 진단하는 평가 방법 • 자기지향평가

04 생활스포츠 교육 프로그램 지도 원리 ④

프로그램의 다양화를 지향하고, 직접 참여와 간접 학습활동을 균형 있게 제공하며 총체적으로 체험할 수 있도록 하는 것은 통합성의 원리를 설명한 것이다.

【오답해설】
① 개별성 : 참가자의 욕구나 참가자 간의 개인차를 고려하여 지도하여야 한다.
② 자발성 : 참가자들이 자발적으로 참여할 수 있도록 유도하여야 한다.
③ 적합성 : 지도자의 창의적인 지도 활동을 적합하게 선정하여 지도한다.

05 지도내용의 전달 ②

〈보기〉의 내용은 확대형 과제를 설명하는 것으로 이는 과제의 난이도와 복잡성에 따른 점진적 발달에 관심을 가진다. 또한 복잡한 기술을 가르치기 전에 기능을 세분화하며 과제 내 발달과 과제 간 발달이 있다.

【오답해설】
① 시작형 : 기초적인 단계의 학습 과제
③ 세련형 : 기능의 질적 측면에 집중된 학습 과제
④ 응용형 : 학습한 기능을 실제 상황에서 활용할 수 있도록 하는 학습 과제

06 협동 학습 모형의 교수 전략 ④

〈보기〉의 내용은 학생 팀-성취 배분(student teams-achievement division) 모형이다. 이 모형은 학생을 비경쟁적 팀으로 나누어 동일한 학습 과제와 자원을 제공하여 2차에 걸친 연습을 수행하게 한다. 두 번의 시험에서 향상도에 따라 점수를 부여하고 개인별 점수는 발표되지 않으며 팀 점수만 발표되므로 팀 내 협동을 유도할 수 있다.

07 생활체육진흥법 ③

「생활체육진흥법」제6조(생활체육 진흥 기본계획의 수립 등)에서 문화체육관광부장관은 생활체육의 진흥을 위한 기본계획(이하 "기본계획"이라 한다)을 5년마다 수립·시행하여야 한다고 하였다. 따라서 10년마다 수립·시행해야 한다는 설명은 적절하지 않다.

08 링크의 교수 전략 ②

〈보기〉의 내용은 링크의 교수 전략 중 상호작용 교수(interactive teaching)를 말하는 것이다. 이 교수법은 교수자와 학습자 또는 학습자 간의 활발한 소통과 교류를 통해 학습 효과를 높인다.

09 모스턴(M. Mosston)의 교수 스타일 ②

모스턴(M. Mosston)의 교수 스타일에서 교수는 지도자와 학습자의 연속되는 의사 결정 과정을 전제로 하며 교수 스타일 구조는 과제 활동 전, 중, 후 결정군으로 구성된다. 또한 교수 스타일 A~E까지는 모방(reproduction)이 중심이 된다. 따라서 옳은 설명은 'ㄱ'과 'ㄹ'이다.

10 게임 수행 평가 도구　　정답 ③

게임 수행 점수는 $\dfrac{\text{적절한 행동 수}}{\text{적절한 행동 수 + 비적절한 행동 수}}$ 로 계산한다.

점수 이름	의사결정 점수	기술실행 점수	보조하기 점수	게임수행점수
다은	$\dfrac{3}{4}=0.75$	$\dfrac{3}{4}=0.75$	$\dfrac{3}{4}=0.75$	$\dfrac{2.25}{3}=0.75$
세연	$\dfrac{2}{4}=0.5$	$\dfrac{5}{5}=1$	$\dfrac{2}{4}=0.5$	$\dfrac{2}{3}=0.66$
유나	$\dfrac{2}{4}=0.5$	$\dfrac{2}{2}=1$	$\dfrac{2}{2}=1$	$\dfrac{2.5}{3}=0.83$

게임 수행 점수가 높은 순으로 나열하면 유나 → 다은 → 세연이 된다.

11 교수 스타일의 특성　　정답 ②

②는 모스턴의 수업 스타일 중 포괄형에 관한 설명으로 포괄형 스타일은 다양한 기술 수준에 있는 학습자가 자신들이 수행 가능한 난이도를 선택하고 참여한다. 지도자는 과제의 난이도를 선정하고 교과내용과 수업 운영 절차에 대한 의사결정을 수행한다. 학습자는 필요에 따라 과제 수준을 수정하고 평가 기준에 맞추어 자신의 수행을 점검한다.

Tip
모스턴(M. Mosston)의 교수 스타일
① 연습형 : 피드백이 주어진 기억·모방 과제를 학습자가 개별적으로 연습한다. 학습자는 9가지 특정 사항을 결정하는 한편, 기억·모방 과제를 개별적으로 수행한다.
② 포괄형 : 다양한 기술 수준에 있는 학습자가 자신의 수준을 인식하고 수행할 수 있는 난이도의 과제를 선택해 수업을 진행한다.
③ 자기점검형 : 학습자가 자신의 수행을 스스로 점검하고 교정하는 방식으로, 비교와 대조, 결론 도출 능력을 스스로 적용한다.
④ 상호학습형 : 학습자는 자기 동료와 함께 두 명이 짝을 이루며 움직임을 수행한다. 한 명은 주어진 과제를 수행하고, 다른 한 명은 즉각적이고 지속적인 피드백을 제공하는 관찰자의 역할을 맡는다.

12 스포츠 지도를 위한 교육 모형　　정답 ①

이해중심게임모형은 게임을 통해 게임 수행에 필요한 전술적 지식 및 게임 지능을 습득하는 교육모형이다. 모의 활동은 반드시 정식 게임을 대표하여야 하며 전술 기능 개발에 초점을 맞출 수 있도록 과장된 상황을 제공한다. 문제의 도표에서 ㉠에 들어갈 말은 '전술 이해(인지)'이고 ㉡에 들어갈 말은 '기술 연습'이다.

13 생활체육 프로그램 실천　　정답 ④

싱글 엘리미네이션(single elimination) 또는 녹아웃(knockout) 토너먼트는 패배한 팀은 탈락하고 승리한 팀끼리 다음 경기를 진행하는 방식이다. 따라서 ④의 내용은 적절하지 않다.

Tip
싱글 엘리미네이션(single elimination)
일반적으로 토너먼트라고 했을 때 가장 먼저 인식되는 대회 방식으로 복수의 참가자를 1:1로 배치하여 패자는 바로 탈락하고 승자는 다른 경기의 승자와 대결하는 방식이다.

14 국민체육진흥법　　정답 ④

〈보기〉의 ㄱ~ㄹ은 '학교 체육의 진흥을 위한 조치'의 내용으로 학생 체력 증진 및 체육활동 육성을 위한 학교의 역할에 모두 해당한다.

15 체계적 관찰 방법　　정답 ②

제시된 체계적 관찰 방법은 긍정적, 부정적, 교정적, 가치적 유형의 피드백에 관한 횟수를 기록한 것으로 지도자와 학생의 상호작용에 관한 기록을 간단히 측정할 수 있다. 따라서 ②의 설명은 적절하다.

【오답해설】
① 피드백에 관해 상세한 내용을 기록한 것이 아니므로 질적 정보를 얻기 위한 것으로는 볼 수 없다.
③ 시간 간격에 관해선 제시되지 않았으므로 적절하지 않다.
④ 교수-학습 시간에 대한 것은 제시되지 않았으므로 적절하지 않다.

16 스포츠교육의 지도 방법　　정답 ③

인지적 학습 영역은 역사, 전략, 규칙과 같은 개념과 원리를 말하는 것이다. ㄷ, ㄹ, ㅁ은 모두 인지적 영역이 1순위인 학습자이다.

【오답해설】
ㄱ : 직접 교수 모형에서의 학습자는 심동적 영역이 1순위이다.
ㄴ : 개별화 지도 모형에서의 학습자는 심동적 영역이 1순위이다.

17 스포츠 지도를 위한 교수기법　　정답 ④

수업에서 가장 기본적인 교사의 활동으로는 "내용(지도)행동"과 "운영(관리)행동"으로 구분할 수 있다. 내용행동으로는 과제 설명, 관찰, 연습 등이 있고 운영 행동으로는 학생 출석 확인, 공간 정리, 팀 구성, 용구 확인 등이 있다. 따라서 ㉠~㉤ 중 운영 시간에 해당하는 것은 ㉠, ㉣, ㉤이다.

18 효과적 관리 운영　　정답 ③

박 코치는 시범을 보여주는 동안 장난을 치는 C팀을 손가락으로 가리키며 저지하였다. 이는 온스타인과 레빈이 제시한 부정적 행동 관리 전략 중에서 '신호 간섭'에 해당한다.

Tip

온스타인(A. Ornstein)과 레빈(D. Levine)이 제시한 부정적 행동 관리 전략

신호 간섭	시선의 마주침, 손 움직임, 부주의한 행동을 감소시키는 교사 행동을 이용하는 것
접근 통제	방해 행동을 하는 학생에게 그 행동에 관심을 보이고 있다는 것을 전달하기 위해 교사가 가까이 접근하거나 접촉하는 것
긴장 완화	긴장을 완화시키는 유머를 활용하는 것
상규적 행동의 지원	스케줄, 과제 수업의 일상적 행동을 제공하는 일반적 수업 습관을 활용하는 것
유혹적 대상의 제거	운동 용구, 부주의나 파괴적 행동을 조장하는 것들을 치우는 것
비정한 제거	수업에서 파괴적인 행동을 하는 학생에게 심부름을 시켜 학습 장면에서 잠시 제외시키는 것
민주적 수업 운영	학습자가 무엇을 요구하는지 경청하고 그에 대한 다른 학습자의 의견을 구한 다음 체육 수업 운영을 민주적으로 운영하는 것

19 전문체육 프로그램 개발 및 실천 답 ①

마튼스(Martens)의 전문체육 프로그램 지도 6단계는 '선수에게 필요한 기술 파악 → ㉠ 선수 이해 → 상황 분석 → ㉡ 우선순위 결정 및 목표 설정 → 지도방법 선택 → 연습계획 수립'이다. 따라서 정답은 ①이다.

Tip

마튼스(R. Martens)의 전문체육 프로그램 개발 단계

① 선수에게 필요한 기술 파악 : 스포츠를 통해 훌륭한 선수로 성장할 수 있도록 지도하는 것으로 스포츠기술과 생활기술을 지도한다.
② 선수이해 : 선수들의 신체적 · 심리적 · 사회적 발달단계를 파악한다.
③ 상황분석 : 지도계획을 수립하기 전 주변 상황에 대한 분석하고 개선한다.
④ 우선순위 결정 및 목표 설정 : 우선순위를 결정하는 것은 목표 설정에 도움을 주는데, 목표는 구체적이어야 하고 성취 가능한 것으로 설정한다.
⑤ 지도 방법 선택 : 효과적으로 지식, 기능, 태도 등을 전달하는 과정으로 직접형, 과제형, 상호형, 유도발견형, 문제해결형 등이 있다.
⑥ 연습 계획 수립 : 연습 수준과 범위, 목표, 체계적인 지도 방안 등의 계획을 수립한다.

20 운동 학습 답 ②

㉠은 투구 제한 시간이라는 정해진 답을 떠올리게 하는 질문이므로 회상형(회고적)질문에 해당한다. ㉡은 공을 정확하게 던져 넣는 운동 기능 유형으로 환경과 움직임에 대해 변화 없는 안정된 상태에서 수행하는 운동 기능인 폐쇄기능에 해당한다.

스포츠심리학

01	02	03	04	05	06	07	08	09	10
②	④	①	①	②	②	③	②	④	②
11	12	13	14	15	16	17	18	19	20
③	①	①	④	③	③	④	①	①	④

01 스포츠심리학의 영역과 역할 답 ②

스포츠심리학자는 운동선수가 경기에서 최고의 기량을 발휘할 수 있도록 정신적 기술 훈련을 지원한다. 의약품 판매는 약사의 법적 역할으로 옳지 않다.

Tip

스포츠심리학자의 역할

- 수행 향상(Performance Enhancement)
- 심리 상담(Counseling)
- 동기 부여(Motivation)
- 팀 응집력 향상(Team Cohesion)
- 생활체육 참여 증진
- 연구 및 교육

02 심상 답 ④

심상은 부상의 회복에 활용할 수 있다. 심상을 통하여 통증을 완화시키고 수행 능력이 떨어질 때에도 심상을 통해 지속적으로 수행할 수 있다.

03 동기 답 ①

내적 동기를 높이는 방법은 유능성과 자결성 측면으로 나눌 수 있다. 유능성 측면으로는 성공 경험, 언어적 · 비언어적 칭찬, 실현 가능한 목표의 설정이 있고, 자결성 측면으로는 연습 내용과 순서의 변경, 목표 설정과 의사결정에의 참여가 있다.

04 목표설정 답 ①

목표설정의 원리는 구체적이고 객관적인 목표를 설정, 현실적이고 실현 가능한 목표를 설정, 단계적으로 목표를 설정, 긍정적인 목표를 설정, 목표 달성에 대한 피드백 실시, 적극적인 응원과 지원, 목표를 문서화하여 작성이다.

05 운동의 심리적 효과   답 ②

모노아민 가설은 운동을 통해 모노아민(도파민, 세로토닌, 멜라토닌, 시스타민 등의 신경전달물질)의 분비를 증가시켜 정서에 변화를 일으킨다고 보는 가설이다.

【오답해설】
① 열발생 가설 : 운동으로 인해 체온이 상승하면 뇌에서 근육에 이완 명령을 내리기 때문에 편안함을 느낀다는 가설
③ 사회심리적 가설 : 운동을 하면 기분이 좋아질 것이라고 기대하기 때문에 위약효과(플라시보 효과)가 발생하여 심리적인 효과를 얻게 된다는 가설
④ 생리적 강인함 가설 : 규칙적인 운동을 통해 스스로에게 스트레스를 규칙적으로 가하게 되고, 이것이 반복되면서 스트레스에 견디고 대처하는 능력이 향상되어 정서적으로 안정된다는 가설

06 스포츠심리학의 역사   답 ②

콜먼 그리피스(Coleman Griffith)에 대한 설명이다. 콜먼 그리피스는 1925년에 운동연구소를 설립하고 심리학과 운동경기 코칭 심리학을 개발하였으며, 북미 스포츠심리학의 아버지라 불린다.

> **Tip**
> **콜먼 그리피스(Coleman Griffith)**
> - 1921~1938년 사이에 주로 활동했으며, 북미 스포츠심리학의 아버지로 불림
> - 1925년 일리노이 대학교에 세계 최초의 스포츠심리학 실험실 설립
> - 스포츠 상황에서의 집중력, 반응 시간, 운동 기술 습득 등을 연구
> - 1926년 『The Psychology of Coaching』 출간 → 코치의 심리학적 지도 방법 소개
> - 1928년 『Psychology of Athletics』 출간 → 운동선수의 심리 상태 분석
> - 1938년 시카고 컵스(Chicago Cubs) 야구팀의 스포츠 심리 컨설턴트로 활동
> - 경기력 향상에 있어 심리적 요인의 중요성을 최초로 제기한 인물
> - 스포츠심리학을 이론 → 실제 스포츠 현장에 적용한 선구자

07 운동학습   답 ③

협응 구조가 완성되어 더 이상의 질적인 변화가 없는 시기는 고원현상이 아닌 슬럼프에 대한 설명이다. 고원현상은 질적인 변화가 내부적으로 진행 중이지만 외적으로 드러나지 않아서 수행이 정체되는 것처럼 보이는 시기이다.

08 루틴   답 ②

루틴은 운동수행 능력을 발휘하는 데 필요한 이상적인 상태를 갖추기 위한 개인의 고유한 동작이나 절차 또는 습관화된 동작으로 경기 직전에 수정하는 것은 옳지 않다.

09 정서와 시합불안   답 ④

체계적 둔감화는 불안을 유발하는 자극의 목록을 작성한 후, 하나씩 차례로 적용하여 유발 감각 자극에 대한 민감도를 줄여 불안 수준을 감소시키는 방법이다.

【오답해설】
① 자생훈련(autogenic training) : 신체 부위의 따뜻함과 무거움을 느끼게 해주는 일련의 동작으로 구성된 방법
② 점진적 이완(progressive relaxation) : 앉거나 누운 상태로 실시하고, 각 신체부분에 긴장과 이완을 반복하는 방법
③ 인지 재구성(cognitive restructuring) : 불안을 극복하고 긍정적으로 해석하는 방법

10 운동제어   답 ②

반응시간의 유형에는 단순반응시간, 선택반응시간, 변별반응시간이 있다. '가'는 단순반응시간의 상황, '나'는 변별반응시간의 상황, '다'는 선택반응시간의 상황이다. 반응시간 유형을 살펴보았을 때 ㉠은 단순반응시간, ㉡은 선택반응시간, ㉢은 변별반응시간이므로 ②가 옳다.

> **Tip**
> **반응시간의 유형**
>
> | | |
> |---|---|
> | 단순반응시간 | 하나의 자극신호에 대하여 단일한 반응만을 요구할 때 측정되는 반응시간
예) 100m 달리기의 출발신호에 대한 반응시간 |
> | 선택반응시간 | 두 개 이상의 자극이 제시되고 각각의 자극신호에 대해 서로 다른 반응을 할 때 측정되는 반응시간
예) 청기 백기, 축구에서 양쪽 방향으로의 패스 유도 등 |
> | 변별반응시간 | 두 개 이상의 자극이 제시되고 그중 특정한 자극에 대해서만 반응하도록 요구되었을 때 측정되는 반응시간
예) 야구에서 특정한 구질에 대해서만 타격하도록 하는 경우 |

11 스포츠심리상담의 개념   답 ③

스포츠심리상담사는 가까운 친구나 가족 등에 대해 상담을 진행할 경우 이중 관계가 되어 전문적인 상담이 어려우므로 다른 전문가에게 의뢰하여 도움을 제공해야 한다.

12 정서와 시합불안   답 ①

욕구이론(추동이론)은 운동수행의 결과가 경쟁 과정이나 경기불안 등의 원인으로부터 발생된 불안의 정도 또는 각성 수준과 비례하여 증가한다는 이론이다.

【오답해설】
② 전환(반전)이론에 대한 설명이다.
③ 다차원적 불안이론에 대한 설명이다.
④ 적정수준이론(역U자 가설)에 대한 설명이다.

13 집단응집력   답 ①

㉠ 줄다리기에서 집단이 내는 힘의 총합이 개인의 힘을 모두 합친 것보다 적게 나타나는 현상은 링겔만 효과이며, 집단의 인원수가 증가할 때 발생하는 개인의 수행 감소는 동기 손실 때문이다.
㉡ 혼자일 때보다 집단에 속해 있을 때 수행능력이 더 떨어지는 현상을 사회적 태만이라고 한다.

14 성격   답 ④

주제통각 검사는 투사법 중 하나이다. 질문지법에는 다면적 인성검사(MMPI), MBTI 검사, 16PF 검사, 성격 5요인 검사, EPI 검사, 한국판 성격 차원 검사 등이 있다.

15 운동심리 이론정답   답 ③

프로차스카의 변화단계이론은 운동행동의 변화는 여러 단계를 거치면서 점진적으로 나타난다는 이론으로 개인의 수준에 맞는 차별화된 운동 실천 중재전략을 개발하고 적용할 수 있다는 장점이 있다. 무관심 단계는 변화 계획이 없는 단계로 운동의 이점과 중요성에 대한 교육 제공, 운동에 대한 두려움/오해 해소, 운동 성공 사례 제시 등의 운동 실천 전략을 활용할 수 있다.

> **Tip**
> **프로차스카(Prochaska) 변화단계이론의 단계별 운동 실천 전략**
> - 무관심기 : 운동의 이점과 중요성에 대한 교육 제공, 운동에 대한 두려움/오해 해소, 운동 성공 사례 제시
> - 숙고기 : 장단점 분석 도와주기, 개인의 가치와 운동 연결짓기, 가족/친구의 지지 유도
> - 준비기 : 구체적인 계획 세우기(언제, 어디서, 무엇을), 장애 요인 예측과 대비책 마련, 운동 파트너 구하기
> - 실행기 : 운동일지 작성, 성취에 대한 보상 제공, 긍정적인 피드백 제공
> - 유지기 : 운동 루틴의 다양화, 지루함/권태 극복 전략, 유혹 상황에서 대처 방법 강화

16 사회적 발달   답 ③

본능이론은 공격성 이론 중 하나로 본능적으로 분출되는 공격 에너지가 공격행동을 일으킨다는 이론이다. 이 이론에서 스포츠는 공격 에너지를 합법적으로 분출하는 밸브의 역할을 한다고 주장한다.

【오답해설】
① 좌절-공격 가설에 대한 설명이다.
② 사회학습이론에 대한 설명이다.
④ 수정된 좌절-공격 가설에 대한 설명이다.

17 자신감   답 ③

베일리의 스포츠자신감 원천은 크게 3가지로 나눌 수 있는데 성취 경험(Achievemnet), 자기조절(Self-regulation), 사회적 분위기(Social climate)가 그것이다. ㄱ은 성취 경험, ㄴ은 사회적 분위기, ㄷ은 자기조절에 대한 설명이다.

> **Tip**
> **베일리(R. Vealey)의 스포츠자신감 원천 3가지**
>
> | 성취 경험(Achievement) | 성공적인 수행을 통해 형성되는 자신감 (예 경기에서 이김) |
> |---|---|
> | 자기조절(Self-regulation) | 경기 준비와 심리 조절 등 자신이 통제할 수 있는 요소 |
> | 사회적 분위기(Social climate) | 외부의 기대, 격려, 분위기(예 코치가 믿어주는 환경) |

18 주의집중   답 ④

모의훈련은 주의집중 향상 기법 중 하나로 경기를 위해 실제 경기와 똑같은 상황을 구체적으로 구성하여 연습해 보는 기법이다.

> **Tip**
> **주의집중 향상 기법**
> - 모의훈련
> - 목표설정
> - 주의집중 훈련 프로그램
> - 기능의 과학습
> - 신뢰훈련
> - 역할 및 분리전략

19 리더십   답 ①

와인버그(R.S. Weinberg)와 굴드(D. Gould)의 바람직한 처벌 행동 지침에서는 왜 처벌하는지를 구체적으로 설명해야 선수도 납득할 수 있기 때문에 처벌의 이유를 명확히 설명해야 한다고 한다.

> **Tip**
> **와인버그(R.S. Weinberg)와 굴드(D. Gould)의 바람직한 처벌 행동 지침**
> - 동일규칙위반-동일 처벌의 일관성
> - 사람이 아닌 행동 처벌
> - 처벌 규정 제정 시 선수의 의견 반영
> - 신체활동을 처벌로 사용하지 않음
> - 개인감정 처벌 안 됨
> - 연습 상황의 실수는 처벌 안 됨
> - 창피를 주지 않음
> - 단호한 처벌 필요
> - 처벌의 이유를 명확히 설명함

20 운동학습 답 ④

맥락 간섭이란 서로 다른 운동기술을 함께 연습할 때 발생하는 간섭 효과로 다양한 기술을 섞어 연습할 때 각 기술이 서로 간섭을 일으킨다는 의미이다. 맥락 간섭은 여러 가지 기술을 섞어 연습할수록 높아지므로 무선연습＞계열연습＞구획연습 순으로 맥락 간섭이 높다. 따라서 ㉠은 A코치 ㉡은 C코치 ㉢은 B코치가 된다.

한국체육사

01	02	03	04	05	06	07	08	09	10
②	④	①	③	②	③	①	①	④	②
11	12	13	14	15	16	17	18	19	20
②	②	③	②	④	①	④	③	③	④

01 삼국 및 통일신라시대의 체육 답 ②

각저총(角抵塚)은 고구려 시대의 무덤으로 각저(角抵)는 씨름을 의미하는 고어이다. 씨름 장면이 생생하게 묘사된 벽화가 그려져 있어 고구려인이 씨름을 즐겼음을 알려주는 대표적인 물적 사료이다.

【오답해설】
① 조선 성종 때 완성된 법전이다.
③ 백제의 왕릉이며, 씨름과는 관련된 벽화가 없다.
④ 조선 후기 화가 김홍도가 그린 풍속화로, 조선 시대 씨름 모습을 보여주는 자료이다.

02 체육사 연구 분야 답 ④

ㄱ. 사관은 역사가의 가치관 해석 원리에 따라 그 기준이 달라지는 것으로 체육사관은 체육과 스포츠의 역사에 대한 견해, 해석 등을 의미한다.
ㄷ. 유물사관, 진보사관, 순환사관 등 다양한 해석 방법이 있다.
ㄹ. 역사가가 역사를 서술하고 해석하는 데 바탕이 되어 역사 서술에 중요한 역할을 한다.

【오답해설】
ㄴ. 체육사관은 단순히 역사적 사건을 기록하는 것에 그치지 않는다.

03 선사 및 부족국가시대의 체육 답 ①

부족국가 시대에는 제천행사, 주술의식 등 다양한 신체활동이 포함된 의식과 행사가 이루어졌다. 대향사례는 고대 조선시대나 후대에 행해진 활쏘기 의례로 부족국가 시대의 신체활동 행사에 포함되지 않는다.

04 삼국 및 통일신라시대의 체육 답 ③

무과 별시는 조선 성종 때부터 나라에 경사가 있을 때 현직 무관에게 특별히 실시하던 무과 시험이다.

> **Tip**
> 화랑도
> • 6세기부터 10세기까지 존재했던 청소년 양성 단체
> • 집단활동과 신체적 단련으로 도덕적 품성과 미적 정조 강조
> • '세속오계'를 바탕으로 충성 보국하는 문무겸비의 인재 양성
> • 화랑도는 추후 국가의 관료로 등용
> • 불국토 사상 : 국토에 대한 신성함과 존엄성

05 삼국 및 통일신라시대의 체육 ②

고구려에 관한 중국 당나라 역사서인 『구당서』에 기록된 고구려의 풍속에 대한 내용으로 ㉠은 『구당서』, ㉡은 경당, ㉢은 궁술이 들어가는 것이 적절하다.

06 고려시대의 사회와 체육 ③

고려 시대에는 다양한 민속놀이가 성행했으며, 그중 풍연(風鳶)은 삼국시대부터 이어져 오던 연날리기로 군사적 목적을 가지고 있다.

【오답해설】
① 석전(石戰) : 한 부락 혹은 한 지방이 동편과 서편으로 나뉘어 서로에게 돌팔매질을 하여 어느 한 편이 달아나면 지는 놀이
② 추천(鞦韆) : 주로 단오에 행해진 그네타기 놀이로 여성들의 유희로서 성행하였으며 서민뿐 아니라 귀족도 즐겼던 민속놀이
④ 축국(蹴鞠) : 오늘날의 제기차기 또는 축구와 흡사한 형태의 놀이

07 고려시대의 사회와 체육 ①

ㄱ. 방응은 매를 길들여 꿩이나 새 등을 사냥하는 것으로, 전형적인 수렵 활동이다.
ㄴ. 고려·조선 시대에는 응방 또는 응방도감이라는 전담 관청이 있었고, 국가 차원에서 매사냥을 관리하였다.
ㄷ. 방응은 민간 오락일 뿐 아니라, 사냥 기술을 익히는 군사적 훈련의 일부로 활용되기도 했다.

【오답해설】
ㄹ. 삼국시대에는 방응과 같은 활동이 있었지만, 이를 전담하는 관청이 있었다는 기록은 없다.

08 조선시대의 사회와 체육 ①

훈련원(訓鍊院)은 조선 시대 무인의 양성을 위한 공식적 교육기관으로 무예의 연습 및 병서의 강습을 담당하였다. 조선시대 국왕의 친위 부대는 훈련도감(訓鍊都監)이다.

09 조선시대의 사회와 체육 ④

ㄱ, ㄷ. 『활인심방(活人心房)』은 명나라의 『활인심』을 이황이 필사하여 저술한 건강 지침서이자 의료서적으로 맨손체조법 등을 수록하였다.
ㄴ. 도인법은 기혈의 순환을 돕고 건강을 유지하기 위해 신체를 움직이는 방법으로, 고대 체조·운동법에 해당한다.
ㄹ. 장수와 건강을 위한 방법(양생), 신체 단련법(도인법), 질병 예방법 등을 다루었다.

10 조선시대의 사회와 체육 ②

식년무과(式年武科)는 조선시대 정기적으로 실시된 무관 선발 시험으로 초시 → 복시 → 전시의 3단계 시험 절차로 이루어졌다.

【오답해설】
① 문관을 채용하는 문과에 대한 설명이다.
③ 강서는 2단계 시험인 복시에만 시행되었으며, 초시와 전시에는 포함되지 않았다.
④ 전시는 왕 앞에서 시행되는 순위결정전으로 실제 무예 시연은 초시에서 주로 이루어졌다.

11 개화기 체육 ②

개화기에는 학교 교육에 체조가 정식 교과목으로 채택되었다. 기독교계 사립학교를 비롯한 일반학교 체계에 학교체조, 병식체조, 유희 등이 필수교과로 지정되었으며, 〈보기〉는 그중 병식체조에 대한 설명이다.

12 일제강점기의 체육 ②

황국신민체조는 민족말살기인 1938년 국사훈련 강화를 목적으로 체육 교과의 비중이 확대된 제3차 조선교육령을 통해 도입되었다.

13 일제강점기의 체육 ③

조선체육회의 임원으로 병식체조를 개선한 교육체조를 가르친 것은 서상천이 아닌 다른 인물의 활동이다. 서상천이 조선체육회 임원으로 병식체조 교육을 주도했다는 기록은 명확하지 않다.

14 개화기 체육 ②

근대 최초의 학교로 고종 20년(1883) 민간인들에 의해 설립된 원산학사에 대한 설명이다.

【오답해설】
① 무예학교 : 실제 존재하지 않았던 기관이다.
③ 배재학당 : 아펜젤러(H. G. Appenzeller)가 설립한 학교로 과외활동을 통해 서구 스포츠를 보급했다.
④ 경신학당 : 언더우드가 설립한 근대 학교(1886)이다.

15 현대 체육·스포츠 ④

제24회 서울 올림픽경기대회가 아닌 1990년대의 남북체육회담의 결과로 1991년 제41회 지바세계탁구선수권대회와 제6회 포르투갈 세계청소년축구선수권대회에 남북단일팀이 출전하였다.

16 현대 체육·스포츠 🔲 ①

태릉선수촌은 박정희 대통령이 이끈 제3공화국 시기(1966년)에 건립되었다. 제5공화국 시기에는 국군체육부대 창설, 1986년 서울 아시아경기대회 개최, 그리고 야구·축구·씨름 프로리그 출범 등 스포츠 발전을 위한 다양한 정책이 추진되었다.

17 현대 체육·스포츠 🔲 ④

광복 이후 최초로 우리나라 선수단이 파견된 올림픽경기대회는 제5회 생모리츠 동계올림픽경기대회(1984년)이다. 이는 동·하계를 합친 첫 번째 올림픽 대회였으며, 태극기를 들고 'KOREA'라는 이름으로 참가하였다.

18 현대 체육·스포츠 🔲 ③

실존주의는 개인의 주체적 존재와 자유를 강조하는 철학적 사상이다. 이는 국가 주도의 강한 신체 훈련과 직접적으로 연결되는 개념이 아니므로, 이 시기 체육 사상의 특징으로 보기는 어렵다.

19 현대 체육·스포츠 🔲 ③

'국민생활체육진흥종합계획(호돌이 계획)'은 1986년 정부가 발표한 생활체육 활성화 정책으로, 서울올림픽(1988)을 앞두고 전 국민의 체력 증진과 체육 참여 확대를 목표로 추진되었다. 국민생활체육협의회의 창설과 함께 직장체육, 생활체육 프로그램의 보급, 지역 단위 체육 활동 장려 등이 핵심 내용이었다.

【오답해설】
① 올림픽 대비는 전문체육 육성 정책 중심이고, 호돌이 계획은 생활체육 진흥을 위한 별도 계획이다.
② 「국민체육진흥법」은 1962년 제정되었으며, 호돌이 계획과는 시기가 다르다.
④ 국가대표 연금제도(경기력 향상 연금)와 병역 혜택은 엘리트 체육 중심 정책으로, 호돌이 계획의 주요 내용이 아니다.

20 현대 체육·스포츠 🔲 ④

광복 이후 1940년대 말까지는 미국의 신체육 사상이 도입되었고, 조선체육회의 재건과 조선체육동지회의 결성, 학도호국단 조직 등 민족 체육의 재건과 체육 제도의 정비가 이루어졌다. 따라서 ㄱ~ㄹ은 모두 옳은 내용이다.

운동생리학

01	02	03	04	05	06	07	08	09	10
①	①	②	②	③	④	④	④	④	①
11	12	13	14	15	16	17	18	19	20
②	②	①	③	③	①	③	③	④	②

01 인체의 에너지 대사 🔲 ①

400m 트랙을 약 60초 동안 전력 질주할 때의 주요 에너지 공급 시스템은 해당작용 시스템(Glycolytic System)이다. 해당작용은 글리코겐 및 탄수화물(포도당)을 젖산으로 분해하여 ATP와 NADH를 생성하며, 포도당(글루코스, glucose) 한 분자당 2ATP가 생산된다.

02 트레이닝에 대한 대사적 적응 🔲 ①

알부민은 단백질로서 주된 역할은 혈액 내 삼투압 유지 및 물질 운반이다. 에너지 기질로는 사용되지 않으며, ATP 합성에 기여하지 않는다.

【오답해설】
② 혈당은 근육에 흡수되어 해당과정(glycolysis)을 통해 ATP를 생성하는 데 사용된다.
③ 근육 안에 저장된 형태의 탄수화물로 운동 시 빠르게 분해되어 ATP 생성에 사용된다.
④ 특히 중~저강도 운동 시 사용되는 에너지원으로 분해되어 지방산으로 전환된 후 ATP 생산에 기여한다.

03 트레이닝에 대한 대사적 적응 🔲 ②

ㄴ. 무산소 트레이닝으로 속근 섬유의 기능이 향상되어 수축 속도가 증가할 수 있다.
ㄹ. PCr(크레아틴 인산)과 PFK(인산과당키네이스)는 무산소 에너지 대사에서 중요한 효소이다. 무산소 트레이닝을 통해 이들의 양과 활성도가 증가하여 ATP 생성 능력이 향상된다.

【오답해설】
ㄱ. 산화 능력은 유산소 대사 능력 유산소 트레이닝을 통해 향상된다.
ㄷ. 미토콘드리아는 유산소 대사에 관여하는 세포소기관이다. 미토콘드리아의 밀도 증가는 주로 유산소 트레이닝의 결과이다.

04 인체의 에너지 대사 🔲 ②

해당과정(glycolysis)에 대한 설명이다. 해당과정은 포도당을 피루브산으로 분해하는 대사 과정으로 포도당 1분자에서 해당작용에 의해 피루브산 2분자가 생성되며 2분자의 ATP가 합성된다.

【오답해설】
① 지방분해(lipolysis) : 지방을 분해해 지방산을 생성하는 유산소 과정이다.
③ 동화작용(anabolism) : 에너지를 사용하여 신체 구성 성분을 합성하는 과정이다.

④ 산화적 인산화(oxidative phosphorylation) 과정 : 미토콘드리아 내에서 산소를 이용해 ATP를 생성하는 유산소 대사이다.

05 신경계의 운동기능 조절 🖺 ③

골지건기관은 근육과 힘줄이 만나는 부위에 위치하며 근육이 과도하게 수축하여 건에 높은 장력이 가해지면 이를 감지하고 반사적으로 근육의 수축을 억제해 손상을 방지하는 감각수용기이다.

【오답해설】
① 근방추(Muscle spindle) : 근육의 길이 변화를 감지하여 수축을 유도하며 골지건기관과 반대되는 역할을 한다.
② 파치니소체(Pacinian corpuscle) : 압력, 진동을 감지하는 감각수용기이다.
④ 마이스너소체(Meissner corpuscle) : 피부 표면에서 가벼운 촉각을 감지한다.

06 골격근과 운동 🖺 ④

ㄱ~ㄹ 모두 장기간 유산소 트레이닝에 의한 생리적 적응 현상이다.
ㄱ. 유산소 트레이닝은 심장에 지속적인 부담을 줘서 좌심실의 내경(용적)이 늘어나게 만든다.
ㄴ. 마이오글로빈(myoglobin)은 근육 내에 있는 단백질로 산소를 저장 및 운반한다. 유산소 트레이닝은 산소를 더 잘 사용하는 능력을 키우기 때문에 마이오글로빈 양이 증가한다.
ㄷ. 좌심실이 용적 증가함에 따라 수축 시 더 많은 혈액을 내보낼 수 있으므로 박출량 또한 증가한다.
ㄹ. 모세혈관은 산소와 영양소 교환의 통로로 유산소 트레이닝은 근육 내 모세혈관을 더 많이 생성시켜 산소 전달 능력을 향상시킨다.

07 골격근과 운동 🖺 ④

근육 수축 과정은 다음과 같다. 골격근막의 활동전위는 가로세관(T-tubule)을 타고 이동하여 근형질세망(sarcoplasmic reticulum)으로부터 칼슘 유리를 자극한다. 유리된 칼슘은 액틴(actin) 세사의 트로포닌에 결합하고, 트로포닌은 트로포마이오신을 이동시켜 마이오신(myosin) 머리가 액틴과 결합할 수 있도록 한다.

Tip
근육 수축 과정
축삭 종말에서 아세틸콜린 방출 → 근육세포의 활동전위 발생 → 근형질세망에서 칼슘이온 분비 → ATP 분해에 따른 근세사 활주 시작

08 운동에 따른 호흡계의 반응과 적응 🖺 ④

ㄷ. 고강도 운동 시 젖산이 증가하고, 혈액의 pH가 낮아져 산성화된다. 이는 헤모글로빈이 산소를 조직에 더 쉽게 방출하도록 만들고 산소-헤모글로빈 해리 곡선은 오른쪽으로 이동한다.
ㄹ. 운동 중에는 이산화탄소 생성이 증가하여 혈액이 산성화된다. 산성화된 환경에서는 헤모글로빈이 산소를 더 쉽게 분리하여 조직으로 방출하게 되는데 이러한 현상은 보어 효과(Bohr effect)라고 부른다.

【오답해설】
ㄱ. 운동에 의해 체온이 상승할 경우 헤모글로빈은 산소를 조직에 더 쉽게 방출할 수 있도록 산소에 대한 친화력이 낮아진다.
ㄴ. 고강도 운동 시 근육은 더 많은 산소를 필요로 하고, 혈액에서 더 많은 산소를 추출한다. 이로 인해 정맥혈의 산소 농도는 줄어들어 동-정맥 산소 차이는 증가한다.

09 주요 용어 🖺 ④

체력은 방위체력과 행동체력으로 구분되며 그중 행동체력은 건강체력과 운동체력으로 구분된다. 건강체력 요인으로는 근력, 근지구력, 특이장력, 심폐지구력, 유연성, 신체조성이 있다.

Tip
건강체력
- 근력 : 근의 길이를 바꾸지 않고 발휘하는 최대장력으로 나타내는 근육의 힘
- 근지구력(근파워) : 어느 정도 근육이 지속적으로 대응할 수 있는가를 나타내는 능력. 힘과 수축속도를 곱하여 구함
- 특이장력 : 근섬유가 낼 수 있는 최대근력. 근력을 근횡단면적(근섬유 크기)으로 나눠 구함
- 심폐지구력 : 심장, 허파, 순환계가 움직이는 근육에 효율적으로 산소를 공급하는 능력
- 유연성 : 관절을 둘러싼 근육이 최대한 어느 범위까지 관절을 움직일 수 있는가를 나타내는 능력
- 신체조성 : 인체를 구성하고 있는 기관이나 조직 등을 정량적 또는 상대적인 비율로 나타낸 것

10 순환계의 구조와 기능 🖺 ①

ㄱ. 동방결절은 심장수축을 위한 전기적 자극이 시작되는 곳으로 페이스메이커라고 한다.
ㄴ. 동방결절은 분당 약 60~100회의 자발적 박동률을 가지며, 이는 다른 전도계(AV node, Purkinje 섬유 등)와 비교하였을 때 가장 빠른 속도이다.

【오답해설】
ㄷ. 방실결절지연에 대한 설명이다. 자극 전달을 일시적으로 지연시켜, 심방이 먼저 수축하고 심실이 수축하기 전에 혈액이 충분히 채워지도록 한다.
ㄹ. Purkinje 섬유에 대한 설명이다. Purkinje 섬유는 심실 전체로 전기 자극을 매우 빠르게 전달하여 심실이 거의 동시에 수축하도록 도와준다.

11 순환계의 구조와 기능 답 ②

ㄱ. A~B 구간은 좌심실 수축 시작 시점으로, 이첨판과 대동맥 판막이 모두 닫혀 있는 상태에서 압력만 증가하는 등용적 수축기(isovolumic contraction)에 해당한다.
ㄹ. D~A 구간은 좌심실이 이완되며 혈액이 유입되는 구간으로, 이완기 충만량(EDV)이 증가해 1회 박출량 증가로 이어진다.

【오답해설】
ㄴ. C시점은 수축기가 끝나는 지점으로, 운동 시 수축력이 증가하면 남는 혈액(잔류량)은 줄어들어 용적은 감소한다.
ㄷ. 박출률은 운동 시 더 높아지므로 옳지 않다.

12 인체 운동에 대한 환경 영향 답 ②

고지대에서 장기간 노출 시 나타나는 생리학적 적응은 근육 내 모세혈관 증식, 산소운반능력 향상, 심박출량 및 근육 단면적 감소가 있다.

Tip
고지 환경에서 인체의 생리적 반응
- 산소분압 감소로 동맥혈의 산화헤모글로빈 포화도 감소
- 산소 공급 능력 제한에 따른 심박수 증가
- 환기량의 증가에 따른 호흡기 수분 손실 발생
- 무산소적 에너지 동원 증가, 젖산 생성 증가
- 수면장애
- 인지능력 감소
- 급성 고산병, 고산뇌부종 및 고산폐부종

13 내분비계 답 ①

㉠ 연수는 심장 박동 조절을 포함한 생명 유지에 필요한 기능을 조절한다. 미주신경은 연수에서 나와 다양한 내장기관에 분포한다.
㉡ 뇌하수체 후엽에서 신장의 수분 재흡수 촉진을 통해 체내 수분량 조절하는 항이뇨호르몬(ADH)을 분비하므로 ㉠가 적절하다.
㉢ 에피네프린(아드레날린)은 중추로부터의 전기적인 자극에 의해 교감신경의 말단에서 분비되어 근육에 자극을 전달하며, 운동 시 부신수질로부터 분비가 증가한다.

14 골격근의 구조와 기능 답 ③

ㄴ. A 밴드는 마이오신 세사가 있는 어두운 부분으로 근수축 시에도 길이 변화가 없다.
ㄷ. 근육 수축 시 마이오신과 액틴의 작용으로 근절이 짧아진다.

【오답해설】
ㄱ. I 밴드는 액틴 세사가 있는 밝은 부분으로 근수축 시 짧아진다.
ㄹ. 액틴과 마이오신의 길이는 변화하지 않는다.

15 골격근과 운동 답 ③

ㄴ. 속근은 수축 속도가 빠르고 강한 힘을 낼 수 있어 단거리 달리기, 점프 등 순발력 운동에 적합하다.
ㄹ. 속근섬유는 근형질세망에서 Ca^{2+}(칼슘이온) 방출이 빠르게 일어나 수축이 빠르게 시작된다.

【오답해설】
ㄱ. 속근섬유(type Ⅱ)는 빠르게 수축하지만 피로에 약한 섬유이다. 피로 저항이 높은 건 지근섬유(type Ⅰ)의 특성이다.
ㄷ. 산화 능력은 산소를 이용한 에너지 생성 능력으로 산화 능력이 높은 것은 지근섬유(type Ⅰ)이다. 속근은 무산소 대사에 의존하며 산화 능력은 낮다.

16 순환계의 구조와 기능 답 ①

혈압이 거의 없어 역류 방지를 위해 판막이 존재하는 것은 동맥이 아니라 정맥이다. 동맥은 정맥보다 두껍고 탄력이 있으며 대부분 근육으로 이루어졌다.

17 내분비계 답 ③

글루카곤에 대한 설명이다. 글루카곤은 췌장의 랑게르한스섬의 알파세포에서 분비되며 혈당치가 너무 낮아지는 것을 방지하기 위해 간에서 글리코겐 분해를 촉진하거나 글리코겐 합성효소를 억제한다. 또한 혈당량이 낮아질 경우 글리코겐을 포도당으로 분해하여 혈당량을 높인다.

【오답해설】
① 인슐린 : 혈당을 낮추는 작용을 하며 췌장의 랑게르한스섬의 베타세포에서 분비한다.
② 코티솔 : 혈당 상승 작용은 있으나, 부신 피질에서 분비된다.
④ 에피네프린 : 혈당을 높이긴 하지만, 부신 수질에서 분비된다.

18 골격근과 운동 답 ③

운동단위(motor unit)은 하나의 알파운동뉴런이 지배하는 근섬유 간 연결이다. 근육활동을 하려고 할 때 일반적으로 작은 크기의 운동단위가 먼저 동원되고, 큰 크기의 운동단위는 나중에 동원된다. 작은 크기의 운동단위일 경우 Type Ⅰ이 큰 크기의 운동단위일 경우 Type Ⅱ가 동원된다.

19 순환계의 구조와 기능 답 ④

마이오글로빈은 근육 세포 안에 있으며 산소를 저장하고 운반하는 역할을 한다. 적혈구용적률은 전체 혈액 중 적혈구가 차지하는 비율로서 혈액 농축의 지표이므로 적혈구용적률이 증가하면 혈액의 점성도 증가한다.

Tip
헤모글로빈과 마이오글로빈

헤모글로빈	• 철을 함유하는 빨간 색소인 헴과 단백질인 글로빈의 화합물 • 적혈구 속에 있으며, 산소와 쉽게 결합하여, 주로 척추동물의 호흡에서 산소 운반에 중요한 역할을 함
마이오글로빈	• 근육 세포 안에 있는 붉은 색소 단백질 • 철을 함유하고 있으며, 산소를 저장하고 운반하는 역할을 함

20 운동에 대한 순환계의 반응과 적응 답 ②

ㄱ. 골격근의 산소 수요를 충족하기 위해 비활동 장기(예 내장, 신장)의 혈류는 줄어든다.
ㄷ. 골격근의 세동맥은 혈관 확장으로 인해 저항이 감소하여 더 많은 혈류가 공급된다.

【오답해설】
ㄴ. 최대 운동 시 심박출량은 증가하지만 장기별 혈류 분배 비율은 달라진다. 예를 들어, 골격근에는 더 많은 비율이 내장기관에는 더 적은 비율로 간다.

Tip
혈류 재분배(blood redistribution)
- 산소 공급 최적화를 위한 생리적 조절임
- 운동 시 혈류는 산소 요구가 높은 조직(골격근)으로 집중됨
- 비활동 조직(내장, 신장 등)으로의 혈류는 감소
- 세동맥 확장으로 운동하는 근육의 혈관 저항 ↓, 혈류 ↑
- 기관별 혈류 비율은 운동 강도에 따라 달라짐(운동 중=비율 변화 있음)

운동역학

01	02	03	04	05	06	07	08	09	10
④	①	②	④	①	②	②	①	③	③
11	12	13	14	15	16	17	18	19	20
②	③	②	④	③	④	④	③	①	②

01 운동역학의 목적과 내용 답 ④

운동역학의 목적은 효율적인 동작 수행을 통한 운동 수행력 향상, 운동 시 상해의 원인 파악 및 예방을 통한 안전성 확보, 경기력 향상을 위한 스포츠 관련 장비를 개발하는 것에 있다. 이를 위해, 운동 기술의 분석 및 개발, 운동 기구의 개발 및 평가, 운동 분석 기법 및 자료처리 기술 개발, 운동 동작, 인체, 힘 등의 측정·분석을 진행한다.

02 동작분석 답 ①

동작분석 방법으로는 정성적 분석, 정량적 분석 두 가지가 있다. 〈보기〉에서 설명하는 방법은 정성적 분석 방법으로, 현장에서 즉각적인 분석이 가능하다. 다만, 지도자의 경험을 기반으로 분석하기 때문에, 지도자의 성향에 따라 결과가 달라지며 객관성을 담보할 수 없다는 특징이 있다.

03 운동의 종류 답 ②

직선운동과 곡선운동은 병진운동에 포함된다.

Tip
운동의 종류
- 병진운동(선운동) : 움직이는 물체나 신체의 모든 입자가 같은 시간에 대하여 같은 방향과 같은 거리로 움직이는 운동
- 회전운동(각운동) : 물체나 신체가 한 점이나 한 축을 중심으로 동일 시간 동안 동일 각도로 움직이는 운동
- 복합운동 : 병진운동과 회전운동이 결합된 복합적인 운동

04 선운동의 운동역학적 분석 답 ④

스쿼트, 팔굽혀펴기는 닫힌형 운동역학 사슬(CKC)에 해당한다.

Tip
운동역학 사슬(kinetic chain)
- 개요 : 인체가 운동을 수행할 때 근육, 관절, 인대가 서로 연결되어 움직이는 일련의 과정
- 종류
  - 닫힌형 운동역학 사슬(CKC) : 팔이나 다리가 고정된 상태에서 움직이는 운동 예 스쿼트, 팔굽혀펴기 등
  - 열린형 운동역학 사슬(OKC) : 팔이나 다리가 고정되지 않고 자유롭게 움직이는 운동 예 햄스트링 컬, 덤벨 컬

05 인체의 물리적 특성 답 ①

전단응력(Shear)은 조직의 축과 평행하게 서로 반대 방향으로 미끄러지 듯 작용하는 힘을 말한다.

Tip

역학적 부하의 정의

종류	정의
전단응력(Shear)	축과 평행하게 서로 반대 방향으로 미끄러지듯 작용하는 힘
인장응력(Tension)	조직 양 끝에서 반대 방향으로 잡아당기는 힘
압축응력(Compression)	조직 양 끝에서 서로 누르는 방향으로 가해지는 힘
휨(Bending)	한쪽에 인장력, 반대쪽에 압축력이 발생하여 휘게 만드는 힘

06 운동기술 분석 개요 답 ②

내력(internal force)은 신체 내부의 구조 사이에 작용하는 힘을 말한다. 높이뛰기의 도약 동작에서 선수가 발휘한 힘은 인체 내부의 근육이 수축하면서 만든 힘이기 때문에 내력에 해당한다. 하지만, 관성의 법칙에 따라 내력은 인체 내부에서 상쇄되며, 외력이 없다면 신체 전체는 이동하지 않으므로 내력만으로 인체 전체의 위치는 이동할 수 없다.

【오답해설】
ㄱ, ㄷ은 외력에 해당한다.

07 선운동의 운동학적 분석 답 ②

항속 거리=총 거리-(가속 구간+감속 구간)=30m-(5m+5m)=20m

평균 보행속도=$\frac{항속거리}{총 시간}=\frac{20m}{16s}=1.25m/s$

08 각운동의 운동역학적 분석 답 ①

각가속도가 0이 되면 각속도는 변하지 않게 되며, 일정한 회전속도를 유지하는 상태가 된다. 따라서 물체는 멈추지 않고, 계속 회전하는 상태가 된다.

09 선운동의 운동역학적 분석 답 ③

'물체의 충격량=운동량의 변화량(힘×시간)'이다. ㉠은 힘이 크지만 작용시간이 짧고, ㉡은 힘이 작지만 작용시간이 길다. 따라서 ㉠, ㉡의 충격량은 같다.

10 선운동의 운동역학적 분석 답 ③

선운동량 보존 법칙이란 물체가 충돌하거나 결합·분열할 때, 외력이 없는 경우 물체들의 총 운동량은 항상 일정하게 보존된다는 법칙이다. '운동량($\vec{P}$)=질량(m)×속도($\vec{v}$)'이며, 임팩트 전 전체 운동량과 임팩트 후 전체 운동량은 같다.

클럽 질량 : 0.6kg
골프공 질량 : 0.04kg
임팩트 전 클럽 속도 : 50m/s
임팩트 전 공의 속도 : 0m/s
임팩트 후 클럽 속도 : 45m/s
임팩트 후 공의 속도 : v
이를 임팩트 전 전체 운동량=임팩트 후 전체 운동량에 대입하면,
(0.6×50)+(0.04×0)=(0.6×45)+(0.04×v)
30=27+(0.04×v)
v=$\frac{(30-27)}{0.04}$=75m/s
따라서, 임팩트 직후 골프공의 선속도는 75m/s가 된다.

11 각운동의 운동학적 분석 답 ②

철봉의 대차돌기(휘돌기) 하강 국면에서는 중력과 자세 변화에 따라 각속도가 계속 변하게 된다. 따라서 발의 무게중심점이 일정한 각속도를 유지하는 것은 불가능하다.

12 각운동의 운동역학적 분석 답 ④

내적 토크는 근육의 수축에 의해 생성되는 힘과 모멘트 암의 곱이며, 팔꿈치 각도 변화 시 모멘트 암이 짧아지더라도 내적 토크가 항상 감소하는 것은 아니다. 즉, 팔의 위치와 근수축의 강도에 따라 내적 토크는 달라진다.

Tip

회전력(토크, 힘의 모멘트)
- 물체를 회전시켜 각운동량을 만드는 힘
- 모멘트 : 힘이 어떤 물체의 회전중심선(회전축)에서 벗어나 작용하여 물체가 회전운동을 하게 되는 것
- 모멘트 암 : 힘과 축 사이의 거리
- 회전력(토크)=힘×모멘트 암=관성모멘트×각가속도

13 각운동의 운동역학적 분석 답 ②

관성모멘트(moment of inertia)는 외부의 회전력에 대해 물체의 운동 상태를 변화시키지 않으려는 저항 특성을 말한다. 외력이 없는 경우 관성모멘트와 각속도의 관계는 반비례하며, 물체의 질량이 클수록 회전에 대한 저항도 커진다. 따라서 회전축으로부터 먼 곳이 질량이 많이 분포해 있을수록 관성모멘트도 증가하므로, 두 팔과 두 다리 모두 몸통 쪽으로 모으는 자세를 취했을 때 관성모멘트가 가장 작고 각속도의 크기가 가장 큰 상태가 된다.

【오답해설】
ㄱ. 팔을 벌리면 회전축으로부터 먼 곳에 질량이 분포하게 되어 관성모멘트는 증가하고, 회전 속도는 느려진다.
ㄹ. 질량을 회전축에서 멀리 배치하면 관성모멘트는 증가한다. 이는 클럽 임팩트 시 흔들리지 않도록 안정성을 높이기 위한 설계이다.

14 선운동의 운동역학적 분석 ④

반발계수는 어떤 물체가 최초의 충돌 후 변형되었다가 복원되는 정도의 크기, 충돌하는 물체 또는 운동도구의 충돌 전후 상대속도의 비를 의미한다. h의 높이에서 떨어뜨린 물체가 h'의 높이로 튀어 오를 경우 반발계수를 구하는 식은 $\frac{v_1}{v_2} = \frac{\sqrt{2gh'}}{\sqrt{2gh}} = \frac{\sqrt{h'}}{\sqrt{h}}$ 이다. 따라서 $\frac{\sqrt{75}}{\sqrt{100}} = 0.866$이 된다.

15 인체의 물리적 특성 ③

압력중심점은 기저면 내에서 변할 수는 있어도 기저면 밖에 위치하지 않는다. 허리를 앞으로 굽혀도 압력중심점은 기저면 안에 위치하며, 기저면 밖으로 나가면 균형을 잃을 가능성이 크다.

16 에너지 ④

에너지는 일을 할 수 있는 능력을 뜻하며 정지 상태의 물체라도 위치에너지, 탄성에너지 등 잠재적 에너지를 보유할 수 있다.

17 선운동의 운동학적 분석 ④

변위는 처음 위치부터 마지막 위치까지의 방향과 그 최단거리를 나타내는 벡터량을 의미한다. 따라서 출발점과 도착점이 같은 경우 변위는 0이 되고, 이동거리는 400m×25바퀴가 되므로 10,000m가 된다.

18 일과 일률 ③

일률은 단위시간당 수행한 일의 양, 즉 일의 빠르기를 나타내는 물리량으로서 일의 양을 작용 시간으로 나누어 구한다.

일률 = $\frac{일}{힘의\ 작용\ 시간} = \frac{힘 \times 이동\ 변위}{시간} = \frac{2N \times 2m}{2초} = 2J/s$

19 인체 평형과 안정성 ①

안정성은 물체가 정적 또는 동적 자세의 균형을 잃지 않으려는 상태로 기저면이 넓고, 무게중심선이 기저면 중앙에 가까울수록 안정성이 향상된다. 또한, 기저면의 형태가 균형 있게 분포되어 있을 때 인체의 안정성은 더욱 높아진다. 따라서 기저면의 크기, 형태 모두 인체의 안정성에 중요한 영향을 미친다.

Tip

인체 안정성의 결정 요인

요인	안정적	불안정적
기저면	넓을수록	좁을수록
무게중심의 높이	낮을수록	높을수록
무게중심선과 기저면의 한계점	가까울수록	멀수록
질량과 마찰력	클수록	작을수록

20 선운동의 운동역학적 분석 ②

마찰력은 두 물체의 접촉면에 수직으로 가해진 힘과 마찰계수를 곱한 것이다. 물체 표면에 수직으로 작용하는 힘이 클수록 마찰력도 커지며, 물체의 운동 방향과 반대 방향으로 작용한다.

스포츠윤리

01	02	03	04	05	06	07	08	09	10
②	③	②	③	①	①	②	①, ②, ③, ④	①	③
11	12	13	14	15	16	17	18	19	20
①	④	②	③	④	④	②	④	③	②

01 학생 선수의 인권 　　　답 ②

스포츠윤리센터는 스포츠의 공정성 확보와 스포츠인의 인권 보호를 위해 설립된 기관으로 스포츠 산업 종사자의 직업 안정성 확보와 처우 개선 업무는 관할하지 않는다.

Tip

스포츠윤리센터 주요사업
- 스포츠 비리 및 체육계 인권침해에 대한 신고접수 및 조사와 피해자 지원
- 스포츠 비리 및 체육계 인권침해에 대한 실태조사 및 제도 개선
- 스포츠 비리 및 체육계 인권침해 예방교육 및 홍보 활동
- 스포츠 인권침해 재발방지를 위한 징계정보시스템 운영
- 그 밖의 스포츠 공정성 확보 및 체육인의 인권보호를 위해 필요한 사업 운영

02 스포츠의 윤리적 기초 　　　답 ③

가치판단은 주관적이고 개인에 따라 달라지는 판단으로 측정함으로써 참인지 거짓인지를 알 수 있는 사실판단과는 구분된다. ③은 윔블던 테니스대회의 규정이라는 사실을 말한 것이므로 가치판단에 해당하지 않는다.

03 스포츠 폭력 　　　답 ②

〈보기〉에서 설명하는 상황은 스포츠가 본질적으로 폭력적인 성향의 분출을 자극하면서도 동시에 감시하고 제어하는 특성을 가진다는 것을 의미한다. 이는 스포츠 폭력의 이중성을 나타낸다. '게발트(Gewalt)'는 독일어로 힘, 폭력을 뜻하며, 스포츠 맥락에서는 정당하게 허용된 공격성과 통제되어야 할 폭력성 간의 경계를 설명할 때 사용되는 개념이다. 따라서 게발트(Gewalt)-스포츠 폭력의 이중성이 〈보기〉와 부합하는 개념과 해석이다.

04 성차별 　　　답 ③

1972년 미국의 '타이틀 나인(Title IX)' 제정을 통해 여성의 스포츠 참여가 장려되었으며, 모든 교육 영역에서 남녀 차별을 금지하게 되었다. 따라서 학교 스포츠 프로그램에서 의도적인 성차별 발생 시 재정 지원의 제한은 '타이틀 나인(Title IX)' 제정에 따른 스포츠계의 변화로 볼 수 있다.

05 도핑 　　　답 ①

세계도핑방지기구(World Anti-Doping Agency)가 정한 도핑 금지 방법에는 화학적·물리적 조작, 유전자 및 세포도핑, 혈액 및 혈액성분의 조작이 있다.

06 스포츠와 동물윤리 　　　답 ①

레건(T. Regan)은 동물도 도덕적 지위를 가지므로 동물을 인간을 위한 수단으로 취급하는 것은 옳지 않다고 보았다. 이러한 입장에서 동물의 고통을 줄이기보다 동물의 이용 자체를 근본적으로 부정하는 동물 해방 윤리론을 주장했다.

Tip

동물 해방 윤리론

피터싱어	• 공리주의 입장 • 이익 평등(동등) 고려의 원칙 • 고통을 느낄 수 있는(쾌고감수능력) 모든 존재의 이익 관심은 동등한 고려 가치가 있음을 주장 • 동물 학대의 가능성이 있는 스포츠 종목의 폐지 당위성을 제시
레건	• 의무론적 입장 • 살아있는 존재라면 누구나 자신만의 삶을 영위할 권리가 있으므로 동물의 권리 또한 인정되어야 함 • 동물도 도덕적 지위를 가지므로 동물을 인간을 위한 수단으로 취급하는 것은 옳지 않음

07 페어플레이 　　　답 ②

절차적 정의는 결과보다 과정에 초점을 둔 정의로, 절차가 공정하면 그 결과도 공정한 것으로 본다. 예시로 시합 전 동전 뒤집기로 선·후공을 정하는 등의 행위가 있다.

Tip

스포츠에서의 정의

평균적(형식적) 정의	누구에게나 공평하고 일관되게 분배하는 것
분배적(실질적) 정의	필요, 업적, 환경 등을 고려하여 실질적으로 공정하게 분배하는 것
결과적 정의	최종적으로 나타난 결과에 주목
절차적 정의	절차가 공정하면 그 결과도 공정
교정적 정의	잘못 혹은 피해에 대한 대응

08 페어플레이 　　　답 ①, ②, ③, ④

① 의도적 구성 규칙 위반 : 경기의 구성 자체를 방해하기 위해 의도적으로 규칙을 위반하는 것
② 의도적 규제 규칙 위반 : 경기 승리를 위해 의도적으로 규칙을 위반하는 것
③ 비의도적 구성 규칙 위반 : 경기 구성에 방해는 됐지만, 실수나 무지로 인해 위반하는 것

④ 비의도적 규제 규칙 위반 : 경기 승부에 관련된 규칙 위반이지만, 비의도적인 것

09 윤리이론 답 ①

칸트에 따르면 도덕적으로 옳은 행위는 의무에서 나온(aus Pflicht) 행위와 의무에 합치하는(pflichtmäßig) 행위로 구분된다. 의무에서 나온 행위는 도덕 법칙을 존중하며, 순수한 도덕적 의무감에서 비롯된 행위이다. 의무에 합치하는 행위는 도덕 법칙에는 맞지만, 동기가 도덕이 아닌 처벌 회피나 이익 추구와 같은 타산적 동기에서 비롯된 행위이다.

> **Tip**
> **칸트의 의무론**
> 진실을 말하는 것과 약속을 지키는 것은 우리가 따라야 할 올바른 원칙이다. 그러므로 거짓말을 하거나 약속을 어기는 것은 그러한 행위들이 설사 좋은 결과를 가져온다고 하더라도 옳지 않은 것이다. 여기서 의무론의 특징은 그것이 '도덕적 옳음'이 '결과적 좋음', 즉 행복의 증진과는 무관하다는 것이다.

10 스포츠와 환경윤리 답 ③

부올레(P. Vuolle)가 분류한 스포츠 환경에는 순수환경, 개발환경, 시설환경이 있다. 가상환경은 해당하지 않는다.

> **Tip**
>
> **부올레(P. Vuolle)의 스포츠 환경**
>
> | 순수환경 | 본래의 야생지로서 공원이나 보전구역 등 |
> |---|---|
> | 개발환경 | 트레일, 슬로프, 스포츠 필드, 실외수영장 등 시설을 지어 야외활동을 할 수 있도록 한 곳 |
> | 시설환경 | 실내체육관, 경기장, 아이스링크와 같은 완전한 실내 스포츠 공간 |

11 윤리이론 답 ①

뒤르켐(E. Durkheim)의 도덕교육론은 도덕적 인격 형성을 목표로 하며, 개인이 사회의 규범을 내면화하도록 도와주는 교육을 강조한다. 특히 자율적인 도덕 판단력과 사회적 규범의 내면화를 강조하기 때문에, 감독의 지도에 의존하는 도덕적 판단력을 길러주는 것은 뒤르켐의 도덕교육론과는 부합하지 않는다.

12 스포츠조직의 윤리경영 답 ④

윤리경영은 기업을 경영함에 있어 윤리를 최우선으로 두어 투명하고 공정하며 합리적으로 경영함을 의미한다. 이러한 윤리경영은 경영자의 윤리적 실천의지와 경영의 투명성이 확보되어야만 진행될 수 있다. 스포츠센터의 운영 수익 증대를 목적으로 노동 강도를 높이는 행위는 구성원의 인권과 복지를 침해하는 행위로, 윤리경영 원칙과는 어긋난다.

13 심판의 윤리 답 ②

심판에게 필요한 윤리적 덕목 중 전문성은 경기 규칙을 정확하게 이해하고 숙지하여 정확한 판정을 내리는 것을 의미한다. A심판은 최근 개정된 규정을 정확하게 숙지하지 못해 오심을 범했기 때문에, 심판의 전문성과 관련되어 있다. 한편, B심판은 오심임을 인지하였지만 침묵하였고, 이후 양심의 가책을 지우지 못하고 활동을 중단했다. 이는 자기의 옳지 못함을 부끄러워하고, 남의 옳지 못함을 미워하는 마음인 '수오지심(羞惡之心)'에 해당한다.

> **Tip**
>
> **심판의 도덕적 조건**
> - 공정성 : 어느 한쪽에 치우치지 않음
> - 청렴성 : 심판 매수 등의 시도가 있어도 그에 현혹되지 않음
> - 편견과 차별 배제 : 오심과 편파 판정 방지
> - 자율성 : 외부의 지시나 간섭을 단호히 뿌리칠 수 있음
> - 전문성 : 한 번 내린 판정은 번복하기 힘들기 때문에 오랜 경험과 훈련을 바탕으로 정확한 판정을 내려야 함

14 윤리이론 답 ③

공리주의는 공리성을 가치 판단의 기준으로 하는 결과론적 윤리체계의 대표적 사상이다. 어떤 행위의 옳고 그름은 그 행위가 인간의 이익과 행복을 늘리는 데 얼마나 기여하는가 하는 유용성과 결과에 따라 결정된다. 따라서 스포츠 상황에서 행위의 유용성보다 인성의 바름을 강조하는 것은 공리주의와는 부합되지 않는다.

15 장애차별 답 ④

장애로 인해 스포츠 참여의 권리 및 기회를 비장애인과 동등하게 누리지 못하는 것을 스포츠 장애차별이라 한다. 장애차별을 개선하기 위해서는 장애인 선수를 비장애인과 구분하지 않고 동등한 대우를 해주어야 한다. 참여 종목과 대회는 지도자의 결정에 맡겨야 하거나 비장애인과 분리하여 수업하는 행위는 장애차별로 볼 수 있다.

> **Tip**
>
> **장애차별 없는 스포츠의 조건**
> - 장애인을 위한 스포츠 시설 확충
> - 장애인이 참여할 수 있는 스포츠 대회 개최
> - 장애인을 위한 스포츠 종목 및 프로그램의 확대
> - 장애인스포츠지도사 교육·양성
> - 지속적으로 스포츠 활동에 참여할 수 있는 여건 제공
> - 장애인의 스포츠 참여를 위한 재정적 지원

16 스포츠 폭력   답 ④

아렌트(H. Arendt)의 악의 평범성은 스포츠계에서 폭력과 같은 잘못된 관행에 복종하는 데 익숙해진 나머지 이를 지속시키는 데 기여하는 것을 의미한다. 〈보기〉와 같이 폭력이 일상화되어 있고, 이를 멈추게 할 방법이 생각과 반성에 있는 상황은 아렌트의 철학과 개념에 해당한다.

【오답해설】
홉스(T. Hobbes)의 리바이어던은 국가만이 합법적 폭력을 사용할 수 있고, 이 폭력은 국가 내의 사회의 정의를 수호하며 전쟁을 통해 국민을 지키는 국가의 모습이라는 것을 의미한다.

17 윤리이론   답 ②

의무주의는 행위의 결과와는 상관 없이 도덕 행위의 본래적인 가치인 '규범에 복종해야 할 의무'를 주장하는 도덕 이론을 말한다. 따라서 반칙을 하는 것은 옳지 않기 때문에는 규범에 복종하기 위한 이유에 해당한다.

18 성차별   답 ④

트렌스젠더 여성 선수가 불공평한 이득을 가져 스포츠 본연의 의미를 변화시킨다는 견해는 트렌스젠더 여성의 스포츠 참여를 반대하는 입장에 해당하므로 지지하는 견해의 근거에 해당하지 않는다.

19 스포츠맨십   답 ③

함무라비 법전의 탈리오 법칙(Lex Talionis)은 '눈에는 눈, 이에는 이' 같은 보복 논리이다. 야구 경기에서 빈볼을 맞았을 때, 상대팀에게도 빈볼을 던져 보복을 하는 것은 탈리오 법칙이 적용된 상황이다.

20 인종차별   답 ②

1948년 런던 올림픽경기대회에서 독일과 일본 선수의 참가를 불허한 일은 인종차별의 사례에 해당하지 않는다. 이는 2차세계대전의 전범국인 독일과 일본에 대한 전쟁 책임과 국제 정치 상황에 따른 조치이다.

특수체육론

01	02	03	04	05	06	07	08	09	10
④	①	④	④	③	③	②	①	④	①
11	12	13	14	15	16	17	18	19	20
①	③	②	②	④	②	③	③	②	①

01 특수체육의 특징   답 ④

특수체육은 장애인이 참여하는 체육으로 비장애인과 함께하는 활동을 포함한다. 또한 독특한 요구를 충족시키기 위해 개별화 프로그램을 지향하며 신체적 능력에 차이가 있는 학생들이 안전하게 스포츠를 경험할 수 있도록 한다. 장애인의 신체활동 참여 시 장애인의 주도성, 혁신성, 창의성 등의 능력을 배양하기 위해 스스로 권한을 신장시키는 임파워먼트를 강조한다. 따라서 특수체육에 관한 설명으로 적절하지 않은 것은 ④이다.

Tip

장애인 임파워먼트(empowerment)의 속성

- 자결성 : 개인의 삶에 대한 적극적인 자기 결정, 운동과 재활 참여에 대한 선택권, 서비스 계획 및 조직에 대한 영향력 등
- 사회적 참여 : 다른 장애인에 대한 배려와 지시, 사회적 불공정에 대한 시정 요구 및 지지 활동 등에 대한 참여
- 개인적 유능감 : 긍정적인 자아 존중감 배양, 장애에 대한 수용, 통제에 대한 내재적인 승인

02 지적장애 지도 전략   답 ①

〈보기〉에서 제시된 장애 유형은 지적장애에 해당한다. 이러한 유형을 지도할 때에는 간단한 단어를 사용하여 간단하게 설명하거나 운동수행의 발달 정도에 따라 꾸준하게 해야 한다. 또한 현재수행능력을 세밀하게 파악한 후 지도해야 하며 학생이 흥미를 보이는 활동에서 시작하여 다양한 형태로 발전시켜야 한다. 따라서 ①의 내용은 적절하지 않다.

> **Tip**
> **지적장애 지도전략**
> - 운동수행의 발달 정도에 따라 꾸준히 지도할 것
> - 현재수행능력의 세밀한 파악 후 지도할 것
> - 안전지도 방안을 구체화할 것
> - 언어지도, 시범지도, 직접지도 등을 적절히 활용할 것
> - 간단한 단어 및 설명을 사용할 것
> - 활동을 단순화하고 단순한 규칙의 놀이를 제공할 것
> - 가능한 참여자 스스로가 자신의 활동을 결정할 수 있도록 할 것
> - 운동기술의 습득, 파지, 전이가 이루어지고 있는지 수시로 점검할 것
> - 주의를 집중할 수 있도록 관련된 단서를 제공할 것
> - 직접지도 시 최소한의 신체접촉을 유지할 것
> - 쉬운 과제에서 어려운 과제 순으로, 익숙한 과제에서 새로운 과제순으로 과제를 제시할 것
> - 다양한 감각적 단서를 제공(다감각적 접근법)할 것
> - 과제의 난이도를 지나치게 낮추거나 변형하지 말 것
> - 장애로 인해 운동 수행이 어려울 경우에만 규칙 및 장비 등을 변형할 것

03 특수체육 지도 전략 답 ④

역주류화 수업이란 일반 학생들이 장애가 있는 학생들과 함께 수업에 참여하는 것을 말하는데 장애가 있는 학생의 수업에 비장애 학생이 참여하는 수업형태이다. 따라서 교사와 학생이 역할을 바꿔가며 과제를 수행한다는 설명은 옳지 않다.

04 특수체육 지도 전략 답 ④

정서·행동 장애 학생의 체육활동을 지도할 때에는 개인운동보다는 다른 사람과 함께 어울릴 수 있는 집단운동을 제공하는 것이 바람직하며 연령에 맞는 신체활동 프로그램에 적극적으로 참여하도록 유도해야 한다. 또한 주의를 분산시키는 자극을 최소화하고 규칙을 정하여 안전 교육을 실시한다.

05 시각 장애인을 위한 스포츠 답 ③

쇼다운은 시각장애인을 위한 스포츠로 '에어하키' 또는 '탁구'로 표현되기도 한다. 장비가 매우 저렴하고 경기 장소도 회의실 정도의 공간이면 충분해 시각장애인이 쉽게 시작할 수 있는 운동으로 공을 배트로 쳐서 테이블 벽면에 부딪친 다음 테이블 중앙에 설치된 센터스크린 밑을 통과하여 상대편의 골포켓에 공을 넣으면 되는 스포츠이다.

> **Tip**
> **쇼다운**
> - 손보호장갑과 시각을 차단하는 고글을 착용한 뒤 길이가 긴 나무 배트로 소리가 나는 공을 쳐 상대편의 골 주머니에 넣으면 점수를 얻는 방식으로 진행되는 시각장애인 스포츠
> - 1977년 캐나다의 Joe Lewis라는 시각장애인에 의해 고안됨
> - 국내에서는 한국시각장애인스포츠연맹에서 2013년 9월 전국 7개소에 쇼다운테이블과 교실사업을 지원하면서 종목의 부흥이 시작됨
> - 경기규칙
>   - 각 선수는 2번 연속으로 서브할 수 있다.
>   - 한 선수가 상대편 선수를 상대로 2점 이상의 점수차로 11점 이상을 획득하면 승리
>   - 통상 3세트로 치러지며 각 세트 후에는 테이블 사이드를 바꾼다.

06 지체장애, 뇌병변장애의 특성과 지도 전략 답 ③

지체장애인에게 운동을 지도할 때 기립성 저혈압 증상 발생 시 다시 앉거나 몸을 쪼그리는 식으로 자세를 낮추어 증상이 사라지도록 해야 하며 벽이 있을 경우 등을 기대어 앉도록 해야 한다. 따라서 ③의 설명은 옳지 않다.

07 지체장애, 뇌병변장애의 특성과 지도 전략 답 ②

휠체어 럭비(영어: wheelchair rugby)는 장애인 선수를 위한 팀 스포츠이다. 원래 머더볼(murderball)이라고 불렸으며, 미국에서는 쿼드 럭비(quad rugby)로 알려져 있다. 휠체어 럭비는 주로 최대 12명의 선수로 구성된 두 팀이 경기를 진행한다. 각 팀에서 동시에 경기장에 있을 수 있는 선수는 4명으로 제한된다. 이는 혼성 스포츠로, 남성과 여성 선수들이 동일한 팀에서 경기한다.

【오답해설】
① 휠체어 농구에서는 휠체어를 2회 연속 밀기 전 공을 바닥에 튀기거나 패스해야 하며 3회 이상 밀면 '트레블링 반칙'이 선언된다.
④ 휠체어 테니스에서는 공을 두 번까지 튀기는 것이 인정된다.

08 체력운동의 원리 답 ①

다양성의 원리란 운동과 휴식, 강도, 트레이닝 방법 등을 다양하게 변경하여 흥미를 유발하는 것이다. 〈보기〉에서는 달리기를 지루해 하는 지적장애 학생을 위해 다양한 운동을 하게 하고 적절한 휴식을 제공하고 있으므로 '다양성의 원리'를 설명하고 있다고 볼 수 있다.

【오답해설】
② 특수성의 원리: 트레이닝이 적응된 근육동작, 부위, 형태 등에 따라 효과가 달라진다.
③ 전면성의 원리: 운동 기술을 계속 향상시켜 높은 운동의 성취감을 느낄 수 있도록 한다.
④ 가역성의 원리: 운동으로 인한 인체의 변화는 훈련을 중지하면 운동 전의 상태로 돌아간다.

09 특수체육 평가도구 　　　답 ④

PDMS-2(Peabody Developmental Motor Scale-2)는 취학전 아동을 대상으로 대근육과 소근육 기능을 평가하고 반사행동, 균형, 시각, 협응력, 손에 쥐는 압력과 손기능 능력을 평가한다. BOT-2(Bruininks-Oseretsky Test of Motor Proficiency-2)는 4세에서부터 21세 11개월의 소아 청소년을 대상으로 하는 검사이다. PAPS-D(Physical Activity Promotion System for Students with Disabilities)는 장애가 있는 학생의 건강 관련 체력을 평가하는 것으로 검사 항목으로는 심폐지구력, 근력-근지구력, 유연성, 순발력, 체지방, 자세 평가, 자기 신체 평가가 있다.

Tip
BPFT(Brockport Physical Fitness Test)
- 10~17세까지의 장애인은 물론 일반인에게도 적용할 수 있는 건강관련 체력검사 방법
- 장애유형에 따른 항목별 검사방법을 구분
- 연령대별 건강기준과 권장기준 확인 가능
- 검사항목 : 심폐능력, 신체조성, 유연성, 근력 및 지구력 등의 27개 항목

10 행동관리 기법 　　　답 ①

용암법은 도움이나 촉진을 점차 줄여 나가며 학생 스스로 문제를 해결하도록 하는 행동관리 기법이다. 제시된 그림을 보면 처음에는 학습자의 몸통과 팔꿈치를 잡고 교정하면서 가르치다가 던지기 자세를 시범을 보인 후 연습하게 하고 그 다음에는 언어 지시로만 던지기를 수행하게 하는 것을 알 수 있다. 따라서 제시된 그림에서는 용암법이 쓰였음을 알 수 있다.

Tip
용암법
연속적으로 반복 행동을 시도하여 내담자의 반응에 도움이 되는 단서를 점진적으로 조절하여 이후에 단서 없이도 반응할 수 있게 하는 행동주의 치료에서 쓰이는 방법이다. 아이들이 처음 도형 그리기나 글자 쓰기를 배울 때 책에 있는 도형이나 글자를 '실선을 따라 그리기 – 점선을 따라 그리기 – 더 옅은 점선을 따라 그리기 – 안 보고 그리기'의 방식으로 습득해 나가는 것을 예로 들 수 있다.

11 장애인 대상 평가 도구 　　　답 ①

문제에서 제시된 검사 도구는 TGMD-3(Test of Gross Motor Development Ⅲ)으로 운동 능력에 어려움이 있는 어린이를 식별하는데 사용되는 표준 테스트이다. 3~11세 아동을 대상으로 하는 검사 도구이며 준거지향적 방식과 규준지향적 방식 모두 활용이 가능하다.

【오답해설】
② 6가지 이동 운동 기술과 7가지 공 조작 운동 기술을 측정한다.
③ 수행 준거를 어느 정도 성취했느냐에 따라 1점 또는 0점을 부여한다.
④ 장애 여부와 상관없이 3~11세 아동을 대상으로 대근육운동기술 발달 수준을 검사하는 표준화된 검사 기구이다.

12 뇌병변장애 　　　답 ③

〈보기〉에서 제시된 장애 유형은 뇌병변장애 중 뇌성마비이다. 뇌성마비는 진행성은 아니지만 보행이나 이동의 문제가 청소년기나 성인기에 이를수록 심해질 수 있으며(위축되고 약해짐) 성장발육의 지연, 보행 및 운동장애, 근육의 경직성, 팔다리의 변형, 비자율적 근육 운동, 경련 및 지각장애 등의 문제가 발생할 수 있다.

13 특수체육에서 사용하는 사정과 측정도구 　　　답 ②

특수체육 프로그램 서비스 전달체계는 프로그램 계획 → 사정 → 개별화교육계획 → 교수·상담·지도 → 평가의 순서로 진행된다. 따라서 ㉠은 개별화교육계획, ㉡은 지도·상담, ㉢은 평가가 들어가야 한다.

14 기초이동 운동능력 　　　답 ②

갤로핑(galloping)은 한 발은 앞으로 걷고 다른 발은 달리듯 빨리 끌어다 앞선 다리에 붙이는 동작으로 〈보기〉에서 설명하는 운동 기술이다.
【오답해설】
① 호핑(hopping)은 한 발로 도약해서 같은 발로 착지하는 동작이다.
③ 리핑(leaping)은 발로 몸을 지탱하면서 다른 한 발은 쭉 내밀어 앞으로 이동하는 동작이다.
④ 슬라이딩(sliding)은 거의 몸을 눕히듯이 뛰어드는 동작으로 안전하게 도착하기 위해서 발끝, 머리, 손부터 미끄러져 들어가는 동작이다.

15 청각장애의 특성 및 지도 전략 　　　답 ④

청각장애인을 지도할 때에는 시각적 자료를 적극적으로 활용하고 수화 및 구화를 사용하도록 유도하며 또래와 함께 참여하도록 권장한다. 또한 정확한 입모양과 큰 소리로 설명하고 추가 설명 시 종이에 글씨를 써서 설명해야 한다. 〈보기〉에 제시된 고려사항은 청각장애인 체육활동에서 고려될 사항으로 모두 옳다.

16 지적, 정서, 자폐성장애 등의 특성과 지도 전략 　　　답 ②

수영 레인의 폭은 2.5m 정도(국제규격 경기시설)인데, 패럴올림픽에서도 똑같이 적용된다. 수영의 레인 폭을 축소하면 다른 레인의 사람과 부딪힐 우려가 있으므로 규격에 맞게 설치해야 한다.

17 개별화 교육 프로그램 　　　답 ③

개별화 교육 프로그램의 목표 진술 3요소는 행동, 기준, 조건이다. 행동(action)은 성취 수준이 목표에 달성했는가를 판단하는 기준이며 기준(criterion)은 학습의 결과로 나타나는 행동을 말한다. 마지막으로 조건(condition)은 행동이 일어나길 바라는 상황의 제시이다.

Tip

개별화 교육 프로그램(IEP ; Individual Education Program)

- 법령에서 정의하는 개별화 교육(장애인 등에 대한 특수교육법) : 각급학교의 장이 특수교육대상자 개인의 능력을 계발하기 위하여 장애유형 및 장애특성에 적합한 교육목표 · 교육방법 · 교육내용 · 특수교육 관련서비스 등이 포함된 계획을 수립하여 실시하는 교육
- 개별화 교육 프로그램의 필요성
  - 개별 학생의 특성에 따른 교육의 보장을 위해 학습 내용이나 지도목표 등이 개별 학생에 따라 특별히 설계된 IEP가 필수적
  - 부모와 학교 간의 의사소통 매개 수단으로써 활용 가능
  - 학생에게 필요한 것이 무엇인지, 그 필요에 적합한 서비스는 무엇이며 어떠한 결과를 기대할 수 있는지 예측을 가능케 함

18 패럴림픽 답 ③

문제에서 제시된 로고를 사용하는 국제 장애인경기대회는 패럴림픽이다. 패럴림픽의 주관 단체는 국제 패럴림픽 위원회(IPC; International Paralympic Committee)이며 4년마다 개최된다.

19 체육활동 변형 전략 답 ②

체육활동을 변형하는 이유는 장애 학생 지도 시 효과적인 스포츠 활동을 유도하기 위해서이며 환경, 용구, 규칙 등을 변형시켜 적용한다. 따라서 활동의 본질을 변형하여 새로운 활동으로 구성한다는 설명은 적절하지 않다.

20 시각장애 지도 전략 답 ①

시각장애인의 신체활동을 지도할 때에는 잔존시력의 정도를 파악한 후 핵심이 되는 움직임을 반복적으로 보여줌으로써 동작의 원리를 이해할 수 있도록 한다. 또한 학생 스스로 움직임을 할 수 있도록 직접적으로 보조하는 것을 점차 줄여 나가야 한다. 따라서 ①은 시각장애인의 체육활동 지도 시 고려 사항으로 적절하지 않다.

유아체육론

01	02	03	04	05	06	07	08	09	10
②	②	③	③	④	③	①	③	④	①
11	12	13	14	15	16	17	18	19	20
①	④	④	④	③	①	①	②	②	②

01 유아기 운동발달 프로그램 답 ②

기본움직임기술은 비이동 운동, 이동 운동, 조작 운동이 있다. 굽히기, 늘리기, 직립 균형은 비이동 운동이고 스키핑은 이동 운동이다.

Tip

기본움직임기술

- 비이동 운동(안정성) : 굽히기, 비틀기, 물구나무서기, 구르기, 멈추기 등
- 이동 운동 : 걷기, 달리기, 점핑, 갤로핑, 슬라이딩, 호핑 등
- 조작 운동 : 때리기, 튀기기, 되받아치기, 던지기 등

02 유아기 운동발달 프로그램 답 ②

움직임 분류 일차원 모델은 움직임을 구성하는 여러 요소를 체계적으로 분류하는 이론으로 근육, 시간적 연속성, 환경, 기능에 따라 분류한다.

03 유아기 운동발달 프로그램 답 ③

ㄴ. 유연성은 관절 주변의 골격 구조, 근육, 인대 및 건 등의 상태에 의해 결정되는 관절의 최대 가동 범위로 자극에 대해 빠르게 반응하거나, 운동 방향을 변경, 신속하게 이동하는 능력은 민첩성이다.

Tip

건강관련체력, 수행관련체력

- 건강관련체력 : 근력 · 근지구력, 심폐지구력, 유연성
- 수행관련체력 : 순발력, 민첩성, 협응성, 평형성

04 유아기 운동발달 답 ③

모로반사에 대한 설명이다. 모로반사는 큰 소리나 신체 위치의 갑작스러운 변화에 의해 야기되는 신생아 반사로 등을 구부리고 손과 팔을 앞으로 뻗어 무엇인가를 잡으려는 것처럼 팔을 서로 감싸 안는 것이며 생후 4~6개월경 사라진다.

05 유아기 운동발달 프로그램　④

연계성 원리에 대한 설명이다. 유아기 운동발달 프로그램은 연계성 원리를 고려하여 기초부터 향상까지 잘 조직된 프로그램을 구성해야 하며, 신체발달뿐만 아니라 정서적·사회적 발달을 위한 교육 프로그램과의 연계성이 필요하다. 또한, 간단한 활동에서 복잡한 활동, 쉬운 활동에서 어려운 활동으로 단계별 지도가 필요하다.

> **Tip**
> 운동발달 프로그램의 기본 원리
> - 적합성 원리
> - 특이성 원리
> - 다양성 원리
> - 방향성 원리
> - 안전성 원리
> - 연계성 원리

06 유아기 운동발달 이론　③

에릭슨의 심리사회발달 단계 중 4단계에 해당하는 내용이다. 해당 시기에 새로운 것을 학습할 기회를 부여받고, 성취한 것을 인정받는 경우 근면성이, 성취할 기회를 갖지 못하거나 결과에 대해 비난을 받는 경우 열등감이 발달한다.

> **Tip**
> 에릭슨의 심리사회발달 8단계
> - 1단계 : 신뢰감 대 불신감(0~1세)
> - 2단계 : 자율성 대 수치심(2~3세)
> - 3단계 : 주도성 대 죄책감(4~5세)
> - 4단계 : 근면성 대 열등감(6~11세)
> - 5단계 : 자아정체감 대 역할 혼미(12~18세)
> - 6단계 : 친밀감 대 고립감(18~30세)
> - 7단계 : 생산성 대 침체(31~64세)
> - 8단계 : 자아통합 대 절망(65세 이후)

07 유아기 운동발달 이론　①

하비거스트는 인간의 생애를 6단계로 나누고, 시기별로 달성해야 할 발달 과업이 있다고 보았다. 1단계에서는 사회적·물리적 현실에 대한 간단한 개념이 형성되며, 2단계에서는 성장하는 개체로서 자기에 대한 건전한 태도를 발전시키고, 3단계에서는 행동지표로서의 가치관과 윤리체계를 습득하기 시작한다.

08 유아기 운동발달　③

기본 움직임 단계는 시작 → 초보 → 성숙으로 이루어진다. 엉덩이의 회전은 체중 이동과 몸통 회전이 조화를 이루는 성숙 단계의 특징이다. 시작 단계에서는 주로 팔 동작만으로 힘을 전달하려 하며, 하체는 거의 사용하지 않는다.

09 유아기 운동발달　④

반사 억제 단계는 생후 약 0~1세 사이 시기로 초보 움직임 단계에 해당한다. 반사(reflex) 중심의 움직임에서 점차 수의적(voluntary) 움직임으로 전환되는 초기 발달 단계로 운동 피질(motor cortex)의 발달이 시작되며, 원시 반사들이 억제되고 수의 운동이 조금씩 나타난다. 뇌하부 중추가 더 발달하며 주요 제어 역할을 하는 것은 반사 운동 중심 시기의 특징이다.

10 유아기 운동발달　①

TGMD-3은 대근육 운동 발달 평가에 중점을 둔 검사 도구로 기초 움직임 기술(달리기, 점프, 공 던지기 등)의 발달 정도를 평가하여 운동 발달 지연 여부를 판단한다. 언어, 인지, 적응 행동 기능 발달은 평가 대상이 아니다.

11 유아체육 지도방법　①

스테이션 교수는 학습 공간을 여러 개의 스테이션(학습 장소)으로 나누고, 학습자들이 각 스테이션에서 서로 다른 과제를 수행하며 순환 학습하는 방법이다. 이 방식은 제한된 공간과 장비를 효율적으로 활용할 수 있어, 여러 과제를 동시에 다룰 수 있다. 또한, 학습자들이 이미 익힌 기술을 반복 연습하거나 자기 평가를 할 때도 효과적이다.

12 유아체육 지도방법　④

유아체육 프로그램은 유아의 발달단계에 알맞은 지도가 필요하다. 기구나 도구를 획일적으로 제공해서는 안 되며, 유아마다 수준을 고려해 다양하게 조절해주는 것이 바람직하다.

13 유아기의 운동발달　④

㉠에 들어갈 내용은 '리드-업(lead-up) 게임과 기술'이고, ㉡에 들어갈 내용은 '기본 대근운동 기술과 양식(patterns)'이다.

14 유아기 체육 관련 법 및 지침　④

「국민체육진흥법 시행령」 제2조에 따르면 "유소년스포츠지도사"란 유소년(3세부터 중학교 취학 전까지를 말한다)의 ㉠ 행동양식, ㉡ 신체발달 등에 대한 지식을 갖추고 유소년을 대상으로 체육을 지도하는 사람을 말한다.

15 유아체육 지도방법　③

㉠은 탐색적(exploratory) 방법, ㉡은 안내-발견적(guide-discovery) 방법에 대한 설명이다. 탐색적(탐구적) 방법은 시범이나 언어적 설명이 없이 유아가 자신에게 적합하다고 생각하는 활동과제를 수행하고, 안내-발견적 방법은 유아는 또래나 교사의 동작을 관찰함으로써 과제수행의 방법을 이해한다.

16 유아기 운동발달 답 ①

갤러휴는 움직임 기술을 안정성 운동 기술, 이동 운동 기술, 조작 운동 기술로 구분하였다. 이동 운동 기술에 해당하는 것은 걷기, 달리기, 점프하기로 잡기는 조작 운동 기술에 해당한다.

Tip

갤러휴의 움직임 기술
- 안정성 운동 기술 : 정적·동적 움직임 상황에서 신체 균형을 강조한다.
- 이동 운동 기술 : 신체의 장소 이동을 강조한다.
- 조작 운동 기술 : 물체와 힘을 주고 받는 것을 강조한다.

17 유아체육 지도방법 답 ①

'왜(why)' 중심의 문제해결 수업은 이해중심 게임수업(TGFU)의 특징이다. 기능중심 게임수업은 '어떻게(how)' 잘 수행할 것인가에 초점을 둔다.

18 유아기 운동발달 답 ②

기본 움직임 단계 중 걷기 동작의 발달단계는 시작 → 초보 → 성숙으로 이루어진다. 시작 단계는 기본적인 운동능력을 형성하는 시기로 신체의 움직임이 자연스럽거나 능숙하지 못해 발바닥 전체로 바닥과 접촉한다.

19 유아기 운동발달 이론 답 ②

전조작기는 2~7세에 해당하며 언어가 급격히 발달한다. 상징적 사고가 증가하며 물활론적 사고가 가능하다.

20 유아기 운동발달 이론 답 ②

반두라의 사회학습이론에 대한 설명이다. 사회학습은 간접학습의 일종으로 관찰학습 또는 대리학습이라고 불린다. 학습자는 자신과 관찰하는 모델 간에 유사점이 있다고 인식할 때 그 모델의 행동을 모방할 가능성이 높다.

노인체육론

01	02	03	04	05	06	07	08	09	10
④	①	④	②	③	③	①	③	④	①
11	12	13	14	15	16	17	18	19	20
②	③	④	④	②	②	①	③	③	①

01 노화와 관련된 이론 답 ④

활동이론은 일상적인 활동(정신적·신체적·사회적)을 지속하는 사람은 건강하게 노화하며, 생활 만족도가 높아진다고 보는 이론이다.

【오답해설】
① 손상이론 : 활성산소, 자외선, 기타 유해물질 등으로 인해 손상된 세포가 기능장애를 일으키고 DNA와 단절됨으로써 노화가 발생한다고 보는 이론
② 유전학적이론 : 노화 과정이 인체 세포 시계에 의해 조절되며, 특정 유전자에 의해 노화가 진행된다는 이론
③ 분리이론 : 노인은 사회적 역할 및 상호작용 등의 감소로 사회로부터 분리되며, 이것이 노화의 과정이라고 보는 이론

02 근골격계·신경계 질환 운동프로그램 답 ①

근감소증(sarcopenia)은 나이가 많아지면서 근육의 양, 근력, 근 기능이 모두 감소하는 질환이며 근육 위축이라고도 불린다. 근감소증 환자는 걸음걸이가 느려지고 근지구력이 떨어지며 일상생활이 어려워 다른 사람의 도움이 자주 필요하게 된다. 또한 골다공증, 낙상, 골절이 쉽게 발생하고, 근육의 혈액 및 호르몬 완충 작용이 줄어들어 기초대사량이 감소하고, 만성질환 조절이 어렵게 되며, 당뇨병과 심혈관 질환이 쉽게 악화될 수 있다.

03 노화의 개념 답 ④

생물학적 노화는 생물학적 퇴화과정이 생물학적 재생산과정을 능가하여 유기체에 퇴행적 변화가 일어나는 현상이다. 따라서, 'ㄱ. 노화는 치료가 가능하다.'는 생물학적 노화 개념과 어긋난다.

Tip

생물학적 노화
- 정의 : 생물학적 퇴화과정이 생물학적 재생산과정을 능가하여 유기체에 퇴행적 변화가 일어나는 현상
- 특성

보편성	노화에 따른 변화는 누구에게나 동일하게 나타남
내인성	노화는 질병이나 사고가 아닌 내적인 변화로 인해 나타남
쇠퇴성	노화는 궁극적으로 생물체의 죽음을 초래함
점진성	노화에 따른 변화는 연령의 증가에 따라 심해지며, 회복이 불가능함

04 운동의 효과 답 ②
체중부하운동은 자신의 체중을 이용해 뼈와 근육에 자극을 주는 운동이다. 걷기, 등산, 스케이팅, 테니스, 윗몸일으키기, 팔굽혀펴기, 계단 오르기 등이 해당한다.

05 운동권고 지침 및 운동방안 답 ③
운동 의욕이 높더라도 매일 강도 높은 운동을 하는 것은 노인에게 부적절하다. 노인은 회복 능력이 낮고, 근골격계와 심혈관계에 부담이 크기 때문에 고강도 운동은 충분한 휴식과 번갈아가며 수행해야 한다.

06 운동의 효과 답 ③
당뇨 노인은 운동을 통해 인슐린 민감성 향상과 인슐린 저항성 감소로 안정적인 혈당 조절이 가능해지며, 당뇨병 예방 및 관리의 효과를 얻을 수 있다.

Tip

인슐린 저항성과 인슐린 감수성

인슐린 저항성	• 다양한 원인에 의해 인슐린의 기능이 떨어져 포도당 균형을 효과적으로 다루지 못하는 것 • 인슐린 저항성이 높을 경우 체내 포도당이 충분한데도 계속 인슐린을 만들어 췌장 베타세포(인슐린을 만드는 기관)의 기능 저하 및 손상을 야기함
인슐린 감수성 (민감성)	• 인슐린에 대한 생체의 감수성 • 동일한 인슐린 양에 대한 혈당 저하도로 표현 • 인슐린 감수성이 높을 경우 당뇨병의 예방 및 관리에 도움을 줌

07 호흡·순환계 질환 운동프로그램 답 ①
뇌졸중은 뇌에 혈액을 공급하는 혈관이 막히거나 터지면서 뇌에 손상이 생기며 반신 마비, 감각 장애, 언어 장애 등이 나타나는 질환이다. 우측마비 노인의 경우 언어지시보다 행동적 시범이 효과적이며, 마비된 쪽과 건강한 쪽을 함께 운동하는 것이 좋다. 또한, 상지는 어깨관절에서 손가락 방향 순으로, 하지는 허벅지에서 발끝 방향 순으로 운동해야 한다.

08 근골격계·신경계 질환 운동프로그램 답 ③
ㄱ. 관절염 노인의 경우 무릎관절에 충격이 적은 수중부하운동이나 비체중부하운동이 권장된다.
ㄴ. 관절의 상해와 통증이 발생하지 않는 범위에서 운동을 실시하고, 통증이 지속될 경우 운동을 중단하는 것이 좋다.

09 노화와 관련된 이론 답 ④
〈보기〉에서 설명하는 이론은 사용마모이론이다. 인간의 몸도 마치 기계와 같이 오랫동안 사용하면 기능이 약화되고 점차 퇴화가 일어나 이로 인해 노화가 나타난다고 보는 이론으로, 퇴행성관절염이나 오십견 등의 노인질환을 설명할 때 가장 적절하다.

【오답해설】
① 면역반응이론 : 나이가 들면서 인간의 면역체계에 결함이 발생하여 제거해야 할 유해물질을 제거하지 못해 체내에 유해물질이 축적되고 이로 인해 노화가 발생·촉진된다고 보는 이론
② 교차결합이론 : 정상 상태에서는 서로 분리되어 있어야 하는 분자구조 사이에 화학적 반응에 의한 연결 띠가 형성되어 서로 엉기게 되고, 이로 인해 조직이 탄력성을 잃고 세포 간 영양소 및 화학적 물질 등의 교환을 방해함으로써 노화가 나타난다고 보는 이론
③ 세포노화이론(유전학적이론 또는 텔로미어이론) : 노화 과정이 인체 세포 시계에 의해 조절되며, 특정 유전자에 의해 노화가 진행된다는 이론

10 노화의 개념 답 ①
㉠ 텔로미어는 염색체 말단부에 위치하는 5-TTAGGG-3 염기의 반복으로 이루어진 DNA이다. 염색체 말단의 유전정보를 복제하지 못하기 때문에 세포 분열에 따라 텔로미어 길이가 짧아지고 이로 인해 노화가 일어난다.
㉡ 퇴행성 관절염은 노화로 인한 대표적인 관절 질환으로 자가면역질환으로 인해 발병하는 류마티스 관절염과는 구분된다.

11 노인운동 시 위험관리 답 ②
준비운동은 본 운동 전에 체온을 높이고 근육을 신전시켜 손상 위험을 감소시키는 데 도움이 된다. 또한, 관절의 가동범위가 증가하며 신체 반응시간도 단축시킬 수 있다. 이로 인해 심장의 혈류량도 증가하여 사용되는 근육으로의 혈액 순환도 증대된다. 정리운동은 모든 운동을 끝내며 천천히 체내 온도를 감소시키는 역할을 하며, 젖산 농도와 혈액의 카테콜아민 수치도 감소시킬 수 있다.

12 노인운동 시 위험관리 답 ③
심장질환자의 경우 운동 전후 혈압, 심박수 등을 확인해야 한다. 운동 전후 혈당을 확인하고, 저혈당 대비 간식을 준비하는 것은 당뇨병 환자에 해당하는 지침이다.

Tip

노인의 운동을 중지해야 하는 상황
- 급격한 혈압 상승이 나타나는 경우
- 호흡곤란의 발생으로 숨을 제대로 쉬지 못하는 경우
- 하지 근육 등에 경련이 발생하여 운동 지속이 어려운 경우
- 기타의 이유로 참여자가 운동 중단을 요청하는 경우
- 심부전의 징후가 나타나는 경우
- 고온 다습 혹은 추운 환경으로 운동 수행이 위험한 경우

13 노화와 관련된 이론 　답 ④

발테스는 인간의 발달이 전 생애에 걸쳐 지속되며, 각 시기마다 손실과 이득이 동시에 일어난다고 주장했다. 따라서 노화도 신체 기능의 감소라는 손실이 일어나는 동시에 경험으로 얻은 환경에 대한 적응력, 지혜와 같은 이득도 함께 일어나는 것으로 보았다.

14 노인운동 시 위험관리 　답 ④

청각적 문제가 있는 경우 소음이 적은 조용한 곳에서 운동을 진행하는 것이 권장되며, 상대적으로 잘 들리는 귀 쪽으로 가서 큰 소리로 설명하거나 입술 모양이나 표정을 활용해 지도해야 한다. 복잡한 운동 방법이나 기술에 대한 설명은 시범이나 사진과 같은 시각적 보조물을 활용하여 지도하는 것이 효과적이다.

【오답해설】
ㄴ. 눈이 부실 정도로 밝은 조명은 시각을 방해할 수 있으므로, 적절하지 않다.

15 운동프로그램의 요소 　답 ②

평형성은 정적 평형성과 동적 평형성으로 구분된다. 동적 평형성을 증진시키기 위한 운동으로는 일렬로 걷기, 짐볼 앉기 등이 있다. 정적 평형성을 증진시키기 위한 운동으로는 자기 체중을 이용한 한 발 들기 등이 있다. 평형성은 정적 또는 동적 상황에서 인체의 무게중심을 공간 범위 내에서 유지하는 능력으로서 노인의 낙상 방지 등에 효과가 있다.

【오답해설】
② '앉아서 허리 앞으로 구부리기'는 유연성 운동에 해당한다.

16 운동의 효과 　답 ②

저항성 운동을 통해 근육량 증가, 혈중지질 감소, 인슐린 감수성 증가, 젖산에 대한 내성 증가의 효과를 얻을 수 있다.

17 운동의 효과 　답 ①

노인의 운동 참여가 가지는 사회적 효과는 새로운 우정과 교류의 촉진, 사회적 역할 유지 및 새로운 역할 습득, 세대 간의 교류 기회 확대 등이 있다. 새로운 운동 기술 습득은 신체적 효과에 가깝다.

Tip

사회적 효과
- 운동 그룹을 통해 새로운 사회적 네트워크를 형성
- 운동을 통해 사회적 역할을 유지하거나 새로운 역할을 습득
- 규칙적인 활동을 유지함으로써 사회적 환경에 적극적으로 참여
- 기존의 사회적·문화적 연결망을 확대·유지
- 세대 간 교류의 기회를 얻음으로써 노화와 노인에 대한 고정관념을 타파

18 지속적 운동참여를 위한 동기유발 방법 　답 ③

운동 참여를 통해 치매를 고치는 것은 현실적으로 달성 불가능한 목표이므로, 옳지 않은 목표설정이다.

Tip

목표 설정 시 고려 요소
- 구체성 : 운동시간, 강도, 빈도 등을 구체적으로 설정
- 현실성 : 개인이 달성할 수 있는 수준의 현실적 목표 설정
- 행동적 : 결과 지향적이 아닌 행동 지향적 목표 설정
- 측정 가능성 : 달성 여부를 측정·판단할 수 있는 목표 설정

19 운동권고 지침 및 운동방안 　답 ③

노인을 대상으로 한 유연성 운동 시 근육의 긴장감 혹은 약간의 불편함을 느끼는 정도까지 스트레칭하는 것이 적절하다.

Tip

스트레칭의 종류

정적 스트레칭	• 느리고(약 15~30초) 일정한 속도로 동작을 수행하는 스트레칭 • 일반적으로 가장 많이 행해지는 스트레칭 • 탄성 혹은 동적 스트레칭에 비해 안전해 노인, 특히 근골격계 질환을 겪고 있는 노인에게 효과적
동적 스트레칭	• 하나의 신체 부위에서 다른 신체 부위로 자세를 반복적으로 바꾸어 관절가동범위를 점진적으로 증가시키는 방법 • 정적 스트레칭과 달리 빠른 동작으로 수행되나, 탄성 스트레칭과 같은 반동은 주지 않는 방법 • 일반적으로 스트레칭 후 수행될 스포츠 및 동작과 유사한 동작으로 수행 • 정적 스트레칭에 비해 협응력이 필요하여 수행에 주의를 요함
탄성 스트레칭	• 스트레칭 동작의 마지막 범위에서 탄성을 이용해 동작에 반동을 주는 방법 • 근육을 한계점까지 늘리는 스트레칭으로 관절가동범위 전반에 걸쳐 많은 운동량 발생 • 운동 강도의 조절이 어려워 근육 또는 연부조직의 손상이 일어날 수 있어 주의를 요함
고유수용성 신경근 촉진(PNF) 스트레칭	• 해당 근육군(muscle group)과 건(tendon)에 등척성 수축을 일으킨 후, 같은 근육군을 정적으로 스트레칭하는 방법 • '유지-이완', '수축-이완', '주동근 수축을 통한 유지-이완'의 세 가지 유형

20 의사소통기술 　답 ①

노인 운동 지도 시에는 존칭을 사용해야 한다. 반말을 사용하는 것은 부적절한 의사소통 방법으로, 지도 시 단어의 선택을 신중히 하는 것이 중요하다.

2024 기출문제 정답 및 해설

스포츠사회학

01	02	03	04	05	06	07	08	09	10
④	①	④	③	③	①	④	②	①	②
11	12	13	14	15	16	17	18	19	20
①	③	②	④	④	④	③	②	①, ③	②

01 스포츠와 정치의 결합 답 ④

훌리한(B. Houlihan)은 정부(정치)가 스포츠에 개입하는 것은 분명한 목적성을 가지고 있다 하였다.
ㄱ. 시민들의 건강 및 체력유지를 위해 스포츠에 개입
ㄴ. 양성평등을 통해 여성의 스포츠 진출로 정체성과 소속감 증진 및 국가의 명성 고취를 위해 스포츠에 개입
ㄷ. 공공질서 보호를 위해 스포츠에 개입

Tip
훌리한(B. Houlihan)이 제시한 정부(정치)의 스포츠 개입 목적
- 공공질서 보호
- 지역사회나 국가의 명성 고취
- 시민들의 건강 및 체력 유지
- 국가 및 지역사회의 경제발전 도모
- 지배적인 정치 이데올로기 확산
- 정체성과 소속감 증진
- 정치지도자와 정부에 대한 지지 증인

02 한국의 학원스포츠 답 ①

「스포츠클럽법」 제9조 제2항에 따라 지정스포츠클럽은 종목별 전문선수 육성을 진행할 수 있다.
【오답해설】
② 「스포츠클럽법」 제1조 관련
③ 「스포츠클럽법」 제1조 관련
④ 「스포츠클럽법」 제3조 관련

Tip
지정스포츠클럽(「스포츠클럽법」 제9조)
① 문화체육관광부장관은 다음 각 호의 사업을 추진하기 위하여 스포츠클럽 중에서 지정스포츠클럽을 지정할 수 있다.
  1. 스포츠클럽과 「학교체육 진흥법」에 따른 학교스포츠클럽 및 학교운동부와의 연계
  2. 종목별 전문선수의 육성
  3. 연령·지역·성별 특성을 반영한 스포츠 프로그램의 운영
  4. 장애인 선수의 육성 및 장애 유형과 정도, 성별 등의 특성을 반영한 스포츠 프로그램의 운영
  5. 대통령령으로 정하는 기초 종목 및 비인기 종목의 육성
  6. 그 밖에 대통령령으로 정하는 사항

03 스포츠의 사회적 기능과 사회이론 답 ④

구조기능주의 관점에 따른 사회는 상호의존적으로 연결되어 있어 각자의 기능을 수행하며 이를 통해 사회의 통합 및 존속에 기여한다는 관점이다.
【오답해설】
ㄴ. 구조기능주의 관점은 사회현상의 긍정적 측면을 주로 바라보아 사회적 갈등에 대한 의미를 놓칠 수 있다.

04 한국의 학원스포츠 답 ③

- 피라미드 모형 : 밑에서부터 쌓아 올라가는 형태이다. 스포츠 육성을 위해 생활체육부터 시작해 엘리트 체육으로 진행해 나가는 육성 모델
- 낙수효과 모형 : 위로부터 아래로 내려가는 형태이다. 엘리트 체육인을 육성하여 이들을 통해 전파되는 육성 모델이다.
- 선순환 모형 : 어떤 것으로부터든 상관없이 서로 좋은 영향을 준다는 모형으로 상호통합적인 접근방식에 속한다.
㉠ 학생들의 생활 스포츠에서 좋은 기량의 선수 배출 → 피라미드 모형
㉡ 우수한 학생 선수 육성을 통해 스포츠 참가 확대 → 낙수효과 모형
㉢ 우수한 성과와 스포츠 참가 촉진이 순환되는 형태 → 선순환 모형

05 스포츠 세계화 답 ③

스포츠의 세계화를 주도한 동인은 크게 제국주의, 민족주의, 종교, 기술의 진보의 네 가지로 구분할 수 있다. 스포츠에서의 인종차별은 국가 간의 교류가 증가하여 스포츠 국제화로 인종에 대한 편견이 더욱 노골적으로 드러나거나, 미디어의 편향된 보도 등으로 발생하고 있다.

> **Tip**
>
> | 스포츠 세계화의 동인 | |
> |---|---|
> | 제국주의 | 구열강에 의해 스포츠가 전파 |
> | 민족주의 | 스포츠로 민족의 정체성을 확인하고 국가 간 경쟁을 촉진시켜 스포츠 세계화 현상을 가속화 |
> | 종교 | 종교에 대한 거부감 해소, 선교 등을 위해 스포츠를 적극적으로 활용 |
> | 과학기술 | 교통, 통신, 미디어 등을 통해 스포츠를 세계화 |

06 사회계층의 이해 답 ①

스포츠계층의 특성 중 보편성(편재성)은 스포츠계층이 어디에나 존재가 가능하고 발견 가능한 보편적 사회문화 현상이라는 의미이다.

【오답해설】
② 보편성(편재성)에 대한 설명이다. 역사성은 현대 스포츠에서 계층은 사회 전반의 불평등 역사와 함께 나타난다.
③ 역사성에 대한 설명이다. 영향성은 부여된 권력 및 재산이 사회계층에 다시 영향을 주는 것을 의미한다.
④ 사회성에 대한 설명이다. 다양성은 권력, 재산 등이 사회계층에 다양하게 부여된다는 것을 말한다.

07 스포츠와 계층이동 답 ④

사회계층의 이동유형은 이동 기간에 따라 '세대 내 이동', '세대 간 이동'으로 구분한다.

> **Tip**
>
> | 사회계층 이동의 유형 | |
> |---|---|
> | 이동 방향 | 수직이동/수평이동 |
> | 이동 기간 | 세대 간 이동/세대 내 이동 |
> | 이동 주체 | 개인이동/집단이동 |

08 스포츠 일탈의 이해 답 ②

차별교제 이론에서 일탈행동은 집단 속 타인과의 상호작용을 통해 형성된다고 말하며 이러한 일탈 유형과의 접촉으로 일탈을 학습하게 된다고 하였다.

【오답해설】
① 문화규범 이론 : 개인이 아닌 대중매체를 통해 주어지는 사상이나 가치를 행동의 지침으로 삼아 행동 양식에 영향을 미쳐 일탈이 발생한다고 주장함
③ 개인차 이론 : 개인의 독특한 심리적 욕구의 만족을 위해 일탈한다고 가정함
④ 아노미 이론 : 일탈을 문화적 목표와 제도적 수단의 불일치 상태라고 정의함

09 스포츠 일탈의 유형 답 ①

경계 폭력은 경기 규칙에는 위반되지만, 스포츠 윤리의 규범에 부합하여 유용한 경기 전략으로 받아들여지며 상대방의 보복적 행동을 유발할 수 있다. 야구 빈볼, 축구, 농구의 팔꿈치, 아이스하키의 주먹질 등이 이에 해당한다.

> **Tip**
>
> | 스미스(M. Smith)의 스포츠 폭력 유형 | |
> |---|---|
> | 격렬한 신체접촉 | • 특정스포츠에서 흔히 발생
• 스포츠 참가의 일부로 받아들여짐
예 충돌, 가격, 태클, 방해, 부딪힘 등 |
> | 경계폭력 | • 경기 규칙에는 위반되지만, 스포츠 윤리의 규범에 부합하여 유용한 경기전략으로 받아들여짐
• 상대방의 보복적 행동을 유발함
예 야구 빈볼, 축구, 농구의 팔꿈치, 아이스하키의 주먹질 등 |
> | 유사범죄 폭력 | • 경기 규범과 공공의 법 그리고 선수들 사이의 비공식적인 규범을 함께 위반하는 행위
예 비열한 플레이, 불시의 공격 등 |
> | 범죄폭력 | 명백히 법을 위반하는 행위 |

10 상업주의와 스포츠 답 ②

코클리(J. Coakley)가 제시한 상업주의에 의한 스포츠 규칙 변화에서는 전시효과를 위해 과감하고 위험한 플레이와 과장되고 극적인 표현의 증가를 선호한다. 득점 감소는 전시효과 증가가 아닌 저하의 가능성이 있어 충족 조건에 해당하지 않는다.

> **Tip**
>
> | 상업주의와 스포츠의 변화 | |
> |---|---|
> | 구조의 변화 | 규칙과 제도, 프로그램의 구성 변화 |
> | 내용의 변화 | • 경기 자체보다 세속적인 경기 외적 사실을 중시
• 관중이 심미적 가치보다는 영웅적 가치를 선호·중시
• 과감하고 위험한 플레이와 과장되고 극적인 표현의 증가(전시효과)
• 스포츠의 비본질적 요소를 중시하여 경기 외적인 득점과 승리 추구 |
> | 스포츠 조직의 변화 | 대중매체, 팀, 구단주 등 경제적 후원자의 목적 영역를 위한 쇼(Show)로서 스포츠 이벤트가 운영 |
> | 스포츠 정신의 변화 | • 무리한 리그 운영과 승리지상주의 팽배(아마추어리즘의 퇴조)
• 스포츠 선수를 하나의 상품으로서 취급 |

11 스포츠와 사회학의 의미 답 ①

파슨즈(T. Parsons)는 AGIL 이론을 통해 스포츠의 사회적 기능은 적응, 목적달성, 통합, 형태유지에 있다고 주장하였다. 이 이론은 구조기능주의 이론에 해당하며 상호보안적 관점의 이론이다.

> **Tip**
>
> 파슨즈(T. Parsons)의 AGIL 이론
>
> - 적응(Adaptation) : 목표달성을 위해 필요한 자원을 외부 환경으로부터 획득(외부적·수단적인 기능요건)하고 이를 적절히 배분 및 사용한 기능
> - 목표성취(Goal-gratification) : 장기적인 목표를 설정하고 이를 달성하기 위해 다양한 과업을 수행한 기능(외부적·목적적인 기능요건)
> - 통합(Integration) : 하위체계 간의 알력과 갈등을 조정함으로써 상호관계를 유지하는 기능(내부적·목적적인 기능요건)
> - 체제 유지 및 긴장처리(Latency·Pattern-maintenance) : 사회체계의 형식 및 내용을 유지하기 위한 기능(내부적·수단적인 기능요건)

12 스포츠 정치의 결합 답 ③

스포츠를 통한 국가 홍보와 혜택, 군복무 면제, 연금, 조세 감면, 정경유착은 스포츠와 정치의 상호의존성에 해당한다.

> **Tip**
>
> 에티즌(D. Eitzen)과 세이지(G. Sage)가 제시한 스포츠의 정치적 속성
>
> | 속성 | 예시 |
> |---|---|
> | 대표성 | 소속 조직 대표, 상징, 충성심, 슬로건, 응원가 |
> | 권력투쟁 | 선수와 구단주 간, 리그 간, 조직 간, 성차별 |
> | 상호의존성 | 국가 홍보와 혜택, 군복무 면제, 연금, 조세 감면, 정경유착 |
> | 긴장관계 | 외교적 관계, 외교적 항의, 외교적 승인 |
> | 보수성 | 현존 질서 유지, 애국의식 향상, 정치체계 강화 |

13 스포츠와 국제정치 답 ②

㉠ 1936년 손기정, 남승룡 선수의 마라톤 메달에 대한 기사에서 일장기를 삭제한 사건 → 정치이념 선전 기능
㉡ 1971년 미국과 중국 간의 외교적 관계 개선을 목적으로 한 친선경기 → 외교적 도구 기능
㉢ 1972년 아프가니스탄과 이스라엘의 갈등에 의해 이스라엘 선수 및 코치를 납치 살해한 사건 → 갈등 및 적대감의 표출
㉣ 남아프리카공화국에서 진행한 인종차별 정책인 아파르트헤이트로 인해 남아프리카공화국이 1976년 몬트리올 올림픽 참여 거부당함 → 외교적 항의

14 스포츠 세계화 답 ④

기술(테크놀로지), 통신 및 전자매체의 발달의 발달로 인해 시공간의 제약이 사라져 국가 간의 경계 및 국가에 대한 정체성보다 팀, 선수가 중요시 되었다.

15 스포츠의 교육적 기능 답 ④

승리지상주의는 노동의 형태로 스포츠 가치가 변질되고 과도한 경쟁이 유발된 현상을 말한다. 승리지상주의 심화로 인해 교육목표 결핍과 더불어 학교와 팀의 성공을 위해 학생선수의 의도적 유급, 성적 위조 등을 조장 등이 발생한다.

【오답해설】
① 정서 순화 : 스포츠에서의 공정한 경쟁을 통해 도덕적으로 성숙
② 사회 선도 : 여권신장, 장애인의 적응력 배양, 평생 체육의 장려 기능
③ 사회화 촉진 : 목표 도전, 스포츠맨십, 팀워크 등의 학습을 통해 사회화를 주관

> **Tip**
>
> 스포츠의 교육적 순기능과 역기능
>
> - 스포츠의 교육적 순기능
>
> | | |
> |---|---|
> | 전인교육 | • 사회활동 격려
• 사회화 촉진
• 정서 순화 |
> | 사회통합 | • 학교 내 통합
• 학교와 지역사회 통합 |
> | 사회선도 | • 여권신장
• 장애인의 적응력 배양
• 평생 체육의 장려 |
>
> - 스포츠의 교육적 역기능
>
> | | |
> |---|---|
> | 교육 목표의 결핍 | • 승리지상주의
• 참여 기회 제한
• 성차별 |
> | 편협한 인간 육성 | • 독재적 지도
• 비인간적 훈련 |
> | 부정행위 조장 | • 스포츠 상업화
• 위선과 착취
• 일탈 조장 |

16 스포츠와 미디어의 이데올로기 답 ④

스포츠 미디어의 성차별(젠더) 이데올로기는 스포츠를 통해 여성에 대한 고정관념을 강화시키거나 남성성 규정 및 남성의 지배적 위치 확인, 능력보다는 외적인 요소에 집중시키는 것을 말한다.

> **Tip**
>
> 스포츠 미디어의 이데올로기
>
> - 자본주의 이데올로기 : 경제적 가치, 소비 유도
> - 젠더(성차별) 이데올로기 : 성 관념 고정, 외모 강조
> - 영웅 이데올로기 : 소수의 스타 부각, 엘리트주의 조장
> - 국가주의 이데올로기 : 정치·경제적 우월성 강조
> - 민족주의 이데올로기 : 민족 우수성 강조
> - 개인주의 이데올로기 : 특정 선수 중점 보도

17 스포츠 일탈의 이해 답 ③

지나친 부상이나 고통에도 위험을 받아들이고 고통 속에서 경기에 참여하는 것은 집단의 규범을 과도하게 받아들이는 '과잉동조' 일탈이며, 이러한 일탈적 과잉동조를 일으키는 윤리규범 중 '인내규범'에 해당한다.

Tip

코클리(J. Coakley) 일탈적 과잉동조를 유발하는 스포츠 윤리규범	
인내규범	운동선수는 위험을 받아들이고 고통 속에서도 경기에 참여해야 한다.
도전규범	운동선수는 장애물을 극복하고 역경을 헤쳐 나가는 노력을 해야 한다.
몰입규범	운동선수는 경기에 헌신해야 하며 이를 그들의 삶에서 우선순위에 두어야 한다.
구분짓기규범	다른 선수와의 차별성을 강조하며, 운동선수는 경기에서 탁월함을 추구해야 한다.

18 스포츠사회화의 의미와 과정 답 ②

레오나르드(W. Leonard)는 개인이 어떻게 사회적 행동을 습득하고 수행하는지를 밝히려 하였고, 사회화를 위한 학습방법을 강화, 코칭, 관찰학습의 3가지로 구분하였다. 사회화의 대상이 사회화의 주관자 즉 지도자를 통해 동기 및 가르침을 받는 것은 코칭에 해당한다.

【오답해설】
① 강화 : 강화와 처벌을 통해 사회적 역할을 습득 및 수행
④ 관찰학습 : 사회화의 대상이 다른 사람의 행동을 관찰하여 유사하게 행동함으로써 과제를 학습하고 수행

19 스포츠 탈사회화와 재사회화 답 ①, ③

① 방출은 선수의 이익을 위해 스스로 방출을 요구하는 경우가 있어 해임과 다르게 자발적 은퇴로 구분할 수 있다.
③ 개인의 심리상태 및 태도로 인한 제약은 내재적 제약에 해당한다.

【오답해설】
② 스포츠 참여를 통한 행동의 변화를 스포츠로부터의 사회화라고 한다.
④ 재정, 시간, 환경적 상황에 의해 참여가 제약되는 것은 구조적 제약에 해당한다.

Tip

Crawford & Godbey 여가 제약 구성요소	
내재적 제약	개인적 특성, 심리적 상태 등 주관적 제약 요인
대인적 제약	대인관계로 인해 겪게 되는 제약
구조적 제약	교통, 시설, 날씨, 근무시간, 환경적 상황으로 인한 제약

20 스포츠 변화에 영향을 미치는 요인 답 ②

프로야구 경기에서 VAR 시스템 적용은 심판의 객관성과 신뢰성은 강화되었으나, 인간심판의 역할은 약화되었다.

스포츠교육학

01	02	03	04	05	06	07	08	09	10
①	④	③	②	②	④	③	①	②	④
11	12	13	14	15	16	17	18	19	20
③	①	④	②	③	②	③	①	④	①

01 학교체육 프로그램 개발 및 실천 답 ①

슐만의 7가지 교사 지식 유형 중 내용 지식은 가르칠 교과 내용에 대한 지식을 말한다.

【오답해설】
② 내용교수법 지식 : 특정 학생에게 어느 교과나 주제를 특정한 상황에서 지도할 수 있는 방법에 대한 지식
③ 교육환경 지식 : 수업 환경에 영향을 미치는 지식
④ 학습자와 학습자 특성 지식 : 수업에 영향을 미치는 학습자에 관한 지식

02 평가의 실천적 측면 답 ④

동료 평가는 평가를 받는 사람과 수평적인 관계에 있는 동료들이 평가자로 참여하여 평가하는 것을 말한다. 교사와 학생 간 대화는 수직적인 관계이므로 동료 평가와는 다르다.

03 스포츠지도를 위한 교수기법 답 ③

상규적 활동은 스포츠 지도시간에 반복적으로 일어나는 활동이다. 예를 들어 출석점검, 수업준비 상태 확인, 화장실 출입 등이다. 이러한 과정을 효율적으로 관리하면 학습자들의 과제 참여 시간을 증가시키는 데 도움이 된다.

04 스포츠지도를 위한 교육모형 답 ②

㉠ 협동학습 모형 : 서로를 위해 서로 함께 배우기가 주제이며, 팀원 간의 긍정적인 상호작용이 중요하다.
㉡ 개인적·사회적 책임감 지도 모형 : 통합 전이, 권한의 위임, 교사와 학생의 관계가 주제이며, 학생 자신과 타인에 대해 책임을 어떻게 져야 하는지 그 방법을 연습하고 배우는 기회를 제공한다.

【오답해설】
• 스포츠교육 모형 : 유능하고 박식하며 열정적인 스포츠인으로 성장하기가 주제이며, 학습자에게 실제적이고 교육적으로 풍부한 스포츠 경험을 제공한다.

05 스포츠지도를 위한 교수기법 답 ②

㉠ 직접기여 행동 : 수업의 내용에 직접적으로 기여하는 행동으로 학습에 가장 큰 영향을 미치는 행동 예 동작 설명과 시범, 학생 관찰 및 피드백

ⓒ 비기여 행동 : 수업 내용에 기여할 가능성이 전혀 없는 행동 ⓓ 학부모와 상담, 관리자 방문, 소방 연습
ⓒ 간접기여 행동 : 학습자 및 학습지도와 관련은 있으나 수업 내용과는 무관한 행동 ⓓ 부상학생의 처리, 시설 보수, 과제 외 토론 참여

06 스포츠교육 전문인의 전문역량 답 ④

㉠ 이동 움직임 : 이동 발달을 위한 운동으로 걷기, 달리기, 점핑, 기어오르기, 슬라이딩 등이 있다.
㉡ 비이동 움직임 : 안정성 발달을 위한 균형 운동으로 굽히기, 비틀기, 늘리기, 흔들기 등이 있다.
㉢ 조작 움직임 : 쓰기, 그리기, 던지기, 잡기, 치기 등이 있다.

> **Tip**
> 조작 움직임
> • 소근조작 : 쓰기, 그리기, 자르기 등
> • 대근조작 : 던지기, 차기, 치기 등
> • 추진조작 : 굴리기, 던지기, 치기 등
> • 흡수조작 : 잡기, 공 멈추기 등

07 학교체육 답 ③

학교체육진흥법 제10조 제4항에 따르면 학교의 장은 학교스포츠클럽 활동내용을 학교생활기록부에 기록하여 상급학교 진학자료로 활용할 수 있도록 하여야 한다.

> **Tip**
> 학교체육진흥법 제10조
> ① 학교의 장은 학생들이 신체활동 프로그램에 참여할 수 있도록 학교스포츠클럽을 운영하여 학생들의 체육활동 참여기회를 확대하여야 한다.
> ② 학교의 장은 제1항에 따라 학교스포츠클럽을 운영하는 경우 학교스포츠클럽 전담교사를 지정하여야 한다.
> ③ 제2항에 따른 학교스포츠클럽 전담교사에게는 학교 예산의 범위에서 소정의 지도수당을 지급한다.
> ④ 학교의 장은 학교스포츠클럽 활동내용을 학교생활기록부에 기록하여 상급학교 진학자료로 활용할 수 있도록 하여야 한다.
> ⑤ 학교의 장은 교육부령으로 정하는 바에 따라 일정 비율 이상의 학교스포츠클럽을 해당 학교의 여학생들이 선호하는 종목의 학교스포츠클럽으로 운영하여야 한다.

08 교수 스타일의 특성 답 ①

상호학습형 교수 스타일은 지도자는 모든 교과내용 및 기준을 설정, 세부 운영절차와 관련된 사항을 결정, 관찰자에게 피드백 제공한다. 학습자는 두 명이 짝을 이루며 한 명은 주어진 과제를 수행, 다른 한 명은 지도자가 개발한 기준을 사용해 학습자에게 즉각적·지속적인 피드백을 제공한다.
① 학습자가 교과내용을 선정하는 스타일은 자기주도형에 해당한다.

09 스포츠교육 전문인의 전문역량 답 ②

㉠ 지식 : 가르치는 대상인 학생에 대한 지식 및 이해가 필요
㉡ 수행 : 교육과정 개발 및 운영, 수업의 계획 및 운영, 학습의 평가, 협력관계 구축으로 분류
㉢ 태도 : 전문성 개발을 위한 끊임없는 반성과 실천

10 교수 스타일의 특성 답 ④

모스턴 교수 스타일의 인지 과정은 자극-인지적 불일치-사고-반응이다. 인지적 불일치는 불안정하거나 흥분 상태에서 해답을 찾고자 하는 욕구에서 나타난다.

> **Tip**
> 모스턴 교수 스타일의 인지 과정
> • 자극 : 질문
> • 인지적 불일치 : 해답을 찾고자 함
> • 사고 : 다양하고 구체적인 인지기능 활성화 상태
> • 반응 : 대답

11 생활체육 답 ③

국민체육진흥법 제11조의 제3항에 따르면 스포츠윤리 교육 과정은 다음과 같다.
1. 성폭력 등 폭력 예방교육
2. 스포츠비리 및 체육계 인권침해 방지를 위한 예방교육
3. 도핑 방지 교육
4. 그 밖에 체육의 공정성 확보와 체육인의 인권보호를 위하여 문화체육관광부령으로 정하는 교육

따라서 〈보기〉 중 옳은 것은 ㄱ, ㄴ, ㄹ이다.

12 스포츠지도를 위한 교육모형 답 ①

동료교수 모형의 가장 큰 특징은 학생들이 교사의 역할과 학습자의 역할을 번갈아 수행해 가며 협력하여 주어진 과제를 완료하는 것이다.
【오답해설】
② 직접교수 모형 : 교사가 수업의 리더 역할을 하며 학습자는 지도자의 관리를 받는다.
③ 개별화지도 모형 : 수업 진도는 학습자가 결정하며 자신에게 맞는 속도로 학습한다.
④ 협동학습 모형 : 서로를 위해 서로 함께 배우며, 팀원 간의 긍정적인 상호작용이 있다.

> **Tip**
> **동료교수 모형의 수업 주도성 프로파일**
> - 수업 내용 선정 : 교사는 내용과 순서를 조정한다.
> - 수업 운영 : 학습의 주도권은 학생에게 있기 때문에 기본적인 수업의 틀을 구성해서 진행한다.
> - 과제 제시 : 교사는 학생에게 수행 단서, 숙달 기준을 안내하고 이를 받은 학생은 다른 학생을 가르쳐주게 된다.
> - 참여 형태 : 교사는 학습자 간의 교대 계획을 결정해서 운영한다.
> - 교수적 상호 작용 : 학생들 간 서로 소통하고, 교사와도 상호 작용이 많이 일어난다.
> - 학습 진도 : 학생 스스로 판단하고 진행한다.

13 지도 내용의 연습 및 교정 　답 ④

반성적 교수법은 학습자에게는 수업 전 과제를 배부하고 수업의 목표 및 평가 방법을 설명한다. 수업 후 학습자는 교수내용 및 교수방법을 평가한다.

【오답해설】
① 동료 교수 : 소집단의 동료들과 모의 수업을 만들어 교수기능을 연습한다. 제한된 몇 가지의 교수기능에만 집중할 수 있도록 수업을 짧게 설정하고, 수업을 녹화하여 분석·평가 및 피드백의 제공이 가능하다.
② 축소 수업 : 동료 학습자들로 구성된 소집단을 대상으로 5~20분의 간단한 수업을 실시하여 이를 녹화한다. 녹화된 수업을 관찰하여 수업을 분석·평가하고 그 결과에 따라 새로운 수업을 다시 진행한다.
③ 실제 교수 : 실제 수업을 진행하기 전 마지막으로 하는 연습이다. 일반적으로 교사가 교육실습을 하기 전 마지막 단계로서 진행한다.

14 스포츠지도사 　답 ②

국민체육진흥법 제2조제6호에 따르면 체육지도자란 학교·직장·지역사회 또는 체육단체 등에서 체육을 지도할 수 있도록 이 법에 따라 다음 각 목의 어느 하나에 해당하는 자격을 취득한 사람을 말한다.
- 스포츠지도사
- 건강운동관리사
- 장애인스포츠지도사
- 유소년스포츠지도사
- 노인스포츠지도사

따라서 체육지도자 중에서 스포츠강사를 임용할 수 있다.

【오답해설】
① 초·중등교육법 제2조제2호는 학교의 종류에 대해 나와 있다.
③ 학교체육진흥법 제2조제6항에 따르면 학교운동부지도자란 학교에 소속되어 학교운동부를 지도·감독하는 사람을 말한다.
④ 학교체육진흥법 제4조에 따르면 기본 시책의 수립에 대해 나와 있다.

15 스포츠지도를 위한 교육모형 　답 ③

리드-업 게임은 각종 구기의 원형을 쉽게 배울 수 있게 개량하여 구기 운동에 흥미를 불러일으키고 팀워크와 체력 단련을 기하고자 하는 게임이다.

【오답해설】
② 스크리미지(scrimmage) : 게임을 진행하는 도중 티칭 모멘트가 발생하면 게임을 멈추고 전략과 전술을 지도하는 수업

> **Tip**
> **전술게임모형활동**
> - 스크리미지(scrimmage) : 게임을 진행하는 도중 티칭 모멘트가 발생하면 게임을 멈추고 전략과 전술을 지도하는 수업
> - 리드-업 게임(lead-up games) : 각종 구기의 원형을 쉽게 배울 수 있게 개량하여 구기 운동에 흥미를 불러일으키고 팀워크와 체력 단련을 기하고자 하는 게임
> - 변형게임 : 학습자의 발달 단계에 따라 더 나은 경쟁과 전략의 활용 기회를 위해 다양한 방법으로 게임을 변형하는 게임

16 스포츠지도를 위한 교육모형 　답 ②

시덴탑이 제시한 스포츠 교육 모형은 놀이 이론에 기초한다. 주제 중에 열정은 스포츠를 참여하는 태도와 관련된 정의적 영역이다. 심판으로서 역할을 할 때 학습영역 중 우선하는 것은 인지적(지식) 영역이다. 스포츠에의 참여는 학습자의 발달단계에 맞춰 변형해야 한다.

17 지도 내용의 연습 및 교정 　답 ③

현장 개선(action) 연구는 체육 지도자가 동료나 연구자의 도움을 받아 자신의 강좌를 반성적으로 탐구하여 개선하는 데 목적이 있다.

【오답해설】
① 문헌(literature) 연구 : 경험적인 자료를 수집하여 통계적으로 분석하는 방법
② 실험(experiment) 연구 : 변인들 간의 인과관계를 밝혀내는 방법
④ 근거이론(grounded theory) 연구 : 질적연구 방법 중 하나로 자료를 수집하고 분석하여 자료를 근거로 한 이론을 생성하는 연구 방법

18 스포츠지도를 위한 교수기법 　답 ①

동시처리는 동시에 일을 처리하는 것(내용지도+수업운영)을 말하며, 교사의 능력에 해당한다.

【오답해설】
② 상황파악
④ 집단 경각

> **Tip**
>
> **쿠닌의 예방적 관리 교수기능**
> - 상황파악 : 학생들의 행동을 교사가 파악하고 있음을 학생들에게 알리는 것(탈선방지)
> - 동시처리 : 동시에 일을 처리하는 것(내용지도+수업운영), 교사의 능력
> - 유연한 수업 전개 : 수업의 흐름을 이어가는 것
> - 여세 유지 : 학습활동이나 수업을 활력있게 이어나가는 것
> - 집단 경각 : 학생들이 과제에 몰두하도록 하는 것(주의, 집중, 흥미)
> - 학생의 책무성 : 과제수행에 대한 책임감 부여

19 생활체육 답 ④

'국민체력 100'은 국민의 체력 및 건강 증진에 목적을 두고 체력상태를 과학적 방법에 의해 측정, 평가를 하여 운동 상담 및 처방을 해주는 대국민 스포츠 복지 서비스사업이다. 다만 스포츠클럽 등록 및 운영지원은 제공하지 않는다.

20 평가의 실천적 측면 답 ①

평정척도는 피평가자의 속성이나 반응 등을 단일연속선상에 배열하기 위하여 일정한 기준에 따라 일정수치를 부여하거나 몇 개의 범주로 구별하여 만든 척도이다.

【오답해설】
② 사건기록법 : 지속적이고 객관적인 관찰, 체크리스트를 활용한 평가
③ 학생저널 : 학습자가 자신의 학습 진행 및 학습내용을 상세히 기록한 문서
④ 체크리스트 : '예/아니오' 또는 '우수/보통/미흡'의 평가가 가능

스포츠심리학

01	02	03	04	05	06	07	08	09	10
②	①	②	②	③	③	②	③	①	④
11	12	13	14	15	16	17	18	19	20
②	③	③	④	①	①	③	②	④	④

01 성격 답 ②

사회학습이론은 인간의 행동을 결정하는 요인을 개인 내부가 아닌 외부 환경의 자극으로 보는 학습이론 중 하나이다. 이 이론에서 인간의 행동은 사회에서 학습한 것과 개인이 처한 상황 간의 상호작용에 의해 결정된다고 본다. 국가대표선수로부터 포기하지 않는 정신력을 학습한 것은 사회학습이론에 해당한다.

【오답해설】
① 성격특성이론 : 개인의 행동은 외부 환경의 영향보다 개인 내에 존재하고 있는 일관적이고 안정된 특성들에 의해 결정된다고 보는 이론
③ 욕구위계이론 : 인간의 욕구가 그 정도와 중요성에 따라 일련의 계층적 단계로 배열되며, 하위 단계의 욕구가 충족된 후에 그 상위 단계의 욕구를 의식·추구한다고 보는 이론
④ 정신역동이론 : 행동을 지배하는 무의식적 동기를 밝히려는 이론으로 원초아와 자아, 초자아의 상호작용이 인간의 행동을 지배함

02 운동학습 답 ①

젠타일(A. Gentile)의 운동기술분류에 따르면 농구 자유투하기는 환경적으로 고정되어 있고, 동작 간 변화 없이 물체의 조작만이 있다. 이는 폐쇄운동기술(close motor skill)에 속한다.

> **Tip**
>
> **개방·폐쇄운동**
> - 개방운동기술(open motor skill)
>   - 계속 변하는 환경에 맞추어 수행하는 운동 기술
>   - 움직이는 대상의 속도와 방향에 따라서 자신의 동작을 맞춰야 함
>   - 예 농구, 축구, 럭비 등
> - 폐쇄운동기술(close motor skill)
>   - 환경이 변하지 않는 안정된 상태에서 수행하는 운동 기술
>   - 환경이 안정되어 있기 때문에 수행자가 자신의 리듬과 의지에 따라서 시작할 수 있음
>   - 예 양궁, 사격, 기계 체조 등

03 동기 답 ②

㉠ 동기 : 특정 행동을 선택하고 일정한 방향과 목표를 향해 행동을 시작하게 하는 심리학적 개념
㉡ 내적 동기 : 내적인 즐거움을 위해 스포츠 활동에 참여하는 것
㉢ 외적 동기 : 외적인 보상을 위해 스포츠 활동에 참여하는 것

> **Tip**
> **귀인**
> 자신 또는 타인의 행동에 대해 다양한 원인들 중 어떠한 원인을 그 행동에 귀속시켜야 할지를 추론하고 결정하는 과정

04 운동제어 답 ②

㉠ 자극 확인 단계 : 정보 자극을 받아들여 그 내용을 분석하고 의미를 부여하는 단계
㉡ 반응 선택 단계 : 자극에 대한 확인 완료 후 자극에 대하여 어떻게 반응할지 결정하는 단계

05 정서와 시합불안 답 ③

불안의 관리 기법 중 불안을 극복하고 긍정적으로 해석하는 방법인 인지 재구성에 대한 설명이다.

【오답해설】
① 명상 : 불안의 해소 기법 중 하나
② 자생 훈련 : 신체 부위의 따뜻함과 무거움을 느끼게 해주는 일련의 동작으로 구성된 방법
④ 인지적 왜곡 : 인지적 성격이론의 주요 개념으로서, 그릇된 가정이나 잘못된 개념화를 이끌어 내는 체계적인 인지적 오류

> **Tip**
> **불안의 관리 기법**
> • 인지 재구성
> • 사고 정지
> • 자생 훈련
> • 점진적 이완
> • 체계적 둔감화

06 운동발달 답 ③

운동발달의 단계는 반사단계 → 기초단계 → 기본움직임단계 → 스포츠기술단계 → 성장과 세련단계 → 최고수행단계 → 퇴보단계 순이다.

07 자신감 답 ②

자기효능감 향상 요인으로는 과거의 성공 경험, 대리(간접) 경험, 언어적(사회적) 설득, 생리·정서적 경험이 있으며, 그중 가장 영향력 있는 요인은 과거의 성공 경험이다.

08 운동학습 답 ③

ㄷ. 분습법에 대한 내용이다. 분산연습은 연습 시간을 휴식시간보다 상대적으로 짧게 배분하는 방법이다.

> **Tip**
> **분습법**
> • 한 가지의 과제를 하위 단위로 나누어 제시
> • 분습법의 요소
>
> | 분절화 | 전체 과제를 특정 시·공간적 영역으로 나누어 연습한 후 각 기술이 일정 수준에 도달하면 전체 기술로 결합하여 연습하는 방법 |
> |---|---|
> | 단순화 | 과제 수행 시 과제 요소를 줄여 기술 수행의 난도 및 복잡성을 낮추는 방법 |
> | 부분화 | 과제에 포함되는 하위 요소를 하나 혹은 둘 이상으로 분리하여 각각 연습하는 방법 |

09 스포츠심리상담의 개념 답 ①

응용스포츠심리학회(AAASP)의 스포츠심리상담 윤리 규정에 따라 사회적 혹은 다른 비전문적 관계가 상담에 의도하지 않은 유해한 영향을 미칠 수 있음을 인지하고, 이러한 이중 관계가 이미 선재해 있을 경우 전문적인 상담을 진행하지 않는다.

10 운동학습 답 ④

절차적 기억은 운동과 연관된 특정 작업을 의식의 개입 없이 실행하는 기억 형태이다. 복잡한 활동을 반복 학습을 통해서 습득하고, 의식의 개입 없이 자동적으로 학습된 행동이 유도된다.

【오답해설】
① 감각기억 : 자극이 분석되기 전 아주 잠깐 유지되는 본래의 자료 형태
② 일화기억 : 개인이 경험한 특정한 시간과 장소에서 발생한 과거 사건들에 대한 기억
③ 의미기억 : 세상에 대한 일반적인 지식을 구성하는 개념과 사실에 대한 기억으로 학교에서 배우는 것

> **Tip**
> **장기기억의 종류**
> • 외현기억(explicit memory) : 사람들이 의식적으로 또는 의도적으로 과거의 경험을 인출할 때 발생하는 기억
>   – 의미기억(semantic memory) : 세상에 대한 일반적인 지식을 구성하는 개념과 사실에 대한 기억으로 학교에서 배우는 것
>   – 일화기억(episodic memory) : 개인이 경험한 특정한 시간과 장소에서 발생한 과거 사건들에 대한 기억
> • 암묵기억(implicit memory) : 스스로 어떤 것에 대해 기억하고 있다는 것을 알지 못하지만, 나중에 행동이나 수행에 영향을 주는 기억
>   – 절차기억(procedural memory) : 연습의 결과로서 점진적으로 습득하는 기술 또는 행하는 방법을 아는 것으로, 우리가 배우는 대부분의 행동이나 신체적 기술을 유지하는 지식
>   – 점화(priming) : 최근에 어떤 자극에 노출된 결과로 어떤 단어나 대상 등의 자극이 더 잘 생각나는 능력
>   – 고전적조건화(classical conditioning) : 조건화된 자극으로 인해 인간이 무조건적 반응을 하는 것
>   – 비연합학습(nonassociative learning) : 우리가 환경에 익숙해지는 데 도움을 주는 습관화(habituation)와 위협적인 자극에 크게 반응하는 민감화(sensitization)의 형태로 나타난다.

11　리더십　답 ②

상황부합이론(유관성 모형)에서 리더십 유형은 과제지향적 리더와 관계지향적 리더로 나뉜다.
㉠ 과제지향적 리더 : 호의성 상황이 가장 좋거나 가장 나쁠 때 최상의 리더십 발휘
㉡ 관계지향적 리더 : 호의성 상황이 중간 정도일 때 가장 효율적인 리더십 발휘

12　운동학습　답 ③

근골격계의 기능이 효율적으로 좋아지는 것은 신체역량의 변화에 대한 설명이다.
①, ②, ④ 운동학습에 의한 인지역량의 변화로 얻을 수 있는 결과이다.

13　운동심리 이론　답 ③

아이젠의 계획행동이론의 구성요인으로는 태도, 의도, 주관적 규범, 지각된 행동통제감이 있다.
㉠ 태도 : 개인의 신념과 개인의 평가에 영향을 받음
㉡ 주관적 규범 : 규범적 신념과 순응동기에 영향을 받음
㉢ 의도 : 개인이 특정 행동을 실제로 수행할 가능성을 예측하는 지표 (태도+주관적 규범+지각된 행동통제감)
㉣ 지각된 행동통제감 : 자신이 대상 행동을 실제로 얼마나 잘 수행하고 통제할 수 있는지에 대한 주관적 평가로 행위를 수행하기 위해 필요한 자원과 기회에 접근 가능하다는 신념

14　운동제어　답 ④

【오답해설】
ㄴ. 폐쇄회로이론에 대한 내용이다. 도식이론은 슈미트(Schmidt)에 의해 폐쇄회로이론과 개방회로이론의 장점만을 통합하여 제안된 이론이다. 빠른 움직임은 개방회로이론으로, 느린 움직임은 폐쇄회로이론으로 설명한다.

15　사회적 촉진　답 ①

㉠ 사회적 촉진에 대한 설명이다. 타인의 존재로 인해 수행능력에 정적 또는 부적 영향을 받는 현상을 말한다.
㉡ 자욘스(Zajonc)의 단순존재가설에 대한 설명이다. 관중의 존재는 각성을 유발하고, 이 각성으로 인해 수행 능력이 증가한다.
㉢ 샌더슨(Sanders et al.)의 주의분산/갈등가설에 대한 설명이다. 타인의 존재뿐만 아니라 주의분산을 일으키는 것은 모두 각성을 증가시킨다.

16　운동제어　답 ①

힉스의 법칙은 주어진 선택지의 수에 따라 사용자가 결정하는 데 소요되는 시간이 결정된다는 법칙이다. 선택 반응 시간은 자극-반응 대안이 2배가 될 때마다 일정한 시간(약 150ms)만큼 증가한다. 스포츠에서 자극 반응 대안과 반응 시간 간의 관계를 나타내는 것에도 힉스의 법칙이 적용될 수 있으며, 힉-하이먼 법칙으로도 불린다.

【오답해설】
② 임펄스 가변성 이론에 대한 설명이다.
③, ④ 피츠의 법칙에 대한 설명이다.

17　심상　답 ③

심상 조절력은 심상을 조정하는 능력으로 선명한 이미지를 떠올려 원하는 대로 조절할 수 있다. 복싱 선수가 자신의 실점 장면이 아닌 원하는 올바른 이미지를 상상하기 위해선 심상 조절력을 높이는 훈련이 필요하다.
【오답해설】
① 내적 심상 : 자신의 신체가 직접적으로 운동을 수행하는 것처럼 느끼는 심상
② 외적 심상 : 자신이 성공적으로 수행하는 모습을 관찰자의 시점에서 상상하는 것
④ 심상 선명도 : 심상을 할 때 세밀한 동작을 심상하여 최대한 실제 이미지와 비슷하게 상상

18　운동학습　답 ②

㉠ 상한 효과(천장 효과) : 너무 쉬운 과제의 경우 초반의 급격한 향상 이후 정체 발생
㉡ 하한 효과(바닥 효과) : 너무 어려운 과제의 경우 초반에 향상이 이루어지지 않고 시간이 지난 후에 향상함. 행동 의도에 영향을 미치고, 이것이 곧 행동으로 이어진다는 이론

19　운동실천 중재전략　답 ④

ㄴ. 교육수준은 운동실천 영향 요인 중 개인적 요인에 해당한다.

> **Tip**
> 운동실천을 위한 환경적 영향 요인(사회적 요인)
> • 지도자
> • 집단 응집력
> • 사회적 지지
> • 물리적 환경
> • 사회 및 문화의 영향

20　운동제어　답 ④

심리적 불응기란 연속해서 2개의 자극이 제시되었을 때, 두 번째 제시되는 자극에 대한 반응시간이 지연되는 현상을 말한다.
【오답해설】
① 스트룹 효과 : 그 단어의 의미와 색상이 일치하지 않은 조건에서 색상을 명명하는 반응속도가 늦어지는 현상
② 무주의 맹시 : 눈이 특정 위치를 향하고 있지만 주의가 다른 곳에 있어서 눈이 향하는 위치의 대상이 지각되지 못하는 현상
③ 지각 협소화 : 각성 수준이 높아지면서 주위를 기울일 수 있는 폭이 점차 좁아지는 현상

한국체육사

01	02	03	04	05	06	07	08	09	10
②	②	③	①	④	①	①	③	③	③
11	12	13	14	15	16	17	18	19	20
①	④	②	②	④	①	④	③	②	④

01 체육사 연구 분야 ▶ ②

한국체육사는 입증된 모든 역사적 사실에 입각하여 논리적인 일관성이 있어야 하고, 단순한 사실의 연대기적 나열을 포함하여 신체 문화와 신체 교육의 역사를 사실의 해석적 의미까지 파악하고 설명하는 것이 중요하다.

【오답해설】
ㄷ. 한국 체육과 스포츠에 관한 역사 기술은 가치 평가보다 사실 확인을 우선한다.

02 선사 및 부족국가시대의 체육 ▶ ②

ㄷ. 영고-부여 : 풍성한 수확제 · 추수감사제 성격을 지님
ㄹ. 동맹-고구려 : 추수기나 파종기에 하늘에 풍년을 비는 제사

【오답해설】
ㄱ. 무천-신라 : 무천은 동예의 제천의식이고, 신라의 제천의식은 가배이다.
ㄴ. 가배-동예 : 가배는 신라의 제천의식이고, 동예의 제천의식은 무천이다.

03 선사 및 부족국가시대의 체육 ▶ ③

성년의식은 일정한 나이가 되어 성년이 될 때 통과의례이다.

> **Tip**
> **성년의식**
> 성년식에서 겪게 되는 과정, 즉 어린아이 때부터 유희와 학습을 통해 준비하여 통과하는 것과 부족의 춤 학습 과정 등을 성년의식의 체육활동으로 볼 수 있음

04 삼국 및 통일신라시대의 체육 ▶ ①

ㄱ. 신라에는 활쏘기인 궁전법을 통해 인재를 등용하였다.
ㄴ. 고구려에는 경당에서 경전과 함께 활쏘기 교육이 이루어졌다.

【오답해설】
ㄷ. 백제는 박사제도라는 교육제도를 갖고 있으며, 의박사, 역박사, 오경박사 등을 통해 학문의 발달을 추측해 볼 수 있다. 훈련원에서 무예 시험과 훈련이 행해진 것은 조선시대이다.

05 고려시대의 사회와 체육 ▶ ④

고려시대 최고 교육기관은 국자감으로 고급 관리를 양성할 목적으로 설립되었다. 국자감에는 7재를 두었는데 그중 무학을 공부하는 강예재가 있었다.

【오답해설】
• 성균관 : 조선시대 유학교육기관
• 대빙재 : 국학 7재 중 상서를 공부함

06 고려시대의 사회와 체육 ▶ ①

기격구는 조선시대 무과 시험 과목으로 말을 타고 공채로 공을 치는 경기를 말한다.

07 삼국 및 통일신라시대의 체육 ▶ ①

석전은 한 부락 혹은 한 지방의 동편과 서편으로 나뉘어 서로에게 돌팔매질을 하여 어느 한 편이 달아나면 지는 놀이이다. 관료 선발에 활용된 놀이는 아니다.

08 조선시대의 사회와 체육 ▶ ③

종정도와 승경도는 조선시대 전반에 걸쳐 크게 유행한 놀이로, 종이 말판 위에서 누가 가장 먼저 높은 관직에 올라 퇴관하는 가를 겨룬다.

09 조선시대의 사회와 체육 ▶ ③

조선시대 무서서는 무예도보통지, 무예신보, 무예제보가 있다. 권보는 무예제보에 실지 못한 단병무예 즉, 권법 1기가 실려 있다.

> **Tip**
> **무예서적**
> • 무예제보 : 선조 때 한교가 명나라 무예서 '기효신서'를 참고하여 펴낸 무예서
> • 무예신보 : 영조 때 사도세자가 '무예제보'를 보완해 펴낸 무예서
> • 무예도보통지 : 정조 때 만들어진 무예서로, 24가지 무예에 관한 기예를 그림으로 설명한 종합무예서

10 조선시대의 사회와 체육 ▶ ③

조선시대 궁술은 무과 시험의 한 과목이었으며 단순히 군사적 목적에 국한된 신체 활동에서 벗어나 사회적 친교의 수단으로 활용되기도 하였다. 또한 왕을 비롯하여 상류층 양반들 사이에서는 여가활동으로 향유되었으며 대사례, 향사례 등으로도 행해졌다. 조선시대 궁술은 육예(六藝) 중 사(射)에 해당하였다.

【오답해설】
ㄹ. 불국토사상은 자신들의 땅이 곧 부처의 나라인 불국토라는 것을 믿고 강조한 신라의 불교관이다. 이 사상은 국토에 대한 신성함과 존엄성을 가지게 하였다.

11 개화기 체육 답 ①

교육입국조서는 '덕을 기르고 몸을 기르고 지를 기르기'를 선언, 즉, 지덕체교육, 전인교육을 말한다. 그 표기는 '덕 → 체 → 지' 순으로 표기되어 있다.

> **Tip**
> 교육입국조서
> 체육을 교육의 중요한 영역 중 하나로 인정하여 소학교 및 고등학교 과정에서 체조가 정식과목으로 채택되는 데 큰 영향을 주었다.

12 개화기 체육 답 ④

배재학당은 선교단체 교육기관으로 아펜젤러(H. G. Appenzeller)가 설립한 학교이다. 과외활동을 통해 서구 스포츠를 보급하였다.

【오답해설】
① 경신학당 : 1866년 언더우드가 설립한 근대 학교
② 이화학당 : 1886년 스크랜턴이 설립한 한국 최초의 사립여성교육기관
③ 숭실학교 : 1897년 미국 북장로교 선교사 베어드(W. M. Baird)가 평양에 설립한 기독교 학당

13 개화기 체육 답 ②

개화기 학교 운동회는 근대적 체육의 보편화와 민족의식 고취를 위한 사회적 기능이 있었다. 초창기 운동회에서는 주로 육상 종목이 실시되었고, 단체전 중심이었다.

14 개화기 체육 답 ②

조선체육진흥회는 1942년 일제에 의해 체육부문 전시화체제를 위해 결성되었고 광복이 되기까지 통제당했다.

【오답해설】
① 대한체육구락부 : 한국 최초의 근대적 체육단체
③ 대동체육구락부 : 사회 진화론적 자강론에 입각하여 체육학의 연구와 강건한 체력의 육성을 주장
④ 황성기독교청년회운동부 : 개화기 선교사에 의해 조직되었으며, 국내 다양한 스포츠 보급에 앞장선 단체로, YMCA의 전신

15 개화기 체육 답 ④

노백린은 1907년 병식체조의 개척자이며, 대한국민체육회를 창립하여 체조의 올바른 이념 정립과 체육 관련 정책을 개혁하고자 했다. 또한 체육 활동을 통한 애국심 고취를 목표로 광무학당을 설립하였다.

【오답해설】
① 서재필 : 개화기 독립운동가로, 우리나라 역사상 최초로 발간된 민간신문 독립신문을 창간하여 개화에 지대한 공헌을 하였다.
② 문일평 : 일제강점기 당시 역사 교육의 대중화를 강조했던 사학자이다.
③ 김종상 : 황성기독교청년회운동부의 회원 중 한 사람으로 우리나라 청소년의 체질을 강건하게 할 목적으로 설립된 단체이다.

16 일제강점기의 체육 답 ①

원산학사는 근대 최초의 학교로 고종 20년 민간인들에 의해 설립되었다. 일제강점기가 아닌 개화기 시기이다.

17 일제강점기의 체육 답 ④

조선체육회는 1920년 국내 운동가 등이 창설한 단체이다. 전조선야구대회, 전조선축구대회, 전조선정구대회, 전조선육상경기 등 각종 경기를 주최하며 조선 체육계의 발전에 노력했다. 1937년 중일 전쟁이 일어나자 조선 총독부는 조선체육회를 비롯하여 각종 체육단체를 일본인 체육단체인 조선체육협회에 통합시켰다.

> **Tip**
> 일제강점기 체육단체
> • 조선체육회 : 1920년 창설하여 조선의 스포츠에 대한 관심 제고와 근대 스포츠 도입에 큰 공헌
> • 관서체육회 : 평양 기독교 청년회관에서 결성
> • 청년회 체육활동 : 반일 민족운동단체의 성격

18 일제강점기의 체육 답 ③

여운형은 일제강점기 때 조선중앙일보 사장, 조선체육회 회장 등을 역임하며 항일 투쟁을 전개하였다. 우리가 다시 찬란한 공훈을 가지려면 먼저 체육적 재생을 하여야 하고, 건전한 체질을 찾아야 한다는 신념을 담은 '체육 조선의 건설'이라는 기록을 조선중앙일보에 게재하였다.

【오답해설】
① 박은식 : 황성신문의 주필로 활동했으며, 독립협회에도 가입한 독립운동가
② 조원희 : 일제강점기에 신편체조법을 발간한 체육인이자 교육자
④ 이기 : 대한제국기 대한자강회를 조직하고, 언론을 통해 국권수호와 제도개혁에 힘쓴 항일운동가

19 현대 체육·스포츠 답 ②

대한민국 정부의 체육정책 담당 부처의 변천 순서는 체육부 → 체육청소년부 → 문화체육부 → 문화관광부 → 문화체육관광부이다.

20 현대 체육·스포츠 답 ④

㉠ 탁구 : 1973년 사라예보 세계선수권 대회에서 한국 구기종목 사상 첫 우승을 달성했다.
㉡ 배구 : 1976년 몬트리올 올림픽 대회에서 한국 구기종목 최초로 동메달을 목에 걸었다.
㉢ 핸드볼 : 1988년 서울 올림픽 대회에서 한국 구기종목 최초로 금메달을 걸었다.

운동생리학

01	02	03	04	05	06	07	08	09	10
②	③	①	④	④	①	④	④	②	③
11	12	13	14	15	16	17	18	19	20
②	②	①, ③	④	③	③	①	①	①	②

01 골격근과 운동 　답 ②
마이오글로빈은 근육 조직에 산소를 운반·공급하는 역할을 하는 물질로 지구성 훈련 시 함량이 증가된다.

Tip
지구성 트레이닝의 효과
- 모세혈관 밀도 증가
- 지근섬유(Type Ⅰ) 발달
- 마이오글로빈 수 증가
- 미토콘드리아 수와 크기 증가
- 최대동정맥 산소차 증가
- 1회박출량 증가

02 트레이닝에 대한 대사적 적응 　답 ③
유산소 트레이닝은 근육 내 미토콘드리아의 수(밀도)와 크기를 증가시킨다. 비대된 미토콘드리아는 유산소 시스템의 효율을 향상시킨다.

03 운동과 호르몬 조절 　답 ①
인슐린 분비가 높으면 저혈당증이 생겨 체내 지방이 많이 쌓이게 된다.

Tip
인슐린
- 혈당이 높을 때 감소시키는 역할을 함
- 췌장의 베타세포에서 분비됨
- 조직을 자극하여 혈액 내 영양소를 흡수
- 조직 내부로 포도당(glucose) 이동 촉진
- 인슐린 부족 시 혈당이 높아져 소변으로 나오는 당뇨에 발생

04 운동에 대한 순환계의 반응과 적응 　답 ④
【오답해설】
① 점증 부하 운동 시 심근산소소비량은 증가된다.
② 고강도 운동 시 내장 기관으로의 혈류 분배 비율은 감소된다.
③ 일정한 부하의 장시간 운동 시 시간 경과에 따라 심박수는 증가한다. 장기간 운동 시 신체의 적응에 따라 감소할 수도 있다.

05 운동에 대한 순환계의 반응과 적응 　답 ④
심근산소소비량은 심박수와 수축기 혈압을 곱하여 산출한다. 팔과 다리를 비교하였을 때 팔에 더 많은 교감신경이 발달되어 있고, 다리근육은 세혈관이 많다. 이로 인해 팔운동이 저항을 많이 받아 심박수가 더 높다.

【오답해설】
1회 박출량×심박수를 통해 구할 수 있는 것은 심박출량이다.

06 주요 용어 　답 ①
- 특이장력(specific tention)은 근섬유가 낼 수 있는 최대근력을 말한다. 근력을 근횡단면적(근섬유 크기)으로 나눠 구할 수 있다.
- 근파워(muscular power)는 근지구력이라는 용어로 설명할 수 있다. 힘과 수축속도를 곱하여 구할 수 있다.

07 신경계의 운동기능 조절 　답 ④
- 근방추 : 근육이 늘어나는 정도(근육의 길이)에 관한 정보를 중추신경계에 전달하는 역할을 한다.
- 골지건기관 : 근육의 수축에 따라 생성되는 힘을 측정하여 근육이 과도하게 수축하며 부상의 위험이 생길 경우 주동근의 수축을 억제하고 길항근을 흥분시켜 부상을 예방하는 역할을 한다.
- 근육의 화학수용기 : 근육을 둘러싼 화학적 환경변화에 반응하는 감각신경의 일종으로 근육활동의 대사율에 관한 정보전달 역할을 한다.

08 신경계의 운동기능 조절 　답 ④
교차신전반사는 통증부위 굴곡근과 신전근의 동시 수축이 아닌 한쪽이 수축하면 길항근은 이완(근육의 찢어짐 방지)된다.
- 도피반사(굴곡반사) : 사지의 피부를 강하게 자극하면 그 자리의 굴곡근이 수축하여 자극에서 도피하는 반사가 일어난다.
- 교차신전반사 : 굴곡반사 때 신체균형을 유지하기 위하여 일어나는 반사로 굴곡반사를 일으키는 자극이 충분히 클 경우 굴곡반사가 반대쪽과 다른 척수부위까지 확대되어 다른 쪽에 신전반사가 일어나게 된다.

09 체온조절과 운동 　답 ②
【오답해설】
ㄷ. 땀 배출에 의한 땀 배출로 혈류량이 감소되고 이로 인해 탈수증상이 올 때 1회 박출량이 감소될 수 있다. 문제에서는 탈수 현상이 발생하지 않는다고 하였으므로 1회 박출량은 유지될 수 있다.

Tip
고온에서의 운동 수행
- 운동 중 심부온도의 항정상태(steady state) 도달 불가능
- 체온이 높아지는 증상에 의해 수행력 제한
- 운동 중 증발에 의한 근혈류량 감소
- 근 글리코겐 사용과 젖산 생성에 의한 피로 유발 및 근육 젖산 농도 증가

10 운동생리학의 개념 답 ③

총 운동량(kpm) = 몸무게 × 이동거리
= 몸무게 × 속도 × 운동시간 × 경사도%
= 50kg × 12km/h × 1/6 × 0.05
= 5,000kpm

11 인체의 에너지 대사 답 ②

해당작용의 속도조절효소는 포스포프룩토키나아제(phosphofructo-kinase)이다.

Tip

에너지대사 과정에 따른 속도조절효소

에너지 대사 과정	속도조절효소
ATP-PC 시스템	크레아틴 키나아제(creatine kinase)
해당작용	포스포프룩토키나아제(phosphofructokinase)
크렙스회로	이소시트르산탈수소효소(isocitrate dehydrogenase)
전자전달체계	사이토크롬산화효소(cytochrome oxidase)
보수성	현존 질서 유지, 애국의식 향상, 정치체계 강화

12 골격근과 운동 답 ②

【오답해설】
ㄷ. 등척성 수축은 정적 수축으로 근육 길이 변화 없이 장력이 발생하는 수축 형태이다. 근파워는 힘과 수축속도를 곱하여 구하는 것으로 등속성 수축 시에 최대 근파워가 나타난다.

Tip

근육의 수축 형태

정적 수축	등척성 수축	근육의 외부 길이의 변화 없이 장력이 발생하는 수축 형태
동적 수축	등장성 수축	근육에 주는 부하는 일정하나 근육의 길이가 변하는 수축 형태 • 단축성(구심성) 수축 : 근이 짧아지면서 장력 발생 • 신장성(원심성) 수축 : 근이 길어지면서 장력 발생
	등속성 수축	관전부위가 일정한 속도로 움직이면서 근육의 길이가 짧아지는 수축 형태

13 내분비계 답 ①, ③

① 카테콜아민(카테콜아민)은 부신수질에서 분비된다.
③ α1 수용체는 혈관 평활근에 위치하며, 혈관 수축을 유도하여 혈압을 상승하게 한다.

Tip

카테콜아민(카테콜아민)의 수용체 결합

α1 수용체	• 주로 평활근에 위치 • 혈관 수축을 유도하여 혈압을 상승시킴
α2 수용체	• 주로 신경 말단에 위치 • 노르에피네프린의 방출을 억제 • 교감신경계의 과도한 활성화 방지
β1 수용체	• 주로 심장에 위치 • 심박수 및 심근 수축력 증가 • 심박출량 증가시켜 혈압 상승
β1 수용체	• 주로 기관지 평활근과 골격근 혈관에 위치 • 기관지 확장 및 혈관이완 유도
β1 수용체	• 주로 지방조직에 위치 • 지방 분해 촉진

14 인체의 에너지 대사 답 ④

【오답해설】
ㄱ. 해당과정을 통해 포도당은 분해되어 2분자의 피루브산을 만든다. 이 과정에서 2분자의 ATP가 만들어지며 4개의 전자를 잃고 2분자의 NADH가 만들어진다.

15 내분비계 답 ③

노르에피네프린(노르아드레날린)은 지방조직 및 근육의 지방 분해 촉진, 세동맥과 세정맥 수축(혈압 상승) 기능을 지닌 부신수질호르몬이다.

16 운동과 호르몬 조절 답 ③

【오답해설】
ㄱ. 장기간 중강도 운동 시 알도스테론의 분비량은 증가하여 신장의 Na^+ 재흡수와 K^+ 배출 등을 통해 탈수 현상을 방지한다.
ㄹ. 운동에 의한 땀 분비는 체내 수분 상실을 일으키며 이로 인해 혈중 삼투질 농도는 증가된다.

Tip

알도스테론(aldosterone)

• 부신피질 호르몬의 일종이다.
• 나트륨 이온(Na^+)의 재흡수와 칼륨 이온(K^+)의 배출 증가를 통해 다음 기능을 수행한다.
 - 체내 염분과 수분 평형을 조절하여 탈수 방지
 - 나트륨 이온(Na^+)과 칼륨 이온(K^+) 균형 유지
 - 혈압 조절

17 운동에 대한 호흡계의 반응과 적응 답 ①

- 분당환기량 = 1회 호흡량 × 호흡 빈도 수(호흡률)
- 폐포환기량 = 분당환기량 − 사강환기량
  = (1회 호흡량 − 사강환기량) × 호흡수

참가자	1회 호흡량 (mL)	호흡률 (회/min)	분당환기량 (mL/min)	사강량 (mL)	폐포 환기량 (mL/min)
주은	375	20	(7,500)	150	(4,500)
민재	500	15	(7,500)	150	(5,250)
다영	750	10	(7,500)	150	(6,000)

ㄱ. 세 참가자의 분당환기량은 7,500mL/min으로 동일하다.
ㄴ. 다영의 폐포환기량 = (1회 호흡량 − 사강환기량) × 호흡수 = (750 − 150) × 10 = 6,000ml/min = 6L/min이다.

【오답해설】
ㄷ. 주은의 폐포환기량은 4,500mL/min으로 가장 적다.

18 운동에 대한 순환계의 반응과 적응 답 ①

1회 박출량은 심장이 1회 박동하면서 뿜어내는 혈액량을 의미한다. 심박수는 증가에 따라 상승하는 것은 1회 박출량이 아닌 심박출량이다.
심박출량 = 1회 박출량 × 심박수

> **Tip**
> **1회 박출량 증가요인**
> - 심장으로 돌아오는 정맥혈의 용량(심실 이완기말 혈액량)이 증가하였을 때
> - 심실 수축력이 증가하였을 때
> - 평균 동맥혈압(MAP)이 감소하였을 때

19 골격근의 구조와 기능 답 ①

골격근 섬유 구조 중 근형질세망은 칼슘(Ca^{2+})을 저장하고 근 수축 시 칼슘 방출 및 재흡수를 담당한다.

【오답해설】
② 운동단위는 하나의 운동신경과 그 신경에 의해 지배되는 근육섬유들을 말한다.
③ 신경근 접합부에서 분비되는 근수축 신경전달물질은 아세틸콜린이다.
④ 지연성 근통증(DOMS)은 운동이 끝난 후에 시간이 경과되어 운동근육에서 느껴지는 통증을 말한다. 단축성 수축보다 신장성 수축에 의해 쉽게 발생한다.

20 골격근과 운동 답 ②

속근섬유는 신경세포의 축삭, 근형질세망이 발달되어 수축속도가 빠르다.

> **Tip**
> **지근섬유와 속근섬유 비교**
>
> | 구분 | 지근섬유 (Type I) | 속근섬유 (Type II_a, Type II_x) |
> |---|---|---|
> | 수축 속도 | 느리다 | 빠르다 |
> | 운동단위당 능력 | 낮음 | 높음 |
> | 피로저항 | 높다 | 낮다 |
> | 혈관 | 발달 | 덜 발달 |
> | 지구력 | 높다 | 낮다 |
> | 산화능력 | 높음 | 비교적 낮음 |
> | 주 에너지대사 | 유산소성 | 무산소성 |
> | 에너지효율 | 높다 | 낮다 |
> | 근섬유굵기 | 가늘다 | 굵다 |
> | 해당능력 | 낮다 | 높다 |
> | 미토콘드리아 | 많다 | 적다 |
> | 운동 시 변화 | 미토콘드리아가 늘지만, 부피 성장은 느림 | 부피 위주 성장 |
> | 역할 | 장시간 느린 운동 (마라톤) | 단기간 빠른 운동 (100m 단거리) |

운동역학

01	02	03	04	05	06	07	08	09	10
①, ②, ③, ④	③	①	②	①	②	④	③	③	④
11	12	13	14	15	16	17	18	19	20
④	③	④	②, ③	④	③	③	②	②	④

01 선운동의 운동역학적 분석 답 ①, ②, ③, ④

①번은 뉴턴의 법칙 중 1번 관성의 법칙과 관련된 것으로 정지해 있던 물체는 외력이 가해지지 않으면 계속 정지하려 하는 것을 설명한다. ②는 뉴턴의 운동의 법칙 중 2번 가속도의 법칙에 관한 것으로 물체에 힘을 가하면 힘의 방향으로 질량에 반비례하고 힘의 크기에 비례하여 가속도가 생기는 것을 설명한다. ③은 운동 제3법칙인 작용-반작용에 관한 것으로 작용력에 대하여 항상 방향이 반대이고 크기가 같은 반작용의 힘이 따른다는 것이다. ④는 각운동량 보존의 법칙으로 뉴턴의 운동 법칙에서 도출된 것으로 한 회전체의 각운동량은 일정하게 보존된다는 법칙이다. 따라서 ①~④ 모두 뉴턴의 운동 법칙과 관련된 것으로 볼 수 있다. 이 문제는 오류로 인해 ①~④ 모두 정답 처리되었다.

02 선운동의 운동역학적 분석 답 ③

ㄴ. 뉴턴의 운동 법칙의 공식은 'F(힘)=m(질량)×a(가속도)'이므로, 가속도는 힘과 비례하고 질량에는 반비례한다.
ㄷ. 힘의 단위는 SI 단위계에 따라 N라고 쓰고 뉴턴이라고 읽는다. 1N은 1kg의 질량을 가진 물체를 1m/s²의 가속도로 가속시키는 데 필요한 힘(1N= 1kg×1m/s²)이다.

【오답해설】
ㄱ. 에너지는 일을 할 수 있는 능력을 의미한다.
ㄹ. 힘은 크기와 방향이 모두 존재하는 백터량이다.

03 각운동의 운동역학적 분석 답 ①

원심력과 구심력은 그 크기는 같고 방향이 반대이다.
• 구심력 : 원운동을 하는 물체가 원의 궤도를 벗어나지 않고 운동하도록 하는 원의 중심으로 향하는 힘
• 원심력 : 원운동에서 구심력과 방향이 반대이며 크기가 같은 힘

【오답해설】
② 원심력의 공식은 $\frac{질량(m) \times 속도^2(v^2)}{회전반경(r)}$ 으로, 원심력은 질량에 비례한다.
③, ④ 쇼트트랙 선수가 원심력을 극복하기 위해서는 원운동 중심 방향으로 몸을 최대한 기울여 구심력을 높여야 한다.

04 선운동의 운동역학적 분석 답 ②

충격량은 운동량에 영향을 주는 물리량인 힘과 작용시간을 곱한 값으로 공식은 '충격량($\vec{I}$)=충격력($\vec{F}$)×작용시간(Δt)'이다.

【오답해설】
① 선운동량은 운동하고 있는 물체가 가지는 벡터 물리량으로 공식은 '운동량($\vec{P}$)=질량(m)×속도($\vec{v}$)'이다.
③ 시간에 따른 힘 그래프에서 충격량은 그래프의 넓이이다.
④ 물체의 충격량은 운동량의 변화량(충돌 후 운동량-충돌 전 운동량)이다. 토크는 물체를 회전시켜 각운동량을 만드는 힘으로 토크로 전환할 필요가 없다.

05 운동기술 분석 개요 답 ①

운동학적 요인으로는 속도, 가속도, 각속도 등이 있고 운동역학적 분석 요인으로는 외력(중력, 마찰력, 지면반력), 내력(근모멘트, 근육·인대활동), 토크, 역학적 에너지가 있다.

06 선운동의 운동학적 분석 답 ②

【오답해설】
ㄴ. 일은 물체에 힘이 작용하는 동안 물체에 작용한 힘 또는 물체가 전달한 에너지를 나타내는 스칼라량이다.
ㄷ. 마찰력은 접촉하고 있는 두 물체 사이의 상대적인 움직임을 방해하는 힘으로, 접촉면에 수직으로 작용하며 물체의 운동 방향과 반대 방향으로 작용하므로 벡터량이다.

07 선운동의 운동역학적 분석 답 ④

【오답해설】
ㄱ. 육상의 원반 투사 시, 최적의 공격 각(attack angle)은 $\frac{양력}{항력}$이 최대일 때의 각도이다.
ㄴ. 야구에서 투구 시 공이 회전하는 이유는 마그누스 효과 때문이다. 마그누스 효과란 회전하는 물체가 유체 속을 지나갈 때 압력이 높은 쪽에서 낮은 쪽으로 휘어져 나가는 것을 말하며, 이때 발생하는 압력 차에 의해 양력이 발생한다. 즉, 마그누스는 양력의 일종이다.

08 동작분석 답 ③

체조의 공중회전과 트위스트 같이 복잡한 동작은 3차원 영상분석을 사용하면 2차원 분석법에서 발생하는 투시오차를 해결할 수 있다.

09 각운동의 운동학적 분석 답 ③

ㄴ. 각속력은 각거리의 시간에 대한 변화율을 나타낸다.

【오답해설】
ㄱ. 각속력은 각거리의 시간에 대한 변화율을 나타내는 스칼라량이고, 각속도(angular velocity)는 각변위의 시간에 대한 변화율을 나타내는 벡터량이다.
ㄹ. 각거리는 물체가 한 지점에서 다른 지점으로 이동하였을 때 물체가 이동한 경로가 만드는 총 각도의 크기를 나타내는 스칼라량이다.

10 선운동의 운동역학적 분석   답 ④

㉠, ㉣ 부력은 중력에 대항하여 유체(물이나 공기 등)로부터 위 방향으로 받는 힘이다. 공식은 '부력(B)=유체의 밀도(ρ)×중력가속도(g)×잠긴 부분의 부피(V)'으로 부력은 유체의 밀도와 비례한다.
㉡ 유체의 밀도는 유체의 온도와 관계있다. 유체의 온도가 높아지면 유체에 있는 분자의 거리가 넓어지면서 유체의 부피가 커지며, '밀도 = $\frac{질량}{부피}$' 공식에 따라 밀도는 낮아진다. 따라서 유체의 온도가 높아지면 유체의 부피는 커지고 이로 인해 유체의 밀도가 낮아지면서 부력이 작아진다.
㉢ 부력의 중심은 어떤 물체가 물속에 가라앉은 체적의 중심으로 수중에서의 자세 변화에 따라 달라진다.

> **Tip**
> **부력**
> - 정의 : 중력에 대항하여 유체(물이나 공기 등)로부터 위 방향으로 받는 힘. 즉, 중력과 반대 방향으로 작용하는 힘
> - 공식 : 부력(B)=유체의 밀도(ρ)×중력가속도(g)×잠긴 부분의 부피(V)
> - 특징
>   - 물에 잠긴 물체의 부피와 부력은 비례함. 단 물체의 질량과는 관계 없음
>   - 부력의 중심은 어떤 물체가 물속에 가라앉은 체적의 중심

11 각운동의 운동학적 분석   답 ④

㉠ 회전축에서 공의 중심까지의 거리를 2m에서 1m로 줄이면, 공의 반지름인 회전반경은 $\frac{1}{2}$로 줄어든다.
㉡ 관성모멘트의 공식 '질량×회전반경^2'에 의하면 관성모멘트는 회전반경의 제곱인 $\frac{1}{4}$만큼 감소한다.
㉢ 관성모멘트와 회전속도(각속도)는 반비례한다. 따라서 4회전/sec로 빨라진다.

12 인체의 구조적 특성   답 ③

3종 지레는 힘점이 받침점과 저항점(작용점) 사이에 위치하며 역학적 이득은 없으나 운동의 범위와 속도 면에서 이득을 본다.
④ 질량 보존의 법칙 : 화학 반응 전후 물질의 총질량은 같다.

13 선운동의 운동학적 분석   답 ④

외력과 공기 저항이 작용하지 않는 상황에서 무게 중심이 가장 높을 때는 점프할 때 위로 발생하는 수직 가속도와 아래로 발생하는 중력가속도의 크기가 같아지고 순간 정지하게 되며 이때 수직 속도는 0m/sec가 된다. 따라서 ④는 운동역학적 특성을 바르게 설명한 것으로 볼 수 있다.

14 각 운동의 운동학적 분석   답 ②, ③

② 각속도의 공식은 '$\frac{각변위}{총 소요시간}$'이다. 즉, 각속도는 각변위를 총 소요시간으로 나누어 구한다.
③ 인체의 관성모멘트는 전후축, 좌우축, 수직축 총 3가지 회전축이 있으며 어떤 회전축으로 회전하느냐에 따라 관성 모멘트의 크기가 달라진다.

15 인체의 물리적 특성   답 ④

무게중심은 인체의 내부 혹은 외부에 모두 존재할 수 있다. 예를 들어 일상적인 자세에서는 무게중심이 인체의 중심에 있으나 체조의 백 브릿지 자세, 높이뛰기 시 몸을 활처럼 휘는 자세 등을 취할 때의 무게중심은 인체의 외부에 있다.

16 선운동의 운동학적 분석   답 ④

지구 표면 근처의 물체는 모두 중력의 영향을 받는다. 지구의 중력과 반대 방향으로 던져진 배구공이 상승할 때의 중력가속도는 던져진 공의 방향과 반대 방향으로 작용한다.

> **Tip**
> **중력가속도**
> - 중력에 의하여 일정하게 발생하는 가속도
> - 항상 9.8m/s^{2}의 값을 가짐
> - 지구 중심 방향을 향하는 벡터량
> - W(무게)=m(질량)×g(중력가속도)

17 해부학적 기초   답 ③

주동근이라고도 불리는 작용근은 근육이 수축하는 방향으로 움직이는 근육을 말한다.

【오답해설】
① 골격에 따라 붙어 있는 근육인 골격근은 근육이 붙어 있는 위치 혹은 방향에 따라 뼈가 각 운동 또는 회전운동을 한다.
② 힘줄에 관한 설명이다. 인대는 뼈의 끝에서 뼈가 서로 부딪치는 것을 방지하고 뼈에 작용하는 충격을 흡수한다.
④ 굴근이라고도 불리는 굽힘근은 관절의 각도를 감소시키는 근육이다.

18 인체 평형과 안정성 ③

기저면은 물체 또는 인체 등이 지면과 접촉하는 각 점들로 이루어진 전체 면적으로, 기저면이 넓을수록 안정성은 높아진다. 평균대 외발서기 동작에서 양팔을 좌우로 벌리는 것은 균형을 잃지 않기 위한 자세로 기저면의 안정성을 증가시키는 동작이 아니다.

> **Tip**
>
> **기저면**
> - 물체 또는 인체 등이 지면과 접촉하는 각 점들로 이루어진 전체 면적
> - 기저면이 넓을수록 안정성이 높아짐
> - 스포츠에서의 예
>   - 기저면이 좁은 경우 : 평균대 외발서기
>   - 기저면이 넓은 경우 : 평균대 앞뒤 두 발 벌리기, 레슬링에서 두 발과 두 손이 모두 지면에 닿게 하는 것

19 일과 일률 ②

일률은 단위시간당 수행한 일의 양 혹은 일의 빠르기를 나타내는 물리량으로 일률(파워)의 공식은 '$\frac{일}{힘의\ 작용\ 시간} = \frac{힘(F) \times 이동\ 변위(d)}{시간(f)} = 힘(F) \times 속도(v)$'이다.

【오답해설】
① 일의 단위는 J(Joule) 또는 Nm(1J=1Nm)이다.
③, ④ 일률을 구하는 공식에 따르면 일률은 이동 변위에 비례하고, 힘의 크기에도 비례한다.

> **Tip**
>
> **일과 일률의 구분**
>
> | 구분 | 일(W) | 일률(파워) |
> |---|---|---|
> | 정의 | 물체에 힘이 작용하는 동안 물체에 작용한 힘 또는 물체가 전달한 에너지를 나타내는 스칼라량 | 단위시간당 수행한 일의 양 혹은 일의 빠르기를 나타내는 물리량 |
> | 공식 | 힘(F)×이동 변위(d) | $\frac{일}{힘의\ 작용\ 시간} = \frac{힘(F) \times 이동\ 변위(d)}{시간(f)} = 힘(F) \times 속도(v)$ |
> | 단위 | J(Joule) 또는 Nm(1J=1Nm) | J/s, N·m/s |

20 운동역학의 목적과 내용 ④

운동역학은 스포츠 상황에서 인체 힘의 원인과 결과를 다루는 학문으로 효율적인 동작 수행을 통한 운동 수행력 향상, 운동 시 상해 예방을 통한 안정성을 확보하고 경기력 향상을 위한 스포츠 관련 장비를 개발하는 데 목적이 있다. 가상현실을 활용한 양궁 심상훈련을 지원하는 것은 스포츠 기술의 발달에 해당하는 내용으로, 운동역학을 적용한 사례가 아니다.

스포츠윤리

01	02	03	04	05	06	07	08	09	10
②	④	④	①	①	②	②	②	③	①
11	12	13	14	15	16	17	18	19	20
④	④	①, ②, ③, ④	①	③	①	③	③	③	②

01 스포츠와 정책 윤리 ②

〈보기〉의 내용은 스포츠기본법 제2조 기본이념에 대한 내용이다.
【오답해설】
① 스포츠클럽법 : 이 법은 스포츠클럽의 지원과 진흥에 필요한 사항을 규정함으로써 국민체육 진흥과 스포츠복지 향상 및 지역사회 체육발전에 기여함을 목적으로 한다.
③ 국민체육진흥법 : 이 법은 국민체육을 진흥하여 국민의 체력을 증진하고, 체육활동으로 연대감을 높이며, 공정한 스포츠 정신으로 체육인 인권을 보호하고, 국민의 행복과 자긍심을 높여 건강한 공동체의 실현에 이바지함을 목적으로 한다.
④ 학교체육진흥법 : 이 법은 학생의 체육활동 강화 및 학교운동부 육성 등 학교체육 활성화에 필요한 사항을 정함으로써 학생들이 건강하고 균형 잡힌 신체와 정신을 가질 수 있도록 하는 데 기여함을 목적으로 한다.

02 스포츠 폭력 ④

ㄱ, ㄴ. 직접적 폭력은 신체적 공격 또는 피해를 입히는 행위이다.
ㄷ, ㄹ. 구조적 폭력은 사람들의 기본적인 욕구를 제한하는 제도나 사회구조이다. 빈곤, 기아, 의료 또는 교육에 대한 접근성 부족, 사회적 불평등과 같은 방식으로 나타난다.
ㅁ. 문화적 폭력은 폭력을 정당화하거나 정상화하는 문화적 규범, 가치, 신념 등을 통해 나타날 수 있다. 인종차별, 성차별, 민족주의 등 다양한 형태이다.

03 성차별 ④

스포츠에서 여성에 대한 차별이 발생하거나 심화되는 원인은 성 역할 고정관념, 남성 스포츠 조직의 지배적인 위치, 남녀의 운동 능력 차이 등이 있다. 여성의 참정권은 여성의 인권 향상을 의미하므로 성차별 원인으로 볼 수 없다.

> **Tip**
>
> **스포츠에서 성평등을 이루기 위한 방안**
> - 법이나 제도를 통해 평등을 보장
> - 여성들의 스포츠 참여 장려
> - 여성에게 평등한 스포츠 기회를 제공
> - 스포츠 현장의 성차별을 공론화

04 스포츠와 환경윤리 　　답 ①

테일러는 모든 생명체는 모두 평등한 관계이므로 생태윤리에 4가지 의무를 주장했다.
- 불침해(비상해)의 규칙 : 인간이 다른 생명체를 해치는 행위는 안 됨
- 불간섭의 규칙 : 생태계의 자유로운 발전을 제한하거나 방해하면 안 됨
- 신뢰의 규칙 : 동물들에게 인간의 신뢰를 훼손하면 안 됨
- 보상적 정의의 규칙 : 공동생활에서의 일반적인 원칙으로 해를 끼친 경우 피해를 보상해야 함

【오답해설】
② 베르크 : 인간 주체성과 환경 자체를 연결하는 이러한 존재론적 혁명은 모든 사람의 기본인 인간의 안전 지속 가능성의 조건임을 주장
③ 콜버그 : 피아제의 인지발달이론을 따른 것으로 윤리적 행동을 기반으로 하는 도덕적 추론이 여섯 단계의 정해진 발달구조단계를 가진다고 주장
④ 패스모어 : 환경 생태 위기를 낳은 주범은 다름 아닌 인간의 탐욕이며 이것을 해결하기 위해서는 기존에 우리가 잘 알고 있는 윤리를 보다 잘 준수하면 된다고 주장

05 인종차별 　　답 ①

㉠ 인종 : 인류를 지역과 신체적 특성에 따라 구분한 종류
㉡ 인종주의 : 특정의 인종이 다른 인종에게 우월한 것처럼 가치 평가하는 것
㉢ 인종 차별 : 인종에 대한 편견으로 특정 인종에 대하여 차별하는 태도

【오답해설】
- 젠더 : 사회학적 의미의 성으로 여성다움, 남성다움을 통칭
- 젠더화 과정 : 젠더에 대한 사회문화적 기대치를 충족시키면서 사회 구성원으로서의 역할을 습득하는 과정

06 윤리이론 　　답 ②

의무주의는 행위의 결과와는 상관없이 도덕 행위의 본래적인 가치인 '규범에 복종해야 할 의무'를 주장한다. 따라서 심판 B의 견해를 지지하는 윤리 이론은 의무주의이다.

【오답해설】
① 최대다수의 최대행복 : 다수에게 행복을 줄 수 있는 행위가 옳다고 보고, 모든 쾌락은 질적으로 동일하다고 본다.
③ 쾌락주의 : 순간적 쾌락이 선이라고 하고 가능한 많은 쾌락을 취하는데 행복이 있다고 한다.
④ 좋음은 옳음의 근거 : 옳은 것은 좋은 것을 증진하는 내용을 가진 한에서만 옳은 것이라는 생각이다.

07 스포츠경기의 목적 　　답 ②

스포츠딜레마는 승리가 먼저인가, 페어플레이가 먼저인가 등을 두고 어느쪽도 결정할 수 없는 상태를 말한다. 이는 〈보기〉에 담긴 윤리적 규범과는 관련이 없다.

【오답해설】
① 페어플레이 : 스포츠인이 지켜야 할 정정당당한 행위로서 경쟁자에 대한 배려를 포함함
③ 스포츠에토스 : 사람에게 도덕적 감정을 갖게 하는 보편적인 도덕적·이성적 요소
④ 스포츠퍼슨십 : 스포츠맨십의 성 중립적 용어로 스포츠 상황에서 일반적으로 기대되는 행동 특성

08 윤리이론 　　답 ②

아크라시아는 의지박약, 자제력 없음의 뜻으로 본인에게 좋은 일인 줄 알면서도 정작 그것을 실천해야 하는 상황에서 머뭇거리거나 심지어 포기하는 인간의 속성을 말한다. 따라서 〈보기〉의 사례로 나타나는 품성인 스포츠인에게는 권장하지 않는 이론이다.

【오답해설】
① 테크네 : 능숙함을 통해 바라는 결과를 얻는 능력
③ 에피스테메 : 일반적으로 지식에 관한 학문을 가리키며, 이에 덧붙여서 기술적 지식을 의미
④ 프로네시스 : 도덕적 앎이란 가르칠 수 없음에도 불구하고, 행위자 스스로에 대한 이해를 통해 배워지는 가장 중요한 덕목

09 윤리이론 　　답 ③

칸트의 정언적 명령은 아무런 조건 없이 무조건 행하라는 도덕 명령으로 절대적인 명령, 무조건적인 명령이라고도 불린다.

【오답해설】
① 모방욕구 : 타인과 같아지거나 그 이상이 되려는 욕구
② 가언명령 : 조건이나 상황에 따라 적용되고 요구되는 도덕 명령
④ 배려윤리 : 배려하는 사람에게 배려받는 사람이 응답할 때 배려가 완성(나딩스)되며, 상대방에 대한 배려의 감정을 중시(길리건)하는 이론

10 윤리이론 　　답 ①

행위 공리주의는 어떤 행위가 가능한 다른 대안들 만큼의 선을 산출할 때 오직 그때에만 그 행위가 옳다고 본다. 행위의 결과에 집중할 수 있지만 경우마다 어떤 행위가 옳은 행위인지를 결정하기 위해 계산해야 한다.

【오답해설】
② 규칙 공리주의 : 어떤 행위가 가능한 다른 대안들보다 사회에 더 큰 공리를 산출하는 규칙에 의해 요구되는 행위일 때 오직 그때에만 그 행위가 옳다.
③ 제도적 공리주의 : 제도를 통해 최대 다수의 최대 행복을 실현하고자 한다.
④ 직관적 공리주의 : 어떤 주어진 상황에서 객관적으로 옳은 행위는 전체를 보아서 최대 행복을 산출하는 행위로 그 행위가 가져오는 총체적인 행복을 고려한다.

11 페어플레이 답 ④

절차적 정의는 결과보다 과정에 초점을 맞춘 정의이다. 시합 전 동전 뒤집기로 선·후공을 결정하는 것 등이 그 예이다.

【오답해설】
② 평균적 정의 : 누구에게나 공평하고 일관되게 분배하는 것
③ 분배적 정의 : 같은 것은 같게, 다른 것은 다르게 분배하는 것

12 윤리이론 답 ④

㉠ 충서 : 공자의 중심 사상 중 하나로, 타고난 내면적 도덕성(인)의 구체적인 행동을 의미한다.
㉡ 충 : 윗 사람에게 정성을 다해 한 마음으로 모신다는 의미이다.
㉢ 서 : 내가 원하지 않은 일을 남에게도 하지 말라는 의미이다.

【오답해설】
① 충효 : 충성과 효도를 아울러 이르는 말로 유교사상에 바탕을 둔 덕목
② 정의 : 진리에 맞는 올바른 도리
③ 정명 : 각 주체의 역할과 행위가 실현되어야 함

> **Tip**
> **공자의 중심 사상**
> • 인(仁) : 타고난 내면적 도덕성
> • 충(忠)과 서(恕) : 인의 구체적인 행동으로 충(忠)은 윗 사람에게 정성을 다해 한 마음으로 모신다는 뜻이고, 서(恕)는 내가 원하지 않는 바를 남에게도 하지 말라는 것임
> • 예(禮) : 예(禮)를 통해서 인(仁)을 실천함

13 윤리이론 답 ①, ②, ③, ④

① 칸트 : 인간은 스스로 도덕적 의지를 추구하기 때문에 목적으로 구성된 다른 하나의 이성 체계, 즉 실천이성을 갖고 있다고 주장한다.
② 정언명령 : 아무런 조건 없이 무조건 행하라는 도덕 명령이다.
③ 공정시합 : 경기에서 참가자들이 공평한 조건에서 경쟁한다.
④ 공리주의 : 최대 다수 최대 행복 실현을 윤리적 행위의 목적으로 본다.
*출제 오류로 ①~④ 모두 정답

14 페어플레이 답 ①

〈보기〉에서 동기와 목표가 뚜렷하다는 것은 의도적으로 반칙을 하려고 했고, 스포츠의 본질적인 성격을 부정하는 것은 스포츠의 구성요건 자체를 해치는 행위이다. 따라서 의도적 구성 반칙에 해당한다.

【오답해설】
• 규제 반칙 : 해당 스포츠에서 하지 말아야 할 것을 규정한 것으로 규제적 규칙이 위반되어도 경기 자체는 성립한다.
⑩ 농구에서 반칙을 할 경우 상대 선수에게 자유투를 주는 것, 의도적인 시간 끌기(침대 축구) 등

15 스포츠와 동물윤리 답 ③

종차별주의 관점에서는 스포츠에서 동물들이 도구화되고 있는 상황이 발생할 수 있다고 본다. 동물을 인간의 유희의 대상으로 보는 '윤성'의 관점과 동일하다.

【오답해설】
① 동물해방론 : 동물의 도덕적 지위를 인정하고 동물을 고통으로부터 해방시켜야 한다.
② 동물 권리론 : 각 동물이 생활을 영위하고 있을 경우 자체적인 도덕적 권리를 갖고 있다.
④ 종평등주의 : 종의 차이가 존재하기는 하지만 쾌감과 고통을 느끼는 존재에 대해서는 도덕적 배려가 필요하다.

16 윤리이론 답 ①

멕킨 타이어는 선한 행위의 실천을 위해서는 무엇보다 행위자의 구체적인 성품에 주목해야 하며, 훌륭한 성품을 지닌 사람의 실천적 지혜와 선을 지향하는 행위를 강조했다.

【오답해설】
② 의무주의 : 행위의 결과와는 상관없이 도덕 행위의 본래적인 가치인 '규범에 복종해야 할 의무'를 주장하는 도덕 이론을 말한다.
③ 쾌락주의 : 쾌락이 인생의 목적이며 최고의 선이라고 주장한다. 쾌락을 추구하고 고통을 피하는 것을 도덕원리로 삼는다.
④ 메타윤리 : 윤리적 속성, 진술, 태도, 판단의 본질을 이해하고자 하는 윤리학의 한 분야이다.

17 스포츠윤리의 이해 답 ③

스포츠윤리는 스포츠라는 특수한 상황에서 윤리 문제가 적용되기 때문에 독자성이 있을 뿐, 보편적 윤리로는 다룰 수 없는 것은 아니다.

> **Tip**
> **스포츠윤리의 특징**
> • 예방윤리 : 훗날의 더 큰 문제점을 예방하기 위해 윤리적 문제점을 인식하고 다룰 수 있어야 함
> • 개인윤리 : 행위의 주체가 개인이라고 봄
> • 직업윤리 : 같은 분야의 직업을 가진 사람들 사이에서 요구됨
> • 사회윤리 : 개인이 속한 사회의 구조, 제도 등의 개선에 의해 윤리적 문제를 해결하려 함

18 학생 선수의 인권 답 ③

ㄱ. 최저 학력 제도 : 주요 과목에서 기준 이하의 점수를 받으면 학생 선수에게 불이익 부여
ㄷ. 주말 리그 제도 : 주중에는 학업을 하고 주말에만 경기를 치르는 제도
ㄹ. 학사 관리 지원 제도 : 학교생활 적응 및 학업 수행을 위한 제도

【오답해설】
ㄴ. 리그 승강 제도 : 실력 단위로 상위 리그와 하위 리그로 분리하고, 결과에 따라 우수한 성적을 거두면 상위 리그로 올리고, 성적이 나쁘면 하위 리그로 떨어뜨리는 제도

19 윤리이론 답 ③

윤리적 상대주의는 개인의 주관적인 신념과 가치관, 문화에 따라 윤리적인 판단을 내리는 것을 의미한다. 즉 같은 행위일지라도 어떤 사람에게는 그것이 도덕적 행위로 인정되지만, 다른 사람에게는 비도덕적 행위라 생각되는 경우가 있다.

【오답해설】
① 윤리적 절대주의 : 선과 악, 옳고 그름을 행위 결과와 상관 없이 별개로 판단하는 것
② 윤리적 회의주의 : 객관적이고 보편적인 도덕원칙이나 가치규범을 부정하면서 도덕적 가치의 근거를 탐구하는 윤리학이 학문으로써 성립할 수 없다는 것
④ 윤리적 객관주의 : 윤리적인 판단이 일반적으로 참된 원리나 규범에 따라 이루어진다는 것

20 도핑 답 ②

기술도핑은 장비나 도구가 선수의 기록 향상에 영향을 주는 것을 말한다. 현대 스포츠에서는 기술 발전에 따른 기술도핑이 논쟁의 주제가 되고 있다.

【오답해설】
① 약물도핑 : 운동 수행력 향상 및 승리를 목적으로 약물을 사용하는 것
③ 브레인도핑 : 뇌를 자극하여 운동능력을 향상시키는 것
④ 유전자도핑 : 유전자 편집기술이 발달하면서 기술의 사용이 치료적 목적이 아닌 곳에 사용하는 것

Tip

효과적인 도핑금지 방안
- 스포츠 윤리에 대해 지속적으로 교육해 바른 가치관을 형성
- 도핑의 심각성과 부작용, 규제 등에 대해 교육해 사고를 방지
- 도핑이 적발되었을 때에 이에 대한 처벌 강화

특수체육론

01	02	03	04	05	06	07	08	09	10
③	②	③	④	③	①	①	①, ②, ③, ④	④	①, ④
11	12	13	14	15	16	17	18	19	20
①	③	②	①	①	①, ②, ③, ④	③	①	②, ③	③

01 특수체육의 의미 답 ③

장애인복지법에 근거하여 1989년 최초로 설립된 장애인 체육 행정 조직은 한국장애인복지체육회이다.

【오답해설】
① 국민체육진흥법 개정에 따라 2005년에 설립되었다.

02 특수체육 지도 전략 답 ②

장애인의 기능 회복을 위한 치료 서비스를 제공하는 것은 장애인스포츠지도사의 역할이 아니다.

【오답해설】
① 특수체육은 장애인의 '독특한 요구(unique needs)'를 충족시키기 위해 계획된 개별화 프로그램이다.
③ 장애인스포츠지도사는 주어진 상황 속에서 장애가 있는 학습자에게 제공 가능한 가장 효과적이고 실용적인 행동관리 방법이 무엇인지 알고 이를 적재적소에 적용할 수 있어야 한다.
④ 장애인을 지도할 때 장애인의 특성과 요구에 맞추어 학습 과제를 변경하여 수업한다.

03 특수체육에서 사용하는 사정과 측정도구 답 ③

㉠ 사정 : 평가와 측정의 중간 개념으로서 교육적 의사결정에 필요한 자료 수집 과정이자 배치, 프로그램 계획 등에 관한 의사결정을 목적으로 한 자료 수집 및 해석의 과정
㉡ 평가 : 검사 및 사정에서 수집된 자료에 근거하여 의미와 가치를 부여하는 것
㉢ 측정 : 개인 또는 집단의 특정을 도구를 사용하여 수량화하는 일련의 과정
㉣ 검사 : 개인 또는 집단의 특정에 대한 수량적(양적) 자료를 산출하기 위한 질문이나 과제

04 특수체육에서 사용하는 사정과 측정도구 답 ④

① 3~11세 아동을 대상으로 한다.
② TGMD-3는 준거 및 규준지향검사로 사용될 수 있다.
③ 6가지의 이동기술 검사항목과 7가지의 물체조작기술 항목으로 이루어져있다.

05 특수체육 지도 전략   답 ③

개별화교육프로그램(IEP)의 구성 요소로는 개별화 교육 대상자의 인적 사항, 현재 수행 수준, 연간 목표와 장·단기 목표, 특수교육 서비스와 관련된 서비스 및 보조 서비스, 정규교과과정의 참여, 평가 방법의 변형, 서비스 계획, 전환 서비스에 대한 계획 및 준비가 있다. 또한, IEP를 운영하기 위해선 보호자, 특수교육교원, 일반교육교원, 진로 및 직업교육 담당 교원, 특수교육 관련서비스 담당 인력 등으로 이루어진 개별화교육지원팀을 구성해야 한다.

06 지체장애, 뇌병변장애의 특성과 지도 전략   답 ①

신생아기 반사의 종류 중 하나인 비대칭 긴장성 목반사(비대칭목경직반사)에 대한 설명이다.

【오답해설】
② 모로반사 : 신생아기 반사의 종류 중 하나로 아기 머리의 갑작스러운 위치 변화나 강한 소리·빛에 반응해 무엇인가 껴안으려고 하는 행동
③ 긴장성 미로 반사 : 머리가 신체 앞쪽으로 굽혀지면 몸과 다리가 굽혀지고, 머리가 신체 뒤쪽으로 펴지면 몸과 다리가 쭉 펴지는 행동
④ 대칭성 긴장성 목반사 : 고개를 숙였을 땐 팔이 구부러지고 다리는 펴지며, 고개를 뒤로 젖혔을 땐 팔이 펴지고 다리는 구부러지는 행동

07 특수체육 지도 전략   답 ①

〈보기〉는 개별화 지도 전략 중 스테이션 교수에 대한 설명으로 수업을 소단위로 나누어 기술을 연습할 수 있도록 순회하는 몇 개의 구역을 설치하고 활동하는 방법이다.

> **Tip**
> **또래교수 수업**
> - 지도 과정에서 지도 대상자를 보조교사로 활용하는 방법
> - 유형 : 일방 또래교수, 양방/상호 또래교수, 동급생 또래교수, 상급생 또래교수, 전 학급 또래교수

08 특수체육에서 사용하는 사정과 측정도구   답 ①, ②, ③, ④

해당 문제는 〈보기〉의 단계 순서가 역순으로 되어 전체 정답 처리되었다. ㉠에 들어갈 내용은 '④ 리드-업 게임과 기술'이다.

> **Tip**
> **발달과정 단계에서의 대근운동 영역**
>
> | 중학교~성인기 | 단체 및 개인 레크레이션 활동 및 스포츠, 댄스기술 | 4단계 |
> |---|---|---|
> | 초등학교 3~6학년 | 간이게임(lead-up games)과 관련 기술 | 3단계 |
> | 취학 전·후 | 대근운동기술과 패턴 | 2단계 |
> | 신생아기 | 반응과 반사작용 | 1단계 |

09 특수체육에서 사용하는 사정과 측정도구   답 ④

4~5세에는 체중이 명확하게 앞쪽으로 이동되며 던지는 팔과 같은 쪽의 다리를 앞으로 내민다. 던지는 팔과 반대쪽 발을 앞으로 내밀며 공을 던지는 것은 6~7세의 발달 특징이다.

① 3세에는 공 던지기와 받기를 할 수 있다.
②, ③ 2~3세에는 기본적인 운동능력을 형성하는 시기로 신체의 움직임이 자연스럽거나 능숙하지 못하다. 공을 찰 때 양발은 고정된 상태를 유지한다.

10 지체장애, 뇌병변장애의 특성과 지도 전략   답 ①, ④

흉추 6번 손상 시 하지 사용이 불가하며, 휠체어를 사용한 스포츠에 참여 가능하다.

① 흉추 6번 이상의 손상이 있는 경우 무산소 운동보다는 유산소 운동이 더 적합하다.
④ 흉추 6번 이상의 척추손상자는 자율신경반사 부전증의 발생 가능성이 높아 무리한 운동으로 심박수를 높이는 것은 매우 위험하다.

> **Tip**
> **척수 손상에 따른 기능적 활동**
> - 경추(C1~T1) 손상 : 사지마비
> - 경추 C4 이상 손상 : 운전 및 휠체어 이동 불가
> - 흉추 T6 이상 손상 : 보행 불가
> - 흉추(T2~T12) 및 요추 및 천추(L1~S4) 손상 : 양측하지마비

11 특수체육 지도 전략   답 ①

㉠ 타임아웃 : 대상자가 문제행동을 일으켰을 때 대상자가 원하는 환경(정적 강화 환경)에서 일정 시간 퇴출시킴으로써 부정적 행동을 감소시키는 방법
㉡ 반응대가 : 바람직하지 못한 행동을 했을 때 그 행동에 대한 대가로서 이미 보유하고 있던 정적 강화를 제거하는 방법
㉢ 부적 벌 : 특정 반응이 일어날 확률을 줄이기 위해 대상이 원하는 자극을 제거

12 지적장애, 정서장애, 자폐성장애 등의 특성과 지도 전략   답 ③

미국지적장애및발달장애협회(AAIDD, 2021)의 지적장애 정의에 따르면 지적 기능성과 개념적·실제적·사회적 적응기술로 표현되는 적응행동의 양 영역에서 유의하게 제한성을 보이는 장애이다. 나이는 22세 이전을 기준으로 하며 지능 지수 기준을 평균에서 -2 표준편차 이하로 둔다.

13 지적장애, 정서장애, 자폐성장애 등의 특성과 지도 전략   답 ②

〈보기〉는 다운증후군에 대한 설명이다. 다운증후군 지적장애인은 당분을 조절하는 내당 기능이 약하기 때문에 비만이 되기 쉽고 당뇨병 발생 빈도가 높다.

14 주요 장애인스포츠와 올림픽 답 ①

보치아에서 유래한 경기인 보체(bocce)에 대한 설명이다. 보체는 스페셜올림픽의 하계 종목 중 하나이다.

> **Tip**
> **스페셜올림픽의 종목**
>
> | 하계 종목 | 수영, 육상, 배드민턴, 농구, 보체, 축구, 골프, 롤러스케이트, 탁구, 배구, 역도, 볼링, 크리켓*, 사이클, 승마, 기계체조, 리듬체조, 핸드볼, 유도, 카약, 넷볼*, 실외수영, 요트, 소프트볼, 테니스 |
> |---|---|
> | 동계 종목 | 알파인, 크로스컨트리 스키, 스노보드, 스노슈잉, 쇼트트랙, 스피드스케이팅, 피겨스케이팅, 플로어하키 |
>
> ※ 표시된 종목은 시범종목

15 지체장애, 뇌병변장애의 특성과 지도 전략 답 ①

㉠ 운동실조성 뇌성마비의 손상 부위는 소뇌로 인체의 평형과 협응에 영향을 미친다.
㉡ 무정위운동증 뇌성마비의 손상 부위는 대뇌 중앙 기저핵으로 목적성 운동을 조절하는 곳이다.
㉢ 무정위운동증 뇌성마비의 운동 특성은 사지가 목적 없이 불수의적으로 불규칙하게 움직이는 것이다.

16 지적장애, 정서장애, 자폐성장애 등의 특성과 지도 전략 답 ①, ②, ③, ④

해당 문제는 ㉠ 문장을 해석하는 데 오류가 발생할 수 있어 전체 정답 처리 되었다. 〈보기〉 내 다른 문장들을 고려하였을 때 ㉠은 상동적·반복적인 동작성 매너리즘을 가지고 있는 아스퍼거 증후군에 대한 설명이다. 아스퍼거 증후군은 자폐성 장애 중 하나이다.
①, ③ 언어적 단서보다 환경적 단서가 더욱 효과적일 수 있으므로, 그림 카드나 의사소통 보드 등을 활용한 시각적 단서를 제공하는 것이 좋다.
② 연속된 동작의 스포츠를 지도하는 것이 적합하다.
④ 대상자가 선호하는 스포츠, 접하기 쉬운 스포츠를 우선적으로 선정한다.

17 지체장애, 뇌병변장애의 특성과 지도 전략 답 ③

흉추 6번 이상의 척수 손상자는 급격한 교감신경 반사 반응으로 인해 자율신경계 반사 기능 항진이 일어날 수 있다. 증상으로는 혈압의 증가와 심박수 감소가 있는데 무리한 운동으로 심박수를 높이는 것은 매우 위험하므로 즉시 운동을 중단해야 한다. 또한 자율신경계에 이상이 생겨 방광과 장의 운동 조절 능력이 저하되므로 경기/운동 전 방광 및 장을 비워야 한다.

18 시각장애 특성과 지도 전략 답 ①

시각장애인들을 위한 대표적인 팀 스포츠 경기로 골볼이 있다. 골볼은 소리 나는 공을 이용해 상대팀 골대에 볼을 넣는 경기이다. 따라서, 안전을 위해 개인 종목만 지도한다는 것은 옳지 않은 설명이다.

19 지체장애, 뇌병변장애의 특성과 지도 전략 답 ②, ③

근이영양증은 디스트로핀(dystrophin)이라는 단백이 결핍되어 발생하며, 여러 근육군의 퇴화가 서서히 진행되는 유전성 질환으로 호흡장애와 심장질환 등의 합병증을 유발한다. 대표적으로 듀이센형 근이영양증(Duchenne muscular dystrophy)과 베커형 근이영양증(Becker muscular dystrophy)으로 나뉜다.
② 유전성 질환으로 완치 및 예방이 어렵다.
③ 듀이센형 근이양증 환자 중 드물게 지능이 우수한 경우도 있지만, 일반적으로 경미한 지능 장애가 확인된다.

20 청각장애 특성과 지도 전략 답 ③

㉠ 체육(운동)을 나타내는 수어 동작이다.
㉡ 수영을 나타내는 수어 동작이다.
㉢ 스케이트를 나타내는 수어 동작이다.

유아체육론

01	02	03	04	05	06	07	08	09	10
④	①	④	②	②	③	③	④	②	①
11	12	13	14	15	16	17	18	19	20
④	④	②	①	③	③	④	①	②	④

01 유아체육 지도방법 　답 ④

효과적 학습경험 설계를 위한 유아체육 지도자는 유아의 발달 수준에 적절한 내용을 단계적으로 계획하여 지도해야 한다.

> **Tip**
> **유아체육 지도자의 역할**
> - 활발한 신체활동을 포함한 놀이를 다양한 형태로 체험하도록 지도
> - 신체활동과 연관성 있는 놀이를 통해 신체발달을 촉진하도록 지도
> - 유아 신체활동을 통해 지적 발달과 정신적 건강, 정서적 안정감을 기를 수 있음
> - 놀이를 전개하는 과정에서 사회성의 발달을 꾀함
> - 호기심을 자극하고, 반응에 관심을 보이며 지도
> - 주제와 장소를 고려하여 적절한 장비 선택 후 지도
> - 권유형 언어를 사용하여 지도

02 유아체육 지도방법 　답 ①

유아의 운동기술 연습 시 지도자는 언어적 지시를 이해하지 못하는 유아에게 시범을 보여주는 안내자 역할을 해주어야 한다.

03 유아체육 지도방법 　답 ④

유아 신체활동의 내적 참여동기를 증진시키려면 즐거운 수업을 만드는 것이다. 전체적인 수업의 흐름이 좋고, 흥미있는 신체활동 수업은 유아를 움직이도록 자극한다. 프로그램 내 과제 수준을 동일하게 제공하는 것은 유아의 흥미를 떨어뜨리고, 발달 수준을 반영하지 않은 전략이다.

04 유아기 운동발달 프로그램 　답 ②

유아의 지각-운동 발달에서 지각이란 뇌에 전달된 정보를 통합하고 해석하는 과정이다. 외부 환경이나 자신 내부로부터 주어진 자극을 수용기를 통해 받아들이고, 자극을 뇌로 전달하는 과정은 감각이다.

> **Tip**
> **지각-운동 발달의 과정**
> - 감각정보 입력 : 감각 양식(시각, 청각, 촉각, 운동감각)을 통한 자극 수용
> - 감각 통합 : 수용된 감각 자극의 조직화, 기존 기억 정보와 통합
> - 운동 해석 : 현재 정보와 기억 정보를 바탕으로 내적 운동 의사 결정
> - 움직임 활성화 : 움직임 실행
> - 피드백 : 다양한 감각 양식에 대한 움직임 평가를 통한 새로운 주기의 시작

05 체육 프로그램 지도를 위한 환경 　답 ②

열사병은 과도한 고온 환경에 노출되거나 더운 환경에서 운동 등을 시행하면서 신체의 열 발산이 원활히 이루어지지 않아 체온이 40℃ 이상 상태가 되면서 발생하는 신체 이상을 말한다.

【오답해설】
① 일사병 : 고온의 환경 노출되어 심부 신체의 온도가 37℃에서 40℃ 사이로 상승하여, 적절한 심박출을 유지할 수 없으나 중추신경계의 이상은 없는 상태이다.
③ 고체온증 : 체온이 39~41℃이며, 체온조절중추의 기능부전이 발생한다.
④ 열경련 : 땀을 많이 흘려 땀에 포함된 수분과 염분이 과다 손실되면서 근육이 떨린다.

06 유아기 운동발달 프로그램 　답 ③

㉠ 연성성 : 기초부터 향상까지 잘 조직된 프로그램을 구성해야 함
㉡ 방향성 : 인간의 성장과 발달은 방향성을 지니므로 이를 고려해 적절한 운동을 하도록 구성함
㉢ 적합성 : 연령에 따라 민감기를 고려하여 적절한 운동이 적용되면 효과적이고 긍정적인 운동발달을 유도할 수 있음

> **Tip**
> **운동발달 프로그램의 기본 원리**
> - 적합성 원리
> - 방향성 원리
> - 특이성 원리
> - 안전성 원리
> - 다양성 원리
> - 연계성 원리

07 유아기 운동발달 프로그램 　답 ③

㉠ 성장 : 연령 증가에 따라 자연스럽게 발생하는 신체적 측면의 양적 변화이다.
㉡ 발달 : 인간의 신체적, 심리적, 사회요인 간에 상호작용을 통해 전 생애에 걸쳐 일어나는 성장, 성숙, 및 노화의 과정이다. 상승적인 변화뿐만 아니라 하강적인 변화도 포함된다.

ⓒ 성숙 : 성장을 기초로 해서 나타나는 신체 내부의 생리적, 생화학적(유전, 호르몬)인 질적 변화이다. 경험과 훈련에 의해 발생하는 것은 아니다.

08 유아기 운동발달 프로그램 답 ④

㉠ 물체 조작 기술 : 대근운동기술은 이동 기술과 물체 조작 기술 영역으로 나뉜다.
㉡ 갤롭(갤로핑) : 한 발은 앞으로 걷고 다른 발은 달리 듯 빨리 끌어다 앞선 다리에 붙이는 동작으로 이동 기술에 해당한다.

Tip

대근운동발달검사-Ⅱ 검사 종목
- 이동 기술 : 달리기, 갤로핑, 호핑, 리핑, 제자리멀리뛰기, 스키핑, 슬라이딩 등
- 물체 조작 기술 : 치기, 튕기기, 받기, 차기 등

09 유아기 운동발달 이론 답 ②

피아제가 주장한 인지발달단계이론에서 인지발달의 단계는 감각운동기, 전조작기, 구체적 조작기, 형식적 조작기로 나뉜다. 주요 개념은 동화, 조절, 평형화이다. 인지발달의 방향은 내부에서 외부이다.
비고츠키가 주장한 사회문화적이론에서 발달의 단계는 구분된 단계로 설명하는 대신, 연속적인 변화의 흐름으로 이해하고 접근한다. 주요 개념은 내면화, 근접발달영역, 비계설정이다. 인지발달의 방향은 외부에서 내부이다.
따라서 ㉠ 사회문화적 이론, ㉡ 형식적 조작기, ㉢ 평형화, ㉣ 근접발달영역이 들어가는 것이 적절하다.

10 유아기 운동발달 답 ①

반사 움직임 시기 중 태아~4개월까지는 정보 부호화 단계, 4개월~1세까지는 정보 해독 단계에 해당한다. 정보 부호화 단계는 뇌와 신경계가 완전히 발달하지 않았기 때문에 불수의적 움직임이 나타나며, 이는 아기의 뇌와 신경계가 환경에 적응하고 있는 과정의 일부이다.

Tip

유아기 운동발달 단계
- 반사 움직임 단계 : 정보를 받아들이는 정보 수용 단계, 수용된 정보를 처리하며 초기 자발적 움직임이 일어나는 정보처리 단계
- 초보 움직임 단계 : 반사행동이 줄어들고 기본 움직임이 시작되는 단계
- 기본 움직임 단계 : 연령에 따라 점차 새로운 기능이 나타나면서 성숙되어 가는 단계
- 전문화된 움직임 단계 : 운동동작을 서로 연관시켜 하나의 일관된 동작으로 완성하는 단계

11 유아체육 관련 법 및 지침 답 ④

체육과 교육과정(2022)에서 추구하는 삶은 세 가지 신체활동 역량을 갖춤으로써 실현된다. 첫째, '움직임 수행 역량'은 신체활동 형식에 적합한 움직임의 기능과 방법을 효율적, 심미적으로 발휘할 수 있는 능력으로 운동, 스포츠, 표현 활동 과정에서 움직임에 필요한 지식, 기능, 태도를 다양한 상황에 적용하며 발달한다. 둘째, '건강 관리 역량'은 체력 및 신체적, 정신적, 사회적 건강을 유지하고 증진하는 능력으로 체육과 내용 영역에서 학습한 신체활동을 일상생활에서 실천하고, 개인과 사회적 측면에서 건강을 저해하는 요소에 적극적으로 대처하며 함양된다. 셋째, '신체활동 문화 향유 역량'은 다양한 신체활동 문화를 전 생애 동안 즐기며 타인과 상호작용할 수 있는 능력으로 각 신체활동 형식의 특성을 이해하고 인류가 축적한 문화적 소양을 내면화하여 공동체 속에서 실천하면서 길러진다.

12 유아체육 지도방법 답 ④

안내-발견적 방법은 동작을 위해 지도자나 또래의 활동을 관찰함으로써 과제수행 방법을 이해시키는 것을 말한다. 이는 D지도자의 방법과 일치한다.

【오답해설】
① 탐색적 방법 : 시범이나 언어적 설명 없이 유아가 자신에게 적합하다고 생각하는 활동 과제를 수행한다.
② 과제 중심 접근 방법 : 활동수준이 여러 가지 있음을 설명 및 시범을 보이고, 유아 자신의 수준을 선택하여 과제를 연습한다.
③ 지시적 교수법 : 시범보이기, 연습해보기, 일반적인 언급해주기, 보충 설명과 시범 다시 보이기 등을 통해 교사가 주체적으로 진행한다.

Tip

유아체육 교수방법
- 직접-교사 주도적 교수법 : 지시적 방법, 과제제시 방법
- 간접-유아 주도적 교수법 : 탐색적 방법, 안내-발견적 방법

13 유아기 운동발달 프로그램 답 ②

퍼셀은 동작요소를 신체 인식(전신의 움직임, 신체 부분의 움직임, 신체 모양), 공간 인식(개인공간-일반공간, 방향, 수준, 범위, 경로), 노력(공간, 시간, 힘, 흐름), 관계(신체와 물체 등)로 구분하였다.

14 체육프로그램 지도를 위한 환경 답 ①

㉠ 지지면 : 기저면을 뜻하며 어떤 물체나 인체가 지지하고 있는 표면과 접촉하고 있는 영역의 테두리로 안정성 요인에 해당한다.
㉡ 가속도 : 힘의 크기와 방향에 비례하며, 힘이 작용하는 방향으로 가속도도 발생한다.
㉢ 거리 : 힘의 세기는 거리의 제곱에 반비례하며, 힘을 받는 요인이다.

15 유아체육 지도방법 — ③

미국 스포츠 의학회에 의하면 어린이와 청소년을 위한 FITT는 다음과 같다.
- 유산소 운동 : 재미있고 다양한 성장 발달에 적절한 운동으로, 매일 60분 이상 권고
- 저항 운동 : 체계적/비체계적 방법으로 구조화되지 않는 활동으로, 일주일에 3회 이상 60분 이상 권고
- 유연성 운동(뼈 강화 운동) : 달리기, 줄넘기, 테니스 같은 운동으로, 일주일에 3회 이상 60분 이상 권고

16 유아기 운동발달 — ③

기본 움직임은 연령에 따라 점차 새로운 기능이 나타나면서 성숙되어 가는 단계를 말한다. 따라서 움직임 패턴의 특수성이나 관찰자의 정교함에 영향을 받는다.

> **Tip**
> **기본 움직임**
> - 시작(2~3세) : 기본적인 운동능력을 형성하는 시기로 신체의 움직임이 자연스럽거나 능숙하지 못하다.
> - 초보(4~5세) : 신체 협응력이 다소 향상되었으며, 신체 움직임은 대체로 조정할 수 있으나 여전히 움직임이 서투르고 유연성이 결여되어 있다.
> - 성숙(6~7세) : 기본운동기술이 능숙하게 되고, 신체 협응력도 증가해 유아의 운동수행 능력이 발달된다.

17 유아체육 관련 법 및 지침 — ④

ㄱ. 체력 측정은 건강체력(심폐지구력, 근력, 근지구력, 유연성), 운동체력(민첩성, 순발력, 협응력)으로 나뉜다.
ㄴ. 건강체력 측정의 세부항목은 10m 왕복 오래달리기(심폐지구력), 상대악력(근력), 윗몸말아올리기(근지구력), 앉아윗몸 앞으로 굽히기(유연성) 등이 있다.
ㄷ. 운동체력 측정의 세부항목으로는 5m×4 왕복 달리기(민첩성), 제자리멀리뛰기(순발력), 3×3 버튼누르기(협응력) 등이 있다.

18 유아기 운동발달 프로그램 — ①

【오답해설】
ㄴ. 전면성의 원리 : 신체의 모든 기관과 체력 요소를 고르게 발달시킬 수 있도록 계획하고 실천하는 것이 좋다.
ㄷ. 점진성의 원리 : 운동으로 인한 신체 기관의 발달은 서서히 이루어지기 때문에 운동의 강도나 시간을 점진적으로 증가시키는 것이 좋다.

19 유아기 운동발달 — ②

㉠ 머리와 목 제어 : 초보 움직임 단계는 반사행동이 줄어들고 기본 움직임이 시작되는 단계이다.
㉡ 육상 허들 넘기 : 전문화 움직임 단계로 운동동작을 서로 연관시켜 하나의 일관된 동작으로 완성하는 단계이다.
㉢ 손바닥 파악반사 : 반사 움직임 단계로 정보를 받아들이는 정보 수용 단계이다.

20 유아기 운동발달 — ④

기본운동기술이 능숙하게 되고, 신체 협응력도 증가하게 되면 유아의 운동수행 능력이 성숙단계로 발달하므로 그에 맞게 지도해야 한다. 손바닥으로 공을 때리도록 지도하는 것은 이미 드리블 동작에서 수행된 능력이므로 적절하지 않다.

노인체육론

01	02	03	04	05	06	07	08	09	10
②	④	④	③	①	③	①	③	④	③
11	12	13	14	15	16	17	18	19	20
②	②	④	④	③	①	②	①	①, ②, ③, ④	②

01 노화에 따른 신체적·심리적·사회적 변화   답 ②

노화로 인한 생리적 변화로는 최대산소섭취량 감소, 폐의 탄력성과 호흡기 근력의 저하, 동·정맥산소차의 감소, 수축기 및 이완기 혈압수치의 상승 등이 있다.

02 노화와 관련된 이론   답 ④

〈보기〉는 면역반응이론에 대한 설명으로, 나이가 들면서 인간의 면역체계에 결함이 발생하여 제거해야 할 유해물질을 제거하지 못해 체내에 유해물질이 축적되고 이로 인해 노화가 발생·촉진된다고 보는 이론이다.

【오답해설】
① 유전적(노화) 이론 : 노화 과정이 인체 세포 시계에 의해 조절되며, 특정 유전자에 의해 노화가 진행된다는 이론
② 교차결합이론 : 정상 상태에서는 서로 분리되어 있어야 하는 분자구조 사이에 화학적 반응에 의한 연결 띠가 형성되어 서로 엉키게 되고, 이로 인해 조직이 탄력성을 잃고 세포 간 영양소 및 화학적 물질 등의 교환을 방해함으로써 노화가 나타난다고 보는 이론
③ 사용마모이론 : 인간의 몸도 마치 기계와 같이 오랫동안 사용하면 기능이 약화되고 점차 퇴화가 일어나 이로 인해 노화가 나타난다고 보는 이론으로, 퇴행성관절염이나 오십견 등의 노인질환을 설명할 때 가장 적절한 이론

03 노화의 개념   답 ④

생물학적 노화는 생물학적 퇴화과정이 생물학적 재생산과정을 능가하여 유기체에 퇴행적 변화가 일어나는 현상이다. 〈보기〉는 노화의 특징 중 쇠퇴성에 대한 설명으로, 노화는 궁극적으로 생물체의 죽음을 초래한다.

【오답해설】
① 보편성 : 노화에 따른 변화는 누구에게나 동일하게 나타난다는 특징이 있다.
② 내인성 : 노화는 질병이나 사고가 아닌 내적인 변화로 인해 나타난다는 특징이 있다.
③ 점진성 : 노화에 따른 변화는 연령의 증가에 따라 심해지며, 회복이 불가능하다는 특징이 있다.

Tip
생물학적 노화
- 정의 : 생물학적 퇴화과정이 생물학적 재생산과정을 능가하여 유기체에 퇴행적 변화가 일어나는 현상
- 특성

보편성	노화에 따른 변화는 누구에게나 동일하게 나타남
내인성	노화는 질병이나 사고가 아닌 내적인 변화로 인해 나타남
쇠퇴성	노화는 궁극적으로 생물체의 죽음을 초래함
점진성	노화에 따른 변화는 연령의 증가에 따라 심해지며, 회복이 불가능함

04 지속적 운동참여를 위한 동기유발 방법   답 ③

〈보기〉는 사회인지이론에 대한 설명으로 새로운 것을 배울 때 인지 과정의 중요성을 강조하며 개인적 특성과 환경, 행동이 상호작용하며 개인의 행위가 변화한다는 이론이다. 행동의 변화 요소로 지각된 자기 효능감을 강조한다.

【오답해설】
① 지속성이론 : 노화의 사회학적 이론으로, 과거 자신의 역할이나 책임을 비슷한 수준으로 유지하려고 하는 경향을 통해 성공적인 노화를 이룰 수 있다고 보는 이론
② 건강신념모형 : 건강에 대한 신념이 건강 행위에 영향을 끼친다는 이론. 행동 수행 과정을 수정요인, 개인의 믿음, 행동으로 구분하고, 건강 행위 결정에서 '지각'을 중시함
④ 계획행동이론 : 합리적 행동이론에는 포함되지 않은 '지각된 행동통제감'의 개념을 추가하여 확장한 이론

Tip
건강증진의 이론적 모형
- 건강신념모형 : 신념이 건강을 추구하는 행동에 중요한 역할을 한다고 보는 이론으로 요소에는 지각된 취약성, 지각된 심각성, 지각된 이점, 지각된 장애성, 행동의 계기, 자기효능감이 있다.
- 범이론적모형 : 개인의 행동 변화 과정 및 전략을 제시하는 이론으로 행동변화단계는 '계획 이전 단계 → 계획 단계 → 준비 단계 → 행동 단계 → 유지단계'로 구분된다.
- 건강증진모형 : 건강에 영향을 미치는 개인적·환경적 요인에 중점을 두고 관련 요인을 조사·분석하는 이론으로 인간 행동에 대한 이론적 근거로 기대가치이론과 사회인지이론이 있다.
- 계획된 행동 이론 : 합리적 행위이론을 확장시킨 것으로 태도, 신념과 행동 간의 관계를 설명하는 이론으로 요소로는 주관적 규범, 지각된 행동 통제감, 행동에 대한 태도가 있다.
- 자기효능감이론 : 자기효능감이 개인의 행동 선택 및 추진에 영향을 미친다고 보는 이론으로 영향을 미치는 요인으로는 성취 경험, 대리 경험, 언어적 설득, 정서적 설득이 있다.

05 호흡·순환계 질환 운동프로그램 　답 ①

천식은 기도폐색 기관지염 등으로 기도의 반응성이 높아지는 호흡기 질병이다. 천식 환자가 강도 높은 운동 시 호흡이 빨라지는 데 이는 천식을 악화시킬 수 있으므로 운동을 한다면 낮은 강도의 준비운동이 적합하다.

06 운동권고 지침 및 운동방안 　답 ③

한국형 노인체력검사(국민체력 100)에 따르면 근 기능을 측정을 위해 상지는 상대악력을, 하지는 의자 앉았다 일어서기(회/30초)를 진행한다.

07 노화에 따른 신체적·심리적·사회적 변화 　답 ①

목욕, 옷 입기, 화장실 사용은 일상생활 수행능력(ADL ; Activities of Daily Living)에 해당한다.

Tip
도구적 일상생활 활동과 일상생활 수행능력의 예시
- 도구적 일상생활 활동(IADLs ; Instrumental Activities of Daily Living)
  - 돈관리
  - 전화걸기
  - 대중교통 이용하기
  - 집안일 하기
  - 쇼핑하기
  - 요리하기
- 일상생활 수행능력(ADL ; Activities of Daily Living)
  - 식사하기
  - 목욕하기
  - 옷 갈아입기
  - 화장실 사용하기

08 운동권고 지침 및 운동방안 　답 ③

미국스포츠의학회(ACSM, 2022)에 따르면 노인이 저강도에서 고강도로 근력 운동을 할 경우 1RM의 30~60%의 강도로 하며, 빠른 속도로 6~10회 반복하는 것이 좋다.

09 운동권고 지침 및 운동방안 　답 ④

단기신체기능검사는 보행 속도, 균형 능력 및 의자에 앉았다 일어나기 총 3가지의 기능을 평가하는 방법으로 각각의 기능이 좋을수록 높은 점수를 취득하기 때문에 합산 점수가 높을수록 더 좋은 기능을 가졌다고 볼 수 있다.

10 운동권고 지침 및 운동방안 　답 ③

ㄱ. 〈표〉에서 주어진 남성의 심혈관질환 위험요인의 양성 위험요인에 해당하는 것은 나이, 흡연, 신체활동 부족이다.
ㄷ. ACSM에 따르면 남성의 경우 BMI가 30kg/m² 이상인 경우에 과체중으로 보기 때문에 〈표〉에서 주어진 남성은 과체중이 아니다.

11 노년기의 장애과정 　답 ②

페르브뤼헌과 예터의 장애과정모델은 장애에 이르는 과정을 '병리 → 손상 → 기능적 제한 → 장애' 4단계로 구분하였다.

12 노화와 관련된 이론 　답 ②

에릭슨의 심리사회적 단계 이론은 '신뢰 대 불신(0~1세) → 자율성 대 회의(1~3세) → 주도성 대 죄책감(3~5세) → 근면성 대 열등감(6~12세) → 자아정체감 대 역할혼돈(13~18세) → 친근감 대 고립감(젊은 성인) → 창의력 대 침체성(중년 성인) → 자아주체성 대 절망(노년기)' 총 8단계로 구성되어 있다. 따라서 연령이 증가할수록 심리사회적 단계가 옳게 나열된 것은 ②이다.

13 호흡·순환계 질환 운동프로그램 　답 ④

〈보기〉는 말초동맥질환에 대한 설명으로, 심장 혹은 뇌에 피를 공급해주는 동맥 외에 기타 동맥이 좁아져 혈류 흐름의 이상이 생기는 현상이다. 위험 요인으로는 고령, 흡연, 고혈압 등이 있으며 운동을 할 때 근육 내로 혈액 공급이 원활하지 못해 간헐적 하지 파행증이라는 근육통이 발생하는 것이 주요 증상이다.

【오답해설】
① 뇌졸중은 뇌에 혈액을 공급하는 혈관이 막히거나 터지면서 뇌에 손상이 생기는 현상이다. 연령, 당뇨병, 흡연, 가족력 등이 원인이며 편측마비, 언어장애, 시각장애 그리고 알 수 없는 두통과 심한 어지러움증이 주요 증상이다.
② 근감소증은 나이가 많아지면서 근육의 양, 근력, 근 기능이 모두 감소하는 질환으로 근육 위축이라고도 불린다. 노화, 운동량 부족 등이 원인이며 걸음걸이가 늦어지고 근지구력이 떨어지며 일상생활의 어려움, 하지 무력감 등이 발생한다.
③ 신장질환은 신장기능이 떨어지면서 발생하는 현상으로 피로감, 식욕감퇴, 신체 부종 증가, 빈뇨 등의 증상이 발생한다.

14 노화에 따른 신체적·심리적·사회적 답 ④

노화가 진행될수록 폐의 탄력성이 떨어지면서 호흡기 중추신경 활동에 대한 민감성이 감소된다. 이로 인해 산소 요구량의 증가로 작은 움직임으로도 숨 가쁨이 발생할 수 있다.

【오답해설】
①, ② 노화가 진행될수록 폐에 남아있는 공기(폐의 잔기량)가 증가하며 폐활량은 감소하고 흉곽의 경직성이 증가한다.
③ 건강한 폐는 해부학적 사강과 생리학적 사강의 크기의 차이가 없으나 노화가 진행되면서 폐의 형태학적인 변화로 인해 생리학적 사강이 증가한다.

15 운동의 효과 답 ③

당뇨병 환자의 경우 운동 시 ㄱ. 인슐린의 저항성이 감소하여 원활한 혈당 조절이 가능해지고, ㄹ. 인슐린 민감성이 높아져 적은 인슐린의 양으로도 포도당을 충분히 받아들인다. 또한 ㅁ. 골격근의 포도당 운반 능력이 증가하여 당뇨병의 예방 및 관리에 도움이 된다.

16 운동의 효과 답 ①

노화가 진행되면서 노인이 겪는 심리적인 변화로는 감각기능과 정신기능의 저하, 긴장감 증가 등이 있다. 운동은 이러한 심리적 노화를 해결하는 데 중요한 역할을 하는 데 특히, 단기적인 효과로 긴장을 이완시켜 준다.

17 노화와 관련된 이론 답 ②

레이몬드 카텔(Raymond Bernard Cattell)은 인간 지능의 일반요인을 유동성 지능과 결정성 지능으로 분류하였으며, '유동성 지능'은 선천적인 정신 능력을 말하고 '결정성 지능'은 경험과 문화 등을 통해 습득되는 후천적인 능력을 말한다. 또한 인간의 연령이 증가하면서 유동적 지능은 감소하지만 결정적 지능은 증가한다고 주장하였으며 이를 투자 이론이라고 명명하였다.

18 근골격계·신경계 질환 운동프로그램 답 ①

골다공증이 있는 노인에게 좋은 운동으로는 뼈에 적당한 자극을 주는 가벼운 체조나 걷기, 자전거 타기 등이 있다. 수영은 심폐지구력을 향상시킬 수 있는 운동이다.

19 근골격계·신경계 질환 운동프로그램 답 ①, ②, ③, ④

〈보기〉에서 ㄱ~ㄹ 모두 치매 노인에게 적합한 운동 형태이다.

20 노인운동 시 위험관리 답 ②

【오답해설】
ㄴ. 자동 심장충격기는 정상적인 호흡과 반응이 없는 심정지 환자에게만 사용한다.
ㄹ. 청각적 문제가 있는 노인이라면 상대적으로 잘 들리는 귀 쪽으로 큰 소리로 이야기하며 지도한다.

2023 기출문제 정답 및 해설

스포츠사회학

01	02	03	04	05	06	07	08	09	10
①	②	①	②,③,④	③	①	④	②	②	③
11	12	13	14	15	16	17	18	19	20
②	①	②	③	①	④	④	③	④	①,②,③,④

01 스포츠의 교육적 기능 답 ①

스포츠의 교육적 순기능으로는 학교와 지역 사회의 통합, 평생체육의 연계, 학업활동의 격려, 정서 순환 등이 있다. 스포츠의 상업화, 참여기회 제한, 승리지상주의는 스포츠의 교육적 역기능에 해당한다.

Tip

스포츠의 기능

순기능	• 사회성 함양 기능 • 사회화(사회 통합) 기능 • 사회 정서(정서적 동화) 기능
역기능	• 대중 통제 기능 • 스포츠 소외 • 상업주의 • 국수주의와 국군주의의 팽창

02 상업주의와 스포츠 답 ②

㉠ 스포츠 조직의 변화 : 경제적 가치 극대화를 위해 스포츠 외적인 요소를 강조한다. 치어리더, 연예인 시구, 초대가수 등이 이에 해당한다.
㉢ 스포츠 목적의 변화 : 무리한 리그 운영과 승리지상주의로 인해 아마추어리즘보다 흥행에 입각한 프로페셔널리즘을 추구한다.

【오답해설】
㉡ 스포츠 구조의 변화 : 규칙이나 프로그램의 구성의 변화를 말하며 샐러리캡 제도, 농구의 쿼터제 등이 이에 해당한다.
㉣ 스포츠 내용의 변화 : 관중이 스포츠의 심미적 가치보다 영웅적 가치를 중시하게 되며, 스포츠의 비본질적 요소를 중시하여 경기 외적인 득점과 승리를 추구한다.

03 스포츠 세계화 답 ①

스포츠의 세계화를 주도한 동인은 크게 제국주의, 민족주의, 종교, 기술의 진보의 네 가지로 구분할 수 있다. 제시된 〈보기〉는 제국주의 시대 서구열강의 스포츠가 피식민지 국민에게 전파된 사례이다.

Tip

스포츠 세계화의 원인
• 제국주의 : 구열강에 의해 스포츠가 전파
• 민족주의 : 스포츠로 민족의 정체성을 확인하고 국가 간 경쟁을 촉진시켜 스포츠 세계화 현상을 가속화
• 종교 : 종교에 대한 거부감 해소, 선교 등을 위해 스포츠를 적극적으로 활용
• 과학기술 : 교통, 통신, 미디어 등을 통해 스포츠를 세계화

04 스포츠로의 사회화와 스포츠를 통한 사회화 답 ②,③,④

② 행동적 참가 : 스포츠에 실질적으로 참가하는 형태로, 1차적 참가와 2차적 참가로 구분된다.
  • 1차적 참가 : 스포츠에 참가하는 경기자
  • 2차적 참가 : 선수 이외의 스포츠 생산자로서 스포츠 참가
③ 정의적 참가 : 실제 스포츠에 참가하지는 않지만 특정 선수 또는 스포츠 팀을 열성적으로 응원하거나 관련된 물품을 수집하는 등의 감정적 태도·성향을 표출하는 간접적 참가를 일컫는다.
④ 인지적 참가 : 스포츠에 관한 정보를 수용함으로써 이루어지는 참가이다.

【오답해설】
① 일탈적 참가 : 일차적 일탈과 이차적 일탈로 구분된다. 일차적 일탈은 자신의 직업을 포기하며 스포츠 활동에 모든 시간을 할애하는 것을 의미하며, 이차적 일탈은 스포츠를 관람하는 차원을 넘어 경기 결과에 내기를 걸고 도박을 할 정도로 스포츠 관람을 탐닉하는 상태를 말한다.

05 스포츠사회학의 의미 답 ③

㉠ 관료화 : 스포츠 규칙이 관료에 의해 제정되고 경기가 조직적으로 운영되는 것
㉡ 전문화 : 포지션의 분화와 리그의 세분화 등 경기장 안팎으로 다양한 종류의 전문화된 역할이 존재하는 것

> **Tip**
>
> **거트만(A. Guttmann)의 근대스포츠의 특성**
>
> | | |
> |---|---|
> | 세속화 | 스포츠가 종교 및 종교적 믿음으로부터 분리되어 즐거움, 건강, 물질적 보상 등의 세속적 가치에 목적을 두는 것 |
> | 평등화 | 스포츠 참여의 기회가 평등하게 주어지는 것 |
> | 전문화 | 포지션의 분화와 리그의 세분화 등 경기장 안팎으로 다양한 종류의 전문화된 역할이 존재하는 것 |
> | 합리화 | 경기의 규칙이 목적의 달성에 유리한 방향으로 조작되고 변경되는 것 |
> | 관료화 | 관료에 의해 스포츠의 규칙이 제정되고 경기가 조직적으로 운영되는 것 |
> | 계량화 | 스포츠의 요소들을 정확히 측정하고 수치로 표현하는 것 |
> | 기록 추구 | 이미 존재하는 기록을 뛰어넘기 위해 노력하는 것 |

06 스포츠로의 사회화와 스포츠를 통한 사회화   답 ①

스나이더가 제시한 스포츠 사회화의 전이 조건은 참가의 정도, 참가의 자발성 여부, 참가자의 개인적·사회적 특성, 사회화 주관자의 위신 및 위력, 사회화 관계의 본질성이다. '참가의 가치'는 이에 해당하지 않는다.

【오답해설】
② 참가의 정도 : 빈도와 강도, 지속성 등이 높을수록 전이가 잘 발생함
③ 참가의 자발성 여부 : 자발적 선택은 보다 긍정적인 결과를 초래함
④ 사회화 주관자의 위신과 위력 : 주관자의 사회적 위신 및 위력이 클수록 큰 영향을 미침

07 스포츠와 미디어의 이해   답 ④

버렐과 로이는 욕구를 네 범주(인지적, 정의적, 통합적, 도피적)로 구분하고, 이러한 욕구가 미디어를 통해 해결될 수 있다고 주장하였다.
㉠ 인지적 욕구 : 스포츠에 대한 규칙, 지식, 경기 결과 및 통계적 지식 제공
㉡ 정의적 욕구 : 스포츠에 대한 즐거움, 흥미, 관심 제공
㉢ 통합적 욕구 : 스포츠에 대한 사회 구성원의 관심을 하나로 묶어 사회를 통합하는 역할 제공

> **Tip**
>
> **미디어를 통해 해결 가능한 욕구**
>
> | | |
> |---|---|
> | 인지적 욕구 | 게임의 과정 및 결과에 대한 지식, 선수 및 팀에 관한 통계적 지식 등을 제공 |
> | 정의적 욕구 | 흥미, 흥분 등의 제공 |
> | 도피적 욕구 | 불안, 초조, 욕구불만, 좌절 등의 감정을 정화함 |
> | 통합적 욕구 | 다른 사회집단과의 친화를 가능케 하고 타인과 사회적 경험을 공유하게 하여 공동체 의식을 갖도록 함 |

08 스포츠와 미디어의 이해   답 ②

㉠ 보편적 접근권 : 스포츠 중계 방송을 '공공재'로 간주하여 국민적 관심이 높은 스포츠 경기나 이벤트 등은 누구나 볼 수 있어야 한다는 권리를 말한다.
㉡ 옐로 저널리즘 : 특정 선수 혹은 감독의 사생활을 의도적으로 파헤치거나, 선정적이고 비도덕적인 기사를 과도하게 취재·보도하는 경향을 말한다.

【오답해설】
• 독점 중계권 : 개인이나 하나의 단체가 중계 방송을 지배하여 이익을 독차지하는 것
• 뉴 저널리즘 : 기존 저널리즘이 취해 왔던 속보성, 객관성의 관념을 거부하고 소설 작가의 기법을 적용하여 사건과 상황에 대한 표현을 독자에게 실감나게 전달하는 보도

09 상업주의와 스포츠   답 ②

'웨이버 조항(waiver rule)'이란 구단이 참가활동 기간 중 소속 선수와의 선수 계약을 해지하거나 포기하는 것이다. 이는 프로스포츠에서 시행되는 제도 중 하나로써, 소속 선수를 일방적으로 방출함에 따라 다른 팀에 해당 선수를 데려갈 의향이 있는지를 묻는 것을 의미한다.

【오답해설】
① 보류 조항 : 일정 기간 선수들의 자유로운 계약과 이적을 막음으로써 과도한 연봉 상승을 방지하고 구단을 안정적으로 운영하기 위해 도입된 제도
③ 선수대리인 : 에이전트(agent)라고도 불리며, 선수를 대신해서 구단과의 교섭, 출연 등 대외 활동, 이적 구단 물색 등 개인 업무를 처리해주고 일정한 리베이트를 챙기는 사람
④ 자유계약 : 선수가 일정 기간 자신이 속한 팀에서 활동한 뒤 다른 팀과 자유롭게 계약을 맺어 이적할 수 있도록 함

10 스포츠 일탈의 이해   답 ③

스포츠 일탈이란 경기 규칙을 위반하거나 스포츠의 보편적 가치에 위배되는 행동 등을 하는 것을 의미한다. 스포츠 현장에서 스포츠 선수가 약물을 복용하여 경기의 공정성을 훼손하였다면 이는 스포츠 체계의 질서에 부정적인 영향을 미친 것이므로 스포츠 일탈의 역기능에 해당한다.

> **Tip**
>
> **스포츠 일탈의 순기능과 역기능**
>
> | 순기능 | 역기능 |
> |---|---|
> | • 규범의 존재 재확인을 통해 규범에 대한 동조 강화
• 사회의 안전판 역할
• 사회 개혁과 창의성 부여 | • 긴장과 불안 조성
• 스포츠 사회화에 부정적 영향
• 제도화를 통한 부정적 행동 습득 |

11 스포츠와 국제정치　　　답 ②

㉠ 국위 선양 : 스포츠를 통해 지역 혹은 국가의 이미지 개선 효과가 발생한다.
㉡ 외교적 항의 : 국제적 갈등 상황에서 스포츠 경기를 통해 항의 의사를 전달하는 것이다.
㉢ 정치이념 선전 : 스포츠를 해당 국가의 체제적 우월성을 드러내는 체제 선전의 수단으로 활용하는 것이다.

【오답해설】
- 외교적 도구 : 스포츠 팀 간의 친선경기 등을 통해 적대국과의 외교적 관계를 개선하는 것으로, 미국과 중국의 핑퐁외교(1971)가 그 예이다.

12 사회계층의 이해　　　답 ①

부르디외의 계급론은 인간이 특정한 사회적 환경에 의해 획득한 성향, 사고 등을 바탕으로 행동하며, 이러한 사회문화적 요소로 인해 계급이 결정된다고 본다. 부르디외는 개인에게 보다 높은 사회적 지위를 가져다주는 것을 문화자본이라 정의하였으며, 이러한 문화자본을 3가지 유형으로 구분하였다. 이 중 체화된 문화자본이란 소유자와 물리적으로 분리할 수 없는 신체적 성향으로 개인의 문화적 소양, 품위, 세련됨, 교양 등을 일컫는다.

Tip
부르디외의 문화자본
- 체화된 상태의 문화자본 : 소유자와 물리적으로 분리할 수 없는 신체적 성향(예 품위, 교양)
- 객관적 상태의 문화자본 : 문화적 재화 형태의 자본(예 그림, 책, 사전)
- 제도화된 상태의 문화자본 : 상징적인 능력의 지표로서 사회적 지위를 보장하는 문화자본(예 학위, 자격증)

13 사회계층의 이해　　　답 ②

투민은 스포츠계층을 사회성, 다양성, 보편성, 역사성, 영향성의 5가지로 구분하였다. 이 중 보편성(편재성)은 스포츠 계층이 어느 곳에나 존재하고, 어디에서든 발견 가능한 보편적 사회문화 현상이라는 점을 내포한다.
㉠ 스포츠 종목 간 인기 스포츠와 비인기 스포츠로 구분되는 것으로 '종목 간 편재성'을 의미한다.
㉢ 경쟁의 공정성을 위해 체급·능력별로 급수를 구분하는 것으로 '종목 내 편재성'을 의미한다.

【오답해설】
㉣ 스포츠의 영향성에 해당한다.

Tip
스포츠 계층의 특성
- 사회성 : 스포츠 계층은 일반 사회의 계층을 반영함
- 고래성(역사성) : 일반 사회의 역사와 맥을 같이함
- 보편성 : 어디에나 존재하는 보편적 현상
- 다양성 : 완전 평등과 완전 불평등 사이의 다양한 형태로 나타남
- 영향성 : 스포츠 계층은 일반 사회계층에 영향을 받음

14 스포츠 일탈의 유형　　　답 ③

㉠ 전염이론 : 혼자 있을 때는 이성적인 사고를 할 수 있는 합리적인 존재이지만 집단에서는 타인으로부터 영향을 받아 비이성적으로 변한다는 이론이다.
㉡ 부가가치이론 : 어떤 종류의 집합행동이 일어나려면 다양한 결정요인 또는 필요조건이 사전에 존재하게 되는데, 이러한 여러 요인이 일정한 형태나 계기의 순서에 따라 순차적으로 조합을 이루어 비로소 집합행동이 발생하는 결과를 가져온다는 이론이다.

【오답해설】
- 수렴이론 : 일상생활에서 숨겨져 왔던 본연의 실제 자아가 사회적 익명성과 몰개성 상황에서 감정적 행동으로 표출된다는 이론
- 규범생성이론 : 개인의 특수성과 장소 고유의 규범이 생성됨에 따라 동조압력에 의한 집합행동이 발생되는 것을 강조

15 스포츠와 계층이동　　　답 ①

개척자형은 새로운 종목을 처음으로 시도해보며 이를 즐기는 유형이다.

【오답해설】
② 정착민형 : 더 이상 떠돌아다니지 않고 일정한 곳에 스포츠를 즐기는 유형
③ 귀향민형 : 다시 기존에 즐기던 스포츠로 돌아오는 유형
④ 유목민형 : 종목의 특성으로 인해 국가 간 이동이 발생하고, 개인의 취향에 따라 흥미로운 장소를 돌면서 스포츠를 즐기는 유형

16 스포츠 일탈의 이해　　　답 ④

㉠ 상대론적 접근에서는 일탈을 사회 구조적인 문제로 규정하며, 사회적 타협에 따라 그 경계가 변화한다고 주장한다.
㉡ 과잉동조란 집단의 규범을 지나치게 경직적으로 과도하게 받아들이는 것을 의미한다.

【오답해설】
- 절대론적 접근 : 절대적이고 불변하는 규칙과 이상이 존재한다는 믿음에 근거하여, 일탈을 규정된 행동에서 벗어난 것으로 정의한다.
- 과소동조 : 집단의 규범을 무시하는 것으로, 스포츠에서는 경기 중 음주, 금지약물 복용, 성적 학대 등을 일삼는 등의 형태로 규정한다.

17 스포츠사회화의 의미와 과정　　　답 ④

사회학습이론이란 개인이 어떻게 사회적 행동을 습득하고 수행하는지에 대해 밝히고자 하는 이론으로 주로 상과 벌을 통하거나, 사회화 주관자의 가르침을 통해 행동의 변화가 일어난다고 본다. 사회학습이론은 크게 강화, 코칭, 관찰학습의 3가지 방법으로 구분된다.

Tip
사회학습이론의 학습방법

강화	강화와 처벌을 통해 사회적 역할을 습득·수행
코칭	사회화의 대상이 사회화의 주관자를 통해 가르침을 받음
관찰학습	사회화의 대상이 다른 사람의 행동을 관찰하여 유사하게 행동함으로써 과제를 학습하고 수행

18 스포츠 정치의 결합 답 ③

에티즌(D. Eitzen)과 세이지(G. Sage)는 스포츠 조직에는 불평등하게 배분되는 권력으로 인한 권력투쟁이 존재함을 주장하며, 이러한 스포츠의 정치적 속성을 보수성, 대표성, 권력투쟁, 상호의존성, 긴장관계로 제시하였다.

Tip

에티즌과 세이지가 제시한 스포츠의 정치적 속성 예시

속성	예시
대표성	소속 조직 대표, 상징, 충성심, 슬로건, 응원가
권력투쟁	선수와 구단주 간, 리그 간, 조직 간, 성차별
상호의존성	국가 홍보와 혜택, 군복무 면제, 연금, 조세 감면, 정경유착
긴장관계	외교적 관계, 외교적 항의, 외교적 승인
보수성	현존 질서 유지, 애국의식 향상, 정치체계 강화

19 스포츠와 미디어의 이해 답 ④

사회관계 이론은 비공식적 사회관계가 개인이 미디어의 메시지에 반응하는 태도를 수정하도록 하는 중요한 역할을 담당한다고 보는 이론이다. 미디어의 해석 및 선택 성향에 준거집단이 큰 영향을 미친다고 주장한다.

【오답해설】
① 개인차 이론 : 수용자가 개인의 독특한 심리적 욕구(인지적, 정의적, 도피적, 통합적 욕구)의 만족을 위해 매스미디어를 활용하는 것을 가정하여 연구된 이론이다.
② 사회범주 이론 : 미디어에 대하여 상이하게 반응하는 하위 집단이 존재한다고 가정하여 연구된 이론이다.
③ 문화규범 이론 : 개인의 스포츠 소비 유형이 대중매체의 스포츠 취급 방식에 따라 다양하게 영향을 받는다는 이론이다.

20 스포츠의 사회적 기능과 사회이론 답 ①, ②, ③, ④

① 갈등이론 : 사회의 본질을 경쟁과 갈등의 관계로 보며 스포츠를 지배계급의 이익 증대나 기득권 유지를 위한 수단으로 본다.
② 구조기능이론 : 사회가 본질적으로 관련 있고 상호 의존적인 제도로 구성되어 있다.
③ 비판이론 : 사회를 개인 이익을 위해 타인과 끊임없이 경쟁하는 장으로 본다.
④ 상징적 상호작용론 : 사회를 개개인의 상호 작용 속에서 이루어진 해석으로 구성된 유동적인 과정이라고 보는 이론이다. 상황에 대한 해석은 개인마다 다르며 그로 인해 사회가 유지·발전해 나간다고 주장한다.

스포츠교육학

01	02	03	04	05	06	07	08	09	10
①	③	①	④	④	②	③	②	①	②
11	12	13	14	15	16	17	18	19	20
③	①	④	④	①	②	③	②	④	③

01 평가의 이론적 측면 답 ①

검사-재검사란 시간차를 두고 변인 측정을 두 번 실시하여 두 관찰 값의 차이로 신뢰도를 측정하는 방법이다.

【오답해설】
② 동형 검사 : 동일한 구인을 측정하는 두 개의 검사지를 개발하여 나온 점수들 간의 상관관계를 구하여 신뢰도를 추정하는 방법
③ 반분 신뢰도 검사 : 한 개의 평가도구로 한 집단에게 검사를 실시하고, 검사 결과를 두 부분으로 분할한 뒤, 분할한 두 부분을 독립된 검사로 생각해서 그 사이의 상관관계를 계산하는 방법
④ 내적 일관성 검사 : 하나의 측정도구 내 문항들 간의 연관성 유·무를 통해 내적으로 일관성을 파악함으로써 측정문항의 신뢰도를 추정하는 방법

02 교수 스타일의 특성 답 ③

모스턴의 교수 스타일 중 유도발견형 스타일에 관한 설명으로, 이때 지도자는 미리 정해진 답을 학습자가 발견하도록 이끄는 계열적·논리적 질문을 설계해야 한다. 단, 지도자는 해답을 먼저 말해서는 안 되며 질문에 대한 학습자의 해답을 검토하고 확인하는 과정을 거쳐야 한다.

Tip

유도발견형 스타일
- 지도자는 미리 예정되어 있는 해답을 학생에게 직접적으로 전달해서는 안 됨
- 지도자는 논리적이며 계열적인 질문을 설계해야 함
- 지도자는 질문(단서)에 대한 학습자의 해답(반응)을 검토하고 확인
- 지도자와 학습자가 지속적으로 상호작용하며 의사결정을 내림

03 스포츠지도를 위한 교육기법 답 ①

로젠샤인과 퍼스트가 제시한 효율적 교수전략(학업성취도와 관련된 5가지 변인)에는 명확한 과제 제시, 지도자의 열의, 수업활동의 다양화, 과제 지향적이고 능률적인 교수행동, 수업 변인이 포함된다. 이때 지도자의 경력은 관련이 없다.

> **Tip**
> 로젠샤인(B. Rosenshine)과 퍼스트(N. Furst)의 효율적 교수전략
> 학업성취도와 관련한 5가지 변인은 다음과 같다.
> - 명확한 과제 제시
> - 교사의 열의
> - 수업활동의 다양화
> - 과제 지향적이고 능률적인 교수행동
> - 수업내용

04 지도 내용의 연습 및 교정   답 ④

스테이션 교수 유형은 수업을 여러 스테이션으로 나누어 개별 소집단이 각각의 스테이션에서 서로 돌아가며 다른 활동을 진행하는 방법이다. 이를 통해 학생 스스로 개별 스테이션에 직접 이동하며 능동적인 수업 참여를 유도할 수 있다.

【오답해설】
① 자기 교수 : 개인이 자신의 사고과정 등을 언어를 통해 말하며 학습자 스스로 문제를 해결하도록 하는 교수 방법
② 팀 티칭 : 여러 명의 교사가 팀을 이루어 학생의 학습지도를 담당하는 교수 방법
③ 상호 교수 : 우수한 학생을 뽑아 다른 학생을 가르치게 하는 교수 방법

05 전문체육   답 ④

국민체육진흥법 제18조의3 제1항에서는 체육의 '공정성' 확보와 체육인의 '인권보호'를 위해 스포츠윤리센터를 설립함을 명시하고 있다.

> **Tip**
> 국민체육진흥법 제18조의3(스포츠윤리센터의 설립)
> ① 체육의 공정성 확보와 체육인의 인권보호를 위하여 스포츠윤리센터를 설립한다.

06 스포츠지도를 위한 교수기법   답 ②

학습자 스스로 내용을 파악하고 문제를 해결하는 것은 자율성과 관련한 설명이다. 효율성의 원리는 학습자의 수준에 적절한 교수 학습 환경을 구성하여 학습 목표를 효율적으로 성취하는 것이다.

> **Tip**
> 체육수업 지도원리
>
> | | |
> |---|---|
> | 개별성의 원리 | 개인차를 고려한 다양한 수준별 지도 |
> | 효율성의 원리 | 적절한 교수 학습 환경을 구성하여 효율적인 학습 목표 성취 |
> | 적합성의 원리 | 지도자의 창의적인 지도활동의 선정과 활용 |
> | 통합성의 원리 | 교수·학습 내용의 다양화와 신체활동의 총체적 체험 |

07 스포츠지도를 위한 교육모형   답 ③

직접교수모형은 교사가 수업의 리더 역할을 수행하며 지도자 중심으로 의사결정이 이루어지는 학습 방법을 일컫는다. 이는 학습자가 연습 과제에 높은 비율로 참여하여 수업과 자원이 효율적으로 이용되기 위함을 목적으로 한다. 따라서 직접교수모형에서는 지도자의 관리하에 학습자의 과제 참여 비율이 증가하게 된다.

【오답해설】
① 직접교수모형에서 학습영역의 우선순위는 심동적>인지적>정의적 영역 순이다.
② 직접교수모형은 스키너의 조작적 조건화 이론에 바탕을 둔다.
④ 직접교수모형의 수업은 총 6단계로 구성되며 전시과제 복습, 새로운 과제 제시, 초기과제 연습, 피드백과 교정, 독자적인 연습, 본시 복습 순으로 이루어진다.

08 생활체육   답 ②

스포츠기본법 제7조에서는 스포츠 정책 수립과 시행의 기본원칙에 대한 사항을 명시하고 있다. 이때, 스포츠 대회 참가 목적을 국위선양에 둔다는 내용은 포함되지 않는다.

> **Tip**
> 스포츠기본법 제7조(스포츠 정책 수립·시행의 기본원칙)
> 국가와 지방자치단체는 스포츠에 관한 정책을 수립하고 시행할 때에는 다음 각 호의 사항을 충분히 고려하여야 한다.
> 1. 스포츠권을 보장할 것
> 2. 스포츠 활동을 존중하고 사회전반에 확산되도록 할 것
> 3. 국민과 국가의 스포츠 역량을 높이기 위한 여건을 조성하고 지원할 것
> 4. 스포츠 활동 참여와 스포츠 교육의 기회가 확대되도록 할 것
> 5. 스포츠의 가치를 존중하고 스포츠의 역동성을 높일 수 있을 것
> 6. 스포츠 활동과 관련한 안전사고를 방지할 것
> 7. 스포츠의 국제 교류·협력을 증진할 것

09 교수 스타일의 특성   답 ①

①은 모스턴의 수업 스타일 중 확산발견형에 대한 설명으로 구체적 인지 작용을 통해 특정 상황에 대한 확산적인 반응을 발견하는 스타일이다. 지도자는 지도 교과와 관련된 주제를 결정하고, 학습자는 그 특정 주제에 대한 다양한 반응과 해답을 발견한다.

> **Tip**
> 포괄형 스타일
> - 다양한 기술 수준에 있는 학습자가 자신들이 수행 가능한 난이도를 선택, 동일한 과제에 참가
> - 지도자는 과제의 난이도 선정, 교과내용과 수업 운영 절차에 대한 의사결정을 수행
> - 학습자는 자신이 성취할 수 있는 수준을 조사하고 출발점을 선택하여 과제를 연습
> - 학습자는 필요에 따라 과제 수준을 수정하고 평가 기준에 맞추어 자신의 수행을 점검

10 스포츠지도를 위한 교수기법   답 ②

역순 (행동) 연쇄법은 연쇄된 행동의 여러 동작을 뒤에서부터 거꾸로 하나씩 배워 연결해 가는 방법이다. 일련의 행동을 마지막 단위 행동부터 학습시킨 후, 그 행동을 단서로 점차 전 단계와 연결시킨다.

11 스포츠지도를 위한 교수기법   답 ③

쿠닌은 훌륭한 지도자에게 필요한 특징으로 상황이해, 동시적 처리, 제지의 명료성의 3가지를 강조하였다. 이 중 상황이해란 지도자가 어떤 상황이 발생하고 있는지를 파악하고 적절한 시기에 표적행동을 발견할 수 있는 능력을 의미한다.

【오답해설】
① 접근통제 : 교사가 직접 순회하면서 학습자의 부적절한 행동을 예방하거나 직접 제지하는 것
② 긴장 완화 : 신체적·정신적으로 지나치게 긴장되어 있는 부분을 완화하여 안정시키는 것
④ 타임아웃 : 위반행동에 대한 벌로서 일정 시간 동안 체육활동에 참여할 수 없도록 하는 것

Tip
훌륭한 지도자에게 필요한 3가지 특징
- 상황이해 : 무슨 일이 발생하고 있는지 파악하고 적절한 시기에 표적행동을 발견할 수 있는 능력
- 동시적 처리 : 수업 활동을 방해하지 않고 동시에 여러 가지 일을 부드럽게 처리할 수 있는 능력
- 제지의 명료성 : 행동에 대해서 구체적인 피드백을 제공할 수 있는 능력

12 평가의 실천적 측면   답 ①

사건 기록법은 행동의 발생 횟수를 직접적이고 정확하게 기록하는 방법이다.

【오답해설】
② 평정 척도법 : 피험자를 직접 인터뷰하거나 미리 준비해 둔 질문을 한 후 그 결과를 수량화하고 평가하는 방법
③ 일화 기록법 : 대상자의 행동을 직접 관찰하여 객관적으로 기록하되, 중요한 사건이나 핵심이 되는 행동을 중심으로 짧은 서술로 기록하는 방법
④ 지속시간 기록법 : 행동이 지속된 시간을 기록하는 방법으로, 표적행동이 시작한 시간과 끝난 시작을 기록함

13 스포츠교육 학습자   답 ④

스포츠 활동에 적극적이고 활발하게 참여할 수 있도록 학습자의 기능 수준을 고려한 스포츠 지도가 필요하다. 운동기능이 낮은 학습자에게는 정식 게임에 앞서 현실적이고 실현 가능한 목표를 설정하여, 단계적으로 운동 기능을 수행할 수 있도록 지도하는 것이 적절하다.

14 스포츠지도를 위한 교수기법   답 ④

메이거는 수업 목표 도달 여부를 구체적으로 확인할 수 있도록 구체적이고 관찰 가능한 행동 목표를 진술해야 할 것을 주장하였다. 이를 위한 3가지 조건으로 조건·상황, 수락 준거(기준), 도착점 행위가 제시된다.

Tip
메이거의 학습 목표 설정
- 조건·상황 : 목표 도달에 필요한 자원, 시간, 제약 등
- 수락 기준 : 목표 달성 여부를 판단하는 성취 기준
- 도착점 행위 : 학습의 결과로서 나타나는 행동

15 스포츠지도를 위한 교육모형   답 ①

탐구수업모형은 문제해결자로서의 학습자를 모형의 주제로 삼아 지도자가 학습자에게 다양한 질문을 함으로써 학습자가 스스로 답을 찾도록 유도하는 교육 모형이다.

【오답해설】
ⓒ 탐구수업모형에서 학습 영역의 우선순위는 인지적＞심동적＞정의적 순이다.
ⓔ 탐구수업모형에서는 지도자가 학습자에게 답을 제공하지 않고 학습자가 스스로 답을 찾도록 유도한다.

16 스포츠지도를 위한 교육모형   답 ②

심동적 영역은 신체 기능, 움직임의 발달 등의 신체 능력을 의미한다.

【오답해설】
①, ③ 정의적 영역
④ 인지적 영역

Tip
스포츠교육의 학습영역
- 심동적 영역 : 신체기능, 움직임의 발달 등
- 정의적 영역 : 감정이나 가치, 태도, 인성, 스포츠맨십, 페어플레이 정신 등
- 인지적 영역 : 논리, 지식, 개념, 이론적 원리 등

17 스포츠교육 학습자   답 ③

과제 간 전이는 이전에 배운 기술의 경험이 새로운 기술의 수행에 미치는 영향을 규명하기 위해 사용된다. 반면 과제 내 전이는 서로 다른 연습 조건에서 운동을 수행한 후 같은 과제에 대한 수행치를 비교하는 것이다.

Tip

전이	
과제 내 전이	학습 당시의 환경과 다른 환경에서 동일한 기술을 구사하는 것 예) 수영장에서 연습한 수영기술을 바다에서도 잘 발휘할 수 있는가?
과제 간 전이	학습한 기술과 전혀 다른 움직임을 수행하도록 함으로써 학습한 기술을 새로운 동작에 얼마나 적절히 활용하는지를 확인하는 것 예) 자유형에서 배운 발차기의 기본 움직임이 배영의 발차기에서 어떻게 활용되는가?

18 스포츠지도를 위한 교수기법   답 ②

스포츠 지도의 철학, 이념, 비전 등은 스포츠 교육 프로그램의 구성 중 '성격'과 관련이 있다.

19 스포츠지도를 위한 교육모형   답 ④

개별화지도모형의 주제는 '수업 진도는 학습자가 가능한 한 빨리, 혹은 필요한 만큼 천천히 결정하는 것'이다. 개별화지도모형에서는 학습자들이 미리 계획된 과제의 계열성에 따라 자신에게 맞는 속도로 학습하고, 정해진 수행 기준에 따라 과제를 완수하는 것을 목표로 한다.

【오답해설】
① 직접교수모형의 주제로, 지도자 중심의 의사결정이 이루어지는 유형이다.
② 동료교수모형의 주제로, 학습자가 서로 도와 가며 배우는 상호작용적 학습이다.
③ 스포츠교육모형의 주제로, 학습자에게 실제적이고 교육적으로 풍부한 스포츠 경험을 제공한다.

20 학교체육   답 ③

학교체육진흥법 시행령 제3조 제4항에 따르면 학교운동부지도자 재임용 시에는 복무 태도, 학교운동부 운영 성과, 학생선수의 학습권 및 인권 침해 여부를 평가한 후 그 결과에 따라 재임용 여부를 결정해야 한다.

Tip

학교운동부지도자의 자격기준 등(학교체육진흥법 시행령 제3조)
③ 학교운동부지도자는 다음 각 호의 직무를 수행한다.
  1. 학생선수에 대한 훈련계획 작성, 지도 및 관리
  2. 학생선수의 각종 대회 출전 지원 및 인솔
  2의2. 훈련 및 각종 대회 출전 시 학생선수의 안전관리
  3. 경기력 분석 및 훈련일지 작성
  4. 훈련장의 안전관리
④ 학교의 장은 학교운동부지도자를 재임용할 때에는 다음 각 호의 사항을 평가한 후 그 결과에 따라 재임용 여부를 결정해야 한다.
  1. 제3항 각 호의 직무수행 실적
  2. 복무 태도
  3. 학교운동부 운영 성과
  4. 학생선수의 학습권 및 인권 침해 여부

스포츠심리학

01	02	03	04	05	06	07	08	09	10
③	①	④	④	④	③	④	②	②	①
11	12	13	14	15	16	17	18	19	20
②	③	②	①	③	①	②	③	①	④

01 스포츠심리학의 영역과 역할   답 ③

생리학적 항상성에 관한 연구는 인체 운동 수행 시 나타나는 생리적 변화를 분석하는 운동생리학의 연구 영역과 관련이 있다.

02 동기   답 ①

자기결정성이론은 사람들은 타고난 성장 경향과 심리적 욕구에 대한 사람들의 동기부여와 성격에 대해 설명하는 이론으로 개인의 행동이 스스로 동기부여되고 결정된다고 주장한다. 이때 동기는 내적 동기, 외적 동기, 무동기로 구분될 수 있는데 외적 동기에는 외적 규제, 의무감 규제, 확인 규제, 통합 규제가 포함된다.

Tip

동기의 유형	
내적 동기	• 지식 습득 • 과제 성취 • 자극 체험
외적 동기	• 외적 규제 • 의무감(내적) 규제 • 확인 규제 • 통합 규제
무동기	• 능력 부족 • 전략 미흡 • 노력 회피 • 무기력 신념

03 주의집중   답 ④

칵테일파티 효과란 칵테일 파티에서처럼 여러 사람의 목소리와 잡음이 많은 상황에서도 본인이 흥미를 갖는 이야기는 선택적으로 들을 수 있는 현상을 말한다.

【오답해설】
① 스트롭 효과 : 그 단어의 의미와 색상이 일치하지 않은 조건에서 색상을 명명하는 반응속도가 늦어지는 현상
② 지각협소화 : 각성 수준이 높아지면서 주위를 기울일 수 있는 폭이 점차 좁아지는 현상
③ 무주의 맹시 : 눈이 특정 위치를 향하고 있지만 주의가 다른 곳에 있어서 눈이 향하는 위치의 대상이 지각되지 못하는 현상

04 운동학습　답 ④

젠타일의 2차적 운동기술분류는 움직임의 환경적 맥락과 동작 간의 변화를 한 축으로 하고, 몸의 이동과 물체 조작 유무를 결합한 분류법이다. 야구에서 유격수가 타구된 공을 1루로 송구하거나, 농구에서 수비자를 따돌려 드리블하며 골대로 나가는 행위 등은 환경 변화가 있는 비안정적 조절 조건에서 물체를 조작하며 신체 이동을 하는 ④의 영역에 해당하는 움직임이다.

> **Tip**
> **젠타일(A. Gentile)의 운동기술분류**
>
> | 환경적 맥락 | | 동작의 기능 | | | |
> |---|---|---|---|---|---|
> | | | 물체 조작 없음 | 물체 조작 | 물체 조작 없음 | 물체 조작 |
> | 환경적 고정 | 동작 간 변화 없음 | 제자리에서 균형 잡기 | 농구 자유투하기 | 계단 오르기 | 책 들고 계단 오르기 |
> | | 동작 간 변화 | 수화로 대화 | 타이핑 | 평균대 위에서 체조기술 연습 | 리듬체조에서 곤봉 연기 |
> | 환경 변화 | 동작 간 변화 없음 | 움직이는 버스 안에서 균형잡기 | 같은 속도로 던져지는 야구공 받기 | 움직이는 버스 안에서 걸어가기 | 물이 든 컵을 들고 일정한 속도로 걷기 |
> | | 동작 간 변화 | 트레드밀 위에서 장애물 피하기 | 자동차 운전하기 | 축구경기에서 드리블하는 선수 수비하기 | 수비자를 따돌리며 드리블해 나가기 |

05 운동학습　답 ④

뉴웰은 환경, 유기체, 과제를 인간 운동의 제한 요소로 간주하였으며 이러한 제한 요소 간의 상호작용을 통해 인간이 적절한 운동을 생성할 수 있다고 가정하였다.
- 환경 제한 요소 : 물리환경적(온도, 습도) 요소, 사회문화적(성별, 인종) 요소
- 유기체 제한 요소 : 학습자 개개인의 특성(체격, 체력, 형태), 심리적 요인 등
- 과제 제한 요소 : 운동과제(과제의 구조와 유형, 목표, 규칙, 장비) 자체 특성에 의해서 발생하는 제한 요소

따라서 ④는 과제 제한 요소, ①~③은 유기체 제한 요소에 해당한다.

06 운동발달　답 ③

개체발생적 운동행동은 환경적 요인에 영향을 받아 학습 과정을 통하여 획득되는 운동행동을 말한다. 이는 성숙에 의해 자동화되는 것이 아니라 일정 시기 동안의 꾸준한 연습과 경험을 통해 형성되므로 운동발달 상황에서 나타나는 행동이라고 보기는 어렵다.

【오답해설】
① 머리-꼬리 원리 : 머리에서 발 방향으로 발달(머리 → 몸통과 어깨 → 팔과 다리 → 손·발가락)
② 중앙-말초 원리 : 신체 중심에서 말초 부위로 발달(몸통과 어깨 근육 조절 능력 → 손가락 근육 조절 능력)
④ 양측-동측-교차 운동협응의 원리 : 운동발달은 신체 양측과 동측의 움직임이 서로 교차하며 분화와 통합의 과정에 의해 이루어짐

> **Tip**
> **운동발달의 원리**
> - 운동발달은 인체의 성숙에 따라 일정 단계별로 이루어짐
> - 신체는 머리에서 발끝으로, 몸통에서 말초 부분으로 발달이 이루어짐
> - 운동발달은 분화와 통합의 과정에 의해 이루어짐
> - 대근육 운동에서 소근육 운동의 순으로 발달이 이루어짐

07 사회적 발달　답 ④

스포츠 활동에서는 바람직한 행동을 통한 인성 발달을 위해 인내력과 사회성을 발달시킬 수 있도록 지도하여야 한다. 격한 상황에서는 공격적으로 표출하는 대신, 이성적 언어로 대화할 수 있도록 지도하는 전략이 필요하다.

08 목표설정　답 ②

목표 유형 중 수행목표와 과정목표는 운동 수행의 성취에 기반을 두어 선수 자신의 과거 기술 수준을 기준으로 하는 목표이다.

> **Tip**
> **목표의 유형**
>
> | | |
> |---|---|
> | 주관적 목표 | 기준이 자기 자신에게 있으며 개인에 따라 해석에 차이가 있는 목표 |
> | 객관적 목표 | 구체적인 시간의 제한 내에서 구체적인 수행 기준을 달성하는 목표 |
> | 결과목표 (성과목표) | 조절 불가능한 결과 혹은 성과에 기반을 둔 목표 |
> | 수행목표 (과정목표) | 운동수행의 성취에 기반을 둔 목표이며 선수 자신의 과거 기술 수준을 기준으로 하는 목표 |

09 운동심리학　답 ②

스포츠지도자교육 프로그램(CET)의 핵심 원칙은 발달모델, 긍정적 접근, 상호지원, 선수참여, 자기관찰이다.

10 운동제어　답 ①

소뇌는 대뇌 아래, 중뇌 뒤쪽에 위치하는 작은 뇌를 가리키며 신체의 평형 및 자세를 조정하고 운동을 조절한다.

【오답해설】
② 중심고랑 : 전두엽과 두정엽의 경계가 되는 부분으로 앞쪽은 운동 영역, 뒤쪽은 몸 감각 영역이 됨
③ 대뇌피질의 후두엽 : 오감 중 시각을 담당하는 뇌의 뒷부분
④ 대뇌피질의 측두엽 : 오감 중 청각과 후각을 담당하는 뇌의 양 옆부분

11 운동학습 답 ②

파지검사는 운동 수행으로부터 학습한 운동을 추론하는 방법이다. 파지검사를 통해 연습으로 향상된 운동 수행력이 얼마만큼 유지·지속될 수 있는지를 파악한다.

【오답해설】
① 속도검사 : 제한 시간 내에 주어진 과제를 수행하는 능력을 측정하는 검사
③ 전이검사 : 학습한 내용을 새로운 수행 상황에서 관련된 기술에 얼마나 적절히 활용하는가를 검사하며, 과제 내 전이검사와 과제 간 전이검사로 분류
④ 지능검사 : 개인의 지능수준과 지적 능력을 측정하는 검사

12 운동제어 답 ③

일반화된 운동프로그램 이론은 두 가지 매개변수에 의해 운동 프로그램이 바뀌게 된다는 이론이다. 매개변수는 불변매개변수와 가변매개변수로 구분되며, 이때 움직임의 시간적 구조(동작시간의 비율)를 의미하는 상대적 타이밍은 불변성의 특성을 지닌다. 반면, 움직임의 속도, 크기, 힘, 궤적 등은 가변성의 특성을 지닌다.

Tip

매개변수	
불변매개변수	• 요소의 순서 • 시상 • 상대적인 힘
가변매개변수	• 전체 동작 지속시간 • 힘의 총량 • 근육의 선택

13 운동학습 답 ②

구스리(E. Guthrie)는 운동기술을 '최소한의 시간과 에너지를 소비하여 최대의 확실성을 갖고 목표를 달성할 수 있는 능력'이라 정의하였다.

14 사회적 발달 답 ①

㉠ 사회학습이론 : 공격행위는 환경 속에서의 관찰을 통해 모방하여 나타난다는 이론
㉡ 본능이론 : 본능적으로 분출되는 공격 에너지가 공격행동을 일으킨다는 이론
㉢ 좌절-공격 가설 : 목표를 추구하는 행위가 방해를 받을 때, 또는 그로 인해 무산되었을 때 경험하게 되는 좌절감이 공격행동을 초래한다는 이론
㉣ 수정된 좌절-공격 가설 : 좌절이 항상 공격성을 유발하는 것은 아니며, 내적 좌절·분노와 외적 자극(공격단서)이 결합되었을 때 공격적 행동이 나타난다는 이론

15 자신감 답 ③

유능성 동기이론은 개인이 성취영역을 감당할 수 있도록 선천적인 동기가 부여되어 있다는 이론이다. 이 이론에 따르면 성공에 대한 개인의 인지능력이 긍정적 또는 부정적 감정을 유발한다.

【오답해설】
㉠ 유능성 동기이론은 동기지향성과 유능성 및 통제감의 3가지 심리적 변인과 관련된 다차원 동기를 나타낸 이론이다.
㉣ 스포츠자신감이론에 대한 설명이다.

Tip
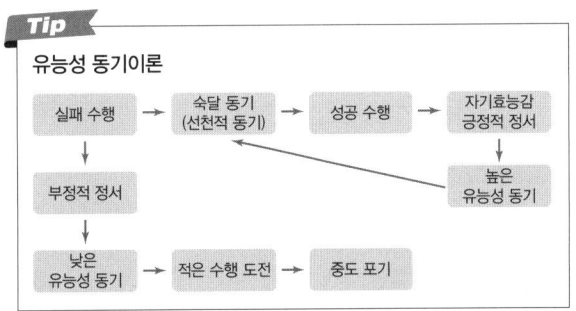

16 운동학습 답 ①

번스타인의 운동학습 단계 중 자유도 풀림 단계에서는 이전 단계에서 고정했던 자유도를 풀어 가능한 자유도의 수를 늘리게 된다. 이는 사용 가능한 자유도를 활용하여 필요한 하나의 협응 구조(기능적 단위)를 형성하기 위함이며, 이를 통해 동작과 관련된 운동역학적 요인과 근육의 공동작용, 관절의 상호 움직임 등에 변화가 나타난다.

17 목표설정 답 ②

주어진 과제를 수행할 때 먼저 지도자가 학습자에게 구체적이고 실현 가능한 목표를 설정해줄 경우 학습자는 중요한 요소에 주의를 집중시키고 목표 달성을 위한 구체적인 수행 기준을 달성할 수 있다.

【오답해설】
㉡ 학습자의 능력과 의지 등을 고려해 현실적이고 실현 가능한 목표를 설정하는 것이 적절하다.
㉣ 제시된 〈보기〉의 연구결과에 따르면 구체적인 목표가 설정된 결과가 일반적인 목표가 설정된 조건의 결과보다 높은 점수를 기록하였다. 따라서 운동 수행과 학습의 효과를 높이기 위해서는 구체적인 목표를 설정하는 것이 효과적이다.

18 운동학습 ③

보강 피드백은 타인 혹은 지도자에게 받는 정보로 언어적·비언어적 방법을 통해 제공된다. 뉴웰은 보강피드백을 범주화하여 3가지의 정보로 구분하였는데, 제시된 보기는 완료된 동작에 대한 정보를 제공하는 예시로서 보강 피드백 중 정보 피드백에 해당한다고 볼 수 있다.

Tip

뉴웰(Newell)의 보강 피드백 범주화

처방정보	운동 종료 후 그에 대한 정보를 학습자에게 제공하는 것으로 주로 언어적 설명 혹은 시범을 통해 전달
정보 피드백	학습자의 운동 이전 혹은 현재 상태에 대한 정보를 제공 • 동시적 피드백 : 현재 수행 중인 움직임에 관한 정보 • 종료 피드백 : 완료된 동작에 대한 특성 및 연속성 정보
정환 정보	협응 관련 움직임과 관련된 정보로서 새로운 동작 습득 시 유용한 정보

19 정서와 시합불안 ①

칙센트미하이는 몰입이 어떤 행위에 깊게 빠져 심취해 있는 무아지경의 상태라고 정의 내린다. 또한 몰입을 촉진시키기 위해서는 개인의 기술 수준과 과제의 난이도가 적절한 균형을 이루는 것이 중요하다고 주장하였다. 만약 기술 수준에 비해 과제의 도전 수준이 높을 경우 불안이나 걱정을 경험하게 되며, 반대로 기술 수준에 비해 도전 수준이 낮을 경우 편안한 이완감을 느끼게 된다. 칙센트미하이는 이외에도 몰입이 잘 되기 위한 요소로 분명한 목표, 즉각적인 피드백 등을 제시하였다.

Tip

칙센트미하이의 몰입모델

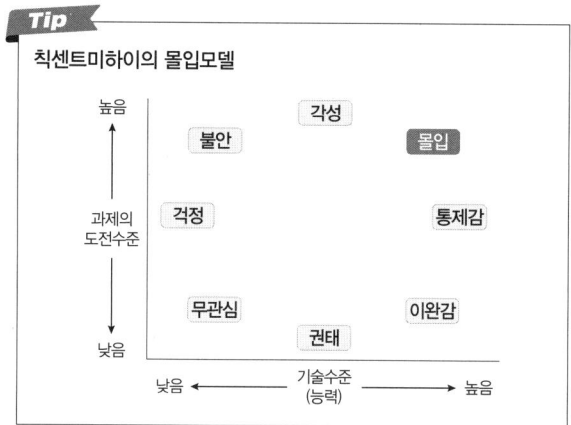

20 동기 ④

학습된 무기력이란 노력을 해도 실패를 통제할 수 없다고 믿는 경향을 말한다. 학습된 무기력을 가진 사람은 부정적인 자기진술을 하고, 쉽게 포기하며, 실패의 원인을 능력의 부족으로 귀인하는 경향이 있다. 실패에 대한 학습된 무기력은 귀인 재훈련을 통해 실패 원인을 내적이며, 통제 가능하고, 불안정한 요인에서 찾도록 훈련할 수 있다.

【오답해설】
① 실패의 원인을 내적 요인에서 찾게 한다.
② 능력은 내적이며 안정적이고 통제 불가능한 요인이다.
③ 운은 외적이며 불안정적이고 통제 불가능한 요인이다.

Tip

Weiner의 귀인 요소 분류

구분		안정성	
		안정	불안정
원인 소재	내적	능력	노력
	외적	과제난이도	운

※ 색칠된 영역은 통제 불가능한 영역

한국체육사

01	02	03	04	05	06	07	08	09	10
④	①	③	④	②	②	②	③	①	③
11	12	13	14	15	16	17	18	19	20
①	④	③	②,③	①	④	③	②,④	④	①

01 체육사 연구 분야   답 ④

사관은 역사가의 역사에 대한 의식으로 과거의 사실을 확인할 때 역사가의 가치관 해석 원리에 따라 그 기준이 달라지는 것을 말한다.

02 체육사 연구 분야   답 ①

1963년 나현성이 서술한 「한국체육사」는 부족국가시대부터 8·15 해방까지의 체육 발달 과정을 담은 책이다. 이에 따르면 근대화의 흐름이 시작된 갑오경장(1895)을 기점으로 전통 체육과 근대 체육으로 구분할 수 있다. 전통시대의 체육은 격구, 검무, 수렵 등 대부분 무예를 중심으로 하는 놀이가 성행하였다. 근대시대의 체육은 「교육입국조서」를 중심으로 하는 축구와 같은 각종 스포츠와 교련, 체조 등을 행하였다. 이때 '교육입국조서'란 1895년에 반포되어 '국가의 부강은 국민의 교육에 있다'는 내용을 담고 있다.

03 삼국 및 통일신라시대의 체육   답 ③

윷놀이는 정월 초하루에서 보름까지 윷이라는 놀이도구를 사용하여 남녀노소 누구나 어울려 즐기면서 노는 놀이로 척사(擲柶), 척사희(擲柶戲), 사희(柶戲) 등으로도 불린다.

【오답해설】
① 바둑 : 두 사람이 흑백의 바둑돌을 나누어 가지고 바둑판 위에 번갈아 하나씩 두어 가며 승부를 겨루는 놀이
② 장기 : 두 사람이 청·홍의 장기짝을 규칙에 따라 번갈아 두면서 겨루는 놀이
④ 주사위 : 주사위를 땅이나 자리 위에 던져 윗면에 나타난 점의 수효에 따라 끗수로써 승부를 다투는 놀이

04 삼국 및 통일신라시대의 체육   답 ④

화랑도는 진흥왕 시대에 국가에 의해 정식으로 제정되어 6세기부터 10세기까지 존재했던 귀족의 자제들로 이루어진 청소년 단체이다. 세속오계를 바탕으로 충성 보국하고 문무를 겸비한 인재를 양성하였으며 신체미 숭배, 심신일체론, 국가주의, 불국토 사상, 호연지기를 중시하였다.

Tip
화랑도
- '꽃처럼 아름다운 남성의 무리'라는 의미로 진흥왕 대에 설치
- 귀족의 자제들로 이루어진 청소년 단체로 신체적·정신적으로 건전한 청소년 양성 목적
- 궁술·기마술·검술·창술·가마·검무·편력(야외교육활동) 등의 체육활동
- 신체활동을 인격 함양의 과정으로 이해하고 궁도와 기마술을 예(禮), 낙(樂)과 함께 중요한 영역으로 인식
- 원광의 세속오계(사군이충, 사친이효, 임전무퇴, 교우이신, 살생유택) 정신
- 풍류도(風流徒), 국선도(國仙徒), 원화도(源花徒), 풍월도(風月徒) 등으로도 불림

05 삼국 및 통일신라시대의 체육   답 ②

축국은 가죽주머니에 겨, 털, 공기를 넣어 만든 공을 발로 차던 공차기 놀이로 오늘날의 제기차기 또는 축구와 유사하다.

【오답해설】
① 석전 : 한 부락 혹은 한 지방의 동편과 서편으로 나뉘어 서로에게 돌팔매질을 하여 어느 한 편이 달아나면 지는 놀이
③ 각저 : 오늘날의 씨름으로, 두 사람이 서로 맞잡고 힘을 겨루는 경기
④ 도판희 : 널뛰기의 다른 이름으로 여성들이 즐기던 축제 형식의 유희와 오락

06 삼국 및 통일신라시대의 체육   답 ②

ⓒ 방응은 사나운 매를 길러 꿩이나 새를 사냥하는 일종의 수렵활동으로 주로 왕과 귀족들이 즐기던 고급 놀이였다. 조선 숙종 이후에는 민간에서 민속으로서 방응이 지속되어 오기도 하였다.
ⓔ 추천은 주로 부녀자들이 단오에 그네를 타고 노는 놀이이다.

【오답해설】
㉠ 풍연 : 서민사회의 민속놀이로 삼국시대부터 이어져 온 연날리기
ⓛ 격구 : 군사 훈련 및 연무 수단임과 동시에 귀족들의 오락 및 여가 활동 수단으로서 무예적 요소와 유희적 요소를 동시에 지니며, 특수 계층만 참여가 가능했던 점과 그 사치성이 격구의 폐단으로 꼽힘

07 고려·조선시대 체육   답 ②

수박은 주로 손을 써서 상대를 공격하거나 수련하는 무예로 고려시대 무인들에게 적극 권장되었으며, 명종 때에는 이 무예를 겨루게 하여 승자에게는 벼슬을 주었다. 고려시대 무예를 실시하던 기관은 국자감(國子監)이며, 응방도감은 고려시대 매를 사육하여 원(元)나라에 바치던 관청을 말한다.

08 조선시대의 사회와 체육 답 ③

성리학 교육을 담당한 기관이자 인재 양성을 위해 설립한 조선시대 최고의 국립교육기관이다. 반면 훈련원은 군사의 무재를 시험하고 무예를 훈련시키며, 무경을 습득시키는 일을 관장하던 조선시대 관청이다. 조선이 건국되어 관제를 반포할 때 군사 훈련의 체계화를 위해 훈련관으로 설치되었다가 세조 때 훈련원으로 개칭되었다. 훈련원에서는 병서 강습과 마상무예 훈련을 주로 하였다.

09 조선시대의 사회와 체육 답 ①

조선시대 궁술은 무과 시험의 한 과목이었으며 단순히 군사적 목적에 국한된 신체 활동에서 벗어나 사회적 친교의 수단으로 활용되기도 하였다. 또한 왕을 비롯하여 상류층 양반들 사이에서는 여가활동으로 향유되었으며 대사례, 향사례 등으로도 행해졌다. 조선시대 궁술은 육예(六藝) 중 사(射)에 해당하였다.

> **Tip**
>
> **육예(六藝)**
> 중국 주대(周代)에 행해지던 교육과목으로 예(禮), 악(樂), 사(射), 어(御), 서(書), 수(數) 등 6종류의 기술
> - 예(禮) : 예법
> - 악(樂) : 노래, 악기, 춤
> - 사(射) : 궁술(활쏘기)
> - 어(御) : 마술(馬術), 말타기
> - 서(書) : 서예(붓글씨)
> - 수(數) : 수학(數學)
>
> **대사례와 향사례**
> - 대사례 : 국가에 행사가 있을 때 임금과 신하가 한자리에 모여서 활을 쏘아 그 예의 도수를 살피는 의례
> - 향사례 : 해마다 지방에서 한량들이 편을 갈라 활쏘기를 겨루던 의례

10 조선시대의 사회와 체육 답 ③

무예도보통지는 조선시대 정도 때 만들어진 무예서로, 24가지의 각각 다른 무예를 그림으로 설명한 종합무예서이다. 한·중·일 삼국의 서적 145종을 참고하여 편찬되었다.

【오답해설】
① 무예제보 : 선조 때 한교가 명나라 무예서 '기효신서'를 참고하여 펴낸 무예서
② 무예신보 : 영조 때 사도세자가 '무예제보'를 보완해 펴낸 무예서
④ 무예제보번역속집 : 광해군 때 훈련도감의 도청을 맡았던 최기남이 '무예제보'에서 빠진 부분을 보충하고 일본고(日本考) 4책에 기록되어 있던 일본의 검제(劍制) 등을 추가하여 편찬한 무예서

11 개화기의 체육 답 ①

오산학교는 1907년 이승훈이 평안북도 정주에 세운 중등 과정의 학교로 민족정신의 고취와 인재 양성을 통해 나라의 자주독립을 목표로 하였다.

【오답해설】
② 대성학교 : 1908년 안창호가 평양에 설립한 중등교육기관으로 독립정신과 실력을 갖춘 인재 양성을 목표로 함
③ 원산학사 : 1883년 민간에 의해 세워진 중등학교로 한국 최초의 근대적 교육기관
④ 숭실학교 : 1897년 미국 북 장로교 선교사 베어드(Baird,W.M.)가 평양에 설립한 미선계의 교육기관

12 개화기 체육 답 ④

고종은 갑오개혁 다음 해인 1895년 「교육입국조서」를 반포하여 전 국민을 대상으로 근대식 교육의 필요성과 지·덕·체의 조화를 강조하였다. 이를 통해 지배계급에만 한정되었던 교육의 기회가 전 국민으로 확대되었고, 전통적 유교 중심의 교육에서 근대적 전인교육으로 전환되었다.

【오답해설】
① 문예반 50명, 무예반 200명의 학생을 뽑아 교육과 훈련을 한 교육기관은 원산학사이다.
② 개화기 최초의 운동회는 1896년 우리나라 영어학교에서 열린 화류회이다.
③ 배재학당은 아펜젤러, 이화학당은 스크랜턴, 경신학당은 언더우드가 설립한 학교로 모두 개화기 선교단에 의해 만들어진 교육기관이다.

13 개화기 체육 답 ③

무도기계체육부는 우리나라 최초의 기계체조 단체로 당시 무관 학교장이던 이희두와 학무국장 윤치오에 의하여 조직된 단체이며 군인 체육 기관의 효시이다.

【오답해설】
① 청강체육부 : 1910년 사립 중동학교 재학생인 최성희, 성희, 신완식 등이 조직한 단체로 정기적으로 축구 게임을 하였다.
② 회동구락부 : 1908년 탁지부의 조선인 고위 관료와 일본인 간에 조직된 사교 단체로 정구 경기를 최초로 시행하였다.
④ 대동체육구락부 : 1908년 국민체육진흥을 목적으로 권성연, 조상호, 이기환 등에 의해 조직된 체육단체이다.

> **Tip**
>
> **체조연구회**
> - 1909년 당시 한성(서울) 시내의 각 학교 체조 교사인 조원희, 김성집, 이기동 등이 보성 중학교에서 조직한 단체
> - 우리나라의 체육을 병식(兵式) 체조에서 학교 체육으로 반영시키는 데 크게 이바지함

14 일제강점기의 체육   답 ②, ③

② 조선체육회는 1920년 7월 동아일보사의 후원으로 일본유학생과 국내 체육인들이 조선인의 체육을 장려할 목적으로 설립되었다. 즉, 조선체육협회가 아닌 조선체육회에 대한 설명이다.
③ 서상천은 1923년 일본 체조학교를 졸업한 후 1926년 휘문고등학교 체육교사로 부임해 역도부를 조직하고 지도했다.

15 개화기 체육   답 ①

제시된 〈보기〉는 황성기독교청년회에 대한 설명이다. 황성기독교청년회는 개화기 선교사에 의해 조직되어 1916년 우리나라 최초의 체육관을 개관하였으며 국내 다양한 스포츠 보급에 앞장선 단체로 YMCA의 전신이었다.

【오답해설】
② 대한체육구락부 : 한국 최초의 근대적 체육단체
③ 조선체육회 : 현 대한체육회의 전신으로 일본의 조선체육협회에 대응하기 위해 창설됨
④ 조선체육협회 : 1919년 조선 내 스포츠 단체를 관리하기 위해 일본인 중심으로 설립됨

16 현대 체육 · 스포츠   답 ④

박정희 정권기에는 한국 스포츠 문화가 급속도로 발달하여 스포츠 혁명으로 불렸다. '체력은 국력'이란 슬로건으로 국민체육진흥법을 공포하고 학생들의 기초체력을 향상시키기 위해 체력장 제도를 실시하였다.

> **Tip**
> 체력장 제도
> - 1970년대 문교부(현 교육부)에서 청소년의 기초체력 증강을 위해 전국적으로 실시
> - 국민체력검사표준위원회에서 기준과 종목을 선정, 달리기, 던지기, 멀리뛰기 등 기본운동 종목으로 구성
> - 상급학교에 진학하고자 하는 중 · 고등학생을 대상으로 실시
> - 체력장의 대학입시 포함으로 인한 목적 전도, 불의의 사망사고 발생 등으로 1994년을 마지막으로 폐지
> - 권고사항으로 학생건강체력평가제도를 시행, 2009년 초등학교, 2010년 중학교, 2012년 고등학교로 전면 실시함

17 현대 체육 · 스포츠   답 ③

태권도는 우리나라에서 창안되고 발전한 현대 무술로 1988년 서울올림픽경기대회에서 시범 종목으로 채택, 2000년 시드니올림픽경기대회에서 정식 종목으로 채택되었다. 우리나라는 태권도를 진흥하고 세계적인 스포츠로 발전시키기 위해 2008년 「태권도 진흥 및 태권도공원 조성 등에 관한 법률」을 제정하였다.

> **Tip**
> 「태권도 진흥 및 태권도공원 조성 등에 관한 법률」 제1조(목적)
> 이 법은 우리 민족 고유 무도(武道)인 태권도를 진흥하고 전 세계 태권도인들의 성지인 태권도공원을 조성하여 국민의 심신단련과 자긍심을 고취시키고 나아가 태권도를 세계적인 무도 및 스포츠로 발전시켜 국위선양에 이바지함을 목적으로 한다.

18 현대 체육 · 스포츠   답 ②, ④

② 1948년 제5회 동계올림픽경기대회에서 독일과 일본은 제2차세계대전을 이유로 참가가 거부되었다.
④ 1948년 스위스 장크트모리츠(생모리츠)에서 개최된 동계올림픽에 우리나라의 스피드스케이트 선수인 이효창, 문동성, 이종국이 출전하였다. 그러나 이효창은 올림픽 경기 직전 열린 친선경기 이후 갑작스러운 배탈로 자신의 주 종목 경기를 기권하였으며, 문동성 선수 역시 부상으로 당시 대표팀 감독이었던 최용진이 대신 경기에 참가하였다.

19 현대 체육 · 스포츠   답 ④

2018년 평창에서 개최된 경기는 제23회 평창동계올림픽대회로, 하계가 아닌 동계 경기 대회이며 한국에서 열린 두 번째 올림픽이다.

20 현대 체육 · 스포츠   답 ①

1991년 일본에서 열린 제41회 지바세계선수권대회에서 사상 첫 남북 스포츠 단일팀이 구성되었다. 남북코리아 단일팀은 탁구 종목에서 현정화, 홍차옥, 리분희, 유순복으로 여자 단체전 1위를 기록하였다.

운동생리학

01	02	03	04	05	06	07	08	09	10
②	①	④	①	③	④	④	①	②	③
11	12	13	14	15	16	17	18	19	20
③	①	②	②	③	③	②	①	④	④

01 인체의 에너지 대사   답 ②

ATP를 합성하는 데 필요한 에너지원은 글루코스, 포도당, 젖산, 근중성지방 등이 있다. 비타민C는 식초보다 조금 더 산성이 강한 물질로 거의 모든 과일과 채소에 들어있는 비타민으로 ATP 합성과는 관련이 없다.

02 골격근의 구조와 기능   답 ①

근형질세망은 근수축에 중요한 칼슘이온(Ca^{2+})을 저장하기 위해 변형된 형태를 하고 있다. 근형질세망의 한쪽은 근육세포의 세포막과 접촉하여 신경에 의한 외부자극에 따라 근소포체에 저장된 칼슘이온이 세포질로 방출된다. 방출된 칼슘이온은 근원섬유(myofibril)의 액틴-미오신(actin-myosin) 결합을 유도하여 근수축을 유발한다. 방출된 칼슘이온은 미오신을 활성화시키고, 활성화된 미오신이 액틴필라멘트와 상호작용함으로써 근수축이 일어난다.

【오답해설】
② 위성세포(satellite cell) : 골격근 외측의 근섬유와 기저막 사이에 낀 방추형의 단핵세포
③ 미토콘드리아(mitochondria) : 모든 진핵세포에 존재하는 세포소기관으로 세포 내 에너지를 ATP 형태로 공급하는 기능
④ 근핵(myonuclear) : 핵은 근섬유와 세포막 사이의 공간에서 근섬유의 주변에 위치

03 운동에 대한 호흡계의 반응과 적응   답 ④

초과산소섭취량은 운동 후에 산소섭취량이 안정 상태보다 더 많은 산소가 소비되는 것을 말한다. 이에 영향을 미치는 요인은 운동 중 증가한 체온, 피로 관련 물질인 젖산, 무기인산, 암모니아, 호르몬(에피네프린, 노르에피네프린) 등이 있다. 크레아틴인산은 골격근의 근섬유에 존재하여 근력 운동 시 빠른 에너지원을 공급해주는 물질이다. 따라서 초과산소섭취량에 영향을 미치는 요인으로 적절하지 않다.

> **Tip**
> EPOC 단계에서 긍정적인 생리적 작용
> • 근육에서 PC 재합성
> • 젖산 제거(젖산염이 포도당으로 전환)
> • 체온 상승
> • 근육과 혈액의 산소를 저장
> • 운동 후 심박수 및 호흡수 상승
> • 호르몬의 상승

04 인체 운동에 대한 환경 영향   답 ①

수중 운동 시 체온유지를 위해 물의 온도가 높을수록, 체지방량이 많을수록, 운동강도가 높을수록 유리하다. 폐활량은 공기를 최대한 들이마신 후 최대한 내보낼 수 있는 공기량을 말하는 것으로 체온유지와는 관련이 없다.

05 골격근과 운동   답 ③

운동 강도가 강해질수록 동원되는 근섬유의 수는 지근섬유, 속근섬유 순으로 증가한다. Type I 섬유 → Type II$_a$ 섬유 → Type II$_x$ 섬유 순이다.

> **Tip**
> **지근섬유와 속근섬유 비교**
>
> | 구분 | 지근섬유 | 속근섬유 | |
> |------|---------|---------|---|
> | | Type I | Type II$_a$ | Type II$_x$ |
> | 산화능력 | 높음 | 약간 높음 | 낮음 |
> | 해당능력 | 낮음 | 높음 | 매우 높음 |
> | 수축 속도 | 느림 | 빠름 | 빠름 |
> | 피로저항 | 높음 | 중간 | 낮음 |
> | 운동단위당 능력 | 낮음 | 높음 | 높음 |

06 운동에 대한 순환계의 반응과 적응   답 ④

장기간의 유산소 트레이닝을 할 경우 최대산소섭취량과 최대 심박출량이 증가한다. 또한 안정 시 심박수가 감소하고 1회박출량이 증가한다. 1회 박출량이 증가하는 원인은 훈련에 의해 심장의 용적과 수축력이 향상되었기 때문이며 이로 인해 심실에 혈액이 많은 활동을 할 수 있기 때문이다. 따라서 〈보기〉의 내용은 모두 옳다.

07 신경계의 구조와 기능   답 ④

항상성은 신체 내부의 환경을 일정하게 유지하는 것을 말한다. 부적 피드백은 신체 내부의 어떤 것이 높거나 낮을 때 원래의 자극에 반대로 작동하는 조절체계의 반응을 수반하여 정상상태로 돌아오는 것으로, 신체 대부분의 조절체계는 부적 피드백으로 작동한다. 증가된 혈당에 대해 인슐린 분비를 유도하여 혈당을 낮추는 것이 여기에 해당한다. 이와 다르게 정적 피드백은 신체의 어떤 것이 낮아지거나 높아질 때 초기 자극을 증가시켜 더욱 낮아지거나 더욱 높아지게 하는 것이다. 여성이 출산 시 자궁의 압력이 증가하면 뇌하수체에서 옥시토신이 분비되어 자궁 수축이 더욱 증가되는 것이 이에 해당한다.

08 운동에 대한 순환계의 반응과 적응   답 ①

1회 박출량이란 심실이 한 번 수축할 때 박출되는 혈액량을 말한다. 심실 수축력이 증가하고 평균 동맥혈압이 감소하면 1회 박출량은 증가한다. 대동맥압 증가에 따른 후부하 증가는 1회 박출량 감소의 원인이다.

> **Tip**
> **1회 박출량 결정 요인**
> - 심장으로 돌아오는 정맥혈의 용량(이완기말 혈액량) : 정맥혈 회귀량의 영향을 받음
> - 심실수축력 : 에피네프린, 노르에피네프린의 영향을 받음
> - 심실의 팽창성과 확장 능력
> - 평균대동맥압 : 심실압력이 평균대동맥보다 높을 것(평균대동맥압이 낮아야 함)

09 인체의 에너지 대사 답 ②

운동강도에 따라 탄수화물대사는 점증적으로 증가하지만 지방대사는 감소하게 된다. 〈보기〉에서 ㉠은 지방, ㉡은 탄수화물이 들어가는 것이 적절하다.
㉠ 혈중 유리지방산 : 지방세포가 운동으로 분해되어 혈액으로 방출되는 지방 성분
㉡ 근글리코겐 : 근육에 있는 글리코겐으로 포도당으로 이루어진 다당류

【오답해설】
- 혈중 포도당 : 혈액 속에 함유되어 있는 포도당으로 탄수화물에 속한다.
- 근중성지방 : 골격근 세포의 형태로 저장되며 지방에 속한다.

10 신경계의 운동기능 조절 답 ③

소뇌는 다양한 신체감각 정보 처리를 통해 신체의 조화로운 협응 움직임, 안정적인 자세 및 균형 유지 그리고 동작의 사전 계획 및 실행과 운동기술의 학습에 중요한 역할을 하지만 골격근 운동 조절의 최종 단계 역할은 아니다.

11 운동에 대한 호흡계의 반응과 적응 답 ③

㉠ 운동 시작 직전 운동을 한다는 예측에 의한 대뇌피질의 자극으로 환기량이 증가한다.
㉣ 운동 후 회복기 환기량은 체내 수소이온과 이산화탄소 농도에 따라 감소된다.

【오답해설】
㉡ 운동 시작 직후 근육운동에 의한 관절에서의 신경 자극으로 환기량이 증가한다.
㉢ 운동 강도가 증가하여 최대에 가까워지면 1회 호흡량보다 호흡수의 증가가 두드러진다. 그러나 1회 호흡량이 감소하는 것은 아니다.

12 인체의 에너지 대사 답 ①

포도당의 유산소성 ATP 생성 단계는 크게 해당과정, 크랩스회로, 전자전달계가 있다.
㉠ 크랩스회로 : 크랩스회로를 시작하기 위해서는 아세틸조효소 A가 필요하다.
㉡ 해당과정에서 2ATP를 생성했으므로 크랩스회로는 2바퀴를 돌게 되고, 6NADH와 2FADH$_2$가 생산된다. 이때 6NADH에서 ATP는 6×2.5 =15, 2FADH$_2$에서 ATP는 2×1.5=3이 생성되므로 29+3=32이다.

> **Tip**
> **ATP 생성**
> - NADH 1개당 2.5개 ATP 생성
> - FADH$_2$ 1개당 1.5개 ATP 생성

13 인체의 에너지 대사 답 ②

10METs=35ml/kg/min
35×80=2,800ml/min=2.8L/min
2.8×5=14kcal/min
14×10=140kcal

> **Tip**
> **METs(Metabolic equivalents, 대사당량)**
> - 운동의 강도(에너지 소비율)을 나타내는 단위
> - MET=3.5ml/kg/min → 안정 시 1분에 체중당 3.5ml의 산소를 사용함
> - 산소 1L당 약 5kcal의 에너지를 소모
> - 대사 방정식 : (METs×3.5×kg)/200= kcal/min

14 신경계의 구조와 기능 답 ②

〈보기〉 세포의 안정 시 막전위의 모습을 보여준다. 먼저 세포외액에는 Na$^+$을 고농도로, 세포내액에는 K$^+$을 고농도로 유지한다. 이때 Na$^+$/K$^+$ 펌프는 2개의 K$^+$를 들이고, 3개의 Na$^+$를 퍼내어 실제로 막전위가 형성될 수 있도록 농도 경사를 유지하는 데 기여한다. 따라서 ㉠, ㉢은 Na$^+$이고 ㉡, ㉣은 K$^+$이다.

15 운동에 대한 순환계의 반응과 적응 답 ③

최대산소섭취량=최대1회박출량×최대동정맥산소차
장기간 지구성 훈련을 할수록 최대심박수는 감소하거나 일정하고, 1회 박출량과 동정맥산소차는 증가한다.

16 순환계 구조와 기능 답 ③

심폐지구력은 심장, 허파, 순환계가 움직이는 근육에 효율적으로 산소를 공급하는 능력이다. 동정맥 산소차 증대의 기전은 모세혈관의 밀도가 증가하여 혈류속도가 감소되면 산소와 이산화탄소의 교환이 활발하게 일어난다. 또한 미토콘드리아의 수와 크기 증가, 마이오글로빈 함량의 증가로 인한 근조직의 산소추출 및 이용능력이 개선된다.

【오답해설】
① 유연성 : 정적, 동적 상태에서 관절의 가동범위와 근육이나 관절 주변 조직 인대, 힘줄 등의 신장능력에 의해 결정되는 것으로 정확하고 부드러운 움직임을 일으키는 능력
② 순발력 : 순간적으로 강한 힘을 발휘하여 달리고, 뛰고, 던지는 능력
④ 근력 : 근육 수축에 의하여 생기는 근육의 힘

17 운동과 호르몬 조절　　　　　답 ②

1시간 이내의 중강도 운동 시 전신의 혈액 순환을 촉진시켜 말초혈관의 혈류량을 증가시키고, 근육과 지방세포의 인슐린 감수성을 증가시킨다. 이로 인해 적은 양의 인슐린으로도 효과적인 혈당 조절을 가능하게 해준다.

【오답해설】
① 에피네프린(epinephrine) : 부신에서 만들어지는 카테콜아민(catecholamine)족의 호르몬
③ 성장호르몬(growth hormone) : 성장을 촉진하는 데 필요한 호르몬
④ 코르티솔(cortisol) : 급성 스트레스에 반응해 분비되는 물질로, 스트레스에 대항하는 신체에 필요한 에너지를 공급해 주는 역할

18 신경계의 운동기능 조절　　　　　답 ①

근방추는 근육이 늘어나는 정도에 관한 정보를 중추신경계에 전달하며, 근 수축에 동원되어야 할 운동단위의 숫자에 대한 정보를 제공한다. 감마시스템에 의한 자세 조절에 중요한 역할을 한다.

【오답해설】
② 골지건기관(Golgi tendon organ) : 근육이 과도하게 수축하며 부상의 위험이 생길 경우 주동근의 수축을 억제하고 길항근을 흥분시켜 부상을 예방하며, 근방추와 반대되는 역할을 한다고 볼 수 있음
③ 자유신경종말(free nerve ending) : 감각을 수용하는 신경 종말의 하나
④ 파치니안 소체(Pacinian corpuscle) : 포유류 피부에서 발견되는 4가지 주요 유형의 기계 수용체(기계적 감각을 위해 외부 조직에서 끝나는 특수 신경) 중 하나

19 골격근의 구조와 기능　　　　　답 ④

근력의 결정요인은 근 단면적, 근섬유의 종류, 관절의 각도, 근의 길이, 근력과 와인드업, 근력과 준비운동 등이 있다.

20 골격근과 운동　　　　　답 ④

근육의 수축 형태 중 등속성 수축은 관절 부위가 일정한 속도로 움직이면서 근육의 길이가 짧아지는 수축 형태이다. 한 관절이 운동하는 과정에서 관절 각도의 변화에 따라 근육의 길이에 따라 변화하는 장력(tension)에 맞추어서 시시각각 부하가 변화되는 것을 말한다. 그 예로 사이벡스, 오쏘트론, 미니짐이 있다.

운동역학

01	02	03	04	05	06	07	08	09	10
④	②	①	④	①	④	②	③	④	①
11	12	13	14	15	16	17	18	19	20
①	③	①	③	②	④	②	③	②	③

01 운동역학의 정의　　　　　답 ④

운동역학이란 스포츠 상황에서 인체 힘의 원인과 결과를 다루는 학문으로, 스포츠 상황에서의 인체 운동을 관찰하여 그 움직임에 대한 설명을 제공하고 원인을 분석한다.

【오답해설】
① 스포츠 사회학의 정의이다.
② 운동생리학의 정의이다.
③ 스포츠 심리학의 정의이다.

02 골격근과 운동　　　　　답 ②

등장성 수축은 근육의 길이가 변하는 수축 형태를 말하고, 단축성(구심성) 수축과 신장성(원심성) 수축으로 구분된다. 이때 신장성 수축은 근이 길어지면서 장력이 발생하며 단축성 수축은 근이 짧아지면서 장력이 발생한다. 팔굽혀펴기에서 팔을 펴는 동작 시 상완삼두근은 짧아지기 때문에 단축성 수축이다.

Tip

등장성 수축

단축성(구심성) 수축	• 근이 짧아지면서 장력 발생 • 속도가 느릴수록 최대 힘 생성
신장성(원심성) 수축	• 근이 길어지면서 장력 발생 • 속도가 빠를수록 최대 힘 생성

03 선운동의 운동학적 분석　　　　　답 ①

속도란 단위 시간 동안 물체가 이동한 변위로 빠르기를 나타내는 벡터량을 의미한다. 속도 $=\dfrac{\text{변위}}{\text{시간}}$ 의 식으로 계산한다.

【오답해설】
② 거리 : 물체가 두 지점을 얼마나 멀리 움직였는가를 나타내는 스칼라량
③ 가속도 : 속도가 단위시간 동안 얼마나 변했는지를 나타내는 벡터량

$$\text{가속도} = \frac{\text{속도의 변화}}{\text{시간의 변화}}$$

④ 각속도 : 각변위의 시간에 대한 변화율을 나타내는 벡터량

$$\text{각속도} = \frac{\text{각변위}}{\text{총 걸린 시간}}$$

> **Tip**
>
> **스칼라(Scalar)량과 벡터(Vector)량**
>
> | 스칼라량 | • 방향이 없이 크기만 존재하는 값
• 거리, 길이, 넓이, 온도, 시간, 질량, 속력, 에너지 등 |
> |---|---|
> | 벡터량 | • 크기와 방향이 모두 존재하는 값
• 변위, 속도, 가속도, 힘, 운동량, 충격량, 전기장, 자기장, 각운동량 등 |

04 힘분석   답 ④

달리기는 지면에 접촉되어 있는 접지기와 양발이 모두 떠 있는 체공기로 구분된다. 지면반력기는 사람 혹은 물체가 지면에 접촉하여 지면을 누르는 힘에 반해 발생하는 반작용을 측정하는 기기로, 체공기 상태에서는 측정할 수 없다.

> **Tip**
>
> **지면반력**
>
> • 사람이나 물체가 지면에 접촉하여 지면을 누르는 힘에 반하여 지면이 사람과 물체를 밀어내는 반력(반작용)
> • 지면반력측정기
>   - 수직, 수평 성분을 모두 분석 가능
>   - 지면반력 측정기, 증폭기, A/D 변환기, 컴퓨터로 구성됨
>   - 전압의 변화를 통해 분석
> • 용례 : 높이뛰기 높이 추정, 신발의 충격완충성 검사

05 해부학적 기초   답 ①

시상면은 신체의 정중면 또는 시상봉합에 평행하게 주행하며 신체를 좌우로 나누는 면으로, 신체를 굽히거나(굴곡) 펴는 힘(신전)의 움직임이 일어난다. 반면, 피겨스케이팅 선수의 회전은 몸을 상하로 나누는 횡단면에서 수행된다.

> **Tip**
>
> **해부학적 평면**
>
> | 전후면
(Sagittal plane) | 인체의 전후로 형성되어 몸을 좌우로 나누는 평면 |
> |---|---|
> | 좌우면
(Frontal plane) | 인체의 좌우로 형성되어 몸을 앞뒤로 나누는 평면 |
> | 횡단면
(Transverse plane) | 인체의 수직축에 대해 수직으로 형성되어 몸을 상하로 나누는 평면 |
> | 대각면
(Diagonal plane) | 몸을 한쪽 어깨 끝에서 대각선 방향으로 나눈 면 |

06 운동의 종류   답 ④

복합운동은 선운동인 병진운동과 회전운동인 각운동이 함께 일어나는 운동 형태이다. ㉠에서 야구공은 회전을 하면서 앞으로 나아가고 있으므로 복합운동에 해당한다. ㉡은 페달링을 하면서 직선구간을 지나고 있으므로 앞으로 나아갈 때의 병진운동과 페달을 돌리는 회전운동이 동시에 일어나는 복합운동이다. 마지막으로 ㉢에서 다이빙 선수의 몸통은 아래로 떨어지는 직선운동과 공중회전 시 회전운동이 동시에 일어나고 있으므로 복합운동이다. 따라서 정답은 ④이다.

> **Tip**
>
> **병진운동과 회전운동**
>
> • 병진운동 : 움직이는 물체나 신체의 모든 입자가 같은 시간에 대하여 같은 방향과 같은 거리로 움직이는 운동
> • 회전운동 : 한 개의 고정된 축을 중심으로 물체가 회전하는 운동
> ※ 회전축이 움직이는 회전운동은 병진운동 요소를 가진 복합운동임

07 인체의 물리적 특성   답 ②

회전운동은 물체나 신체가 한 축을 중심으로 동일 시간 동안 동일 각도로 움직이는 운동이며 이때 중심이 되는 축은 무게중심이 된다. 따라서 체조선수는 회전운동 시 회전이 일어나기 위한 기준인 축(axis)을 중심으로 회전하게 된다.

【오답해설】
① 무게중심은 인체의 내부와 외부에 모두 존재할 수 있다. 예를 들어, 높이뛰기에서 몸을 활처럼 휘는 자세를 취하는 경우에는 무게중심이 인체의 외부에 존재한다.
③ 무게중심은 무게의 중심으로서 평형을 이루는 지점이기 때문에 질량이 큰 쪽으로 이동한다. 따라서 서 있을 때에는 무게중심이 인체의 중심(일반적으로 배꼽 근처)에 존재하지만, 팔을 위로 올릴 경우 무게중심이 위로 이동하게 된다.
④ 서전트 점프 이지(take-off) 후, 공중에서 팔을 위로 올리면 무게중심은 아래로 이동한다.

08 인체의 물리적 특성   답 ③

자유투에서 농구공이 공중으로 날아가면서 중력에 의해 아래로 떨어지며, 동시에 투사되는 방향으로 나아간다. 이때 농구공의 질량중심은 수평방향으로 등속도 운동을 하게 된다.

【오답해설】
① 농구공은 자유투 도중에 중력에 의해 가속도를 받아 수직방향으로 가속운동을 한다.
② 최고점에서는 농구공이 수평방향으로 움직이기 때문에 수평속도는 0m/s가 아니다.
④ 최고점에서 농구공은 정지하게 되며, 수직방향으로는 가속도를 받아 아래로 떨어진다.

09 선운동의 운동역학적 분석 ④

충돌 전 수평속도 및 수직속도가 같고, 충돌 후 무회전과 백스핀된 공의 리바운드 높이는 동일하다.

【오답해설】
① 충돌 후, 무회전에 비해 백스핀된 공의 수평속도가 작다.
② 충돌 후, 무회전에 비해 톱스핀된 공의 수직속도가 작다.
③ 충돌 후, 무회전에 비해 톱스핀된 공의 반사각이 작다.

10 선운동의 운동역학적 분석 ①

힘-시간 그래프의 넓이가 충격량인데 충격량은 운동량의 변화량을 말한다.
$I = m(v - v_0)$ … ㉠
A의 면적 = 80N·s
B의 면적 = -20N·s
충격량 $I = 80 - 20 = 60$N·s
$v_0 = 2$m/s
$m = 60$kg이므로 ㉠의 식에 대입하면
$60 = 60(v - 2)$, $v = 3$
따라서 오른발이 떨어지는 순간 무게중심의 수평 속도는 3m/s가 된다.

11 선운동의 운동역학적 분석 ①

농구에서 체스트패스 캐치 동작은 공을 받는 시간을 늘리고 공이 신체에 닿는 면적을 넓힘으로써 압력을 분산하여 이를 통해 신체의 각 부위에 가해지는 충격력을 감소시킨다.

Tip
충격량
- 운동량에 영향을 주는 물리량인 힘과 작용시간을 곱한 값
- 충격량 = 힘(충격력) × 작용시간

12 에너지 ③

물체의 운동상태에 따라 결정되는 운동에너지와 물체의 위치에 따라 정해지는 위치에너지의 합을 역학적 에너지라고 한다. 중력의 영향을 받으면서 운동하는 물체는 다른 외력이 작용하지 않는 한 역학적에너지는 보존된다. 따라서 철봉에 매달려 정지해 있는 경우는 역학적으로 일을 하지 않은 것이 된다.

Tip
역학적 에너지 보존 법칙
위치에너지와 운동에너지를 합하여 역학적 에너지라 하는데 중력의 영향을 받으면서 운동하는 물체는 다른 외력이 작용하지 않는 한 에너지의 총합은 일정하고 다만 각 에너지의 크기만 바뀌게 된다.

13 선운동의 운동역학적 분석 ①

마그누스 효과는 회전하는 물체가 유체(액체나 기체 등) 속을 지나갈 때 압력이 높은 쪽에서 낮은 쪽으로 휘어져 나가는 것을 말한다. 레인에서 회전하는 볼링공의 경우 유체 속이 아니므로 마그누스 효과로 보기엔 어렵다.

Tip
마그누스 효과
- 회전 방향과 기류의 흐름이 반대인 곳에서는 기류의 흐름이 느려지고 기압이 상승
- 회전 방향과 기류의 흐름이 같은 곳에서는 기류의 흐름이 빨라지고 기압이 하강

14 에너지 ③

위치에너지는 어떤 높이에 있는 물체가 가지는 에너지를 말한다. 운동에너지는 운동 중인 물체가 지니는 에너지이고, 역학적 에너지는 위치에너지와 운동 에너지의 합이다. 운동에너지는 스키점프 동작에서 스키점프대 이륙 직후부터 증가하다가 지면 착지 직전 가장 크다.

Tip
낙하하는 물체의 운동(공기 저항과 마찰 무시)

위치	최고점	→	지면
운동 에너지	최소	증가	최대
위치 에너지	최대	감소	최소
역학적 에너지	동일		
에너지 전환	위치 에너지 → 운동 에너지		

15 각운동의 운동역학적 분석 ②

각속도가 일정하므로 알짜 토크가 0이고, 덤벨 컬 운동에 작용하는 중력에 의한 토크와 팔꿈치가 작용하는 힘에 의한 토크의 크기가 같다.

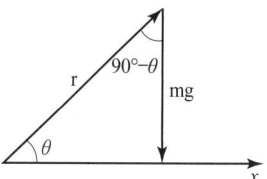

$\tau = rmg\sin(90° - \theta) = rmg\cos\theta$
$\cos\theta$값은 θ가 0일 때 1로 가장 크고, 90°일 때 0으로 가장 작으므로 ② 그래프가 옳다.

16 인체의 구조적 특성 답 ④

3종 지레는 힘점이 받침점과 작용점(저항점) 사이에 있다. 인체 지레의 대부분은 3종 지레에 해당되어 운동의 범위와 속도 면에서 이득을 본다.
【오답해설】
① 지레에 가해진 힘과 작용힘의 관계는 $\frac{작용된 힘}{가한 힘} = \frac{힘팔의 길이}{작용팔의 길이}$ 이므로, 저항팔이 힘팔보다 긴 경우에는 역학적 이득이 1보다 작다.
② 1종 지레는 받침점이 작용점과 힘점 사이에 존재한다.
③ 2종 지레는 작용점이 받침점과 힘점 사이에 존재한다.

Tip
힘팔과 작용팔
- 힘팔 : 힘점에서 받침점까지의 거리
- 작용팔 : 작용점에서 받침점까지의 거리

17 각운동의 운동역학적 분석 답 ②

관성모멘트란 외부의 회전력에 대해 물체의 운동 상태를 변화시키지 않으려는 저항 특성으로서, 외력이 없는 경우 관성모멘트와 각속도의 관계는 반비례한다. 회전축과 가까운 곳에 질량이 많이 분포해 있을수록 관성모멘트가 작아지므로 두 팔과 두 다리 모두 몸통 쪽으로 모으는 자세를 취했을 때 관성모멘트가 가장 작고, 따라서 각속도의 크기는 가장 크다. 반면, 다이빙 동작에서 몸을 펴면 관성모멘트가 증가하여 회전을 멈추게 된다.

18 선운동의 운동학적 분석 답 ③

투사거리=투사속도×체공시간=30m/s×2초=60m

19 일과 일률 답 ②

일률(power)은 단위시간당 수행한 일의 양, 즉 일의 빠르기를 나타내는 물리량으로서 일의 양을 작용 시간으로 나누어 구한다. 단위는 J/s, N·m/s, Watt를 사용한다.

20 인체 평형과 안정성 답 ③

일반적으로 기저면이 넓고, 무게중심이 기저면의 중앙과 가깝고, 무게중심의 높이가 낮을수록 안정성이 높아진다.

Tip
인체 안정성의 결정 요인

요인	안정적	불안정적
기저면	넓을수록	좁을수록
무게중심의 높이	낮을수록	높을수록
무게중심선과 기저면의 한계점	가까울수록	멀수록
질량과 마찰력	클수록	적을수록

스포츠윤리

01	02	03	04	05	06	07	08	09	10
①	③	①	③	②	②	④	④	①	①
11	12	13	14	15	16	17	18	19	20
③	②	②	③	①	②	②	③	④	④

01 스포츠맨십 답 ①

스포츠맨십은 스포츠 참여자 사이에서 규칙을 지키고 서로를 존중하자는 의미로 일반적 도덕규범을 통해 경쟁의 부정적인 요소를 억제하는 태도와 스포츠 경기에서 일반적인 윤리덕목을 지키고 강화하려는 정신을 강조한다. 따라서 패자에게 승리의 우월성을 과시하는 것은 스포츠맨십에 어긋나는 행위이다.

02 윤리이론 답 ③

결과론적 윤리관은 행동의 결과가 그 행동의 옳고 그름에 대해 판별하는 궁극적인 기준이 된다고 주장하며, 결과의 유용성만을 중시하거나 다수의 행복을 위해 규율의 적정성을 어기는 것을 허용하는 입장이다. 〈보기〉 중 이와 같은 윤리관에 해당하는 것은 ⓒ, ⓔ이다.

Tip
결과론적 윤리체계

특징	주어진 상황에서 그 행동을 했을 때 어떤 결과를 가져오는지 예상해 보고 더 좋은 결과를 가져오는 쪽으로 행동하는 것이 옳다고 주장
한계	• 결과의 유용성만을 중시하여 목적이 수단을 정당화하는 문제가 나타남 • 결과로 행위를 평가하기 때문에 정의의 문제가 소홀해질 수 있음 • 일반적인 사실로부터 도덕적인 당위를 추론하지 못할 수 있음

03 인종차별 답 ①

스포츠에 있어 인종차별은 특정 인종을 차별하거나 분리하는 것, 선수의 훌륭한 경기력을 노력이 아닌 생리학적·발생학적 요인에 의한 것으로 치부하는 것 등이 존재한다. 인종에 대한 고정관념 타파 및 평등에 대한 교육, 차별에 대한 처벌 강화 등을 통한 극복의 노력이 필요하다.

Tip
스포츠 인종주의
- 의미 : 스포츠에서 특정 인종을 차별하거나 분리하려는 것
- 선수의 훌륭한 경기력을 노력이 아닌 생리학적·발생학적 요인에 인한 것으로 폄하
- 인종차별 극복 방안
  - 다른 인종에 대한 고정관념 타파
  - 인종차별 극복과 관련된 교육
  - 인종차별적 발언 및 행동을 할 경우의 처벌 강화
  - 다양한 인종을 고려하고 존중하려는 노력이 필요

04 윤리이론 답 ③

덕윤리는 결과가 아닌 행위 그 자체가 도덕 규칙을 판단하기 위한 기준이 되는 것으로 의무·규칙 혹은 행위의 결과보다 도덕 행위자의 품성과 덕을 강조하는 윤리규범을 말한다. 스포츠를 덕윤리 관점으로 바라보면 '무엇이 올바른 행위인지'보다 '어떠한 행위를 하는 선수가 되어야 하는가'를 판단하는 데 더 주목한다.

Tip
덕윤리 체계
- 결과가 아닌 행위 그 자체가 도덕 규칙을 판단하기 위한 기준
- 행위의 시비를 결정하기 위해 도덕 법칙이 이용됨
- 결과와 무관하게 의도가 도덕적이라면 도덕적이라고 봄

05 스포츠윤리의 이해 답 ②

스포츠윤리는 다른 윤리와 다르게 스포츠라는 특수한 상황에서 적용된다. 즉, 스포츠 상황에서 발생하는 윤리 문제를 해결하는 데 필요하다. 스포츠윤리의 목표는 스포츠인의 행위에서 요구되는 도덕적 원리와 덕목을 고찰하고, 도덕적 의미의 용어를 스포츠 환경에 적용할 때 그 기준과 방법에 대해 탐색하며, 스포츠 상황에서 행동과 목적의 옳고 그름을 결정할 수 있는 근본원리를 탐색하는 것이다.

06 윤리이론 답 ②

선의지란 타고난 성향에 의해서가 아니라 도덕규칙에 따라 행동하려는 의지로, 칸트는 선의지를 제외하고는 어떤 것도 무조건 옳지 않다고 주장하였다. 또한 목적은 결코 수단을 정당화할 수 없다고 하였다.

Tip
칸트의 의무론

진실을 말하는 것과 약속을 지키는 것은 우리가 따라야 할 올바른 원칙이다. 그러므로 거짓말을 하거나 약속을 어기는 것은 그러한 행위들이 설사 좋은 결과를 가져온다고 하더라도 옳지 않은 것이다. 여기서 의무론의 특징은 그것이 '도덕적 옳음'이 '결과적 좋음', 즉 행복의 증진과는 상관이 없다는 것이다.

07 유전자 조작 답 ④

스포츠에서의 유전자 도핑, 즉 유전자 조작은 선수의 노력 없이도 비약적인 운동 수행 능력의 향상을 이끌어내므로 선수의 노력은 그 의미가 퇴색되며, 결국 스포츠 사회에 무질서를 야기한다. 이와 더불어 인간의 존엄성 침해, 종의 정체성 혼란, 부작용 등의 이유로 금지되고 있다. 스포츠에서의 유전자 조작 방지를 위해서는 선수 개인의 윤리적 책임과 더불어 지속적인 도핑 검사 개발이 이루어지는 등의 노력이 필요하다.

Tip
유전자 조작을 반대하는 이유

인간의 존엄성 침해	• 인간의 본질을 망각하고 기술만능주의에 빠지게 함 • 스포츠 상황에서 노력은 하지 않고 결과에만 집착하게 함
종의 정체성 혼란	• 선수가 운동을 위해 인위적으로 만들어진 존재가 됨 • 종의 경계를 무너뜨리게 됨 • 인간 존재에 대한 혼란이 야기됨
스포츠 사회 무질서 야기	• 선수의 노력이 퇴색됨 • 스포츠가 지향하는 가치가 상실됨
위험성	부작용 및 사망사고 발생

08 페어플레이 답 ④

평균적 정의란 누구에게나 공평하고 일관되게 분배하는 것으로, 개인 상호 간의 급부와 반대급부의 균형을 이루게 하는 것을 말한다. 일반적으로는 스포츠에서 동일한 골대의 규격을 적용하는 등의 평균적 정의가 적용된다.

【오답해설】
② 절차적 정의 : 결과보다 과정에 초점을 둔 정의로, 절차가 공정하면 그 결과도 공정한 것(시합 전 동전 뒤집기로 선·후공 결정)
③ 분배적 정의 : 각자에게 자신의 정당한 몫을 누릴 수 있게 하고 아무도 불만을 제기하지 않는 방식으로 분배함으로써 정의를 실현하는 것으로, 분배적 정의를 실현하기 위한 기준에는 절대적 평등, 업적, 능력, 필요 등이 있음(누진세)

Tip
스포츠에서의 정의

평균적(형식적) 정의	누구에게나 공평하고 일관되게 분배하는 것
분배적(실질적) 정의	필요, 업적, 환경 등을 고려하여 실질적으로 공정하게 분배하는 것
결과적 정의	최종적으로 나타난 결과에 주목
절차적 정의	절차가 공정하면 그 결과도 공정
교정적 정의	잘못 혹은 피해에 대한 대응

09 윤리이론 답 ①

칸트의 의무론적 윤리체계에서는 인간이 스스로 도덕적 의지를 추구하여 행위에 있어 선의지를 중시하는 입장이다. 이러한 관점에서 의무론적 윤리체계는 도덕 규칙이 서로 어긋날 경우 사회 전체의 이익이 아닌 개인에 치우치기 쉽다는 한계를 지니기도 한다.

【오답해설】
② 소수나 개인보다 전체의 행복이나 다수의 이익을 중시하는 공리주의의 한계이다.
③ 행위의 옳고 그름 판별, 도덕적 행위의 규범적 속성에 대하여 그것의 결과에 따르는 결과론적 윤리체계의 한계이다.
④ 인간이 추구해야 할 목적을 달성하기 위해 윤리나 도덕이 필요하다는 목적론적 윤리체계의 한계이다.

10 스포츠 폭력 ①

스포츠 상황에서의 '합법적 폭력'은 정해진 규칙 내에서 일어나는 허용된 폭력이라는 입장과 스포츠 상황이라 하더라도 폭력을 정당화할 수는 없다는 입장이 대응하는 양상으로 나타난다. 제시된 〈보기〉에서 '예진'은 스포츠에서 통제된 힘의 사용은 합법적 폭력으로서 신체의 탁월성을 가리는 스포츠의 한 형태로 허용이 가능하다는 입장이다. 반면, '승현'은 스포츠 상황에서의 폭력성이 규칙 내에서 이루어진다 하더라도 일상에서의 폭력과 다르지 않으며 따라서 스포츠 내에서의 폭력을 정당화할 수 없다는 입장이다.

Tip
격투스포츠의 윤리적 논쟁

찬성	• 규칙 안에서 일어나는 허용된 폭력 • 스포츠 상황에서의 폭력은 인간의 본능을 표현하는 것 • 신체의 탁월성을 가리는 스포츠의 한 형태
반대	• 아무리 스포츠 상황이어도 폭력을 정당화할 수는 없음 • 이종격투기를 허용함으로써 더욱 폭력성이 강화된 스포츠 등장이 가능 • 폭력성을 목적으로 하여 훈련하는 것은 스포츠 가치에 맞지 않음

11 용기구와 생체공학기술 활용 ③

야구의 압축배트, 최첨단 수영복 등은 신체의 탁월성을 겨루는 스포츠의 본질에 어긋나며 장비에 의존한 기록 단축을 야기한다는 이유에서 기록 향상에도 영향을 주게 되어 경기의 공정성을 약화시키는 요인이 된다.

12 스포츠경기의 목적 ②

• 현준 : 공정시합에 관해 목표 달성을 위한 실질적인 내용보다 의식이나 절차 선례 관습 등에 집착하는 '형식주의'에 입각한 관점을 보여준다. 즉, 승부조작이라는 불공정 행위보다 경기 규칙을 우선시하는 것이다.
• 수연 : 사람에게 도덕적 감정을 갖게 하는 보편적인 도덕성·이성적 요소인 에토스(ethos)에 기반하여 공정시험에 관한 관점을 주장하고 있다. 스포츠에서 에토스는 형식주의적 성향이 강한 규칙의 단점을 보완해주는 역할로서 포괄적이며 관습적인 규범을 말한다. 이는 규칙과 더불어 페어플레이를 유지하는 축이 된다. 즉 수연은 인간이 가진 보편적인 도덕적·이성적 요소를 중요시하는 '비형식주의'에 입각한 입장을 내세우고 있다.

Tip
상대방 설득에 필요한 3가지(아리스토텔레스)

• 로고스(이성) : 이성적·과학적인 것, 사고능력·이성 등의 의미
• 파토스(감성) : 감각적·신체적·예술적인 것으로 로고스와 대치되는 개념
• 에토스(도덕) : 사람에게 도덕적 감정을 갖게 하는 보편적인 도덕성·이성적 요소

13 윤리이론 ②

㉠ 측은지심은 남을 불쌍하다고 여기는 타고난 착한 마음이다. 경기에서 부상을 당한 상대 선수를 걱정하는 마음은 측은지심에 해당한다.
㉡ 수오지심은 자신의 옳지 못함을 부끄러워하고, 남의 옳지 못함을 미워하는 마음이다. 공정한 경기를 행하지 못한 자신의 행위를 부끄러워 하는 마음은 수오지심이다.

【오답해설】
• 사양지심 : 겸손하여 남에게 사양할 줄 아는 마음
• 시비지심 : 옳음과 그름을 가릴 줄 아는 마음

14 장애차별 ③

장애로 인해 스포츠 참여의 권리 및 기회를 비장애인과 동등하게 누리지 못하는 것을 스포츠 장애차별이라 한다. 장애 학생과 비장애 학생이 함께 체육수업에 참여할 수 있는 통합체육 프로그램은 장애 학생들에게는 체육수업에 참여할 기회를 제공하고, 비장애 학생들은 장애에 대한 편견을 없애는 효과를 얻을 수 있다. 장애차별을 개선하기 위해서는 장애인 선수를 비장애인과 구분하지 않고 동등한 대우를 해주어야 한다.

Tip
장애차별 없는 스포츠의 조건

• 장애인을 위한 스포츠 시설 확충
• 장애인이 참여할 수 있는 스포츠 대회 개최
• 장애인을 위한 스포츠 종목 및 프로그램의 확대
• 장애인스포츠지도사 교육·양성
• 지속적으로 스포츠 활동에 참여할 수 있는 여건 제공
• 장애인의 스포츠 참여를 위한 재정적 지원

15 스포츠와 환경윤리 ①

지속 가능한 스포츠 발달을 위해 자연환경을 훼손하는 건설을 반대하고 환경 오염의 피해를 최소화하려는 노력이 필요하다. 그러나 스포츠 시설의 개발 자체를 금지하는 것이 아니며 개발은 하되, 한정된 자원의 범위 내에서 지속 가능한 방법을 모색하는 것이 적절하다.

16 스포츠맨십 ②

㉠ 스포츠맨십 : 스포츠 참여자 사이에서 규칙을 지키고 서로를 존중하자는 의미로 일반적 도덕규범을 통해 경쟁의 부정적인 요소를 억제하는 태도와 스포츠 경기에서 일반적인 윤리덕목을 지키고 강화하려는 정신을 강조한다.
㉡ 페어플레이 : 스포츠인이 지켜야 할 정정당당한 행위로서 규칙을 준수하고 경쟁자에 대한 배려까지 포함하는 개념이다.
㉢ 규칙준수 : 규칙의 존중, 스포츠맨십, 페어플레이를 통해 게임을 존중하는 것이다.

17 학생 선수의 인권   답 ②

「국민체육진흥법」 제18조의3(스포츠윤리센터의 설립) 제4항에 따르면 스포츠윤리센터의 정관에 기재할 사항은 대통령령으로 정한다.

> **Tip**
>
> **국민체육진흥법 제18조의3(스포츠윤리센터의 설립)**
> ① 체육의 공정성 확보와 체육인의 인권보호를 위하여 스포츠윤리센터를 설립한다.
> ② 스포츠윤리센터는 법인으로 한다.
> ③ 스포츠윤리센터는 다음 각 호의 사업을 한다. (생략)
> ④ 스포츠윤리센터의 운영, 이사회의 구성 및 권한, 임원의 선임, 감독 등 스포츠윤리센터의 정관에 기재할 사항은 대통령령으로 정한다.
> ⑤ 스포츠윤리센터의 장은 업무 수행에 필요하다고 인정될 때에는 문화체육관광부장관의 승인을 받아 관계 행정기관 소속 공무원이나 관계 기관·단체 소속 임직원의 스포츠윤리센터 파견 또는 지원을 요청할 수 있다.
> ⑥ 스포츠윤리센터가 아닌 자는 스포츠윤리센터 또는 이와 비슷한 명칭을 사용하지 못한다.
> ⑦ 스포츠윤리센터는 문화체육관광부장관이 감독한다. 이 경우 문화체육관광부장관은 스포츠윤리센터가 제3항 각 호의 사업을 독립적으로 수행할 수 있도록 필요한 시책을 강구하고 보장하여야 한다.
> ⑧ 스포츠윤리센터에 관하여 이 법에서 정한 것을 제외하고는 「민법」 중 재단법인에 관한 규정을 준용한다.

18 페어플레이   답 ③

스포츠 경기는 어느 한쪽으로 치우치지 않고 경기의 조건이 평등하게 유지되는 스포츠의 공정성 규칙을 준수해야 한다. 제시된 〈보기〉에서는 국제육상경기에 사용된 의족이 특정 참가자에게 유리할 수 있다는 기술적 불공정을 이유로 출전금지를 결정한 사례이다.

19 성차별   답 ④

성차별의 주요 원인으로 지나치게 남성성, 여성성을 강조하며 성 역할 고정관념을 강요하는 경우를 들 수 있다. 그러나 여성성을 해치는 스포츠에의 여성 참가를 옹호하는 것은 성차별의 원인으로 보기는 어렵다.

> **Tip**
>
> **스포츠 성차별의 주요 원인**
> - 성 역할 고정관념 : 스포츠의 제반 영역에서 여성의 참여를 제한하는 논리로서 기능
> - 전통적인 가부장적 이념의 만연 : 남성 선수 중심의 스포츠 발전, 여성 선수 스스로 수동적 역할을 담당
> - 대중 매체의 편향적 보도 : 남성 스포츠 중심 보도
> - 남성 스포츠 조직이 지배적 위치를 차지

20 심판의 윤리   답 ④

심판에게 필요한 윤리적 덕목 중 공정성은 어느 한쪽에 치우치지 않는 공정한 판정을 하는 것을 의미한다. 심판은 특정 팀에게 유리하게 편파 판정을 하여서는 아니 된다.

> **Tip**
>
> **심판의 도덕적 조건**
>
> | | |
> |---|---|
> | 공정성 | 어느 한쪽에 치우치지 않음 |
> | 청렴성 | 심판 매수 등의 시도가 있어도 그에 현혹되지 않음 |
> | 편견과 차별 배제 | 오심과 편파 판정 방지 |
> | 자율성 | 외부의 지시나 간섭을 단호히 뿌리칠 수 있음 |
> | 전문성 | 한 번 내린 판정은 번복하기 힘들기 때문에 오랜 경험과 훈련을 바탕으로 정확한 판정을 내려야 함 |

특수체육론

01	02	03	04	05	06	07	08	09	10
①, ②	④	③	④	③	①	①	④	③	②
11	12	13	14	15	16	17	18	19	20
④	②	③	④	①, ③	②	③	④	①	②

01 특수체육의 의미 답 ①, ②

ICF에서 제시한 장애에 대한 개념을 살펴보면 환경적인 요인들에 의해서도 누구나 장애인이 될 수 있음을 인식(강조가 아님)하고, 장애를 유형별로 나누거나 기능에 따라 분류하기보다는 모든 사람을 대상으로 한 활동을 지향한다.

02 특수체육의 의미 답 ④

미국은 학교에서 배우고 있는 여러 교과목 중에서 유일하게 체육(physical education)에 대해서만 법으로 정의하고 있다. 미국의 학교 교육에서의 체육이란 체력, 기본 운동 기술과 양식, 그리고 수상 스포츠, 무용, 개인 및 단체 스포츠 등의 기술의 발달을 의미한다. 또한 체육은 특수체육(special physical education, adapted physical education), 움직임교육(movement education), 운동발달(motor development) 등을 포함하는 용어이다. 이는 체력, 기본 운동기술, 스포츠 기술의 발달을 의미하며, 체력은 건강 체력과 운동 체력, 기본 운동기술은 비이동 운동·이동 운동·조작운동, 그리고 스포츠 종목의 기술 등을 발달시킨다.

> **Tip**
> **체육을 구성하는 발달 내용별 요소**
> - 건강 체력 : 근력, 심폐 지구력, 유연성, 체지방 등
> - 운동 체력 : 순발력, 협응성, 평형성, 민첩성, 스피드 등
> - 비이동 운동 : 비틀기, 돌리기, 굽히기, 펴기, 흔들기, 서기, 밀기, 당기기 등
> - 이동 운동 : 걷기, 달리기, 뜀뛰기, 호핑, 갤로핑, 스키핑, 피하기, 구르기 등
> - 조작 운동 : 차기, 치기, 던지기, 받기, 굴리기, 잡기, 모으기 등
> - 스포츠 기술 : 스포츠 종목별 기초 운동, 복합 운동, 경기 기술 등

03 특수체육의 의미 답 ③

㉠ 정의적 영역 : 신체활동 참여를 통해 자아개념과 신체상을 강화하고 사회적 상호작용, 긍정적인 자기개념, 규칙 존중, 협동성 등을 습득·발달
㉡ 심동적 영역 : 기본적인 운동기술, 건강 및 운동체력, 게임 및 스포츠의 양식을 습득·발달
㉢ 인지적 영역 : 신체활동 지식, 놀이 및 게임의 방법과 규칙을 아는 지식, 게임 및 스포츠의 전략 지식 등 다양한 신체활동을 안전하게 수행할 수 있는 지식을 습득

04 특수체육 지도 전략 답 ④

개별화전환계획은 학교 졸업 후에도 지속적으로 체력이나 운동기술, 사회기술 등을 향상시킬 수 있도록 지역사회의 스포츠나 레크레이션, 레저 프로그램에 원활히 참여할 수 있는 기반을 조성해주는 것을 말한다. 학생들이나 부모가 인터뷰나 설문지를 통해 어떠한 스포츠에 흥미를 가지고 있는지 확인해 볼 필요가 있으며 더불어 지역에 있는 체육 시설이나 프로그램을 목록화하는 작업이 필요하다.

05 특수체육에서 사용하는 사정과 측정도구 답 ③

PAPS-D 검사는 비장애학생을 대상으로 개발·시행된 PAPS 학생건강체력평가를 바탕으로 2013년 개발된 장애학생건강체력평가이다. PAPS-D 검사에서는 각각의 체력검사가 지향하는 바에 따라 건강 수준 여부를 확인할 수 있는 준거 참조 기준과 상대적인 체력 수준을 확인할 수 있는 규준 참조 기준을 모두 확인할 수 있다. 〈보기〉의 내용은 상대적 위치를 제시하고 있으므로 규준 참조 검사에 해당한다.

06 특수체육에서 사용하는 사정과 측정도구 답 ①

PDMS-2 검사는 유아기 대근 운동 및 소근 운동 기능의 훈련 또는 개선을 위한 심층적 평가를 말한다. 다음 6개의 검사 항목을 통해 소근 운동, 대근 운동, 총 운동 등의 지수를 산출하여 운동발달의 정도를 평가한다.
- 반사 : 환경에 자동으로 반응하는 아동의 능력 측정(출생 후 11개월 유아에게 실시)
- 움켜쥐기 : 한 손으로 물건을 잡는 능력, 양 손의 손가락을 조절하며 사용하는 능력 측정
- 시각-운동 통합 : 시각적 지각 기술을 통해 물체 도달 및 쥐기, 모양 복사와 같은 복잡한 눈-손 조정 과제를 수행하는 능력 측정
- 비이동 운동 : 무게 중심을 조절하고 평형성 유지하며 신체를 제어하는 능력 측정
- 이동 운동 : 이동하는 아동의 능력 측정
- 물체 조작 운동 : 공 또는 물체를 조작할 수 있는 능력 측정(12개월 이상 아동에게 실시)

07 특수체육에서 사용하는 사정과 측정도구 답 ①

갤러휴와 오즈먼은 인간의 출생 후 생애 주기에 따라 운동발달과 제어에 일정한 순서가 있다고 제시했다. 반사 움직임, 초보 움직임, 기본 움직임, 전문화된 움직임의 순서이며 지각운동은 여기에 해당하지 않는다.

08 특수체육에서 사용하는 사정과 측정도구 답 ④

특수체육 프로그램 서비스 전달체계는 프로그램 계획 → 사정 → 개별화교육계획 → 교수·상담·지도 → 평가의 순서로 진행된다. 이때 평가는 끝이 아닌 이전 단계를 연속적으로 효과를 확인하는 과정이므로 비연속적인 것은 아니다.

> **Tip**
>
> **특수교육 프로그램 서비스 전달체계**
> - 프로그램 계획 : 개인의 요구는 물론 학교와 지역사회의 철학에 따라 적절한 체육의 목적을 설정하는 것을 의미
> - 사정 : 개인과 환경에 대한 검사, 측정, 평가로 구성되는 과정
> - 개별화교육계획 : 장애로 인한 발달상의 차이로 인해 단일 교육과정으로는 개인의 필요를 충족시키기 어렵기에 개인의 발달에 적합한 교육 프로그램을 계획하고 시행하는 것을 의미
> - 교수/상담/지도 : 최적의 운동 수행을 도모하기 위해 심리·운동적 요소들을 변화시키는 과정
> - 평가 : 학습 정도와 프로그램의 효과를 확인하는 연속적인 과정

09 특수체육 지도 전략 답 ③

개별화교육계획은 개인의 능력을 계발하기 위해 장애유형 및 특성에 적합한 교육목표, 교육방법, 교육내용, 특수교육 관련 서비스 등이 포함된 계획을 수립하여 실시하는 교육을 말한다. 이때 계획된 목표와 학생의 수행능력 향상이 어느 정도 일치하는지를 확인하기 위한 기능은 평가 기능에 해당한다.

> **Tip**
>
> **IEP의 기능**
> - 관리도구 : 부모, 교사 및 행정가가 특정 학생에게 어떤 교육적 서비스와 관련 서비스를 시행하고 있는지를 파악할 수 있도록 함
> - 점검도구 : 서비스 제공의 효율성 및 자원 사용의 효과성 등을 점검
> - 평가도구 : 계획된 목표와 학생의 수행능력 향상이 어느 정도 일치하는지를 평가
> - 의사소통 수단 : 부모와 학교 직원들 간 의사소통 수단으로서의 기능을 하며, 의사결정 시 이들에게 동등한 참여 기회를 부여

10 특수체육의 의미 답 ②

블룸의 교육 목표 영역은 심동적, 정의적, 인지적 영역이 있다. 그중 심동적 영역(psychomotor domain)은 인간의 조작적 기능·운동 기능·신경 근육의 발달 정도나 숙련 정도, 신체의 운동 기능을 사용하고 조절하는 능력과 관련된 행동 능력을 의미한다. 신체와 관련된 대부분의 운동 기능·신경 근육과 관련된 기능 및 지각 활동 등이 모두 여기에 포함된다. 즉, ㉠, ㉢이 심동적 영역에 해당한다.

【오답해설】
㉡ 정의적 영역(affective domain) : 어떤 일에 단순히 주의를 기울이는 것에서부터 복잡하면서도 내면적으로 일관성 있는 인격·양심에 이르기까지 넓은 범위로서, 인간의 흥미·태도·감상·가치관·감정·신념 등에 관련되는 특성을 포함한다.
㉣ 인지적 영역(cognitive domai) : 지식, 이해력, 적용력, 분석력, 종합력, 문제 해결력, 논리적 사고력, 비판적 사고력, 창의력, 평가 능력 등과 같이 하위 정신 기능부터 고등 정신까지 정신 능력에 해당하는 모든 지적 행동 특성을 포함한다.

11 자폐성장애의 특성과 지도 전략 답 ④

〈보기〉에서 '인사하거나 함께 놀지 않는다', '반응하지 않거나 눈을 맞추지 않는다', '반복적인 행동', '특정 언어 말 반복' 등은 자폐성 장애의 특징이다.

【오답해설】
① 청각장애 : 두 귀에 들리는 보통 말소리의 최대의 명료도가 50% 이하인 사람
② 지적장애 : 정신 발육이 항구적으로 지체되어 지적 능력의 발달이 불충분하거나 불완전하고 자신의 일을 처리하는 것과 사회생활에 적응하는 것이 상당히 곤란한 사람
③ 뇌병변장애 : 뇌성마비, 외상성 뇌손상, 뇌졸중 등 뇌의 기질적 병변으로 인하여 발생한 신체적 장애로 보행이나 일상생활의 동작 등에 상당한 제약을 받는 사람

12 주요 장애인스포츠와 올림픽 답 ②

방향정위는 시각장애인이 주위 환경을 이해하여 자신의 현재 위치와 이동하고자 하는 방향을 알기 위한 과정이다. 따라서 주어진 목표는 방향정위 영역을 나타낸 것이다.

【오답해설】
① 신체상(body image) : 신체상은 신체에 대하여 갖는 느낌이나 태도로서, 자신의 신체 부위와 기능에 대한 만족의 정도
③ 신체 정렬(physical alignment) : 신체 내부의 중심을 잃지 않고 기능하는 정렬된 지각과 인지
④ 동측협응(ipsilateral coordination) : 신체의 같은 쪽의 효율적인 동작 패턴을 위해 개별 운동 시스템을 통합하는 것

> **Tip**
>
> **골볼**
> - 실명한 퇴역 군인들의 재활을 위해 고안된 장애인용 팀 스포츠 경기
> - 소리 나는 공을 이용해 상대팀 골대에 볼을 넣는 경기
> - 시각장애인들에게 가장 비중 있는 엘리트 스포츠

13 청각장애 특성과 지도 전략 답 ③

전음성 난청은 청각 관련 신경 손상으로 인한 것이 아니며, 소리를 내이로 전달하는 외이와 중이에 있는 청각기관의 장애로 인해 청력이 손실된 형태이다. 일반적으로 수술로 개선이 가능하며 구화 및 보청기 사용으로 일상생활이 가능하다.

【오답해설】
① 혼합성 난청(mixed hearing loss) : 전음성 난청과 감음신경성 난청이 함께 나타나는 경우로 구체적인 원인의 파악이 어려운 상태이며, 인공와우 시술 등으로도 청력의 확보가 어려움
④ 감각신경성 난청(sensorineural hearing loss) : 내이의 기형, 청신경의 기능 감소, 중추성 청각 기관의 질환 등 다양한 원인에 의해 발생하는 난청이며, 외이에 전달된 소리를 전기적 신호로 바꾸어 청신경으로 전달하는 과정에 문제가 발생함

14 지적장애 특성과 지도 전략   답 ④

피아제의 인지발달 단계는 다음과 같다.
- 감각운동기(0~2세) : 신체 오감을 이용한 초기 인지활동을 한다.
- 전조작기(2~7세) : 언어가 급격히 발달하고, 상징적 사고가 증가하므로 리듬, 댄스 등 평행놀이와 연합 놀이를 한다.
- 구체적 조작기(7~11세) : 눈에 보이는 것에 한해 논리적 사고가 가능하고 언어와 활동이 좀 더 정교화된다.
- 형식적 조작기(11세 이후) : 논리적 사고 과정을 사용할 수 있는 능력이 증가한 것으로 추상적 개념을 이해하고, 사고하고 문제를 해결하는 데 구체적인 사물이 없어도 추상적 개념을 활용할 수 있다.

따라서 ㉠~㉣의 목표는 모두 적절하다.

15 ADHD 특성과 지도 전략   답 ①, ③

주어진 〈표〉에서 야구선수는 주의력 결핍, 과잉행동, 충동성 등의 행동으로 보아 ADHD(주의력결핍 및 과잉행동장애)로 관찰된다.
ADHD는 장애인복지법에 명시되어 있지 않은 장애이다. 한국 ADHD협회 DSM-5의 진단기준에 따르면 ADHD는 적어도 2군데 이상에서 증상이 보이며, 주의력 결핍, 과잉행동 또는 충동성 평가항목 중에서 6개 이상의 항목이 최소 6개월 이상 지속되어야 하고, 12세 이전에 있어야 한다고 한다.

Tip
ADHD의 진단기준(DSM-5;APA, 2013)
- 부주의함 그리고/또는 과잉행동-충동성의 지속적인 패턴이 기능 또는 발달을 방해하며 1)과 2) 중 적어도 하나 이상에 해당되어야 함
  1) 부주의함(inattention) : 다음 중 적어도 6개 이상의 증상이 적어도 6개월 이상 지속되어야 하며, 이러한 증상이 발달 수준에 맞지 않고 사회적, 학업적/직업적 활동에 직접적으로 부정적인 영향을 미쳐야 함
     1. 학업이나 일, 혹은 다른 활동을 할 때 세밀하게 주의 집중을 하지 못하거나 부주의하여 실수를 자주 함
     2. 과제 또는 놀이를 할 때 지속적인 주의 집중에 자주 어려움이 있음
     3. 다른 사람이 앞에서 말할 때 자주 잘 귀기울여 듣지 않는 것처럼 보임
     4. 지시에 따라서 학업이나 집안일 또는 자신이 해야 할 일을 자주 끝내지 못함
     5. 과제나 활동을 체계적으로 하는 데 자주 어려움이 있음
     6. 공부나 과제와 같이 지속적인 정신적 노력이 필요한 활동을 자주 피하거나 싫어하거나 하지 않으려고 저항함
     7. 과제나 활동을 하는 데 필요한 것들을 자주 잃어버림
     8. 자주 외부 자극에 의해 쉽게 산만해짐
     9. 일상적인 일을 자주 잊어버림
  2) 과잉행동(Hyperactivity)/충동성(Impulsivity) : 다음 중 적어도 6개 이상의 증상이 적어도 6개월 이상 지속되어야 하며, 이러한 증상이 발달 수준에 맞지 않고 사회적, 학업적/직업적 활동에 직접적으로 부정적인 영향을 미쳐야 함
     1. 가만히 앉아 있지 못하고 손발을 움직이는 등의 행동을 자주 보임
     2. 수업시간 또는 가만히 앉아 있어야 하는 상황에서 자주 일어나 돌아다님
     3. 자주 상황에 맞지 않게 과도하게 뛰어다니거나 기어오름
     4. 조용히 하는 놀이나 오락활동에 참여하는 데 자주 어려움이 있음
     5. 자주 쉬지 않고 움직이거나, 모터가 달려서 움직이는 것처럼 행동함
     6. 자주 말을 너무 많이 함
     7. 자주 질문이 끝나기도 전에 대답을 불쑥 해버림
     8. 자주 차례를 기다리지 못함
     9. 자주 다른 사람을 방해하거나 참견함
- 몇 가지의 부주의 또는 과잉행동-충동성 증상이 12세 이전에 나타남
- 몇 가지의 부주의 또는 과잉행동-충동성 증상이 두 가지 또는 그 이상의 환경에서 존재함(예 가정, 학교나 직장, 친구들 또는 친척들과의 관계, 다른 활동)
- 증상이 사회적·학업적 또는 직업적 기능의 질을 방해하거나 감소시킨다는 명확한 증거가 있음
- 조현병, 기타 정신장애 경과 중에만 발생되지 않으며 다른 정신질환(예 기분장애, 불안장애, 해리장애, 성격장애, 물질중독 또는 금단)으로 더 잘 설명되지 않음

16 시각장애 특성과 지도 전략   답 ②

녹내장은 안압 상승으로 인한 시신경의 손상으로 인해 발생한다. 안압이 상승하면서 시력 감소, 두통, 구토, 충혈 등의 증상이 나타날 수 있다.

【오답해설】
① 백내장 : 수정체 혼탁의 위치와 정도, 범위에 따라 다양한 정도의 시력 감소가 나타난다. 한쪽 눈으로 봐도 사물이 두 개로 겹쳐 보이는 증상이 나타날 수 있으며, 수정체의 중심부가 딱딱해져 수정체의 굴절률이 증가하면 근시 상태가 되므로 근거리가 이전보다 잘 보이게 될 수 있다.
④ 황반변성 : 망막의 노화에 의해서 발생하는 변성으로 사물이 구부러져 보이는 증상이 있다.

17 청각장애 특성과 지도 전략   답 ③

한국수어사전에 의하면 ㉠은 '농구', ㉡은 '고맙습니다' ㉢은 '반갑습니다'라는 의미이다.

18 지체장애 특성과 지도 전략   답 ④

FITT에서 마지막 T는 유형을 의미하는 Type에 해당한다. 즉 유산소성 운동을 할지, 저항성 운동을 할지, 근력 운동을 할지 등을 선택하거나, 지루함을 줄이기 위해 두 가지 이상의 운동을 선택하는 것을 말한다.

> **Tip**
> **FITT**
> - F(frequency)-빈도 : 주당 운동을 수행해야 하는 일수를 설정
> - I(intensity)-강도 : 목표로 하는 운동 강도 설정
> - T(time)-시간 : 운동시간을 나타내며, 이것은 일반적으로 활동의 분 단위로 설정
> - T(type)-유형 : 운동의 형태 또는 종류 설정

19 지체장애 특성과 지도 전략 　답 ①
휠체어농구의 경우 정도의 차이는 있지만 상반신 사용이 가능한 운동이다. 흉추 1번~2번 사이 손상인 경우 하반신의 마비는 있을 수 있지만 상반신에 대한 움직임이 완전히 불가능한 것은 아니므로 참여가 가능하다.

20 주요 장애인스포츠와 올림픽 　답 ②
보치아는 뇌성마비 중증 장애인 및 운동성 장애인만이 참여 가능한 종목으로 공을 던져 표적구에 가까운 공의 점수를 합하여 승패를 겨루는 경기이다. 보치아의 세부 경기종목으로는 개인전, 2인조(페어), 단체전이 있고, 공 1세트는 적색 구 6개, 청색 구 6개, 흰색 표적구 1개로 구성된다. 경기에 참여하기 위해서는 휠체어뿐만 아니라 스쿠터 또는 침대 형태(승인된 문서가 있는 경우)로 된 것도 사용 가능하다. 선수는 경기보조자의 도움을 받을 수 있다. 다만 선수가 공을 투구하는 동안 경기보조자는 휠체어를 밀거나 포인터를 조정해주는 등의 방법으로 선수의 투구를 돕는 신체접촉을 해서는 안 된다.

> **Tip**
> **보치아 경기 방법**
> 표적구를 먼저 던져놓고 적색공과 청색공을 규칙에 의해 모두 던진 후 표적구에 가까운 공의 숫자가 점수가 되며 규칙에 의한 엔드 후 이 점수의 합으로 승패를 결정한다. 경기는 남·여 구분이 없는 혼성 경기로서, 두 사이드로 구성되며 풀리그 방식으로 진행된다. 경기용 공은 적색과 청색 각 6개의 시합공과 백색의 표적구 1개로 구성된다. 공을 던지거나 굴리는 방법은 어떤 방법으로든 가능하며, 공을 잡거나 던지기가 불가능할 경우 홈통을 이용하여 굴려서 경기할 수도 있다.

유아체육론

01	02	03	04	05	06	07	08	09	10
④	③	①	④	④	③	①	④	①	②
11	12	13	14	15	16	17	18	19	20
④	③	①	④	①	②	②	③	③	②

01 유아기의 특징 　답 ④
영유아기는 인간의 두뇌 성장 급등기로 뇌가 급속하게 발달되고 인지발달도 많이 이뤄진다. 출생 시 신생아의 두뇌 무게는 성인의 약 1/4정도이다. 생후 약 6개월에는 성인 두뇌 무게의 약 50%이며, 3세경에는 약 75%이고 6세경에는 약 90% 정도에 도달한다.

02 유아기의 특징 　답 ③
시지각은 눈으로 유입되는 주위 자극을 받아들이고 자신의 경험에 비추어 적절히 행동반응을 만들어 내는 과정이다. 형태지각은 영유아가 형태를 식별하고 색깔 변별력은 다소 떨어지지만 직선보다는 곡선, 규칙적인 형태보다는 불규칙적인 형태 등을 선호한다.
③ 공간지각에 해당한다.

03 유아기 운동발달 프로그램 　답 ①
기본움직임기술은 비이동 운동, 이동 운동, 조작 운동이 있다. 조작 운동은 쓰기, 그리기, 던지기, 차기, 굴리기, 튀기기, 잡기, 공 멈추기 등이 있다.

> **Tip**
> **기본움직임기술**
> - 비이동 운동(안정성) : 굽히기, 비틀기, 물구나무서기, 구르기, 멈추기 등
> - 이동 운동 : 걷기, 달리기, 점핑, 갤로핑, 슬라이딩, 호핑 등
> - 조작 운동 : 때리기, 튀기기, 되받아치기, 던지기 등

04 체육프로그램 지도를 위한 환경 　답 ④
유아체육 지도환경 조성 원칙에는 안전성, 경제성, 흥미성, 효율성이 있다. 경제성은 안정성과 직결되는 문제로, 견고함과 재료의 반영구적 특성을 고려한 지도환경을 조성해야 한다. 건강 저하나 활동의 위험성이 없도록 지도환경 조성하는 것은 안전성과 관련이 있다.

> **Tip**
>
> **유아체육 지도환경 조성 원칙**
>
> | 흥미성 | 호기심, 모험심 등을 표현할 수 있는 환경 조성은 체육활동에 대한 흥미와 적극적인 수업태도를 이끌 수 있음 |
> |---|---|
> | 안전성 | 체육수업 간 환경의 안정성이 보장되지 않으면 유아의 건강을 해칠 수 있음 |
> | 필요성 | 수업 장소의 음향시설, 냉난방시설 등은 수업의 효과적인 진행을 위해 고려해야 함 |
> | 경제성 | 안정성과 직결되는 문제로, 견고함과 재료의 반영구적 특성 등을 고려하여 경제성이 있는 것을 선택해야 함 |

05 유아기 운동발달   답 ④

전문화된 움직임 중 적용 단계는 11~13세에 주로 보인다. 이 시기는 숙련되고 효율적인 움직임과 협응력이 발달된 단계이며 흥미에 따라 스포츠를 선택하며 정확성과 더불어 양적 측면이 강조된다. ④는 성인기(후기)에 보여지는 모습으로 운동 수행 능력이 감소한다.

> **Tip**
>
> **갤라휴의 운동발달단계**
> - 반사적 움직임-태아기 : 본능적 수행, 눈, 손 잡기 등
> - 초보적 움직임-영아기 : 기어다니기, 걷기, 잡기 등
> - 기초 움직임-유아기 : 운동능력이 빠르게 발달, 던지기, 차기, 굽히기 등
> - 전문화된 움직임-아동기 : 효율적 움직임, 동작연결, 협응력 상승, 스포츠 참여 시기
> - 성장과 세련 단계-청소년기 : 남녀 운동 수행능력 차이, 사회문화적 영향
> - 퇴보단계-성인기 : 운동 수행 능력 감소

06 유아기의 특징   답 ③

신체활동을 통한 자기개념이란 자신의 신체에 대한, 전반적 생각 또는 개념으로 자신의 비만, 유연성, 근력 등에 대한 생각이다. 운동을 통해 개인의 신체 능력을 높임으로써 신체에 대한 자아에 긍정적 변화를 일으키고 건전한 성격 발달에 영향을 끼친다. 따라서 ⓒ, ⓔ가 이에 해당한다.

07 유아기 운동발달 프로그램   답 ①

- 피카는 동작활동을 문장구조에 비유하면서 동작 기술은 동사, 동작 요소는 부사에 해당한다고 했다. 동작 요소는 공간, 시간, 힘, 흐름, 형태, 리듬으로 구성된다고 했다.
- 퍼셀은 동작요소를 신체 인식(전신의 움직임, 신체 부분의 움직임, 신체 모양), 공간 인식(개인공간-일반공간, 방향, 수준, 범위, 경로), 노력(공간, 시간, 힘, 흐름), 관계(신체와 물체 등)로 구분하였다.

따라서 ㉠ 공간, ㉡ 시간, ㉢ 관계가 들어간다.

08 유아기 운동발달   답 ④

기본움직임기술의 발달 단계는 시작, 초보, 성숙이 있다.
- 시작 : 첫 움직임이 나타나므로 비교적 미숙하고 비협응적이다.
- 초보 : 협응력, 자연스러운 수행 능력이 발달하고 통제력도 증가한다.
- 성숙 : 움직임이 통합되고 정확하고 효율적으로 발달하게 된다.

주어진 〈표〉의 설명에 따르면 ㉠은 초보, ㉡은 성숙에 해당한다.

09 유아기 운동발달 이론   답 ①

에릭슨의 심리사회발달 단계에 의하면 신뢰감 대 불신감은 일관성 있는 양육자의 사랑을 느끼지 못할 경우 양육자에 대한 거부적 태도가 나타난다. 정체감을 확립하지 못한 경우 자신감을 가지지 못하는 것은 자아 정체감 대 역할 혼미 단계에서 나타난다.

> **Tip**
>
> **에릭슨의 심리사회발달 단계**
> - 신뢰감 대 불신감(0~1세)
>   (신뢰감) 일관성 있는 양육자의 사랑
>   (불신감) 양육자의 거부적 태도
> - 자율성 대 수치심(2~3세)
>   (자율성) 언어를 습득하여 자기주장 표현
>   (수치심) 유아에게 무능감을 주는 엄격한 부모
> - 주도성 대 죄책감(4~5세)
>   (주도성) 탐색의 자유 허용, 아동의 질문에 충실히 답하기
>   (죄책감) 아동의 활동의 제한 및 간섭, 아동의 질문에 불성실하게 답하기
> - 근면성 대 열등감(6~11세)
>   (근면성) 새로운 것을 학습할 기회를 부여받고, 성취한 것을 인정받는 경우
>   (열등감) 성취할 기회를 갖지 못한 경우, 결과에 대해 비난을 받는 경우
> - 자아정체감 대 역할 혼미(12~18세)
>   (자아정체감) 자신의 존재 및 가치에 대한 인식
>   (역할 혼미) 신체적 불안감, 성 역할과 직업 선택의 불안정을 겪은 경우
> - 친밀감 대 고립감(18~30세)
>   (친밀감) 타인과 친밀한 인간관계 형성 및 유지 경험
>   (고립감) 친밀한 관계 형성 실패를 겪는 경우
> - 생산성 대 침체(31~64세)
>   (생산성) 자녀나 다음 세대의 지도과정에 참여하거나 타인과 사회를 위해 노력하는 과정에서 형성
>   (침체) 생산성을 발휘하지 못하는 경우
> - 자아통합 대 절망(65세 이후)
>   (자아통합) 자신의 인생에 대해 만족함
>   (절망감) 인생을 후회하거나 죽음을 두려워함

10 유아기 운동발달 답 ②

반사는 생존과 직결된 생존반사와 생존과 관련없이 일정 기간이 지나면 사라지는 원시반사로 구분할 수 있다.
- 생존반사 : 빨기반사, 당김반사, 낙하산반사, 버티기반사, 삼킴반사, 하품반사 등
- 원시반사 : 모로반사, 놀람반사, 탐색반사, 바빈스키반사, 비대칭목경직반사 등

> **Tip**
> **반사의 종류**
> - 모로(Moro) : 아기 머리의 갑작스러운 위치 변화나 강한 소리·빛에 반응해 무엇인가 껴안으려고 하는 행동
> - 당김(pull-up) : 바로 누운 자세에서 팔을 잡고 끌어당겨 앉은 자세가 되게 할 경우 머리를 들지 못하고 팔을 굽히지 못하는 반사
> - 바빈스키(Babinski) : 발바닥을 간질일 때 발바닥을 모아 구부리는 행동
> - 비대칭목경직(asymmetrical tonix neck) : 누워있는 상태에서 머리를 한쪽 방향으로 돌리는 자극에 의해 출현하며 머리가 돌아간 방향과 같은 방향의 팔과 다리가 펴지는 행동
> - 낙하산(parachute) : 몸통의 양쪽을 양손으로 붙들고 갑자기 떨어뜨리는 시늉을 하면, 영아가 자연적으로 양쪽 상지를 뻗어 얼굴의 상처가 나지 않게 하는 행동

11 체육프로그램 지도를 위한 환경 답 ④

영아는 1세 이하 혹은 2세라도 체중이 10kg 이하인 사람을 말하며, 기도폐쇄 응급처치법은 등 두드리기 5회, 흉부압박 5회, 입안의 이물질 제거가 권장된다. 등 두드리기를 할 경우 영아의 머리를 가슴보다 낮게 하고, 영아를 안은 팔을 허벅지에 고정시킨 뒤 손바닥으로 두드린다. 흉부압박을 할 경우 마찬가지로 머리를 가슴보다 낮게 하여 영아를 안은 팔을 무릎 위에 놓고 검지와 중지를 흉골에 올려놓고 압박을 시행한다. 마지막으로 영아의 구강 내 이물질을 확인하고 손에 닿는 것만 제거한다. 이 과정을 영아가 의식을 되찾거나, 이물이 배출되거나, 힘차게 숨을 쉬거나, 기침을 할 때까지 반복 시행한다.

12 유아기 운동발달 프로그램 답 ③

체력은 건강체력과 운동체력으로 구분된다. 건강체력은 근력·근지구력, 심폐지구력, 유연성이 있고, 운동체력은 순발력, 민첩성, 협응성, 평행성(균형성)이 있다.

【오답해설】
㉠ 순발력은 운동체력이다.
㉣ 1분간 앉았다 일어나기는 근력·근지구력의 검사방법이다.

> **Tip**
> **체력의 구분**
> - 건강체력
>
> | 근력·근지구력 | 1분간 앉았다 일어나기, 팔굽혀펴기 |
> |---|---|
> | 심폐지구력 | 오래달리기, 수영, 자전거 타기 |
> | 유연성 | 다리 벌리기, 어깨와 귀 닿기 |
>
> - 운동체력
>
> | 순발력 | 높이뛰기, 멀리뛰기, 공 던지기 |
> |---|---|
> | 민첩성 | 왕복 달리기, 방향 바꾸기, 소리듣고 움직이기 |
> | 협응성 | 그림자놀이, 박수치며 걷기 |
> | 평형성(균형성) | 평균대 걷기, 한발로 서기 |

13 유아체육 관련 법 및 지침 답 ①

2022년 개정 교육과정 초등학교(3~4학년군) 성취기준은 다음과 같다.
- 운동 : 운동과 체력의 의미를 이해하고 관계를 파악한다. 기본 체력 운동의 방법과 절차를 익히며 자신의 수준에 맞는 운동을 시도한다.
- 스포츠 : 기본 움직임 기술의 의미와 종류를 이해하고 스포츠와의 관계를 파악한다. 움직임 요소에 따른 기본 움직임 기술의 수행 방법을 파악하고 시도한다.
- 표현 : 표현 활동의 의미와 기본 움직임 기술과의 관계를 파악한다. 움직임의 심미적 표현에 대한 호기심과 감수성을 나타낸다.

14 유아기 운동발달 프로그램 답 ④

조작운동에서 추진은 굴리기, 던지기, 치기, 튀기기 등이고, 흡수는 잡기, 공 멈추기 등이 있다. 지각운동의 구성요소 중 공간은 상황에 따라 움직임의 범위 조절하는 법 익히기, 시간은 속도를 빠르고 느리게 하기 등에 따라 학습할 수 있다.

> **Tip**
> **지각운동발달 프로그램 구성요소**
>
> | 신체지각 | · 신체 움직임에 대한 지각 운동
· 근 긴장과 이완의 지각 |
> |---|---|
> | 공간지각 | · 움직임의 서로 다른 높이
· 낮게, 높게, 멀리, 가까이 |
> | 방향지각 | 서로 다른 방향을 인지하고 어떻게 방향을 전환하는지 |
> | 시간지각 | · 리듬에 맞춘 동작
· 빠르게, 느리게, 갑작스럽게, 천천히 |
> | 관계지각 | · 신체를 구부려서, 둥글게
· 사물이나 다른 사람과 위, 아래, 가까이, 멀리 |
> | 움직임의 질 | 균형, 속도에 대한 식별 |

15 유아체육 지도방법 답 ①

㉠ 특이성 : 개개인의 유전과 환경요인이 반영된 개인차를 고려하여 유아체육 프로그램을 구성한다.
㉡ 탐색적 방법 : 학습의 결과보다는 과정에 중점을 두어, 시범이나 언어적 설명이 없이 유아가 자신에게 적합하다고 생각하는 활동 과제를 수행한다.

【오답해설】
- 연계성 : 기초부터 향상까지 잘 조직된 프로그램을 구성해야 한다. 신체발달뿐만 아니라 정서적·사회적 발달을 위한 교육 프로그램과의 연계성이 필요하다.
- 과제 중심 접근 : 유아의 활동은 교사가 정하지만 일부 유아의 의사결정이 허용된다. 활동수준이 여러 가지 있음을 설명하고 시범보이기, 유아 자신의 수준을 선택하여 과제 연습하기 등이 있다.

16 유아기 운동발달 프로그램 답 ②

제자리멀리뛰기는 팔을 앞뒤로 흔들다가 뛰는 순간에 무릎을 굽혔다 펴면서 반동을 준다. 뛰는 순간 만세를 부르듯이 팔을 앞으로 들어 올려 머리 위로 쭉 펴면서 뛰어오른다. 상체를 숙이고 무릎을 가슴 쪽으로 끌어당기며 착지한다.

17 유아체육 관련 법 및 지침 답 ②

미국 질병통제예방센터(CDC)에 의하면 미취학 아동의 보호자는 아이에게 친구들과 활동을 선택할 수 있는 더 많은 자유를 주는 것이 좋다. 다른 아이들과 노는 것은 아이가 나눔과 우정의 가치를 배우는 데 도움이 될 수 있다.

18 유아체육 지도방법 답 ③

실제학습시간을 증가시키기 위해서 수업 전 미리 교구를 배치하고, 유아의 호기심을 불러일으킬 수 있는 환경을 조성한다. 운동이 어느 정도 익숙해지는 시기에는 이동과 대기 시간을 최소화하기 위해 순환식으로 배치하는 것이 좋다.

19 유아체육 관련 법 및 지침 답 ③

㉠ 유산소 : 고강도 운동을 최소 주 3일 이상 중강도에서 고강도로 진행하는 것이 좋다. 하이킹, 달리기, 수영 등이 포함되며 성장발달에 적절한 활동이다.
㉡ 저항 : 주 3일 이상 체중을 저항으로 사용하거나 8~15회 최대한 반복하는 것이 좋다. 줄다리기나 팔굽혀펴기 및 윗몸일으키기 등이 포함된다.
㉢ 뼈 강화 : 주 3일 이상 충격 또는 근력 발현을 통해 중증도에서 강하게 뼈에 부하를 주는 데 중점을 둔 다양한 활동을 하는 것이 좋다. 줄넘기, 농구, 저항트레이닝 등이 포함된다.

Tip

어린이와 청소년을 위한 FITT(빈도, 강도, 시간, 형태) 권고사항

구분	유산소 운동	저항 운동	뼈 강화 운동
빈도	고강도 운동을 최소 주 3일 이상 포함	주 3일 이상	주 3일 이상
강도	중강도에서 고강도	체중을 저항으로 사용하거나 8~15회 최대한 반복	충격 또는 근력 발현을 통해 중증도에서 강하게 뼈에 부하를 주는 데 중점을 둔 다양한 활동
시간	하루 60분 이상의 운동시간에 포함		
형태	술래잡기/달리기 게임, 하이킹/활기차게 걷기, 줄넘기, 뛰어넘기, 농구, 테니스 등	근육 강화 신체활동은 구조화되지 않은 활동(놀이터 기구에서 놀기, 나무 오르기 등)이나 구조화되고 적절하게 감독할 수 있는 활동(팔굽혀펴기, 윗몸일으키기 등)	달리기, 줄넘기, 농구, 테니스, 저항트레이닝 등

20 체육프로그램 지도를 위한 환경 답 ②

유소년 체육활동 시 가능한 더운 공간에서 활동하면 체온이 너무 올라가기 때문에 여름에는 시원한 공간에서, 겨울에는 따뜻한 공간 등에서 활동하여 체온유지가 되도록 해야 한다.

노인체육론

01	02	03	04	05	06	07	08	09	10
②	④	①	①	②	④	④	①	③	②
11	12	13	14	15	16	17	18	19	20
④	④	③	③	③	①	③	④	③	③

01 노화의 개념 답 ②

기대수명은 출생자가 출생 직후부터 생존할 것으로 기대되는 평균 생존 연수를 말하므로 자살이나 교통사고로 인한 생존 기간은 계산에 포함되지 않는다. 평균수명은 어떤 연령의 사람이 평균해서 몇 년 살 수 있는가에 대한 기댓값으로 0세의 평균여명(平均餘命)을 말하므로 둘의 개념이 동일하다고 보기 어렵다.

02 근골격계·신경계 질환 운동프로그램 답 ④

무릎골관절염인 경우 관절의 상해와 통증이 발생하지 않는 범위에서 운동을 실시하고 통증이 지속될 시 운동을 중단하는 것이 좋다. 운동시간을 짧게 하고 저·중강도 운동을 실시하여 무릎관절에 충격이 적은 운동을 권장한다.

03 운동권고 지침 및 운동방안 답 ①

기능 관련성 원리는 일상생활에서 수행하는 동작들을 모방한 운동을 선택하여야 한다는 것을 말한다.

【오답해설】
② 난이도 원리 : 운동이 개인의 고유의 능력에 맞게 난이도를 제공해야 하지만 이것을 넘지 않아야 한다는 원리
③ 점진성 원리 : 신체가 적응하는 시기에 맞추어 점진적으로 난이도를 증가시킨다는 원리(노인 체육과는 맞지 않음)
④ 과부하 원리 : 신체의 기관 혹은 조직의 향상을 위해서는 신체의 적응 능력 이상의 부하, 즉 익숙하지 않은 부하에 노출되어야 한다는 원리

04 근골격계·신경계 질환 운동프로그램 답 ①

근감소증은 나이가 많아지면서 근육의 양, 근력, 근 기능이 모두 감소하는 질환이며 근육 위축이라고도 불린다. 근감소증 환자는 걸음걸이가 늦어지고 근지구력이 떨어지며 일상생활이 어렵고 다른 사람의 도움이 자주 필요하게 된다. 또한 골다공증, 낙상, 골절이 쉽게 발생하고, 근육의 혈액 및 호르몬 완충 작용이 줄어들어 기초대사량이 감소하고, 만성질환 조절이 어렵게 되며, 당뇨병과 심혈관 질환이 쉽게 악화될 수 있다.

【오답해설】
② 근이영양증(muscular dystrophy) : 점진적인 근육 약화가 특징이며, 일반적인 증상으로는 걷기 어려움, 척추의 뚜렷한 만곡, 잦은 낙상 등이 있다. 특히 하반신에 근육 기형이 나타날 수도 있다.
③ 루게릭병(amyotrophic lateral sclerosis) : 뇌와 척수의 운동신경세포가 손상되면서 근육의 움직임을 조절할 수 없는 질병으로, 근육이 약해지고 위축되는 증상으로 시작하여 호흡곤란, 구강 및 인후 문제, 인지기능 장애 등을 유발한다.
④ 근육저긴장증(muscle hypotonia) : 본인의 의지와 무관하게 지속적으로 비정상적인 자세를 취하거나 근육이 비틀어지는 이상 운동 현상이 나타나는 신경학적 질환이다. 잦은 눈 깜박임, 눈꺼풀의 경련, 글씨를 몇 줄 쓴 후 필적이 나빠지는 경향, 말을 할 때 목이 조이는 듯한 느낌, 특히 피곤할 때 목이 자꾸 한쪽으로 돌아가거나 당겨지는 현상이 나타난다.

05 운동의 효과 답 ②

체중부하운동은 자신의 체중을 이용해 뼈와 근육에 자극을 주는 운동이다. 걷기, 등산, 스케이트, 윗몸 일으키기, 팔굽혀펴기, 계단 오르기 등이 이에 해당한다.

【오답해설】
ⓒ, ⓓ 유산소 운동에 해당한다.

06 운동권고 지침 및 운동방안 답 ④

국민체력 100에 의하면 8자 보행은 협응력을 측정하는 방법에 해당한다. 여기서 8자 보행은 발가락 끝을 밖으로 하고 배가 튀어나온 것처럼 허리를 내밀고 보행하는 것을 말한다.

Tip
국민체력 100 노인기초체력측정항목

근기능	• 상지 : 상대악력 • 하지 : 의자 앉았다 일어서기(회/30초)
보행 및 동적 평형성	의자에 앉아 3m 표적 돌아오기(초)
유연성	앉아서 윗몸 앞으로 굽히기(cm)
심폐지구력	• 6분 걷기(m) • 2분 제자리 걷기
협응력	8자 보행(초)

07 운동의 효과 답 ④

노인의 유산소운동 활동 시간은 젊은 성인과 비슷해도 되지만, 운동 강도는 낮아야 한다. 규칙적으로 유산소운동을 하게 되면 근력이 향상되고 뼈의 질량이 증가한다. 또한 최대산소섭취량과 1회 박출량이 증가하고, 산소 운반능력과 산소이용능력이 향상되며 분당 환기량 또한 증가된다. 인슐린 민감성과 신경전달 기능이 향상되고 반응시간, 신경조절 기능을 변화시켜 협응력이 향상된다.

08 운동의 효과 　답 ①

비만 노인의 경우 운동을 통해 체지방량이 감소하고 근육량은 유지 또는 증가된다. 당뇨 노인의 경우 운동을 통해 혈당량이 감소하고 근육과 인슐린 민감성이 증가된다. 다만 운동 전 반드시 당뇨 검사를 실시하는 것이 좋다. 골다공증 노인의 경우 운동을 통해 골밀도 감소를 방지하며 낙상과 골절을 예방한다. 지나치게 골밀도가 낮은 경우에는 부상의 위험이 크기 때문에 운동을 금지하는 것이 바람직하다.

09 운동권고 지침 및 운동방안 　답 ③

특수성의 원리는 운동에서 얻을 수 있는 효과들은 그 운동의 유형과 연관되는 근육들에만 특별하게 적용된다는 것이다.

【오답해설】
①, ② 과부하의 원리
④ 개별성의 원리

10 운동프로그램의 요소 　답 ②

노인의 올바른 걷기운동을 할 때 시선은 정면을 주시하되 좌우를 살펴야 한다. 양 팔은 앞뒤로 자연스럽게 흔들고, 착지는 뒤꿈치부터 한다.

11 노화의 개념 　답 ④

텔로미어는 염색체 말단부에 위치하는 5-TTAGGG-3 염기의 반복으로 이루어진 DNA이다. 염색체 말단의 유전정보를 복제하지 못하기 때문에 세포 분열에 따라 텔로미어 길이가 짧아지고 일정 길이 이하로 짧아진 경우 더 이상 세포 분열이 일어나지 않는 상태로 유지되거나 세포가 죽는다. 즉, 선천적으로 짧은 텔로미어를 갖고 태어나면 조로증의 원인이 될 수 있다.

【오답해설】
① 마이오카인(myokine) : 운동 시 근수축이 일어나면서 분비량이 증가하는데, 뇌의 다양한 부위에 신호전달 분자를 통해 필요한 메시지를 전달하는 호르몬이다.
② 사이토카인(cytokine) : 면역세포로부터 분비되는 단백질 면역조절제로, 세포의 증식, 분화, 세포 사멸, 상처 치료 등에 관여한다.
③ 글루코오스(glucose) : 포도당을 형성하는 당분의 일종이며 탄수화물 대사의 중심 화합물로 산소가 없는 상태에서 에탄올 등으로 발효될 수 있다.

12 노화와 관련된 이론 　답 ④

발테스와 발테스의 보상이 수반된 선택적 적정화 이론은 개인과 환경의 상호작용 과정에서 주어진 능력에 적합한 활동을 선택하여 보유한 기술을 최적화하고 결핍되는 것을 보완해 나갈 때 성공적인 노화를 경험한다고 본다. 이들은 성공적인 노화이론으로 'SOC 모델'을 제시했다.
• 선택(Selection) : 주어진 환경 속에서 개인의 생활 목표에 대한 기회와 기능, 역할의 범위를 고려해 활동의 양과 질 및 종류를 선택
• 적정화(Optimization) : 다양한 수단과 방법으로 개인이 선택한 목표와 영역을 최대한 달성하는 일
• 보상(Compensation) : 활동의 제약과 질병으로 인한 손실을 최소화하면서 주위의 지원을 활용하여 지속적인 성장을 이루어 나가는 것

【오답해설】
① 반두라(A. Bandura)의 자기효능감 이론 : 과제를 끝마치고 목표에 도달할 수 있는 자신의 능력에 대한 스스로의 평가를 가리킨다.
② 로우(J. Rowe)와 칸(R. Kahn)의 성공적 노화 이론 : 노화의 3가지 요소는 질병과 장애를 피해 가는 것, 높은 수준의 인지적 및 신체적 기능을 유지하는 것, 활기찬 인간관계 및 생산적 활동을 통해 삶에 대한 적극적 참여를 지속하는 것이라고 제시했다.
③ 펙(R. Peck)의 발달과업 이론 : 에릭슨의 인간발달이론을 제시하면서 중년기 이후의 발달과업을 제시했다. 각각의 단계에서 심리적 과제나 적응이 있고 개인에 따라 각기 다른 순서로 단계를 밟아 나아간다.

13 노화에 따른 신체적·심리적·사회적 변화 　답 ③

• 여성의 경우 폐경으로 인해 '에스트로겐'(여성 호르몬)의 양이 급격하게 감소하게 되면서 뼈를 파괴시키는 세포의 활성도가 높아지면서 골다공증의 위험이 증가한다.
• 대사작용의 산물인 '활성산소'는 노화와 각종 질병의 원인이다. 다만 적정량의 활성산소는 면역 기능에 반드시 필요하다. 활성산소가 증가하면 황산화력은 줄어들어, 노화 관련 질환이 유발된다.

【오답해설】
• 테스토스테론 : 남성 호르몬
• 젖산 : 운동 후 근육에서 발생하며 근육통의 원인이 되는 피로 물질

14 지속적 운동참여를 위한 동기유발 방법 　답 ③

계획행동이론은 합리적 행위이론을 확장시킨 것으로 태도, 신념과 행동 간의 관계를 설명하는 이론이며, 주관적 규범과 지각된 행동 통제감, 행동에 대한 태도 등이 개인의 행동을 형성한다고 본다.

【오답해설】
① 학습이론(learning theory) : 어떤 행동이 왜 지속되는지 또는 중단되는지에 대하여 설명해 주는 이론
② 건강신념모형(health belief model) : 질병에 대한 지각된 취약성과 심각성을 개인이 인식하고 질병 예방을 위한 행동 가능성을 높이는 것을 목표로 하는 모형
④ 행동변화단계모형(behavior change model) : 개인의 행동 변화 과정 및 전략을 제시하는 모형

15 의사소통기술 답 ③

노인과 원활한 의사소통을 위해 가장 먼저 지도자 자신을 소개하고, 노인에게는 존칭을 사용해야 한다. 또한 천천히 이야기하고 정면에서 적절한 눈맞춤을 하며 몸을 약간 기울여 경청하는 자세를 보인다. 스킨십을 적절히 이용하는 것도 좋다.

16 운동프로그램의 요소 답 ①

대사당량(METs)은 신체가 안정 상태를 유지하는 데 필요한 산소량을 의미한다. 휴식 중 우리 몸은 1분당 체중 1kg에 대하여 3.5ml의 산소를 섭취하고 이를 1MET이라고 표현한다. 안정 시 MET값은 몸무게, 시간에 따라 달라질 수 있다. 보통 저강도 활동의 경우 1.1~3MET, 중강도 활동은 3~6MET, 고강도 활동은 6MET 이상이 기준이다. MET값을 통해 적절한 유산소 운동강화를 설정하는 것이 좋다.

Tip
운동 활동에 따른 MET값의 기준

저강도	• 1.1~3MET • 앉거나 눕기, 스트레칭, 요가 등
중강도	• 3~6MET • 빨리 걷기 등
고강도	• 6MET 이상 • 오르막길 걷기, 축구, 농구, 등산, 테니스 등

17 노인운동 시 위험관리 답 ③

㉠ 응급상황 발생 시 적절한 처치와 보호를 통해 고통을 덜어주고 추가적인 손상을 방지할 수 있다.
㉡ 냉찜질은 심한 부종과 통증을 완화시켜 주고, 손상 부위의 체온을 낮추고 혈류 공급을 제한한다.
㉢ 고정은 골절 부위가 더 이상 움직이지 않게 하여 근육 경련을 감소시킬 수 있다.

18 노화에 따른 신체적·심리적·사회적 변화 답 ④

노화로 인한 낙상의 원인은 보폭의 감소, 보행 속도의 감소, 자세 동요의 증가, 발목 가동성의 감소 등이 있다.

19 노화에 따른 신체적·심리적·사회적 변화 답 ③

노화로 인해 전반적인 체력이 저하되고 이로 인해 삶의 질도 낮아지게 된다. 평형성은 신체가 공간에서 정적 또는 동적 자세를 취함에 있어 올바른 위치 지각과 그곳에서의 올바른 실현 능력을 말하며, 20대에 최대치를 이루고 남녀 모두 단조로운 감속적 저하가 진행된다.

20 노화의 개념 답 ③

생물학적 노화는 생물학적 퇴화과정이 생물학적 재생산과정을 능가하여 유기체에 퇴행적 변화가 일어나는 현상이다. 노화는 궁극적으로 생물체의 죽음을 초래하므로 발달과 쇠퇴를 모두 포함하는 변화는 아니다.

Tip
생물학적 노화의 특징

보편성	노화에 따른 변화는 누구에게나 동일하게 나타남
내인성	노화는 질병이나 사고가 아닌 내적인 변화로 인해 나타남
쇠퇴성	노화는 궁극적으로 생물체의 죽음을 초래함
점진성	노화에 따른 변화는 연령의 증가에 따라 심해지며, 회복이 불가능함

2022 기출문제 정답 및 해설

스포츠사회학

01	02	03	04	05	06	07	08	09	10
①	④	①	③	②	③	③	④	②	①
11	12	13	14	15	16	17	18	19	20
②	①	②	④	③	④	②	④	③	②

01 스포츠와 사회이론 　답 ①

파슨즈(T. Parsons)의 AGIL 모형에 근거한 스포츠의 사회적 기능은 적응, 목적 달성(목표 성취), 사회 통합, 형태 유지(체제 유지 및 관리)가 있다.

【오답해설】
② 목표 성취 : 스포츠는 합법적인 수단을 통해 승리라는 목표를 달성하도록 한다.
③ 사회 통합 : 스포츠 참가는 공동체 의식의 강화를 통해 사회통합에 기여한다.
④ 체제 유지 및 관리 : 스포츠 참가는 성취 의욕의 고취와 공격 본능의 공개적 해소를 통해 사회질서 유지에 기여한다.

02 스포츠와 정치의 결합 　답 ④

에티즌(D. Eitzen)과 세이지(G. Sage)는 스포츠의 정치적 속성을 보수성, 대표성, 권력투쟁, 상호의존성, 긴장관계로 제시하였다.

Tip

에티즌과 세이지가 제시한 스포츠의 정치적 속성 예시

속성	예시
대표성	소속 조직 대표, 상징, 충성심, 슬로건, 응원가
권력투쟁	선수와 구단주 간, 리그 간, 조직 간, 성 차별
상호의존성	국가 홍보와 혜택, 군복무 면제, 연금, 조세 감면, 정경유착
긴장관계	외교적 관계, 외교적 항의, 외교적 승인
보수성	현존 질서 유지, 애국의식 향상, 정치체계 강화

03 스포츠사회화의 의미와 과정 　답 ①

사회학습이론은 개인이 어떻게 사회적 행동을 습득하고 수행하는지를 밝히려는 이론으로 크게 강화, 코칭, 관찰학습의 3가지 방법으로 구분한다. 강화는 상과 벌을 통한 사회적 역할의 습득·수행을 목표로 하는 방법이다.

【오답해설】
② 코칭 : 사회화 주관자의 가르침을 통한 습득을 목표로 하는 방법이다.
③ 관찰학습 : 다른 사람의 행동을 관찰하여 유사하게 행동함으로써 과제를 학습하고 수행하는 것을 목표로 하는 방법이다.

04 스포츠 탈사회화와 재사회화 　답 ③

㉠ 스포츠 탈사회화 : 지속적으로 스포츠 활동을 하던 사람이 중간에 포기하거나 아예 그만둠으로써 지속적인 스포츠 참여에서 이탈하는 일
㉡ 스포츠를 통한 사회화 : 스포츠 참가와 활동을 통하여 가치나 역할, 태도를 학습해 가는 과정
㉢ 스포츠로의 사회화 : 스포츠에 참가하는 활동 그 자체를 의미하며, 이러한 경험으로 영향을 받아 스포츠에 대한 개입 수준을 증가·감소시키는 것
㉣ 스포츠로의 재사회화 : 스포츠 탈사회화 후 스포츠 활동에 다시 참가하여 스포츠로의 사회화가 다시 시작하는 것

05 한국의 학원스포츠 　답 ②

학교의 자원 및 교육시설 독점은 학원엘리트스포츠의 역기능이다. ①, ③, ④는 학원엘리트스포츠를 지지하는 입장에서의 순기능을 말하고 있다.

06 스포츠사회학의 의미 　답 ③

〈보기〉는 사회학 이론 중 상징적 상호작용론에 대한 설명이다. 상징적 상호작용론은 상황에 대한 해석은 개인마다 다르며 그로 인해 사회가 유지·발전해 나간다고 주장한다.

【오답해설】
① 갈등이론은 거시적 관점의 이론이다.
② 교환이론은 인간은 이익에 따라 의미를 부여하고 다른 사람과 보수를 교환하여 행동한다는 이론이다.
④ 기능주의이론은 거시적 관점의 이론이다.

07 스포츠와 정치의 결합 　답 ③

상징은 어떤 무언가(의미나 가치 등)를 어떤 유사성에 의해서 구상화하는 것을 말한다. 정치와 스포츠를 결합시키기 위해 국가대표 의상에 국기를 넣거나 경기 시작 전 국가를 연주하는 것이 대표적인 사례이다.

【오답해설】
① 국가는 '상징'의 방법이다.
② 3S 정책은 우민화 정책으로 '조작'의 방법에 속한다.
④ 올림픽 금메달 수상장면을 보며 함께 획득한 느낌을 얻은 것은 '동일화'의 방법이다.

08 사회계층의 이해 　답 ④

〈보기〉는 스포츠 종목에서 요구되는 운동 수행능력과 개인적 특성, 팀 구성원 중 자신의 능력이 승리에 미치는 영향에 대하여 설명하고 있으므로 이는 스포츠 계층의 형성 과정 중 '지위의 서열화'에 해당된다. 투민(M. Tumin)은 스포츠계층을 사회성, 다양성, 보편성, 영향성 등으로 나누고 스포츠 계층의 형성 과정을 지위의 분화, 지위의 서열화, 평가, 보수 부여의 순서로 설명하였다.

Tip
스포츠 계층의 형성 과정

지위의 분화	• 효과적인 기능 수행을 위해 각 영역에서 역할을 부여받는 행위 • 업무의 범위, 역할에 대한 권한과 책임이 분명히 구분됨
지위의 서열화	• 개인의 특성과 능력에 따라 서열을 형성하는 행위 • 역할의 분화에 의한 지위의 상호비교가 가능 • 개인적 특성, 역할에 필요한 숙련 기능 및 능력, 역할의 수행이 미치는 영향 및 효과 등에 의해 결정
평가	• 가치나 유용성 정도에 따라 상이한 각 위치에 지위를 적절하게 배열하는 것 • 주로 사회적 가치(권위, 호감, 인기 등)의 판단기준에 의해 결정 • 선수의 경기력을 통한 선수 등급 평가
보수 부여	분화 및 서열화되고 평가가 완료된 지위에 대한 보수의 배분 행위

09 스포츠 세계화 　답 ①

세방화(Glocalizaion)는 세계화와 지방화를 합친 말로서, 세계화와 지방화의 장점을 서로 인정하고 발전시켜 새로운 질서 체계로 나아가는 것을 말한다. 정치·경제·문화 등 다양한 방면으로 확산되고 있다.

【오답해설】
② 스포츠화(Sportization) : 민속놀이가 현대 스포츠로 변모하는 현상
③ 미국화(Americanization) : 여러 문화가 미국으로 들어와 미국 국가에 동화됨으로써 문화, 가치관, 신념, 관습이 변화·공유되어 가는 현상
④ 세계표준화(Global Standardization) : 문화 및 국가에 따라 여러 가지로 분리된 것들을 공통된 기준을 정하여 이에 따라 표준화하려는 현상

10 스포츠 세계화 　답 ①

아파르트헤이트(Apartheid)는 아프리칸스어로 분리, 격리를 의미하며 백인 우월주의에 근거하여 냉전 당시부터 진행된 남아프리카 공화국 국민당 정권이 실시한 인종차별 정책을 말한다. 이로 인해 남아공의 국제대회 참여가 거부되었다.

【오답해설】
② 구소련의 아프가니스탄 침공을 이유로 1980년 모스크바올림픽경기대회에 자유진영 국가가 불참하였다.
③ 메달을 획득하기 위해 단일팀을 결성한 것은 아니다.
④ 1972년 뮌헨올림픽경기대회에서 검은구월단 사건이 일어났다.

11 스포츠 일탈의 이해 　답 ②

㉠ 의례주의 : 문화적 목표를 거부하고 제도화된 수단만을 수용하는 적응방식이다. 이 유형은 승리보다는 절차적 규범이나 규칙만을 준수하는 데 치중한다.
㉡ 혁신주의 : 문화적 목표는 수용하지만 제도화된 수단은 거부하는 적응방식으로서 비합법적인 수단으로 승리하려 하는 대부분의 범죄가 이에 포함된다.
㉢ 동조주의 : 허용된 제도적 수단 내에서 문화적 목표를 달성하려는 형태로 일반인에 해당한다.

12 스포츠와 계층이동 　답 ①

〈보기〉의 K는 '개인'의 의지·노력으로 계층적 위치가 변화하였다. 또한 성장을 통해 계층 구조 내에서 개인이 지녔던 지위가 '수직 이동'하여 월드스타가 되었고 이후 본인이 장학재단을 설립하여 후진양성에 기여하였기에 '세대 내 이동'에 해당된다.

Tip
사회이동의 유형

이동 방향	수직 이동	계층구조 내에서 개인 또는 집단이 지녔던 지위의 상하 변화 예 후보에서 주전선수로 이동
	수평 이동	동일한 계층적 위치 내에서의 이동 예 주전선수가 다른 팀 주전선수로 이동
이동 기간	세대 간 이동	부모 세대와 자녀 세대 간에 나타나는 계층적 위치 변화 예 운동선수가 부모보다 좋은 조건으로 이동
	세대 내 이동	한 개인의 생애 동안 계층적 위치가 변화되는 경우 예 선수로 활동하다가 감독으로 이동
이동 주체	개인 이동	개인의 의지·노력으로 계층적 위치가 변화되는 경우 예 개인의 능력과 노력에 따라 이동
	집단 이동	사회의 급격한 변동에 따라 나타나는 계층적 위치의 변화 예 유사한 조건으로 집단이 이동

13 스포츠와 미디어의 이해 　답 ②

개인차이론(Individual differences theory)은 수용자가 개인의 독특한 심리적 욕구(인지적, 정의적, 도피적, 통합적 욕구)의 만족을 위해 매스미디어를 활용하는 것을 가정하여 연구된 이론이다.

【오답해설】
① 사회범주이론 : 미디어에 대하여 상이하게 반응하는 하위 집단이 존재한다고 가정하여 연구된 이론이다.
③ 사회관계이론 : 비공식적 사회관계가 개인이 미디어의 메시지에 반응하는 태도를 수정하도록 하는 중요한 역할을 담당한다고 보는 이론이다.
④ 문화규범이론 : 개인의 스포츠 소비 유형이 대중매체의 스포츠 취급 방식에 따라 다양하게 영향을 받는다는 이론이다.

14 상업주의와 스포츠　　　　답 ④

코클리(J. Coakley)가 제시한 상업주의에 의한 스포츠 변화에서는 전시효과를 위해 과감하고 위험한 플레이와 과장되고 극적인 표현의 증가를 선호한다. 득점 방법의 단일화는 전시효과 증가가 아닌 저하의 가능성이 있어 충족 조건에 해당하지 않는다.

Tip
상업주의와 스포츠의 변화

구조의 변화	규칙과 제도, 프로그램의 구성 변화
내용의 변화	• 경기 자체보다 세속적인 경기 외적 사실을 중시 • 관중이 심미적 가치보다는 영웅적 가치를 선호 · 중시 • 과감하고 위험한 플레이와 과장되고 극적인 표현의 증가(전시효과) • 스포츠의 비본질적 요소를 중시하여 경기 외적인 득점과 승리 추구
스포츠 조직의 변화	대중매체, 팀, 구단주 등 경제적 후원자의 목적 영위를 위한 쇼(Show)로서 스포츠 이벤트가 운영
스포츠 정신의 변화	• 무리한 리그 운영과 승리지상주의 팽배(아마추어리즘의 퇴조) • 스포츠 선수를 하나의 상품으로서 취급

15 상업주의와 스포츠　　　　답 ③

드래프트(draft)는 신인 선수를 선발하는 방식 중 하나로, 지난 시즌에서 성적이 좋지 않았던 팀에게 성적이 좋은 팀보다 먼저 선수를 고를 수 있는 선택권을 준다. 따라서 전력이 약한 팀이 기량이 뛰어난 선수를 영입해 팀 성적을 향상시킬 수 있는 기회를 갖게 되어, 리그에 참여하는 모든 팀들의 전력 평준화를 유도한다. 이는 신인 선수 쟁탈에 따른 폐단을 막기 위해 도입되었고, 계약금 인상 경쟁을 막기 위해 고안되었다.

【오답해설】
① FA(free agent) : 선수가 일정 기간 자신이 속한 팀에서 활동한 뒤 다른 팀과 자유롭게 계약을 맺어 이적할 수 있도록 하는 제도
② 샐러리 캡(salary cap) : 프로구단이 선수들에게 지불할 수 있는 연봉 총액의 상한선을 규정하는 제도
④ 최저연봉(minimum salary) : 선수에게 지급해야 하는 최저연봉을 규정함으로써 신인선수와 같은 무명 선수들도 기본적인 생활이 가능하도록 하기 위한 제도

16 스포츠와 미디어의 상호관계　　　　답 ④

스포츠와 미디어(대중매체)는 상호보안적 · 상호의존적인 관계로 서로를 통해 경제적 이익이 생겨나는 것은 물론 다양한 변화와 발전을 하고 있다. ㉠, ㉣는 스포츠가 대중매체에 미치는 영향에 대해 설명하고 있다.

Tip
스포츠와 미디어(대중매체)의 상호 영향

스포츠 → 미디어	미디어 → 스포츠
• 미디어 보급 · 확산에 기여 • 미디어 기술의 발달 • 미디어 콘텐츠 제공 • 미디어의 이윤 증대 기여	• 스포츠 인구 증가 • 경기 규칙의 변화 • 경기 일정의 변화 • 스포츠 용구의 변화 • 경기 기술의 전문화 · 표준화에 기여 • 새로운 스포츠 종목 창출

17 스포츠의 교육적 기능　　　　답 ②

학교 내 통합은 스포츠의 교육적 순기능 중 사회통합 기능에 해당한다.

Tip
스포츠의 교육적 순기능

전인교육	• 사회활동 격려 • 사회화 촉진 • 정서 순화
사회통합	• 학교 내 통합 • 학교와 지역사회 통합
사회선도	• 여권신장 • 장애인의 적응력 배양 • 평생 체육의 장려

18 스포츠 일탈의 이해　　　　답 ④

코클리(J. Coakley)가 제시한 일탈적 과잉동조를 유발하는 스포츠 윤리 규범은 다음과 같다.
• 구분짓기규범 : 다른 선수와의 차별성을 강조하며, 운동선수는 경기에서 탁월함을 추구해야 한다.
• 인내규범 : 운동선수는 위험을 받아들이고 고통 속에서도 경기에 참여해야 한다.
• 몰입규범 : 운동선수는 경기에 헌신해야 하며 이를 그들의 삶에서 우선순위에 두어야 한다.
• 도전규범 : 운동선수는 장애물을 극복하고 역경을 헤쳐 나가는 노력을 해야 한다.
따라서 ㉠, ㉡, ㉢, ㉣ 모두 옳다.

19 스포츠와 미디어의 이해 답 ③

맥루한(M. McLuhan)은 미디어를 정의성, 참여성, 몰입성 등의 기준에 따라 핫 미디어(Hot media)와 쿨 미디어(Cool media)로 분류하여 이를 스포츠에 접목하였다. 핫 미디어는 높은 정의성을 지녔으나 낮은 참여성과 낮은 감각 몰입성을 가지고 있어 장시간 개별적 수용이 가능한 신문, 라디오, 잡지 등의 미디어를 말한다. 따라서 이러한 스포츠는 쿨 미디어 스포츠보다 경기 진행 속도가 다소 느리다.

20 스포츠 세계화 답 ②

스포츠의 세계화를 통해 일부 전통 민속놀이가 현대 스포츠로 변모하는 스포츠화(Sportization)가 일어나고 있으나, 모든 나라의 전통스포츠가 세계적으로 확대되지는 못하였다.

Tip
스포츠의 세계화 사례

세방화 (Glocalization)	세계화와 지방화를 합친 말로 세계화와 지방화의 장점을 서로 인정하고 발전시켜 새로운 질서 체계로 나아가는 일
스포츠화 (Sportization)	민속놀이가 현대 스포츠로 변모하는 현상
미국화 (Americanization)	여러 스포츠 및 문화가 미국으로 들어와 미국 국가에 동화됨으로써 문화, 가치관, 신념, 관습이 변화·공유되어 가는 현상
세계표준화 (Global Standardization)	문화 및 국가에 따라 여러 가지로 분리된 것들을 공통된 기준을 정하여 이에 따라 표준화하려는 현상

스포츠교육학

01	02	03	04	05	06	07	08	09	10
①	③	③	④	③	④	④	①	②	②
11	12	13	14	15	16	17	18	19	20
②	①	①, ④	④	③	④	②	②	③	①

01 스포츠교육의 개념 답 ①

스포츠기본법 제3조에 따르면 '학교스포츠'란 학교(유아교육법 제2조제2호에 따른 유치원, 초·중등교육법 제2조 및 고등교육법 제2조에 따른 학교를 말한다. 이하 같다)에서 이루어지는 스포츠 활동(학교과정 외의 스포츠 활동과 국민체육진흥법 제2조제8호에 따른 운동경기부의 스포츠 활동을 포함한다)을 말한다. 건강과 체력 증진을 위하여 행하는 자발적이고 일상적인 스포츠 활동은 생활스포츠이다.

Tip
스포츠기본법 제3조(정의)

이 법에서 사용하는 용어의 뜻은 다음과 같다.
1. "스포츠"란 건강한 신체를 기르고 건전한 정신을 함양하며 질 높은 삶을 위하여 자발적으로 행하는 신체활동을 기반으로 하는 사회문화적 행태를 말하며, 국민체육진흥법 제2조제1호에 따른 체육을 포함한다.
2. "전문스포츠"란 국민체육진흥법 제2조제4호에 따른 선수(이하 "선수"라 한다)가 행하는 스포츠 활동을 말한다.
3. "생활스포츠"란 건강과 체력 증진을 위하여 행하는 자발적이고 일상적인 스포츠 활동을 말한다.
4. "장애인스포츠"란 장애인이 참여하는 스포츠 활동(생활스포츠와 전문스포츠를 포함한다)을 말한다.
5. "학교스포츠"란 학교(유아교육법 제2조제2호에 따른 유치원, 초·중등교육법 제2조 및 고등교육법 제2조에 따른 학교를 말한다. 이하 같다)에서 이루어지는 스포츠 활동(학교과정 외의 스포츠 활동과 국민체육진흥법 제2조제8호에 따른 운동경기부의 스포츠 활동을 포함한다)을 말한다.
6. "스포츠산업"이란 스포츠와 관련된 재화와 서비스를 통하여 부가가치를 창출하는 산업을 말한다.
7. "스포츠클럽"이란 회원의 정기적인 체육활동을 위하여 스포츠클럽법 제6조에 따라 등록을 하고 지역사회의 체육활동 진흥을 위하여 운영되는 법인 또는 단체를 말한다.

02 스포츠교육의 정책과 제도 답 ③

취약계층 체육 진흥정책으로는 행복 나눔 스포츠 교실, 스포츠강좌이용권 사업, 스포츠버스를 활용한 움직이는 체육관 및 작은 운동회 등이 있다.

㉠ 스포츠강좌이용권 지원 : 스포츠복지 사회 구현의 일환으로 저소득층 유·청소년(만 5세~18세)과 장애인(만 12세~23세)에게 스포츠강좌 혜택을 받을 수 있는 일정 금액의 이용권을 제공하는 사업

㉡ 행복나눔스포츠교실 운영 : 소외계층 청소년을 대상으로 다양한 체육활동 참여기회를 제공함으로써 참여 형평성을 높이고 사회 적응력을 배양하는 것을 목적으로 시행되는 사업

【오답해설】
- 여성체육활동 지원 : 여성의 생애주기별 특성을 고려한 프로그램 운영을 통한 생활체육 참여 기회를 확대하고, 여성의 신체적·정신적 건강 증진 및 건강한 사회 조성에 기여하는 것을 목적으로 시행되는 사업
- 국민체력100 : 국민의 체력 및 건강 증진에 목적을 두고 체력 상태를 과학적 방법에 의해 측정, 평가하여 운동 상담 및 처방을 해주는 대국민 스포츠 복지 서비스 사업

03 생활체육 프로그램 개발 및 실천 답 ③

〈보기〉의 대상은 청소년이며, 청소년을 위한 스포츠 프로그램 구성 시 고려해야 할 사항은 다음과 같다.
- 프로그램 지속성
- 성장 발달운동 중심의 프로그램 개발
- 개인의 요구와 흥미
- 청소년의 생활패턴

04 생활체육 프로그램 개발 및 실천 답 ④

생활스포츠 프로그램의 교육목표는 학습 내용과 기대되는 행동을 동시에 진술하며, 스포츠 참여자에게 기대하는 행동의 변화에 따라 동사를 다르게 진술하고, 해당 스포츠 활동이 끝났을 때 참여자에게 나타난 최종 행동 변화 용어로 진술한다.

【오답해설】
㉠ 생활체육 프로그램의 목표는 구성하는 스포츠 활동내역을 구체적, 세부적으로 진술해야 한다.

> **Tip**
> 생활체육 프로그램 목표 설정의 원리
> - 구체적이고 객관적인 목표를 설정
> - 현실적이고 실현 가능한 목표를 설정
> - 단계적으로 목표를 설정
> - 긍정적인 목표를 설정
> - 목표 달성에 대한 피드백 실시
> - 적극적인 응원과 지원
> - 목표를 문서화하여 작성

05 스포츠지도를 위한 교육모형 답 ③

〈보기〉는 협동학습 모형에 대한 설명으로 지도자에 의한 과제 제시가 없고 학습자 중심으로 학습 진도가 제시되며, 협동과제가 주어진 후에는 각 팀에서 과제가 전개된다. 팀들을 모니터하고 필요시에만 지도자가 개입한다.

【오답해설】
① 직접 교수 모형 : 교사는 학생의 연령과 발달 단계에 적합한 학습 목표와 학습 내용을 계획 및 전달한다. 교사는 학생을 관찰하여 긍정적이고 교정적인 피드백을 제공한다.
② 개별화 지도 모형 : 학습자들이 미리 계획된 과제의 계열성에 따라 자신에게 맞는 속도로 학습하므로 학습 진도는 학습자가 결정한다. 학습자가 정해진 수행 기준에 따라 과제를 완수하는 것 자체가 평가이며, 많은 피드백과 높은 수준의 언어적 상호작용의 기회를 갖는다.
④ 전술게임 모형 : 게임을 통해 게임 수행에 필요한 전술적 지식 및 게임 지능을 습득한다. 게임 형식은 가능한 단순하면서도 실제 게임과 유사하도록 설정하며 전술적 결정을 내리고 수행하는 학습자의 능력에 초점을 맞춘다.

> **Tip**
> 협동학습의 기본 요소
> - 팀원 간의 긍정석인 상호작용
> - 1:1의 발전적인 상호작용
> - 개인의 책무성·책임성
> - 대인 관계와 소집단 인간관계 기술
> - 팀 반성

06 스포츠교육의 프로그램론 답 ④

메츨러(M. Metzler)의 교수·학습 과정안(수업계획안)의 구성요소는 수업 맥락의 간단한 기술, 학습 목표(1~3개), 시간과 공간의 배정, 학습활동 목록, 과제 제시와 과제 구조, 평가, 학습정리 및 종료로 〈보기〉는 이 중 과제 제시와 과제 구조에 대한 내용이다.

> **Tip**
> 메츨러(M. Metzler)의 교수·학습 과정안(수업계획안) 구성요소
> - 수업 맥락의 간단한 기술(시간, 시수, 장소, 차시 등 총체적으로 제시)
> - 학습 목표(수업 전 구체적으로)
> - 시간과 공간의 배정(환경에 대한 고려)
> - 학습활동 목록(과제를 순서대로 만듦)
> - 과제 제시와 과제 구조(흥미 유발 질문, 이해도 점검, 난이도 제시)
> - 평가(평가 방법 미리 서술, 관리 및 절차상 고려사항 제시)
> - 학습정리 및 종료

07 스포츠지도를 위한 교수기법 답 ④

체육활동 중 지도자는 위험한 상황이 예측되면 시작한 과제를 잠시 멈추고, 학습자를 안전한 곳으로 이동시켜야 한다.

08 스포츠지도를 위한 교육모형 답 ①

개인적·사회적 모형은 학생에게 책임감을 증진시키기 위해 헬리슨이 제시한 모형이다. 개인적·사회적 책임감 수준 중 타인의 권리와 감정 존중은 활동에 참여하는 데 있어 다른 사람을 방해하지 않는 것이다. 또한 타인에 대해 상호 협력적이고 다른 학생들을 돕고자하는 사례는 돌봄과 배려 수준에 해당한다.

Tip
헬리슨의 개인적·사회적 책임감 모형

수준 0	무책임감	자기통제능력이 없으며 활동 참여에 있어 다른 사람들을 방해
수준 1	타인의 권리와 감정 존중	활동에 참여하는 데 있어 다른 사람을 방해하지 않음
수준 2	참여와 노력	자신에게 동기를 부여하고 자발적으로 참여함
수준 3	자기 방향 설정	교사의 감독 없이 과제를 완수하며 자기 목표 설정이 가능
수준 4	돌봄과 배려	타인의 요구와 감정을 인정, 경청, 대응하는 것
수준 5	전이	지역사회에서 타인을 지도하거나 학습한 가치를 실천

09 평가의 실천적 측면 답 ②

평가의 유형은 다음과 같다.

진단평가	• 계획된 학습의 목표 달성을 위해 교육 프로그램 실시 이전에 학습자의 수준 및 상태를 파악하기 위한 평가 • 교육 프로그램의 방향을 설정·수정하고 학습장애의 원인 및 정도의 파악에 도움
형성평가	• 교육 프로그램 운영 중 이루어지는 과정 중심의 평가 • 학습자의 학습 동기를 유발 • 지도자에게는 프로그램 및 지도 방법을 수정하기 위한 기초자료로 활용
총괄평가	• 주어진 학습과정을 끝마친 후 학습목표의 달성도를 측정하기 위한 평가 • 학습 결과를 토대로 개인별·집단별 평가를 진행, 성적을 작성
임의평가	• 객관적 기준에 의한 측정이 아닌 교사의 주관적인 판단에 의한 해석·평가 • 객관적이고 체계적인 평가가 불가능
수행평가	• 학습자가 자신의 지식과 기능을 활용하여 과제를 수행하고 이를 평가하는 것 • 다양한 맥락에서 지식·기능을 보여주므로 다양한 과제와 상황을 제공하는 평가 유형 • 지도자의 평가뿐만이 아닌 상호평가, 자기평가 등의 평가 방법 활용이 가능
상대평가	• 집단 내의 상대적인 서열을 중심으로 이루어지는 평가 • 선발·분류·배치 등의 상황에서 유용하게 사용 • 규준지향평가
절대평가	• 사전에 설정된 학습목표를 준거로 하여 목표의 달성도를 평가 • 준거지향평가, 목표지향평가
개인내차평가	• 한 개인의 성취 정도를 종단적으로 추적·조사하여 평가 • 개인의 발전 상태를 진단하는 평가 방법 • 자기지향평가

따라서 ㉠은 진단평가, ㉡은 총괄평가이다.

10 평가의 실천적 측면 답 ②

주어진 평가 기법은 대상 집단에 자유반응형식의 질문지를 제공하여 그 결과를 분석하고 그것을 토대로 문제 영역별로 묶인 동질 문항의 리스트를 만들어 긍정이나 부정으로 답하게 하는 방법인 체크리스트 기법이다. 체크리스트 기법은 제작이 용이해 신속하게 확인해야 할 경우에 주로 사용하나, 운동 수행과정의 양적 평가가 불가하다.

11 스포츠교육의 정책과 제도 답 ②

학교체육진흥법 제10조에 따르면 학교장은 학교스포츠클럽을 운영하는 경우 학교스포츠클럽 전담교사를 지정하여야 한다.

Tip
학교체육 진흥법 제10조(학교스포츠클럽 운영)
① 학교의 장은 학생들이 신체활동 프로그램에 참여할 수 있도록 학교스포츠클럽을 운영하여 학생들의 체육활동 참여기회를 확대하여야 한다.
② 학교의 장은 제1항에 따라 학교스포츠클럽을 운영하는 경우 학교스포츠클럽 전담교사를 지정하여야 한다.
③ 제2항에 따른 학교스포츠클럽 전담교사에게는 학교 예산의 범위에서 소정의 지도수당을 지급한다.
④ 학교의 장은 학교스포츠클럽 활동내용을 학교생활기록부에 기록하여 상급학교 진학자료로 활용할 수 있도록 하여야 한다.
⑤ 학교의 장은 교육부령으로 정하는 바에 따라 일정 비율 이상의 학교스포츠클럽을 해당 학교의 여학생들이 선호하는 종목의 학교스포츠클럽으로 운영하여야 한다.

12 스포츠교육의 정책과 제도 답 ①

체육시설법 시행규칙(시행 2024. 8. 28.) 제22조 '체육지도자 배치기준'은 다음과 같다.

체육시설업의 종류	규모	배치인원
골프장업	• 골프코스 18홀 이상 36홀 이하 • 골프코스 36홀 초과	1명 이상 2명 이상
스키장업	• 슬로프 10면 이하 • 슬로프 10면 초과	1명 이상 2명 이상
요트장업	• 요트 20척 이하 • 요트 20척 초과	1명 이상 2명 이상
조정장업	• 조정 20척 이하 • 조정 20척 초과	1명 이상 2명 이상
카누장업	• 카누 20척 이하 • 카누 20척 초과	1명 이상 2명 이상
빙상장업	• 빙판면적 1,500제곱미터 이상 3,000제곱미터 이하 • 빙판면적 3,000제곱미터 초과	1명 이상 2명 이상
승마장업	• 말 20마리 이하 • 말 20마리 초과	1명 이상 2명 이상

체육시설업의 종류	규모	배치인원
수영장업	• 수영조 바닥면적이 400제곱미터 이하인 실내 수영장	1명 이상
	• 수영조 바닥면적이 400제곱미터를 초과하는 실내 수영장	2명 이상
체육도장업	• 운동전용면적 300제곱미터 이하	1명 이상
	• 운동전용면적 300제곱미터 초과	2명 이상
골프연습장업	• 20타석 이상 50타석 이하	1명 이상
	• 50타석 초과	2명 이상
체력단련장업	• 운동전용면적 300제곱미터 이하	1명 이상
	• 운동전용면적 300제곱미터 초과	2명 이상

따라서 배치기준에 부합되는 것은 ㉠, ㉡, ㉢, ㉣이다.

13 스포츠지도사 답 ①, ④

체육지도자의 자격은 18세 이상인 사람에게 부여하며, 1급 생활스포츠지도사는 자격 종목의 2급 생활스포츠지도사 자격을 취득한 후 3년 이상 해당 자격 종목의 지도경력이 있는 사람으로서 동일 자격 종목에 대하여 1급 생활스포츠지도사 자격을 취득하기 위한 자격검정에 합격하고, 연수과정을 이수한 사람으로 한다.

※ ④의 경우 1급 생활스포츠지도사의 응시자격이 생길 뿐, 1급 생활스포츠지도사가 되는 것은 아니므로 복수정답으로 인정되었다.

14 전문체육 프로그램 개발 및 실천 답 ④

마튼스(R. Martens)가 제시한 전문체육 프로그램 개발 6단계는 다음과 같다.

1단계	선수에게 필요한 기술 파악	스포츠기술 지도
2단계	선수 이해	선수들의 신체적·심리적·사회적 발달단계 파악
3단계	상황 분석	주변 상황에 대한 분석 후 부정적인 영향을 미치는 요소들은 충분히 개선
4단계	우선순위 결정 및 목표 설정	지도계획에서 우선순위를 결정하고, 목표 설정은 구체적이고 성취 가능한 것이어야 함
5단계	지도 방법 선택	기술 및 연습에서 효율적이고 효과적으로 지식, 기능, 태도 등을 전달하는 과정
6단계	연습 계획 수립	시즌 계획과 일일 지도 계획 수립

따라서 ㉠에는 '선수에게 필요한 기술 파악'이, ㉡은 '지도 방법 선택'이 들어가야 한다.

15 스포츠지도를 위한 교육모형 답 ③

동료교수모형은 학습자가 서로 도와 가며 배우는 상호작용적인 학습이다. 각 학습자는 조를 구성하고 학습자와 개인교사의 역할을 담당한다. 동료교수모형에서 개인교사와 학습자는 교정적 피드백을 제공하면서 상호작용한다.

16 스포츠지도를 위한 교육모형 답 ④

그리핀(L. Griffin), 미첼(S. Mitchell), 오슬린(J. Oslin)의 이해중심게임모형은 게임을 통해 게임 수행에 필요한 전술적 지식 및 게임 지능을 습득하는 교육모형이다. 모의 활동은 반드시 정식 게임을 대표하여야 하며 전술 기능 개발에 초점을 맞출 수 있도록 과장된 상황을 제공해야 한다.

17 스포츠교육의 지도방법론 답 ②

개방기술은 연습의 조건을 다양하게 변화시켜 실제 경기에서 일어날 수 있는 상황을 경험하며, 환경 변화와 동작의 요구에 맞는 움직임 적응에 중점을 둔다. 반면 폐쇄기술은 상대적으로 환경적 조건이 안정적이며 외부 조건이 대부분 변하지 않는 속성이 있고 운동기술 움직임 자체에 대한 기술 향상에 중점을 둔다.

18 스포츠지도를 위한 교육모형 답 ②

이해중심게임지도모형(전술게임모형)에서는 게임을 통해 게임 수행에 필요한 전술적 지식 및 게임 지능을 습득한다. 이를 위해서 알몬드(L. Almond)는 게임전술의 전이 가능성을 근거로 다음과 같이 종목을 분류하였다.

영역침범형	네트형/벽면형	필드형	표적형
농구, 하키, 축구 등	배드민턴, 탁구, 스쿼시 등	야구, 킥볼, 소프트 볼 등	당구, 볼링, 골프 등

19 평가의 실천적 측면 답 ③

모스턴이 제시한 피드백 유형은 다음과 같다.

가치적 피드백 (value statements)	• 수행과 관련된 느낌이나 가치를 표현하는 단어 포함 • 상호의존성이 발달될 수 있음
교정적 피드백 (corrective statements)	• 잘못이 분명히 드러나지만 학생의 반응이 정확하지 않을 때 사용 • 실책이 지나치게 강조됨
중립적 피드백 (neutral statements)	• 기술적이고 사실적임 • 다른 피드백으로 옮겨가는 원인이 됨
불분명한 피드백 (ambiguous statements)	• 학생에게 활동수행에 관하여 어떤 정확한 정보를 제공해 주지 않음 • 신뢰감 저하

따라서 <보기>의 설명에 해당하는 피드백 유형은 중립적 피드백이다.

20 스포츠지도를 위한 교수기법 답 ①

링크(J. Rink)의 내용발달 단계의 순서는 시작과제-확대과제-세련과제-적용과제이다.

스포츠심리학

01	02	03	04	05	06	07	08	09	10
①	③	③	④	①	③	①	③	④	④
11	12	13	14	15	16	17	18	19	20
①	②	④	④	②	②	①	②	③	④

01 운동발달 답 ①

레빈은 인간의 행동(Behavior)이 그 개인의 개체(Person)와 그를 둘러싸고 있는 환경(Environment)의 상호작용에 의해 결정된다고 보았다.

Tip
레빈(K. Lewin)의 인간행동법칙
B=f(P×E)
- B : Behavior(인간의 행동)
- P : Person(개체-경험, 성격, 지능 등)
- E : Environment(가정·직장 등의 인간관계, 물리적 환경 등)

02 운동발달 답 ③

운동 발달 평가 시 아동의 심리적 특성을 충분히 고려하여 운동을 지도해야 하며, 운동 과정 및 도구 사용 방법 등에 대해 충분히 숙지하고 탐색할 기회를 제공하는 것이 바람직하다.

【오답해설】
② 운동을 평가받는 것으로 생각하도록 지도할 시 아동의 동기가 감퇴할 수 있으므로 '평가'라는 단어의 사용은 지양해야 한다.
④ 아동의 흥미 유발을 위해 공감대를 형성하는 등의 환경 조성이 필요하다.

03 운동제어 답 ③

일반화된 운동프로그램 이론은 두 가지 매개변수에 의해 운동 프로그램이 바뀌게 된다는 이론이다. 여기서 매개변수란 특정한 환경적 요구에 적응하기 위하여 움직임의 형태를 조절하는 데 관여하는 것을 말한다. ㉠은 다이나믹 시스템 이론, ㉣은 생태학적 이론에 대한 설명에 해당한다.

Tip
매개변수
- 불변매개변수

요소의 순서	동작이나 반응 요소의 순서를 의미하는 것으로 반응 생성에 선택되었거나 인출된 반응 단위들의 순서를 배열하는 과정
시상	근수축의 시간적 구조
상대적인 힘	근육이 활동하는 데 전체 힘의 양을 각 근육에 적절한 비율로 분배하는 과정

- 가변매개변수

전체 동작 지속시간	매 동작마다 일정하지 않음
힘의 총량	동원되는 근수축에 의해 발휘되는 힘의 양을 조절하는 것으로, 근육의 상대적인 힘은 변하지 않지만 전체적으로 발휘되는 힘의 양은 가변적임
근육의 선택	동작에 따라 개개의 근육이 다르게 선택됨

04 운동제어 답 ④

힉스의 법칙은 주어진 선택지의 수에 따라 사용자가 결정하는 데 소요되는 시간이 결정된다는 법칙이다. 스포츠에서 자극 반응 대안과 반응 시간 간의 관계를 나타내는 것에도 힉스의 법칙이 적용될 수 있으며, 힉-하이먼 법칙으로도 불린다.

【오답해설】
① 피츠의 법칙 : 운동의 정확성을 많이 요구할수록 운동 수행 속도는 하락한다는 법칙
② 힘의 법칙 : 힘의 원리가 운동 행동을 결정한다는 법칙
③ 임펄스 가변성 이론 : 임펄스(근육 수축을 통해 생성된 힘이 신체를 움직이는 데 사용된 양) 가변성이 클수록 운동의 정확성이 낮아진다는 이론

05 운동학습 답 ①

㉠ 자유도 풀림 : 사용 가능한 자유도를 활용하여 협응 구조(기능적 단위)를 형성하는 것
㉡ 반작용 활용 : 신체 내·외적으로 발생하는 힘의 활용을 위해 더 많은 여분 자유도를 활용하는 것
㉢ 자유도 고정 : 운동 기술 습득에 필요한 신체의 자유도를 고정하여 움직임과 관련된 요소들을 단순화시키는 것

06 정서와 시합불안 답 ③

운동선수 탈진 질문지에서의 측정 요인은 성취감 저하, 스포츠 평가절하, 신체적/정신적 고갈 3가지이다. 운동 과정에서 수행에 대한 통제를 상실하거나 실력 발휘가 어려운 경우 성취감이 저하될 수 있으며, 운동에 흥미가 떨어지고 스포츠에 대한 무관심이 나타나 스포츠 평가절하가 발생할 수 있다. 또한 운동선수가 겪는 피로와 무기력 등은 신체적/정신적 고갈로 이어진다.

07 정서와 시합불안   답 ①

스포츠 재미는 운동 참가에서 느끼는 긍정적인 정서 반응을 말하며, 이는 운동에 대한 흥미와 동기를 유발할 수 있는 가장 큰 요인이 된다. 스포츠 재미에 영향을 미치는 요인으로는 숙달과 성취, 사회적 소속, 동작 감각 체험 등이 있다.

> **Tip**
> **스포츠 재미의 원천과 과정**
> 숙달과 성취, 사회적 소속, 동작 감각 체험 → 스포츠 재미 → 스포츠 전념 → 스포츠 행동

08 운동제어   답 ③

도식이론은 슈미트(Schmidt)에 의해 폐쇄회로이론과 개방회로이론의 장점만을 통합하여 제안된 이론으로 빠른 움직임은 개방회로이론으로, 느린 움직임은 폐쇄회로이론으로 구분하여 설명한다. 일반적으로 송환정보가 작용할 수 없는 빠른 운동 제어에서는 회상도식만이 절대적으로 적용되지만, 200ms 이상의 느린 운동 과제의 제어에는 회상도식과 재인도식이 모두 동원된다.

【오답해설】
ⓒ 회상도식은 현재 수행하고자 하는 운동과 유사한 과거의 운동결과를 근거로 하여 새로운 운동을 계획하는 것으로, 피드백 정보가 없는 빠른 운동 제어에 절대적인 역할을 한다.
ⓒ 재인도식은 피드백 정보를 통하여 잘못된 동작을 평가하고 수정하는 것으로, 과거의 실제결과, 감각귀결, 초기조건의 관계를 바탕으로 형성된다.

09 운동제어   답 ④

심리적 불응기는 연속한 2개의 자극이 제시되었을 때, 두 번째 제시되는 자극에 대한 반응시간이 지연되는 현상을 말한다. 1차 자극과 2차 자극 간의 시간 차이가 길어지면 2차 자극에 대한 반응속도의 지연이 줄어들며, 두 자극 간 시간 간격이 짧을 때에는 두 자극을 하나의 자극으로 간주하는 집단화 현상이 나타난다.

【오답해설】
ⓒ 자극 간 시간차가 40ms 이하로 매우 짧은 경우에는 첫 번째 자극과 두 번째 자극을 하나의 자극으로 간주하게 되어 심리적 불응기 현상이 나타나지 않는다.
ⓒ 농구에서 심리적 불응기를 이용한 페인팅(feint) 동작(거짓 동작)을 자주 사용하게 되면 수비자가 페인팅에 속지 않게 된다.

10 운동발달   답 ④

인간 발달의 질적 측면은 성격이나 구조, 조직 등의 변화로 인간 행동의 양식이 과거에서 변화되어 나타나는 것을 의미한다.

11 운동제어   답 ①

시각탐색에 사용되는 안구의 4가지 움직임 형태는 빠른 움직임, 부드러운 추적 움직임, 전정안구반사, 빠른 움직임과 추적 움직임이 적절하게 조화를 이루는 움직임이다. 지각의 협소화는 각성 수준이 높아져 주의를 기울일 수 있는 폭이 점차 좁아지는 현상을 말한다.

> **Tip**
> **시각탐색에 사용되는 안구의 4가지 움직임 형태**
>
> | | |
> |---|---|
> | 빠른 움직임 | 의식적인 작용을 필요로 하지는 않지만 수의적으로 이루어지는 움직임 |
> | 부드러운 추적 움직임 | 움직이거나 정지해 있는 목표 지점에 안구를 계속적으로 고정시키는 것 |
> | 전정안구반사 | 머리의 회전에 대한 안구의 움직임 |
> | 빠른 움직임과 추적 움직임이 적절한 조화를 이루는 움직임 | 움직이는 기차 창문 밖을 지나가는 어느 특정 물체를 계속 보다가 다른 물체로 시선을 움직이고자 하는 상황에서 발생하는 움직임 |

12 정서와 시합불안   답 ②

전환이론(또는 반전이론)은 개인이 자신의 각성(불안) 수준을 어떻게 해석하느냐에 따라 각성과 정서의 관계가 달라진다고 보는 이론이다. 어떤 사람은 각성이 높은 상태를 기분 좋은 흥분상태로 해석할 수 있으나 다른 사람은 반대로 불안한 상태로 해석할 수도 있다고 보며, 이는 각성에 대한 개인의 차를 이해하는 데 영향을 준다.

【오답해설】
① 적정수준이론(역U가설) : 불안이 증가할수록 그와 비례하여 수행이 증진되어 적정 수준의 각성 상태까지 운동 수행이 극대화되다가 과각성 상태가 되면 수행은 저하된다는 이론
③ 카타스트로피(격변)이론 : 인지불안이 높아지면 생리적 각성이 증가하여 운동 수행능력도 증가하지만, 적정 수준을 넘어서면 운동 수행 능력의 급격한 하락(추락)이 나타난다고 보는 이론
④ 적정기능지역이론 : 선수 개인마다 불안 기준이 다르고 최적수행지역에 도달하기 위한 각성 수준도 개인마다 차이가 있다는 이론

13 정서와 시합불안   답 ④

㉠ 자생 훈련 : 신체 부위의 따뜻함과 무거움을 느끼게 해주는 일련의 동작으로 구성된 방법
ⓒ 체계적 둔감화 : 불안을 발생시키는 상황들을 순서대로 나열하고 상상하게 하여 유발 감각 자극에 대한 민감도를 줄이는 방법

【오답해설】
• 바이오피드백 : 근육활동 수준, 관절 위치 등 생체의 신경·생리상태 등을 감지하고 수치화하여 제공되는 피드백
• 점진적 이완 : 불안 관리 기법으로서 앉거나 누운 상태로 실시하고, 각 신체 부분에 긴장과 이완을 반복하는 방법

14 동기 답 ④

귀인이론은 발생한 사건의 원인이 개인의 특성이나 환경적 요인에 대하여 자신이 어떻게 인지하고 지각하느냐에 따라 달라진다고 보고, 이러한 행동의 원인을 설명하고 예언하려는 이론이다. 과제난이도는 외적이고 안정적이며 통제가 불가능한 요인이다.

Tip

Weiner의 귀인 요소 분류

구분		안정성	
		안정	불안정
원인 소재	내적	능력	노력
	외적	과제난이도	운

※ 색칠된 영역은 통제 불가능한 영역

15 심상 답 ②

심리신경근이론은 심상을 하는 동안에 뇌와 근육에는 실제 동작을 할 때와 거의 동일한 자극이 발생한다고 보는 이론이며, 생물정보이론에서는 심상이 특정 상황뿐만 아니라 그 상황에 대한 행동 반응, 심리 반응, 생리 반응 등을 포함한다고 본다.

【오답해설】
ⓒ 상징학습이론은 심상이 어떤 동작을 뇌에 부호로 만들어 그 동작을 잘 이해하게 만들거나 자동화하도록 만든다는 이론으로, 심상은 운동 과제보다 인지 과제에 더 효과적이다.
ⓔ 생물정보이론에서는 생리적 반응과 심리 반응을 함께하면 심상의 이미지가 효과적으로 기억되고 경과 수행 향상에 도움이 된다고 본다.

16 리더십 답 ②

다차원 리더십 모델에서 리더의 행동은 규정 행동, 실제 행동, 선호 행동의 3가지로 구분되는데 규정 행동은 선수가 아닌 리더에게 규정된 행동을 말하며, 선호 행동은 선수가 바라는 리더의 행동을 의미한다. 리더가 실제로 행하는 실제 행동이 선호 행동과 다를 경우 선수의 만족도는 낮아진다.

Tip

리더의 행동

규정 행동	리더로서 당연히 수행해야 하는 직책 행동
선호 행동	선수들이 리더에게 기대하는 행동
실제 행동	리더가 행하는 실제 행동

17 운동심리 이론 답 ①

사회생태모형은 운동과 관련된 환경이나 정책이 운동참여와 지속에 중요한 역할을 한다는 것을 강조한 이론이다. 운동참여를 위한 노력이 개인 차원에서 그치지 않고 지역사회와 정부 차원의 환경적 요인으로 확대될 때 운동 참여가 활성화될 수 있다고 본다.

【오답해설】
② 합리적 행동이론 : '행위에 대한 태도'와 '주관적 규범'이 '행동 의도'에 영향을 미치고, 이것이 곧 행동으로 이어진다는 이론
③ 자기효능감이론 : 특정 과업이나 영역에 대하여 잘 해낼 수 있다는 주관인 판단이나 신념에 바탕을 둔 이론
④ 자결성이론 : 외적 보상이 내적 동기에 어떤 영향을 주는가를 설명하는 이론

18 운동제어 답 ②

프로차스카의 운동변화단계 모형은 무관심, 관심, 준비, 실천, 유지의 5단계를 통해 인간의 운동 행동이 변화되는 것을 설명한다. 이 모형은 개인의 운동행동이 참가 여부로 이분화되는 것이 아니라 단계의 변화를 전제로 하고 있으며, 행동의 결과에 초점을 두는 것이 아니라 개인의 체력 수준, 신체 능력 등을 인지하고 행동수정을 돕는 것에 목적이 있다.

【오답해설】
①, ③ 변화 단계가 높아질수록 운동에 대해 기대할 수 있는 혜택은 점진적으로 높아지기 때문에 변화 단계와 자기효능감은 비례관계를 갖는다.
④ 무관심 단계는 현재 운동을 참여하고 있지 않고, 변화에 대한 계획도 없는 단계이다. 제시된 문장은 준비 단계에 대한 설명이다.

Tip

프로차스카의 운동행동변화단계

무관심	현재 운동을 하고 있지 않으며 6개월 이내에도 운동을 할 어떠한 의도나 의지를 갖고 있지 않은 단계
관심	현재는 운동을 하고 있지 않으나 6개월 내에 운동을 할 의도나 의지가 있는 단계
준비	운동 수행 중이나 목표 달성 여부는 불투명하고 일정 기간 내에 목표를 달성하고 싶은 의도와 의욕이 있음
실천	운동 수행을 지속한 지 6개월 미만이지만 목표를 달성 중이며 운동에 대한 관심과 투자가 충분함
유지	6개월 이상의 성공적 운동 수행 진행, 하위단계로 돌아갈 위험성이 적음

19 스포츠심리상담의 개념 답 ③

스포츠심리상담사는 내담자의 정서적 안정 및 운동 수행 능력의 향상을 위해 노력하여야 하며, 개인의 이득을 위해 내담자에게 상담 평가나 소감 등을 요구해서는 아니 된다.

20 동기 답 ④

자기 자신에 대해 어떻게 느끼고 인지하는지를 나타내는 것을 자기개념이라고 하며, 이 자기개념 중 신체 및 외모에 대한 지각과 신체 능력에 관해 느끼는 것을 신체적 자기개념이라 일컫는다. 폭스의 위계적 신체적 자기개념 가설에서는 자신에 신체에 대해 지각하는 정도를 스포츠 유능감, 신체적 컨디션, 신체 매력, 체력 등의 4가지로 나누고, 이러한 신체적 자기개념이 총체적인 자기개념에 영향을 미치는 중요한 요인임을 설명하였다.

【오답해설】
㉠ 신체 매력은 매력적인 신체를 유지하는 능력으로, 지속적인 신체활동을 통해 신체에 긍정적인 변화를 일으킬 수 있는 요소가 된다.
㉢ 신체적 자기개념(가치)은 총체적 자기개념의 구성요소이며, 전반적 자기존중감의 형성 등에 영향을 미치므로 하위영역에 속한다.

한국체육사

01	02	03	04	05	06	07	08	09	10
④	③	②	④	②	①	④	④	③	③
11	12	13	14	15	16	17	18	19	20
①	①	②	①	②	①	④	②	③	③

01 체육사의 의미 답 ④

체육사 연구의 중심은 사료의 분류와 평가이며, 존재하는 체육사의 사료를 수집, 관찰하여 체육사를 재구성한다. 축적되어 있는 사료를 통해 체육사의 사실들을 파악하는 방법은 다른 체육 관련 분야에는 없는 체육사항 특유의 연구방법이다. ④는 스포츠 윤리에 대한 설명에 가깝다.

02 체육사 연구 분야 답 ③

㉢ 기록 사료 중 민요, 전설, 시가, 회고담 등은 구전 사료이다.

Tip

사료(史料)
- 물적 사료 : 유물, 유적 등 현존하는 모든 상태의 물질적 유산
  - 유물 : 기구, 도구, 유골, 예술품, 생활용품 등
  - 유적 : 건물, 성곽, 거주지, 분묘 등
- 기록 사료 : 문헌 사료와 구전 사료
  - 문헌 사료 : 고문헌, 고문서, 금석문 등
  - 구전 사료 : 민요, 전설, 시가, 회고담 등

03 선사 · 삼국시대 체육 답 ②

제천의식으로는 동예의 '무천', 고구려의 '동맹', 마한의 '10월제', 신라의 '가배' 등이 있다.

04 삼국 및 통일신라시대의 체육 답 ④

화랑도가 국가에 의해 정식 제정된 것은 진흥왕 때의 일이다.

Tip

화랑도
- '꽃처럼 아름다운 남성의 무리'라는 의미로 진흥왕 대에 설치
- 귀족의 자제들로 이루어진 청소년 단체로 신체적 · 정신적으로 건전한 청소년 양성 목적
- 궁술 · 기마술 · 검술 · 창술 · 가마 · 검무 · 편력(야외교육활동) 등의 체육활동
- 신체활동을 인격 함양의 과정으로 이해하고 궁도와 기마술을 예(禮), 낙(樂)과 함께 중요한 영역으로 인식
- 원광의 세속오계(사군이충, 사친이효, 임전무퇴, 교우이신, 살생유택) 정신
- 풍류도(風流徒), 국선도(國仙徒), 원화도(源花徒), 풍월도(風月徒) 등으로도 불림

05 삼국 및 통일신라시대의 체육 답 ②

경당은 고구려 평민층 자제의 교육을 담당한 기관으로 경전과 함께 활쏘기를 교육하였다.

【오답해설】
① 태학 : 고구려 상류층 자제의 교육을 담당한 기관으로 국가 관리의 양성이 목적
③ 향교 : 고려시대 지방의 교육을 위해 설치된 교육기관으로서 유학의 전파와 지방민의 교화에 목적이 있음
④ 학당 : 고려시대 국자감 부속학교의 성격을 가진 교육기관으로 지방의 향교와 유사한 유학교육기관

06 고려시대의 사회와 체육 답 ①

국자감(國子監)은 고려시대의 대표적인 국립교육기관으로 7재에 강예재를 두어 무예를 실시하던 기관이다.

【오답해설】
② 성균관(成均館) : 고려시대 국자감과 같은 기능을 수행하는 조선시대 국립대학격의 유학교육기관으로 생원과 진사가 입학 대상. 육일각에서는 궁술교육을 실시하였으며 대사례를 거행함
③ 응방도감(鷹坊都監) : 고려시대 매를 사육하여 원(元)나라에 바치던 관청
④ 오부학당(五部學堂) : 고려 말 조선 초기에 중앙의 각(部)에 두었던 관립교육기관

07 고려시대의 사회와 체육 답 ④

㉠ 격구(擊毬) : 군사 훈련 및 연무 수단임과 동시에 귀족들의 오락 및 여가 활동 수단으로서 무예적 요소와 유희적 요소를 동시에 지니며, 특수 계층만 참여가 가능했던 점과 그 사치성이 격구의 폐단으로 꼽힘
㉡ 수박희(手搏戱) : 두 사람이 일정한 거리를 두고 마주서서 손을 겨루는 놀이로, 인재 선발 기준이 되었으며, 승자에게 벼슬이 주어져 출세를 위한 방법으로 활용됨
㉢ 마술(馬術) : 말을 타고 여러 가지 자세나 기예를 보여주는 것으로, 육예(六藝) 중 어(御)에 속함
㉣ 궁술(弓術) : 활은 중요한 무기이자 교육활동의 한 분야로 여겨짐(고구려의 경당, 신라의 궁전법)

08 조선시대의 사회와 체육 답 ④

무과는 식년무과로 초시(각 도의 인구 비례에 따라(240명) → 복시(33명) → 전시(순위결정전) 순으로 시행되었으며, 비정규적으로 중광시, 별시, 정시 등도 시행되었다. 또한 무과는 강서와 무예 시험으로 구성되었다.

09 조선시대의 사회와 체육 답 ③

석전(石戰)은 정월대보름이나 단오절에 행해졌던 놀이로, 지형을 경계 삼아 거리를 두고 일대의 주민들이 편을 갈라 서로 돌을 던져 누가 먼저 쫓겨 달아나느냐에 따라 승부를 가리는 전통사회의 집단놀이이다. 이때 국왕은 가마를 타고 와서 구경했다고 전해진다.

【오답해설】
① 투호(投壺) : 항아리에 화살을 던져 넣는 놀이로 삼국통일 이전부터 소개ㆍ계승, 왕실과 귀족사회에서 성행함
② 저포(樗蒲) : 제천의식과 관련된 대표적인 민속놀이로, 윷가락 같이 만든 다섯 개의 나무를 던져 승부를 다투는 놀이
④ 위기(圍碁) : 바둑을 의미

10 조선시대의 사회와 체육 답 ③

불국토사상은 자신들의 땅이 곧 부처의 나라인 불국토라는 것을 믿고 강조한 신라의 불교관이다. 이 사상은 국토에 대한 신성함과 존엄성을 가지게 하였다.

11 일제강점기의 체육 답 ①

대한국민체육회(大韓國民體育會)는 체조의 올바른 이념 정립과 체육 관련 정책의 개혁을 목표로 1907년 설립되었다.

【오답해설】
② 관서체육회(關西體育會) : 1925년 평양 기독교 청년회관에서 결성
③ 조선체육협회(朝鮮體育協會) : 1919년 조선 내 스포츠 단체를 관리하기 위해 설립
④ 조선체육회(朝鮮體育會) : 1920년 창설되어 일본의 조선체육협회에 대응

12 현대 체육ㆍ스포츠 답 ①

㉠ 박신자 : 1967년 세계여자농구선수권대회에 출전해 최우수 선수로 선정
㉡ 김연아 : 2010년 밴쿠버동계올림픽경기대회에 출전해 피겨 스케이팅 금메달 획득

13 현대 체육ㆍ스포츠 답 ②

아시안게임(아시아경기대회)의 경우 우리나라는 1954년 제2회 마닐라아시아경기대회부터 참가하였고 1986년 서울아시아경기대회, 2002년 부산아시아경기대회, 2014년 인천아시아경기대회를 성공적으로 개최하였다.

14 현대 체육·스포츠 답 ①

조오련은 1970년에 제6회 아시안게임 자유형 400미터와 1,500미터 1974년 제7회 아시안게임 자유형 400미터와 1,500미터 1위 금메달을 획득하였다. 1978년에 제8회 1978 방콕 아시안게임 접영 200m에서 동메달을 획득하였고 그해 수영 부문 한국신기록을 50회째 수립하였으나, 동시에 은퇴하였다. 은퇴 이후 그는 1980년 대한해협·1982년 영국 도버해협을 횡단하고 2002년에 다시 한번 대한해협을, 2005년에는 독도를 횡단했으며, 앞서 2003년에는 한강 700리 종주를 성공하였고 2008년에는 독도 33바퀴 헤엄쳐 돌기 프로젝트를 성공하였다. 2009년 사망한 조오련은 해남에 있는 선산에 안장되었지만 2020년 스포츠영웅으로 선정되어 2021년 국립묘지에 안장되었다.

【오답해설】
② 민관식 : 대한체육회장을 비롯하여 대한올림픽위원회 위원장, 대한축구협회 회장, 서울아시안게임 조직위원장 등을 맡아 한국 스포츠의 근대화에 이바지
③ 김일 : 한국 프로레슬링을 이끈 프로레슬러
④ 김성집 : 1948년 런던 올림픽 역도 종목에서 대한민국 최초로 메달 획득

15 개화기 체육 답 ②

역도는 1926년 일본 체조학교에서 유학을 마치고 돌아온 서상천에 의해 소개되었다.

【오답해설】
① 농구 : 1907년 YMCA 선교사인 질레트에 의해 소개됨
③ 야구 : 1905년 YMCA 선교사인 질레트에 의해 황성기독교청년회 회원들에게 지도한 것이 시초
④ 육상 : 1896년 '화류회'를 통해 최초로 소개

16 일제강점기의 체육 답 ①

조선체육협회는 1919년 조선 내 스포츠 단체를 관리하기 위해 설립되었으며 조선체육회는 일본의 조선체육협회에 대응하기 위하여 1920년 창립되었다.

17 일제강점기의 체육 답 ④

1936년 개최된 제11회 베를린올림픽경기대회에서 손기정 선수가 마라톤 종목에 출전하여 한국인 최초로 올림픽 금메달을 획득하였으며, 남승룡 선수는 일본 육상연맹의 출전 방해에도 불구하고 동메달을 획득하였다. 이는 당시 일본의 식민통치하에 있던 우리 국민에게 민족의식을 일깨워 주고 자긍심을 고취시켜 주었다.

18 현대 체육·스포츠 답 ②

㉠ 1984년 로스앤젤레스올림픽경기대회는 우리나라 여성이 최초로 금메달을 획득한 대회로, 서향순이 양궁 개인전에서 금메달을 획득했다.
㉡ 1992년 바르셀로나올림픽경기대회는 우리나라가 광복 후 최초로 마라톤에서 금메달을 획득한 대회로, 황영조가 마라톤에서 금메달을 획득했다.

19 현대 체육·스포츠 답 ③

노태우 정권기에는 호돌이 계획이라고 불리는 국민생활체육진흥 3개년 종합계획을 시행하였고, 국민생활체육회를 창설하였으며 88 서울올림픽경기대회를 성공적으로 개최하였다. 또한 1991년 제41회 지바 세계탁구선수권대회에서 사상 첫 남북 스포츠단일팀이 구성되었다.

20 현대 체육·스포츠 답 ③

2002년 제17회 월드컵축구대회는 한국과 일본이 공동 개최한 월드컵축구대회로, 한국은 4강까지 진출하였으며, 당시 한국의 길거리 응원은 국민 문화축제의 장이었다. 한국과 북한이 단일팀을 구성하지는 않았다.

운동생리학

01	02	03	04	05	06	07	08	09	10
①	④	③	③	④	①	②	③	②	④
11	12	13	14	15	16	17	18	19	20
③	②	④	①	②	①	①	③	④	②

01 운동생리학의 개념 답 ①

특이성의 원리는 운동 중에 사용된 근육이나 신체기관에만 특이(특정)하게 운동 효과가 나타난다는 원리이다.

【오답해설】
② 가역성의 원리 : 운동을 꾸준히 하지 않으면 체력이 다시 떨어지게 된다는 원리
③ 과부하의 원리 : 신체의 적응 능력 이상의 부하를 주어야 적응 수준이 높아진다는 원리
④ 다양성의 원리 : 운동이 지루하고 단조로우면 동기를 저하시키고 운동능력 향상에 방해를 가져올 수 있으므로 다양한 훈련 방법을 구성해야 한다는 원리

> **Tip**
> **운동훈련(트레이닝)의 원리**
> - 특이성의 원리 : 운동의 효과는 운동 중에 사용된 근육이나 신체기관에만 특이(특정)하게 나타난다는 원리
> - 과부하의 원리 : 신체의 적응 능력 이상의 부하를 주어야 적응 수준이 높아진다는 원리
> - 개별성의 원리 : 체력의 수준에 따라 개개인에게 각각 다른 트레이닝 양이 처방되어야 한다는 원리
> - 점증부하의 원리 : 운동상해 없이 트레이닝 효과를 극대화하기 위해서는 부하를 점진적으로 올려야 한다는 원리
> - 가역성의 원리 : 운동을 꾸준히 하지 않으면 체력이 다시 떨어지게 된다는 원리
> - 다양성의 원리 : 운동이 지루하고 단조로우면 동기를 저하시키고 운동능력 향상에 방해를 가져올 수 있으므로 다양한 훈련 방법을 구성해야 한다는 원리

02 체온조절과 운동 답 ④

체온 저하 시에는 골격근 떨림을 증가시켜 열을 발생시키고, 피부 아래 혈관이 좁아지면서 혈류량이 감소하여 열의 방출을 막는다. 또한 갑상선 분비하여 신진 대사가 증가하도록 하여 호르몬의 열을 발생시킨다.

> **Tip**
> **고온·저온 환경에서 운동**
>
> | 고온에서의 운동 | • 운동 중 심부온도의 항정상태(steady state) 도달 불가
• 체온이 높아지는 증상에 의해 수행력 제한
• 운동 중 증발에 의한 순환혈류량 감소
• 근 글리코겐 사용과 젖산 생성에 의한 피로 유발 및 근육 젖산 농도 증가 |
> |---|---|
> | 저온에서의 운동 | • 신경이 전달되는 비율 감소
• 피부 혈관의 수축에 의한 피부 혈류량 감소
• 피부의 열 손실 차단 |

03 호흡계의 반응과 적응 답 ③

지구성 트레이닝 후 최대 동정맥 산소차 증가의 기전으로는 모세혈관의 밀도가 증가하여 혈류속도가 감소되면서 산소와 이산화탄소의 교환이 활발하게 일어나는 현상, 미토콘드리아의 수와 크기의 증가, 마이오글로빈 함량의 증가 등이 있다.

04 골격근과 운동 답 ③

근육경직을 예방하기 위해서는 근육이 충분히 단련되어 있어야 한다. 갑자기 강한 강도의 운동을 무리하게 진행하지 않고, 경직이 발생하기 쉬운 부위를 규칙적으로 스트레칭해준다. 또한 수분과 전해질의 균형을 유지하고 탄수화물 저장량을 유지한다. 필요에 따라서 운동의 양, 강도, 시간을 감소시키는 것도 필요하다.

> **Tip**
> **근육경직(Exercise-Associated Muscle Cramps ; EAMCs)의 유형**
> - 근육 과부하와 과시용에 의한 피로가 쌓이거나 좋지 않은 컨디션으로 인해 발생한다. 일반적으로 과도하게 사용한 근육 부위에서 발생한다.
> - 높은 발한(피부의 땀샘에서 땀이 분비되는 현상)을 나타내는 운동선수들에게 전해질, 특히 나트륨과 염소의 불균형에 의해 발생한다. 장기간 운동을 수행하는 과정에서 땀을 많이 흘리게 되고 그 결과 나트륨과 염소의 배출량이 섭취량을 초과할 때 발생한다.

05 순환계의 반응과 적응 답 ④

1회 박출량은 심실이 한 번 수축할 때 박출되는 혈액량을 말하며, 확장기말 용적에서 수축기말 용적을 뺀 값을 말한다.

> **Tip**
>
> **1회 박출량 결정 요인**
> - 심장으로 돌아오는 정맥혈의 용량(이완기말 혈액량) : 정맥혈 회귀량의 영향을 받음
> - 심실수축력 : 에피네프린, 노르에피네프린의 영향을 받음
> - 심실의 팽창성과 확장 능력
> - 평균대동맥압 : 심실압력이 평균대동맥보다 높을 것(평균대동맥압이 낮아야 함)

06 신경계의 운동기능 조절 답 ①

간뇌는 시상, 시상하부로 나뉘며 시상은 감각 조절 중추로 운동 조절에 중요한 역할을 하고, 시상하부는 자율신경계(혈압, 심박수, 호흡, 소화, 체온 등)를 조절한다.

【오답해설】
② 대뇌 : 좌우 두 개의 반구로 이루어져 있으며, 고등한 정신 활동을 담당하는 중추이다.
③ 소뇌 : 뇌의 한 부분으로 대뇌 아래, 중뇌 뒤쪽에 위치하는 작은 뇌. 주로 운동기능과 평형감각을 조절한다.
④ 척수 : 척추 내에 위치하는 중추신경의 일부분으로 뇌와 말초신경의 중간다리 역할을 한다.

07 호흡계의 반응과 적응 답 ②

직립 상태에서 폐 상부의 혈류는 중력으로 인해 하부보다 적다. 그러나 운동을 통해 증가한 혈액량과 심박수, 1회박출량 등의 요인으로 인해 혈압이 증가하게 되면 폐 상층부의 혈류량이 증가하여 폐-혈액 간 산소 확산 능력이 증가한다.

08 운동생리학의 용어 답 ③

체력은 방위체력과 행동체력이 있고, 행동체력에는 건강체력과 운동체력으로 나뉜다. 건강체력의 요소는 근력, 근지구력, 심폐지구력, 유연성, 신체조성이 있다.
③ 제자리높이뛰기는 운동체력의 요소 중 순발력을 측정하는 종목이다.

> **Tip**
>
> **건강체력**
> - 근력 : 근의 길이를 바꾸지 않고 발휘하는 최대장력으로 나타내는 근육의 힘
> - 근지구력 : 어느 정도 근육이 지속적으로 대응할 수 있는가를 나타내는 능력
> - 심폐지구력 : 심장, 허파, 순환계가 움직이는 근육에 효율적으로 산소를 공급하는 능력
> - 유연성 : 관절을 둘러싼 근육이 최대한 어느 범위까지 관절을 움직일 수 있는가를 나타내는 능력
> - 신체조성 : 인체를 구성하고 있는 기관이나 조직 등을 정량적 또는 상대적인 비율로 나타낸 것

09 골격근과 운동 답 ②

국소적 내인성 자율조절 요소에는 혈관내피세포에서 생성된 산화질소, 프로스타글랜딘, ATP, 아데노신, 내피 유래 과분극인자 등이 있다. 부신수질로부터 분비된 카테콜아민은 혈관 수축을 유발하므로 혈류량을 증가시키는 요소로 적절하지 않다.

10 골격근과 운동 답 ④

근육 수축 과정은 다음과 같다. 골격근막의 활동전위는 가로세관(T-tubule)을 타고 이동하여 근형질세망(sarcoplasmic reticulum)으로부터 칼슘 유리를 자극한다. 유리된 칼슘은 액틴(actin) 세사의 트로포닌에 결합하고, 트로포닌은 트로포마이오신을 이동시켜 마이오신(myosin) 머리가 액틴과 결합할 수 있도록 한다.

> **Tip**
>
> **근육 수축 과정**
>
> 축삭 종말에서 아세틸콜린 방출 → 근육세포의 활동전위 발생 → 근형질세망에서 칼슘이온 분비 → ATP 분해에 따른 근세사 활주 시작

11 호흡계의 반응과 적응 답 ③

㉠ 총폐용량(TLC) : 안정 시와 비교하여 운동 시 변화는 없다.
㉡ 1회 환기(호흡)량(TV) : 산소요구량에 의해 변화하므로 운동 중에는 증가한다.
㉢ 기능적잔기량(FRC) : 운동 중 1회 환기량의 증가로 인해 감소한다.
㉣ 잔기량(RV) : 안정 시와 비교하여 운동 시 변화는 없다.

12 골격근과 운동 답 ②

저항성 트레이닝 후 발생하는 생리적 적응은 골 무기질 함량 증가, 액틴 단백질의 양 증가 등이 있다.

> **Tip**
>
> **저항성 트레이닝**
>
> 근력 및 근지구력을 발달시키기 위해 신체 또는 밴드, 기구 등의 무게를 활용하여 근육의 이완과 수축을 반복하는 운동을 말한다. 저항성 운동이 효과를 보기 위해서는 몸의 근육이 평소에 느끼는 수준보다 높은 저항 또는 무게가 필요하다.

13 순환계의 반응과 적응 답 ④

동일한 절대 강도 운동 시 확장기말 용적 증가, 확장기 혈액 충만 시간 증가, 심박수가 감소 등에 따라 1회 박출량이 증가한다.

14 골격근과 운동 답 ①

등장성 수축은 근육의 길이가 변하는 수축 형태를 말하고, 단축성(구심성) 수축과 신장성(원심성) 수축으로 나뉜다. 이때 신장성 수축은 수축 속도가 빠를수록 더 큰 힘이 생성되고, 단축성 수축은 속도가 느릴수록 더 큰 힘이 생성된다. 또한 단축성 수축은 신장성 수축에 비해 같은 속도에서 더 작은 힘이 생성된다.

Tip

등장성 수축	
단축성(구심성) 수축	• 근이 짧아지면서 장력 발생 • 속도가 느릴수록 최대 힘 생성
신장성(원심성) 수축	• 근이 길어지면서 장력 발생 • 속도가 빠를수록 최대 힘 생성

15 순환계의 구조와 기능 답 ②

세동맥은 전체 혈관계에서 저항이 가장 큰 부분이므로 혈압 강하가 가장 크게 나타난다.

【오답해설】
① 모세혈관 : 혈관 중에서 조직 세포 사이에 분포하는 가장 가는 혈관이 모세혈관이다. 모세혈관을 통해 혈액과 세포간질액 사이에 물질교환이 일어난다.
③ 세정맥 : 모세혈관이 모여 형성된 가느다란 정맥으로 이 세정맥이 모여 정맥으로, 다시 대정맥으로 이어진다.
④ 대동맥 : 심장의 왼심실에서 시작하여 하복부에서 갈라져 온몸으로 가는 혈액을 공급하는 가장 큰 동맥이다.

16 트레이닝에 대한 대사적 적응 답 ①

스프린트 트레이닝은 대표적인 무산소 운동이므로 이로 인해 나타나는 생리적 적응은 속근섬유 비율의 증가, 근비대에 따른 근육량 및 근력의 증대, 골밀도 향상, 해당과정을 통한 ATP 생산능력 향상 등이 나타난다.

Tip

유·무산소 트레이닝에 의한 적응	
유산소 트레이닝	• 최대산소섭취량(VO_{2max})의 향상 • 심실의 1회박출량 증가 • 심실의 이완기말 용적 증가 • 모세혈관 밀도 증가 • 근육 내 미오글로빈(myoglobin) 함량 증가
무산소 트레이닝	• 속근섬유(Type Ⅱa섬유) 비율의 증가 • 근비대에 따른 근육량 및 근력의 증대 • 골밀도 향상 • 무산소성 대사 능력 향상

17 인체의 에너지 대사 답 ①

중성지방은 유리지방산 3개와 글리세롤 1개로 이루어져 있다. 이 중 베타 산화를 통해 유리지방산이 아세틸 조효소-A로 변환되어 에너지 대사에 사용된다.

18 신경계의 운동기능 조절 답 ③

운동 시 교감신경계가 활성화되면서, 동공은 확장되고 심장박동과 호흡이 증가한다. 심장 박동이 빨라짐에 따라 뇌와 근육에 혈류량이 증가하고, 내장기관으로의 혈류량은 감소한다.

Tip

교감신경, 부교감신경	
교감 신경	• 위급상황 발생 시 이에 대처하기 위한 반응 • 활성 시 동공 확대, 침 분비 억제, 심박수 증가, 기관지 확장, 소화 억제, 포도당 생성, 아드레날린 분비, 방광 수축 억제 등
부교감 신경	• 일상생활에서 에너지를 보존하기 위한 반응 • 활성 시 동공 수축, 침 분비 자극, 심박수 감소, 기관지 축소, 소화 자극, 쓸개즙 분비, 방광 수축 등

19 내분비계 답 ④

ⓒ 에리스로포이에틴은 적혈구를 만드는 세포의 분화를 촉진하고 적혈구의 생산을 촉진시키므로 빈혈의 예방 개선에 효과가 있다.
ⓔ 항이뇨호르몬은 신장의 수분 재흡수 촉진을 통해 체내 수분량을 조절한다.

【오답해설】
㉠ 인슐린은 혈당량이 높아지면 포도당을 글리코겐으로 저장시켜 혈당량을 낮춘다.
ⓛ 성장호르몬은 성장(근육, 뼈)과 대사 기능 촉진, 단백질 합성을 유도한다.

20 신경계의 구조와 기능 답 ②

탈분극은 자극을 받아 막전위가 상승하는 현상을 말하는 것이므로 그래프에서 ⓛ에 해당한다.

【오답해설】
㉠ 분극
ⓒ 재분극
ⓔ 과분극

Tip

활동 전위
• 분극 : 자극을 받지 않은 휴지 전위 상태
• 탈분극 : 자극을 받아 막전위가 상승하는 현상
• 재분극 : 탈분극이 일어난 후 막전위가 하강하는 현상
• 과분극 : 탈분극과 반대 현상

운동역학

01	02	03	04	05	06	07	08	09	10
④	③	②	③	③	④	②	①	③	①
11	12	13	14	15	16	17	18	19	20
②	①	④	②	②	④	④	④	③	③

01 운동역학의 정의 ④

'운동 유전자 검사'는 운동역학 연구의 목적 및 내용에 해당하지 않는다.

Tip

운동역학의 목적
- 효율적인 동작 수행을 통한 운동 수행력의 향상
- 운동 시 상해의 원인 파악(부상 기전 규명) 및 예방을 통한 안전성 확보
- 경기력 향상을 위한 스포츠 관련 장비(운동 용기구)의 개발

운동역학의 내용
- 운동 기술의 분석 및 개발
- 운동 기구의 개발 및 평가
- 운동 분석 기법 및 자료 처리 기술 개발
- 운동 동작, 인체, 힘 등의 측정·분석

02 해부학적 기초 ③

벌림(외전, abduction)은 신체의 중심선에서 멀어지는 움직임을 말한다. 신체의 중심선으로 가까워지는 움직임은 모음(내전, adduction)이다.

Tip

전후축-좌우면에서의 관절운동

내전(Adduction)	신체 중심선으로 가까워지는 동작
외전(Abduction)	신체 중심선에서 멀어지는 동작
내번(Inversion)	발의 엄지발가락 쪽을 드는 동작
외번(Eversion)	발의 새끼발가락 쪽을 드는 동작
상전(Elevation)	어깨를 위로 올리는 동작
하전(Depression)	어깨를 아래로 내리는 동작

03 인체의 물리적 특성 ②

무게중심은 인체의 내부 혹은 외부에 모두 존재할 수 있다. 예를 들어 높이뛰기에서 몸을 활처럼 휘는 자세를 취하는 경우 무게중심이 인체의 외부에 위치하게 된다.

【오답해설】
① 일반적으로 무게중심이 기저면의 중앙과 가까울수록, 그리고 무게중심의 높이가 낮을수록 안정성이 높아진다.
③ 무게중심은 인체의 각 분절들이 갖는 중력의 회전력(토크)의 합이 0으로 균형을 이루는 점을 말하며, 따라서 '균형점'이라고도 한다.

04 인체의 구조적 특성 ③

인체 지레에서 받침점(축)은 관절을, 저항점(작용점)은 외부의 힘을 받는 지점을, 힘점은 근육의 힘이 가해지는 지점이다. 그림에서 ㉠은 축이 되는 관절, 즉 받침점이며 ㉡은 외부의 힘(중력)을 받는 저항점, ㉢은 근육의 힘이 가해지는 힘점이다. 참고로 이렇게 저항점이 받침점과 힘점 사이에 존재하는 지레를 2종 지레라고 하며, 2종 지레의 역학적 이점은 1보다 크다. 즉 역학적인 이점이 존재한다.

Tip

인체 지레의 종류

1종 지레	• 받침점이 저항점과 힘점 사이에 존재 • 역학적 이점은 1보다 클 수도, 작을 수도 있음
2종 지레	• 저항점이 받침점과 힘점 사이에 존재 • 역학적 이점은 1보다 큼
3종 지레	• 힘점이 저항점과 작용점 사이에 존재 • 역학적 이점은 없으나 운동의 범위 및 속도 측면에서 이점이 있음

05 선운동의 운동학적 분석 ③

힘은 크기와 방향을 모두 갖는 물리량, 즉 벡터량이다.

Tip

스칼라량과 벡터량

스칼라(Scalar)량	• 방향 없이 크기만을 갖는 물리량 • 거리, 길이, 넓이, 온도, 시간, 질량, 속력, 에너지 등
벡터(Vector)량	• 방향과 크기를 모두 갖는 물리량 • 변위, 속도, 가속도, 힘, 운동량, 충격량, 전기장, 자기장, 각운동량 등

06 각운동의 운동학적 분석 ④

각변위의 경우 시계 방향으로 회전된 각변위는 음(−)의 값으로, 반시계 방향으로 회전된 각변위는 양(+)의 값으로 나타낸다.

【오답해설】
① 각속도 = $\dfrac{\text{각변위}}{\text{총 소요시간}}$

② 각가속도 = $\dfrac{\text{각속도의 변화}}{\text{총 소요시간}}$

07 선운동의 운동학적 분석 ②

투사체 운동(포물선 운동)에서 공기저항을 고려하지 않을 경우, 투사체의 수평성분에는 외력의 영향이 없다. 즉, 수평 방향의 운동은 등속도운동을 나타낸다. 따라서 투사체의 수평 속도는 초기 속도의 수평성분과 그 크기가 동일하다.

【오답해설】
③ 투사체의 수직성분은 수직 하방으로 9.8m/s²의 중력가속도가 적용되므로 수직속도는 계속해서 변화하며, 포물선의 최고점에서 0m/s²가 된다.
④ 투사높이와 착지높이가 같을 경우, 즉 상대투사높이가 0일 경우 45°의 투사각도로 던질 때 최대의 수평거리를 얻을 수 있다.

08 각운동의 운동학적 분석 답 ①

회전 반지름을 작게 해야 몸통의 회전 속도가 증가한다. 따라서 스윙 탑에서부터 임팩트 시점 전까지는 회전반지름을 작게 하여 빠른 몸통회전을 유도한다.

【오답해설】
③ 임팩트 시점의 짧은 순간에 팔꿈치를 펴 회전반지름을 증가시킴으로써 클럽헤드의 선속도를 증가시킬 수 있다.

> **Tip**
> **선속도와 각속도의 관계**
> • 선속도=각속도×회전반경(원의 반지름)
> • 각속도가 일정할 때 선속도는 회전반경에 비례
> • 선속도가 일정할 때 각속도는 회전반경에 반비례

09 선운동의 운동역학적 분석 답 ③

물체에 힘을 가할 경우 힘의 방향으로 질량에 반비례하고 힘의 크기에 비례하는 가속도가 발생한다(F=ma).

10 선운동의 운동역학적 분석 답 ①

유도에서 낙법은 신체가 지면에 닿는 면적을 넓힘으로써 압력을 분산하고, 이를 통해 신체의 각 부위에 가해지는 충격력을 감소시키는 기술이다.

> **Tip**
> **충격량**
> • 운동량에 영향을 주는 물리량인 힘과 작용시간을 곱한 값
> • 충격량=힘(충격력)×작용시간

11 선운동의 운동역학적 분석 답 ②

마찰력은 두 물체의 접촉면에 수직으로 가해진 힘과 마찰계수를 곱한 것이다. 따라서 물체 표면에 수직으로 작용하는 힘(대표적으로 중력)이 클수록 마찰력도 커진다.

【오답해설】
① 아스팔트 도로에서 마찰계수는 미끄럼 운동보다 구름 운동일 때 더 작다.
③ 최대정지마찰력은 운동마찰력보다 크다.
④ 마찰력은 물체의 운동을 저지하는 방향으로, 즉 물체의 운동 방향과 반대 방향으로 작용한다.

12 선운동의 운동역학적 분석 답 ①

양력은 유체 속에서 운동하는 물체의 운동 방향에 대하여 수직 방향으로 작용하는 힘을 말한다.

【오답해설】
② 베르누이의 원리는 유체의 속도가 증가하면 압력은 감소함을 나타내는 원리이며, 양력은 유체의 압력차로 인해 발생하는 힘이다.
③ 물체의 중심선과 진행 방향이 이루는 공격각(받음각, 영각)에 의해 물체 위아래 유체의 속도가 변화하고, 이로 인해 양력이 발생하게 된다.

13 선운동의 운동역학적 분석 답 ④

h의 높이에서 떨어뜨린 물체가 h'의 높이로 튀어 오를 경우 반발계수를 구하는 식은 $\frac{v_2}{v_1}=\frac{\sqrt{2gh'}}{\sqrt{2gh}}=\frac{\sqrt{h'}}{\sqrt{h}}$이다. 따라서 $\sqrt{\frac{64}{100}}=\sqrt{0.64}=\sqrt{(0.8)^2}=0.80$이다.

14 각운동의 운동역학적 분석 답 ②

관성 모멘트는 외부의 회전력에 대해 물체의 운동 상태를 변화시키지 않으려는 저항 특성을 말하는 것으로, 외력이 없을 경우 관성 모멘트가 클수록 각속도(회전 속도)는 작아진다. 즉, 공중회전 동작 수행 시 회전 속도를 크게 만들기 위해서는 관성 모멘트를 작게 해야 한다. 이때, 관성 모멘트는 '질량×회전 반경²'이므로, 질량이 동일할 경우 회전 반경을 줄이면 관성 모멘트가 작아져 회전 속도가 커진다. 따라서 회전 속도를 가장 크게 만드는 동작은 ②이다.

【오답해설】
①, ③, ④ 상지 또는 하지 등을 곧게 펼 경우 좌우축을 기준으로 회전 반경이 커지고, 관성 모멘트는 증가한다. 따라서 회전 속도는 줄어들게 된다.

15 일과 일률 답 ②

일률(파워)는 '힘(F)×속도(v)'로 구한다.

【오답해설】
① 단위는 J/s 혹은 N·m/s이다. J(Joule)은 일의 단위이다.
③, ④ 일률= $\frac{힘(F)×이동 변위(d)}{시간(t)}$(=힘×속도)로 구하므로 이동 거리를 고려하며, 소요시간을 길게 하면 감소한다.

16 에너지 답 ④

• (가) : 선수가 질주함으로써 운동에너지를 발생시킨 상태이다.
• (나) : (가)의 운동에너지를 장대를 이용해 탄성에너지로 전환한 상태이다.
• (다) : 장대의 탄성에너지를 이용해 높이 올라감으로써 위치에너지(중력에너지)를 획득한 상태이다.

17 운동기술 분석 개요 답 ④

'수치화', '객관적', '주관적 판단을 배제' 등의 키워드를 통해 ㉠과 ㉡ 모두 '정량적 분석'이 들어가야 함을 추론할 수 있다.

Tip
정량적 분석과 정성적 분석

정량적 분석	• '수치'로 대표되는 명확하고 객관적인 데이터를 바탕으로 분석하는 것 • 통계적 · 구조적인 분석 방법
정성적 분석	• 수치로 나타내기 어렵거나 불가능한 부분에 대한 분석 • 주관적 분석으로 심도 있는 이해력을 제공할 수 있음

18 힘분석 답 ④

㉠ 근전도분석기 : 근육의 활성 시점 및 활성치 등 근수축과 관련된 전기적 신호를 통해 확인할 수 있다.
㉡ 지면반력기 : 사람 혹은 물체가 지면에 접촉하여 지면을 누르는 힘에 반해 발생하는 반작용을 측정하는 기기로, 지면반력측정기를 통해 지면반력의 수직 · 수평 성분 등을 분석할 수 있다.
㉢ 동작분석기 : 인체의 움직임과 관련된 영상 등의 자료를 분석함으로써 각속도, 선속도, 변위 등 다양한 정보를 얻는 기기이다.

19 힘분석 답 ③

【오답해설】
① 지면반력기는 수직 · 수평 성분을 모두 분석할 수 있다. 수직 방향 중에서도 중력 반대 방향의 지면반력만 측정 가능한 것이 체중계이다.
② 지면반력기에서 산출된 힘은 인체가 지면에 가하는 힘에 대하여 발생하는 반력, 즉 지면이 인체에 가하는 힘이다.
④ 발이 지면에 착지하면서 앞으로 미는 힘은 제동력, 발 앞꿈치가 지면을 뒤로 미는 힘은 추진력을 의미한다.

20 인체의 구조적 특성 답 ③

인체 지레에 가해진 힘과 작용힘 간의 관계를 이용하여야 한다. '가한 힘×힘팔의 길이=작용힘×작용팔의 길이'이므로 이를 대입하면 '가한 힘(x)×힘팔의 길이(2cm)=작용힘(50N)×작용팔의 길이(20cm)'이며, '$2x=1,000$'이므로 x는 500N이다.
※ 제시된 그림은 힘점이 받침점(축)과 작용점 사이에 존재하는 3종 지레이므로 역학적 이점은 없으며, 따라서 작용힘인 50N을 정적으로 유지하기 위해 필요한 힘은 작용힘보다 더 크다.

스포츠윤리

01	02	03	04	05	06	07	08	09	10
④	③	①, ②, ③	①	②	②	①	③, ④	①	④
11	12	13	14	15	16	17	18	19	20
①	②	②	④	②	③	③	③	①	④

01 스포츠의 윤리적 기초 답 ④

도덕적 선(善)이란 도덕적 성품이나 도덕적인 가치와 관련된 것을 말하며 ①~③은 도구적인 의미에서 '좋다'라고 표현한 것일 뿐 도덕적 선(善)의 의미로 해석될 수 없다.

02 윤리이론 답 ③

〈보기〉는 정의론을 주장한 롤스(J. Rawls)의 탁월성과 불평등에 대한 관점에 대해 쓰여 있다. 롤스는 정의의 원칙 중 기회균등의 원칙을 통해 사회적·경제적 불평등의 계기가 되는 직책, 직위는 탁월성을 가진 소수가 얻게 되나 그 기회는 모든 사람에게 얻을 기회가 있어 불평등은 오히려 노력의 계기가 되어 선(善)이 강화된다고 주장하였다.

Tip
롤스(J. Rawls)의 정의의 원칙

제1원칙	평등한 자유의 원칙	모든 사람은 평등한 기본적 자유를 최대한 누려야 한다(자유권, 재산권, 참정권).
제2원칙	차등의 원칙	사회적·경제적 불평등은 최소 수혜자에게 최대의 이익이 되도록 편성될 때 정당화된다.
	기회균등의 원칙	사회적·경제적 불평등의 계기가 되는 직위와 직책은 모든 사람에게 열려 있어야 한다.

03 스포츠의 윤리적 기초 답 ①, ②, ③

㉠ 미적인 것에 대한 가치판단 사례
㉡ 사리분별에 관한 가치판단 사례
㉢ 도덕적인 것에 대한 가치판단 사례
㉣ 객관적 사실에 대한 사실판단 사례
※ ①, ②도 정답으로 인정

04 윤리이론 답 ①

공리주의는 가치 판단의 기준을 효용과 행복의 증진에 두어 '최대 다수의 최대 행복' 실현을 윤리적 행위의 목적으로 본다. 〈보기〉는 모든 스포츠인의 권리와 공평성, 평등의 원칙, 선수의 행동에 따른 효용에 대한 내용을 담고 있기에 공리주의에 해당한다.

【오답해설】
② 의무주의 : 행위의 결과와는 상관없이 도덕 행위의 본래적인 가치인 '규범에 복종해야 할 의무'를 주장한다.
③ 덕윤리 : 결과가 아닌 행위 그 자체가 도덕 규칙을 판단하기 위한 기준으로 행위의 시비를 결정하기 위해 도덕 법칙이 이용된다.
④ 배려윤리 : 도덕적 판단의 기준을 배려의 측면에서 강조하며 타인의 감정을 이해하고 공감하여 그들을 돕고 보살핌으로써 더불어 살아가는 공동체적 관계를 중요시한다.

05 스포츠 경기의 목적 　답 ②

아곤(Agon)은 스포츠에서 목표를 이루고 경쟁하는 상대의 성과와 비교함으로써 가치를 평가하였다.

Tip

아곤(Agon)과 아레테(Arete)

아곤 (Agon)	• 경쟁과 승리 추구 • 스포츠경기는 자유로운 경쟁을 의미 • 경쟁하는 상대의 성과와 비교함으로써 가치를 평가함 • 일반적인 경쟁스포츠에 해당
아레테 (Arete)	• 탁월성의 추구 • 타인과의 경쟁이나 비교 없이 자신의 고유한 기능으로 가치평가 • 극기스포츠 또는 미적스포츠에 해당 • 아레테가 아곤보다 더 포괄적인 개념으로 인식됨

06 용기구와 생체공학기술 활용 　답 ②

야구의 압축배트, 최첨단 수영복 등은 신체의 탁월성을 겨루는 스포츠의 본질에 어긋나며 기록 향상에도 영향을 주게 되어 경기의 공정성 확보가 아니라 오히려 이를 악화시키는 원인이 될 수 있다.

07 스포츠와 폭력 　답 ①

독일의 철학자 호네트(A. Honneth)는 인간은 누구나 인정받고 싶어하는 자아실현 욕구가 있고, 스포츠에서 승리에 대한 욕구가 이 인정받고 싶은 욕구에서 이어지는 가장 원초적인 투쟁이라고 주장하였다.

08 윤리이론 　답 ③, ④

㉠ 의무론적 도덕 추론은 정언적 도덕추론이다.
㉡ 의무론적 윤리는 스스로 도덕적 의지를 추구하기 때문에 행위 주체에 초점을 맞춘다.
㉢ 절대적인 도덕규칙은 칸트의 의무론 정언명령에 해당한다.
㉣ 칸트가 말한 선의지는 의무론에서 중요한 본질이다.
㉤ 선의지에 대한 설명이다.
※ ㉡의 경우 선수만이 아닌 스포츠지도자 또한 행위의 주체가 될 수 있기에 의무론적 도덕 추론에 해당되어 중복정답으로 인정됨

09 페어플레이 　답 ①

㉠ 누구에게나 공평하고 일관되게 분해하는 평균적 정의에 해당한다.
㉡ 경기 과정에 초점을 맞춘 정의인 절차적 정의에 해당한다.
㉢ 필요, 업적, 환경 등을 고려하여 공정하게 배분하는 분배적 정의에 해당한다.

10 스포츠의 윤리적 기초 　답 ④

셸러(M. Scheler)는 5가지의 기준을 통해 가치의 서열을 결정하였는데, 많은 사람이 나누어 누리는 것보다 나누지 않고 그대로 향유할 수 있는 가치를 높게 평가하였다.

Tip

셸러(M. Scheler)의 5가지 가치 서열 기준
• 지속성 : 순간적으로 변화하는 가치보다 지속적인 가치가 더 높다.
• 분할향유 가능성 : 많은 사람이 나누는 것보다 그대로 향유할 수 있는 것이 더 높은 가치이다.
• 근거성 : 다른 가치에 의존하지 않을수록 더 높은 가치이다.
• 만족의 깊이 : 만족의 정도가 클수록 더 큰 가치이다.
• 독립성 : 사람에 따라 다르게 느끼지 않는 보편적이고 독립적인 가치를 말한다.

11 스포츠윤리의 이해 　답 ①

도덕적 감수성은 특정 상황 속에 내포된 도덕적 이슈를 자각하고 상황을 해석하며, 자신의 행동이 타인에게 어떠한 영향을 미치게 되는지 미리 헤아려 볼 수 있는 능력이다.

12 스포츠와 환경윤리 　답 ②

〈보기〉는 테일러(P. Taylor)의 생태윤리에 대한 설명이다. 테일러는 불침해, 불간섭, 신뢰, 보상적 정의의 규칙을 의무로 하여 모든 생명체는 평등한 관계라고 주장하였다.

【오답해설】
① 베르크 : 환경윤리를 주장하였으며 인간 주체성과 환경 자체를 연결하는 이러한 존재론적 혁명은 모든 사람의 기본인 인간의 안전 지속 가능성의 조건임을 주장함
③ 슈바이처 : 생명중심주의를 주장하였으며 모든 생명은 살고자 하는 의지를 지니고 있고 동등한 가치를 지닌다고 주장함

13 인종차별 　답 ②

아파르트헤이트(Apartheid)는 분리・격리를 뜻하는 아프리칸스어로 과거 남아프리카공화국의 백인 정권이 실시한 인종차별을 말한다.

> **Tip**
>
> 훌리거니즘(hooliganism)
> - 관중이 자신이 응원하는 팀의 승리만을 추구해 폭력을 행하는 것
> - 경기 내용을 고려하지 않고 자신이 응원하는 팀의 승리만 생각
> - 경기의 결과에 집착하지 않는 자세가 필요

14 스포츠 폭력 　답 ④

지라르(R. Girard)는 상대방을 모방하려는 욕망이 일상화되면서 제도나 문화가 발생하였고, 모방적 경쟁관계가 갈등을 불러일으키고 결국 폭력을 일으킨다고 주장하였다.

【오답해설】
① 아리스토텔레스에 대한 설명이다.
② 푸코에 대한 설명이다.
③ 아렌트에 대한 설명이다.

15 스포츠조직의 윤리경영 　답 ②

윤리경영은 기업을 경영함에 있어 윤리를 최우선으로 두고 투명하고 공정하며 합리적으로 경영함을 의미한다. 이러한 윤리경영은 경영자의 윤리적 실천의지와 경영의 투명성이 확보되어야만 진행될 수 있다.

> **Tip**
>
> 기업윤리
> 기업의 경영에 필요한 수단과 방법의 옳고 그름을 판단하는 기준으로, 지켜야 할 도덕적 규범이나 규칙을 말한다.

16 스포츠와 인권 　답 ③

스포츠윤리센터는 스포츠의 공정성 확보와 스포츠인의 인권 보호를 위해 설립된 기관으로 인권침해에 대한 신고접수 및 조사와 피해자에 대한 지원을 진행한다.

> **Tip**
>
> 스포츠윤리센터 주요사업
> - 스포츠 비리 및 체육계 인권침해에 대한 신고접수 및 조사와 피해자 지원
> - 스포츠 비리 및 체육계 인권침해에 대한 실태조사 및 제도 개선
> - 스포츠 비리 및 체육계 인권침해 예방교육 및 홍보 활동
> - 스포츠 인권침해 재발방지를 위한 징계정보시스템 운영
> - 그 밖의 스포츠 공정성 확보 및 체육인의 인권보호를 위해 필요한 사업 운영

17 스포츠맨십 　답 ③

스포츠맨십은 스포츠 참여자 사이에서 규칙을 지키고 서로를 존중하자는 의미로 일반적 도덕규범을 통해 경쟁의 부정적인 요소를 억제하는 태도와 스포츠 경기에서 일반적인 윤리덕목을 지키고 강화하려는 정신 강조하고 있다.

【오답해설】
① 테크네(techne) : 능숙함을 통해 바라는 결과를 얻는 능력
② 젠틀맨십(gentlemanship) : 스포츠맨십과 비슷한 말로 페어플레이 정신을 가지고 스포츠에 참가하는 일을 의미함
④ 리더십(leadership) : 집단의 목표를 효과적으로 성취하기 위하여 또는 내부 구조의 유지를 위하여 구성원이 자발적으로 집단 활동에 참여하여 이를 달성하도록 유도하는 능력

18 인종차별 　답 ③

스포츠에 있어 인종차별은 특정 인종을 차별하거나 분리하는 것, 선수의 훌륭한 경기력을 노력이 아닌 생리학적·발생학적 요인에 의한 것으로 치부하는 것 등이 존재한다. 인종에 대한 고정관념 타파 및 평등에 대한 교육, 차별에 대한 처벌 강화 등을 통한 극복의 노력이 필요하다.

19 학생 선수의 인권 　답 ①

최저학력제는 학생 선수의 학습권을 보장하기 위해 설정된 것으로, 최저성적기준을 제시하여 이를 충족시키지 못하는 학생에게 불이익을 부여함으로써 수업을 들을 기회를 제공하려는 제도이다.

20 스포츠와 불평등 　답 ④

ⓒ의 내용은 스포츠 인권 차별의 사례라고 할 수 있다. 스포츠 종목이나 대상에 대한 권리는 보편적이고 공정하게 보장되어야 한다.

특수체육론

01	02	03	04	05	06	07	08	09	10
④	②	③	①	①	①	④	②	④	④
11	12	13	14	15	16	17	18	19	20
①	④	③	①	④	①	①	④	③	②

01 특수체육 지도 전략 　답 ④

RICE는 스포츠 부상으로 근육 혹은 근골격계에 손상을 입었을 때 즉시 시행할 수 있는 대표적인 응급처치 방법으로 Rest(안정), Ice(얼음찜질), Compression(압박), Elevation(환부 높임)의 4단계로 구분된다. Elevation은 부상 부위를 심장보다 높게 위치시켜 혈액이 몰리는 것을 줄이고 과도한 출혈과 부종을 감소시키는 단계이다. 부상 부위를 잡아당겨서 고정하는 것은 Rest 단계로, 부상 직후 추가적인 손상 방지를 위하여 움직임을 최소화해야 한다.

Tip

RICE 요법

- 운동 중 발목을 삐는 등 근육에 손상을 입었을 때 즉시 시행할 수 있는 응급처치 방법
- 발목 부상 시 초기에는 RICE 요법으로 응급처치를 하고 심각한 부상이라면 반드시 병원을 방문하여 전문의의 치료를 받아야 함

안정 (Rest)	부상 시 손상 부위를 최대한 움직이지 않고 활동을 최소화하는 단계
얼음찜질 (Ice)	부상 후 24~72시간 동안 냉찜질을 통해 출혈과 붓기를 조절하는 단계
압박 (Compression)	탄력 붕대를 이용하여 적절한 강도의 압박을 주어 붓기를 완화하는 단계. 붕대는 상해 부위에 맞도록 감싸 적절한 압박을 주되, 통증이 있을 정도의 단단함은 붓기 심화, 저림 등의 증상을 야기할 수 있으니 유의한다.
환부 높임, 거상 (Elevation)	부상 부위를 심장보다 높게 올려 붓기를 완화하는 단계

02 지체장애, 뇌병변장애의 특성과 지도 전략 　답 ②

환상 통증은 사고나 수술로 절단된 부위에서 통증, 가려움, 쑤심 등의 증상을 느끼는 것으로 절단 환자의 50~80%가 겪는 것으로 전해진다. 절단 이후 남아 있는 부위에 통증과 근육 경련 등이 일어나는 것이 일반적인데, 절단된 부위가 아직 남아 있는 것처럼 느끼며 왜곡된 감각을 경험하는 것이다.

03 지체장애, 뇌병변장애의 특성과 지도 전략 　답 ③

6번 흉추 이상의 척수 레벨의 손상을 받은 환자의 경우 교감신경 반사 반응이 급격히 일어나면서 자율신경계 반사 부전증이 일어날 수 있다. 자율신경 반사 이상은 혈압의 증가와 심박수 감소의 증상을 일으키는데, 이때 무리한 운동으로 심박수를 높이는 것은 매우 위험하므로 즉시 운동을 중단해야 한다. 이러한 증상은 적절한 방광 및 장 관리, 피부관리 등을 통해 미리 예방할 수 있다.

【오답해설】
① 척수장애인의 자율신경 반사 이상은 운동 전 방광과 장을 비움으로써 예방할 수 있다.
② 척추 손상자의 운동 지도 시 체온 조절을 위해 온도와 습도를 고려하여 적절한 환경을 만들어 주어야 한다.
④ 척수장애인에게는 장시간의 지속적 활동을 시작하기 전 기립성 저혈압 병력을 확인하여 무리가 가지 않는 선에서 적절한 운동을 지도하는 것이 필요하다.

04 특수체육의 의미 　답 ①

아스퍼거증후군은 자폐 스펙트럼 장애의 여러 임상 양상 중 하나로, 언어 발달이 두드러지게 지연되지는 않지만 화법과 목소리의 크기, 억양 등이 특이성을 보인다. 또한 특정한 주제에 대해 강한 관심을 가지고 듣는 이의 느낌이나 반응을 신경 쓰지 않고 이야기하기 때문에 사회적 관계 형성에 어려움을 겪기도 한다. 아스퍼거증후군은 주로 아동기에 나타나지만 청소년기나 성인기가 되어서야 비로소 진단되는 경우도 많다.

05 특수체육 지도 전략 　답 ①

장애인스포츠 프로그램은 장애가 있거나 신체활동에 어려움을 겪는 사람들을 대상으로 적절한 프로그램을 계획한 후, 이를 위한 자료를 수집하는 사정의 과정을 거쳐 장애 학생의 특성에 맞는 개별화교육을 구성하여 그에 적절한 교육 및 상담을 실시한다. 교수·코칭·상담의 과정이 끝난 후에는 이를 평가하여 프로그램의 적절성을 판단하는 과정을 거친다.

Tip

특수체육 프로그램의 과정

프로그램 계획 → 사정 → 개별화교육 → 교수·코칭·상담 → 평가

06 주요 장애인스포츠와 올림픽 　답 ①

아웃리거는 스키폴 끝에 플레이트 상단부를 부착한 형태로 장애인스키에서 균형 유지를 위해 방향을 잡아주는 역할을 하는 장비이다. 시합에 출전하는 선수들은 아웃리거를 양손에 단단히 잡아 균형을 유지한다.

07 특수체육의 의미 답 ④

잔스마와 프랜치는 장애인에 대한 긍정적인 사회적 태도를 강조하며 이를 위한 촉매 작용을 하는 네 가지 방법으로서 새로운 지식을 위한 연구(Literature), 목표 성취를 위한 행동력(Leverage, Lobbying), 권리의 주장을 위한 소송(Litigation), 실행을 보장하는 입법(Legislation)을 제시하였다. 각 방법을 의미하는 영문 첫 글자를 따서 "4L"로 지칭한다.

Tip
잔스마와 프랜치의 4L

새로운 지식을 위한 연구 (Literature)	장애에 대한 무지에 대항하고 장애를 가진 사람에게 새로운 인식을 갖게 함
목표 성취를 위한 행동력 (Leverage, Lobbying)	사회적 인식이 높지 않은 장애인과 직접적으로 관련 있는 사람들이 행하는 적극적인 행동
권리의 주장을 위한 소송 (Litigation)	법적 투쟁을 통해 장애가 있는 사람의 권익을 보호하고 연구와 행동력이 가진 한계를 극복하는 것
실행을 보장하는 입법 (Legislation)	특수체육의 변화를 주도하는 실질적인 해결방안으로서 법·제도의 제정, 개정, 수립

08 특수체육의 의미 답 ②

장애인을 위한 보조 도구(가이드 레일)를 사용하고 비장애인과 규칙의 변형 없이 참여하였으므로 '편의를 제공한 일반 스포츠'에 해당한다.

Tip
위닉(J. Winnick)의 5단계 스포츠 통합 연속체계

제한 정도에 따른 단계	LRE	기준	예
일반 스포츠 (Regular Sports)	최소 ↑	규칙의 변형이나 보조 도구의 사용 없이 장애인 선수가 일반 스포츠에 통합적으로 참여	비장애인 100m 달리기 경기에 참여하는 인지장애 운동선수
편의를 제공한 일반 스포츠 (Regular Sports with Accommodation)		장애인을 위한 보조 도구가 필요하지만, 규칙의 변형 없이 통합적으로 참여	안내줄을 이용한 시각장애인의 볼링
일반 스포츠와 장애인 스포츠 (Regular Sports & Adapted Sports)		장애의 구분 없이 경기 혹은 변형·일반 스포츠 교대 참여	비장애인 선수와 마라톤에 참여하는 휠체어 선수
통합 환경의 장애인 스포츠 (Adapted Sports Integrated)		규칙의 변경 및 용·기구 사용을 통해 장애인과 비장애인이 함께 스포츠에 참여	휠체어농구에 참여하는 일반 대학 선수
분리 환경의 장애인 스포츠 (Adapted Sports Segregated)	↓ 최대	장애인이 비장애인과 완전히 분리되어 스포츠에 참여	장애 선수만 참여하는 스포츠(패럴림픽, 스페셜올림픽 등)

09 시각장애 특성과 지도 전략 답 ④

ACSM의 '운동 참여 전 건강검진 알고리즘'은 유산소 운동 중 또는 직후에 심혈관 합병증 위험에 있는 참여자를 식별할 수 있도록 고안된 도구이다. 관련 질환을 가지고 있지 않거나 질병을 암시하는 징후 또는 증상이 없는 시각장애인의 경우에는 의료적 허가가 필수사항은 아니다.

10 특수체육의 의미 답 ④

최소한으로 제한된 환경은 미국의 장애인교육법에 명시된 개념으로 학생의 장애가 매우 심하여 일반 학급에서의 교육 및 부가적 지원과 서비스가 만족스러운 방식으로 제공되지 못할 경우에만 분리된 교육이나 학교로 학생을 배치해야 한다는 개념을 일컫는 용어이다.

【오답해설】
① 통합 : 지적장애인을 대규모 시설로부터 가족 혹은 보다 작은 지역사회의 시설로 이동시키려는 운동으로서 1900년대 초중반 통합교육의 철학으로 광범위하게 수용됨
② 정상화 : 스칸디나비아 반도 지역에서 최초로 시작된 철학으로 장애인들이 또래와 동일한 자유, 생활 선택, 상황 및 기회 등에 관한 권리를 가진다는 믿음에 기초하는 개념
③ 주류화 : 제한된 환경의 최소화에 기초한 개념으로서 장애 학생들이 가능한 일반 학급 내에서 일반 학생들과 함께 교육 서비스를 받을 수 있도록 학교 프로그램을 재구조화하려는 노력의 표상

11 특수체육 지도 전략 답 ①

〈보기〉에서 설명하는 방식은 지시형 스타일로, 교사가 운동과제의 모든 사항을 결정하고 학생들은 교사가 내린 결정에 대해 지시대로 따르는 것을 의미한다. 지시형 스타일에서 교사는 전체적인 수업 과정의 통제가 가능하기 때문에 장애인의 학습 발달과 안전을 확보하는 데 효과적이다.

【오답해설】
② 연습형 스타일 : 학생이 독자적으로 과제를 수행하고 연습할 시간을 가지고, 교사는 학생에게 개별적인 피드백을 제공하는 방식
③ 상호학습형 스타일 : 학생이 다른 학생과 짝을 지어 함께 과제를 연습하고, 교사가 마련해 준 기준을 토대로 짝에게 피드백을 제공하는 방식
④ 유도발견형 스타일 : 교사가 미리 준비해 놓은 연차적인 질문을 묻고, 학생이 이에 대답하면서 스스로 개념을 알아내는 방식

12 청각장애 특성과 지도 전략 답 ④

【오답해설】

① 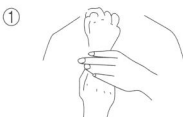   ②

③

Tip

스포츠와 관련된 수어

의미	방법
체육	두 주먹을 어깨 위로 동시에 두 번 올렸다 내린다.
역도	두 주먹을 들어 올린다.
복싱	두 주먹을 가슴 앞으로 올려 번갈아 내지른다.
배구	두 손을 펴서 눈앞에서 위로 비스듬히 올린다.
농구	왼손을 반쯤 구부려 손끝이 오른쪽으로 향하게 하여 가슴 앞에 놓은 다음, 손등이 밖으로 향하게 쥔 오른 주먹을 왼손의 1·2·3·4지와 5지 사이로 내린다.
축구	손바닥이 위로 향하게 편 왼 손바닥에 오른 주먹의 바닥을 대며 1지를 힘주어 튕겨 편다.
야구	오른 주먹의 1지를 펴서 끝이 위로 향하게 세우고 왼손으로 오른 팔꿈치를 받치고 오른손을 반원을 그리며 안으로 돌린다.

13 지체장애, 뇌병변장애의 특성과 지도 전략   답 ③

국제뇌성마비스포츠레크리에이션협회(CP-ISRA) 등급 분류는 뇌성마비를 비롯하여 여러 원인으로 인한 뇌 손상 결과를 초래하는 여러 장애 조건 등을 점검한다. 각 등급은 수행 기능에 따라 세분류할 수 있으며, 등급 분류의 목적은 경기 수행력의 차이가 선수의 신경학적 손상 때문이 아닌 선수의 기술 수준, 시험 경험 등에 있음을 확인시키는 데 있다. CP-ISRA 뇌성마비 분류 중 1~4등급은 휠체어를 사용하여 이동이 가능한 등급이며, 5~8등급은 보조기를 사용하거나 단독으로 보행이 가능한 등급이다.

Tip

국제 뇌성마비 스포츠 레크리에이션 협회(CP-ISRA)의 뇌성마비 기능적 분류

1등급	중증의 사지마비로 전동 휠체어를 사용하는 수준
2등급	근력의 기능이 극히 낮으며 휠체어에 의존하여 생활하는 수준
3등급	휠체어에 의존하여 일상생활을 하지만 보조기를 착용하고 걸을 수 있는 수준
4등급	기능적 근력이 양호한 하지마비로서 보조를 받아 걸을 수 있는 수준
5등급	보조기나 휠체어를 사용하여 경기에 참여할 수 있는 수준
6등급	심각할 정도의 삼지마비가 있으나 도움 없이 걸어서 이동할 수 있을 정도의 수준
7등급	신체의 절반이 보통의 경련이 있으며 다리를 약간 절룩거리는 수준
8등급	불능 상태가 최소 정도로, 자유롭게 달리고 뛰어오를 수 있는 수준

14 지적장애, 정서장애, 자폐성장애 등의 특성과 지도 전략   답 ①

2021년부터 AAIDD에서는 지적장애를 기존 18세 이전을 기준으로 하던 나이를 22세 이전으로 수정하였다.

Tip

AAIDD(2010)의 지적장애 정의

- -2 표준편차 이하의 지적 기능을 나타냄
- 개념적·실제적·사회적 영역에서 적응 행동의 제한이 명백히 나타남
- 18세 이전에 시작됨

15 특수체육에서 사용하는 사정과 측정도구   답 ④

생태학적 과제분석은 학생의 특성 및 선호도를 고려함과 동시에 움직임 수행에 영향을 줄 수 있는 환경 요소도 고려하는 평가 방법이며, '과제 목표의 확인 → 선택 → 조작 → 지도'의 4단계로 진행된다.

Tip

생태학적 과제분석(Ecological task Analysis)

- 학생의 특성과 선호도를 고려하며, 동시에 운동기술이나 움직임의 수행에 영향을 줄 수 있는 환경요소도 고려하는 분석법
- 대상 학생을 중심에 두고 체육 현장에서 실제적으로 평가하는 방법
- 인지적·정의적·심동적 발달을 위해 과제를 세분화
- 환경적 요인을 다양하고 심도 있게 다룰 때 주로 사용
- 계획된 운동기능을 정확히 수행하기 위해 용·기구 유형, 규칙, 활동의 속도 등의 파악뿐 아니라 학생이 안락한 환경에서 운동 프로그램을 수행하는 행위 등을 관찰한 자료도 사용

16 특수체육 지도 전략   답 ①

Tip

강화와 처벌

정적 강화	목표행동이 나타난 이후 특정한 후속자극을 제공함으로써 그 행동의 발생률, 강도 혹은 지속시간을 증가시키는 방법 예 숙제를 완료한 학생에게 그가 좋아하는 게임을 시켜 줌
부적 강화	원하지 않는 어떤 특정한 것(주로 혐오하는 상황이나 사물 등)을 제거해줌으로써 바람직한 행동의 강도와 빈도를 증가시키는 방법 예 정리정돈을 열심히 한 학생에게 매주 돌아오는 교실 청소를 1회 면제시켜 줌
정적 처벌	특정 반응이 일어날 확률을 줄이기 위해 원치 않는 자극을 제시 예 매번 지각하는 학생에게 지각할 때마다 벌금을 100원씩 걷음
부적 처벌	특정 반응이 일어날 확률을 줄이기 위해 대상이 원하는 자극을 제거 예 숙제를 하지 않고 컴퓨터만 하는 학생의 용돈을 줄임

17 지체장애, 뇌병변장애의 특성과 지도 전략　　답 ①

척수는 손상 위치에 따라 해당 부위의 아래 방향으로 마비된다. 1번 경추(C1)가 손상된 경우 사지마비가 발생하여 운전 및 휠체어 이동이 불가하다.

> **Tip**
> **척수 손상에 따른 기능적 활동**
> • 경추(C1~T1) 손상 : 사지마비
> • 경추 C4 이상 손상 : 운전 및 휠체어 이동 불가
> • 흉추 T6 이상 손상 : 보행 불가
> • 흉추(T2~T12) 및 요추 및 천추(L1~S4) 손상 : 양측하지마비

18 특수체육 지도 전략　　답 ④

개별화 교육은 개인의 능력과 심리적 특성에 맞추어 교육 목적과 학습 내용·환경·방법 등을 선택하는 것으로 이에 따른 목표 진술에는 조건(condition), 기준(criterion), 행동(action)이 포함된다.

> **Tip**
> **IEP의 목표 진술 3요소**
> • 조건(condition) : 행동이 일어나길 바라는 상황 제시
> • 기준(criterion) : 학습의 결과로서 나타나는 행동
> • 행동(action) : 성취 수준이 목표에 달성했는가를 판단하는 기준

19 특수체육의 의미　　답 ③

선수 관리, 코칭 실무는 1급 장애인스포츠지도사의 연수 과정 내용이다.

> **Tip**
> **장애인체육지도자의 연수 과정(「국민체육진흥법 시행령」 별표4)**
> • 1급 장애인스포츠지도사 : 스포츠 윤리, 선수 관리, 지도역량, 코칭실무, 스포츠 매니지먼트, 현장실습 및 사례발표, 그 밖에 문화체육관광부장관이 필요하다고 인정하여 고시하는 사항
> • 2급 장애인스포츠지도사 : 스포츠 윤리, 장애특성 이해, 지도역량, 스포츠 매니지먼트, 현장실습, 그 밖에 문화체육관광부장관이 필요하다고 인정하여 고시하는 사항

20 지적장애, 정서장애, 자폐성장애 등의 특성과 지도 전략　　답 ②

지적장애인의 경우 운동발달상의 지체가 있어 낮은 수준의 체력과 운동수행능력을 보인다. 따라서 높은 수준의 운동은 삼가고 활동을 단순화하여 쉽고 간단한 설명으로 실제 동작을 보여주는 것이 바람직하다. 공을 사용하는 스포츠는 공의 크기가 크고 가벼운 공으로 변형하고, 평균대 위 걷기에서는 안전바를 잡고 걷게 하는 등 안전에 유의하여 지도하여야 한다.

유아체육론

01	02	03	04	05	06	07	08	09	10
①	①	④	③	①	③	②	②	③	①
11	12	13	14	15	16	17	18	19	20
②	④	③	②	④	③	①	④	④	②

01 유아기의 특징　　답 ①

영·유아기에는 상부(머리)에서 하부(발)로, 중심에서 말초 방향으로 발달한다. 즉, 중추신경계는 말초신경계보다 더 빨리 발달하고 좌우 대칭적으로 진행된다.

> **Tip**
> **영·유아기의 발달**
> • 운동능력은 뇌에 가까운 부분부터 발달
> • 중심 부분에서 말초 부분으로 발달
> • 대근육–소근육 순으로 발달
> • 양방에서 일방으로 발달
> • 수평적 동작에서 수직적 동작으로 발달

02 유아체육 지도방법　　답 ①

유아가 신체활동에 적극적이고 활발하게 참여할 수 있도록 유도하여 기본적인 운동능력과 기초체력을 증진시켜야 한다. 유아기에 기본적인 운동능력을 적절히 발달시키지 못하면 성장 후 놀이나 게임에 성공적으로 참여할 수 없을 뿐만 아니라 체력이 약화되고 자신감도 떨어지게 된다.

03 유아기 운동발달　　답 ④

기본움직임에서 전문화된 움직임으로의 전환 단계에서는 다양한 스포츠 및 놀이, 체육 활동을 통해서 정교화된 동작으로 수행능력이 급격히 향상되므로 질적 측면을 강조하여 구성한다.

04 유아기 운동발달 이론　　답 ③

㉠ 동화 : 환경의 자극을 이해하고 그 자극을 자신이 이미 가지고 있는 도식이나 인지구조 속으로 받아들이는 과정
㉡ 조절 : 기존의 도식이나 구조가 새로운 대상을 동화하는 데 적합하지 않을 때 그 새로운 대상에 맞도록 이미 가지고 있는 도식이나 구조를 바꾸는 것
㉢ 조직화 : 유기체가 현재 가지고 있는 도식을 새롭고, 더욱 복잡한 도식으로 변화시키며, 서로 다른 조직들에서 얻은 정보를 상호 연관 짓는 것

【오답해설】
• 적응 : 동화와 조절을 통해 균형이 이루어진 평형상태

05 유아기 운동발달 이론   답 ①

전문 운동기술을 연습할 때 복잡한 운동기술은 여러 단계로 구분하여 지도하고, 운동의 목적과 요구되는 기술을 명확히 설명해주는 것은 인지단계에 해당한다.

【오답해설】

㉠, ㉣ 연합단계 : 다양한 동작과 과제를 연습하거나 운동을 하면서 과제를 복잡하게 시행하는 단계이다. 연습을 하는 기간 동안 과제의 순서에 변화를 주면서 피드백을 제공하기 전에 학습자가 일련의 운동이나 과제의 반복을 몇 회 시행하는지를 묻고 여유를 주어 스스로 오류를 수정할 수 있도록 기회를 주는 피드백을 제공한다.

06 유아기 운동발달   답 ③

㉠ 시작(2~3세) : 기본적인 운동능력을 형성하는 시기로 신체의 움직임이 자연스럽거나 능숙하지 못하다.
㉡ 초보(4~5세) : 신체 협응력이 다소 향상되었으며, 신체 움직임은 대체로 조정할 수 있으나 여전히 움직임이 서투르고 유연성이 결여되어 있다.
㉢ 성숙(6~7세) : 기본운동기술이 능숙하게 되고, 신체 협응력도 증가해 유아들의 운동수행 능력이 발달된다.

07 유아기 운동발달 프로그램   답 ②

안정성 운동기술 중 축성(축을 중심으로) 움직임은 굽히기, 비틀기, 늘리기, 흔들기 등이 있다.

> **Tip**
> **안정성 발달을 위한 균형 운동(비이동 운동)**
> - 축을 중심으로 하는 안정성 운동 : 굽히기, 비틀기, 늘리기, 흔들기 등
> - 정적, 동적 안정성 발달을 위한 운동 : 물구나무서기, 구르기, 멈추기 등

08 유아기 운동발달   답 ②

평가는 기준에 따라 규준지향 평가와 준거지향 평가로 나뉘고, 수집된 자료의 특성과 분석 방법에 따라 결과지향 평가와 과정지향 평가로 나뉜다.

> **Tip**
> **대근운동발달검사**
> - 대상자 : 3~10세의 모든 유아·아동
> - 검사 : 이동능력(달리기, 멀리뛰기, 슬라이드 등)과 조작능력(치기, 굴리기, 받기, 던지기 등)으로 구성되어 자세와 절차에 대한 평가가 이루어지며 검사가 진행됨

09 유아체육 관련 법 및 지침   답 ③

국립중앙의료원이 2010년에 제시한 신체활동 가이드라인에 따르면 성장기에 있는 어린이·청소년의 경우 근육강화운동과 뼈 강화운동을 일주일에 3일 이상 하는 것이 필요하다. 또한 인터넷, TV나 비디오 시청, 게임 등 앉아서 보내는 시간은 하루에 2시간 이내로 제한해야 하며, 놀이공간의 안정성은 항상 고려되어야 한다.

> **Tip**
> **국립중앙의료원(2010) 신체활동 가이드라인**
> - 건강한 삶을 누리려면 최대한 많이 움직여야 한다.
> - 운동량이 적었던 사람은 서서히 운동량을 늘려간다.
> - 개인의 건강상태에 따라 적절한 운동 목표를 세운다.
> - 영유아는 운동량을 스스로 조절하므로 안전한 놀이 공간을 제공한다.
> - 어린이와 청소년은 매일 1시간 이상 운동을 권장한다.
> - 성인은 매일 30분 이상의 유산소 운동과 매주 2회 이상 근력 운동을 한다.
> - 고령자는 일상생활에서 운동량을 최대한 늘리며 유연성을 강화시키고 균형감각을 유지하는 운동을 병행하는 것이 좋다.
> - 임산부는 평상시처럼 운동하되 과격한 운동은 피한다.
> - 장애인은 자신의 건강정도에 따른 적당한 운동을 적극적으로 한다.
> - 만성병환자는 질병에 따라 적절한 운동법을 처방받아 실천한다.

10 유아체육 지도방법   답 ①

유아는 개인마다 발단단계의 차이가 있으므로 이에 알맞은 지도가 필요하고, 다양한 감각을 통해 구체적 경험이 형성되도록 프로그램을 구성해야 한다. 또한 기초체력, 기본운동기술과 지각운동의 발달이 통합적으로 이루어지도록 지도하고, 여러 형태의 경험을 통해 상상력과 창의력을 길러주어야 한다.

11 체육프로그램 지도를 위한 환경   답 ②

유아운동 지도 시 높낮이, 색채 등으로 시각적 효과를 높인 교구배치로 학습자의 시선을 집중시키고, 다양한 체험과 만족감을 줄 수 있다.

> **Tip**
> **운동기구(교구) 배치**
>
> | | |
> |---|---|
> | 병렬식 배치 | • 대기 시간을 줄이고 유아들의 활동량을 늘릴 수 있는 방법
• 학기 초에 활용하면 유용함 |
> | 순환식 배치 | • 수업 중 다양한 운동기구를 접할 수 있도록 유도하는 방법
• 유아들이 어느 정도 운동기구에 자신감이 붙으면 활용하는 것이 좋음 |
> | 시각적 효과의 배치 | • 높낮이, 색채 등이 뚜렷하게 드러나도록 가구 배치
• 다양한 체험과 만족감을 줄 수 있음 |

12 유아기 운동발달 이론 답 ④

㉠ 스키너의 행동주의이론 : 인간에 대한 외부 환경의 영향력을 강조하며 관찰 가능하고 측정할 수 있는 인간의 행동을 연구한다.
㉡ 피아제의 인지발달이론 : 아동의 사고 발달 과정에 초점을 둔 이론으로, 도식, 동화, 조절, 조절, 적응, 조직화 등의 주요 이론을 갖는다.
㉢ 반두라의 사회학습이론 : 다른 사람들의 행동과 그 행동의 결과를 관찰함으로써 학습이 이루어진다고 주장한다.

【오답해설】
- 게셀의 성숙주의이론 : 유아의 발달을 돕기 위해서는 성인의 개입을 최소화하고 유아가 발달적 준비가 되었을 때, 자신의 발달수준에 적합한 활동을 스스로 선택해 활동해 나갈 수 있도록 기회를 제공해야 한다고 주장
- 에릭슨의 심리사회발달이론 : 각 개인의 성격은 그가 형성하는 자기 자신과 타인의 관계에 따라 발달한다고 주장
- 비고스키의 상호작용이론 : 아동은 사회적 관계 속에서 개념이나 사실, 태도, 기술 등을 발달시킨다고 주장

13 유아체육의 특징 답 ③

유아체육은 유아의 발육 발달과 성장을 돕는 것은 물론 인지적·정신적 사고활동에 도움을 주며 성장과 발달을 통해 전인적 인간 육성을 지향한다. 또한 집중력 저하를 고려한 놀이 중심의 신체활동과 지적활동을 병행하는 것이 좋다.

14 유아기 운동발달 프로그램 답 ②

㉠ 안정성 : 징검다리 걷기는 안정성 발달을 위한 균형 운동에 해당한다.
㉡ 근력/근지구력 : 네발로 걷기는 근육의 수축에 의해 생기는 근육의 힘, 반복적으로 힘을 낼 수 있는 요소를 사용한다.

【오답해설】
- 민첩성 : 자극에 대해 빠르게 반응하거나, 운동 방향을 변경, 신속하게 이동하는 능력
- 조작 운동 : 던지기, 차기, 때리기와 같이 힘을 가해서 사물을 조작하는 추진 동작과 받기, 굴러오는 공 잡기와 같이 힘에 의해 움직이는 사물을 받아들이는 흡수 동작

15 유아체육 관련 법 및 지침 답 ④

국민체육진흥법 시행령 제2조 제9호에 따르면 유소년스포츠지도사란 유소년(만 3세부터 중학교 취학 전까지를 말한다)의 행동양식, 신체발달 등에 대한 지식을 갖추고 유소년을 대상으로 체육을 지도하는 사람을 말한다.

16 유아기 운동발달 답 ③

걷기반사는 신생아의 겨드랑이에 손을 살며시 넣어 들어 올리고 발을 땅바닥에 닿게 하면 걸어가듯이 무릎을 구부리면서 두 발을 번갈아 움직이는 반사이다.

Tip

반사의 유형

원초반사	• 불수의적인 반응으로서 영아의 생존 또는 보호와 관계 • 대부분의 원초반사는 태내에서부터 나타나며 자궁 내의 움직임으로 출산에 도움 • 손바닥쥐기 반사, 빨기반사, 모로반사, 목경직반사, 바빈스키반사
자세반사	• 자세를 유지하기 위하여 나타나는 현상 • 영아가 머리를 세워서 숨쉬는 것을 가능하게 함 • 낙하반사, 미로반사, 턱걸이반사 등
이동반사	• 보행, 주행, 이동했을 때 나타나는 현상 • 기기반사, 걷기반사, 수영반사

17 유아기 운동발달 답 ①

시작 단계는 기본적인 운동능력을 형성하는 시기로 신체의 움직임이 능숙하지 못하고, 성숙 단계는 신체 협응력도 증가하여 운동수행 능력이 발달된다. 따라서 성숙 단계로 발달하도록 지도하는 방법은 ②~④가 적절하다. ①은 시작 단계에서 지도하는 방법에 해당한다.

Tip

기본 움직임 단계
- 시작(2~3세) : 기본적인 운동능력을 형성하는 시기로 신체의 움직임이 자연스럽거나 능숙하지 못하다.
- 초보(4~5세) : 신체 협응력이 다소 향상되었으며, 신체 움직임은 대체로 조정할 수 있으나 여전히 움직임이 서투르고 유연성이 결여되어 있다.
- 성숙(6~7세) : 기본운동기술이 능숙하게 되고, 신체 협응력도 증가해 유아들의 운동수행 능력이 발달된다.

18 유아체육 지도방법 답 ④

탐구적 방법은 시범이나 언어적 설명이 없이 유아가 자신에게 적합하다고 생각하는 활동 과제를 수행하고, 동작 과제나 질문을 제시한 뒤 유아들이 제안한 다양한 해결방법을 인정하고 받아들이기 등의 방법으로 지도한다.

Tip

간접-유아 주도적 교수법

탐색적 방법	• 학습의 결과보다는 과정에 중점을 둠 • 시범이나 언어적 설명이 없이 유아가 자신에게 적합하다고 생각하는 활동 과제를 수행 • 동작 과제나 질문을 제시하고 유아들이 제안한 다양한 해결방법을 인정하고 받아들이기
안내- 발견적 방법	• 동작을 위해 지도자나 또래의 활동을 관찰함으로써 과제수행 방법을 이해시키기 • 올바른 동작 방법을 제시하고 자유롭고 창의적으로 표현하게 하기

19 유아기 건강과 운동   답 ④

유소년은 고강도 운동 시 성인과 비교하여 1회 박출량과 수축기 혈압은 낮아지고, 호흡 수와 심박수는 높아진다.

20 유아기 운동발달 프로그램   답 ②

㉠ 민감기 : 인간의 특정 능력이나 기술을 발달시킬 수 있는 준비가 가장 잘 이루어지는 시기
㉡ 발달과업 : 개인이 환경에 적응하기 위해 인간 발달의 각 단계마다 반드시 성취해야 할 과업

【오답해설】
- 통합성 : 어떤 신념이나 이론의 체계에 있어서 구성요소들이 모순·갈등·충돌이 없을 뿐만 아니라 그 응집력을 가진 상태
- 감각운동기 : 신체 오감을 이용한 초기 인지활동, 자기중심적
- 전조작기 : 언어가 급격히 발달, 상징적 사고의 증가, 물활론적 사고
- 병변현상 : 인체 구조의 병리적 변화를 말함

노인체육론

01	02	03	04	05	06	07	08	09	10
①	③	④	②	①	③	③	②	④	①
11	12	13	14	15	16	17	18	19	20
②	③	④	①	②	④	②	①	④	③

01 노화의 개념   답 ①

기능적 연령은 연령의 증가에 따라 인체의 생리적 기능, 즉 시·청각, 운동능력, 건강 상태 등이 변동하는(특히 저하되는) 과정을 말한다.

02 노화의 개념   답 ③

'앞으로 생존할 것으로 기대되는 평균 생존연수'는 건강수명이 아닌 기대수명에 대한 설명이다.

> **Tip**
>
> **건강수명**
> - 평균수명에서 질병이나 부상 등으로 인해 활동하지 못하는 기간을 뺀 기간
> - '건강하게 살 것'으로 기대되는 평균 연수

03 노화와 관련된 이론   답 ④

㉠ 에릭슨의 심리사회발달단계이론 중 8단계에 대한 설명이다. 심리사회발달단계이론은 성격발달이 총 8개의 단계로 나누어지며, 각 단계의 갈등과 위기가 잘 극복되어야 성공적인 인생이 될 수 있다고 보는 이론이다.
㉡ 발테스의 선택적적정화이론에 대한 설명으로, 개인과 환경의 상호작용 과정에서 주어진 능력에 적합한 활동으로 선택하여 보유한 기술을 최적화하고 결핍되는 것을 보완해 나감으로써 성공적인 노화를 경험할 수 있다고 보는 이론이다.

【오답해설】
- 하비거스트의 발달과업이론 : 노화에 대한 사회학적 이론 중 하나로, 인간의 발달과정 각 단계마다 달성해야 할 과업을 성공적으로 해내야 다음 단계에서 요구하는 과업의 달성이 가능하다고 보는 이론
- 로우와 칸의 성공적노화이론 : 노화의 3가지 요소 개념을 제시하고, 이 요소들이 충족될 때 성공적인 노화가 가능하다고 보는 이론

04 노화와 관련된 이론   답 ②

활동이론은 일상생활 활동(정신적·신체적·사회적)을 지속하는 사람은 건강하게 노화한다고 보는 이론이다.

【오답해설】
① 분리이론 : 노인은 사회적 역할 및 상호작용 등의 감소로 사회로부터 분리되며, 이것이 노화의 과정이라고 보는 이론
③ 현대화이론 : 건강기술의 발전, 경제적 기술의 발전, 대중교육의 확대, 도시화라는 네 가지 영역의 구조적 변화로 인해 사회에서 노인의 개인적 역할과 사회적 지위의 상실이 초래된다고 보는 이론
④ 하위문화이론 : 노인 스스로 자아 인식과 사회적 독자성을 하위문화에 소속시킴으로써 유지하며, 노인들이 집단을 형성하고 공감대를 형성하여 빈번한 상호작용을 통해 그들 특유의 행동양식을 만들어낸다고 보는 이론

05 노화에 따른 신체적·심리적·사회적 변화   답 ①

㉠ 노인은 사회적 역할이 상실되면서 고립감, 고독감 등을 느끼므로 노인을 둘러싼 타인으로부터 보살핌, 존중, 도움 등 여러 형태의 원조, 즉 사회적 지지를 얻는 것이 필요하다.
㉡ 노인은 신체적·사회적 기능 축소로 자신의 역량에 대한 믿음이 상실되며, 따라서 자신이 어떠한 일을 성공적으로 수행할 수 있는 능력이 있다고 믿는 기대와 신념, 즉 자기효능감을 가질 수 있도록 해야 한다.

06 운동의 효과   답 ③

운동을 통해 삶의 질을 향상시킬 수 있으며, 특히 운동은 베타엔돌핀과 세로토닌의 분비를 증가시켜 스트레스와 불안을 감소시키고 우울증 예방 및 감소에 도움을 준다.

【오답해설】
㉠ 운동의 신체적 효과에 해당한다.
㉣ 운동의 사회적 효과에 해당한다.

07 노화에 따른 신체적·심리적·사회적 변화   답 ③

노화와 관련된 신체적 변화로는 근육량 및 골밀도 감소, 관절의 가동성 및 유연성 감소, 혈압의 증가, 흉곽 경직성 증가, 폐포 탄력성의 감소 등이 있다.

08 운동의 효과   답 ②

㉠ 운동 시 인슐린 저항성(내성)은 감소하고 인슐린 감수성은 증가하여 당뇨병 예방 및 관리에 도움을 준다.
㉢ 운동 시 유산소 능력 향상으로 심박수가 감소하며, 안정 시는 물론 절대 강도에서의 심박수도 감소한다.
㉥ 운동을 통해 HDL-C 콜레스테롤 수치를 높일 수 있으며, LDL 콜레스테롤 수치는 감소시킬 수 있다.

09 운동권고 지침 및 운동방안   답 ④

평형성은 정적 평형성과 동적 평형성으로 구분되며, 일반적으로 동적 평형성을 증진시키기 위한 운동은 왕복 걷기, 정적 평형성을 증진시키는 운동은 눈 감고 외발 서기 등이다. 평형성은 정적 또는 동적 상황에서 인체의 무게중심을 공간 범위 내에서 유지하는 능력으로서 노인의 낙상 방지 등에 효과가 있다. '신체 각 부위가 조화를 이루면서 원활히 움직일 수 있는 능력'은 평형성이 아닌 협응성에 해당한다.

10 운동프로그램의 요소   답 ①

카보넨(Karvonen) 공식을 활용하여 운동 강도(목표심박수)를 설정하는 공식은 '목표심박수=여유심박수×운동강도+분당 안정 시 심박수'이다. 〈보기〉에 주어진 수치를 식에 대입하면 '목표심박수=70×40~50%+80=108~115%HRR'이다.

> **Tip**
>
> **카보넨 공식을 활용한 운동 강도 설정**
> - 목표심박수=여유심박수×운동강도+분당 안정 시 심박수
> - 여유심박수=분당 최대심박수-분당 안정 시 심박수
> - 분당 최대심박수=220-나이

11 노인운동 시 위험관리   답 ②

운동 장비의 사용 방법 및 사용 시 주의사항을 적절한 장소에 게시하는 것은 '시설 안전'의 관리 항목에 해당한다.

【오답해설】
① 당뇨 환자나 기타 질환 환자에 대한 응급대책 계획 및 응급처치 능력의 확보는 'ACSM 건강/체력 시설 기준 및 지침'에 가까우며, '환경과 장소 안전'의 관리 항목으로 보기는 어렵다.
③ 운동 시설 및 장비의 적절한 배치는 '시설 안전'의 관리 항목에 해당한다.
④ 운동 장소로 고온 다습한 곳을 피하는 것은 '환경과 장소 안전'의 관리 항목에 해당한다.

12 호흡·순환계 질환 운동 프로그램   답 ③

비만은 고혈압의 원인이 되므로 유산소 운동을 통해 체중을 조절하도록 해야 한다. 또한 발살바 메뉴버는 혈압 증가를 야기하므로 고혈압 질환자는 발살바 메뉴버가 동반되는 저항성 운동은 피하는 것이 좋다.

【오답해설】
㉠ 심혈관계 질환자는 근력운동을 실시하되, 등척성 운동은 제외한다.
㉣ 약물에 의한 심박수 및 심박출량 저하와 부정맥 발생 등에 주의해야 하며, 특히 이뇨제나 혈관확장제 등은 급성 혹은 체위성 저혈압 등의 부작용에 주의해야 한다.

13 운동권고 지침 및 운동방안 답 ④

노인체력검사(SFT)의 측정 항목 중 2.4m 왕복 걷기는 민첩성 및 동적 평형성을 측정하기 위한 운동이다. 민첩성 및 동적 평형성과 관계 있는 일상생활 능력(활동)은 버스 좌석에서 앉아 있다가 정거장에서 내리기, 일어서서 부엌 일 돌보기, 전화 받기 등이 있다.

【오답해설】
① 하지근지구력과 관련된 활동이다.
② 상지근지구력과 관련된 활동이다.
③ 심폐지구력과 관련된 활동이다.

14 운동권고 지침 및 운동방안 답 ①

'평형성과 기동성'은 청각, 시각, 근감각 등의 정보를 신경을 통해 뇌에 전달하여 자세를 조절하고 유지 가능한 신체의 각 부분에 신호를 전달하는 능력과 관계된다. 따라서 ㉠~㉣ 모두 평형성과 기동성의 변화에 영향을 미치는 요인이다.
㉠ 체성감각계 : 시각, 청각, 후각, 미각, 평형감각 등과 같이 특정 감각 수용기를 통해 감각을 수용하는 기관들을 말하며, 이때 내장감각은 제외된다.
㉢ 전정계 : 내이의 달팽이관과 반고리관 사이에 있는 부분으로, 신체의 균형 유지에 중요한 역할을 한다.

15 근골격계 · 신경계 질환 운동 프로그램 답 ②

근골격계 질환이 있는 노인은 노화로 인해 골밀도가 낮아져 골절 등이 일어날 가능성이 높고 관절의 통증 등으로 관절 가동 범위도 줄어들어 있는 상태이다. 따라서 수영과 같은 수중 운동이나 고정식 자전거 등 골격과 관절 등에 부하가 적게 가해지는 운동이 적합하며, 낙상 등으로 인한 골절이 쉽게 발생할 수 있으므로 낙상의 위험이 있는 운동은 피하는 것이 좋다.

16 지속적인 운동참여를 위한 동기유발 방법 답 ④

건강신념모형은 지각된 개연성, 지각된 심각성, 지각된 이익, 지각된 장애성, 행동의 계기, 자기효능감의 6가지 요소로 구성된다.

17 운동권고 지침 및 운동방안 답 ②

㉠ 개별화의 원리 : 노인은 지적 능력이나 학력, 성격, 경험 등의 개인 특성에 따라 학습 능력에 차이가 있으므로, 각 개인의 학습 욕구를 충족시킬 수 있는 학습 방법을 모색해야 한다.
㉡ 사제동행의 원리 : 지도자의 일방적인 학습이 아니라, 지도자와 학습자 간 동등한 관계를 바탕으로 한 상호 간 합의 및 협동을 통해 학습의 계획 및 실천이 이루어져야 한다.

【오답해설】
• 다양화의 원리 : 단순한 암기 위주의 교육 방법보다는 만들기, 율동, 시청각 자료 등 다양한 활동을 이용하는 학습 방법을 모색해야 한다.
• 사회화의 원리 : 학습의 일부가 사회와 관련되도록 함으로써 노인이 사회 활동에 참여하고 사회의 변화에 적응할 수 있도록 도움을 제공해야 한다.

18 운동권고 지침 및 운동방안 답 ①

스쿼트는 유산소운동이 아닌 저항성운동의 운동 형태로 볼 수 있으며, 특히 관절 등에 부하가 가해지는 운동이므로 노인의 운동 프로그램으로는 적절하지 않다. ACSM에서 제시하는 노인의 유산소운동 형태는 걷기나 수중 운동, 고정식 사이클 등 근골격계에 과도한 부하를 주지 않는 운동이다.

Tip
ACSM의 노인 신체활동 권고 지침 중 유산소운동

운동 빈도 (Frequency)	• 중강도 시 : 5일/주 이상 • 고강도 시 : 3일/주 이상 • 중·고강도를 섞을 경우 : 3~5일/주
운동 강도 (Intensity)	• 중강도 시 : 5~6(RPE 10점 만점 기준) • 고강도 시 : 7~8(RPE 10점 만점 기준)
운동 시간 (Time)	• 중강도 시 : 30~60분/일(150~300분/주) • 고강도 시 : 20~30분/일(60~90분/주) ※ 중·고강도를 섞을 경우 회당 최소 10분 이상이 되도록 할 것
운동 형태 (Type)	• 걷기 운동과 같이 근골격계에 과도한 스트레스를 주지 않는 모든 운동 • 부하 운동에 취약한 이들의 경우 수중 운동이나 고정식 사이클 등이 권장됨

19 지속적 운동참여를 위한 동기유발 방법 답 ④

〈보기〉에서 제시된 대상자의 경우 특정한 질병에 대한 치료 등의 욕구를 나타내고 있지 않으며, 따라서 질병 치료에 대한 기대감을 갖도록 설명하는 것은 적절한 방법으로 볼 수 없다. 노인운동의 동기 유발 요소는 크게 신체적 건강, 정신적 건강, 사회적 건강 등으로 나눌 수 있으며, ①은 사회적 건강, ②는 정신적 건강, ③은 신체적 건강 요소에 해당한다.

20 의사소통기술 답 ③

노인운동 지도 시 큰 소리를 내어 이야기해서는 안 된다.

【오답해설】
① 노인을 어린아이 대하듯이 대해서는 안 된다.
② 적절한 스킨십 사용이 권장된다.
④ 시선 처리 등은 언어적 기술이 아닌 비언어적 기술에 해당한다.

2021 기출문제 정답 및 해설

스포츠사회학

01	02	03	04	05	06	07	08	09	10
②	①	④	②	④	②	④	③	①	③
11	12	13	14	15	16	17	18	19	20
①	③	①	③	④	②	②	③	①	④

01 스포츠사회학의 이해 답 ②

스포츠사회학은 스포츠와 사회의 관련성에 초점을 둔 사회학의 하위 분야로, 스포츠 현장의 사회구조와 사회과정을 설명하는 학문이다. 스포츠사회학에서는 통찰과 분석으로 사회학 영역과의 관계성을 파악한다. 운동참여자의 운동 수행능력과 관련된 직접적인 원인을 설명하는 것은 운동생리학이다.

02 스포츠와 국제정치 답 ①

축구전쟁은 1969년 7월 엘살바도르와 온두라스 사이에 벌어진 5일간의 전쟁이다. 월드컵 지역 예선 경기를 치르는 동안 양국 간 국민감정이 격해지면서 폭력사태가 벌어졌고, 이로 인해 정치적 갈등이 폭발하여 실제 전쟁으로 이어졌다.

【오답해설】
② 헤이젤 참사 : 1985년 5월 29일 유러피언컵 결승전이 열린 벨기에 브뤼셀의 헤이젤 경기장에서 이탈리아의 유벤투스 FC와 잉글랜드 리버풀 FC 서포터 사이에 벌어진 싸움으로, 39명이 사망하고 454명이 부상당한 사건이다.
③ 검은 구월단 : 1972년 뮌헨 올림픽에서 팔레스타인 테러리스트들이 이스라엘 선수들을 살해한 사건이다.
④ 핑퐁외교 : 1971년 일본 나고야에서 열린 세계탁구 선수권 대회에 중국대표단이 참가했다. 이 대회가 끝나고 1971년 4월 중국은 그 대회에 참석한 미국선수단 15명을 베이징으로 공식 초청했다. 이 친선경기가 갖는 정치적 파장은 엄청나, 냉전의 상징이었던 두 나라가 우호적인 접근을 시작했던 사건이다.

03 스포츠와 사회이론 답 ④

파슨즈의 AGIL 모형에 근거한 스포츠의 사회적 기능은 적응, 목표성취, 통합, 형태유지가 있다. 반면, 상업주의는 이윤추구를 목적으로 하며 자본주의 사회에서는 물질적인 사용가치뿐만 아니라 교육, 사상, 인간 존재 자체가 최대한의 이윤 실현의 수단이 된다.

> **Tip**
> **파슨즈의 사회적 기능**
> • 적응 : 목표달성을 위해 필요한 자원을 외부 환경으로부터 획득하고 이를 적절히 배분 및 사용한 기능
> • 목표성취 : 장기적인 목표를 설정하고 이를 달성하기 위해 여러 가지 다양한 과업을 수행한 기능
> • 통합 : 하위체계 간의 알력과 갈등을 조정함으로써 상호관계를 유지하는 기능
> • 형태유지 : 사회체계의 형식 및 내용을 유지하기 위한 기능

04 스포츠와 정치의 결합 답 ②

Title IX(타이틀 나인)은 1972년 미국 닉슨 대통령이 통과시킨 법안으로, 미국 내 교육계에서 성차별을 없애기 위해 제정되었다. Title IX(타이틀 나인) 출범 이후 여성들이 다양한 스포츠 종목에 진출할 수 있게 되면서 모든 스포츠 종목에서 많은 스포츠 선수들을 배출해낼 수 있었다.

05 스포츠와 경제 답 ④

프로스포츠의 순기능으로는 생활의 활력소 역할, 사회통합의 기능, 아마추어 스포츠의 활성화, 지역경제 발전 및 고용 증대, 스포츠의 대중화 등이 있다.

> **Tip**
> **프로스포츠의 역기능**
> • 아마추어리즘 퇴조
> • 스포츠의 물질만능주의 확대
> • 우수 선수의 스카우트 경쟁 심화
> • 종목별 불균형 조장
> • 삶의 수단적 가치를 추구하는 매개체로 전락
> • 도박행위 및 불법행동 유발

06 스포츠와 경제 답 ②

스포츠와 기업 자본이 결합하여 선수들의 스포츠 기술력 향상과 지위 상승을 도모하는 스포츠의 상업화가 진행되고 있다. 이로 인해 아마추어리즘이 약화되면서 프로페셔널리즘을 추구하는 직업선수가 등장하였고, 관중의 흥미를 유발하기 위해(경제적 이윤을 위해) 스포츠 구조의 변화도 발생하였다. 심미적 가치는 선수의 동작, 재능, 탁월성에서 나타나는 아름다움에 바탕을 두고 있다. 이는 위험과 과감성, 용기 등에 바탕을 두는 영웅적 가치보다 덜 중시되는 경향이 있는 것이지, 심미적 가치가 사라진다는 것을 의미하지는 않는다. 또한 상업적 광고를 위한 시간을 적절히 편성하기 위해 농구의 쿼터제 등을 시행하고, 경제적 가치를 극대화하기 위해 치어리더나 연예인 시구 등을 진행하기도 한다.

07 스포츠와 계층의 형성과정 답 ④

㉠ 스포츠계층 형성과정 중 서열화는 개인의 특성과 능력에 따라 서열을 형성하는 행위이다.
㉡ 사회적 기능으로 개인이나 사회 전체에 미치는 영향과 효과에 의해 정해질 수 있다.
㉢ 개인적 특성으로 특정 역할을 효과적으로 수행하기 위해 개인이 지녀야 할 지식, 용모, 체력 등을 말한다.
㉣ 숙련된 기능으로 역할을 효율적으로 수행하기 위해서 특정 역할수행에 필요하다고 생각되는 숙련된 기능이나 능력에 의하여 서열이 정해질 수도 있다.

08 스포츠와 계층이동 답 ③

상승이동은 낮은 지위에서 높은 지위로 올라가는 것으로 선수에서 코치가 되거나, 감독이 되는 것을 말한다. 단순히 스포츠의 참가 기회 및 결과에 따라 상승이동이 일어나지는 않는다.

09 스포츠와 미디어의 이해 답 ①

문화규범이론은 미디어가 현존하는 사상이나 가치를 선택적으로 제시하고 강조하며, 소비자는 이러한 규범에 따라 자신의 생각이나 행동을 취한다고 주장하는 이론이다. 핫 미디어와 쿨 미디어는 맥루언이 처음 사용한 단어로, 핫 미디어 스포츠는 선수의 행동반경이 좁아 정적인 기록 스포츠이다. 반면 쿨 미디어 스포츠는 선수의 행동반경이 높고 경기의 정세도가 낮으며 핸드볼, 농구, 축구 등을 말한다.

10 스포츠 일탈의 유형 답 ③

㉠ 혁신주의 : 문화적 목표는 수용하지만 제도화된 수단은 거부하는 적응방식으로서 비합법적인 수단으로 승리하려 하는 대부분의 범죄가 이에 포함된다.
㉡ 의례주의 : 문화적 목표를 거부하고 제도화된 수단만을 수용하는 적응방식이다. 이 유형은 승리보다는 절차적 규범이나 규칙만을 준수하는 데 치중한다.
㉢ 도피주의 : 문화적 목표와 제도화된 수단을 모두 거부하고 사회로부터 후퇴 또는 도피해버리는 적응양식이다.
㉣ 반역주의 : 기존의 문화적 목표와 제도화된 수단을 모두 거부하면서 동시에 새로운 문화적 목표와 제도화된 수단으로 대치하려는 적응양식이다.

11 스포츠 일탈의 유형 답 ①

㉠ 전염이론 : 혼자 있을 때는 이성적인 사고를 할 수 있는 합리적인 존재이지만 집단에서는 타인으로부터 영향을 받아 비이성적으로 변한다는 이론
㉡ 수렴이론 : 일상생활에서 숨겨져 왔던 본능의 실제 자아가 사회적 익명성과 몰개성 상황에서 감정적 행동으로 표출된다는 이론
㉢ 규범생성이론 : 개인의 특수성과 장소 고유의 규범이 생성됨에 따라 동조압력에 의한 집합행동이 발생되는 것을 강조하는 이론
㉣ 부가가치이론 : 어떤 종류의 집합행동이 일어나려면 다양한 결정요인 또는 필요조건이 사전에 존재하게 되는데, 이러한 여러 요인이 일정한 형태나 계기의 순서에 따라 순차적으로 조합을 이루어 비로소 집합행동이 발생하는 결과를 가져온다는 이론

12 스포츠 일탈의 이해 답 ③

㉠ 인내규범 : 운동선수는 위험을 받아들이고 고통 속에서도 경기에 참여해야 한다.
㉡ 도전규범 : 운동선수는 스포츠에서 성공을 위해 장애물을 극복하고 역경을 헤쳐 나가는 노력을 해야 한다.
㉢ 몰입규범 : 운동선수는 경기에 헌신해야 하며 이를 그들의 삶에서 우선순위에 두어야 한다.

13 스포츠의 노동이주 유형 답 ①

유목민형은 종목의 특성으로 인해 국가 간 이동이 발생하고, 개인의 취향에 따라 흥미로운 장소를 돌면서 스포츠를 즐기는 유형을 말한다.

【오답해설】
② 정착민형 : 더 이상 떠돌아다니지 않고 일정한 곳에서 스포츠를 즐기는 유형
③ 개척자형 : 새로운 종목을 처음으로 시도해보며 이를 즐기는 유형
④ 귀향민형 : 다시 기존에 즐기던 스포츠로 돌아오는 유형

14 스포츠 일탈의 이해 답 ③

상징적 상호작용론적 관점은 상황에 대한 해석이 개인마다 다르며 그로 인해 사회가 유지·발전해 나간다는 이론이다.

【오답해설】
① 갈등론적 관점 : 한 집단(지배 세력)이 다른 집단을 강제로 복종시키는 관계로 보며 사회의 불평등적이고 모순적인 시스템으로 인해 다양한 갈등이 나타나며 이로 인해 일탈이 발생한다고 주장한다.
② 구조기능주의 관점 : 스포츠가 사회 구성원에게 현실 적합한 사고, 감정, 행동양식에 대한 학습을 통해 사회 구성원으로서 생활하도록 한다.
④ 비판론적 관점 : 사회를 개인 이익을 위해 타인과 끊임없이 경쟁하는 장으로 보는 이론이다.

15 스포츠로의 사회화와 스포츠를 통한 사회화 답 ④

㉠ 스포츠 재사회화 : 스포츠 활동에 다시 참가하여 스포츠로의 사회화가 다시 시작하는 것
㉡ 스포츠로의 사회화 : 스포츠에 참가하는 활동 그 자체를 의미하며, 이러한 경험으로 영향을 받아 스포츠에 대한 개입 수준을 증가·감소시키는 것
㉢ 스포츠를 통한 사회화 : 스포츠 참가와 활동을 통하여 가치나 역할, 태도를 학습해 가는 과정

16 스포츠 세계화 답 ②

신자유주의 시대 스포츠 세계화는 축구, 야구, 농구 등과 같은 서구의 현대스포츠를 전 세계로 보급하는 역할을 하였고, 이에 따라 국경을 초월하는 거대한 스포츠 시장이 형성되어 표준화된 스포츠 상품과 문화를 소비하게 되었다. 하지만 재정규모에 따라 그 순위를 예측하는 것이 가능해져 버렸고, 이로 인해 양극화가 발생되기도 하였다.

17 스포츠와 미디어의 이해 답 ②

㉠ 자본주의 : 이익을 얻기 위해 자유롭게 생산 활동을 하도록 보장하는 사회 경제 체제로, 스포츠 중계를 통해 시청자들에게 상품 소비를 촉진시키는 활동 등이 해당한다.
㉡ 젠더 : 여성 선수의 능력이 아닌 외적인 요소에 초점을 둔다.

【오답해설】
• 합리주의 : 단순히 전통적인 풍습 등에 따르거나 주관적인 감정에 의하지 않고 이성적으로 판단하여 행동하는 태도를 말한다.

18 스포츠의 교육적 기능 답 ③

참여 기회를 제한하면 장애인의 적응력은 배양되는 것이 아니라 약화된다. 스포츠의 교육적 역기능은 교육 목표의 결핍, 부정행위의 조장, 편협한 인간 육성 등이 있다. 교육 목표의 결핍으로 인해 승리 제일주의, 참가 기회의 제한, 성차별 등이 발생하고, 부정행위의 조장으로 스포츠의 상업화, 위선과 착취, 일탈 등이 발생한다. 또한 독재적 코치, 비인간적 훈련 등을 통해 편협한 인간이 육성된다.

19 스포츠와 사회이론 답 ①

사회학습이론은 사람의 행동은 다른 사람의 행동이나 상황을 관찰하거나 모방한 결과로 이루어진다는 이론이다. 직접적인 경험을 통해 학습하지 않더라도 상 또는 벌을 받은 경험을 통해 행동의 변화가 일어난다.

【오답해설】
② 역할이론 : 개인이 사회적 구조 내에서 사회적 지위에 따라 그 지위에 기대되는 행동을 하고자 하며, 이 과정에서 사회화가 이루어진다.
③ 준거집단이론 : 사회화 주관자로서의 다양한 기능을 지닌 준거집단이 사회화 과정에서 중요한 역할을 수행한다.
④ 문화규범이론 : 대중 매체는 주어진 어떤 상황에 대한 정의를 내리고, 이러한 정의는 행동의 지침이 되어 인간의 규범을 형성함으로써 사람들의 행동 양식에 영향을 미친다.

20 미래사회의 스포츠 답 ④

미래 사회의 스포츠는 정보·통신기술의 발달로 스포츠 관람에 있어 시공간의 제약이 사라지고, 이로 인해 스포츠에서 미디어의 영향력이 증가하게 된다. 또한 신소재의 개발로 스포츠 용품과 장비 등의 개발이 활발히 이루어지면서 선수의 기록 향상에도 영향을 주는 기술도핑이 발생되어 스포츠 공정성이 훼손될 수 있다.

스포츠교육학

01	02	03	04	05	06	07	08	09	10
③	①	①	②	④	②	②	③	④	③
11	12	13	14	15	16	17	18	19	20
①	②	②	③	④	③	①	④	④	①

01 스포츠지도를 위한 교육모형 답 ③

시덴탑이 제시한 스포츠교육 모형은 운동기능이 낮은 학습자도 여러 부문으로 참여가 가능하고, 협동심과 사회성을 기르는 데 효과적이다. 이 모형의 핵심적인 특징은 시즌, 팀 소속, 공식적인 경기 일정, 결승전 행사, 기록 보존, 축제화이다.

02 스포츠교육의 프로그램 답 ①

방과 후 학교 체육활동 프로그램 개발 시 구체적인 목표 및 미래 지향적 방향, 활동 시간의 다양화, 학생 주도의 자발적 참여 유도, 스포츠 인성 함양 및 흥미 유도, 스포츠문화의 체험 기회 등을 고려해야 한다.

03 스포츠교육의 개념 답 ①

1960년 중반 미국을 중심으로 시작된 체육 학문화 운동은 대학과 대학원에서 실시하는 체육전공 프로그램의 성격을 바꾸는 촉매의 역할을 했다는 점에서 대학 체육에 있어서 하나의 획기적인 전환점이 되었다. 수업, 교육과정, 그리고 교사교육을 중심 대상으로 하는 체육교육의 학문적 연구분야를 만들기 시작하였고, 이론적 지식을 스포츠 참여자에게 가르쳐야 한다는 주장이 제기되기 시작했다. 따라서 〈보기〉에 들어갈 말은 ㉠ 체육 학문학 운동, ㉡ 이론적이 가장 적절하다.

04 스포츠교육의 학습환경 답 ②

체육활동 중 지도자는 위험한 상황이 예측되면 시작한 과제를 잠시 멈추고, 학습자를 안전한 곳으로 이동시켜야 한다.

05 스포츠교육의 프로그램 답 ④

㉠ 유소년스포츠 프로그램은 유아와 아동의 신체적·인지적 발달 도모, 기본적인 사회관계 형성, 스포츠 활동을 통한 신체적·지능적 발달 등을 고려해야 한다.
㉡ 청소년스포츠 프로그램은 청소년의 발달단계와 운동능력 고려, 청소년의 흥미 및 요구 고려, 또래친구와의 여가활동 참여 등을 고려해야 한다.
㉢ 성인스포츠 프로그램은 신체적 건강 유지, 프로그램 다양성과 전문성 고려, 사회적 안정 추구, 흥미 확대 등을 고려해야 한다.

Tip

유소년, 청소년, 성인스포츠 프로그램 유형

- 유소년스포츠

개인운동형	개인의 운동 및 움직임 놀이, 수영 등
집단운동형	집단 운동 및 놀이로 축구 등
경기대회형	종목별 체육대회, 스포츠클럽 리그전 등
축제형	가족체육대회, 스포츠체험 축제 등

- 청소년스포츠

지도형	학교체육과 연계하여 다양한 스포츠활동 기회 제공
축제형	스포츠종목별 경기방법과 규칙을 적용한 프로그램 운영

- 성인스포츠

지도형	개인운동(수영, 헬스, 요가 등), 대인운동(테니스, 배드민턴, 탁구 등), 집단운동(축구, 농구, 배구, 에어로빅 등)
경기대회형	축구, 배구, 테니스, 배드민턴, 골프 등 전국 대회 또는 동호인 모임별 경기 대회

06 스포츠지도를 위한 교수기법 답 ②

스포츠지도사는 학습자의 발달 수준에 따라 눈높이에 맞는 지도를 하고, 신체 기술의 발달 등을 형성시키는 데 도움을 주는 프로그램을 개설해야 한다.

07 스포츠지도를 위한 교수기법 답 ②

스포츠지도자는 누구에게(지도 대상) 무엇을(지도 내용) 어떻게(지도 방법) 가르칠 것인가에 대한 지식이 있어야 하고, 높은 성품 수준을 유지하며 모범을 보여야 한다. 선수가 수단과 방법을 가리지 않고 승리하려고 할 경우, 올바른 도덕적 의식을 가질 수 있도록 지도하여야 한다.

08 스포츠지도를 위한 교육모형 답 ③

개별화지도 모형은 학습자들이 미리 계획된 과제의 계열성에 따라 자신에게 맞는 속도로 학습하므로 학습 진도는 학습자가 결정한다. 학습자가 정해진 수행 기준에 따라 과제를 완수하는 것 자체가 평가이며, 많은 피드백과 높은 수준의 언어적 상호작용의 기회를 갖는다.

【오답해설】
① 전술게임 모형 : 게임을 통해 게임 수행에 필요한 전술적 지식 및 게임 지능을 습득한다. 게임 형식은 가능한 단순하면서도 실제 게임과 유사하도록 설정하며 전술적 결정을 내리고 수행하는 학습자의 능력에 초점을 맞춘다.
② 협동학습 모형 : 지도자에 의한 과제 제시가 없고 학습자 중심으로 학습 진도가 제시되며, 협동과제가 주어진 후에는 각 팀에서 과제가 전개된다. 팀들을 모니터하고 필요시에만 지도사가 개입한다.
④ 개인적·사회적책임감 지도 모형 : 학습자 자신과 타인에 대한 책임을 어떻게 져야 하는지 그 방법을 연습하고 배워, 책임감과 신체활동은 별개의 학습 성과 아닌 동시에 추구·성취되어야 하는 요소이다. 항상 학습자 개인의 현행 수준을 파악하고 가장 많이 일어나는 수준에 맞춰 수업활동을 계획한다.

09 스포츠교육의 지도방법 답 ④

스포츠지도자는 규칙에 따라 행동하도록 이해가 쉽게 가르치고, 행동수정을 위해 여러 가지 전략으로 학습자를 관리해야 한다. 먼저 지도자는 일관성 있게 지도해야 하며, 목표행동을 자세히 진술하고 그에 따른 결과를 고려해야 한다. 학습자의 행동 수정에도 단계를 설정할 필요가 있으며, 단계적으로 차근차근 변화가 발생할 수 있도록 변화를 줘야 한다.

10 스포츠지도를 위한 교육모형 답 ③

㉠ 골프 수업에 참여한 학습자들의 협동학습 모형은 골프 규칙을 비롯해, 골프와 유사한 스포츠의 개념적 특징을 비교·분석할 수 있도록 인지적 목표를 제시하였다.
㉡ 팀 게임 토너먼트는 개인별 평가 대신에 각 팀에서 사전 성취도가 비슷한 수준의 학습자들이 토너먼트 게임식의 팀 학습을 하는 것이다. 즉, 같은 등위끼리 점수를 비교하는 것으로 운동 기능이 낮은 학습자도 공헌할 수 있다는 자신감이 생긴다.

11 학교체육 답 ①

학교체육 진흥법 제12조에 따르면, 교육감은 학교운동부지도자의 지도 등을 위하여 학교운동부지도자관리위원회를 설치한다. 국가는 학교운동부지도자의 자질 향상 및 전문성 강화를 위하여 연수교육 계획을 수립하고, 이를 실시하여야 한다. 이 경우 연수교육을 관련 단체에 위탁할 수 있다.

12 학교체육 답 ②

국민체육진흥법 제12조의3에 따르면, 문화체육관광부장관은 체육지도자 및 체육단체의 책임이 있는 자가 체육계 인권침해 및 스포츠비리와 관련하여 유죄판결이 확정되는 경우에는 운영위원회의 심의·의결을 거쳐 그 인적사항 및 비위 사실 등을 공개할 수 있다.

13 스포츠지도를 위한 교수기법 답 ②

자기점검형 교수 스타일은 학습자가 과제를 수행하고 스스로 평가하며, 지도자는 교과내용, 평가 기준, 수업 운영 절차 등을 결정한다. 즉 지도자는 학습자의 능력과 독립성을 존중하는 스타일이다.
【오답해설】
㉠ 확산발견형 스타일
㉢ 자기학습형 스타일
㉣ 상호학습형 스타일

14 스포츠지도를 위한 교육모형 답 ③

필드형 게임 유형은 공격상황과 수비 상황을 번갈아 가며 진행되는 경쟁영역이다. 분명한 역할 분담이 있고, 본인에게 주어진 역할을 충실히 수행해 내야 하는 책임감도 필요로 한다. 야구, 발야구, 크리켓, 소프트볼, 라운더 등이 대표적인 필드형 스포츠이다.
【오답해설】
① 영역(침범)형 : 비교적 단순한 규칙으로 이루어진 경쟁영역이고, 던지기, 차기 등의 기본적인 활동을 바탕으로 한다. 상대 구역으로 이동하여 정해진 공간에 공을 보내서 득점한다는 특성이 있다. 핸드볼, 하키, 럭비, 수구, 풋살 등이 이에 해당한다.
② 네트형 : 말 그대로 네트를 사이에 두고 공격과 수비를 한다. 공격과 수비의 전환이 다른 영역과 비교할 수 없을 정도로 빠르고 신체적 접촉이 없다. 배구, 배드민턴, 테니스, 탁구, 족구 등이 이에 해당한다.
④ 표적형 : 표적물을 설정하고, 표적과 방해물의 위치를 고려하여 회전하거나 돌린다. 양궁, 당구 등이 이에 해당한다.

15 평가의 실천적 측면 답 ④

수행평가는 실제 스포츠 활동 상황에서 참여자가 아는 것과 할 수 있는 것을 평가하는 방법이다.

Tip
평가의 유형

진단평가	• 계획된 학습의 목표 달성을 위해 교육 프로그램 실시 이전에 학습자의 수준 및 상태를 파악하기 위한 평가 • 교육 프로그램의 방향을 설정·수정하고 학습장애의 원인 및 정도의 파악에 도움
형성평가	• 교육 프로그램 운영 중 이루어지는 과정 중심의 평가 • 학습자의 학습 동기를 유발 • 지도자에게는 프로그램 및 지도 방법을 수정하기 위한 기초자료로서 활용
총괄평가	• 주어진 학습과정을 끝마친 후 학습목표의 달성도를 측정하기 위한 평가 • 학습 결과를 토대로 개인별·집단별 평가를 진행, 성적을 작성
임의평가	• 객관적 기준에 의한 측정이 아닌 교사의 주관적인 판단에 의한 해석·평가 • 객관적이고 체계적인 평가가 불가능
수행평가	• 학습자가 자신의 지식과 기능을 활용하여 과제를 수행하고 이를 평가하는 것 • 다양한 맥락에서 지식·기능을 보여주므로 다양한 과제와 상황을 제공하는 평가 유형 • 지도자의 평가뿐만이 아닌 상호평가, 자기평가 등의 평가 방법 활용이 가능
상대평가	• 집단 내의 상대적인 서열을 중심으로 이루어지는 평가 • 선발·분류·배치 등의 상황에서 유용하게 사용 • 규준지향평가
절대평가	• 사전에 설정된 학습목표를 준거로 하여 목표의 달성도를 평가 • 준거지향평가, 목표지향평가
개인내차평가	• 한 개인의 성취 정도를 종단적으로 추적·조사하여 평가 • 개인의 발전 상태를 진단하는 평가 방법 • 자기지향평가

16 스포츠지도를 위한 교수기법 　답 ③

학습평가는 평가 시기, 평가의 관리 및 절차상의 고려사항을 제시하는 방법으로 교수·학습 과정안에 작성하는 것이 좋다.

【오답해설】
① 학습목표에는 지도할 내용이 학습자들의 학습활동으로 실현될 수 있도록 하기 위한 계획을 작성한다.
② 수업정리에는 요약정리, 강화, 일반화의 유도, 보충 및 예고 등을 작성한다.
④ 수업맥락 기술에는 가르칠 내용, 방법, 학습자가 배우는 것에 영향을 미치는 것 등을 작성한다.

17 스포츠지도를 위한 교수기법 　답 ①

이 코치는 예·아니오로 대답할 수 있는 개념 확인 질문인 회상형(회고형)을, 윤 코치는 정답이 여러 개일 수 있는 질문법으로 상황에 따른 해답을 요구하는 확산형(분산형)을 활용하였다. 정 코치는 어떠한 정답이 없고 옳고 그름도 없는 가치적이고 정의적인 질문인 가치형을 활용하였다.

18 스포츠교육의 지도방법 　답 ④

확대(확장)과제는 내용의 발달적 분석의 시작으로 간단한 과제에서 복잡한 과제로, 혹은 쉬운 과제에서 어려운 과제로 관심을 갖는다. 또한 복잡한 기술을 가르치기 전에 기능을 세분화한다.

19 스포츠교육의 프로그램 　답 ④

슐만의 교사 지식 중 학습자와 학습자 특성 지식은 수업에 영향을 미치는 학습자에 관한 지식으로 학습자의 발달 단계적 특징뿐만 아니라 그들이 처해 있는 현실적 상황에 대한 내용도 포함한다.

【오답해설】
① 교육과정 지식 : 교육과정을 통합하고 주제를 중심으로 재구성하여 가르치는 데 필요한 지식을 말한다.
② 교육환경 지식 : 학교, 교실, 교구 등과 같은 물리적 환경은 물론 지역사회의 상황, 학부모의 관심, 교육 제도의 변화 등이 고려 대상이다.
③ 지도방법 지식 : 모든 교과에 적용되는 지도법에 대한 지식이다.

20 평가의 실천적 측면 　답 ①

박 코치는 사전에 설정된 학습목표를 준거로 하여 목표의 달성도를 평가하는 절대평가를 활용하였다. 김 코치는 집단 내의 상대적인 서열을 중심으로 이루어지는 평가로, 선발·분류·배치 등의 상황에서 유용하게 사용되는 상대평가를 활용하였다.

스포츠심리학

01	02	03	04	05	06	07	08	09	10
④	④	①	②	①	③	④	③	②	①
11	12	13	14	15	16	17	18	19	20
③	①	②	②	③	②	②	④	④	①

01 스포츠심리학의 연구 　답 ④

운동의 참여를 통한 긍정적인 자아존중감의 증대는 심리욕구 만족과 생활만족에 긍정적인 영향을 미친다. 즉, 수영에 대한 자신감이 심리적 발달에 어떤 영향을 미쳤는지에 대한 주제가 더 적절하다.

02 피드백 　답 ④

보강적 피드백은 수행자의 감각이 아닌 타인 혹은 지도자에게 받는 정보로서 언어적·비언어적 방법을 통해 제공된다. 결과지식은 보강적 피드백의 유형 중 하나로, 수행의 정확성 여부에 관한 정보를 제공하는 방법으로 정보의 빈도나 시기, 제시 형태 등에 따라 학습의 효과는 다르게 나타난다.

【오답해설】
①~③은 감각 피드백으로 수행자 내부의 감각 시스템으로부터 제공되는 피드백이다.

03 주의집중의 유형 　답 ①

배구 선수가 상대 진영을 살핀 행동은 광의 외적 유형이고, 빈 곳에 서브를 한 행동은 협의 외적 유형에 해당한다.

Tip
주의의 유형

광의-외적	· 상황에 대한 재빠른 평가 · 관련이 없는 단서에 초점을 둘 수 있고 쉽게 속을 수 있음
광의-내적	· 많은 정보를 한 번에 분석하고 계획 · 관련이 없는 부분까지 생각할 수 있음
협의-외적	· 하나 또는 두 개의 단서에 주의집중 · 주의의 폭이 좁아 중요 단서를 놓칠 가능성이 있음
협의-내적	· 수행에 대한 정신적인 연습 및 정서 조절 · 내면의 생각에 초점을 두며, 주의의 초점이 하나의 단서에만 맞춰져 압박감이 발생함으로써 오히려 주의의 분산 가능성이 있음

04 운동심리학   답 ②

계획된 행동이론의 구성요인은 태도, 의도, 주관적 규범, 지각된 행동통제감이다. 이는 합리적 행동이론에서 지각된 행동통제감 개념을 추가하여 확장한 이론이다.

> **Tip**
> **계획된 행동이론**
> - 태도 : 개인의 신념과 개인의 평가에 영향을 받음
> - 의도 : 태도+주관적 규범+지각된 행동통제감
> - 주관적 규범 : 규범적 신념과 순응동기에 영향을 받음
> - 지각된 행동통제감 : 행위를 수행하기 위해 필요한 자원과 기회에 접근 가능하다는 신념

05 스포츠심리학의 연구   답 ①

심리기술 훈련은 최상의 경기력을 발휘할 수 있도록 선수들에게 자기조절적인 기술을 습득하도록 도움을 주는 훈련 과정이다. 이는 운동 수행과 관련하여 직접적이고 즉각적으로 변화를 주는 훈련이 아닌 간접적이며 지속적으로 변화를 줄 수 있다. 심상, 루틴, 사고조절, 자기 대화, 주의 집중 등의 심리기법이 활용되며 평소 연습과 통합되어 지속적으로 진행해야 한다. 이런 훈련은 연령, 성별, 경기수준에 관계없이 모든 선수들에게 적용될 수 있다.

06 팀 응집력   답 ③

캐런의 팀 응집력 모형에서 결정요인은 환경적 요인, 리더십 요인, 팀 요인, 개인의 요인이다.
- 환경적 요인 : 계약 책임, 조직의 성향
- 리더십 요인 : 지도자 행동, 리더십 유형, 코치-선수 대인관계, 코치-팀 관계
- 팀 요인 : 집단과제, 성취욕망, 집단의 지향성, 팀의 능력 등
- 개인의 요인 : 개인의 성향, 만족, 개인차

07 동기   답 ④

인지평가이론은 행동을 일으키거나 조절하는 외적 사건이 동기에 미치는 효과를 기술하는 이론이다. 이 이론에서 내적 동기를 높일 수 있는 방법은 성공 경험, 언어적·비언어적 칭찬, 실현 가능한 목표를 설정하는 등의 유능성을 높여주거나, 연습 내용과 순서의 변경, 목표 설정과 의사결정에의 참여 등의 자결성을 높이는 것 등이다. 행동결과에 대한 보상의 연관성을 강조하는 것은 외적 동기를 높이는 방법에 해당한다.

08 운동제어   답 ③

㉠ 감각, 지각 단계 : 자극의 확인, 감각기관을 이용한 지각 및 수용
㉡ 반응선택 단계 : 자극-반응 유형을 선택하는 단계
㉢ 반응실행 단계 : 반응의 실행을 위한 구체적인 체계 생성 및 조직

09 운동실천 중재전략   답 ②

운동실천을 위한 행동수정 중재전략으로 의사결정 단서 제공, 출석 상황 게시, 보상 제공, 피드백 제공, 운동계약 등이 있다. 구체적이고 실현 가능한 목표를 설정하는 것은 인지전략에 해당한다.

> **Tip**
> **행동수정 중재전략**
>
> | 의사결정 단서 제공 | 행동 실천 여부 결정을 시작하는 자극을 제공 |
> |---|---|
> | 출석 상황 게시 | 출석 상황 및 운동 수행 정도를 공공장소에 게시함으로써 참여자의 동기를 유발 |
> | 보상 제공 | 보상을 통해 출석 행동을 강화 |
> | 피드백 제공 | 운동 기능 향상과 동기 부여 측면에서 매우 중요함 |
> | 운동 계약 | 운동 실천에 관한 의사결정 과정에 참여함으로써 운동 실천에 대한 책임감을 증진 |

10 동기   답 ①

㉠ 확인규제 : 개인적으로 설정한 목표 성취를 위한 행동
㉡ 의무감규제 : 죄책감이나 불안과 같은 심리적 압박에 의한 행동

【오답해설】
- 외적규제 : 외적 보상을 받거나 처벌을 피하기 위한, 타인의 강요에 의한 행동
- 내적규제 : 의무감규제와 비슷한 개념으로 봄

11 동기   답 ③

인호는 타인에 대해 승리하는 데 관심이 있는 자기목표성향이고, 영찬이는 자신의 기술 향상에 더 많은 관심이 있는 과제목표성향이다. 자기목표성향인 인호는 자신의 능력에 귀인하는 특징을 갖고 있기 때문에 영찬이를 이겼을 때 자신이 잘해서 승리하였다고 생각할 수 있다.

12 운동학습   답 ①

분절화는 전체 과제를 특정 시·공간적 영역으로 나누어 연습한 후 각 기술이 일정 수준에 도달하면 전체 기술로 결합하여 연습하는 방법이다.

【오답해설】
② 부분화 : 과제에 포함되는 하위 요소를 하나 혹은 둘 이상으로 분리하여 각각 연습하는 방법
③ 분산연습 : 연습시간을 휴식시간보다 상대적으로 짧게 배분하여 연습하는 방법
④ 집중연습 : 연습시간을 휴식시간보다 상대적으로 길게 배분하여 연습하는 방법

13 정서와 시합불안 답 ②

특성불안은 선천적으로 타고난 개인적 특성 및 기질과 관계된 불안을 말한다. 스포츠경쟁불안척도(SCAT)는 심리적으로 불안을 느끼고 싸워서 이겨야 한다는 부담감을 가지게 되는 모든 상황에서 경쟁을 측정하기 위한 불안 검사지이다.

【오답해설】
① SCQ : 사회적 의사소통 검사법
③ CSAI-2 : 경쟁상태 불안검사법
④ 16PF : 다요인 인성검사법

14 운동발달 답 ②

㉠ 초기움직임단계 : 출생부터 2년까지의 유아기에 나타나는 단계로 기거나 걷기 또는 물체를 잡는 운동 등이 포함됨
㉡ 기본움직임단계 : 2~6세의 유아기와 아동기에 나타나는 단계로 던지기와 차기 등의 운동기술이 나타남
㉢ 성장과 세련단계 : 청소년기에 해당하며, 운동발달이 가장 급격히 나타나는 단계로 성별에 따른 운동발달의 차이가 나타남

15 강화와 처벌 답 ③

와인버그(R.S. Weinberg)와 굴드(D. Gould)의 바람직한 처벌 행동 지침에서 연습 상황의 실수는 처벌하지 않는다.

> **Tip**
> 와인버그(R.S. Weinberg)와 굴드(D. Gould)의 바람직한 처벌 행동 지침
> • 동일규칙위반-동일 처벌의 일관성
> • 사람이 아닌 행동 처벌
> • 처벌 규정 제정 시 선수의 의견 반영
> • 신체활동을 처벌로 사용하지 않음
> • 개인 감정은 처벌 안 됨
> • 연습 상황의 실수는 처벌 안 됨
> • 창피를 주지 않음
> • 단호한 처벌 필요

16 스포츠심리상담의 기법 답 ②

관심집중 기법은 상담자가 내담자를 향해서 앉으며, 개방적인 자세를 취해야 한다. 또한 상담자가 긴장을 풀 수 있도록 적절하게 시선을 맞추고 때때로 내담자를 향해 몸을 기울여야 한다.
※ '④ 공감적 이해'의 내용을 옳은 것으로 보고 복수정답 처리를 하지 않았지만, 2017년 A형 20번에서는 같은 내용을 옳지 않은 것으로 판단해 복수정답으로 인정해주었다.

17 운동발달 답 ④

개체발생적 운동행동은 환경적 요인에 영향을 받아 학습 과정을 통하여 획득되는 운동행동을 말한다. 이는 성숙에 의해 자동화되는 것이 아니라 일정 시기 동안의 꾸준한 연습과 경험을 통해 형성되므로 운동발달 상황에서 공통적으로 나타내는 행동이라고 보기 어렵다.

> **Tip**
> 운동발달의 기본 가정
> • 인간의 전 생애에 걸쳐 일정한 순서로, 연속적으로 진행되는 과정이다.
> • 발달의 속도와 범위에는 개인차가 존재한다.
> • 운동발달의 민감기 또는 결정적 시기가 존재한다.
> • 운동발달은 환경적 맥락의 영향을 받는다.

18 운동심리 이론 답 ③

변화단계이론은 운동행동의 변화가 여러 단계를 거치면서 점진적으로 변화한다는 이론으로 개인의 수준에 맞는 차별화된 운동 실천 중재전략을 개발하고 적용할 수 있다는 장점이 있다.

【오답해설】
① 계획행동이론 : 합리적 행동이론에는 포함되지 않은 '지각된 행동통제감'의 개념을 추가하여 확장한 이론
② 건강신념모형 : '신념'이 건강을 추구하는 행동에 중요한 역할을 한다는 이론
④ 합리적 행동이론 : '행위에 대한 태도'와 '주관적 규범'이 '행동 의도'에 영향을 미치고, 이것이 곧 행동으로 이어진다는 이론

19 정서와 시합불안 답 ④

최적수행지역이론은 적정수준을 바탕으로 한 이론으로 선수 개인마다 불안 기준이 다르고 최적수행지역에 도달하기 위한 각성 수준에도 차이가 있다고 본다. 최적의 상태불안 수준은 점이 아닌 범위로 표시하는 특징을 갖는다.

【오답해설】
① 적정수준이론 : 불안이 증가할수록 수행은 증진되며 적정 수준의 각성 상태까지 운동 수행이 극대화되다가 과각성 상태가 되면 수행이 저하된다는 이론
② 전환이론 : 불안(각성) 수준의 해석 방법에 따라 유쾌와 불쾌의 정서가 결정된다는 이론
③ 다차원불안이론 : 불안을 인지적 불안과 신체적 불안으로 구분하여 설명하는 이론

20 집단응집력 답 ①

사회적 태만은 혼자일 때보다 집단에 속해 있을 때 수행능력이 더 떨어지는 현상이다. 이러한 현상을 극복하기 위해서는 선수의 업무분담을 명확히 하여 책임범위를 지정하고, 집단의 크기를 적정화할 필요가 있다. 또한 개인의 노력 및 공헌을 강조하고, 다른 역할도 경험하게 하는 전략도 필요하다.

한국체육사

01	02	03	04	05	06	07	08	09	10
②	①	②	④	③	①	②	②	③	④
11	12	13	14	15	16	17	18	19	20
①	④	①	①	④	③	④	③	②	③

01 한국체육사 시대구분 답 ②

한국체육사의 시대를 구분하는 이유는 체육사의 종합적인 이해와 서술을 돕기 위해서이다. 광복을 전후로 한국체육사는 중세체육과 근대체육으로 구분할 수 있다.

02 문헌사료 답 ①

고구려 무용총 수렵도는 고구려인들의 역동적인 사냥의 모습을 묘사한 고분벽화로 체육 관련 문헌사료로 볼 수 없다.

【오답해설】
② 무예도보통지 : 조선 후기의 무예 훈련 교본
③ 조선체육계 : 1933년 7월에 창간된 체육 잡지
④ 손기정 회고록 : 1936년 베를린올림픽경기대회에서 마라톤 종목에 출전하여 한국인 최초의 올림픽 금메달을 획득한 손기정 선수의 회고록

03 선사 · 삼국시대 체육 답 ②

저포는 제천의식과 관련된 대표적인 민속놀이로, 윷가락 같이 만든 다섯 개의 나무를 던져 승부를 다투는 놀이를 말한다.

【오답해설】
① 바둑
③ 각저(씨름)
④ 마상재

04 선사 · 삼국시대 체육 답 ④

화랑도는 신라시대 '꽃처럼 아름다운 남성의 무리'라는 의미로 귀족의 자제들로 이루어져 신체적 · 정신적으로 건전한 청소년 양성을 목적으로 만들어진 단체이다. 화랑이 지켜야 했던 규율은 세속오계(世俗五戒)인 사군이충, 사친이효, 교유이신, 임전무퇴, 살생유택이 있다.

> **Tip**
> **삼강오륜**
> 유교사상에서 기본이 되는 3가지 강령과 5가지 인륜을 의미한다.
> • 삼강 : 군위신강, 부위자강, 부위부강
> • 오륜 : 부자유친, 군신유의, 부부유별, 장유유서, 붕우유신

05 선사 · 삼국시대 체육 답 ③

음력 10월 초부터 이듬해 해동(解凍)이 될 때까지 길들인 매로 꿩을 잡는 사냥놀이로 옛 기록에는 방응(放鷹)이라고 하였다.

【오답해설】
① 석전 : 지형을 경계 삼아 거리를 두고 일대의 주민들이 편을 갈라 서로 돌을 던져 누가 먼저 쫓겨 달아나느냐에 따라 승부를 가리는 전통사회의 집단놀이
   제기차기 : 제기를 가지고 발로 차는 놀이
② 마상재 : 말을 타면서 재주를 부리는 전문 기예
   널뛰기 : 설날 · 단오 · 추석에 긴 널빤지의 한가운데에 짚단이나 가마니로 밑을 괴고 양 끝에 한 사람씩 올라서서 마주보고 번갈아 뛰면서 즐기는 성인 여자 놀이
④ 수박 : 주로 손을 써서 상대를 공격하거나 수련을 하는 우리나라 전통 무예
   장기 : 두 사람이 청 · 홍의 장기짝을 규칙에 따라 번갈아 두면서 겨루는 놀이

06 고려 · 조선시대 체육 답 ①

강예재는 고려시대 국학 7재 중 무학재를 말하는 것으로 궁술 및 마술을 교육한다.

【오답해설】
② 대빙재 : 국학 7재 중 상서를 공부함
③ 경덕재 : 국학 7재 중 모시(毛詩)를 공부함
④ 양정재 : 국학 7재 중 춘추를 공부함

07 고려 · 조선시대 체육 답 ②

고려시대 격구는 왕, 귀족 등 특정 계층만 참여가 가능했으며, 말을 타고 막대기로 땅바닥에서 공을 쳐서 멀리 보내는 등의 활동으로 말타기 능력의 향상 및 군사훈련을 위한 수단으로도 활용되었다. 즉 격구는 무예적 요소와 유희적 요소를 동시에 지녔다.

【오답해설】
ⓒ 가죽주머니로 만든 공을 발로 차는 형식의 무예는 축국이다.

08 고려 · 조선시대 체육 답 ②

㉠ 수박 : 주로 손을 써서 상대를 공격하거나 수련하는 무예로 고려시대 무인들에게 적극 권장되었으며, 명종 때에는 이 무예를 겨루게 하여 승자에게는 벼슬을 주었다.
ⓒ 마술 : 달리는 말 위에서 재주를 부리는 기예로 유교를 치국의 도로 삼았던 고려시대에도 6예의 어(御)에 속하는 것으로 군자의 중요한 덕목 중 하나였다.

09 고려·조선시대 체육 ③

병서(兵書) 강습과 마상(馬上) 무예 훈련을 주로 한 장소는 훈련원이다. 사정은 활터에 세운 정자를 말하는 것으로 무사들이 평소 무과를 준비하고 훈련하는 교육기관이다.

10 고려·조선시대 체육 ④

줄다리기는 삭전(索戰), 조리지희(照里之戲), 갈전(葛戰)으로도 불리며, 대보름날에 많은 사람이 두 편으로 나뉘어 줄을 마주 잡아당겨 승부를 겨루는 놀이이다. 촌락공동체의 의례적 연중행사로 성행했다.

【오답해설】
① 차전놀이
② 씨름(대표적인 서민 놀이)
③ 그네뛰기

11 한국 근·현대 체육 ①

이화학당은 1886년 스크랜턴이 설립한 한국 최초의 사립여성교육기관이다. 교육이념은 기독교 교육을 통하여 여성들을 더 나은 한국인으로 양성하고, 한국인의 긍지와 존엄성을 회복하여 진정한 한국인을 육성하는 것이었다. 이화학당에서는 체조를 정규교육과정으로 채택하여, 학생들의 체력을 높이는 데 많은 노력을 하였다.

12 한국 근·현대 체육 ④

㉠ 황성기독교청년회 : 개화기 선교사에 의해 조직되었으며, 국내 다양한 스포츠 보급에 앞장선 단체로 YMCA의 전신이었다.
㉡ 질레트 : 1903년 황성기독교청년회 초대 총무를 역임하고, 우리나라 최초로 야구와 농구를 소개하였다.

【오답해설】
① 회동구락부 : 1908년 2월에 탁지부의 조선인 고위 관료와 일본인 간에 조직된 사교 단체로 정구 경기를 최초로 시행함
  언더우드 : 미국의 선교사로 조선에 와서 기독청년회인 YMCA를 조직
② 대동체육부 : 사회 진화론적 자강론에 입각하여 체육학의 연구와 강건한 체력의 육성을 주장
  노백린 : 일제 강점기 미국 캘리포니아주로 이주하여 항공학교를 설립하고, 대한민국 임시정부에서 요직을 맡아 활동한 독립운동가
③ 무도기계체육부 : 우리나라 최초의 기계체조단체를 조직
  윤치호 : 일제 시기 시국강연 등을 통해 전시 동원에 적극협력했던 인물로 한때 독립협회, 만민공동회, 신민회 활동 등으로 애국계몽운동의 중심적 역할을 함

13 한국 근·현대 체육 ①

조선체육협회는 일제강점기에 조선 내 스포츠 단체를 관리하기 위해 1919년 2월 18일 설립된 체육단체이다. 개화기에 설립된 체육단체는 대한체육구락부, 황성기독교청년회운동부, 대한국민체육회, 대동체육구락부, 대한흥학회운동부 등이 있다.

14 한국 근·현대 체육 ①

서상천은 조선체력증진법연구소를 조직하였고, 일제침략으로 쇠운에 빠진 민족운명을 타개하기 위해서는 건강한 신체와 강인한 의지를 가진 젊은이를 양성하여야 한다는 일념으로 역도를 보급, 발전시키는 데 노력하였다.

【오답해설】
② 백용기 : 1889년(고종 26)에 통정대부 돈녕부도정에 임명된 바 있는 인물로서, 자신의 사재를 털어서 빈민을 구제하고 불가에 시주하는 등의 공로를 기려 백성들이 비를 세웠다.
③ 이원용 : 1917년 봄에 오성학교와 중앙기독청년회 출신의 야구선수들과 함께 고려야구구락부를 조직하였고, 후에는 조선체육회 창립에 주도적 역할을 담당하였다. 조선체육회 창립총회에서 첫 번째 이사진 8명 가운데 한 사람으로 선임되었으며, 조선체육대회의 첫 번째 사업인 제1회 전조선야구대회를 개최하도록 하고 심판을 맡았다.
④ 유억겸 : 조선기독교청년회에서 전개한 사회운동에 참여해 소년척후단조선총연맹발기회 간사로 활동했으며, 1925년 7월 조선체육회 위원에 선출되었다.

15 한국 근·현대 체육 ④

영어학교에서 한국 최초의 운동회인 화류회가 개최된 것은 개화기 때이다.

> **Tip**
> 운동회의 기능
> • 지역사회와 학교의 공동체 의식 강화
> • 사회체육의 발달 촉진
> • 민족의식과 애국심 고취
> • 축제로서의 기능

16 한국 근·현대 체육 ③

〈보기〉에서 설명하는 체육단체는 1920년 창설된 조선체육회이다. 조선신궁경기대회를 개최한 것은 일본인이 주도하고 있는 조선체육협회이다. 이에 맞서 조선체육회는 같은 날 제6회 전조선야구대회를 배재고보 운동장에서 개최함으로써 항일의지를 표출하기도 했다.

17 한국 근·현대 체육 ④

㉠ 41회 지바세계탁구선수권 대회 : 1991년 일본에서 개최된 대회로 남북코리아 단일팀(현정화, 홍차옥, 리분희, 유순복)이 출전하였다.
㉡ 제6회 포르투갈세계청소년축구대회 : 남북단일팀 코리아로 출전하여 세계 8강까지 진출하였다.

18 한국 근·현대 체육 ③

㉠ 1948년 제5회 스위스 생모리츠 동계올림픽경기대회
㉢ 1976년 몬트리올올림픽경기대회
㉡ 1988년 서울올림픽경기대회
㉣ 2000년 시드니올림픽경기대회

19 한국 근·현대 체육 — 답 ②

1936년 개최된 제11회 베를린 올림픽경기대회에서 마라톤 선수인 손기정 선수가 금메달을 차지했다. 손기정 선수의 우승을 보도하면서 동아일보와 조선중앙일보는 사진에서 손기정 선수의 유니폼에 있는 일장기를 지웠고, 이 사건은 국권회복과 민족의식을 일깨워주는 계기가 되었다.

【오답해설】
① 제9회 암스테르담 올림픽경기대회 : 올림픽 참가국도 많이 늘어나는 등 올림픽이 국제적인 권위와 명성을 갖춘 대회로 정착했음을 보여준 올림픽
③ 제14회 런던 올림픽경기대회 : 제2차 세계 대전의 여파로 2번의 올림픽이 취소되었으며, 이 중 1944년에 개최가 예정되었던 런던이 4년 뒤로 미루어져 결국에는 1948년에 개최됨으로써 12년만에 열린 올림픽
④ 제17회 로마 올림픽경기대회 : 올림픽 사상 처음으로 개회식을 비롯한 주요 경기모습이 인공위성을 통해 전세계에 중계되었고, 전광판 등장으로 경기의 진행과정이 기록되었으며 모든 경기결과를 전자장치에 수록한 올림픽

20 한국 근·현대 체육 — 답 ③

〈보기〉는 전두환 정권으로 이 시기에는 중앙정보행정조직에 체육부를 신설하고 프로축구와 프로야구가 출범하였다. 또한 대한민국 국군의 체육 부대인 국군체육부대(상무)가 창설되었다. 태릉선수촌의 건립은 박정희 정권에서 실시한 정책이다.

운동생리학

01	02	03	04	05	06	07	08	09	10
④	③	①	②	②	②	①	③	②	④
11	12	13	14	15	16	17	18	19	20
①	④	①	①	④	③	②	④	①	④

01 골격근과 운동 — 답 ④

골격근은 체성신경계의 조절에 의해 수의적으로 수축 및 이완할 수 있는 근육을 의미한다. 운동 강도가 강해질수록 동원되는 근섬유의 수는 지근섬유(type I), 속근섬유(type II) 순으로 증가하며, 걷기와 같은 저강도 운동 중에는 type I 섬유가 주로 동원되고 전력 질주와 같은 고강도 운동에는 type II 섬유가 주로 동원된다.

Tip 지근섬유와 속근섬유의 비교

구분	지근섬유 1형(Type I)	속근섬유 2a형(Type II), 2b형(Type II)
수축 속도	느리다	빠르다
파워	약하다	강하다
미토콘드리아	많다	적다
피로도에 대한 저항	높다	낮다
혈관	발달	덜 발달
지구력	높다	낮다
주 에너지대사	유산소성	무산소성
에너지효율	높다	낮다
근섬유 굵기	가늘다	굵다
해당 능력	낮다	높다
운동 시 변화	미토콘드리아가 늘지만 부피 성장은 느림	부피 위주 성장
역할	장시간 느린 운동 (마라톤)	단기간 빠른 운동 (100m 단거리)

02 인체의 에너지 대사 — 답 ③

호흡교환율은 이산화탄소 생성량(CO_2)과 산소 섭취량(VO_2) 사이의 비율을 의미하며, 체내 지방과 탄수화물 대사이용 비율을 추정한다.

【오답해설】
① 직접 열량 측정법 : 인체에 의한 열 손실을 직접 측정하는 방법
② 간접 열량 측정법 : 생체 안에서 발생한 열량을 간접적으로 측정하는 방법. 체내에서 영양소가 연소되기 위하여 소모한 산소의 양과 발생한 이산화탄소의 양을 가스 분석에 의해 측정함
④ 이중표식수 검사법 : 동위원소 기법을 사용해 에너지 소비량을 추정하는 방법

03 순환계의 구조와 기능 답 ①

관상동맥은 심근(myocardium)에 적절한 혈액을 공급하는 기관이다.

【오답해설】
② 폐동맥 : 온몸에서 심장으로 돌아온 정맥혈을 폐로 보내는 혈관
③ 하대동맥 : 폐에서 상대동맥을 거쳐 아래쪽으로 흐르는 대동맥

04 체온조절과 운동 답 ②

해수면과 비교하여 고지 환경에서 최대하 운동 시 심박수는 증가하고 심박출량은 감소한다.

【오답해설】
① 고지 환경에서 최대하 운동 시 폐환기량은 증가한다.
③ 고지 환경에서 최대하 운동 시 동맥혈 산화헤모글로빈 포화도는 크게 감소하거나 변화를 보이지 않는다.
④ 고지 환경에서 운동 시 최대산소섭취량의 감소로 유산소 운동능력은 감소한다.

05 골격근과 운동 답 ②

유산소 트레이닝 시 근육 훈련에 의해 골격근의 근단면적이 증가하며 지근섬유(Type Ⅰ)의 비율이 증가한다.

【오답해설】
① 유산소 트레이닝 시 골격근 내 모세혈관의 밀도 증가로 대사능력이 향상된다.
③ 유산소 트레이닝 시 마오글로빈 함유량의 증가로 유산소적 대사능력이 개선된다.
④ 유산소 트레이닝 시 유산소 시스템의 효율이 향상되며 미토콘드리아의 수와 크기는 증가한다.

06 호흡계의 구조와 기능 답 ②

호흡기는 전도영역과 호흡영역으로 나누며 이 중 전도영역은 공기의 통로 역할뿐만 아니라 폐의 호흡영역 운반에 이르기까지 공기에 습기를 첨가해주고 공기를 여과하는 기능을 한다.

【오답해설】
ⓒ, ⓔ 호흡영역의 기능에 해당한다.

Tip
전도영역과 호흡영역

전도영역	• 폐포가 없어 가스교환이 일어나지 않는 공기의 통로 영역 • 상기도로부터 종말모세기관지까지의 공기 통로 • 기관지동맥으로부터 혈액을 공급받음
호흡영역	• 폐포가 있어 가스교환이 이루어지는 영역 • 각 폐에 3억개 이상의 폐포가 있으며 모세혈관망으로 둘러싸여 폐포와 모세혈관 사이에서 산소와 이산화탄소의 교환이 이루어짐 • 폐포의 전체 표면적은 신체 표면적의 약 40배

07 인체의 에너지 대사 답 ①

㉠ 유산소 시스템은 글리코겐 이외에도 지방, 단백질을 이용하여 ATP를 합성한다.
㉢ 무산소 해당 시스템은 글리코겐 및 탄수화물(포도당)을 젖산으로 분해하는 해당 작용에 의해 ATP를 생성한다.
㉥ ATP-PCr 시스템은 순간적인 고강도 운동을 위한 주요 에너지 시스템으로, 강하게 근육이 수축하는 동안 PCr이 분해되며 발생한 에너지를 이용하여 ATP를 합성한다.

【오답해설】
㉡ 유산소 시스템은 미토콘드리아에서 크렙스 회로와 전자전달계를 통해 ATP를 합성한다.
㉣ 산화적 인산화는 전자전달과 화학삼투를 통한 유산소성 과정으로 ATP를 생성하는 것을 말한다.
㉤ 포스포프록토키나아제(PFK)는 해당과정의 3단계 반응에 관여하는 효소이다.

08 내분비계 답 ③

㉠ 칼시토닌 : 혈액 속의 칼슘량을 조절하는 갑상선 호르몬으로 혈중 칼슘 농도가 증가하면 뼈의 칼슘 방출을 감소시킨다.
㉡ 부갑상선호르몬 : 혈중 칼슘 농도가 감소하면 뼈를 자극해 칼슘 이온을 방출시켜 혈중 칼슘 농도를 증가시킨다.

【오답해설】
• 인슐린 : 췌장 호르몬으로 혈당량이 높아지면 포도당을 글리코겐으로 저장시켜 혈당량을 낮춘다.
• 티록신 : 갑상선 호르몬으로 세포호흡을 촉진시켜 당을 분해하고 체온을 증가시킨다.

09 골격근의 구조와 기능 답 ②

근섬유는 근육을 구성하는 기본 단위로 여러 가닥의 근원섬유로 구성되어 있으며 결합조직인 근내막으로 싸여 있다.

【오답해설】
① 근섬유는 하나의 근육세포이지만 배아 발달시기에 여러 세포들이 하나의 세포로 융합되어 생성되므로 핵을 여러 개 갖게 된다. 따라서 핵의 수가 여러 개인 다핵세포이다.
③ 근원섬유는 근세포 속에 있는 세로로 뻗은 섬유이며, 가는 세사와 굵은 세사로 구성된다.
④ 위성세포는 말초신경계통의 신경절에 있는 신경 세포의 표면을 덮는 신경 아교 세포이다.

10 골격근과 운동 답 ④

단축성 수축 시에는 순수 근육이 수축하는 힘만이 가해지는 반면, 신장성 수축 시에는 근육의 힘뿐만 아니라 근육 주변의 결합조직의 장력이 함께 발생하게 된다. 따라서 동일 근육에서의 신장성 수축은 단축성 수축에 비해 같은 속도에서도 더 큰 힘이 생성된다.

【오답해설】
① 단축성 수축은 동적 수축이며 속도가 느릴수록 더 큰 힘이 생성된다.
② 단축성 수축은 근절의 길이가 짧아지는 수축이며 근절의 길이가 적당할 때 최대 힘이 생성된다.
③ 신장성 수축은 동적 수축이며 속도가 빠를수록 최대 힘이 생성된다.

Tip 근육의 수축 형태

정적 수축	등척성 수축	근육의 외부 길이의 변화 없이 장력이 발생하는 수축 형태
	등장성 수축	근육에 주는 부하는 일정하나 근육의 길이가 변하는 수축 형태 • 단축성(구심성) 수축 : 근이 짧아지면서 장력 발생 • 신장성(원심성) 수축 : 근이 길어지면서 장력 발생
동적 수축	등속성 수축	관절 부위가 일정한 속도로 움직이면서 근육의 길이가 짧아지는 수축 형태

11 순환계의 구조와 기능 답 ①

㉠ P파는 동방결절에서 전달된 자극이 심방을 탈분극시키면서 나타나는 파장을 의미한다. 따라서 심방을 통한 전도속도가 감소하면 P파는 넓어진다.
㉡ PR간격은 심방의 탈분극부터 심실의 탈분극 전까지 걸리는 시간으로 방실결절 전도시간이라고도 한다. 정상인의 경우 PR간격은 0.12~0.20초이다.
㉣ QRS복합파는 심실에서의 탈분극을 일컬으며, 정상인의 경우 0.06~0.1초 범위에서 진행한다.

【오답해설】
㉢ QRS복합파를 이용하여 심박수를 측정할 수 있다.
㉤ ST분절은 심실 재분극의 시작을 의미한다.

12 내분비계 답 ④

성장호르몬은 뇌하수체 전엽 호르몬으로 성장(근육, 뼈)과 대사 기능을 촉진하고 단백질 합성을 유도하는 기능을 한다.

【오답해설】
① 알도스테론 : 부신피질 호르몬으로, 나트륨 이온의 재흡수와 칼륨 이온의 배출 증가를 통해 체내 염분과 수분 평형 조절 및 혈압 조절의 기능을 한다.
② 코티졸 : 부신피질 호르몬으로 스트레스에 반응하여 포도당, 유리지방산 등의 연료를 동원하고 손상된 조직을 보상하기 위해 아미노산을 만들며 항염증 작용을 한다.
③ 에피네프린 : 부신수질 호르몬으로 글리코겐 분해를 촉진하고 지방조직 및 근육의 지방 분해를 촉진한다.

13 트레이닝에 대한 대사적 적응 답 ①

경동맥체는 화학적 수용체가 아닌 기계적 수용체에 해당한다.

14 신경계의 구조와 기능 답 ①

과분극은 탈분극과 반대 현상으로 칼륨(K^+) 통로의 열린 상태가 유지되어 추가적으로 칼륨이 세포 밖으로 나가는 단계이다. 이 단계 이후 칼륨 채널이 닫히고, 칼륨의 세포 외 유출이 적어짐에 따라 안정막 전위로 복귀된다.

【오답해설】
② 탈분극 : 세포 외부보다 내부에 존재하는 음전하가 더 낮아지면 세포막의 전위차 또한 감소하여 나트륨 채널이 열리고 신경세포 내에 나트륨 이온이 확산되면서 세포 내에 양(+)전하를 형성하는 단계
③ 재분극 : 탈분극이 일어난 부위의 K^+ 통로가 열리고 내부의 K^+이 밖으로 유출되어 전위를 다시 분극 상태로 돌리는 것
④ 불응기 : 자극을 받은 조직이나 세포가 자극에 대한 반응을 했을 때, 그 직후 어떤 강한 자극에도 반응을 나타내지 않는 짧은 기간

15 신경계의 구조와 기능 답 ④

신경근 접합부(neuromuscular junction)는 시냅스의 일종으로 운동뉴런의 말단과 근섬유가 접합되어 있는 기능적 연결부위를 말한다.

【오답해설】
① 시냅스(synapse, 연접) : 한 뉴런에서 다른 세포로 신호를 전달하는 연결 지점
② 운동단위(motor unit) : 한 가닥의 운동 신경에 지배되는 신경과 근섬유와의 그룹
③ 랑비에르 결절(node of Ranvier) : 신경에서 수초에 둘러싸이지 않은 부분

16 체온조절과 운동 답 ③

열손실 기전은 피부 혈관의 확장과 땀을 통해 체열을 발산하는 것을 말한다. 이 중 증발은 피부와 공기의 수중기압 차이에 의한 열의 이동을 의미한다.

【오답해설】
① 복사 : 적외선의 형태로 물리적인 접촉 없이 고온에서 저온으로의 열의 전달
② 대류 : 공기나 액체 분자의 운동에 의한 열의 전달
④ 전도 : 신체 표면과 직접적으로 접촉이 된 물체 사이에서의 열의 전달

17 체온조절과 운동   답 ②

열탈진은 땀을 많이 흘려 염분과 수분손실이 많을 때 발생하는 온열 질환이며, 주요 증상으로 심한 갈증, 피로가, 현기증, 구토 등이 나타난다. 체온은 정상이거나 약간 상승하는데 일반적으로 40℃ 미만에 머무른다.

【오답해설】
① 열사병 : 체온을 조절하는 신경계가 열자극을 견디지 못해 그 기능을 상실하는 질환. 체온이 41℃ 이상 상승하기도 하며 치사율이 높아 온열 질환 중 가장 위험한 질환
③ 열순응 : 외부의 온도가 상승할 때 인체가 체온을 일정한 온도로 유지하고 열 스트레스로 인한 항상성 장애를 최소화시키는 것
④ 저나트륨혈증 : 혈액의 나트륨 농도가 135mmol 미만으로 수분 섭취가 과다하거나 나트륨 소실이 많은 경우에 발생

18 신경계의 운동기능 조절   답 ④

운동 시 감각 수용기가 감각 자극을 받아들이면 운동 자극이 감각 뉴런을 통해 중추신경으로 전달된다. 중추신경계는 자극에 대한 정보를 해석하고 운동 반응을 결정한 후 운동 자극은 운동 뉴런으로 전달되며 이러한 운동 자극이 근섬유에 전달되어 운동 반응이 일어나게 된다.

19 골격근과 운동   답 ①

인간의 지근섬유(Type Ⅰ) 수는 태어날 때 결정되므로 수가 증가(증식)하는 것이 아니라 비대해진다. 저항성 트레이닝은 속근섬유(Type Ⅱ) 크기, 운동단위의 수, 십자형교의 수의 증가 등에 의한 근육의 구조적 변화를 일으킨다.

20 신경계의 구조와 기능   답 ④

부교감신경계는 자율신경계 중 하나로 위급한 상황에 대비하여 미리 에너지를 비축하는 신경계이다. 부교감신경은 혈압, 심박수, 호흡수를 정상보다 낮은 상태로 조절하기 때문에 고강도 운동 시 심박출량 증가 요인이 될 수 없다.

운동역학

01	02	03	04	05	06	07	08	09	10
②	①	③	②	③	②	②	④	③	②
11	12	13	14	15	16	17	18	19	20
①	②	①	②	①	①	④	②	①	③

01 운동역학의 목적과 내용   답 ②

운동역학의 목적은 다음과 같다.
- 효율적인 동작 수행을 통한 운동 수행력 향상
- 운동 시 상해의 원인 파악 및 예방을 통한 안전성 확보
- 경기력 향상을 위한 스포츠 관련 장비(운동용 기구)의 개발

운동불안 완화는 스포츠심리학의 연구목적에 해당한다.

02 해부학적 기초   답 ①

복장뼈(흉골 : sternum)는 어깨의 안쪽(내측 : medial)에 있으며 가슴 앞쪽 정중앙에 위치한다. 가쪽(외측 : lateral)은 인체의 중심선에서 먼 위치 및 방향을 의미한다.

【오답해설】
② 먼쪽(원위 : distal) : 사지의 부착이 몸체에 먼 방향 및 위치
③ 몸쪽(근위 : proximal) : 사지의 부착이 몸체에 가까운 방향 및 위치
④ 위(상 : superior) : 머리와 가까운 것 혹은 머리를 향하는 것

03 운동의 종류   답 ③

복합운동은 병진운동과 회전운동이 혼합된 운동이며, 대부분의 신체 운동은 복합운동에 속한다.

【오답해설】
① 병진운동에는 어떤 물체나 신체 내의 모든 점이 상하 혹은 좌우로 똑같은 위치의 변화가 일어나는 직선운동과 어떠한 물체나 신체의 움직임이 좌우, 상하의 병진운동이 합쳐진 곡선운동이 있다.
② 곡선운동은 병진운동에 포함된다.
④ 회전운동은 물체나 신체가 한 점이나 한 축을 중심으로 물체가 회전하는 운동이다.

> **Tip**
> **병진운동**
> 병진운동은 움직이는 물체나 신체의 모든 입자가 같은 시간에 대하여 같은 방향과 같은 거리로 움직이는 운동이다.

04 인체의 물리적 특성 　　답 ②

질량은 크기만을 갖는 스칼라(scalar)이고, 무게는 크기와 방향을 갖는 벡터(vector)이다.

【오답해설】
① kg은 질량의 단위이다.
③ 무게중심은 인체의 내부 혹은 외부에 존재하며 높이뛰기에서 몸을 활처럼 휘는 자세를 취할 경우에는 무게중심이 인체 외부에 존재한다.
④ 질량은 어떤 물질이 가지고 있는 고유한 역학량으로 장소에 따라 크기가 변하지 않는다.

05 인체의 평형과 안정성 　　답 ③

무게중심의 높이는 낮을수록 안정성이 높아지고, 높을수록 안정성이 낮아진다.

【오답해설】
①, ② 기저면이 넓을수록 안전성이 높아진다.
④ 무게중심선(무게중심을 통과하는 수직선)이 기저면의 중앙에 가까워질수록 안정성이 높아진다.

06 인체의 구조적 특성 　　답 ②

2종 지레는 작용점이 힘점과 받침점 사이에 있으며 역학적 이득은 1보다 크다.

【오답해설】
① 1종 지레는 받침점이 작용점과 힘점 사이에 있다.
③ 3종 지레는 힘점이 받침점과 작용점 사이에 있다.
④ 인체 지레의 대부분은 3종 지레에 해당되어 운동의 범위와 속도 면에서 이득을 본다.

> **Tip**
> 역학적 이득
> - 힘의 입·출력 관계에서 가한 힘에 대한 작용힘의 비율
> - 역학적 이득이 1보다 크면 가한 힘보다 작용된 힘이 큰 것

07 선운동의 운동역학적 분석 　　답 ②

마그누스 효과는 회전하는 물체가 유체 속을 지나갈 때 압력이 높은 쪽에서 낮은 쪽으로 휘어져 나가는 것을 말한다. 〈그림〉에서 야구공의 위쪽이 고속, 저압이고 아래쪽이 저속, 고압이므로 공의 회전방향은 ⓑ이고 마그누스 힘의 방향은 ⓒ이다.

08 선운동의 운동학적 분석 　　답 ④

물체는 운동의 속도 변화가 없으면 등속 운동을 하고 있는 것이며 가속도는 0의 값을 가진다. 따라서 5초와 7초 사이에는 운동의 속도 변화가 없으므로 평균가속도는 0이다. 또한 최대 평균가속도는 평균속도 증가량이 가장 큰 1초와 3초 사이에 나타난다.

09 선운동의 운동학적 분석 　　답 ③

- 평균속력 = $\dfrac{\text{총 이동거리}}{\text{총 시간}}$ = $\dfrac{100m}{100초}$ = 1m/s
- 평균속도 = $\dfrac{\text{변위 변화율}}{\text{총 시간}}$ = $\dfrac{0}{100초}$ = 0m/s (출발과 도착 지점이 동일하므로 변위 변화율은 0이다.)

> **Tip**
> 속력, 속도
> - 속력 : 물체가 얼마나 빠르게 움직이고 있는지를 나타내는 스칼라량
> - 속도 : 단위 시간 동안 물체가 이동한 변위로 빠르기를 나타내는 벡터량

10 해부학적 기초 　　답 ②

단축성 수축에서는 근육군에 의해 발휘되는 힘모멘트가 저항모멘트보다 커서 근육의 길이가 짧아지며, 반대로 신장성 수축에서는 근육군에 의해 발휘되는 힘모멘트가 저항모멘트보다 작아서 근육의 길이가 길어진다.

11 선운동의 운동역학적 분석 　　답 ①

마찰력은 접촉하고 있는 두 물체 사이의 상대적인 움직임을 방해하는 힘이다. 일반적으로 마찰력은 물체의 운동을 방해하는 저항력으로 작용되지만 경우에 따라 추진력으로 작용하기도 한다. 대표적으로 자동차가 바퀴와 도로의 마찰력을 이용하여 차체를 추진시키는 경우가 이에 해당한다.

12 선운동의 운동역학적 분석 　　답 ②

뉴턴의 제2법칙은 가속도의 법칙으로 힘=질량×가속도(F=m×a)이다. 이는 물체에 작용하는 힘의 크기가 일정할 때, 물체의 질량이 증가하면 가속도는 감소하게 된다는 법칙이다.

【오답해설】
① 뉴턴의 제1법칙(관성의 법칙) : 물체에 외력이 존재하지 않거나 작용하는 힘의 합이 0이며, 정지해 있던 물체는 계속 정지하고 운동하던 물체는 계속 등속도 운동을 한다.
③ 뉴턴의 제3법칙(작용-반작용 법칙) : 상호작용하는 물체들 사이의 작용력과 반작용력은 크기가 같고 방향은 서로 반대이며, 동일 직선상에 있다.
④ 질량 보존의 법칙 : 화학 반응 전후 물질의 총질량은 같다.

13 선운동의 운동역학적 분석 　　답 ①

충격량은 운동량의 변화량, 즉 힘을 시간에 대해 적분한 값이다. A 선수와 B 선수의 운동량의 변화량을 적분하면 가와 나의 면적이다. 가와 나의 면적은 동일하므로 A 선수와 B 선수의 수직 충격량도 동일하다.

14 각운동의 운동역학적 분석   답 ②

관성모멘트 = $\dfrac{\text{각운동량}}{\text{각속도}}$ 이므로 각운동량에 비례하고 각속도에 반비례한다.

【오답해설】
① 회전축으로부터 먼 곳에 질량이 더 많이 분포할수록 관성모멘트도 증가한다.
③ 관성모멘트 = 질량 × 회전반경^{2}이다.
④ 외력이 없는 경우 관성모멘트가 클수록 각속도는 작아지며, 각운동량은 일정하다.

15 일과 일률   답 ①

일(work) = 힘 × 이동 변위이므로 1N × 1m = 1N · m = 1J이다.

【오답해설】
② N은 힘의 단위이다.
③ m^{3}는 부피의 단위이다.
④ J/s는 일률의 단위이다.

16 일과 일률   답 ①

일률(power) = $\dfrac{\text{일}}{\text{힘의 작용시간}}$ = $\dfrac{\text{힘} \times \text{이동 변위}}{\text{시간}}$ 이므로 $\dfrac{200N \times 5m}{10초}$ = 100J/s = 100Watt이다.

17 에너지   답 ④

위치에너지 = 질량 × 중력가속도 × 높이이므로 질량뿐만 아니라 높이와도 관계가 있다.

【오답해설】
① 에너지의 단위는 J(Joule) 또는 N · m이다.
② 에너지는 일을 할 수 있는 능력으로 위치에너지, 열에너지, 운동에너지, 빛에너지 등이 있다.
③ 운동에너지는 $\dfrac{1}{2}$ × 질량 × 속도^{2}이므로 속도뿐만 아니라 질량과도 관계가 있다.

18 에너지   답 ②

8m/s로 평지를 달리고 있는 질량 100kg인 럭비선수의 운동에너지는 $\dfrac{1}{2}$ × 100kg × (8m/s)^2 = 3,200J로 가장 크다.

【오답해설】
① 7m/s로 평지를 달리고 있는 질량 90kg인 럭비선수의 운동에너지 = $\dfrac{1}{2}$ × 90kg × (7m/s)^2 = 2,205J
③ 5m 높이에 서 있는 질량 50kg인 다이빙선수의 위치에너지 = 50kg × 9.8m/s^2 × 5m = 2,450J
④ 4m 높이에 서 있는 질량 60kg인 다이빙선수의 위치에너지 = 60kg × 9.8m/s^2 × 4m = 2,352J

> **Tip**
>
> **운동에너지, 위치에너지**
> - 운동에너지 = $\dfrac{1}{2}$ × 질량 × 속도^2
> - 위치에너지 = 질량 × 중력가속도 × 높이

19 운동기술 분석 개요   답 ①

운동학적 분석은 운동의 변위, 속도, 가속도, 각속도 등 양적 변화를 관찰·분석하는 것이고, 운동역학적 분석은 운동을 일으키는 힘, 즉 중력, 마찰력, 지면반력, 근모멘트 등 질적 변화를 분석하는 것이다.
㉠ 영상분석은 운동학적 변인을 측정하기 위한 방법이다.
㉡ 고니오미터(goniometer) 각도 분석은 관절 가동범위를 검사하는 운동학적 분석방법이다.

【오답해설】
㉢, ㉣은 운동역학적 분석방법이다.

20 근전도 분석   답 ③

근전도(electromyogram, EMG) 분석은 근육이 수축할 때의 전위차, 즉 근육의 전기적 신호를 측정하여 근육을 분석하는 방법이다. 무게중심은 균형판법, 분절법, 균형법 등으로 얻을 수 있다.

> **Tip**
>
> **근전도의 분석과 활용**
> - 근전도 신호, EMG 정류, 적분 EMG, 신경전도 속도 등의 검사가 가능
> - 신체의 운동과 관련된 직접적 정보를 얻음
> - 근육을 분석하여 임상의학적 진단 및 운동선수의 운동 수행력 향상에 기여 가능

스포츠윤리

01	02	03	04	05	06	07	08	09	10
②	①	④	④	③	③	②	④	④	③
11	12	13	14	15	16	17	18	19	20
②	①	③	②	①	②	④	③	①	①

01 스포츠윤리의 이해 답 ②

스포츠윤리의 목적은 스포츠 상황에서 발생하는 비윤리적 사례들을 학습·분석하여 향후 유사한 상황에서의 대처 방법을 습득하는 데 있다. 따라서 의도적 반칙에 대한 정당화의 근거를 제시하는 것은 스포츠윤리의 목적으로 적절하지 않다.

02 스포츠의 윤리적 기초 답 ①

㉠ 진위 : 참과 거짓을 말하며, 이는 사실판단에 해당한다.
㉡ 당위 : 마땅히 그래야 하거나 또는 그렇게 행하여야 하는 것으로 요구되는 것을 말하며, 가치판단에 해당한다.

Tip

사실판단, 가치판단

사실판단	• 객관적 사실의 진위 여부로 증명되는 판단 • 참·거짓의 판단 대상
가치판단	• 어떤 대상의 의의나 중요성에 대한 주관적 판단 • 좋고·나쁨, 옳음·그름의 판단 대상

03 페어플레이 답 ④

페어플레이는 스포츠인이 지켜야 할 정정당당한 행위로서 규칙을 준수하고 경쟁자에 대한 배려까지 포함하는 개념이다.

【오답해설】
① 유틸리티 : 스포츠에서는 한 포지션이 아닌 여러 포지션을 소화할 수 있는 선수에게 쓰임
② 테크네 : 능숙함을 통해 바라는 결과를 얻는 능력
③ 젠틀맨십 : 스포츠맨십과 비슷한 말로 페어플레이 정신을 가지고 스포츠에 참가하는 일을 의미함

04 스포츠경기의 목적 답 ④

아레테는 스포츠에서 탁월성을 중시하며, 기능적인 형태와 높은 인격을 추구한다. 즉, 타인과의 경쟁이나 비교 없이 자신의 고유한 기능으로 가치평가된다.

【오답해설】
① 아곤 : 목표를 이루고 경쟁에서 승리하는 것과 같은 결과를 중시
② 퓌시스 : 자연을 지칭하는 히랍어로, 죽어 고정된 물체가 아닌 스스로 자라고 변화하는 물질을 중시
③ 로고스 : 이성적·과학적인 것, 사고능력 등을 의미

05 윤리이론 답 ③

칸트의 정언적 명령은 아무런 조건 없이 무조건 행하라는 도덕 명령으로 절대적인 명령, 무조건적인 명령이라고도 불린다.

【오답해설】
• 벤담 : 최대 다수의 최대 행복을 주장하는 공리주의자로 고통과 쾌락을 어떤 기준을 통해 양으로 나타내고자 하였음

06 윤리이론 답 ③

배려윤리는 여성의 도덕적 성향을 바탕으로 다른 사람에 대한 배려와 보살핌을 지향하는 윤리적 관점이다. 배려윤리에서는 권리와 의무를 중시하고 정의를 실현하는 것도 중요하지만 도덕적으로 더욱 중요한 것은 다른 사람의 감정을 이해하고 공감하여 그들을 돕고 보살핌으로써 더불어 살아가는 공동체적 관계를 맺는 것으로 본다.

【오답해설】
① 공리주의 : 가치 판단의 기준을 효용과 행복의 증진에 두어 '최대 다수의 최대 행복' 실현을 윤리적 행위의 목적으로 본다.
② 의무주의 : 행위의 결과와는 상관없이 도덕 행위의 본래적인 가치인 '규범에 복종해야 할 의무'를 주장하는 도덕 이론을 말한다.
④ 대지윤리 : 생태중심윤리학의 대표적인 이론으로, 모든 것들이 상호 의존함으로써 존재하는 생명공동체인 대지를 도덕의 대상으로 삼는 윤리이다.

07 페어플레이 답 ②

㉠ 평균적 정의 : 누구에게나 공평하고 일관되게 분배하는 것으로, 개인 상호 간의 급부와 반대급부의 균형을 이루게 하는 것을 말한다(동일한 골대의 규격 적용).
㉡ 분배적 정의 : 각자에게 자신의 정당한 몫을 누릴 수 있게 하고 아무도 불만을 제기하지 않는 방식으로 분배함으로써 정의를 실현하는 것으로, 분배적 정의를 실현하기 위한 기준에는 절대적 평등, 업적, 능력, 필요 등이 있다(누진세).

【오답해설】
• 절차적 정의 : 결과보다 과정에 초점을 둔 정의로, 절차가 공정하면 그 결과도 공정한 것이다(시합 전 동전 뒤집기로 선·후공 결정).

08 인종차별 답 ④

아파르트헤이트는 분리·격리를 뜻하는 아프리칸스어로 과거 남아프리카공화국의 백인 정권이 실시한 인종차별 정책을 말한다. 이는 단순히 흑인과 유색인종으로만 구분하는 것이 아니라 백인, 흑인, 인도인 등으로 세분화하여 인종차별 정책을 실시하였다. 또한 남아프리카공화국은 1950년대 이후 인종분리를 보다 명료화하려는 법령들을 제정하는 등 극단적인 인종차별정책을 시행하였는데 그 결과 IOC와 FIFA 같은 국제 스포츠기구에서 축출당해 30년 가까이 올림픽이나 FIFA 월드컵에 참가하지 못했다.

09 스포츠 폭력 　답 ④

아렌트는 악의 평범성을 주장하며, 스포츠계에서 오랫동안 폭력은 아무런 죄책감 없이 습관처럼 행해지고 있으며 이를 멈추게 할 방법은 생각과 반성이라고 본다.

【오답해설】
① 뒤르켐 : 사회학상의 주관적 방법과의 투쟁에서 크게 활동하였으며 사회생활의 현상은 자연 현상과 마찬가지로 객관적이라고 주장
② 홉스 : 국가만이 합법적 폭력을 사용할 수 있고, 이 폭력은 국가 내의 사회의 정의를 수호하며 전쟁을 통해 국민을 지키는 국가의 모습이라고 주장
③ 지라르 : 개인이나 집단이 욕망의 대상을 두고 폭력을 행사하게 되며, 이러한 폭력을 전가시킬 대상을 찾아 희생시킴으로써 다시 사회가 안정을 찾을 수 있다고 주장

10 페어플레이 　답 ③

B팀이 공을 잡자 A팀의 한 선수가 B팀 선수에게 반칙을 하여 자유투를 유도하는 것은 의도적이라고 볼 수 있다. 또한 구성적 규칙은 경기장 크기, 복장, 승부의 방법 등 경기 운영 방식을 결정하는 문제를 다루는 규칙이고, 규제적 규칙은 각 종목의 특성에 따라 적용되는 규칙에 의해 수행되는 개인적 행동의 규제이다. 농구에서 반칙을 할 경우 상대 선수에게 자유투를 주는 것 또한 규제적 규칙에 해당하므로 〈보기〉는 의도적 규제 반칙에 해당한다.

> **Tip**
> **구성적 규칙과 규제적 규칙**
> - 구성적 규칙 : 스포츠 경기를 진행하는 방법을 규정짓는 것으로, 위반될 경우 경기 자체가 성립(구성)되지 않는다.
> - 규제적 규칙 : 해당 스포츠 경기에서 하지 말아야 할 것을 규정한 것으로, 위반되어도 경기 자체는 성립한다.

11 윤리이론 　답 ②

㉠ 서(恕) : 내가 원하지 않는 바를 남에게도 하지 말라는 것
㉡ 정명(正名) : 각 주체의 역할과 행위가 실현되어야 함을 강조

【오답해설】
- 충 : 윗 사람에게 정성을 다해 한마음으로 모신다는 뜻
- 예시예종 : 예로 시작해서 예로 끝남
- 절차탁마 : 학문이나 인격을 갈고 닦음
- 극기복례 : 자기의 사욕을 극복하고 예로 돌아갈 것

12 스포츠와 인권 　답 ①

국민체육진흥법 제18조의3(스포츠윤리센터의 설립)에 따르면 체육의 공정성 확보와 체육인의 인권보호를 위하여 스포츠윤리센터를 설립한다.

13 스포츠윤리의 이해 　답 ③

도덕적 동기화는 도덕적 가치를 경제적, 사회적, 종교적 가치보다 우선시하는 것이다.

【오답해설】
① 도덕적 감수성 : 특정 상황 속에 내포된 도덕적 이슈들을 지각하고 상황을 해석하며, 자신의 행동이 타인에게 어떤 영향이나 결과를 미칠 수 있을지를 미리 헤아릴 수 있는 능력
② 도덕적 판단력 : 문제 해결을 위한 경로들이 정당하고 정의로운지 판단하는 요소. 가능한 행동 중에서 가장 도덕적인 행동이 무엇인지 판단
④ 도덕적 품성화 : 도덕행위를 산출하는 데 필요한 내적 과정. 자아의 강도, 인내심, 용기 등의 하위 특성을 포함

14 윤리이론 　답 ②

베닛은 바람직한 가치나 인격적 특성을 강조하기 위해 특정한 시간을 할애하는 것과 교육 과정 속에 인격특성을 통합시키는 것을 강조하였다. 가치명료화를 통해 도덕적 판단 능력을 길러주는 것은 콜버그의 도덕성 발달이론과 유사하다.

15 윤리이론 　답 ①

맥페일은 "도덕적 가치들은 중요한 타자들이 우리와 다른 사람들에 대하여 어떻게 행동하고 있는가를 관찰하는 것에 의하여 학습된다."고 하였다.

【오답해설】
② 피아제 : 어린이의 정신발달, 특히 논리적 사고 발달에 관한 연구를 통하여 인식론의 제반 문제를 추구하였다.
③ 피터스 : 교육은 교육의 개념 안에 있는 가치를 도덕적으로 온당한 방법을 사용하여 의도적으로 전달하는 행위이다.
④ 콜버그 : 피아제의 인지발달이론을 따른 것으로 윤리적 행동을 기반으로 하는 도덕적 추론이 여섯 단계의 정해진 발달구조단계를 가진다는 것을 전제로 하며, 각 단계마다 도덕적 딜레마에 처했을 때 적절한 대처를 하면서 인간의 도덕발달단계가 진행된다고 본다.

16 장애차별 　답 ②

장애인 선수들이 참여할 수 있는 대회와 종목을 확대하여 선수 스스로가 대회의 참여와 종목을 선택할 수 있도록 해야 한다.

> **Tip**
> **장애차별 없는 스포츠의 조건**
> - 장애인을 위한 스포츠 시설 확충
> - 장애인이 참여할 수 있는 스포츠 대회 개최
> - 장애인을 위한 스포츠 종목 및 프로그램의 확대
> - 장애인스포츠지도사 교육·양성
> - 지속적으로 스포츠 활동에 참여할 수 있는 여건 제공
> - 장애인의 스포츠 참여를 위한 재정적 지원

17 스포츠윤리의 이해 　답 ④

㉠ 보편화 결과의 검토 : 도덕 판단의 근거가 되는 원리를 모든 사람에게 적용해 보았을 때 그 결과가 바람직한 것인지를 따져 보는 방법
㉡ 역할 교환의 검토 : 상대방의 입장에서 생각해 보는 방법으로 역지사지라 부를 수 있는 방법

18 스포츠윤리의 이해 　답 ③

스포츠에서 통제된 힘의 사용은 정당한 공격으로 간주되지만 공격 당사자의 폭력적인 본능, 감정, 의지 등은 감시·제어해야 한다.

19 용기구와 생체공학기술 활용 　답 ①

스포츠에 도입된 과학기술의 효과는 3가지로 나뉘며 다음과 같다.
- 안전부분 : 선수의 부상을 예방하고 처치하는 데 도움이 되는 기구 개발
- 감시부분 : 도핑에 대한 감시, 오심 및 편파판정을 방지
- 수행 증가부분 : 선수들의 운동 수행 능력을 증가시킬 수 있는 소재, 도구 개발

따라서 스포츠에 도입된 과학기술의 긍정적인 효과로 운동선수의 인격 형성에 기여는 적절하지 않다.

20 페어플레이 　답 ①

스포츠 규칙은 근본적으로 공평성에 근거하며, 임의성(가변성), 제도화 등의 원리가 있다. 편파성은 어느 한쪽으로 치우쳐 공평을 잃는 성질로, 스포츠 규칙과는 거리가 멀다.

특수체육론

01	02	03	04	05	06	07	08	09	10
③	②	②	①	③	①	①	④	①	②
11	12	13	14	15	16	17	18	19	20
④	①	④	③	②	②	④	②	②	①

01 특수체육의 의미 　답 ③

특수체육은 체육의 하위 분야로서 장애가 있거나 신체활동에 어려움이 있어 스포츠, 신체활동 등을 원활히 수행하는 데 어려움을 겪는(심동적 문제를 갖는) 사람들을 대상으로 하는 체육으로 신체의 교정, 훈련, 치료 등의 요소를 포함하지만 개인의 장애를 치료하는 데 주목적을 두고 있진 않다.

02 특수체육의 의미 　답 ②

세계보건기구(WHO)는 '기능, 장애, 건강에 대한 국제 분류(ICF)'를 통하여 장애에 대해 설명하고 있다. 여기서 장애를 '신체 기능과 구조, 활동, 참여'의 세 가지 영역 모두 혹은 이 중 한 가지 영역에서 겪는 어려움으로 발생하며, 환경적 요인과 개인적 요인에 의해서도 영향을 받는다고 설명하였다. 이때 참여는 생활의 상황에 관여하는 것으로 〈보기〉는 이에 해당한다.

03 지적장애의 특성과 지도 전략 　답 ②

지적장애인의 경우 운동발달상의 지체가 있어 낮은 수준의 체력과 운동수행능력을 보인다. 따라서 배구의 경우 배구공보다 더 가벼운 비치볼을 사용하고, 축구는 경기장의 크기를 축소하며 농구는 골대의 높이를 낮추고, 수영의 레인의 폭을 넓혀서 체육활동하는 것이 바람직하다.

> **Tip**
> **체육활동 변형**
> - 환경 변형 : 넘어지거나 부딪혔을 때 안전하고 부드러운 재질의 벽과 바닥, 안전장치가 설치된 출입문, 미끄러짐을 방지할 수 있는 통로, 긴급 대피 시 대피로 안내가 용이한 경고등 등의 변형
> - 용기구 변형 : 개인의 특성과 활동 유형에 따라 개별 대상자에게 맞는 최적의 용기구 제공
> - 규칙 변형 : 가능한 변형을 최소화하여 장애인이 활동에 적응할 수 있도록 할 것

04 특수체육의 의미 　답 ①

1900년대 초까지 의료체조로 불리다가, 1930년까지 스포츠로의 전환, 1950년까지 교정체육, 1970년까지 특수체육(adapted physical education) 개념으로 발전해왔다. 이후 평생 신체활동을 강조하는 개념으로 발전하여 2001년부터 현재까지 특수체육(adapted physical activity)이란 용어를 공식적으로 사용하고 있다.

05 특수체육에서 사용하는 사정과 측정도구 답 ③

생태학적 과제분석은 학생의 특성 및 선호도를 고려함과 동시에 움직임 수행에 영향을 줄 수 있는 환경 요소도 고려하는 평가 방법이다. 또한 생태학적 과제분석의 3대 구성요소는 수행자, 수행환경, 수행과제이다.

06 뇌병변장애의 특성과 지도 전략 답 ①

㉠ 뇌성마비 : 출생 시 또는 출생 후 2년 이내에 뇌 손상 혹은 결함으로 인하여 자세 및 움직임에 만성적 장애를 나타내는 비진행성 장애
㉡ 근이영양증 : 여러 근육군의 퇴화가 서서히 진행되는 유전성 질환으로 호흡장애와 심장질환 등의 합병증을 유발하는 질환

【오답해설】
• 다발성경화증 : 몸의 여러 곳에 동시다발적으로 염증이 발생하여 근육이 굳어지며 전반적인 무력감이 나타나는 질환

07 특수체육에서 사용하는 사정과 측정도구 답 ①

준거타당도는 어떤 심리검사가 특정 준거와 어느 정도 관련성이 있는가를 나타내는 것이다. TGMD-2 검사는 대근육운동능력검사로 규준지향 및 준거지향 검사에 해당한다. 이는 신뢰도와 타당도가 우수하며, 모든 아동의 사용이 가능하다.

【오답해설】
② 구성타당도 : 검사가 이론적 구성 개념이나 특성을 잘 측정하는 정도 인지를 평가한다.
③ 내용타당도 : 검사의 문항들이 측정하고자 하는 내용영역을 얼마나 잘 반영하고 있는지를 말한다. 해당 분야 전문가들의 주관적 판단들을 토대로 결정한다.
④ 안면타당도 : 검사문항을 전문가가 아닌 일반인이 읽고 그 검사가 얼마나 타당해 보이는지를 평가하는 것이다. 즉, 수검자에게 그 검사가 타당한 것처럼 보이는 것인가를 뜻하는 것이다.

08 특수체육에서 사용하는 사정과 측정도구 답 ④

PAPS-D는 다양한 장애유형 학생들의 건강 관련 체력을 측정하고 평가하는 도구이다.

【오답해설】
① PDMS-2 : 만 6세 이하 아동의 대근육 운동능력과 소근육 운동능력 간의 차이를 비교하기 위한 측정 도구
② TGMD-2 : 3~10세 아동의 대근운동기술 발달 수준을 검사하는 표준화된 측정 도구
③ BPFT : 10~17세의 척수장애, 뇌성마비, 지적장애, 시각장애, 절단장애 아동 및 비장애아동을 대상으로 하는 건강 관련 체력검사

Tip
장애인 검사도구 사용 시 유의사항
• 장애인스포츠 공식 검사도구들이 개발되어 있으나 모든 스포츠 영역에 적용 가능한 것은 아니며, 모든 장애인에게 적용할 수 있는 것도 아님
• 지도자들은 일반 검사도구들을 수정·변형할 수 있는 인식과 능력 필요
• 지도 내용 및 대상자에 맞추어 새로운 검사도구를 개발할 필요 있음
• 장애인스포츠 분야에서 검사는 목표가 아닌 지도를 위한 과정이며, 타인과의 비교를 위한 것이 아니라 성취 수준의 파악을 위한 것임을 명심할 것

09 특수체육 지도 전략 답 ①

근거기반 프로그램은 관습, 권위, 개인의 의견 혹은 관례 등이 아닌 연구를 통해 얻은 과학적 근거를 활용하여 프로그램을 진행하는 방법이다. 프로그램 표준화에 대한 기초자료가 되며 프로그램의 효과에 대해 예측해볼 수 있다.

【오답해설】
② 사례기반 프로그램 : 실생활의 상황과 사건의 결과를 바탕으로 새로운 사례의 결과를 예측한다.
③ 과제지향 프로그램 : 주로 의식적인 수준의 행동을 강조하고 집단역동을 활용하여 어떤 결과 또는 산물을 성공적으로 도출할 것인지에 초점을 둔다.
④ 위기관리 프로그램 : 위기의 발생을 예방하고, 위기가 발생하면 그 위기상황을 통제하면서 야기될 수 있는 피해의 범위를 최소화하고, 문제를 해결하기 위해 신속한 조치를 취한다.

10 특수체육의 의미 답 ②

임파워먼트는 참여자의 주도성, 혁신성, 창의성 등의 능력을 배양하기 위해 스스로 종목선택을 하는 등의 권한을 부여하고, 의사결정의 참여 기회를 넓혀주는 것을 말한다.

【오답해설】
① 몰입 : 무언가에 흠뻑 빠져 심취해 있는 무아지경의 상태
③ 강화 : 반응의 빈도를 높이기 위하여 자극을 제거해 주는 것
④ 사회적 참여 : 다른 사람에 대한 배려와 지시, 사회적 불공정에 대한 시정 요구 및 지지 활동 등에 대한 참여

11 특수체육의 의미 답 ④

특수체육은 일반적으로 장기간(30일 이상)의 독특한 요구를 충족시키기 위해 계획을 세운다. 특히 활동 변형을 최소화하여 본래의 환경·규칙 등에 적응하도록 해야 하고, 본질의 변형도 최소화하도록 한다.

12 지체장애의 특성과 지도 전략   답 ①

자율신경 반사 이상은 통증 자극에 의해 교감신경계의 갑작스런 항진으로 인해 급격한 혈압 증가를 특징으로 하며 매우 위험한 상황을 초래할 수 있다. 이러한 증상은 적절한 방광 및 장 관리, 피부관리 등을 통해 미리 예방할 수 있다.

13 특수체육 지도 전략   답 ④

시각장애인을 지도할 때는 시각장애인이 지형·지물을 충분히 인지하도록 경기장을 미리 돌아보게 하며, 장비의 모양, 크기, 재질 등을 알 수 있도록 만져보게 한다. 또한 목소리, 자동 방향 감지기 등을 사용하여 방향을 알려주고, 보호용 안경 또는 헬멧을 착용하게 한다. 높이뛰기와 멀리뛰기 같은 도약이 필요한 경기의 경우 참가 선수에게 걸음걸이를 미리 세어보도록 하게 한다.

14 지적장애의 특성과 지도전략   답 ③

확장적 지원은 일부 환경(직장, 가정 등)에서 정규적으로 이루어지는 지원으로 시간 제한 요소가 없다.

15 특수체육 지도 전략   답 ②

과잉교정은 문제행동의 결과를 대상자로 하여금 원상태로 복귀시키거나 원래의 상태보다 더 개선된 상태로 돌려놓게 함으로써 부정적 행동을 감소시키는 방법이다.

【오답해설】
① 프리맥 원리 : 높은 확률로 일어나는 행동을 강화물로 사용하여 발생 확률이 적은 행동을 하도록 촉진하는 기법
③ 토큰강화 : 긍정적 행동을 했을 때 특수한 강화물과 교환할 수 있는 토큰을 제공하는 방법
④ 타임아웃 : 대상자가 문제행동을 일으켰을 때 대상자가 원하는 환경(정적 강화 환경)에서 일정 시간 퇴출시킴으로써 부정적 행동을 감소시키는 방법

> **Tip**
> 행동관리 기법
> - 정적 강화와 부적 강화
> - 긍정적 행동 증가 : 칭찬, 토큰경제체제, 프리맥 원리, 촉진, 용암법
> - 부정적 행동 감소 : 타임아웃, 과잉교정, 소거, 벌, 체계적 둔감법

16 자폐성장애의 특성과 지도 전략   답 ②

자폐성 장애인을 지도할 때에는 언어적 단서보다 환경적 단서가 더욱 효과적이고, 그림카드를 활용한 시각적 단서를 제공하는 것이 좋다. 또한 자폐성 장애인은 자극과 소리에 민감하게 반응하므로 신체활동에 혼란을 주지 않는 적절한 지도방법 및 대처방안을 적용해야 한다.

17 시각장애의 특성과 지도 전략   답 ④

시각장애인의 신체활동 지도를 위해 시력 상실의 원인, 상실의 시기, 잔존시력 정도 등은 미리 알고 있는 것이 좋다. 이를 통해 지도자가 그에 맞는 보조기구의 사용 또는 언어적 설명, 시범 등을 적절하게 활용하여 지도할 수 있다.

18 청각장애의 특성과 지도전략   답 ②

청각장애인의 경우 타인과 자신의 소리를 듣지 못해 언어발달에 지체가 나타나므로 말의 명료성이 떨어지는데, 이를 바로 교정해주는 건 에티켓이 아니다. 청각장애인과 의사소통 시 눈을 마주보고 입모양을 크고 명확하게 하여 직접 대화하는 것이 바람직하고, 어려운 경우 필담을 나누는 것도 방법이다.

> **Tip**
>
> | 청각장애인과의 의사소통 | |
> |---|---|
> | 언어발달 | • 청각장애인은 타인과 자신의 소리를 듣지 못해 언어발달에 지체가 나타남
• 옹알이의 출현 시기가 늦고 말의 명료성이 떨어지며 음소의 목록이 줄어듦 |
> | 수화를 통한 의사소통 | • 비장애인들 모두가 수화를 배우지는 않으므로 의사소통에 어려움을 겪음
• 수화 통역사가 있더라도 가능한 청각장애인과 직접 대화하는 것이 바람직함 |
> | 행동적·정서적 특성 | • 주변 환경을 과도하게 인식하고 자주 점검하는 습관이 충동적으로 나타남
• 주변의 이해와 의사소통의 부족으로 청각장애가 있는 동료들과만 어울리며, 이는 사회성의 결여로 이어짐 |

19 특수체육 지도 전략   답 ②

발작하는 경우 상해를 입지 않도록 몸을 부축해 천천히 자리에 눕히고 주변의 위험한 물건을 정리한다. 발작 시간을 기록하고 발작이 3~4분간 지속되며 약해지지 않을 경우 119에 신고하고, 10분 이상 지속될 경우 응급상황으로 판단한다. 입에 이물질을 넣지 말고, 질식 등을 방지하기 위해 고개를 옆으로 돌려준다. 발작이 끝난 후에는 환자가 휴식을 취할 수 있도록 하고 몸 상태를 확실히 파악해야 한다.

20 뇌병변장애의 특성과 지도 전략   답 ①

경직성 뇌성마비는 전체 뇌성마비의 50~60%를 차지하고, 근육의 과긴장 상태가 나타나는 증상으로 운동피질 손상이 원인이다.

Tip	
뇌성마비의 임상적 분류	
경직성 뇌성마비	• 전체 뇌성마비의 50~60%를 차지 • 근육의 과긴장 상태가 나타나는 증상으로 운동피질 손상의 원인
무정위운동성 뇌성마비	• 전체 뇌성마비의 20% 정도를 차지 • 목적성 운동을 조절하는 대뇌 중앙 기저핵 부분의 손상으로 발생
운동실조성 뇌성마비	• 전체 뇌성마비의 10% 정도를 차지 • 소뇌의 손상으로 인체의 평형과 협응에 영향을 미침
강직성 뇌성마비	• 전체 뇌성마비의 약 2~4%를 차지 • 움직임 자체가 없게 되어 근육이 탄력성을 잃고 굳어지며, 신전반사가 거의 없고 최소한의 탄력성만을 가지게 됨
진전성 뇌성마비	• 전체 뇌성마비의 약 2%를 차지 • 율동적인 운동이나 순서에 입각한 운동을 할 때 불수의적으로 떠는 현상
혼합형 뇌성마비	• 경직성과 무정위운동성의 특성이 중첩된 증상 • 중증 혹은 중복장애인이 많음

유아체육론

01	02	03	04	05	06	07	08	09	10
④	①	①	③	②	④	①	①	①	①
11	12	13	14	15	16	17	18	19	20
②	④	④	③	②	④	③	④	①	④

01 유아기 운동발달 이론 답 ④

피아제의 인지발달이론은 아동의 사고 발달 과정에 초점을 둔 이론으로, 인간의 정신의 환경의 구조에 따라 인지구조를 재구성해가며 발달한다고 주장한다. 인지발달 형성과정에는 도식과정, 동화과정, 조절과정, 적응과정이 있다.

Tip	
피아제의 인지발달 형성과정	
도식	사고 또는 행동의 구조, 물리적 · 심리적 구조를 보다 높은 수준의 체계로 통합하는 것
동화	환경의 자극을 이해하고 그 자극을 자신이 이미 가지고 있는 도식이나 인지구조 속으로 받아들이는 과정
조절	기존의 도식이나 구조가 새로운 대상을 동화하는 데 적합하지 않을 때 그 새로운 대상에 맞도록 이미 가지고 있는 도식이나 구조를 바꾸는 것
적응	동화와 조절을 통해 균형이 이루어진 평형상태

02 유아기 운동발달 답 ①

영유아기 운동능력은 뇌에 가까운 부분부터 발달한다. 또한 반사 및 반응 행동은 영유아기 발달 과정에서 생존을 위해 필요한 요소이다.

【오답해설】
ⓒ 근육량의 증가로 안정 시 분당 심박수는 점차 감소한다.
ⓔ 연령 증가에 따라 상체와 하체의 비율은 변화한다.

03 유아기 운동발달 답 ①

비대칭목경직반사는 원시반사의 한 유형으로 생후 4개월까지 유지되는 반사이다. 누워있는 상태에서 머리를 한쪽 방향으로 돌리는 자극에 의해 출현되며 머리가 돌아간 방향과 같은 방향의 팔과 다리가 펴진다. 비대칭목경직반사가 6개월 이후에도 지속적으로 나타날 경우 여러 기형적인 신체발달의 위험이 있다.

04 유아기 운동발달 이론 답 ③

스키너(B. Skinner)의 행동주의 이론은 인간행동과 환경적 사건이 상호 간에 영향을 미치는 방식에 초점을 두며, 인간행동의 대부분은 학습되거나 학습에 의해 수정된다고 본다. 행동주의 이론에서는 아동의 환경이 신체적, 심리적 발달에 매우 중요함을 강조하며 바람직한 행동을 증가시키고 바람직하지 않은 행동을 완화 혹은 소멸시키는 등의 피드백을 통해 유아의 바람직한 행동을 촉진할 수 있다고 본다.

【오답해설】
① 게셀(A. Gesell)의 성숙주의 이론 : 인간 개체가 성숙한 단계에 이르게 되는 결정적인 힘은 개체가 가진 유전적 요인이며, 발달은 유전적 요인에 전적으로 의존한다는 관점
② 피아제(J. Piaget)의 인지발달 이론 : 아동의 사고 발달 과정에 초점을 둔 이론으로, 인간의 정신이 환경의 구조에 따라 인지구조를 재구성해가며 발달한다고 주장
④ 프로이드(S. Freud)의 정신분석 이론 : 성장 초기의 경험들이 그 개인의 인생 전 시기 동안 지속되는 특정 패턴을 만든다는 이론

05 유아기 운동발달　답 ②

성숙단계에서는 기본운동기술이 능숙하게 되고, 신체 협응력도 증가해 유아들의 운동수행 능력이 발달된다. 이 단계에서 드리블 동작을 수행할 시 공의 높낮이 기술을 자연스럽게 구사할 수 있어야 하며, 바운드되는 공의 높이가 일정할 수 있도록 손목 스냅을 안정적으로 사용하여야 한다.

06 유아기 운동발달 프로그램　답 ④

굽히기(bending)는 축을 중심으로 하는 축성 안정성 운동에 해당한다.

Tip
안정성 운동(stability)

동적 안정성	• 무게중심이 이동할 때, 즉 움직이는 동안에 평형을 잡을 수 있는 능력 • 구르기, 재빨리 피하기
정적 안정성	• 움직이지 않는 동안, 즉 한자리에 서거나 앉은 자리에서 균형을 잡을 수 있는 능력 • 물구나무서기
축성 안정성	• 몸의 중심을 축으로 하여 다양한 동작을 할 때 균형을 유지하는 능력 • 더욱 정교한 움직임 기술을 만들기 위해서 다른 움직임과 결합하여 다양한 움직임으로 발현 • 굽히기, 비틀기, 늘리기, 흔들기

07 유아기 운동발달 이론　답 ①

에릭슨의 심리사회발달 단계 중 자기개념 형성이 시작되는 단계는 자아정체감 대 역할혼미 단계이다. 또한 주도성 대 죄책감은 3~6세에 나타난다. 이 시기의 아동은 언어의 급속한 발달로 스스로 행동을 통제하기 시작하며, 자신의 행동이 생산적임을 인정받기 위해 목표를 세우고 놀잇감을 통해 만족스러운 성취감을 경험하게 된다.

Tip
주도성 대 죄책감(3~6세)
• 목표나 계획을 세워 성공하고자 노력하는 시기
• 이동성이 커지면서 성인과 다를 바 없다는 사실을 자각함
• 아동은 의미 있는 놀잇감을 조작하면서 만족스러운 성취감을 경험함

08 유아기 운동발달 프로그램　답 ①

㉠ 몸을 구부려 훌라후프를 통과하는 것은 움직임의 서로 다른 높이를 이해하고 과제에 따라 움직이는 범위를 조절하는 법을 익히는 공간지각에 해당한다.
㉡ 속도와 리듬에 맞춰 동작을 학습하는 시간지각 운동이다.
㉢ 서로 다른 방향을 인지하고 어떻게 방향을 전환하는지를 익히는 방향지각에 해당한다.
따라서 ㉠에는 공간, ㉡에는 시간, ㉢에는 방향이 들어가는 것이 적절하다.

Tip
지각운동 요소에 따른 프로그램 구성요소

시간지각	과거/현재/미래, 아침/점심/저녁, 오전/오후 등 속도와 리듬에 맞춘 동작, 동시성 발달
신체지각	신체 각 부분의 위치와 정의, 신체의 움직임에 대한 지각
공간지각	자신과 타인의 공간을 존중하는 인식, 움직임의 서로 다른 높이 이해하기
방향지각	서로 다른 방향을 인지하고 어떻게 방향을 전환하는지 익히기
관계지각	둥글게/구부려서, 가까이/멀리 등 신체 부분과 사물, 사람과의 관계에 대한 지각
움직임의 질	균형의 움직임 속도에 대한 식별, 과제에서 요구하는 힘 만들어 내기, 제한된 시간이나 공간 속에서 움직임을 수행할 수 있는 능력 익히기

09 유아기 운동발달 프로그램　답 ①

순발력은 순간적으로 최대한의 힘을 발휘할 수 있는 능력을 의미한다. 높이뛰기, 멀리뛰기, 공 던지기, 무릎과 가슴 닿기 등의 활동이 있다.

【오답해설】
② 왕복 달리기는 자극에 대해 빠르게 반응하거나, 운동 방향을 변경, 신속하게 이동하는 능력, 즉 민첩성에 해당한다.
③ 1분간 앉았다 일어나기 동작의 횟수를 측정하는 것은 운동에 대한 근육 부하에 대하여 지속적, 반복적 힘을 낼 수 있는 능력, 즉 근지구력에 해당한다.
④ 한 발로 서기는 움직이거나 정지한 상태에서 몸의 균형을 유지할 수 있는 능력, 즉 평형성(균형성)에 해당한다.

10 유아기 운동발달　답 ①

기본 움직임 단계 중 초보단계는 신체협응력이 다소 향상되며, 신체 움직임은 대체로 조정할 수 있으나 여전히 움직임이 서투르고 유연성이 결여되어 있는 상태이다. 초보단계에서 성숙단계로 나아가기 위해서는 기본운동기술에 대한 학습이 우선적으로 이루어져야 한다. 수직점프(vertical jump)를 할 때 도약과 착지 지점이 멀리 떨어지도록 지도하는 것은 초보단계에서 먼저 기본기술을 익히고 성숙단계로 나아간 이후의 지도방법이 된다.

11 유아기 운동발달 프로그램   답 ②

유아체육 프로그램의 기본원리 중 안정성은 유아 및 아동이 자신의 운동능력을 과대평가하는 경향이 있으므로 안전에 관심을 기울여야 한다는 원리이다. 적합성은 유아의 유전인자, 발육발달의 정도와 차이, 연령 등을 고려하여 운동프로그램을 운영해야 한다는 원리이다. 따라서 ㉠에는 안전성, ㉡에는 적합성이 들어가는 것이 적절하다.

Tip

유아기 운동발달 프로그램 기본 원리

연계성의 원리	기초부터 형상까지 잘 조직된 프로그램을 구성해야 하며, 신체발달뿐만 아니라 정서적·사회적 발달을 위한 교육 프로그램과의 연계성이 필요
적합성의 원리	유아의 유전인자, 발육발달의 정도와 차이, 연령 등을 고려하여 운동프로그램을 운영
방향성의 원리	인간의 성장과 발달은 방향성을 지니고 개인차가 존재하기 때문에 순서적 발달과정에 따라 운동프로그램을 운영
안전성의 원리	유아들의 일상생활 및 안전에 관한 사항들을 이해하고 사고를 예방하는 것
특이성의 원리	유아 개개인의 유전과 환경요인을 고려하여 신체활동 프로그램이 유아 성장·발달의 어떠한 영역에서 어떻게 영향을 미치는지 구체성을 가지고 개발·적용
다양성의 원리	유아는 집중력이 쉽게 떨어지고 쉽게 흥미를 잃기 때문에 재미와 다양한 경험을 제공해야 함

12 유아기 운동발달 프로그램   답 ④

물체를 다루는 능력으로 치기, 받기 등은 조작성 운동에 해당한다.

Tip

기초운동기능의 종류

- 이동운동(locomotion)
  - 기초적 운동 : 기기, 걷기, 달리기, 뜀뛰기, 멀리뛰기
  - 조합적 운동 : 오르기, 앙감질, 갤로핑, 슬라이딩 등
- 조작운동(manipulation)
  - 투사적 운동 : 던지기, 차기, 치기, 튀기기 등
  - 수동적 운동 : 받기, 트래핑 등
- 안정성 운동(stability)
  - 축 운동 : 스트레칭, 터닝, 돌리기
  - 정적, 동적 운동 : 외발서기, 구르기, 서기, 피하기

13 유아기 운동발달 프로그램   답 ④

유아기 운동프로그램 구성은 유아 개개인의 유전과 환경요인이 반영된 개인차를 고려하여 구성해야 하지만 남아와 여아의 흥미 차이로 인해 분리활동이 필요한 것은 아니다.

【오답해설】
①, ② 적합성의 원리
③ 다양성의 원리

14 유아체육 지도방법   답 ③

WHO 신체활동 지침에 따르면 만 3~4세 유아의 경우 최소 60분 이상의 중·고강도 신체활동을 포함한 하루 180분 이상의 신체활동을 권장한다. 활동 시간대는 언제든지 상관없고, 더 많이 놀수록 좋다. 다만 유모차에 한 시간 이상 앉아있는 것은 권장하지 않는다.

【오답해설】
① 만 1세 이전 : 부모는 한 시간 이상 유아를 같은 장소에 머물게 하지 않고, 가능한 여러 번 신체적으로 움직이도록 도와야 한다. 만 5세 이하의 어린이에게는 최소 3시간의 놀이시간이나 신체활동을 권장한다.
② 만 1~2세 : 중간 강도 이상의 활동을 최소 180분간 매일 활동하는 것을 권장한다.
④ 만 5~17세 : 매일 적어도 60분의 중·고 강도의 신체활동을 권장하는데, 특히 유산소 활동이 권장된다. 근육과 뼈 강화활동을 포함한 격렬한 활동은 적어도 주 3회 이상 실시해야 한다.

15 유아체육 지도방법   답 ②

과제와 동작을 자세히 설명하면 준비시간이 늘어나 참여시간은 감소한다. 따라서 유아의 신체활동을 증가시키기 위해서는 활동에 대한 지시가 간결하고 명료해야 한다.

Tip

유아의 신체활동 시간을 증가시키는 전략

- 움직임을 관찰하고 충분한 신체활동이 이루어지지 않으면 변형 필요
- 유아가 제외되거나 활동에 참여하기 어려운 활동과 게임을 하지 않음
- 지시는 간결하고, 명료해야 함
- 활동에 참여하는 것에 대한 긍정적인 피드백 제공

16 유아기의 특징   답 ④

신체적 자기개념(self-concept)이란 자신의 신체에 대한, 전반적 생각 또는 개념으로 자신의 비만, 유연성, 근력 따위에 대한 생각 또는 개념을 뜻한다. 유아의 스포츠 참여는 신체적 능력에 대한 개념을 형성하는 데 도움을 줄 수 있다.

17 유아체육 지도방법   답 ③

과제성취를 운에 의한 것으로 생각하도록 지도할 시 유아의 동기는 감퇴할 수 있다. 유아의 신체활동 참여 동기를 증진시키기 위해서는 과제성취에 대한 적절한 칭찬과 보상을 통해 성취감을 얻을 수 있도록 해야 한다.

18 유아체육 지도방법　　답 ④

어렵고 위험한 과제는 유아의 건강을 해칠 수 있으므로 피해야 하며, 상황에 따라 어렵고 위험한 과제를 수행할 시 지도자는 안전사고에 주의하고 유아의 발달 수준에 적절한 내용을 단계적으로 계획하여 지도하여야 한다.

> **Tip**
> **유아체육 지도자의 유의점**
> - 상시 안전사고에 대한 예방책과 주의 요구
> - 유아의 생리적·심리적·사회적 특성을 충분히 고려하여 운동 지도
> - 유아의 발달 수준에 적절한 내용을 단계적으로 계획하여 지도
> - 유아의 흥미나 능력에 맞는 활동과 자료 제공

19 체육프로그램 지도를 위한 환경　　답 ①

유아체육 지도 시 흥미유발을 위해 다양한 교구를 사용해야 한다.

> **Tip**
> **유아체육 수업의 환경 구성**
> - 흥미유발을 위해 다양한 교구를 사용함
> - 대근육 운동 시 충격 흡수를 위해 안전매트를 깔아줌
> - 필요한 경우에는 음향시설을 활용할 수 있음

20 유아기의 특징　　답 ④

2019 개정 누리 과정 신체운동·건강 영역에서는 '신체활동 즐기기', '건강하게 생활하기', '안전하게 생활하기'의 내용을 포함하고 있다.

> **Tip**
> **2019 개정 누리 과정(신체운동·건강)**
>
> | 구분 | 내용 |
> | --- | --- |
> | 신체활동 즐기기 | • 신체를 인식하고 움직인다.
• 신체 움직임을 조절한다.
• 기초적인 이동운동, 제자리 운동, 도구를 이용한 운동을 한다.
• 실내외 신체활동에 자발적으로 참여한다. |
> | 건강하게 생활하기 | • 자신의 몸과 주변을 깨끗이 한다.
• 몸에 좋은 음식에 관심을 가지고 바른 태도로 즐겁게 먹는다.
• 하루 일과에서 적당한 휴식을 취한다.
• 질병을 예방하는 방법을 알고 실천한다. |
> | 안전하게 생활하기 | • 일상에서 안전하게 놀이하고 생활한다.
• TV, 컴퓨터, 스마트폰 등을 바르게 사용한다.
• 교통안전 규칙을 지킨다.
• 안전사고, 화재, 재난, 학대, 유괴 등에 대처하는 방법을 경험한다. |

노인체육론

01	02	03	04	05	06	07	08	09	10
③	①	④	④	②	③	③	②	①	②
11	12	13	14	15	16	17	18	19	20
③	②	①,②,③,④	③	③	②	②	④	③	④

01 노화에 따른 신체적·심리적·사회적 변화　　답 ③

노화로 인한 생리적 변화로는 최대산소섭취량 감소, 폐의 탄력성과 호흡기 근력의 저하, 동정맥산소차의 감소, 수축기 및 이완기 혈압수치의 상승 등이 있다.

> **Tip**
> **노화에 의한 신체의 운동생리학적 변화**
> - 근수축 속도의 저하 : 속근섬유의 비율 감소, 지근섬유의 비율 증가
> - 근력의 변화 : 근육량의 감소 발생, 60세 이후부터 평균 연 2%씩 감소
> - 지구력의 변화 : 최대산소섭취량의 감소
> - 체성분의 변화 : 체지방의 증가, 근육량 및 골질량 감소

02 노화와 관련된 이론　　답 ①

㉠ 유전적 이론 : 각 세포는 기록된 유전적 계획으로 분열 횟수가 정해져 있으며 이 세포 분열의 한계로 인해 노화가 발생한다고 보는 이론
㉡ 손상 이론 : 활성산소(자유기), 자외선, 기타 유해물질로 인해 세포가 손상되고 세포의 기능장애가 발생하며, 손상된 세포가 DNA와 단절되어 노화가 발생한다고 보는 이론
㉢ 점진적 불균형 이론 : 신경내분비계의 세포들이 감소하여 호르몬 분비의 불균형이 발생하고, 그 결과 노화가 발생한다고 보는 이론

> **Tip**
> **노화와 관련된 다른 이론**
> - 교차 결합 이론 : 정상 상태에서는 서로 분리되어 있어야 하는 분자구조 사이에 화학적 반응에 의한 연결 띠가 형성되어 서로 엉키게 되고, 이로 인해 조직이 탄력성을 잃고 세포 간 영양소 및 화학적 물질 등의 교환을 방해함으로써 노화가 나타난다고 보는 이론
> - 사용 마모 이론 : 인간의 몸도 마치 기계와 같이 오랫동안 사용하면 기능이 약화되고 점차 퇴화가 일어나 이로 인해 노화가 나타난다고 보는 이론으로, 퇴행성관절염이나 오십견 등의 노인질환을 설명할 때 가장 적절한 이론
> - 신체적 변이 이론 : 세포가 상해를 받으면 변이를 일으키고, 이렇게 변이를 일으킨 세포들이 축적됨으로써 노화가 일어난다고 보는 이론
> - 면역 반응이론 : 나이가 들면서 인간의 면역체계에 결함이 발생. 제거해야 할 유해물질을 제거하지 못하여 체내에 축적되고 이로 인해 노화가 발생·촉진된다고 보는 이론

03 노화와 관련된 이론   답 ④

에릭슨(E. Erikson)은 인간 발달을 영아기에서 노년기까지 총 여덟 단계로 구분하였다. 에릭슨의 심리사회발달 단계는 다음과 같다.

연령	단계	긍정적 결과
0~1세	신뢰 대 불신	일관성 있는 양육자의 사랑으로 신뢰감을 형성한다.
1~3세	자율성 대 수치와 회의	적극적이고 능동적인 신체 언어의 사용이 증가된다.
3~5세	주도성 대 죄책감	주도적으로 환경을 탐구하고 경험하면서 책임감을 갖는다.
5~13세	근면성 대 열등감	학문적 성취를 통해서 자존감을 발달시킨다.
13~18세	독자성 대 역할혼동	어떻게 살기 원하는지에 대한 생각을 발달시킨다.
젊은 성인	친분 대 고독	타인과 밀접한 관계를 형성한다.
중년 성인	생산성 대 자기 침체	가족의 부양 또는 어떤 형태의 일을 통해 생산적인 생활을 할 수 있다.
노년기	자아주체성 대 절망	자부심과 만족을 느끼면서 삶을 되돌아 볼 수 있다.

04 노화와 관련된 이론   답 ④

보상이 수반된 선택적 적정화 모델(SOC)에서 성공적 노화는 신체적, 정신적, 사회적 손실에 대한 적응력과 관련이 있으며, 기능적 능력의 향상을 통해 노화로 인한 손실을 보완하도록 도움을 준다.

【오답해설】
① 성공적 노화 모델 : 성공적 노화는 개인의 선택과 노력에 달려 있다는 이론
② 분리이론 : 노인은 사회적 역할과 상호작용의 감소로 사회로부터 분리된다는 이론
③ 자아통합 이론 : 성격발달은 총 8단계가 있고, 각 단계의 갈등과 위기가 잘 극복되어야 성공적인 인생이 될 수 있다고 보는 이론

05 운동의 개념과 역할   답 ②

운동은 다음과 같이 정의할 수 있다.
- 특정한 목적을 가지고 계획적·구조적·반복적으로 수행하는 신체활동
- 신체의 에너지와 칼로리를 연소시키는 자발적·계획적인 움직임과 그것을 구성하는 것
- 체력의 향상과 유지를 위한 계획적인 신체활동
- 에너지를 소모하는 골격근에 의해 이루어지며 건강과 삶의 질에 영향

06 노화에 따른 신체적·심리적·사회적 변화   답 ③

〈보기〉 대화의 노인들은 코로나19로 경로당 운영이 중단돼서 운동도 못하고, 친구들도 못 만나 고립감이 강화되고 있다.

07 지속적 운동참여를 위한 동기유발 방법   답 ③

반두라(A. Bandura)의 자기효능감 이론은 자기효능감이 개인의 행동 선택 및 추진에 영향을 미친다고 보는 이론이다. 자기효능감의 변인은 다음과 같다.

성공수행경험	목표 달성을 위한 시도에서의 성공과 실패 경험
간접경험	타인의 성공과 실패를 몇 번이나, 얼마나 절실하게 목격했는가의 경험
언어적 설득	타인으로부터 무엇인가 잘 해낼 수 있다는 말을 들은 경험
정서적 상태	불안, 좌절 등과 같은 정서적 반응과 그것을 적절히 조절하는 능력

따라서 언어적 설득의 증진전략으로는 타인으로부터 무엇인가 잘 해낼 수 있다는 말을 듣게 하는 것이 적절하다.

08 의사소통기술   답 ②

노인과의 적절한 의사소통 방법은 다음과 같다.
- 가장 먼저 지도자 자신을 소개할 것
- 노인에게는 존칭을 사용할 것
- 천천히 이야기할 것
- 노인의 이야기를 경청하고 공감할 것
- 비언어적 의사소통을 적절히 이용할 것
- 정보의 양이 과해지지 않도록 유의할 것

> **Tip**
> **노인과의 부적절한 의사소통 방법**
> - 어린아이 대하듯 하지 말 것
> - 큰 소리를 내어 이야기하지 말 것
> - 노인에 대한 선입견으로 미루어 짐작하지 말 것

09 운동권고 지침 및 운동방안   답 ①

행동주의적 지도방법은 객관적 행동에 기준을 두어 외적이고 반응적인 학습결과를 중시한다. ①은 능동적인 사고과정과 인지구조를 중시하는 인지주의적 지도방법 중 하나이다.

10 운동권고 지침 및 운동방안 답 ②

㉠ 식료품 나르기, 집안일 하기, 손자 안아주기 등이 어렵다면 30초 아령 들기를 통해서 상지근지구력을 측정해야 한다.
㉡ 버스에서 신속하게 내리기 어렵다면 2.4m 왕복 걷기를 통해서 민첩성을 측정해야 한다.

Tip

노인체력검사(SFT ; Senior Fitness Test)

체성분	신체질량지수 및 비만도	근육량	신체질량지수
하지근지구력	30초간 앉았다 일어나기	상지근지구력	30초간 덤벨 횟수
심폐지구력	• 2분간 제자리 걷기 • 6분 걷기	하체유연성	의자에 앉아 윗몸 굽히기
상체유연성	등 뒤로 손 잡기	민첩성 및 동적평형성	2.4m 왕복 걷기
정적평형성	눈 감고 외발 서기	협응성	8자 보행

11 운동프로그램의 요소 답 ③

저항성 운동은 운동 중 단적인 활동이 이루어져 체지방의 연소에 상대적으로 불리하지만, 장기적으로 진행했을 때 근력, 근지구력이 증가하고 체내 체지방량의 증가에 의한 기초대사량이 증가하여 지방연소에 도움이 된다.

【오답해설】
① 10~15분의 평형성 운동을 하면 낙상의 위험이 감소한다.
② 노인이 저항성 운동을 하더라도 20대의 근비대 수준으로 근력을 회복하는 것은 불가능하다.
④ 유산소 운동을 하면 혈관 경직도가 증가한다.

12 운동권고 지침 및 운동방안 답 ②

미국스포츠의학회(ACSM)가 제시한 노인을 대상으로 한 운동부하검사의 고려사항을 참고하면 트레드밀 부하는 속도보다는 경사 위주로 증가시키는 것이 적합하다.

13 노인운동 시 위험관리 답 ①, ②, ③, ④

① 안전을 위해 물속에 들어가기 전 지상에서 물속에서 자세를 취하는 방법 가르치고 충분한 준비운동을 한 후에 물속에 들어가야 한다.
② 물은 공기보다 저항력이 강해 조금만 움직여도 에너지 소비를 촉진시킨다. 따라서 노인들에게 많은 움직임을 지도하면 에너지 소비가 증가하여 몸에 무리가 올 수 있다.
③ 관절염은 무릎 및 발목뿐만 아니라 상지에도 생기기 때문에 관절염이 있는 모든 관절을 수중에 잠기게 한다면 위험할 수 있다.
④ 수중운동 시 물은 몸통 근육의 역할을 하지 않으며 부력을 이용해 관절에 큰 무리를 주지 않고 운동할 수 있다.

14 노인운동 시 위험관리 답 ③

요통은 다양한 원인에 의해 허리 부위에 통증이 발생하는 증상을 의미한다. 척추는 무거운 체중을 지탱하고 있을 뿐 아니라 다양한 방향으로 운동이 일어나기 때문에 장시간 계속 서 있는 것을 피하거나 걷거나 앉을 때 올바른 자세를 유지하여 요통을 예방할 수 있다.

15 운동권고 지침 및 운동방안 답 ③

미국스포츠의학회(ACSM)가 제시한 관상동맥 질환의 위험인자는 다음과 같다.
• 가족력 : 심근경색, 관상 동맥관 재생 등 심혈관 질환으로 남자 55세 이전, 여성 65세 이전에 급사한 가족력
• 흡연 : 현재 흡연 혹은 금연한지 6개월 이내인 경우
• 고혈압 : 안정 시 수축기 혈압이 140mmHg 이상, 이완기 혈압이 90mmHg 이하인 경우
• 콜레스테롤 이상 : 저밀도지단백질 콜레스테롤 130mg/dL 이상, 고밀도지단백질 콜레스테롤 40mg/dL 이하, 총콜레스테롤 200mg/dL 이상
• 비만 : BMI 30kg/m^2 이상, 허리둘레 : 남성 102cm 이상, 여성 88cm 이상
• 신체활동 : 미국 외과의가 보고한 최소한의 신체활동 권고량에 미치지 못하는 사람(30분 이상 중증도 강도의 신체활동)

16 운동권고 지침 및 운동방안 답 ②

ACSM에 따르면 심폐지구력 운동 프로그램은 걷기가 가장 일반적인 활동으로, 체중 부하에 자유롭지 못한 노인의 경우 수중 운동이나 좌식 자전거 운동 등을 활용한다. 근력운동 프로그램은 덤벨이나 기구, 탄력 밴드 등을 이용한 점진적 웨이트 트레이닝을 말한다.

【오답해설】
① 유산소운동 : 중강도 운동은 주 5일, 고강도 운동은 주 3일, 중강도와 고강도를 섞은 운동은 주 3~5일 시행하는 것이 좋다.
③ 유연성 : 주 2~3회 이상 실시하고, 근육이 늘어나게 할 수 있는 정적인 동작으로 유연성을 유지하거나 증가시킨다.
④ 저항운동 : 각 주근육군을 주 2~3회 단련하고 저 · 중강도로 시행하는 것이 좋다.

17 노인운동 시 위험관리 답 ②

준비운동은 폐 혈류 저항을 감소시켜 폐의 혈액 순환을 향상시킨다.

Tip

노인운동 시 준비운동의 효과
• 심장의 혈류량 증가
• 협응력의 향상
• 관절가동범위 증가
• 신체 반응시간 단축

18 노화에 따른 신체적·심리적·사회적 변화   답 ④

노인의 걷기 특성으로는 보폭의 감소, 보행 속도의 감소, 분당 보폭수 증가, 발목 가동성의 감소, 자세 동요의 증가 등이 있다.

19 운동권고 지침 및 운동방안   답 ③

노인의 단기기억 문제를 고려한 지도방법은 다음과 같다.
- 각자의 페이스로 동작을 수행하도록 한다.
- 동작을 단순화하여 반복적으로 시범을 보여준다.
- 동작의 속도와 방향을 단순하게 한다.
- 심상훈련을 활용한다.

20 노화에 따른 신체적·심리적·사회적 변화   답 ④

자극에 대한 피부, 근육, 내부기관 등의 감각인 체성감각 기능이 저하되면 균형감을 떨어뜨린다.

【오답해설】
① 의식적인 노력으로 균형감을 향상시킬 수 있다.
② 시력 약화는 균형감을 떨어뜨린다.
③ 신체의 균형과 위치를 파악하여 평형감각을 담당하는 전정계 기능이 저하되면 균형감을 떨어뜨린다.

2020 기출문제 정답 및 해설

스포츠사회학

01	02	03	04	05	06	07	08	09	10
②	①	③	②	④	④	④	②	①	④
11	12	13	14	15	16	17	18	19	20
③	③	④	②	②	①	③	①	③	①

01 스포츠의 사회적 기능 답 ②

스포츠의 사회적 순기능은 사회화, 사회통합, 사회정서적 기능이 있다. 사회통제 기능은 사회적 역기능에 해당한다.

Tip

스포츠의 사회적 순기능

사회적 함양 기능	스포츠 참여를 통해 바람직한 인격 형성, 자기 수양, 경쟁적 생활준비, 도덕적 발달, 훌륭한 시민정신 함양 등이 가능
사회화 기능 (사회통합 기능)	• 개인 간의 유대성과 통일성 유지 • 구성원의 분열 방지, 사회 체계의 효과적 기능에 도움
사회 정화 기능 (정서적 동화 기능)	• 스포츠 참여를 통해 스트레스 및 잉여 에너지를 분출 • 인간의 폭력성을 안전한 형태로 분출하게 함으로써 정서의 정화 효과 유발

02 스포츠와 사회이론 답 ①

갈등 이론은 사회의 본질을 경쟁과 갈등의 관계로 보며 스포츠를 지배계급의 이익 증대나 기득권 유지를 위한 수단으로 보는 이론이다. 사회의 불평등이고 모순적인 시스템으로 인해 다양한 갈등이 나타나며 이로 인해 일탈이 발생한다고 주장한다.

【오답해설】
② 비판 이론 : 사회를 개인 이익을 위해 타인과 끊임없이 경쟁하는 장으로 보는 이론
③ 상징적 상호작용론 : 상황에 대한 해석은 개인마다 다르며 그로 인해 사회가 유지·발전해 나간다는 이론
④ 구조기능주의 이론 : 사회가 본질적으로 관련 있고 상호 의존적인 제도로 구성되어 있다는 이론

03 스포츠와 정치의 결합 답 ③

㉠ 상징 : 어떤 무엇을 지칭하는 것으로 국기 게양과 같이 의식을 가지는 행위 등을 말한다.
㉡ 동일화 : 자아가 그 역할을 수행하기 원하는 타자에게 감정을 이입시키거나 스포츠를 매개로 대중이 선수 개인이나 팀을 자신과 일체시키는 태도를 말한다.
㉢ 조작 : 상징과 동일화의 효과를 극대화하기 위해 인위적으로 개입하는 행위로 정치권력은 여론을 원하는 방향으로 조작하여 체제를 유지하거나 강화하는 데 도모하기도 한다.

04 스포츠와 미디어의 상호관계 답 ②

미디어는 스포츠에 다양한 영향을 미치는데, 중계방송에 적합한 스포츠의 형태로 경기규칙·형태를 변경하기도 한다. 이는 방송의 시간적 제약성을 극복하면서 시청자의 욕구에 부응하거나 방송의 수익성을 높이기 위함이다. 농구의 경우 CM 시간 확보를 위해 NBA(미국 프로농구), KBL(한국 농구) 등의 경기는 4쿼터제로 치른다. 배구의 경우 기존 경기 형태가 총 경기시간을 예측하기 힘들다는 이유로 미디어에서 꺼리자 국제배구연맹에서는 랠리포인트제를 도입했다. 랠리포인트제란 랠리에서 이겼을 때마다 점수를 얻는 득점제로 이전의 사이드아웃제에 비해 경기시간이 줄어들며 보다 박진감있게 진행된다는 장점이 있다.

【오답해설】
①, ③, ④ 스포츠가 미디어에 미치는 영향에 대한 설명이다.

05 상업주의와 스포츠 답 ④

스포츠의 상업화로 인해 대중의 영향력이 커지자 경기규칙, 진행방식, 프로그램의 구성과 같은 스포츠의 구조 또한 변하게 되었다. 이러한 구조의 변화는 경기의 공정성이 아닌 관중의 흥미 유도, 상업적 이익 등을 목적으로 발생한다.

Tip

상업주의에 의한 스포츠의 변화

구조의 변화	규칙과 제도, 프로그램의 구성 변화
내용의 변화	• 경기 자체보다 세속적인 경기 외적 사실을 중시 • 관중이 심미적 가치보다는 영웅적 가치를 선호·중시
스포츠 조직의 변화	대중매체, 팀, 구단주 등 경제적 후원자의 목적 영위를 위한 쇼(Show)로서 스포츠 이벤트가 운영
스포츠 정신의 변화	• 무리한 리그 운영과 승리지상주의 팽배(아마추어리즘의 퇴조) • 스포츠 선수를 하나의 상품으로서 취급

06 스포츠와 계층이동 답 ④

〈보기〉의 A 선수는 S 팀의 주전선수에서 A 팀의 수석코치로, 즉 낮은 지위에서 높은 지위로 올라가는 '수직이동'을 하였다. 또한, 세대 간이 아닌 한 개인의 생애 동안 계층의 위치가 변화된 경우이므로 시간적 거리는 '세대 내 이동'이다. 〈보기〉에서 나타난 계층 이동은 A 선수 개인의 노력으로 계층적 위치가 변화했기 때문에 '개인이동'에 해당한다.

Tip
사회이동의 유형

이동 방향	수직이동 : 계층구조 내에서 개인 또는 집단이 지녔던 지위의 상하 변화
	수평이동 : 동일한 계층적 위치 내에서의 이동
이동 기간	세대 간 이동 : 부모 세대와 자녀 세대 간에 나타나는 계층적 위치 변화
	세대 내 이동 : 한 개인의 생애 동안 계층적 위치가 변화되는 경우
이동 주체	개인이동 : 개인의 의지·노력으로 계층적 위치가 변화되는 경우
	집단이동 : 사회의 급격한 변동에 따라 나타나는 계층적 위치의 변화

07 스포츠와 미디어의 이해 답 ④

버렐과 로이는 욕구의 네 범주(인지적, 정의적, 통합적, 도피적)를 미디어로 충족시킬 수 있다고 주장하였다. 그리고 이러한 스포츠미디어의 네 기능에 따른 제한을 인지적 욕구인 정보의 기능, 통합적 기능, 도피적 기능, 정의적 기능으로 설명하였다. 그중 '도피적 욕구(기능)'란 스포츠미디어가 불안, 초조, 욕구불만, 좌절 등의 감정을 완화·정화시키는 것이다.

【오답해설】
① 통합적 욕구 : 다른 사회집단 또는 개인과 사회적 경험을 고유하게 하여 공동체 의식을 갖도록 한다.
② 인지적 욕구 : 게임의 지식, 게임결과, 선수 혹은 팀에 대한 정보와 자료를 제공한다.
③ 정의적 욕구 : 경기에 대한 흥미, 흥분을 제공한다.

08 스포츠와 정치의 결합 답 ②

에티즌과 세이지에 따르면 스포츠는 소속 조직에 대한 대표성을 가진다. 즉, 스포츠 경기에서 행해지는 의식·상징은 후원기관이나 선수에 대한 충성심을 상징적으로 확인하는 것에 목적을 둔다. 스포츠 참가자들은 국가 혹은 사회조직을 대표하므로 여러 상징을 통해 조직에 대한 소속감과 충성심을 나타낸다.

09 스포츠 일탈의 이해 답 ①

스포츠 일탈이란 경기 규칙을 위반하거나 스포츠의 보편적 가치에 위배되는 행동 등을 의미한다. 스포츠 현장에서 발생하는 일탈은 약물복용, 부정행위, 폭력 등 다양한 사례로 찾아볼 수 있다. 또한 스포츠 일탈은 사회의 일반적 일탈과는 다르게 상황의 특수성이 반영되는 경우가 많아 스포츠에서 용인되는 행동이어도 사회에서는 규범에 벗어난 행위로 인정될 수 있다.

10 스포츠와 미디어의 이해 답 ④

맥루한은 미디어를 정의성, 참여도 등의 기준에 따라 핫 미디어(Hot media)와 쿨 미디어(Cool media)로 분류하였으며, 이를 스포츠에 접목시켰다. 맥루한에 따르면 쿨 미디어 스포츠는 정의성이 낮고 수용자의 높은 참여도를 요구하는 동적·득점 스포츠를 가리킨다. 또한 쿨 미디어 스포츠는 전달되는 정보량이 제한적이기 때문에, 수용자의 감각 활동을 이끌어내 몰입도를 높일 수 있어 경기진행도 빠르다.

Tip
맥루한의 매체 이론

구분	핫 미디어	쿨 미디어
정의성	높음	낮음
수용자의 태도	낮은 감각 참여성과 낮은 감각 몰입성	높은 감각 참여성과 높은 감각 몰입성
정보의 전달	장시간 개별적 수용에 적합	복잡한 정보의 제한적 제공에 적합
매체	신문, 라디오, 잡지 등	TV, 만화, 영화 등

11 스포츠 계층의 형성과정 답 ③

투민은 스포츠계층을 사회성, 다양성, 보편성, 영향성 등으로 나누고 스포츠 계층의 형성 과정을 다음과 같이 설명하였다. 먼저, 선수, 감독과 같은 사회적 지위에 각 특정 역할이 주어짐으로써 다른 지위와 구분되는 지위의 분화(ⓒ)가 발생한다. 이후 각각의 구성원은 특성에 따라 서열이 정해지고 역할에 따라 지위의 상호 비교가 가능하게 되는 지위의 서열화(ⓒ)가 이루어진다. 서열화된 구성원은 경기력을 통한 선수 등급 평가, 가치나 유용성 정도에 따라 각 위치에 지위를 적절하게 배열하는 평가(ⓔ) 단계를 거치게 된다. 마지막으로 분화되고 평가된 각 지위에 대한 적절한 보수의 배분(ⓖ)이 이루어진다. 따라서 〈보기〉의 스포츠계층 형성과정은 ⓒ-ⓒ-ⓔ-ⓖ이 알맞다.

12 스포츠 세계화 답 ③

스포츠의 세계화를 주도한 동인은 크게 제국주의, 민족주의, 종교, 기술의 진보의 네 가지로 구분할 수 있다. 스포츠에서의 인종차별은 국가 간의 교류가 증가하여 스포츠 국제화로 인종에 대한 편견이 더욱 노골적으로 드러나거나, 미디어의 편향된 보도 등으로 발생하고 있다.

> **Tip**
>
> **스포츠 세계화의 원인**
> - 제국주의 : 구열강에 의해 스포츠가 전파
> - 민족주의 : 스포츠로 민족의 정체성을 확인하고 국가 간 경쟁을 촉진시켜 스포츠 세계화 현상을 가속화
> - 종교 : 종교에 대한 거부감 해소, 선교 등을 위해 스포츠를 적극적으로 활용
> - 과학기술 : 교통, 통신, 미디어 등을 통해 스포츠를 세계화

13 스포츠 일탈의 유형 답 ④

스포츠의 집단행동이란 다수의 관중, 선수, 대중이 어떠한 공통적인 자극에 의해 일시적이고 충동적인 반응을 나타내는 것으로 전염이론, 수렴이론, 규범생성이론, 부가가치이론으로 분류할 수 있다. 그중 부가가치이론은 집단행동이 발생하는 데 특정 조건이 필요하다는 가정을 근거로 한다. 집단행동의 발생에 적합한 사회구조적·문화적인 선행요건이 충족되고, 이러한 구조적 유발성이 사회의 긴장을 초래해 집단행동이 발생한다는 것이다.

【오답해설】
① 전염이론 : 이성적인 사고가 가능한 개인이 군중·집단 속에서 영향을 받아 개인적인 정체성과 사고를 상실한다.
② 수렴이론 : 사회규범에 가려진 실제 자아가 사회적 익명성과 몰개성의 상황에서 감정적인 행동으로 표출된다.
③ 규범생성이론 : 군중·집단 속에서 개인의 차이와 집단의 이질성을 인정한다.

14 스포츠 일탈에 관한 이론 답 ②

스포츠 일탈의 형태로는 규범위반의 행위인 부정적 일탈과 사회가 일반적으로 기대하는 기준에서 벗어난 긍정적 일탈이 있다. 부정적 일탈은 반칙, 부정행위, 폭력 등 바람직하지 못한 반규범적인 행동을 포함한다. 이러한 부정적 일탈은 경기질서나 행동에 대한 예측이 불가능해져 긴장과 불안감을 조성한다. 과잉동조는 규범을 무비판적으로 과도하게 받아들이는 성향을 말한다.

15 스포츠 일탈의 유형 답 ②

아노미 이론이란 문화적 목표와 제도적 수단이 불일치할 경우 일탈이 발생한다고 보는 이론을 말한다. 일탈행동은 수단과 목표 간의 괴리로 인해 발생한다고 보며 일탈행동의 원인을 개인과 사회 구조의 관계에서 찾았다. 아노미 이론은 뒤르켐의 아노미와 머튼의 아노미로 구분할 수 있다.

【오답해설】
① 갈등 이론 : 사회의 불평등하고 모순적인 시스템이 다양한 갈등을 일으키고 이러한 갈등으로 인해 일탈이 발생한다.
③ 차별교체 이론 : 일탈행동은 집단 속 타인과의 상호작용을 통해 형성되며 이러한 일탈 유형과의 접촉으로 일탈을 배우게 된다. 예를 들어 팀의 구성원들이 약물을 복용할 경우 팀에 속한 개인도 자연스럽게 약물을 복용하게 되는 것이다.

④ 낙인 이론 : 일탈은 사회 구성원들이 규정한 것으로 이 행동을 하는 개인을 일탈자로 낙인찍음으로써 낙인찍힌 개인이 지속적인 일탈을 일으키게 만든다.

> **Tip**
>
> **아노미의 구분**
>
> | 구분 | 뒤르켐의 아노미 | 머튼의 아노미 |
> |---|---|---|
> | 일탈의 원인 | 두 가지 이상의 규범이 동시에 존재하거나 규범이 약화될 때 행위 규제를 잃음 | 문화적 목표와 제도적 수단과의 괴리 |
> | 대책 | 사회적 합의로 지배적인 규범 확립 | 사회적 욕구를 적절하게 해소시킬 수 있는 제도 성립 |

16 스포츠와 국제정치 답 ①

검은 구월단은 PLO(팔레스타인해방기구) 내의 알파타에서 분리된 가장 과격한 극좌파 무장조직이다. 1970년 요르단의 총리를 암살할 당시 스스로 조직을 '검은 구월단'이라 부른 데서 유래한 이름이다. 이들은 이스라엘에 억류 중인 팔레스타인 정치범들의 석방을 요구하면서 1972년 제20회 뮌헨올림픽에서 이스라엘 선수를 사살·납치하였다. 검은 구월단 사건은 팔레스타인과 이스라엘 간의 갈등 심화가 올림픽을 통해 표출된 테러 사건이다.

【오답해설】
② 축구전쟁(100시간 전쟁) 사건 : 1969년 멕시코 월드컵을 위한 2차전 경기를 계기로 엘살바도르와 온두라스 사이에서 발생한 4일간의 전쟁으로 100시간 전쟁이라고도 부른다.
③ 보스턴 마라톤 폭탄 테러 사건 : 2013년 미국 매사추세츠 주에서 열린 보스턴 마라톤 대회의 결승점 근처에서 발생한 폭발 테러이다. 미국은 이 테러를 러시아 체첸공화국에서 온 형제의 단독범행이라고 결론을 내렸다.
④ IRA 연쇄 폭탄 테러 사건 : IRA는 북아일랜드와 아일랜드공화국의 통일을 요구하는 반군사조직으로 1969년 가톨릭 게릴라들의 연쇄 폭탄 테러 이후 IRA는 지속적인 테러 행위를 감행하고 있다.

17 사회계층과 스포츠 참가 답 ③

상류계층은 직접 참여 스포츠와 경기장 방문 등의 직접 관람 비중이 중·하류층에 비해 높다.

【오답해설】
① 상류계층은 경제적 여유가 중·하류층보다 많아 자신의 재력, 지위를 과시하는 수단으로 스포츠에 참가한다.
② 상류계층은 골프, 요가, 승마와 같이 주로 비용이 많이 드는 개인 종목 스포츠를 선호한다.
④ 대부분 자영업이나 전문직에 종사하는 상류계층은 소수의 인원이 즐길 수 있는 종목을 선호한다.

18 스포츠로의 사회화와 스포츠를 통한 사회화 답 ①

스포츠로의 사회화는 스포츠에 참가하는 활동 그 자체를 의미하며, 이러한 경험으로 영향을 받아 스포츠에 대한 개입 수준을 증가·감소시키는 것이다. 개인이 스포츠에 참가하면서 이루어지는 스포츠 사회화의 초기 단계이며 개인적 특성, 사회적 주관자(스포츠로의 사회화를 촉진시키는 주체), 사회적 상황에 따라 다양한 모습을 보인다. 〈보기〉의 경우 주관자, 환경에 영향을 받아 스포츠에 참여하는 사례를 들고 있으므로 스포츠로의 사회화 과정에 해당한다.

【오답해설】
② 스포츠로의 재사회화 : 일정 기간 동안 스포츠 참가를 중단했던 개인이 새로운 계기에 의해 다시 스포츠에 참가하게 되는 것
③ 스포츠를 통한 사회화 : 스포츠 참가와 활동을 통하여 가치나 역할, 태도를 학습해 가는 과정
④ 스포츠로부터의 탈사회화 : 스포츠에 지속적으로 참가하던 개인이 다양한 이유로 활동을 중단하게 되는 것

19 스포츠의 교육적 기능 답 ③

평생체육과의 연계는 스포츠의 교육적 순기능으로 사회 선도 기능에 해당한다. 교육제도 내에서의 스포츠 참여는 다양한 스포츠의 경험과 참여 기회를 제공하며 평생 즐길 수 있는 체육의 기틀을 마련해 준다. 또한 이러한 평생 체육은 가치 있고 바람직한 삶의 형성에 기여한다.

Tip
스포츠의 교육적 순기능

전인교육	• 사회활동 격려 • 사회화 촉진 • 정서 순화
사회 통합	• 학교 내 통합 • 학교와 지역사회 통합
사회 선도	• 여권 신장 • 장애인의 적응력 배양 • 평생 체육의 장려

20 스포츠로의 사회화와 스포츠를 통한 사회화 답 ①

행동적 참가는 스포츠에 참가하는 경기자 자신의 활동인 일차적 참가와 선수를 제외한 스포츠 생산자·소비자의 이차적 참가로 구분한다. 경기에 직접 입장한 관중 등은 스포츠 소비자에, 지도자, 심판, 구단주 등은 스포츠 생산자에 해당한다.

Tip
케년(G. Kenyon)의 스포츠 참가유형
- 행동적 참가 : 스포츠에 실질적으로 참가하는 형태
  - 1차적 참가 : 스포츠에 참가하는 경기자
  - 2차적 참가 : 선수 이외의 스포츠 생산자로서 스포츠 참가
- 인지적 참가 : 스포츠에 관한 정보를 수용함으로써 이루어지는 참가
- 정의적 참가 : 특정 선수나 팀, 경기 상황에 대해 감정적인 태도 혹은 성향을 표출하는 간접적인 참가

스포츠교육학

01	02	03	04	05	06	07	08	09	10
④	③	①	③	①	①	②	④	①	②
11	12	13	14	15	16	17	18	19	20
②	④	①	③	③	②	②	③	④	④

01 스포츠지도를 위한 교수기법 답 ④

모스턴의 수업 스타일 중 확산발견형에 대한 설명으로 구체적 인지 작용을 통해 특정 상황에 대한 확산적인 반응을 발견하는 스타일이다. 지도자는 지도 교과와 관련된 주제를 결정하고, 학습자는 그 특정 주제에 대한 다양한 반응과 해답을 발견한다.

【오답해설】
① 연습형 : 피드백이 주어진 기억·모방 과제를 학습자가 개별적으로 연습하는 스타일
② 수렴발견형 : 미리 정해져 있는 반응에 이르도록 합리적 사고 과정을 통해 문제의 해결 방법을 발견하는 스타일
③ 상호학습형 : 특정 기준에 의하여 주어진 사회적 상호작용과 피드백을 제공하는 스타일

02 스포츠지도를 위한 교육모형 답 ③

개인적·사회적 책임감 모형은 학생에게 책임감을 증진시키기 위해 헬리슨이 제시한 모형으로 5가지 단계의 책임감에 기초하여 평가한다. 그 중 5단계에 해당하는 전이 단계는 체육수업에서 학습한 가치를 지역사회에 적용시키는 것으로 타인에 대한 배려와 도움행동이 강조된다.

【오답해설】
① 타인의 권리와 감정 존중 단계
② 돌봄과 배려 단계
④ 자기 방향 설정 단계

Tip
헬리슨의 책임감 발달 단계

0단계	무책임감	자기통제능력이 없으며 활동 참여에 있어 다른 사람들을 방해
1단계	타인의 권리와 감정 존중	활동에 참여하는 데 있어 다른 사람을 방해하지 않음
2단계	참여와 노력	자신에게 동기를 부여하고 자발적으로 참여함
3단계	자기 방향 설정	교사의 감독 없이 과제를 완수하며 자기 목표 설정이 가능
4단계	돌봄과 배려	타인의 요구와 감정을 인정, 경청, 대응하는 것
5단계	전이	지역사회에서 타인을 지도하거나 학습한 가치를 실천

03 평가의 실천적 측면 ①

실제평가는 멕티게가 학생들의 성취 기준에 도달하였는지 확인하기 위해 제시한 평가방법 중 하나로, 학습자가 자신의 지식과 기능을 이용하여 실제 경기에서 적용하고 수행하는 것을 평가하는 방법이다.

【오답해설】
② 총괄평가 : 주어진 학습과정을 마친 후 학습목표의 달성도를 측정하기 위한 평가방법
③ 규준지향평가 : 학습자가 속해 있는 집단 내의 서열을 중심으로 상대적인 위치를 알아보기 위한 평가방법
④ 준거지향평가 : 절대평가로 교육목표를 설정해 놓고 학습자의 목표의 달성도를 알아보기 위한 평가방법

04 스포츠교육의 개념 ③

체육 프로그램의 목표 중 정의적 영역은 감정이나 가치, 태도, 인성과 같이 사회적 관계, 스포츠맨십, 페어플레이 정신 등을 포함한다. 따라서 경기에서 동료와 협동할 수 있는 능력은 정의적 영역에 해당한다. 이외에도 체육 프로그램의 목표(학습영역)는 심동적 영역(신체기능, 움직임의 발달 등), 인지적 영역(논리, 지식, 개념 등)으로 분류할 수 있으며, 스포츠교육 시 이 세가지 영역들을 고려하여서 학습목표를 설정해야 한다.

05 스포츠지도를 위한 교수기법 ①

연습형 스타일은 피드백이 주어진 기억·모방 과제를 학습자가 개별적으로 연습하는 스타일이다. 연습형 스타일에서 학습자는 9가지 특정 사항에 따라 의사결정을 내리고 기억·모방 과제를 수행하는데, 이때 지도자는 학습자 개개인의 과제에 평가와 피드백을 제공하는 역할을 해야 한다.

06 스포츠교육의 실천 영역 ①

교육에서 추구되는 교육목표를 인지적 영역, 정의적 영역과 심체적 영역의 세 가지로 구분한다. 블룸은 그중 인지적 영역을 지식 획득과정의 난이도와 복잡성에 따라 지식, 이해, 적용, 분석, 종합, 평가로 분류하여 체계화하였다. 분석 단계는 경기(자료)를 구성요소나 부분으로 분할하여 부분 간의 관계 또는 부분의 조직방법을 찾아내는 능력을 말한다. 〈보기〉의 경우 배드민턴 경기에서 서비스를 부분으로 나누고 분석하여 비교 대조하는 분석 단계에 해당한다.

Tip
블룸(Bloom)의 인지적 영역
- 지식 : 교육과정에서 학습한 내용을 기억하고 재생해 내는 능력
- 이해 : 의사전달내용이나 전달된 지식을 받아들이고 이에 관련된 자료를 이용할 수 있는 능력으로 번역, 해석, 추론을 포함
- 적용 : 일반적 상황이나 구체적인 상황에 학습한 내용·지식을 사용하는 능력. 학습한 개념, 방법, 원리를 새로운 문제에 적용해서 해결
- 분석 : 주어진 자료를 하위 요소로 분해하고 요소 간의 관계와 조직되어 있는 방법을 발견하는 능력
- 종합 : 여러 개의 부분을 전체로서 하나가 되도록 묶는 능력
- 평가 : 기준에 따라 문제해결방법, 방법, 소재 등에 대해 가치판단 하는 능력. 비판력과 판단력을 포함하는 능력으로 지적 기능의 가장 높은 단계

07 스포츠지도를 위한 교수기법 ②

행동수정기법 중 토큰 수집 기법에 대한 설명으로 토큰 수집 기법은 점수, 쿠폰 등 토큰으로 사용하며 기대행동이 발생할 때 이를 강화하기 위해 주어지는 강화자극의 일종이다. 학습자가 원하는 다양한 물건이나 행위로 교환할 수 있는 토큰을 보상으로 제공하여 학습자에게 충족지연의 습성을 향상시킬 수 있다. 또한 다른 기법에 비해 간편하게 보상을 줄 수 있다는 장점이 있다.

【오답해설】
① 타임아웃 : 문제 행동이 발생할 경우 학습자가 선호하는 상황에서 분리, 즉 선호자극을 박탈하는 기법
③ 좋은 행동 게임 : 팀을 편성하여 교육 시 부적절한 행동을 보이는 팀에게 감점을 부여하는 방법으로 교육이 끝난 후 이긴 팀에게는 보상을 하는 기법
④ 지도자-학습자 사이의 계약 : 지도자와 학습자가 행동의 목표, 특정 행동에 대한 긍정적 보상 방법, 부정적 행동에 대한 책임 등을 구체적으로 합의하는 기법

08 학교체육 프로그램 개발 및 실천 ④

절차적 지식은 메츨러가 분류한 학습자들이 획득하는 지식의 유형으로 지도자가 실제로 수업 전후 또는 수업 중에 적용할 수 있는 지식을 말한다. 학습자가 활동하는 동안 이를 관찰하여 정확한 피드백을 제공할 수 있는 지식도 포함한다. 이 코치의 답변은 지도자가 말이나 문서로 표현할 수 있는 명제적 지식에 해당한다.

Tip
메츨러의 지식의 유형

명제적 지식	지도자가 구두 혹은 문서로 표현할 수 있는 지식
절차적 지식	지도자가 실제 수업 전·후 또는 수업 중에 적용할 수 있는 지식
상황적 지식	지도자가 특수 상황에서 적절한 의사결정에 대한 정보를 제공하는 지식

09 학교체육 　　　　　　　　　　　답 ①

학교체육진흥법 제11조 제5항에서는 학교의 장은 원거리에서 통학하는 학생선수를 위하여 기숙사를 운영할 수 있다고 규정하고 있으며 이 경우 필요한 사항은 교육부령으로 정한다.

10 스포츠지도를 위한 교수기법 　　답 ②

간접기여 행동은 학습환경과 관련은 있으나 수업 내용과는 무관한 행동으로 부상 학생의 처리, 게임의 심판 역할 등을 포함한다. 김 코치의 행동은 수업 도중 부상 학생을 처리하는 간접기여 행동과 관련이 있다.

Tip

교사의 학습지도행동
- 비기여 행동 : 수업 내용에 기여할 가능성이 전혀 없는 행동
- 간접기여 행동 : 학습자 또는 학습지도와 관련은 있으나 수업 내용과는 무관한 행동
- 직접기여 행동 : 수업 내용에 직접적으로 기여하는 행동으로 학습에 가장 큰 영향을 미치는 행동

11 스포츠지도를 위한 교수기법 　　답 ②

지도자는 효과적인 수업을 위해 학습자를 관리하는 적절한 운영 기술이 필요하다. 그중 신호 간섭은 손짓이나 기타 신호 등을 이용하여 학습자의 부적절한 행동을 예방하는 것이다.

Tip

학습자 관리 기술
- 삭제훈련 : 학생이 특정한 행동에 관여하지 않은 데 대해서 보상을 주는 것
- 적극적 연습 : 학생이 부적절한 행동에 참가할 때마다 일정 횟수로 적절한 행동을 하도록 하는 것
- 보상손실 : 학생이 부적합한 행동을 함으로써 어떤 것을 상실하게 하는 것
- 퇴장 : 위반행동을 한 학생이 일정 시간 동안 활동에 참여할 수 없도록 하는 것
- 신호 간섭 : 손짓이나 기타 신호 등을 통해 학습자의 부적절한 행동을 예방하는 것
- 접근통제 : 교사가 직접 순회하면서 학습자의 부적절한 행동을 예방하거나 직접 제지하는 것

12 생활체육 　　　　　　　　　　답 ④

㉠ 제1항 제2호에 해당하는 내용이다.
㉡ 제1항 제3호에 해당하는 내용이다.
㉢ 제1항 제5호에 해당하는 내용이다.
㉣ 제1항 제1호에 해당하는 내용이다.

13 스포츠지도를 위한 교육모형 　　답 ①

로젠샤인의 직접교수모형을 활용하여 수업을 6단계로 분류할 수 있으며, 지도자는 피드백 및 교정 단계를 통해 학습자가 다음 과제로 넘어갈 준비가 되었는지를 확인할 수 있다. 이를 위해 지도자는 초기 학습과제를 되풀이하거나 학습자에게 주요 운동 수행 단서를 다시 가르칠 수 있다.

【오답해설】
② 직접교수모형의 평가는 공식적 또는 비공식적 방법으로 이루어지는데, 비공식적 평가는 매우 실용적이지만 과제수행기준의 성공률에 오류가 발생할 수 있다는 위험이 따른다.
③ 새로운 과제 제시는 지도자가 학생이 배우게 될 새로운 개념, 지식 등을 제시하는 단계이다.
④ 독자적인 연습은 지도자가 여전히 학습 활동을 설계하고 과제를 제시하지만, 학습자가 스스로 학습 진도를 결정할 수 있도록 하는 단계이다.

14 스포츠지도를 위한 교수기법 　　답 ③

지도자는 수업 내용을 보다 효율적으로 전달하기 위해 다양한 전달 방법을 사용하는데, IT매체를 활용하여 피드백·의사소통·학습자의 동기유발에 큰 효과를 볼 수 있다. 특히 IT매체를 이용하면 즉각적인 피드백이 가능해 정확성이 증가하여 움직임 관찰과 분석 지식의 발달을 도모할 수 있다. ㉢의 경우 지도자는 녹화된 영상을 통해 학습자에게 정확하고 즉각적인 피드백을 제공하였으므로 IT 매체를 통한 피드백의 효율성 향상에 대한 사례이다.

15 스포츠지도를 위한 교수기법 　　답 ③

〈보기〉는 축소 수업, 즉 마이크로 티칭에 대한 설명이다. 축소 수업은 동료나 소수의 학습지로 구성된 소집단을 대상으로 간단한 수업을 실시하는 연습방법이다. 수업을 녹화하여 녹화한 수업을 분석하고 평가하며 그 결과에 따라 새로운 수업을 다시 진행한다.

【오답해설】
① 1인 연습 : 교수의 지도 내용을 녹음하여 단어 및 문장의 적절한 구사 등을 확인하거나 거울 앞에서 자신의 모습을 점검하는 방법
② 동료 교수 : 소집단의 동료들과 모의 수업을 만들어 교수기능을 연습하는 방법
④ 반성적 교수 : 동료 교수와 유사한 모의 수업을 설정하고 수업 후 학습자가 교수내용 등을 평가하는 방법

16 스포츠지도를 위한 교수기법 　　답 ②

학습단서의 형태 중 조작 단서는 지도자가 의사전달을 위해 학습자의 신체 일부를 이동시키는 방법으로 체험적인 단서를 의미한다. 지도자는 여러 가지 이때 단서를 활용하여 효율적으로 학습과제를 전달한다. 단서란 학습자가 과제의 핵심요소를 정확하게 수행할 수 있는 방법에 대한 구체적인 정보를 의미하며 5가지의 형태로 구분할 수 있다.

> **Tip**
>
> 학습단서의 형태
> - 언어 단서 : 운동 수행의 향상 방법 등에 대한 언어적 정보
> - 비언어 단서 : 정확한 동작이나 부정확한 동작에 대한 시범
> - 조작 단서 : 의사전달을 위해 학생의 신체 일부를 이동시키는 방법으로 체험적 단서
> - 시청각 단서 : 그림 및 사진과 같은 시청각 매체를 통해 제공하는 단서
> - 언어 단서와 비언어 단서 동시 제공

17 스포츠지도를 위한 교수기법 답 ②

예방적 수업 운영은 수업 운영의 효율성을 높이기 위한 운영 방식이다. 예상되는 상황을 예측하고 이에 대응하는 규칙을 만들며 수업 시간을 정확하게 엄수한다. 또한 학습자의 주의를 집중시키기 위하여 지도는 열의, 격려, 주의 환기 등 적절한 신호를 사용하기도 하며 이러한 운영 방식은 수업이 긍정적으로 진행될 수 있도록 도와준다는 장점이 있다. 따라서 〈보기〉 중 예방적 수업 운영 행동에 해당하는 것은 ㉠, ㉡, ㉢이다.

18 스포츠지도를 위한 교육모형 답 ③

게임을 통해 활동을 지도할 때는 스포츠의 정해진 규칙을 준수하기보다 학습자의 발달 단계에 따른 변형된 형태의 게임 규칙을 적용한다. 학습자의 능력에 초점을 맞춘 변형 게임은 학습자에게 많은 활동과 학습한 전략을 사용할 기회를 제공한다. 게임의 변형은 한 팀의 인원수, 게임 규칙, 필드 변경, 골대 및 목표물 크기 변경 등을 통해 가능하다.

【오답해설】
① 역할수행 : 학습자가 게임 내 선수뿐만 아니라 심판, 점수 기록자, 코치 등 여러 형태의 참여자 역할을 수행하도록 하는 방법
② 학습센터 : 학습 스테이션이라고도 하며 학습자들을 소집단으로 나누어 장소(센터)를 옮겨가며 학습하는 방법으로 각 센터에서 다양한 기술과 난이도의 과제를 수행하여야 함
④ 협동과제 : 학습자들을 소집단으로 나눈 후 지도자가 해결해야 할 과제를 부여하는 방법. 이때 지도자는 특별한 도움이나 지시 없이 집단이 목표를 달성하도록 지도함

19 스포츠지도를 위한 교수기법 답 ④

스포츠의 실제학습시간(ALT)은 수업에 참여하는 학습자가 적절한 난이도의 과제를 성공적으로 수행 또는 경험하면서 실제로 참여한 시간을 말한다. 실제학습시간은 학습자의 과제에 대한 성공적인 수행을 중요시하며, 학습자의 학업 달성도를 예측할 수 있는 가장 확실한 단일 변인에 해당한다.

> **Tip**
>
> 학습과제에 참여하는 시간
> - 학교 또는 기관이 체육활동에 할당한 시간
> - 학습자가 체육활동에 소비한 시간(운동참여시간)
> - 학습자가 과제에 실제로 투입한 시간(과제참여시간)
> - 학습자가 성공적으로 경험하면서 학습과제에 소비한 시간(실제학습시간)

20 평가의 이론적 측면 답 ④

체육학습 평가는 학습자의 운동 수행 참여와 동기를 촉진할 뿐만 아니라 학습지도의 효율성 판단, 목표에 따른 학습 진행 상태 점검 등을 위해 실행한다. 평가는 학생들의 역량을 판단하고 학습 진전을 알아 학습의 어려움을 도와주려는 방법으로 활용되는 것이며, 학습 과정을 배제한 채 순위를 결정하기 위해 활용되지는 않는다.

> **Tip**
>
> 평가의 목적
> - 교사의 교육방법을 개선
> - 학습자의 운동 수행 참여 및 향상 동기 촉진
> - 학습자의 학습상태와 학습지도에 관한 정보 제공
> - 학습지도 및 관리운영의 효율성을 위한 집단 편성
> - 학습자 역량 판단을 통한 이수 과정 선택 정보 제공
> - 교육 프로그램 또는 교육과정의 적절성 확인
> - 교육 목표에 따른 학습 진행 상태 점검 및 지도활동 조정

스포츠심리학

01	02	03	04	05	06	07	08	09	10
③	①	②	③	④	④	③	②	②	④
11	12	13	14	15	16	17	18	19	20
①	④	②	③	④	①	①	③	③	①

01 운동제어 답 ③

다이나믹 시스템 이론은 인간의 운동행동이 환경, 유기체, 과제의 상호작용에 의해 생성되고 변화한다는 이론이다. 이 이론은 안정성과 상변이의 개념을 사용하여 기존 이론에서 다루지 못한 운동행동의 갑작스러운 변화를 설명하는데, 상변이는 안정성의 변화로 인해 협응구조의 형태가 변하는 현상으로 비선형적 원리를 따른다.

02 목표설정 답 ①

목표설정에서 목표 유형 중 하나인 수행목표는 운동 수행의 성취에 기반을 둔 과정목표이다. 선수 자신의 과거 기술 수준을 기준으로 하는 목표로 결과목표에 비해 구체적이다. 농구 대회에서의 우승, 올림픽 금메달 획득 등 시합의 결과를 중요시하는 목표는 결과목표이다.

Tip

목표의 유형

주관적 목표	기준이 자기 자신에게 있으며 개인에 따라 해석에 차이가 있는 목표
객관적 목표	구체적인 시간의 제한 내에서 구체적인 수행 기준을 달성하는 목표
결과목표	조절 불가능한 결과 혹은 성과에 기반을 둔 목표
수행목표	운동 수행의 성취에 기반을 둔 목표이며 선수 자신의 과거 기술 수준을 기준으로 하는 목표

03 운동학습 답 ②

㉠ 파지검사 : 운동 수행으로부터 학습한 운동을 추론하는 방법이다. 연습으로 향상된 운동 수행력이 얼마만큼 유지·지속할 수 있는지를 파악한다.
㉡ 전이검사 : 학습한 내용을 새로운 수행 상황에서 관련된 기술에 얼마나 적절히 활용하는가를 검사하며, 과제 내 전이검사와 과제 간 전이검사로 분류한다.

04 주의집중 답 ③

주의집중을 향상시키는 방법에는 자신만의 수행 루틴을 집중이 필요한 시점에서 활용하는 방법, 산만한 상황에서 연습하여 적응하는 방법, 실제 경기와 동일한 조건으로 수행하는 모의훈련 등 여러 가지가 있다. 실패의 결과를 미리 예측하는 것은 주의집중에 도움이 되지 않는다.

05 심상 답 ④

㉠ 선명도 : 모든 감각을 동원하여 세밀하고 구체적인 동작을 심상하며 심상 활용 시 최대한 실제와 동일하게 이미지를 상상한다.
㉡ 조절력 : 심상을 조정하는 능력으로 선명한 이미지를 떠올리며 원하는 대로 조절할 수 있어야 한다.

【오답해설】
① 주의집중을 향상시키는 방법으로 주의연합은 내적인 변화에 주의를 기울이는 방법이고, 주의분리는 즐거운 일을 떠올리거나 변화하는 생각에 주의를 기울이는 방법이다.
② 외적 심상은 자신이 성공적으로 수행하는 모습을 관찰자의 시점에서 상상하는 것이다.
③ 반응선택은 통계적 처리와 자동적 처리의 단계로 구분할 수 있다. 통계적 처리는 정보처리 속도가 느리며 주의가 요구된다. 반면 자동적 처리는 정보처리 속도가 빠르며 습관적이어서 주의가 요구되지 않는다.

06 운동학습 주요 요인 답 ④

보강적 피드백이란 학습자가 수행하면서 감각에 의해 얻는 자연스러운 정보가 아닌 외부에서 주어지는 정보로 외재적 피드백이라고도 한다. 외재적 피드백은 정보에 따라 수행지식과 결과지식으로 구분하는데, 수행지식은 동작 유형·패턴·속도 등과 관련된 운동학적 정보를 말한다. 〈보기〉의 경우 지도자가 동작 패턴에 대한 운동학적 정보를 언어의 형태로 제공하고 있으므로 수행지식에 해당한다.

【오답해설】
①, ② 내적 피드백(감각 피드백) : 수행자의 감각에 의한 피드백
③ 결과지식 : 환경적 목적 관점에서의 동작의 결과에 대한 정보를 제공하는 외재적 피드백

07 집단응집력 답 ③

링겔만 효과는 집단에 참여하는 구성원의 수가 증가할수록 성과에 대한 각 구성원 개인의 공헌도가 저하되는 효과를 말한다. 특히 집단의 잠재 능력에 비해 실제 능력이 줄어드는 이유는 구성원 각자가 공동작업에 열심히 참여하려는 동기가 약해지기 때문이다. 따라서 ㉠은 링겔만 효과, ㉡은 동기 손실에 해당한다.

【오답해설】
• 유능감 손실 : 개인이 감각과 운동능력을 사용하고 발전시키려는 일종의 자신감이 손실된 것을 의미한다.
• 관중 효과 : 사람이 일이나 작업 등을 위해서 어떤 행동을 하고 있을 때, 그것을 다른 사람이 보고 있음으로써 그 행동의 양이나 속도·질 등에 영향을 받는 것을 말한다.

08 운동학습 답 ②

파츠와 포스너의 운동학습 단계는 인지 단계(초보), 연합 단계(중급), 자동화 단계(숙련)으로 구분된다. 〈보기〉에서 ㉠은 안정적이고 일관성 있게 수행하는 자동화 단계이고, ㉡은 과제 수행의 고정을 위해 연습과 수정이 필요한 단계인 연합 단계이다. ㉢은 개념을 이해하는 인지 단계에 해당한다.

Tip

피츠와 포스너의 운동학습 단계

인지 단계	• 과제의 개념 이해 • 느린 동작 • 비효율적이고 일관성 없음
연합 단계	• 과제 수행의 고정을 위한 연습 필요 • 스스로 부분 동작을 자동 조절
자동화 단계	• 정확한 동작 구현 • 일관적이고 효율적인 동작

09 동기 답 ②

귀인이론은 발생한 사건의 원인은 개인이 지니고 있는 특성이나 환경적 요인에 대하여 자신이 어떻게 인지하고 지각하느냐에 따라 달라진다고 보고, 이러한 행동의 원인을 설명하고 예언하려는 이론이다. 〈보기〉의 A씨는 다른 참가자들 보다 수영에 재능이 없어 습득이 늦는다고 생각하므로 외적이고 안정적이다. 또한 실패할 경우 결석이 잦아지고 결국 운동 중단이 예상되므로 통제 불가능한 귀인 요소로 볼 수 있다. 따라서 A씨를 위해 내적이고 불안정적이며 통제 가능한 개인의 노력에 귀인할 수 있도록 지도해야 한다.

Tip

귀인의 차원

구분	내용	종류
원인 소재	성공 또는 실패의 원인이 자신의 내부에 존재하는지 외부에 존재하는지에 따라 원인 소재가 달라짐	내적 원인 : 노력이나 능력 외적 요인 : 운이나 과제의 난이도
통제 가능성	성공이나 실패를 자신이 통제할 수 있는지 없는지에 대한 것	통제 가능한 원인 : 노력 통제 불가능한 원인 : 능력이나 과제 난이도
안정성	귀인이 변화될 수 있는지 아닌지에 따라 달라짐	안정성 : 원래 타고난 능력이나 과제 난이도 불안정성 : 노력하는 양이나 운

10 운동학습 답 ④

부적 전이는 이전의 경험이 새로운 학습이나 새로운 상황에서 기능수행에 간섭하거나 제지 등 부정적 영향을 끼치는 것을 말한다. 〈보기〉에서 수현이는 배드민턴을 칠 때 습관적으로 사용하는 손목 스냅을, 새롭게 배우는 테니스 교실에서는 손목을 고정하도록 지도받고 있다고 하였으므로 부적 전이에 해당한다.

【오답해설】
① 과제 내 전이 : 학습 당시의 환경과 다른 환경에서 동일한 기술을 구사하는 현상
② 양측 전이 : 몸의 한쪽에서 습득한 학습이 다른 쪽으로 전이되는 현상
③ 정적 전이 : 이전의 경험이 새로운 기능의 학습이나 새로운 상황에서의 기능 수행이 미치는 긍정적 영향

11 운동제어 답 ①

㉠ 반응시간(RT) : 여러 자극과 반응들로 이루어진 과제가 있을 때, 이전 자극에 대한 반응 이후에 다음 자극이 제시될 때까지의 경과 시간
㉡ 움직임 시간(MT) : 실제 움직임이 시작되어 종료될 때까지의 시간
㉢ 전체 반응시간 : 반응시간과 움직임 시간을 모두 합한 시간

Tip

반응시간과 움직임 시간의 관계

반응시간과 움직임 시간은 운동 수행의 다른 측면을 측정하는 변인이기 때문에 이 두 개의 변인을 가지고 다른 변인을 예측하는 것은 삼가야 한다.

12 루틴 답 ④

인지 재구성은 불안을 극복하고 긍정적으로 해석하는 방법을 말한다. 〈보기〉에서 A 선수는 첫 엔드에서 6점 한 발을 기록했지만, 슈팅 당시 바람이 부는 상황이었고 낮은 점수가 첫 엔드에서 나와 다행으로 생각하고 있으므로 인지 재구성에 해당한다.

【오답해설】
① 사고 정지 : 부정적인 생각이 들기 시작할 때, 곧바로 생각의 제동을 거는 방법
② 자생 훈련 : 신체 부위의 따뜻함과 무거움을 느끼게 해주는 일련의 동작으로 구성된 방법
③ 점진적 이완 : 앉거나 누운 상태로 실시하고, 각 신체 부분에 긴장과 이완을 반복하는 방법

13 주의집중 답 ②

지각 협소화는 각성 수준이 높아지면서 주위를 기울일 수 있는 폭이 점차 좁아지는 현상을 말한다. 〈보기〉에서 높은 각성 수준으로 인해 깊은 바닷속에서 시야가 평소보다 훨씬 좁아졌다고 했으므로 지각 협소화에 해당한다.

【오답해설】
① 스트룹 효과 : 그 단어의 의미와 색상이 일치하지 않은 조건에서 색상을 명명하는 반응속도가 늦어지는 현상
③ 칵테일 파티 효과 : 칵테일 파티처럼 여러 사람의 목소리와 잡음이 많은 상황에서도 본인이 흥미를 갖는 이야기는 선택적으로 들을 수 있는 현상
④ 맥락간섭 효과 : 운동 기술을 연습할 때 다양한 요소들 간의 간섭이 발생하는 현상

14 리더십 답 ③

스포츠 지도자의 리더십은 훌륭한 지도자가 되기 위해 반드시 갖추어야 할 특성이다. 지도자의 리더십 행동으로는 선수에게 개별 시간을 할애하는 것, 선수가 목표를 수립하도록 도와주는 것, 선수의 주의산만 요인을 파악하고 효율적으로 지도하는 것 등이 있다. 지도자가 선수에게 과도하게 자신감을 부여하는 행동은 선수가 부담을 느끼거나 자만해질 수 있기 때문에 주의해야 할 행동이다.

15 운동제어 답 ④

㉠ 단기기억 : 기억 용량이 제한되어 그 정보를 보관할 수 있는 시간이 한정되어 있는 기억을 말한다. 반복하지 않으면 빠른 속도로 붕괴되는 기억이다.
㉡ 감각기억 : 정보를 매우 짧은 시간 동안 저장하는 기억으로, 시각적 감각기억은 1초 이내, 청각적 감각기억은 2초 정도까지 유지된다.
㉢ 장기기억 : 감각통로를 통해 투입된 정보가 단기 기억의 과정을 거쳐 비교적 무제한적으로 저장되는 기억의 과정이다. 장기기억에 저장된 정보는 다시 재생·활용되고 반응으로 나타난다.

Tip
기억의 종류
- 감각기억 : 기억의 최단기 요소로 감각 자극이 끝난 후에 감각 정보가 가지는 느낌을 유지하는 기능
- 단기기억 : 정보의 처리와 기억을 동시에 수행하는 능력으로 일시적인 회상을 위한 기능
- 장기기억 : 단기기억의 내용은 여러 번 반복된 연습을 통해 장기기억이 될 수 있음

16 운동제어 답 ①

프로차스카의 운동변화단계 이론 중 준비단계는 현재 운동을 하고 있지만 목표 달성 여부가 불확실한 상태이다. 일정 기간 내에 목표를 달성하기 위해 가능한 많은 정보와 동기부여를 수집한다.

Tip
프로차스카의 운동행동변화단계

무관심	운동에 대해 무관심하며 행동변화 거부
관심	관심은 있으나 수행은 하지 않음
준비	운동 수행 중이나 목표 달성 여부는 불투명하고 일정 기간 내에 목표를 달성하고 싶은 의도와 의욕이 있음
실천	운동 수행을 지속한 지 6개월 미만이지만 목표를 달성 중이며 운동에 대한 관심과 투자가 충분함
유지	6개월 이상의 성공적 운동 수행 진행, 하위단계로 돌아갈 위험성이 적음

17 정서와 시합불안 답 ①

상태불안은 상황에 따라 다양하게 변화하는 일시적 성격의 정서 상태로 신체적 불안과 인지적 불안으로 구분된다. 신체적 상태불안은 상황에 따라 나타나는 심장박동, 손의 떨림 등 지각된 생리적 반응이며, 인지적 상태불안은 상황에 따라 변하는 운동 수행에 관한 부정적 생각·걱정을 말한다.

【오답해설】
② 분리불안 : 애착을 갖고 있는 대상과의 분리에 대한 심한 불안
③ 특성불안 : 선천적으로 타고난 개인적 특성 및 기질과 관계된 불안
④ 부적강화 : 강화물을 없앰으로써 행동을 증가시키는 것

18 운동학습 답 ③

㉠ 구획연습 : 학습자가 다양한 변인들을 포함하고 있는 하나의 기술을 학습하는 데 있어서 각 변인들을 순차적으로 특정 시간에 연습하는 것
㉡ 무선연습 : 학습자가 운동기술에 포함되는 하위 요소들을 무작위로 연습하는 것

Tip
운동기술 연습의 유형

전습법	한 가지의 과제를 전체적으로 제시
분습법	한 가지의 과제를 하위 단위로 나누어 제시
구획연습	과제를 순차적으로 제시
무선연습	과제를 무작위로 제시
집중연습	연습시간을 휴식시간보다 상대적으로 길게 배분
분산연습	연습시간을 휴식시간보다 상대적으로 짧게 배분

19 스포츠심리상담의 개념 답 ③

스포츠 심리상담사는 초기 단계에서 상담의 성격과 절차를 결정하여 내담자와의 라포를 형성하고 강화한다. 이후 내담자를 관찰하며 경청하고 내담자에 대한 치료와 문제해결의 방법을 모색한다. 이때 언어적뿐만 아니라 비언어적 메시지도 놓치지 않는 민감성이 필요하다. 또한 상담의 참여와 진행을 내담자 스스로 선택하고 결정하게 하며 상담과정의 모든 내용은 제3자에게 알리지 않는다. 특별한 경우를 제외하고는 내담자와 사적인 관계를 유지하지 않는다.

20 운동제어 답 ①

자극확인 단계는 자극을 확인하여 분석하고 의미를 부여하는 단계로 100m 달리기의 출발신호에 대한 반응시간은 단순반응시간에 해당한다. 단순반응시간이란 하나의 자극신호에 대하여 단일한 반응만을 요구할 때 측정되는 반응시간으로, 자극의 명확성이 증가할수록 전체적인 반응시간이 줄어든다. 즉, 100m 달리기의 출발신호에서는 자극확인 단계의 소요 시간이 상대적으로 짧다.

Tip
정보처리단계

감각·지각 단계	정보 자극을 받아들여 그 내용을 분석하고 의미를 부여하는 단계
반응선택 단계	자극에 대한 확인 후 환경 특성에 맞추어 그 자극에 대하여 어떻게 반응할지 결정하는 단계
반응실행 단계	실제 움직임을 생성하기 위하여 운동 체계를 조직하는 단계

한국체육사

01	02	03	04	05	06	07	08	09	10
④	②	④	②	①	③	③	④	③	④
11	12	13	14	15	16	17	18	19	20
①	④	②	①	①	④	②	①	②	③

01 선사 및 부족국가시대의 체육 ④

성년의식은 선사·부족국가 당시 일정한 나이가 되어 성년이 될 때 치르는 통과의례로 정신적 성인식과 육체적 성인식으로 구분한다. 육체적 내용의 성인의식은 식량 확보, 부족의 춤 학습 등을 통해 육체적 어려움을 극복하는 과정으로서 신체활동에 대한 능력을 시험받는 것이다.

【오답해설】
① 영고 : 부여에서 매년 정월에 행한 제천의식
② 무천 : 동예에서 10월에 행한 제천의식
③ 동맹 : 고구려에서 10월에 행한 제천의식

02 삼국 및 통일신라시대의 체육 ②

세속오계(世俗五戒)는 신라시대의 화랑이 지켜야 했던 다섯 가지 계율로 진평왕 때 원광이 화랑들을 위해 일러 주었다. 그 내용으로는 사군이충(충성으로써 임금을 섬긴다), 사친이효(효도로써 어버이를 섬긴다), 교우이신(믿음으로써 벗을 사귄다), 살생유택(산 것을 죽임에는 가림이 있다), 임전무퇴(싸움에 임해서는 물러남이 없다)이다. 이 다섯 가지 계율은 후에 화랑도가 발전하는 데 크게 기여하였다.

【오답해설】
① 삼강오륜(三綱五倫) : 유교 윤리에서 기본이 되는 3가지 기본 강령과 5가지 인륜
③ 문무겸비(文武兼備) : 글 솜씨와 무예를 두루 갖춤
④ 사단칠정(四端七情) : 성리학의 철학적 개념으로 사단은 인간 본성이 선함을 설명하며 칠정은 인간의 7가지 감정을 통틀어 의미함

03 고려시대의 체육 ④

『무예도보통지』는 조선 후기의 무예 훈련 교범이다. 다른 서적들은 전략·전술 등 이론을 중점으로 하였으나 『무예도보통지』는 무예 동작을 세세하게 그림과 글로 해설하였다는 특징이 있다.

【오답해설】
① 강예재 : 고려시대 국자감에 두었던 칠재(七齋)의 하나로 무학을 공부하던 곳
② 수박희 : 두 사람이 일정한 거리를 두고 마주 서서 손으로 힘과 기술을 겨루는 놀이. 고려 후기에 무예 연마를 위한 수단으로 성행
③ 격구 : 고려와 조선시대에 무신들이 무예를 익히는 방법으로 하던 구기 경기

04 삼국 및 통일신라시대의 체육 ②

방응은 사나운 매를 길러 꿩이나 새를 사냥하는 일종의 수렵활동으로 삼국시대부터 고려와 조선시대를 거쳐 일제강점기까지 이어져 온 활동이다. 왕과 귀족들이 즐기던 고급 놀이였으나 조선 숙종 이후 민간에서 민속으로서 방응이 지속되어 왔다.

【오답해설】
① 각저 : 씨름. 두 사람이 맞잡고 힘과 기술을 부리어 상대를 먼저 땅에 넘어뜨리는 놀이
③ 격구 : 말을 타고 막대기로 공을 쳐서 상대방의 문에 넣는 구기 경기
④ 추천 : 주로 부녀자들이 단오에 그네를 타고 노는 놀이

05 고려시대의 체육 ①

무신정변은 무신 정중부 등에 의해 일어난 정변으로 1170년 8월 의종의 보현원 행차를 계기로 정변이 발생했다. 행차 도중에 의종은 무신에게 오병수박 놀이를 시켰는데, 대장군 이소응이 패배하고 달아나자 문신 한뇌가 그의 뺨을 때렸다. 이것이 도화선이 되어 정중부, 이의방 등은 보현원에 도착해서 반란을 일으켰다. 무신정변을 계기로 고려는 문벌귀족사회가 무너지고 무신정권이 새롭게 성립되었다.

【오답해설】
② 묘청의 난 : 고려 1135년 묘청이 서경에서 일으킨 반란
③ 이자겸의 난 : 고려 1126년 최고 권력자였던 척신 이자겸 등이 도참설을 내세워 인종을 폐위시키고 왕위를 찬탈하고자 일으킨 반란
④ 삼별초의 난 : 고려 1270~1273년 삼별초가 몽고의 간섭에 대항하여 일으킨 반란

06 개화기의 체육 ③

원산학사는 1883년 민간에 의해 세워진 중등학교로 한국 최초의 근대적 교육기관이다. 초기에는 문예반과 무예반으로 편성하였는데 문예반은 50명의 학생을, 무예반은 200명의 학생을 뽑아 교육과 훈련을 하였다. 특히 무예반을 편성한 것은 일본의 무력 위협에 대비하여 무비자강을 실현하기 위함이다. 원산학사는 정부의 개화정책에 앞서 덕원, 원산의 주민들과 그 외 많은 민간인들에 의해 자발적으로 자금을 모아 근대 학교를 설립하였다는 점에서 큰 의의를 지닌다.

【오답해설】
① 대성학교 : 1908년 안창호가 평양에 설립한 중등교육기관으로 독립정신과 실력을 갖춘 인재 양성을 목표로 함
② 오산학교 : 1907년 이승훈이 평안북도 정주에 세운 중등 과정의 학교로 민족정신의 고취와 인재양성을 통해 나라의 자주독립을 목표로 함
④ 동래무예학교 : 1878년 동래부에 설치된 근대 학교

07 체육사 연구 분야 답 ③

『한국체육사』는 1963년 나현성이 부족국가시대부터 8·15 해방까지의 체육 발달 과정을 서술한 책이다. 근대화의 흐름이 시작된 갑오경장(1895)을 기점으로 전통 체육과 근대 체육으로 구분하였다. 전통시대의 체육은 「격구, 검무, 수렵 등 대부분 무예를 중심으로 하는 놀이가 성행하였다. 근대시대의 체육은 「교육입국조서」를 중심으로 하는 축구와 같은 각종 스포츠와 교련, 체조 등을 행하였다. 이때 「교육입국조서」란 1895년에 반포되어 '국가의 부강은 국민의 교육에 있다'는 내용을 담고 있다.

08 조선시대의 체육 답 ④

조선시대 무과는 3년에 한번씩 정규적으로 실시하는 식년무과와 임시로 설치되는 증광시, 별시, 정시 등 다양한 비정규 무과가 존재했다. 무과의 시험 과목은 크게 강서와 무예 두 종류가 있다. 식년무과는 초시, 복시, 전시의 세 단계로 시험을 진행하였는데 초시는 식년의 전해 가을, 복시·전시는 식년 봄에 거행하였다. 초시는 훈련원과 병마절도사가, 복시는 병조와 훈련원이 주관하였다.

09 개화기의 체육 답 ③

운동회는 개화기의 체육에서 중요한 비중을 차지하며 구기 종목과 육상 등이 인기를 끌었다. 당시 운동회는 영어학교나 기독교계 학교를 중심으로 확산되었다. 우리나라 최초의 운동회인 화류회는 1896년 영어학교에서 개최하여 600보경기, 높이뛰기, 2인3각 경기 등의 다양한 육상경기와 오락을 진행하였다. 초창기에는 주로 육상이었지만 점차 놀이 및 스포츠 종목이 다양해졌다. 이때 교사들에 의해 활성화된 축구는 구기 종목 중 최초로 도입된 서구 근대 스포츠이다. 운동회는 당시 학교체육이라는 제도에서 벗어나 학생과 일반인에게 스포츠 활동에 참여할 수 있는 기회를 제공하였다.

10 조선시대의 체육 답 ④

훈련원은 군사의 무재를 시험하고 무예를 훈련시키며, 무경을 습독시키는 일을 관장하던 조선시대 관청이다. 조선이 건국되어 관제를 반포할 때 군사 훈련의 체계화를 위해 훈련관으로 설치되었다가 세조 때 훈련원으로 개칭되었다.

【오답해설】
① 사정 : 사장(射場)이라고도 하며 활 쏘는 사람들이 무예 수련을 하기 위해 활터에 세운 정자
② 성균관 : 인재양성을 위해 설립한 조선시대 최고의 국립교육기관
③ 사역원 : 고려·조선시대에 번역과 통역 및 외국어에 관한 일을 관장하기 위해 설치된 관서

11 조선시대의 체육 답 ①

잔병치레가 잦았던 퇴계 이황이 여러 건강관리법을 설명한 『활인심방』은 대표적인 선비들의 심신단련 지침서이다. 병은 마음에서 비롯된다고 보아 정좌 중심의 실내 운동으로 보건 체조의 수행을 장려하는 의서이다.

【오답해설】
② 도인법은 호흡법과 굴신을 통해 체내 기혈의 순환을 촉진시키는 건강 체조와 비슷한 방법이다.
③ 사계양생가는 여섯가지 소리를 내어 오장 육부를 치료하는 방법으로 봄에는 '휴' 소리로 간의 건강을, 겨울에는 '취'소리를 내어 신장의 건강을 향상시키는 등 다양한 음성의 활동을 나타낸다.

12 광복 이후의 체육 답 ④

대한체육회는 1920년 7월 건민과 저항을 이념으로 창립된 조선체육회(㉠)로 출발했다. 이후 일제에 의해 강제 해산 되었으나 해방과 함께 다시 부활했다. 이후 조선체육회는 올림픽대채구위원회와 조선올림픽위원회를 설치하여 1948년 생모리츠 동계올림픽에 참가했다. 같은 해 9월 대한체육회 및 대한올림픽위원회로 개칭하였다(㉡). 1966년 6월 지도자와 국가대표선수의 훈련을 위해 대한체육회는 태릉선수촌을 설립하였다(㉢). 대한체육회는 다양한 활동을 하다가 2016년 국민체육진흥법이 개정·공포되면서 국민생활체육회와 통합되었다(㉣).

13 개화기의 체육 답 ②

검도는 치안을 위해 경찰교습 과목으로 채택하면서 보급되었다. 우치다에 의해 보급된 운동경기는 유도이다.

14 일제강점기의 체육 답 ①

권투(복싱)는 1912년 10월 박승필이 유각권구락부를 조직하면서 우리나라에 최초로 소개되었다. 조선중앙기독교청년회는 복싱부를 정식으로 창설하였으며, 1928년에는 제1회 전조선권투선수권대회를 서울에서 개최하기도 하였다.

15 광복 이후의 체육 답 ①

국민생활체육진흥 종합계획은 일명 호돌이 계획으로 건강한 가정·사회·국가건설을 목표로 전국민의 생활체육 참여를 위해 1989년에 수립된 체육정책이다. 서울올림픽 이후 국민의 소득수준 향상과 함께 체육활동 참여 열기가 고조되면서 건전한 체육문화를 전담할 국민생활체육협의회를 창립하였다. 국민 모두가 스포츠에 참여할 수 있는 환경 개선 뿐만 아니라 세계한민족축전 개최를 목표로 하며 올림픽기념 생활관 건립 등 다양한 사업을 전개했다.

【오답해설】
② 제1차 국민체육진흥 5개년 계획 : 1993~1997년 국민체력 증진과 여가 선용 도모, 세계 10위권 내의 경기력 유지, 국제체육 협력 증진 및 민족화합 도모 등

③ 제2차 국민체육진흥 5개년 계획 : 1998~2002년 체력과 비만 관리 등의 국민건강 증진, 다양한 생활체육활동 기회 제공, 여가활동 기회 확대 등 건강한 복지사회 구현 등
④ 참여정부 국민체육진흥 5개년 계획 : 생활체육 활성화를 통한 국민의 삶의 질 향상, 전문체육의 경기력 향상, 국제체육교류 협력을 통한 국가이미지 제고 등

16 일제강점기의 체육 답 ④

일제는 민족말살정책을 조선의 체육계에도 적용하기 위해 다양한 학교 체육정책을 개편하였는데 이를 위해 학교체육에 황국신민체조를 도입하였다. 학교체조에 검(劍)의 요소를 추가하여 일본의 무도정신을 함양하도록 했다. 결국 기존의 유희 중심이었던 서구 체조가 사라지고 일본식의 체조가 행해졌으며, 학교체육은 자연스럽게 전쟁을 위한 군사훈련의 성격을 가지게 되었다.

17 일제강점기의 체육 답 ②

남승룡은 1936년 8월 손기정과 함께 베를린 올림픽 대회에 출전하여 마라톤 경기에서 동메달을 획득한 마라톤 선수이다. 그는 당시 조선인 선수가 두 명이나 출전하는 것을 꺼려했던 일본 육상연맹의 방해에도 불구하고 베를린 올림픽에서 2시간 31분 42초의 기록으로 동메달을 획득하였다. 남승룡은 광복 후 1947년 제51회 보스턴마라톤대회에도 출전하여 12위를 기록하였다.

18 광복 이후의 체육 답 ①

경성운동장(서울운동장)은 1925년 5월에 착공하여 1925년 10월에 준공한 종합경기장으로 임오군란 때 청나라 제독이 진을 쳤던 자리이기도 하다. 준공 후 최초의 종합경기대회인 전조선경기대회가 개최되기도 하였다. 한국 스포츠의 발전과 함께 한국 경기사에 큰 의미를 가지고 있으나 시설이나 규모는 많이 빈약하다는 평가를 받았다. 이에 따라 1962년 보수공사로 육상·야구·수영·배구경기장 등 국제규모의 운동을 진행할 수 있는 시설을 갖췄다. 1984년에 동대문운동장으로 개칭하였으나 2007년에 철거를 시작하여 현재는 폐장되었다.

【오답해설】
② 효창운동장 : 1960년 완공된 우리나라 최초의 축구전용 운동장으로 국내외 각종 경기가 개최되었으며 시민들의 집회장소로도 사용
③ 목동운동장 : 증가하는 서울의 체육 인구를 수용하기 위해 개장한 종합경기장. 축구장, 야구장, 빙상장이 있으며 그 외에 전통놀이마당, 실내사격연습장 등이 있음
④ 잠실종합운동장 : 1984년 완공되어 제10회 아시아 경기대회, 제24회 서울 올림픽대회의 개·폐회식과 육상, 축구 경기를 치른 역사적 의미가 깊은 경기장

19 광복 이후의 체육 답 ②

스포츠공화국이라고 불리는 제5공화국의 체육정책은 한국의 스포츠 발전에 많은 영향을 미쳤다. 전두환 정권은 체육부 신설, 스포츠과학연구소 설립, 국군체육부대 창설뿐만 아니라 국민들의 문화 활동 확대를 위해 프로스포츠 신설 등 국내스포츠를 육성하였다. 또한 다양한 국제 체육 행사를 적극적으로 지원하여 86아시안게임, 88올림픽대회 등을 유치하였다.

20 광복 이후의 체육 답 ③

㉠ 서울올림픽경기대회 : 1988년 서울에서 개최된 제24회 하계올림픽대회. 화합·전진의 이념 아래 전세계 160개국이 참가한 최대 규모의 올림픽으로 마스코트는 호돌이
㉡ 평창올림픽경기대회 : 2018년 평창에서 개최된 제23회 동계올림픽대회. 한국에서 열린 두 번째 올림픽이자 첫 번째 동계올림픽으로 마스코트는 수호랑과 반다비

운동생리학

01	02	03	04	05	06	07	08	09	10
②	③	④	③	④	①	④	③	①	①
11	12	13	14	15	16	17	18	19	20
③	②	③	①	②	①	④	②	②	④

01 인체의 에너지 대사 　답 ②

무산소 시스템은 ATP-PC 시스템, 해당과정 시스템을 합친 것을 말한다. 즉 유산소 시스템은 무산소 시스템보다 ATP 합성률이 느리다.

Tip

ATP 생성에 따른 에너지 시스템의 비교

구분	ATP-PC 시스템	해당과정 시스템	유산소 시스템
음식 · 화학적 연료	크레아틴염	글리코겐	글리코겐, 지방, 단백질
산소 사용 여부	×	×	○
반응 속도 (합성률)	가장 빠름	빠름	느림
상대적 ATP 생성량	매우 적음	매우 적음	많음

02 골격근의 구조와 기능 　답 ③

근육 내에서 산소를 운반하는 물질은 미오글로빈으로 혈액 속의 헤모글로빈과 유사한 역할을 한다. 또한 헤모글로빈과 비슷한 적색 색소를 함유하고 있어 조류나 포유류의 근육을 붉게 염색하는 물질이다.

【오답해설】
① 알부민 : 동식물의 세포질과 조직에 존재하는 단백질로 삼투압 조절에 중요한 역할을 한다.
② 신경전달물질 : 시냅스에서 화학적 신호를 전달하기 위해 신경세포에서 분비되는 신호 물질이다.
④ 아세틸콜린 : 신경의 말단에서 분비되며, 신경의 자극을 근육에 전달하는 화학물질이다.

Tip

헤모글로빈과 마이오글로빈의 차이

헤모글로빈은 혈액 내 적혈구에, 마이오글로빈은 근육 내에 위치해 있다. 하지만 산소를 운반한다는 역할은 유사하다.

03 트레이닝에 의한 대사적 적응 　답 ④

근육 글리코겐은 포도당으로 만들어졌으며 사람을 포함한 동물의 간과 근육세포에 보조적인 단기 에너지 저장 용도로 쓰인다. 특히 근육세포에서 글리코겐은 급격한 운동 등으로 포도당이 필요할 때 이를 즉시 공급하는 역할을 한다.

【오답해설】
① 젖산 : 심한 운동을 할 때 산소 공급이 불충분하면 환원에 의해 젖산이 근육 내에 축적된다.
② 지방 : 탄수화물, 단백질과 함께 3대 영양소 중 하나로 생체 내에서 이용할 수 있는 에너지원이다. 1g의 지방은 약 9kcal의 에너지를 발생시킨다.
③ 근육 단백질 : 근육에서 관찰되는 단백질의 총칭으로 마이오글로빈이나 일반 세포에도 나타나는 해당, TCA 회로계의 효소도 포함한다.

04 내분비계 　답 ③

에피네프린은 부신수질의 80%를 차지하는 호르몬으로 분비되어 근육, 간 그리고 지방조직 등에서 에너지 생성 대사 조절에 관여한다.

【오답해설】
① 인슐린 : 췌장 호르몬으로 혈당량이 높아지면 포도당을 글리코겐으로 저장시켜 혈당량을 낮춘다.
② 글루카곤 : 췌장 호르몬으로 혈당량이 낮아지면 글리코겐을 포도당으로 분해하여 혈당량을 높인다.
④ 알도스테론 : 부신피질호르몬으로 신장에서 Na^+ 재흡수를 촉진하여 수분 및 혈당량을 조절한다.

Tip

부신수질호르몬

에피네프린	글리코겐 분해 촉진, 지방 조직 및 근육의 지방 분해 촉진, 심박출량 증가
노르에피네프린	지방조직 및 근육의 지방 분해 촉진, 세동맥과 세정맥 수축(혈압 상승)
카테콜라민	에피네프린과 노르에피네프린 이들 각각의 전구체인 도파민을 통틀어 지칭하는 것

05 골격근과 운동 　답 ④

장기간의 저항성 트레이닝은 근섬유의 수적 증가나 기존의 근섬유 크기 증가 등에 의한 근육의 구조적 변화를 일으킨다. 미토콘드리아의 수는 증가하지만 근육 단면적의 증가는 미토콘드리아 증식과 불균등하게 일어나므로 결과적으로 단위 부피당 미토콘드리아 밀도는 근 비대와 함께 감소한다.

Tip

일시적 · 장기적 저항성 트레이닝

일시적 저항성 트레이닝	• 운동 후 바로 나타나는 근 비대 현상은 혈장액으로 형성되는 부종으로 근육이 붙은 것처럼 보임 • 몇 시간 후에 사라지며, 구조적인 변화를 포함하지 않음
장기적 저항성 트레이닝	• 근육의 실제적인 구조적 변화를 반영함 • 근섬유 비대, 근섬유 증식 등

06 운동에 대한 순환·호흡계의 반응과 적응 　답 ①

지구성 트레이닝에 대해 최대 동·정맥산소차는 증가하고, 최대 1회 박출량 또한 증가한다. 이때 동·정맥산소차는 동맥을 통해 나간 혈액 내의 산소와 정맥을 통해 돌아온 혈액 내의 산소의 차이를 말하며, 1회 박출량은 심장이 1회 수축하면서 내뿜는 혈액의 양을 의미한다.

Tip
지구성 트레이닝에 따른 심혈관계의 적응
- 운동 전과 비교하여 안정 시 심박수 감소
- 운동 전과 비교하여 안정 시 1회박출량 증가
- 운동 전과 비교하여 최대하 운동 시 심박수 감소
- 운동 전과 비교하여 최대하 운동 시 1회 박출량 및 산소섭취량 증가

07 신경계의 구조와 기능, 특성 　답 ④

ⓒ 활동전위에 의해 Na^+이 유입되기 시작하면서 확산을 통해 이동한 Na^+에 의해서 바로 이웃한 축삭 막의 탈분극을 유도한다. 이웃한 막의 탈분극이 역치 이상에 도달하면 그 부위에서 다시 활동전위가 일어난다.
ⓔ 신경세포는 핵과 세포질로 구성된 신경계를 구성하는 주된 세포로 신경과 근섬유의 근접합부를 통해 근섬유와 상호신호를 전달한다.

【오답해설】
㉠ 안정 시 신경세포 막의 안쪽은 K^+의 농도가 높고, 바깥쪽은 N^+의 농도가 높다.
㉡ 역치는 자극에 대해 어떤 반응을 일으키는 데 필요한 최소한의 자극의 세기를 말한다. 탈분극은 신경 뉴런의 활동전위가 생성되는 첫 번째 단계로서 나트륨 이온의 세포막 투과성을 높여 세포 내 양전하를 만들고 활동전위를 역치수준에 이르게 한다. 즉, 차등성전위와 안전 막전위는 모두 세포막 사이의 전위차가 생기는 것을 말한다.

08 순환계의 구조와 기능 　답 ③

적혈구용적률은 전체 혈액 중에서 적혈구가 차지하는 비율로서 혈액 농축의 지표이다. 만약 적혈구용적률이 40이라면 혈액 용량의 40%가 세포이고 나머지 혈장임을 나타낸다. 즉, 혈장량의 비율이 높을수록 적혈구용적률은 낮다.

【오답해설】
① 적혈구용적률이 높으면 근육 내 산소량이 증가하고 운동능력이 향상되며 혈류가 느려지고 현기증, 피로, 두통 등의 증상이 발생한다.
② 성인 여자의 평균 적혈구용적률은 38, 성인 남자의 평균 적혈구용적률은 42 정도이다.
④ 지구성 트레이닝으로 혈장량이 20~30% 증가하므로 적혈구용적률은 감소한다.

09 골격근의 구조와 기능 　답 ①

근세사 활주설은 근육의 수축 기작을 설명하기 위한 방법이다. 근 수축의 과정 중 마이오신 머리가 액틴과 결합할 때는 근절의 중앙에 위치한 마이오신이 액틴을 끌어당기는 것이다.

Tip
근세사 활주설

신경자극에 의해 아세틸콜린이 분비되면 근형질 세망으로부터 칼슘이온이 나온다(③). → 칼슘이온은 트로포닌과 결합하여 트로포마이오신의 위치를 변화시켜 마이오신 머리가 액틴과 결합한다(④). → 마이오신 헤드에 있는 Pi(인산)이 분비되어 십자형교의 운동(파워 스트로크)이 일어나기 시작한다(②). → 액틴과 결합된 미오신 머리에서 저장된 ATP가 ADP, Pi로 방출되며, 액틴이 미오신으로 미끄러져 들어가 근육이 짧아지고 근수축이 발생한다.

10 운동에 대한 호흡계의 반응과 적응 　답 ①

산소-헤모글로빈 해리 곡선은 산소분압과 헤모글로빈의 산소포화도와의 상관관계를 곡선으로 표시한 것이다. 이때 해리곡선에 영향을 주는 것은 온도, pH, 이산화탄소분압(PCO_2)이다. 심부체온이 증가하면(온도가 높아지면) 헤모글로빈의 산소에 대한 친화력이 감소해 해리곡선은 우측으로 이동한다. 또한 운동과 같이 조직의 활동이 증가한 경우 pH가 감소하여 헤모글로빈의 산소에 대한 친화력이 감소하고 해리 곡선이 우측으로 이동한다. 즉, ㉠, ㉢은 오른쪽, ㉡, ㉣은 감소가 들어가야 한다.

Tip
해리곡선의 이동
- 우측으로 이동 : pH 감소, PCO_2 증가, 온도 상승
- 좌측으로 이동 : pH 증가, PCO_2 감소, 온도 하강

11 골격근과 운동 　답 ③

근수축 유형에 따라 정적 수축(등척성 수축), 동적 수축(등장성 수축, 등속성 수축)으로 나뉜다. 이때, 신장성 수축과 단축성 수축은 근육의 길이가 변하는 수축 형태인 등장성 수축의 종류이다.
㉠ 근육 내부의 점성저항이 근육의 길이가 증가하는 데 대한 저항으로 작용하기 때문에, 신장성 수축은 수축 속도가 빨라짐에 따라 근력이 증가한다.
ⓔ 동일 근육에서의 신장성 수축은 단축성 수축에 비해 같은 속도에서 더 큰 힘이 생성된다.

【오답해설】
㉡ 단축성 수축은 근수축 속도가 빨라지면 근육 내부에서 큰 점성저항이 발생하여 근력이 줄어든다.
ⓒ 동일 근육에서 느린 단축성 수축은 빠른 신장성 수축에 비해 더 작은 힘이 생성된다.

Tip
등장성 수축
- 신장성(원심성) 수축 : 근육이 늘어나는 수축
- 단축성(구심성) 수축 : 근육이 짧아지는 수축

12 운동에 대한 순환계의 반응과 적응 답 ②

장시간 운동을 할 경우 땀을 흘림으로써 탈수현상이 발생한다. 혈장량이 감소하고 혈장이 모세혈관 막을 통해 주위 조직 안으로 이동하므로 혈액량이 감소한다. 이는 심실 충만압을 떨어뜨린다. 또한 우심방으로 돌아오는 정맥환류가 감소하고 확장기말 용량이 줄어들어 이는 1회 박출량의 감소로 이어진다. 따라서 심박출량을 유지하기 위해 심박수가 증가하는 것이다.

【오답해설】
① 혈액량이 감소하여 혈압이 떨어진다.
③ 심실의 확장기말 용량이 줄어든다.
④ 우심방으로 돌아오는 정맥환류가 감소한다.

13 골격근과 운동 답 ③

동원은 운동단위의 활성화가 일정한 순서에 의해 일어나며, 여러 개의 운동단위가 하나의 목적을 위하여 같이 일하는 것을 말한다. 이러한 동원은 운동 유형에 따라 운동단위의 수와 종류가 다르다. 일반적으로 움직임이 시작될 때 작고 지속적인 수축을 발생시키는 자세유지근이 먼저 동원되며, 이후 큰 힘과 빠르고 동적인 움직임을 생성하는 운동단위가 동원된다. 즉, Type I 운동단위, Type II 운동단위 순으로 동원된다.

【오답해설】
① 하나의 알파운동뉴런이 지배하는 근섬유 간 연결을 말한다.
② 하나의 신경세포에 연결된 근섬유의 개수가 적으면 운동단위의 크기가 작다고 한다. 따라서 작은 크기의 운동단위인 Type I 는 큰 크기의 운동단위인 Type II 보다 단위당 근섬유 수가 적다.
④ 운동단위는 운동단위의 크기, 조직화학적 특성 및 단일 수축 반응에 따라 분류되므로 알파운동뉴런의 크기와는 상관없다.

14 내분비계 답 ①

갑상선자극호르몬은 뇌하수체 전엽에서 분비되는 호르몬으로 갑상선에 작용하여 갑상선호르몬의 합성과 분비를 유도하는 호르몬이다. 특히 트라이아이오드타이로닌(T_3)과 티록신(T_4)이 체내에서 안정된 농도로 유지되도록 조절하는 역할을 한다.

【오답해설】
② 노르에피네프린 : 부신수질호르몬으로 지방조직 및 근육의 지방 분해를 촉진한다.
③ 성장호르몬 : 뇌하수체 전엽에 있으며 성장과 대사 기능을 촉진한다.
④ 인슐린 : 혈당량이 높아지면 포도당을 글리코겐으로 저장시켜 혈당량을 낮춘다.

15 골격근과 운동 답 ②

근섬유는 단기간 빠른 운동에 사용하는 속근섬유와 장기간 운동에 사용하는 지근섬유로 나뉜다. 즉 〈보기〉에서 ⊙은 속근섬유, ⓒ은 지근섬유이다. 속근섬유는 미토콘드리아 농도와 유산소성 대사능력이 낮아 지근섬유보다 피로에 대한 저항력이 낮다.

【오답해설】
① ⊙은 ⓒ에 비하여 수축 속도가 빠르다.
③ ⓒ은 ⊙에 비하여 미토콘드리아 밀도가 높다.
④ ⓒ은 ⊙에 비하여 해당 능력이 낮다.

Tip

근섬유의 유형

구분	지근섬유	속근섬유
수축 속도	느리다	빠르다
피로에 대한 저항성	높다	낮다
미토콘트리아 밀도	높다	낮다
해당 능력	낮다	높다

16 순환계의 구조와 기능 답 ①

동방결절은 우심방 벽에 위치하여 주기적으로 전기적 신호를 보내 심장의 수축 주기를 조절하는 기능을 가지고 있어 페이스메이커라고도 불린다. 심장 내 다른 부위의 세포들보다 전기적 신호를 가장 빠르게 생성하여 심장의 박동을 조율하는 중추 역할을 하고 있다.

【오답해설】
② 퍼킨제섬유 : 받은 전기 자극을 심실 곳곳으로 전달하는 역할을 한다.
③ 방실다발 : 방실결절의 신호를 아래의 다발분지를 거쳐 푸르키네섬유로 전달하는 중간 정기 신호 전도 체제이다.
④ 삼첨판막 : 심장에서 오른쪽 심방과 심실 사이의 구멍을 여닫는 판막이다.

17 골격근과 운동 답 ④

근지구력이란 반복되는 근육의 움직임을 유지시키는 능력으로 고반복 운동을 통해 향상될 수 있다.

【오답해설】
① 근비대가 이루어지려면 1RM의 약 70% 이상이 되는 고강도의 운동을 반복해야 한다.
② 근력은 근육이 발휘할 수 있는 최대의 힘으로 1RM 수치가 높을수록 향상된다.
③ 근파워는 근력과 스피드의 영향을 받으므로 근력이 높을수록 근파워 또한 높아진다.

18 운동에 대한 호흡계의 반응과 적응　답 ②

가스교환은 체내에서 이루어지는 산소와 이산화탄소의 교환이다. 운동 시 사람의 체내로 외부의 산소가 호흡을 통해 폐포로 유입되고, 폐의 모세혈관으로 확산된다. 또한 운동으로 인해 근육에서 생성된 이산화탄소는 모세혈관으로 확산되어 몸 밖으로 배출된다. 따라서 ⊙은 산소, ⓒ은 이산화탄소가 들어가야 한다.

19 신경계의 운동기능 조절　답 ②

운동을 할 경우 교감신경계가 활성화되어 동공 확대, 침 분비 억제, 심박수 증가, 소화 억제, 골격근의 혈류량 증가, 호흡수 및 가스교환율의 증가 등의 반응이 나타난다.

Tip
교감신경, 부교감신경

교감신경	위급한 상황이나 몸의 급격한 변화 상황에 대처하기 위한 반응
부교감신경	안정화된 상태로 교감신경의 반대 작용

20 운동에 대한 순환계의 반응과 적응　답 ④

장기간의 유산소 트레이닝을 할 경우 최대산소섭취량과 최대 심박출량이 증가한다. 또한 안정 시 심박수가 감소하고 1회 박출량이 증가한다.

Tip
운동 후 안정 시 변화
- 심박수 감소
- 1회 박출량 증가
- 훈련에 의해 총 혈액량과 최대산소섭취량 증가

운동역학

01	02	03	04	05	06	07	08	09	10
①	①	④	④	①	①	④	①	③	③
11	12	13	14	15	16	17	18	19	20
③	④	④	②	③	②	④	②	③	③

01 운동기술 분석 개요　답 ①

운동학적 분석은 운동의 형태를 관찰·분석하는 것으로 변위, 속도, 가속도, 방향, 위치 등의 양적 변화를 분석하는 것이다. 그러나 저항력 분석은 운동의 형태가 아닌 운동을 일으키는 힘을 분석하는 것으로 운동학적 분석이 아닌 운동역학적 분석에 해당한다.

【오답해설】
② 턴 거리 분석 : 위치 및 방향의 변화를 분석하는 것으로 운동학적 분석에 해당한다.
③ 스트로크 길이 분석 : 위치의 변화를 분석하는 것으로 운동학적 분석에 해당한다.
④ 추진 속도 분석 : 속도의 변화를 분석하는 것으로 운동학적 분석에 해당한다.

Tip
운동학적·운동역학적 분석
- 운동학적 분석 : 변위, 속도, 가속도, 각속도, 방향, 위치, 인체중심, 무게중심 등의 양적 변화 분석
- 운동역학적 분석 : 외력(중력, 마찰력, 지면반력), 내력(근모멘트, 근육·인대 활동), 토크, 역학적 에너지 등 질전 변화 분석

02 선운동의 운동학적 분석　답 ①

힘의 단위는 뉴턴(N)이며, 1N은 1kg의 질량을 가진 물체를 $1m/s^2$의 가속도로 가속시키는 데 필요한 힘이다.

【오답해설】
② 벡터량이기 때문에 크기와 방향, 작용점, 작용선이 있다.
③ 힘의 종류로는 근력과 중력, 마찰력, 부력, 항력, 양력 등이 있다.
④ 힘은 같은 계에 속한 물체들 사이에 작용하는 힘인 내력과 물체가 속한 계 바깥의 물체에 의해 작용하는 힘인 외력으로 구분할 수 있다.

03 힘 분석　답 ④

지면반력은 사람이나 물체가 지면에 접촉하여 지면을 누르는 힘에 반하여 지면이 사람과 물체를 밀어내는 반력을 말한다.

【오답해설】
① 근력 : 근육의 수축에 의해 발생하는 힘
② 부력 : 중력에 대항하여 유체(물이나 공기 등)로부터 위 방향으로 받는 힘
③ 중력 : 지구가 물체를 지구 중심으로 끌어당기는 힘

04 일과 일률 답 ④

일은 물체에 힘이 작용하는 동안 물체에 작용한 힘 또는 물체가 전달한 에너지를 나타내는 스칼라량으로, 힘(F)에 이동 변위(d)를 곱하여 구한다. 즉, 근수축 등으로 힘이 작용하여도 변위량이 없으면 일은 발생하지 않으며, 따라서 근육의 길이가 변하지 않는 등척성 수축은 유의미한 '일'을 발생시키지 않는다(일이 0이다).

【오답해설】
① 신장성 수축은 근육의 길이가 길어지는 수축이며, 따라서 팔꿈관절에 대해 음(negative)의 일을 한다.
② 단축성 수축은 근육의 길이가 짧아지는 수축이며, 따라서 팔꿈관절에 대해 양(positive)의 일을 한다.

05 선운동의 운동역학적 분석 답 ①

충격량은 벡터인 힘에 작용시간을 곱한 값이다. 일반적으로 시간은 스칼라이며, 벡터와 스칼라를 곱해 얻은 결괏값은 벡터가 된다. 따라서 충격량은 벡터이다.

【오답해설】
② 충격량의 단위는 N·s, kg·m/s 등을 사용한다.
③ 충격량은 운동량에 영향을 주는 물리량인 힘과 작용시간을 곱한 값이므로 운동량 변화의 원인이 된다.
④ 충격량은 운동량의 변화량, 즉 힘을 시간에 대해 적분한 양(I = ∫ F dt)이다.

06 해부학적 기초 답 ①

신체 관절의 움직임 자유도는 해당 관절에서 허용되는 독립적인 움직임의 수, 즉 허용된 각운동의 면과 축의 수가 몇 개인지를 의미한다. 즉, 해당 관절이 몇 개의 축을 가지고 있는지를 나타내는 값이다. 절구관절은 어깨관절이나 엉덩관절(고관절) 등에서 볼 수 있는 관절로 축이 3개인 3축성 관절이며, 따라서 움직임 자유도 역시 3이다. 3축성 관절에서는 굴곡과 신전, 내전과 외전, 회내와 회외 등이 자유롭게 조합되어 함께 나타날 수 있다.

【오답해설】
② 타원관절은 2축성 관절이므로 움직임 자유도는 2이다.
③ 경첩관절은 1축성 관절이므로 움직임 자유도는 1이다.
④ 중쇠관절은 1축성 관절이므로 움직임 자유도는 1이다.

07 해부학적 기초 답 ④

기계적 확대율이란 지레, 도르래, 수압기 등의 기계를 통해 얻을 수 있는 힘의 확대율을 말한다. 그런데 3종 지레의 경우 힘에서는 손해를 보는 대신 거리와 속도에서 이득을 보게 된다. 즉, 3종 지레의 기계적 확대율은 1보다 작다.

【오답해설】
① 팔꿈치 굽힘 동작은 힘점(상완이두근이 아랫팔 뼈에 부착된 지점)이 축(팔꿈관절)과 작용점(손) 사이에 위치하는 3종 지레의 대표적인 사례이다.
② 3종 지레의 경우 축을 기준으로 했을 때 힘점보다 저항점의 위치가 더 멀다. 따라서 힘에서는 손해를 보지만 거리와 속도에서 이득을 보게 된다.
③ 3종 지레는 힘에서는 손해를 본다고 하였다. 따라서 평형 상태를 유지하기 위해서는 저항력보다 더 큰 근력이 필요하다.

08 근전도 분석 답 ①

근전도 신호는 양과 음의 값을 동시에 가진다. 이러한 신호를 그대로 사용할 경우 신호의 특성이 왜곡될 수 있으므로, 원신호 중 음의 값을 가진 신호를 양으로 바꿔 주는 정류(rectification) 과정을 거치게 된다.

【오답해설】
② 근전도 신호의 분석을 통해 근육과 신경의 이상 여부를 파악할 수 있다.
③ 선형 포락선(linear envelop)은 정류된 신호의 고주파수 성분을 6Hz 정도의 차단 주파수로 필터링하여 얻은 신호이다. 이를 통해 근육의 활동을 조금 더 명확히 알 수 있다.
④ 일반적으로 근전도 신호를 추출하여 근육의 활성도를 파악하고자 할 때는 등척성 수축에서의 진폭 등을 추출·분석하며, 동적인 근수축, 즉 단축성이나 신장성 수축 시에는 그 진폭이 달라지게 된다.

09 선운동의 운동학적 분석 답 ③

㉯구간의 경우 속도의 변화 없이 등속도 운동을 하고 있으므로 가속도는 0이다. 반면 ㉮구간의 가속도는 $2m/s^2$이므로 ㉮구간의 가속도가 ㉯구간의 가속도보다 크다.

【오답해설】
① ㉮구간에서는 가속도의 속도와 방향이 변하지 않는 등가속도 운동을 하고 있다.
② 가속도는 $\frac{v_2 - v_1}{t_2 - t_1} = \frac{\Delta v}{\Delta t}$로 구한다. 즉, ㉯구간의 가속도는 $0m/s^2$이다.
④ ㉯구간의 가속도는 $0m/s^2$이지만 속도는 11m/s이다. 따라서 정지한 상태는 아니다.

10 각운동의 운동학적 분석 답 ③

라디안은 원 둘레 위에서 반지름의 길이와 같은 길이를 갖는 호에 대응하는 중심각의 크기를 말한다. 즉, 라디안은 '호의 길이/반지름'의 비율로 계산한다.

【오답해설】
① 각속도의 단위는 rad/s 혹은 RPM을 사용한다.
② 반지름의 크기가 커지면 접선의 속도가 빨라지는 것이지 라디안의 크기와는 상관없다.
④ 180도는 1π라디안이므로 360도는 2π라디안이다.

11 각운동의 운동역학적 분석 @ ③

구심력은 원운동을 할 수 있도록 중심 방향으로 당기는 힘을 말한다. '구심력=질량(m)×회전반경(r)×각속도(ω)^2'이므로 해머의 각속도를 2배로 증가시키면 구심력은 2의 제곱인 4배가 필요하다.

【오답해설】
① '구심력=질량(m)×회전반경(r)×각속도(ω)^2'이므로 질량이 두 배인 물체를 동일한 각속도로 회전시키기 위해서는 구심력이 두 배로 증가하여야 한다.
② 직선으로 운동하려는 해머가 중심 밖으로 탈출하려는 힘인 원심력을 이겨내고 원형 경로를 유지하려면 중심 방향 즉, 안쪽으로 당기는 힘인 구심력이 필요하다.
④ 선수가 해머를 안쪽으로 당기는 힘은 구심력이고, 해머가 선수를 당기는 힘은 원심력이다. 이때 구심력과 원심력이 균형을 이룰 때 원운동을 할 수 있으므로 구심력이 증가하면 원심력도 증가한다.

12 선운동의 운동역학적 분석 @ ④

반발계수는 두 물체 간 충돌 전후 상대속도의 비로 나타낸다. 공을 떨어뜨린 높이와 지면에서 튀어 오른 높이는 공과 지면과의 충돌 전후 속력을 구하기 위해 사용할 수 있으나, 이 차이의 값이 곧 반발계수는 아니다.

【오답해설】
①, ③ 반발계수는 0에서 1 사이의 값을 가진다. 반발계수가 0일 때를 완전 비탄성충돌이라 하고, 반발계수가 1일 때를 완전 탄성충돌이라 한다. 반발계수가 0 초과 1 미만일 때는 불완전 탄성충돌이라고 한다.
② '반발계수(e)=$\frac{v_1-v_2(\text{충돌 후 상대속도})}{v_1'-v_2'(\text{충돌 전 상대속도})}$'이므로 옳다.

13 선운동의 운동학적 분석 @ ④

'선속도=각속도×회전반경'이다. 따라서 헤드의 각속도가 커지나 샤프트의 길이(회전반경)가 길어질수록 헤드의 선속도는 증가한다. 즉, 헤드의 선속도는 헤드의 각속도와 샤프트의 길이에 비례한다.

【오답해설】
① 스윙 시 헤드와 샤프트의 각속도는 같다. 다른 것은 헤드와 샤프트의 선속도이다.
② 반발계수는 충돌 전후 상대속도의 비이다. 따라서 골프공의 반발계수를 크게 할수록 골프공을 더 멀리 보낼 수 있다.
③ 관성모멘트는 '질량×회전반경^2'으로 구한다. 따라서 샤프트의 길이가 길어지면, 즉 회전반경이 커지면 관성모멘트는 커진다.

14 각운동의 운동역학적 분석 @ ②

높이뛰기에서 발구름을 할 때 지지하는 다리를 구부리는 것은 그것을 펴면서 얻는 탄성을 이용하여 더 높이 뛰기 위한 것이므로, 각운동량의 보존·전이와는 관계가 없다.

【오답해설】
① 공중에서 스파이크를 할 때 어깨와 상체를 뒤로 젖힘과 동시에 다리를 뒤로 구부려 카운터 밸런스를 만들면 원활한 스파이크 동작을 할 수 있다.
③ 멀리뛰기에서 착지할 때 더 좋은 기록을 내기 위해서는 다리를 앞으로 당겨야 하는데, 이때 손을 함께 앞으로 향하면 그 반작용에 의해 다리가 앞으로 향하게 된다.
④ 공중회전을 할 때 팔을 몸통 쪽으로 모으면 회전 반경이 줄어들면서 관성모멘트가 작아지며, 따라서 각속도가 증가하여 더 빠르게 회전할 수 있다.

15 동작 분석 @ ③

운동역학적 변인은 운동을 일으키는 힘, 즉 외력(중력, 마찰력, 지면반력)과 내력(근모멘트, 근육·인대 활동), 토크, 역학적 에너지 등이다. 이러한 운동역학적 변인들은 영상분석이 아닌 다른 분석 방법(근전도 분석, 지면반력 분석 등)을 이용하여 직접적으로 측정할 수 있으며, 영상분석은 운동학적 변인을 측정하기 위한 방법으로 활용된다.

【오답해설】
① 2차원 영상분석은 단일평면상에서 일어나는 인체의 움직임을 분석하는 방법이다.
② 3차원 영상분석은 2대 이상의 카메라를 이용하여 3차원에서의 인체 운동을 분석하는 방법이다.
④ 정성적인 분석만이 가능한 육안 분석과 달리, 영상분석은 동작의 정보를 수치적으로 정량화하여 분석할 수 있다.

16 선운동의 운동역학적 분석 @ ②

힘의 크기는 '질량(m)×가속도(a)'로 구하고, 가속도는 '속도의 변화(Δd)/시간의 변화(Δt)'로 구한다. 정지 상태에서 출발 3초 후 12m/s의 속도가 되었으므로 가속도는 4m/s^{2}이며, 따라서 평균 힘의 크기는 '80×4=320N'이다.

17 인체의 물리적 특성 @ ④

무게중심은 인체의 각 분절들이 갖는 중력의 토크의 합이 0으로 균형을 이루는 점으로 인체의 내부 혹은 외부에 존재한다. ⓒ과 같이 일상적인 자세에서는 무게중심이 인체의 중심(일반적으로 배꼽 근처)에 존재하지만, 멀리뛰기의 도약(ⓒ) 혹은 착지(㉠) 시의 자세, 체조의 백 브릿지 자세(ⓔ) 등과 같은 자세를 취할 경우 무게중심이 인체의 외부에 위치하게 된다.

18 일과 에너지 답 ②

다이빙 선수가 플랫폼에서 정지하고 있을 때는 선수가 가지고 있는 운동에너지는 0이고, 대신 그 높이만큼의 위치에너지를 가지고 있다. 그리고 낙하를 시작하면서 위치에너지는 운동에너지로 전환되어, 위치에너지는 감소하고 운동에너지는 증가하게 된다.

【오답해설】
ⓒ 역학적 에너지는 운동에너지와 위치에너지를 모두 통틀어 이야기하는 것이며, 외력이 없다고 가정했을 경우 〈보기〉에서 다이빙 선수가 가지고 있는 역학적 에너지의 총량은 변하지 않는다.

Tip
역학적 에너지
- 운동에너지
- 중력에 의한 위치에너지
- 탄성에 의한 위치에너지(탄성에너지)

19 운동의 종류 답 ③

곡선운동은 어떤 물체나 신체의 움직임이 좌우·상하의 병진운동이 합쳐진 운동을 말한다. 활강하는 스키 선수나 농구공의 포물선 움직임 등이 대표적인 예이다. 반면 회전운동은 물체 혹은 신체가 한 점이나 축을 중심으로 동일 시간 동안 동일 각도로 움직이는 운동을 말한다.

【오답해설】
① 회전축 주위를 일정한 각도로 움직이는 운동은 회전운동(각운동)이다.
② 복합운동은 병진운동과 회전운동이 결합된 운동이다. 병진운동과 선운동은 동일한 개념이다.
④ 물체나 신체의 부위가 동일한 거리로 움직이는 운동은 선운동이다. 회전운동(각운동)은 물체나 신체가 한 점이나 축을 중심으로 동일한 각도로 움직이는 운동을 말한다.

20 각운동의 운동학적 분석 답 ③

'선속도=각속도×회전반경'이다. 따라서 타격지점에서 배트의 선속도는 50(rad/s)×0.5(m)=25m/s이다.

【오답해설】
②, ④ rad/s은 선속도가 아닌 각속도의 단위이다. 선속도의 단위는 m/s, m/min, km/h 등을 사용한다.

스포츠 윤리

01	02	03	04	05	06	07	08	09	10
①	①	③	②	③	④	③	②	④	①
11	12	13	14	15	16	17	18	19	20
②	④	②	①	④	②	④	④	①	③

01 스포츠윤리의 이해 답 ①

스포츠윤리는 윤리적 문제를 해결하기 위한 기준, 원리를 제시하는 것에 초점을 맞춘다. 또한 일반 윤리보다 스포츠 상황이라는 특수 상황을 명확히 반영한다.

Tip
스포츠윤리의 목적과 필요성
- 목적 : 스포츠 상황에서 발생하는 비윤리적 사례들을 학습·분석하여 향후 유사한 상황에서의 대처 방법을 습득하기 위함이다.
- 필요성 : 스포츠에서 윤리적이지 못한 상황이 계속해서 발생하며, 스포츠인으로서 올바르게 행동하는 데 도움이 된다.

02 스포츠의 윤리적 기초 답 ①

가치판단은 어떤 대상의 의미나 중요성에 대한 주관적인 판단으로 좋고 나쁨, 옳고 그름으로 나타낸다. 반대로 사실판단은 객관적 사실의 진위 여부로 증명되는 판단으로 참과 거짓으로 나타낸다. ①은 가치판단이 아닌 사실판단의 사례이다.

03 스포츠경기의 목적 답 ③

㉠ 아곤 : 경쟁을 의미하며 자기중심적이고 이기려고 하는 욕구를 말한다. 즉, 경쟁을 통해 자신의 우월성을 드러내고자 한다.
㉡ 아레테 : 노력과 과정을 중시하여, 스포츠에서는 기능적인 형태와 높은 인격을 추구하는 것을 의미한다.

【오답해설】
① 도덕 : 행해야 할 도리와 그것을 알고 실천하는 행동
   윤리 : 도덕과 비슷하지만 굳이 구분하자면 보편성보다 특수성에 초점을 둠
② 미미크리 : 게임 속에서 플레이어가 맡는 역할
   일링크스 : 플레이어가 게임에서 승리자가 되기 위해서 극복해야 할 도전 과제에 온정신을 몰입하면서 느끼는 감정 상태
④ 사실판단 : 객관적 사실의 진위 여부로 증명되는 판단
   가치판단 : 어떤 대상의 의미나 중요성에 대한 주관적인 판단

04 스포츠경기의 목적 답 ②
에토스는 사람에게 도덕적 감정을 갖게 하는 보편적인 도덕성·이성적 요소를 말한다. ①은 걱정되는 마음을 행동으로 표현하였고, ③은 미안함의 표현한 것이고 ④는 배려하는 마음으로 한 행동이므로 모두 에토스의 실천에 해당한다.

Tip
상대방 설득에 필요한 3가지(아리스토텔레스)
- 로고스(이성) : 이성적·과학적인 것, 사고능력·이성 등의 의미
- 파토스(감성) : 감각적·신체적·예술적인 것으로 로고스와 대치되는 개념
- 에토스(도덕) : 사람에게 도덕적 감정을 갖게 하는 보편적인 도덕성·이성적 요소

05 스포츠윤리의 이해 답 ③
스포츠의 도덕적 자율성은 자신 스스로 획득한 원리를 따르는 도덕적 능률 또는 성향을 바탕으로 스포츠 생활에 적용하는 능력을 말한다.

【오답해설】
① 민감성 : 특정 상황 속에서 도덕적 이슈를 자각하고 자신의 행동이 타인에게 미칠 영향을 미리 상상해보는 요소
② 존엄성 : 존중받고 도덕적으로 대우받는 요소
④ 우월성 : 자기 자신이 다른 사람보다 도덕적으로 훌륭하며 월등히 낫다는 감정

06 도핑 답 ④
선수는 언제든지 도핑검사를 위한 시료채취가 가능하도록 도핑방지규정위반을 조사하는 도핑방지기구에 협력해야 한다. 의료진에게 먼저 운동선수임을 밝혀 적정 약물을 처방받도록 하고, 만약 선수가 질병치료나 부상회복을 위해 금지약물을 사용해야 하는 경우 치료목적사용면책 국제표준에 따라 심사 후 사전 승인을 받아야 한다.

Tip
효과적인 도핑금지 방안
- 스포츠윤리에 대해 지속적으로 교육해 바른 가치관을 형성한다.
- 도핑의 심각성과 부작용, 규제 등에 대해 교육하여 사고를 방지한다.
- 도핑이 적발되었을 때에 이에 대한 처벌을 강화한다.

07 윤리이론 답 ③
윤리적 상대주의는 도덕이 개인이나 문화에 따라 상대적이라고 주장한다. 즉 같은 행위일지라도 어떤 사람에게는 그것이 도덕적 행위로 인정되지만, 다른 사람에게는 비도덕적 행위라 생각되는 경우가 있다고 한다. 따라서 〈보기〉에서 국제축구연맹은 히잡 착용에 대해 금지해야 한다고 주장하였지만, 국제축구연맹의 부회장은 오히려 종교적 역차별이라고 주장하여 개선을 요구하여 결국 히잡 착용을 허용한다는 내용은 윤리적 상대주의가 영향을 주었다고 할 수 있다.

【오답해설】
① 윤리적 의무주의 : 결과가 아닌 행위 그 자체가 도덕 규칙을 판단하기 위한 기준이라고 주장한다.
② 윤리적 절대주의 : 시대와 장소를 초월하여 모두에게 보편타당한 도덕적 규범이 존재한다고 주장한다. 본질적 기준이 없으면 인간은 무엇이 옳고 그른지 판별할 수 없으며, 도덕적 허무주의에 빠지게 된다.
④ 윤리적 환원주의 : 한 영역의 대상, 속성, 개념, 법칙, 사실, 이론, 언어 등을 다른 영역의 그러한 것들로 대치하려는 사고의 형태이다.

08 윤리이론 답 ②
㉠ 의무론적 도덕 추리는 결과가 아닌 행위 그 자체가 도덕 규칙을 판단하기 위한 기준이라고 하였다.
㉣ 정언적 도덕 추론은 행동의 본질이나 특징에 따라 도덕성을 판단하는 것이므로 의무론적 도덕 추론이라고도 한다.
㉤ 선의지란 타고난 성향에 의해서가 아니라 도덕규칙에 따라 행동하려는 의지로, 칸트는 선의지를 제외하고는 어떤 것도 무조건 옳지 않다고 주장하였다. 또한 목적은 결코 수단을 정당화할 수 없다고 하였다.

【오답해설】
㉡ 공리주의에 해당한다.
㉢ 결과론적 도덕 추론에 해당한다.

Tip
칸트의 의무론
진실을 말하는 것과 약속을 지키는 것은 우리가 따라야 할 올바른 원칙이다. 그러므로 거짓말을 하거나 약속을 어기는 것은 그러한 행위들이 설사 좋은 결과를 가져온다고 하더라도 옳지 않은 것이다. 여기서 의무론의 특징은 그것이 '도덕적 옳음'이 '결과적 좋음', 즉 행복의 증진과는 상관이 없다는 것이다.

09 스포츠 폭력 답 ④
홉스는 국가만이 합법적 폭력을 사용할 수 있고, 이 폭력은 국가 내의 사회의 정의를 수호하며 전쟁을 통해 국민을 지키는 국가의 모습이라고 주장한다. 지라르는 상대방을 모방하려는 욕망이 일상화하면서 제도나 문화가 발생하였고, 모방적 경쟁관계가 갈등을 불러일으키고 결국 폭력이 벌어진다고 주장하였다. 따라서 ④는 홉스가 아닌 지라르의 개념으로 볼 수 있다.

【오답해설】
① 푸코 : 잘못된 권력 안에서의 지식과 그에 따른 이성적 판단이 복종의 도구가 될 때 사회는 잘못된 방향으로 나아갈 수밖에 없다고 주장한다.
② 아렌트 : 반인류적인 지시에 옳고 그름을 따지지 않고 무조건 따르기 시작하면 악의 평범성에 빠지게 된다고 주장한다.
③ 아리스토텔레스 : 분노를 유발하는 필수적인 요소에는 경멸, 무례 등 부당함에 대한 도덕적 신념, 복수에 대한 욕망 등이 있다고 주장한다.

10 스포츠와 환경윤리 　답 ①

베르크는 인간 주체성과 환경 자체를 연결하는 존재론적 혁명은 모든 기본인 인간의 안전 지속 가능성의 조건임을 주장한다. 즉, 〈보기〉의 내용과는 상반되는 주장을 하고 있다.

【오답해설】
② 레오폴드의 대지윤리 : 존재하는 생명공동체인 대지를 도덕의 대상으로 삼은 윤리이다.
③ 네스의 심층적 생태주의 : 인간은 모든 자연적 존재들과 상호 평등한 관계 속에서 공생할 때 큰 자아를 실현할 수 있다고 본다.
④ 슈바이처의 생명중심주의 : 모든 생명을 살고자 하는 의지를 지니고 있으며, 동등한 가치를 지닌다고 본다.

Tip
인간중심주의와 자연중심주의

인간중심주의	• 인간이 이익을 얻기 위해 자연을 보호함 • 자연을 도구적 가치에서 찾는 입장
자연중심주의	• 인간은 자연세 순응해야 함 • 자연환경의 고유한 가치를 보존해야 한다는 입장

11 윤리이론 　답 ②

〈보기〉의 (가)에서 A팀의 행동은 옳고 그름을 판단함에 있어 행위의 의도나 수단보다는 행위의 결과를 중시하는 결과론적 이론을 지지한다.
㉠ 결과로 행위를 평가하기 때문에 근본적인 도덕개념인 정의, 인권 등과 모순될 수 있다.
㉢ 당위는 윤리적인 개념으로서 마땅히 있어야 할 것을 의미하므로, 일반적인 사실로부터 도덕적인 당위를 추론하지 못할 수 있다.
㉤ 옳은 행위는 다수에게 행복을 주는 행위라고 생각하여, 개인적 이익인 사익의 희생을 당연시하는 경향이 있다.

【오답해설】
㉡ 결과론적 이론은 기본적으로 행위의 옳고 그름의 판별, 도덕적 행위의 규범적인 속성과 같은 것이 그것의 결과에 따른다는 입장이므로, 도덕규칙 간의 충돌 문제가 발생했을 경우 결과에 따라 옳고 그름을 결정할 수 있다.
㉣ ㉤과 반대되는 내용으로, 사회 전체가 아닌 개인에 치우치는 의무론적 이론의 한계점이라고 볼 수 있다.

12 도핑 　답 ④

도핑은 스포츠에서 운동 수행력 향상 및 승리를 목적으로 선수에게 근육 증강제나 심장흥분제 같은 약물을 먹이거나 주사 또는 특수한 이학적 처지를 하는 행위를 말한다. 또한 승리를 하면 선수에게 물질적 보상을 준다는 등의 불법적인 행위로 인해 도핑을 하는 경우도 있다. 따라서 〈보기〉에서 도핑의 원인은 ㉠~㉣ 모두이다.

13 페어플레이 　답 ②

㉠ 양 팀을 공평하게 분배한 것이므로 평균적(형식적) 정의에 대한 개념이다.
㉡ 공정한 절차에 초점을 맞춘 절차적 정의에 대한 개념이다.

Tip
스포츠에서의 정의

분배적 정의	평균적 (형식적)	누구에게나 공평하고 일관되게 분배하는 것
	실질적	필요, 업적, 환경 등을 고려하여 실질적으로 공정하게 분배하는 것
	결과적	최종적으로 나타난 결과에 주목
	절차적	절차가 공정하면 그 결과도 공정
교정적 정의		잘못 혹은 피해에 대한 대응

14 윤리이론 　답 ①

수오지심은 자기의 옳지 못함을 부끄러워하고, 남의 옳지 못함을 미워하는 마음이다. 〈보기〉에서 A 선수는 자신의 실수를 감점하지 않은 심판의 판정으로 결국 승리를 이루었지만 부끄러운 마음이 들었다고 했으므로 맹자의 사상 중 수오지심의 마음이 들었다.

【오답해설】
② 측은지심 : 남을 불쌍하다고 여기는 타고난 착한 마음
③ 사양지심 : 겸손하여 남에게 사양할 줄 아는 마음
④ 시비지심 : 옳음과 그름을 가릴 줄 아는 마음

15 성차별 　답 ④

〈보기〉의 성차별은 전형적인 남성성, 여성성을 강조하며, 성 고정관념에 빠져 있는 내용이다. 이와 같은 인식은 ①~③이고, ④는 여성의 신체적 능력(근력)이 남성보다 미흡하다는 이유를 들고 있으므로 〈보기〉의 성차별적 인식과는 다르다.

Tip
스포츠에서 성 평등을 이루기 위한 방안
• 법이나 제도를 통해 평등을 보장
• 여성들의 스포츠 참여 장려
• 여성에게 평등한 스포츠 기회를 제공
• 스포츠 현장의 성차별을 공론화

16 심판의 윤리 　답 ②

심판에게 요구되는 개인윤리적 덕목에는 심판 개인의 공정성, 청렴성, 편견과 차별 배제, 자율성, 전문성 등 개인의 도덕성을 증진시키는 대책이 필요하다. ②는 사회 구조나 제도가 갖는 윤리적 문제에 관심을 두고 개인 차원을 넘어서는 구조적 해결책을 모색하는 것으로 사회윤리적 덕목에 해당한다.

【오답해설】
① 자율성 덕목
③ 공정성 덕목
④ 청렴성 덕목

17 스포츠와 환경윤리 답 ④

〈보기〉의 (가)에서 환경단체의 입장은 자연환경의 고유한 가치를 보존해야 한다는 자연중심주의 입장이다.
ⓒ 인간을 소중히 여기는 마음만큼 자연환경도 소중히 대해야 한다는 주장이다.
ⓔ 인간을 생태계의 구성원으로 보고 생태계 전체에 도덕적 지위를 부여하여 생태공동체 의식을 함양시켜야 한다는 주장이다.

【오답해설】
㉠ 효율성이란 인간의 이익을 말하는 것이므로 이를 목표로 하는 경제학을 추구하는 것은 인간중심주의 입장이다.
ⓛ 인간의 사용 가치에 비례한다는 것은 자연은 인간이 사용해야 할 도구적 가치임을 말하는 것이므로 이것 또한 인간중심주의 입장이다.

18 스포츠지도자 윤리 답 ④

성폭력 예방 또는 대처방법으로 선수는 피해 사실을 기록하도록 하고, 가능한 한 피해 상황에서 즉시 벗어나도록 한다. 또한 피해자가 신고를 하여도 불이익을 당하지 않도록 하며, 피해자를 위한 전문적인 상담 및 치료가 필요하다. 성폭력 예방 교육은 모든 선수와 지도자에게 이루어져야 한다.

19 장애차별 답 ①

장애인 선수들의 인권향상을 위해 비장애인과 동등한 대우를 받아야 한다. 다만 비장애인과 동일한 훈련량과 지도방법이 아닌 전문 지도자가 장애유형별로 다른 훈련량과 지도방법을 적용해야 한다. 특히 지속적인 예방 교육과 더불어 홍보를 통해 훈련에 필요한 안정적인 지원이 확보되어야 체육용 기구를 구입하거나 전문가 등을 채용할 수 있다.

20 인종차별 답 ③

스포츠에서 인종차별이란 특정 인종을 차별·분리하려는 것을 의미한다. 1968년 제19회 멕시코올림픽의 육상 200m 경기에서 1, 3위를 차지한 토미 스미스와 존 카를로스는 메달 시상식에서 그 해 4월에 암살당한 마틴 루터 킹 목사에 대한 추모와 인종차별에 항의하는 뜻으로 성조기를 쳐다보지 않고 검은 장갑을 끼고 하늘에 주먹질을 한 흑인 인권 세레머니를 취했다.

특수체육론

01	02	03	04	05	06	07	08	09	10
④	④	②	③	①	③	②	③	③	③
11	12	13	14	15	16	17	18	19	20
③	④	④	①,③,④	④	②	②	①	③	①

01 특수체육의 의미 답 ④

특수체육은 분리된 환경이 아니라 비장애인과 통합된 환경에서의 서비스 제공을 기본으로 한다.

【오답해설】
① 장애인복지법, 장애인차별금지 및 권리구제 등에 관한 법률 등 법률에 기초하여 신체활동 서비스를 제공한다.
② 장애인의 신체활동 참여 시 장애인의 주도성, 혁신성, 창의성 등의 능력 배양을 위해 스스로 권한을 신장시키는 임파워먼트(empowerment)를 강조한다.
③ 특수체육은 일생에 거쳐 나타나는 심동적 문제의 규정과 해결을 위한 총체적인 지식 체계이다.

Tip
장애인 임파워먼트(empowerment)의 속성
- 자결성 : 개인의 삶에 대한 적극적인 자기 결정, 운동과 재활 참여에 대한 선택권, 서비스 계획 및 조직에 대한 영향력 등
- 사회적 참여 : 다른 장애인에 대한 배려와 지시, 사회적 불공정에 대한 시정 요구 및 지지 활동 등에 대한 참여
- 개인적 유능감 : 긍정적인 자아 존중감 배양, 장애에 대한 수용, 통제에 대한 내재적인 승인

02 특수체육에서 사용하는 사정과 측정도구 답 ④

타당성(타당도)이란 측정하고자 하는 항목(휠체어 조작 기술 및 농구 기술)을 측정 도구(휠체어농구 기술수행 검사)가 얼마나 정확하고 알맞게 측정하는지를 나타내는 것이다.

【오답해설】
① 평가의 실용도에 관한 내용이다.
② 평가의 객관도에 관한 내용이다.
③ 평가의 신뢰도에 관한 내용이다.

Tip
평가의 양호도

객관도	2명 이상의 관찰자에 의해 부여된 점수의 일치 정도
신뢰도	측정의 결과가 오차 없이 나타나는 것
타당도	측정하고자 하는 항목을 측정 도구가 정확하고 알맞게 측정하는지에 관한 정도
실용도	검사도구가 얼마나 경비·시간·노력을 적게 들이고 그 목적을 달성할 수 있는지를 나타내는 정도

03 특수체육에서 사용하는 사정과 측정도구 답 ②

과제분석은 목적의 달성을 위해 세부적으로 과제를 나누거나 분류하여 더 효과적으로 과제 수행을 진행하는 과정이다. 〈보기〉의 경우 세부적인 움직임을 단계적으로 구분한 것으로 과제분석의 유형 중 '동작중심 과제분석'에 해당한다.

【오답해설】
① 준거참조평가 : 준거에 비추어 학습자들이 무엇을 그리고 얼마큼 알고 있느냐에 관심을 두는 평가로 자격증의 부여 등에서 주로 활용됨
③ 근거기반실무 : 관습, 권위, 개인의 의견 혹은 관례가 아닌 연구를 통해 얻은 최상의 과학적 근거를 활용하여 실무를 진행하는 것으로 주로 간호학에서 활용됨

04 특수체육에서 사용하는 사정과 측정도구 답 ③

생태학적평가(생태학적 과제분석)는 학생의 특성과 선호도를 고려하면서, 동시에 운동기술이나 움직임의 수행에 영향을 줄 수 있는 환경 요소도 고려하는 평가 방법이다. 〈보기〉는 '비어 있는 사물함 찾기'라는 과제의 수행에 영향을 줄 수 있는 각종 환경 요소(문의 열림, 다른 사람의 움직임 등)까지 고려하여 과제의 수행을 평가하고 있다.

【오답해설】
① 루브릭 : 각 학습자의 수행 수준의 특징에 대한 정보를 명제화하여 제공하는 방법
② 포트폴리오 : 하나 혹은 그 이상의 영역에서 노력, 진보, 성취와 관련한 학생의 지속적인 성취 과제를 근거로 하는 평가 방법
④ 규준참조평가 : 개인이 얻은 점수나 측정치를 규준(norm)에 비추어 상대적인 서열에 의해 판단하는 평가

05 특수체육 지도 전략 답 ①

장애인에게 적합한 신체활동 변형 시 원래의 활동과 유사한 맥락을 가지고 해당 활동의 본질이 손상되지 않도록 변형하여야 한다.

> **Tip**
> **체육활동 변형 전략 중 규칙 변형 시 유의점**
> - 원래의 활동과 유사한 맥락을 가지고 해당 활동의 본질이 손상되지 않도록 변형할 것
> - 가능한 변형을 최소화하여 장애인이 활동에 적응할 수 있도록 할 것
> - 참여자가 집중력을 잃거나 지루함, 좌절감 등을 느끼지 않도록 변형할 것
> - 참여를 극대화하는 방향으로 변형하고 규칙 변형에 있어 창의성과 임기응변 능력을 발휘할 것
> - 참여자가 소극적일 경우 경기장의 규격을 좁혀 더 쉽게, 적극적으로 참여할 수 있도록 유도할 것

06 시각장애 특성과 지도 전략 답 ③

시각장애인은 남아 있는 감각인 청각, 촉각 등을 최대한 활용하여 신체활동을 할 수 있도록 하여야 한다. 또한 시력이 조금이라도 남아 있는 경우 남아 있는 잔존시력을 최대한 활용할 수 있도록 지도한다.

【오답해설】
② 신체적 가이던스의 강도를 점진적으로 줄여 학생이 스스로 동작을 수행할 수 있도록 하여야 한다.
④ 시각장애인의 신체활동 지도를 위한 신체 보조 전략으로는 지도자가 대상자의 손이나 팔을 잡고 함께 동작을 연습하는 'Hand-on-method'와 대상자가 지도자의 신체를 만지거나 잡고 동작을 연습하는 'Braille-me-method' 등이 있다.

07 특수체육 지도 전략 답 ②

또래 교수 전략은 지도 과정에서 지도 대상자를 보조교사로 활용하는 방법이다. 상대적으로 숙달된 대상자가 새로운 대상자를 지도하며, 지도자는 보조교사에게 과제 및 기타 정보를 제시한다. 이는 지도자에 대한 참여자의 비율을 줄이는 효과가 있다.

【오답해설】
① 팀 교수 : 두 명 이상의 지도자가 체육활동을 동시에 지도하는 협력 교수의 일환
③ 협동 학습 : 한 학급 전체 혹은 5~6명으로 구성된 분단이 공동의 목적을 성취하기 위해 협력적으로 하는 학습
④ 역주류화 수업 : 장애 아동을 위한 교육환경에 일반 아동을 포함시켜 진행하는 수업 방법. 장애아동이 주된 교육환경인 일반학급으로 들어오는 것을 말하는 주류화(mainstreaming)의 반대 개념

08 특수체육의 의미 답 ③

세계보건기구(WHO)는 '기능, 장애, 건강에 대한 국제 분류(ICF)'를 통하여 장애에 대해 설명하고 있는데, 여기서는 장애가 '신체 기능과 구조, 활동, 참여'의 세 가지 영역 모두 혹은 이 중 한 가지 영역에서 겪는 어려움으로 발생하며, 환경적 요인과 개인적 요인에 의해서도 영향을 받는다고 설명하였다.

> **Tip**
> **ICF에서 설명하는 장애**
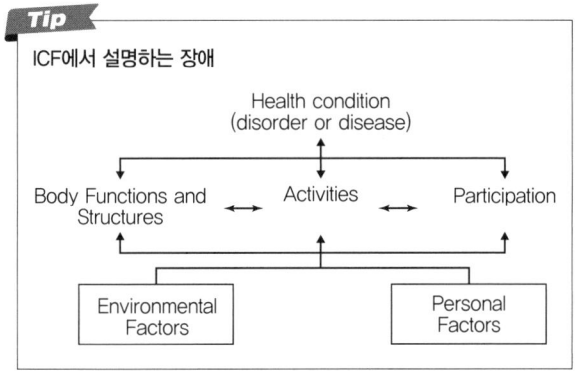

09 지적장애의 특성과 지도 전략 답 ③

지적장애의 정의는 국가, 단체, 관련법 등에 따라 다양하게 나타나는데, 이 중 '미국지적장애및발달장애협회(AAIDD, 2021)'에서는 지적장애를 '지적 기능성과 개념적·실제적·사회적 적응기술로 표현되는 적응 행동의 양 영역에서 유의하게 제한성을 보이는 장애이며 나이는 22세 이전을 기준으로 한다'고 정의하고 있다.

Tip

적응행동의 3가지 요인

개념적 기술	언어와 문해 기술, 금전·시간·수개념, 자기 지시
실제적 기술	일상생활 활동, 직업기술, 금전 사용, 건강과 안전, 여행, 대중교통 이용, 일과 계획, 전화 사용
사회적 기술	대인기술, 사회적 책임감, 자긍심, 순진성, 사회적 문제 해결, 규칙·법률 준수

10 자폐성장애의 특성과 지도 전략 답 ③

자폐성장애 대상자는 언어적인 장애로 인해 의사소통에 어려움을 겪을 수 있다. 따라서 시각적 단서를 함께 제공해야 하며, 언어적 단서보다는 환경적인 단서가 더욱 효과적일 수 있다.

11 뇌병변장애의 특성과 지도 전략 답 ③

뇌성마비는 운동기능적(임상적) 기준에 따라 분류할 경우 경직성, 무정위 운동성, 운동실조성 등으로 구분할 수 있다. 이 중 경직성 뇌성마비가 전체 뇌성마비의 50~60%를 차지한다.

【오답해설】
② 스포츠등급 분류는 CP1부터 CP8까지 8단계로 분류하는 방법이다.
④ 신경해부학적 분류는 사지마비 정도에 따라 단마비, 편마비, 삼지마비, 양측마비 등으로 분류한다.

12 지체장애의 특성과 지도 전략 답 ④

㉠ 회백수염은 폴리오 바이러스 감염에 의한 마비로서 척수의 운동세포에 영향을 미친다. 운동세포의 파괴 여부에 따라 마비가 영구적일 수도, 일시적일 수도 있다.
㉡ 다발성경화증은 몸의 여러 곳에 동시다발적으로 염증이 발생하여 근육이 굳어지면서 전반적인 무력감이 나타나는 질환이다.
㉢ 근이영양증은 여러 근육군의 퇴화가 서서히 진행되는 유전성 질환으로, 호흡장애와 심장질환 등의 합병증을 유발한다.

13 지체장애의 특성과 지도 전략 답 ④

6번 흉추 이상의 척수 레벨의 손상을 받은 환자의 경우 교감신경 반사 반응이 급격히 일어나면서 자율신경계 반사 부전증이 일어날 수 있다. 즉, 자율신경계 반사 부전증에 대한 주의는 절단 장애인이 아니라 척수 손상 장애인에게 신체활동을 지도할 때 고려해야 하는 사항이다.

【오답해설】
① 절단 부위에 염증이나 감염이 발생하지 않도록 보조기구나 보호장구 등을 활용해야 한다.
② 절단 부위에 따라 신체 능력에 큰 차이가 있으므로, 신체 능력에 맞추어 휴식 시간을 조절해 주는 등 피로의 발생을 완화해야 한다.
③ 절단장애인의 경우 절단 부위의 근육이 다른 부위의 근육과 균형을 유지하고 무게중심을 적절하게 유지하기 위해 이에 알맞은 저항운동을 해야 한다.

14 뇌병변장애의 특성과 지도 전략 답 ①, ③, ④

① 뇌성마비 장애인의 근육 긴장도가 높은 경우 운동 시간을 짧게 설정하고 휴식 시간을 충분히 주어야 한다.
③ 뇌성마비 장애인의 경우 빠른 움직임이나 반동 등은 마비 부위에 경련을 일으킬 수 있어 주의해야 하며, 따라서 스피드 훈련은 적절하지 않다.
④ 뇌성마비 환자의 경우 감소된 운동제어, 비정상적 근장력, 원시반사의 비기능적 확산, 직립자세 유지의 어려움 등으로 인해 운동수행 능력이 제한되며, 이러한 운동제어의 감소와 이질적인 움직임 때문에 낭비되는 에너지가 많다. 그러나 체력프로그램 설정 시 운동 강도 조절보다는 운동 시간에 주의하는 것이 좋다. 보통 심한 장애가 있는 환자의 경우 중강도 수준의 운동을 짧게, 자주 실시하는 것이 좋으며, 이를 통해 운동량이 축적될 수 있도록 해야 한다.

15 특수체육 지도 전략 답 ④

문제행동 관리의 절차는 다음과 같다.
1. 문제행동의 파악
2. 문제행동 발생 기초선 자료(빈도, 기간, 유형 등) 파악
3. 효과적인 행동 관리 방법 및 강화물 선정
4. 행동 관리 시행 효과 관찰 및 평가
5. 행동 관리에 사용된 강화물을 점차적으로 제거

16 지적장애의 특성과 지도 전략 답 ②

다운증후군 지적장애인의 경우 근육의 긴장도가 낮아 관절의 과신전이 일어나는 증상을 보인다. 이러한 다운증후군 지적장애인에게 과신전 유연성 운동을 지도할 경우 탈골, 염좌 등 치명적인 부상을 일으킬 수 있다.

17 지적장애의 특성과 지도 전략 답 ②

가능한 참여자 스스로 자신의 활동을 결정할 수 있도록 하며, 지도자는 그에 대해 도움을 제공해야 한다.

【오답해설】
① 지적장애인은 인지 수준이 낮으므로 활동을 단순화하고 강화를 제공하여 동기를 부여하는 것이 좋다.
③ 학습 동기가 감소할 경우 활동 내용에 변화를 주어 흥미를 유발할 수 있도록 한다.
④ 운동기술의 습득, 파지, 전이가 이루어지고 있는지 수시로 점검해야 한다.

18 시각장애 특성과 지도 전략 　답 ①

시각은 눈을 통해 빛의 자극을 받아들이는 감각 작용 과정을 의미한다.

【오답해설】
② 시력은 두 개의 점을 두 개라고 판단하는 능력으로, 눈의 분해능(상을 명확하고 뚜렷이 보는 능력)을 말한다. 시각을 사용하여 과제를 수행하는 능력은 '시기능'이다.
③ 약시는 눈에 특별한 이상이나 기질적 질환이 없는데도 시기능이 저하되어 정상적인 교정시력이 나오지 않는 상태를 말한다. 터널 속에서 터널 입구를 바라보는 모양으로 시야가 제한되는 것은 '터널 시야'이다. 여러 가지 요인으로 발생할 수 있으나 녹내장으로 인해 발생하는 경우가 많다.
④ 일반적으로 법적맹은 시력이 0.1(스넬렌 시력표에서 6/60이나 20/200) 이하의 시력이거나 좋은 눈의 시야가 20° 이하로 감소한 상태를 말한다. 교정시력 20/20ft는 흔히 1.0이라고 표현한다.

19 청각장애 특성과 지도 전략 　답 ③

청각장애인이라고 하여 청각이 완전히 손실된 사람만 있는 것은 아니며, 청각이 남아 있을 경우 잔존 청각을 최대한 활용할 수 있도록 해야 한다. 따라서 수화 및 구화를 함께 사용하도록 유도하고, 설명을 할 때는 정확한 입모양과 큰 소리로 설명해야 한다.

【오답해설】
① 신체활동 지도에 필요한 수어를 사용할 수 있도록 준비해야 하고, 필요하다면 종이에 글씨를 써서 설명할 수도 있다.
② 인공와우 수술을 받은 청각장애인도 대부분의 운동을 할 수 있다. 그러나 인공와우는 외부의 충격에 약하기 때문에 축구(헤딩)나 레슬링과 같이 머리에 충격을 줄 수 있는 운동은 피해야 한다.
④ 인공와우는 정전기에 의해 손상될 가능성이 있으므로 인공와우 수술을 받은 청각장애인은 정전기를 유발할 수 있는 기구를 사용하지 않도록 해야 한다.

20 지체장애의 특성과 지도 전략 　답 ①

척수장애인의 손상 부위에 따라 적합한 운동기구를 사용할 수 있도록 지도하고, 이에 대해 수시로 점검하여야 한다.

【오답해설】
② 손상 부위가 같아도 개인의 능력 및 환경 등에 따라 체력 수준이 다르므로 각자의 체력 수준에 맞는 프로그램을 제공해야 한다.
③ 척수장애인, 특히 흉추 6번 이상의 척추손상자의 경우 체온 조절 능력이 상실되었으므로 온도와 습도를 고려하여 적절한 환경을 만들어 주어야 한다.
④ 신체활동 지도 시 잔존 운동기능을 최대한 활용할 수 있도록 해야 한다.

유아체육론

01	02	03	04	05	06	07	08	09	10
②	①	③	③	④	④	②	①	③	③
11	12	13	14	15	16	17	18	19	20
④	②	③	②	①	①	②	④	③	④

01 유아체육 지도 방법 　답 ②

지도자는 유아의 현재 발달적 특성에 따라 목표를 설정하고 활발한 신체활동을 포함한 다양한 형태의 놀이를 체험할 수 있도록 지도해야 한다.

02 유아체육 지도 방법 　답 ①

미국스포츠·체육교육협회(NASPE)는 연령별로 적합한 운동을 통해 그때그때 필요한 특수운동 기능이 제대로 발달하게 되므로 유아에 대한 은 지도지침을 일부 언급하였다. 그에 따르면 매일 최소 60분의 계획된 신체활동에 참여하고, 안전한 실내와 실외에서 대근육 활동을 하고, 수면시간을 제외하고는 60분 이상 눕거나 앉아있지 않도록 해야 한다.

03 안전한 운동프로그램 지도를 위한 환경 　답 ③

유아의 활동성을 고려해 넓은 공간을 확보하고, 특히 실외놀이는 유아의 안전을 위해 적합한 환경을 구성하는 것이 바람직하다.

Tip

실내·외놀이 환경

실내놀이 환경	흥미영역은 수시로 변경할 수 있으며 전체적으로는 매년 4~5번 정도 위치를 바꾼다.
실외놀이 환경	다양한 재료로 바닥을 구성하고, 오르기 시설물이 있는 바닥은 유아의 안전을 위해 탄력성이 있는 바닥재를 설치하는 것이 적절하다.

04 운동프로그램의 구성요소 　답 ③

근지구력은 운동에 대한 근육부하에 대하여 지속적, 반복적으로 힘을 낼 수 있는 능력을 말한다. 따라서 이 요소를 검사하는 방법은 팔굽혀펴기, 줄다리기 등이 있다. 스키핑 동작으로 뛴 높이를 측정하는 것은 순발력 검사 방법에 해당한다.

【오답해설】
① 순발력은 순간적으로 최대한의 힘을 발휘할 수 있는 능력으로 검사 방법은 높이뛰기, 멀리뛰기 등이 있다.
② 균형성은 움직이거나 정지한 상태에서 몸의 균형을 유지할 수 있는 능력으로 검사 방법은 평균대 걷기 등이 있다.
④ 민첩성은 자극에 대해 빠르게 반응하거나, 운동 방향을 신속하게 변경하는 능력으로 검사 방법은 왕복 달리기, 소리 듣고 움직이기 등이 있다.

05 유아기 운동발달 ④

반사란 특별한 형태의 자극에 대해 반응하는 타고난 자동 반응을 말한다. 이런 반사 행동은 생존을 위해 필요하며, 어떤 반사는 성장하면서 스스로 보호하기도 한다. 또한 운동 행동을 진단하고, 미래에 발현하는 수의적인 움직임을 자연스럽게 연습하는 기회이므로 미래의 움직임을 예측한다.

Tip

반사의 종류

원초반사	손바닥쥐기반사, 빨기반사, 찾기반사, 모로반사, 바빈스키반사, 발바닥오므리기반사 등
자세반사	낙하반사, 미로반사, 턱걸이반사 등
이동반사	걷기반사, 수영반사, 기기반사 등

06 유아체육 지도 방법 ④

영유아의 신체활동 참여시간의 양은 학습 성취도와 관련이 있으므로 실제학습시간을 극대화해야 한다. 이를 위해서 수업 전 교구를 미리 배치하고, 대기 시간이나 이동 시간은 최소화하며, 주의집중 신호와 시작 신호를 약속하여 실제학습시간이 증가할 수 있도록 한다.

Tip

실제학습시간을 증가시키는 전략
- 수업 전 미리 교구를 배치한다.
- 대안적 출석점검 방법을 사용한다.
- 주의집중 신호와 시작 신호를 만든다.
- 수업 관련 규칙을 점검한다.
- 공공장소에 수업 규칙을 게시한다.
- 이동, 대기 시간을 최소화한다.

07 유아기의 특징 ②

영유아보육법 제1장 제2조에 의하면 영유아는 7세 이하의 취학 전 아동을 말한다.

Tip

영유아보육법 제1장 제2조

1. "영유아"란 7세 이하의 취학 전 아동을 말한다.
2. "보육"이란 영유아를 건강하고 안전하게 보호·양육하고 영유아의 발달 특성에 맞는 교육을 제공하는 어린이집 및 가정양육 지원에 관한 사회복지서비스를 말한다.
3. "어린이집"이란 보호자의 위탁을 받아 영유아를 보육하는 기관을 말한다.
4. "보호자"란 친권자·후견인, 그 밖의 자로서 영유아를 사실상 보호하고 있는 자를 말한다.
5. "보육교직원"이란 어린이집 영유아의 보육, 건강관리 및 보호자와의 상담, 그 밖에 어린이집의 관리·운영 등의 업무를 담당하는 자로서 어린이집의 원장 및 보육교사와 그 밖의 직원을 말한다.

08 유아기 운동발달 ①

운동 발달과 관련성이 높은 감각체계에는 시각 체계와 운동감각 체계가 있다.
- ㉠ 시각 체계는 보는 능력인 시력과 관심 있는 곳을 보게 만드는 능력인 시야, 눈에 보이는 것을 지각·해석·이해하는 능력인 시지각이 있다. 풍선을 눈동자로 따라가는 등의 활동을 통해 시각 체계가 발달할 수 있다.
- ㉡ 운동감각 체계는 움직임과 몸의 위치에 대한 인식을 포함하는 것으로 신체 내에서 발생하는 정보에 근거하여 몸의 위치와 움직임을 구별하는 능력을 말한다.

【오답해설】
- ㉢ 미각 체계 : 경험을 바탕으로 자신이 선호하는 미각이 생기고, 단맛, 신맛, 쓴맛의 차이에 반응하는 능력을 말한다.
- ㉣ 후각 체계 : 경험을 통해 다양한 냄새를 구분하고 반응하는 능력을 말한다.

09 유아기 운동발달 ③

훗트는 탐색활동과 놀이를 완전히 별개의 행동으로 구분하였다. 이 물건의 속성은 무엇일지 생각해보는 것이 탐색이고, 이 물건을 가지고 무엇을 할 수 있을지 생각해보는 것은 놀이라고 하였다. 따라서 ㉠에는 탐색, ㉡에는 놀이가 들어가는 것이 적절하다.

Tip

훗트(C.Hutt, 1971)

구분	탐색	놀이
발생시기	놀이 이전에 나타남	탐색 이후에 일어남
상황	낯선 사물을 대할 때	친숙한 사물을 대할 때
목적	사물에 대한 정보 수집	자극 유발
행동	전형적 행동	다양한 행동
기분	진지함	즐거움
심장박동률	작은 변화	많은 변화

10 유아기 운동발달 이론 ③

〈보기〉는 에릭슨의 심리사회발달 단계 중 주도성 대 죄책감은 3~6세에 나타나는 모습이다. 언어의 급속한 발달로 스스로 행동을 통제하기 시작하며, 자신의 행동이 생산적임을 인정받으려고 목표를 세운다. 또한 성인의 활동에 열정을 보이고, 성인의 일에서 자기의 능력을 평가해 보려고 한다. 또한 다양한 놀이에 참여함으로서 자신의 행동을 주도적으로 계획하고 책임의식을 갖기 시작한다. 이때 부모가 유아의 생각이나 행동을 격려하고 인정하는 환경을 조성한다면 유아의 주도성이 길러질 것이다. 반대로 유아의 행동에 지나치게 훈육, 간섭, 통제를 하면 주도성이 상실되면서 죄책감을 경험하게 되어 소극적 성격이 되거나 용기를 잃을 수 있다.

【오답해설】
① 신뢰감 대 불신감(0~1세) : 주 양육자인 부모가 영아의 신체적, 심리적 욕구를 즉각적으로 충족시켜주고 일관성 있게 돌보아 주게 되면 부모를 신뢰할 수 있다. 또한 부모와의 신뢰감이 잘 형성되면 주변사람들하고도 신뢰적인 태도를 보일 수 있다. 반대로 부모로부터 일관성 있는 돌봄을 받지 못했을 때 영아는 타인들에 대한 불신, 두려움 등 부정적 감정이 형성된다.
② 자율성 대 수치심(2~3세) : 안정적인 배변훈련, 혼자 밥먹기, 옷입기, 언어학습을 통해 유아는 자존감을 잃지 않고 자기 스스로 자율성을 얻게 된다. 이 시기에 부모들은 유아의 특성을 잘 고려해 인내와 칭찬, 격려를 해준다면 자율성이 길러질 것이다. 반대로 유아의 의사를 무시하고 강압적, 통제적으로 유아를 대한다면 수치심과 의심을 느끼게 되어 유아는 자존감 하락, 자아정체감 발달에 상당한 지장을 줄 것이다.
④ 친밀성 대 고립감(18~30세) : 이 시기는 직업과 배우자를 선택해서 자신만의 고유성을 지닌 성인으로 사회 구성원들과 친밀한 관계를 형성하게 된다. 자아정체감뿐만 아니라 친밀감 또한 잘 형성될 것이다. 반대로 정체감이 잘 형성되지 못했다면 타인과의 교류에 있어서 어려움을 겪게 되고, 나아가 관계 형성이나 접촉을 피해 고립된 삶을 살게 된다.

11 운동발달 프로그램의 기본원리 답 ④

리핑은 한 발로 몸을 지탱하면서 다른 한 발은 쭉 내밀어 앞으로 이동하는 기술이다. 한 발로 멀리 건너뛰기를 하거나 보폭을 크게 하여 달리는 모습과 비슷하다.

【오답해설】
① 갤로핑 : 한 발은 앞으로 걷고 다른 발은 달리듯 빨리 끌어다 앞선 다리에 붙이는 동작이다.
② 슬라이딩 : 거의 몸을 눕히듯이 뛰어드는 동작으로 안전하게 도착하기 위해서 발끝, 머리, 손부터 미끄러져 들어간다.
③ 호핑 : 한 발로 도약해서 같은 발로 착지하는 동작이다.

12 유아기 운동발달 이론 답 ②

피아제의 인지발달이론은 인간의 정신은 환경의 구조에 따라 인지구조를 재구성해 가며 발달한다고 주장했다.

【오답해설】
① 성숙주의이론 : 게젤은 인간의 발달은 유전적 요인에 전적으로 의존한다고 주장하였다.
③ 사회적놀이이론 : 파튼은 사회적 참여도에 따라 놀이 발달을 6단계로 구분하였다.
④ 도덕성발달이론 : 콜버그는 인간의 존엄성, 사랑, 공정성에 근거를 둔 추상적이고 보편적인 행동지침을 지향하고 자신이 선택한 윤리적 원리와 일치하는 양심에 의해 옳은 행동이 결정된다고 주장하였다.

13 유아기 운동발달 프로그램의 기본원리 답 ③

㉠ 적합성 원리 : 연령에 따른 민감기를 고려하여 적절한 운동이 적용되면 효과적이고 긍정적인 운동발달을 유도할 수 있다.
㉡ 특이성 원리 : 유아 개개인의 유전과 환경요인에 대해 고려하여 구성한다.

Tip
유아기 운동발달 프로그램의 기본 원리

적합성 원리	연령에 따라 적절한 운동을 하도록 구성
방향성 원리	인간의 성장과 발달은 방향성을 고려하여 구성
안전성 원리	일상생활 및 안전에 관한 사항들을 이해하고 사고를 예방하여 구성
특이성 원리	개개인의 유전과 환경요인이 반영된 개인차를 고려하여 구성
다양성 원리	전체적인 신체발달을 돕는 다양한 프로그램 구성
연계성 원리	기초부터 향상된 운동까지 조직된 프로그램을 제공해야 함

14 유아체육 지도 방법 답 ②

과제제시 방법은 직접-교사 주도적 교수방법 중 하나로 유아의 의사결정이 일부 허용되는 방법이다. 교사가 여러 가지 활동수준을 설명하고 시범을 보이면, 유아는 자신의 수준을 선택하여 과제를 연습하는 것이다. 동작을 위해 지도자나 또래의 활동을 관찰함으로써 과제수행 방법을 이해하는 것은 안내ㆍ발견적 방법이다.

Tip
유아체육 교수방법

직접-교수 주도적 교수방법	• 유아가 무엇을, 언제, 어떻게 할 것인지를 교사가 모두 결정하는 방법 • 지시적 방법, 과제제시 방법
간접-유아 주도적 교수방법	• 유아에게 주도권을 부여하는 것에 초점을 두는 방식 • 탐색적 방법, 안내ㆍ발견적 방법

15 유아기 운동발달 이론 답 ①

파튼의 사회적 놀이 발달이론 중 혼자(단독)놀이는 사회성이 아직 발달되지 않아 자기중심적으로 사고를 하기 때문에 다른 친구와는 떨어져서 혼자 놀고, 놀이 시 대화가 거의 없는 단계이다. 다른 친구의 놀이를 지켜보며 가끔씩 구경하는 친구에게 말을 건네는 단계는 방관자 행동이다.

Tip

파튼의 사회적 놀이 발달이론

구분	내용
비참여 행동	방을 둘러보거나 가만히 서 있거나 목적 없이 움직이는 행동 등으로 놀이에 참여하지 않음
방관자 행동	특정 놀이 집단을 지켜보면서 말을 건네거나 질문을 하는 등 말을 주고받음
혼자, 단독놀이	사회성이 발달되지 않아 자기중심적 사고를 하기 때문에 놀이 시 대화가 거의 없음
평행, 병행놀이	주변의 친구들과 동일한 놀이를 하지만 함께 놀이를 하진 않음
연합놀이	다른 유아와 활동을 공유하며 놀이에 대해 이야기를 주고받거나 놀잇감을 빌려주기도 하지만 놀이 내용이 조직적으로 전개되진 않음
협동놀이	주로 5세 유아에게 볼 수 있는 형태로 놀이 주제나 목표 아래서 조직적·계획적으로 역할 분담 놀이가 진행됨

16 유아기의 운동발달 　답 ①

갤라휴의 운동발달 단계로 기본적 동작 중 시작, 초보, 성숙 단계를 나타낸 것이다. 시작 단계(2~3세)는 기본적인 운동능력을 형성하는 시기로 신체의 움직임이 자연스럽거나 능숙하지 못하다. 초보 단계(4~5세)는 신체 협응력이 다소 향상되었으며, 신체 움직임은 대체로 조정할 수 있으나 여전히 움직임이 서투르고 유연성이 결여되어 있다. 마지막 성숙 단계(6~7세)는 기본운동기술이 능숙하게 되고, 신체 협응력도 증가해 유아들의 운동수행 능력이 발달된다. 따라서 ㉠은 초보, ㉡은 성숙, ㉢은 시작 단계를 나타낸다.

17 운동프로그램의 구성요소 　답 ②

㉠ 조작운동을 발달시키기 위해 소근조작, 대근조작, 추진조작, 흡수조작운동 등이 필요하다. 이때, 배트로 치기 연습은 추진조작, 날아오는 공을 발로 잡기는 흡수조작에 해당한다.
㉡ 안정성운동을 발달시키기 위해 균형 운동(비이동운동)이 필요하며, 철봉을 잡고 앞뒤로 흔들거나 몸통을 굽히거나 접는 것은 축을 중심으로 하는 안정성 운동에 해당한다.

Tip

기본 운동발달

비이동운동 (안정성 발달)	구르기, 비틀기, 균형 잡기, 회전하기 등 몸을 축으로 이동하지 않고 움직이는 동작 운동
이동운동	걷기, 달리기, 뛰기 등 장소를 이동하는 동작 운동
조작운동	• 추진조작 : 던지기, 차기 때리기와 같이 힘을 가해서 사물을 조작하는 운동 • 흡수조작 : 받기, 굴러오는 공 잡기와 같이 힘에 의해 움직이는 사물을 받아들이는 운동

18 운동프로그램의 구성요소 　답 ④

지각운동의 유형 중 방향지각은 양측성과 방향성으로 구분하는 것이다. 양측성은 전·후, 좌·우, 상·하에 대한 지각이고, 방향성은 양측성 발달 중 자기 신체 좌우 변별, 자기 신체를 중심으로 앞뒤와 좌우 변별, 두 물체 간의 좌우 변별 등 위치 관계를 이해하는 것이다.

【오답해설】
① 시간지각 : 속도, 리듬과 관련된 지각이다.
② 관계지각 : 자기 자신의 신체관계, 사물이나 다른 사람과의 관계, 처할 수 있는 위치 등을 포함하고 사람들 간의 관계에서 혼자 또는 여럿에서 어떤 관계를 가지는 것에 대한 지각이다.
③ 신체지각 : 가장 먼저 발달하는 지각능력으로 몸으로 무엇을 할 수 있는가를 지각한다.

19 유아체육의 이해 　답 ③

2019 개정 누리과정에서 신체운동·건강 영역의 세부내용은 '신체를 인식하고 움직인다, 신체 움직임을 조절한다, 기초적인 이동운동, 제자리 운동, 도구를 이용한 운동을 한다, 실내외 신체활동에 자발적으로 참여한다' 등이 있다.

20 안전한 운동프로그램 지도를 위한 환경 　답 ④

열성경련은 생후 6개월~5세 사이의 유아가 열이 심한 경우 의식이 없어지며 눈이 돌아가고 손발을 떨면서 뻣뻣해지는 증상이 나타나는 것이다. 정확한 원인이 밝혀지지 않았지만, 부모나 형제가 열성경련의 병력이 있으면 일반인보다 3~4배 정도 높게 나타나는 것으로 보아 유전적 영향이 있을 것으로 생각된다.

【오답해설】
① 독감 : 인플루엔자 바이러스에 의한 전염성이 높은 급성 호흡기 질환이다.
② 근육경련 : 준비운동 없이 바로 운동을 시작하게 되면 흔하게 발생하는 것으로 흔히 쥐가 난다고 표현한다.
③ 2도 화상 : 조직 손상의 깊이에 따라 표피 전부와 진피의 대부분을 포함해 손상을 입은 화상을 말한다. 대부분은 물집이 생기고 피하조직의 부종을 동반하며 적절한 치료를 받으면 3~5주 이내로 치유가 된다.

노인체육론

01	02	03	04	05	06	07	08	09	10
①	②	③	④	①	③	④	③	③	④
11	12	13	14	15	16	17	18	19	20
②	②	③	④	④	③	①	②	①	④

01 노화의 개념 답 ①

고령화란 전체 인구에서 고령자(65세 이상)의 비율이 높아지는 것을 말하며, 한국은 고령화가 점차 심각해지고 있다. 저출산 역시 유례없는 수준으로 심각해지고 있으나, 이것이 고령화의 감소 요인이 되지는 않는다.

【오답해설】
② 한국은 2017년 기준 65세 이상 노인 인구의 비율이 전체 인구의 14%인 고령 사회로 진입하였다. 통계청은 2025년에 한국이 초고령사회에 진입할 것으로 예상하고 있다.
③ 노인 인구의 증가는 노인의 건강 보장을 위한 국가의 의료비 부담을 증가시킨다.
④ 노인 인구가 증가하고 이와 반대로 생산가능인구는 감소하면서, 생산가능인구의 노인에 대한 부양비가 증가하고 있다.

Tip
노인 인구에 따른 사회 분류
- 고령화 사회 : 65세 이상의 노인 인구가 전체 인구의 7%의 비중을 차지하는 사회
- 고령 사회 : 65세 이상의 노인 인구가 전체 인구의 14%의 비중을 차지하는 사회
- 초고령화 사회 : 65세 이상의 노인 인구가 전체 인구의 20%의 비중을 차지하는 사회

02 노화에 따른 신체적 · 심리적 · 사회적 변화 답 ②

노인의 연령이 높아질수록 근육량과 최대심박수, 최대산소섭취량은 감소하고 혈관 경직도는 증가한다. 혈관 경직도는 말 그대로 혈관의 경직성(stiffness)을 말하는 것으로, 혈관 경직도가 높을수록 심장병이나 고혈압 등 심혈관계 질환으로 인한 위험의 발생 확률이 높아진다.

03 노화에 따른 신체적 · 심리적 · 사회적 변화 답 ③

낙상이란 넘어지거나 떨어져서 몸을 다치는 것을 말한다. 노화가 진행될수록 근력과 유연성 등이 감소하게 되는데, 특히 발목과 같은 관절의 가동성 감소는 노인의 낙상 위험 증가에 큰 영향을 미치는 요인이다.

【오답해설】
① 노인의 경우 보폭이 감소하며, 짧은 보폭은 낙상의 위험을 높인다.
② 노화가 진행될수록 자세 동요가 증가하며, 이는 낙상의 위험 요인이 된다.
④ 노화의 진행에 따라 보행 속도가 감소하며, 보행 속도가 느릴수록 낙상의 위험이 높다.

04 운동의 효과 답 ④

규칙적인 운동은 인슐린 저항성을 감소시키고 인슐린 감수성을 증가시킨다. 또한 근력을 증가시키고 수면의 질과 뇌의 혈류량을 증가시킨다.

Tip
인슐린 저항성과 인슐린 감소성

인슐린 저항성	• 다양한 원인에 의해 인슐린의 기능이 떨어져 포도당 균형을 효과적으로 다루지 못하는 것 • 인슐린 저항성이 높을 경우 체내 포도당이 충분한데도 계속 인슐린을 만들어 췌장 베타세포(인슐린을 만드는 기관)의 기능 저하 및 손상을 야기함
인슐린 감수성	• 인슐린에 대한 생체의 감수성 • 동일한 인슐린 양에 대한 혈당 저하도로 표현 • 인슐린 감수성이 높을 경우 당뇨병의 예방 및 관리에 도움을 줌

05 지속적 운동참여를 위한 동기유발 방법 답 ①

노인의 지속적인 운동참여를 위한 목표 설정 시 목표의 구체성과 현실성, 행동성, 측정 가능성 등을 고려해야 한다. 이 중 현실성이란 개인이 달성할 수 있는 수준의 현실적인 목표를 설정하는 것이다.

Tip
목표 설정 시 고려 요소
- 구체성 : 운동 시간, 강도, 빈도 등을 구체적으로 설정
- 현실성 : 개인이 달성할 수 있는 수준의 현실적 목표 설정
- 행동적 : 결과 지향적이 아닌 행동 지향적 목표 설정
- 측정 가능성 : 달성 여부를 측정 · 판단할 수 있는 목표 설정

06 노화와 관련된 이론 답 ③

하비거스트의 발달과업이론에서 '선호하는 사회적 모임에 대한 적응'은 노년기가 아닌 성인 초기(22~30세)의 과업이다.

Tip
발달과업이론에서 노년기의 과업
- 약해지는 체력과 건강에 대한 적응
- 은퇴와 수입 감소에 대한 적응
- 배우자의 사망에 대한 적응
- 자신의 동년배와 친밀한 관계 재형성
- 사회적 시민의 의무 수행
- 만족스러운 생활 환경 조성

07 지속적 운동참여를 위한 동기유발 방법 ④

〈보기〉에서 조 할머니는 본래 '운동'이라는 행위에 대해 불필요한 것이라는 자신의 신념, 즉 태도를 가지고 있었다. 그러나 이것이 '당뇨병 판정'과 '의사의 운동 권유'라는 환경적 요인, 즉 주관적 규범에 의해 변화하여 운동에 대한 믿음을 갖게 되었고, 실제 행동을 하기 위한 의지이자 능력(지각된 행동 통제감)을 갖게 되면서 운동을 시작하게 되었다. 즉, 자신의 태도와 주관적 규범, 지각된 행동 통제감이라는 세 가지 요소에 의해 행동이 변화한 것이며, 이러한 행동 변화를 가장 잘 나타내는 이론은 계획된 행동 이론이다.

【오답해설】
① 지속성 이론 : 노화의 사회학적 이론으로, 과거 자신의 역할이나 책임을 비슷한 수준으로 유지하려고 하는 경향을 통해 성공적인 노화를 이룰 수 있다고 보는 이론
② 사회생태 이론 : 인간과 환경이 분리되어 있지 않고 지속적인 상호교류를 통해 행동이 발달·변화한다고 보는 이론
③ 자기효능감 이론 : 자신이 어떤 일을 잘 해낼 수 있다는 개인적 신념, 즉 자기효능감이 개인의 행동 선택 및 추진에 영향을 미친다고 보는 이론

08 운동프로그램의 요소 ③

Karvonen 공식은 여유심박수(Heart Rate Reserve ; HRR)를 이용하여 목표심박수를 구하는 방법으로 공식은 '(최대심박수-안정시심박수)×운동강도+안정시심박수'이며, 최대심박수는 '220-나이'로 구한다. 〈보기〉의 경우 70세 남성이므로 최대심박수는 150이며, 분당 안정시심박수는 70, 운동 강도는 60~70%라 하였다. 이를 공식에 대입하여 그 범위를 구하면 다음과 같다.
㉠ 운동 강도 60% : (150-70)×0.6+70=118
㉡ 운동 강도 70% : (150-70)×0.7+70=126

09 호흡·순환계 질환 운동프로그램 ③

죽상경화증은 혈관의 내막에 콜레스테롤이 침착하여 각종 심혈관질환을 야기하는 질환이다. 김 할아버지의 정보 중 죽상경화증 심혈관질환의 위험요인에 해당하는 것은 연령의 증가, 비만, 당뇨병, 흡연 등이다. 이 중 공복혈당은 135mh/dL로 당뇨병 의심 수준에 해당하고, 체중 역시 체질량지수 기준 30.10으로 비만 기준 이상이다.

Tip

죽상경화증 심혈관질환의 위험 인자
- 고콜레스테롤혈증 : 혈중 총콜레스테롤 240mg/dL 이상
- 낮은 고밀도 지단백 콜레스테롤(HDL-콜레스테롤) : 남성 40mg/dL, 여성 40mg/dL 미만
- 높은 저밀도 지단백 콜레스테롤(LDL-콜레스테롤) : 130mg 초과
- 높은 중성지방 150mg/dL 초과
- 고혈압 : 140/90mmHg 이상
- 흡연
- 당뇨병 : 공복혈당 126mg/dL 이상
- 심혈관질환의 가족력
- 연령 증가
- 운동 부족
- 과체중 : 체질량지수(몸무게÷키(m)의 제곱) 기준 23~24.9
- 복부 비만 : 체질량지수(몸무게÷키(m)의 제곱) 기준 25 이상

10 운동권고 지침 및 운동방안 ④

노인 운동을 위한 트레이닝 원리 중 가역성의 원리는 신체 기관에 과부하가 이루어지지 않거나 혹은 운동을 중지했을 경우 그 운동 능력이 빠르게 감소한다는 원리이다. 〈보기〉는 운동의 중지로 인해 증가되었던 박 할머니의 운동 능력이 빠르게 감소한 예이다.

【오답해설】
① 개별성의 원리 : 노인의 체력 및 능력에 맞추어 운동의 시간과 강도, 방법 등을 결정하여야 한다는 원리
② 특이성의 원리 : 운동에서 얻을 수 있는 효과들은 그 운동의 유형과 연관되는 근육들에만 특별하게 적용된다는 원리
③ 과부하의 원리 : 신체의 기관 혹은 조직의 향상을 위해서는 신체의 적응 능력 이상의 부하, 즉 익숙하지 않은 부하에 노출되어야 한다는 원리

11 운동권고 지침 및 운동방안 ②

노인체력검사(Senior Fitness Test ; SFT)에서 상체유연성은 등 뒤에서 양손 마주 잡기로, 하지근지구력은 30초간 의자에 앉았다가 일어서기로 측정한다.

【오답해설】
- 아령 들기 : 상지근지구력을 측정하기 위한 검사 항목
- 의자에 앉아 윗몸 앞으로 굽히기 : 하체유연성을 측정하기 위한 검사 항목

12 운동권고 지침 및 운동방안 답 ②

미국스포츠의학회(ACSM)의 노인 신체활동 권고 지침에 따르면 저항성 운동은 초보자부터 중간 수준까지의 노인은 1RM의 60~70% 수준으로 실시한다. 그러나 저항성 운동을 처음 시작하고자 하는 노인의 경우 1RM의 40~50% 수준으로 실시하도록 권장하고 있다.

【오답해설】
① 저항운동은 체력수준에 따라 그 강도를 달리하여 실시한다.
③ 유연성 향상을 위해서는 정적 스트레칭과 동적 스트레칭, 탄성 스트레칭이 모두 효과적이며, 시간은 한 번의 스트레칭 동작을 약 60초간 유지하고 각각 2~4회 반복하는 것을 권장하고 있다.
④ 중강도 유산소운동의 경우 하루 30~60분, 주당 150분을 실시하도록 권장하고 있다.

13 운동권고 지침 및 운동방안 답 ③

정적 스트레칭은 느리고 일정한 속도로 동작을 수행하는 스트레칭으로, 동적 스트레칭 혹은 탄성 스트레칭에 비해 안전해 노인, 특히 근골격계 질환을 겪고 있는 노인에게 권장되고 있다.

【오답해설】
① 노인에게는 정적 스트레칭을 우선적으로 권장한다. 탄성 스트레칭은 부상의 위험이 있어 충분히 훈련된 노인이 아니라면 권장되지 않는다.
② 스트레칭은 근육이나 건, 인대 등을 신전시키는 운동으로 관절의 가동범위 증가, 유연성 유지 및 향상 등에 큰 도움을 준다.
④ 고유수용성 신경근 촉진법(PNF)은 근육의 활성을 억제 혹은 촉진하여 근육의 가동 범위를 늘리는 방법이다. 재활 운동에서 특히 효과적으로 활용되고 있다.

14 호흡·순환계 질환 운동프로그램 답 ④

이상지질혈증 환자의 경우 자신의 최대능력(최대심박수)의 50~70% 정도의 중등도 강도로 운동을 하는 것이 좋다. 운동량을 증가시킬 경우에도 운동 강도를 증가시키는 것보다는 운동 시간을 늘리는 것이 권장된다.

15 지속적 운동참여를 위한 동기유발 방법 답 ④

프로차스카의 범이론적모형에서 유지 단계는 실천한 행동을 6개월 이상 지속적으로 유지하는 단계이다. 김 할아버지는 '지난 한 해 동안' 걷기 운동을 하고 있다고 하였으므로 유지 단계에 해당한다. 이때의 지도 전략은 사회적 지지와 추후 관리 등으로, 즐길 수 있는 스포츠를 경험하도록 지도하는 것이 가장 적절하다.

【오답해설】
① 무의식(계획 이전) 단계 : 6개월 내에 행동을 변화시킬 의사가 없으며, 문제를 인식하지 못하거나 간과하는 단계
② 의식(계획) 단계 : 6개월 내 행동 변화를 할 의사는 있으나 구체적인 계획은 없는 단계
③ 행동 단계 : 6개월 미만의 기간 동안 실제 문제 극복을 위한 행동을 수행한 단계

16 근골격계·신경계 질환 운동프로그램 답 ③

골다공증 노인에게는 자신의 근력 수준에 적합한 체중부하운동과 저항성 근력운동을 실시하도록 권장된다. 다만 체중부하운동이 불가능할 경우 수중 걷기 등의 수중부하운동을 실시하도록 권장하고 있다.

17 의사소통기술 답 ①

노인의 이해를 돕기 위해 언어적 단서와 시각적 단서를 모두 제시해야 하며, 필요할 경우 시범 등과 함께 단서를 제시해야 한다.

18 운동권고 지침 및 운동방안 답 ②

축구, 농구, 배구와 같은 경쟁 스포츠는 부상의 위험이 높아 노인의 중강도 신체활동으로는 적절치 않으며, 주로 평균 수준의 건강 상태를 가진 성인이나 높은 수준의 건강 상태를 가진 노인에게 권장되는 신체활동이다.

19 노인운동 시 위험관리 답 ①

운동강도를 높일수록 몸에서 발생하는 열이 잘 배출될 수 있는 의복을 착용하도록 해야 한다. 단열성이 높은 의복은 몸의 열을 배출시키지 못해 고열과 관련된 증상 등을 일으킬 수 있다.

【오답해설】
④ 추운 환경에서는 일반적인 환경보다 근육이 더 긴장되어 부상이 발생할 위험이 더 높다. 따라서 준비운동을 평소보다 길게 진행하여 근육을 충분히 풀어 주어야 한다.

20 노인운동 시 위험관리 답 ④

심폐소생술, 특히 가슴압박은 119 구급대원이 도착하여 적절한 조치를 취할 때까지 중단 없이 실시하여야 한다.

2019 기출문제 정답 및 해설

스포츠사회학

01	02	03	04	05	06	07	08	09	10
④	①	②	②	④	②	①	③	①	②
11	12	13	14	15	16	17	18	19	20
③	①	②	③	①	③	③	④	④	④

01 스포츠사회학의 의미   답 ④

에티즌과 세이지가 분류한 스포츠사회학의 연구영역 중 거시적 영역은 사회 규범, 사회 가치, 사회적 지위와 역할, 정치, 경제, 교육, 종교, 가족 등의 사회제도와 스포츠의 관계를 다루는 영역이다. 반면 미시적 영역에서는 조직의 목표와 목적 달성을 위한 리더십, 상호작용, 경쟁과 협동 등을 다룬다.

Tip

Eitzen과 Sage의 스포츠사회학 연구영역 분류

구분	내용
사회심리적	특정 사회 환경에서의 인간 행동 원리
거시적	사회 규범, 사회 가치, 사회적 지위와 역할, 정치, 경제, 교육, 종교, 가족 등의 대규모 사회제도와 스포츠의 관계 연구
미시적	조직의 목표와 목적 달성을 위한 리더십, 상호작용, 경기력 향상을 위한 경쟁과 협동 등 소규모 사회체계에서의 사회현상과 스포츠 간의 관계를 연구

02 스포츠의 사회적 기능과 사회이론   답 ①

스포츠의 사회적 기능 중 사회화 기능, 즉 사회통합 기능은 스포츠의 순기능 중 하나로서 격리된 개인을 결집력 있는 집단으로 통합시키는 기능이다. 〈보기〉는 '월드컵'이라는 국가적 스포츠 이벤트를 통해 성별이나 연령 등이 서로 다른 개인들이 '한국인'이라는 집단으로 통합됨으로써 유대성과 통일성을 획득·유지하게 된 사례이다.

03 상업주의와 스포츠   답 ②

도시를 중심으로 인구가 고밀도화됨으로써 스포츠 이벤트의 흥행 성공 가능성이 증가하고 대규모 스포츠 관련 시설의 설립이 가능해지는 등 현대 스포츠의 발전에 큰 영향을 미쳤다.

04 스포츠로의 사회화와 스포츠를 통한 사회화   답 ②

스포츠로의 사회화에 영향을 주는 요인은 '개인적 특성'과 '스포츠 사회화 주관자', 그리고 '사회적 상황'이 있다. 이 중 사회적 상황은 스포츠 시설이나 용품·기구, 프로그램 등에 대한 접근성과 편리성을 말하는 것으로 이는 그 사회의 정치적·경제적 상황이나 문화, 제도, 역사, 종교, 국민성, 지역 특성, 전통 등에 의해 제약된다. 〈보기〉의 경우 중동 국가의 '문화'로 인해 여성이 스포츠에 참가할 수 없는 상황이므로 스포츠 사회화 요인 중 '사회적 상황'과 관련이 있는 사례로 볼 수 있다.

05 스포츠 세계화   답 ④

신자유주의 시대의 스포츠 세계화는 축구나 야구, 농구와 같은 서구의 현대스포츠를 전 세계로 보급하는 역할을 하였고 이에 따라 국경을 초월하는 거대한 스포츠 시장이 형성되었다. 반면 비서구권의 전통 스포츠는 서구 스포츠에 밀려 사라지거나 점차 설 자리를 잃어 가는 상황에 처하게 되었다.

06 스포츠와 국제정치   답 ②

냉전시대 국가의 국제스포츠정책은 이데올로기 및 체제 선전의 도구로서 자국의 체제적 우월성을 드러내고, 각 진영에 속한 국가에 대한 지배력을 강화하는 수단으로 활용되었다. 스포츠에서의 상업주의 팽창은 냉전 이후에 발생한 현상으로, 전 세계적으로 자본주의적 시장경제 체제가 자리 잡은 후에 가능했던 현상이다.

【오답해설】
③ 국가는 대표팀이 국가를 대리하도록 하는 '상징'과, 그 대표팀이 일반 국민과 일체화되도록 하는 '동일화', 그리고 상징과 동일화의 효과를 극대화하기 위한 '조작'을 통해 그 정치적인 기능을 극대화한다.
④ 정부는 국민에게 여가의 기회를 제공하고 건강을 증진시키기 위한 수단으로서 스포츠를 활용하며, 이는 정부의 의료비 지출 감소와 자국의 산업생산력 향상에 긍정적인 영향을 미치게 된다.

07 스포츠일탈의 이해   답 ①

구조기능이론은 일탈을 규범 위반의 관점에서 정의하는 이론으로 머튼, 코저, 에릭슨 등이 대표적인 학자이다. 구조기능이론, 특히 기능적 관점에서는 일탈을 현존하는 사회질서 유지에 기여한다는 점에서 다른 지속적 행동유형과 같이 정상적인 것으로 간주하는데, 에릭슨은 '일탈자의 확인은 집단의 문화적 정체성을 다시 한 번 확인시키고 강화시키려는 사회집단의 중요한 목적에 기여'한다고 보았다.

【오답해설】
② 갈등이론은 경제적 갈등, 인종 갈등, 젠더 갈등 등의 갈등으로 인해 일탈이 발생하며, 사회의 불평등하고 모순적인 시스템이 그 원인이라고 보는 이론이다.
③ 차별교제이론은 상호작용론적 관점 중 하나로 개인이 일탈 유형과의 접촉을 통해 일탈을 학습하고 일탈자로 변해 간다고 보는 이론이다.
④ 낙인이론은 상호작용론적 관점 중 하나로 일탈을 사회적 규정에 의해 개념화된 것으로 보는 이론이다. 이에 따르면 일차적 일탈(미약한 일탈)이 다른 요인과 결합함으로써 개인을 일탈자로 낙인찍게 되고, 이렇게 낙인이 찍힌 일탈자는 점차 스스로를 일탈자라고 여기게 되면서 이차적 일탈(습관화된 일탈)을 일으키게 된다.

08 상업주의와 스포츠   답 ③

스포츠의 상업화에 따른 변화 중 스포츠 조직의 변화는 스포츠 관련 조직이 개·폐회식 등의 의전행사나 식전·식후 행사, 경품의 규모, 대회의 수입, 관중의 수, 매스 미디어의 반응 등 경기 외적인 요소를 통해 관중에게 흥미를 제공하고, 이를 통해 경제적 이익을 증대시키는 것에 관심을 두게 되는 것을 말한다.

【오답해설】
② 스포츠 규칙은 '속도감 있는 경기 진행', '득점 체계의 다양화', '광고 시간 삽입을 위한 작전타임(휴식)의 증가' 등과 같은 원칙하에 변화가 일어난다.
④ 스포츠의 상업화에 따라 선수나 코치의 경기 성향은 점차 스포츠의 심미적인 가치보다는 영웅적 가치를 중시하는 방향으로 변화하게 되며, 이는 위험하고 과감한 플레이의 증가, 과장되고 극적인 표현의 증가, 경기 외적인 득점이나 승리의 추구 등을 야기한다.

09 상업주의와 스포츠   답 ①

보류조항은 일정 기간 선수들의 자유로운 계약과 이적을 막음으로써 과도한 연봉 상승을 방지하고 구단을 안정적으로 운영하기 위해 도입된 제도이다. 도입 당시 선수들의 권리를 과도하게 침해한다는 비판이 있었으며, 현재 이를 보완하기 위한 제도로서 자유계약 제도, 웨이버 공시 제도 등이 함께 시행되고 있다.

【오답해설】
② 선수에게 지급해야 하는 최저연봉을 규정함으로써 신인 선수와 같은 무명 선수들도 기본적인 생활이 가능하도록 하기 위한 제도이다.
③ 한 구단에 소속된 전체 선수의 연봉 총액 상한선을 규정하는 것으로 선수들의 지나친 몸값 상승, 구단의 적자 운영 방지, 그리고 돈이 많은 구단이 리그 내 최고 수준의 선수를 독점함으로써 팀 간 실력 차가 과도하게 벌어지는 것을 방지하기 위한 제도이다.
④ 트레이드는 구단이 선수와 선수, 혹은 선수와 금전을 교환하는 등의 행위이며, 트레이드에 대한 권리는 전적으로 구단에 있다. 만약 선수가 타 구단과 계약을 맺고자 하는 경우 자유계약선수(FA) 권리를 얻어 이를 행사해야 한다.

10 스포츠와 미디어의 이해   답 ②

사회범주 이론은 미디어에 대하여 상이하게 반응하는 하위 집단이 존재한다고 가정하는 이론으로, 스포츠의 소비 형태가 연령이나 성별, 사회계층, 교육 수준 등의 특정 범주에 따라 차이가 있다는 사실에 근거하고 있다. 이는 미디어의 영향이 서로 다른 하위 집단의 구성원에게 획일적으로 미치지 않는다는 사실을 일깨워준다.

【오답해설】
① 개인차 이론은 소비자가 개인의 독특한 심리적 욕구를 만족시키기 위해 미디어를 이용한다고 보는 이론으로, 미디어는 이러한 소비자의 인성 특성에 흥미를 일으키는 이미지를 제공한다고 주장한다. Katz, Gurevitch, Hass 등은 미디어가 해결해주는 욕구를 '인지적 욕구', '정의적 욕구', '도피적 욕구', '통합적 욕구' 등의 4가지로 구분하였다.
③ 사회관계 이론은 비공식적 사회관계가 개인이 미디어가 제공하는 메시지에 반응하는 태도를 수정하도록 하는 중요한 역할을 담당한다고 주장하는 이론으로, 미디어의 해석 및 선택 성향에 준거 집단이 큰 영향을 미친다고 본다.
④ 문화규범 이론은 미디어가 사회 규범, 즉 현존하는 사상이나 가치를 선택적으로 제시하고 강조하며, 소비자는 이러한 규범에 따라서 자신의 생각이나 행동을 취한다고 주장하는 이론이다.

11 사회계층과 스포츠 참가   답 ③

칼 마르크스는 '생산수단의 소유' 여부에 따라 사회 구성원을 지배계급(자본가)과 피지배계급(노동자)으로 구분하였다. 즉, 마르크스에 따르면 운동선수는 자신의 기술과 노동력을 제공하는 피지배계급에 속한다.

【오답해설】
① 부르디외의 계급론에 따르면 인간은 특정한 사회적 환경에 의해 획득한 성향, 사고, 인지, 판단과 행동 체계, 즉 '아비투스'를 바탕으로 행동하며, 이러한 아비투스와 사회의 계급적 등급이 호응하면서 일상생활 속의 실천을 구분한다. 즉, 골프는 상류계급의 경제적·물질적 선택의 기호이며, 동시에 다른 계급과의 차별성을 부각시키기 위한 스포츠이다.
② 베블렌은 저서 「유한계급론」을 통해 '베블렌 효과'로 불리는 소비심리 이론을 제시하였다. 베블렌 효과는 어떠한 제품의 가격이 오르는데도 불구하고 일부 계층의 과시욕이나 허영심 등으로 인해 그 수요가 줄어들지 않는 현상을 말한다. 이에 따르면 상류계급은 골프나 승마, 요트 등 많은 시간과 비용이 필요한 스포츠에 주로 참가하며, 이를 통해 자신의 지위와 재력을 과시하고자 하는 욕구를 충족시킨다.
④ 베버는 마르크스와 달리 사회계급이 '생산수단의 소유'라는 한 가지 요인으로만 결정되는 것이 아니라고 보았으며, 재산과 함께 신분, 권력, 사회적 지위 등 추가적인 요인이 다방면으로 사회계급의 결정에 영향을 미친다고 보았다.

12 스포츠와 정치의 결합　　　　답 ①

스포츠에서 상징화란 스포츠에 참가하는 팀 혹은 선수가 어떤 의미와 의의를 갖고, 그 자체와는 다른 어떤 무엇을 대리하고 지칭하는 것으로 그 의미가 확장되는 것을 말한다. 월드컵이나 올림픽과 같은 국제 스포츠 이벤트에서 대표팀 및 선수가 해당 국가와 국민을 대리하는 것으로 여겨지는 것이 그 예이다.

【오답해설】
② 스포츠에서의 동일화는 스포츠를 관람하는 대중이 선수 혹은 대표팀을 자신과 일체시키는 것을 말한다.
③ 조작란 상징과 동일화의 효과를 극대화시키기 위해 인위적으로 개입하는 행위를 말하는 것으로 한일전 축구 경기를 앞두고 보도되는 한일 관계에 대한 수위 높은 발언 등이 조작의 대표적인 예이다.
④ 우민화 정책은 지배층이 자신의 지위나 권력 등을 강화 혹은 안정적으로 유지시키기 위하여 피지배층의 정치에 대한 관심이나 사회에 대한 불안감 등을 없애는 정책이다. 우리나라에서 시행되었던 대표적인 우민화 정책은 전두환 정부 시절의 3S(Screen, Sports, Sex) 정책이 있다.

13 스포츠일탈의 이해　　　　답 ②

코클리가 제시한 스포츠 윤리규범의 유형 중 구분짓기규범은 '운동선수는 다른 선수들과 차별될 수 있는 탁월성을 보여야 한다'는 규범이다.

14 스포츠 일탈의 유형　　　　답 ③

크로젯(T. Crosset)은 1996년 'Male Student-Athletes and Violence Against Women'이라는 논문에서 여성 선수에 대한 남성 선수의 폭력과 남성 위주의 스포츠문화의 관련성에 대한 연구 결과를 발표하였다. 이에 따르면 남성 선수들 사이에서 폭력 행위가 자신의 남성다움을 확립하고 여성 선수에 대한 자신의 통제력을 강화하는 데 효과적인 전략이라는 믿음이 존재하고 있으며, 크로젯은 이것이 여성 선수를 상대로 하는 폭력 발생의 주요 원인 중 하나라고 이야기하였다.

15 스포츠 사회화의 의미와 과정　　　　답 ①

스포츠 사회화 이론 중 사회학습이론은 개인이 어떻게 사회적인 행동을 습득하고 수행하는지를 밝히려는 이론으로 크게 강화, 코칭, 관찰학습의 3가지 방법으로 구분한다. 강화는 강화와 처벌을 통한 사회적 역할의 습득·수행을, 코칭은 사회화 주관자의 가르침을 통한 습득을, 관찰학습은 다른 사람의 행동을 관찰하여 유사하게 행동함으로써 과제를 학습하고 수행하는 것을 말한다. 〈보기〉에서 첫 번째 사례는 강화를, 두 번째 사례는 관찰학습을 이용한 것으로 볼 수 있다.

【오답해설】
② 역할이론 : 개인이 사회적 구조 내에서 사회적 지위에 따라 그 지위에 기대되는 행위를 하고자 하며, 이 과정에서 사회화가 이루어진다고 보는 이론이다.
③ 준거집단이론 : 사회화 주관자로서의 다양한 기능을 지닌 준거집단이 사회화 과정에서 중요한 역할을 수행한다고 보는 이론이다.
④ 근거이론 : 사회화 이론이라기보다는 사회화 연구를 위한 질적 연구방법론으로 보는 것이 더 적절하다. 특정 집단이나 특정 사회현상에 대해 알려진 사실이 거의 없거나 기존 집단이나 현상에 대해 새로운 이해를 얻기 위해서 실제 분야를 탐색하는 연구 방법이다. 자료에 근거해 이론을 도출하며, 다른 연구방법론을 통해서 포착하기 어려운 개인 및 조직의 사회적·심리적·구조적 현상을 파악하는 데 유용하다.

16 한국의 학원스포츠　　　　답 ③

우리나라 학원스포츠는 폐쇄성이 높은 엘리트주의로서 교실공간과 분리되어 학생선수들만의 공동체 문화를 만들고, 일반 학생들과는 단절되는 섬 문화의 특성을 보이고 있다. 이는 공동체 내부의 결속력을 높이고 끈끈한 인간관계를 맺을 수 있도록 하지만 학생선수들을 폭력이나 각종 부조리에 노출시키는 부작용이 있어 시급히 개선되어야 할 부분으로 지적되고 있다.

17 스포츠와 미디어의 상호관계　　　　답 ③

스포츠가 미디어와 공생함으로써 스포츠는 경기 내·외적인 부분에서 많은 변화를 겪어 왔다. 예컨대 경기 시간의 변경이나 작전 타임의 증가, 유니폼이나 공 등의 색상 변경 등은 미디어로 인한 스포츠의 변화 사례이다. 이렇듯 스포츠와 미디어는 상호 영향을 미치는 관계이며, 따라서 스포츠가 미디어에 의존할수록 미디어의 스포츠에 대한 통제력은 증가하게 된다.

18 스포츠 세계화　　　　답 ④

오늘날 다국적 기업은 스포츠의 민족주의적 속성(민족의 결집, 타 민족과의 경쟁 등)을 기업의 세계화 전략에 중요한 자원으로 활용하고 있다.

【오답해설】
① 냉전 시대에 스포츠 세계화는 서로 다른 진영에 속한 국가 간의 경쟁을 심화시킴으로써 민족주의를 강화시켰다.
② 민족주의는 스포츠가 국가 간 경쟁의 성격을 지니게 함으로써 스포츠의 세계화 현상을 가속화하였다.
③ 제국주의 시대 당시 식민국가는 스포츠 경기를 통해 자신들의 정체성을 강화하고 민족적 자존감을 회복하고자 하였다. 이 과정에서 스포츠 세계화가 식민국가의 민족주의를 강화시키는 결과를 야기하였다.

19 스포츠사회학의 의미　　　　답 ④

스포츠사회학은 스포츠와 사회의 관련성에 초점을 둔 사회학의 하위 분야 혹은 일개 분야 과학이다. 개인의 행동과 관련된 인간 내면의 특성 및 과정을 설명하는 것은 스포츠심리학에 대한 설명이다.

20　스포츠와 계층이동　답 ④

한 개인의 생애 동안 일어난 계층 이동이 아닌 부모 세대와 자녀 세대 간 나타나는 계층 이동이므로 '세대 간 이동'이며, 낮은 지위에서 높은 지위로(더 많은 수입과 명예) 올라갔으므로 수직이동(상승이동)에 해당한다.

【오답해설】
① '같은 대우'를 받고 이적하는 것은 동일한 계층 내에서의 이동, 즉 수평이동에 해당한다. 수직이동은 더 나은 대우를 받거나 혹은 반대로 더 좋지 않은 대우를 받게 되는 경우를 말한다.
② 개인이동은 개인적인 의지와 노력을 통해 계층 위치가 변화하는 것을 말한다. 어떠한 집단이 특정한 계기를 통해 집합적으로 이동하는 것은 집단이동(구조적 이동)에 해당한다.
③ 2군에 소속되어 있던 선수가 1군으로 이동하는 것은 더 많은 연봉 혹은 출전 기회와 명예 등 더 높은 지위로 이동하는 것이므로 수평이동이 아닌 수직이동에 해당한다.

스포츠교육학

01	02	03	04	05	06	07	08	09	10
②	①	④	③	②	①	③	①	④	④
11	12	13	14	15	16	17	18	19	20
④	④	③	②	①	④	①	③	③	②

01　스포츠교육 지도자　답 ②

스포츠교육은 신체활동을 통한 교육으로 국민 체력을 증진하고, 건전한 정신을 함양하여 명랑한 국민 생활을 영위하는 것을 목적으로 한다. 이에 지도자는 참여자의 발달 단계에 적합한 내용과 프로그램에 대한 지식을 갖고 지도해야 한다.

02　학교체육　답 ①

【오답해설】
② 비이동 운동 기능 : 구르기, 비틀기, 균형 잡기, 회전하기 등
③, ④ 조작 운동 기능 : 던지기, 차기, 때리기, 받기, 굴러오는 공 잡기 등

03　학교체육　답 ④

ⓒ 제2장 제8조 지방 체육의 진흥에 해당하는 내용이다.
ⓒ 제2장 제14조 선수 등의 보호·육성에 해당하는 내용이다.
ⓔ 제1장 제2조 정의에 해당하는 내용이다.

【오답해설】
㉠은 국민체육진흥법에 명시되지 않은 내용이다.

04　스포츠지도를 위한 교육모형　답 ③

교수·학습 지도안은 학생의 학습활동을 구상한 교수의 계획 또는 수업 계획안이다. 학습지도안 작성에 영향을 미치는 요인들은 교과의 특성, 학생들의 특성, 가치, 현실적 제한점, 학습활동의 계열화 방식 등이 있다.

05　평가의 이론적 측면　답 ②

평가는 측정한 결과를 교육목적에 비추어 '잘되었다', '나쁘다' 등의 가치를 판단하는 행위로 가치 지향적이다. 반면 측정이나 검사는 증거수집활동으로서, 객관성·공정성·정확성·엄밀성이 특히 강조되며, 수집된 증거의 수량화에 초점을 두는 가치 중립적 활동이다.

06　스포츠교육 지도사　답 ①

스포츠지도사란 검도, 골프, 수영, 야구, 농구 등 그 밖에 문화체육관광부장관이 인정하여 고시하는 자격 종목에 대하여 전문체육이나 생활체육을 지도하는 사람을 말한다.

07 스포츠지도를 위한 교육모형 답 ③

㉠ 인지적 영역 : 지식을 획득하고 사용하는 방식과 관련된 정신능력으로 지식, 이해력, 적용력, 분석력, 문제해결력, 비판적 사고력, 창의력, 평가 등
㉡ 스크리미지 : 게임 형식의 연습법

【오답해설】
- 정의적 영역 : 인간의 흥미, 태도, 감상, 가치관, 감정, 신념 등에 관련되는 교육목표의 영역
- 리드–업 게임 : 각종 구기의 원형을 쉽게 배울 수 있게 개량하여 구기운동에 흥미를 불러일으키고 팀워크와 체력 단련을 기하고자 하는 게임

08 스포츠지도를 위한 교육모형 답 ①

㉠ 적극적 수업 : 학급 전체나 소 모둠을 대상으로 하는 직접 교수 방법으로 초급자에게 가장 효과적이고 효율적인 수업
㉡ 확산형 : 생각을 외적으로 하여 다양한 의견을 통해 방법을 찾아내는 질문 방식

【오답해설】
② 과제식 수업 : 둘 이상의 과제들이 한 학습 환경에서 동시에 진행되도록 구성되며 학습자들에게 수행의 내용, 조건, 기준, 평가의 척도 등을 제시하여 복습에 효과적인 수업
③ 동료 수업 : 보통 2~3명의 학생들로 수업단위를 구성하여 운영하는 수업
④ 협동 수업 : 5명 내외의 소모둠을 구성하여 진행하고 학업 성취뿐만 아니라 협동 및 협력을 통해 사회 정의적 영역이 발달되는 수업

09 평가의 실천적 측면 답 ④

㉠ 비언어적 피드백 : 몸짓, 손짓, 표정, 시선, 자세, 미소 등의 신체언어와 사람의 외적 모습 등으로 하는 평가기법
㉡ 부정적 피드백 : 평가를 객관적이고 부정적으로 해서 보다 정확하게 파악하는 데 목적이 있는 평가기법
㉢ 교정적 피드백 : 학습자가 학습과정에서 오답을 한 경우 단순히 그 반응의 정·오 여부만 알려주는 게 아니라 오답의 원인을 설명하고 정답반응에 이르는 과정을 송환해 주는 평가기법

10 스포츠지도를 위한 교수기법 답 ④

효율적인 지도를 위해서는 학습자가 대기하는 시간의 비율을 최대한 낮춰야 한다.

> **Tip**
> **효과적인 지도**
> - 예상이 되는 문제 상황을 미리 예측하고 규칙을 만들어 수업 운영 시간을 최소화하기 위한 노력이 필요
> - 수업 운영 기술을 발달시키기 위해 자신의 수업 운영 기술에 대한 관찰·평가·반성이 필요
> - 규칙에 따라 행동하도록 가르치고 행동 수정을 위해 퇴장, 삭제훈련, 적극적 연습, 보상 손실과 같은 효과적인 기법을 사용하는 것

11 스포츠지도를 위한 교수기법 답 ④

모스턴 교수는 수업에서 내려야 하는 여러 사항들에 대한 결정권을 교사가 갖느냐 학생이 갖느냐에 따라 다양하게 이루어질 수 있는 수업 진행 방식을 일목요연하게 정리하였다. 이 과정에서 그는 기존의 대비접근 방식, 즉 한 가지 개념을 다른 개념에 대비하여 제시하는 방식에서 '모든 교수 스타일은 각각의 장점이 존재하며 어느 하나가 다른 하나보다 우월하지 않다.'는 비대비접근 방식으로 패러다임의 전환을 시도하였다.

> **Tip**
> **모스턴 교수 스타일**
> - 의사결정권의 권한 주체, 정도에 따라 스펙트럼이 나눠지며 의사결정권은 수업 전(목표), 중(수행), 후(평가, 피드백)에 따라 구분된다.
> - 모방 : 주로 교사가 의사결정권을 갖고 있는 A~E 스타일군(학생의 모사)은 기본적 기능의 습득, 전통과 문화 유지, 암기, 지식의 재생산 등이다.
> - 발견과 창조 : 주로 학습자가 의사결정권을 갖고 있는 F~K 스타일군(학생의 발견과 창조)은 합리적 사고를 통한 문제해결능력 함양, 개념의 발견과 창조, 창의성, 지식의 생산, 발견 등이다.
> - 4가지 피드백 : 가치 피드백, 교정 피드백, 중립(사실) 피드백, 불분명 피드백

12 스포츠지도를 위한 교수기법 답 ④

현장연구는 교육실천 개선을 목적으로 하며 기본적 연구와 학교의 계획활동의 중간에 있는 형태의 연구방법이다. 또한 연구의 윤리성을 지극히 존중하고 연구의 시초부터 실천을 강조하는 점이 특이하다고 할 수 있다. 즉 현장연구는 결과가 아니라 개선해 가는 과정과 절차를 더 중시하고 있다.

13 생활체육 프로그램 개발 및 실천 답 ③

스포츠지도사가 생활체육 프로그램 설계 시 고려해야 할 사항으로는 구체적이고 체계적인 지도 계획, 창의적 문제해결력과 인성을 기를 수 있는 학습환경 조성, 통합적 학습활동 제공 및 효율적인 교수학습 방법 활용, 수업의 안정성과 효율성을 위한 내·외적 환경 고려 등이 있다. 따라서 장소의 경우 최신식 시설을 우선으로 고려하기보다는 주변 환경 요인, 특히 수업의 안정성과 직결되는 접근성을 우선 고려하는 것이 바람직하다.

14 평가의 실천적 측면 답 ②

- 총괄평가 : 주어진 단원이나 과제의 교수–학습이 끝났을 때 교수 목표의 달성도를 알아보기 위한 종합평가
- 진단평가 : 계획된 교육목표를 달성하기 위한 교수–학습 활동이 시작되기 전에 학생들의 그 학습과제에 대한 준비도를 진단하는 평가
- 형성평가 : 교수–학습이 진행되고 있는 과정에서 실시되는 평가

15 스포츠지도를 위한 교수기법   답 ①

상규적 활동은 출석 점검, 운동복 확인 등과 같이 체육수업 전후에 반복적으로 일어나는 학생행동으로, 이 활동에 소비하는 시간을 최소화해야 한다.

16 학교체육   답 ④

학교스포츠클럽 활동은 학생들이 선호하고 평생 동안 즐길 수 있는 종목을 선택하여 활동함으로써 지속적인 신체활동 습관을 형성하고 운동 소양을 기르며 바른 인성을 함양하는 데 그 목적이 있다. 즉, 국가수준 교육과정 편성·운영 지침에 근거해 운영되는 것은 아니다.

17 학교체육   답 ①

학교체육진흥법 시행령에 따르면 스포츠강사는 강사로서의 자질, 복무 태도, 학생의 만족도 등을 평가한 후 그 결과에 따라 재임용 여부가 결정된다.

18 평가의 실천적 측면   답 ③

㉠ 체크리스트 : 대상 집단에 자유반응형식의 질문지를 제공하여 그 결과를 분석하고 그것을 토대로 문제 영역별로 묶인 동질문항의 리스트를 만들어 긍정이나 부정으로 답하게 하는 방법
㉡ 면접법 : 피험자를 직접 대면해서 질의·응답을 하는 형식

19 스포츠지도를 위한 교수기법   답 ③

링크의 내용 발달은 시작형 → 세련형 → 확장형 → 적용(응용)형의 순으로 이루어진다. 세련 과제는 운동 수행 경험에 의미를 두며 목표의 범위를 좁히고 수행의 질적 발달에 대한 학습자의 책무성을 강하에 부여할 때 매우 효과적이다.

20 스포츠지도를 위한 교수기법   답 ②

효과적인 과제 제시를 위해서는 모든 학습자가 쉽게 보고 들을 수 있는 대형을 갖춘 뒤 누구나 이해하기 쉬운 어휘를 사용한다. 또한 도형이나 문자의 크기, 색의 배치 등을 이용한 시각 정보를 활용하며 학습자에게 한 번에 습득할 수 있는 양의 정보를 제공해야 한다. 따라서 〈보기〉 중 적절한 것은 ㉡, ㉢이다.

스포츠심리학

01	02	03	04	05	06	07	08	09	10
①	①	①	①	①	②	②	①	④	④
11	12	13	14	15	16	17	18	19	20
④	③	①	③	②	④	①	②	①	③

01 스포츠심리학의 정의 및 의미   답 ①

스포츠심리학의 하위 분야 중 운동제어 영역에서는 정보의 처리, 운동 법칙, 반사와 운동제어 등 인간의 움직임 생성과 조절에 대한 기전과 원리를 규명한다.

【오답해설】
② 운동발달 영역은 유전과 경험, 발달 원리, 노령화 등 운동기능의 발달과 변화, 그리고 이에 대한 유전의 영향과 학습의 효과 등을 분석·규명하는 분야이다.
③ 운동심리학에서는 운동 참가 동기, 운동의 심리적 효과 등과 관련된 이론을 규명한다.
④ 건강심리학은 건강과 관련된 다양한 심리적 요인과 건강행동을 증진하기 위한 방법 등에 대해 연구하는 심리학의 한 분야이다.

02 운동발달   답 ①

> **Tip**
>
> **운동기술의 일차원적 분류**
>
> | 기준 | 분류 |
> |---|---|
> | 요구되는 근력의 크기 | 대근운동기술, 소근운동기술 |
> | 움직임의 연속성 | 불연속적 운동기술, 계열적 운동기술, 연속적 운동기술 |
> | 환경의 안정성 | 폐쇄운동기술, 개방운동기술 |

03 루틴   답 ①

루틴은 운동수행능력 발휘에 필요한 이상적 상태를 갖추기 위해 수행하는 개인의 고유한 동작이나 절차, 또는 습관화된 동작 등으로, 야구에서 타자들이 타격 자세를 갖추기 전 수행하는 동작이 대표적인 예이다. 루틴은 상당히 장기간 유지되는 습관적 동작이므로 시합 당일에 수정하는 경우는 없다.

04 스포츠심리상담의 적용   답 ①

응용스포츠심리학회는 여섯 가지의 기본 원칙(능숙함, 진실함, 전문적·과학적 책임감, 타인의 권리와 존엄성에 대한 존중, 타인의 복지 우선, 사회적 책임감)에 의거하여 총 26가지 윤리규정을 제시하고 있다. 이 중 9번째 규정인 '다중 관계' 규정에서는 사회적 혹은 다른 비전문적(상담 업무 외적인) 관계가 상담에 의도하지 않은 유해한 영향을 미칠 수 있음을 인지하고, 이러한 관계가 이미 선재해 있을 경우 전문적인 상담을 진행하지 않도록 규정하고 있다.

05 운동제어 답 ①

Tip

정보처리단계

구분	내용
감각·지각 단계	정보 자극을 받아들여 그 내용을 분석하고 의미를 부여하는 단계
반응선택 단계	자극에 대한 확인 후 환경 특성에 맞추어 그 자극에 대하여 어떻게 반응할지 결정하는 단계
반응실행 단계	실제 움직임을 생성하기 위하여 운동 체계를 조직하는 단계

06 자신감 답 ②

반두라는 개인의 행동과 반응은 그 개인이 관찰한 다른 이들의 행동에 영향을 받는다고 보았으며, 이에 따라 성격 발달 과정에서 관찰 학습과 사회적 경험의 역할을 강조하였다.

【오답해설】
① 자기효능감이 높은 사람은 어려운 과제가 주어졌을 때 기꺼이 시도하는 경향이 있으며, 과제를 완수하려는 노력을 더 많이, 더 오랫동안 하는 경향이 있어 과제를 성공적으로 마칠 가능성이 더 높다.
③ 자기효능감은 특정한 행위를 해내거나 어떠한 영역에서 잘 해낼 수 있다는 주관적인 판단이나 신념을 의미한다.
④ 특정 과제 수행에서 나타나는 개인의 생리적·정서적 각성 상태를 부정적으로 인식할 경우 자기효능감은 떨어질 수 있으며, 이에 따라 과제를 포기하거나 회피하게 된다. 그러나 이를 긍정적으로 인식할 경우 자기효능감이 상승할 수 있으며, 보다 높은 목표를 설정하고 노력의 양과 지속성을 배가시키게 된다.

07 동기 답 ②

'상대 선수의 능력'은 안정적이고 외적인 요인이며 통제가 불가능한 요인이다.
※ 상대의 능력이 자신보다 우수하였다는 것은 자신의 능력이 부족했기 때문이라고 보아 내적 요인으로 판단할 수도 있으나, 〈보기〉에서 '상대 선수의 능력'이 자신보다 우수했기 때문이라고 서술하였으므로 내적 요인이 아닌 외적 요인으로 보아야 한다.

Tip

귀인이론의 분류

구분		안정성	
		안정	불안정
원인 소재	내적	능력	노력
	외적	과제 난이도	운

※ 색칠된 영역은 통제 불가능한 영역

08 정서와 시합불안 답 ①

반전 이론(또는 전환이론)은 개인이 자신의 각성(불안) 수준을 어떻게 해석하느냐에 따라 각성과 정서의 관계가 달라진다고 보는 이론이다. 어떤 사람은 각성이 높은 상태를 기분 좋은 흥분상태로 해석할 수 있으나 다른 사람은 반대로 불안한 상태로 해석할 수도 있다고 보며, 각성에 대한 개인의 차를 이해하는 데 많은 기여를 하였다.

【오답해설】
② 생리적 각성과 인지적 각성의 상호작용에 따라 운동수행의 수준이 결정된다고 보는 이론으로 실제 운동 상황을 설명하는 데 적합한 이론이다.
③ 인지적 각성은 불안이나 걱정과 같은 감정으로 운동수행에 주로 부정적 영향을 미치는 반면 생리적 각성은 적정한 수준일 경우 긍정적인 영향을 미친다고 보는 이론이다. 이때 두 각성은 서로 독립적이며 운동수행에 있어서도 서로 다른 역할을 수행한다.
④ 선수 개개인마다 불안의 기준이 다르며, 최상의 운동수행 수준을 보이기 위한 각성 수준도 개인마다 차이가 있다고 보는 이론이다.

09 운동제어 답 ④

B 타자의 스윙 시간이 A 타자보다 짧으므로 B 타자는 A 타자보다 스윙 시작이 느려야 한다.

【오답해설】
①, ③ 타자가 구질을 파악하고 스윙 여부 및 궤적 등을 결정하는 데 걸리는 시간이 A 타자는 130ms, B 타자는 150ms이므로 B 타자가 구질 파악에 A타자보다 20ms의 시간을 더 활용할 수 있다.
② 모든 조건이 동일할 때, 스윙 시간이 짧으면 공에 가해지는 충격량이 더 크므로 스윙 시간이 20ms 더 짧은 B 타자의 타격 충격량이 더 크다.

10 동기 답 ④

과제목표성향이 높은 사람들은 노력을 중시하며 실패 혹은 패배의 원인 역시 자신의 노력에 귀인하는 경향을 보인다.

【오답해설】
① 자기목표성향이 높은 사람들은 자기보호의 특성으로 인해 아주 쉽거나 달성이 아주 어려운 과제를 선택하는 경향을 보인다.
② 과제목표성향의 사람은 비교의 준거가 자신이므로 타인을 의식하지 않으며, 따라서 평가 상황에서도 긴장 및 불안감이 적고 수행이 우수하다. 반대로 비교의 준거가 타인인 자기목표성향의 사람들은 평가 상황에서 긴장과 불안감이 높으며 수행 능력 역시 저조하다.
③ 과제목표성향의 사람은 성공의 원인을 자신의 노력 등 내적인 요인에서 찾는다. 반면 자기목표성향의 사람들은 성공의 원인을 상대 선수의 실수 등 외적인 요인에서 찾는다.

11 동기 ④

자기결정이론에서의 동기 유형 중 의무감규제는 죄책감이나 불안 같은 내적인 압력에 의해 행동하는 것을 말한다. 〈보기〉는 지도자와 동료들로부터의 부정적인 평가라는 내적인 압력에 의해 클럽 활동을 유지하고 있는 의무감규제의 예이다.

Tip

다차원적 스포츠 동기

구분		내용
무동기	능력 부족	과제, 행동 등을 수행할 능력이 없는 경우
	전략 미흡	어떤 전략이 과제의 결과에 아무런 영향을 미치지 못하는 경우
	노력 회피	과제의 수행이 과도하게 힘들어 노력하지 않는 경우
	무기력 신념	과제의 성취가 너무 벅차 무기력에 빠지는 경우
외적 동기	외적규제	외적 보상을 받거나 처벌을 피하기 위한, 타인의 강요에 의한 행동
	의무감(내적) 규제	죄책감이나 불안과 같은 심리적 압력에 의한 행동
	확인규제	개인적으로 설정한 목표 성취를 위한 행동
내적 동기	지식 습득	무엇인가를 알고자 하는 동기
	과제 성취	무엇인가를 성취하고자 하는 동기로서 유능성의 체험이 목표
	자극 체험	몰입, 최상 수행 경험 등 좋은 기분을 추구하는 동기

12 자신감 ③

자기존중감 향상의 매커니즘은 크게 신체이미지 향상설, 자기효능감 향상설, 자기도식 변화설, 자결성 향상설 등이 있다. 〈보기〉의 사례는 자기효능감의 향상 요인들로서 실제적인 성취의 경험(체지방 감량과 체형의 변화), 언어적 설득(스포츠지도사의 칭찬과 가족의 지지), 정서적 안정감 등이 나타나 있다.

13 운동학습 ①

Tip

운동학습의 세 가지 특성(Magill, Schmidt)

- 운동학습은 숙련된 운동수행을 위한 개인 능력의 비교적 영구적인 변화를 유도하는 일련의 내적 과정이다.
- 운동학습은 과정 그 자체를 직접적으로 관찰할 수 없으며, 따라서 그 평가는 학습자의 수행을 반복적으로 관찰함으로써 유추할 수밖에 없다.
- 운동학습은 반드시 연습이나 경험에 의해 나타나는 현상을 말하며, 성숙이나 훈련에 의한 변화는 포함하지 않는다.

신경가소성

- 신경계가 학습 및 경험에 반응하여 끊임없는 구조 및 기능적 변화를 보이는 것으로, 신경세포 간 연접효율의 증가 혹은 신경세포의 구조적인 변화로 인해 나타나는 것이다.
- 습관화, 학습과 기억, 손상 후 세포의 회복 등의 기전이 포함된다.

14 불안 ③

바이오피드백은 생체의 신경·생리상태 등을 감지한 후 이를 수치화하여 제공하는 피드백으로, 이를 활용하여 각성 조절 능력을 높이는 심리기술훈련 방법을 바이오피드백훈련이라 한다. 이를 활용하여 심박수, 혈압, 근긴장도 등 이전에는 자의적인 조절이 불가능하다고 여겨졌던 영역에 대한 조절 능력을 향상시킬 수 있게 되었다.

【오답해설】
① 심상훈련이란 감각 경험의 기억을 불러내어 외적인 자극 없이 내적으로 수행하는 방법, 즉 실제와 같은 상황을 상상함으로써 운동기능을 향상시키는 방법이다.
② 일종의 자기최면과 같은 방법으로 불안을 감소시키는 방법이다. 신체 부위의 따뜻함과 무거움을 느끼게 해 주는 일련의 동작으로 구성되어 있으며, '사지의 무거움, 사지의 따뜻함, 심박수, 호흡수, 복부의 따뜻함, 이마의 차가움'의 계층적인 6단계에 기초하고 있다.
④ 점진적이완훈련은 전체 각 부분의 대근육군을 차례대로 긴장시켰다가 이완하는 과정을 반복하는 훈련으로, 이를 통해 지나치게 높거나 혹은 지나치게 낮아진 각성 수준을 감지하는 능력을 향상시킬 수 있고, 과도한 각성 수준으로 인한 운동수행 저하를 방지할 수 있다.

15 운동실천 중재전략 ②

운동 애착 증진전략은 크게 환경적 방법, 강화적 방법, 목표 설정과 인지 방법, 의사결정 방법, 사회 지지적 방법 등이 있다. 피드백이나 보상 등은 강화적 방법에 해당하며, 표어나 유인물 등은 환경적 방법에 해당한다. 친구나 가족 등과 함께 운동하는 것은 사회 지지적 방법으로 볼 수 있다. 그러나 운동의 선택은 참여자가 직접 하도록 도와야 하며, 스포츠지도사는 적절한 목표의 설정과 이를 달성하기 위한 방법 등 보조적인 도움을 제공하여야 한다.

16 리더십 ④

'경기 출전'이라는 강화물을 없앰으로써 '폭력'이라는 행동을 감소시키는 것으로 부적처벌에 해당한다.

Tip

강화와 처벌

- 정적강화 : 강화물을 제공함으로써 행동을 증가시키는 것
- 부적강화 : 강화물을 없앰으로써 행동을 증가시키는 것
- 정적처벌 : 강화물을 제공함으로써 행동을 감소시키는 것
- 부적처벌 : 강화물을 없앰으로써 행동을 감소시키는 것

17 운동 제어 답 ①

운동 등가란 다양한 형태의 동작 혹은 서로 다른 근육근을 이용하여 동일한 결과를 생성할 수 있는 능력을 말하며, 반대로 근육의 수축 활동과 운동의 결과가 반드시 일치하지는 않을 수 있다는 것, 즉 동일한 근육의 활동으로도 다른 운동 결과를 야기할 수 있다는 것을 맥락 조건 가변성이라 한다.

【오답해설】
- 자유도 : 운동이 복잡해짐에 따라서 증가하는 수많은 운동 요소를 어떻게 통제하여 효율적인 운동동작을 생성할 수 있는가에 대한 것

18 집단 응집력 답 ②

캐론은 스포츠 팀 응집력 모형에서 팀의 응집력과 관련하여 '집단의 과제, 집단의 성과 규범, 성취 욕망(승부욕), 집단의 능력, 집단의 지향성(목표), 집단의 안정성' 등의 여섯 가지 요소를 제시하였다.

19 운동학습 답 ①

전이 검사는 학습한 내용을 새로운 수행 상황에서 관련된 기술에 얼마나 적절히 활용하는가를 확인하는 검사로, 크게 과제 내 전이 검사와 과제 간 전이 검사로 구분한다. 과제 내 전이 검사는 학습 당시의 환경과 다른 환경에서 동일한 기술을 구사하도록 하는 것이고, 과제 간 전이 검사는 학습한 기술과 전혀 다른 움직임을 수행하도록 함으로써 학습한 기술을 새로운 동작에 얼마나 적절히 활용하는지를 검사하는 것이다.

20 운동 제어 답 ③

Tip

반응시간의 유형

단순반응시간	하나의 자극신호에 대하여 단일한 반응만을 요구할 때 측정되는 반응시간 ⑩ 100m 달리기의 출발신호에 대한 반응시간
선택반응시간	두 개 이상의 자극이 제시되고 각각의 자극신호에 대해 서로 다른 반응을 할 때 측정되는 반응시간 ⑩ 청기 백기, 축구에서 양쪽 방향으로의 패스 유도 등
변별반응시간	두 개 이상의 자극이 제시되고 그중 특정한 자극에 대해서만 반응하도록 요구되었을 때 측정되는 반응시간 ⑩ 야구에서 특정한 구질에 대해서만 타격하도록 하는 경우

한국체육사

01	02	03	04	05	06	07	08	09	10
④	③	④	③	①	③	①	②	④	①
11	12	13	14	15	16	17	18	19	20
③	③	①	②	④	④	②	①	②	②

01 체육사 연구 분야 답 ④

구전 사료는 민요, 전설, 시가 등이며 트로피, 우승기, 메달 등은 물적 사료(유물)에 해당한다.

Tip

사료(史料)
- 물적 사료 : 유물, 유적 등 현존하는 모든 상태의 물질적 유산
  - 유물 : 기구, 도구, 유골, 예술품, 생활용품 등
  - 유적 : 건물, 성곽, 거주지, 분묘 등
- 기록 사료 : 문헌 사료와 구전 사료
  - 문헌 사료 : 고문헌, 고문서, 금석문 등
  - 구전 사료 : 민요, 전설, 시가, 회고담 등

02 선사 및 부족국가시대의 체육 답 ③

㉠ 동맹 : 10월에 행해진 고구려의 제천의식으로 전 부족이 한 자리에 모여 국정을 논의하고 시조인 동명신과 생모 하백녀의 제사를 지냈다.
㉡ 가배 : 8월 보름날에 행해진 신라의 제천의식으로 남자들은 활쏘기, 여자들은 길쌈내기를 하였다. 이는 추석의 고어인 가위의 어원이기도 하다.

03 삼국 및 통일신라시대의 체육 답 ④

방응은 길들인 매로 꿩을 잡는 사냥놀이로 삼국시대에는 우리 민족의 용감하고 민첩한 기질을 보여주는 놀이가 성행했다.

【오답해설】
① 윷놀이는 삼국시대 이전부터 유래된 민속놀이로 4개의 윷을 던지고 말을 사용해서 승부를 겨루는 놀이이다.
② 장기는 두 사람이 청·홍의 장기짝을 규칙에 따라 번갈아 두면서 겨루는 놀이이다.
③ 마상재는 말 위에서 펼쳐지는 여러 가지 곡예로 삼국시대부터 성행했다.

04 고려시대의 체육 답 ③

추천(鞦韆)은 고려시대 민속놀이 중 하나로 큰 나무의 가로 뻗은 가지 등에 두 가닥의 동아줄을 매어 늘이고 줄의 맨 아래에 밑싣개를 놓은 후에 올라서서 몸을 움직여 앞뒤로 움직이는 놀이이다.

【오답해설】
① 저포(樗蒲) : 나무로 만든 주사위를 던져 그 사위로 승부를 다투는 중국의 놀이로 윷놀이와 비슷하다.
② 축국(蹴踘) : 털, 공기 따위를 넣은 가죽 공을 여럿이 둘러서서 발로 차고 받는 놀이로 일정한 높이까지 많이 차는 쪽이 이긴다.
④ 풍연(風鳶) : 종이에 댓가지를 가로세로 또는 모로 엇맞추어 붙이고 실로 벌이줄을 매어 공중에 날리는 놀이이다.

05 조선시대의 체육 답 ①

편사(便射)는 편을 갈라 활쏘는 재주를 겨루는 경기로 조선시대부터 일제강점기까지 꾸준히 이어졌다.

【오답해설】
② 기창(騎槍) : 조선시대에 무과 과목의 하나로 말을 타고 창술을 펼치는 무예
③ 기사(騎射) : 고구려 때부터 조선시대 후기까지 중요시되었던, 말을 타고 달리면서 활을 쏘는 무예
④ 본국검(本國劍) : 신라 화랑도들을 중심으로 무술을 연마하기 위해 사용한 우리 고유의 검술

06 고려시대의 체육 답 ③

수박(手搏)은 주로 손을 써서 상대를 공격하거나 수련을 하는 우리나라 전통 무예이다.

【오답해설】
① 궁술(弓術) : 활을 활용한 무예
② 각저(角觝) : 두 사람이 띠나 샅바를 서로 잡고 힘과 재주를 부려 먼저 넘어뜨리는 것으로 승부를 겨루는 우리 고유의 운동(씨름)
④ 격구(擊毬) : 말을 타고 달리는 채로 공을 쳐서 상대의 문에 넣는 경기

07 조선시대의 체육 답 ①

무예도보통지는 조선시대 후기의 무예 훈련 교범으로 전투동작 하나하나를 그림과 글로 해설한 실전 훈련서라는 특징을 지닌다.

【오답해설】
② 무예신보(武藝新譜) : 영조 25년 사도세자가 12가지 기예를 더 넣어 편찬한 무예서로 무예도보통지를 나름대로 발전시켰지만 아직 발견되지 않음
③ 무예제보(武藝諸譜) : 임진왜란 후 전쟁에 시급한 무예서의 필요에 따라 명나라의 기효신서를 토대로 편찬한 우리나라에서 가장 오래된 무예서
④ 임원경제지(林園經濟誌) : 조선 후기에 농업정책과 자급자족의 경제론을 편 실학적 농촌경제 정책서

08 개화기의 체육 답 ②

황성기독교청년회는 현대 스포츠와 기술교육, 사진 등의 보급에 중요한 영향을 미쳤지만 국민계몽과 종교활동에 치우쳐 국권회복에는 소극적이었다.

【오답해설】
① 조선체육회는 창설 원년인 1920년부터 전조선야구대회를 개최하였다.
③ 조선체육협회는 조선신궁경기대회를 개최하여 조선인 선수의 국제경기대회 참가의 창구 역할을 수행하였다.
④ 대한민국체육회는 노백린이 세운 단체로 국민의 교육을 강조하였다.

09 개화기의 체육 답 ④

교육입구조서는 1895년 고종이 조칙으로 발표한 교육에 관한 특별조서이며 언더우드학당은 1886년 교육입국조서 반포 전에 설립되었다.

> **Tip**
> **교육입국조서(敎育立國詔書)**
> 1895년 2월 2일에 고종이 조칙으로 발표한 교육에 의한 입국의 의지를 천명한 것으로 근대식 학제를 성립시킬 수 있는 기점을 마련하였다. 조서의 내용은 다음과 같다.
> • 교육은 국가보존의 근본이다.
> • 신교육은 과학적 지식과 신학문과 실용을 추구하는 데 있다.
> • 교육의 3대강령으로서 덕육·체육·지육이 있다.
> • 교육입국의 정신을 들어 학교를 많이 설립하고 인재를 길러내는 것이 곧 국가중흥과 국가보전에 직결된다.

10 개화기의 체육 답 ①

관서체육회가 결성되어 전조선빙상대회가 개최된 것은 1920년으로 일제강점기의 민족주의적 스포츠 활동에 해당한다.

> **Tip**
> **개화기 체육사상**
> • 체육의 개념 및 가치에 대한 근대화가 이루어짐
> • 교육체계로 편입되면서 체육의 위상이 상승함
> • 근대적인 스포츠문화가 창출되는 토대가 됨

11 일제강점기의 체육, 광복 이후의 체육 답 ③

ⓒ 1936년 베를린올림픽경기대회 마라톤 종목에서 금메달을 획득했다.
ⓒ 1948년 정부 수립 직전 런던올림픽경기대회에서 태극기를 들고 'Korea'라는 이름으로 처음 참가했다.
ⓔ 1976년 몬트리올올림픽경기대회의 레슬링 종목에서 양정모가 대한민국 역사상 첫 금메달을 획득했다.
ⓐ 2000년 시드니올림픽경기대회에서 태권도가 정식 종목으로 채택되었다.

12 개화기의 체육   답 ③

배재학당은 선교사 아펜젤러에 의해 설립된 근대식 중등 교육기관으로 국가 인재양성을 위해 일반 학과를 가르치는 것 외에도 연설회, 토론회 등을 열고 사상과 체육 훈련에 힘을 쏟았다.

Tip
아펜젤러(H. G. Appenzeller)
"통영관을 양성하거나 우리 학교의 일꾼을 가르치려는 것이 아니라, 자유의 교육을 받은 사람을 내보내려는 것이다."라고 설립목적을 밝혔고, '욕위대자 당위인역(欲爲大者當爲人役)'이라는 학당훈(訓)을 내걸었다.

13 일제강점기의 체육   답 ①

조선체육회는 일본인이 만들었던 조선체육협회에 대응하기 위해 민족주의 사상을 기반으로 체육인들이 힘을 합쳐 1920년 설립하였다. 이후 11월 첫 사업으로 제1회 전조선야구대회를 개최했으며, 그 대회가 오늘날 전국체전 통산 횟수의 출발점이 되었다.

14 광복 이후의 체육   답 ②

〈보기〉에서 설명하는 체육 정책은 박정희 정부(1961~1979년)가 온 국민의 체력을 증진하고 건전한 정신을 강화하기 위해 시행한 것이다. 국군체육부대는 군 체육 향상과 국가 체육 진흥을 목적으로 1984년 설립되었다.

15 광복 이후의 체육   답 ④

〈보기〉에서 설명하는 체육 단체는 국민체육진흥공단으로 기금의 조성, 운용 및 체육과학의 연구를 목적으로 설립되었다.

【오답해설】
① 대한체육회 : 국민체육진흥법상에 명시된 특수법인이자 민법상 사단법인으로 한국의 아마추어 스포츠를 육성하고 경기단체를 지도·감독한다. 국제적으로는 대한민국을 대표하는 국가올림픽위원회(NOC)이다.
② 문화체육관광부 : 문화·예술·영상·광고·출판·간행물·체육·관광, 국정에 대한 홍보 및 정부 발표에 관한 사무를 관장하는 중앙행정기관이다.
③ 대한장애인체육회 : 장애인경기단체의 사업과 활동에 대한 지도 및 지원, 장애인체육경기대회의 개최와 국제교류 등에 기여하고자 국민체육진흥법에 의거 설립된 기타공공기관이며 대한민국 국가 패럴림픽 위원회이다.

16 개화기의 체육   답 ④

미국인 선교사 질레트(P. L. Gillett)는 황성기독교청년회(YMCA의 전신)를 설립하고 야구와 농구 보급에 헌신하였다.

【오답해설】
① 푸트(L. M. Foote) : 조선 고종 때, 초대 조선주재미국특명전권공사(朝鮮駐在美國特命全權公使)로서 한미수호조규를 체결했던 미국의 법률가·외교관
② 반하트(B. P. Barnhart) : 배구를 최초로 도입해 한국 체육 발전에 크게 공헌함

17 조선시대의 체육   답 ②

석전(石戰)은 주로 정월대보름에 개천 등을 경계 삼아 돌을 던져 승부를 가리는 편싸움 형식의 놀이이다.

【오답해설】
① 사희(柶戱) : 윷놀이의 한자어
③ 추천(鞦韆) : 그네의 다른 말
④ 삭전(索戰) : 줄다리기의 다른 말

18 광복 이후의 체육   답 ①

1948년 제2차 세계대전 후 첫 동계올림픽대회인 생모리츠올림픽경기대회가 한국이 독립 후 최초로 참가한 동계올림픽이다.

19 광복 이후의 체육   답 ②

2000년 제27회 시드니올림픽경기대회에서 남·북한이 동시 입장을 하였고 태권도, 철인 3종 경기, 비치발리볼 등이 처음으로 정식종목으로 추가되었다.

20 광복 이후의 체육   답 ②

태릉선수촌은 한국에서 유일한 대규모 종합 선수 합숙 훈련장으로 1966년 건립되었다. 선수들이 합숙훈련을 가짐으로써 팀워크를 재정비하고 전력의 집중적인 향상을 도모하기 위하여 종합운동시설과 숙박시설을 갖추고 있다.

운동생리학

01	02	03	04	05	06	07	08	09	10
③	④	②	③	④	①	③	①	①	③
11	12	13	14	15	16	17	18	19	20
③	④	②	②	②	④	①	④	②	①

01 운동생리학의 개념   답 ③

과부하의 원리는 신체의 적응 능력 이상의 부하를 주어야 적응 수준이 높아진다는 원리이다.

【오답해설】
① 가역성의 원리 : 운동을 꾸준히 하지 않으면 체력이 다시 떨어지게 된다는 원리
② 개별성의 원리 : 체력의 수준에 따라 개개인에게 각각 다른 트레이닝 양을 처방해야 한다는 원리
④ 특이성의 원리 : 운동의 효과는 운동 중에 사용된 근육이나 신체기관에만 특이(특정)하게 나타난다는 원리

02 골격근과 운동   답 ④

속근은 무산소성 에너지 대사를 주로 하여 쉽게 피로하는 근육이고, 지근은 유산소성 에너지 대사가 뛰어나 피로에 강하다는 장점이 있다. 따라서 지근이 속근에 비해 피로에 대한 저항성이 높다.

Tip

근섬유의 종류

구분	지근섬유 1형 (Type I)	속근섬유 2a형(Type II), 2b형(Type II)
수축 속도	느리다	빠르다
파워	약하다	강하다
미토콘드리아	많다	적다
혈관	발달	덜 발달
지구력	높다	낮다
주 에너지대사	유산소성	무산소성
에너지효율	높다	낮다
근섬유 굵기	가늘다	굵다
운동 시 변화	미토콘트리아가 늘지만 부피 성장은 느리다	부피 위주 성장
역할	장시간 느린 운동 (마라톤)	단기간 빠른 운동 (100m 단거리)

03 순환계의 구조와 기능   답 ②

헤모글로빈은 척추동물의 적혈구 속에 다량으로 들어 있는 색소 단백질로 혈액 내에서 산소를 운반하는 일을 한다.

【오답해설】
① 글루코스(glucose) : 흔히 포도당으로 부르는 대표적인 단당으로 과즙이나 동물의 혈액 등에 유리상태로 존재하기도 하고, 설탕, 녹말 등의 다당류 등의 성분으로 자연계에 널리 존재한다.
③ 마이오글로빈(myoglobin) : 근세포 속에 있는 헤모글로빈과 비슷한 헴단백질로 적색 색소를 함유하고 있어 조류나 포유류의 근육을 붉게 염색하는 물질이다.
④ 유리지방산(free fatty acid) : 지방세포가 운동 등으로 분해되어 혈액으로 방출되는 지방성분이며 에너지의 근원으로 활용되지만 혈액 내 농도가 높으면 고지혈증 등을 유발한다.

04 인체의 에너지 대사   답 ③

코리사이클은 간을 통해 체내에 쌓인 젖산을 에너지원으로 재사용하는 과정으로 젖산 제거의 주요한 경로이다.

Tip

젖산역치 발생기전
- 운동부하가 점증적으로 증가될 때 젖산 농도가 급격히 증가함
- 혈중 젖산 농도의 갑작스러운 증가는 운동 강도의 증가, 해당과정의 촉진, 속근 섬유의 가동 비율 증가, 낮은 근육 산소, 젖산 제거율의 감소 등으로 나타남
- 젖산역치가 높으면 운동수행력도 높음

05 내분비계   답 ④

㉠ 글루카곤 : 인슐린과 반대 작용을 하는 단백질성 호르몬으로 체내 혈당이 떨어지면 이자 알파세포에서 분비되어 간에서 글리코겐을 포도당으로 분해시켜 혈당을 유지한다.
㉡ 인슐린 : 포도당이 세포 내로 유입되도록 촉진하여 혈액 내에서 포도당 농도를 낮춘다.

【오답해설】
- 알도스테론 : 부신피질 호르몬으로, 나트륨 이온의 재흡수와 칼륨 이온의 배출 증가를 통해 체내 염분과 수분 평형 조절 및 혈압 조절에 중요한 역할을 한다.

06 운동생리학의 주요 용어   답 ①

건강체력은 인간의 행동능력 및 생존능력에 관한 것 중에서 건강과 밀접한 관계에 있는 것으로 근력, 근지구력, 심폐지구력, 유연성, 신체조성 등이 있다. 순발력은 운동관련 체력에 해당한다.

Tip

체력의 구분

건강관련 체력	운동관련 체력
근력, 근지구력, 심폐지구력, 유연성, 신체조성	민첩성, 평형성, 협응력, 순발력, 스피드

07 인체 운동에 대한 환경 영향   답 ③

고지대에서 장기간 노출 시 근골격계 적응 현상으로는 모세혈관 밀도 증가, 마이오글로빈 함량 증가, 미토콘트리아 수 증가 등이 있다.

> **Tip**
> 고지대에서의 운동 효과
> - 혈액학적 적응
>   - 혈청 조형촉진인자 증가
>   - 적혈구, 헤모글로빈, 헤마토크리트 증가
>   - 산소공급 증가
> - 근골격계 적응
>   - 모세혈관 밀도 증가
>   - 마이오글로빈 함량 증가
>   - 산화효소 활성도 증가
>   - 미토콘트리아 수 증가

08 신경계의 운동기능 조절   답 ①

㉠ 교감신경: 척수에서 시작하여 장기, 혈관, 땀샘에 광범위하게 분포하며 신체가 위급한 상황일 때 이에 대처하는 기능을 한다.
㉡ 부교감신경: 중뇌와 연수에서 뻗어져 나오며 에너지를 절약하고 저장하는 작용을 수행한다.

【오답해설】
- 원심성신경: 뇌에서 발생한 신호를 말초신경을 통해 근육으로 전달하는 기능
- 구심성신경: 말초의 조직과 기관에서 얻은 신호를 뇌로 전달하는 기능

> **Tip**
> 교감신경과 부교감신경
> 교감신경 및 부교감신경은 서로 협력하여 내부 환경의 안정성을 유지한다. 교감신경은 신체가 갑작스럽고 심한 운동이나 공포, 분노와 같은 위급한 상황에 대비하고 반응하게 한다. 부교감신경은 위장관의 분비와 연동운동을 촉진함으로써 소화와 흡수를 촉진하는 것과 같이 에너지를 절약하고 저장하는 작용을 수행한다. 즉, 두 신경은 하나의 기관에서 서로 반대되는 역할(길항작용)을 한다.
>
> | 구분 | 교감신경(흥분) | 부교감신경(휴식) |
> |---|---|---|
> | 심장박동 | 빨라짐 | 느려짐 |
> | 호흡 | 빨라짐 | 느려짐 |
> | 방광 크기 | 커짐 | 작아짐 |
> | 모세혈관(피부근처) | 축소 | 확장 |
> | 침·위액분비 | 억제 | 커짐 |
> | 동공크기 | 커짐 | 작아짐 |

09 운동에 대한 순환계의 반응과 적응   답 ①

공기의 확산은 압력에 의해 움직이기 때문에 분압의 차이가 클수록 더 잘 이동한다. 따라서 일정한 폐포의 산소 분압 대신 폐동맥의 산소 분압이 낮아야 폐포와의 산소 분압차가 더 커져 산소교환율이 증가하게 된다.

10 골격근과 운동   답 ③

〈보기〉에 제시된 근수축 과정은 마이오틴과 액틴의 작용으로 근절이 짧아진다는 가설인 '근활주설'에 따른 과정이다. 근활주설에 따르면 우선 가해진 자극으로 인해 신경 말단의 축삭종말에서 아세틸콜린이 분비되고, 이 아세틸콜린으로 인해 근육세포의 활동전위가 발생, 근형질세망에서 칼슘이온이 분비된다. 그리고 칼슘이온이 트로포닌 분자와 결합하면서 액틴세사의 활성부위를 마이오신 머리에 노출시키게 되고, 이후 ATP 분해를 통한 에너지를 이용하여 근세사의 활주가 시작된다. 즉, ③의 과정이 가장 적절한 과정이다.

11 운동에 대한 순환계의 반응과 적응   답 ③

비훈련자의 경우 운동강도가 VO_2max 40~60%에서 1회박출량이 최대치에 도달하며, 훈련자의 경우 최대 운동강도에 이를 때까지 1회박출량이 계속적으로 증가하는 경향을 보인다.

12 골격근과 운동   답 ④

골격근을 구성하는 근섬유에는 모든 섬유에 운동 신경이 분포되어 있는데, 한 가닥의 운동 신경의 말단은 많은 가지로 나뉘어져 있으며, 많은 경우는 100가닥 이상의 근섬유에 분포되어 근섬유들을 지배한다. 이와 같이 한 가닥의 운동 신경에 지배되는 신경과 근섬유의 그룹을 운동 단위라고 한다. 즉 ㉠, ㉡, ㉢ 모두 옳은 설명이다.

13 인체의 에너지 대사   답 ②

호흡교환율이란 섭취한 산소분의 배출한 이산화탄소를 의미하므로 운동 강도에 따라 RER값이 커진다. 따라서 RER=0.8일 경우 지방과 탄수화물로부터 소비되는 칼로리는 약 7:3의 비율이므로 에너지 대사의 주연료로 지방을 사용하고 있음을 알 수 있다.

【오답해설】
① 이산화탄소 생성량이 산소 소비량보다 적다.
③ 고강도 운동을 수행하는 경우 RER 수치가 1에 가까워진다.
④ 에너지 대사의 연료로 탄수화물도 일부 사용되고 있다.

14 트레이닝에 의한 대사적 적응   답 ②

유산소 훈련에 따른 신체 적응 중 하나는 지근섬유 비율의 증가이다.

> **Tip**
> 유산소 훈련에 의한 신체 적응
> - 최대산소섭취량의 향상
> - 심실의 이완기말 용적의 증가
> - 심실의 1회박출량 증가
> - 말초저항의 감소
> - 모세혈관 밀도의 증가
> - 미토콘트리아의 비대 및 비후
> - 지근섬유 비율의 증가
> - 마이오글로빈 농도의 증가(근육 내 산소운반능력 향상)

15 내분비계   답 ②

에피네프린은 아드레날린으로도 불리며 호르몬과 세포신호전달물질로 작용한다. 중추로부터의 전기적인 자극에 의해 교감신경의 말단에서 분비되어 근육에 자극을 전달한다.

【오답해설】
① 에스트로겐(estrogen) : 주로 동물의 난소 안에 있는 여포와 황체, 태반에서 분비되는 호르몬
③ 성장호르몬(growth hormone) : 뇌하수체 전엽에서 분비되는 성장을 촉진하는 데 필요한 호르몬
④ 갑상선자극호르몬(thyroid stimulating hormone) : 뇌하수체에서 분비되며 갑상선을 자극하여 갑상선 호르몬을 생성하고 방출하게 하는 호르몬

16 인체의 에너지 대사   답 ④

지방은 글리세롤과 고급지방산이 에스터 결합을 이루고 있는 분자로 우리 몸의 주요 에너지원으로 사용되는 화합물이다. 지방은 탄수화물과 함께 에너지를 내는 주요 물질로 체온 유지에 중요한 역할을 한다. 따라서 〈보기〉 중 ㉢, ㉣은 옳은 설명이다.

【오답해설】
㉠ 지방은 중성지방(트리글리세라이드) 형태로 지방조직과 골격근 등에 저장된다.
㉡ 중성지방은 체내에서 합성되는 지방의 한 형태로 신체 여러 곳에 존재하고 있으며 칼로리 섭취가 부족할 경우에 에너지원으로 분해되어 사용되기도 한다.

17 골격근의 구조와 기능   답 ①

근방추는 길이 탐지자로서의 기능을 하며 대개 인간의 섬세한 근육에서 많이 발견된다. 손의 근육과 같이 아주 미세한 각도의 조절이 요구되는 근육들은 높은 밀도의 근방추를 갖고 있다.

18 운동에 대한 호흡계의 반응과 적응   답 ④

초과산소섭취량은 운동 중 사용된 산소를 보충하기 위해 운동 종료 후에도 초과적으로 산소를 섭취하는 것을 말한다. 이는 운동 중 증가한 젖산의 제거, 체온의 저하, 혈압의 감소, 글리코겐 재합성 등을 위해 사용되는 산소를 보충하기 위한 것이다. 따라서 운동 중 증가한 산소를 제거하기 위해 초과산소섭취량이 발생한다고 볼 수는 없다.

19 운동에 대한 순환계의 반응과 적응   답 ②

1회박출량이란 수축기 동안 좌심실로부터 박출되는 혈액량으로 확장말기용량(EDV)과 수축말기용량(ESV)의 차이를 의미한다.

【오답해설】
① 심박수 : 심장의 박동수
③ 분당 환기량 : 1분간 폐에 출입하는 기체량
④ 최대산소섭취량 : 개인의 운동강도를 높여 달성할 수 있는 최대한의 산소섭취량

20 인체의 에너지 대사   답 ①

ATP-PC 시스템은 무산소성 에너지 대사의 하나로 보통 5초 이내의 고강도 운동이나 운동을 시작할 때 에너지를 제공한다. 역도, 육상의 스타트, 던지기 종목, 수영의 스타트 또는 턴 등이 해당된다.

【오답해설】
② 무산소성 해당과정(glycolysis) : 근세포의 원형질에서만 일어나며 산소를 필요로 하지 않고 글루코스 또는 글리코겐만을 이용하며 근피로를 유발한 젖산의 축적을 초래하는 과정
③ 젖산 시스템(lactic acid system) : 산소가 부족하면 $NADH_2$는 초성포도산과 결합한 후 젖산 형성
④ 산화적 인산화(oxidative phosphorylation) : ADP(아데노신이인산)라는 유기화합물에 인산이 한 분자 결합하여 ATP를 만드는 반응

운동역학

01	02	03	04	05	06	07	08	09	10
③	③	④	④	③	③	④	①	④	④
11	12	13	14	15	16	17	18	19	20
④	②	②	②	①	③	④	①	①	③

01 운동역학의 목적과 내용 답 ③

멘탈 및 인지 강화 프로그램 구성은 스포츠심리학의 주된 연구 목적에 해당한다.

> **Tip**
> 운동역학의 목적
> - 효율적인 동작 수행을 통한 운동 수행력 향상
> - 운동 시 상해의 원인 파악 및 상해 예방을 통한 안전성 확보
> - 스포츠 관련 장비 등의 개발 및 평가

02 선운동의 운동역학적 분석 답 ③

벡터는 크기와 방향을 동시에 갖는 물리량으로 변위, 속도, 가속도, 힘, 운동량, 충격량, 전기장, 자기장, 각운동량 등을 말한다. 반면 크기만을 갖는 물리량을 스칼라라고 하며 거리, 길이, 넓이, 온도, 시간, 질량, 속력, 에너지 등이 이에 해당한다.

03 해부학적 기초 답 ④

얕은(superficial, 표층)은 인체의 외부에 가까이 있는 것, 즉 인체의 바깥쪽을 말한다. 인체의 안쪽, 즉 외부로부터 떨어져 있는 것은 깊은(deep, 심층)이라 한다.

04 에너지 답 ④

위치에너지는 어떠한 위치에 있는 물체가 가지는 에너지로 '중력에 의한 위치에너지'와 '탄성력에 의한 위치에너지' 등이 있다. 트램펄린 위에서 점프 동작을 할 때, 신체가 수직으로 가장 높이 올라가는 순간 중력에 의한 위치에너지가 최대가 된다. 그리고 공중에서 떨어져 트램펄린에 신체가 닿는 순간 위치에너지는 최저가 되며, 신체가 트램펄린의 가장 아래쪽까지 내려갔을 때, 즉 트램펄린의 탄성력이 최대가 되었을 때 탄성력에 의한 위치에너지가 최대가 된다.

【오답해설】
① 위치에너지는 신체의 점프 높이가 높아질수록 상승한다.

05 해부학적 기초 답 ③

좌우축-전후면에서 발생하는 관절운동으로는 굽힘, 폄, 과다젖힘, 발등굽힘, 발바닥굽힘 등이 있다. 벌림은 전후축-좌우면에서 발생하는 관절운동이다.

06 인체의 구조적 특성 답 ③

3종 지레는 힘점(F)이 받침점(A, 축)과 작용점(R, 저항력) 사이에 존재하는 지레로 역학적인 이점은 없으나 힘점이 움직이는 거리보다 작용점이 움직이는 거리가 더 커 이동 거리와 속도 면에서 유리한 지레이다.

【오답해설】
① 1종 지레는 받침점이 가운데에 있고 힘점과 작용점이 서로 반대쪽에 있는 지레이다.
② 2종 지레는 작용점이 받침점과 힘점 사이에 존재하는 지레이다.

07 선운동의 운동역학적 분석 답 ④

정역학은 물체나 계(system)가 가속하지 않고 주변과 정적인 평형상태를 유지하고 있을 때 그 물체나 계에 작용하고 있는 힘 혹은 토크를 분석하는 학문이다. 즉, 정역학의 범주에는 '가속도가 작용하지 않는' 물체 혹은 계가 포함된다. 이와 반대로 물체 혹은 계에 가속도가 주어질 때의 영향, 즉 힘 또는 토크가 물체 혹은 계에 미치는 영향을 분석하는 학문을 동역학이라고 한다.

08 운동의 종류 답 ①

운동의 종류에는 크게 선운동(병진운동), 각운동(회전운동), 그리고 선운동과 각운동이 결합된 복합운동이 있으며, 이 중 선운동은 다시 직선운동과 곡선운동으로 나뉜다. 각운동은 한 점이나 한 축을 중심으로 동일 시간 동안 동일 각도로 움직이는 운동을 말하며, 철봉의 대차돌기는 철봉을 회전축으로 삼는 대표적인 각운동이다.

09 선운동의 운동역학적 분석 답 ④

마찰력은 접촉면에 수직으로 작용하며, 물체의 운동을 방해하는 힘이므로 항상 물체의 운동 방향과 반대 방향으로 작용한다.

【오답해설】
① 일반적으로 마찰력은 물체의 운동을 방해하는 저항력으로 작용한다. 그러나 경우에 따라 추진력으로 작용하기도 하는데, 자동차의 바퀴가 대표적인 예이다. 자동차는 타이어와 도로(아스팔트)의 마찰력을 이용하여 차체를 추진(전진)시키며, 만약 마찰력이 존재하지 않는다면 타이어는 도로 위에서 헛돌게 되어 차체를 추진시키지 못한다(빙판길에서 바퀴가 헛도는 경우).
② 마찰계수, 즉 마찰력의 크기는 접촉면의 형태와 성분에 따라 달라진다. 예컨대 마찰면이 거친 형태일 때 마찰력이 더 크며, 접촉면이 액체인 경우에는 접촉면이 고체일 때보다 마찰력이 작다.
③ 마찰력은 접촉면을 수직으로 누르는 힘에 비례한다. 무거운 물체가 가벼운 물체보다 마찰력이 더 큰 것이 그 예이다(중력이 접촉면을 수직으로 누름).

10 선운동의 운동역학적 분석 답 ④

충격량은 힘과 힘이 작용하는 시간을 곱한 값이다. 따라서 ①~③ 모두 충격량은 60N·s로 동일하다. 반면 ④의 충격량은 80N·s이다.

11 인체의 물리적 특성 답 ④

무게중심은 인체의 각 분절들이 갖는 중력의 토크의 합이 0으로 균형을 이루는 점으로서 '균형점'이라고도 한다. 무게중심은 인체의 자세 및 주변 환경에 따라 그 위치가 변한다.

【오답해설】
① 무게중심이 낮은 곳에 위치할수록 안정성이 높아진다.
③ 무게중심은 인체의 내부 혹은 외부에 존재할 수 있다. 예컨대 높이뛰기에서 몸을 활처럼 휘는 자세를 취할 때는 무게중심이 인체의 외부에 위치하게 된다.

12 각운동의 운동역학적 분석 답 ②

각운동량은 관성모멘트와 각속도의 곱으로 구해진다. 문제에서 각운동량이 동일하다고 하였으므로 각속도가 커지려면 관성모멘트가 작아져야 한다. 관성모멘트는 회전축을 중심으로 회전하는 물체가 계속해서 회전을 지속하려고 하는 성질의 크기를 나타낸 것이며, 관성모멘트는 동일한 조건이라면 질량이 더 큰 쪽이, 질량이 같은 경우 회전축에서 멀리 분포된 부분이 더 많은 쪽이 더 크다. 따라서 각속도의 크기를 크게 하려면 사지를 모두 회전축과 가까운 쪽, 즉 몸통 쪽으로 모으는 자세를 취하여야 한다.

13 힘 분석 답 ②

지면반력은 사람이나 물체가 지면에 접촉해 지면을 누르는 힘에 반하여 지면이 사람과 물체를 밀어내는 힘(반작용)을 측정한 값이다.

14 근전도 분석 답 ②

근전도 분석은 근육이 수축할 때의 전위차를 측정하여 근육을 분석하는 방법으로 근력을 측정하거나 근 피로에 대한 정보, 근육의 활성 시점 및 활성치 등을 확인할 수 있다. 다만 신체 분절의 위치 측정과는 무관한 검사이다.

【오답해설】
③ 근전도에 사용되는 전극은 피부 표면에 부착하는 표면전극과 바늘 혹은 가는 전선을 근육에 직접 삽입하는 삽입전극(침습전극)으로 구분된다.

15 해부학적 기초 답 ①

신장성 수축은 근육군에 의한 힘 모멘트가 외력에 의한 저항 모멘트보다 작아서 근육이 길어지며 발생하는 수축형태로, 덤벨 컬에서 팔을 내리는 동작이 대표적인 예이다(여기서 덤벨의 무게가 외력에 의한 저항 모멘트가 된다). 반대로 근육군에 의한 힘 모멘트가 외력에 의한 저항 모멘트가 큰 경우 근육이 짧아지며 발생하는 수축형태를 단축성 수축이라 한다.

16 동작 분석 답 ③

【오답해설】
① 지면반력기를 사용하여 측정하는 것은 지면반력이다.
② 2차원이 아니라 3차원 영상분석을 할 경우 최소 2대 이상의 카메라가 필요하다.
④ 2차원 영상분석은 동작분석 방법이며, 힘을 측정할 수도 있지만 이 경우에도 직접 측정이 아닌 간접 측정 방법에 해당한다.

17 일과 일률 답 ④

파워(power), 즉 일률은 단위 시간당 수행한 일의 양으로, 일을 하는 데 있어서 얼마나 빠르게 실시하는가를 나타낸다. 일률은 J/s나 watt를 단위로 사용하는 반면, 에너지는 줄(J)을 단위로 사용한다.

18 선운동의 운동학적 분석 답 ①

공기저항을 무시하더라도 중력가속도에 의해 포물선의 최고점까지는 속력이 점차 감소하고, 최고점을 지나 하강하기 시작한 이후부터는 속력이 점차 증가한다. 이때, 수직가속도는 중력가속도와 같으며, 중력은 지면과 수직으로 작용하므로 수평가속도는 0m/s^{2}이다(즉 수평가속도에는 영향을 미치지 않는다). 공기저항 등의 외력을 무시할 경우 공의 투사각도가 45°일 때 투사 거리가 가장 길다.

19 일과 일률 답 ①

800N의 바벨을 정지 상태로 유지하기 위해서는 800N의 힘이 필요하다. 그러나 이를 위로 들어 올리는 동작에서는 800N에 중력만큼의 힘이 더 필요하므로 수직 힘크기가 증가하고, 들어 올린 후 다시 정지 상태를 유지하는 데는 다시 800N의 힘만 있으면 되므로 수직 힘크기 그래프는 다시 제자리로 돌아온다. 즉, ①이 가장 적절한 그래프이다.

20 선운동의 운동학적 분석 답 ③

속력은 방향이 없이 거리만 존재하는 스칼라량, 속도는 거리와 방향이 모두 존재하는 벡터량임을 인지해야 한다. 400m라는 거리를 50초 동안 이동했으므로 스칼라량, 즉 평균속력은 8m/s이다. 반면 출발점과 도착점이 동일하므로 벡터량, 즉 평균속도는 0m/s가 된다.

스포츠윤리

01	02	03	04	05	06	07	08	09	10
③	②	③	①	②	①	②	③	④	①
11	12	13	14	15	16	17	18	19	20
④	④	②	①	④	④	①	③	②	④

01 스포츠의 윤리적 기초   답 ③

선은 도덕적 실천의 기본이 되는 가치로서 도덕적 행위를 가능하게 하는 근거가 되는 것이다. 따라서 좋은 패스는 이에 해당하지 않는다.

Tip
윤리, 도덕, 선
- 윤리 : 법과 도덕의 종합적 의미로 현실을 바탕으로 원리와 함께 살아가는 인간관계의 이치
- 도덕 : 인간이 마땅히 지켜야 할 도리이며 행위의 기준을 제시하여 옳은 일의 자발적 실천을 지향
- 선 : 일반적으로 좋은 것을 의미하며 도덕적 실천의 기본이 되는 가치로 실천 행위의 참 가치이며 윤리와 도덕을 표현

02 학생선수의 인권   답 ②

〈보기〉의 항목에서는 인간의 행복 추구권, 차별의 금지, 학생선수의 학습권에 대해 이야기하고 있다. 이는 모두 인간이 가져야 할 기본적인 권리, 즉 인권에 해당한다.

03 도핑   답 ③

세계반도핑규약(WADC)은 금지약물로 인한 피해를 줄이기 위해 주요 국제대회 및 대회 기간 이외에도 수시로 약물검사를 할 권리를 가지고 있다. 물리적, 화학적, 유전자 조작 등을 이용한 도핑은 금지되고 있다.

04 스포츠윤리의 이해   답 ①

〈보기〉에서 지영이는 행위자의 내면적 품성과 도덕적 행위의 실천을 강조하고 있으므로 행위 자체를 중요시 여기기보다는 행위 이면에 있는 의도, 행위의 주체에 초점을 맞춰야 한다는 입장이다.

05 심판의 윤리   답 ②

㉠ 공정성 : 평가 대상이 속하는 지역, 문화적 배경, 가정환경 또는 성별에 구분 없이 공평하고 올바른 성질
㉡ 전문성 : 어떤 영역에서 보통 사람이 흔히 할 수 있는 수준 이상의 수행 능력을 보이는 것

【오답해설】
- 자율성 : 공권력이나 사적 집단의 부당한 강압이나 유혹에서 벗어나 자신의 의지에 의해 생각하거나 행동하는 것

06 윤리이론   답 ①

(가)의 상황은 팀의 승리라는 목표를 달성하기 위해 고의적인 반칙을 시행하고 있다. 이는 팀 전체와 팀을 응원하는 관중 전체의 행복, 즉 다수의 행복을 증진시키는 행위가 옳다고 보는 공리주의적 입장으로 볼 수 있다.
㉠ 고의적인 반칙은 팀의 입장에서 사기를 증진시키고, 때로는 승리를 가져다주기 때문에 긍정적으로 평가될 여지가 있다.
㉢ 팀을 응원하는 관중에게 보답하는 길은 팀을 승리로 이끄는 것이므로 고의적인 반칙은 윤리적인 행위로 볼 수 있다.

【오답해설】
㉡ 고의적인 반칙의 목적은 팀의 승리와 이를 통한 다수의 행복이므로, 공리주의적 관점에서 목적 자체가 그릇된 것이라고는 볼 수 없다.
㉣ (가)는 명시되어 있는 규칙뿐 아니라 윤리적인 면도 규칙에 포함시키려 하는 비형식주의 관점에서 규칙을 위반한 사례라고 할 수 있다.

07 윤리이론   답 ②

차등의 원칙은 평등주의적 원칙으로, 사회의 가치가 불평등하게 분배될 경우 사회·경제적 약자인 저소득층에게 최대의 이익이 되도록 분배되어야 한다는 것이다.

【오답해설】
① 자유의 원칙 : 모든 사람에게 정치적 기본권이 평등하게 주어지며 이는 누구도 침해할 수 없는 권리라는 것
③ 기회균등의 원칙 : 사회 구성원들에게 공정한 경쟁 조건을 제공하여 실질적인 기회의 평등을 보장하는 것
④ 원초적 원칙 : 무지의 베일이라고도 하며 자신의 사회적 지위, 능력 등에 대해 무지하고 자신이 최악의 위치에 놓일 가능성을 생각하고 판단하는 것

08 윤리이론   답 ③

니부어의 사회윤리는 개인적으로 매우 도덕적인 사람들조차도 자기가 속한 집단의 이익과 관련될 경우에는 비도덕적으로 변한다고 주장하며 개인윤리와 사회윤리를 별개의 것으로 구분한 것이다. 그는 사회 정책과 제도의 개선을 통해 개인의 도덕성이 올바르게 표현될 수 있는 사회적 여건을 마련해야 한다고 주장했다.

【오답해설】
① 베버(M. Weber) – 책임윤리 : 선한 동기만으로 행위의 도덕성을 평가해서는 안 되며 행위가 가져온 결과에 대해서도 책임이 있다고 하는 윤리설
② 요나스(H. Jonas) – 책임윤리 : 책임의 주체는 현재의 인간이며 책임의 대상을 미래 세대와 자연에까지 확대하여 주장
④ 나딩스(N. Noddings) – 배려윤리 : 자연적 배려에 의존하고 배려하는 사람에게 배려받는 사람이 응답할 때 배려가 완성된다고 보며 타인에 대한 공감과 수용 속에서 배려가 완성된다고 주장

Tip

베버와 요나스의 책임윤리

베버	요나스
• 자신의 행동에 예측되는 결과에 대해 책임을 지려고 하며 주로 정치인들이 사용하는 윤리 • 예측 불가능한 결과까지 책임질 필요는 없다고 주장	• 과거에 잘못된 행위보다 미래에 잘못된 결과가 일어나지 않도록 현재를 조심해야 함 • 예측할 수 있는 결과 중에 최선의 결과를 고려해야 함 • 예견하기 어려운 결과에 대해서도 책임을 가져야 함

두 개의 윤리는 서로 대립되는 것이 아닌 상호보완 관계에 있으므로 어느 한 쪽만을 옳다고 강조할 수 없다.

09 윤리이론 답 ④

노자는 도덕, 지혜와 지배의욕을 버리고 무위무욕으로 남에게 겸양하는 것으로 성공·보신하려는 처세술을 주장한다.

【오답해설】
① 공자(孔子) : 내면적으로 인격 수양을 강조하며 여러 사람들이 질서를 유지하기 위해 필요한 외적 사회규범을 유지할 필요가 있다고 주장
② 맹자(孟子) : 모든 사람들이 수양을 통해 욕심을 줄여 본래의 착한 본성을 길러내는 일이 중요하다고 주장
③ 순자(荀子) : 맹자의 사상과는 정반대로 사람은 본래 악한 존재이므로 선행을 기대할 수 없고 성현의 가르침에 따라 마음을 갈고 닦아 악한 본성을 바꾸어 나가야 한다고 주장

10   답 ①

(가)는 싱어가 바라보는 윤리적 관점으로, 이익관심을 갖는 모든 존재의 이익을 평등하게 고려해야 한다는 이익평등고려의 원칙을 바탕으로 고등동물을 인간과 같이 동등하게 대우해야 한다고 주장했다. 따라서 (나) 상황의 문제점으로는 ①이 가장 적절하다.

11 스포츠윤리의 이해 답 ④

도덕적 동기화는 도덕적 가치를 경제적, 사회적, 종교적 가치보다 우선시하는 요소를 말한다. 따라서 ㉠은 도덕적 동기화이고, ㉡의 내용으로 적절한 것은 ④이다.

Tip

레스트의 도덕성 4구성요소

• 도덕적 민감성 : 특정 상황 속에서 도덕적 이슈를 자각하고 자신의 행동이 타인에게 미칠 영향을 미리 상상해보는 요소
• 도덕적 판단 : 문제 해결을 위한 경로들이 정당하고 정의로운지 판단하는 요소. 가능한 행동 중에서 가장 도덕적인 행동이 무엇인지 판단
• 도덕적 동기화 : 도덕적 가치를 경제적, 사회적, 종교적 가치보다 우선시하는 요소
• 도덕적 품성 및 실행력 : 도덕적 행동을 표출하기 위해 용기를 잃지 않고 유혹에 굴복하지 않으며 도덕적 목표를 지켜내는 요소. 행동을 실행으로 옮기는 요소

12 윤리이론 답 ④

A선수는 행위의 결과가 아닌 선천적 기초, 개인의 품성과 관련된 윤리체계를 지니고 있다. 이는 목적론적 윤리체계에 속하며 이에 대한 난점으로는 ④가 가장 적절하다.

13 스포츠경기의 목적 답 ②

구성적 규칙은 경기장 크기, 복장, 승부의 방법 등 경기 운영 방식을 결정하는 문제를 다루는 규칙이며, 규제적 규칙은 결과를 달성하기 위해 필요한 공정한 경기를 규정하는 것 혹은 선수를 보호하는 성격의 규칙들을 말한다. 즉, 규제적 규칙이 위반되어도 경기 자체는 성립하지만 구성적 규칙이 위반될 경우 경기 자체가 성립(구성)되지 않는다. ②의 경우와 같이 전자호구를 조작하여 타격이 없어도 호구가 울린다면 태권도 경기 자체가 성립되지 않는다. 다시 말해 태권도의 구성적 규칙은 '특정 타점에 공격이 성공할 경우 점수를 준다.'라고 볼 수 있는데 ②는 이를 위반한 사례인 것이다.

【오답해설】
①, ③, ④의 경우 규제적 규칙의 위반 사례로, 이는 경기력을 부적절한 방법으로 향상시킬 뿐 시합 자체가 불가능해지지는 않는다.

14 페어플레이 답 ①

페어플레이는 공정한 시합을 의미하며 형식주의 입장에서 성문화된 규칙을 준수하는 것이므로, 선수 개인의 의도나 목적에 따라 변화하는 것이 아니다.

15 인종차별 답 ④

〈보기〉의 대화는 인종차별에 해당하는 것으로, 각 선수의 정신적·신체적 능력을 인종에 따라 생득적인 것으로 여김으로써 그들의 노력을 폄훼하는 행위이다. 이 밖에 인종에 근거한 이유로 모욕 혹은 불쾌함을 느끼게 하거나 이들을 비하하는 언동, 농담, 욕설 등도 인종차별에 해당하며, 소위 '흑형'과 같은 긍정적 의도의 표현도 당사자는 차별적 용어로 느낄 수 있으므로 사용하지 않는 것이 좋다.

Tip

인종차별 극복방안

• 차이를 차별로 판단하지 않으려 노력한다.
• 지도자는 다양한 문화와 국가적 배경을 갖고 있는 선수들과 효율적으로 팀을 운영하는 방법론을 습득하여야 한다.
• 다른 관습과 생활방식에 대한 존중이 절대적으로 필요하다.

16 스포츠와 환경윤리 답 ④

지영은 이미 지어진 센터를 이용해 스포츠를 즐기는 생태중심 환경윤리에 해당한다. 반면 우준, 경태, 관훈은 인간을 위해 자연 환경을 개발하거나 수단으로서 활용하는 인간중심 환경윤리의 견해이다.

Tip

환경윤리 관점

생태중심	인간중심
• 인간을 생태계의 일부로 보고 자연과 조화를 이루어야 한다는 주의 • 인간과 마찬가지로 지구를 생명체로 보고 모든 생물이 유기적으로 연결되어 있음 • 실천할 수 있는 현실적인 방법은 기존 시설을 최대로 활용하는 것	• 자연은 내재적 가치를 가지지 않으며 오직 인간과 관련하여 도구적 가치를 지님 • 자연의 가치는 순전히 인간의 욕구, 이익, 필요에 따라 평가함 • 자연은 인간을 위해 존재하는 환경에 불과하며 인간의 자연귀속성은 부정됨

17 학생선수의 인권 답 ①

㉠ 최저학력제 : 학교체육진흥법 제11조 제1항에 의거하여, 학교장은 학교운동부 소속 학생선수뿐만 아니라 체육단체에 등록하여 활동하는 학생선수를 대상으로 최저학력 도달 여부를 의무적으로 확인하고 그에 따라 최저학력 보장 노력을 해야 한다는 제도
㉡ 학습권 : 원하는 것을 학습할 권리 및 학습을 위해 필요한 교육을 요구할 권리

18 관중 폭력 답 ③

관중들이 같은 팀을 응원하며 집단의 힘을 과시하려는 경향이 경기 도중 관중 난동이나 관중 폭력으로 발생하므로, 군중으로 있을 때보다 선수와 단둘이 있을 때는 상대적으로 발생하기 어렵다.

Tip

관중 폭력의 해결방안

성숙한 관전 문화를 위해서는 관중을 자극하는 선수의 불필요한 행동이 자제되어야 하며, 경기를 문화적 장르의 하나로 즐기는 자세가 필요하다.

[19~20]

㉠ 공자 : 인은 타고난 도덕성으로 다른 이를 사랑하는 마음을 뜻하며, 인을 실천하기 위해 효도와 충성, 우애와 신의를 지키고, 덕치주의가 실현돼야 한다고 주장
㉡ 맹자 : 성선설과 함께 인의의 덕을 바탕으로 하는 왕도정치가 정치적 분열 상태를 극복할 유일한 길이라고 믿고 이를 시행하라고 주장
㉢ 노자 : 도덕·지혜와 지배의욕을 버리고 무위자연에 의해 지배하려고 하는 정치사상과 동일하게 무위무욕으로 남에게 겸양하는 것에 의해 성공·보신하려고 하는 처세술을 주장

19 윤리이론 답 ②

상선약수는 지극히 착한 것은 마치 물과 같다는 뜻으로, 노자 사상에서 물은 만물을 이롭게 하면서도 다투지 않아 세상에서 으뜸가는 선의 표본으로 여기어 이르던 말이다.

20 윤리이론 답 ④

맹자는 교육과 수기를 통한 사단의 외면적 발현을 중요하게 생각하였으므로 이에 대해 노자는 교육과 수기처럼 남의 눈치를 보는 인위적인 행동을 반대하고 겸양과 배려를 통한 내면적 도덕성을 강조해야 한다고 반론을 제기할 수 있다.

특수체육론

01	02	03	04	05	06	07	08	09	10
①	③	④	②	③	③	③	①	④	①
11	12	13	14	15	16	17	18	19	20
②	④	②	④	④	③	②	①	①	④

01 뇌병변장애의 특성과 지도 전략 답 ①
보치아는 뇌성마비 장애인들을 위한 스포츠로, 등급분류 규정집에 따르면 CP-ISRA 등급상 CP1 등급(1급)으로 분류된 선수의 경우 개인 BC 1 혹은 단체전에 출전이 가능하다.

02 주요 장애인스포츠와 올림픽 답 ③
스페셜올림픽에서는 경기 전 가장 높은 기록과 가장 낮은 기록과의 차이가 10%를 초과하지 않도록 '기록별 분류'를 실시한다. 이를 10%의 법칙이라 하는데, 이는 기록별 분류 과정에서 일부러 낮은 등급의 조에 편성된 후 본 경기에서 메달을 노리는 경우를 막기 위해 행해지는 방법이다. 다만 현재는 국제 규칙의 변경으로 인해 15%를 기준으로 하고 있으며, 감독관의 재량에 따라 일부 경기에는 적용이 되지 않을 수도 있다.
【오답해설】
① 스페셜올림픽은 만 8세 이상의 지적장애인이면 누구나 참여가 가능하다.
② 모든 경기는 성별로 구분하여 진행한다. 다만 성별 구분이 불가능할 정도로 선수가 부족한 경우에는 혼성 경기를 할 수도 있다.
④ 스페셜올림픽 대회에서는 1등부터 3등까지는 올림픽과 마찬가지로 금, 은, 동메달을 수여하고, 4등부터는 리본을 수여한다. 따라서 스페셜올림픽에서는 대회에 참가하는 모든 선수들이 상을 수여받는다.

03 시각장애 특성과 지도 전략 답 ④
보체(bocce)는 보치(boccie) 경기에서 사용하는 공을 지칭하는 용어이며, 보치는 론볼링과 비슷한 이탈리아식 볼링 게임이다. 뇌성마비 장애인을 위한 경기인 보치아(boccia)와 상당 부분 유사하다.
【오답해설】
① 쇼다운 : 탁구 또는 테이블 하키와 유사한 경기로 배트를 이용해 공을 쳐 상대의 골 주머니에 골을 넣어 점수를 획득하는 경기
② 골볼 : 1946년 실명용사들의 재활을 위해 고안된 경기로 길이 18m, 넓이 9m의 마룻바닥 양쪽에 각각 3명으로 이루어진 두 팀이 위치한 후 소리가 나는 공을 상대팀 골대에 넣어 점수를 획득하는 방식
③ 탠덤 사이클 : 시각장애인 선수와 비장애인 선수가 한 팀을 이루어 진행하는 경기로 파일럿이라 불리는 비장애인 선수가 사이클의 방향을 조절하며 진행하는 경기

04 지체장애의 특성과 지도 전략 답 ②
벤치 프레스는 심폐지구력이 아닌 근력 및 근지구력 운동 장비이다.

05 지체장애의 특성과 지도 전략 답 ③
수영의 경우 보조기의 사용이 불가능하다. 따라서 손동작을 이용하여 균형을 유지해야 한다. 출발 시에는 보조자의 도움을 받거나 앉아서 출발한다.

06 청각장애 특성과 지도 전략 답 ③
수영 시 보청기를 계속해서 착용할 경우 수분으로 인해 외이도에 염증이 발생할 수 있으며 보청기 자체에도 문제가 발생할 수 있다. 따라서 청각장애인의 경우 보청기를 제거한 후에 수영을 하도록 지도하며, 수영 후 보청기를 다시 착용할 때에는 외이도의 물기를 확실히 제거한 후에 착용할 수 있도록 한다.

07 뇌병변장애의 특성과 지도 전략 답 ③
수중운동의 경우 물의 부력을 이용하여 쉽게 보행할 수 있고, 낙상 등의 위험이 적어 더욱 안전한 운동이 가능하다. 따라서 뇌병변장애인의 경우 수중운동은 유용한 운동 방법이다.

08 시각장애 특성과 지도 전략 답 ①
저시력은 시력을 완전히 잃은 것이 아니며, 일반인처럼 뚜렷하지는 않더라도 어느 정도의 시력이 남아 있는 상태이다. 따라서 청각, 촉각과 함께 남아 있는 시각 기능을 활용할 수 있도록 해야 한다.

09 특수체육 지도 전략 답 ④
개별화교육은 개인의 능력과 심리적 특성에 맞추어 교육 목적과 학습 내용·환경·방법 등을 선택하는 것이다. 특수교육에서는 국가 단위의 일반적인 교과과정으로는 그 교육의 필요를 충족시키지 못하는 장애아동을 대상으로 장애 유형 및 장애 특성에 적합한 교육 목표와 방법, 내용, 관련 서비스 등이 포함된 계획을 수립하여 실시하는 교육을 말한다. 따라서 평가 시에는 규준과 비교하는 것이 아니라 대상자의 운동수행 향상 정도를 파악·평가한다.

10 청각장애 특성과 지도 전략 답 ①
㉠ 두 주먹을 양어깨 앞에서 위로 올렸다 내리는 동작은 체육(운동)을 의미한다.
㉡ 두 주먹의 엄지를 펴서 그 끝이 위를 향하게 하여 서로 어긋나게 앞뒤로 움직이는 동작은 달리기를 의미한다.
㉢ 두 손으로 공 모양을 만든 다음, 오른손으로 잡고 밀어내는 동작 또는 1·4·5지를 편 오른 주먹을 밖으로 내밀며 펴는 동작은 볼링을 의미한다.

> **Tip**
>
> **스포츠와 관련된 수어**
>
> | 의미 | 방법 |
> |---|---|
> | 체육 | 두 주먹을 어깨 위로 동시에 두 번 올렸다 내린다. |
> | 역도 | 두 주먹을 들어 올린다. |
> | 복싱 | 두 주먹을 가슴 앞으로 올려 번갈아 내지른다. |
> | 배구 | 두 손을 펴서 눈앞에서 위로 비스듬히 올린다. |
> | 농구 | 왼손을 반쯤 구부려 손끝이 오른쪽으로 향하게 하여 가슴 앞에 놓은 다음, 손등이 밖으로 향하게 쥔 오른 주먹을 왼손의 1·2·3·4지와 5지 사이로 내린다. |
> | 축구 | 손바닥이 위로 향하게 편 왼 손바닥에 오른 주먹의 바닥을 대며 1지를 힘주어 튕겨 편다. |
> | 야구 | 오른 주먹의 1지를 펴서 끝이 위로 향하게 세우고 왼손으로 오른 팔꿈치를 받치고 오른손을 반원을 그리며 안으로 돌린다. |

11 특수체육에서 사용하는 사정과 측정도구   답 ②

휠체어 오래달리기는 심폐기능을 측정하기 위한 검사종목이다. 최소건강기준의 1,000초를 초과하였으므로 해당 학생의 심폐기능 수준이 최소건강기준에 미치지 못함을 알 수 있다.

> **Tip**
>
> **장애학생 건강체력검사(PAPS-D)**
>
> | 체력요인 | 체력검사 종목 |
> |---|---|
> | 심폐기능 | 폐활량, 휠체어 오래달리기, 6분 걷기, 페이서, 스텝 검사 |
> | 근기능 | 윗몸 말아올리기, 악력, 무릎 대고 팔굽혀펴기, 휠체어 경사로 오르기, 암컬 |
> | 유연성 | 종합유연성, 응용유연성, 앉아 윗몸 앞으로 굽히기, 등 뒤로 손 잡기 |
> | 순발력 | 제자리 공 멀리 던지기, 제자리 멀리뛰기 |

12 특수체육의 의미   답 ④

> **Tip**
>
> **특수체육의 목표**
>
> - 인지적 목표 : 신체활동 지식, 놀이 및 게임의 방법과 규칙을 아는 지식, 게임 및 스포츠의 전략 지식 습득
> - 정의적 목표 : 사회적 상호작용, 긍정적인 자기개념, 규칙 존중, 신체활동을 통한 협동성의 발달
> - 심동적 목표 : 기본운동기술, 건강 및 운동체력, 게임 및 스포츠에서 사용되는 기술의 습득

13 특수체육에서 사용하는 사정과 측정도구   답 ②

> **Tip**
>
> **생태학적 과제분석(Ecological task Analysis)**
>
> - 학생의 특성과 선호도를 고려하며, 동시에 운동기술이나 움직임의 수행에 영향을 줄 수 있는 환경요소도 고려하는 분석법
> - 대상 학생을 중심에 두고 체육 현장에서 실제적으로 평가하는 방법
> - 인지적·정의적·심동적 발달을 위해 과제를 세분화
> - 환경적 요인을 다양하고 심도 있게 다룰 때 주로 사용
> - 계획된 운동기능을 정확히 수행하기 위해 용·기구 유형, 규칙, 활동의 속도 등의 파악뿐 아니라 학생이 안락한 환경에서 운동프로그램을 수행하는 행위 등을 관찰한 자료도 사용

14 청각장애 특성과 지도 전략   답 ④

시각장애인은 체육활동에 있어 시각을 제외한 다른 감각, 특히 청각의 활용이 매우 중요한 만큼 공과 골대에서 소리가 나도록 하고 이 외에 경기에 방해가 될 수 있는 소음을 차단하는 것은 매우 적절한 방법이다.

【오답해설】

① 비장애인과의 경기는 시각장애인에게 큰 부담이 되고 경기력 향상에도 큰 도움이 되지 않는다. 또한 장애인을 대상으로 하는 스포츠 지도에서는 무엇보다 장애인의 안전이 확보된 상태에서의 스포츠 체험이 중요하므로 비장애인과의 경기는 피해야 한다.

② 일반 축구의 규칙은 장애가 없는 이들을 대상으로 하여 제정된 것이므로 시각장애인에게 그대로 적용할 경우 정상적인 스포츠 체험이 어렵다. 따라서 시각장애인에게 적합한 방식으로 규칙을 변형하여 스포츠 활동을 실시하여야 한다. 적합한 규칙 변경의 대표적인 예로 소리가 나는 골대와 공, 오프사이드 규칙의 삭제 등이 있다.

③ 시각장애인 축구의 경우 일반 축구장의 1/6 정도의 작은 규모(길이 38~42m, 폭 18~22m)의 경기장에서 진행되며 참여 선수 역시 한 팀당 5명으로 일반 축구보다 적은 수이다. 경기장이 과도하게 클 경우 시각장애인 참가자들에게 과도한 체력적 부담을 야기할 수 있다.

15 지적장애, 정서장애, 자폐성장애 등의 특성과 지도 전략   답 ④

중도 지적장애인의 경우 사용할 수 있는 어휘가 제한되어 있어 의사소통에 상당한 어려움을 겪고 있으며, 기억력이나 주의집중력 또한 현저히 낮다. 따라서 자세한 구두 설명보다는 쉽고 간단한 설명과 함께 실제 동작을 보여주는 편이 좋고, 동작 시범을 보일 때에는 각 부분별 움직임을 짧게, 반복적으로 제시하는 편이 좋다.

【오답해설】

① 강화제는 즉시 수여하는 것이 가장 바람직하지만, 상황에 따라 그것이 불가능할 경우 토큰경제법(강화제로 토큰을 수여하고 추후에 원하는 강화제와 교환하도록 하는 방법)을 사용한다.

② 지적장애인의 경우 주의집중력이 상당히 저하되어 있으므로 주의집중에 방해가 되는 장애물은 미리 제거하여 문제행동을 예방할 수 있도록 해야 한다.

③ 경미한 수준의 이상행동이 아닌 자해행동 등 참가자 및 본인의 안전에 위해가 되는 행동을 할 때는 신체 구속 등을 통해 해당 행동을 즉시 중지시킬 수 있도록 한다.

16 특수체육의 의미　　답 ③

중증장애인을 위한 가족탈의실은 '장애인차별금지 및 권리구제 등에 관한 법률 시행령 제16조 제1항'에서 규정하고 있는 '장애인의 체육활동에 필요한 시설'에 해당하며, 따라서 장애인에 대한 체육활동의 제한·배제·분리·거부에 해당하지 않는다.

Tip
「장애인차별금지 및 권리구제 등에 관한 법률 시행령」 별표 5

구분		시설 설치 내용
공통 필수	편의시설	• 「교통약자의 이동편의증진법 시행령」 별표 2 제2호에 따른 매개시설 • 실내복도, 2층 이상일 경우 경사로 또는 승강기 등 내부시설 • 장애인용 화장실(대변기·소변기·세면대), 샤워실·탈의실 등 위생시설 • 점자블록, 유도 및 안내설비, 경보 및 피난시설 등 안내시설 • 관람석, 매표소 등 기타시설
실내 시설	수영장	• 입수 편의를 위한 경사로·손잡이 등 입수보조시설 • 수영장과 연계된 탈의실 진입보조시설 • 탈의 및 샤워 보조기구 • 보조 휠체어
	실내체육관	좌식배구지주, 골볼(Goal ball) 골대
실외 시설	야외경기장	경기장 진입 시설
	생활체육공원 등	공원 내 체육시설 접근로 등

17 특수체육 지도 전략　　답 ②

휠체어마라톤은 순발력이 아니라 심폐기능이 운동수행의 주요 요인인 스포츠 종목이다.

18 특수체육의 의미　　답 ①

Tip
위닉(J. Winnick)의 5단계 스포츠 통합 연속체계

제한 정도에 따른 단계	LRE	기준	예
일반 스포츠 (Regular Sports)	최소 ↑	규칙의 변형이나 보조 도구의 사용 없이 장애인 선수가 일반 스포츠에 통합적으로 참여	비장애인 100m 달리기 경기에 참여하는 인지장애 운동선수
편의를 제공한 일반 스포츠 (Regular Sports with Accommodation)		장애인을 위한 보조 도구가 필요하지만, 규칙의 변형 없이 통합적으로 참여	안내줄을 이용한 시각장애인의 볼링
일반 스포츠와 장애인 스포츠 (Regular Sports & Adapted Sports)		장애의 구분 없이 경기 혹은 변형·일반스포츠 교대 참여	비장애인 선수와 마라톤에 참여하는 휠체어 선수
통합 환경의 장애인 스포츠 (Adapted Sports Integrated)		규칙의 변경 및 용·기구 사용을 통해 장애인과 비장애인이 함께 스포츠에 참여	휠체어농구에 참여하는 일반 대학선수
분리 환경의 장애인 스포츠 (Adapted Sports Segregated)	↓ 최대	장애인이 비장애인과 완전히 분리되어 스포츠에 참여	장애 선수만 참여하는 스포츠(패럴림픽, 스페셜올림픽 등)

19 특수체육의 의미　　답 ①

「국민체육진흥법 시행령」 제2조 제8항에 따르면 장애인스포츠지도사란 장애유형에 따른 운동방법 등에 대한 지식을 갖추고 자격 종목에 대하여 장애인을 대상으로 전문체육이나 생활체육을 지도하는 사람을 말한다.

【오답해설】
② 국민체육진흥법 시행령 제2조 제8항에 규정되어 있다.
③ 국민체육진흥법 시행령 제9조의3 제3항에 규정되어 있다.
④ 국민체육진흥법 시행령 별표4에 규정되어 있다.

20 특수체육의 의미　　답 ④

제8회 장애인올림픽대회, 즉 서울패럴림픽대회는 1988년 10월 15일부터 24일까지 서울에서 개최되었고, 제1회 전국장애인체육대회는 그 이전인 1981년 10월 2일에 개최되었다.

【오답해설】
① 대한장애인체육회는 국민체육진흥법 제34조에 의거하여 2005년 11월 24일 설립된 문화체육관광부 산하 특수법인이다. 대한민국의 국가 패럴림픽 위원회의 역할을 하고 있다.
② 이천훈련원은 장애인체육발전을 위한 기반시설 조성을 목적으로 2005년 12월 준공을 시작하여 2009년 9월에 개원하였다.
③ 평창 동계패럴림픽대회는 2018년 3월 9일부터 18일까지 열흘간 개최되었다.

유아체육론

01	02	03	04	05	06	07	08	09	10
①	④	②	①	②	③	③	①	③	②
11	12	13	14	15	16	17	18	19	20
①	④	②	④	③	④	①	②	③	②

01 운동발달 프로그램의 기본원리 답 ①

유아체육은 유아기와 아동기 사이에 있는 유아를 대상으로 하는 체육으로 놀이의 형식으로 신체적 운동을 행하고 이로 인해 신체의 발달과 발육이 이루어진다. 원시반사란 생후 6, 7개월 이내 유아의 특징으로 대뇌피질이 미숙하기 때문에 유의적 통제가 없는 반사운동을 보이는 것이다. 따라서 유아체육을 활동하는 동안에는 원시반사에 의존하는 자극이 결여되거나 소실되어야 한다.

Tip
유아체육의 목표
- 대·소근육 발달
- 사회성 발달 : 인내심, 협동심, 규율 등
- 정서 발달 : 자기 통제력, 움직임 요구 충족
- 인지적 능력 : 공간·지각력, 운동능력 통한 개념 학습
- 언어 발달
- 신체·운동 능력 발달 : 기본운동 능력, 유연성, 민첩성, 근력, 순발력 등

02 유아기의 건강과 운동 답 ④

유아기는 신체발달과 인지능력뿐 아니라 정서 및 사회성 발달에도 최적의 시기이다. 즉, 운동을 통한 성취감과 만족감의 획득은 유아기 자아개념 형성에 중요하고 대·소근육의 발달, 뇌 발달에 도움을 준다. 따라서 〈보기〉 중 유아기 운동 효과에 해당하는 것은 ⓒ, ⑩, ⑲이다.

03 유아기의 특징 답 ②

유아기에는 1회박출량이 성인에 비해 적으며 이는 박출 횟수를 증가시켜 보완한다.

Tip
유아기의 건강체력 발달
- 신경기능 : 5세 때 성인의 85% 정도 발육하였으나 뇌 기능까지 발달했다고 볼 수 없음
- 순환호흡기능 : 맥박수는 100~120회(성인은 60~70회)
- 호흡기능 : 호흡수는 25~40회/분(성인은 16~18회/분)
- 근기능 : 2세에서 3세로 넘어가는 신체조절 능력을 보면 근기능은 작지만 빠르게 성장한다고 예상함

04 유아기 운동발달 답 ①

미국의 신체운동학자 데이비드 갤라휴는 운동(움직임) 발달의 단계를 연령에 따라 반사 운동 단계, 초보 운동 단계, 기본 운동 단계, 전문 운동 단계로 나누었다. 〈보기〉에 해당하는 운동 발달 단계는 기본 운동(움직임) 단계에 해당한다.

Tip
데이비드 갤라휴 운동(움직임) 발달 단계
- 반사 운동 단계 : 유아가 신체 방어와 생존을 위한 본능적 반사 운동을 보이는 시기로 모로 반사, 빨기 반사 및 걷기 반사 등의 움직임을 보이는 시기
- 초보 운동 단계 : 유아는 서툴지만 신체 균형을 유지하고 물체를 조작하며 이동하는 능력이 급격히 발달하는 시기로 배밀이와 네 발 기어가기 이후 걷기로 나타남
- 기본 운동 단계 : 2~7세까지 출현하여 발달하는 운동으로 걷기, 달리기, 두발 뛰기, 한발 뛰기, 말뛰기 등이 있고 눈과 손의 협응력 및 손의 조정 능력이 필요한 던지기와 받기 운동이 나타남
- 전문 운동 단계 : 만 7세 이후 아동은 또래와 스포츠 활동을 익히고 즐길 수 있는 능력이 생김

05 유아 운동프로그램 지도 답 ②

유아체육 지도자는 안전사고에 대비하여 사전준비와 예방책을 마련해야 한다. 또한 유아의 발달수준을 고려하여 단계적으로 지도하고, 경기에서 이기는 것보다는 유아의 흥미나 능력에 맞는 활동이나 자료를 제공해야 한다.

06 운동프로그램의 구성요소 답 ③

㉠ 협응력 : 근육, 신경기관, 운동기관 등의 움직임의 상호조정 능력을 의미하며 물건 주기, 물건 운반하기 등이 도움이 되는 활동
㉢ 순발력 : 순간적으로 강한 힘을 발휘하여 달리고, 뛰고, 던지는 능력으로 근육이 세면서 민첩하게 힘이 적용되어 다양한 스포츠에 기초가 되는 능력

【오답해설】
㉡ 유연성 : 관절, 인대, 근육에 의해 움직이는 관절운동의 가동성으로 노동이나 운동, 스포츠에서 동작을 효율적이고 정확하게 수행하여 부상을 최소한으로 방지하는 역할을 하는 중요한 신체 기능
㉣ 민첩성 : 신체 전체 또는 일부분의 동작이나 운동의 방향을 신속히 바꿀 수 있는 능력

07 운동프로그램의 구성요소 답 ③

흡수 조작 운동은 굴러오는 공 잡기, 받기 같이 힘에 의해 움직이는 사물을 받아들이는 흡수 동작을 말한다.

【오답해설】
①, ④ 안정성 운동 : 자리를 이동하지 않고 서거나 앉거나 누운 자세에서 이루어지는 동작
② 추진(propulsive) 조작 운동 : 던지기, 차기, 때리기와 같이 힘을 가해서 사물을 조작하는 동작

08 유아기 운동발달 답 ①

피아제의 인지발달이론은 4가지 단계를 거쳐 인지가 발달한다고 본 이론으로 도식, 동화와 조절, 평형 등의 특징을 제시한다.

【오답해설】
② 프로이드(S. Freud)의 정신분석이론 : 생후 6년간의 경험을 통해 무의식과 본능이 형성된다고 봄
③ 에릭슨(E. Erickson)의 심리사회발달이론 : 인간이 영아기부터 노년기까지 전 생애에 걸쳐 총 8단계를 통해 발달하며 각 단계마다 관여와 위기를 겪는다고 보는 이론
④ 하비거스트(R. J. Havighurst)의 환경이론 : 인간의 출생부터 노년에 이르기까지 6단계의 발달과제를 부여하는 것이 교육의 목표라고 보는 이론

Tip

피아제의 인지발달이론

- 구분
  - 감각운동기(출생~2세) : 초기 영아의 인지활동
  - 전조작기(2~7세) : 언어발달, 개념획득 등
  - 구체적 조작기(7~11세) : 상대적 비교 가능, 서열화 능력의 발달 등
  - 형식적 조작기(11세 이후) : 추상적 사고, 체계적 사고 등

- 주요 개념
  - 도식 : 유기체가 가지고 있는 '이해의 틀'을 말하며, 이 도식(또는 구조)은 유기체가 생태적으로 가지고 태어나는 것이 아니라 환경과의 접촉에서 반복되는 유기체의 행동과 경험에서 형성되는 것이다.
  - 동화와 조절 : 피아제는 환경과 끊임없는 상호 작용을 통해 이루어지는 적응 과정을 인간의 인지발달로 보았다.
  - 평형 : 새로운 상황에서 일관성과 안정성을 이루려는 시도를 말하며 이러한 평형은 계속적인 동화와 조절의 과정을 통해 이루어진다.

09 운동발달 프로그램의 기본원리 답 ③

안전성은 유아들의 운동프로그램 운영 및 일상생활에서의 안전에 관한 사항들을 이해하고 예방하는 것을 말하며 신체조정능력 및 판단력이 완전히 발달하지 않은 상태인 유아들에게는 특히 더욱 중요하다.

【오답해설】
① 연계성의 원리 : 신체발달뿐만 아니라 정서적·사회적 발달을 위한 교육 프로그램과의 연계성이 필요하다는 원리
② 방향성의 원리 : 운동 발달에는 방향성이 존재하며 상반신에서 하반신으로, 몸의 중심부에서 말단부로 향한다는 원리
④ 주도성의 원리 : 남들보다 주도적 입장에 서는 성격을 발달하기 위한 원리(유아체육 프로그램의 기본원리는 아님)

Tip

유아체육 프로그램의 기본원리

- 적합성의 원리
- 특이성의 원리
- 연계성이 원리
- 방향성의 원리
- 안전성의 원리
- 다양성의 원리

10 유아기 운동발달 답 ②

㉠ 성숙주의 : 모든 성장은 사전에 결정된 유전적 요소에 의해 그 기본 방향이 결정되며 환경적 요인은 단지 이를 지지하거나 수정할 뿐이라는 이론으로, 인간의 발달은 성숙이라는 내적인 힘에 의해 이루어진다고 봄
㉡ 생태학적 이론 : 인간 행동의 학습과 변화를 생태학적 이론을 적용하여 연구하는 이론으로 인간 행동은 주어진 생활환경에 의해 결정된다고 봄

【오답해설】
- 인지주의 : 사고하는 존재로서의 인간 내부에서 일어나는 능동적인 사고과정과 인지구조를 중시하는 입장
- 심리사회발달 이론 : 에릭슨이 주장한 이론으로 인간은 영아기부터 노년기까지 전 생애에 걸쳐 총 8단계를 통해 발달한다는 이론

11 유아 운동프로그램 지도 답 ①

통합의 원리는 기초운동, 운동능력, 지각-운동능력의 통합적 발달이 이루어지도록 해야 한다는 원리이다.

【오답해설】
② 개별화의 원리 : 유아 개개인의 차이와 운동능력과 발달속도에 따른 체육활동을 유도해야 한다는 원리
③ 반복학습의 원리 : 안정, 이동, 조작운동의 3가지 기초운동을 반복학습하도록 해야 한다는 원리
④ 탐구학습의 원리 : 유아 스스로 움직임의 개념을 탐색·발견하고 학습하도록 해야 한다는 원리

12 운동프로그램의 구성요소 답 ④

스키핑은 한쪽 발로 가볍게 뛰는 것을 교대로 하는 것을 말한다.

【오답해설】
① 리핑(leaping) : 뛰어오르거나 껑충 뛰는 것
② 겔로핑(galloping) : 말뛰기와 같이 전속력으로 달리는 것
③ 슬라이딩(sliding) : 몸을 눕혀 미끄러져 들어가는 것

13 유아기 운동발달   답 ②

㉠ 전문화된 움직임 : 만 7세 이후 아동이 전문운동단계에 접어들면서 생기는, 또래와 스포츠 활동을 익히고 즐길 수 있는 능력
㉡ 기본 움직임 : 만 2~7세까지 출현하여 발달하는 운동을 말하며 걷기, 달리기, 말뛰기 등이 나타남

14 운동프로그램의 구성요소   답 ④

공간지각은 장소, 높이, 방향, 범위, 바닥 모양에 대한 설명이며, 신체 각 부분의 명칭과 근육의 긴장과 이완을 이해하는 것은 신체지각에 해당한다.

> **Tip**
> 지각운동발달 프로그램 구성요소
> - 신체지각
> - 공간지각
> - 방향지각
> - 시간지각
> - 관계지각
> - 움직임의 질

15 유아기 운동발달   답 ③

낙하산반사는 몸통의 양쪽을 양손으로 붙들고 갑자기 떨어뜨리는 시늉을 하면 영아가 자연적으로 양쪽 상지를 뻗어 얼굴에 상처가 나지 않게 하는 원시 반사이다.

【오답해설】
① 모로반사(Moro reflex) : 갑자기 건드리거나 큰소리에 자극을 받으면 아기가 팔과 다리를 벌리고 손가락을 펼쳤다가 다시 몸 쪽으로 팔과 다리를 움츠리는 반사
② 당김반사(Pull-up reaction) : 바로 누운 자세에서 팔을 잡고 끌어당겨 앉은 자세가 되게 할 경우 머리를 들지 못하고 팔을 굽히지 못하는 반사
④ 바빈스키반사(Babinski reflex) : 발바닥을 간질이면 발가락을 부채처럼 폈다가 안으로 비트는 반사로 생후 1년 후 사라지는 반사

16 유아체육 지도 방법   답 ④

유아-교사 상호 주도적·통합적 교수방법은 유아의 적극적인(흥미) 참여와 교사의 체계적인 접근이 이루어지는 지도방법으로 유아에게 적절한 과제를 주어 다양한 학습의 기회를 제공한다.

【오답해설】
① 결과 중심 교수방법 : 중간의 과정보다 결과를 중요하게 생각하는 지도방법으로 유아체육 지도방법의 종류에 해당하지 않음
② 교사 주도적 교수방법 : 유아교육기관 등에서 체육활동을 지도할 때 쓰인 전통적 지도방법으로 유아가 언제, 무엇을, 어떻게 할지 교사가 결정하는 방법
③ 유아 주도적 교수방법 : 유아에게 주도권을 주고 유아가 학습의 중심이 되는 지도방법으로 스스로 활동을 수행해 나아가는 데 초점을 두고 결과보다 과정에 중점을 두는 방법

17 유아 운동프로그램 지도   답 ①

유아운동 지도자의 경우 과도한 경쟁의식을 갖지 않도록 지도하며 칭찬을 자주 해 주는 역할을 해야 한다.

> **Tip**
> 유아운동 지도자의 역할
> - 열정을 가지고 긍정적인 모습을 보여 준다
> - 유아들의 반응에 관심을 가지고 유머감각을 활용한다.
> - 수업내용 및 진도에 대한 지식을 수립한다.
> - 단계를 낮추어 보는 등 수업 방법을 다양화한다.
> - 운동대형, 계절 등을 고려하여 지도한다.
> - 과도한 경쟁의식을 갖지 않도록 지도하며 칭찬을 자주 한다.

18 유아 운동프로그램 지도   답 ②

유아의 경우 복잡한 운동을 지속적으로 반복하기는 어려움이 있으므로 발달단계의 특성을 최대한 고려한 운동수준을 선택한다.

19 안전한 운동프로그램 지도를 위한 환경   답 ③

유아가 외상으로 머리를 다쳤을 경우 토하거나 평소와 달리 칭얼거리며 보채는 경우가 있다. 또한 식욕이 줄고 평소보다 잠을 오래 자는 등 신체활동량이 감소한다. 이 경우 즉시 가까운 병원으로 데려가 응급치료를 받아야 한다.

20 유아기 운동발달   답 ②

방향성의 원리는 유아의 성장과 발달은 일련의 방향을 가지고 이루어진다는 원리로 대근육에서 소근육으로 발달 순서를 보이며, 머리-발가락, 중심-말초 원리로 설명한다.

> **Tip**
> 방향성의 원리
> - 머리-발가락 원리 : 생후 2개월 때에는 성장에 따라 머리 비율이 약 25% 감소함
> - 중심-말초 원리 : 신체 중심에서 말초 부위로 발달함

노인체육론

01	02	03	04	05	06	07	08	09	10
④	①	③	①	②	④	④	③	③	②
11	12	13	14	15	16	17	18	19	20
④	③	④	①	②	①	②	②	④	①

01 노화의 개념   답 ④
노화는 사회적, 심리적, 사회적인 변화를 포괄하는 개념이며, 이러한 발달과정은 사망 시까지 계속해서 이어진다.

02 노화에 따른 신체적·심리적·사회적 변화   답 ①
노화가 진행될수록 근육량은 줄어들게 되며, 이에 따라 근력 및 근파워는 감소하게 된다.

03 지속적 운동참여를 위한 동기유발 방법   답 ③
노인의 운동참여 시 목표는 크게 네 가지를 고려하여 설정한다. 우선 운동 시간, 강도, 빈도 등을 구체적으로 설정해야 하고(구체성) 달성 가능한 수준의 현실적인 목표를 설정해야 한다(현실성). 그리고 목표의 달성 여부를 측정·판단할 수 있도록 설정해야 하고(측정 가능성) 결과 지향적이 아닌 행동 지향적인 목표를 설정해야 한다(행동적). 도전성이 높은 목표를 설정할 경우 실제 운동의 실행 및 목표 달성에 어려움을 느끼기 쉬우며, 경우에 따라 부상 등을 입을 확률도 상승할 수 있으므로 삼가야 한다.

04 근골격계 및 신경계 질환 운동프로그램   답 ①
근골격계 질환, 특히 퇴행성 관절염을 겪는 노인의 경우 관절의 상해와 통증이 발생하지 않는 범위 내에서 운동을 실시해야 하며, 통증이 발생하여 지속될 경우 즉시 운동을 중단해야 한다.

【오답해설】
② 수중 운동은 관절의 부하를 줄이므로 권장되는 운동형태이다.
④ 짧은 시간 동안 저·중강도의 운동을 실시하도록 권장된다.

05 운동의 효과   답 ②
노인이 운동에 참여할 경우 혈관이 확장되고 말초혈관의 저항성이 감소하여 전체적인 혈압이 감소하는 효과를 얻을 수 있다.
※ 말초혈관의 저항성이 높다는 것은 말초혈관으로 혈류가 잘 통하지 않는다는 의미이며, 따라서 전체적인 혈압이 증가함을 의미한다.

06 운동의 개념과 역할   답 ④
【오답해설】
㉠ 순발력 : 짧은 시간 내에 최대한의 파워를 발휘하는 능력, 즉 최대한 빠르고 멀리 신체를 이동시키는 능력(제자리멀리뛰기).
㉡ 민첩성 : 신체의 방향이나 자세를 짧은 시간 동안 재빠르게 바꿀 수 있는 능력으로서 정확성을 포함함(사이드스텝)

07 노인운동 시 위험관리   답 ④
운동강도에 따라 심박수가 증가하는 것은 자연스러운 현상이므로 운동 중지의 조건이 아니다. 다만 심박수가 과도하게 증가하여 문제가 있다고 판단될 경우 상황에 따라 운동강도를 낮추거나 중지시켜야 할 필요가 있을 수 있다.

08 운동권고 지침 및 운동방안   답 ③
〈보기〉의 활동에 필요한 기능은 신체의 방향이나 자세를 빠르게 바꾸는 능력, 즉 민첩성이다. 노인체력검사(SFT, Senior Fitness Test)에서 민첩성은 2.44m 왕복 걷기를 통해 측정한다. 덤벨 들기는 상지근지구력, 2분 제자리 걷기는 심폐지구력, 의자 앉아 앞으로 굽히기(체전굴)은 하체 유연성을 측정하기 위한 방법이다.

09 호흡·순환계 질환 운동프로그램   답 ③
비만 노인의 경우 과도한 몸무게로 인해 관절 등에 가해지는 부담이 크므로 체중부하운동을 실시할 경우 무릎 등에 통증이나 염증 등이 발생할 가능성이 일반적인 경우보다 높다. 따라서 가능하면 수영이나 사이클 등과 같은 비체중부하운동을 실시해 이러한 위험을 줄이는 것이 좋다.

【오답해설】
④ 노인의 경우 최대심박수의 개인차가 크고, 심박수와 운동강도 간의 관계에서도 개인차가 크게 나타난다. 따라서 운동 중 주관적인 강도, 즉 운동자각도를 기준으로 운동강도를 설정하고 심박수는 간접적으로 그 변화를 측정하여 목표심박수(THR, Target Heart Rate)를 산정하는 등의 방법으로 활용하는 것이 추천된다.

10 노화와 관련된 이론   답 ②
㉠ 교차결합이론 : 정상 상태에서는 서로 분리되어 있어야 하는 분자구조 사이에 화학적 반응에 의한 연결 띠가 형성되어 서로 엉키게 되고, 이로 인해 조직이 탄력성을 잃고 세포 간 영양소 및 화학적 물질 등의 교환을 방해함으로써 노화가 나타난다고 보는 이론
㉡ 사용마모이론 : 인간의 몸도 마치 기계와 같이 오랫동안 사용하면 기능이 약해지고 점차 퇴화가 일어나 이로 인해 노화가 나타난다고 보는 이론으로, 퇴행성관절염이나 오십견 등의 노인질환을 설명할 때 가장 적절한 이론

【오답해설】
• 신체적변이이론 : 세포가 상해를 받으면 변이를 일으키고, 이렇게 변이를 일으킨 세포들이 축적됨으로써 노화가 일어난다고 보는 이론

- 면역반응이론 : 나이가 들면서 인간의 면역체계에 결함이 발생, 제거해야 할 유해물질을 제거하지 못하여 체내에 유해물질이 축적되고 이로 인해 노화가 발생·촉진된다고 보는 이론

11 근골격계 및 신경계 질환 운동프로그램 답 ④

㉠ 고유수용성 신경근촉진(PNF) 스트레칭에는 크게 '유지-이완', '수축-이완', '주동근 수축을 통한 유지-이완'의 세 가지 유형이 있다. 이 중 '유지-이완'은 스트레칭하고자 하는 근육군에 파트너가 수동적 수축을 약 10초간 일으킨 후 대상자 스스로 등척성 수축을 5~10초간 유지하도록 한다. 그 후 파트너가 해당 근육군에 수동적인 스트레칭을 실시, 약 30초간 자세를 유지하는 방식이다.
㉡ 동적 스트레칭은 신체의 각 부위를 움직여 근육을 풀어주고 관절의 가동 범위를 증가시키는 스트레칭으로 일반적으로 스트레칭 후 시행될 스포츠 동작과 유사한 동작으로 수행되는 경우가 많다.

12 운동권고 지침 및 운동방안 답 ③

낙상 위험 감소를 위해서는 민첩성과 평형성, 고유수용성 트레이닝과 관련된 신경근의 트레이닝이 권장된다. 이때 기초 지지점을 점진적으로 줄여 점점 자세를 잡는 것이 어려워지는 동작, 즉 저난도(저강도)에서 점차 고난도(고강도) 동작으로 운동을 진행해야 한다.

13 근골격계 및 신경계 질환 운동프로그램 답 ④

치매 노인의 경우 사고 방지를 위하여 운동 시 지도자 혹은 보호자의 동반이 필수적이다.
【오답해설】
① 중증 치매 노인의 경우 개별운동을 실시하여 대상자의 수준에 맞는 신체활동을 하도록 하는 것이 좋다.
② 운동 시 프로그램은 최대한 단순하게 구성하여 흥미를 유발·유지시켜야 한다.
③ 치매 노인에게 지속적인 신체활동 및 운동을 실시할 경우 뇌로 공급되는 산소의 양을 증가시켜 신경세포의 활성에 도움을 준다.

14 노인운동 시 위험관리 답 ①

노인의 운동 중 손상이 발생할 경우 지도자는 즉시 필요한 응급처치를 시행해야 한다. 다만 환자에게 의식이 있는 경우 가능한 환자의 동의를 구하도록 한다.
【오답해설】
② 척추 손상이 의심되는 경우 구급대원이 도착할 때까지 신체를 움직이지 않도록 하여 추가 손상을 방지한다.
③ 손상 부위를 심장보다 높이 위치하게 하여 피가 손상 부위로 쏠리지 않도록 한다.
④ 타박상으로 부종이 생긴 경우 냉찜질을 먼저 실시하여 부기를 가라앉히는 데 도움이 되도록 한다.

15 운동의 효과 답 ②

㉢은 노인 운동의 사회적 효과이고, ㉣은 노인 운동의 신체적 효과이다.

16 운동권고 지침 및 운동방안 답 ①

고정식 자전거 타기는 가벼운 달리기 등과 함께 심폐지구력 향상을 위한 적절한 운동 방법이다. 특히 비체중부하운동으로서 관절에 무리가 가지 않아 근골격계 질환이 있는 노인에게 더욱 추천된다.
【오답해설】
② 근지구력, 특히 하지근지구력을 향상시키는 운동방법
③ 평형성을 향상시키기 위한 운동방법
④ 하체유연성을 향상시키기 위한 운동방법

17 운동권고 지침 및 운동방안 답 ②

노인을 위한 스트레칭 진행 시 근육에 긴장감이 느껴지는 정도의 정적 스트레칭을 10~30초, 각 3~4회 반복하여 진행하도록 한다.
【오답해설】
① 중강도 유산소 운동의 경우 운동자각도 5~6수준(10점 척도 기준)의 강도로 실시한다.
③ 중강도 유산소 운동 시 하루 최소 30분 이상을 진행하되, 횟수를 나누어 진행할 경우 한 세션당 최소 10분 이상 실시할 수 있도록 해야 한다.

18 운동권고 지침 및 운동방안 답 ②

개별성의 원리는 개인의 체력 및 능력에 맞추어 운동의 시간과 강도, 방법 등을 결정하여야 한다는 것이다.
【오답해설】
① 과부하가 이루어지지 않거나 운동을 중지할 경우 운동 능력이 빠르게 감소한다는 '가역성의 원리'이다.
③ 운동에서 얻을 수 있는 효과는 그 운동의 유형과 연관되는 근육들에만 특별히 작용한다는 '특수성의 원리'이다.
④ 신체의 기능 향상을 위해서는 신체의 적응 능력 이상의 부하, 즉 익숙하지 않은 부하에 노출되어야 한다는 '과부하의 원리'이다.

19 근골격계 및 신경계 질환 운동프로그램 답 ④

치매 노인은 운동을 통해 기억력이 다소 증진될 수 있고 인지력의 저하가 개선된다.

20 의사소통기술 답 ①

【오답해설】
㉢ 한 번에 한 가지씩, 노인이 내용을 확실히 이해할 수 있도록 적당한 양의 정보를 전달한다.
㉣ 적당한 스킨십(신체접촉)은 친밀감을 향상시켜 노인과의 의사소통에 긍정적 영향을 미친다.

스포츠지도사 자격 검정 답안지

스포츠지도사 자격 검정 답안지

스포츠지도사 자격 검정 답안지

스포츠지도사 자격 검정 답안지

스포츠지도사 자격 검정 답안지

스포츠지도사 자격 검정 답안지

스포츠지도사 자격 검정 답안지

스포츠지도사 자격 검정 답안지

스포츠지도사 자격 검정 답안지

2026 생활스포츠지도사 2급 필기
7개년 기출문제집

초 판 발 행	2023년 09월 25일
개정2판1쇄	2025년 10월 30일
저　　　자	스포츠지도사연구소
발 행 인	정용수
발 행 처	(주)예문아카이브
주　　　소	경기도 파주시 광인사길 79 4층
T E L	031) 955-0550
F A X	031) 955-0660
등 록 번 호	제2016-000240호
정　　　가	26,000원

- 이 책의 어느 부분도 저작권자나 발행인의 승인 없이 무단 복제하여 이용할 수 없습니다.
- 파본 및 낙장은 구입하신 서점에서 교환하여 드립니다.

홈페이지 http://www.yeamoonedu.com

ISBN　979-11-6386-511-7　　[13690]